中國歷代名著全譯叢書

管子全译

（修订版）

谢浩范　朱迎平　译注

上

贵州出版集团
贵州人民出版社

中国历代名著全译丛书

编 委 会

(以姓氏笔画为序)

王运熙　　余冠英　　张　克(常务)
罗尔纲　　程千帆　　缪　钺

再版说明

出版的境界是:为饥作浆,为旱作润,为冥作光,为往圣继绝学。《中国历代名著全译丛书》担当这一历史的重托,挟着春风走到了学人和国学爱好者的面前。

书似青山常乱叠,眼光如炬淘金来。《中国历代名著全译丛书》自上个世纪九十年代推出,即以权威、精到、普及的面貌风靡整个书界。本套丛书曾获中宣部精神文明建设五个一工程奖及中华人民共和国出版规划重点项目。但多年断档,令人怀恋。上个世纪九十年代的名著全译,多以三五本的规模推出,而今天的《中国历代名著全译丛书》,出手尽显大家气度,一次集中推出五十种,满足眼睛与心灵的饕餮。

中华民族有数千年的文明历史,产生了辉煌灿烂的古代文化。浩如烟海的历代名著,就是中国古代文化遗产的重要组成部分。这些文字不仅记录了中国古代各个方面的历史与人文,物质与精神,成为后来人的精神家园,而且对中华民族的成长提供了丰富的营养,对中华民族的形成和发展产生了巨大的凝聚力和感召力。

但古人留下的典籍,由于时代的变异,语言的古奥,当下人已难识其庐山真面目。且以往坊间的不少古籍今译的读物,大都难尽人意:

——选译本。如《国语选译》《诗经选译》等。了解中国古代文学批评史的人知道,"选"是一种评论的方式。鲁迅先生曾指出,如果对陶渊明只选"采菊东篱下,悠然见南山",而不选"刑天舞干戚,猛志固常在"这类"金刚怒目"式的作品,那就很难使读者对陶渊明的"全人"有完整的认识,若"再加抑扬",就"更离真实"了。所以说选译本的缺陷是显而易见的。

——白话本。如《白话史记》《白话搜神记》之类。这类今译本有的置原文于不顾,随意增删敷衍,从严格意义上已不是原书;有的译文尚称严谨,但无原文对照核查,欲引用古人文句还要另觅原书,难称人意。

——单译本。这类书最多,译文之外附有原文、注释,其中也不乏质量较高者。遗憾的是见木不见林,缺乏学术系统性,读者买到一本算一本,对中华民族传统文化的了解很难达到全面。

本丛书在策划之初就考虑到避免以上各种译本之不足,本着推陈出新、汇聚英华、弘扬传统、振兴华夏之宗旨,化艰深为浅显,融译注为一炉,俾使社会各界广大读者了解我国古代各名著之完整原貌,有利于当下人文精神建设,又利于中外文化之交流译介,乃延聘海内学界通人,精选史有定评之夏商迄晚清经史子集四部,以全注全译形式重新装帧、重新校勘整理出版。所选各书前言对该名著之时代、作者、内容、成就、文献版本皆有详赡说明,各篇各卷前有简明扼要的题解,原文选用业经整理的善本,注释采用学术界公认的成果,译文强调忠实原文、通达流畅。

书行天下,道亦随之,既有品味,又有普及,为大家营造出一片文化底蕴深厚、知识境界广博、思想空间深邃的精神沃土,是《中国历代名著全译丛书》的孜孜追求。此次修订是在前辈学人呕心沥血的基础上,重新进行认真的审读和勘校,是在"国学热"基础上的一次新的提升,在强调通俗性的同时,亦重视学术性与资料性。今日重现书界,必将旋起一种新的阅读风暴。

我们相信,这套丛书的问世,对传播中华民族优秀的传统文化,提升我们国家的软实力,形成当代的人文精神有着重要意义,在现代化人文化的进程中对开启今人智慧、滋养今人心灵都有着不可估量的意义。

经典不腐更不朽,它是源远流长的活水,天光云影,亘古永在。

贵州人民出版社
2008 年 9 月

目　录

前　言 ……………………………………………… 1

经　言
　牧民第一 ………………………………………… 1
　形势第二 ………………………………………… 8
　权修第三 ………………………………………… 18
　立政第四 ………………………………………… 29
　乘马第五 ………………………………………… 43
　七法第六 ………………………………………… 59
　版法第七 ………………………………………… 73
　幼官第八 ………………………………………… 76
　幼官图第九 ……………………………………… 97

外　言
　五辅第十 ………………………………………… 103
　宙合第十一 ……………………………………… 114
　枢言第十二 ……………………………………… 135
　八观第十三 ……………………………………… 153

法禁第十四 …… 166
重令第十五 …… 176
法法第十六 …… 185
兵法第十七 …… 205

内　言

大匡第十八 …… 215
中匡第十九 …… 240
小匡第二十 …… 245
王言第二十一（亡）
霸形第二十二 …… 279
霸言第二十三 …… 286
问第二十四 …… 298
谋失第二十五（亡）
戒第二十六 …… 306

短　语

地图第二十七 …… 316
参患第二十八 …… 318
制分第二十九 …… 322
君臣上第三十 …… 325
君臣下第三十一 …… 340
小称第三十二 …… 356
四称第三十三 …… 363
正言第三十四（亡）
侈靡第三十五 …… 368
心术上第三十六 …… 408
心术下第三十七 …… 419
白心第三十八 …… 424
水地第三十九 …… 434
四时第四十 …… 441
五行第四十一 …… 450

势第四十二 …………………………… 461
　　正第四十三 …………………………… 466
　　九变第四十四 ………………………… 468

区　言
　　任法第四十五 ………………………… 470
　　明法第四十六 ………………………… 479
　　正世第四十七 ………………………… 483
　　治国第四十八 ………………………… 488
　　内业第四十九 ………………………… 494

杂　篇
　　封禅第五十 …………………………… 504
　　小问第五十一 ………………………… 507
　　七臣七主第五十二 …………………… 521
　　禁藏第五十三 ………………………… 535
　　入国第五十四 ………………………… 548
　　九守第五十五 ………………………… 553
　　桓公问第五十六 ……………………… 558
　　度地第五十七 ………………………… 560
　　地员第五十八 ………………………… 570
　　弟子职第五十九 ……………………… 591
　　言昭第六十（亡）
　　修身第六十一（亡）
　　问霸第六十二（亡）

管子解
　　牧民解第六十三（亡）
　　形势解第六十四 ……………………… 599
　　立政九败解第六十五 ………………… 640
　　版法解第六十六 ……………………… 646
　　明法解第六十七 ……………………… 660

管子轻重

　　臣乘马第六十八 …… 683
　　乘马数第六十九 …… 687
　　问乘马第七十(亡)
　　事语第七十一 …… 692
　　海王第七十二 …… 695
　　国蓄第七十三 …… 699
　　山国轨第七十四 …… 712
　　山权数第七十五 …… 723
　　山至数第七十六 …… 736
　　地数第七十七 …… 753
　　揆度第七十八 …… 761
　　国准第七十九 …… 778
　　轻重甲第八十 …… 782
　　轻重乙第八十一 …… 805
　　轻重丙第八十二(亡)
　　轻重丁第八十三 …… 822
　　轻重戊第八十四 …… 843
　　轻重己第八十五 …… 854
　　轻重庚第八十六(亡)

附　录 …… 862

前　言

在先秦两汉的诸子著述中，《管子》是自成一家、别具特色的一部。它虽然"简篇错乱，文字夺误"，"号称难读"（郭沫若《管子集校叙录》），但又确是"天下之奇文"（张嵲《读管子》）；它虽然丛集诸说，涉及百家，"庞杂重复"（黄震《黄氏日抄》），但又确是包罗宏富的宝库。《管子》堪称中国文化史上的一朵奇葩，今天，抖落掉历史蒙上的灰尘，这朵奇葩正放射出日益夺目的光彩。

一

《管子》旧题为管仲所撰。管仲（？—公元前645年）名夷吾，颍上（今安徽颍上）人，是春秋初期齐国著名的政治家、改革家。他出身贫贱，经好友鲍叔牙推荐，被齐桓公任命为齐相。依托齐国东面临海的地理位置，管仲在经济、政治、军事等领域实行了一系列改革，"通货积财，富国强兵，与俗同好恶"（《史记·管晏列传》），使齐国很快富强起来。他为政"善因祸而为福，转败而为功，贵轻重，慎权衡"，终于"九合诸侯，一匡天下"（同上），辅佐齐桓公实现了霸业。孔子对管仲的功绩曾给予高度的评价，他说："管仲相桓公，霸诸侯，一匡天下，民到于今受其赐。微管仲，吾其被发左衽矣！"（《论语·宪问》）管仲为一代名相，但《管子》一书是否为管仲所著呢？前人很早就对此提出了疑问。晋代傅玄说："管仲之书，过半便是后之好事者所加。"（刘恕《通鉴外纪》引）宋代朱熹则确认《管子》"非管仲所著"，并说他绝不是有闲工夫著书的人，著书者，是不见用之人也（《朱子语类》）。现代更有学者考定战国以前没有私家著作。（见罗根泽《诸子考索》）因此，《管子》的全部或一部分，都不可能为管仲所著，这基本上可作为定论。

古代文献中最早提到《管子》的是《韩非子》，其《五蠹》篇中说："今境内之民皆言治，藏商、管之法者家有之。"可见在战国末叶，《管子》书已传播很广。西汉时期，《管子》继续广泛流传，贾谊、晁错、桑弘羊等政治家都读过《管子》，司马迁在《史记·管晏列传》中说："吾读管氏《牧民》《山高》《乘马》《轻重》《九府》……详哉其言也。""至其书,世多有之,是以不论。"至汉成帝时,刘向受命主持校勘古文献,其中包括《管子》。他广泛搜罗了皇宫秘藏、太史府藏和私人藏书中的《管子》共五百六十四篇,经比勘文字、审定篇第、删除重复,最后定著八十六篇,并依例撰成上奏成帝的《管子叙录》一文。(见本书附录)这就是流传后世的《管子》母本。但据刘向之子刘歆编撰的目录著作《七略》称:"《管子》十八篇,在法家。"(张守节《史记正义》引)则当时还有一种归属法家的十八篇的《管子》别本流行,但这十八篇应包括在五百六十四篇之内。

经刘向定著的八十六篇《管子》,由于内容丰繁,有必要进行分类编排。这种情况在诸子著作中不乏其例,如《庄子》分为内篇、外篇、杂篇三组,《吕氏春秋》分为十二纪、八览、六论三组等。《管子》则被编排为八组,分别为"经言"九篇、"外言"八篇、"内言"九篇、"短语"十八篇、"区言"五篇、"杂篇"十三篇、"管子解"五篇和"管子轻重"十九篇。这种分类编排,当是刘向在定著时所确定的,而且一定有它的依据,可惜现在已无从考知。从八组的名称和篇章内容看,"经言"大约较多地保存了管仲治齐的原始思想,故被奉为经典;"外言"和"内言"的区分不明,但"内言"诸篇较多地记载了管仲的功业和言行;"短语"似指篇幅短小,但其中却又有《君臣》《侈靡》这样的特长篇;"区言"所指不详;"杂篇"当言其内容驳杂;"管子解"是对若干篇目的诠解,所解对象,四篇属"经言",一篇属"区言",它们或许原先属同一系统;至于"管子轻重",则是一组论题集中的专题论文,自成体系,与其他篇章有明显的区别。

《管子》的八组文章,又有多种不同的体裁。《四库总目提要》已注意及此,它说:"意其中孰为手撰,孰为记其绪言如语录之类,孰为述其遗事如家传之类,孰为推其义旨如笺疏之类,当时必有分别。"统观全书,主要有论文、问答、记述、疏解四类文体。围绕一个或几个中心展开论述的论文体,在全书中占大部分,如"经言"中《牧民》到《版法》诸篇以及"外言"、"短语"、"区言"中的大多数篇章。以问答形式,主要是假托桓公、管子问答构成的篇章,在书中也有相当数量,如"管子轻重"中除《国蓄》《轻重己》之外,几乎都是此体。以记载管仲言行为主的记述体多集中在"内言";采用逐句诠解的疏解体,除了"管子解"

诸篇外，《宙合》等也是此类。此外，书中还有格言体(如《枢言》《弟子职》)、律令体(如《法禁》)、著述体(如《幼官》《地员》)等，至于全部由五十余个问题组成的纲目体《问》篇，更是被郭沫若誉为"可与《楚辞·天问》并美"的"奇文"(《管子集校》)。在一部著作中包含有这样丰富多彩的体裁，这在诸子书中也是绝无仅有的。

那么，八十六篇《管子》究竟是何人于何时所著呢？目前学术界一致的看法是"非一人之笔，亦非一时之书"。(叶适《水心集》)至具体的作者和成书时间，则分歧颇大。有的学者认为，"经言"中的《牧民》《形势》《权修》《乘马》等篇是管仲思想的记录，保存了管仲的遗说；《大匡》《中匡》《小匡》三篇是关于管仲事迹的记述，它们都应产生于春秋时期，其他各篇大约是战国中期至西汉中期的作品(见张岱年《中国哲学史史料学》)。有些学者主张，《管子》是"稷下丛书"性质(见顾颉刚《周公制礼的传说和〈周官〉一书的出现》)，是"齐国稷下学者的著作总集"(见冯友兰《中国哲学史史料学初稿》)，都产生于战国时代。有些学者提出，"《管子》一书乃战国、秦、汉文字总汇，秦汉之际诸家学说尤多汇集于此"(见郭沫若《管子集校校毕书后》)，其"著作年代，早者在战国，晚者在汉初文、景、武、昭之世；唯《幼官图》似在汉后，但只此一篇耳"。(见罗根泽《管子探源》)有的学者则认定"管子轻重"一组文章"与《管子》其他各篇不是一个思想体系，它是西汉末年王莽时代的人所作(见马非百《管子轻重篇新诠》)。我们认为，《管子》书中具体篇章的作者或年代的确定，仍是一个需要深入研究的课题，但从全书整体着眼，这部著作当是一批以齐国为中心的崇尚管仲的治国功业和理想的思想家，也可称之为"管仲学派"的著作汇集。其中少数篇章产生于战国初期，但其主体部分应是战国中、后期稷下学宫兴盛时稷下学者们的作品，也有一部分则晚于秦汉之际，但最迟不会超过西汉中期。也可以说，从战国初期至西汉中叶，数代"管仲学派"的著述，共同假托《管子》之名以求流传，最后经刘向"定著"，才成为流传至今的《管子》一书。

二

作为"管仲学派"的著作汇编，《管子》一书的内容表现出包罗万象、宏博精深的鲜明特点。早在20世纪20年代末，罗根泽就提出，《管子》"在先秦诸子，衷为巨轶，远非他书可及。《心术》《白心》，诠释道体,老、庄之书,未能远过;《法法》《明法》,究论法理,韩非《定法》《难势》,未敢多让;《牧民》《形势》《正世》《治国》,多政治之言;《轻重》诸篇,又为理财之语;阴阳则有《宙合》《侈靡》《四时》《五行》;用兵则有《七法》《兵法》《制分》;地理则有《地员》;《弟子职》言礼;《水地》言医;其他诸篇,亦皆率有孤诣。各家学说,保存最多,诠发甚精,诚战国、秦、汉学术之宝藏也"。(《管子探源叙目》)而从现代学科体系的角度来看,在这部综合性的巨帙中,举凡哲学、政治、法律、行政管理、军事、财政、经济、教育、伦理、心理、史学、文学、音乐、医学,以至农学、水文、地理、天文等学科的理论和知识,几乎无不涉及,其中关于哲学、政治、军事、经济方面的思想尤其丰富而精粹,构成了《管子》思想的主要框架。

《管子》的哲学思想以道家思想为核心,这已为学术界所公认,《汉书·艺文志》将《管子》列于道家,主要依据恐怕也在于此。书中《心术》上下、《白心》《内业》《宙合》等篇章,继承和发展了老子的学说,将古代哲学思想向前推进了一大步。老子的宇宙观以"道"为"万物之宗",认为"道生万物",《管子》中同样将"道"奉为无上无穷、无形无象的最高范畴,如说:"道也者,通乎无上,详乎无穷,运乎诸生"(《宙合》),"凡道,无根无茎,无叶无荣,万物以生,万物以成","不见其形,不闻其声,而序其成,谓之道"(《内业》)。"虚无无形谓之道,化穷万物之谓德"(《心术上》)。但是,《管子》又认为"道"自身并不是抽象的"无":"天道者,所以充形也"(《内业》),而"气者,身之充也"(《心术下》),可知"道"也就是物质的"气"。在这种"道—气"一元论的基础上,《管子》进而明确提出了以"精气"为化生世界万物的元素,《内业》篇说:"精也者,气之精者也。"又说:"凡物之精,化则为生。下生五谷,上为列星;流于天地之间,谓之鬼神;藏之胸中,谓之圣人。"也就是说,一切的物质和精神现象都是"精气"的产物。这一观点触及到生命和精神的本质,并将老子的唯心主义宇宙观导向了唯物主义,对其后的哲学发展产生了深远影响。此外,书中提出的天地包裹万物,天地之外又为无边无际的"宙合"所包裹(见《宙合》)的"浑天说",认为人可以"昭知万物","遍知天下"(《内业》),强调加强认识主体修养,才能正确认识客体的认识论等,也都在哲学史上有重要意义。

《管子》在哲学领域另一值得重视的方面是推衍了"五行相生"的

学说。《周易》论阴阳而不及五行，《尚书·洪范》论五行而不言阴阳，《管子》中的《幼官》《四时》《五行》《轻重己》诸篇则将阴阳和五行结合起来，将五行配于四时，并将时令、方物以至治国、用兵之道都与四时、五行相联系，论述了"阴阳至运"、"五行相生"、"天人感应"等思想。约与此同时的稷下学者邹衍则着重阐发了"五行相克"的学说，并将其引入社会历史变化规律的考察，形成"五德终始论"。这种"五行相生相克"的学说，对中国传统的政治、文化思想的影响，同样是十分深远的。

历代学者大多将《管子》作为法家著作看待，这主要是从全书的政治思想着眼，但《管子》的学说是"齐法家"的一派，有自己鲜明的特色。战国时期，法家鼓吹"法治"，排斥文教德行；儒家强调"德治"，重视道德教化。这两种针锋相对的政治思想在《管子》中都有体现。《法禁》《重令》《法法》《任法》《明法》《正世》等篇章集中论述了"以法治国"的理论。它强调"置法出令"的重要意义："法者，存亡治乱之所从出"（《任法》），"凡国君之重器莫重于令。令重则君尊，君尊则国安；令轻则君卑，君卑则国危"。（《重令》）它将法治思想贯穿于君、臣、民三者关系："夫生法者，君也；守法者，臣也；法于法者，民也。君臣、上下、贵贱皆从法。"（《任法》）要求君主"以身先之"，才能令行禁止；主张置法治民要"期于利民而止"。（《正世》）而《牧民》《权修》《五辅》《君臣》《四称》等篇章中则较多地反映了儒家的"德政"思想。如《牧民》将国家兴废与民心相联系："政之所兴，在顺民心；政之所废，在逆民心。"《五辅》提出"德有六兴"，即厚其生、输之以财、遗之以利、宽其政、匡其急、振其穷，"六者既布，则民之所欲无不得矣"。《权修》篇倡导重视修身，施行礼教，《四称》篇强调对君臣的道义要求等，也都是这一思想的体现。但是，《管子》的政治思想更多地表现出在法家思想中融汇进儒家思想，将法与教、刑与德统一起来，礼法并用，法教兼重的特色。《牧民》篇以"礼义廉耻"为国之"四维"，并强调"四维张则君令行"。《版法》篇一方面主张"正法直度，罪杀无赦，杀僇必信，民畏而惧"，一方面要求"法天合德，象地无亲"，"修长在乎任贤，安高在乎同利"。《权修》篇则主张对百姓"厚爱利足以亲之，明智礼足以教之，上身服以先之，审度量以闲之，乡置师以说道之。然后申之以宪令，劝之以庆赏，振之以刑罚"，而"教训成俗而刑罚省"。这类论述,全书所在多是。这种既肯定法制的重要,又不忽视道德教化的政治学说,切合实际,又较为全面,成为全书的思想核心。它于法、儒之外别树一帜,对古代政治思想的发展作出了重要贡献。

先秦齐国有悠久的兵家传统,"兵圣"孙武即是齐人,《孙子兵法》之后,齐国又相继诞生了《孙膑兵法》《司马法》等军事名著。《管子》中《七法》《兵法》《幼官》《参患》《制分》《地图》《势》等篇章,也都是集中论述军事的论文,包含着丰富的军事思想。对于战争的态度,《管子》一方面提出"君之所以卑尊,国之所以安危者,莫要于兵"(《参患》),表现了对战争的高度重视;一方面又说"贫民伤财莫大于兵,危国忧主莫速于兵"(《法法》),强调了战争的危害。因此它主张兵"不可废",但又"不勤于兵",即既充分重视又不轻易用兵。它还提出了在战争中"强未必胜"(《制分》),"行义胜之理"(《幼官》),触及到对战争性质的认识。《管子》军事思想最有特色的是治军思想。它提出国家要"强其兵",即建设强大军队的思想,"不能强其兵,而能必胜敌国者,未之有也"。(《七法》)要达到这一目标,首先要富国,"国富者兵强,兵强者战胜"(《重令》);还要重视武器装备,"故凡兵有大论,必先论其器"(《七法》),"器械功则伐而不费"(《兵法》)。它还提出了加强军队教育训练的思想,主张重视士兵的挑选,设计了加强教育训练的一整套方法(见《幼官》),并要求论功计劳,赏罚分明,用以激励士兵,"赏罚明,则勇士劝也"(《兵法》),"禄予有功,则士轻死节"(《重令》)。它又提出了一系列的作战指导思想,包括要"明于机数"(《七法》),善于把握战机;"遍知天下"(同上),做到知己知彼;"无方胜之几"(《兵法》),灵活机动地改变作战方法以及"释实而攻虚,释坚而攻脆,释难而攻易"(《霸言》)的攻击策略等。所有这些,都是对战争规律的努力探索,极大地丰富了古代军事思想。

在诸子著作中,《管子》一书更以全面而独到的经济思想而著称。全书大部分篇章都涉及到社会经济,有二十余篇更是集中论述经济问题,这在先秦诸子中是仅见的。《管子》的经济思想涉及面极广,其核心可归纳为目标论、生产论、分配论、消费论和轻重论。

"富国富民"是《管子》的经济目标论。谋求国富是《管子》经济思想的出发点和归宿,全书开宗明义第一句便称"凡有地牧民者,务在四时,守在仓廪。国多财则远者来,地辟举则民留处,仓廪实则知礼节,衣食足则知荣辱"。(《牧民》)富国的途径则是富民："凡治国之道,必先富民","民事农则田垦,田垦则粟多,粟多则国富"。(《治国》)民富是国富的源泉,也是国富的前提,"民富君无与贫,民贫君无与富"(《山至数》)。但两者有时也会有矛盾,那就要运用减轻赋敛、赈济贫困、盐铁专卖及各种轻重之术来进行调节(见《五辅》《海王》等篇),从而达到富国富民的双重目标。

《管子》将富国富民的基点放在发展生产上,"务本饬末则富"(《幼官》)。《管子》力主重农,强调:粟者,王者之本事也,人主之大务,有人之途,治国之道也(《治国》)。它不但要求"务五谷",还主张"养桑麻,育六畜"(《牧民》),发展多种副业。同时,《管子》又将士、农、工、商四民并称为"国之石民",对他们在社会中的构成和作用进行了详尽论述(见《小匡》),它重视手工业提供生产工具、作战兵器和生活用品的作用,重视商业互通有无、促进农业的作用。因此,《管子》重农本但并不排斥工商末业,而是主张进行整治,形成了"务本饬末"的发展生产的纲领。

对于社会财富的分配,《管子》的基本思想是国家轻征薄敛以保证生产者拥有一定的产品。它主张"均分地力",与民"分货"(《乘马》),主张减轻税率,并考虑到年成的丰歉、土地的肥瘠(见《大匡》《乘马》)。在财富再分配方面,《管子》一方面主张"其绩多者其食多,其绩寡者其食寡,无绩者不食"(《权修》),一方面要求"均齐贫富"。"散积聚,钧羡不足,分并财利"(《国蓄》)。这样,既鼓励了"绩多食多",又避免了"贫富无度"。

《管子》消费论的出发点是"俭则伤事,侈则伤货"(《乘马》),即认为节俭不利生产,奢侈消耗财富。由此出发,《管子》首先大力倡导节俭消费,"能节宫室、适车舆以实藏,则国必富,位必尊;能适衣服、去玩好以奉本,而用必赡,身必安"(《禁藏》),强调"实藏"、"奉本",并防止社会风气的败坏。但在特定条件下,它又主张侈靡消费,提倡饮食、车马、游乐、丧葬等追求奢侈,甚至"雕卵然后瀹之,雕橑然后爨之"(《侈靡》),认为这样可以增加就业,赈济灾荒,刺激生产,促进流通。

"轻重论"是《管子》经济思想中的独特范畴,它集中体现在全书《轻重》十九篇(今存十六篇)中。"轻重"一词在全书中最基本的含义有两方面:一是对市场供求关系及其对物价影响的认识:"夫物多则贱,寡则贵,散则轻,聚则重"(《国蓄》);二是指国家利用上述物价规律来牟取厚利:"夫民有余则轻之,故人君敛之以轻;民不足则重之,故人君散之以重。敛积之以轻,散行之以重,故君必有什倍之利,而财之圹可得而平也。"(同上)根据这两项基本原则,书中阐述了一系列的"轻重之策",如国家掌握全部经济统计数字,国家垄断货币铸造、盐铁专卖、自然资源等,依照年成情况、季节地区差价、囤积作用、政令缓急等各种因素人为抬高谷价以牟利等等。书中还将这种"轻重之术"推广到政治、军事、外交等各个领域。"轻重论"的核心是利用国家垄断重要产业和流通手段,依靠物价变动取得利润,以满足国家财政需要。虽然这种理论代表的是封建国家的利益,但其中对于商品货币、市场作用、物价规律的认识,关于国家垄断和财政收入的观点,以及经济竞争中的谋略思想等,都大大推动了古代经济思想的发展。《管子》中丰富的经济思想,使它成为中国经济思想史上的一部名著。

  由于《管子》非一人一时之作,因此全书缺乏严整的理论体系;但《管子》又决非各家各派学说的杂凑,它是数代"管仲学派"的学者继承和发展了管仲的治国思想,并融汇了多家学说之后形成的有鲜明特色的自成一家之说。这一鲜明特色就是齐文化的特色,先秦齐国是产生这派学说的土壤,因此,《管子》成为齐文化的杰出代表。自姜尚封疆营丘始建齐国,中经桓公称霸、田氏改革、稷下学宫,齐文化的发展绵绵不绝,并形成鲜明的地域特征。《史记·货殖列传》说:"齐带山海,膏壤千里,宜桑麻,百姓多文采、布帛、鱼盐……其俗宽缓阔达,而足智,好议论。地重,难动摇,怯于众斗,勇于持刺,故多劫人者,大国之风也。其中具五民。"以依山面海的地理位置和丰饶的物产为基础,齐文化表现在经济上农商并重,政治上尊贤尚功,学术上兼容并包,形成以开放、务实为基本特征的文化思想。它与相邻的鲁文化有着明显差异,更有别于楚、燕、晋等其他地域文化。齐文化的杰出代表有姜尚、管仲、晏婴、孙武、孙膑、田文、田单以及荀卿、邹衍、淳于髡、环渊、田骈、慎到、宋钘、尹文等稷下学士,而其思想精华则荟萃于《管子》一书。可以说,"管仲学派"撰成的这部巨著,代表了齐文化的正宗,它对道、法、儒、阴阳、名、兵、农诸家思想的融汇贯通,它对社会经济问题的深入探讨,都典型地体现了齐文化的基本特征。今天,深入挖掘《管子》这座中国文化宏富精深的宝库,深入研究以开放、务实为根本特征的齐文化的历史价值，也具有现实的意义。

三

刘向校定的《管子》问世之后，由于儒学定于一尊，齐学渐趋式微，因而整个六朝时期，这部别具特色的子书一直不受重视。傅玄讥其"鄙俗"(《傅子》)，刘勰也只是从文学角度加以称道(《文心雕龙·诸子》)。至唐初，《管子》书已有缺佚，李善注《文选》陆机《猛虎行》诗称："今检《管子》，近亡数篇"，即可为证；又《管子·封禅》尹注："原篇亡，以司马迁《封禅书》所载管子言以补之。"唐代《管子》受到重视，出现了魏征《管子治要》、杜佑《管子指略》等著述，尤其是产生了尹知章的注本。流传至今的题为房玄龄注的本子，一般认为是尹知章所撰，因为《新唐书·艺文志》著录有"尹知章注《管子》三十卷"，而不载房注。在敦煌残卷中，则保存有今存最早的《管子》古写本的片段。《管子》付梓刊行始于宋代，今存宋刊本即题刊于"大宋甲申"的杨忱本。郭沫若曾考定此"甲申"当为元初世祖二十一年（公元1284年）（见《管子集校叙录》），而近年有学者考得杨忱为北宋人，"甲申"为庆历四年（公元1044年），而此本已不见传，今存最早的宋本是南宋初张嵲的校正本，书后载有张氏《读管子》一文。（即《四部丛刊》影印之宋本。此说见周洪才《管子版本考述》，载《管子学刊》1990年第2期）宋本《管子》已亡佚《王言》《谋失》《正言》《言昭》《修身》《问霸》《牧民解》《问乘马》《轻重丙》《轻重庚》凡十篇。

明、清两代，《管子》的刊本和研究著述大量涌现。明刻以刘绩的《管子补注》本和赵用贤的《管韩合刻》本为代表，后者尤以大量补正脱误号称精善，其后诸刻大多脱胎于此，成为影响最大、流传最广的一种刊本。清代则以校释类著述最为发达，其中王念孙的《管子杂志》采用多家论说，最为精审；而戴望的《管子校正》收罗诸家校释，尤为繁富，影响最大。20世纪以来，《管子》研究继续发展。20年代末罗根泽的《管子探源》，对全书各篇的作者和时代逐一详加考辨，开辟了研究《管子》的新天地。由许维遹、闻一多发其凡，郭沫若于50年代集其成的《管子集校》，更是汇集了历代数十家校释成果中的精华，为深入研究《管子》打下了坚实的基础。马非百《管子轻重篇新诠》深入探讨了今存"管子轻重"十六篇，提出了许多独到的见解。80年代后期，随着全国《管子》学术讨论会及《管子》和齐文化国际学术讨论会的相继召开,随着《管子学刊》的创刊,《管子》和齐文化的研究全面展开,目前正呈现方兴未艾之势,并逐渐走向世界。

作为《中国历代名著全译丛书》之一种,本书旨在为广大读者提供一部全注全译的《管子》读本。本书采用通行的明赵用贤本(上海古籍出版社影印清光绪二年浙江书局刻本)为底本进行标点,《管子》原文一律不改字,凡有校改都入注文。注释主要依据历代校释,亦有译注者的意见;校释主要参阅了郭沫若《管子集校》(人民出版社《郭沫若全集》)等,并参考了马非百《管子轻重篇新诠》、中国人民大学《管子经济篇文注释》和赵守正《管子通释》等著述,凡有所据,一概注明。译文尽量采用直译,力求切合原文之意。由于译注者水平所限,书中一定有许多不当之处,切盼专家和广大读者指正。

谢浩范 朱迎平
1993年10月于上海

经　言

牧民第一

【题解】

牧民即治民。本篇阐述治理国家、统治百姓的理论和原则,包括"国颂"、"四维"、"四顺"、"士经"、"六亲五法"五节。"国颂"节阐明治国的原则在于"张四维",而"张四维"的前提在于"仓廪实"、"衣食足";"四维"节阐述四维的含义及其重要性;"四顺"节阐明治民的原则在于"顺民心",并具体说明了百姓的"四欲"和"四恶";"士经"当作"十一经",阐述治民的十一项经常性措施;"六亲五法"节说明君主治国的一系列具体准则。

【原文】

凡有地牧民者,务在四时①,守在仓廪②。国多财则远者来,地辟举则民留处③,仓廪实则知礼节,衣食足则知荣辱,上服度则六亲固④,四维张则君令行⑤。故省刑之要在禁文巧⑥,守国之度在饰四维⑦,顺民之经在明鬼神、祇山川、敬宗庙、恭祖旧⑧。不务天时则财不生,不务地利则仓廪不盈,野芜旷则民乃菅⑨,上无量则民乃妄,文巧不禁则民乃淫,不璋两原则刑乃繁⑩,不明鬼神则陋民不悟⑪,不祇山川则威令不闻,不敬宗庙则民乃上校⑫,不恭祖旧则孝悌不备。四维不张,国乃灭亡。

右国颂。

注释

①四时:即四季。

②仓廪(lǐn 凛):储藏米谷的仓库。谷藏叫仓,米藏叫廪。一说方称仓,圆称廪。

③辟举:尹知章云:"举,尽也。言地尽辟,则人留而安居处也。"

④上服度则六亲固:尹知章云:"服,行也。上行礼度,则六亲各得其所,故能感恩而结固也。六亲谓父母兄弟妻子。"

⑤四维:指礼、义、廉、耻。

⑥文巧:华丽的服饰、精巧的玩物,指奢侈品。

⑦饰四维:俞樾云:"饰"当读为饬。饰四维者正四维也。

⑧顺民之经:俞樾云:"顺"当读为训。训民之经言教训其民之道。祇(zhī 支):敬。祖旧:颜昌峣云:"祖谓宗亲,旧谓故旧。"

⑨萱:猪饲彦博云:疑当作"荒",惰也。译文从"荒"。

⑩璋:梅士享云:璋当为"障"。译文从"障"。两原:尹知章云:"谓妄之原,上无量也;淫之原,不禁文巧也。"原,同"源"。

⑪悟:猪饲彦博云:疑当作"信"。译文从"信"。

⑫上校:颜昌峣云:"校,亢也。"上校即抗上。

【今译】

大凡拥有封地、统治百姓的君主,必须致力于四季的农事,掌管好粮仓的储备。国家财富丰饶,远民就会前来归顺;土地多多开发,百姓就会滞留安居;粮仓充实,百姓才懂得礼节制度;衣食丰足,百姓才知道荣誉耻辱;君主遵行礼度,六亲才能团结;四维广为推行,君主才能令行禁止。因此,精简刑法的关键在于禁止奢侈,巩固国家的原则在于整顿四维,训导百姓的要旨在于崇奉鬼神、祭祀山川、敬重祖宗、尊重亲旧。不重视天时,财富就不会产生;不重视地利,粮仓就不会充盈;田野荒芜,百姓就会怠惰;君主无节制,百姓就会妄为;奢侈不禁,百姓就会放纵;不堵塞"两源",刑法就会繁多;不崇奉鬼神,小民就不会信从;不祭祀山川,威令就不会播扬;不敬重祖宗,百姓就会犯上作乱;不尊重亲旧,孝悌之德就不算完备。总之,不推行礼、义、廉、耻这四维,国家就要灭亡。

以上"国颂"。

【原文】

国有四维①,一维绝则倾,二维绝则危,三维绝则覆,四维绝则灭。倾可正也,危可安也,覆可起也,灭不可复错也②。何谓四维?一曰礼,二曰义,三曰廉,四曰耻。礼不逾节,义不自进③,廉不蔽恶,耻不从枉。故不逾节则上位安,不自进则民无巧诈,不蔽恶则行自全④,不从枉则邪事不生。

右四维。

注释

①四维:维本是系物的大绳,猪饲彦博云:"四维者喻系四角也。"这里喻指维系国家命运的关键。
②复错:张文虎云:"错字疑衍。"译文从张说。
③自进:尹知章云:"谓不由荐举也。"即自行钻营。
④全:张文虎云:疑当作"正"。译文从"正"。

【今译】

立国的根本在于有四维维系。一维断绝,国将倾倒;二维断绝,国将危险;三维断绝,国将翻覆;四维断绝,国将灭亡。倾倒可以扶正,危险可转安定,翻覆可再振起,灭亡就不能再恢复了。什么叫四维?一称为礼,二称为义,三称为廉,四称为耻。遵守礼,就不会超越规范;讲求义,就不会自行钻营;做到廉,就不会掩饰过错;懂得耻,就不会追随邪曲。因此,不超越规范,君主的地位就稳固;不自行钻营,百姓就不会投机取巧;不掩饰过错,品行就自然端正;不追随邪曲,坏事就不会产生。

以上"四维"。

【原文】

政之所兴①,在顺民心;政之所废,在逆民心。民恶忧劳,我佚乐之;民恶贫贱,我富贵之;民恶危坠,我存安之;民恶灭绝,我生育之。能佚乐之,则民为之忧劳;能富贵之,则民为之贫贱;能存安之,则民为之危坠;能生育之,则民为之灭绝。故刑罚不足以畏其意,杀戮不足以服其心。故刑罚繁而意不恐,则令不行矣;杀戮众而心不服,则上位危矣。故从其四欲,则远者自亲;行其四恶,则近者叛之。故知予之为取者,政之宝也。

右四顺。

注释

①兴:《群书治要》《艺文类聚》等引此句,并作"行"。译文从"行"。

【今译】

政令能够推行,在于它顺从民心;政令所以废弛,因为它违背民心。百姓厌恶劳苦忧患,我就要使他们安逸快乐;百姓厌恶贫困低贱,我就要使他们富足显贵;百姓厌恶危险灾祸,我就要使他们生存安定;百姓厌恶灭种绝后,我就要使他们生养繁衍。能使百姓安逸快乐,他们就会为此任劳任怨;能使百姓富足显贵,他们就会为此暂处贫贱;能使百姓生存安定,他们就会为此赴汤蹈火;能使百姓生养繁衍,他们就会为此献出生命。因此严刑重罚不足以使百姓心存畏惧,大量杀戮不足以使百姓心悦诚服。刑罚繁重而民意不畏惧,政令就不能推行;杀戮众多而民心不悦服,君主的地位就危险了。所以能顺应百姓的四种欲望,那么远方的百姓也会亲近归顺;使百姓陷于四种厌恶的境地,那么亲近的属民也会背离叛逃。可见懂得给予就是取得的道理,这是从政的法宝啊!

以上"四顺"。

【原文】

错国于不倾之地①,积于不涸之仓,藏于不竭之府②,下令于流水之原③,使民于不争之官④,明必死之路,开必得之门,不为不可成,不求不可得,不处不可久,不行不可复。错国于不倾之地者,授有德也;积于不涸之仓者,务五谷也;藏于不竭之府者,养桑麻、育六畜;下令于流水之原者,令顺民心也;使民于不争之官者,使各为其所长也;明必死之路者,严刑罚也;开必得之门者,信庆赏也⑤;不为不可成者,量民力也;不求不可得者,不强民以其所恶也;不处不可久者,不偷取一世也⑥;不行不可复者,不欺其民也⑦。故授有德,则国安;务五谷,则食足;养桑麻、育六畜,则民富;令顺民心,则威令行⑧;使民各为其所长,则用备;严刑罚,则民远邪;信庆赏,则民轻难⑨;量民力,则事无不成;不强民以其所恶,则诈伪不生;不偷取一世,则民无怨心;不欺其民,则下亲其上。

右士经⑩。

注释

①错:同"措",处置。

②"积于"句:郭沫若云:"'积'下当夺'食'字,'藏'下当夺'富'字。"译文从郭说。

③"下令"句:这里用水自源头顺流而下比喻政令顺应民心,易于推行。

④官:这里指职业、行业。

⑤信:守信,兑现。庆赏:奖赏。

⑥世:何如璋云:世疑作"时",以音近而讹。译文从"时"。

⑦"不行"句:尹知章云:"欺民之事,不可重行也。"

⑧威令:猪饲彦博云:"威令之令疑衍。"译文从之。

⑨轻难:不怕死难。

⑩士经:顾广圻云:"'士'字当是'十一'二字并写之误。"尹知章云:"经,常也。"译文从之。

【今译】

将国家建立在稳固的基础之上,将粮食积聚在取之不尽的粮仓中,将财富贮藏在用之不竭的府库里,将政令下达在水流的源头上,将百姓安置在互不相争的行业里,向百姓指明犯罪必死的道路,向百姓敞开有功必赏的大门,不从事不能成功的事业,不追求难以达到的目标,不留恋不能长久的利益,不去干不可重复的行为。将国家建立在稳固的基础之上,就要授政于有德行的人;将粮食积聚在取之不尽的粮仓中,就要致力于种植五谷;将财富贮藏在用之不竭的府库里,就要栽桑种麻、繁殖六畜;将政令下达在水流的源头上,是为了让政令顺应民心;将百姓安置在互不相争的行业里,是为了让他们发挥各自的特长;向百姓指明犯罪必死的道路,就要严格执行刑罚;向百姓敞开有功必赏的大门,就要及时兑现奖赏;不从事不能成功的事业,因为要度量百姓的承受能力;不追求难以达到的目标,因为不能用百姓厌恶的去勉强他们;不留恋不能长久的利益,因为不可只图一时的苟安;不去干不可重复的行为，因为不可欺骗自己的百姓。因此，授政于有德行的人，国家就安定；致力于种植五谷，粮食就充足；栽桑种麻、繁殖六畜，百姓就富裕；政令顺应民心，威信就树立；让百姓发挥各自的特长，器用就完备；严格执行刑罚，百姓就远避邪恶；及时兑现奖赏，百姓就不怕死难；度量民力而行，事业没有不成功的；不勉强人去做他所厌恶的事，欺诈虚伪就不会发生；不图一时的苟安，百姓就没有怨恨之心；不欺骗自己的百姓，百姓就会亲近自己的君主。

以上"十一经"。

【原文】

以家为乡，乡不可为也①；以乡为国，国不可为也；以国为天下，天下不可为也。以家为家，以乡为乡，以国为国，以天下为天下。毋曰不同生②，远者不听；毋曰不同乡，远者不行；毋曰不同国，远者不从。如地如天，何私何亲？如月如日，唯君之节③！

注释

①"以家"二句：刘绩云："言以为家者为乡，则乡必不治。"为，治理。
②生：俞樾云："'生'与'姓'古字通。"译从。
③"如地"四句：谭戒甫云："本云'唯君之节，无私无亲，如地如天，如月如日'，错综出之，用以叶韵耳。节，度也。"译文从之。

【今译】

用治家的办法去治乡，乡不可能治理好；用治乡的办法去治国，国不可能治理好；用治国的办法去治天下，天下不可能治理好。要以治家的办法去治家，治乡的办法去治乡，治国的办法去治国，治天下的办法去治天下。不要因为不同姓，就不听取关系疏远者的意见；不要因为不同乡，就不采纳关系疏远者的建议；不要因为不同国，就不遵从关系疏远者的主张。君主治理天下的准则，就要不分亲疏，要像天地那样覆载万物，要像日月那样普照寰宇。

【原文】

御民之辔①，在上之所贵；道民之门②，在上之所先；召民之路，在上之所好恶。故君求之则臣得之,君嗜之则臣食之,君好之则臣服之,君恶之则臣匿之。毋蔽汝恶,毋异汝度,贤者将不汝助。言室满室,言堂满堂③,是谓圣王。

注释

①辔:缰绳。这里指关键。
②道:同"导"。
③"言室"二句:闻一多云:满谓声满。言于室而声满于室,令一室之人皆闻之。言于堂亦然。这里指君主说话施政,要开诚布公。

【今译】

驾驭百姓的关键,在于君主重视什么;引导百姓的法门,在于君主带什么头;招引百姓的途径,在于君主喜爱什么、厌恶什么。因此君主追求的物品,臣下就会去求得;君主爱吃的食物,臣下就会去试尝;君主爱好的东西,臣下就会去宣扬;君主厌恶的东西,臣下就会去藏匿。因而不要掩饰你的过错,不要改变你的法度,否则有才德的贤人将不帮助你。在室内说的话要让满室的人都听到,在堂上说的话要让满堂的人都听到,这才称得上高明的君主啊!

【原文】

城郭沟渠,不足以固守;兵甲强力,不足以应敌;博地多财,不足以有众。惟有道者,能备患于未形也,故祸不萌。天下不患无臣,患无君以使之;天下不患无财,患无人以分之①。故知时者可立以为长,无私者可置以为政,审于时而察于用,而能备官者②,可奉以为君也。缓者后于事,吝于财者失所亲,信小人者失士。

右六亲五法③。

注释

①分:指合理分配。
②审于时、察于用、备官:指通晓时势、明察财用、任用官吏。
③"右六"句:旧注多谓"六亲"与"五法"当分章,但二者在文中均无确指,难以诠解。

【今译】

　　光凭坚固的防御工事,不足以坚守城池;光凭强大的装备兵力,不足以抵挡敌人;光凭广博的土地、丰饶的财富,不足以拥有百姓。只有掌握了治国法则的君主,才能在祸患发生之前就加以防止,所以灾祸就不会发生。天下不怕没有臣子,只怕没有高明的君主去使用他们;天下不怕没有财富,只怕没有精明的人才去合理分配。因此,把握时势的人可以任用为官吏,不营私利的人可以安排为执政,而能通晓时势、懂得财用而且善于任用官吏的人,才可以尊奉为君主。处事迟钝的人往往落后于形势,吝惜财物的人往往失去亲信,信用小人的人往往失去贤士的支持。

　　以上"六亲五法"。

形势第二

【题解】

　　形势指事物存在的形态和发展的趋势。猪饲彦博云:"山高、渊深,形也;羊至、玉极,势也。取篇首两句之意以为名耳。"本篇又名《山高》。《史记集解》引刘向《别录》曰:"《山高》一名《形势》。"这是取篇首二字为名。

　　本篇探讨事物的形态和趋势之间的因果关系,也就是事物的规律性,其核心思想是"道"。"道"是自然界事物发展的客观规律,"万物之生也,异趋而同归,古今一也",这就是"天道"。天道是不可违背的,"顺天者有其功,逆天者怀其凶";但天道又是可以认识(闻道)、可以掌握(得道)、可以运用(道之用)的。君主在治理国家时能真心诚意地奉行天道,就能拥有天下,即所谓"四方所归,心行者也"。本篇从"天道"论到"君道",而重点则在后者,也就是着重探讨了君主治国应遵行的规律。

　　本书《形势解第六十四》是对本篇的逐句诠解,应参照阅读。

【原文】

　　山高而不崩,则祈羊至矣①;渊深而不涸②,则沉玉极矣③。天不变其常,地不易其则,春秋冬夏不更其节④,古今一也。蛟龙得水而神可立也⑤,虎豹得幽而威可载也⑥,风雨无乡而怨怒不及也⑦。贵有以行令⑧,贱有以忘卑⑨,寿夭贫富,无徒归也⑩。

注释

①祈羊:尹知章曰:"烹羊以祭,故曰祈羊。"即指祭祀所用之羊。古代将禽兽血涂于器物上祭祀山林称"祈"。

②涸(hé 何):干枯。

③沉玉:指祭祀河川用的玉器。古代将祭品投入水中祭祀河川称"沉"。极:至,到。

④节:指四季对物候的调节。

⑤神:指神威。

⑥得:宋本和《形势解》均作"托"。译文从"托"。幽:幽深,指深山丛林。载:安井衡云:载读为戴。戴,尊奉。

⑦乡:同"向"。无向谓不分贵贱、美恶。

⑧贵:尊贵,此指君主。

⑨贱:低贱,此指百姓。

⑩徒:凭空。归:归向。

【今译】

山岭高峻而不崩溃,人们就要用羊去祭祀;水潭幽深而不干枯,人们就要用玉去祭祀。天不改变它的常规,地不变易它的法则,春秋冬夏四季不更换它们对万物的调节,从古到今都是相同的。蛟龙依靠深渊,它的神威才得以显示;虎豹凭借丛林,它的威力才得到尊奉;风雨吹打,没有固定的方向,因而不会招致人们的怨怒。君主能推行政令,百姓能忘却卑辱,人们有的长寿、有的短命,有的贫穷、有的富贵,这些都不是无缘无故形成的。

【原文】

衔命者①,君之尊也;受辞者②,名之运也③。上无事,则民自试④;抱蜀不言⑤,而庙堂既修⑥。鸿鹄锵锵⑦,唯民歌之;济济多士⑧,殷民化之⑨,纣之失也。飞蓬之问⑩,不在所宾⑪;燕雀之集,道行不顾⑫。牺牷圭璧⑬,不足以飨鬼神⑭;主功有素⑮,宝币奚为⑯?羿之道非射也⑰,造父之术非驭也⑱,奚仲之巧非斲削也⑲。召远者使无为焉⑳,亲近者言无事焉㉑,唯夜行者独有也㉒。

注释

①衔命:猪饲彦博云:"'衔'者奉而守之也,言民奉命令则君尊。"《管子·形势解》作"衔令"。

②辞:言辞。此谓君主的指示。

③名:声名。运:运行,播扬。

④"上无"二句:郭沫若云:"此言无为而治,'试'即尝试之试。"自试指自由发展。

⑤抱蜀:尹知章云:"抱,持也。蜀,祠器也。"此谓拿着祭祀祖先的祭器。

⑥庙堂:君主祭祀祖先的地方,此指国家。修:治理。

⑦鸿鹄:天鹅。锵锵:《管子·形势解》作"将将"。孙蜀丞云:锵锵当作"将将"。《广雅·释诂》'将,美也',重言之则曰'将将'。"

⑧济济:众多的样子。

⑨化:感化。

⑩"飞逢"句:闻一多云:"《广雅·释诂》三'问,遗也',赠遗曰问。飞蓬言其轻也。"

⑪宾:以礼迎接。闻一多云:"言客来所遗者薄,则不接受之也,与下'燕雀之集,道行不顾',语意相仿。"这里不取《形势解》的解说。

⑫道行:闻一多云:道行当作"行道",谓行道之人也。这里不取《形势解》的解说。

⑬牺牷:《形势解》作"牺牲",指祭祀用的牛羊。圭璧:《形势解》作"珪璧",指祭祀用的玉器。

⑭飨:同"享",敬献。

⑮主功:君主的功业。素:根本。

⑯宝币:泛指珍贵的礼品。

⑰羿(yì 义)后羿。传说中的古代部落首领,善于射箭。

⑱造父:传说是周穆王时的一个赶车、驯马的能手。驭:驾驶马车。

⑲奚仲:传说是夏禹时的能工巧匠,善于造车。斲(zhuó 苗):砍。

⑳召远者:招徕远方百姓(指他国)。召同"招"。使:使者。

㉑亲近者:亲近身边百姓(指本国)。言:言语。

㉒"唯夜"句:《形势解》作"唯夜行者独有之乎"。夜行:暗行,即下文"心行"。夜行者,指诚心推行大道的君主。

【今译】

百姓奉行命令,是君主尊严的体现;百姓接受指示,是声名播扬的征兆。君主无为而治,百姓就自由发展;君主拿着祠器不用说话,国家就得到治理。美丽的天鹅,百姓歌咏它;周朝众多的人才,感化了殷商百姓,这是商纣失天下的原因。礼品微薄,不会受到贵宾的礼遇;燕雀群集,不会引起路人的注意。用牛羊、玉器敬献鬼神,不一定得到保佑;君主的功业自有根基,珍贵的礼品又有什么用?后羿善射箭,在于掌握要领,而不在拉弓发箭的动作;造父善驾车,在于掌握方法,而不在操纵缰绳的动作;奚仲善造车,在于掌握技巧,而不在运斧用刀的动作。要招徕远方百姓,使者没有用处;要亲近身边百姓,言语没有作用;只有诚心实行大道的君主,才能拥有天下的百姓。

【原文】

平原之隰①,奚有于高②?大山之隈③,奚有于深?訾謷之人④,勿与任大⑤。譕臣者⑥,可以远举⑦;顾忧者⑧,可与致道⑨。其计也速而忧在近者,往而勿召也⑩。举长者,可远见也⑪;裁大者⑫,众之所比也⑬;美人之怀,定服而勿厌也⑭。

注释

①"平原"二句:王念孙云:"此当作'平隰之封,奚有于高'。"隰(xí 席):低湿之地。封:积土,小土丘。
②奚有:有什么。
③隈(wēi 危):山凹,小坑。
④訾(zǐ 子):诽谤贤人。謷(wèi 卫):吹捧恶人。尹知章云:"訾,毁贤;謷,誉恶也。如此之人,任之则乱大邦也。"
⑤任大:委以重任。
⑥"譕臣"句:猪饲彦博云:譕,古谟字,臣当作"巨"。谟,谋虑。巨,远大。
⑦以:《形势解》作"与"。猪饲彦博云:"言谋虑巨大者,可与举远久之事也。"
⑧顾忧:考虑忧患。
⑨致道:致力于实行大道。
⑩召:召回。
⑪尹知章云:"举用长利,众皆见之,故曰远见。"长利,指为天下谋利益的贤人。远见,指百姓能见到好处。

⑫裁:孙星衍云:裁古通作"材"字。材,资质。
⑬比:猪饲彦博云:比当作"庇",依赖也。译文从之。
⑭"美人"二句:俞樾云:"此句之义为不可晓",据《管子·形势解》,《管子》原文本作'欲人之怀,必服而勿厌也'"。译文从俞说。怀:归向,归顺。服:奉行,此谓奉行德政。

【今译】

　　沼泽中的小土丘,怎能称高?高山上的小土坑,怎能称深?专门诽谤贤人、吹捧恶人的小人,不能让他担负重任。谋虑远大的人,可以同他从事大业;考虑忧患的人,可以同他实行大道;主意出得快,而不考虑后患的人,走开了就不必召回。推举贤人,百姓才能得到利益;君主资质深广,众人才有所依赖;要别人归顺,就要奉行德政,并坚持不厌。

【原文】

　　必得之事,不足赖也;必诺之言①,不足信也。小谨者不大立②,訾食者不肥体③。有无弃之言者④,必参于天地也⑤。坠岸三仞⑥,人之所大难也,而猿猱饮焉⑦。故曰伐矜好专⑧,举事之祸也。不行其野,不违其马⑨,能予而无取者⑩,天地之配也⑪。

注释

①诺:应允。
②"小谨"句:何如璋云:"谨,《说文》'慎也'。小谨则过拘。……大立谓树立远大。小谨者其树立固不大也。"
③訾(zǐ)食:厌食,挑食。《形势解》作"饕"。肥体:此指身体健康。
④弃:废弃。无弃之言谓不可废弃之言,即谈论大道之言。
⑤参:参合,融合。
⑥坠岸:从高崖上跳下。三仞:形容崖高。古代七尺为一仞。
⑦猿猱(náo 挠):猿猴。
⑧伐矜:自负贤能,自以为是。好专:独断专行。刘绩云:故曰二字疑衍。译文从之。
⑨违:去,抛弃。
⑩予:给予。取:索取。

⑪配:匹配。

【今译】

　　自以为一定做到的事,依赖不得;口头上一定应允的话,信任不得。拘泥小事,不能成就伟业;厌恶进食,身体不会健康。谈论大道的人,一定融合了天地的精神。从高崖上跳下喝水,对人很困难,猿猴却能做到。自以为是、独断专行,是做事的祸害。不去原野奔驰,也不能丢弃马匹。能做到只给予而不索取,就可以与天地匹配。

【原文】

　　怠倦者不及①,无广者疑神②。神者在内③,不及者在门④。在内者将假⑤,在门者将待⑥。曙戒勿忽⑦,后稚逢殃⑧。朝忘其事,夕失其功。邪气入内,正色乃衰⑨。君不君则臣不臣,父不父则子不子。上失其位,则下逾其节⑩。上下不和,令乃不行。衣冠不正,则宾者不肃⑪。进退无仪⑫,则政令不行。且怀且威⑬,则君道备矣。莫乐之则莫哀之⑭,莫生之则莫死之⑮。往者不至,来者不极⑯。

注释

①怠倦:怠惰疲塌。不及:落后。
②"无广"句:猪饲彦博云:"'广'疑当作'旷','无旷'谓惜寸阴也,与怠倦反。"刘师培云:疑与"拟"同。此谓勤奋努力的人,办事如神。
③神者:猪饲彦博云:"此承上句言,神上脱'疑'字。"在内:入室内。
④在门:在门外。
⑤假:闻一多云:假读为"暇"。指悠闲自得。
⑥待:闻一多云:待读为"殆"。指疲惫不堪。
⑦曙戒:闻一多云:天将曙戒鼓鸣时谓之曙戒。勿读为忽,忽亦怠也。此谓早晨忽怠。
⑧后稚:闻一多云:稚读为迟,迟犹暮也。此谓晚上遭殃。
⑨入内:《形势解》作"袭内"。正色:端庄的神色。
⑩"上失"二句:此谓君主不依照他所处的地位行事,臣下就会超越自己行为的规范。
⑪"衣冠"二句:俞樾云:宾读为"傧"。傧者,接待宾客的官吏。肃:敬肃,肃然起敬。

⑫进退:举止行动。仪:法度。
⑬怀:关怀。威:威势。
⑭乐之:指君主使民安居乐业。哀之:指百姓为君分担忧患。
⑮生之:指君主使民生长繁育。死之:指百姓乐于为君牺牲。
⑯往者:指君主的恩德。来者:指百姓的报答。

【今译】

懒惰疲塌的人,必定落后;勤奋努力的人,办事如神。办事如神的人进入室内,落在后面的人还在门外。室内的人悠闲自得,门外的人疲惫不堪。天亮时松散怠惰,傍晚时就会遭殃。早晨忘掉该做的事,晚上就不见功效。邪气侵入体内,端庄的神色就会衰变。君主不像君主的样子,臣子就不像臣子的样子;父亲不像父亲的样子,儿子就不像儿子的样子。君主的行为与地位不相称,臣子的行为就会超越规范。上下不和睦,政令就难以实行。君主衣冠不端正,礼宾人员就不敬肃。君主举止行为不合法度,政令就不能推行。对百姓既给予关怀,又运用威势,这才是君主治国完备的方法。君主不能使百姓乐业,百姓就不会为他分忧;君主不能使百姓繁育,百姓就不会为他牺牲。君主不给百姓好处,百姓就不会回报君主。

【原文】

道之所言者一也①,而用之者异。有闻道而好为家者②,一家之人也③;有闻道而好为乡者,一乡之人也;有闻道而好为国者,一国之人也;有闻道而好为天下者,天下之人也;有闻道而好定万物者④,天下之配也⑤。道往者其人莫来⑥,道来者其人莫往⑦。道之所设,身之化也⑧。持满者与天⑨,安危者与人⑩。失天之度,虽满必涸⑪;上下不和,虽安必危。欲王天下而失天之道,天下不可得而王也。得天之道,其事若自然;失天之道,虽立不安。其道既得,莫知其为之⑫;其功既成,莫知其释之⑬。藏之无形,天之道也。疑今者察之古⑭,不知来者视之往⑮。万事之生也,异趣而同归⑯,古今一也。

注释

①道之所言:指道的基本内容。

②闻道:认识了道。为:治理。
③一家之人:治家的人才。
④定:安定,支配。
⑤天下:王念孙云:"'天下'当为'天地'。"译文从之。
⑥道往:猪饲彦博云:"道往,失道也。"此谓违背了道,人们不再回来。
⑦道来:猪饲彦博云:"道来,得道也。"此谓实行了道,人们不再离去。
⑧身之化也:许维遹云:"疑当作'身与之化也'。"此谓自身与道完全融合。
⑨持满:保持强盛。与天:顺从天道。
⑩安危:安定危亡。与人:顺从人心。
⑪涸:干枯,衰败。
⑫为:做,作用。
⑬释:舍,离开。
⑭察之古:考察古代。
⑮视之往:看看过去。
⑯趣:同"趋"。

【今译】

　　道的基本内容是一样的,只是运用它各不相同。有人认识了道,并能用来治理家,他就是治家的人才;有人认识了道,并能用来治理乡,他就是治乡的人才;有人认识了道,并能用来治理国,他就是治国的人才;有人认识了道,并能用来治理天下,他就是治天下的人才;有人认识了道,并能用来支配万物,他就能与天地匹配。违背了道,人们不再回来;实行了道,人们不再离去。掌握了道,自身的言行就与它融合在一起。保持强盛,就要顺从天道;安定危难,就要顺从人心。违背了天的法则,强盛的也必将衰败;君主和臣民对立,安定的也必将危亡。要想称王天下,却又违背天道,这是不可能达到目的的。掌握了天道,办事自然而然地成功;违背了天道,即使暂时成功也要失败。掌握了道,不知道它怎样发生作用;事业成功,不知道它怎样离去。隐蔽而不见它的形体,这就是天道啊!对现在有怀疑,可以考察古代;对将来不明白,可以看看过去。万事万物的产生发展千变万化,但根本的规律相同,古往今来是一样的。

【原文】

　　生栋覆屋,怨怒不及①;弱子下瓦,慈母操箠②。天道之极③,远者自亲;人事之起④,近亲造怨。万物之于人也,无私近也,无私远也。巧者有余,而拙者不足。其功顺天者天助之,其功逆天者天违之。天之所助,虽小必大;天之所违,虽成必败。顺天者有其功,逆天者怀其凶,不可复振也⑤。

【注释】

①生栋:猪饲彦博云:"以新伐之木为栋也。"覆屋:使房屋倒塌。尹知章云:"言人以生栋造舍,虽至覆屋,但自咎而已,不敢怨及他人。"

②弱子:小孩子。下瓦:从房上拆瓦。箠(chuí垂):鞭子。尹知章云:"弱子下瓦,所损不多,慈母便操箠而怒之。"

③天道之极:指彻底奉行天道。

④人事:指违背天道的私心。

⑤怀:尹桐阳云:"怀,致也。"振:挽救。

【今译】

用新伐的木材做栋梁,造成房屋倒塌,人们不会抱怨;孩子爬上房顶拆瓦,连慈母也会举鞭打他。彻底奉行天道,疏远的人也会亲近;私心一旦萌发,亲近的人也会生怨。万物对于人一视同仁,没有远近之分,但是灵巧的人用起来有余,笨拙的人用起来不足。功业顺从天道,天帮助他;行事违背天道,天遗弃他。天所帮助的,虽弱小必然壮大;天所遗弃的,虽成功必然失败。顺应天道的君主,就能成就功业;违背天道的君主,就会招致祸患,而且不能再次挽救。

【原文】

乌鸟之狡①,虽善不亲。不重之结②,虽固必解。道之用也,贵其重也。毋与不可,毋强不能,毋告不知③。与不可,强不能,告不知,谓之劳而无功。见与之交④,几于不亲;见哀之役⑤,几于不结;见施之德⑥,几于不报。四方所归,心行者也⑦。独王之国⑧,劳而多祸;独国之君⑨,卑而无威;自媒之女⑩,丑而不信。未之见而亲焉,可以往矣⑪;久而不忘焉,可以来矣⑫。

【注释】

①乌鸟之狡:《管子·形势解》作"乌集之交",是。交,交结。此谓乌鸦聚集式的交往。

②不重:不慎重,轻率。结:交结。

③毋与不可:指不要结交不该交往的人。毋强不能:指不要勉强能力不够的人。毋告不知:指不要告诉不懂道理的人。

④见与之交:《形势解》作"见与之友"。见同"现",显示。

⑤见哀之役:《形势解》作"见爱之交"。

⑥施:给予。德:恩德。

⑦心行者:指真心诚意实行大道的君主。

⑧独王之国:《形势解》作"独任之国"。独任指自以为是、独断专行。

⑨独国之君:即独任之国的君主。

⑩自媒:指自己作媒。

⑪往:去投奔。

⑫来:使百姓归附,即百姓去归附。

【今译】

乌鸦聚集式的交往,虽然表面热闹,但不亲密。轻率地与人结交,虽然一时牢固,必将分裂。所以,道的运用,重要的在于慎重。不要结交不该交往的人,不要勉强能力不够的人,不要告诉不懂道理的人。结交不该交往的人,勉强能力不够的人,告诉不懂道理的人,这就叫白白辛苦而没有功效。表面上显示友好,将得不到亲近;表面上显示亲爱,将得不到结交;表面上显示恩德,将得不到回报。只有真心诚意实行大道的君主,四面八方的人才会归附。君主自以为是、独断专行,这样的国家,疲于奔命,祸患不断;这样的君主,地位卑下,没有威势;就像自己作媒的女子,丢丑而得不到信任。没见过就想亲近他的君主,可以去投奔;能长久地不遗忘的君主,可以去归附。

【原文】

日月不明,天不易也①;山高而不见,地不易也②。言而不可复者③,君不言也;行而不可再者④,君不行也。凡言而不可复、行而不可再者,有国者之大禁也。

经言 ◆ 17

【注释】

①"日月"二句：尹知章云："日月无不明，假令不明，是天有云气而不易也。"
②"山高"二句：尹知章云："山高无不见，假令不见，是地多险阻不平易也。"
③言而不可复者：不可重复之言，指背离大道之言。
④行而不可再者：不可重复之行，指背离大道之行。

【今译】

日月不明亮，这是天不清的缘故；山高看不见，这是地不平的缘故。不能重复说的话，君主决不说；不能重复做的行为，君主决不做。凡是不能重复的话、不能重复的行为，都是君主最大的禁忌。

权修第三

【题解】

权修即"修权"，指巩固国家的统治权力。

本篇开宗明义，提出"操民之命，朝不可以无政"，全篇围绕这一中心，全面阐述了巩固统治权力的一系列政策：在政治方面，主张根据劳绩大小，"察能授官，班禄赐予"；在经济方面，要求轻赋敛，惜民力，"取民有度，用之有止"，主张重本业，禁末产，反对轻地利，反对工商业与农业"争民"、"争货"、"争贵"；在法制方面，注重法律在巩固统治权力中的各项作用，强调赏罚分明；在教化方面，要求推行礼义廉耻，禁止邪行，强调从小事做起，并阐述了培育人才的重要性。

【原文】

万乘之国，兵不可以无主；土地博大，野不可以无吏；百姓殷众①，官不可以无长；操民之命，朝不可以无政②。

【注释】

①殷：众多。
②政：政令。

【今译】

拥有万辆兵车的大国,军队不可以没有主帅;土地广阔,郊野不可以没有官吏;百姓众多,官府不可以没有首长;掌握百姓的命运,朝廷不可以没有政令。

【原文】

地博而国贫者,野不辟也;民众而兵弱者,民无取也①。故末产不禁则野不辟②,赏罚不信则民无取。野不辟,民无取,外不可以应敌,内不可以固守。故曰:有万乘之号,而无千乘之用,而求权之无轻③,不可得也。

注释

①民无取:何如璋云:取读如督趣之趣。民无取者,谓兵无主以督趣之,乃众而弱。

②末产:末业,指工商业,与农业(本业)相对称。

③轻:指削弱。

【今译】

土地广阔而国家贫穷,那是因为土地没有开垦;百姓众多而军队软弱,那是因为百姓没有督促。因而不禁止末业,土地就得不到开垦;不兑现赏罚,百姓就得不到督促。土地不开垦,百姓不督促,对外不能抗击敌人,对内不能固守国土。因此说,虽有万乘兵车的名义,却没有千乘兵车的实力,这样的国家,要想君主的权力不被削弱,是不可能的。

【原文】

地辟而国贫者,舟舆饰、台榭广也①;赏罚信而兵弱者,轻用众②、使民劳也。舟车饰、台榭广,则赋敛厚矣③;轻用众、使民劳,则民力竭矣。赋敛厚,则下怨上矣;民力竭,则令不行矣。下怨上,令不行,而求敌之勿谋己,不可得也。

注释

①台榭:泛指楼台殿阁。

②轻:轻易,随便。
③赋敛:指杂税。

【今译】
　　土地开垦了,国家仍然贫穷,那是因为君主装饰了豪华的车船、建造了太多的楼台殿阁;赏罚兑现了,军队仍然软弱,那是因为君主轻率地役使百姓,使百姓劳苦不堪。装饰车船、建造楼阁,这样杂税必然增多;轻率役使、百姓劳苦,这样民力必然衰竭。杂税增多,百姓就会怨恨君主;民力衰竭,政令就不能推行。百姓怨恨君主,政令不能推行,要想敌国不来侵犯,是不可能的。

【原文】
　　欲为天下者,必重用其国①;欲为其国者,必重用其民;欲为其民者,必重尽其民力。无以畜之②,则往而不可止也;无以牧之,则处而不可使也③。远人至而不去,则有以畜之也;民众而可一,则有以牧之也。

注释
①重:慎重,珍惜。
②畜(xù 续):容留,留住。
③处:留处,居住。

【今译】
　　要治理好天下,必须慎重地使用国力;要治理好国家,必须慎重地对待百姓;要治理好百姓,必须慎重地使用民力,不能用尽。君主留不住百姓,百姓要离去也无法阻止;君主治不好百姓,百姓留下来也不听役使。远方的百姓来投奔而不离去,这说明君主能留住百姓;百姓众多而能步调一致,这说明君主能治理百姓。

【原文】
　　见其可也,喜之有征①;见其不可也,恶之有刑②。赏罚信于其所见,虽其所不见,其敢为之乎?见其可也,喜之无征;见其不可也,恶之无刑。赏罚不信于其所见,而求其所不见之为之化③,不可得也。厚爱利足以亲之④,明智礼足以教之,上身服以先之⑤,审度量以闲之⑥,乡置师以说道之⑦。然后申之以宪令⑧,劝之以庆赏⑨,振之以刑罚⑩。故百姓皆说为善⑪,则暴乱之行无由至矣。

注释

①征:征验。
②刑:猪饲彦博云:"《韩子》作'形',是。"形,显露。
③化:感化。郭沫若云:"谓赏罚于所见者既无信必可言,则求所不见者为之感化,殊不可得。即赏罚不信,则不能赏罚一人而劝惩百人。"
④厚爱利:指多向百姓施恩。
⑤身服:自身遵行。先:引导,示范。
⑥审:明确。闲:阻隔,防范。
⑦说:许维遹云:"说"字疑涉下文而衍。译文从许说。道:同"导"。
⑧申:申明,约束。宪令:法令。
⑨庆赏:奖赏。
⑩振:闻一多云:"振读为"震",威也。
⑪说:同"悦"。

【今译】

君主见到合于政令的,就要及时加以奖赏;见到不合政令的,就要及时加以处罚。君主见到的能赏罚分明,那么,即使他见不到,人们还敢随心所欲吗?君主见到合于政令的,不及时奖赏;见到不合政令的,不及时处罚。君主见到的都不能赏罚分明,那么,要想让他所见不到的被感化,是不可能的。君主多向百姓施恩,百姓就亲近君主;君主说明是非礼仪,百姓就能得到教化。君主以身作则进行示范,明确限制加以防范,设置乡师加以引导,然后再用法令进行约束,用奖赏加以勉励,用刑罚进行威慑,这样,百姓都乐于实行政令,暴力动乱的行为就不会发生。

【原文】

地之生财有时,民之用力有倦,而人君之欲无穷。以有时与有倦,养无穷之君,而度量不生于其间,则上下相疾也①。是以臣有杀其君,子有杀其父者矣。故取于民有度,用之有止②,国虽小必安;取于民无度,用之不止,国虽大必危。

> 注释

①相疾:相互仇视。
②止:止境。

【今译】

土地生长财物有季节的限制,百姓使用体力有疲倦的时候,而君主的欲望却是无限的。用有限的财物和民力,供养欲望无限的君主,如果中间没有一定的限度,那么君主和百姓就要相互仇视。因而就会发生臣子杀死君主、儿子杀死父亲的现象。所以,君主征取财物要有限度,使用民力要有止境,这样,国家虽小,必然安定;如果征取财物没有限度,使用民力没有止境,这样,国家虽大,必然危亡。

【原文】

地之不辟者,非吾地也;民之不牧者,非吾民也。凡牧民者,以其所积者食之①,不可不审也。其积多者其食多,其积寡者其食寡,无积者不食。或有积而不食者,则民离上②;有积多而食寡者,则民不力;有积寡而食多者,则民多诈;有无积而徒食者,则民偷幸③。故离上、不力、多诈、偷幸,举事不成,应敌不用。故曰:察能授官,班禄赐予④,使民之机也⑤。

> 注释

①积:同"绩"。劳绩。食(sì 四):指给予俸禄。
②离上:与君主离心离德。
③偷幸:苟且侥幸。
④班禄:分别爵禄等级。
⑤机:枢机,关键。

【今译】

没有开垦的土地,不能算我的土地;没有归顺的百姓,不能算我的百姓。凡是治理百姓,要根据劳绩大小给予俸禄,这不能不慎重对待。

劳绩大的俸禄多,劳绩小的俸禄少,没有劳绩的不给俸禄。如果有劳绩而得不到俸禄,百姓就和君主离心离德;劳绩大而俸禄少,百姓就不愿尽力;劳绩小而俸禄多,百姓就伪诈欺骗;没有劳绩而白得俸禄,百姓就苟且侥幸。如果百姓离心离德、不愿尽力、伪诈欺骗、苟且侥幸,那么办事就不会成功,抗敌就不会取胜。因此说,考察能力授予官职,分别等级赐予俸禄,这是治理百姓的关键。

【原文】

野与市争民①,家与府争货②,金与粟争贵③,乡与朝争治④。故野不积草,农事先也;府不积货,藏于民也;市不成肆⑤,家用足也;朝不合众,乡分治也。故野不积草,府不积货,市不成肆,朝不合众,治之至也。

注释

①"野与"句:尹知章云:"民务本业,则野与市争民。"
②"家与"句:尹知章云:"下务藏积,则家与府争货。"
③"金与"句:尹知章云:"所宝惟谷,故金与粟争贵。"
④"乡与"句:尹知章云:"官各务其职,故乡与朝争治。"
⑤肆:市场上排列的货摊。

【今译】

田野与集市争夺劳力,民家与国库争夺财物,黄金与粮食争夺贵重,地方与朝廷争夺治理。因而田野不荒芜,是由于农业优先;国库不积聚财物,是由于藏财于民;市场不排列货摊,是由于家用丰足;朝廷不召集百官,是由于分乡治理。田野不积草荒芜,国库不积聚财物,市场不排列货摊,朝廷不召集百官,这是治理国家的最高水平。

【原文】

人情不二,故民情可得而御也。审其所好恶,则其长短可知也;观其交游,则其贤不肖可察也。二者不失,则民能可得而官也①。

注释

①官:指使用。

【今译】

　　人情没有什么两样，因而百姓的情况是可以了解和驾御的。考察他们的喜好、憎恶，就可以知道他们的长处和短处；观察他们的交往对象，就可以知道他们贤明还是无能。把握住以上两点，百姓的能力就可以了解并使用了。

【原文】

　　地之守在城，城之守在兵，兵之守在人，人之守在粟。故地不辟则城不固。有身不治，奚待于人①？有人不治，奚待于家？有家不治，奚待于乡？有乡不治，奚待于国？有国不治，奚待于天下？天下者，国之本也②；国者，乡之本也；乡者，家之本也；家者，人之本也；人者，身之本也；身者，治之本也。故上不好本事，则末产不禁；末产不禁，则民缓于时事而轻地利③；轻地利而求田野之辟、仓廪之实，不可得也。

注释

　　①"有身"二句：许维遹云："待，犹至也。……言身之尚不能治，何能至于治人。"

　　②"天下"二句：俞正燮云：言天下以国为本。下仿此。

　　③时事：杨树达云："时事"谓春耕夏耘、秋收冬藏。

【今译】

　　守卫国土的关键在城池，守卫城池的关键在武器，使用武器的关键在人，养活人的关键在粮食。因而土地不开垦，城池就不坚固。自身不能治理，怎能治理别人？一人不能治理，怎能治理一家？一家不能治理，怎能治理一乡？一乡不能治理，怎能治理一国？一国不能治理，怎能治理天下？天下以国为根本，国以乡为根本，乡以家为根本，家以人为根本，人以自身为根本，自身以治理为根本。因而君主不重视农业，工商末业就不能禁止；工商末业不禁止，百姓就放松四时农事，轻视土地收益。轻视土地收益，要使田野得以开垦，粮仓得以充实，是不可能的。

【原文】

　　商贾在朝，则货财上流①；妇言人事，则赏罚不信；男女无别，则民无廉耻。货财上流,赏罚不信,民无廉耻,而求百姓之安难②,兵士之死节③,不可得也。朝廷不肃,贵贱不明,长幼不分,度量不审,衣服无等,上下凌节④,而求百姓之尊主政令,不可得也。上好诈谋间欺,臣下赋敛竞得,使民偷一⑤,则百姓疾怨,而求下之亲上,不可得也。有地不务本事,君国不能一民⑥,而求宗庙社稷之无危,不可得也。上恃龟筮⑦,好用巫医⑧,则鬼神骤祟⑨。故功之不立,名之不章⑩,为之患者三:有独王者⑪,有贫贱者⑫,有日不足者⑬。

注释

①货财上流:指将行贿受贿带入上层。
②安难:安于危难。
③死节:为国而死。
④凌节:超越规范。
⑤使:猪饲彦博云:"使,役也。"偷一:尹知章云:"偷取一时之快。"
⑥君国:统治国家。一民:使民一致。
⑦龟筮(shì 是):龟甲和蓍草,都是占卜的用具。这里指用龟筮占卜凶吉。
⑧巫医:专以祈祷求神来治病和占卜凶吉的人。
⑨骤祟:频繁作怪。
⑩章:同"彰"。
⑪独王者:指自以为是、独断专行的君主。
⑫贫贱者:指国家贫穷、地位卑贱的君主。
⑬日不足者:指每况愈下、一天不如一天的君主。

【今译】

商人进入朝廷,就会将贿赂带入上层;妇女议论国事,就会使赏罚不守信用;男女不加区别,就会使百姓失去羞耻。贿赂带入朝廷,赏罚不守信用,百姓失去羞耻,要使百姓安于危难,战士为国捐躯,是不可能的。朝廷不整肃,贵贱不分明,长幼不区别,标准不明确,服制不分等级,上下超越规范,要使百姓尊重君主的政令,是不可能的。君主喜好诡诈欺骗,臣下争相收取赋税,役使百姓,贪图一时的好处,百姓对此痛恨怨怒,要使百姓亲近君主,是不可能的。拥有土地却不去从事农业,统治国家却不能统一民心,要使国家没有危险,是不可能的。君主依靠占卜决定凶吉,喜欢使用巫医求神,这样鬼神就频繁作怪。君主这样治理国家,功业不成就,声名不显著,并将造成三种祸患:将成为自以为是、独断专行的君主,将成为国家贫穷、地位卑贱的君主,将成为每况愈下、一天不如一天的君主。

【原文】

　　一年之计,莫如树谷;十年之计,莫如树木;终身之计,莫如树人。一树一获者,谷也;一树十获者,木也;一树百获者,人也。我苟种之①,如神用之,举事如神,唯王之门②。

注释

　　①苟:如果。种之:指培育人才。
　　②唯王之门:谓这是称王天下的必经门径。

【今译】

　　作一年的打算,没有比种植谷物更恰当的;作十年的打算,没有比培植果木更恰当的;作终身的打算,没有比培育人才更恰当的。种植一次而有一次的收获,这是谷物;培植一次而有十次的收获,这是果木;培育一次而有百次的收获,这是人才。我如果能精心地培育人才,巧妙如神地使用人才,那么,从事大业就能得心应手,这是称王天下必经的门径。

【原文】

　　凡牧民者,使士无邪行①,女无淫事。士无邪行,教也;女无淫事,训也;教训成俗而刑罚省,数也。凡牧民者,欲民之正也②,欲民之正,则微邪不可不禁也。微邪者,大邪之所生也,微邪不禁,而求大邪之无伤国,不可得也。凡牧民者,欲民之有礼也,欲民之有礼,则小礼不可不谨也。小礼不谨于国,而求百姓之行大礼,不可得也。凡牧民者,欲民之有义也,欲民之有义,则小义不可不行。小义不行于国,而求百姓之行大义,不可得也。凡牧民者,欲民之有廉也,欲民之有廉,则小廉不可不修也③。小廉不修于国,而求百姓之行大廉,不可得也。凡牧民者,欲民之有耻也,欲民之有耻,则小耻不可不饰也④。小耻不饰于国,而求百姓之行大耻,不可得也。凡牧民者,欲民之修小礼、行小义、饰小廉、谨小耻⑤、禁微邪，此厉民之道也⑥。民之修小礼、行小义、饰小廉、谨小耻、禁微邪，治之本也。

注释

①士：此指男子。
②正：指走正道。
③修：修治。
④饰：同"饬"，整饬。
⑤据上文，应为"谨小礼、行小义、修小廉、饰小耻"。下同。
⑥厉：同"砺"，砥砺，这里指教育。

【今译】

统治百姓，就要使男子没有邪僻行为，女子没有淫乱行为。男子没有邪僻行为，要靠教育；女子没有淫乱行为，要靠训诫。经过教育和训诫成为习俗，就能少用刑罚，这是自然规律。统治百姓，就要百姓走正道，要百姓走正道，不能不禁止小的邪恶。小的邪恶是大的邪恶产生的根源，不禁止小的邪恶，要想大的邪恶不危害国家，是不可能的。统治百姓，就要百姓遵守礼节，要百姓遵守礼节，不可不重视小礼。国家不重视小礼，要想百姓遵守大礼，是不可能的。统治百姓，就要百姓实行仁义，要百姓实行仁义，不可不推行小义。国家不推行小义，要想百姓实行大义，是不可能的。统治百姓，就要百姓做到清廉，要百姓做到清廉，不可不修治小廉。国家不修治小廉，要百姓做到大廉，是不可能的。统治百姓，就要百姓懂得羞耻，要百姓懂得羞耻，不可不整顿小耻。国家不整顿小耻，要百姓懂得大耻，是不可能的。总之，统治百姓，要百姓重视小礼、推行小义、修治小廉、整顿小耻、禁止小邪，这是教育百姓的方法。百姓能够重视小礼、推行小义、修治小廉、整顿小耻、禁止小邪，这就是治理国家的根本所在。

【原文】

凡牧民者，欲民之可御也，欲民之可御，则法不可不审①。法者，将立朝廷者也，将立朝廷者，则爵服不可不贵也②。爵服加于不义，则民贱其爵服；民贱其爵服，则人主不尊；人主不尊，则令不行矣。法者，将用民力者也,将用民力者,则禄赏不可不重也③。禄赏加于无功,则民轻其禄赏;民轻其禄赏,则上无以劝民④;上无以劝民,则令不行矣。法者,将用民能者也,将用民能者,则授官不可不审也。授官不审,则民间其治⑤;民间其治,则理不上通;理不上通,则下怨其上;下怨其上,则令不行矣。法者,将用民之死命者也⑥,用民之死命者,则刑罚不可不审。刑罚不审,则有辟就⑦;有辟就,则杀不辜而赦有罪;杀不辜而赦有罪,则国不免于贼臣矣⑧。故夫爵服贱、禄赏轻、民间其治、贼臣首难⑨,此谓败国之教也⑩。

注释

①审:《北堂书钞》《太平御览》引作"重"。译文从"重"。
②爵服:爵位服饰。
③禄赏:俸禄赏赐。
④劝:勉励。
⑤间:间隔,隔阂。
⑥用民之死命:指决定百姓生死。
⑦辟就;猪饲彦博云:"辟、避同。言有罪避刑,无辜就戮。"即指包庇坏人、冤枉好人。
⑧贼臣:指妄图篡位的大臣。
⑨首难:指带头作乱。
⑩败国之教:国家败亡之道。

【今译】

　　统治百姓,就要百姓服从治理,要百姓服从治理,不可不重视法律的地位。法律是用来树立朝廷权威的,要树立朝廷的权威,不可不重视爵位服饰的封授。爵位服饰授给不义之徒,百姓就要鄙视爵位服饰;百姓鄙视爵位服饰,君主就得不到尊重;君主得不到尊重,政令就不能推行。法律是用来使百姓出力的,要使百姓出力,不可不重视俸禄赏赐的分发。俸禄赏赐分给无功的人,百姓就要轻视俸禄赏赐;百姓轻视俸禄赏赐,君主就失去了勉励百姓的手段;君主失去了勉励百姓的手段,政令就不能推行。法律是用来发挥百姓才能的,要发挥百姓的才能,不可不慎重对待委派官职。委派官职不慎重,百姓就要与官府隔阂;百姓与官府隔阂,正当要求就不能上达君主;正当要求不能上达，百姓就抱怨君主；百姓抱怨君主，政令就不能推行。法律是用来决定百姓生死的，要决定百姓的生死，不可不慎重对待使用刑罚。使用刑罚不慎重，就会包庇坏人、冤枉好人；包庇坏人、冤枉好人，就会错杀无辜，赦免有罪；错杀无辜，赦免有罪，国家就难免被贼臣篡位。因此，百姓鄙视爵位服饰、轻视俸禄赏赐、与官府隔阂、贼臣带头作乱，这就叫做国家败亡的征兆。

立政第四

【题解】

"立政"即"莅政"（用闻一多说），指君主临政治国。又《群书治要》引作"立君"，则为"人君所以自立"之意（用安井衡说）。

本篇阐述君主临政的一系列重大问题，提出了一套比较完整的治国纲领和政策措施。全篇共分九节。"三本"指用人方面的三项根本原则，它决定国家的治乱；"四固"指鉴别人才的四项重大政策，它决定国家的安危；"五事"指经济方面的五件大事，它决定国家的贫富。三本、四固、五事合称"三经"，是治国的纲领。"首宪"阐述国家的行政组织结构和法令颁布、传达、执行的程序。"首事"阐述具体办事的规则。"省官"列举各类官吏的职责，以为检查的标准。"服制"说明君主臣民服饰享用的制度。"九败"指使国家败亡的九种错误的思想观点。"七观"当作"七期"，阐述从教化到施政七个方面所期望达到的成效，也即理想的治国远景。

本书《立政九败解第六十五》是对本篇中"九败"一节的逐句诠解，应参照阅读。

【原文】

国之所以治乱者三，杀戮刑罚，不足用也。国之所以安危者四，城郭险阻，不足守也。国之所以富贫者五，轻税租，薄赋敛，不足恃也。治国有三本，而安国有四固，而富国有五事。五事，五经也①。

注释

①"五事"二句：谭戒甫云：治、安、富三者并重，不应独以五事为"五经"。疑原文本作"三者，三经也"。译文从之。

【今译】

决定国家治乱的因素有三方面，光靠杀戮刑罚，不能达到大治。决定国家安危的因素有四方面，光靠城墙险要，不能守卫。决定国家富贫的因素有五方面，光靠减轻租税，少收杂税，不能做到富强。因而，使国家大治有"三本"，使国家安定有"四固"，使国家富强有"五事"：这三项是治理国家的纲领。

【原文】

君之所审者三①：一曰德不当其位②，二曰功不当其禄，三曰能不当其官。此三本者，治乱之原也③。故国有德义未明于朝者，则不可加于尊位；功力未见于国者④，则不可授以重禄；临事不信于民者，则不可使任大官。故德厚而位卑者谓之过，德薄而位尊者谓之失。宁过于君子，而毋失于小人。过于君子，其为怨浅；失于小人，其为祸深。是故国有德义未明于朝而处尊位者，则良臣不进⑤；有功力未见于国而有重禄者，则劳臣不劝⑥；有临事不信于民而任大官者，则材臣不用⑦。三本者审，则下不敢求⑧；三本者不审，则邪臣上通，而便辟制威⑨。如此则明塞于上⑩，而治壅于下⑪，正道捐弃，而邪事日长。三本者审，则便辟无威于国，道途无行禽⑫，疏远无蔽狱⑬，孤寡无隐治⑭。故曰：刑省治寡，朝不合众⑮。

右三本。

注释

①审：审慎，注意。
②不：黄巩云："'必'伪'不'，下同。"译文从"必"。
③原：同"源"。
④功力：功绩，能力。见：同"现"。
⑤良臣不进：优良的大臣得不到引荐。
⑥劳臣不劝：勤奋的大臣得不到勉励。

⑦材臣不用:有才能的大臣得不到重用。
⑧求:指谋求高爵要职。
⑨便辟:指靠阿谀奉承得宠于君主的佞臣。制威:专权。
⑩明塞于上:指君主受蒙蔽。
⑪治壅于下:指政令不能向下推行。
⑫行禽:俞樾云:"此承上文'便辟无威于国'而言,禽,犹囚也。"
⑬蔽狱:冤狱。
⑭隐治:俞樾云:"治亦讼也。……'隐治'与'蔽狱'一也。"
⑮朝不合众:谓朝廷不聚集群臣议论政事。

【今译】

　　君主用人必须注意三方面:一是他的品德必须与爵位相称,二是他的功绩必须与俸禄相称,三是他的才能必须与官职相称。这三个根本问题是国家治乱的根源。因而道义品德没有在朝廷显露出来的人,不能给予尊贵的爵位;功绩能力没有在国内表现出来的人,不能授给优厚的俸禄;治理政事不能取得百姓信任的人,不能担任重要的官职。品德淳厚而爵位卑微,这叫做用人失当;品德低劣而爵位尊贵,这叫做用人错误。宁可安排君子失当,也不可错误使用小人。安排君子失当,招来的怨恨浅;错误使用小人,造成的祸患深。如果有人道义品德没有在朝廷显露出来,却处于尊贵的爵位,那么贤良的大臣就得不到引荐;如果有人功绩能力没有在国内表现出来,却拥有优厚的俸禄,那么勤奋的大臣就得不到勉励;如果有人处理政事不能取得百姓的信任,却担任重要的官职,那么有才能的大臣就得不到重用。认真注意这三个根本问题,小人就不敢谋求高爵要职。这三个根本问题处理不当,阿谀奉承的邪佞之徒就会上通君主,专权施威,这样君主会受蒙蔽,政令不能推行,治国的正路被抛弃,坏事日益滋长。这三个根本问题处理得当,邪佞之徒不敢滥施淫威,道路上见不到囚犯,边远地区不会产生冤狱,孤儿寡母不会无处申冤。因此说,刑罚少用了,政事减少了,朝廷就不用经常召集群臣议事。

　　以上"三本"。

【原文】

　　君之所慎者四:一曰大德不至仁①,不可以授国柄②;二曰见贤不能让,不可与尊位;三曰罚避亲贵③,不可使主兵④;四曰不好本事,不务地利,而轻赋敛⑤,不可与都邑⑥。此四务者⑦,安危之本也。故曰卿相不得众,国之危也;大臣不和同⑧,国之危也;兵主不足畏,国之危也;民不怀其产⑨,国之危也。故大德至仁,则操国得众⑩;见贤能让,则大臣和同;罚不避亲贵,则威行于邻敌;好本事,务地利,重赋敛⑪,则民怀其产。

右四固。

注释

①"一曰"句:郭沫若云:"'大'与'至'均是动词。……'大德不至仁'者即徒以德为大而不至于仁,所谓伪君子也,……"
②国柄:国家大权。
③罚避亲贵:指对亲戚、权贵该罚不罚。
④主兵:统帅军队。
⑤轻赋敛:轻率地征收赋税。
⑥都邑:指做地方官吏。
⑦四务:当作"四固"。
⑧和同:协调一致。
⑨怀其产:怀恋自己的产业。
⑩操国:掌握国家大权。
⑪重:慎重。

【今译】

君主必须慎重对待四种人:一是标榜道德但做不到仁,这样的人不能授予国家大权;二是见到贤能但不能谦让,这样的人不能授予尊贵的爵位;三是对亲戚、权贵该罚不罚,这样的人不能统帅军队;四是不重视农业,不努力生产,却轻率地征收赋税,这样的人不能担任地方官吏。这四项巩固权力的措施,是国家安危的根本。所以,掌握大权的卿相得不到众人支持,国家就危险了;地位尊贵的大臣不协调一致,国家就危险了;统帅军队的将领不能使人畏惧,国家就危险了;百姓不怀恋自己的产业,国家就危险了。因此标榜道德又做到仁义,掌握大权就能得到众人支持;见到贤能就能谦让,大臣就能协调一致;亲戚、权贵该罚就罚,国家的威势就能震慑敌国;重视农业,努力生产,慎重地征收赋税,百姓就怀恋自己的产业。

以上"四固"。

【原文】

君之所务者五:一曰山泽不救于火①,草木不植成②,国之贫也;二曰沟渎不遂于隘③,鄣水不安其藏④,国之贫也;三曰桑麻不植于野,五谷不宜其地,国之贫也;四曰六畜不育于家,瓜瓠荤菜百果不备具⑤,国之贫也;五曰工事竞于刻镂⑥,女事繁于文章⑦,国之贫也。故曰山泽救于火,草木殖成,国之富也;沟渎遂于隘,障水安其藏,国之富也;桑麻植于野,五谷宜其地,国之富也;六畜育于家,瓜瓠荤菜百果备具,国之富也;工事无刻镂,女事无文章,国之富也。

右五事。

注释

①救于火:许维遹云:"《说文》'救,止也',《周礼·司救注》'救犹禁也'。"救于火谓防火灾。

②植成:同"殖成"。繁殖成熟。

③沟渎:沟渠。遂:畅通。隘:狭地。

④鄣水:同"障水",指用堤坝围起来的水。不安其藏:指水泛滥。

⑤瓠(hù 户):葫芦一类蔬菜。荤:葱蒜一类蔬菜。

⑥工事:指工匠的制作。刻镂:雕刻。

⑦女事:指妇女的刺绣。文章:文饰。

【今译】

君主必须努力注意五件大事:一是山林沼泽不能防止火灾,草木不能繁殖成长,国家就贫困;二是沟渠不畅通,堤坝不牢固,大水泛滥成灾,国家就贫困;三是桑麻不遍种于野,五谷种植没有因地制宜,国家就贫困;四是六畜不遍养于农家,蔬菜瓜果品种不齐备,国家就贫困;五是工匠制造只在雕刻上竞争,妇女刺绣只追求文饰繁缛,国家就贫困。因此,山林沼泽能防止火灾,草木繁殖成长,国家就富足;沟渠畅通,堤坝牢固,国家就富足;桑麻遍种于田野,五谷因地制宜,国家就富足;农家遍养六畜,蔬菜瓜果品种齐备,国家就富足;工匠制造不讲究雕刻,妇女刺绣不追求文饰,国家就富足。

以上"五事"。

【原文】

分国以为五乡①,乡为之师②;分乡以为五州,州为之长;分州以为十里,里为之尉;分里以为十游,游为之宗;十家为什,五家为伍,什伍皆有长焉。筑障塞匿③,一道路,博出入④。审闾闬⑤,慎管键⑥,管藏于里尉。置闾有司⑦,以时开闭。闾有司观出入者,以复于里尉⑧。凡出入不时,衣服不中⑨,圈属群徒不顺于常者⑩,闾有司见之,复无时⑪。若在长家子弟、臣妾、属役、宾客⑫,则里尉以谯于游宗⑬,游宗以谯于什伍,什伍以谯于长家,谯敬而勿复⑭。一再则宥⑮,三则不赦。凡孝悌、忠信、贤良、俊材⑯,若在长家子弟、臣妾、属役、宾客,则什伍以复于游宗,游宗以复于里尉,里尉以复于州长,州长以计于乡师⑰,乡师以著于士师⑱。凡过党⑲,其在家属,及于长家;其在长家,及于什伍之长;其在什伍之长,及于游宗;其在游宗,及于里尉;其在里尉,及于州长;其在州长,及于乡师;其在乡师,及于士师。三月一复,六月一计,十二月一著。凡上贤不过等⑳,使能不兼官,罚有罪不独及㉑,赏有功不专与㉒。

注释

①国:都城城郊以内称国,以外称野。乡:乡与下文中州、里、游、什、伍都是国以下各级行政单位。

②师:乡师与下文中州长、里尉、游宗、什长、伍长都是各级官吏。

③障塞:障碍,指围墙之类。匿:孙星衍云:"匿"字衍。译从。

④博出入:猪饲彦博云:"'博'当为'抟',同'专',一也。"专出入谓设一个出入口。

⑤闾闬(hàn旱):里门。

⑥管键:钥匙和插关。

⑦闾有司:看管里门的小吏,即门卫。

⑧复:报告。

⑨不中:指不合规定。

⑩圈属群徒:指里内的居民和外来的雇工、宾客,即下文所谓"子弟、臣妾、属役、宾客"。

⑪复无时:指随时报告。
⑫长家:大户之家。臣妾:家内男女奴仆。属役:服役的奴仆。
⑬谯:同"诮"。责备。
⑭敬:戴望云:敬与"儆"同,戒也。谯敬,指责备和警告。
⑮宥(yòu右):原谅。
⑯俊材:优秀人才。
⑰计:统计、汇总。
⑱著:著录,登记备案。士师:朝廷掌管刑赏的官吏。
⑲过党:责罚同党,即处罚连坐制度中受牵连的人。
⑳上贤:闻一多云:上读为尚,举也。不过等:不越级。
㉑不独及:指不单处罚犯罪者本人。
㉒不专与:指不单赏赐有功者本人。

【今译】

将都城地区分为五个乡,每乡设一个乡师;将一乡分为五个州,每州设一个州长;将一州分为十个里,每里设一个里尉;将一里分为十个游,每游设一个游宗;十户人家组成一个什,五户人家组成一个伍,什和伍都设什长、伍长。修筑围墙,统一道路,控制出入。细心看管里门,留心掌管门锁,钥匙由里尉保管,专设看门小吏,按时开闭里门。门卫负责监督出入里门的人,向里尉报告。凡是不按时进出、衣服不合规定、里内居民和外来客人表现异常的,门卫发现后要随时报告。如果是大户人家的子弟、奴仆、雇工、宾客,里尉要责备游宗,游宗要责备什长、伍长,什长、伍长要责备大户的家长,责备和警告之后,就不用向上报告。一次、两次可以原谅,三次就不能宽恕。凡是孝亲敬长、忠诚守信、品行优良、才能出众的人才,如果是大户人家的子弟、奴仆、雇工、宾客,什长、伍长要报告游宗,游宗要报告里尉,里尉要报告州长,州长汇总上报乡师,乡师登记上报士师。凡是责罚罪犯同党,家属犯罪,就要追究家长;家长犯罪,就要追究什长、伍长;什长、伍长犯罪,就要追究游宗;游宗犯罪,就要追究里尉;里尉犯罪,就要追究州长;州长犯罪,就要追究乡师;乡师犯罪,就要追究士师。三个月上报一次,六个月统计一次,十二个月登记一次。凡是举荐贤才不得越级,使用能人不得兼职,处罚罪犯不只限于本人,奖赏功臣不只专给本人。

【原文】

　　孟春之朝①,君自听朝,论爵赏、校官②,终五日。季冬之夕③,君自听朝,论罚罪、刑杀,亦终五日。正月之朔④,百吏在朝,君乃出令,布宪于国⑤。五乡之师、五属大夫⑥,皆受宪于太史⑦。大朝之日,五乡之师、五属大夫,皆身习宪于君前⑧。太史既布宪,入籍于太府⑨,宪籍分于君前。五乡之师出朝,遂于乡官⑩,致于乡属⑪,及于游宗,皆受宪。宪既布,乃反致令焉⑫,然后敢就舍⑬。宪未布,令未致,不敢就舍,就舍谓之留令⑭,罪死不赦。五属大夫,皆以行车朝,出朝不敢就舍,遂行。至都之日⑮,遂于庙,致属吏,皆受宪。宪既布,乃发使者致令,以布宪之日,蚤晏之时⑯。宪既布,使者以发⑰,然后敢就舍。宪未布,使者未发,不敢就舍,就舍谓之留令,罪死不赦。宪既布,有不行宪者,谓之不从令,罪死不赦。考宪而有不合于太府之籍者⑱,侈曰专制⑲,不足曰亏令⑳,罪死不赦。首宪既布㉑,然后可以布宪㉒。

　　右首宪。

注释

①孟春之朝(zhāo 招):正月月初。
②校官:考核官吏。
③季冬之夕:十二月底。
④朔:指初一。
⑤布宪:公布法令。
⑥五属大夫:野分五属,每属设一大夫,统称五属大夫。
⑦太史:掌管典籍、记载历史的官吏。
⑧习宪:熟习法令。
⑨籍:简册,此指法令的底本。太府:收藏典籍之处。
⑩遂:到达。乡官:王引之云:"乡官谓乡师治事处也。"
⑪致于:王引之云:"'致'下不当有'于'字,此涉上下两'于'字而衍。"
⑫反:同"返"。致令:回复命令。
⑬就舍:回到住所。
⑭留令:留滞法令,不及时传达法令。
⑮都:《左传·庄公二十八年》:"凡邑,有宗庙先君之主曰都,无曰邑。"此指属的行政中心。
⑯蚤晏:早晚。

⑰以:同"已"。
⑱考宪:颜昌峣云:"考宪,岁终考成也。"指考核法令执行情况。
⑲侈:超出,增多。专制:专断。
⑳亏令:指削减法令。
㉑首宪:指君主年初颁布的法令。
㉒布宪:丁士涵云:"布宪,当为'行宪'。"译文从之。

【今译】

正月月初,君主临朝听政,评议对官吏的考核和赏赐,共用五天时间。十二月底,君主临朝听政,决定对罪犯的处罚和量刑,也用五天时间。正月初一,所有官吏上朝,君主公布法令,并颁行全国。五乡的乡师、五属的大夫,都到太史那里领受法令。朝会的日子,五乡的乡师、五属的大夫都要亲自在君主面前熟习法令。太史颁布法令后,将记载法令的简册在君主面前分发给乡师和大夫,并将法令的底本存放进太府。五乡的乡师离开朝廷,回到乡的治所,马上召集下属官吏,直到游宗,都来领受法令。颁布法令后,就返朝回复命令,然后才敢回到住所。法令没有颁布,命令没有回复,不敢回住所休息,否则就叫做留滞法令,罪行当死,不得赦免。五属的大夫,都坐车入朝,离开朝廷不敢回住所,马上出发。回到属的治所的当天,立即前往宗庙,召集下属官吏,让他们都来领受法令。颁布法令后,就派使者向君主回复命令,使者要在颁布法令的当天不论时间早晚,马上出发。法令已经颁布,使者已经派出,然后才敢回到住所。法令没有颁布,使者没有派出,不敢回住所休息,否则也叫做留滞法令,罪行当死,不得赦免。法令既已颁布,有不遵照执行的,叫做不服从法令,罪行当死,不得赦免。考核法令执行情况,有与太府所藏的法令底本不相符的,增多的叫做专断独行,不足的叫做削减法令,都罪行当死,不得赦免。因此,从君主年初的法令颁布之后,就应该遵照执行。

以上"首宪"。

【原文】

凡将举事,令必先出。曰事将为①,其赏罚之数,必先明之。立事者谨守令以行赏罚②,计事致令③,复赏罚之所加。有不合于令之所谓者,虽有功利④,则谓之专制,罪死不赦。首事既布⑤,然后可以举事。

右首事。

注释

①曰:语气助词。
②立事:同"莅事",指具体办事。谨:严格。
③计事:指总结工作。
④功利:成效,好处。
⑤首事:指君主最初发布的举事命令。

【今译】

凡是准备兴办事项,必须先出台有关的法令。将要做某件事,必须先明确赏罚的规定。具体办事的人要严格遵照君主的法令进行赏罚,总结情况,回复命令,上报执行赏罚的结果。如果有和法令相违背的,即使事有成效,也叫做专断独行,罪行当死,不得赦免。君主最初的举事法令公布之后,就可以照此办事。

以上"首事"。

【原文】

修火宪①,敬山泽林薮积草②,夫财之所出③,以时禁发焉④,使民于宫室之用、薪蒸之所积⑤,虞师之事也⑥。决水潦⑦,通沟渎,修障防,安水藏⑧,使时水虽过度⑨,无害于五谷,岁虽凶旱,有所秎获⑩,司空之事也⑪。相高下,视肥硗⑫,观地宜,明诏期⑬,前后农夫⑭,以时均修焉⑮,使五谷桑麻皆安其处,由田之事也⑯。行乡里⑰,视宫室,观树艺⑱,简六畜⑲,以时钩修焉⑳,劝勉百姓,使力作毋偷,怀乐家室,重去乡里㉑,乡师之事也。论百工,审时事㉒,辨功苦㉓,上完利㉔,监一五乡㉕,以时钩修焉,使刻镂文采,毋敢造于乡,工师之事也㉖。

右省官。

注释

①修火宪:制定防火法令。
②敬:赵用贤云:敬同"儆",戒也。指警戒。薮(sǒu叟):水浅草茂的沼泽。

积草:指草甸子。

③夫财:丁士涵云:"'夫财'当作'天财'。"天财指自然物产。

④禁发:封禁和开发。

⑤"使民"句:戴望云:"'民'下当脱'足'字,'所'字疑衍。"译文从之。

⑥虞师:主管山泽的官吏。

⑦水潦(lǎo 老):积水。

⑧安水藏:指加固水库。

⑨时水:季节性雨水。

⑩秎(fēn 分)获:收获。

⑪司空:即司工,主管水利、建筑工程的官吏。

⑫硗(qiāo 敲):瘠薄的土地。

⑬诏期:诏同"召"。张佩纶云:"谓征召之期。"指征召服役的日期。

⑭前后农夫:指安排农民务农和服役的先后次序。

⑮均修:调节,治理。

⑯由田:刘师培云:"'由'当作'申'。"申田即司田,主管农业的官吏。

⑰行:巡视。

⑱树艺:种植,此指树木和庄稼。

⑲简:察看。

⑳钧修:同"均修"。下同。

㉑重去乡里:指不轻易离开家乡。

㉒时事:指各季节的工作任务。

㉓功苦:《荀子》杨注:"功谓器之精好者,苦谓滥恶者。"指产品质量的好坏。

㉔上:同"尚"。完利:指坚固适用。

㉕监一:监督统一。

㉖工师:主管手工业的官吏。

【今译】

　　制定防火法令,警戒好山林、湖泊、沼泽、草甸这些出产自然物产的地方,按季节封禁和开放,使百姓不缺少建房的木材和烧柴的储备,这是虞师的职责。排除积水,疏通沟渠,修筑堤防,加固水库,即使雨水过多,也不会损害庄稼,即使遭受严旱,也能够有所收获,这是司空的职责。测量地势高低,视察土地肥瘠,调查土壤适宜的作物品种,说明征召服役的日期,安排农民生产和服役的先后次序,按季节进行调节,使五谷、桑麻得到合理种植,这是申田的职责。巡视乡里,视察住房,检查树木、庄稼的种植,察看六畜的饲养,按季节进行调节,勉励百姓努力劳动不偷懒,关心家庭,安居乐业,不轻易离开故乡,这是乡师的职责。评定工匠的优劣,审查四季的生产任务,检查产品质量的好坏,提倡坚固适用的产品,监督统一五乡的制造业,按季节进行调节,使没有人敢生产讲究雕刻装饰的产品,这是工师的职责。

以上"省官"。

【原文】

度爵而制服,量禄而用财。饮食有量,衣服有制,宫室有度,六畜人徒有数①,舟车陈器有禁②。修生则有轩冕、服位、谷禄、田宅之分③,死则有棺椁、绞衾、圹垄之度④。虽有贤身贵体,毋其爵不敢服其服;虽有富家多资,毋其禄不敢用其财。天子服文有章⑤,而夫人不敢以燕以飨庙⑥,将军大夫以朝⑦,官吏以命⑧,士止于带缘⑨。散民不敢服杂采⑩,百工商贾,不得服长鬈貂⑪。刑余戮民⑫,不敢服绋⑬,不敢畜连乘车⑭。

右服制。

注释

①人徒:奴仆。

②陈器:陈设的器物。

③"修生"句:王念孙云:"'生'上不当有'修'字,此涉上文'钧修'而衍。"服位:职位。谷禄:俸禄。分(fēn 份):应得的待遇。

④棺椁(guǒ 果):棺材;内棺为棺,外棺为椁。绞衾(qīn 侵):捆尸衣的带子、盖尸体的单被。圹(kuàng 矿)垄:墓穴、坟堆。

⑤服文有章:指衣服有文饰。

⑥燕:指燕服,家居的衣服。

⑦朝:指朝服,朝会的衣服。

⑧命:指命服,按官爵等级应穿的衣服。

⑨带缘:衣带和衣服缘边。

⑩散民:指平民。杂采:杂有文采。

⑪长鬈(quán 权):指羔皮。貂:指貂皮。

⑫刑余戮民:服过刑和正在服刑的人。

⑬绋:一本作"丝"。

⑭畜连:同"蓄辇",备有小车。

【今译】

根据爵位高低制订服用的标准,按照俸禄多少规定花费的数量。饮食有一定标准,衣着有一定的规定,住房有一定限度,六畜和奴仆有一定数量,车船和陈设的器物有一定限制。活着的时候,在车马、衣帽、职位、俸禄、田宅等方面有应得的待遇;死了以后,在棺材、衣被、坟墓等方面有相应的制度。即使有尊贵的身份,没有相应的爵位就不敢穿规定的衣服;即使有富饶的家产,没有相应的俸禄就不敢作规定的花费。天子的衣服有一定的文饰,夫人不敢穿着居家的衣服祭祀祖先,将军大夫穿朝服上朝,官吏穿命服治事,士人只能在衣带缘边标志身份。平民不敢穿杂有文采的衣服。工匠商人不能穿羔皮或貂皮的衣服。服过刑和正在服刑的人不敢穿丝织衣服,也不敢备车和乘车。

以上"服制"。

【原文】

寝兵之说胜①,则险阻不守。兼爱之说胜②,则士卒不战。全生之说胜③,则廉耻不立。私议自贵之说胜④,则上令不行。群徒比周之说胜⑤,则贤不肖不分。金玉货财之说胜⑥,则爵服下流⑦。观乐玩好之说胜⑧,则奸民在上位。请谒任举之说胜⑨,则绳墨不正⑩。谄谀饰过之说胜⑪,则巧佞者用。

右九败。

注释

①寝兵:息兵,停息兵备。胜:占上风。
②兼爱:彼此相爱,泛爱。
③全生:保全生命。
④私议自贵:私自立说,自命不凡。
⑤群徒比周:结党营私。
⑥金玉货财:贪图财富。
⑦爵服下流:使官爵随意流入下层,指卖官鬻爵。
⑧观乐玩好:吃喝玩乐,指追求享乐。
⑨请谒:请托、拜见,指干求官爵。任举:指私人保举。

⑩绳墨:木匠取直用的墨线,此指用人标准。
⑪谄谀饰过:阿谀奉承,文过饰非。

【今译】

　　如果停息兵备的观点占上风,那么险要的阵地也守不住。如果彼此相爱的观点占上风,那么士兵相互间就不肯交战。如果保全生命的观点占上风,那么廉耻的品德就不能树立。如果自命不凡的观点占上风,那么君主的政令就不能推行。如果结党营私的观点占上风,那么贤良和不才就难以区分。如果贪图财富的观点占上风,那么就会出现卖官鬻爵。如果追求享受的观点占上风,那么小人就会占据高位。如果干求保举的观点占上风,那么用人的标准就会遭歪曲。如果文过饰非的观点占上风,那么阿谀奉承的佞人就会被任用。

　　以上"九败"。

【原文】

　　期而致①,使而往,百姓舍己以上为心者②,教之所期也。始于不足见,终于不可及③,一人服之④,万人从之,训之所期也。未之令而为,未之使而往,上不加勉,而民自尽竭,俗之所期也⑤。好恶形于心⑥,百姓化于下,罚未行而民畏恐,赏未加而民劝勉,诚信之所期也。为而无害,成而不议,得而莫之能争,天道之所期也⑦。为之而成,求之而得,上之所欲,小大必举,事之所期也。令则行,禁则止,宪之所及,俗之所被,如百体之从心⑧,政之所期也。

　　右七观⑨。

注释

①期:指征召。致:同"至",指应召。
②以上为心:将君主作为自己的主宰。
③"始于"二句:指开始时不知不觉,最终则功效显著,难以追及。
④一人:指君主。服:从事。
⑤俗:风俗。
⑥好恶:指君主的好恶。
⑦天道:郭沫若云:"'天'疑'大'字之讹。"译文从"大"。
⑧百体之从心:人体各部分受心脏支配。

⑨七观:丁士涵云:"'观'当作'期'。"

【今译】

听到征召马上来到,受到差遣立即前往,百姓放弃自己的意愿而将君主作为主宰,这是施行教化所期望的成效。开始时不知不觉,最终则功效显著,难以追及,君主身体力行,万民紧相随从,这是进行训导所期望的成效。没有下令就主动去做,没有指使就自觉前往,不用君主勉励,百姓自动尽心竭力,这是改易风俗所期望的成效。君主的好恶刚产生在心中,百姓就自觉地化为行动,刑罚没有施行百姓就感到畏惧,赏赐没有颁发百姓就受到鼓励,这是倡导诚信所期望的成效。做任何事都没有后患,完成后也没有异议,得到成果谁也不争,这是推行大道所期望的成效。做事必能成功,要求必能达到,君主所希望的事,大小都能实现,这是办事所期望的成效。有令就能推行,有禁就能制止,凡法令所达到和风俗所影响到的地方,百姓服从君主,就像人体各部分受心脏支配一样,这是施政所期望的成效。

以上"七观"。

乘马第五

【题解】

乘马指计算筹划。乘即乘除之类计算,马即"算数之筹",今称法码、筹码。(用何如璋说)因此,"乘马"即用运算的筹码进行经济方面的计算筹划。

本篇论述了治理国家在经济方面的一系列原则和具体措施,分为立国、大数、阴阳、爵位、务市事、士农工商、圣人、失时、地里九节。"立国"论述营建都市选择地势的原则。"大数"概述帝业、王业、霸业的为政方针和君道、臣道的重要原则。"阴阳"以下四节,内容与标题不完全相符,主要围绕土地、市场、货币、军赋等经济制度展开论述,主张整顿土地制度,作为治国的根本;改革赋税制度,保证国家收入;改革生产关系,促进生产发展。具体措施有:开放山林河泽,扩大赋税来源;根据土质、面积、销售确定征税标准;建立耕战相结合的组织体制;

采用"均地分力"的个体生产方式,实行"与民分货"提高劳动者积极性等。"圣人"强调"托业于民"。"失时"强调不失农时。"地里"计算土地等级及其负担能力。总之,本篇为治理国家勾画出一个较为系统的经济纲领。

【原文】

凡立国都①,非于大山之下,必于广川之上。高毋近旱而水用足,下毋近水而沟防省②。因天材③,就地利④,故城郭不必中规矩⑤,道路不必中准绳⑥。

右立国⑦。

注释

①国都:都城,都市。
②沟防:排水沟和堤防。
③天材:指自然资源。
④地利:指有利的地理环境。
⑤规矩:圆规和曲尺。此指方圆的规定。
⑥准绳:水平仪和墨线。此指平直标准。
⑦立国:建立都市。

【今译】

凡是建立大小都市,不在大山脚下,也要在大河旁边。建立高地的,不能靠近干旱地区,要求水源充足;建在低地的,不能靠近水涝洼地,才能省去沟堤。凭借自然资源,依靠地理环境,因此建设城墙不一定符合方圆的规定,修筑道路不一定符合平直的标准。

以上"立国"。

【原文】

无为者帝①,为而无以为者王②,为而不贵者霸③。不自以为所贵,则君道也;贵而不过度④,则臣道也。

右大数⑤。

【注释】

①帝:成帝业。
②无以为:没有什么可做。王:成王业。
③不贵:不自以为贵,不妄自尊大。霸:成霸业。
④度:指等级名分。
⑤此节阐述为政的方针、原则,故称大数。

【今译】

顺其自然、无为而治的君主可以成就帝业,治理有方而不需亲自操劳的君主可以成就王业,有所作为而不妄自尊大的君主可以成就霸业。不自高自大、自恃尊贵,是当君主的准则;不因地位高而逾越等级名分,是当臣子的准则。

以上"大数"。

【原文】

地者政之本也,朝者义之理也①,市者货之准也②,黄金者用之量也③,诸侯之地千乘之国者器之制也④。五者其理可知也,为之有道⑤。

【注释】

①朝:朝廷。义之理:谓等级名分的体现。
②市:市场。货之准:谓物资流通的标志。
③用之量:谓财用计算的尺度。
④器之制:谓规定军赋的标准。
⑤为:谓。

【今译】

土地是治理国家的根本,朝廷是等级名分的体现,市场是物资流通的标志,黄金是财用计算的尺度,一国拥有的土地和兵车的数量,是规定军赋的标准。懂得了这五方面的道理,就可以说掌握了治国的原则。

【原文】

地者政之本也,是故地可以正政也①。地不平均和调②,则政不可正也,政不正则事不可理也③。春秋冬夏,阴阳之推移也④;时之短长⑤,阴阳之利用也⑥;日夜之易,阴阳之化也。然则阴阳正矣⑦,虽不正,有余不可损,不足不可益也,天地,莫之能损益也⑧。然则可以正政者地也,故不可不正也。正地者,其实必正⑨。长亦正,短亦正,小亦正,大亦正,长短大小尽正。正不正则官不理⑩,官不理则事不治,事不治则货不多。是故何以知货之多也?曰事治;何以知事之治也?曰货多。货多事治,则所求于天下者寡矣,为之有道。

右阴阳⑪。

注释

①正:整顿,整治。
②平均和调:指土地分配合理、管理完善。
③事:指生产活动。
④推移:相互作用。
⑤时:指昼夜。
⑥利用:作用。
⑦正:指正常。
⑧郭沫若云:"原文当为'天也,莫之能损益也',上'也'误益为'地'。"译文从之。
⑨实:土地的实际收益,引申为纳税制度。
⑩正不正:猪饲彦博云:"上'正'字当作'地'。"译文从之。
⑪阴阳:此节阐述"地者政之本",题为"阴阳",取节内二字名之,与内容不符。张文虎云:"题谬甚。此等皆后人妄增。"

【今译】

土地是治理国家的根本,因此,利用土地可以整治国家的政治。土地分配不合理、管理不完善,国政就得不到整治;国政得不到整治,生产就得不到发展。春夏秋冬四季,是阴阳相互运动的结果;昼夜短长,是阴阳作用的结果;日夜更替,是阴阳变化的结果。阴阳的运动一般是正常的,即使偶有不正常,多余时无法减少,不足时不能增加,这是自然现象,没有人能够改变它。然而,可以用来整治国政的土地却是可以改变的,因而不可不进行整顿。整顿土地,就必须整顿土地的纳税制度。长的土地要整顿,短的土地要整顿,小块土地要整顿,大块土地要整顿,不论长短大小都要整顿。土地纳税制度不整顿,官府就不能治理;官府无法治理,生产就不会发展;生产不得发展,物资就不会增多。那么怎样知道物资的增多呢?回答是看生产的发展;怎样知道生产的发展呢?回答是看物资的增多。物资增多了,生产发展了,那么求助于别国的也就少了,这就可以说掌握了治国的原则。

以上"阴阳"。

【原文】

朝者义之理也,是故爵位正而民不怨①,民不怨则不乱,然后义可理。理不正则不可以治,而不可不理也②。故一国之人,不可以皆贵,皆贵则事不成而国不利也;为事之不成、国之不利也③,使无贵者则民不能自理也。是故辨于爵位之尊卑,则知先后之序、贵贱之义矣,为之有道。

右爵位④。

【注释】

①爵位:此泛指等级名分制度。
②"理不"二句:丁士涵云:"'不正'谓爵禄不正也,对上'爵位正'言之。'理'字涉上'义可理'而衍。'而不可不理也'当作'而不可理也',对上'义可理'言之。"译文从丁说。
③为:因为。
④此节阐述"朝者义之理"。

【今译】

朝廷是等级名分的体现,因而爵位制度合理,百姓就不会怨恨,百姓不怨恨,就不会犯上作乱,这样等级名分才能体现出来。爵位制度不合理,就无法治理国家,等级名分也不能体现。所以,一国的臣民不可以全都尊贵,全都尊贵就无人进行生产,对国家也不利;因为无人进行生产,对国家不利,因而假如没有少数尊贵者,百姓就不能自己管理自己。因此,辨明爵位的尊卑高下,就可以懂得先后的次序、贵贱的区别,这就可以说掌握了治国的原则。

以上"爵位"。

【原文】

市者货之准也,是故百货贱则百利不得①,百利不得则百事治②,百事治则百用节矣③。是故事者生于虑,成于务,失于傲。不虑则不生,不务则不成,不傲则不失。故曰:市者可以知治乱,可以知多寡,而不能为多寡,为之有道。

右务市事④。

注释

①百利不得:指得不到各种超额利润。

②"百利"句:郭沫若云:货物贱则利润少,不能作超额剥削。剥削少则市场稳定、百姓安居乐业。

③节:调节平衡。

④本节阐述"市者货之准"。

【今译】

市场是物资流通的标志,因而各种物资价格低廉,商人就得不到超额利润,商人得利少,各项生产就能发展,生产得到发展,各种需求就能调节平衡。因而生产的发展产生于周密计划,成功于辛勤努力,失败于骄傲懈怠。不周密计划就不会产生,不辛勤努力就不会成功,不骄傲懈怠就不会失败。因此说,通过市场,可以看出国家的治乱,可以了解物资的多少,但不能生产出物资本身,这就可以说掌握了治国的原则。

以上"务市事"。

【原文】

黄金者用之量也,辨于黄金之理则知侈俭①,知侈俭则百用节矣。故俭则伤事②,侈则伤货③。俭则金贱,金贱则事不成,故伤事;侈则金贵,金贵则货贱,故伤货。货尽而后知不足④,是不知量也;事已而后知货之有余⑤,是不知节也。不知量,不知节,不可,谓之有道⑥。

注释

①侈俭:指国家财用的奢侈或节俭。

②伤事:指抑制生产。
③伤货:指浪费物资。
④货尽:指物资用完。
⑤事已:指生产完成。
⑥此节阐述"黄金者用之量"。

【今译】

　　黄金是财用计算的尺度,懂得了黄金的这个作用,就可以了解国用的奢侈或节俭,知道了国用奢侈或节俭的情况,各种需求就能调节平衡。国用过于节俭,就会抑制生产;过于奢侈,就会浪费物资。因为过于节俭,金价就低贱,金价低贱,就不利生产发展,因而就会抑制生产;过于奢侈,金价就贵重,金价贵重,物价就下跌,因而就会浪费物资。物资消耗完才知道不足,这是不了解所需的数量;生产完成后才知道有余,这是不懂得物资的调节。不了解所需的数量,不懂得物资的调节,都是不允许的,这就可以说掌握了治国的原则。

【原文】

　　天下乘马服牛①,而任之轻重有制②。有一宿之行③,道之远近有数矣。是知诸侯之地千乘之国者,所以知地之小大也④,所以知任之轻重也⑤。重而后损之,是不知任也;轻而后益之,是不知器也。不知任,不知器,不可,谓之有道⑥。

注释

①乘马服牛:驾驶马车、牛车。
②任:负担。制:限制。
③一宿:一夜。
④"所以"句:王念孙云:"'地之小大'当作'器之小大'。"此谓军赋的多少,据兵车可统计。
⑤任之轻重:此谓百姓负担的轻重,据土地可统计。
⑥此节阐述"诸侯之地千乘之国者器之制"。

【今译】

　　天下所有的马车、牛车,载重量的多少都有一定限度。知道了它一夜的行程,就能推算出道路的远近。同样的道理,知道了一国拥有的兵车和土地的数量,就可以推算出军赋的多少和负担的轻重。负担过重然后再减少,这是不了解所需军赋的数量;负担太轻然后再增加,这是不了解承担军赋的能力。不了解所需军赋的数量,不了解承担军赋的能力,都是不允许的,这就可以说掌握了治国的原则。

【原文】

地之不可食者①,山之无木者,百而当一②。涧泽,百而当一。地之无草木者,百而当一。樊棘杂处③,民不得入焉,百而当一。薮④,镰缠得入焉⑤,九而当一⑥。蔓山⑦,其木可以为材,可以为轴,斤斧得入焉,九而当一。汎山⑧,其木可以为棺,可以为车,斤斧得入焉,十而当一。流水⑨,网罟得入焉⑩,五而当一⑪。林,其木可以为棺,可以为车,斤斧得入焉,五而当一。泽,网罟得入焉,五而当一。命之曰:地均以实数⑫。

注释

①不可食:指不生长五谷。

②百而当一:百亩相当于一亩耕地。

③樊棘杂处:王引之云:"'樊'当为'楚',字形相似而误。楚,荆也,'楚棘杂处'谓荆棘丛生也。"译文从王说。

④薮:植物繁茂的沼泽。

⑤镰缠:刘绩云:"镰,刈割器。缠,捆缚索。"王念孙云:"'缠'当从宋本作'缰'。"

⑥九而当一:丁士涵云:"此与下'蔓山九而当一',两'九'字皆当为'十'。"译文从丁说。

⑦蔓山:丘陵山地。

⑧汎山:指高山。于省吾云:"'汎'同'洀',古'盘'字。……盘山谓山之盘旋者,蔓山谓山之蔓延者,相对为文。"

⑨流水:江河。

⑩网罟(gǔ 古):渔网。

⑪五而当一:张文虎云:"山林宜以类相从,'流水'三句当移'林'下,与'泽'乃类。"译文从张说。

⑫地均以实数:指按照实际出产将山林河泽等各类土地折算成耕地面积。

【今译】

　　不生五谷的平地,不长树木的山地,百亩折合一亩。干枯的湖泊,百亩折合一亩。不长草木的平地,百亩折合一亩。荆刺丛生、无法进入的荒地,百亩折合一亩。可带镰刀绳索进去砍伐的沼泽,十亩折合一亩。丘陵山地,生长的树木可以当木料,可以做车轴,而且可带刀斧进去砍伐的,十亩折合一亩。高山地区,生长的树木可以做棺木、可以做大车,而且可带刀斧进去砍伐的,十亩折合一亩。森林地带,生长的树木可以做棺木,可以做大车,而且可带刀斧进去砍伐的,五亩折合一亩。江河水面,可以下网捕鱼的,五亩折合一亩。湖泊沼泽,可以下网捕鱼的,五亩折合一亩。这就叫按实际出产将各类土地折算成耕地面积。

【原文】

　　方六里命之曰暴①,五暴命之曰部,五部命之曰聚。聚者有市,无市则民乏。五聚命之曰某乡,四乡命之曰方,官制也②。官成而立邑③:五家而伍④,十家而连,五连而暴,五暴而长,命之曰某乡,四乡命之曰都,邑制也。邑成而制事⑤:四聚为一离⑥,五离为一制,五制为一田,二田为一夫,三夫为一家,事制也。事成而制器⑦:方六里为一乘之地也;一乘者,四马也;一马,其甲七⑧,其蔽五⑨;四乘⑩,其甲二十有八,其蔽二十,白徒三十人奉车两⑪,器制也。

注释

①方六里:方圆六里。暴:与下文的部、聚、乡、方均为行政组织的名称。
②官制:指行政组织制度。
③邑:居民聚居点。
④伍:与下文的连、暴、长、乡、都,均为居民点的名称。
⑤制事:指确定生产活动。
⑥聚:与下文的离、制、田、夫、家均为生产组织的名称。
⑦制器:指确定承担军赋。
⑧甲:指披铠甲的士兵。
⑨蔽:指防护兵车的盾牌兵。
⑩四乘:丁士涵云:"'四乘'乃是'一乘'之讹。"译文从之。
⑪白徒:指不执武器的后勤人员。奉:跟随。两:同"辆"。

【今译】

方圆六里的地区称为暴,五暴称为部,五部称为聚。聚要有集市,没有集市百姓日用供给将缺乏。五聚称为乡,四乡称为方,这是行政组织体制。行政体制确立后,就要建立居民点:五家组成一伍,十家组成一连,五连组成一暴,五暴组成一长,称为乡,四乡称为都,这是居民组织体制。居民体制确立后,就要确定生产活动:四聚作为一离,五离作为一制,五制作为一田,二田作为一夫,三夫作为一家,这是生产组织体制。生产体制确立后,就要确定承担军赋:方圆六里的地方要承担一乘兵车的军赋。一乘兵车有四匹马,一匹马配备甲士七人,盾牌手五人;一乘兵车需配备甲士二十八人,盾牌手二十人,另需不执武器的三十人,跟随兵车负责供应给养,这就是军赋承担制度。

【原文】

方六里,一乘之地也;方一里,九夫之田也。黄金一镒①,百乘一宿之尽也②。无金则用其绢,季绢三十三制当一镒③。无绢则用其布,经暴布百两当一镒④,一镒之金,食百乘之一宿⑤。则所市之地六步一郖⑥,命之曰中岁⑦。

注释

①镒(yì益):重量单位,二十四两为一镒。
②尽:猪饲彦博云:"尽,赆同,行费也。"此指百乘一夜行进所需费用。
③季绢:闻一多云:"'季'读为繐。……《说文》'繐,细疏布也',……季绢即繐绢,绢之轻细疏薄者也。"制:布长一丈八尺为一制。
④经暴布:经当作"绖"。闻一多云:"绖暴布"谓以荃葛织成之薄布。两:匹。
⑤食:供给食物。
⑥所市之地:疑指承担军赋的地区。郖:斗的俗字。
⑦中岁:指中等年成的税率。

【今译】

方圆六里的地区,要承担一乘兵车的军赋;方圆一里的土地,是九个农夫耕种的标准。一镒黄金是百乘兵车一夜的费用。没有黄金可用丝绢代替,细绢三十三制折合黄金一镒。没有丝绢可用葛布代替,细布一百匹折合黄金一镒。一镒黄金可以供给百乘兵车一夜的食用,这样,承担军赋的地区每方圆六步就要征粮一斗,这就是中等年成的税率。

【原文】

有市,无市则民不乏矣①。方六里名之曰社②,有邑焉,名之曰央。亦关市之赋③。黄金百镒为一篋④,其货一谷笼为十篋⑤。其商苟在市者三十人,其正月十二月,黄金一镒,命之曰正分⑥。春日书比⑦,立夏日月程⑧,秋日大稽⑨,与民数得亡⑩。

注释

①"有市"二句:安井衡曰:"此二句当在'曰央'下,而又衍'不'字。"译文从之。

②社:指居民活动区域的名称。

③亦:郭沫若云:"'亦'当是'立'字之误。"译文从郭说。关市之征:指征收关税和市场税。

④篋(qiè 妾):小箱子,此指征税数量单位。

⑤谷笼:盛谷的筐,此指货物数量单位。

⑥正分:征税率。

⑦书比:公布税率。

⑧立夏:孙诒让云:"夏上'立'字疑衍。"译文从孙说。月程:按月核实征税情况。

⑨大稽:汇总统计征税数。

⑩与民数得亡:俞樾云:"'与'与'举'字通,'举民数得亡'谓记录民数之得失也。"民数指入市参加交易的人数。

【今译】

方圆六里的地区称为社,其中有人聚居的地方称为央。央要有集市,没有集市百姓日用供给将会缺乏。建立关税和市场税。黄金一百镒算作一篋,货物一谷笼就要交税十篋;集市商人如果达到三十人,在正月、十二月收税的时候,要征收黄金一镒,这就叫征税率。每年春天公布税率,夏季按月核实征税情况,秋季汇总统计征税数,记录入市交易人数的多少。

【原文】

三岁修封①,五岁修界②,十岁更制③,经正也④。十仞见水不大潦⑤,五尺见水不大旱。十一仞见水轻征,十分去二三,二则去三四,四则去四,五则去半⑥,比之于山。五尺见水,十分去一,四则去三,三则去二,二则去一,三尺而见水,比之于泽⑦。

注释

①修封:修整田埂。
②修界:修整田界。
③更制:更定田界。
④经正:于省吾云:"'正'当读为政,'经政'犹今人言常例。"
⑤十仞:俞樾云:"'十仞'当为'一仞'。一仞见水,其地较高,故不大潦;五尺见水,其地较卑,故不大旱。若作'十仞',则太悬绝矣。"仞,古代七尺为一仞。译文从俞说。潦,涝。
⑥"十一"五句:王引之云:以"五则去半"推之,则当为"一仞见水轻征,十分去一,二则去二,三则去三,四则去四,五则去半。"译文从王说。
⑦"五尺"七句:俞樾云:"当作'五尺见水,十分去一,四则去二,三则去三,二则去四,一尺而见水,比之于泽'。"译文从俞说。

【今译】

三年修整一次田埂,五年修整一次田界,十年重新划定田界,这是常例。地面之下一仞能见水的不容易受涝,五尺能见水的不容易受旱。地下一仞见水的田地易旱,应减轻租税十分之一,二仞见水的减轻十分之二,三仞见水的减轻十分之三,四仞见水的减轻十分之四,五仞见水的减轻一半,相当于山地租率。地下五尺见水的田地易涝,应减轻租税十分之一,四尺见水的减轻十分之二,三尺见水的减轻十分之三,二尺见水的减轻十分之四,一尺见水的,就比照沼泽征税。

【原文】

距国门以外①,穷四竟之内②,丈夫二犁③,童五尺一犁④,以为三日之功⑤。正月令农始作,服于公田农耕⑥。及雪释⑦,耕始焉,芸卒焉⑧。士闻见、博学、意察而不为君臣者⑨,与功而不与分焉⑩。贾知贾之贵贱、日至于市而不为官贾者⑪,与功而不与分焉。工治容貌功能、日至于市而不为官工者⑫,与功而不与分焉。不可使而为工⑬,则视贷离之实⑭,而出夫粟。

注释

①距:从。国门:国都大门。
②穷:止。竟:同"境",边境。
③丈夫:指成年男子。犁:指一副犁一天所能耕的土地。
④童五尺:五尺童子,指未成年男子。
⑤功:劳役,服役。
⑥服:从事。公田:国家的耕地。
⑦释:融化。
⑧芸:同"耘",除草。
⑨闻见:见多识广。意察:断事精明。
⑩与:参与。下同。分:分取土地收益。
⑪知贾:同"知价"。官贾:官营商业的商人。
⑫治:讲求。容貌功能:指物品的式样功用。官工:官营作坊的工匠。
⑬工:同"功"。
⑭贷离:陈奂云:"犹差贷也。"指差额、亏欠数。

【今译】

从国都郊外到边境之内,成年男子按两副犁、未成年男子按一副犁一天的耕作定额,为国家服三天劳役。正月农夫开始农事,就要安排到国家的公田里耕作,一直到冰雪融化,耕种开始,以及除草结束。士人中见多识广、学问渊博、断事精明但还未成为国家官吏的,也要无偿服役三天。商人中了解物价行情、天天入市交易但不是官商的,也要无偿服役三天。工匠中讲求产品的式样功用、天天入市交易但不是官工的,也要无偿服役三天。不能完成三天劳役的,则按照欠缺的差额交纳粮食来充抵。

【原文】

是故智者知之,愚者不知,不可以教民。巧者能之,拙者不能,不可以教民。非一令而民服之也,不可以为大善①。非夫人能之也②,不可以为大功。是故非诚贾不得食于贾③,非诚工不得食于工,非诚农不得食于农,非信士不得立于朝。是故官虚而莫敢为之请④,君有珍车珍甲而莫之敢有,君举事臣不敢诬其所不能⑤。君知臣,臣亦知君、知己也,故臣莫敢不竭力,俱操其诚以来。

注释

①为大善:指使国家大治。
②夫人:许维遹云:"'夫人'与上'一令'相对,夫人,犹众人也。"
③诚:诚实。食于贾:依靠经商为生。
④官虚:官职有缺额。
⑤诬:说谎,谎报。

【今译】

只有聪明人能明白、而愚蠢者不能明白的道理,不能用来教育百姓;只有灵巧人能做到、而笨拙者不能做到的技能,不能用来教会百姓。不是下一道命令就能使百姓心悦诚服的政策,不能使国家大治;不能让众人都发挥出各自的能力特长的君主,不能成就大功业。不是诚实的商贾,不得依靠经商为生;不是诚实的工匠,不得依靠做工为生;不是诚实的农夫,不得依靠务农为生;不是诚信的士人,不得在朝廷做官。因此即使官职有缺额,也没有人敢自求补缺;即使君主有珍贵的车、甲,也没有人敢私自置备;即使君主要兴办事业,臣子也没有人敢谎报自己力不胜任的事。君主了解臣子,臣子也了解君主、了解自己,所以臣子没有敢不尽心竭力、怀着虔诚之心来为君主效力的。

【原文】

道曰①:均地,分力②,使民知时也。民乃知时日之蚤晏③、日月之不足、饥寒之至于身也。是故夜寝蚤起,父子兄弟不忘其功,为而不倦,民不惮劳苦④。故不均之为恶也,地利不可竭,民力不可殚⑤。不告之以时而民不知,不道之以事而民不为⑥。与之分货⑦,则民知得正矣⑧,审其分⑨,则民尽力矣。是故不使而父子兄弟不忘其功。

右士农工商⑩。

【注释】

①道曰:郭沫若云:"'道曰'同于'语曰'。"译从。
②均地:将土地分给农民耕种。分力:分散耕种,即实行一家一户的个体生产。
③蚤晏:早晚。
④惮(dàn旦):害怕。
⑤殚(dān单):用尽。
⑥道:告知。事:农事。
⑦与之分货:与农民分取农产品,指国家按土地征收租税。
⑧得:自己应得的收益。正:同"征",应纳的租税。
⑨分:指分货的标准、得征的比例。
⑩士农工商:文内言及士农工商,但以此作标题,不能概括这一部分内容。

【今译】

俗话说:均分土地,分散耕种,使百姓不误农时。这样,百姓才懂得季节的早晚、时间的宝贵和饥寒的威胁。这样,百姓就会晚睡早起,全家老小关心生产,不知疲倦,不辞辛劳。而不把土地分给百姓的坏处在于:土地的收益不能充分利用,百姓的劳力不能充分发挥。不告知农时季节,百姓就不会抓紧;不告知农事安排,百姓就不会生产。国家与农民分取收获,按地征税,百姓就懂得了自己该获得的和该交纳的,适当地确定这两者的标准,百姓就会努力生产了。因此即使不加驱使,全家老小也会热心生产。

以上"士农工商"。

【原文】

圣人之所以为圣人者,善分民也①。圣人不能分民,则犹百姓也。于己不足,安得名圣?是故有事则用②,无事则归之于民,唯圣人为善托业于民③。民之生也,辟则愚,闭则类④。上为一,下为二⑤。

右圣人。

【注释】

①分民:猪饲彦博云:"谓分利于民,上云'与之分货',即是。"
②用:征用。

③托业于民:将产业托付给百姓。
④王念孙云:"'生'读为性。'闭'当为'闲',字之误也。《广雅》曰'闲,正也',《尔雅》曰'类,善也'。"译文从王说。愚,昏乱而入邪道。
⑤此谓君主的所作所为,百姓会加倍仿效。

【今译】

圣人之所以成为圣人的原因,在善于与百姓分利益。圣人如果不能做到这一点,就同百姓一样了。如果自己总是不满足,怎么能称为圣人呢?因此国家有需要,就向百姓征用财货以供使用;没有需要,就让财货留在百姓那里。只有圣人善于将产业托付给百姓。百姓的本性是:放纵它就会走上邪路,约束它就会走上正道。君主做出好的榜样,百姓就会加倍仿效。

以上"圣人"。

【原文】

时之处事精矣①,不可藏而舍也②。故曰:今日不为,明日忘货③,昔之日已往而不来矣。

右失时。

注释

①时:指农时。事:指农事。精:宝贵。
②藏:留。舍:止。
③忘:通"亡"。安井衡云:"亡,失也。货生于为,不为故亡之。"

【今译】

农时对农事来说十分宝贵,但不能留滞而使它停止。因此说:今天不抓紧劳作,明天就没有收获,过去的时光一去不复返。

以上"失时"。

【原文】

上地方八十里①,万室之国一②,千室之都四。中地方百里,万室之国一,千室之都四。下地方百二十里,万室之国一,千室之都四。以上地方八十里,与下地方百二十里,通于中地方百里③。

右地里。

【注释】

①上地:上等土地,以下类推。
②室:家,户。国:与下"都"均指城市。
③通于:相当于,折合。

【今译】

方圆八十里的上等土地,可以承担一座万户城市、四座千户城市的需要。方圆一百里的中等土地,可以承担一座万户城市、四座千户城市的需要。方圆一百二十里的下等土地,可以承担一座万户城市、四座千户城市的需要。因此,方圆八十里的上等土地和一百二十里方圆的下等土地,都可折合成方圆一百里的中等土地。

以上"地里"。

七法第六

【题解】

七法指治国、治军的七项基本原则,即:则(寻求规律)、象(了解情况)、法(掌握标准)、化(施行教化)、决塞(善于权衡)、心术(把握思想)、计数(精于计算),合称"七法"。

本篇从分析政治和军事的关系入手,着重阐述了较为系统的军事思想,分为七法、四伤、为兵之数、选陈共四节。"七法"节首先提出,"治民"是"为兵"的前提,"为兵"直接为"胜敌国"、"正天下"的政治目的服务;接着详述七法的具体内容和不明七法的后果,强调运用七法的重要意义。"四伤"节指出百匿、奸吏、奸民、盗贼四种人对国家的危害,主张君主实行法治,以为治军的根本。"为兵之数"提出了治军的八项具体方法,即聚财(积聚财富)、论工(选择工匠)、制器(制造兵器)、选士(选拔士兵)、政教(加强管教)、服习(抓紧训练)、遍知天下(掌握情报)、明于机数(懂得时机策略),阐明了军事与经济、政治的关系。"选陈"即选阵,阐述了出兵攻战、克敌制胜的一系列原则和军队主帅的职责。总之,全篇以论兵为核心,是全书中一篇重要的军事论文。

【原文】

言是而不能立,言非而不能废,有功而不能赏,有罪而不能诛①:若是而能治民者,未之有也。是必立,非必废,有功必赏,有罪必诛:若是安治矣②?未也。是何也?曰:形势、器械未具③,犹之不治也④。形势、器械具,四者备⑤,治矣。不能治其民,而能强其兵者,未之有也;能治其民矣,而不明于为兵之数⑥,犹之不可。不能强其兵,而能必胜敌国者,未之有也;能强其兵,而不明于胜敌国之理⑦,犹之不胜也。兵不必胜敌国,而能正天下者⑧,未之有也;兵必胜敌国矣,而不明正天下之分⑨,犹之不可。故曰:治民有器⑩,为兵有数,胜敌国有理,正天下有分。

【注释】

①诛:指惩处。
②安:许维遹云:"下文皆但言'治',是'安'犹则也。"
③形势:指治理百姓各方面的客观形势。器械:工具,指治理百姓的具体设施。
④犹:仍然,还是。
⑤四者:尹知章云:"谓立是、废非、赏功、诛罪。"
⑥数:方法。
⑦理:道理。
⑧正:匡正。
⑨分:名分。
⑩器:指上述形势、器械等治民的条件。

【今译】

意见正确而不能树立,意见错误而不能废止,有功绩而得不到奖赏,有罪错而不受惩处:像这样能够治理百姓的,从来没有过。正确的必须树立,错误的必须废止,有功绩必须奖赏,有罪错必须惩处:像这样就能治理了吗?还不能。什么原因呢?因为客观形势和具体设施还没有具备,所以仍然不能治理。等到客观形势和具体设施都已具备,而正确必立、错误必废、有功必赏、有罪必惩四方面也都已做到,这时就能治理百姓了。不能治理百姓,却能使军队强大的,从来没有过;能治理百姓,却不懂得治理军队的方法,仍然不能做到。不能使军队强大,却必定能战胜敌国的,从来没有过;能使军队强大,却不懂得战胜敌国的道理,仍然不能战胜。军队不一定能战胜敌国,却能一统天下的,从来没有过;军队必定能战胜敌国,却不懂得一统天下的名分,仍然不能做到。因此说:治理百姓有条件,治理军队有方法,战胜敌国有道理,一统天下有名分。

【原文】

则、象、法、化、决塞、心术、计数①。根天地之气②,寒暑之和,水土之性,百姓、鸟兽、草木之生,物虽不甚多,皆均有焉③,而未尝变也,谓之则。义也、名也、时也、似也、类也、比也、状也④,谓之象。尺寸也、绳墨也、规矩也、衡石也、斗斛也、角量也⑤,谓之法。渐也、顺也、靡也、久也、服也、习也⑥,谓之化。予夺也、险易也、利害也、难易也、开闭也、杀生也⑦,谓之决塞。实也、诚也、厚也、施也、度也、恕也⑧,谓之心术。刚柔也、轻重也、大小也、实虚也、远近也、多少也,谓之计数。

注释

①则:法则,规律。象:表象,情况。法:法度,标准。化:变化,教化。决塞:打开或堵塞,引申为对事物的判别、权衡。心术:指思想品行。计数:计算、筹划。

②根:寻根,探索。

③许维遹云:"'不'字衍。'均有'当作'有均'。……'均'引申为法则。"译文从许说。

④义:同"仪",事物的外形。似:相似。类:类别。比:并列。

⑤衡石:称量轻重的器具。斗斛:量器。角量:丁士涵云:"'角'与'斠'同。《说文》'斠,平斗斛量也'。"

⑥猪饲彦博云:"渐谓渐进以化,顺谓随顺不逆。靡,切靡也。'久'当作'炙',薰炙也。"切靡谓琢磨,薰炙谓薰染。服:驯服。习:习惯。

⑦杀生:杀死与使生。

⑧厚:宽厚。施:博施。度:大度。恕:容让。

【今译】

　　七法就是：寻求规律、了解情况、掌握标准、施行教化、善于权衡、把握思想、精于计算。探索天地间的元气、寒暑的调和、水土的特性以及人类、鸟兽和草木的生长，世间万物虽然繁多，但却有一个共同不变的法则，这就叫规律。事物的外形、名称、时间、相似物、类别、并列物、状貌，都称作情况。度量衡中的尺寸、绳墨、规矩、衡石、斗斛、角量，都称作标准。使百姓渐进、顺应、琢磨、熏染、驯服、习惯，都称作教化。斟酌予和夺、险和易、利和害、难和易、开和闭、死和生，都称作权衡。待人忠实、诚恳、宽厚、博施、大度、容让，都称作好的品行。辨别刚柔、轻重、大小、实虚、远近、多少，都称作计算。

【原文】

　　不明于则，而欲出号令①，犹立朝夕于运均之上②，檐竿而欲定其末③。不明于象，而欲论材审用④，犹绝长以为短，续短以为长。不明于法，而欲治民一众，犹左书而右息之⑤。不明于化，而欲变俗易教⑥，犹朝揉轮而夕欲乘车⑦。不明于决塞，而欲驱众移民⑧，犹使水逆流。不明于心术，而欲行令于人，犹倍招而必拘之⑨。不明于计数，而欲举大事，犹无舟楫而欲经于水险也⑩。故曰：错仪画制⑪，不知则不可；论材审用，不知象不可；和民一众⑫，不知法不可；变俗易教，不知化不可；驱众移民，不知决塞不可；布令必行，不知心术不可；举事必成，不知计数不可。

　　右七法。

注释

　　①"不明"二句：丁士涵云："当作'不明于则，而欲错仪画制'。"译文从丁说。
　　②"犹立"句：尹知章云："均，陶者之轮也。立朝夕，所以正东西也。"朝夕指测日影的标杆。
　　③檐：王引之云："'檐'当为'摿'，'摿'古'摇'字。……言钧运则不能定朝夕，竿摇则不能定其末也。"译文从王说。
　　④论材审用：量材适当用人。
　　⑤息：尹知章云："息，止也。"
　　⑥变俗易教：改变风俗习惯。
　　⑦揉轮：弯木制造车轮。

⑧驱众移民：驱赶迁移百姓。
⑨"犹倍"句：王引之云："'倍'与'背'同。招，射之的也。……'拘'当为'射'字之误也。"译文从王说。
⑩舟楫：船和桨。
⑪错仪画制：制定法令制度。
⑫和民：陶鸿庆云："'和'当为'治'。"译文从之。

【今译】

不寻求规律，要想制定法令制度，就好像要在转动的陶轮上树立标杆，又好像要固定摇动的竹竿的末端一样。不了解情况，要想量材用人，就好像把长材截短、短材接长一样。不掌握标准，要想治理百姓、统一民众，就好像用左手写字，而用右手阻止一样。不施行教化，要想改变风俗习惯，就好像早晨造出车轮、晚上就要乘车一样。不善于权衡，要想驱赶迁移百姓，就好像让河水倒流一样。不把握思想，要想对别人发号施令，就好像背对靶子却要射中目标一样。不精于计算，要想举办大事业，就好像没有船和桨却要渡过急流险滩一样。因此说：制定法令制度，不寻求规律不行；量材用人，不了解情况不行；治理百姓、统一民众，不掌握标准不行；改变风俗习惯，不施行教化不行；驱赶迁移百姓，不善于权衡不行；公布政令必定推行，不把握思想不行；举办事业必定成功，不精于计算不行。

以上"七法"。

【原文】

百匿伤上威①，奸吏伤官法②，奸民伤俗教，贼盗伤国众。威伤，则重在下③；法伤，则货上流④；教伤，则从令者不辑⑤；众伤，则百姓不安其居。重在下，则令不行；货上流，则官徒毁⑥；从令者不辑，则百事无功；百姓不安其居，则轻民处而重民散⑦；轻民处重民散，则地不辟；地不辟，则六畜不育；六畜不育，则国贫而用不足；国贫而用不足，则兵弱而士不厉⑧；兵弱而士不厉，则战不胜而守不固；战不胜而守不固，则国不安矣。故曰：常令不审⑨，则百匿胜；官爵不审，则奸吏胜；符籍不审⑩，则奸民胜；刑法不审，则盗贼胜。国之四经败⑪，人君泄见危⑫。人君泄，则言实之士不进；言实之士不进，则国之情伪不竭于上⑬。

注释

①匿:邪恶。王念孙云:"'匿'与'慝'同。百匿,众慝也。言奸慝甚多,共持国柄,则上失其威矣。"
②官法:国家的法令。
③重在下:指权力下移。
④货上流:猪饲彦博云:"谓货赂公行。"
⑤从令者:指臣民。辑:和睦,团结。
⑥徒:郭沫若云:"'徒'疑'德'字之误。"译文从之。
⑦轻民:指从事工商业和游手好闲的人。重民:指从事农业生产的人。
⑧厉:勇猛。
⑨常令:国家法令。审:严格。
⑩符籍:泛指各种凭证和登记册。
⑪四经:指上述国家的四种根本制度。
⑫泄见危:此指权力分散。泄,发散、分散。王念孙云:"'见'当为'则'。"译文从之。
⑬情伪:真假,指国家的真实情况。

【今译】

朝廷中坏人当政,就会损害君主的权威;奸吏掌权,就会破坏国家的法令;百姓中奸民得势,就会败坏风俗和教化;盗贼逞强,就会伤害国内的民众。君主的权威受到损害,朝廷的大权就会落到佞臣手中;国家的法令受到破坏,贿赂的财货就会上流进奸吏的腰包;风俗教化被败坏,臣民不能和睦团结;国内民众被伤害,百姓不能安居乐业。大权下移,政令就不能推行;财货上流,道德就遭到毁坏;臣民不和睦团结,任何事也做不成;百姓不安居乐业,做工经商的人和无业游民就会增多,从事农业的人就会离散。末业、游民增多,本业、农民离散,土地就无人耕种;土地无人耕种,六畜就不得繁育;六畜不得繁育,国家就贫困,财用就不足;国家贫困,财用不足,军队就衰弱,战士不勇猛;军队衰弱,战士不勇,攻战就不胜,守卫就不牢;攻战不胜、守卫不牢,国家就不能安定。因此说:国家法令不严格,坏人就会当政;官爵升迁不严格,奸吏就会掌权;户籍登记不严格,奸民就会得势;刑罚法律不严格,盗贼就会逞强。国家的四种根本制度被破坏,君主的权力就会分散,地位就会危险。君主的权力分散,忠诚直言的臣下就不能进谏,忠诚直言的臣下不能进谏，国家的真实情况君主就无法全面掌握。

【原文】

世主所贵者宝也①，所亲者戚也，所爱者民也，所重者爵禄也。亡君则不然②，致所贵非宝也③，致所亲非戚也，致所爱非民也，致所重非爵禄也。故不为重宝亏其命④，故曰令贵于宝；不为爱亲危其社稷⑤，故曰社稷戚于亲⑥；不为爱人枉其法⑦，故曰法爱于人；不为重爵禄分其威，故曰威重于爵禄。不通此四者，则反于无有⑧。故曰：治人如治水潦，养人如养六畜，用人如用草木。居身论道行理⑨，则群臣服教，百吏严断，莫敢开私焉⑩。论功计劳，未尝失法律也⑪。便辟⑫、左右、大族、尊贵、大臣，不得增其功焉；疏远、卑贱、隐不知之人⑬，不忘其劳。故有罪者不怨上，爱赏者无贪心⑭，则列陈之士⑮，皆轻其死而安难⑯，以要上事⑰，本兵之极也⑱。

右四伤百匿⑲。

注释

①世主：当代一般君主。
②亡君：猪饲彦博云："'亡'当作'明'。"译文从之。
③致：最。
④亏：损害。命：政令。
⑤"不为"句：丁士涵云："当作'不为亲戚危其社稷'。"译文从丁说。
⑥"故曰"句：依上文例当作"故曰社稷亲于戚"。
⑦爱人：同"爱民"。下同。
⑧反：同"返"。
⑨"居身"句：丁士涵云："'居'乃'君'之误字。《尔雅》曰'身，亲也'。君对下群臣百吏言之。"译文从丁说。
⑩开私：指枉法。
⑪失：违背。
⑫便辟：善于阿谀奉承的小人。
⑬隐不知之人：指没有地位、无人知晓的人。
⑭爱：猪饲彦博云："'爱'当作'受'。"译文从之。
⑮列陈之士：此谓参加作战的士兵。陈同"阵"。
⑯安难：不怕危难。

⑰以要上事:要,求取。此谓用来为国立功受奖。
⑱本兵之极:孙蜀丞云:"本者,主也。"极,根本。
⑲百匿:猪饲彦博云:"'百匿'二字衍。"译文从之。

【今译】

　　当代一般的君主看重的是珍宝,亲近的是亲属,爱护的是百姓,重视的是爵位俸禄。英明的君主却不是这样,他最看重的不是珍宝,最亲近的不是亲属,最爱护的不是百姓,最重视的不是爵位俸禄。不因为贵重珍宝而损害政令,因而说政令比珍宝更贵重;不因为亲近亲属而危害国家,因而说国家比亲属更亲近;不因为爱护百姓而违反法律,因而说法律比百姓更值得爱护;不因重视爵位俸禄而分散权威,因而说权威比爵位俸禄更为重要。不懂得这四方面的道理,权力就将丧失得一无所有。因此说治理百姓就像治理积水,养育百姓就像养育六畜,使用百姓就像使用草木。君主以身作则,按道理行事,那么群臣俯首服从教训,百官严格执行法律,没有人敢徇私枉法。根据实绩论功行赏,不能违背法令的规定。邪佞小人、左右侍从、豪门大族、尊贵之家、朝廷大臣,不因为地位高而增加功劳;关系疏远、地位卑贱、不知名的人物,不因为地位低而埋没功劳。这样,有罪过的不怨恨君主,受奖赏的不贪得无厌,而列阵参战的士兵,都舍生忘死,不避危难,力争为国立功受奖,这就是治军的根本原则啊!

　　以上"四伤"。

【原文】

　　为兵之数:存乎聚财,而财无敌①;存乎论工②,而工无敌;存乎制器,而器无敌;存乎选士,而士无敌;存乎政教③,而政教无敌;存乎服习④,而服习无敌;存乎遍知天下⑤,而遍知天下无敌;存乎明于机数⑥,而明于机数无敌。故兵未出境,而无敌者八⑦。是以欲正天下,财不盖天下⑧,不能正天下;财盖天下,而工不盖天下,不能正天下;工盖天下,而器不盖天下,不能正天下;器盖天下,而士不盖天下,不能正天下;士盖天下,而教不盖天下,不能正天下;教盖天下,而习不盖天下,不能正天下;习盖天下,而不遍知天下,不能正天下;遍知天下,而不明于机数,不能正天下。故明于机数者,用兵之势也,大者时也,小者计也⑨。

【注释】

①财无敌:指使财富的数量无敌于天下。
②论工:考论工匠的技巧,指选择工匠。
③政教:指加强军队的管理教育。
④服习:操练,指军事训练。
⑤遍知天下:指掌握各国情报。
⑥明于机数:指懂得把握时机和运用策略。
⑦"故兵"二句:林圃云:"今《通典》一百四十八引此文作'此八者皆须无敌,故兵未出境而无敌者八悉备,然后能正天下'。"译文从林说。
⑧盖天下:超过天下,领先天下。
⑨计:计谋,策略。

【今译】

　　治军的方法:在于积聚财富,使财富的数量无敌于天下;在于选择工匠,使工匠的技巧无敌于天下;在于制造兵器,使兵器的质量无敌于天下;在于选拔士兵,使士兵的素质无敌于天下;在于加强管理教育,使管教的水平无敌于天下;在于抓紧军事训练,使训练的水平无敌于天下;在于掌握各国情报,使情报工作的水平无敌于天下;在于懂得时机策略,使时机的把握、策略的运用无敌于天下。这八项工作都要做到天下一流,因此军队还未开出国境,而无敌于天下的八项条件都已具备,这样才能统一天下。因而要统一天下,财富数量不能领先天下不行;财富数量领先天下,而工匠技巧不能领先天下也不行;工匠技巧领先天下,而兵器质量不能领先天下也不行;兵器质量领先天下,而士兵素质不能领先天下也不行;士兵素质领先天下,而管教水平不能领先天下也不行;管教水平领先天下,而训练水平不能领先天下也不行;训练水平领先天下,而不能掌握各国情报也不行;掌握了各国情报,而不懂得时机策略也不行。因此,能把握时机、运用策略,这就造成了用兵的气势,这种气势的主要部分是时机,次要部分是策略。

【原文】

　　王道非废也,而天下莫敢窥者,王者之正也。衡库者,天子之礼也①。

【注释】

①戴望云:"此数句与上下文义不贯,疑是错简。"尹知章云:"衡者所以平轻重,库者所以藏宝物,不令外知者也。言王者用心常当准平天下,既知轻重,审用于心,无令长耳目者所得,此则天子之礼然也。"

【今译】

王道政治不可废止,天下之所以不敢觊觎推行王道国家的原因,在于王道的正义。经常衡量天下的利害得失,这就是天子应遵守的礼数。

【原文】

是故器成卒选,则士知胜矣。遍知天下,审御机数,则独行而无敌矣。所爱之国①,而独利之;所恶之国②,而独害之,则令行禁止。是以圣王贵之③。胜一而服百,则天下畏之矣;立少而观多④,则天下怀之矣⑤;罚有罪,赏有功,则天下从之矣。故聚天下之精财⑥,论百工之锐器,春秋角试以练⑦,精锐为右⑧,成器不课不用⑨,不试不藏。收天下之豪杰,有天下之骏雄⑩,故举之如飞鸟⑪,动之如雷电,发之如风雨,莫当其前,莫害其后,独出独入,莫敢禁圉⑫。成功立事,必顺于礼义。故不礼不胜天下,不义不胜人。故贤知之君⑬,必立于胜地,故正天下而莫之敢御也。

右为兵之数。

【注释】

①所爱之国:指友好国家。
②所恶之国:指敌对国家。
③圣王:高明的君主。贵之:重视用兵。
④观多:指给多数示范。
⑤怀:归附。
⑥财:王念孙云:"'财'当为'材'。"译文从之。
⑦角试:比较检验。练:选择。
⑧右:上等。
⑨成器:制成的兵器。课:检查。
⑩骏雄:指勇士。

⑪举:与下文"动"、"发"都指投入战斗。
⑫禁圉:同"禁御",抵抗。
⑬贤知:同"贤智"。

【今译】

　　兵器制作精良,士卒经过选拔,这样军队就有必胜信心;掌握各国情报,善用时机策略,这样军队就会所向无敌。友好的国家,专门给予扶持;敌对的国家,特意加以打击,这样就能号令天下。因此高明的君主格外重视用兵。战胜一个国家,使更多的国家臣服,天下就会畏惧;扶植少数国家,给更多的国家示范,天下就会归附;惩罚有罪之人,奖赏有功之臣,天下就会服从。汇聚天下精良的材料,考察工匠锐利的兵器,春秋两季进行比较检验,选择最精锐的列为上等。制成的兵器,不经检查试用,不能使用,不能入库。招罗天下的豪杰,拥有天下的勇士,一旦投入战斗,矫捷像飞鸟,迅猛像雷电,狂暴像风雨,前方无人能阻挡,后面无人能暗算,单独出击,没有人敢于抵抗。成就功绩,创立事业,一定要顺应礼义。不合礼就不能战胜天下,不合义就不能战胜敌人。因此,贤能明智的君主,一定要立于不败之地,这样才能统一天下而没有人敢抗拒。

　　以上"为兵之数"。

【原文】

　　若夫曲制时举①,不失天时②,毋圹地利③,其数多少④,其要必出于计数⑤。故凡攻伐之为道也,计必先定于内,然后兵出乎境,计未定于内,而兵出乎境,是则战之自胜⑥,攻之自毁也。是故张军而不能战⑦,围邑而不能攻,得地而不能实⑧,三者见一焉,则可破毁也。故不明于敌人之政,不能加也⑨;不明于敌人之情,不可约也⑩;不明于敌人之将,不先军也⑪;不明于敌人之士,不先陈也⑫。是故以众击寡,以治击乱,以富击贫,以能击不能,以教卒练士击驱众白徒⑬,故十战十胜,百战百胜。

注释

①曲制时举:何如璋云:"曲,部曲也。曲制,部曲之制也。"即今言军队建制,

此指军队。时举谓应时而举,即利用有利时机发兵。

②天时:指季节和气候。

③圹:同"旷",废弃。地利:指有利的地形地物。

④数:指军队行动所需的人员、装备、军需的数量。

⑤"其要"句:丁士涵云:"此言数之多少必出于计,'计'下不当有'数'字。"译文从丁说。

⑥"是则"句:丁士涵云:"此'胜'字误,当作'败','是'字衍文。"译文从丁说。

⑦张军:指摆开阵势。

⑧实:巩固。

⑨加:加兵,出兵。

⑩约:约战,宣战。

⑪军:指进攻。

⑫陈:同"阵",列阵。

⑬教卒练士:经过教育训练的士兵。驱众白徒:没有经过训练的乌合之众。

【今译】

至于军队利用时机发兵进攻,不要丧失有利的季节气候,不要放弃有利的地形地物,需要的人员、装备、军需数量的多少,关键在于要经过精确计算。凡是攻战的原则,一定要先在国内周密计划,然后才派兵出境,计划没有确定就出兵,攻战就必然自取失败。因此摆开阵势却不能交战,包围城市却不能进攻,夺取阵地却不能巩固,这三种情况中出现一种,就可能使军队败亡。因此,不了解敌人的政治,不能出兵;不了解敌人的军情,不能宣战;不了解敌人的将帅,不能抢先进攻;不了解敌人的士卒,不能率先列阵。因此,必须用多数去进攻少数,用治国去进攻乱国,用富国去进攻穷国,用贤能的将帅去进攻无能的将帅,用训练有素的士兵去进攻乌合之众,这样才能做到十战十胜,百战百胜。

【原文】

故事无备,兵无主,则不蚤知①;野不辟,地无吏②,则无蓄积;官无常③,下怨上④,而器械不功⑤;朝无政⑥,则赏罚不明⑦;赏罚不明,则民幸生⑧。故蚤知敌人如独行⑨,有蓄积则久而不匮,器械功则伐而不费⑩,赏罚明则人不幸⑪,人不幸则勇士劝之⑫。故兵也者,审于地图⑬,谋十官日⑭,量蓄积,齐勇士⑮,遍知天下,审御机数,兵主之事也。

注释

①则不蚤知:丁士涵云:"'知'下当脱'敌'字。"译文从之。
②地无吏:土地没有官吏管理。
③官:指管理手工业的官府。常:常规。
④下:指工匠。上:指官府。
⑤而:猪饲彦博云:"'而'当作'则'。"译文从之。功:同"工",精良。
⑥朝无政:指朝廷政令不修。
⑦"则赏"句:猪饲彦博云:"以上文推之,此五字宜衍。"故译文略去。
⑧幸生:侥幸偷生。
⑨"故蚤"句:丁士涵云:"案当作'蚤知敌则独行'。"译文从之。
⑩费:损坏。
⑪不幸:安井衡云:"不幸,不幸生也,不言生者,蒙上省文。"
⑫之:闻一多云:"'之'为草书'矣'之坏字。"译文从之。
⑬地图:指地形地势等地理状况。
⑭谋十官日:何如璋云:"'十'乃'于'之坏,'官日'二字倒易,当作'谋于日官',与上句'审于地图'对文。谋日官,察天时也。"译文从何说。
⑮齐:统一。

【今译】

对战争没有准备,军队没有主帅,就不能预先掌握敌情;荒野没有开垦,土地无人管理,国家就没有物资积蓄;官府没有常规,工匠怨恨官吏,造出的兵器就不会精良;朝廷政令不修,奖惩赏罚不明,百姓就侥幸偷生。因此,预先掌握敌情就能所向无敌,拥有物资积蓄就能持久作战而不会短缺,兵器制作精良就能连续进攻而不易损坏,奖惩赏罚分明,百姓就不会侥幸偷生;百姓不侥幸偷生,勇士就奋力向前。所以,用兵的规律就是详尽地了解地形地势,反复地研究天文气象,准确地计算物资积蓄,严格地统一士兵训练,全面地掌握敌国情报,谨慎地把握时机,运用策略,这些就是军队主帅的职责。

【原文】

故有风雨之行①,故能不远道里矣;有飞鸟之举,故能不险山河矣;

有雷电之战,故能独行而无敌矣;有水旱之功②,故能攻国救邑③;有金城之守④,故能定宗庙、育男女矣;有一体之治⑤,故能出号令、明宪法矣。风雨之行者,速也;飞鸟之举者,轻也;雷电之战者,士不齐也⑥;水旱之功者,野不收、耕不获也;金城之守者,用货财、设耳目也⑦;一体之治者,去奇说、禁雕俗也⑧。不远道里,故能威绝域之民;不险山河,故能服恃固之国⑨;独行无敌,故令行而禁止;故攻国救邑⑩,不恃权与之国⑪,故所指必听;定宗庙、育男女,天下莫之能伤,然后可以有国;制仪法,出号令,莫不响应,然后可以治民一众矣。

右选陈。

注释

①故:张文虎云:"'故'字衍,观下文自明。"译文从张说。
②水旱之功:指如同水灾旱灾般的破坏力。
③"故能"句:猪饲彦博云:"'救'当作'拔',下同。"戴望云:"'邑'下当脱'矣'字。"译文从之。
④金城:坚固的城池。
⑤一体之治:像一个人的身体般协调统一。
⑥士不齐:指敌军阵势不齐。
⑦"金城"二句:猪饲彦博云:"谓散货财以设间者。"
⑧雕俗:指崇尚奢侈的风俗。
⑨恃固:凭借天险。
⑩故:猪饲彦博云:"'故'字衍。"译文从之。
⑪恃:王念孙云:"'恃'当为'待'。"译文从之。权与之国:盟国。

【今译】

军队的行动,如同风雨席卷般行进,因而不怕路途遥远;如同飞鸟高翔般前跃,因而不怕山河险阻;如同雷鸣电闪般进击,因而能所向无敌;如同水灾旱灾般破坏,因而能攻克敌国,攻占城市;如同金城般固守,因而能安定国家,传宗接代;如同身体般协调,因而能发号施令、严明法制。风雨席卷般行进,指速度飞快;飞鸟高翔般前跃,指身体轻捷;雷鸣电闪般进击,指使敌人溃不成军;水灾旱灾般破坏,指荒野田地没有收获;金城般固守,指使用财货、收买间谍;身体般协调,指取缔异端邪说、禁绝奢侈风俗。不怕路途遥远,因此能震慑僻远地方的百姓；不怕山河险阻，因此能制服凭借天险的敌国；所向无敌，因此能有令必行、有禁必止；攻克敌国，攻占城市，不等盟国援助，因此所向披靡；安定国家，传宗接代，天下没有敢伤害的，因此能牢固地掌握政权；制定法律，发号施令，天下没有不响应的，因此能治理百姓、统一天下。

以上"选陈"。

版法第七

【题解】

版法指书写在木版上的常法。尹知章云："选择政要，载之于版，以为常法。"可为确解。

本篇阐述君主临政的一些重要原则。文章先提出"三经"，即端正自己的心志，不违背自然规律，处理好各种人际关系。文章提出，君主的胸怀要"兼爱无遗"；君主治国要"审用财力"，要"正法直度"；君主要效法天地、日月、四时，才能得民心，避祸乱，长治久安，巩固君位。

【原文】

凡将立事①，正彼天植②，风雨无违③，远近高下，各得其嗣④。三经既饬⑤，君乃有国。喜无以赏⑥，怒无以杀。喜以赏，怒以杀，怨乃起，令乃废。骤令不行⑦，民心乃外。外之有徒⑧，祸乃始牙⑨。众之所忿，置不能图⑩。举所美必观其所终，废所恶必计其所穷。庆勉敦敬以显之⑪，富禄有功以劝之⑫，爵贵有名以休之⑬。兼爱无遗，是谓君心。必先顺教⑭，万民乡风⑮，旦暮利之⑯，众乃胜任。取人以己，成事以质⑰。审用财⑱，慎施报，察称量⑲。故用财不可以嗇，用力不可以苦⑳。用财嗇则费㉑，用力苦则劳。民不足，令乃辱㉒；民苦殃，令不行。施报不得，祸乃始昌㉓；祸昌不寤，民乃自图㉔。正法直度，罪杀不赦，杀僇必信㉕，民畏而惧。武威既明，令不再行。顿卒怠倦以辱之㉖，罚罪宥过以惩之㉗，杀僇犯禁以振之㉘。植固不动，倚邪乃恐㉙。倚革邪化㉚，令往民移。法天合德，象法无亲㉛，参于日月，佐于四时㉝。悦在施㉞，有众在废私，召远在修近㉟，闭祸在除怨㊱。修长在乎任贤㊲，高安在乎同利㊳。

注释

①立事:即莅事,指君主临政治事。
②天植:指君主的心志。
③风雨:指以风雨为代表的自然规律。
④嗣:于省吾云:"金文嗣、嗣通用。……'嗣'古'治'字。此言'远近高下,各得其治'也。"译文从于说。
⑤三经:尹知章云:"三经谓上天植、风雨、高下也。是三者既以饬整,故君可以有国也。"
⑥喜无以赏:不以一己之喜而滥赏。下仿此。
⑦骤令:屡次下令。
⑧徒:指结党。
⑨牙:同"芽",萌发。
⑩置不能图:《版法解》作"寡不能图"。译文从之。
⑪庆勉:猪饲彦博云:"庆,赏也。"庆勉指奖赏勉励。敦敬:敦厚恭敬。
⑫富禄:丁士涵云:"'富禄'当作'禄富',与'爵赏'对文。谓以禄富有功,以爵赏有名。"译文从丁说。
⑬休:猪饲彦博云:"休,美也。"
⑭顺教:刘师培云:"'顺教'当作'教顺',……'教顺'即教训也。"译文从刘说。
⑮乡风:同"向风",趋从教化。
⑯旦暮:早晚,指经常。
⑰"取人"二句:尹知章云:"将欲取人,必先审己才略,能用彼不。质谓准的。将欲成事,必先立其准的,事不违质,然后为善。"
⑱审用财:丁士涵云:"'财'下脱一'力'字。下文'用财'、'用力'对举,此不当专言'财'。"译文从丁说。
⑲施报:施惠和酬报。称量:衡量轻重利害。
⑳苦:此指使用民力过度。
㉑费:丁士涵云:"'费'读为悖,悖,逆也。"
㉒辱:闻一多云:"'辱'读为缛,繁也。"
㉓昌:闻一多云:"《广雅·释诂》'昌,始也'。"
㉔自图:指自谋出路。
㉕僇:同"戮"。
㉖顿卒:猪饲彦博云:"顿,挫也。'卒'当作'唪',戒也,呵也。"顿卒谓斥责。
㉗宥过:《版法解》作"有过"。
㉘振:闻一多云:振读为"震",威也,惧也。
㉙植:猪饲彦博云:植即"天植"。

㉚倚邪:猪饲彦博云:"倚、奇同。"奇邪指乖异邪僻。
㉛革:变革。化:化移,变化。
㉜象法:《版法解》作"象地"。尹知章云:"地之资生,无所亲私。"
㉝佐于四时:《版法解》作"伍于四时"。谓与四时为伍。
㉞悦在施:刘绩云:"按当作'悦众在爱施',《解》作'说在爱施',脱一'众'字。"译文从刘说。施,恩惠。爱施指施爱加惠。
㉟修近:指修治内部。
㊱闭祸:避免祸乱。
㊲修长:王念孙云:"'修长'当从后《解》作'备长',言备长久之道,在乎任贤也。"译文从王说。
㊳高安:王念孙云:"'高安'当从后《解》作'安高',言安上之道在乎与民同利也。"译文从王说。

【今译】

大凡君主临政治事,要端正心志,不要违背自然规律,要处理好与远近高下各类人的关系,使他们各得其所。三项原则得到整饬,君主才能拥有国家。不以一己之喜而滥赏,不以一己之怒而滥杀。凭一己之喜而赏,凭一己之怒而杀,民怨就会产生,政令就会废弛。屡次下令不能推行,民心就会向外,存有外心的结为党徒,祸患就开始萌发。众人爆发出来的忿怒,少数人难以应付。兴办喜爱之事,一定要考虑它的结局;废除厌恶之事,一定要估计它的后果。用奖赏勉励敦敬之人来进行显扬,用俸禄加富有功之人来进行劝勉,用爵位增贵有名之人来进行称誉。广施仁爱,没有遗弃,这才是君主的胸怀。一定要先进行教训,使万民趋从教化,经常给他们利益,百姓才会承担责任。用人先要审察自己,成事先要树立标准。仔细斟酌财力的使用,谨慎地对待施惠和酬报,反复地衡量轻重和利害。因而使用财力不可吝啬,使用民力不可过度。用财吝啬就会引起悖逆,用力过度就会造成疲劳。百姓贫困不足,政令就更加繁缛;百姓吃苦遭殃,政令就不能推行。施惠和酬报都无从实行,祸患就将开始发展。祸患发展而君主还不觉悟,百姓就将自谋出路。法令公正,制度平等。杀戮有罪不予赦免,执行刑戮必守信用,百姓就会畏惧。武力威势既已宣明,法令就不必重申。斥责怠惰的人对之加以羞辱,处罚有错的人对之加以惩治,杀戮犯罪的人加以震慑。君主执法的意志牢固不动摇,乖异邪僻之徒就会恐惧。乖异邪僻之徒得到改造，君主法令下达，百姓就会顺令而动。君主效法上天，合于公德，模仿大地，无所私亲，与日月参合，与四时相伍。取悦民众在于施爱加惠，拥有百姓在于废除私心，招致远民在于修治内部，避免祸乱在于消除怨恨，长治久安在于任用贤人，巩固君位在于与民同利。

幼官第八

【题解】

幼官应作"玄官"，何如璋、闻一多、郭沫若论之甚详，可为定论。玄官即指明堂，为古代帝王宣明政教的地方，凡朝会、祭祀、庆赏、选士、养老、教学等大典，均在此进行。《淮南子·本经训》高诱注云："明堂，王者布政之堂，上圆下方，四出各有左右房，谓之个，凡十二所。王者月居其房，告朔朝历颁宣其令，谓之明堂。"本篇按中、东、南、西、北的方位依次排列，形似一明堂图案，故以此名篇。郭沫若曾据此恢复成图形文字，称为"玄官图"，附于《管子集校》中，可参看。

本篇将阴阳五行思想和故事、军事相联系，阐述时令、方物和治国、治兵之道。全篇共分十节，按《幼官图》标目，依次为中方本图、东方本图、南方本图、西方本图、北方本图、中方副图、东方副图、南方副图、西方副图、北方副图。每节包含两层内容：先述时令、方物，即君主在不同时节衣、食、住、行的行为规范和旗帜、兵器、刑法的使用规定。后述治国、治兵之道：大致"本图"部分论治国之道，多与阐述政治思想诸篇相通，如"九守"、"八揆"、"七胜"、"六纪"、"五终"、"三本"、"八观"、"九败"等；而"副图"部分论治兵之道，多与阐述军事思想的《七法》《兵法》诸篇相通，并提出了"至善不战"、"至善之为兵也，非地是求也，非人是君也"等战争的最高准则。

郭沫若提出：本篇"以五行方位纪时令，而以一篇政论文割裂作双重，分配于五方。本文次第，……除表示时令与方物者外，原政论文字当从所谓'中方本图'读起，转至'中方副图'，转至'东方副图'、'南方副图'、'西方副图'、'北方副图'，再转至'东方本图'、'南方本图'、'西方本图'、'北方本图'。如此读去，文成条贯，且与《兵法篇》文次约略相同。"此说可供阅读时参考。

【原文】

若因①:夜虚守静,人物人物则皇②。五和时节③,君服黄色④,味甘味⑤,听宫声⑥,治和气⑦,用五数,饮于黄后之井⑧,以倮兽之火爨⑨。藏温濡⑩,行驱养⑪,坦气修通⑫;凡物开静⑬,形生理。

注释

①若因:刘师培云:"疑'若图'之讹。"郭沫若云:"唯'若'乃'右'之误,'若因'即'右图'也。"译文从刘说郭说。

②"夜虚"二句:此有错简。丁士涵云:"此十字下当接下文'常至命'云云。"郭沫若云:原文当为"人人物物",谓人与物各得其适也。译文从郭说丁说。夜虚守静:当依《幼官图》作"处虚守静"。皇:指成就皇业。

③五和时节:本节所述,属五行中之"土"。尹知章云:"土生数五,土气和则君顺时节而布政。"以下所述都是与土相应的规定。

④黄:五色之一。五色为黄、青、赤、白、黑。

⑤甘味:五味之一。五味为甘、酸、苦、辛、咸。

⑥宫声:五声之一。五声为宫、角、羽、商、徵。

⑦治和气:尹知章云:"土主和,故治和气。"

⑧黄后之井:尹知章云:"中央井也。"

⑨倮(luǒ 裸)兽:短毛野兽,如虎豹之类。倮兽之火指中央之火。爨(cuàn 窜):烧火。

⑩藏温濡:尹知章云:"藏谓包之在心,君之所藏者,温和濡缓,所以助土气。"

⑪行驱养:刘绩云:"'行'对'藏'而言,谓行之于身也。"丁士涵云:"'驱'读为呕。《广雅》'呕呕,乐也','呕呕,喜也',……《韩诗外传》云'闻其徵声,使人乐养而好施',下文'藏不忍,行驱养',义亦同。"

⑫坦气修通:坦气指平和之气。闻一多云:"'修'疑当为'循'。"译文从"循"。

⑬开静:开通安静。

【今译】

右图:土气和顺时节,君主服装穿黄色,食物尝甜味,音乐听宫声,调治和顺之气,数字用五,饮水用中央之井,烧火用中央之火。心怀温和濡缓,身行乐养好施,平和之气循环流通;万物开通安静,形体生成,合于天理。

【原文】

常至命①，尊贤授德则帝。身仁行义②，服③忠用信则王。审谋章礼④，选士利械则霸。定生处死⑤，谨贤修伍则众⑥。信赏审罚，爵材禄能则强。计凡付终⑦，务本饬末则富。明法审数，立常备能则治⑧。同异分官则安⑨。

注释

①此句前当有"处虚守静，人人物物则皇"十字，译文补出。张佩纶云："按'常至命'上当是'率'字。……率，循也。"
②身仁行义：躬行仁义。
③服：用。
④章：同"彰"，明。
⑤定生处死：闻一多云："定、处义近。……此'处'字亦训安，谓安葬之。"
⑥修伍：修治百姓。
⑦计凡：计算总数。付：同"符"，检验。终：结果。此句谓建立经济核算制度。
⑧立常：猪饲彦博云："立典常也。"
⑨丁士涵云："以上文句例求之，脱去四字。"尹知章云："同异之职，分官而治。"译文从之。

【今译】

君主恪守虚静，无为而治，各种人物各得其适，这样就能成就皇业。遵循常道，达于天命，尊重贤能，任用贤德，这样就能成就帝业。身体力行仁义之举，选拔使用忠信之臣，这样就能成就王业。审用谋略，彰明礼节，精选士卒，磨利兵器，这样就能成就霸业。安定生者，安葬死者，敬重贤德，修治百姓，这样就能赢得民心。奖赏守信，处罚谨慎，才士封爵，能人加禄，这样就能国力强盛。计算总数，检验结果，努力从事本业，整顿末业，这样就能经济富足。修明法令，慎用政策，确立常规，配备能臣，这样就能国内大治。按照不同职务，实行分官治理，这样就能国家安定。

【原文】

通之以道①，畜之惠，亲之以仁，养之以义，报之以德，结之以信，接之以礼，和之以乐，期之以事，攻之以官②，发之以力，威之以诚③。一举而上下得终④，再举而民无不从，三举而地辟散成⑤，四举而农佚粟十⑥，五举而务轻金九⑦，六举而絜知事变⑧，七举而外内为用，八举而胜行威立，九举而帝事成形⑨。

注释

①通之以道：用道理开导臣民。以下数句均指君主对臣民而言。
②攻之以官：猪饲彦博云："'攻'疑当作'考'，'官'作'言'为是。"译文从之。
③诚：安井衡云："'诚'当为'諴'字之误。"译文从安说。
④一举而上下得终：何如璋云："举，犹行也，谓行政也。……'一举'谓一岁首举。"
⑤散成：张佩纶云："当作'谷成'。"译文从张说。
⑥十：郭沫若云："'十'乃'丰'之坏字，'丰'假为'豐'。"译文从郭说。
⑦务轻金九：郭沫若云："'务'谓徭役也，……'金九'二字疑'充'字之残。"译文从之。
⑧絜（xié协）：尹知章云："絜，围度也。"此指衡量。
⑨帝事成形：郭沫若云："原文有韵，'形'当为'功'。"译文从郭说。帝事指帝王之事。

【今译】

君主用道理开导臣民，用恩惠畜养臣民，用仁爱亲近臣民，用道义培养臣民，用仁德回报臣民，用信用结交臣民，用礼节接待臣民，用音乐和悦臣民，观行事检验臣民，听言语考察臣民，用威力激发臣民，用训诫威慑臣民。这样施政一年，君上臣下，有始有终；施政两年，万民百姓，无不服从；施政三年，土地开辟，五谷收获；施政四年，农民佚乐，粮食丰收；施政五年，徭役减轻，国库充足；施政六年，世事变化，规律掌握；施政七年，外交内政，为我所用；施政八年，实现优胜，确立权威；施政九年，帝王大业，事就功成。

【原文】

九本搏大①，人主之守也；八分有职②，卿相之守也；十官饰胜备威③,将军之守也;六纪审密④,贤人之守也;五纪不解⑤,庶人之守也。动而无不从,静而无不同⑥。治乱之本三⑦,卑尊之交四⑧,富贫之终五⑨,盛衰之纪六⑩,安危之机七⑪,强弱之应八⑫,存亡之数九⑬。练之以散群偝署⑭,凡数财署⑮。杀僇以聚财⑯,劝勉以选众⑰。使二分具本⑱,发善必审于密⑲,执威必明于中⑳。

此居图方中。

注释

①九本搏大:何如璋云:"'九本'即杂篇《九守》。"指九种必须遵守的根本原则。猪饲彦博云:"'搏'当作'博',言宏博宽大,人主之所守。"译文从之。

②八分有职:指八种测度、衡量的依据各有职司。何如璋云:"'八分'即《君臣上》'八揆'。"

③"十官"句:张佩纶云:"'官饬'二字错置在此。当作'七胜备威'。'七胜'见《枢言篇》。"指七种必胜的规律、树立军威。

④六纪:指六条决定盛衰的纲纪。郭沫若云:"'六纪'当即下文'盛衰之纪六'。"

⑤五纪不解:指五条决定贫富的规则不可松懈。郭沫若云:"'五纪'当作'五终',下文云'富贫之终五'。……终者,总也,统也。'不解'当是'不懈'。"

⑥猪饲彦博云:"二句又见'东方方外',此误重出。"故译文略去。

⑦治乱之本三:《立政》:"国之所以治乱者三。"

⑧卑尊之交四:张佩纶云:"疑'安危之机七'与'卑尊'互讹,亦当作'安危之机四','卑尊之交七'。"《立政》:"国之所以安危者四。"译文从之。

⑨富贫之终五:《立政》:"国之所以富贫者五。"

⑩盛衰之纪六:张佩纶云:"六秉是也。"

⑪安危之机七:当作"卑尊之交七"。张佩纶云:"'交'当作'效',七法是也。"见《七法》。

⑫强弱之应八:张佩纶云:"八观是也。"见《八观》。

⑬存亡之数九:张佩纶云:"九败是也。"见《立政》。

⑭郭沫若云:练"此处亦可读为统或董"。练之谓总上而言。闻一多云:"散群偝署"即《庄子》中"列士坏植散群","'署'即'书社','偝'之言犹崩也,崩,亦坏也"。此谓解散徒众、不立朋党。

⑮凡数则署:郭沫若云:"盖'风教则著'之误,四字同误,……"

⑯僇:同"戮"。尹知章云:"或因亡国,或因灭家,莫不藉没其财。"

⑰选众:郭沫若云:选当作"迁"。移风易俗之谓也。

⑱使二分具本:指使以下两方面都要具备文本。
⑲发善:尹知章云:"谓行赏。"
⑳执威:尹知章云:"谓行刑。"中:国中。

【今译】

　　九项根本的原则,宏博宽大,是君主必须遵守的;八项测度的标准,各有职司,是卿相必须遵守的;七项必胜的规律,备显军威,是将军必须遵守的;六项决定盛衰的纲纪,详审严密,是贤才必须遵守的;五项决定贫富的规则,不可懈怠,是庶民必须遵守的。决定国家治乱的根本有三项,决定国家安危的关键有四项,决定国家贫富的规则有五项,决定国家盛衰的纲纪有六项,决定国家尊卑的法则有七项,决定国家强弱的效应有八项,决定国家存亡的规律有九项。总之,解散朋党,上下齐心,风俗教化,变化显著。杀戮罪犯以聚敛财货,奖励善行以移风易俗,两方面都必须具备文本:行赏必须严密审核,行刑必须宣明国中。

　　以上处于"玄宫图"方中。

【原文】

　　春行冬政肃①,行秋政雷②,行夏政阉③。十二地气发④,戒春事;十二小卯⑤,出耕;十二天气下,赐与;十二义气至⑥,修门闾;十二清明,发禁;十二始卯⑦,合男女;十二中卯,十二下卯,三卯同事⑧。八举时节⑨,君服青色,味酸味,听角声,治燥气⑩,用八数,饮于青后之井⑪,以羽兽之火爨⑫。藏不忍,行驱养,坦气修通;凡物开静,形生理。

注释

①许维遹云:"《礼记·月令篇》'季春行冬令,则寒气时发,草木皆肃',郑《注》'……肃谓枝叶缩栗'。"政:指政令。
②行秋政雷:丁士涵云:"'雷'乃'霜'字误。"译文从丁说。
③阉:尹知章云:"春既阳,夏又阳,阳气猥并,故掩闭也。"阉,掩蔽。
④十二地气发:十二,当指十二天。本篇四时共三十个十二天,恰为一年之天数,故十二可能为当时一个节气的周期。"十二"之下"地气发"等名,可能即为当时节气名。
⑤小卯:惠栋云:"《说文》曰'卯,冒也。二月万物冒地而出,象开门之形,故

二月为天门'。……故春言三卯。"

⑥义气:丁士涵云:"'义气'不可解,'义'当为'和',声之误也。"译文从之。

⑦始卵:宋本作"始毋"。译从。陈奂云:"'毋'当作'毌',音贯,古毌、卵声同。"始卵谓开始产卵,动物交尾产卵多在春秋二季。

⑧三卯:指小卯、中卯、下卯。同事:指三个季气行事相同。

⑨八举:尹知章云:"木成数八,木气举,君则顺时节布政。"

⑩治燥气:尹知章云:"春多风而旱,故治燥气。"

⑪青后之井:尹知章云:"东方井也。"

⑫羽兽之火:尹知章云:"羽兽,南方朱鸟。用南方之火,故曰羽兽之火。"

【今译】

春季如果实行冬季的政令,就会草木肃杀;如果实行秋季的政令,就会出现降霜;如果实行夏季的政令,就会阳气掩蔽。从初春开始的节气和行事:十二天为"地气发",准备耕种之事;十二天为"小卯",适宜开始耕地;十二天为"天气下",适宜颁行赏赐;十二天为"和气至",适宜修整门闾;十二天为"清明",适宜开放禁令;十二天为"始毋",适宜男女婚嫁;十二天为"中卯",十二天为"下卯",三卯行事相同。木气扬举时节,君主服装穿青色,食物尝酸味,音乐听角声,调治干燥之气,数字用八,饮水用东方之井,烧火用南方之火。心怀不忍之心,身行乐养好施,平和之气循环流通;万物开通安静,形体生成,合于天理。

【原文】

合内空周外①,强国为圈②,弱国为属。动而无不从,静而无不同。举发以礼,时礼必得③。和好不基④,贵贱无司⑤,事变日至⑥。

此居于图东方方外。

注释

①空:戴望云:"'空'即'内'字之误而衍者。"译文从"内"。

②圈:猪饲彦博云:"'圈'亦当作'眷'。"译文从"眷"。

③许维遹云:"时,犹处也。"

④不基:尹桐阳云:"'基'同'慁',罪恶也。'不基'者即《月令》所谓'不可以称兵'是。"

⑤贵贱无司:尹桐阳云:"'司'同'伺',罪也。'无司'者即《月令》所谓'止狱

讼'是。"

⑥事变日至:尹桐阳云:"'至'同'窒',塞也。"

【今译】

天地四方内外,强国为亲眷,弱国为藩属。君主有所行动,各国无不跟从;君主静守无为,各国无不随同。兴举事业,必据礼数,处事循礼,必有所得。保持和好,互不仇视,贵贱相安,不兴狱讼,这样,意外的事变将被阻塞防止。

以上处于"玄宫图"东方方外。

【原文】

夏行春政风,行冬政落,重则雨雹①,行秋政水。十二小郢,至德②;十二绝气下,下爵赏③;十二中郢,赐与;十二中绝,收聚;十二大暑至,尽善;十二中暑,十二小暑终④,三暑同事。七举时节⑤,君服赤色,味苦味,听羽声,治阳气,用七数,饮于赤后之井⑥,以毛兽之火爨⑦。藏薄纯⑧,行笃厚⑨,坦气修通;凡物开静,形生理。

注释

①"行冬"二句:尹桐阳云:"'落'同'雾',雨霝也。……其灾重则雨雹。《礼记·月令》'仲夏行冬令,则雹冻伤谷'。"

②何如璋云:"'郢'当作'盈',以'郢'有盈音而误。'盈'亦通'嬴'。……盈,满也。嬴,亦满也。今历立夏后为小满,即本此。'至德'谓招致有德之人也。"译文从何说。

③丁士涵云:"案此当衍一'下'字,应读'绝气下'句,'爵赏'句。"

④吴志忠云:"大暑小暑,以下文'十二大寒终'例之,则大小二字当互易。"是。

⑤七举:尹知章云:"火成数七,火气举,君则顺时节而布政。"

⑥赤后之井:尹知章云:"南方井也。"

⑦毛兽之火:尹知章云:"毛兽,西方白虎,用西方之火,故曰毛兽之火。"

⑧藏薄纯:尹知章云:"盛阳之性,失在奢纵,故所藏者省薄纯素也。"

⑨行笃厚:尹知章云:"阳性宽和,故行笃厚。"

【今译】

　　夏季如果实行春季的政令,就会刮起大风;如果实行冬季的政令,就会雨水不绝,严重会下冰雹;如果实行秋节的政令,就会多水成灾。从初夏开始的节气和行事:十二天为"小郢",适宜招致贤德;十二天为"绝气下",适宜封爵加赏;十二天为"中郢",适宜颁行赏赐;十二天为"中绝",适宜收获聚敛;十二天为"小暑至",适宜尽行善事;十二天为"中暑",十二天为"大暑终",三暑行事相同。火气扬举时节,君主服装穿赤色,食物尝苦味,音乐听羽声,调治盛阳之气,数字用七,饮水用南方之井,烧火用西方之火。心怀省薄纯素,身行诚笃忠厚,平和之气循环流通;万物开通安静,形体生成,合于天理。

【原文】

　　定府官①,明名分,而审责于群臣有司②,则下不乘上③,贱不乘贵。法立数得,而无比周之民,则上尊而下卑,远近不乖④。

　　此居于图南方方外。

注释

①定府官:指确定高低官阶。
②审责:小心监督。
③乘:越,犯。
④乖:乖错,指越轨行为。

【今译】

　　确定高低官阶,明确上下名分,小心监督群臣和官府,就能下不犯上,贱不犯贵。法令确立,规律掌握,百姓中没有结党营私之徒,那么上尊下卑,远近百姓都不会越轨。

　　以上处于"玄宫图"南方方外。

【原文】

　　秋行夏政叶,行春政华,行冬政耗①。十二期风至②,戒秋事;十二小卯,薄百爵③;十二白露下,收聚;十二复理,赐与;十二始节,赋事;十二始卯④,合男女;十二中卯,十二下卯,三卯同事⑤。九和时节⑥,君服白色,味辛味,听商声,治湿气,用九数,饮于白后之井⑦,以介虫之火爨⑧。藏恭敬,行搏锐⑨,坦气修通;凡物开静,形生理。

注释

①耗:尹知章云:"盛阴肃杀,故虚耗也。"
②期:丁士涵云:"'期'乃'朗'字误。朗风,凉风也。"译文从丁说。
③安井衡云:"'卯'当作'酉'。……酉位在西,主秋,故以名节。薄,勉也;百爵,百官也。"译从。
④始卯:应同春季作"始毋",即同"始卯"。
⑤此"中卯"、"下卯"、"三卯"应同上作"中酉"、"下酉"、"三酉"。
⑥九和:尹知章云:"金成数九,金气和,君则顺时节而布政。"
⑦白后之井:尹知章云:"西方井也。"
⑧介虫之火:尹知章云:"介虫,北方玄武,用北方之火,故曰介虫之火。"
⑨行搏锐:郭沫若云:"'搏'犹博也,'锐'当为'悦',言心地宽博而愉悦。"译文从郭说。

【今译】

秋季如果实行夏季的政令,就会枝叶繁茂;如果实行春季的政令,就会开花发荣;如果实行冬季的政令,就会虚耗果实。从初秋开始的节气和行事:十二天为"朗风至",准备秋收之事;十二天为"小酉",适宜勉励百官;十二天为"白露下",适宜收获聚敛;十二天为"复理",适宜颁行赏赐;十二天为"始节",适宜征收赋税;十二天为"始毋",适宜男女婚嫁;十二天为"中酉",十二天为"下酉",三酉行事相同。金气和顺时节,君主服装穿白色,食物尝辛味,音乐听商声,调治潮湿之气,数字用九,饮水用西方之井,烧火用北方之火。心怀恭敬谨慎,身行宽厚悦人,平和之气循环流通;万物开通安静,形体生成,合于天理。

【原文】

间男女之畜①,修乡间之什伍②,量委积之多寡③,定府官之计数。养老弱而勿通④,信利周而无私⑤。

此居于图西方方外。

【注释】

①间:丁士涵云:"'间'与'简'通。《广雅》'简,阅也'。"指视察。
②"修乡"句:尹知章云:"杀气方至,可以出师征伐,故修什伍。"
③委积:积累,贮藏。
④通:吴志忠云:"'通'疑'遗'字之误。"译从。
⑤利周:《幼官图》作"利害"。此处译从"利害"。

【今译】

视察男女的畜养情况,整治乡间的什伍编制,计量物资储备的多少,核定各级官阶的数量。奉养老弱而不可遗弃,申明利害而不谋私利。

以上处于"玄宫图"西方方外。

【原文】

冬行秋政雾,行夏政雷,行春政烝泄①。十二始寒,尽刑,十二小榆②,赐与;十二中寒,收聚;十二中榆,大收;十二寒,至静③;十二大寒之阴,十二大寒终,三寒同事。六行时节④,君服黑色,味咸味,听徵声,治阴气,用六数,饮于黑后之井⑤,以鳞兽之火爨⑥。藏慈厚,行薄纯,坦气修通;凡物开静,形生理。

【注释】

①烝:许维遹云:"'烝'字盖因涉《注》文而衍。"译文从许说。
②章炳麟云:郚榆即"呈儒",亦即"盈绠"。此取盈绠引申之义谓长短。于夏言小郚、中郚,于冬言小榆、中榆,则以其日之长短言之。
③丁士涵云:"当作'十二大寒至静'。"译文从丁说。
④六行:尹知章云:"水成数六,水气行,君则顺时节而布政也。"
⑤黑后之井:尹知章云:"北方井也。"
⑥鳞兽之火:尹知章云:"鳞兽,东方青龙也,用东方之火,故曰鳞兽之火。"

【今译】

冬季如果实行秋季的政令,就会阴雾弥漫;如果实行夏季的政令,就会雷声震震;如果实行春季的政令,就会地气消泄。从初冬开始的节气和行事:十二天为"始寒",适宜尽行刑法;十二天为"小榆",适宜颁行赏赐;十二天为"中寒",适宜收藏聚敛;十二天为"中榆",适宜全面收藏;十二天为"大寒",适宜进入静养;十二天为"大寒之阴",十二天为"大寒终",三寒行事相同。水气运行时节,君主服装穿黑色,食物尝咸味,音乐听徵声,调治盛阴之气,数字用六,饮水用北方之井,烧火用东方之火。心怀仁慈淳厚,身行省薄纯俭,平和之气循环流通;万物开通安静,形体生成,合于天理。

【原文】

　　器成于偆①,教行于钞②,动静不记③,行止无量。戒审四时以别息④,异出入以两易⑤,明养生以解固⑥,审取予以总之⑦。一会诸侯令曰:非玄帝之命,毋有一日之师役⑧。再会诸侯令曰:养孤老,食常疾,收孤寡⑨。三会诸侯令曰:田租百取五,市赋百取二,关赋百取一,毋乏耕织之器。四会诸侯令曰:修道路,偕度量,一称数⑩,薮泽以时禁发之。五会诸侯令曰:修春秋冬夏之常祭,食天壤山川之故祀⑪,必以时。六会诸侯令曰:以尔壤生物共玄官⑫,请四辅⑬,将以礼上帝。七会诸侯令曰:官处四体而无礼者⑭,流之焉荞命⑮。八会诸侯令曰:立四义而毋议者⑯,尚之于玄官⑰,听于三公。九会诸侯令曰:以尔封内之财物,国之所有为币⑱。九会大命焉出,常至⑲。千里之外,二千里之内,诸侯三年而朝,习命;二年,三卿使四辅;一年正月朔日,令大夫来修⑳,受命三公。二千里之外,三千里之内,诸侯五年而会至㉑,习命;三年,名卿请事㉒;二年,大夫通吉凶。十年,重適入,正礼义;五年,大夫请受变㉓。三千里之外,诸侯世一至㉔,置大夫以为廷安㉕,入共受命焉㉖。

　　此居于图北方方外。

注释

①偆:郭沫若云:"'偆'同'缪',犹今言周到。"
②钞:郭沫若云:"'钞'同'妙',则今言仔细也。"
③记:郭沫若云:"'记'当为'纪',言动静失其纪,则行止无度量。"译文从郭说。
④审:丁士涵云:"'审'字涉下文'审取予'而衍。戒,慎也。"译文从丁说。
⑤郭沫若云:"'出入'犹出纳,'易'谓交易。'两'以上下文例之,当为动词。"

⑥固:张佩纶云:"'固'或作'故',《大宗伯注》'故谓凶裁'。"裁同"灾"。

⑦之:戴望云:"'之'疑'乏'字之误,言审取予以总会其匮乏也。"译文从"乏"。

⑧"非玄"二句:尹知章云:"玄帝,北方之帝。齐桓初会,命诸侯,不使非时出师,故令曰:若非玄帝有命之时,毋得有一日之师役。一日尚不可,况多乎?"

⑨孤寡:戴望云:"当为'鳏寡'。"译文从之。

⑩尹知章云:"偕,同也。称,斤两也。数,多少也。"

⑪俞樾云:"'食'者'饬'之坏字,'修'与'饬'义相近。"译文从俞说。

⑫张佩纶云:"'玄官'当作'玄宫'。"译文从之。

⑬四辅:尹知章云:"四辅,即三公、四辅也,所以助祭行礼。"

⑭四体:郭沫若云:"'四体'当指视言貌听之官而言,所谓'非礼勿视,非礼勿听,非礼勿言,非礼勿动'也。'官'疑'体'字之古注而误衍者。"译文从之。

⑮莠命:尹知章云:"莠命者,谓秽乱教命,若莠之秽苗也。"

⑯"立四"句:俞樾云:"议'读为俄。立四义而毋俄,谓不倾邪也。郭沫若云:"'义'字当为'仪'。'立四仪而毋俄'即处四体而有礼之意。译文从之。

⑰尚:郭沫若云:"'尚'读为赏。"

⑱币:古时称进贡的礼物。

⑲"九会"二句:猪饲彦博云:"焉,犹言于此也。言九会诸侯,天下命令于是出自我,诸侯率服,朝聘不绝。下文所云即是也。"

⑳令大夫:丁士涵云:"'令大夫'即'命大夫'也。《管子》它处两见,位在'列大夫'之上。'来修'谓诸侯使命大夫来修好也。"

㉑至:丁士涵云:"'至'字疑衍。"译从。

㉒名卿:章炳麟云:"'名卿'即'命卿',谓命于天子之卿也。"

㉓五年,大夫请受变:俞樾云:"此二句当在下文'三千里之外,诸侯世一至'之下。"译文从俞说。重適:尹知章云:"重適谓承重也。適,诸侯之世子也。"变:丁士涵云:"'变'读为辩。《说文》曰'辩,治言也'。"

㉔世:古称三十年为一世。

㉕廷安:郭沫若云:"'安'殆'官'字之误,'廷官'谓质也。"译文从郭说。

㉖入共:郭沫若云:"'入共'犹'入贡'。"

【今译】

　　器物由于制作精细而成功,教化由于施教细致而得以实行,动静失去了纲纪,行止就没有规范。谨慎地按照四时来变化作息,区分财物出入来整治交易,学会养生之道来解除灾祸,查验出入多少来总计匮乏。第一次会集诸侯说:没有玄帝的命令,一天战事也不允许发生。第二次会集诸侯说:奉养孤儿老人,供养久病之人,收养鳏夫寡妇。第三次会集诸侯说:田租只可收取百分之五,市场税收百分之二,关税收百分之一,不要让百姓缺少从事耕织的工具。第四次会集诸侯说:修筑道路,统一度量衡标准,林薮沼泽要按时禁闭开发。第五次会集诸侯说:整顿一年中春秋冬夏、天地山川的常规祭祀,一定要按时进行。第六次会集诸侯说:将你们土地的出产物进贡玄宫,请四辅协助,礼祭天帝。第七次会集诸侯说:在视、言、貌、听四方面有不合礼法的,以秽乱教化的罪名流放。第八次会集诸侯说:在视、言、貌、听四方面能树立仪则的,在玄宫进行赏赐,由三公决定。第九次会集诸侯说:将你们封国内的财物和特产,作为礼品进贡。九次会合诸侯,从中发布命令,诸侯以后朝聘不断。距离在一千里之外、二千里之内的诸侯,三年来朝一次,修习命令;每二年派三卿出使朝廷,向四辅报告国情;每年正月初一,派大夫来朝修好,到三公处接受命令。距离在二千里之外、三千里之内的诸侯,五年来朝一次,修习命令;每三年派命卿来朝请求指示;每二年派大夫来朝通报国情。距离在三千里之外的诸侯三十年来朝一次,每十年派世子来朝,以尽礼仪;每五年派大夫来朝请求接受治国的指示;另外安排大夫作为常驻朝廷的官吏,负责交纳贡物,接受命令。

以上处于"玄宫图"北方方外。

【原文】

必得文威武①,官习胜之务②。时因胜之终③,无方胜之几④,行义胜之理,名实胜之急⑤,时分胜之事⑥,察伐胜之行⑦,备具胜之原⑧,无象胜之本⑨。定独威胜⑩,定计财胜⑪,定闻知胜,定选士胜,定制禄胜⑫,定方用胜⑬,定纶理胜⑭,定死生胜,定成败胜,定依奇胜⑮,定实虚胜,定盛衰胜。举机诚敢,则敌不量⑯;用利至诚,则敌不校⑰。明名章实,则士死节;奇举发不意⑱,则士欢用。交物因方⑲,则械器备;因能利备,则求必得⑳。执务明本,则士不偷㉑;备具无常,无方应也㉒。

注释

①必得文威武:何如璋云:"'得'当为'德'。"此谓必须文有德、武有威。

②"官习"句:王念孙云:"'习胜'者,习胜敌之术也。'胜'下不当有'之'字。"

③时因胜之终:张佩纶云:"'时因'当作'因时'。'终','纪'之误。"此谓因时而动,为取胜之纲纪。

④无方:没有固定的法度。几:征兆。

⑤名实:指宣扬将士的战绩。名,作动词。

⑥时分:时刻,时间。指抓紧时间,分秒必争。

⑦察伐:量察功伐。行:行进,推动。

⑧备具:完备攻战的器具。

⑨无象:指行动隐蔽、无迹可寻。

⑩定:审定。独威:指有独特威力。

⑪尹知章云:"计谋财用,先审定者胜。"

⑫制禄:指因功颁禄。

⑬方用:指制造军器上的因方致用。

⑭纶理:王念孙云:"'纶理'即'伦理'。"指用兵的条理顺序。

⑮依奇:何如璋云:"'依奇'之'依'当作'正'。"译文从何说。

⑯"举机"二句:尹知章云:"发举兵机,诚得其要,则敌不能量也。"

⑰"用利"二句:尹知章云:"用兵便利,又能至诚,则敌不敢校也。"校:抗拒,对抗。

⑱发:郭沫若云:"'发'乃'举'字之古注,误衍入正文者。"译文从郭说。

⑲交:俞樾云:"'交'读为校,谓考校其物,必因其方也。"

⑳"因能"二句:尹知章云:"因彼所能听利,而以备之,则所求必得。"指因材用人,有备无患。

㉑"执务"二句:尹知章云:"执所营之务,明所为之本,则士不苟且。"指军中职责分明。

㉒"备具"二句:郭沫若云:"'常'读为尚。'无方应'谓敌人无法以应付也。"

【今译】

必须做到文职有德、武职有威,各级官吏都修习胜敌的方法。把握时机是胜敌的纲领,兵法无常是胜敌的前提,维护正义是胜敌的常理,宣扬战绩是胜敌的急务,抓紧时间是胜敌的大事,明察功绩是胜敌的动力,完备军械是胜敌的源头,隐蔽无形是胜敌的根本。能审定有独特威力的必胜,能审定计谋财用的必胜,能审定敌情真伪的必胜,能审定士卒优劣的必胜,能审定因功颁禄的必胜,能审定因方制用的必胜,能审定条理秩序的必胜,能审定将士生死的必胜,能审定攻战成败的必胜,能审定用兵奇正的必胜,能审定敌军虚实的必胜,能审定兵势盛衰的必胜。把握时机,击中要害,敌人就难以估量;利用优势,毫不掩饰,敌人就不敢对抗。宣扬名声,表彰战绩,将士就甘心死节;发举奇兵,出敌不意,将士就乐于被用。考校军备,讲究方法,军械就必然完备;因材用人,有备无患,人才就有求必得。按照职务,明确本分,将士就不敢苟且;完备军械,天下无比,敌人就无法应付。

【原文】

听于钞故能闻未极①,视于新故能见未形②,思于浚故能知未始③,发于惊故能至无量④,动于昌故能得其宝⑤,立于谋故能实不可故也⑥。器成教守,则不远道里;号审教施,则不险山河;博一纯固⑦,财独行而无敌;慎号审章,则其攻不待权与⑧。明必胜则慈者勇,器无方则愚者智,攻不守则拙者巧,数也。动慎十号⑨,明审九章⑩,饰习十器⑪,善习五官⑫,谨修三官。必设常主⑬,计必先定。求天下之精材,论百工之锐器,器成角试否臧⑭;收天下之豪杰,有天下之称材⑮,说行若风雨⑯,发如雷电。

此居于图方中。

注释

①"听于"句:何如璋云:"'钞'当作'眇',细微也。听而得之,则远而无极者能闻矣。"译文从何说。

②"视于"句:安井衡云:"新,初也,视于事初,故能见未成形之时也。"

③浚:深远。

④"发于"句:尹知章云:"发举可惊,故敌不能量。"

⑤"动于"句:戴望云:"'昌'当为'冒','宝'当为'实',皆字之误也。《说文》曰'冒,蒙而前也',段氏《注》'蒙者,覆也,引申之,有所干犯而不顾亦曰冒'。……'实'者,军实也。"译文从戴说。军实指军器。

⑥"立于"句:戴望云:"'故'当为'攻'字之误。'立于谋',故能兵甲坚实,使敌不可攻也。"译文从戴说。

⑦博:王念孙云:"'博'当为'搏',字之误也。'搏'即专字也。'专一'与'独行'义正相承。"译文从王说。

⑧权与:王念孙云:"'权与',谓与国也,言能慎号审章,则攻人之国,不待与

国之相助也。"

⑨动:郭沫若云:"'动'当为'勤',字之误也。"译文从郭说。

⑩九章:九种旗章,见《兵法》篇。

⑪饬:同"饬"。十器:十种兵器。《兵法》有"九器"。

⑫五官:洪颐煊云:"《兵法篇》云'三官不谬,五教不乱,九章著明',此'五官'当作'五教'。"译文从洪说。

⑬必设常主:丁士涵云:"当作'主必常设',与下'计必先定',两必字相对成文。设、定皆立也。"译文从丁说。

⑭角试否臧:指比试优劣。

⑮称材:郭沫若云:"此'材'字乃士卒之谓,……'称材'犹言好手也。"

⑯说行若风雨:郭沫若云:"'说'读为脱,古字通用。当衍'行'字。脱有急骤意,……"

【今译】

听得到细微,因而能听到未极的声音;看得到萌芽,因而能看到未成形的物体;想得到深远,因而能知晓未开始的事情;发动得突然,因而能达到出敌不意;敢于冒险,因而能夺得敌人的军备;深于计谋,因而能兵甲坚实,敌不敢攻。兵器完备,严守训令,因而不怕长途跋涉;号令严明,施行教练,因而不怕山高水险;目标专一,意志坚定,因而能所向无敌;号令审慎,旗章辨明,因而能攻无不克,不需外援。看到了必胜的结局,仁慈的人也会变得勇猛;对人的才能不加约束,愚蠢的人也会变得聪明;攻打不设防的阵地,笨拙的人也会变得灵巧;这些都是自然的道理。要勤于审察十种号令,明确分辨九种旗章,督促操练十种兵器,善于演习五种判断,严格修习三种标识。军中主帅必须常设不缺,谋略计划必须预先制定。征集天下精良的材料,评定百工锋利的兵器,制成后必须比试优劣;招收天下的英雄豪杰,拥有天下的良将好手,一旦发兵,急骤如狂风暴雨,爆发如雷鸣电闪。

以上处于"玄官图"方中。

【原文】

旗物尚青①,兵尚矛,刑则交寒害钛②。

器成不守经不知,教习不著发不意③。经不知,故莫之能围;发不意,故莫之能应。莫之能应,故全胜而无害;莫之能围,故必胜而无敌。

四机不明④,不过九日而游兵惊军⑤;障塞不审⑥,不过八日而外贼得间;由守不慎⑦,不过七日而内有逸谋;诡禁不修⑧,不过六日而窃盗者起;死亡不食⑨,不过四日而军财在敌。

此居于图东方方外。

> **注释**

①旗物尚青:尹知章云:"木用事,故尚青。"

②许维遹云:"'交'为'校'字之省,《说文》'校,木囚也',段《注》云……'木囚者,以木羁之也'。……'寒'当从于说读作键,'害'当从刘说读作辖,'钛'《说文》'胫钳也'。校、辖皆木械类。此以木用事,故用木刑。"译文从许说。

③"器成"二句:王念孙云:"经,过也,谓兵过敌境而敌不知也。"张佩纶云:"'守'、'著',皆当作'若',字之误也。器成、教习,兵之正法,……'器成不若经不知,教习不若发不意',此兵之奇也。"译文从王说张说。

④四机:何如璋云:"'四机'即《兵法篇》敌政、敌情、敌将、敌士,四者乃兵机之要也。"

⑤游兵惊军:使军心游离、惊恐。

⑥障塞:尹知章云:"障塞者,所以防守要路也。"

⑦由:俞樾云:"'由'疑'申'字之误。"申守指再次加强守备。

⑧诡禁:尹知章云:"所以禁诡常也。"指防范欺诈行为。

⑨亡:王引之云:"'亡'盖'士'之讹,死士,敢死之士也。食,犹飨也。"译文从王说。

【今译】

旌旗、饰物用青色,兵器用矛,刑具用木械。

兵器完备,不如过境而使敌不知;教练熟习,不如发兵而出敌不意。过境而敌不知,敌人就无法防御;发兵而出敌不意,敌人就无法应付。无法应付,我军就能全胜而不受损失;无法防御,我军就能必胜而没有敌手。不懂得四项机要,不出九天,军心就会涣散动摇;不注重防御工事,不出八天,敌兵就会趁隙而入;不谨慎加强戒备,不出七天,逸言就会在内产生;不防范欺诈行为,不出六天,盗窃就会纷纷发生;不犒赏敢死之士,不出四天,财富就会落入敌手。

以上处于"玄宫图"东方方外。

【原文】

旗物尚赤①,兵尚戟,刑则烧交疆郊②。

必明其一③,必明其将,必明其政,必明其士。四者备,则以治击乱,以成击败。数战则士疲,数胜则君骄,骄君使疲民则国危。至善不战④,其次一之⑤。大胜者⑥,积众胜无非义者焉,可以为大胜。大胜无不胜也。

此居于图南方方外。

注释

①旗物尚赤:尹知章云:"火用事,故尚赤。"

②"刑则"句:章炳麟云:"'交'借为'炙',……《说文》'炙,交木然也',……与'烧'意相承。"许维遹云:"'疆郊'当读为僵槁。……此以火用事,故用火刑。"译文从之。

③一:何如璋云:"'一'当作'情',涉下'一'字而误。……'四者'即上'四机'之谓。"译文从何说。

④不战:指不战而胜。

⑤一之:指一战胜敌。

⑥大胜者:戴望云:"'大胜者'三字衍文。"译文从戴说。

【今译】

旌旗、饰物用赤色,兵器用戟,刑法用火刑。

必须了解敌方军情,必须了解敌方将领,必须了解敌方政事,必须了解敌方士兵。这四方面能充分掌握,就能做到用治军击乱军,用必胜之军击必败之军。多次交战使士兵疲倦,多次取胜使君主骄傲,骄傲的君主驱使疲倦的士兵去作战,国家就危险了。最完美的军事是不战而胜,其次是一战胜敌。积累多次正义的胜利,就成为大胜。取得了大胜,就无往不胜。

以上处于"玄宫图"南方方外。

【原文】

旗物尚白①,兵尚剑,刑则绍昧断绝②。

始乎无端,卒乎无穷。始乎无端,道也;卒乎无穷,德也。道不可量,德不可数。不可量,则众强不能图;不可数,则为诈不敢乡③。两者备施,动静有功。畜之以道,养之以德。畜之以道则民和,养之以德则民合。和合故能习,习故能偕④,偕习以悉,莫之能伤也。

此居于图西方方外。

注释

①旗物尚白:尹知章云:"金用事,故尚白。"

②"刑则"句:章炳麟云:"'绍昧'亦与断绝同义,……皆谓斩断之刑。"许维遹云:"此以金用事,故用金刑。"

③"则为"句:孙星衍云:"'为'读为伪。"刘绩云:"乡、向同。"

④习:丁士涵云:"'习'为'辑'之假借,辑,合也。谐,和也。"译文从之。

【今译】

旌旗、饰物用白色,兵器用剑,刑法用金刑。

战争发生时找不到它的开端,战争结束时看不见它的尽头。找不到开端就像道,看不见尽头就像德。道无法度量,德无法计数。无法度量,众多的强国不能图谋我军;无法计数,伪诈的敌军不敢正对我军。双管齐下,我军无论出动或静守,都能成功。养兵的法则要合于道德。合于道百姓就和睦,合于德百姓就团结,和睦团结就能结聚力量,结聚力量就能相互协调。百姓的力量能结聚协调,万众一心,谁也不能损害。

以上处于"玄宫图"西方方外。

【原文】

旗物尚黑①,兵尚胁盾,刑则游仰灌流②。

察数而知治,审器而识胜,明谋而適胜③,通德而天下定。定宗庙,育男女,官四分④,则可以立威行德,制法仪,出号令⑤。至善之为兵也,非地是求也,罚人是君也⑥。立义而加之以胜,至威而实之以德⑦,守之而后修胜⑧,心焚海内⑨。民之所利立之,所害除之,则民人从。立为六千里之侯,则大人从⑩。使国君得其治⑪,则人君从。会请命于天,地知气和⑫,则生物从。计缓急之事,则危危而无难。明于器械之利,则涉难而不变。察于先后之理,则兵出而不困。通于出入之度,则深入而不危。审于动静之务,则功得而无害。著于取与之分,则得地而不执⑬。慎于号令之官,则举事而有功。

此居于图北方方外。

注释

①旗物尚黑:尹知章云:"水用事,故尚黑。"

②"刑则"句:许维遹云:"'仰'疑为'休'字之误,《说文》'休,没也,读与溺同'。……此以水用事,故用水刑。"译文从许说。

③"明谋"句:王念孙云:"'適胜'当为'胜適',適,即敌字也。"译文从王说。

④官四分:郭沫若云:"'官四分'云者,'官'同'管',四分当即四民——士农工商。"

⑤出号令:许维遹云:"据《七法》《兵法》两篇互证之,此文'出号令'下疑夺'则可以一众治民'七字。"译文从许说。

⑥罚:张佩纶云:"'罚'当作'非',言非求其地,君其民。"译文从之。

⑦至:刘师培云:"'至'即'致'省。"译文从刘说。

⑧"守之"句:郭沫若云:"'修'当为'备'字之误也。'守之而后备胜',言以文守之,胜乃完备也。"译文从郭说。

⑨心焚:猪饲彦博云:"'心焚'当作'必樊',言能守仁义威德而后举兵胜敌,则必服海内,如在樊篱之中也。"译文从之。

⑩大人:尹知章云:"大人谓天子三公、四辅也。"

⑪国君:尹知章云:"国君谓天下同盟诸侯。"

⑫尹桐阳云:"'会'同'祫',除疾殃祭也。""'知'同'漘',土得水沮也。《集韵》云'水土和'。"

⑬执:俞樾云:"'执'读为慹,……《说文·心部》'慹,悑也'。'悑'即今'怖'字。"

【今译】

旌旗、饰物用黑色,兵器用胁盾,刑法用水刑。

考察用兵方法就能懂得治军,审查武器优劣就能识别胜负,掌握谋略就能战胜敌人,实行德政就能安定天下。能够安定宗庙、繁育儿女、管好四民,就可以树立权威、推行德政;能够制定仪法,颁行号令,就可以统一军队、治理百姓。用兵的最终目标,不是要去占领别国土地,统治别国百姓。树立正义,用战胜加强它的力量;造成威慑,用德政充实它的内容。用文教德化来保持胜利成果,才是完备的胜利,必定能进而征服海内。兴百姓之利,除百姓之害,百姓就会服从。在六千里范围内封侯,大臣就会服从。让各国君主都能治理好国家,君主就会服从。祭天除病,水土相和,一切生物都会服从。分清战事的缓急,极度危险也不会遭难;了解武器的精良,碰到危难也不变颜色;明察先发、后发的道理,出兵早晚都不会陷困境;精通离敌、接敌的适度,深入敌境都没有危险;明白出动、静守的作用,成功必得而毫无损害;明确该取、该予的关系,占领土地而没有忧虑;谨慎地对待发号施令,一旦行动就必定成功。

以上处于"玄官图"北方方外。

幼官图第九

【题解】

幼官图应作"玄官图"。安井衡云:"此篇名'图',则当陈列《幼官》所不及以为十图。今不惟无图,其言又与前篇无异;盖原图既佚,后人因再抄《幼官》以充篇数耳,非《管子》之旧也。"郭沫若则认为,《幼官》篇"文字本布置为图形,录为直行文字,故每夹注以标识图位。而仍以图附于文后,故既有《幼官篇》,又有《幼官图》。刊本所谓'图'亦只文字直录,与《幼官篇》无别,而于图位乃增多一重说明。此又后之抄书者所改易。"

本篇内容与《幼官》篇完全相同,唯各节次序不同。本篇次序为:中方本图、中方副图、东方本图、东方副图、南方本图、南方副图、西方本图、西方副图、北方本图、北方副图。宋本《管子》本篇次序则为:西方本图、西方副图、南方本图、中方本图、北方本图、南方副图、中方副图、北方副图、东方本图、东方副图。

本篇原文照录,与《幼官》篇个别文字相异处加注释,译文全部省略,可参看前篇。

【原文】

若因:处虚守静,人物则皇①。五和时节,君服黄色,味甘味,听宫声,治和气,用五数,饮于黄后之井,以倮兽之火爨。藏温濡,行驱养,坦气修通,凡物开静,形生理。

常至命,尊贤授德则帝。身仁行义,服忠用信则王。审谋章礼,选士利械则霸。定生处死,谨贤修伍则众。信赏审罚,爵材禄能则强。计凡付终,务本饰末则富②。明法审数,立常备能则治。同异分官则安。

通之以道,畜之以惠,亲之以仁,养之以义,报之以德,结之以信,接之以礼,和之以乐,期之以事,攻之以言③,发之以力,威之以诚。一举而上下得终,再举而民无不从,三举而地辟散成,四举而农佚粟十,五举而务轻金九,六举而絜知事变,七举而内外为用④,八举而胜行威立,九举而帝事成形。

九本搏大,人主之守也;八分有职,卿相之守也;七官饰胜备威⑤,将军之守也;六纪审密,贤人之守也;五纪不解,庶人之守也。动而无不从,静而无不同。治乱之本三,卑尊之交四,富贫之终五,盛衰之纪六,安危之机七,强弱之应八,存亡之数九。练之以散群儌署,凡数财署。杀僇以聚财,劝勉以选众。使二分具本,发善必审于密,执威必明于中。

此居图方中。

右中方本图。

注释

①人物:《幼官》作"人物人物",当作"人人物物",见前篇注释。
②饰末:《幼官》作"饬末"。
③攻:安井衡云:"古本'攻'作'攷'。"
④内外:《幼官》作"外内"。
⑤七官饰胜:当作"七胜",见前篇注释。

【原文】

必得文威武,官习胜之务。时因胜之终,无方胜之几,行义胜之理,名实胜之急,时分胜之事,察伐胜之行,备具胜之原,无象胜之本。定独威胜,定计财胜,定知闻胜,定选士胜,定制禄胜,定方用胜,定纶理胜,定死生胜,定成败胜,定依奇胜,定实虚胜,定盛衰胜。举机诚要,则敌不量;用利至诚,则敌不校;明名章实,则士死节;奇举发不意,则士欢用。交物因方,则械器备;因能利备,则求必得。执务明本,则士不偷；备具无常，无方应也。

听于钞故能闻无极，视于新故能见未形，思于浚故能知未始，发于惊故能至无量，动于昌故能得其宝，立于谋故能实不可故也。器成教守，则不远道里；号审教施，则不险山河；博一纯固，则独行而无敌；慎号审章，则其攻不待权与。明必胜则慈者勇，器无方则愚者智，攻不守则拙者巧，数也。动慎十号，明审九章，饰习十器，善习五官，谨修三官。必设常主，计必先定。求天下之精材，论百工之锐器，器成角试否臧；收天下之豪杰，有天下之称材，说行若风雨，发如雷电。

此居于图方中。

右中方副图。

春行冬政肃，行秋政雷，行夏政则阉①。十二地气发，戒春事；十二小卯，出耕；十二天气下，赐与；十二义气至，修门闾；十二清明，发禁；十二始卯，合男女；十二中卯，十二下卯，三卯同事。八举时节，君服青色，味酸味，听角声，治燥气，用八数，饮于青后之井，以羽兽之火爨。藏不忍，行驱养，坦气修通，凡物开静，形生理。

合内空周外，强国为圈，弱国为属。动而无不从，静而无不同。举发以礼，时礼必得。和好不基，贵贱无司，事变日至。

此居于图东方方外。

右东方本图。

注释

①《幼官》无"则"字。

【原文】

旗物尚青，兵尚矛，刑则交寒害钛。

器成不守经不知，教习不著发不意。经不知，故莫之能圉；发不意，故莫之能应。莫之能应，故全胜而无害；莫之能圉，故必胜而无敌。四机不明，不过九日而游兵惊军；障塞不审，不过八日而外贼得间；由守不慎，不过七日而内有逸谋；诡禁不修，不过六日而窃盗者起；死亡不食，不过四日而军财在敌。

此居于图东方方外。

右东方副图。

夏行春政风，行冬政落，重则雨雹，行秋政水。十二小郢，至德；十二绝气下，下爵赏；十二中郢，赐与；十二中绝，收聚；十二大暑至，尽善；十二中暑，十二小暑终，三暑同事。七举时节，君服赤色，味苦味，听羽声，治阳气，用七数，饮于赤后之井，以毛兽之火爨。藏薄纯，行笃厚，坦气修通，凡物开静，形生理。

定府官，明名分，而审责于群臣有司，则下不乘上，贱不乘贵。法立数得，而无比周之民，则上尊而下卑，远近不乖。

此居于图南方方外。

右南方本图。

旗物尚赤，兵尚戟，刑则烧交疆郊。

必明其一，必明其将，必明其政，必明其士。四者备，则以治击乱，以成击败。数战则士疲，数胜则君骄，骄君使疲民则危国①。至善不战，其次一之。大胜者，积众胜而无非义者焉②，可以为大胜。大胜无不胜也。

此居于图南方方外。

右南方副图。

注释

①危国：《幼官》作"国危"。
②《幼官》无"而"字。

【原文】

秋行夏政叶，行春政华，行冬政耗。十二期风至，戒秋事；十二小卯，薄百爵；十二白露下，收聚；十二复理，赐予；十二始前节①，第赋事②；十二始卯，合男女；十二中卯，十二下卯，三卯同事。九和时节，君服白色，味辛味，听商声，治湿气，用九数，饮于白后之井，以介虫之火爨。藏恭敬，行搏锐，坦气修通，凡物开静，形生理。

间男女之畜，修乡之什伍，量委积之多寡，定府官之计数。养老弱而勿通，信利害而无私。

此居于图西方方外。

右西方本图。

注释

①始前节：《幼官》作"始节"。
②第赋事：《幼官》无"第"字。

【原文】

旗物尚白，兵尚剑，刑则绍昧断绝。

始乎无端，卒乎无穷。始乎无端，道也；卒乎无穷，德也。道不可量，德不可数。不可量，则众强不能图；不可数，则为诈不敢乡。两者备施，动静有功。畜之以道，养之以德。畜之以道则民和，养之以德则民合。和合故能习，习故能偕，偕习以悉，莫之能伤也。

此居于图西方方外。

右西方副图。

冬行秋政雾，行夏政雷，行春政烝泄。十二始寒，尽刑；十二小榆，赐予；十二中寒，收聚；十二中榆，大收；十二寒，至静；十二大寒之阴，十二大寒终，三寒同事。六行时节，君服黑色，味咸味，听徵声，治阴气，用六数，饮于黑后之井，以鳞兽之火爨。藏慈厚，行薄纯，坦气修通，凡物开静，形生理。

器成于僇，教行于钞，动静不记，行止无量。戒审四时以别息，异出入以两易，明养生以解固，审取以总之。一会诸侯令曰：非玄帝之命，毋有一日之师役。再会诸侯令曰：养孤老，食常疾，收孤寡。三会诸侯令曰：田租百取五，市赋百取二，关赋百取一，毋乏耕织之器。四会诸侯令曰：修道路，偕度量，一称数，毋征薮泽以时禁发之①。五会诸侯令曰：修春秋冬夏之常祭，食天壤山川之故祀，必以时。六会诸侯令曰：以尔壤生物共玄官，请四辅，将以祀上帝②。七会诸侯令曰：官处四体而无礼者，流之焉荛命。八会诸侯令曰：立四义而无议者③，尚之于玄官，听于三公。九会诸侯令曰：以尔封内之财物，国之所有为币。九会大令焉出，常至。千里之外，二千里之内，诸侯三年而朝，习命；二年，三卿使四辅；一年正月朔日，令大夫来修，受命三公。二千里之外，三千里之内，诸侯五年而会至，习命；三年，名卿请事；二年，大夫通吉凶。七年④，重适入，正礼义；五年，大夫请变⑤。三千里之外，诸侯世一至，置大夫以为廷安，入共受命焉。

此居于图北方方外。

右北方本图。

注释

①《幼官》无"毋征"二字。
②祀:古本作"礼"。
③无:《幼官》作"毋"。
④七年:《幼官》作"十年"。
⑤请变:古本"请"下有"受"字。

【原文】

旗物尚黑,兵尚胁盾,刑则游仰灌流。

察数而知治,审器而识胜,明谋而适胜,通德而天下定。定宗庙,育男女,官四分,则可以立威行德,制法仪,出号令。至善之为兵也,非地是求也,罚人是君也。立义而加之以胜,至威而实之以德,守之而后修胜,心焚海内。民之所利立之,所害除之,则民人从。立为六千里之侯,则大人从。使国君得其治,则人君从。会请命于天,地知气和,则生物从。计缓急之事,则危危而无难。明于器械之利,则涉难而不变。察于先后之理,则兵出而不困。通于出入之度,则深入而不危。审于动静之务,则功得而无害也①。著于取与之分,则得地而不执。慎于号令之官,则举事而有功。

此居于图北方方外。

右北方副图。

注释

①《幼官》无"也"字。

外　言

五辅第十

【题解】

　　五辅,指德、义、礼、法、权五种治国措施。郭沫若云:"题名'五辅'者,'辅'乃'布'之假,即五种措施也。"本篇开篇提出君主要功名显耀于天下,必须"得人",而"得人之道,莫如利之;利之之道,莫如教之以政"。政之成败直接关系到功名的成败。本篇着重论述德、义、礼、法、权的具体措施,即所谓德有六兴,义有七体,礼有八经,法有五务,权有三度。六兴是为了让百姓满足生活的欲望,七体是为了使百姓公正,八经是为了使百姓知礼恭敬,五务是为了使人们一心一意地从事本务,三度是为了使百姓举措得宜。本篇最后提出,要贯彻六兴、七体、八经、五务、三度,必须打击歪风邪气,加强农业生产,禁止奢侈品的生产,举用贤人能人,减轻百姓负担。

【原文】

　　古之圣王,所以取明名广誉①,厚功大业,显于天下,不忘于后世,非得人者,未之尝闻。暴王之所以失国家,危社稷,覆宗庙,灭于天下②,非失人者,未之尝闻。今有土之君,皆处欲安,动欲威,战欲胜,守欲固,大者欲王天下,小者欲霸诸侯,而不务得人。是以小者兵挫而地削,大者身死而国亡。故曰:人不可不务也,此天下之极也③。

【注释】

①明名:盛名。明,盛。《淮南子·说林训》:"长而愈明。"注:"明,犹盛也。"
②灭:灭绝,不留痕迹。"灭于天下"与上文"显于天下"相对文。
③极:最高的位置。此指最重要的。

【今译】

古代的圣王,之所以取得盛大的名声、广泛的荣誉,丰功伟业,显扬于天下,为后世所不忘,不是因为获得人心的,从来没有听说过。暴君之所以失去国家,危及社稷,倾覆宗庙,在天下声名狼藉,不是因为失去人心的,也从来没有听说过。如今有国土的君主,都希望平时能安定,行动有威势,征战能取胜,防守能坚固,大国的君主想要称王天下,小国的君主想要称霸诸侯,却都不去努力争取人心。因此祸小的兵败地削,祸大的身死国亡。所以说:人心不可不注意,这是天下最重要的问题。

【原文】

曰:然则得人之道,莫如利之①;利之之道,莫如教之以政②。故善为政者,田畴垦而国邑实,朝廷闲而官府治,公法行而私曲止③,仓廪实而圄圉空④,贤人进而奸民退。其君子,上中正而下谄谀⑤;其士民,贵武勇而贱得利⑥;其庶人,好耕农而恶饮食⑦,于是财用足而饮食薪菜饶。是故上必宽裕而有解舍⑧,下必听从而不疾怨,上下和同而有礼义。故处安而动威,战胜而守固,是以一战而正诸侯。不能为政者⑨,田畴荒而国邑虚,朝廷凶而官府乱⑩,公法废而私曲行,仓廪虚而圄圉实,贤人退而奸民进。其君子,上谄谀而下中正;其士民,贵得利而贱武勇;其庶人,好饮食而恶耕农,于是财用匮而食饮薪菜乏⑪。上弥残苟而无解舍⑫,下愈覆鸷而不听从⑬,上下交引而不和同⑭。故处不安而动不威,战不胜而守不固。是以小者兵挫而地削,大者身死而国亡。故以此观之,则政不可不慎也。

【注释】

①许维遹云:"此篇多自问自答之辞,疑当作'何以知其然也?曰:得人之道,莫如利之'。"即"曰"字前宜加"何以知其然也",删除"曰"字后的"然则"二字。

译文从许说。

②孙星衍云:"《治要》引无'以政'二字。"郭沫若云:"以政"二字不当有。译文从之。

③私曲:歪曲公法的私议。"私议"与"公法"相对。《管子·法法篇》云:"私议立则主道卑矣。"

④仓廪:指粮仓。囹圄(líng yǔ 灵宇):监狱。

⑤上:通"尚",崇尚。《汉书·匡衡传》:"治天下者,审所上而已。"下:贬低,鄙视。

⑥贱得利:看轻贪得私利。尹知章注:"贱苟得之利也。"

⑦恶饮食:意谓痛恨大吃大喝。

⑧解舍:即弛舍,意谓宽免赋役。尹知章注:"解,放也;舍,免也。"

⑨能:善于。《荀子·劝学》:"非能水也。"《注》:"能,善也。"

⑩凶:通"讻",吵闹。《说文》:"凶,扰恐也。"

⑪食饮:上文均作"饮食"。

⑫残苟:刘绩云:"当作'残苛',乃字之误也。"译文从之。

⑬覆鸷:意谓凶狠。覆读为"愎(bì 璧)",《广雅》:"愎,鸷很也。"鸷(zhì 至),凶猛的鸟。《汉书·匈奴传》:"天性忿鸷。"颜师古注:"鸷,很也。"

⑭"上下"句:尹知章注:"上引下以供御,下引上以恩覆,二俱不得,故不和同也。"上下交引,意谓上下相互争利。

【今译】

怎么知道是这样的呢?回答说:争取人心的方法,最好是让百姓得到利益;让百姓得到利益的方法,最好是教导百姓。所以善于管理政事的君主,总是使得田野开垦而国家富足,朝廷安闲而官府得治,公法推行而私议禁止,粮仓充实而监狱空虚,贤人进用而奸民废退。他的官吏,崇尚公平正直而鄙视阿谀逢迎;他的士兵,看重武艺勇气而看轻贪得私利;他的百姓,喜好农业生产而痛恨大吃大喝,因此财用充足而食用物品丰富。这样,上面必定宽松而有减免,下面必定听从而不怨恨,上下协调而有礼节。所以平时安定而行动有威势,征战能取胜而防守能坚固,因此一战就能使诸侯得到匡正。不善于管理政事的君主,总是使田野荒芜而国家贫穷,朝廷纷扰而官府混乱,公法废弃而私议横行,仓廪空虚而监狱爆满,贤人废退而奸民进用。他的官吏,崇尚阿谀逢迎而鄙视公平正直;他的士兵们,看重贪得私利而看轻武艺勇气;他的百姓,喜好大吃大喝而厌恶农业生产,因此财用匮乏而食用物品短缺。上面十分残暴苛刻而没有减免,下面更加凶狠而不肯听从,上下相互争利而不协调。所以平时不安定而行动没有威势,征战不能取胜而防守不能坚固。因此祸害小的是国家兵败地削,祸害大的是君主身死国亡。由此看来,国家的政事不可不慎重。

【原文】

德有六兴,义有七体,礼有八经,法有五务,权有三度。

【今译】

德有六个方面的事情要兴办,义有七个方面的体制要建立,礼有八个方面的准则要规范,法有五个方面的事务要安排,权有三个方面的适度要考查。

【原文】

所谓六兴者何?曰:辟田畴,利坛宅①,修树艺,劝士民,勉稼穑②,修墙屋,此谓厚其生。发伏利③,输墆积④,修道途,便关市,慎将宿⑤,此谓输之以财。导水潦,利陂沟,决潘渚⑥,溃泥滞,通郁闭,慎津梁⑦,此谓遗之以利⑧。薄征敛,轻征赋,弛刑罚,赦罪戾,宥小过⑨,此谓宽其政。养长老,慈幼孤,恤鳏寡,问疾病,吊祸丧,此谓匡其急。衣冻寒,食饥渴,匡贫窭⑩,振罢露⑪,资乏绝,此谓振其穷。凡此六者,德之兴也。六者既布,则民之所欲,无不得矣。夫民必得其所欲,然后听上;听上,然后政可善为也。故曰:德不可不兴也。

> 注释

①利坛:王念孙云:利当为"制",字之误也。译文从之。制,建造。坛读为"廛(chán蝉)"。(见《说文·广部》"廛"字段玉裁注)

②稼穑:播种和收获,泛指农业劳动。《尚书·无逸》:"厥父母勤劳稼穑,厥子乃不知稼穑之艰难。"

③伏利:未开发的财利。尹知章注:"利人之事积久隐伏者。"

④墆(dié迭):屯积,贮蓄。尹知章注:"墆,贮积也。"

⑤将宿:送迎。金廷桂云:"《尔雅·释言》:'将,送也。'"《仪礼·士冠礼》:'乃宿宾。'《注》:'宿,进也。'宿又通'速',召请也。然则'将宿'者送迎也。"

⑥潘渚:洪水泛滥。尹知章注:"潘,溢也。""潘音'翻'。"渚,水中陆地。

⑦洪颐煊云:"'慎'读为顺。"
⑧遗(wèi畏):赠送。
⑨宥(yòu又):宽宥,宽恕。《易经·解》:"君子赦过宥罪。"
⑩窭(jū居):贫寒。《诗经·邶风·北门》:"终窭且贫,莫知我艰。"
⑪振:"赈"的本字。赈,救济。罢:通"疲",疲敝。露:败坏,衰败。《方言》:"露,败也。"

【今译】
　　所谓要兴办的六个方面的事情是指什么呢?就是:开辟田野,建造民房,重视种植,勉励士民,鼓励收种,修筑墙院,这些是丰富百姓的生活物资。开发潜藏的财利,输送积贮的物资,修筑道路,方便关市,慎重送迎客商,这些是为百姓输送财货。疏导滞留的积水,修通壅塞的水沟,排放泛滥的洪水,清除淤积的泥沙,开通堵塞的河道,修筑渡口的桥梁,这些是给百姓提供便利。薄收捐税,轻征田赋,放宽刑罚,赦免罪恶,宽恕小过失,这些是对百姓实行宽大政策。供养长老,慈爱幼孤,救济鳏寡,问候疾病,慰问祸丧,这些是帮助百姓解救急难。送寒衣给受冻的人,送饮食给饥渴的人,帮助贫寒百姓,赈济衰落人家,资助面临绝境的人,这些是救济百姓的穷困。共计这六个方面的事情,是兴办慈善的工作。六个方面的事情都已发布实施,百姓所需要的,没有得不到的了。百姓一定要得到所需要的,然后才能听从上面的;百姓听从上面,然后国家的政事才好做。所以说:德事不可不兴办。

【原文】
　　曰:民知德矣,而未知义,然后明行以导之义①,义有七体。七体者何?曰:孝悌慈惠,以养亲戚②;恭敬忠信,以事君上;中正比宜③,以行礼节;整齐撙诎④,以辟刑僇⑤;纤啬省用⑥,以备饥馑;敦懞纯固⑦,以备祸乱;和协辑睦⑧,以备寇戎。凡此七者,义之体也。夫民必知义然后中正,中正然后和调,和调乃能处安,处安然后动威,动威乃可以战胜而守固。故曰:义不可不行也。

【注释】

①行:行义。尹知章注:"行,即七义。"
②亲戚:古指父母兄弟。
③比宜:合宜、合适。尹知章注:"比,合也。"
④撙诎(zǔn qū 尊上屈):谦逊,节制。尹知章注:"撙,节也,言自节而卑屈也。"诎,通"屈",屈曲。
⑤辟:通"避",避免。僇:通"戮",杀戮。
⑥纤啬:亦作"孅啬",计较细微。尹知章注:"纤,细也;啬,吝也。"
⑦敦懞纯固:意谓敦厚朴实、专心一意。懞,忠厚的样子。尹知章注:"懞,厚也。"《国语·周语》"敦厖纯固",韦昭注:"纯,专也;……固,一也。"
⑧辑睦:和睦。

【今译】

　　管子说:百姓懂得德了,还不懂得义,这样就公开地推行义来引导百姓。义有七个方面的体制要建立。七个方面的体制是指什么呢?就是:以孝敬父兄慈爱和顺,用来供养家属;以恭敬忠诚,用来侍奉君主;以公正合宜,用来实行礼节;以严整谦逊,用来避免犯罪;以节俭省用,用来防备饥荒;以纯朴专一,来防备祸乱;以协调和睦,来防备敌寇。共计这七个方面,是义的体制。百姓必须懂得义然后才能公正,公正然后才能协调,协调才能处于安定,处于安定然后行动才有威势,行动有威势才可能征战取胜,防守坚固。所以说:义不可不推行。

【原文】

　　曰:民知义矣,而未知礼,然后饰八经以导之礼①。所谓八经者何?曰:上下有义②,贵贱有分,长幼有等,贫富有度③。凡此八者,礼之经也。故上下无义则乱,贵贱无分则争,长幼无等则倍④,贫富无度则失⑤。上下乱,贵贱争,长幼倍,贫富失,而国不乱者,未之尝闻也。是故圣王饬此八礼以导其民。八者各得其义,则为人君者中正而无私,为人臣者忠信而不党,为人父者慈惠以教,为人子者孝悌以肃⑥,为人兄者宽裕以诲,为人弟者比顺以敬⑦,为人夫者敦懞以固,为人妻者劝勉以贞。夫然,则下不倍上,臣不杀君⑧,贱不逾贵,少不陵长⑨,远不间亲,新不间旧,小不加大⑩,淫不破义。凡此八者,礼之经也。夫人必知礼然后恭敬,恭敬然后尊让,尊让然后少长贵贱不相逾越,少长贵贱不相逾越,故乱不生而患不作。故曰:礼不可不谨也。

注释

①饰:通"饬"。下文作"饬"。饬,整饬、整顿。
②义:"仪"的古字。仪,礼仪。
③度:限度。
④倍:通"背",背弃。《礼记·缁衣》:"信以结之,则民不倍。"
⑤失:失去节制。尹知章注:"失其节制。"
⑥肃:恭敬。
⑦比顺:和顺。尹知章注:"比,和。"
⑧杀:古本作"弑"。
⑨陵:欺侮。《礼记·中庸》:"在上位,不陵下。"
⑩加:凌驾。《论语·公冶长》:"我不欲人之加诸我也,吾亦欲无加诸人。"

【今译】

管子说:百姓懂得义了,而还不懂得礼,这样就要整顿八个方面的准则来引导百姓懂得礼。所谓八个方面的准则是指什么呢?就是:上下各有礼仪,贵贱各有本分,长幼各有等次,贫富各有限度。总计这八个方面,是礼的准则。所以上下没有礼仪就要发生混乱,贵贱没有本分就要发生争执,长幼没有等次就要发生背弃,贫富没有限度就要失去节制。上下发生混乱,贵贱发生争执,长幼发生背弃,贫富失去节制,而国家不混乱的,不曾听说过。所以圣明君主总是整顿这八个方面的礼来引导百姓。八个方面各得其宜,做君主的就能公正而无偏私,做臣子的就能忠诚而不结私党,做父母的就能以慈爱和顺的态度来教育子女,做子女的就能以孝顺敬重的行动来恭敬父母,做兄长的就能以宽厚的态度来教诲弟妹,做弟妹的就能以和顺的态度来尊敬兄长,做丈夫的就能老实而专一,做妻子的就能劝勉而守贞。能做到这样,下面就不会背离上面,臣子就不会杀害君主,低贱的就不会超越高贵的,年少的就不会欺侮年长的,疏远的就不会间隔亲近的,新来的就不会间隔故旧,小的就不会凌驾到大的上面,放荡也不致破坏礼仪。这八个方面,是礼的准则。人们必须懂得礼然后才能恭敬,恭敬然后才能谦让,谦让然后才能少长贵贱不相超越,少长贵贱不相超越,所以混乱就不会发生,祸患就不会产生。所以说:礼是不可不谨慎的。

【原文】

曰：民知礼矣，而未知务①，然后布法以任力。任力有五务。五务者何？曰：君择臣而任官，大夫任官辩事②，官长任事守职，士修身功材③，庶人耕农树艺。君择臣而任官，则事不烦乱；大夫任官辩事，则举措时；官长任事守职，则动作和；士修身功材，则贤良发④；庶人耕农树艺，则财用足。故曰：凡此五者，力之务也⑤。夫民必知务，然后心一，心一然后意专，心一而意专，然后功足观也。故曰：力不可不务也⑥。

注释

①务：丁士涵云："'务'当为'法'，此涉下文'五务'而误。"译从。
②辩：治理。《左传·昭公元年》："主齐盟者，谁能辩焉。"杜预注："辩，治也。"下同。
③功材：犹言学习才艺。功，通"工"，从事。材，同"才"。
④发：生发，成长。安井衡云："发，兴也。"
⑤张佩纶云："'力之务也'当作'法之务也'。"译文从之。
⑥力：丁士涵云："'力'当作'法'，此涉上文'力之务'句而误。"译从。

【今译】

管子说：百姓懂得礼了，却还不懂得法，这样就要宣布法令来安排人力。安排人力有五个方面的事务。五个方面的事务是指什么呢？就是：君主选择臣子而任命官职，大夫担任官职而治理政事，长官承办事务而坚守职分，士人修养品德而学习才艺，百姓从事农业生产劳动。君主选择臣子而任命官职，政事就能不烦琐混乱；大夫担任官职而治理政事，举措就能及时；长官承办事务而坚守职分，动作就能协调；士人修养品德而学习才艺，贤良就能成长；百姓从事农业生产劳动，财用就能充足。所以说：这五个方面，是人力安排要做的事。百姓必须懂得法，然后才能做到思想一致，思想一致然后才能做到意志专一，思想一致而意志专一，然后功业就足有可观。所以说：法不可不注重。

【原文】

曰：民知务矣①，而未知权，然后考三度以动之。所谓三度者何？曰：上度之天祥，下度之地宜，中度之人顺，此所谓三度。故曰：天时不祥,则有水旱;地道不宜,则有饥馑;人道不顺,则有祸乱。此三者之来也,政召之②。曰:审时以举事③,以事动民,以民动国,以国动天下,天下动,然后功名可成也。故民必知权,然后举错得④,举错得则民和辑,民和辑则功名立矣。故曰:权不可不度也。

注释

①务:丁士涵云:此"'务',亦当为法,庶与上下文一例"。
②召:招致,导致。《左传·襄公二十三年》:"祸福无门,唯人所召。"
③时:时机,指有利时机。尹知章注:"时则天祥、地宜、人顺之时也,得其时,则事可成。"
④错:通"措",措施。

【今译】

管子说:百姓懂得法了,还不懂得权衡,这样就要考察三个方面的适度来动员百姓。所谓三个方面的适度是指什么呢?就是:上考度天时,下考度地利,中考度人和,这就是所谓三个方面的适度。所以说:天时不吉祥,就有水旱之灾;地利不适宜,就有饥荒发生;人道不和顺,就有祸乱发生。这三种情况的出现,是政事导致的。所以说:要审度好时机来兴办事业,以事业的名义来动员百姓,以百姓的名义来动员全国,以一个国家的名义来动员普天下,普天下都动员起来了,然后功业和名声可以成功了。所以百姓必须懂得权衡,然后举措才能得宜,举措得宜百姓就能和睦,百姓和睦功业和名声就能创立了。所以说:权衡不可不审度。

【原文】

故曰①:五经既布②,然后逐奸民,诘诈伪③,屏谗慝④,而毋听淫辞⑤,毋作淫巧。若民有淫行邪性,树为淫辞,作为淫巧,以上谄君上而下惑百姓,移国动众,以害民务者,其刑死流⑥。故曰:凡人君之所以内失百姓,外失诸侯,兵挫而地削,名卑而国亏,社稷灭覆,身体危殆⑦,非生于谣淫者⑧,未之尝闻也。何以知其然也?曰:淫声谄耳,淫观谄目。耳目之所好,谄心。心之所好,伤民。民伤而身不危者,未之尝闻也。曰:实圹虚⑨,垦田畴,修墙屋,则国家富;节饮食,撙衣服⑩,则财用足;

举贤良,务功劳,布德惠,则贤人进;逐奸人,诘诈伪,去谗慝,则奸人止;修饥馑⑪,救灾害,振罢露,则国家定。

注释

①故曰:孙星衍云:"'故曰'二字,因上文(上句)而衍。"译文从孙说。
②五经:即"德有六兴"、"义有七体"、"礼有八经"、"法有五务"和"权有三度"。
③诘:查究、究办。《左传·襄公二十一年》:"子盍诘盗?"
④慝(tè 忒):邪恶。《尚书·毕命》:"旌别淑慝。"
⑤淫辞:夸大失实的言辞。《孟子·公孙丑上》:"淫辞知其所诐。"诐,巴结奉承。
⑥死流:处死或流放。尹知章注:"大罪死,小罪流。"
⑦危殆(dài 代):危险。殆,危险。
⑧谣(tāo 滔)淫:当依朱本作"淫谣"。疑惑。
⑨圹虚:空旷无人的地方。圹,通"旷",旷废。
⑩撙(zǔn 尊上):节制,节省。许维遹云:撙与"劗"同。《说文》:"劗,减也。"
⑪修:"备"字之误,形相近也。

【今译】

　　五种措施已发布实施,然后驱逐奸民,查办诈骗,摒弃进谗行恶的人,不听信夸大不实的谎言,不准做奢侈浪费的物品。如果有人行为放荡,性情邪恶,制造夸大不实的谎言,制作奢侈浪费的物品,上用来欺骗君主,下用来迷惑百姓,改变风俗,动摇民心,有害百姓劳动的,要处以死刑或流放。所以说:大凡君主之所以国内失掉百姓,国外失掉诸侯,兵败而地削,名声卑下,国家亏损,社稷覆灭,自身危险,不是由于被夸大不实的谎言所迷惑而发生的,从没有听说过。怎么知道是这样的呢?是因为:放荡的声音迷惑了耳朵,放荡的观赏迷惑了眼目。耳目所喜好的,迷惑了心。心被所喜好的迷惑,就做出伤害百姓的事来。百姓被伤害,而君主自身不危险的,从没有听说过。是因为:移民荒野,开垦田地,修筑墙院,国家就能富裕;节制饮食,节省衣服,财用就能充足;推举贤良,重视功劳,布施德惠,贤人就能进用;驱逐奸人,查办诈骗,弃去进谗行恶的人,奸人就能止住;防备饥荒,救济灾害,赈济衰败,国家就能安定。

【原文】

　　明王之务,在于强本事,去无用①,然后民可使富;论贤人②,用有能,而民可使治;薄税敛,毋苟于民③,待以忠爱,而民可使亲。三者霸王之事也。事有本,而仁义其要也。今工以巧矣④,而民不足于备用者,其悦在玩好;农以劳矣,而天下饥者,其悦在珍怪,方丈陈于前⑤;女以巧矣,而天下寒者,其悦在文绣。是故博带梨⑥,大袂列⑦。文绣染,刻镂削,雕琢采⑧;关几而不征⑨,市廛而不税⑩。古之良工,不劳其知巧以为玩好⑪。是故无用之物,守法者不失⑫。

注释

①尹知章注:"本事谓农桑也,无用谓末作也。"末作,指奢侈品的生产。
②论:评选。许维遹云:"'论'与'抡'通,《说文》:'抡,择也。'"
③苟:猪饲彦博云:"'苟'亦当作'苛'。"译文从"苛"。
④以:通"已",已经。下文同。
⑤方丈陈于前:丁士涵云:"此五字衍文",似为解文误入正文。译文从丁说。
⑥梨:通"剺"。划开,划破。尹知章注:"梨,割也。"
⑦列:通"裂"。分裂,割裂。《说文》:"列,分解也。"
⑧采:王引之云:平"形与'采'相似,故误为'采'也"。译文从王说。
⑨几:查察,查看。《周礼·地官·司关》:"国凶札,则无关门之征,犹几。"亦作"讥"。
⑩廛:通"廛"。市廛,市房。《礼记·王制》:"市,廛而不税。"郑玄注:"廛,市物邸舍,税其舍不税其物。"
⑪知:通"智",才智。
⑫失:郭沫若云:"当为'生',生者产也。"译文从之。

【今译】

　　圣明君主的要务,在于加强农业生产,舍弃奢侈品的制作,然后才能使百姓富裕;选贤良的人,任用有能力的臣子,而后才可能治理好百姓;薄收赋税,对百姓不苛刻,以忠诚爱护的态度相对待,而后百姓才可能来亲附。这三方面是关系到称霸称王的事情。事情有根本,而仁义是其中的关键。如今工匠已很巧妙了,而百姓的用具仍不充足,是因为君主的兴趣在于玩好之物;农夫已经很劳累了,而天下仍有饥饿的人,是因为君主的兴趣在于珍奇食品;女工已经很灵巧了,而天下仍有受冻的人,是因为君主的兴趣在于华丽的刺绣。因此阔带子应该割成窄带子,大衣袖应该做成小袖子,华丽的刺绣应该染成素色,刻镂的装饰应该削去,雕琢的花纹应该磨成平面;关卡只查察而不收税,市房只收租而不税物。古代的良工巧匠,不用他们的聪明巧手来制作玩好物品。因此,奢侈品,守法的人是不生产的。

宙合第十一

【题解】

宙合,本篇云:"宙合之意,上通于天之上,下泉于地之下,外出于四海之外,合络天地以为一裹(包裹)。"意谓天上地下、东南西北、古往今来无不囊括其中。宙,指时间。《淮南子·齐俗训》:"往古来今谓之宙。"合,六合。《庄子·齐物论》成玄英疏:"六合,天地四方。"本篇论述的内容十分广泛,君臣之道、顺时处世、盛衰、修身待物、明哲远虑、天地人事、美恶等十多个方面的问题都有所论及,几乎是一篇论道的文章,富有哲理。本篇的体例是先经后解。经文是全文的提纲,十分简略,解文是对经文的解释和发挥,是本篇的主要论述。

【原文】

左操五音①,右执五味②。

注释

①据下解文,是喻指君道,意谓君主出令能顺理成章,像协调五音能成乐章。五音,指宫、商、角、徵、羽五个音级。

②据下解文,是喻指臣道,意谓臣子出力治理能像调和五味而成功。五味,指甜、酸、苦、辣、咸五种味道。

【今译】

君主出令像协调五音,臣子出力像调和五味。

【原文】

怀绳与准钩①,多备规轴,减溜大成②,是唯时德之节③。

【注释】

①绳与准钩:喻指国家的法度。绳,准绳,用来取正或取直;准,平准器,用来取平;钩,圆规。《汉书·杨雄上》:"带钩矩而佩衡兮",颜师古注引应劭曰:"钩,规也;矩,方也;衡,平也。"

②减溜:下解文云:"减,尽也;溜,发也。"意谓各种准具都发挥作用。

③尹知章在下解文"是唯时德之节"下注:"德既周,时又审,二者遇会,若合符契,则何功而不成也。"意谓时机与德望相符合,万事都能成功。

【今译】

怀有准绳、平准器和圆规,齐备规具,使各种规具都发挥作用,就能取得完全的成功,这只要等待时机与德行相结合。

【原文】

春采生①,秋采蓏②,夏处阴,冬处阳。大贤之德长③。

【注释】

①生:指初生的嫩芽嫩叶等。本句以下四句喻言应因时而动。

②蓏(luǒ 裸):瓜类植物的果实。在木曰果,在地曰蓏。

③下解文云:"先祖不灭,后世不绝。故曰:大贤之德长。"意谓大贤之德行长久流传。

【今译】

春天采食萌芽,秋天采食瓜果,夏天住在阴凉的地方,冬天住在朝阳的地方。大贤的德行长久流传。

【原文】

明乃哲,哲乃明,奋乃苓①,明哲乃大行②。

【注释】

①下解文云:"奋,盛;苓,落也。盛而不落者,未之有也。"苓,为"零"之借字。

②大行:正确而重要的行为。《荀子·子道》:"从道不从君,从义不从父,大之大行也。"

【今译】

明智就会聪明,聪明就会明智,兴盛之后就会衰落,明智聪明就会有伟大的行为。

【原文】

毒而无怒①,怨而无言,欲而无谋②。

【注释】

①毒:痛恨。《后汉书·冯衍传》:"毒纵横之败俗。"无:通"毋",不要。《孟子·梁惠王上》:"鸡豚狗彘之畜,无失其时。"
②欲而无谋:下解文云:"言谋不可泄。"无谋,不要谋于人。

【今译】

有痛恨不要发怒,有怨气不要说出来,有计谋不要和别人商议。

【原文】

大揆度仪①,若觉卧②,若晦明③,若敖之在尧也④。

【注释】

①揆度(kuí duó 葵夺):度量,估量。《汉书·昌邑哀王传》:"夫国之存亡,岂在臣言哉!愿王内自揆度。"仪:仪态。
②觉卧:睁着眼睡觉,意谓有警惕性。
③晦明:黑夜中明察。尹知章下解文注:"若从晦而视明。"
④敖:传说是尧的儿子。名朱,因居丹水,故称丹朱。他傲慢荒淫,尧对他管教严格。敖,同"傲"。尹知章注:"敖,尧子丹朱,慢而不恭,故曰敖。"

【今译】

严肃思考的样子,如同睡觉都睁着眼睛,如同黑夜中也能看得清楚,如同傲慢的丹朱在尧的管教之下。

【原文】

毋访于佞①,毋蓄于谄②,毋育于凶③,毋监于逸④。不正,广其荒⑤。

注释

①下解文云:"言毋用佞人也,用佞人则私多行。"佞人,善用巧言献媚的奸人。
②下解文云:"言毋听谄,听谄则欺上。"蓄,蓄养。谄,巴结奉承。
③下解文云:"言毋使暴,使暴则伤民。"
④下解文云:"言毋听谗,听谗则失士。"监,通"鉴"。借鉴,参考。
⑤下解文云:"虽广其威,可损也。"荒,空。《国语·吴语》:"荒城不盟。"

【今译】

不要寻访奸佞的人,不要听取奉承的话,不要助长暴力,不要听信谗言。治国方针不端正,即使国家大也是空的。

【原文】

不用其区区①。鸟飞准绳②。

注释

①区区:陈奂云:疑衍一"区"字。区,下解文云:"区者,虚也。"似指虚空、虚静。
②吴汝纶云:"'鸟飞准绳'上,据后《解》文当有'圣人参于天地'六字。"译文从吴说。

【今译】

不用虚静的态度。圣人参预天地的变化,要像鸟飞直线似的。

【原文】

谞充末衡①,易政利民②。

注释

①下解文云:"'谞充',言心也,心欲忠。'末衡',言耳目也,耳目欲端。"郭沫若疑"谞"为"谞"字之误。谞,即"胸"。充,实也,与"忠"义近。末,喻耳目;衡,言平正。

②易政：与"险政"相对，意谓政治安定。

【今译】

心胸充实，耳目端正，政治安定，有利百姓。

【原文】

毋犯其凶，毋迩其求①，而远其忧。高为其居，危颠莫之救②。

【注释】

①下解文云："言上之败，常贪于金玉马女，而爰（吝）爱于粟米货财也。"迩，近。

②下解文云："'高为其居，危颠莫之救'，此言尊高满大，而好矜人以丽，主盛处贤，而自予雄也。故盛必失而雄必败。"

【今译】

不要触犯凶险的事，不要追求眼前的享乐，而要有长远的忧虑。居于极高的境地，一旦颠覆危险就没有人能相救。

【原文】

可浅可深，可浮可沉，可曲可直，可言可默。天不一时，地不一利，人不一事。

【今译】

可能浅可能深，可能浮可能沉，可能曲可能直，可能说话也可能沉默无言。天不只一个时节，地不只一种物利，人不只一件事情。

【原文】

可正而视①，定而履②，深而迹③。

【注释】

①而：通"尔"，你。视：看法。
②履：意谓做法。

③迹:足迹,业绩。

【今译】
　　要使你的看法正确,使你的做法坚定,使你的业绩加深。

【原文】
　　夫天地一险一易,若鼓之有桴①,摘挡则击②。

注释
　　①桴:洪颐煊云:当作"桴(fú 扶)",鼓槌。
　　②摘挡:读如"叮当",鼓声。尹知章注:摘,丁历反。挡,丁用反。

【今译】
　　天地间总是有险地有平地,如像鼓有鼓槌,敲起来叮当作响。

【原文】
　　天地,万物之橐①,宙合有橐天地②。

注释
　　①橐(tuó 驮):袋子。《诗·大雅·公刘》:"乃裹糇粮,于橐于囊。"
　　②有:通"又"。

【今译】
　　天地是万物的橐囊,宙合又囊括着天地。

【原文】
　　"左操五音,右执五味①",此言君臣之分也②。君出令佚③,故立于左;臣任力劳,故立于右。夫五音不同声而能调,此言君之所出令无妄也④,而无所不顺,顺而令行政成。五味不同物而能和,此言臣之所任力无妄也,而无所不得,得而力务财多。故君出令,正其国而无齐其欲⑤,一其爱而无独与是⑥,王施而无私⑦,则海内来宾矣;臣任力,同其忠而无争其利⑧,不失其事而无有其名,分敬而无妒⑨,则夫妇和勉矣。

君失音则风律必流⑩,流则乱败;臣离味则百姓不养,百姓不养则众散亡。君臣各能其分则国宁矣。故名之曰不德⑪。

注释

①本节起为解文,以上为经文。
②分:职分。《淮南子·本经训》:"各守其分,不得相侵。"
③佚:通"逸"。《荀子·尧问》:"舍佚而为劳。"
④妄:胡乱,没有章法。《左传·哀公二十五年》:"彼好专利而妄。"杜预注:"妄,不法也。"
⑤欲:欲望,爱好。
⑥郭沫若云:"'与'当依张佩纶说作'其',"'是'当是'足',与'欲'字韵。言爱恶之情可一,而满足之道多方也"。译文从之。
⑦王施:王念孙云:"'王'当作'正',施之无私,故曰'正施'。"译文从之。
⑧李哲明云:"'忠'疑当为'患',形近而讹。'患'与'利'对文。同其患难,正臣任力之事也。"译文从之。
⑨分敬:安井衡云:"'分'犹交也,谓交相敬。"相互尊敬。
⑩风律:犹言音律,声律。《淮南子·原道训》:"扬郑卫之浩乐,结激楚之遗风。"高注:"遗风,犹余声也。"
⑪不:通"丕",大。

【今译】

"左操五音,右执五味",这是说君主和臣子的职分。君主发令是安逸的,所以居于左;臣子出力是劳累的,所以居于右。五音不同声而能协调,这是说君主发出的政令不是没有准则的,因而就没有不顺的,顺就政令畅行政事成功。五味不同物而能调和,这是说臣子出力做事不是没有准则的,因而就没有不成的,用力工作财货丰多。所以君主发令,是为了纠正国家的政策,而并不是为了划一百姓的喜好;是为了统一百姓的爱憎,而不是使用一种方法来达到目的,公正施惠而没有偏私,这样,天下的百姓就都来归顺了。臣子出力,是为了与百姓共患难,而不是为了与民争利;是为了使百姓的事业不失误,而不是为了谋取自己的名声,互相尊敬而没有嫉妒,这样,天下的夫妇就都和好共勉了。君主发令不协调,效果就必然失去,失去效果就国家混乱;臣子做事不协调,百姓就无法生活,百姓无法生活就民众离散逃亡。君臣各能尽其职分,国家就安宁了。所以称之为伟大的德行。

【原文】

"怀绳与准钩,多备规轴,减溜大成,是唯时德之节。"夫绳,扶拨以为正①;准,坏险以为平;钩,入枉而出直。此言圣君贤佐之制举也②。博而不失③,因以备能而无遗。国犹是国也,民犹是民也,桀纣以乱亡,汤武以治昌。章道以教④,明法以期⑤,民之兴善也如此⑥,汤武之功是也。多备规轴者,成轴也。夫成轴之多也,其处大也不究⑦,其入小也不塞,犹迹求履之宪也⑧,夫焉有不适?善适,善备也,仙也⑨,是以无乏。故谕教者取辟焉⑩。天渀阳⑪,无计量;地化生,无法崖⑫。所谓是而无非,非而无是,是非有,必交来。苟信是,以有不可先规之⑬,必有不可识虑之⑭,然将卒而不戒⑮。故圣人博闻多见,畜道以待物,物至而对形,曲均存矣⑯。减,尽也;溜,发也。言遍环毕⑰,莫不备得。故曰:减溜大成。成功之术,必有巨获⑱,必周于德,审于时,时德之遇,事之会也,若合符然。故曰:是唯时德之节。

注释

①拨:不正。《荀子·正论》:"不能以拨弓曲矢中。"

②制:制度,法制。举:全,健全。

③博:多,全面。

④章:彰明。《荀子·正名》:"章之以论,禁之以刑。"

⑤期:必,坚决。《左传·哀公十六年》:"期死,非勇也。"

⑥如此:王念孙云:"'如此'当依宋本作'如化'。"译文从之。

⑦究:王念孙云:"'究'当为'窕',字之误也。"窕,不充满。《淮南子·兵略训》:"入小而不逼,处大而不窕。"

⑧迹:足迹。宪:古通"楦",即鞋楦子,木制的鞋形模具。

⑨仙:郭沫若云:"'仙'当读为选,或本'僊'之讹。"选,选择。

⑩辟:通"譬",比喻。《荀子·王霸》:"是过者也,过犹不及,辟之是犹立直木而求其影之枉也。"

⑪渀阳:读为"育养"。渀,通"育"。丁士涵云:"'阳'当为'养',假借字。"

⑫法:王引之云:当为"泮"。"涉《注》文'法天地'而误。《诗经·小雅·氓》:"隰则有泮。"《笺》:"泮读为畔。畔,涯也。"涯,边际。

⑬以:丁士涵云:"乃'必'字之误。"译文从之。规:通"窥"。《韩非子·制

分》:"其务令之相规其情者也。"

⑭识虑:辨认细想。

⑮卒:同"猝",突然。

⑯曲均:郭沫若云:犹言曲直耳,即是非曲直。

⑰遍环:犹言所有的、全体。毕:郭沫若云:"审尹《注》'物尽发于善、亦既尽善'云云,则'毕'下当脱一'善'字。"译文从之。

⑱安井衡云:"'巨'古'矩'字,获当为'矱',字之误也。矩、矱皆法也。"译文从之。

【今译】

"怀绳与准钩,多备规轴,减溜大成,是唯时德之节。"准绳,可扶偏歪而为正;准器,可破险地而为平;钩,可在弯曲中量出直径。这是说圣君贤相的法制完善。法制完善而不缺少,能依靠法制完备的功能而无遗漏。国家还是这个国家,百姓还是这些百姓,桀纣因乱而衰亡,汤武因治而昌盛。宣传治国方针来教育百姓,公布法制来约法三章,使百姓从善而成习俗,汤武的功业就是这样成功的。所谓"多备规轴",就是要准备各种工具。工具繁多,用在大地方不会有空缺,进入小地方不会有堵塞,好像依照脚样寻求鞋楦子一样,怎么会有不合适的呢?都十分合适,是因为准备得十分齐全,可以挑选使用,所以没有不够用的情况。因此从事宣传教育的人就取来作比喻。上天养育万物,多得无法计算;大地生长万物,多得没有边际。所谓是就不能说成非,非不能说成是,但是非常有,并必定同时来到。如果是非遇到这样的复杂,就必定不能预先来窥视它,就必定不能预先来识别它,它这样突然地来到,而使人们毫无准备。因此圣人只能增加自己的见闻,积累自己识辨的经验来等待是非,是非来到就加以比照,是非曲直也就能识辨了。减,是尽的意思;溜,是发的意思。这是说所有的工具都起了好作用,就没有不取得成功的。所以说"减溜大成"。成功的诀窍,必在于有准则,必在于有完善的品德,能看清客观的时机,客观的时机与主观的品德相结合,便是事业成功的机会,就像符契相合一样。所以说"是唯时德之节"。

【原文】

"春采生,秋采蓏,夏处阴,冬处阳。"此言圣人之动静、开阖、诎信、涅儒、取与之必因于时也①。时则动，不时则静，是以古之士有意而未可阳也②。故愁其治言③，含愁而藏之也④。贤人之处乱世也，知道之不可行，则沉抑以辟罚⑤，静默以侔免⑥。辟之也⑦，犹夏之就清⑧，冬之就温焉，可以无及于寒暑之灾矣⑨，非为畏死而不忠也。夫强言以为僇⑩，而功泽不加，进伤为人君严之义，退害为人臣者之生⑪，其为不利弥甚。故退身不舍端⑫，修业不息版⑬，以待清明。故微子不与于纣之难⑭，而封于宋，以为殷主，先祖不灭，后世不绝。故曰：大贤之德长。

注释

①开阖：同"开合"。诎信：同"屈伸"。涅儒：当为"逞儓"，通"盈儓"，犹言"盈缩"。

②阳：宣扬。《释名》："阳，扬也。气在外发扬也。"

③愁：同"揫（揪）"。收聚，收敛。下句"愁"字同。

④含：王念孙云：当为"阴"字。阴古字为"侌"，误为"含"。阴与上文"阳"相对。

⑤辟：通"避"，躲避。

⑥侔：通"牟"，谋取。尹知章注："侔，取也。"

⑦辟：通"譬"。

⑧清：凉。

⑨及：郭沫若云：古本等均作"反"，读为"犯"。

⑩僇：通"戮"。杀戮，刑戮。

⑪许维遹云："'者'当作'偷'。"译文从之。

⑫端：戴望云："当读为'专'，假借字也。"译文从之。《说文》："专，六寸簿也。"段玉裁注："六寸簿，盖笏也。"笏，朝笏。

⑬修：郭沫若云："疑'休'字声误。"译文从郭说。版：古时书写用的木片。尹知章注："版，牍也。"

⑭微子：商纣的庶兄，名启，封于微（今山东梁山西北）。因见商将亡，数谏纣王，王不听，遂出走。周武王灭商时，向周求降，被封于宋，为宋国的始祖。

【今译】

"春采生，秋采蓏，夏处阴，冬处阳。"这是说圣人的动静、开合、屈伸、进退、取与都必定根据时宜。合于时宜就行动，不合时宜就静止，所以古代的贤士有意向却不作宣扬。他隐藏治国的意见，不宣扬而隐藏起来。贤人处在乱世，知道他的治国之道是不能施行的，就潜伏不动来躲避刑罚,静默无言来求得免罪。好比是:像夏天到清凉的地方,冬天到温暖的地方,就可以不遭受寒冷和酷暑的灾害了,这并不是因为怕死而不忠于国君。因为勉强进言就会遭受刑戮,而功效毫无,对上伤害了君主尊严的准则,对下妨害了臣子生存的机会,那不利是十分严重的。所以他隐退而不舍弃笏板,停职而不放下版书,为的是等待清明的时世。所以微子不跟随纣王赴难,因此被封于宋地,而成为殷商遗民的领袖,使祖先不灭亡,后代不断绝。所以说:大贤的德行长久流传。

【原文】

"明乃哲,哲乃明,奋乃苓,明哲乃大行。"此言擅美主盛自奋也①,以琅汤凌轹人②,人之败也常自此。是故圣人著之简策③,传以告后进曰:奋,盛;苓,落也。盛而不落者,未之有也。故有道者不平其称④,不满其量,不依其乐⑤,不致其度⑥。爵尊则肃士⑦,禄丰则务施⑧,功大而不伐,业明而不矜⑨。夫名实之相怨久矣⑩,是故绝而无交⑪,惠者知其不可两守⑫,乃取一焉⑬,故安而无忧。

注释

①擅美主盛自奋:均指骄傲自满。擅,独专。奋,奋发,发扬。

②琅汤:丁士涵云:读为"浪荡",犹言放荡。轹(lì 历):意同"凌",欺凌。《汉书·酷吏传序》:"刻轹宗室,侵辱功臣。"颜师古注:"轹,谓凌践也。"

③简策:即简册,古代的书籍。

④称:同"秤"。

⑤不依其乐:俞樾云:"依"读为"殷",声之误也。《说文·肙部》:"作乐之盛称殷。"不殷其乐,意谓不可使音律过高过大,俗谓调子不要太高。

⑥度:指计量长短的丈、尺。《尚书·舜典》:"同律度量衡。"郑玄注:"度,丈、尺也。"

⑦肃:恭敬。《尚书·洪范》:"恭作肃。"

⑧施:施舍。

⑨明:犹言盛大。《淮南子·说林训》:"长而愈明。"高诱注:"明,犹盛也。"

⑩怨:犹违,违反。《广雅》:"愇,怨也。"愇,同"违"。

⑪交:交合,相合。

⑫惠:通"慧",聪明。《后汉书·孔融传》:"将不早惠乎?"

⑬乃取一焉:据文义,实指弃名取实。

【今译】

"明乃哲,哲乃明,奋乃苓,明哲乃大行。"这是说自以为独专其美,独自盛大,独自奋发,常以放肆的态度欺凌他人,一个人的失败常常从这里开始。因此圣人写在书本上,传告后进之士说:奋,就是兴盛;苓,就是衰落。兴盛以后不衰落的事,是从没有过的。所以有修养的人不自以为分量十足,不自以为已经满足,不自以为可唱高调,不自以为已达到标准。职位高就尊重人才,俸禄多就注意施舍,功劳大却不自夸,成就大却不骄矜。名望和实际相违反已是很久远的了,因此相互排斥而不能结合,明智的人懂得名实不能兼有,就取实而弃名,所以能安宁而无忧。

【原文】

"毒而无怒",此言止忿速济没法也①。"怨而无言",言不可不慎也。言不周密,反伤其身。故曰②:"欲而无谋",言谋不可以泄,谋泄灾极③。夫行忿速遂④,没法贼发⑤,言轻谋泄,灾必及于身。故曰:毒而无怒,怨而无言,欲而无谋。

注释

①"此言"句:章炳麟云:"'没法'二字衍。止忿则事速成,正明所以'毒而无怒'之故,不容有'没法'二字。"译文从之。
②故曰:王念孙云:"故曰"二字,涉下文而衍。译文从之。
③极:通"亟",紧急。《荀子·赋》:"出入甚极,莫知其门。"
④遂:成功。《礼记·月令》:"百事乃遂"。
⑤没法贼发:章炳麟云:当作"没法发贼"。没法,即汉代的没命法。《汉书·酷吏传》:"于是作沉命法曰:群盗起不发觉,发觉而弗捕,满品者、二千石以下至小吏,主者皆死。"应劭注:"沉,没也,敢匿盗贼者没其命也。"发贼,犹言捕捉盗贼。章又云:行忿以求速遂,作沉命法以发盗贼,轻言以泄密谋,三者皆病在急躁,足以取祸。

【今译】

"毒而无怒",这是说止息忿怒就速成其事。"怨而无言",这是指说话不可不谨慎。说话不周到严密,反而伤害自身。"欲而无谋",这是说计谋不可以泄露,计谋泄露就灾难紧急。用发泄忿怒来求得事成,制订《没命法》来捕捉盗贼,言语轻率而计谋泄露,灾祸必定累及自身。所以说:有痛恨不要发怒,有怨气不要说话,有计谋不要商议。

【原文】

"大揆度仪,若觉卧,若晦明",言渊色以自诘也①,静默以审虑②,依贤可③,用也仁良④,既明通于可不利害之理⑤,循发蒙也⑥。故曰:若觉卧,若晦明,若敖之在尧也。

注释

①渊色:张佩纶云:当作"渊塞"或"塞渊",意为诚实深远。译文从之。《诗经·邶风·燕燕》:"其心塞渊。"孙颖达疏:"其心诚实而深远也。"袁宏《三国名臣序》:"公衡冲达,秉心渊塞。"诘:问。

②虑:张佩纶云:"虑"下当有"也"字,错于"用"字下。译文从之。

③张佩纶云:"'可'当作'才'。"译文从之。

④也:上文错置于此,参阅注②。

⑤不:同"否"。《汉书·于定国传》:"公卿有可以防其未然救其已然者不?"

⑥循:王念孙云:"'循'当为'犹',字之误也。"犹,若、如。

【今译】

"大揆度仪,若觉卧,若晦明",这是说要用老实深沉的态度来自我反省,要用平静沉默的态度来深思熟虑,要依靠贤才的智慧,要采用善良的意见,在精通是非利害的道理之后,就像启发了蒙昧。所以说:如同睡觉都睁着眼,如同夜晚也能看得清楚,如同傲慢的丹朱在尧的管教之下。

【原文】

"毋访于佞",言毋用佞人也,用佞人则私多行①。"毋蓄于谄",言毋听谄,听谄则欺上。"毋育于凶",言毋使暴,使暴则伤民。"毋监于谗",言毋听谗,听谗则失士。夫行私、欺上、伤民、失士,此四者用,所以害君义失正也②。夫为君上者,既失其义正,而倚以为名誉③;为臣者,不忠而邪,以趋爵禄,乱俗败世,以偷安怀乐。虽广其威,可损也。故曰:不正,广其荒。是以古之人,阻其路,塞其遂④,守而物修⑤。故著之简策,传以告后世人曰:其为怨也深,是以威尽焉。

> **注释**
>
> ①私多行:陶鸿庆云:"'私多行'当作'行私','行私'与下文'欺上,伤民,失士'一律。"译文从之。
> ②君:张文虎云:"'君'字疑衍。"译从。义:通"仪"。仪法,法度。正:公正。
> ③倚:依赖。
> ④遂:道,通路。《史记·苏秦列传》:"禽夫差于干遂",司马贞《索隐》:"遂者,道也。"
> ⑤物:郭沫若云:"'勿'字之误。译文从'勿'。

【今译】

"毋访于佞",这是说不要任用奸佞的人,任用奸佞的人就会推行私理。"毋蓄于谄",这是说不要听取奉承的话,听取奉承的话就会欺骗君主。"毋育于凶",这是说不要使用暴力,使用暴力就会伤害百姓。"毋监于谗",这是说不要听信谗言,听信谗言就会失去贤士。推行私理,欺骗君主,伤害百姓,失去贤士,这四种弊政用上,就是损害法度失去公正的原因。作为君主,既已失去法度和公正,而还想依赖他们来取得名誉;作为臣子,不忠君主而采用邪行来追逐爵位和俸禄,扰乱习俗,败坏世风,以便偷安取乐;这样即使国家的威势再大,也是可以损坏的。所以说:治国方针不端正,即使国家大也是空的。因此古代的人,阻塞四种弊政的途径,堵住四种弊政的通道,坚守而不放。又写到书本上,流传下来告诉后代的人说:怨恨深重,因此国威殆尽。

【原文】

"不用其区",区者,虚也。人而无良焉①,故曰虚也。凡坚解而不动②,踣堤而不行③,其于时必失,失则废而不济。失植之正而不谬④,不可贤也;植而无能⑤,不可善也⑥。所贤美于圣人者,以其与变随化也⑦。渊泉而不尽,微约而流施⑧,是以德之流润泽均加于万物⑨。故曰:圣人参于天地。"鸟飞准绳",此言大人之义也。夫鸟之飞也,必还山集谷。不还山则困,不集谷则死。山与谷之处也,不必正直,而还山集谷,曲则曲矣,而名绳焉。以为鸟起于北,意南而至于南;起于南,意北而至于北。苟大意得,不以小缺为伤。故圣人美而著之曰⑩:千里之路,不可扶以绳;万家之都,不可平以准。言大人之行,不必以先帝常⑪,义立之谓贤。故为上者之论其下也,不可以失此术也。

注释

①良:良久,长久。《庄子·徐无鬼》:"良位其空。"马叙伦《义证》:"'良'借为'长'。"

②坚解:李哲明云:"'解'疑为'结'。"坚结,坚硬。

③瀦堤:李哲明云:"'瀦'读为堵。"堵堤,指河堤、堤坝。

④失植:许维遹云:"'失'当作'天'。《版法篇》'正彼天植'。《解》曰'天植,心也。'心与志同义。"天植,即天志。

⑤植而无能:郭沫若云:"'植而无能'与'正而不谬'对文,'植'字当为'直'。直,犹正也。涉上'植'字而误。"译文从之。

⑥善:郭沫若云:"'善'当是'美'之误。下句正以'贤美'连文。"译文从之。

⑦与:参预。《易经·系辞上》:"非天下之至变,其孰能与于此。"

⑧约:绳子,此处以绳喻水流微细。

⑨流:丁士涵云:"'流'字涉上文'流施'而衍。"译文从之。

⑩著:著书。尹知章注:"美鸟飞之事,著之简策也。"

⑪先帝常:王念孙云:帝字即"常"字之误而衍。译文从之。

【今译】

"不用其区",区,是虚的意思。人不能长久不变,所以说要虚静。大凡僵硬而不灵活、停滞而不发展,必然会失去时机,失去时机就坏事而不能成功。即使天赋予的志向端正而不谬误,也不能称贤;即使为人正直而无才能,也不能称美。圣人之所以能称贤称美,是因为圣人参预并顺随天地万物的发展变化。像深泉一样不会枯竭,如一条细绳子那样不断地流给人们,因此润泽的恩德能均匀地施加给万民。所以说:圣人参预天地的变化。"鸟飞准绳",这是说伟大人物的准则。鸟飞翔最终要飞回到山上,集合在山谷里。因为不飞回到山上就会困顿,不集中在山谷中就会死亡。所处的山谷,不一定正直,而飞回山谷的路线,更是弯曲又弯曲了,却仍说是像准绳一样直。这是因为鸟从北方起飞,意向南方就飞到了南方;或者从南方起飞,意向北方就飞到了北方。如果大的意向达到了,就不必因为有小缺陷而成为伤害。所以圣人赞美并写在书上说:千里长路,不能用绳子来拉成一条直线;万户的大都,不能用准器来拉成一个平面。这是说伟大人物的行动,不必以祖先为常法,只要确立适宜于当时的标准就可称之为贤。所以作为君主在考评他的臣下的时候,是不可丢弃这个方法的。

【原文】

"谆充",言心也,心欲忠。"末衡",言耳目也,耳目欲端。中正者①,治之本也。耳司听,听必顺闻②,闻审谓之聪。目司视,视必顺见,见察谓之明。心司虑,虑必顺言,言得谓之知③,聪明以知则博④,博而不憎⑤,所以易政也。政易民利,利乃劝⑥,劝则告⑦。听不顺不审不聪⑧,不审不聪则缪⑨。视不察不明,不察不明则过。虑不得不知,不得不知则昏。缪过以昏则忧,忧则所以伎苟⑩,伎苟所以险政。政险民害,害乃怨,怨则凶。故曰:谆充末衡,言易政利民也⑪。

注释

①中正:当为"忠正",即上文"心欲忠"的"忠"、"耳目欲端"的"端"。
②闻:听到。
③知:通"智"。尹知章注:"心之所虑既顺且得,故谓之智。"
④博:许维遹案:当作"抟",通"专",专一。下文同。
⑤憎:糊涂。《晋书·王沉传》:"智以势憎。"
⑥劝:勉励。
⑦告:刘绩云:当作"吉"。与下文的"凶"相对文。
⑧"听不"句:丁士涵云:"不顺"二字衍。"听不审不聪"与下"视不察不明,虑不得不知",句例相同。译文从之。
⑨缪:通"谬"。下同。
⑩所以:李哲明云:盖涉下而衍。应删去。伎:假为"忮(zhì至)",固执己见。《庄子·齐物论》:"大勇不忮。"
⑪"言易"句:王念孙云:"'言'字涉下文'言中正以蓄慎也'而衍。此复述上文……不当有'言'字。"译文从之。

【今译】

"遵充",是说心,心要忠。"末衡",是说耳目,耳目要端正。忠正,是治国的根本。耳掌管听,听必定要求顺利地听到,听得详细就称为耳聪。目掌管看,看必定要求顺利地看见,看得清楚就称为目明。心掌管思虑,思虑必定要求顺畅的语言,语言得宜就称为有智慧。耳聪目明又有智慧就能专一,专一而不糊涂,这就是政治安定的原因。政治安定就使百姓有利,百姓有利就受到鼓励,百姓受到鼓励国家就吉祥。听不详就是耳不聪,听不详耳不聪就会陷入谬误。视不清就是目不明,视不清目不明就会发生过错。思不得宜就是心不智,思不得宜心不智就会陷入昏乱。谬误过错又昏乱就会有忧患,有忧患就会发生固执己见、苛刻待人,固执己见苛刻待人,这就是政治险恶的原因。政治险恶就使百姓受害,百姓受害就会有怨恨,百姓有怨恨国家就凶险。所以说:心胸要充实,耳目要端正,政治要安定,要有利百姓。

【原文】

"毋犯其凶",言中正以蓄慎也①。"毋迩其求",言上之败,常贪于金玉马女,而丢爱于粟米货财也②,厚藉敛于百姓,则万民怼怨③。"远其忧",言上之亡其国也,常迩其乐,立优美④,而外淫于驰骋田猎,内纵于美色淫声,下乃解怠惰失⑤,百吏皆失其端,则烦乱以亡其国家矣。"高为其居,危颠莫之救",此言尊高满大,而好矜人以丽⑥,主盛处贤,而自予雄也⑦。故盛必失而雄必败。夫上既主盛处贤,以操士民,国家烦乱,万民心怨,此其必亡也。犹自万仞之山⑧,播而入深渊⑨,其死而不振也⑩。故曰:毋迩其求,而远其忧,高为其居,危颠莫之救也。

注释

①蓄:张佩纶云:"'蓄'当作'审'。"译文从之。
②丢爱:吝惜。丢,同"吝"。
③怼(duì 队):怨恨。
④优美:张佩纶云:"当作'优笑'。"本书《小匡》:"优笑在前。"优笑,即倡优之类。
⑤解:通"懈"。失:通"佚",安逸。
⑥丽:美丽,光彩。

⑦"而自"句:尹知章注:"言君主豪盛,处以贤,自许以为英雄。予,许也。"
⑧仞:古时七尺或八尺为仞。万仞,极言其高。
⑨播:舍弃。
⑩振:救。《礼记·月令》:"赐贫困,振乏绝。"郑玄注:"振,犹救也。"

【今译】

"毋犯其凶",这是说要处在正中又要十分谨慎。"毋迩其求",这是说君主的败亡,常在于贪婪金玉宝器、骏马美女,又吝惜粮食财物,向百姓横征暴敛,这样万民怨恨。"远其忧",这是说君主亡国,常在于接近淫乐,不离倡优,在外沉溺在奔马田猎,在内纵欲于美色淫声,臣下都懈怠安逸,百官都失去正派的作风,这样政事繁杂混乱,国家走向灭亡。"高为其居,危颠莫之救",这是说君主位高威尊,狂妄自大,喜欢在人们面前炫耀自己的光彩,气势豪盛,以贤君自居,又自许为英雄。所以气盛必失,英雄必败。君主以气盛贤君的自许态度来操持臣民,就会造成国家繁杂混乱,万民怨恨,这就必定要走向灭亡。这正如从万仞的高山之上,抛弃到万丈的深渊里去,他死而不能相救是必然的。所以说:不要只追求眼前的享乐,而要有长远的忧患,居于极高的境地,颠倒危险就没有人能相救。

【原文】

"可浅可深,可沉可浮,可曲可直,可言可默。"此言指意要功之谓也①。天不一时,地不一利,人不一事。是以著业不得不多②,人之名位不得不殊方③。明者察于事,故不官于物④,而旁通于道⑤。道也者,通乎无上,详乎无穷,运乎诸生⑥。是故辩于一言,察于一治⑦,攻于一事者,可以曲说⑧,而不可以广举。圣人由此知言之不可兼也,故博为之治而计其意;知事之不可兼也,故名为之说⑨,而况其功⑩。岁有春秋冬夏,月有上下中旬,日有朝暮,夜有昏晨,半星辰序⑪,各有其司。故曰:天不一时。山陵岑岩⑫,渊泉闳流⑬,泉逾瀷而不尽⑭,薄承瀷而不满⑮,高下肥硗⑯,物有所宜。故曰:地不一利。乡有俗,国有法,食饮不同味,衣服异采,世用器械,规矩绳准,称量数度,品有所成。故曰:人不一事。此各事之仪⑰,其详不可尽也。

注释

①指：于省吾云：读作"稽"，犹计也。《周礼·大司马》："简稽乡民。"注："稽犹计也。"要：犹言计。《周礼·天官·小宰》："月终则以官府之叙受群吏之要。"孙诒让《正义》："主每月之小计。"

②不多：许维遹云：当作"不多端"。《淮南子·泰族训》："是以绪业不得不多端，趋行不得不殊方。"是其证。

③人之：二字为衍文，应删去。注②引《淮南子·泰族训》也无"人之"二字。

④官：局限。

⑤旁通：犹言广通。《易经·乾·文言》："六爻发挥，旁通情也。"

⑥诸生：诸物。尹知章注："诸物由道而生。"

⑦治：即"辞"字，古"治"与"辞"为一字。《淮南子·泰族训》作"辞"。下同。

⑧曲说：谓言论偏于一隅，不够全面。

⑨名：丁士涵云："名当为'多'。"《淮南子·要略训》："故多为之辞，博为之说。"

⑩况：比况。尹知章注为"比况"。

⑪半星：中星，在中天的星。半，中。《说文》："半，物中分也。"《玉篇》："中，半也。"辰序：即十二个时辰的次序。

⑫岑：小而高的山。岩：山崖。

⑬闳(hóng 宏)：宏大。

⑭瀷(yì 翼)：小而急的水流。《淮南子·览冥训》："泽受瀷而无源者。"尹知章注："瀷，凑漏之流也。"凑漏，意谓会合的小水。

⑮薄：俞樾云："泊"之假字。《说文·水部》："泊，浅水也。"

⑯硗(qiāo 敲)：土坚硬而瘠薄。《孟子·告子上》："则地有肥硗。"

⑰仪：安井衡云：通"宜"。宜，适宜。

【今译】

"可浅可深，可沉可浮，可曲可直，可言可默。"这些话是说行动要考虑意图和功效。天不只一个时节，地不只一种物利，人不只一件事情。因此事业不能不是多种的，名位不能不是多样的。明智的人能看清这种事实，所以不局限于事物，能广泛地体会到事物的本源——道。道，能通达到无上的高处，能详细到无穷的边际，能运用到各种事物上。因此只能说出一种说法，只能说清一个词语，只能适用一种事情，这只能算是片面的理论，而不能广泛地起作用。圣人由此懂得一种言辞不能兼有多义，所以增加言辞来考虑用意；懂得一种事情不能兼备通例,所以增多说法来比较功效。一年有春夏秋冬,一月有上中下旬,一日有早上傍晚,一夜有黄昏凌晨,中星十二辰的运行次序,各有所主。所以说:天不是一个时节。大山小山,土山石山,深渊大河,泉水飞越小水流而不枯竭,湖泊承受小水流而不满溢。土地高下肥瘠,物产各有所宜。所以说:地不只一种物利。乡里有习俗,国家有法度,饮食不同口味,衣服不同色彩,世人所用的器械,像圆规、矩尺、墨绳、准器,以及轻重大小多少长短的计算,标准各有规定。所以说:人不只一件事。天地人事,各有所宜,那详细的情况,不能尽说。

【原文】

"可正而视",言察美恶,审别良苦①,不可以不审。操分不杂②,故政治不悔。"定而履",言处其位,行其路,为其事,则民守其职而不乱,故葆统而好终③。"深而迹",言明墨章书④,道德有常,则后世人人修理而不迷⑤,故名声不息。

注释

①"言察"二句:王念孙云:"察美恶,别良苦",相对为文,"别"上"审"字涉下"审"字而衍。苦(gǔ古),粗劣。《周礼·天官·典妇功》:"辨其苦良。"

②操:掌握。

③葆:保持。

④书:王念孙云:当作"画",字之误也。画,规划。《楚辞·九章》:"章画志墨兮,前图未改。"王逸注:"言工明于所画,念其绳墨,循前人之法,不易其道,以言人遵先王之法度,循其仁义,不易其行。"

⑤修:王念孙云:"'修'当为'循',字之误也。"译文从"循"。

【今译】

"可正而视",这是说要分清美恶,辨别优劣,这不能做得不细致。掌握标准,分清美恶优劣而不混杂,政事的治理就不会有悔恨的情况。"定而履",这是说坐在你的位子上,走你的路,做你的事,百姓就会各守职分而不混乱,所以能保持正统而有好的结果。"深而迹",这是说公开目标和法度,道德有常规,后代的人就个个都能遵循你的道理而不迷乱,所以名声流传不息。

【原文】

"夫天地一险一易,若鼓之有桴,擿挡则击。"言苟有唱之,必有和之,和之不差,因以尽天地之道。景不为曲物直①,响不为恶声美,是以圣人明乎物之性者②,必以其类来也。故君子绳绳乎慎其所先③。

注释

①景:通"影",影子。
②性:安井衡云:当作"往"。尹知章注:"恶声往,则恶响来。"可见也作"往"。译文从"往"。
③绳绳乎:戒慎貌。先:先行,先导。

【今译】

"夫天地一险一易,若鼓之有桴,擿挡则击。"这是说如果前有所唱,后必有所和,和与唱不会有差错,因为这是反映天地的规律的。影不可能将弯曲的物变成直线,回响不可能将破恶的声音变成美声,因此圣人明白已过去的事,必定以同样的事再现。所以君子十分警惕而小心地做先导。

【原文】

"天地,万物之橐也①,宙合有橐天地。"天地苴万物②,故曰:万物之橐。宙合之意,上通于天之上,下泉于地之下③,外出于四海之外,合络天地以为一裹。散之至于无间,不可名而山④。是大之无外,小之无内,故曰:有橐天地。其义不传,一典品之,不极一簿⑤,然而典品无治也⑥。多内则富⑦,时出则当⑧。而圣人之道,贵富以当⑨。奚谓当?本乎无妄之治⑩,运乎无方之事,应变不失之谓当。变无不至,无有应当⑪,本错不敢忿⑫,故言而名之曰宙合。

注释

①也:经文无"也"字。
②苴:苞苴,包藏。《荀子·大略》:"苞苴行与?谗夫兴与?"杨倞注:"货贿必以物苞裹,故总谓之苞苴。"
③泉:王引之云:当为"臮"。古"暨"字也。暨,及也,至也。译文从之。

④山：刘绩云："'山'乃'止'字误。"译文从之。

⑤郭沫若云："谓《宙合》之经言文字甚少，除去衍文，仅二百一十字，如整理之不能尽一簿。""此言'一簿'，当为一方，一版，或即是笏。"又云："'一典品之'，'一'者，一旦也，犹如也。'典品'谓整理。簿、薄字古每混。"

⑥治：管理。

⑦多内则富：郭沫若云："谓言简意赅，内容丰富。"

⑧出：发出，犹今言出版发行。

⑨贵富以当：当依古本作"富贵以当"。郭沫若云："言富不足贵，贵在用之得当。"

⑩治：郭沫若云：治读为"辞"。

⑪"变无"二句：安井衡云："'无'下疑脱'不'字。言变至无穷，而无不有应当其变之道。"

⑫本错：当是"本镖"，即"本剽"，犹言始末。忿：乃"分心"二字之误合。分心，犹言离开中心。本条均摘录郭沫若说。

【今译】

"天地，万物之橐，宙合有橐天地。"天地包藏万物，所以说是万物的橐囊。宙合的意思，是上通到天之上，下及到地之下，外超出到四海之外，把天地合拢包扎成一个包裹。把它散放开来，可以达到没有间隙的地方，到无可名状的地方而后止。这样大到无外不到，小到无内不入。所以说：又囊括着天地。宙合的理论没有流传开来，如果一旦整理出来，不到一版，然而整理的工作却无人去做。内容很多就十分丰富，及时出版就十分得当。而圣人的主张，内容丰富又更看重得当。什么叫做到得当呢？能根据没有错误的理论，能运用到没法解决的事情上，能适应变化而不出现失误，这就叫做得当。变化是无所不到的，也没有不能适应得当的，万事的始末都不能离开得当的中心，所以把这种理论命名为宙合。

枢言第十二

【题解】

枢言，指重要的言论，意同格言。枢，本指门户的转轴，引申为关键的部分。本篇以治国治天下为中心,广泛地论述天道、君道、臣道,涉及国家的政治、财用、外交等各个方面。重视百姓,重视农业,提倡仁爱诚信,戒骄戒满,推崇先代圣王,这是本篇的特色。郭沫若云:"细审此篇主旨,为初期道家者言,以戒满戒斗、寡欲正名为指归,而不非毁礼法与仁义圣智,与《心术》《内业》《白心》诸篇立论相近。"本篇论述每节文字不多,转换快,语言精辟,多用比喻,概括面广,含意深刻,富有哲理。作者篇末自云,怕多事,怕多言,"行年六十而老(口)吃",可以看出是一个阅历很深的长者所作。郭沫若疑此人即是宋钘。宋钘是齐稷下学官的先辈,孟子曾称之为"先生",荀子也尊称他为"子宋子"。

【原文】

管子曰:"道之在天者,日也;其在人者,心也。"故曰:有气则生,无气则死,生者以其气①;有名则治②,无名则乱,治者以其名。

【注释】

①"有气"三句:尹知章注:"日与心以生成为功,而生成以气为主,此言气者道之用也,尤宜重也。"

②名:名分。

【今译】

管子说:"道在天上,就是太阳;道在人身,就是心脏。"所以说,有气即生,无气即死,能活着是因为有气;有名分就能治理,无名分就会混乱,能治国是因为有名分。

【原文】

枢言曰:爱之,利之,益之,安之①,四者道之出②,帝王者用之,而天下治矣。帝王者,审所先所后,先民与地则得矣,先贵与骄则失矣。是故先王慎贵在所先所后③。

【注释】

①爱之、利之、益之、安之:张佩纶《管子学》:"此即《牧民》篇之'四欲'也。

民恶忧劳,我佚乐之,即爱之也;民恶灭绝,我生育之,即利之也;民恶贫贱,我富贵之,即益之也;民恶危坠,我存安之,即安之也。"

②"四者"句:尹知章注:"四者从道而生,故曰道之出也。"

③贵在:王念孙云:"'贵在'二字涉下文'慎贵在举贤'而衍。"译文从之。

【今译】

枢言说:爱惜百姓,有利百姓,使百姓得益,使百姓安全,这四者都是从道生出来的,成帝王事业的君主运用这四者,天下就安定了。成帝王事业的君主要分清什么事放在先什么事放在后,把百姓与土地放在首位就能得天下,把高贵与骄矜放在首位就失去天下。因此先代的圣王慎重地看待把什么事放在先把什么事放在后的问题。

【原文】

人主不可以不慎贵①,不可以不慎民②,不可以不慎富③。慎贵在举贤,慎民在置官,慎富在务地④。故人主之卑尊轻重在此三者,不可不慎。

注释

①贵:使人贵。

②民:指百姓安定。

③富:使百姓富。

④务地:重视土地的耕作,即重视农业。

【今译】

君主不能不慎重地处理使人高贵的问题,不能不慎重地看待百姓安定的问题,不能不慎重地设法使百姓富裕的问题。慎重地处理使人高贵的关键在于举用贤人,慎重地看待百姓安定的关键在于安排官吏,慎重地设法使百姓富裕的关键在于重视农业。君主威望的高低轻重关键在于这三方面,所以不能不慎重。

【原文】

国有宝,有器,有用。城郭、险阻、蓄藏,宝也①;圣智,器也②;珠玉,末用也③。先王重其宝器而轻其末用,故能为天下。

【注释】

①尹知章注:"城郭完,险阻修,则寇盗息;蓄藏积,民无饥,故为宝也。"城郭,指内外城墙。险阻,指山川艰险梗塞之地。蓄藏,主要指粮食的贮藏。

②圣智,器也:尹知章注:"圣无不通,智无遗策,二者可操以成事,故曰器。"圣,《尚书·洪范》孔传:"于事无所不通谓之圣。"

③珠玉,末用也:尹知章注:"珠玉者,饥不可食,寒不可衣,费多而益少,故为末用也。"末,末业,指工商业。

【今译】

国家总是有宝物,有器具,有财用。内外城墙、山川险地、粮食贮藏,是国家的宝物;圣明智慧,是国家的器具;珠玉,是工商业的财用。先代的圣王看重国家的宝物器具而看轻珠玉,所以能治理天下。

【原文】

生而不死者二①,立而不立者四②:喜也者,怒也者,恶也者,欲也者,天下之败也,而贤者宝之③。

【注释】

①"生而"句:郭沫若云:"生而不死者二",指上文气与名。

②"立而"句:郭沫若云:当作:"亡而不立者四",指下文喜、怒、恶、欲。译文从之。

③宝:当是"寡"字之误。郭沫若云:"此喜、怒、恶、欲皆人之情欲也,既斥为'天下之败',不应言'贤者宝之'。故知'宝'必为'寡'字之误。"

【今译】

能生而不死的因素有两个,被灭亡而不能立国的因素有四个,就是喜、怒、厌恶和欲望,这可使天下败亡,而贤明的君主就少有这些错误。

【原文】

为善者①,非善也。故善无以为也。故先王贵善。

【注释】

①为:假为"伪"。下文"善无以为也"之"为"同假为"伪"。

【今译】

伪善,不是善。所以善是不能弄虚作假的。因此先代的圣王看重善。

【原文】

王主积于民①,霸主积于将战士②,衰主积于贵人③,亡主积于妇女珠玉。故先王慎其所积。

【注释】

①积:积累。
②将战士:古本等无"战"字。译文从古本。
③积于贵人:意谓扩大官僚阶层。

【今译】

称王的君主聚集增多百姓,称霸的君主聚集增多将士,衰落的君主扩大官僚阶层,败亡的君主搜集妇女珠玉。所以先代的圣王谨慎地对待聚集增多什么的问题。

【原文】

疾之①,疾之,万物之师也②。为之,为之,万物之时也③。强之④,强之,万物之指也⑤。

【注释】

①疾:快速,意谓要抓紧。
②师:众多。《诗·大雅·韩奕》:"燕师所完。"毛《传》:"师,众也。"郭沫若云:"万物甚多,不能备知其用,不能尽知其旨,故非疾于从事不可。"
③时:时机。《史记·老子韩非列传》:"且君子得其时,则驾;不得其时,则蓬累而行。"
④强:勉力。《礼记·学记》:"知困,然后能自强也。"
⑤指:通"旨"。意旨,意义。

【今译】

抓紧,抓紧,因为万事众多。干吧,干吧,因为万事是有时机的。努力,努力,因为万事的意旨深邃。

【原文】

凡国有三制:有制人者,有为人之所制者,有不能制人人亦不能制者。何以知其然?德盛义尊,而不好加名于人;人众兵强,而不以其国造难生患;天下有大事,而好以其国后;如此者,制人者也。德不盛,义不尊,而好加名于人;人不众,兵不强,而好以其国造难生患;恃与国①,幸名利②;如此者,人之所制也。人进亦进,人退亦退,人劳亦劳,人佚亦佚,进退劳佚,与人相胥③,如此者,不能制人,人亦不能制也。

注释

①与国:盟国。
②幸:欢喜。《史记·越王勾践世家》:"长男即自入室取金持去,独自欢幸。"
③相胥:相从。牟庭云:"'胥'字古音当读曰从,故胥有从意。"

【今译】

凡是国家有三种控制:有控制他人的,有为他人所控制的,有不能控制他人他人也不能控制自己。为什么能知道有这些情况的呢?恩德盛大,道义高尚,却不喜好把自己的名分施加到他人头上;百姓众多,兵力强大,却不依仗国力制造灾难产生祸患;天下有大的事端,却喜好使自己的国家跟随其后;像这样的国家,是控制他人的国家。恩德不盛大,道义不高尚,却喜好把自己的名分强加到他人头上;百姓不众多,兵力不强大,却喜好依仗国力制造灾难产生祸患;依恃盟国,喜欢名利;像这样的国家,是要为他人所控制的国家。人们前进他也前进,人们后退他也后退,人们劳累他也劳累,人们安逸他也安逸,前进后退,劳累安逸,全都与人相从,像这样的国家,不能控制他人,他人也不能控制自己。

【原文】

爱人甚,而不能利也;憎人甚,而不能害也①。故先王贵当贵周②。

周者,不出于口,不见于色,一龙一蛇③,一日五化之谓周。故先王不以一过二④,先王不独举⑤,不擅功。

注释

①陶鸿庆云:"此言先王之利人害人,不以一己之爱憎耳。下文云'无私爱也,无私憎也',即其义。"
②周:机密。尹知章注:"深密不测则周也。"
③一龙一蛇:像龙蛇那样变化。《庄子·山木》:"一龙一蛇,与时俱化,而无肯专为。"
④以一过二:言不夸大。尹知章注:"以少喻多,众所惊也。"
⑤举:行动。《周礼·地官·师氏》:"凡祭祀、宾客、会同、丧纪、军旅,王举则从。"

【今译】

十分地喜爱人,却不能有利人;十分地憎恨人,却不能损害人。所以先代的圣王看重得当,看重机密。机密,就是不从口里说出来,不在脸色上表现出来,像一时变为龙一时变为蛇,一天五次变化称之为机密。所以先代圣王不把一说成超过二,先代圣王不独自行动,不独占其功。

【原文】

先王不约束①,不结纽。约束则解,结纽则绝。故亲不在约束结纽。先王不货交②,不列地③,以为天下。天下不可改也④,而可以鞭箠使也⑤。时也,利也⑥,出为之也⑦。余目不明⑧,余耳不聪,是以能继天子之容⑨。官职亦然,时者得天,义者得人。既时且义,故能得天与人。

注释

①约束:与下句的"结纽",均喻指结党结盟。约,缠捆。
②货交:用财货建立邦交,意谓收买他国。
③列地:通"裂地"。割地给他国,谋求建立邦交。
④改:郭沫若云:疑为"叚"字之误。叚读为"假",凭借。
⑤鞭箠(chuí 垂):鞭子,喻指武力。

⑥利:依照下文应作"义",道义。
⑦出:许维遹云:当作"诎",与"曲"同义,"诎为之"犹曲成之。曲,尽也。
⑧余目:有余多的视力。尹知章注为"目视有余"。下句的"余耳",即为有余多的听力。尹知章注为"耳听有余"。
⑨郭沫若云:"容者颂也。言天子不多作聪明,故能保持其睿哲之颂声也。"

【今译】

　　先代的圣王不与别国缠捆在一起,不与别国交相成扣结。缠捆在一起就会解散,交相成扣结就会断绝。所以国与国之间的亲善不在于缠捆在一起或交相成扣结。先代圣王不用财货建交,不用割地建交,而能处理好与天下各国的关系。天下各国是不可依靠的,却可以用鞭子和武力来发使令。合乎天时,合乎道义,就什么事都能成功。不用多余的目明,不用多余的耳聪,因此就能保持天子圣明的颂声。官吏的职分也是这样的,合乎时宜的得到天时,合乎道义的得到人心。既合乎时宜又合乎道义,就能同时得到天时与人心。

【原文】

　　先王不以勇猛为边竟①,则边竟安。边竟安,则邻国亲。邻国亲,则举当矣②。

注释

　　①竟:同"境"。下同。
　　②举:举措,政策。

【今译】

　　先代圣王不凭借勇敢和猛力来处理边境关系,边境就安宁。边境安宁,邻国就亲善。邻国亲善,举措就得当了。

【原文】

　　人故相憎也①,人之心悍②,故为之法。法出于礼,礼出于治③,治、礼,道也。万物待治,礼而后定。

【注释】

①故:通"固",本来。
②悍:凶悍。
③治:通"辞"。言辞,理论。郭沫若云:辞者名之成条贯者也。名,事物分别的名称。下同。

【今译】

人本来是相互憎恨的,人心凶悍,所以需要法律。法律出自礼,礼出自言辞。言辞和礼,都是道的体现。万事都等待言辞和礼的要求而后才能确定关系。

【原文】

凡万物阴阳两生而参视①,先王因其参而慎所入所出②。以卑为卑,卑不可得;以尊为尊,尊不可得;桀舜是也。先王之所以最重也。

【注释】

①参:同"叁"。视:活。
②"先王"句:郭沫若云:"阴阳'两'也,相合而化生,所生之物即为'参'。此辩证法正、反、合之意。'先王'有见于此故慎所出入。出入亦正反也,出入必有所合,故不能不慎。下文'以卑为卑,卑不可得;以尊为尊,尊不可得'即申述此意。尊卑相对,无尊不见卑,无卑不见尊。卑者升之则卑者服,尊者自卑则尊愈著。一升一降,即所谓出入。"

【今译】

万物都由阴阳两者化合而成第三个事物,先代圣王依据这三个因素而慎重地看待正反两个方面。以卑下来看卑下,卑下不能寻得;以崇高来看崇高,崇高不能寻得;夏桀虞舜就是这样的。这就是先代圣王最重视正反两个方面的原因。

【原文】

得之必生,失之必死者,何也?唯无①。得之,尧舜禹汤文武孝已②,斯待以成,天下必待以生。故先王重之。

【注释】

①无:郭沫若云:"'无'殆'炁'字之误。……《释文》'炁本亦作气'。'炁'与'无'字相似,故误为'无'也。上文云'有气则生,无气则死,生者以其气'。"

②"得之"二句:郭沫若云:孝己乃殷高宗之子,不应列于文武之下,当是"老子"之误,后之校书者以老子在管子后,故改易之也。《枢言篇》乃战国时崇尚黄老者所作。译文"孝己"作"老子"。

【今译】

得到它必定能生存,失掉它必定要死亡,它是指什么呢?唯有气。得到它的,有尧舜禹汤文武老子,全是依靠它而成功的,天下也必须依靠它才能生存。所以先代的圣王重视它。

【原文】

一日不食,比岁歉①;三日不食,比岁饥;五日不食,比岁荒;七日不食,无国土②;十日不食,无畴类③,尽死矣。

【注释】

①比:好比,像。《史记·天官书》:"太白白比狼,赤比心。"张守节《正义》:"比,类也。"

②土:许维遹云:"'土'当作'士',形近而误。"译文从"士"。

③畴:通"俦"。同类,伴侣。《荀子·劝学》:"草木畴生,禽兽群焉,物各从其类也。"杨倞注:"畴与俦同,类也。"

【今译】

一天不吃,好比过歉收年;三天不吃,好比过饥年;五天不吃,好比过荒年;七天不吃,就无所谓国士了;十天不吃,就没有人了,全都死了。

【原文】

先王贵诚信。诚信者,天下之结也①。贤大夫不恃宗,至士不恃外权。坦坦之利不以功②,坦坦之备不为用③。故存国家,定社稷,在卒谋之间耳④。

【注释】

①结:结交。《史记·吴王濞列传》:"乃身自为使,使于胶西,面结之。"
②坦坦:平常。尹知章注:"坦坦,谓平平,非有超而异者。"
③备:贮备。
④卒:通"猝"。突然,短暂。

【今译】

先代的圣王重视诚实和信用。诚实和信用,是用来结交天下的。贤良的大夫不依靠宗族门第,最好的士人不依靠国外权势,平常的小利不算是大功劳,平常的贮备当不成大用处。所以保存国家、安定社稷的事,只在顷刻之间谋划罢了。

【原文】

圣人用其心,沌沌乎博而圜①,豚豚乎莫得其门②,纷纷乎若乱丝,遗遗乎若有从治③。故曰:欲知者知之,欲利者利之,欲勇者勇之,欲贵者贵之。彼欲贵我贵之,人谓我有礼;彼欲勇我勇之,人谓我恭;彼欲利我利之,人谓我仁;彼欲知我知之,人谓我慜④。戒之,戒之,微而异之⑤,动作必思之,无令人识之,卒来者必备之。信之者,仁也;不可欺者,智也。既智且仁,是谓成人⑥。

【注释】

①沌沌:浑沌无知貌。博:丁士涵云:当作"抟",圆。《楚辞·橘颂》:"圜果抟兮",《注》:"抟,圜也。楚人名圜曰抟。"圜,同"圆"。
②豚豚:犹言隐隐。豚,丁士涵云:"遯"之借字。《广雅》:"遯,隐也。"
③遗遗:郭沫若云:当作"循循"或"逡逡",有次序貌或退却貌。译文从"循循"。
④慜:同"敏",聪敏。
⑤微而:犹靡能。而、能古字通用。
⑥成人:完美无缺的人。《论语·宪问》:"子路问成人。"

【今译】

圣人用心思索,好像浑浑沌沌地在打圆转,隐隐地不能寻到门户,混乱地像一团乱丝,有序地又像可以跟着理出头绪。所以说:想要知识的就使他有知识,想要利的就使他得利,想要勇气的就使他有勇气,想要高贵的就使他高贵。他想要高贵我就使他高贵,人们会说我有礼节;他想要勇气我就使他有勇气,人们会说我恭敬;他想要利我就使他得利,人们会说我仁爱;他想要知识我就使他有知识,人们会说我聪敏。警惕,警惕,不能与人不同,要行动必须深思,不要让人识破,突然来的事必须要有防备。守信的人,是仁爱;不能欺骗的人,是聪明。既聪明又仁爱,这叫做完美无缺的人。

【原文】

贱固事贵①,不肖固事贤。贵之所以能成其贵者,以其贵而事贱也;贤之所以能成其贤者,以其贤而事不肖也。恶者,美之充也②;卑者,尊之充也;贱者,贵之充也。故先王贵之。

注释

①固:固然。
②充:许维遹云:"统"之借字。统,根本。《易经》:"乾乃统天",郑注:"统,本也。"下文"充"字同。

【今译】

低贱的固然应该侍奉高贵的,不肖的固然应该侍奉贤良的。高贵的之所以能成为高贵的,是因为他能以高贵的身份而侍奉低贱;贤良的之所以能成为贤良的,是因为他能以贤良的身份而侍奉不肖。丑陋,是美的根本;卑下,是崇高的根本;低贱,是高贵的根本。所以先代的圣王重视它们。

【原文】

天以时使,地以材使,人以德使,鬼神以祥使,禽兽以力使。所谓德者,先之之谓也。故德莫如先,应適莫如后①。

注释

①適:安井衡云:通"敌",敌人。本书《兵法》:"利(制)適,器之至也;用敌,教之尽也。"

【今译】

天以时令起作用,地以材物起作用,人以德行起作用,鬼神以吉祥起作用,禽兽以力量起作用。所谓德行,是说要率先施行。所以施德行以领先为好,应敌以后发制人为上。

【原文】

先王用一阴二阳者①,霸;尽以阳者,王;以一阳二阴者,削;尽以阴者,亡。量之不以少多,称之不以轻重,度之不以短长,不审此三者,不可举大事。能戒乎?能敕乎②?能隐而伏乎?能而稷乎③?能而麦乎?春不生而夏无得乎?众人之用其心也④,爱者,憎之始也;德者,怨之本也。唯贤者不然。先王事以合交,德以合人。二者不合,则无成矣,无亲矣。

注释

①先王:安井衡云:皆当为衍文。郭沫若云:此阴阳犹今言正负,而正多于负者霸,全正者王,负多于正者削,全负者亡。译文从之。
②敕(chì斥):通"饬"。整饬,整顿。
③而:尔,你。稷,高粱。
④王念孙云:"众人之用其心也"至"唯贤者不然","此六句,皆涉下文而衍"。译文仍译此六句,供参考。

【今译】

用一阴二阳的君主,能完成霸业;全用阳的君主,能完成王业;用一阳二阴的君主,就要被削弱;全用阴的君主,就要被灭亡。计量不为了多少,称量不为了轻重,度量不为了长短,不分清楚多少、轻重、长短这三件事,就不能举办大事。能警惕吗?能整顿吗?能隐藏而埋伏吗?能种你的稷吗?能种你的麦吗?知道春季不萌生夏季就无所得吗?众人的心理发展是:爱,是憎恨的开始;德,是怨恨的基础。只有贤良的人不是这样。先代的圣王以事业团结他国,以德行团结百姓。百姓和他国都不能团结,就没有成就了,就没有亲近的人了。

【原文】

凡国之亡也,以其长者也①;人之自失也,以其所长者也。故善游者死于梁池②,善射者死于中野。

注释

①"以其"句:安井衡云:"以下句例上句,'长'上当有'所'字。"译文从之。

②梁池:何如璋云:犹言泽梁。善游者狎而玩之,故死于梁池。梁池非险,言失于疏忽。

【今译】

凡是国家的败亡,都是因为它的长处;人们的自失,也是因为他的特长。所以善于游泳的人常死在梁池上,善于射猎的人常死在原野之中。

【原文】

命属于食,治属于事①。无善事而有善治者,自古及今,未尝之有也②。

注释

①治:郭沫若云:治假为"辞",言辞。言辞为事实的表达。

②"未尝"句:王引之云:"未尝之有"当作"未之尝有",后人误倒。译文从王说。

【今译】

生命从属于食物,言辞从属于事实。没有好的事实而有好的言辞,从古到今,不曾有过。

【原文】

众胜寡,疾胜徐,勇胜怯,智胜愚,善胜恶,有义胜无义,有天道胜无天道。凡此七胜者贵众①,用之终身者众矣。

注释

①贵众:郭沫若云:"'贵众','众'字疑'聚'字之误,言七胜具备也。"译文从郭说。

【今译】

　　人多的战胜人少的,快速的战胜缓慢的,勇敢的战胜胆怯的,聪明的战胜愚蠢的,善良的战胜邪恶的,有义的战胜无义的,有天道的战胜无天道的。共计这七个胜利条件,以都具备为好,终身使用这些条件的人很多。

【原文】

　　人主好佚欲,亡其身失其国者①,殆;其德不足以怀其民者,殆;明其刑而贱其士者②,殆;诸侯假之威久而不知极已者③,殆;身弥老不知敬其適子者④,殆;蓄藏积,陈朽腐,不以与人者,殆。

注释

①"亡其"句:姚永概云:"'亡'读为忘,'失'与'及'相近而讹。"
②贱:古本等作"残"。译文从"残"。
③极:同"亟"。急。
④適子:太子。適,读为"嫡"。

【今译】

　　君主好逸纵欲,忘掉了自身和国家的,危险;君主的德行不足以感怀他的百姓的,危险;君主公开刑罚来残害国士的,危险;君主依靠诸侯的威势长久而不知赶快停止的,危险;君主自己已经衰老而不知尊重太子的,危险;贮藏了许多粮食和财物,已经陈旧腐朽,却不能给人的,危险。

【原文】

　　凡人之名三:有治也者,有耻也者①,有事也者。事之名二:正之,察之。五者而天下治矣②。名正则治,名倚则乱③,无名则死。故先王贵名。

注释

①耻:使人受耻辱,意谓执法的人。本书《法法》:"废上之法制者,必负以耻。"

②而:郭沫若云:"而"读为"能",能者善也。
③倚:偏于一边,即不正。《礼记·中庸》:"中立而不倚。"

【今译】

人的名分共有三个:有管理的,有执法的,有从事的。事的名分有两个:正名的,检察的。这五方面都完好,天下就安定了。名正就安定,名不正就混乱,无名就死亡。所以先代的圣王重视名分。

【原文】

先王取天下,远者以礼,近者以体①。体礼者,所以取天下。远近者,所以殊天下之际。

注释

①体:亲近。《礼记·学记》:"就贤体远。"

【今译】

先代圣王争取天下,远的用礼节,近的用亲近。亲近和礼节,是用来争取天下的方式。远和近,是用来区别天下各国边界的。

【原文】

日益之而患少者,惟忠;日损之而患多者,惟欲。多忠少欲,智也,为人臣者之广道也。为人臣者,非有功劳于国也,家富而国贫,为人臣者之大罪也;为人臣者,非有功劳于国也,爵尊而主卑,为人臣者之大罪也。无功劳于国而贵富者,其唯尚贤乎①?

注释

①唯:郭沫若云:"唯"读为"谁"。

【今译】

每日在增多却还担心缺少的,是忠心;每日在减少却还担心太多的,是私欲。增多忠心,减少私欲,这是明智的,是做臣子的广阔的道路。作为臣子,对国家没有功劳,而使家富国贫,这是做臣子的大罪;

作为臣子,对国家没有功劳,而使爵尊主卑,这是做臣子的大罪。对国家没有功劳而能富贵的,那谁还崇尚贤良呢?

【原文】

众人之用其心也,爱者憎之始也,德者怨之本也。牛其事亲也^①,妻子具则孝衰矣。其事君也,有好业,家室富足,则行衰矣;爵禄满则忠衰矣。唯贤者不然。故先王不满也^②,人主操逆,人臣操顺。

注释

①生:疑是衍文。
②"故先"句:王念孙云:"此句与上文义不相属,亦涉下文而衍也。"译文照译,供参考。

【今译】

众人的心理发展是:爱是憎恨的开始,德是怨恨的基础。他们侍奉双亲,妻子和儿女都有了,孝行就衰退了。他们侍奉君主,有了好产业,家庭富足了,行动就衰退了;爵位和俸禄满足了,忠心就衰退了。只有贤良的人不是这样。所以先代的圣王总是不使他们满足,君主坚持不用爵尊禄厚的政策,臣子反而坚持忠心耿耿的态度。

【原文】

先王重荣辱,荣辱在为。天下无私爱也^①,无私憎也。为善者有福,为不善者有祸,祸福在为,故先王重为。

注释

①天下:疑为"天地"。

【今译】

先代圣王重视荣辱,荣辱在于作为。天地没有私爱,没有私恨。做善事的就有福,做恶事的就有祸,祸福在于作为,所以先代圣王重视作为。

【原文】

明赏不费①,明刑不暴,赏罚明则德之至者也。故先王贵明。

【注释】

①费:耗费。

【今译】

公开赏赐,不是耗费;公开刑罚,不是残暴。赏罚公开是最高的德政。所以先代圣王重视公开性。

【原文】

天道大而帝王者用,爱恶爱恶①,天下可秘,爱恶重,闭必固②。

【注释】

①爱恶爱恶:郭沫若云:"'爱恶爱恶'当为'爱爱恶恶'。"译从。
②郭沫若云:本节言帝王者能本天道无私,好人之所好,恶人之所恶,则天下可长保而勿失也。秘:通"闭"。关闭,紧闭。

【今译】

天道伟大,能成帝王事业的君主用天道,爱人之所爱,恶人之所恶,天下就能保住,爱恶严格实用,天下就能保住,并且必然牢固。

【原文】

釜鼓满则人概之①,人满则天概之,故先王不满也。

【注释】

①釜鼓:古代量器。釜,春秋战国时期流行于齐国。春秋时以六斗四升为釜,后田氏以十斗为釜。鼓,相当于一斛。《广雅·释器》:"斛谓之鼓。"概:古代量米麦时刮平斗斛的器具。《韩非子·外储说左下》:"概者,平量者也。"此为引申义,刮平或削平的意思。

【今译】

釜鼓满了,人就刮平它;人满了,天就刮平他。所以先代圣王不自满。

【原文】

先王之书,心之敬执也①,而众人不知也。故有事,事也②;毋事,亦事也。吾畏事,不欲为事③;吾畏言,不欲为言。故行年六十而老吃也④。

> **注释**
> ①执:爱。《吕氏春秋·遇合》:"故嫫母执乎黄帝。"
> ②事:意谓捧读、敬读。
> ③不欲为事:孙星衍云:"《白帖》三十、《御览》七百四十,两'欲'字引俱作'敢'。"译文从"敢"。
> ④老吃:老而口吃。

【今译】

先代圣王的书,是心中所敬爱的,而众人不了解。所以遇有事的时候,就捧读;没有事的时候,也捧读。我怕多事,所以不敢做事;我怕多说话,所以不敢多说话。因为行年六十,年老又口吃。

八观第十三

【题解】

八观,即对八个方面的观察、考查。本篇论述通过对八个方面的观察、考查,就可了解国家的饥饱、贫富、侈俭、虚实、治乱、强弱、兴灭、存亡的情况。即:一观耕耘、农事,可知国之饥饱;二观桑麻、六畜之产,可知国之贫富;三观宫室、车马衣服,可知国之侈俭;四观灾荒、差役、台榭、国费,可知国之虚实;五观习俗、教化,可知国之治乱;六观君主左右、朝臣、百官之受重视或被轻视的情况,可知国之强弱;七观法令、治民以及宽严的情况,可知国之兴亡;八观敌国与盟国、君主的旨意、农业的情况以及民产的不足或有余,可知国之存亡。八观,其实也是对君主治国、富国强兵的八项要求。

【原文】

大城不可以不完①,郭周不可以外通②,里域不可以横通③,闾闬不可以毋阖④,宫垣、关闭不可以不修⑤。故大城不完,则乱贼之人谋;郭周外通,则奸遁逾越者作;里域横通,则攘夺窃盗者不止;闾闬无阖,外内交通,则男女无别;宫垣不备,关闭不固,虽有良货,不能守也。故形势不得为非,则奸邪之人悫愿⑥;禁罚威严,则简慢之人整齐⑦;宪令著明⑧,则蛮夷之人不敢犯⑨;赏庆信必⑩,则有功者劝⑪;教训习俗者众,则君民化变而不自知也⑫。是故明君在上位,刑省罚寡,非可刑而不刑,非可罪而不罪也⑬。明君者,闭其门,塞其涂⑭,弇其迹⑮,使民毋由接于淫非之地。是以民之道正行善也,若性然⑯,故罪罚寡而民以治矣⑰。

注释

①大城:指内城。完:坚固。
②郭周:许维遹云:当作"周郭",指外城。周,环绕。
③里域:指里巷的围墙。横:犹言横行、遍行。
④闾闬(hàn旱):里巷的大门。阖(hé盒):关闭。《后汉书·邓骘传》:"阖门静居。"
⑤宫垣:院墙。宫,古为房屋的通称。《尔雅·释宫》:"宫谓之室,室谓之宫。"关闭:门闩。修:张文虎云:当作"备",下文正作"备"。译文从"备"。
⑥悫(què确)愿:忠诚老实。
⑦简慢:轻忽怠慢。整齐:犹言严肃认真,意谓守法。
⑧宪令:法令。
⑨蛮夷:泛指四方不开化的民族。
⑩信必:坚决兑现。信,诚实。
⑪劝:勉励。
⑫君:俞樾云:"此君字涉下文'明君在上位'句而衍。"是。化变:意谓潜移默化。
⑬罪:安井衡云:罪疑当作"罚"。本句承上文应为"非可罚而不罚也"。
⑭涂:通"途"。道路。
⑮弇(yǎn掩):遮蔽。
⑯性:本性,人性。
⑰故罪罚寡:许维遹云:"'故罪罚寡',疑当作'故刑省罚寡'方与上文'刑省罚寡'相应。"是。以:通'已'。

【今译】
　　内城墙不可不坚固,外城墙不可以有缺口,里巷的围墙不可以到处相通,里巷的大门不可以整日不关,院墙、门闩不可以不完备。因为内城墙不坚固,乱臣逆贼就可图谋不轨;外城有缺口,越墙作奸的人就可行事;里巷的围墙到处相通,抢夺偷盗的事就不能止息;里巷的大门整日不关,内外相通,男女之间就不能有区分;院墙不完备,门闩不牢固,虽有宝货,也就不能守护。所以只有环境才能使人不为非作歹,奸刁邪恶的人变得忠诚老实;只有禁律和刑罚威严,轻忽怠慢的人才能认真守法;只有法令严明,四方的蛮夷才不敢侵犯;只有奖赏兑现坚决可靠,有功的人才能受到勉励;只有教育和传统的活动众多,百姓才能在不知不觉中潜移默化。因此圣明君主执政,就很少动用刑罚,不是必须动刑时不动刑,不是必须惩罚时不惩罚。圣明的君主,总是关闭了犯罪的大门,堵塞了犯罪的道路,消灭了犯罪的迹象,使百姓不能接近作奸犯科的境地。因此百姓走在正道上做好事,就像是出自本性的样子,所以很少动用刑罚而百姓已经治理好了。

【原文】
　　行其田野,视其耕芸①,计其农事,而饥饱之国可以知也。其耕之不深,芸之不谨②,地宜不任③,草田多秽,耕者不必肥,荒者不必硗④,以人猥计其野⑤,草田多而辟田少者⑥,虽不水旱,饥国之野也。若是而民寡,则不足以守其地;若是而民众,则国贫民饥;以此遇水旱,则众散而不收。彼民不足以守者,其城不固;民饥者,不可以使战;众散而不收,则国为丘墟⑦。故曰:有地君国而不务耕芸⑧,寄生之君也⑨。故曰:行其田野,视其耕芸,计其农事,而饥饱之国可知也。

注释

①芸:通"耘"。除草。《论语·微子》:"植其杖而芸。"下同。
②谨:小心。
③地宜不任:意谓土地种植不适宜,土地没有得到很好地使用。
④硗(qiāo 敲):土地坚硬而瘠薄。
⑤猥(wěi 委):尹知章注:"猥,众也,以人众之多少计其野之广狭也。"
⑥辟田:耕地,熟地。

⑦丘墟:废墟。
⑧君:统治。
⑨寄生之君:依附别国生存的君主。

【今译】

巡视一个国家的田野,看它的耕耘情况,核计它的农业生产,其国家的饥饱情况就可了解。耕地不深,耘草不细,耕地种植不宜,荒地长满野草,耕种的土地不一定是肥沃的,荒芜的土地不一定是贫瘠的,按人口的多少核计土地数,荒地多而熟地少,即使没有水旱的灾害,也是饥荒国家的田野景象。像这样的国家,如果百姓稀少,就不足以守卫国土;像这样的国家,如果百姓众多,就国家贫困百姓挨饿;要是再遇上水旱的灾害,就民众失散而不能收罗。百姓不足以守卫国土,城邑就不坚固;百姓挨饿,就不能让他们出战;民众失散不能收罗,国家就成为一片废墟。所以说,拥有土地的君主治理国家,如果不重视农业,就只能是依赖别国生存的君主。所以说:巡视一个国家的田野,看它的耕耘情况,核计它的农业生产,国家的饥饱情况就可了解。

【原文】

行其山泽,观其桑麻,计其六畜之产①,而贫富之国可知也。夫山泽广大,则草木易多也;壤地肥饶,则桑麻易植也;荐草多衍②,则六畜易繁也。山泽虽广,草木毋禁;壤地虽肥,桑麻毋数③;荐草虽多,六畜有征④。闭货之门也⑤。故曰:时货不遂⑥,金玉虽多,谓之贫国也。故曰:行其山泽,观其桑麻,计其六畜之产,而贫富之国可知也。

注释

①六畜:指马、牛、羊、猪、狗、鸡六种家畜。《韩非子·难二》:"务于畜养之理,察于土地之宜,六畜遂,五谷殖,则入多。"
②荐草:野兽和牛羊可食的草。《庄子·齐物论》:"麋鹿食荐。"
③数:技术,方法。《孟子·告子上》:"今夫奕之为数,小数也。"
④征:赋税。尹知章注:"征,赋"。
⑤闭货之门:堵塞了财货的门路。尹知章注:"无货可出,若闭门然。"
⑥时货:按时节出产的财货,指上文的草木、桑麻、六畜等农副产品。遂:成功,顺利。《礼记·月令》:"百事乃遂。"

【今译】

　　巡视一个国家的山林湖泽,观察种植的桑麻,核计畜牧业的生产,国家的贫富就可了解。因为山林湖泽广大,草木就容易茂密;土地肥沃,桑麻就容易种植;荐草繁茂,畜牧业容易兴旺。山林湖泽虽然广大,但草木的采伐没有禁期;土地虽然肥沃,但桑麻的种植没有技术;荐草虽然繁茂,但畜牧的饲养要征收赋税。这是堵塞财货的门路。所以说:农副业的生产不成功,金玉宝物虽多,仍然称之为贫穷国家。所以说:巡视一个国家的山林湖泽,观察种植的桑麻,核计畜牧业的生产,国家的贫富就可了解。

【原文】

　　入国邑①,视宫室,观车马衣服,而侈俭之国可知也。夫国城大而田野浅狭者②,其野不足以养其民;城域大而百姓寡者,其民不足以守其城;宫营大而室屋寡者,其室不足以实其宫;室屋众而人徒寡者,其人不足以处其室;囷仓寡而台榭繁者③,其藏不足以共其费④。故曰:主上无积而宫室美,氓家无积而衣服修⑤,乘车者饰观望⑥,步行者杂文采,本资少而末用多者⑦,侈国之俗也。国侈则用费,用费则民贫,民贫则奸智生,奸智生则邪巧作。故奸邪之所生,生于匮不足;匮不足之所生,生于侈;侈之所生,生于毋度。故曰:审度量,节衣服,俭财用,禁侈泰⑧,为国之急也,不通于若计者⑨,不可使用国⑩。故曰:入国邑,视宫室,观车马衣服,而侈俭之国可知也。

注释

①邑:国都。《诗经·商颂·殷武》:"商邑翼翼,四方之极。"

②浅狭:狭小。丁士涵疑"狭"为"浅"的注释而误入正文,是衍文。录以供参考。

③囷(qūn逡)仓:贮藏粮食的仓库。圆形的称"囷",方形的称"仓"。《礼记·月令》:"穿窦窖,修囷仓。"

④共:通"供"。古本作"供"。尹知章注:"囷仓所藏,不足以供台榭之费。"

⑤氓家:民家。氓,民。《孟子·公孙丑上》:"则天下之民皆悦,而愿为之氓矣。"故知"氓"为外来之民。

⑥观望:观瞻,外表。

⑦本资:指生活必需品。尹知章注:"本资,谓谷帛。"末用:指奢侈品。

⑧侈泰:奢侈浪费。泰,过分。
⑨若:这些。
⑩用国:治国。

【今译】

进入一个国家的京城,视察它的官殿房屋,观看它的车马衣服,国家的奢侈节俭就可了解。因为国家的城市大而田地小,田地就不能供养百姓;城区大而百姓少,百姓就不能守卫城市;官院的规模大而房屋少,房屋就不能布满宫院;房屋多而民众少,人们就不能住满房屋;粮仓少而亭台多,贮藏的粮食就不能供给费用。所以说,君主没有积贮而官殿房屋却华美,民家没有积贮而衣着服饰却讲究,乘坐车子的人讲究装饰的派头,步行走路的人讲究衣着的华丽,生活资料少而奢侈品多,这是奢侈国家的习俗。国家奢侈,费用就多;费用多,百姓就贫困;百姓贫困,奸诈的念头就产生;奸诈的念头产生,邪恶虚伪的行为就出现。所以邪恶虚伪的产生,是由于贫困;贫困的产生,是由于奢侈;奢侈的产生,是由于没有节制。所以说:严格制度标准,节制衣着服饰,俭省财物费用,禁止奢侈浪费,这是国家的急务,不精通这些核算的人,是不能让他治理国家的。所以说:进入一个国家的京城,视察它的官殿房屋,观看它的车马衣服,国家的奢侈节俭就可了解。

【原文】

课凶饥①,计师役②,观台榭,量国费,而实虚之国可知也。凡田野万家之众,可食之地,方五十里,可以为足矣。万家以下③,则就山泽可矣;万家以上,则去山泽可矣。彼野悉辟而民无积者,国地小而食地浅也④;田半垦而民有余食而粟米多者,国地大而食地博也;国地大而野不辟者,君好货而臣好利者也;辟地广而民不足者,上赋重,流其藏者也⑤。故曰:粟行于三百里,则国毋一年之积;粟行于四百里,则国毋二年之积⑥;粟行于五百里,则众有饥色。其稼亡三之一者⑦,命曰小凶。小凶三年而大凶⑧,大凶则众有大遗苞矣⑨。什一之师⑩,什三毋事⑪,则稼亡三之一。稼亡三之一,而非有故盖积也⑫,则道有损瘠矣⑬。什一之师,三年不解⑭,非有余食也,则民有鬻子矣⑮。故曰:山林虽近,草木虽美,宫室必有度,禁发必有时。是何也?曰:大木不可独伐也,大木不可独举也,大木不可独运也,大木不可加之薄墙之上⑯。故曰:山林虽广,草木虽美,禁发必有时;国虽充盈,金玉虽多,宫室必有度;江海虽广,池泽虽博,鱼鳖虽多,罔罟必有正⑰,船网不可一财而成也⑱。非私草木爱鱼鳖也,恶废民于生谷也。故曰:先王之禁山泽之作者,博民于生谷也⑲。彼民非谷不食,谷非地不生,地非民不动⑳,民非作力,毋以致财。天下之所生,生于用力;用力之所生㉑,生于劳身。是故主上用财毋已,是民用力毋休也。故曰:台榭相望者,其上下相怨也㉒。民毋余积者,其禁不必止;众有遗苞者,其战不必胜;道有损瘠者,其守不必固。故令不必行,禁不必止,战不必胜,守不必固,则危亡随其后矣。故曰:课凶饥,计师役,观台榭,量国费,实虚之国可知也。

注释

①课:考核,考察。《汉书·京房传》:"房奏考功课吏法。"

②师役:兵役。

③万家以下:俞樾云:"'下'、'上'二字,疑传写互易。"即"万家以下"当作"万家以上"。下句"万家以上"当作"万家以下"。译文从之。

④食地:产粮地。浅:狭小,少。

⑤上赋重,流其藏者也:注家颇不一致,难以确说。尹知章注为:"上赋重,则人藏流散也。"陶鸿庆以为"上赋重"为一事,"流其藏"为一事。尹桐阳以为"流其藏"是远输军粮。还有人以为"上赋钱币",故农民贱卖粮食,等等,录以供读者参考,译文从原文。

⑥二:郭沫若云:"'二'当是'半'之坏字。"译文从"半"。

⑦三之一:三分之一。

⑧而:吴汝纶云:"'而'如同字,言小凶三年与大凶等。"

⑨大遗苞:下文作"遗苞"。洪颐煊云:"'大'字涉上文而衍。"'遗苞',当读作'遗莩'。"古字苞、莩通用。莩通"殍",饿死的人。《孟子·梁惠王》:"涂有饿莩而不知发。"

⑩什一之师:十分之一的兵役。什,通"十";师,兵役。

⑪什三毋事:十分之三的人不从事农业生产。意谓十分之一的人去服兵役,十分之二为之服务,即"什三毋事"。

⑫盖:许维遹云:盖字疑衍,应删除。

⑬王念孙云:损当为"捐",字之误也。捐,舍弃。瘠:通"胔",没有完全腐烂的尸体。

⑭解:通"懈"。

⑮鬻(yù育):出卖。
⑯薄墙:借指简易的建筑物。
⑰罟罟(gǔ古):同"网罟",鱼网。正:正中,标准。尹知章注:"多少小大之正。"指网眼。
⑱尹知章注:"必多财然后成。"多财,多条财路。意谓不能只靠单一的打鱼发财。
⑲博:安井衡云:博,当为"抟"。抟,古之专字。译从。
⑳动:郭沫若云:"'动'读为穜。"穜,"种"的古字。
㉑用:戴望云:"此'用'字当衍。"译文从戴说。
㉒尹知章注:"上怨下不供,下怨上多税。"

【今译】

考察灾年的饥荒情况,统计当兵服役的人数,观看亭台楼阁的建筑,计量国家财政的费用,国家的虚实情况就可了解。大凡多达万户人家的农庄,拥有可种粮食的土地,达到五十平方里,就算是足够了。万户人家以上的农庄,再经营山林湖泽也可以生活了;万户人家以下的农庄,不经营山林湖泽也可以生活了。土地都已开垦而百姓却没有积贮,是因为国土小而又粮地少;田地只耕种一半而百姓吃的却有余,而且粮食有多的,是因为国土大而又粮地多;国土大而土地没有开垦,是因为君主喜好宝货而臣子喜好财利的缘故;开垦的土地广而百姓仍不富足,是因为国家的赋税重、粮食流散的缘故。所以说,粮食运到三百里外,国家就没有一年的积贮;粮食运到四百里外,国家就没有半年的积贮;粮食运到五百里外,民众就面有饥色。庄稼的收成失去三分之一,就叫做小灾。小灾连续三年就成了大灾,成了大灾,民众中就有被遗弃饿死的人了。抽十分之一的人去服兵役,实际上就要有十分之三的人不从事农业生产,这样,庄稼的收成就要失去三分之一。庄稼失去三分之一的收成,而又没有往年的存粮,这样,道路上就会有无人收埋的尸体。抽十分之一的人去服兵役,连续三年不松懈,又没有积余的粮食,百姓中就有人卖儿卖女了。所以说:山林虽然离京城很近,草木虽然茂密,宫室的建筑仍然一定要有限度,封禁和开发仍然一定要按季节。这是为什么呢?这是因为:大树木不是一个人能砍伐的,大树木不是一个人能搬动的,大树木不是一个人能运输的,大树木不是能施加在单薄的墙上的。所以说,山林虽然广大,草木虽然茂密,封禁和开发一定要按季节；国家虽然充实富有，金玉虽然多，宫室的建筑一定要有限度；江海虽然广阔，湖泽虽然博大，鱼鳖虽然繁多，鱼网的眼孔一定要有标准，打鱼的人不可能走一条财路而成功。这不是对草木有私情对鱼鳖有偏爱，而是痛恨百姓废弃了粮食生产。所以说，先代君主禁止上山下海作业，是为了让百姓专心从事粮食生产。因为百姓没有粮食就不能生活，粮食没有土地就不能生成，土地没有百姓就不能种植，百姓不努力劳作，就无法得到财物。天下一切财物的生成，是由于用力气；力气的生成，是由于劳动身体。因此君主用财物没有个完，这就是让百姓用力气不停歇。所以说，亭台相望，上下就互相怨恨。百姓没有余粮积贮，有禁就不一定能止；民众中有饿死的人，征战就不一定胜利；道路上有无人收埋的尸体，守卫就不一定坚固。有令不一定能行，有禁不一定能止，征战不一定胜利，守卫不一定牢固，那么国家的危亡就跟随而来了。所以说：考察灾年的饥荒情况，统计当兵服役的人数，观看亭台楼阁的建筑，计量国家财政的费用，国家的虚实情况就可了解。

【原文】

入州里①，观习俗，听民之所以化其上②，而治乱之国可知也。州里不鬲③，闾闬不设，出入毋时，早晏不禁，则攘夺窃盗、攻击残贼之民④，毋自胜矣⑤。食谷水⑥，巷凿井，场圃接⑦，树木茂⑧，宫墙毁坏，门户不闭，外内交通，则男女之别，毋自正矣。乡毋长游⑨，里毋士舍⑩，时无会同⑪，丧烝不聚⑫，禁罚不严，则齿长辑睦⑬，毋自生矣。故昏礼不谨⑭，则民不修廉；论贤不乡举，则士不及行⑮；货财行于国，则法令毁于官；请谒得于上，则党与成于下⑯；乡官毋法制，百姓群徒不从。此亡国弑君之所自生也。故曰：入州里，观习俗，听民之所以化其上者，而治乱之国可知也。

注释

①州里：州、里均为地方编制。本书《立政》："分国以为五乡"，"分乡以为五州"，"分州以为十里"。此借指百姓居住的地方。

②化其上：随上变化习俗。化，变化。

③鬲：通"隔"，阻隔。

④贼:杀。
⑤自:尹知章注:"自,从也。既不设备,则盗贼无从而胜。"胜,制服。
⑥谷水:同喝一条山谷的水。尹知章注:"谷水巷井,则出汲者生其淫放。"
⑦场圃接:尹知章注:"邻家子女易得交通。"
⑧树木茂:尹知章注:"淫非者易为。"
⑨长游:尹知章注:"什长游宗也。"即地方基层的长官。
⑩士舍:乡里的学堂。
⑪会同:集会。尹知章注:"乡里每时当有会同,所以结恩好也。"
⑫烝(zhēng征):古代冬祭。《尔雅·释天》:"冬祭曰烝。"《周礼·春官·大宗伯》:"以烝,冬享先王。"
⑬齿长:犹言长幼。尹知章云:"乡里长弟,当以齿也。"齿,年龄。辑睦:和睦。《左传·僖公十五年》:"群臣辑睦。"
⑭昏:通"婚"。
⑮及:许维遹云:"反"之误字。反通"返",返回。
⑯党与:朋党。《汉书·苏武传》:"及燕王等反,诛,穷治党与。"

【今译】

　　进入一个国家的州里,观察地方的风俗习惯,听取百姓在怎样跟随上面改变习俗的情况报告,国家的治乱情况就可了解。州里不加阻隔,里巷不设大门,进出无论时间,早晚没有禁止,那么,对抢夺盗窃、行凶杀人的人,就无从制止了。大家同喝一个山谷里的水,都到巷子的水井里打水,场院、菜圃都相连接,树林茂密,院墙毁坏,门户不关,内外相通,那么,男女应有的区别,就无从正规了。乡没有长官,里没有学堂,节日不集会,丧葬和冬祭都不相聚,禁令和刑罚都不严格,那么长幼和睦的风气就无从形成了。所以婚礼不谨慎,百姓就不修治廉耻;选贤不由乡民推举,士民就不走正道;用财货行贿能在国家机构中畅行,法令就被官府毁坏;用私情拜见能在上面得手,结党营私就在下面成风;地方官吏不守法制,百姓就不听从命令。这就是亡国杀君由此发生的原因。所以说:进入一个国家的州里,观察地方的风俗习惯,听取百姓在怎样跟随上面改变习俗的情况报告,国家的治乱情况就可了解。

【原文】

　　入朝廷,观左右,本求朝之臣①,论上下之所贵贱者,而强弱之国可知也。功多为上,禄赏为下,则积劳之臣不务尽力②;治行为上,爵列为下,则豪桀材臣不务竭能③;便辟左右④,不论功能而有爵禄,则百姓疾怨非上,贱爵轻禄;金玉货财商贾之人,不论志行而有爵禄也,则上令轻,法制毁;权重之人,不论才能而得尊位,则民倍本行而求外势⑤。彼积劳之人不务尽力,则兵士不战矣;豪桀材人不务竭能⑥,则内治不别矣⑦;百姓疾怨非上,贱爵轻禄,则上毋以劝众矣;上令轻,法制毁,则君毋以使臣,臣毋以事君矣;民倍本行而求外势,则国之情伪竭在敌国矣⑧。故曰:入朝廷,观左右,本求朝之臣,论上下之所贵贱者,而强弱之国可知也。

注释

①本求:王念孙云:"求"即"本"之误,传写误合成"本求",应删去。"本朝"即朝廷。下同。

②"功多"三句:尹知章注:"战功(曰)多,谓积劳之臣。论其功多,则居于众上,及行禄赏,翻(反)在众下,故不务尽力也。"

③桀:通"杰"。下同。《诗经·卫风·伯兮》:"邦之桀兮。"

④便辟:善于逢迎谄媚。《论语·季氏》:"友便辟,友善柔,友便佞,损矣。"

⑤"权重"三句:郭沫若云:"民离弃本国之军行而求外援,则内情外通,故在下文则承之以'国之情伪,竭在敌国'也。"倍,通"背"。背弃,背叛。行,军行。

⑥材人:当依上文作"材臣",古本正作"材臣"。竭能:尽能。尹知章注:"竭,尽也。"

⑦别:辨,办,治理。《荀子·议兵》:"城郭不辨。"王先谦集解引郝懿行曰:"古无办字,荀书多以辨为办。"

⑧情伪:真假,虚实。《左传·僖公二十八年》:"民之情伪,尽知之矣。"

【今译】

走进一个国家的朝廷,观察君主左右的侍臣和朝廷的大臣,考察一下君臣上下所看重或看轻的,国家的强弱情况就可了解。战功多在众人之上,受奖行赏时却在众人之下,那么身经百战的将军再也不肯尽力;政绩好可列为上等,任命官职时却排到了下等,那么才华出众的能臣再也不肯尽能;善于逢迎讨好的左右宠臣,不论功劳才能却享有官爵和禄赏,那么百姓就会怨恨和非议君主,并且轻贱君主的官爵和禄赏;经营金玉财货买卖的商人,不论志向德行却享官爵和禄赏,那么君主的政令就会受轻视,法制就会被毁坏;权力重大的人,不论才能却获得高位,那么民众就背弃本国的军队而寻求外国的势力去了。身经百战的将军再也不肯尽力,士兵就不肯战斗了;才华出众的能臣再也不肯尽能,内政就不能治理了;百姓怨恨和非议君主,并且轻贱君主的官爵和禄赏,君主就无法勉励民众了;君主的政令受轻视,法制被毁坏,君主就无法使令臣子,臣子也无法为君主办事了;民众背弃本国的军队而寻求外国势力,国家的虚实真假情况全被敌国掌握了。所以说:走进一个国家的朝廷,观察君主左右的侍臣和朝廷的大臣,考观一下君臣上下所看重或看轻的人事,国家的强弱情况就可了解。

【原文】

置法出令,临众用民,计其威严宽惠行于其民与不行于其民可知也①。法虚立而害疏远②,令一布而不听者存,贱爵禄而毋功者富,然则众必轻令而上位危。故曰:良田不在战士,三年而兵弱③;赏罚不信,五年而破;上卖官爵,十年而亡④;倍人伦而禽兽行,十年而灭。战不胜,弱也;地四削,入诸侯,破也;离本国,徙都邑,亡也;有者异姓,灭也⑤。故曰:置法出令,临众用民,计威严宽惠而行于其民不行于其民可知也⑥。

【注释】

①可知也:依张佩纶云:上脱五字,按解当作"而兴灭之国",本段末句同此。
②"法虚"句:尹知章注:"谓其立法但能害疏远,而不行亲近。故曰虚立也。"
③"故曰"二句:尹知章注:"良田所以赏战士,不赏则士无战志,故兵弱也。"
④十年:疑为"七年"。"十"为"七"之坏字。
⑤"有者"二句:尹知章注:"有其国者异姓之人,则宗庙灭也。"
⑥本句当与前文一致,是重复句,故应作:计其威严宽惠行于其民与不行于其民而兴灭之国可知也。

【今译】

根据一个国家设置和公布的法令,以及治理使用百姓的情况,考察它的刑赏政策是否在百姓中执行,国家的兴亡情况就可了解。法制形同虚设而只是损害君主疏远的人,君令已经发布而不听从的人却能安全存在,滥施赏赐而没有功劳的人却能得到富贵,这样,民众必定轻视法令而君主的地位也就危险了。所以说:良田不用来奖赏战士,三年就兵力削弱;赏罚不兑现,五年就国家破败;君主出卖官爵,七年就国家衰亡;违背人伦道德,做出禽兽一样的事来,十年就国家灭亡。战争不能取胜,是因为兵力削弱;国土四周被削减,纳入别的国家,是因为国家破败;逃离本国,迁移国都,是因为国家衰亡;有国家而君主的姓氏改换,是因为国家已经灭亡。所以说:根据一个国家设置和公布的法令,以及治理使用百姓的情况,考察它的刑赏政策是否在百姓中执行,国家兴亡情况就可了解。

【原文】

计敌与①,量上意②,察国本③,观民产之所有余不足,而存亡之国可知也。敌国强而与国弱,谏臣死而谀臣尊,私情行而公法毁,然则与国不恃其亲,而敌国不畏其强;豪杰不安其位,而积劳之人不怀其禄④。悦商贩而不务本货,则民偷处而不事积聚。豪杰不安其位,则良臣出;积劳之人不怀其禄,则兵士不用;民偷处而不事积聚,则囷仓空虚。如是而君不为变⑤,然则攘夺窃盗残贼进取之人起矣⑥。内者廷无良臣,兵士不用,囷仓空虚,而外有强敌之忧,则国居而自毁矣⑦。故曰:计敌与,量上意,察国本,观民产之所有余不足,而存亡之国可知也。

【注释】

①与:即下文的"与国",意为盟国。《荀子·王霸》:"约结已定,虽睹利败,不欺其与。"

②意:意图。

③本:本业。指农业。

④怀:安心,满足。

⑤变:变革。尹知章注:"不改常而更化。"

⑥进取:犹言进攻。

⑦居:坐。《论语·阳货》:"居,吾语女。"

【今译】

核计一个国家的敌国和盟国的力量,估量君主的意向,考察国家的农业,观看百姓的产业是有余或是不足,国家的存亡情况就可了解。敌国强大而盟国弱小,谏臣被杀而谀臣尊荣,私情畅行而公法毁坏,这样盟国就不会依赖它的同盟,敌国也不会害怕它的强大;才华出众的能臣不安心他的职位,身经百战的将军不满足他的禄赏。君主喜爱商贩而不努力发展农产品,百姓就苟且偷生而不从事积畜农产品。才华出众的能臣不安心他的职位,国家的良臣就出走;身经百战的将军不满足他的禄赏,士兵就不肯效力;百姓苟且偷生而不从事积蓄农产品,国家的粮仓就空虚。像这样而君主却不思变革,那么抢夺盗窃残杀斗殴的人就起来了。在国内,朝廷没有良臣,士兵不肯效力,粮仓空虚,而在国外却有强敌的忧患,那么国家就坐而自毁了。所以说,核计一个国家的敌国和盟国的力量,估量君主的意向,考察国家的农业,观看百姓的产业是有余或是不足,国家的存亡情况就可了解。

【原文】

　　故以此八者,观人主之国,而人主毋所匿其情矣。

【今译】

　　因此,从这八个方面去考查一个国家,这个国家的君主就无法隐藏他的真实情况了。

法禁第十四

【题解】

　　法禁,指需要依法禁止的。本篇论述君主需要维护法制,依法禁止违法的行为。开篇提出维护统一法制的重要性,只要统一立法行法,国家的各个方面就"不强而治矣"。如果不统一立法行法,下民"与官列法",权臣"与君分威","国家之危必自此始矣"。所以先代的圣王都是严禁违法的行为来统一民心的。本篇的重点是具体地论述共计十八种应该依法禁止的违法行为。这十八种"圣王之禁",大到擅权专国、改变国家常法、私通外国,小到沽名钓誉、奇谈怪论,表现形式不一,采用的手段不一,但实质都是违法行私,损国害民,满足私欲。

本篇对此严加批判。最后本篇要求治国君主必须坚定地立法行法,对违法的人和事要严加禁绝,使其无利可图。

【原文】

法制不议,则民不相私①;刑杀毋赦,则民不偷于为善②;爵禄毋假③,则下不乱其上。三者藏于官则为法,施于国则成俗,其余不强而治矣④。

注释

①尹知章注:"君出法制,下不敢议,则人奉公不相与为私。"
②偷:苟且。《礼记·表记》:"君子庄敬曰强,安肆曰偷。"
③假:给与。《汉书·龚遂传》:"遂乃开仓廪,假贫民。"颜师古注:"假,谓给与。"
④强(qiǎng抢):勉强。《孟子·滕文公下》:"强而后可。"

【今译】

法制不准私自议论,百姓就不会相随行私;刑杀不准赦免,百姓就不敢苟且行善;爵禄不妄赐与,臣下就不敢扰乱君主。这三者收藏在官府就是公法,施行到全国就成为习俗,其余各方面的事不勉强也就能治理好了。

【原文】

君壹置其仪①,则百官守其法;上明陈其制,则下皆会其度矣②。君之置其仪也不一,则下之倍法而立私理者必多矣③。是以人用其私,废上之制而道其所闻。故下与官列法④,而上与君分威⑤,国家之危必自此始矣。昔者圣王之治其民也不然,废上之法制者,必负以耻⑥;财厚博惠以私亲于民者⑦,正经而自正矣⑧。乱国之道,易国之常,赐赏恣于己者,圣王之禁也⑨。圣王既殁,受之者衰。君人而不能知立君之道,以为国本,则大臣之赘下而射人心者必多矣⑩。君不能审立其法以为下制,则百姓之立私理而径于利者必众矣⑪。

注释

① 一:统一。仪:法度,准则。
② 会:领会,理解。度:制度。
③ 倍:通"背",违背。
④ 下:百姓。尹知章注:"下谓庶人。"列:通"裂",分。尹知章注:"列,亦分也。"
⑤ 上:权臣。尹知章注:"上谓权臣。"
⑥ 负:遭受。尹知章注:"负,犹被也。"被,遭、受。
⑦ 财厚:王念孙云:当依尹注作"厚财"。译文从"厚财"。
⑧ 正经:当作"正礼"。郭沫若云:下文有"异礼",故此以"正礼"对之。礼,制度。《论语·为政》:"齐之以礼。"朱熹注:"礼,谓制度品节也。"
⑨ 丁士涵云:"'乱国之道'至'圣王之禁也'十九字错简,疑当在下文'擅国权'之上。"
⑩ 赘:通"缀",连缀。《韩非子·存韩》:"夫赵氏聚士卒,养从徒,欲赘天下之兵。"王先慎集解:"赘,缀连也。"射人心:收买人心。射,追求、逐取。
⑪ 径:走小路。尹知章注:"径谓邪行以趣疾也。"

【今译】

君主统一制订法度,百官就能守法;上面能公开地说清楚法制,下面就都能领会了。君主制订的法度不统一,下面背离法度而另立私理的必定就多了。这样,人们使用私理,废弃君主的法度而称道他们听说的私理。因此下民与官府争议法制,权臣与君主争夺权力,国家危亡必然从这里开始。从前圣王治理百姓不是这样的,对废弃国家法制的人,必定使他蒙受耻辱;对用大量的财物来广施恩惠收买人心的人,通过整顿制度使其改正。扰乱国家的正道,变更国家的常法,赐赏全随自己的意愿,这是圣王要禁止的。圣王谢世以后,继承者不振作。统治百姓而不能懂得立君之道,不能把法制作为立国之本,这样大臣们中联络下面来收买人心的必然就多了。君主不能懂得立公法来作为下面遵守的制度,这样百姓立私理走邪路追求财利的必然就多了。

【原文】

昔者圣王之治人也,不贵其人博学也,欲其人之和同以听令也。《泰誓》曰①:"纣有臣亿万人,亦有亿万之心;武王有臣三千而一心。"

故纣以亿万之心亡,武王以一心存。故有国之君,苟不能同人心,一国威,齐士义,通上之治以为下法,则虽有广地众民,犹不能以为安也。君失其道,则大臣比权重以相举于国②,小臣必循利以相就也。故举国之士以为亡党③,行公道以为私惠;进则相推于君,退则相誉于民,各便其身,而忘社稷;以广其居④,聚徒威群⑤,上以蔽君,下以索民。此皆弱君乱国之道也,故国之危也。

注释

①《泰誓》:即《大辞》《尚书》篇名。《泰誓》是周武王伐纣大会诸侯时所作的誓言。《泰誓上》作:"受有臣亿万,惟亿万心;予有臣三千,惟一心。"纣,名受。亿万,极言其多。

②比权重:尹知章注:"与权重者相比。"比,勾结。

③"故举"句:陶鸿庆云:"亡党"二字,义不可通,王氏(念孙)以为"己党"之误,是也。"之"字亦衍文,"国士"犹言"公臣","举国士以为己党"与"行公道以为私惠"相对成文。

④广:扩大,扩充。《史记·淮南衡山列传》:"广长榆,开朔方。"居:所居,所占的。

⑤洪颐煊云:"威群"当作"成群"。"《法法篇》:'则人群党而成群',其证也。"译文从之。

【今译】

从前圣王管理人才,不看重人才的博学,而要求人才能与君主协调一致听从君令。《泰誓》上说:"殷纣王有臣子亿万人,也有亿万条心;周武王只有臣子三千人,却是一条心。"所以殷纣王因为臣子有亿万条心而灭亡,周武王因为臣子一条心而留存。因此拥有国家的君主,如果不能协同人心,不能统一国家权威,不能齐整武士的气概,不能把君主们的治理政策传达到下面而成为法制,那么,即使有广大的土地,众多的百姓,还是不能以为是安全的。君主失去了治国之道,大臣们便勾结权势在国内相互推举,小臣们必定为了私利而相互迁就。所以他们推举公臣而作为自己的私党,施行公法而谋求私人的实惠;在朝廷上向君主互相推举,在民间就向百姓讨好,各使自己有利,而忘掉了国家;不断地扩大他们的势力范围,成群结帮,对上蒙蔽君主,对下勒索百姓。这都是削弱君主扰乱国家的做法,所以是国家的危险。

【原文】

擅国权以深索于民者,圣王之禁也。

【今译】

独揽国家的权力,严重地勒索百姓,这是圣王要禁止的。

【原文】

其身毋任于上者①,圣王之禁也。

注释

①其身毋任于上者:郭沫若以为是隐士与游民之类。"隐士'不事王侯,高任其志',游民则袖手而食,均属可禁。"

【今译】

不肯为君主任职服务的,这是圣王要禁止的。

【原文】

进则受禄于君,退则藏禄于室,毋事治职①,但力事属②,私王官,私君事,去非其人而人私行者③,圣王之禁也。

注释

①张佩纶云:"'毋事治职'当作'毋治职事',言不事公事也。下文'身无职事'是其证。"译文从之。
②张佩纶云:"'但力事属'当作'但力属事',言但务私事也。"
③去:俞樾云:"'去'乃'法'字之误,言法本非其人所宜行而其人私行之也。"意谓越职行事。

【今译】

上朝就向君主领取禄赏,退朝就把禄赏藏在私室,不治理本职的公事,只是努力做私事,私自拉拢国家官吏,私自处理君主的政事,依法本非他能做的事,他却私自去做的,是圣王要禁止的。

【原文】

修行则不以亲为本,治事则不以官为主,举毋能进毋功者,圣王之禁也。

【今译】

修德行却不以事亲为本,做事情却不以奉公为主,推举无能的人,进用无功的人,这是圣王要禁止的。

【原文】

交人则以为己赐,举人则以为己劳,仕人则与分其禄者,圣王之禁也。

【今译】

结交人才就当作自己的恩赐,推举人才就当作自己的功劳,任用人才就要与他均分他的俸禄,这是圣王要禁止的。

【原文】

交于利通而获于贫穷①,轻取于其民而重致于其君②,削上以附下,枉法以求于民者③,圣王之禁也。

注释

①利通:犹言富贵。通,达官。
②致:求。此谓要求放宽政策,以便收买民心。
③求:假为"赇(qiú 求)",贿赂。

【今译】

结交富贵又收罗贫穷的人,为了轻易地取得民心而对君主提出了很多要求,削减国家的利益而使自己亲附于下,枉法而收买百姓,这是圣王要禁止的。

【原文】

用不称其人①,家富于其列②,其禄甚寡而资财甚多者,圣王之禁也。

【注释】

①用:财用,消费。《诗经·小雅·天保》:"民之质矣,日用饮食。"
②列:位次。此指官位。许维遹案:"列,爵位也。"

【今译】

他的消费与他的身份不相称,家庭的财富超出了他的官职所得,他的俸禄很少却资财很多,这是圣王要禁止的。

【原文】

拂世以为行,非上以为名,常反上之法制以成群于国者,圣王之禁也。

【今译】

做违背世俗的事,靠非议朝廷而猎取名声,经常违反君主的法制而在国内成群结党,这是圣王要禁止的。

【原文】

饰于贫穷而发于勤劳①,权于贫贱,身无职事,家无常姓②,列上下之间,议言为民者,圣王之禁也。

【注释】

①发:孙星衍云:"'发'读为废,古字通用。"
②姓:丁士涵云:"'姓'当为'生',假借字也。《孟子·滕文公篇注》:'产,生也。'《诗经·谷风笺》:'生,谓财业也。''家无常生',犹言家无恒产耳。"译从。

【今译】

装扮成贫穷的样子又不勤劳,在贫民中争权夺利,身无职业,家无恒产,站在官民之间,好像是为民讲话,这是圣王要禁止的。

【原文】

壶士以为亡资①,修田以为亡本②,则生之养③,私不死④,然后失矫以深与上为市者⑤,圣王之禁也。

【注释】

①壸士:郭沫若云:"壸殆假为'铺'。'壸士'犹言养士。"亡:王念孙云:当为"己",下句的"亡"也应为"己"。译文从之。

②田:何如璋云:乃"甲"之坏。译文从"甲"。

③则生:郭沫若云:"乃'贼臣'之误。"译文从"贼臣"。

④不:许维遹云:是"必"的误字。译文从"必"。

⑤失矫:郭沫若云:当为"矢矫",犹言强直不让。矢,直。《诗》:"其直如矢。"矫,谓强硬。

【今译】

供养私士而作为资财,制作兵甲而作为本钱,私养叛逆的臣子,私藏敢死的人,然后以强硬不敬的态度进而与君主讨价还价,这是圣王要禁止的。

【原文】

审饰小节以示民,时言大事以动上,远交以逾群,假爵以临朝者,圣王之禁也。

【今译】

装模作样地做些小事来给百姓看,时常不断说些大事来惊动君主,远交四邻来压倒同僚,凭借爵位来操纵朝廷,这是圣王要禁止的。

【原文】

卑身杂处,隐行辟倚①,侧入迎远②,遁上而遁民者③,圣王之禁也。

【注释】

①辟倚:僻邪不正。辟,同"僻"。邪僻。

②侧入:犹言潜入。尹知章注:"侧身而入国。"侧,藏匿。

③遁:逃免。

【今译】

屈身隐居在百姓之中,暗地里做不正当的事,潜入他国,迎送远方的来人,逃避君主的监督,又逃避百姓的监视,这是圣王要禁止的。

【原文】

诡俗异礼,大言法行①,难其所为而高自错者②,圣王之禁也。

【注释】

①大言法行:犹言言行狂妄。法,古文与"废"相通。《尔雅·释诂》:"废,大也。"
②错:通"措",安置。尹知章注:"错,置也。"

【今译】

与习俗和礼仪都不一样,言论和行为都很狂妄,把自己所做的说得十分艰难,借此来提高自己的地位,这是圣王要禁止。

【原文】

守委闲居,博分以致众①,勤身遂行,说人以货财②,济人以买誉,其身甚静,而使人求者,圣王之禁也。

【注释】

①"博分"句:尹知章注:"守其委积以闲居,博分其财以致众。"委积,堆积。
②说:通"悦"。

【今译】

拥有积蓄而生活安闲,广泛地分财物给众人,辛勤地完成赐舍,用财货取悦于人,以接济人来收买声誉,自己十分安闲,却使人们都来相求,这是圣王要禁止的。

【原文】

行辟而坚,言诡而辩①,术非而博,顺恶而泽者②,圣王之禁也。

【注释】

①诡:通"伪",虚假。《荀子·宥坐》:"行辟而坚,言伪而辩。"

②泽:饰。尹知章注为"润饰"。

【今译】

行为邪僻而顽固,言论虚假而好听,道术错误而广泛,顺随恶行而伪饰,这是圣王要禁止的。

【原文】

以朋党为友,以蔽恶为仁,以数变为智,以重敛为忠,以遂忿为勇者,圣王之禁也。

【今译】

以勾结私党为友爱,以包庇邪恶为仁慈,以诡计多端为才智,以横征暴敛为忠君,以发泄私愤为勇敢,这是圣王要禁止的。

【原文】

固国之本①,其身务往于上②,深附于诸侯者,圣王之禁也。

注释

①固:安井衡云:固读为"锢",塞也。
②往:陶鸿庆云:往当为"廷",乃"诳"之借字。诳,欺骗。

【今译】

堵塞国家情报的来源,专干蒙骗君主的勾当,而暗暗依附于别的诸侯国,这是圣王要禁止的。

【原文】

圣王之身,治世之时,德行必有所是,道义必有所明。故士莫敢诡俗异礼,以自见于国①;莫敢布惠缓行②,修上下之交,以和亲于民③;故莫敢超等逾官④,渔利苏功⑤,以取顺其君。圣王之治民也,进则使无由得其所利,退则使无由避其所害,必使反乎安其位⑥,乐其群,务其职,荣其名,而后止矣。故逾其官而离其群者必使有害,不能其事而失其职者必使有耻。是故圣王之教民也,以仁错之⑦,以耻使之,修其能致其所成而止。故曰:绝而定⑧,静而治,安而尊,举错而不变者,圣王之道也。

注释

①自见:自我表现。见,通"现"。
②缓行:张佩纶云:"'缓行'当作'缓刑'。"译文从之。
③和亲:王念孙云:"'和亲'当为'私亲',字之误也。"译文从之。
④安井衡云:"'故'字当衍。"应删去。
⑤苏:取。《楚辞·离骚》:"苏粪壤以充帏兮。"王《注》:"苏,取也。"
⑥反:通"返"。
⑦错:通"措"。下同。
⑧绝而定:郭沫若云:"犹言斩金截铁,绝不动摇。"绝,犹言截。《释名·释言语》:"绝,截也。"绝、截义通。

【今译】

　　作为圣王,在治理世事的时候,对德行必须有正确的标准,对道义必须有明确的准则。这样,官吏们就不敢违反习俗礼仪,在国内炫耀自己;不敢布施小惠、缓行刑罚,搞好上下关系,来收买民心;不敢以超越等级和官职、猎取功利,来讨好君主。圣王治理百姓,对越职谋求私利的,使他无法得到利益;对失职后退不肯负责的,使他无法逃避祸害。必定要使他们返回到正常的道路上来,安心自己的职位,乐于和人们在一起,努力做好本职工作,爱护自己的名声,做到这样才罢休。所以对逾越官职离开同僚的人,必使他遭受祸害;对不肯做事玩忽职守的人,必使他遭受耻辱。因此圣王教导百姓,用仁爱鼓励他们,用耻辱驱使他们,提高他们能力而使他们有所成就而罢休。所以说:坚定不移,静心治国,安全而有尊严,举措不变,这是圣王的治世之道。

重令第十五

【题解】

　　重令,治国要以法令为重。本篇提出法令是治国最重要的工具,令重罚严是安国之本,并且是最重要的根本。因此,凡是增减法令、不执行法令、扣留或不服从法令的人,都要处死而不能赦免。提出了唯令是视、一切都看法令的著名观点。法令之所以如此重要,本篇以为法令关系到君主的尊严、国家的安全、社会的正常、功业的成就。为了保证法令的施行,本篇提出了要严格地依法行事,要防止亲戚、权贵、财货、女色、巧佞之徒、玩好之物的影响,要做到"不为六者变更于号令,不为六者疑错于斧钺,不为六者益损于禄赏"。

【原文】

凡君国之重器,莫重于令。令重则君尊,君尊则国安;令轻则君卑,君卑则国危。故安国在乎尊君,尊君在乎行令,行令在乎严罚。罚严令行,则百吏皆恐;罚不严,令不行,则百吏皆喜①。故明君察于治民之本,本莫要于令。故曰:亏令者死②,益令者死,不行令者死,留令者死,不从令者死。五者死而无赦,惟令是视。故曰:令重而下恐。

注释

①喜:喜悦。此有轻慢之意。与上文"恐"相对。恐,畏惧,有恭敬之意。
②亏:减少。

【今译】

君主治理国家的重要工具,没有比法令更重要的。法令有力量君主就尊严,君主尊严国家就安全;法令没有力量君主就卑微,君主卑微国家就危险。所以要使国家安全,在于使君主尊严;要使君主尊严,在于施行法令;要施行法令,在于严明刑罚。刑罚严明,法令施行,百官就都恐惧谨慎;刑罚不严明,法令不施行,百官就都快乐马虎。所以圣明君主认识到治民的根本,没有比法令更重要的根本了。因此说:减少法令的处死,增添法令的处死,不执行法令的处死,扣留法令的处死,不服从法令的处死。有以上五种情况的处死,绝无赦免,一切都只看法令。所以说:法令受重视,下面就敬畏了。

【原文】

为上者不明,令出虽自上,而论可与不可者在下。夫倍上令以为威①,则行恣于己以为私②,百吏奚不喜之有?且夫令出虽自上,而论可与不可者在下,是威下系于民也。威下系于民,而求上之毋危,不可得也。令出而留者无罪,则是教民不敬也。令出而不行者毋罪,行之者有罪,是皆教民不听也。令出而论可与不可者在官,是威下分也。益损者毋罪,则是教民邪途也。如此则巧佞之人③,将以此成私为交;比周之人④,将以此阿党取与⑤;贪利之人,将以此收货聚财;懦弱之人,将以此阿贵事富,便辟⑥;伐矜之人⑦,将以此买誉成名。故令一出,示民邪途五衢⑧,而求上之毋危,下之毋乱,不可得也。

注释

①倍:通"背",背弃。
②恣(zì 自):放纵,恣肆。《吕氏春秋·禁塞》:"夫无道者之恣行,幸矣。"
③巧佞:用花言巧语谄媚人。
④比周:结党营私。本书《法法》:"行邪者久而不革,则群臣比周。"
⑤阿(ē 婀):偏袒,庇护。与:同盟者,党与。《荀子·王霸》:"约结已定,虽睹利败,不欺其与。"
⑥郭沫若校读为"将以此阿贵富,事便辟"。译从。阿,迎合。便辟:读为"便嬖(bì 闭)",君主亲近宠爱的小臣。
⑦伐矜(jīn 今):自夸骄傲。伐,自我夸耀。
⑧衢:道路。

【今译】

作为君主而昏庸糊涂的,法令虽然由上面发出,但评定法令之可行与否的权力却在下面。如果违背上令以行威,就会放纵自己行私,百官安有不喜之理?况且法令虽然由上面发出,但评定其可行与否的权力却在下面,这样君主的权威就受到百姓牵制了。君主的权威受到百姓的牵制,而希望君主没有危险,就不可能了。法令发出而扣留的人无罪,这是教百姓不要尊敬君主。法令发出而不执行的人无罪,执行的人反而有罪,这都是教百姓不要听从君主。法令发出而评定法令之是否可行的权力在官吏,这是君主的权威分给了下面。增减法令的人无罪,这是教百姓走上邪路。像这样,弄虚作假的奸人,就用此来达到私利而作交易;结党营私的人,就用此来庇护同党,联合同盟;贪图财利的人,就用此来收罗货物,聚集财宝;软弱无能的人,就用此来曲从富贵的人,侍奉君主左右的小臣;自夸骄矜的人,就用此来收买荣誉,成就名声。这样,法令一发出,就引导百姓走上五条邪路,而希望君主没有危险,臣子下民不作乱,是不可能的事。

【原文】

　　菽粟不足①,末生不禁②,民必有饥饿之色,而工以雕文刻镂相稚也③,谓之逆④。布帛不足,衣服毋度⑤,民必有冻寒之伤,而女以美衣锦绣綦组相稚也⑥,谓之逆。万乘藏兵之国,卒不能野战应敌,社稷必有危亡之患,而士以毋分役相稚也,谓之逆。爵人不论能,禄人不论功,则士无为行制死节,而群臣必通外请谒⑦,取权道⑧,行事便辟,以贵富为荣华以相稚也,谓之逆。

注释

　　①菽粟:粮食。菽(shū叔),本为大豆,引申为豆类的总称。
　　②末生:末业。此指"末事",即下文的"雕文刻镂"、"锦绣綦组"之类的奢侈品生产。
　　③稚:意为骄傲。尹知章注:"稚,骄也。"下同。
　　④逆:违背。此指违背法令。
　　⑤度:限度。《国语·周语》:"用物过度,妨于财。"
　　⑥綦:王念孙云:"綦当为'纂',字之误也",形相似而误。《汉书·景帝纪》并曰'绵绣纂组,害女工者也'是其证。"
　　⑦谒:请见,进见。
　　⑧取:选取,采用。道:术。

【今译】

　　粮食不足,奢侈品的生产却不禁止,百姓必定有受饥饿的样子,而工匠还在以雕刻的花纹相互夸耀,这叫做违背法令。布帛不足,衣服却没有限度,百姓必定有受寒冷的伤害,而女工还在以制作华美的衣服、绣绵织带相互夸耀,这叫做违背法令。有万辆战车兵备充足的大国,士卒却不能上战场应付敌人,国家必定有危险被灭亡的祸患,而武士还在以没有服役的职分相互夸耀,这叫做违背法令。任官不讲究才能,赏赐不讲究功劳,武士们就不肯执行命令,不肯为国殉节,臣子们也一定交通外国请求接见,采用权术,讨好君主左右的小臣,以升官发财为光荣来相互夸耀,这叫做违背法令。

【原文】

朝有经臣①,国有经俗,民有经产。何谓朝之经臣?察身能而受官,不诬于上②;谨于法令以治,不阿党;竭能尽力而不尚得,犯难离患而不辞死;受禄不过其功,服位不侈其能,不以毋实虚受者,朝之经臣也。何谓国之经俗?所好恶不违于上,所贵贱不逆于令,毋上拂之事③,毋下比之说④,毋侈泰之养⑤,毋逾等之服⑥,谨于乡里之行,而不逆于本朝之事者,国之经俗也。何谓民之经产?畜长树艺⑦,务时殖谷,力农垦草,禁止末事者,民之经产也。故曰:朝不贵经臣,则便辟得进⑧,毋功虚取,奸邪得行,毋能上通。国不服经俗,则臣下不顺,而上令难行。民不务经产,则仓廪空虚,财用不足。便辟得进,毋功虚取,奸邪得行,毋能上通,则大臣不和。臣下不顺,上令难行,则应难不捷。仓廪空虚,财用不足,则国无以固守。三者见一焉,则敌国制之矣。

【注释】

①经:正常,规范。尹知章注:"经,常也。"
②诬:以无为有,意谓假冒。尹知章注:"无能受官,谓之诬上。"
③拂(fú 弗):违背。《礼记·大学》:"是谓拂人之性。"
④比(bǐ 彼):勾结。《论语·为政》:"君子周而不比,小人比而不周。"
⑤侈泰:奢侈。《韩非子·解老》:"多费之谓侈。"泰,过分。
⑥服:服饰。
⑦畜长:饲养牲畜。尹知章注:"畜长,谓畜产也。"树艺:种植。《孟子·滕文公上》:"树艺五谷。"
⑧便辟:善于逢迎谄媚。《论语·季氏》:"友便辟,友善柔,友便佞,损矣。"

【今译】

朝廷要有正经的臣子,国家要有正经的风俗,百姓要有正常的生产。什么叫做朝廷的正经臣子呢?根据自身的才能接受官职,不在君主面前冒充有才能;谨慎地依照法令治理国家,不偏袒私人的党羽;自己竭尽能力而不追求私利,国家遭受危难就不惜牺牲生命;接受俸禄不超过自己的功劳,接受官职不超过自己的才能,不凭空白白地领受君主赐赏的,这就是朝廷的正经臣子。什么叫做国家的正经风俗呢?百姓喜好的和厌恶的,不违背君主的要求;百姓看重的和看轻的,不违背法令的规定;不做违上的事,不说结党的话,不过奢侈的生活,不穿越级的衣服,谨慎地在乡里行事,没有背叛朝廷的事情的,是国家的正经风俗。什么叫做百姓的正常生产呢?养好牲畜,搞好种植,抓紧农时,增产粮食,努力发展农业,开垦荒地,禁止奢侈品的生产,这就是百姓的正常生产。所以说:朝廷不重用正经的臣子,那些善于逢迎谄媚的小人便能往上爬,没有功劳的人便能白白地领受爵禄,邪恶的奸臣便能为所欲为,无能的人便能得到君主的重用。国家不推广正经的风俗,臣子和下民就不顺服,君主的法令就难以推行。百姓不进行正常的生产,国家的粮仓就会空虚,财用就会不足。善于逢迎谄媚的小人能够往上爬,没有功劳的人能够白白地领受爵禄,邪恶的奸臣能够为所欲为,无能的人能够得到君主的重用,大臣们就不协调。臣子下民不顺服,君主的法令难以推行,国家就不能顺利地应付危难。国家的粮仓空虚,财用不足,国家就不能固守。这三种情况中只要有一种,国家就会被敌国控制。

【原文】

　　故国不虚重,兵不虚胜,民不虚用,令不虚行。凡国之重也,必待兵之胜也,而国乃重。凡兵之胜也,必待民之用也,而兵乃胜。凡民之用也,必待令之行也,而民乃用。凡令之行也,必待近者之胜也①,而令乃行。故禁不胜于亲贵,罚不行于便辟,法禁不诛于严重,而害于疏远,庆赏不施于卑贱二三②,而求令之必行,不可得也。能不通于官,受禄赏不当于功,号令逆于民心,动静诡于时变③,有功不必赏,有罪不必诛,令焉不必行,禁焉不必止,在上位无以使下,而求民之必用,不可得也。将帅不严威,民心不专一,陈士不死制④,卒士不轻敌⑤,而求兵之必胜,不可得也。内守不能完,外攻不能服,野战不能制敌,侵伐不能威四邻,而求国之重,不可得也。德不加于弱小,威不信于强大⑥,征伐不能服天下,而求霸诸侯,不可得也。威有与两立⑦,兵有与分争,德不能怀远国⑧,令不能一诸侯,而求王天下,不可得也。

【注释】

　　①胜:制服。《孙子·谋攻》:"将不胜其忿而蚁附之,杀士三分之一而城不拔者,此攻之灾也。"

　　②二三:宋本无"二三"两字。注家以为"庆赏不施于卑贱"下当有脱句,但不

能确考。译文从宋本而删"二三"二字。

③诡:违反。《吕氏春秋·淫辞》:"言行相诡,不祥莫大焉。"

④陈:"阵"的古字。阵,阵地。制:此指军令。

⑤轻敌:轻视敌人。此指不怕敌人,敢于迎战。

⑥信:通"伸"。伸展,延伸。

⑦两立:并立。尹知章注:"下亦有立威者。"

⑧怀:安抚。《左传·僖公七年》:"怀远以德。"

【今译】

所以国家是不会凭空能强大的,军队是不会凭空能取得胜利的,百姓不是凭空能起作用的,法令是不会凭空能施行的。大凡国家要强大,必须等待军队取得胜利,国家才能强大。大凡军队要取得胜利,必须等待百姓起作用,军队才能取得胜利。大凡百姓能起作用,必须等待法令的施行,百姓才能起作用。大凡法令能施行,必须等待法令制服亲近君主的人,法令才能施行。所以禁律不能制服君主的亲戚贵族,刑罚不能施行到君主的左右小臣,法令禁律不是诛杀罪行严重的人,而是损害君主疏远的人,庆贺赏赐不施行到卑贱的人,却希望法令得到坚决地施行,这是不可能的。有才能的人不能做官,受到赏赐的人与他的功劳不相称,号令背离百姓的心愿,举措政策违反时代的发展,有功的不坚决赏赐,有罪的不坚决惩罚,有令不坚决执行,有禁不坚决停止,在上位的君主不能差使臣下,却希望百姓能坚定地起作用,这是不可能的。将帅不威严,军心不一致,阵地上的战士不肯死于军令,士兵没有不怕敌人的气概,却希望军队必胜,这是不可能的。国内的守卫不能保证国土完整,国外的攻伐不能保证敌国屈服,战场上的战斗不能制服敌军,攻战不能威震四方邻国,却希望国家的强大,这是不可能的。恩德不能施加到弱小国家,威势不能伸展到强大国家,征战不能使天下各国顺服,却希望称霸于诸侯,这是不可能的。论威势有能与自己不分上下的,论兵力有能与自己相互抗衡的,恩德不能安抚远方国家,号令不能统一诸侯,却希望称王天下,这是不可能的。

【原文】

地大国富,人众兵强,此霸王之本也,然而与危亡为邻矣。天道之数①，人心之变。天道之数，至则反②，盛则衰；人心之变，有余则骄③，骄则缓怠。夫骄者，骄诸侯，骄诸侯者④，诸侯失于外；缓怠者，民乱于内。诸侯失于外，民乱于内，天道也，此危亡之时也。若夫地虽大，而不并兼，不攘夺；人虽众，不缓怠，不傲下；国虽富，不侈泰，不纵欲；兵虽强，不轻侮诸侯，动众用兵必为天下政理⑤，此正天下之本而霸王之主也。

注释

①数：自然之理。《荀子·富国》："万物同宇而异体，无宜而有用为人，数也。"

②至：极，顶点。

③有余：盈余，富足。与"不足"相对。尹知章注："不足者必谦。"

④陶鸿庆云："'骄诸侯骄诸侯者'七字，当为衍文，此承上文言之"，"今本涉上下文而误重耳"译文从之。

⑤安井衡云："'理'下文作'治'，此作'理'者，唐人避讳，而后儒未订也。"

【今译】

土地广大，国家富足，人口众多，兵力强盛，这虽然是称霸称王的根本，然而也就同危亡接近了。这是天道的发展规律，人心的变化情况。天道的发展规律是，到了极点就要走向反面，发展到极盛就走向衰亡；人心的变化情况是，富足就会骄傲，骄傲就会松弛懈怠。如果骄傲，在国外就失掉了诸侯的支持；如果松弛懈怠，在国内百姓就造反作乱。在国外失掉了诸侯的支持，在国内百姓造反作乱，这正是天道的表现，这正是危亡的时候。如果土地虽然广大，但不搞兼并，不搞掠夺；人口虽然众多，但不松弛懈怠，不傲视臣下，国家虽然富足，但不奢侈浪费，不放纵私欲；兵力虽然强盛，但不轻视欺侮诸侯，兴师动众必定是为了把天下的政事治理好，这是匡正天下的根本，称王称霸的基础。

【原文】

凡先王治国之器三，攻而毁之者六。明王能胜其攻，故不益于三者，而自有国正天下；乱王不能胜其攻，故亦不损于三者，而自有天下而亡。三器者何也？曰：号令也，斧钺也①，禄赏也。六攻者何也？曰：亲也，贵也，货也，色也，巧佞也，玩好也。三器之用何也？曰：非号令毋以使下，非斧钺毋以威众，非禄赏毋以劝民。六攻之败何也？曰：虽不听，而可以得存者；虽犯禁，而可以得免者；虽毋功，而可以得富者。凡国有不听而可以得存者，则号令不足以使下；有犯禁而可以得免者，则斧钺不足以威众；有毋功而可以得富者，则禄赏不足以劝民。号令不足以使下，斧钺不足以威众，禄赏不足以劝民，若此则民毋为自用。民毋为自用则战不胜，战不胜而守不固，守不固则敌国制之矣。然则先王将若之何？曰：不为六者变更于号令，不为六者疑错于斧钺②，不为六者益损于禄赏。若此则远近一心，远近一心则众寡同力，众寡同力则战可以必胜，而守可以必固。非以并兼攘夺也，以为天下政治也，此正天下之道也。

注释

①斧钺：兵器，刑具。借指刑罚。钺（yuè 越），大斧，古代的兵器。
②疑：怀疑。错：停止。《史记·张仪列传》："则秦魏之交可错矣。"

【今译】

先代君主治国的工具有三个，进攻并毁灭国家的原因有六个。圣明君主能够战胜六个进攻，所以治国的工具虽然不超过三个，却能保有国家并匡正天下；昏乱君主不能战胜六个进攻，所以治国的工具虽然也不少于三个，却据有国家而走向灭亡。三个工具是什么呢？是：号令、刑罚、禄赏。六个进攻是什么呢？是：亲戚、权贵、财货、女色、阿谀奉承的人、可玩赏的器物。三个工具的作用是什么呢？是：不用号令就不能差使臣下，不用刑罚就不能威慑众人，不用禄赏就不能勉励百姓。六个进攻的破坏性是什么呢？是：虽然不听从号令，却可以平安无事；虽然触犯禁律，却可以得到赦免；虽然没有功劳，却可以得到富贵。凡国家有不听从号令却可以平安无事的，那么号令就不能差使臣下；有触犯禁律却得到赦免的，那么刑罚就不能威慑众人；有没有功劳都可以得到富贵，那么禄赏就不能勉励百姓。号令不能差使臣下，刑罚不能威慑众人，禄赏不能勉励百姓，像这样，百姓就不肯为君主尽力了；百姓不肯为君主尽力，那么攻战就不能取得胜利；攻战不能取得胜利,那么守卫就不坚固;守卫不坚固,那么敌国就能制服他了。那么,先代的君主是怎么办的呢?那是:不为六个原因而改变号令,不为六个原因而怀疑或停用刑罚,不为六个原因而增减禄赏。做到这样,远近的人就能同心同德;远近的人能同心同德,那么无论人多或是人少都能齐心协力;无论人多或是人少都能齐心协力攻战就可以必胜,守卫就可以必固。这不是为了兼并或掠夺,而是为了把天下的政事治理好,这就是匡正天下的准则。

法法第十六

【题解】

　　法法,以法行法。本篇不仅论述法度的作用,而且论述执行法度的手段要合乎法,特别强调统治者首先要遵守法,遵守行法的合法性。开篇即指出:"不法法则事毋常,法不法则令不行","禁胜于身则令行于民矣"。不以法行法,行法不合乎法,以及统治者"不以身先之",都是造成法度混乱和不能施行的原因。只有以法行法,君主首先遵守法,法令才能得到贯彻施行。

　　本篇对统治者行法提出了一系列的具体要求。其中有:不以法治国造成国家混乱,罪在君主。君主不以法行法实质是害民害国,因此不得以私欲改变法。君主必须坚决地废私议而维护公法,要节俭行法,要一切以法为准,不能超前或落后于法,要以法行法来争取民众,才能维护君主的尊严,才能与民乐成,而不与虑始。君主不先行法则国危自危。要坚持自己的权威,不得毁法、废法。法令是"百姓之宝",唯君主所好,"先民服也",才能行法。君主以法行法要虚心谨慎,不能自满,要以国为重,等等。"社稷戚于亲","令尊于君","威贵于宝","法爱于民",是以法行法的重要原则,也是本篇的重要结论。

【原文】

　　不法法则事毋常,法不法则令不行。令而不行则令不法也,法而不行则修令者不审也,审而不行则赏罚轻也,重而不行则赏罚不信也,信而不行则不以身先之也①。故曰:禁胜于身则令行于民矣②。

【注释】

①尹知章注:"赏罚既信而犹不行,则以身不先自行其法也。"身,指统治者自己。

②禁胜于身:意谓以法约束自己,即统治者率先服从法令,以身作则。尹知章注:"身从禁也。"

【今译】

不以合法的手段来施行法度,国事就没有常规;施行法度不用合法的手段,政令就不能施行。政令已发而不能施行,那是因为发令不合乎法的手段;发令合乎法的手段而不能施行,那是因为政令本身制定得不周密;政令本身周密而仍不能施行,那是因为赏罚过轻;赏罚重而政令仍不能施行,那是因为赏罚没有真的实行;赏罚真的实行而政令仍不能施行,那是因为统治者没有率先做出榜样。所以说,禁令能约束君主自身,禁令就能在百姓中施行了。

【原文】

闻贤而不举,殆①;闻善而不索②,殆;见能而不使,殆;亲人而不固,殆;同谋而离③,殆;危人而不能,殆;废人而复起,殆;可而不为,殆;足而不施,殆;几而不密④,殆。人主不周密,则正言直行之士危;正言直行之士危,则人主孤而毋内⑤;人主孤而毋内,则人臣党而成群。使人主孤而毋内,人臣党而成群者,此非人臣之罪也,人主之过也。

【注释】

①殆:危险。《孙子·谋攻》:"知彼知己者,百战不殆。"

②索:求索。此处意谓调查、查访。

③离:分离。此处意谓离心、不团结。

④几:细微的迹象。《易经·系辞下》:"几者,动之微。"又:"君子见几而作,不俟终日。"此处指几事,即机密的要事。

⑤内:亲信。《礼记·大学》:"外本内末。"孔颖达疏:"外,疏也;内,亲也。"

【今译】

听到贤才却不选用,就危险;听到好事却不查访,就危险;看到能人却不使用,就危险;与人相亲却不坚决,就危险;与人相谋却不团结,就危险;要惩罚人却不能,就危险;已被废黜的人却再起用,就危险;可做的事却不做,就危险;富足却不施舍人,就危险;机要的事却不保密,就危险。君主听政不周到细密,正言直行的臣子就危险;正言直行的臣子危险,君主就孤立而无亲信;君主孤立而无亲信,臣子们就成群结党营私。使君主孤立而无亲信,臣子们成群结党营私,这不是臣子的罪过,而是君主的过错。

【原文】

民毋重罪,过不大也;民毋大过,上毋赦也。上赦小过,则民多重罪,积之所生也。故曰:赦出则民不敬①,惠行则过日益。惠赦加于民,而囹圄虽实②,杀戮虽繁,奸不胜矣。故曰:邪莫如蚤禁之③。赦过遗善,则民不励。有过不赦,有善不遗,励民之道,于此乎用之矣。故曰:明君者,事断者也。

注释

①敬:戒慎。《诗·周颂·闵予小子》:"夙夜敬止。"
②囹圄(líng yǔ 灵宇):牢狱。
③蚤:通"早"。

【今译】

百姓没有犯重罪,是因为过失不大;百姓没有大的过失,是因为君主不施行赦免。君主赦免小的过失,百姓就多犯重罪,是因积累小的过失所形成的。所以说,赦免令一出,百姓就不警惕谨慎;恩惠令一施行,过失就日益增多。恩惠和赦免令施加给百姓,牢狱虽满,杀戮虽多,奸邪的事还是禁不胜禁了。所以说,奸邪的事不如早早禁止。赦免过失而遗忘善行,百姓就得不到鼓励。有过失不赦免,有善行不遗忘,鼓励百姓的政策,就能在这时使用了。所以说,圣明的君主,是善于决断政事的。

【原文】

君有三欲于民,三欲不节,则上位危。三欲者何也? 一曰求,二曰禁,三曰令。求必欲得,禁必欲止,令必欲行。求多者,其得寡;禁多者,其止寡;令多者,其行寡。求而不得,则威日损;禁而不止,则刑罚侮①;令而不行,则下凌上。故未有能多求而多得者也,未有能多禁而多止者也,未有能多令而多行者也。故曰:上苛则下不听,下不听而强以刑罚,则为人上者众谋矣。为人上而众谋之,虽欲毋危,不可得也。号令已出又易之,礼义已行又止之,度量已制又迁之②,刑法已错又移之③。如是,则庆赏虽重,民不劝也;杀戮虽繁,民不畏也。故曰:上无固植④,下有疑心;国无常经,民力必竭,数也⑤。

注释

①侮:侮弄。
②制:规定,制订。《淮南子·氾论训》:"此皆因时变而制礼乐者。"
③错:通"措",施行。《商君书·错法》:"臣闻:古之明君错法而民无邪。"
④植:意志。尹知章注:"植,志也。"
⑤数:自然之理,规律。尹知章注:"数,理也。"

【今译】

君主对百姓有三种欲望,三种欲望不加节制,君主的地位就危险。三种欲望是什么呢?一是求取,二是禁止,三是命令。求取必定想能得到,禁止必定想能停息,命令必定想能执行。求取过多,能得到的反而少;禁止过多,能停息的反而少;命令过多,能执行的反而少。求取却不能得到,威势就日益减弱;禁止却不能停息,刑罚就受到轻视;命令却不能执行,下面就欺凌君上。所以从没有多求取就能多得到的,从没有多禁止就能多停息的,从没有多命令就能多执行的。所以说,上面苛刻,下面就不听;下面不听,就用刑罚来强迫,那么做君主的就要遭到众人的谋算了。做君主而遭到众人谋算,虽想没有危险,却也是不可能的。号令已经发出又要改变,礼议已经实行又要停止,度量已经制订又要变换,刑法已经施行又要变动。像这样,庆赏即使厚重,百姓也不肯勉力;杀戮即使繁多,百姓也不会害怕。所以说:君主没有坚定的意志,下面就存有疑心;国家没有常法,民力必遭枯竭,这是规律。

【原文】

明君在上位,民毋敢立私议自贵者①,国毋怪严②,毋杂俗,毋异礼,士毋私议。倨傲易令③,错仪画制④,作议者尽诛⑤。故强者折,锐者挫,坚者破。引之以绳墨,绳之以诛僇⑥。故万民之心皆服而从上,推之而往,引之而来。彼下有立其私议自贵、分争而退者,则令自此不行矣。故曰:私议立则主道卑矣,况主倨傲易令⑦,错仪画制,变易风俗,诡服殊说犹立!上不行君令,下不合于乡里,变更自为,易国之成俗者,命之曰不牧之民。不牧之民,绳之外也⑧。绳之外诛,使贤者食于能,斗士食于功。贤者食于能,则上尊而民从;斗士食于功,则卒轻患而傲敌。上尊而民从,卒轻患而傲敌,二者设于国⑨,则天下治而主安矣。

注释

①私议:私立异说。与"公法"、"君令"相对。本书《乘马》篇:"私议自贵之说胜,则上令不行。"

②怪严:犹言怪诞。严,读为"谳(hàn 汗)"。《说文》:"谳,诞也。"

③倨(jù 据):傲慢。《汉书·汲黯传》:"为人性倨少礼。"

④错:通"措"。画:谋划,筹划。

⑤作议:立私议。

⑥僇:通"戮",杀戮。

⑦主:郭沫若云:"'主'乃'夫'字之误。"译文从郭说。

⑧绳:绳墨,准则。此指法度。《韩非子·外储说左上》:"若言离法而行远功,则绳外民也。"

⑨设:完备。

【今译】

圣明的君主处在高处,百姓不敢私立异说而妄自尊大,国家没有怪诞的事情,没有混杂的习俗,没有怪异的礼仪,士人也不敢私立异说。凡傲慢不恭,改变法令,擅自立礼仪建体制、创私说的,全都严惩不贷。所以强硬的被折服,尖刻的受挫折,顽固的被攻破。用法度来引导他们,用杀戮来纠正他们。这样万民都心服而听从君主了,就能做到挥手即去,招手即来。如果他们在下面私立异说,妄自尊大,分庭抗礼而退隐,那么政令从此就不能施行了。所以说,私人异说一创立,君主的尊严就卑下了,何况那些傲慢不恭,改变法令,擅自立礼仪,建体制,变改风俗,奇装异服,奇谈怪论的也还存在呢!那些对上不执行君主的命令,对下不合乎乡里的风俗,任意自行,改变国家习俗的人,称之为不服治理的人。不服治理的人,是在法度容许的范围之外了。在法度容许的范围之外就要惩罚,以便让贤人依靠他的才能任职,武士依靠他的功绩任官。贤人依靠才能任职,君主就尊严,百姓就听从了;武士依靠功绩任官,战士就看轻生命傲视敌人了。君主尊严又百姓听从,战士看轻生命又傲视敌人,二者在国中具备,天下就安定,君主也就安全了。

【原文】

　　凡赦者,小利而大害者也,故久而不胜其祸。毋赦者,小害而大利者也,故久而不胜其福。故赦者,奔马之委辔①;毋赦者,痤疽之矿石也②。

【注释】

　　①委:丢弃。《孟子·公孙丑下》:"委而去之。"辔(pèi 配):马缰绳。
　　②疽:孙星衍云:"'疽'当作'疽',《淮南·说林训》'溃小皰而发痤疽',……《广雅》'痤疽,痈也'。"矿石:当作"砭石"。《御览》六百五十二引作"砭石"。砭(biān 边)石,古代医疗用的尖石或石片。《说文》:"砭,以石刺病也。"

【今译】

　　大凡施行赦免,是只有小利却有大害的事,所以长期施行就祸害无穷。不施行赦免,是有小害却有大利的事,所以长期施行就好处无穷。所以施行赦免,正如在奔马时丢弃缰绳;不施行赦免,正如患痤疮时使用砭石。

【原文】

　　爵不尊禄不重者,不与图难犯危,以其道为未可以求之也。是故先王制轩冕①,所以著贵贱,不求其美;设爵禄,所以守其服②,不求其观也。使君子食于道,小人食于力。君子食于道,则上尊而民顺;小人食于力,则财厚而养足。上尊而民顺,财厚而养足,四者备体,则胥足上尊时而王不难矣③。

【注释】

①轩：古代大夫以上乘坐的车子。《左传·闵公二年》："卫懿公好鹤，鹤有乘轩者。"冕（miǎn 免）：古代帝王、诸侯及卿大夫戴的礼帽。
②服：服制，古代按身份等级等所规定的服饰制度。
③胥：等待。本书《大匡》："姑少胥，其自及也。"尹知章注："胥，待也。"足上尊：王念孙云："三字因上文而衍。"译文从王说。

【今译】

君主悬赏的爵位不够尊贵，俸禄不够厚重，就没有人肯参与救急难冒危险的事，因为君主的政策还不能使人们满足要求。因此先王规定车子礼帽的式样，是用来分清贵贱的等级的，不是追求华美；设置爵位俸禄的差别，是用来保持等级的制度，不是追求排场。让官吏依靠治国生活，让百姓依靠劳力生活。官吏依靠治国生活，君主就尊严，百姓就顺从了；百姓依靠劳力生活，财物就丰多，给养就充足。君主尊严，百姓顺从，财物丰多，给养充足，这四个条件都具备，那么等待时机而成王业就不难了。

【原文】

文有三侑①，武毋一赦。惠者多赦者也，先易而后难，久而不胜其祸；法者先难而后易，久而不胜其福。故惠者民之仇雠也，法者民之父母也。太上以制制度②，其次失而能追之③，虽有过，亦不甚矣。

【注释】

①侑：通"宥（yòu 右）"，宽恕。
②太上：犹言最上。《大戴礼记·曾子立事》："太上乐善，其次安之，其下也能自强。"
③追：补救。《论语·微子》："往者不可谏，来者犹可追。"

【今译】

文人可有三次宽宥，武人不能有一次赦免。恩惠就是多赦免，施行起来先容易而后困难，长久施行祸害无穷；执行法制先困难而后容易，长久坚持好处无穷。所以施行恩惠的人，实际上是百姓的仇敌；执行法制的人，才是百姓的父母。最上等的是以法制规定人们的行为，其次是有失误而能补救，虽有过错，也不致于十分严重。

【原文】

明君制宗庙，足以设宾祀①，不求其美；为宫室台榭，足以避燥湿寒暑，不求其大；为雕文刻镂，足以辨贵贱，不求其观。故农夫不失其时②，百工不失其功，商无废利，民无游日③，财无砥堄④。故曰：俭其道乎！

注释

①宾：读为"殡"，殓而未葬。
②时：农时。
③游：游荡。《尚书·大禹谟》："罔游于逸。"
④砥（dǐ 底）：滞留，不流动。堄（dié 迭）：屯积，贮蓄。本书《五辅》："输积堄"，尹知章注：堄，贮积也。

【今译】

圣明的君主建造宗庙，只要能殡尸祭祀就可以了，并不追求富丽；修筑宫室台榭，只要能避燥湿寒热就可以了，并不追求高大；在木材和金属上雕刻花纹，只要能分辨贵贱的等级就可以了，并不追求奇观。这样，农夫就不会失去农时，百工不会失去功效，商人不会无利可图，百姓都不会有游荡的时间，财货都不积压。所以说：节俭是治国之道呀！

【原文】

令未布，而民或为之，而赏从之，则是上妄予也。上妄予则功臣怨，功臣怨而愚民操事于妄作。愚民操事于妄作，则大乱之本也。令未布，而罚及之，则是上妄诛也。上妄诛则民轻生，民轻生则暴人兴，曹党起而乱贼作矣①。令已布，而赏不从，则是使民不劝勉，不行制，不死节。民不劝勉，不行制，不死节，则战不胜而守不固。战不胜而守不固，则国不安矣。令已布，而罚不及，则是教民不听。民不听则强者立，强者立则主位危矣。故曰：宪律制度必法道②，号令必著明，赏罚必信密③，此正民之经也④。

注释

①曹：众。《楚辞·招隐士》："禽兽骇兮亡其曹。"
②宪：法令。《汉书·萧望之传》："作宪垂法，为无穷之规。"
③密：依王念孙云：当作"必"。必行。信必者，信赏必罚也。
④经：常道，规范。《孟子·尽心下》："君子反经而已矣；经正，则庶民兴。"

【今译】

　　法令还未发布，百姓偶然做到了，就给予赏赐，这是君主虚妄的赐予。君主虚妄的赐予，有功之臣就怨恨；有功之臣怨恨，愚顽之民做事就胡来。愚顽之民做事胡来，这是国家大乱的根本原因。法令还未发布，而惩罚已施行到人，这是君主虚妄的惩罚。君主虚妄地惩罚，百姓就看轻生命；百姓看轻生命，残暴的人就会兴起，就会朋党林立、叛贼作乱了。法令已经发布，而赏赐不跟着施行，这就使百姓不能受到鼓励，不肯执行军令，不愿为国殉节。百姓不能受到鼓励，不肯执行军令，不愿为国殉节，那么征战就不能胜利，守卫就不能坚固。征战不能胜利，守卫不能坚固，国家就不能安全了。法令已经发布，而惩罚还不执行，这是教百姓不要服从法令。百姓不服从法令，强暴的人就要起来造反。强暴的人起来造反，君主的地位就危险了。所以说，法律制度必须合乎治国的根本方针，号令必须严明，赏罚必须坚决如实地执行，这是规正百姓的法则。

【原文】

　　凡大国之君尊，小国之君卑。大国之君所以尊者，何也？曰：为之用者众也。小国之君所以卑者，何也？曰：为之用者寡也。然则为之用者众则尊，为之用者寡则卑，则人主安能不欲民之众为己用也？使民众为己用，奈何？曰：法立令行，则民之用者众矣；法不立，令不行，则民之用者寡矣。故法之所立，令之所行者多，而所废者寡，则民不诽议。民不诽议则听从矣。法之所立，令之所行，与其所废者钧①，则国毋常经。国毋常经则民妄行矣。法之所立，令之所行者寡，而所废者多，则民不听。民不听则暴人起而奸邪作矣。

【注释】

①钧:通"均"。均等,相等。

【今译】

凡是大国的君主地位就高,小国的君主地位就低。大国君主的地位高,是什么原因呢？回答是:因为被他所用的人多。小国君主的地位低,是什么原因呢？回答说:因为被他所用的人少。这样,被他所用的人多就地位高,被他所用的人少就地位低,那么君主怎能不想使众多的百姓被自己所用呢？要使众多的百姓被自己所用,如何办呢？回答是:法律完善,政令畅行,被君主所用的百姓就多了；法律不完善,政令不畅行,被君主所用的百姓就少了。完善的法律和畅行的政令多,而被废弃的少,百姓就没有非议。百姓没有非议就能听从了。所立的法令、所施行的法令与被废弃的法令相等,国家就没有正常的法律了。国家没有正常的法律百姓就胡作非为了。完善的法律和能畅行的政令少,而被废弃的多,百姓就不听从。百姓不听从,强暴的人就要起来造反,奸臣邪人就要作乱了。

【原文】

计上之所以爱民者①,为用之爱之也。为爱民之故,不难毁法亏令,则是失所谓爱民矣。夫以爱民用民,则民之不用明矣。夫至用民者②,杀之,危之,劳之,苦之,饥之,渴之,用民者将致之此极也,而民毋可与虑害己者,明王在上,道法行于国,民皆舍所好而行所恶③。故善用民者,轩冕不下儗④,而斧钺不上因⑤。如是,则贤者劝而暴人止。贤者劝而暴人止,则功名立其后矣。蹈白刃,受矢石,入水火,以听上令。上令尽行,禁尽止,引而使之,民不敢转其力；推而战之,民不敢爱其死。不敢转其力,然后有功；不敢爱其死,然后无敌。进无敌,退有功,是以三军之众皆得保其首领,父母妻子完安于内。故民未尝可与虑始,而可与乐成功。是故仁者、知者、有道者,不与大虑始⑥。

【注释】

①计:计算。此处有细看的意思。
②张佩纶云:"'至用民'当作'善用民'。"译文从张说。

③尹知章注:"所好者私欲也,所恶者公义也。"
④不下儗:同"不下拟"。不往下拟议,意谓(赏)不吝啬。
⑤不上因:不往上发展,意谓(刑)不滥用。
⑥大:当作"人",百姓。

【今译】

　　观察君主之所以爱民,是因为要使用百姓才爱他们的。为了爱民的缘故,不惜毁坏法令,这就失去了爱民的本义了。用毁坏法令来爱民用民,那么民不为所用是明摆着的事了。善于使用百姓的君主,可以以法杀戮百姓,危害百姓,使他们服劳役,做苦工,受饥渴,使用百姓而使百姓要是到了这样的绝境,百姓仍不以为是有意害己,那是因为圣明君王在上,道德和法律在全国施行,百姓都舍弃个人的私欲而实行国家的公事。所以善于使用百姓的君主,赏赐不吝啬,刑罚不滥用。像这样,贤良的人受到鼓励而凶暴的人被制止。贤良的人受到鼓励而凶暴的人被制止,那么功业和名声就随即可以建立了。百姓踏着刀刃,冒着矢石,赴汤蹈火,服从君主的命令。君主有令都执行,有禁都止住,拉来就使用他们,百姓不敢转移力量;指挥他们去战斗,百姓不敢吝惜生命。不敢转移力量,就能有功;不敢吝惜生命,就能无敌。前进无敌,后退有功,因此三军的战士都能保住他们的性命,使父母妻子和儿女都能安居国内。所以同百姓是不能谋划事业的创始的,而可以同他们享受事业成功的快乐。因此,仁慈的、明智的、有道的君主,是不同百姓谋划事业的创始的。

【原文】

　　国无以小与不幸而削亡者,必主与大臣之德行失于身也,官职法制政教失于国也,诸侯之谋虑失于外也,故地削而国危矣①。国无以大与幸而有功名者,必主与大臣之德行得于身也,官职法制政教得于国也,诸侯之谋虑得于外也,然后功立而名成。然则国何可无道?人何可无求②?得道而导之,得贤而使之,将有所大期于兴利除害。期于兴利除害莫急于身,而君独甚。伤也,必先令之失。人主失令而蔽③,已蔽而劫④,已劫而弑。

【注释】

①危:据前文"削亡","危"当作"亡"。
②求:张佩纶云:"'求'当作'贤',下文'道'、'贤'承此。"译文从张说。
③蔽:蒙蔽。此为受蒙蔽。
④劫:威胁。此为受威胁。

【今译】

国家不是因为小与不幸而被削弱灭亡的,必定是因为君主与大臣们自身失去德行,国内官职法制和政教政策有失误,对付诸侯的外交政策有失误,所以国土被削减,甚至国家被灭亡。国家不是因为大与侥幸而有功业和名望的,必定是因为君主与大臣们自身有了德行,国内官职法制和政教政策正确,对付诸侯的外交政策正确,然后功业立而名望成。如此,治国怎么能不讲究政策?用人怎么能不讲究才能?有了正确的政策就要实行,有了有才能的人就要使用,这对国家的兴利除害正是大有希望。希望兴利除害,没有比从自身做起更急需了,而且这点对于国君来说特别重要。如果兴利除害受到损害,必定先是法令有错误。君主因法令有错误而受到蒙蔽,因受蒙蔽而受到威胁,因受到威胁而被杀。

【原文】

凡人君之所以为君者,势也。故人君失势,则臣制之矣。势在下则君制于臣矣,势在上则臣制于君矣。故君臣之易位,势在下也。在臣期年①,臣虽不忠,君不能夺也;在子期年,子虽不孝,父不能服也②。故《春秋》之记:臣有弑其君,子有弑其父者矣。故曰堂上远于百里,堂下远于千里,门廷远于万里。今步者一日,百里之情通矣;堂上有事,十日而君不闻,此所谓远于百里也。步者十日,千里之情通矣;堂下有事,一月而君不闻,此所谓远于千里也。步者百日,万里之情通矣,门廷有事,期年而君不闻,此所谓远于万里也。故请入而不出谓之灭③,出而不入谓之绝,入而不至谓之侵,出而道止谓之壅。灭绝侵壅之君者,非杜其门而守其户也,为政之有所不行也。故曰:令重于宝,社稷先于亲戚④,法重于民,威权贵于爵禄。故不为重宝轻号令,不为亲戚后社稷,不为爱民枉法律,不为爵禄分威权。故曰:势非所以予人也。

【注释】

①期年：一整年。
②服：驾御，控制。
③请：丁士涵云：请与"情"古字通。情，情况。
④亲戚：古代指父母兄弟等。《史记·五帝本纪》："尧二女不敢从贵骄，事舜亲戚，甚有妇道。"

【今译】

大凡君主之所以能成为君主，是因为他有权势。所以君主失去权势，臣子就能控制他了。权势在下面，君主就被臣子控制了；权势在上面，臣子就被君主控制了。所以君臣位子颠倒，是因为君主的权势旁落。权势在臣子手中满一年，臣子虽然不忠，君主也不能剥夺他的权力；权势在儿子手中满一年，儿子虽然不孝，父亲也不能控制他。所以《春秋》上记载着：臣子中有杀了君主的，儿子中有杀了父亲的。所以说堂上可比百里还远，堂下可比千里还远，门廷可比万里还远。现在，有人步行一天，百里之内的事情都知道了；堂上有事情，十天以后君主还不知道，这就是所谓比百里还远。有人步行十天，千里之内的事情都知道了，堂下有事情，一个月以后君主还不知道，这就是所谓比千里还远。有人步行百天，万里之内的事情都知道了，门廷有事情，一年以后君主还不知道，这就是所谓比万里还远。所以事情报入朝廷而政令不能出来称为灭，政令出来而执行情况不能报入朝廷称为绝，事情报入朝廷而不能到君主手中称为侵，政令出来而在半路被扣留称为壅。有灭绝侵壅现象的君主，并不是因为有人堵塞了他的门，封锁了他的家，而是因为政令不能施行的缘故。所以说：政令比财宝重要，国家要放在亲戚的前面，法制比百姓重要，威势和权力比爵禄珍贵。所以不能为了看重财宝而看轻号令，不能为了亲戚而把国家放在后面，不能为了爱民而歪曲法律，不能为了爵禄而分散威势和权力。所以说：权势是不能给予别人的。

【原文】

政者，正也。正也者，所以正定万物之命也。是故圣人精德立中以生正，明正以治国。故正者，所以止过而逮不及也①。过与不及也，皆非正也,非正则伤国一也。勇而不义伤兵,仁而不法伤正②。故军之败也,生于不义;法之侵也,生于不正。故言有辨而非务者③,行有难而非善者④。故言必中务,不苟为辩;行必思善,不苟为难。规矩者,方圜之正也⑤。虽有巧目利手,不如拙规矩之正方圜也⑥。故巧者能生规矩,不能废规矩而正方圜;虽圣人能生法,不能废法而治国。故虽有明智高行,倍法而治⑦,是废规矩而正方圜也。

【注释】

①逮:及,到。《汉书·文帝纪》:"能直言极谏者,以匡朕之不逮。"
②孙蜀丞云:以上下文例证之,当作"仁而不正伤法"。译文从孙说。
③辨:通"辩"。
④难(nuó 挪):通"戁",恐惧。《荀子·君道》:"君子恭而不难,敬而不巩。"巩,读为"恐"。
⑤圜:同"圆"。下同。
⑥拙:笨拙。引申为粗糙、原始。
⑦倍:通"背"。背离,背弃。

【今译】

政,就是正。正,就是用来公正地确定万物的命运的。因此圣人精心地修德树立中正的榜样来培养公正,明确公正的态度来治理国家。所以正是用来禁止过分和补充不足的。过分与不足,都不是公正的,不公正有害治国是一样的。勇敢而不合乎正义有害军队,仁慈而不合乎公正有害于法度。所以军队的失败,在于不合乎正义;法度的破坏,在于不合乎公正。言论有雄辩而不务实际的,行动是谨慎而没有实效的。所以言论一定要中正务实,不苟且于雄辩;行动一定要考虑实效,而不苟且于谨慎。规矩,是校正方圆的。人虽有巧手利目,却不如笨拙的规矩能校正方圆。所以灵巧的人虽能制作规矩,却不能废弃规矩来校正方圆;圣人虽能制订法令,却不能废弃法令来治理国家。所以虽有智力非凡、德行高尚的君主,如果背弃法令治国,这也是废弃规矩来校正方圆一样的事情。

【原文】

一曰①:凡人君之德行威严,非独能尽贤于人也②,曰人君也,故从而贵之,不敢论其德行之高卑。有故为其杀生急于司命也,富人贫人使人相畜也,贵人贱人使人相臣也。人主操此六者以畜其臣,人臣亦望此六者以事其君。君臣之会,六者谓之谋③。六者在臣期年,臣不忠,君不能夺;在子期年,子不孝,父不能夺。故《春秋》之记:臣有弑其君,子有弑其父者,得此六者,而君父不智也④。六者在臣则主蔽矣;主蔽者,失其令也。故曰令入而不出谓之蔽,令出而不入谓之壅,令出而不行谓之牵⑤,令入而不至谓之瑕⑥。牵瑕蔽壅之事君者⑦,非敢杜其门而守其户也⑧,为令之有所不行也。此其所以然者,由贤人不至而忠臣不用也。故人主不可以不慎其令。令者,人主之大宝也。

注释

①一曰:另一种说法,另一种记载。是编书者之辞。刘绩云:"此乃集书者再述异闻。"

②陶鸿庆云:"'威严'二字与上下文不相属,'德行'二字当在'非'字下,元文本云'凡人君之威严,非德行独能尽贤于人也'。"

③谓之谋:读为"为之媒"。俞樾云:谓,古通"为";谋,通"媒"。《说文·女部》:"媒,谋也。"

④智:通"知"。《墨子·经说》:"逃臣不智其处,狗犬不智其名。"

⑤牵:牵累。

⑥瑕:俞樾云:读为"格",古字通用。格,扞(hàn 汗)格,被阻隔。

⑦王念孙云:衍"事"字。上文曰"灭绝侵壅之君",下文曰"蔽壅障逆之君者",均无"事"字,是其证。

⑧王念孙云:"衍'敢'字,……《群书治要》引作'不杜其门而守其户也','不'下无'敢'字,是其证。"译文从王说。

【今译】

一说是:君主的威严,并不是因为他的德行比别人特别地好,而是因为他是君主,因而人们尊重他,不敢评论他德行的高下。因为他是君主,掌握着生杀的大权,比掌管命运之神还威严,掌握着使人贫富、让人供养的大权,掌握着使人贵贱教人服从的大权。君主操持这六种大权来管理他的臣子,臣子也看着这六种大权来侍奉他们的君主。君主臣子的聚合,就是以六种大权作为媒介的。六种大权旁落在臣子手中满一年,臣子虽然不忠,君主也不能剥夺;旁落在儿子手中满一年,儿子虽然不孝,父亲也不能剥夺。所以《春秋》上记载着:臣子中有杀了君主的,儿子中有杀了父亲的,是因为他们获得了这六种大权,而做君主做父亲的还不知道。六种大权在臣子手中,君主就受蒙蔽了;君主受蒙蔽,就是失去了政令。所以说,政令只能报入而不能发出称为蔽,政令只能发出而不能报入称为壅,政令只能发出而不能施行称为牵,政令只能报入而不能到君主手中称为格。有牵格蔽壅现象的君主,并不是因为有人堵塞了他的门,封锁了他的家,而是因为政令有不能施行的缘故。这种情况之所以出现,是由于贤人不来,忠臣不用。所以君主对政令不能不谨慎。政令,是君主的大宝。

【原文】

一曰:贤人不至谓之蔽①,忠臣不用谓之塞②,令而不行谓之障③,禁而不止谓之逆④。蔽塞障逆之君者,不敢杜其门而守其户也⑤,为贤者之不至,令之不行也。

注释

①蔽:遮挡。《史记·项羽本纪》:"常以身蔽沛公。"
②塞:阻隔,阻挡。《商君书·开塞》:"法古则后于时,修今则塞于势。"
③障:阻塞。《吕氏春秋·贵直》:"欲闻枉而恶直言,是障其源而欲其水也。"
④逆:叛逆,背叛。
⑤王念孙云:"敢"字衍,《群书治要》引无"敢"字。译文从王说。

【今译】

一说是:贤人不来称为蔽,忠臣不能用称为塞,有令而不能行称为障,有禁而不能止称为逆。有蔽塞障逆现象的君主,并不是因为有人堵塞了他的门,封锁了他的家,而是因为贤人不来,政令不能施行。

【原文】

凡民从上也,不从口之所言,从情之所好者也。上好勇则民轻死,上好仁则民轻财。故上之所好,民必甚焉。是故明君知民之必以上为心也,故置法以自治,立仪以自正也。故上不行则民不从。彼民不服法死制,则国必乱矣。是以有道之君,行法修制,先民服也①。

【注释】

①服:尹知章注:"服,行也。先自行法以率人。"

【今译】

百姓追随君主,不是追随君主嘴里所说的,而是追随君主性情所喜好的。君主喜好勇武,百姓就看轻死;君主喜好仁慈,百姓就看轻财。所以君主所喜好的,百姓必定更喜好。圣明的君主由此而知道百姓必定以君主的喜好作为自己所喜好的,所以制订法度而自己治理自己,建立礼仪而自己规正自己。所以君主不执行百姓就不服从。百姓不服从法制,不肯为法制而死,那么国家就混乱。因此有道的君主,施行法令,修订制度,总是先于百姓遵守法制,作出榜样。

【原文】

凡论人有要:矜物之人①,无大士焉。彼矜者,满也。满者,虚也。满虚在物,在物为制也。矜者②,细之属也。凡论人而远古者③,无高士焉。既不知古而易其功者,无智士焉。德行成于身而远古④,卑人也。事无资⑤,遇时而简其业者⑥,愚士也。钓名之人,无贤士焉;钓利之君,无王主焉。贤人之行其身也,忘其有名也;王主之行其道也,忘其成功也。贤人之行,王主之道,其所不能已也⑦。

【注释】

①物:公众。
②矜:尹知章注:"自矜者,小人之类。"
③姚永概云:"'远古'义不可通,当作'违古'。尹《注》'顺'字是'违'反面。下文'远古'亦'违古'之误。"译文从姚说。
④郭沫若云:"'德行成于身'疑有夺误,疑'成'上脱一'未'字。"译文从之。
⑤资:凭借。《淮南子·主术训》:"夫七尺之桡而制船之左右者,以水为资。"
⑥简:简省。尹知章注为"简弃"。
⑦已:停止。《诗经·郑风·风雨》:"风雨如晦,鸡鸣不已。"

【今译】

凡评定人物有纲要:以骄矜的态度待人的,不是伟大的人物。他骄矜,就是自满。自满,就会招来空虚。以自满空虚待人,就会被人所控制。骄矜的人,是渺小一类的人。凡评论人物违背古道的,就不是高士。既不懂古道又轻视功业的,就不是智士。自身的德行还无成就又违背古道的,是卑下的人。事业无依靠,遇时机就简弃工作的,是愚蠢的人。骗取名誉的人,不是贤士;骗取功利的君主,不是行天道的君主。贤人身行其事,不把名誉放在心上;君主推行王道,不把功利放在心上。贤人行其事,君主行王道,他们是不会停止的。

【原文】

明君公国一民以听于世①,忠臣直进以论其能。明君不以禄爵私所爱,忠臣不诬能以干爵禄②。君不私国,君不诬能,行此道者,虽未大治,正民之经也。今以诬能之臣,事私国之君,而能济功名者③,古今无之。诬能之人易知也④。臣度之先王者⑤,舜之有天下也,禹为司空,契为司徒,皋陶为李⑥,后稷为田。此四士者,天下之贤人也,犹尚精一德以事其君⑦;今诬能之人,服事任官,皆兼四贤之能。自此观之,功名之不立,亦易知也。故列尊禄重无以不受也,势利官大无以不从也⑧,以此事君,此所谓诬能篡利之臣者也。世无公国之君,则无直进之士;无论能之主,则无成功之臣。昔者三代之相授也,安得二天下而杀之⑨?

【注释】

①一民:统一民心。尹知章注:"一其民人之心。"听:处理。《汉书·韩延寿传》:"是日移病不听事。"

②诬:以无为有,意谓假冒。《易·系辞下》:"诬善之人其辞游。"干:求取。《荀子·议兵》:"干赏蹈利之兵也。"杨倞注:"干,求也。"

③济:成功。《书·君陈》:"必有忍,其乃有济。"

④许维遹云:"'人'当为臣……盖涉'贤人'而误。"上文下文皆以臣言,不以人言,并其证。译文从之。

⑤臣:自称。《管子》书中仅此一例。何如璋说:"《管子》全书无文内自称臣者。子政校书时有'臣富参书四十一篇',文殆富参所著,杂入《管》书者。"郭沫若说:"文非管仲固无疑问,然非必即是富参所著耳。"

⑥李:通"理",狱官。尹知章注:"古治狱之官。"

⑦精一德:精通一事。尹知章注:"谓各精一事也。"

⑧无以:姚永概云:"'以'字衍。上句同。'涉下"以此"而误耳。'"从:从事。
⑨二:其他,另一个。杀:许维遹云:"'杀'乃'试'字之误,因'试'与'弑'形近,由'弑'而误为'杀'。"译文从许说。

【今译】

圣明君主以公治国统一民心来处理世事,让忠臣能以直道求进来评定他们的才能。圣明君主不把爵位俸禄私自授予所爱的人,忠臣不假冒才能来骗取爵位俸禄。君主不以私治国,臣子不假冒才能,能按这个准则行事的,国家虽还不能大治,却是合乎规正百姓的常道的。现在以假冒有才能的臣子,侍奉以私治国的君主,却想能成就功业和名声,是古今所没有的。假冒有才能的臣子是容易识别的。我想起先王的历史,舜有天下的时候,禹任司空,契任司徒,皋陶任狱官,后稷任田官。这四个人,都是天下的贤人,还尚且只能各精通一事来供奉君主;如今假冒有才能的臣子,供职任官,都兼有四个贤人的职能。由此看来,功业名声的不能建立,也是容易理解的。位高禄重无不接受,势利官大无不去做,用这样的人来侍奉君主,这就是所谓假冒才能篡夺爵禄的臣子。世无以公治国的君主,就无以直道求进的臣子,世无识别才能的君主,就无成就功业的臣子。从前三代以公传授天下,怎能有另一个天下去营私呢?

【原文】

贫民伤财莫大于兵,危国忧主莫速于兵,此四患者明矣,古今莫之能废也。兵当废而不废,则古今惑也①;此二者不废而欲废之②,则亦惑也。此二者伤国一也。黄帝唐虞,帝之隆也,资有天下,制在一人。当此之时也,兵不废。今德不及三帝,天下不顺,而求废兵,不亦难乎?故明君知所擅,知所患。国治而民务积,此所谓擅也③;动与静,此所患也④。是故明君审其所擅以备其所患也。

注释

①古今:王念孙云:"今本'古今'二字,涉上文'古今'而衍。"译文从王说。
②"此二"句:王念孙云:"'此二者'三字,涉下文'此二者'而衍。'不废而欲废之','不'下又脱'当'字"。译文从王说。

③"此所"句：王念孙云："'此所谓擅也'，'谓'字后人所加。'所擅'、'所患'，皆承上文而言，则'擅'上不当有'谓'字。"尹知章注："擅，专也。"译文从王说。

④尹知章注："动静失宜，则患生也。"

【今译】

　　使百姓贫困财产破坏，没有比战争更严重的了；使国家危险君主忧患，没有比战争更快速的了。这四种祸患是明显的，但从古到今都不能废除战争。战争应当废除而不废除，是迷乱的表现；战争不当废除而想废除，也是迷乱的表现。这二种迷乱的表现有害国家是一样的。黄帝、唐尧、虞舜之世，是帝业的兴隆时期，有天下财用，权力在一人。就在这时候，军备也不废除。现在君主的德行不及三帝，天下又不太平，却希求废除军备，不也是困难吗？所以圣明君主知道他的专务事，知道他的忧患事。国家安定百姓有积聚，这就是专务的事；动静失宜，这就是忧患的事。因此圣明君主总是慎重地对待他的专务，又充分地防备他的忧患事。

【原文】

　　猛毅之君，不免于外难；懦弱之君，不免于内乱。猛毅之君者轻诛，轻诛之流①，道正者不安。道正者不安，则材能之臣去亡矣。彼智者知吾情伪，为敌谋我，则外难自是至矣。故曰：猛毅之君，不免于外难。懦弱之君者重诛②；重诛之过，行邪者不革。行邪者久而不革，则群臣比周③。群臣比周，则蔽美扬恶。蔽美扬恶，则内乱自是起。故曰：懦弱之君，不免于内乱。

【注释】

　　①流：流弊。
　　②重：难，有姑息之意。尹知章注：难为刑罚。
　　③比周：结党营私。《荀子·臣道》："朋党比周，以环主图私为务。"

【今译】

　　严厉残忍的君主，不能避免外患；软弱无能的君主，不能避免内乱。严厉残忍的君主轻易诛杀,轻易诛杀的流弊,是使德行端正的人感到不安。德行端正的小感到不安,有才能的臣子就离国逃亡。他们了解我们的虚实,为敌国图谋我们,那么外患就从此来了。所以说,严厉残忍的君主,不能避免外患。软弱无能的君主难以诛杀,难以诛杀的过失,是使行为邪恶的人不能改正。行为邪恶久而不能改正,群臣就结党营私。群臣结党营私,就隐君之美扬君之恶。隐君之美扬君之恶,内乱就从此发生。所以说,软弱无能的君主,不能避免内乱。

【原文】

明君不为亲戚危其社稷,社稷戚于亲①;不为君欲变其令,令尊于君;不为重宝分其威,威贵于宝;不为爱民亏其法,法爱于民。

注释

①戚:亲近。

【今译】

圣明君主不为亲戚而危害他的国家,国家比亲戚更亲近;不为君主的私欲而改变法令,法令要比君主更尊严;不为重宝而分散威势,威势要比宝物更贵重;不为爱民而破坏法令,法令要比百姓更值得爱惜。

兵法第十七

【题解】

兵法指治兵之法、用兵之法,这是全篇的核心,故用以名篇。

本篇通篇论兵,内容约可分为三部分。首先指出用兵"四祸":举兵国贫、战不必胜、胜而多死、得地而败,进而提出避免"四祸"的方法,即:计数得、法度审、教器备利、因其民。其次,篇中具体说明了治兵的内容,包括号令和训练,要求"三官不缪,五教不乱,九章著明"。第三,详细阐述了出敌不意、掌握主动、一战胜敌的用兵之法和出神入化的用兵之道,并重申了一系列用兵取胜的原则。这些内容多有与《七法》《幼官》两篇相重合的地方,说明这三篇论文的军事思想当属同一体系,应互相参阅。何如璋曾谓"《兵法篇》乃合《七法》《幼官》为解者也",虽言过其实,但三篇之间的关系值得重视。

【原文】

明一者皇①,察道者帝,通德者王,谋得兵胜者霸②。故夫兵,虽非备道至德也,然而所以辅王成霸③。今代之用兵者不然,不知兵权者也④。故举兵之日而境内贫,战不必胜,胜则多死⑤,得地而国败。此四者,用兵之祸者也。四祸其国而无不危矣⑥。

【注释】

①一:指世间万物的根本。
②"谋得"句:尹知章云:"所谋必得,用兵必胜,故霸。"
③所以:许维遹云:"犹'可以'也。"
④权:秤锤,此指权衡得失。
⑤丁士涵云:"疑当作'胜而多死'。"译文从丁说。
⑥"四祸"句:俞樾云:"此当作'四祸具而国无不危矣',具、其形讹,'国而'文倒耳。"译文从俞说。

【今译】

明白万物根本的,可以成皇业;掌握治世规律的,可以成帝业;通晓以德治国的,可以成王业;谋略必成、用兵必胜的,可以成霸业。因而,战争虽然称不上完备的道、至上的德,却可以辅佐王业、成就霸业。现代用兵的人却不是这样,他们不懂得用兵必须权衡得失。于是发动战争造成国内贫穷,与敌交战没有必胜把握,打了胜仗士兵阵亡过多,夺得土地国家元气大伤。这四种情况就是用兵的祸害。有了这四种祸害,国家没有不危亡的。

【原文】

大度之书曰①:举兵之日而境内不贫,战而必胜,胜而不死,得地而国不败。为此四者若何?举兵之日而境内不贫者,计数得也②;战而必胜者,法度审也;胜而不死者,教器备利③,而敌不敢校也④;得地而国不败者,因其民也⑤。因其民,则号制有发也⑥;教器备利,则有制也⑦;

法度审,则有守也⑧;计数得,则有明也⑨。治众有数,胜敌有理,察数而知理⑩,审器而识胜⑪,明理而胜敌⑫。定宗庙,遂男女⑬,官四分,则可以定威德⑭;制法仪,出号令,然后可以一众治民。

> [!注释]
> ①大度:许维遹云:"'大度'疑当作'大梦',大梦人名,故称'大梦之书'。……《汉书·古今人表》有'周史大梦'。"译文从许说。
> ②计数:计算。
> ③教器备利:即教备器利。指训练有素、兵器锐利。
> ④校:抗拒。
> ⑤因其民:指顺应敌国之民的习俗。
> ⑥张佩纶云:"'号制'二字衍。"许维遹云:"'发'与'法'通。……法,法则也。"译文从之。
> ⑦有制:指有制度可依。
> ⑧有守:指有规章可循。
> ⑨有明:指有根据可预测。
> ⑩张佩纶云:"唐讳'治'为'理','察数而知理',《幼官》及《图》皆作'治'。"译文从"治"。
> ⑪张佩纶云:"'审器而识胜'承上'胜敌有理',则'理'当作'器'。"译文从张说。
> ⑫张佩纶云:"'明理',据《幼官》及《图》均作'明谋'。又《幼官》,下有'通德而天下定'句。"
> ⑬许维遹云:"'遂'与'育'同义,《幼官篇》及《七法篇》均作'育男女'。"译文从"育"。
> ⑭许维遹云:"'威'下夺'行'字。……《幼官篇》作'官四分则可以立威行德',定、立同义。"译文从许说。

【今译】

　　大梦的书上说:发动战争而国内不贫穷,与敌交战而有必胜把握,打了胜仗而士兵不阵亡,取得土地而元气不损伤。为什么会形成这四种情况呢?发动战争而国内不贫穷,是因为筹算得当;与敌交战而有必胜把握,是因为法度严明;打了胜仗而士兵不阵亡,是因为训练有素、兵器精良,使敌人不敢抗拒;取得土地而元气不损伤,是因为顺应敌国习俗,使百姓不再抵触。顺应敌国百姓的习俗,有法令可执行;士兵训练有素、兵器精良，就有制度可依据；法度严明，就有规章可遵循；筹算得当，就有数据可预测。治军有方法，胜敌靠兵器。考察用兵方法就能懂得治军，审查兵器优劣就能识别胜负，掌握谋略就能战胜敌人。能够安定宗庙，繁育儿女，管好四民，就可以树立权威，推行德政；能够制定仪法，颁行号令，就可以统一军队、治理百姓。

【原文】

兵无主，则不蚤知敌；野无吏，则无蓄积；官无常，则下怨上；器械不巧，则朝无定①；赏罚不明，则民轻其产②。故曰：早知敌，则独行；有蓄积，则久而不匮；器械巧③，则伐而不费；赏罚明，则勇士劝也。

【注释】

①"器械"二句：孙星衍云："'巧'当作'功'，'定'当作'政'，《七法篇》'器械不功朝无政'，其证也。"译文从孙说。

②许维遹云："'产'当作'生'。"郭沫若云："上两则，原文当为'官无常则下怨上，下怨上则器械不功。朝无政则赏罚不明，赏罚不明则民轻其生'。"译文从之。

③巧：亦当作"功"。

【今译】

军队没有主帅，就不能预先掌握敌情；荒野无人管理，国家就没有物资积蓄；官府没有常规，工匠怨恨官吏，造出的兵器就不会精良；朝廷政令不修，奖惩赏罚不明，百姓就侥幸偷生。因此说：预先掌握敌情，就能所向无敌；拥有物资积蓄，就能持久作战而不会短缺；兵器制作精良，就能连续进攻而不易损坏；奖惩赏罚分明，勇士就奋力向前。

【原文】

三官不缪①，五教不乱，九章著明，则危危而无害，穷穷而无难②。故能致远以数③，纵强以制④。三官：一曰鼓，鼓所以任也⑤，所以起也，所以进也；二曰金，金所以坐也，所以退也，所以免也；三曰旗，旗所以立兵也，所以利兵也⑥，所以偃兵也。此之谓三官，有三令，而兵法治也。五教：一曰教其目以形色之旗⑦，二曰教其身以号令之数⑧，三曰教其足以进退之度,四曰教其手以长短之利⑨,五曰教其心以赏罚之诚。五教各习,而士负以勇矣⑩。九章:一曰举日章则昼行,二曰举月章则夜行,三曰举龙章则行水,四曰举虎章则行林,五曰举鸟章则行陂⑪,六曰举蛇章则行泽,七曰举鹊章则行陆,八曰举狼章则行山,九曰举韟章则载食而驾⑫。九章既定,而动静不过。

注释

①缪:同"谬",错误。

②"则危"二句:尹知章云:"危危、穷穷,皆重有其事。"指极端危险、极度穷困。

③致远以数:致同"至"。此谓有办法去到远处。

④纵强以制:金廷桂云:《礼·檀弓》《注》"纵读总领之总",谓有制则可以总强也。

⑤任:江瀚云:"'任',当也。《春秋传》所云.'一鼓作气'也。"

⑥利兵:陶鸿庆云:"'利兵'二字无义,'利'当作'制'。……制,裁也,谓左右进退之也。与'立兵'、'偃兵'各成一义。"译文从陶说。

⑦"一曰"句:尹知章云:"五色之旗各有所当,若春尚青、夏尚赤之类。"

⑧身:洪颐煊云:"'身'当作'耳'。号令之数,耳所听也。"译文从洪说。

⑨"四曰"句:尹知章云:"长兵、短兵各有所利,远用长,近用短也。"

⑩负:尹知章云:"负,恃也。恃其便习而勇也。"

⑪鸟章:郭沫若云:"'鸟章'古本作'乌章',较长。"译文从"乌章"。陂:山坡。

⑫唐兰云:"'韟'即'䌿'字。……此处疑假为皋鸡之皋。《周书·王会解》'文翰若皋鸡',《注》'鸟有文采者皋鸡,似凫,冀州谓之泽特,是也'。"译文从唐说。

【今译】

"三官"不错,"五教"不乱,"九章"鲜明,军队即使极端危险也没有祸害,即使极度穷困也没有灾难。因而有办法远征敌国,有法规总领列强。所谓"三官":一称为鼓,鼓用来迎战敌军,用来发起进攻,用来乘胜进军;二称为金,金用来防守,用来收兵,用来停战;三称为旗,旗用来招集军队,用来指挥军队,用来休军罢战。这就叫做"三官",有了这三种号令,兵法就能发挥作用。所谓"五教":一教士兵眼观各种形色的旗号,二教士兵耳听各种号令的声音,三教士兵脚步前进、后退的法度,四教士兵手执长矛、短刀的作用,五教士兵心存争赏畏罚的诚意。五种教练一一熟习,士兵就能勇猛无敌。所谓"九章":一举日旗表示白日行军,二举月旗表示夜晚行军,三举龙旗表示涉水而行,四举虎旗表示穿林而行,五举鸟旗表示上下山坡,六举蛇旗表示涉过沼泽,七举鹊旗表示平地行军,八举狼旗表示山地行军,九举皋鸡之旗表示车载食物而行。九种旗章即已确定,军队的行动就有了规范。

【原文】

三官、五教、九章①。始乎无端②,卒乎无穷。始乎无端者,道也;卒乎无穷者,德也。道不可量,德不可数也。故不可量则众强不能图,不可数则伪诈不敢向。两者备施,则动静有功。径乎不知③,发乎不意。径乎不知,故莫之能御也;发乎不意,故莫之能应也。故全胜而无害④。因便而教,准利而行。教无常,行无常,两者备施,动乃有功。

【注释】

①此六字与下文不连属,疑为上节标题。
②此句以下与《幼官》"西方副图"略同。
③以下数句与《幼官》"东方副图"略同。径:《幼官》作"经"。经过,指军队过境。
④《幼官》作"莫之能应,故全胜而无害;莫之能御,故必胜而无敌。"

【今译】

三官、五教、九章。

战争发生时找不到它的开端,战争结束时看不见它的尽头。找不到开端就像道,看不见尽头就像德。道无法度量,德无法计数。因无法度量,众多的强国不能图谋我军;无法计数,伪诈的敌军不敢正对我军。双管齐下,我军无论出动或静守,都能成功。过境而使敌不知,发兵而出敌不意;过境而敌不知,就无法防御;发兵而出敌不意,就无法应付;因而我军能全胜而不受损失。根据情况进行教练,依照有利部署行动。教练没有常规,行动没有常规,双管齐下,一旦出动,就能成功。

【原文】

　　器成教施,追亡逐遁若飘风,击刺若雷电。绝地不守,恃固不拔①。中处而无敌②,令行而不留。器成教施,散之无方,聚之不可计。教器备利,进退若雷电,而无所疑匮③。一气专定④,则傍通而不疑,厉士利械,则涉难而不匮。进无所疑,退无所匮,敌乃为用⑤。凌山阬⑥,不待钩梯;历水谷,不须舟楫。径于绝地,攻于恃固,独出独入,而莫之能止。宝不独入,而莫之能止;宝不独见,故莫之能敛⑦。无名之至⑧,尽尽而不意⑨,故不能疑神⑩。

注释

①拔:于省吾曰:拔乃"枝"之形误。枝、支同用,古籍习见。支犹"拒"也。此言敌人虽有绝地而不能守,虽恃险固而不能枝也。译文从于说。

②中处:即处中,指处于战场的主动地位。

③疑匮:戴望云:"'疑'当为'礙'之省字,《说文》'礙,止也。'"丁士涵云:"'匮'皆'溃'字之假借。"译文从之。

④一气专定:丁士涵云:"'定'当为'心','一气专心',犹《君臣篇》云'专意一心'也。……'一气专心'与下'厉士利械'对文。"译文从丁说。

⑤敌:郭沫若云:"此'敌'字非仇敌之敌。"齐人谓军旅亦谓之敌也。

⑥阬(gāng 刚):丘陵,土岗。

⑦张佩纶云:以上四句,"当作'独闻独见,故莫之能敛。''闻,误作'宝',余皆衍复。"译文从之。

⑧无名之至:谓原始混沌状态。《老子》:"无名,天地之始。"

⑨尽尽而不意:谓达于极限而难以意想。此二句紧连上文,指用兵达到的出神入化的境界。

⑩不:郭沫若云:"'不'字读为'丕',……"丕,语助词。疑神:谓如神。

【今译】

　　军队兵器完备,教练有方,追逐逃敌就像飘风一样迅疾,歼击敌兵就像雷电一样猛烈。敌人虽然据有绝地也不能防守,虽然依靠险固也不敢抗拒。我军处于主动地位而所向无敌,军令通行无阻。军队兵器完备,教练有方,分散时没有一定法度,聚合时也不可预测。训练有素、兵器精良的军队,前进、后退都像雷电般迅速,而毫不碍滞、散乱。专心一意,因而能变化而不碍滞;强兵利器,因而能遇难而不溃散。进军不碍滞,退兵不溃散,军队就能为我所用。越山冈不用钩梯,过水流不用舟船,可以通过险峻的绝地,可以攻克固守的堡垒。独出独入,谁也不能阻挡;独闻独见,谁也不能蒙骗。这样的用兵就如同进入"无名"的极点,难以意想预料,因此奇妙如神。

【原文】

畜之以道,则民和;养之以德,则民合。和合故能谐,谐故能辑,谐辑以悉,莫之能伤①。定一至②,行二要③,纵三权④,施四教,发五机⑤,设六行⑥,论七数⑦,守八应⑧,审九器,章十号⑨,故能全胜。

注释

①以上数句略同《幼官》"西方副图"。
②定一至:郭沫若云:"'定一至'当即上所谓'无名之至'。"译文从之。
③二要:郭沫若云:"'二要'上文所谓'因便而教,准利而行,教无常,行无常'。"
④纵三权:郭沫若云:"上'纵强以制',金廷桂读'纵'为总,……此'纵'亦应读为'总'。"三权疑指"三官"之权。
⑤施四教,发五机:张佩纶云:"'四教'、'五机'当作'五教'、'四机'。'四机'见《幼官》,'五教'见本篇。"译文从张说。四机即《幼官》"必明其情,必明其将,必明其政,必明其士"。
⑥六行:疑指《七法》中六种行军作战之法,即:风雨之行、飞鸟之举、雷电之战、水旱之功、金城之守、一体之治。
⑦七数:疑指《七法》中七项治军的原则,即:则、象、法、化、决塞、心术、计数。
⑧八应:疑指《七法》中八项治军的具体方法,即:聚财、论工、制器、选士、政教、服习、遍知天下、审御机数。
⑨九器:张佩纶云:"'九器'当作'九章',见本篇。'器'乃'睿'(慎)之误。'动慎十号',见《幼官》。"译文从张说。"十号"具体内容不详。

【今译】

养兵的法则合于道,百姓就和睦;合于德,百姓就团结。和睦团结就能相互协调,相互协调就能结聚力量。百姓的力量能协调结聚,万众一心,谁也不能损害。定于"一至",实行"二要",总托"三权",掌握"四机",熟习"五教",筹划"六行",讲求"七数",做到"八应",审明

"九章",谨慎"十号",这样就能获取全胜。

【原文】

大胜无守也,故能守胜①。数战则士罢,数胜则君骄,夫以骄君使罢民,则国安得无危?故至善不战,其次一之②。破大胜强,一之至也。乱之不以变,乘之不以诡③,胜之不以诈,一之实也。近则用实,远则施号,力不可量,强不可度,气不可极,德不可测④,一之原也。众若时雨,寡若飘风⑤,一之终也。

注释

①"大胜"二句:张佩纶云:"'大胜'下有阙文,以《幼官》及此互补当作'无不胜也,故能大胜;无不守也,故能守胜'。"译文从张说。

②以上数句略同《幼官》"南方副图"。

③乘:战胜。尹知章云:"乱敌不设计变,乘敌不以诡计,胜敌不以诈谋。"

④德不可测:许维遹云:"'德'犹心也。……'德不可测'与上句'气不可极',义正相类。"

⑤"众若"二句:许维遹云:"此喻行兵疾速,非言其众寡也。'众'当作'聚','寡'当作'分'。"译文从许说。

【今译】

战无不胜,因而能获取大胜;守无不固,因而能以守取胜。多次交战使士兵疲倦,多次取胜使君主骄傲,骄傲的君主驱使疲倦的士兵去作战,国家怎么能不危险?因而最完美的军事是不战而胜,其次是一战胜敌。攻破大国,战胜强敌,这是一战胜敌的极至。乱敌不用机变,乘敌不用诡计,胜敌不用诈谋,这是一战胜敌的实质。用实力击溃近敌,发号令威慑远敌,力量不可估计,强大不可度量,士气之盛没有极限,军心之高难以推测,这是一战胜敌的根本。进攻时兵力结聚密集如时雨,战胜后军队撤离迅疾如飘风,这是一战胜敌的结局。

【原文】

利適①,器之至也;用敌,教之尽也。不能致器者,不能利適;不能尽教者,不能用敌。不能用敌者穷,不能致器者困②。远用兵则可以必胜③。出入异途,则伤其敌,深入危之,则士自修④,士自修则同心同力。善者之为兵也,使敌若据虚,若搏景⑤。无设无形焉,无不可以成也;无形无为焉⑥,无不可以化也。此之谓道矣。若亡而存,若后而先,威不足以命之⑦。

【注释】

①利適:于省吾云:"'利'本应作'制'。"译文从于说。郭沫若云:"'適'字均当为'敌'。"敌即泛指军队,非指仇敌。下同。
②致器:陈奂云:"'致器'二字当作'利適'。"译文从陈说。
③远:张文虎云:"'远'疑当作'速',所谓兵贵神速。"译文从'速'。
④修:指警戒。
⑤景:同"影"。
⑥为:郭沫若云:"'为'字当为'象'"。译文从郭说。
⑦"威不"句:郭沫若云:"兵以威言,言如此用兵,'威'犹不足以命之。"命同"名"。

【今译】

控制军队,是武器完备的结果;使用军队,是训练有素的结果。不能使武器完备,就不能控制军队;不能使训练有素,就不能使用军队。不能使用军队的就被动,不能控制军队的就困窘。用兵神速,可以必胜。军队进出路途不同,就会劳伤士兵,深入敌境陷于危险,士兵自会戒备,自我戒备就会同心协力。善于用兵的人指挥作战,总是使军队如同凭据虚空,如同搏击幻影。没有设施,没有形体,因而没有不可生成的;没有形体,没有物象,因而没有不可变化的。这就叫做用兵之道。它好像没有而实际存在,好像居后而实际领先,这样用兵,"威"字也不足以用来称名它。

内　言

大匡第十八

【题解】

郭沫若云:"《管》书有《大匡》《中匡》《小匡》三篇,所纪皆管仲辅相桓公时事。以'匡'名篇,颇费解释。"郭氏疑"匡"为"簿"之借字。《说文》:"籍,簿也。""簿"同"简"。简有长短,故古人册书有大、中、小三种。《大匡》即为较长的简书,是齐国的官书,《中匡》次之,《小匡》再次之,都是私家的著述。因此,内容也就有出入。《大匡》记述始于齐僖公,经齐襄公,至齐醒公接位及称霸诸侯的经过。时间跨度大,人物众多,内容丰富。有具体的历史事件的记述,有治国主张的议论,以时间为序,大致可分为三部分:第一部分主要记述鲍叔牙辅助桓公登位,并推举管仲为相的经过。第二部分记述管仲辅助桓公成霸业的经过。这部分应是本篇的重要部分:管仲与桓公不同的治国主张和思想作风,桓公在实际中接受教训,终于接管仲之计行事,以及鲍叔牙对管仲的信赖和支持,都有具体生动的记述。第三部分,总述齐国治国的具体政策。

【原文】

　　齐僖公生公子诸儿、公子纠、公子小白①。使鲍叔傅小白②,鲍叔辞,称疾不出。管仲与召忽往见之③,曰:"何故不出?"鲍叔曰:"先人有言曰:'知子莫若父,知臣莫若君。'今君知臣不肖也,是以使贱臣傅小白也④。贱臣知弃矣。"召忽曰:"子固辞,无出⑤,吾权任子以死亡⑥,必免子。"鲍叔曰:"子如是,何不免之有乎?"管仲曰:"不可。持社稷宗庙者,不让事,不广闲⑦。将有国者未可知也。子其出乎!"召忽曰:"不可。吾三人者之于齐国也,譬之犹鼎之有足也,去一焉则必不立矣。吾观小白必不为后矣。"管仲曰:"不然也。夫国人憎恶纠之母,以及纠之身,而怜小白之无母也。诸儿长而贱,事未可知也。夫所以定齐国者,非此二公子者,将无已也⑧。小白之为人无小智,惕而有大虑⑨,非夷吾莫容小白⑩。天不幸降祸加殃于齐,纠虽得立,事将不济,非子定社稷,其将谁也?"召忽曰:"百岁之后,吾君卜世⑪,犯吾君命而废吾所立,夺吾纠也,虽得天下,吾不生也。兄与我齐国之政也⑫,受君令而不改,奉所立而不济⑬,是吾义也。"管仲曰:"夷吾之为君臣也,将承君命,奉社稷以持宗庙,岂死一纠哉?夷吾之所死者,社稷破,宗庙灭,祭祀绝,则夷吾死之。非此三者,则夷吾生。夷吾生则齐国利,夷吾死则齐国不利。"鲍叔曰:"然则奈何?"管子曰:"子出奉令则可。"鲍叔许诺,乃出奉令,遂傅小白。鲍叔谓管仲曰:"何行?"管仲曰:"为人臣者,不尽力于君则不亲信,不亲信则言不听,言不听则社稷不定。夫事君者无二心。"鲍叔许诺。

注释

①齐僖公:齐庄公之子,即《史记·齐太公世家》中的釐公禄甫。公元前730—公元前698年在位。僖公死,子诸儿立,是为襄公。

②鲍叔:即鲍叔牙,齐国的著名大夫。傅公子小白得国,又举荐管仲为相。

③召忽:齐国大夫,与管仲事公子纠,桓公即位后,公子纠被杀,召忽自杀。

④尹知章注:"鲍叔以小白年幼,又不肖而贱,故难为之傅也。"

⑤无:通"毋"。

⑥尹知章注:"任,保也。君若有疑,我当保子以疾困,至于死亡,此可以免子之身。"

⑦广:"旷"之假借字。《荀子·王霸篇》:"人主胡不广焉。"杨倞注曰:"广或读为旷。"《诗经·何草不黄篇》毛《传》曰:"旷,空也。"

⑧已:刘绩云:"已、以同。"已、以可通借。

⑨惕:疾,此指急性子。《国语·吴语》:"一日惕,一日留。"韦昭注:"惕,疾也。"

⑩容:古通"庸"。庸,用。

⑪卜世:俞樾云:疑为"下世"之误。译文从"下世"。
⑫兄:张嵝《读管子》云:兄古"况"字。
⑬济:废。《方言》:"济,灭也。"灭与废义近。

【今译】

　　齐僖公生有公子诸儿、公子纠、公子小白。派鲍叔辅助小白,鲍叔推辞,称病躲在家里不出来。管仲同召忽前往拜见他,说:"为什么躲在家里不出来?"鲍叔说:"先人有言说:'了解儿子没有人能像父亲那样,了解臣子没有人能像国君那样。'现在国君了解我无用,因此派我去辅助小白,我已知道被遗弃了。"召忽说:"你如果坚决推辞,就不要出去,我权且说你要死了,国君就必定能免除你的职务。"鲍叔说:"你如果这样说,国君还有什么职务不能免除我呢?"管仲说:"不可以。扶持国家宗庙的人,不能拒绝国事,不能贪图空闲。将来继承王位的人,现在还不能知道。你一定要出去任职。"召忽说:"不可以。我们三个人在齐国的作用,正好比鼎的三只脚,去掉其中的一只,就必定不能站立了。我看小白必定不能成为继位人了。"管仲说:"不是这样的。国人都痛恨厌恶公子纠的母亲,以至累及到公子纠本人,却同情小白失去了母亲。诸儿虽然居长,却人品低下,以后继位的事还不能知道。将来能安定齐国的人,不是纠与小白这两位公子,就将没有别的人能做到。小白为人不用小聪明,急性子却有大的计策,不是我管仲就没有人能发挥小白的才能。不幸上天把祸殃降加到齐国的头上,公子纠即使能立国,事情也将不成功,不是你辅助安定国家,那将来还有谁呢?"召忽说:"百年之后,我们的国君下世,违犯我国君的遗命而废除我所拥立的,夺取了我公子纠的王位,即使得到了天下,我也就不活了。何况给予我齐国的政务,应该承受君令而不政变,供奉所拥立的继位人而不废弃,这是我应该做到的为臣之道。"管仲说:"我作为君主的臣子,承受君主的命令,供奉国家而扶持宗庙,哪能为一个公子纠而死呢?我所要为之而死的是:国家被攻破,宗庙被毁灭,祭礼被断绝,那么我就为此而死。不是这三种情况,我就活着。我活着齐国就有利,我死了齐国就不利。"鲍叔说:"那么怎么办呢?"管子曰:"你出去奉行君令就行了。"鲍叔答应了,于是出来奉行君令,就辅助小白。鲍叔对管仲说:"怎样做呢?"管仲说:"做人臣的,不对国君尽力就不能得到亲信,不能得到亲信就言不听,言不听就国家不安定。侍奉君主的人不能有二心。"鲍叔答应了。

【原文】

僖公之母弟夷仲年生公孙无知,有宠于僖公,衣服礼秩如適①。僖公卒,以诸儿长,得为君,是为襄公。襄公立后,绌无知②,无知怒。公令连称、管至父戍葵丘曰③:"瓜时而往,及瓜时而来。"期戍④,公问不至⑤,请代不许。故二人因公孙无知以作乱⑥。

注释

①秩:常度。《诗·小雅·宾之初筵》:"是曰即醉,不知其秩。"毛《传》:"秩,常也。"適:同"嫡",嫡子。

②绌:通"黜(chù 触)"。贬退,废除。

③连称、管至父:齐国大夫。葵丘:齐地,今山东临淄西。

④期(jī 基):期年,一周年。

⑤问:音讯。此指通知、命令。《说文》:"问,讯也。"

⑥据《史记·齐太公世家》载,连称、管至父戍葵丘期年不调,因而作乱,为齐襄公十二年。而本篇下节记载的齐襄公私通鲁夫人文姜而杀鲁桓公事,则在齐襄公四年。此处记述不完全按照时序。

【今译】

齐僖公的同母弟夷仲年生有公孙无知,受到僖公的宠爱,衣服礼节都同嫡子一样。僖公死后,因诸儿居长,才立为国君,这就是襄公。襄公接位后,就废除了无知的特权,无知愤怒。齐襄公令连称、管至父去驻守葵丘时说:"有瓜的时节前往,到有瓜的时节回来。"驻守满周年以后,襄公没有发出调回的命令,他们请求接防又不许可。因此他们二人就依附公孙无知叛乱。

【原文】

鲁桓公夫人文姜,齐女也。公将如齐①,与夫人皆行②。申俞谏曰③:"不可。女有家,男有室,无相渎也④,谓之有礼。"公不听,遂以文姜会齐侯于泺。文姜通于齐侯,桓公闻,责文姜。文姜告齐侯,齐侯怒,飨公,使公子彭生乘鲁侯胁之⑤,公薨于车⑥。竖曼曰⑦:"贤者死忠以振疑⑧,百姓寓焉;智者究理而长虑,身得免焉。今彭生二于君⑨,无尽言而谀行,以戏我君,使我君失亲戚之礼,命又力成吾君之祸⑩,以构二国之怨,彭生其得免乎?祸理属焉。夫君以怒遂祸,不畏恶亲,闻容昏生⑪,无丑也⑫。岂及彭生而能止之哉?鲁若有诛,必以彭生为说。"二月,鲁人告齐曰:"寡君畏君之威,不敢宁居,来修旧好,礼成而不反,无所归死⑬,请以彭生除之。"齐人为杀彭生,以谢于鲁。五月⑭,襄公田于贝丘⑮,见豕虒⑯,从者曰:"公子彭生也。"公怒曰:"公子彭生安敢见!"射之,豕人立而啼。公惧坠于车下,伤足亡屦⑰。反,诛屦于徒人费⑱,不得也,鞭之见血。费走而出,遇贼于门,胁而束之。费袒而示之背,贼信之,使费先入。伏公而出,斗死于门中,石之纷如死于阶下,孟阳代君寝于床,贼杀之,曰:"非君也,不类。"见公之足于户下⑲,遂杀公而立公孙无知也。

注释

① 如:往,去。《左传·隐公五年》:"公将如棠观鱼者。"

② 偕:古通"偕"。意为同、一道。

③ 申俞:鲁国大夫。

④ 渎:沟通。尹桐阳云:"诸侯夫人一嫁而不复归母家者,防其泄漏国情也。"

⑤ 胁:"拹"之借字。《说文》:"拹,摺也,一曰拉也。"

⑥ 薨(hōng 烘):古代诸侯死曰薨。

⑦ 竖曼:齐国大夫。

⑧ 振:通"抵"。《尔雅·释诂》:"抵,拭刷,清也。"

⑨ 二于君:俞樾云:当为"贰于君",谓君之贰,仅次于君。彭生为公子,故云。译文从俞说。

⑩ 命:许维遹云:"'命'为'今'字形误。"译文从"今"。

⑪ 闻容:于省吾云:读为"惛庸",即昏庸。昏生:戴望云:读为"泯姓",谓公与文姜淫,播其恶于万民。

⑫ 无丑:无耻。《广雅》:"丑,耻也。"

⑬ 归死:当依《左传》作"归咎"。

⑭ 五月:指齐襄公十二年,即鲁隐公八年。

⑮ 田:田猎。贝丘:《史记·齐太公世家》作"沛丘"。杜预曰:"乐安,博昌县南有地名贝丘。"

⑯丁士涵云："'豕'下不当有'彘'字，盖后人旁注以'豕'为'彘'，因而误衍。"译文从丁说。

⑰屦(jù句)：鞋子。

⑱徒人费：王引之云："本作'侍人费'。"《史记》"费"作"茀"。《汉书·古今人表》中有"齐寺人费"，颜师古注："即徒人费也。"费，与下文石之纷如、孟阳，都是齐襄公的侍从小臣。

⑲户下：门下。古代单扇的门称户。

【今译】

　　鲁桓公的夫人文姜，是齐国女子。鲁桓公将要到齐国去，准备与夫人同行。申俞规劝说："不能这样。女有夫家，男有妻室，不能相互交通，这称之为有礼。"桓公不听从，于是带着文姜与齐侯在齐国的泺水之滨相会。文姜同齐侯私通，桓公听说后，责备文姜。文姜告诉了齐侯，齐侯发怒，宴请桓公，暗使公子彭生在扶桓公上车时摧折他的肋骨，桓公死在车上。竖曼说："贤惠的人死于忠心而拭清人们的疑惑，使百姓的精神有所寄寓；聪敏的人推究事理而有长远的考虑，使自己能免除祸患。如今彭生是仅次于君主的人，不尽力劝谏而阿谀逢迎，戏弄国君，使我们的国君失掉了亲戚的礼节，现又极大地造成了我们国君的祸患，结成了两国的仇怨，彭生岂能免罪呢？祸患的根源应归属于他。国君因怒气才造成祸患，不畏惧交恶亲戚，昏庸以至灭姓，这是无耻。难道只祸及彭生就能了事吗？鲁国如果兴师问罪，必以彭生作为借口。"二月，鲁国的使者告诉齐国说："我们的国君畏惧你们国君的威望，不能安宁地生活，前来齐国增强以往的友好，完成了礼节却不能活着返回了，没有什么可以归咎，请以彭生来解除这个仇怨。"齐国为此杀了彭生，以向鲁国道歉。齐襄公十二年五月，襄公在贝丘打猎，出现一头野猪，跟从的人说："这是公子彭生。"襄公发怒说："公子彭生怎么敢出现！"就用箭射它，野猪像人一样地站立起来啼哭。襄公害怕而从车子上跌了下来，跌伤了足，丢失了鞋子。回来以后，向侍臣费要鞋子，费不能找回来，襄公就鞭打他直至流血。费逃跑出来，在门口遇到了叛贼。叛贼威胁他，并把他捆绑起来。费袒露背上的伤痕来证明遭到国君的毒打，叛贼就相信了他，命费先进入内室。费把襄公藏好才出来，与叛贼斗死在门中，石之纷如也战死在石阶下，孟阳代国君睡在床上，叛贼杀掉他以后，说："他不是国君，不像。"又看见襄公的脚在一扇门的下面露出来，于是杀了襄公，就立公孙无知为国君。

【原文】

鲍叔牙奉公子小白奔莒，管夷吾、召忽奉公子纠奔鲁。九年①，公孙无知虐于雍廪，雍廪杀无知也。桓公自莒先入，鲁人伐齐，纳公子纠，战于乾时，管仲射桓公中钩②。鲁师败绩，桓公践位。于是劫鲁③，使鲁杀公子纠。桓公问于鲍叔曰："将何以定社稷？"鲍叔曰："得管仲与召忽则社稷定矣。"公曰："夷吾与召忽吾贼也。"鲍叔乃告公其故图④。公曰："然则可得乎？"鲍叔曰："若亟召则可得也，不亟不可得也。夫鲁施伯知夷吾为人之有慧也，其谋必将令鲁致政于夷吾。夷吾受之，则彼知能弱齐矣；夷吾不受，彼知其将反于齐也，必将杀之。"公曰："然则夷吾将受鲁之政乎？其否也？"鲍叔对曰："不受。夫夷吾之不死纠也，为欲定齐国之社稷也。今受鲁之政，是弱齐也。夷吾之事君无二心，虽知死，必不受也。"公曰："其于我也，曾若是乎⑤？"鲍叔对曰："非为君也，为先君也。其于君不如亲纠也。纠之不死，而况君乎！君若欲定齐之社稷，则亟迎之。"公曰："恐不及。奈何？"鲍叔曰："夫施伯之为人也，敏而多畏，公若先反，恐注怨焉，必不杀也。"公曰："诺。"施伯进对鲁君曰："管仲有急⑥，其事不济，今在鲁，君其致鲁之政焉。若受之则齐可弱也，若不受则杀之。杀之以说于齐也⑦，与同怨，尚贤于已⑧。"君曰："诺。"鲁未及致政，而齐之使至。曰："夷吾与召忽也，寡人之贼也。今在鲁，寡人愿生得之；若不得也，是君与寡人贼比也。"鲁君问施伯，施伯曰："君与之。臣闻齐君惕而亟骄，虽得贤，庸必能用之乎⑨？及齐君之能用之也⑩，管子之事济也。夫管仲，天下之大圣也。今彼反齐⑪，天下皆乡之⑫，岂独鲁乎！今若杀之，此鲍叔之友也，鲍叔因此以作难，君必不能待也⑬，不如与之。"鲁君乃遂束缚管仲与召忽。管仲谓召忽曰："子惧乎？"召忽曰："何惧乎？吾不蚤死⑭，将胥有所定也⑮，今既定矣，令子相齐之左，必令忽相齐之右。虽然，杀君而用吾身，是再辱我也。子为生臣，忽为死臣。忽也知得万乘之政而死，公子纠可谓有死臣矣。子生而霸诸侯，公子纠可谓有生臣矣。死者成行，生者成名。名不两立，行不虚至，子其勉之，死生有分矣。"乃行，入齐境，自刎而死。管仲遂入。君子闻之曰："召忽之死也，贤其生也;管仲之生也,贤其死也。"

注释

①九年:指鲁庄公九年。安井衡等以为,齐人著书当用齐国纪年,而今用鲁纪者,盖此篇成于丘明传《春秋》之后;而郭沫若则以为,"九年"是后人所加而误入正文的。
②钩:带钩。古代官僚贵族腰间系大带子,上有钩子,以便佩带玉器之类。
③劫:威胁,胁迫。《礼记·儒行》:"劫之以众。"
④尹知章注:"故图,谓管仲本使鲍叔傅小白将立之。"
⑤尹知章注:"曾,则也。则能无二心如是乎?"
⑥陶鸿庆云:"'急'当为'慧'字之误。上文'……夫鲁施伯知夷吾为人之有慧也',是其证。"译文从"慧"。
⑦说:通"悦"。
⑧已:此指不杀。尹知章注:"施伯恐管仲反齐为害,欲杀之,有若与齐同怒。如此,犹贤于不杀也。"
⑨庸:岂,怎么。尹知章注:"庸,犹何也"。
⑩及:若,如果。
⑪反:同"返"。
⑫乡:通"向"。
⑬待:对待,对付。《国语·楚语》"其独何力以待之",韦昭注:"待,御也。"
⑭蚤:通"早"。
⑮胥:等待。尹知章注:"胥,待。"

【今译】

鲍叔牙侍奉公子小白逃奔到莒国,管夷吾、召忽侍奉公子纠逃奔到鲁国。鲁庄公九年,公孙无知在雍廪肆意暴虐,雍廪人杀死了无知。桓公先从莒国进入齐国,鲁国攻打齐国,要把公子纠送进齐国,在乾时发生战争,管仲用箭射中桓公的带钩。鲁国的军队失败了,桓公登上了齐国的君位。于是胁迫鲁国,叫鲁国杀掉公子纠。桓公向鲍叔问道:"将怎样来安定国家?"鲍叔说:"得到管仲与召忽,国家就能安定了。"桓公说:"夷吾与召忽是我的仇敌。"鲍叔于是把他们三人在从前的图谋告诉桓公。桓公说:"那么能得到他们吗?"鲍叔说:"如果赶快相召就能得到,如果不抓紧相召就不能得到。因为鲁国的施伯了解夷吾有才智,他将设法让鲁王把鲁国的大政交给夷吾。如果夷吾接受了鲁国的大政,那么鲁国就知道削弱齐国的对策了;如果夷吾不接受,鲁国就知道他将要回到齐国,必定先杀了他。"桓公说:"那么夷吾将接受鲁国的大政吗?还是不接受呢?"鲍叔回答说:"不接受。因为夷吾不为公子纠而死,是想安定齐国。如果现在接受鲁国的政事,这是削弱齐国。夷吾侍奉君主没有二心,即使知道要死了,也必定不肯接受。"桓公说:"他对待我,也像这样吗?"鲍叔回答说:"不是为了国君你,是为了先代的国君。他对待国君你还不如对公子纠亲。尚且不为公子纠而死,何况国君你呢!国君如果想安定齐国,就赶快迎接他。"桓公说:"恐怕来不及了,怎么办?"鲍叔说:"施伯为人,敏捷而多畏惧,你若是先要求送回管仲,他就担心结怨于齐国,必定不杀管仲。"桓公说:"好的。"施伯果然对鲁君进献计策说:"管仲有才智,而他的事业不成功。现在,请国君把鲁国的政事交给他。他如果接受了,齐国就能被削弱;如果不接受就杀了他。杀了他可取悦于齐国,表示与齐国同怒,比不杀更显示出友好。"鲁君说:"好的。"鲁还来不及把政事交给管仲,而齐国的使者已经到了。齐国的使者说:"夷吾与召忽,是我国君的仇敌。如今在鲁国,我国君希望能活捉他们回国,如果做不到,这是鲁君与我国君的仇敌站在一起。"鲁君问施伯怎么处置,施伯说:"国君你给他吧。我听说齐君急性子又很骄傲,即使得到贤才,怎么能一定使用他们呢?如果齐君能使用他们,管子的事业就成功了。因为管仲是天下的大圣人。现在他返回齐国,天下的诸侯都要归顺齐国,岂只是鲁国呢!现在如果杀了他,他是鲍叔的朋友,鲍叔因此而兴师问罪,国君你一定不能抵御,不如交还给齐国。"鲁君于是就捆绑管仲与召忽交给齐使。管仲对召忽说:"你害怕吗?"召忽说:"害怕什么呢?我不早死,是等待齐国有安定的局面,如今已经安定了,令你做齐国的左相,必定令我做齐国的右相。虽然这样,杀了我辅佐的公子纠又使用我自己,这是再次的侮辱我。你成为生臣,我成为死臣。我知道将得到万乘的相国却自杀了,公子纠可说是有为他而死的臣子了。你活着而能称霸诸侯,公子纠可说是有生臣了。死了的成全德行,活着的成全功名。功名与德行不能并立,德行也不会凭空而来。你一定要努力,死生各得其所了。"于是就上路出发,进入齐境,召忽自刎而死,管仲于是回到齐国。君子听说这个情况后说:"召忽死了,比活着好;管仲活着,比死了好。"

【原文】

　　或曰:明年①,襄公逐小白,小白走莒。三年②,襄公薨,公子纠践位,国人召小白。鲍叔曰:"胡不行矣?"小白曰:"不可。夫管仲知,召忽强武,虽国人召我,我犹不得入也。"鲍叔曰:"管仲得行其知于国,国可谓乱乎③? 召忽强武,岂能独图我哉?"小白曰:"夫虽不得行其知,岂且不有焉乎? 召忽虽不得众,其及岂不足以图我哉④?"鲍叔对曰:"夫国之乱也,智人不得作内事,朋友不能相合撊⑤,而国乃可图也。"乃命车驾,鲍叔御,小白乘而出于莒。小白曰:"夫二人者奉君令,吾不可以试也。"乃将下。鲍叔履其足,曰:"事之济也,在此时;事若不济,老臣死之,公子犹之免也⑥。"乃行,至于邑郊。鲍叔令车二十乘先,十乘后。鲍叔乃告小白曰:"夫国之疑二三子⑦,莫忍老臣⑧。事之未济也,老臣是以塞道。"鲍叔乃誓曰:"事之济也,听我令;事之不济也,免公子者为上,死者为下。吾以五乘之实距路。"鲍叔乃为前驱,遂入国,逐公子纠,管仲射小白中钩。管仲与公子纠、召忽遂走鲁,桓公践位,鲁伐齐,纳公子纠而不能。

注释

①明年:指襄公二年。
②孙蜀丞云:三年当为"十二年"之误。齐襄公在位十二年。译文从"十二年"。
③可谓乱乎:即何为乱乎。郭沫若云:"可"与"何"通,"谓"与"为"通。
④及:郭沫若云:"友"字之误。译文从"友"。
⑤撊(jiū 鸠):绞结。尹知章注:"撊,交人也。朋友不能相交合则党与弱,故乃可图。"
⑥许维遹云:"'犹'下'之'字当作'可',涉上文而误。"译从。
⑦国:郭沫若云:"'国'当为'或',……"译文从"或"。
⑧忍:假为"认"。

【今译】

　　还有一种说法是:齐襄公即位的第二年,襄公驱逐小白,小白逃往莒国。襄公十二年,襄公死,公子纠登位,齐国人召小白回国。鲍叔说:"为什么不走呀?"小白说:"不能回去。管仲有才智,召忽强大有武力,即使国人召我,我还是不能进入齐国的。"鲍叔说:"管仲在国内能施展他的才智,国家为什么还混乱呢?召忽强大有武力,难道只是对付我们吗?"小白说:"管仲虽然不能施展才智,难道是没有才智吗?召忽虽然不能得到众人的帮助,他的党羽难道不足以对付我们吗?"鲍叔回答说:"国家混乱,是因为有才智的人不能处理国家的政事,朋友不能相互合作团结,而这时国家才有可能夺回来。"于是下令准备车马,鲍叔驾驭,小白乘坐车上,从莒国出发。小白说:"管仲和召忽二人是奉行国君的命令抗拒我们的,我们是不能与他们比的。"说着就要下车。鲍叔踩住他的脚,说:"事业的成功,就在这个时候;事业如果不成功,我老臣为此而死,公子还是可以免死的。"于是前行,来到京郊。鲍叔令二十辆车在前,十辆车在后。鲍叔才告诉小白说:"他们或许怀疑我们这些人,但不认识我老臣。如果事情不成功,我就堵塞道路。"鲍叔宣誓说:"事情成功了,听我的号令;如果事情不成功,保全公子生命为上策,牺牲为下策。我用五辆车上的军械物资堵住道路。"鲍叔于是在前面开路,才进入国都,驱逐公子纠,管仲用箭射中小白的带钩。管仲与公子纠、召忽就逃往鲁国,桓公登位。鲁国攻打齐国,想送公子纠回国却不能。

【原文】

桓公二年践位①,召管仲,管仲至。公问曰:"社稷可定乎?"管仲对曰:"君霸王,社稷定;君不霸王,社稷不定。"公曰:"吾不敢至于此其大也,定社稷而已。"管仲又请,君曰:"不能。"管仲辞于君曰:"君免臣于死,臣之幸也。然臣之不死纠也,为欲定社稷也。社稷不定,臣禄齐国之政而不死纠也②,臣不敢。"乃走出,至门,公召管仲,管仲反。公汗出曰:"勿已,其勉霸乎!"管仲再拜稽首而起曰:"今日君成霸,臣贪承命趋立于相位③。"乃令五官行事。异日公告管仲曰:"欲以诸侯之间无事也,小修兵革④。"管仲曰:"不可。百姓病,公先与百姓而藏其兵⑤。与其厚于兵,不如厚于人。齐国之社稷未定,公未始于人而始于兵,外不亲于诸侯,内不亲于民。"公曰:"诺。"政未能有行也。

注释

①郭沫若云:二年"当是'元年'之坏残"。王念孙云:"践位"二字,因涉上文而衍。译文从郭说王说。

②俞樾云:"禄"读为"录",谓领录其政也。
③陈奂云:"'贪'读为钦,假借字也。'贪承命',言钦承君命也。"
④小修:许维遹云:当为"内修"。"'内修兵革'下文两见,是其证。"译文从"内修"。
⑤与:亲近。

【今译】

　　桓公元年,召管仲回国,管仲回到齐国。桓公问道:"国家能安定吗?"管仲回答说:"国君实行霸业王业,国家就能安定;如果不实行霸业王业,国家就不能安定。"桓公说:"我不敢做到这样大的事业,只是要安定国家罢了。"管仲又请桓公实行霸业王业,桓公说:"不能够。"管仲向桓公推辞说:"国君免我死罪,是我的幸运。但是我不为公子纠殉死,是为了安定国家。国家不安定,我掌管着齐国的政事而不为公子纠守死节,我不敢这样。"于是跑出朝廷,到门口时,桓公召管仲,管仲返回。桓公紧张得流出了汗,说:"不得已,那就勉力实行霸业吧!"管仲再拜叩头而起说:"今日国君决心实行霸业,我就承受君命而立即就任相位。"于是命令五官处理政事。有一天,桓公告诉管仲说:"想乘诸侯之间没有战事的时候,国内加强军事。"管仲说:"不能这么做。因为百姓贫困,你应先亲近百姓而收藏兵器。与其加强军事,不如使百姓富足。齐国未能安定,你不是从解决百姓的生活着手而是从加强军事着手,这就外不能与诸侯亲近,内不能与百姓亲近。"桓公说:"好的。"加强军事的政令就没有施行。

【原文】

　　二年,桓公弥乱,又告管仲曰①:"欲缮兵。"管仲又曰:"不可。"公不听,果为兵。桓公与宋夫人饮船中,夫人荡船而惧公②。公怒,出之,宋受而嫁之蔡侯。明年,公怒告管仲曰:"欲伐宋。"管仲曰:"不可。臣闻内政不修,外举事不济。"公不听,果伐宋。诸侯兴兵而救宋,大败齐师。公怒,归告管仲曰:"请修兵革。吾士不练,吾兵不实,诸侯故敢救吾仇。内修兵革。"管仲曰:"不可,齐国危矣。内夺民用,士劝于勇,外乱之本也③。外犯诸侯,民多怨也。为义之士不入齐国,安得无危?"鲍叔曰:"公必用夷吾之言。"公不听,乃令四封之内修兵。关市之征侈之④,公乃遂用以勇授禄。鲍叔谓管仲曰:"异日者,公许子霸,今国弥乱,子将何如?"管仲曰:"吾君惕,其智多诲⑤,姑少胥其自及也⑥。"鲍叔曰:"比其自及也⑦,国无阙亡乎⑧?"管仲曰:"未也。国中之政,夷吾尚微为焉⑨,乱乎尚可以待。外诸侯之佐,既无有吾二人者,未有敢犯我者。"明年,朝之争禄相刺,裂领而刎颈者不绝⑩。鲍叔谓管仲曰:"国死者众矣,毋乃害乎?"管仲曰:"安得已然,此皆其贪民也。夷吾之所患者,诸侯之为义者莫肯入齐,齐之为义者莫肯仕,此夷吾之所患也。若夫死者,吾安用而爱之。"公又内修兵。

注释

①桓公弥乱,又告管仲曰:许维遹云:应作"国弥乱,桓公又告管仲曰"。译文从许说。
②夫人:《左传》作"蔡姬"。蔡姬荡舟事据《左传》应在桓公二十九年。
③王念孙云:"'乱'上'外',涉下文'外犯诸侯'而衍。"译从。
④尹知章注:"侈,谓过常也,谓重其税赋。"
⑤诲:同"悔"。《释文》:"诲,虞作悔,谓悔恨。"
⑥少胥:稍加等待。
⑦比:等到。
⑧阙:毁,败。
⑨微为:暗中行事。《说文》:"微,隐行也。"
⑩裂:"折"之俗字。《说文》:"折,断也。"

【今译】

二年,国家非常混乱,桓公又告诉管仲说:"要加强军备。"管仲又说:"不能这样做。"桓公不听从,果真备战。桓公与宋夫人在船中饮酒,夫人荡船使桓公受惊。桓公发怒,休弃了她,宋国接纳了她又把她嫁给蔡国的国君。第二年,桓公愤怒地告诉管仲说:"要攻伐宋国。"管仲说:"不能这样做。我知道内部的政事没有治理好,对外发动战争不会成功。"桓公不听从,果真攻伐宋国。诸侯都出兵救助宋国,大败齐国的军队。桓公发怒,归来告诉管仲说:"请加强战备。因为我们的军士不经训练,我们的兵器不够充实,所以诸侯敢来解救我们的敌国。我要加强战备。"管仲说:"不能这样做,因为齐国危险了。国内夺取百姓的财用,士人受勇武的鼓励,这是国家混乱的根源。对外侵犯诸侯,百姓多生怨恨。真正行义之士，不进入齐国，怎么能没有危险呢？"鲍叔说："国君一定要听用夷吾的话。"桓公不听从，就发令全国加强战备。关市的赋税就增加，桓公又凭勇武来授予俸禄。鲍叔对管仲说："以前，桓公答应你完成霸业，如今国家非常混乱，你将如何办呢？"管仲说："我们的国君性子急，他的才智能使他悔悟，姑且等他自己悔悟吧。"鲍叔说："等到他自己悔悟，国家不是败亡了吗？"管仲说："不会的。国内的政事，我还在暗中料理，国家虽然混乱，但还可能等到他悔悟。国外诸侯的辅相，还没有像我们二人这样的人，因此没有国家敢来侵犯我们。"第二年，在朝廷上为争夺俸禄而互相刺杀，折颈断头的事不断发生。鲍叔对管仲说："国家死人多了，岂不有害吗？"管仲说："怎么会是这样的呢，这些都是贪得无厌的人们。我所担忧的，是诸侯国中真正的义士不肯进入齐国，齐国的真正的义士不肯做官，这是我所担忧的事情。至于像那些死了的人，我怎么能使用他们、爱惜他们呢。"桓公又不断地加强战备。

【原文】

三年，桓公将伐鲁，曰："鲁与寡人近，于是其救宋也疾，寡人且诛焉。"管仲曰："不可。臣闻有土之君，不勤于兵，不忌于辱，不辅其过，则社稷安；勤于兵，忌于辱，辅其过，则社稷危。"公不听，兴师伐鲁，造于长勺①。鲁庄公兴师逆之②，大败之。桓公曰："吾兵犹尚少，吾参围之③，安能围我④？"

注释

①造：到达。长勺：鲁地名。
②逆：迎战。
③参：同"三"，三倍。
④围：通"御"，抵御。

【今译】

三年，桓公将要攻伐鲁国，说："鲁国与我齐国最近，因此它救宋国也就最先到，我将要去惩罚它。"管仲说："不能这样做。我听说有封土的国君，不多打仗，不忌恨受耻辱，不助长自己的过错，那么国家就安全;多打仗,忌恨受耻辱,助长自己的过错,那么国家就危险。"桓公不听从,兴兵攻伐鲁国,到达鲁国的长勺。鲁庄公兴兵迎战齐桓公,大败齐桓公。齐桓公说:"我的军队还是不够,我用三倍的军队围攻它,它怎么能抵御我?"

【原文】

　　四年,修兵,同甲十万①,车五千乘,谓管仲曰:"吾士既练,吾兵既多,寡人欲服鲁。"管仲喟然叹曰:"齐国危矣!君不竞于德而竞于兵。天下之国带甲十万者不鲜矣,吾欲发小兵以服大兵,内失吾众,诸侯设备,吾人设诈,国欲无危得已乎?"公不听,果伐鲁。鲁不敢战,去国五十里,而为之关②。鲁请比于关内,以从于齐,齐亦毋复侵鲁。桓公许诺。鲁人请盟曰:"鲁小国也,固不带剑。今而带剑,是交兵闻于诸侯,君不如已③。请去兵。"桓公曰:"诺。"乃令从者毋以兵。管仲曰:"不可。诸侯加忌于君,君如是以退可。君果弱鲁君,诸侯又加贪于君,后有事,小国弥坚,大国设备,非齐国之利也。"桓公不听,管仲又谏曰:"君必不去,鲁胡不用兵。曹刿之为人也④,坚强以忌⑤,不可以约取也。"桓公不听,果与之遇,庄公自怀剑,曹刿亦怀剑。践坛,庄公抽剑其怀曰:"鲁之境去国五十里,亦无不死而已。"左揕桓公右自承曰⑥:"均之死也⑦,戮死于君前!"管仲走君,曹刿抽剑当两阶之间,曰:"二君将改图,无有进者!"管仲曰:"君与地,以汶为竟⑧。"桓公许诺,以汶为竟而归。桓公归而修于政,不修于兵革,自圉、辟人、以过、弭师⑨。

注释

　　①同:齐全。《诗经·小雅·车攻》:"我车既攻,我马既同。"尹知章注:"同甲,谓完坚齐等。"
　　②而为之关:尹知章注:"更立国界而为之关。"
　　③已:止盟。尹知章注:"若以交兵闻于诸侯,不如止而不盟也。"
　　④曹刿:鲁国的将军。亦作曹沫。
　　⑤忌:同"惎"。《说文》:"惎,毒也。"
　　⑥揕(zhèn 振):刺,此指准备刺。
　　⑦均:同。
　　⑧汶:汶水。竟:同"境"。下同。
　　⑨"自圉"句:张佩纶云:"'自圉'即《诗》之'我圉',《左传》之'聊以固吾

围'，言慎守边围也。'辟人'，理人也。'以'通作'已'，止也。'已过'，止过也。'弭师'，弭兵也。"弭，停止。

【今译】

四年，桓公继续加强战备，有齐全的甲兵十万人，战车五千辆，对管仲说："我的军士已经得到训练，我的兵器已经很多，我要征服鲁国。"管仲长叹一声说："齐国危险了！国君不是与人竞比德而是竞比用兵。天下诸侯国拥有甲兵十万人的不在少数，我们想出动少量的兵力来征服大量的兵力，国内失掉民众，而诸侯国都已有戒备，我们只好进行诈骗，国家想要没有危险能做得到吗？"桓公不听从，终于攻伐鲁国。鲁国不敢迎战，在离开国都五十里的地方，另设关防。鲁国请求拥有关内侯一样的地位，服从齐国，请齐国也不要再入侵鲁国。桓公答应了。鲁国请求订立盟约说："鲁是小国家，会盟时一定不带剑。现在如果带剑会盟，这样就会以交战国的名声传闻到各诸侯国，你还不如停止会盟。请不带兵器会盟。"桓公说："可以的。"于是下令跟随的人不要带兵器。管仲说："不能这样做。诸侯痛恨国君，国君还是像这样告退为好。国君如果通过会盟来削弱鲁君，诸侯国又会把贪名加到你的头上，以后有战事，小国就要强硬，大国就作戒备，这对齐国是不利的。"桓公不听从，管仲又规劝说："国君一定不要去，鲁国怎么会不带兵器。曹刿为人，坚强而狠毒，是不能用盟约可取信的。"桓公不听从，终于同他们会盟。鲁庄公自己怀藏宝剑，曹刿也怀藏宝剑。登上会盟的高台后，鲁庄公从怀中抽出剑来说："鲁国的国境只离国都五十里，也必死而无疑。"他左手举起剑对着齐桓公，同时举起了右手指着自己，说："同样都是死，让我死在你之前吧！"管仲跑向国君，曹刿抽出剑挡在两个台阶之间，说："两国的国君将要改变意图，谁也不可以上前。"管仲说："国君还给他们土地，以汶水作为国境线。"齐桓公答应了，确定汶水作为国境线而回国。齐桓公归国后就努力整顿国内的政事，不再加强战备，只自守边疆、开发人才、不再做错事、息兵停战。

【原文】

五年，宋伐杞①，桓公谓管仲与鲍叔曰："夫宋，寡人固欲伐之，无若诸侯何。夫杞，明王之后也。今宋伐之，予欲救之，其可乎？"管仲对曰:"不可。臣闻内政之不修,外举义不信。君将外举义,以行先之②,则诸侯可令附。"桓公曰:"于此不救,后无以伐宋。"管仲曰:"诸侯之君,不贪于土;贪于土必勤于兵,勤于兵必病于民,民病则多诈。夫诈密而后动者胜③,诈则不信于民。夫不信于民则乱,内动则危于身。是以古之人闻先王之道者,不竞于兵。"桓公曰:"然则奚若?"管仲对曰:"以臣则不④。而令人以重币使⑤,使之而不可,君受而封之。"桓公问鲍叔曰:"奚若?"鲍叔曰:"公行夷吾之言。"公乃命曹孙宿使于宋⑥,宋不听,果伐杞。桓公筑缘陵以封之⑦,予车百乘,甲一千。明年,狄人伐邢,邢君出致于齐⑧。桓公筑夷仪以封之⑨,予车百乘,卒千人。明年,狄人伐卫,卫君出致于虚⑩,桓公且封之。隰朋、宾胥无谏曰⑪:"不可。三国所以亡者,绝以小⑫。今君簭封亡国⑬,国尽若何?"桓公问管仲曰:"奚若?"管仲曰:"君有行之名,安得有其实⑭。君其行也。"公又问鲍叔,鲍叔曰:"君行夷吾之言。"桓公筑楚丘以封之⑮,与车三百乘,甲五千。既已封卫,明年,桓公问管仲:"将何行?"管仲对曰:"公内修政而劝民,可以信于诸侯矣。"君许诺。乃轻税,弛关市之征,为赋禄之制。既已,管仲又请曰:"问病,臣愿赏而无罚。五年,诸侯可令傅⑯。"公曰:"诺。"既行之,管仲又请曰:"诸侯之礼,令齐以豹皮往,小侯以鹿皮报;齐以马往,小侯以犬报。"桓公许诺。行之,管仲又请赏于国以及诸侯。君曰:"诺。"行之,管仲赏于国中,君赏于诸侯。诸侯之君有行事善者,以重币贺之;从列土以下有善者,衣裳贺之;凡诸侯之臣有谏其君而善者,以玺问之,以信其言⑰。公既行之,又问管仲曰:"何行?"管仲曰:"隰朋聪明捷给,可令为东国⑱。宾胥无坚强以良,可以为西土。卫国之教,危傅以利⑲;公子开方之为人也,慧以给,不能久而乐始,可游于卫⑳。鲁邑之教,好迩而训于礼㉑;季友之为人也,恭以精,博于粮㉒,多小信,可游于鲁。楚国之教,巧文以利,不好立大义,而好立小信;蒙孙博于教,而文巧于辞,不好立大义,而好结小信,可游于楚。小侯既服,大侯既附。夫如是,则始可以施政矣。"君曰:"诺。"乃游公子开方于卫,游季友于鲁,游蒙孙于楚。五年诸侯附。

注释

①杞:国名。周武王封夏后于杞,故名。
②行:指内行,即修内政。

③密:停止。
④不:古本作"不然。"译文从之。
⑤而:古与"如"通用。古本"而"作"若"。可见而、如、若同义。
⑥曹孙宿:古本作"曹孙叔",当为齐国大夫。
⑦缘陵:城名。尹知章注:"缘陵,杞城。"
⑧致:当读为"至","致"与"至"本通用。
⑨夷仪:城名。尹知章注:"夷仪,邢城。"
⑩虚:齐地名。
⑪隰朋、宾胥无:以及后面的季友、蒙孙等均为齐国大夫。
⑫绝:只是。
⑬簛:当作"蕲",通"祈",祈求。
⑭君有行之名,安得有其实:郭沫若云:当依古本作:"君有行之实,安得有其名"。译从。
⑮楚丘:城名。
⑯傅:同"附",亲附。
⑰"以玺"二句:尹知章注:"谓桓公以玺问之,以信验其所谏之言为善。"信:信验,证实。
⑱东国:齐东之国。下文"西土",齐西之土。
⑲危傅:当读"诡薄"。郭沫若云:诡薄,犹"儇薄"。即轻薄奸巧。
⑳尹知章注:"其人性轻率,不能持久,所谓'靡不有初,鲜克有终'。故曰乐始。使此人游于卫,诱动之,令归于齐也。"
㉑好迻:于省吾云:即"好艺"。迻、艺音近而字通。艺,六艺。张文虎云:驯,当读为"驯",顺服。
㉒粮:刘绩云:粮乃"礼"字之误,因形近而误。译文从"礼"。

【今译】

五年,宋国攻伐杞国,桓公对管仲与鲍叔说:"宋国,我早就想要讨伐它,无奈诸侯们要解救它。杞国,是圣明君主的后代。现在宋国要去攻伐它,我想要去解救,行吗?"管仲说:"不行。我听说国内的政事没有整顿好,对外出兵行义没有人信服。你要对外出兵行义,要以整顿内政为先,那么诸侯才能来亲附。"桓公说:"这时不出兵相救,以后就没有机会讨伐宋国。"管仲说:"作为诸侯国的君主,不能贪图土地,贪图土地必然要多用武力,多用武力必然有害于百姓,百姓受害君主就会多施行巧诈。巧诈停止施行而后动用兵力的君主才能获胜利,君主施行巧诈就不能取信于民。不能取信于民国家就要混乱，国内动用兵力镇压，就要危及君主自己。因此古代懂得先王之道的君主，不竞赛使用兵力。"桓公说："那怎么办呢？"管仲回答说："以我之见，就不这样做。如果派人用重金出使到宋国交涉，出使交涉不能成功，你就接纳杞侯而加以封赐。"桓公问鲍叔说："怎么样？"鲍叔说："你按夷吾的话做。"桓公就派曹孙宿出使到宋国，宋公不听从齐国，终于攻伐杞国。桓公就建筑缘陵城封赐给杞侯，给予兵车百辆，甲兵一千人。第二年，狄人攻伐邢国，邢国的国君出逃到齐国。桓公就建筑夷仪城封赐给邢君，给予兵车百辆，士卒一千人。第二年，狄人攻伐卫国，卫国的国君出逃到齐国的虚地，桓公又将封赐他。隰朋、宾胥无规劝说："不能这样做。三个国家之所以灭亡，只是因为小。现在你只求封赐灭亡的国家，自己的国土用尽了怎么办？"桓公问管仲说："怎么办？"管仲说："国君有行义的实际，于是就能有行义的名声，国君要继续行义。"桓公又问鲍叔，鲍叔说："国君按夷吾的话做。"桓公作楚丘城封赐给卫君，给兵车三百辆，甲士五千人。封赐卫君以后，第二年，桓公问管仲说："将做什么？"管仲回答说："你在国内整顿政事而勉励百姓，就可取信于诸侯了。"桓公同意。齐国于是减轻赋税，放宽关卡市场的征收，制订赋税和禄赏法规。实行这些以后，管仲又请求说："要施行问候病人的制度，我希望能多加赏赐而不行惩罚。这样五年之后，就可使诸侯来亲附。"桓公说："好的。"实行这些以后，管仲又请示说："在与诸侯礼尚往来的时候，齐国送去豹皮，让小国以鹿皮回报；齐国送去马，让小国以狗回报。"桓公同意。实行这些以后，管仲又请求施行奖赏国内外的制度，桓公说："好的。"于是施行这项制度，管仲在国内行赏，桓公行赏到各诸侯国。诸侯国君有施行好的政策的，就用重金去祝贺；凡得封领土以下有善行的，就用衣裳去祝贺；凡诸侯的臣子能谏诤君主而有好效果的，就用玺去慰问他，用来肯定他的言论。桓公施行这项制度以后，又问管仲说："再施行什么？"管仲说："隰朋聪明敏捷，可以任命他管理与东方各国的往来事务。宾胥无坚强而善良，可以任命他管理与西方各国的往来事务。卫国的教化，轻薄而好利；公子开方为人，聪明又敏捷，不能持久而乐于创始，可出使到卫国。鲁国的教化，喜好六艺而顺服礼；季友为人，恭敬又精明，博学知礼，能多做实实在在的小事，可出使到鲁国。楚国的教化，讲究美丽的文采又喜好利,不喜爱做大义的事,而喜爱做实在的小事;蒙孙在教化方面有广博的知识,文辞美丽又善于应对,不喜爱做大义的事,而喜爱结交做事实在的人,可出使到楚国。小国诸侯都已服从,大国诸侯都已亲附。如此,就能开始向诸侯国施行政令了。"桓公说:"好的。"于是派遣公子开方出使到卫国,派遣季友出使到鲁国,派遣蒙孙到楚国。经过五年时间,诸侯都来亲附。

【原文】

　　狄人伐①,桓公告诸侯曰:"请救伐。诸侯许诺②,大侯车二百乘,卒二千人;小侯车百乘,卒千人。"诸侯皆许诺。齐车千乘,卒先致缘陵③,战于后故④,败狄。其车甲与货,小侯受之;大侯近者,以其县分之,不践其国。北州侯莫来,桓公遇南州侯于召陵,曰:"狄为无道,犯天子令以伐小国⑤。以天子之故,敬天之命,令以救伐,北州侯莫至,上不听天子令,下无礼诸侯,寡人请诛于北州之侯。"诸侯许诺。桓公乃北伐令支,下凫之山,斩孤竹⑥,遇山戎⑦。顾问管仲曰:"将何行?"管仲对曰:"君教诸侯为民聚食。诸侯之兵不足者,君助之发。如此,则始可以加政矣。"桓公乃告诸侯,必足三年之食,安以其余修兵革⑧。兵革不足,以引其事告齐⑨,齐助之发。既行之,公又问管仲曰:"何行?"管仲对曰:"君会其君臣父子⑩,则可以加政矣。"公曰:"会之道奈何?"曰:"诸侯毋专立妾以为妻,毋专杀大臣,无国劳毋专予禄,士庶人毋专弃妻,毋曲堤⑪,毋贮粟,毋禁材。行此卒岁,则始可以罚矣。"君乃布之于诸侯,诸侯许诺,受而行之。卒岁,吴人伐穀⑫,桓公告诸侯未遍,诸侯之师竭至⑬,以待桓公。桓公以车千乘会诸侯于竟,都师未至,吴人逃⑭。诸侯皆罢。桓公归,问管仲曰:"将何行?"管仲曰:"可以加政矣。"曰:"从今以往二年,適子不闻孝⑮,不闻爱其弟,不闻敬老国良⑯,三者无一焉,可诛也。诸侯之臣及国事,三年不闻善,可罚也。君有过,大夫不谏;士庶人有善,而大夫不进,可罚也。士庶人闻之吏,贤孝悌可赏也。"桓公受而行之,近侯莫不请事,兵车之会六⑰,乘车之会三⑱,飨国四十有二年。

注释

　　①伐:指"伐杞"。

②诸侯许诺:郭沫若云:意谓"如诸侯许诺者"。这是一种外交辞令。
③卒:据上文"车二百乘,卒二千人"等推算,齐车千乘,则"卒一万人"。致:同"至"。
④后故:张佩纶云:当为"缘陵"之坏字。译文从张说。
⑤小国:指杞国。
⑥斩孤竹:杀了孤竹国的国君。
⑦遇:郭沫若云:"当是'遏'字之误,遏谓抑制之也。"译文从郭说。
⑧安:语助词,犹乃也。
⑨引:苏舆云:与"益"同义。《小匡》篇"国家不日益",《齐语》"益"作"引"是其证。
⑩会:考核。尹知章注:"会,谓考合其君臣父子之宜。"
⑪毋曲堤:尹知章注:"所谓无障谷也。"意谓不准在河道上随意建筑堤坝,以免引起用水的纠纷。
⑫穀:齐地。尹知章注:"穀,齐之下都,后以封管仲。"
⑬竭至:尹知章注:"言其尽来。"
⑭"都师"二句:尹知章注:"齐都之师尚未至,而吴人逃也。"
⑮適子:即嫡子。此指诸侯的长子,即世子。
⑯敬老:尊敬。老,犹尊也。
⑰兵车之会:尹知章注:"兵车之会,谓兴兵有所伐。"
⑱乘车之会:尹知章注:"乘车之会,谓结好息民之会也。"

【今译】

　　狄人攻打杞国,桓公通告各诸侯国说:"请救杞国。如各诸侯国同意的话,大国出兵车二百辆,士兵二千人;小国出兵车一百辆,士兵一千人。"诸侯国君都同意。齐国出兵车一千辆,士兵一万人,先到缘陵,在缘陵与狄人开战,打败了狄国。桓公就把缴获的战车、兵器和货物,让小国领受;大国与狄国相近的,就分得狄国的县邑,但不准践踏狄国的都城。北州侯没有派兵前来,桓公在召陵遇到南州侯,说:"狄国做无道的事,违反天子的政令而攻打杞国。为了要维护天子的缘故,敬奉天命,下令救援杞国,而北州诸侯没有来,上不听天子的命令,下对各诸侯无礼,我提请惩罚北州诸侯。"各诸侯国都同意。桓公于是往北攻打令支国,攻下兔之山,杀了孤竹国的君主,抑制了山戎国。桓公回来问管仲说:"还要做什么?"管仲回答说:"国君教各诸侯国积聚粮食。诸侯国兵力不足的,国君就帮助它发展。如果能做到这样,就可以开始施加政令了。"桓公就通告各诸侯国,必须贮足三年的粮食,并以余力加强军备。军备不足的,就把要求增援的情况报告齐国,齐国就帮助它发展。这样施行以后,桓公又问管仲说:"再做什么?"管仲回答说:"你再考核各诸侯国的君臣、父子间的情况,那么就可以施加政令了。"桓公说:"考核的办法怎样?"管仲说:"诸侯国君不得擅自立妾而为妻,不得擅自杀戮大臣,没有为国立下功劳的人不得擅自给予俸禄,士人和百姓不得擅自抛弃妻室,不得擅自修筑拦河的堤坝,不得囤积粮食,不得禁止开发材用。执行这些规定到年底,就可开始惩罚违反的人了。"桓公就把这些规定发布到各诸侯国,各诸侯国都同意,接受并执行这些规定。到年底,吴国攻伐穀地,桓公还没有遍告诸侯国,而诸侯国的军队全都来到,等待桓公。桓公率领着战车一千辆同各诸侯国君相会于齐国边境,齐国京都的军队还未赶到,吴国人就逃跑了。诸侯国各自罢兵,桓公归来,问管仲说:"再做什么?"管仲说:"可以施加政令了。"又说:"从今以后两年之内,诸侯的世子不听说有孝行,不听说他友爱兄弟,不听说他尊敬国家的贤良,三项没有一项做到的,就可以讨伐。诸侯国的臣子处理国事,三年之内没有听说他做好事,就可以惩罚。国君有过错,大夫不劝谏;士人和百姓有善行,大夫却不推举进用,就可惩罚。士人和百姓,有贤良孝悌的事迹的,经官吏们的推举,就可赏赐。"桓公接受并施行这些规定,与齐国相近的诸侯,没有一个不来请求侍奉的,与诸侯兵车之会有六次,友好的乘车之会有三次,享国四十二年。

【原文】

桓公践位十九年,弛关市之征,五十而取一。赋禄以粟①,案田而税②。二岁而税一,上年什取三③,中年什取二,下年什取一,岁饥不税,岁饥弛而税。

注释

①禄:读为"录",记录。此指计算。
②案田而税:尹知章注:案知其壤瘠而税。意谓按田地的肥瘠而收税。案通"按",根据。
③什:十成。

【今译】

桓公登位十九年,放宽了关卡和市场的赋税,只征收五十分之一。农业的赋税以粟米计算,根据田地的肥瘠收税。两年收税一次,上等年成收十分之三的税,中等年成收十分之二的税,下等年成收十分之一的税,饥荒年不收税,待饥荒缓解以后再收税。

【原文】

桓公使鲍叔识君臣之有善者①,晏子识不仕与耕者之有善者,高子识工贾之有善者,国子为李②,隰朋为东国,宾胥无为西土,弗郑为宅③。凡仕者近宫,不仕与耕者近门,工贾近市。三十里置遽④,委焉⑤,有司职之。从诸侯欲通⑥,吏从行者,令一人为负以车;若宿者,令人养其马,食其委⑦。客与有司别契⑧,至国八契费⑨,义数而不当⑩,有罪。凡庶人欲通乡,吏不通,七日,囚。出欲通⑪,吏不通,五日,囚。贵人子欲通,吏不通,二日,囚。凡县吏进诸侯士而有善,观其能之大小以为之赏,有过无罪。令鲍叔进大夫,劝国家,得之成而不悔⑫,为上举。从政治为次⑬,野为原⑭,又多不发⑮,起讼不骄,次之。劝国家,得之成而悔,从政虽治而不能,野原又多发,起讼骄,行此三者为下⑯。令晏子进贵人之子,出不仕⑰,处不华,而友有少长,为上举;得二,为次;得一,为下。士,处靖⑱,敬老与贵,交不失礼,行此三者为上举;得二,为次;得一,为下。耕者,农农用力⑲,应于父兄,事贤多⑳,行此三者,为上举;得二,为次;得一,为下。令高子进工贾,应于父兄,事长养老,承事敬,行此三者为上举,得二者,为次;得一者,为下。令国子以情断狱。三大夫既已选举,使县行之。管仲进而举言㉑,上而见之于君,以卒年君举。管仲告鲍叔曰:"劝国家,不得成而悔,从政不治不能,野原又多而发,讼骄,凡三者,有罪无赦。"告晏子曰:"贵人子处华,下交,好饮食,行此三者,有罪无赦。士出入无常,不敬老而营富,行此三者,有罪无赦。耕者出入不应于父兄,用力不农,不事贤,行此三者,有罪无赦。"告国子曰㉒:"工贾出入不应父兄,承事不敬,而违老治危㉓,行此三者,有罪无赦。凡于父兄无过,州里称之,吏进之,君用之。有善无赏,有过无罚,吏不进,廉意㉔。于父兄无过,于州里莫称,吏进之,君用之,善为上赏,不善吏有罚。"君谓国子:凡贵贱之义,入与父俱,出与师俱,上与君俱。凡三者,遇贼不死,不知贼,则无赦。断狱,情与义易,义与禄易,易禄可无敛㉕,有可无赦㉖。

注释

①识:读为"志",记住。尹知章注:"音志。"君臣:王引之云:当为"群臣",群臣大夫也。译文从之。

②李:通"理",古时法官的名称。尹知章注:"李,狱官也。"

③宅:官名,负责掌管宅地。尹知章注:"为宅,掌修除宫室。"

④遽(jù据):驿车。此指驿站。

⑤委:委积,积聚。尹知章注:"委,谓当有储,拟以供过者。"

⑥从:许维遹云:当作"凡",形近而误。译文从"凡"。

⑦食其委:古本作"食以委"。安井衡云:"食以委"以委积之物食之也。译文从之。

⑧别契:犹今之单据与存根,各执其一。郑司农注《小宰》曰:"别,别为两,两家各得一也。"

⑨八契费:陶鸿庆云:当为"入契费","八"为"入"之误字。郭沫若云:"入犹纳也。"即交纳契费。译文从陶说郭说。

⑩义:同"仪",礼仪。数:数目,费用。而:如果。

⑪出:刘绩云:出疑为"士"之误。译文从"士"。

⑫得之成:刘师培云:依据下文,应为"得成"。成,与"功"同。得成,犹言有功。悔:咎,过错。《论语·为政》:"言寡尤,行寡悔。"

⑬为次:王引之云:"'为次'二字,涉下文'得二为次'而衍。"译从。

⑭野为原:许维遹云:"《戒篇注》'为犹与也',此'野为原',即'野与原',下文'野原'连文,是其证。"译从。

⑮不发:读为"不废",不荒废。发,古代与"废"通用。

⑯行此三者:孙蜀丞云,此四字"当在下文'为上举'之上"。译文从之。

⑰出不仕:郭沫若云:"当是'出不狂'之误,谓出外不为邪辟之行也。"译文从郭说。

⑱靖:恭敬。

⑲农农:郭沫若云:犹言"浓浓、重重、冲冲"。

⑳贤:通"艰"。艰苦,辛劳。《诗经·小雅·北山》:"我从事独贤。"

㉑举:陶鸿庆云:读为"与"。

㉒国子:根据上下文的记述,此处应为"高子"。

㉓危:"诡"之借字。苏舆云:危、诡同声通用。

㉔廉意:郭沫若云:"当是'废弃'之误,……"译文从之。

㉕易:古本无"易"字,郭沫若云:当从古本删去。译从。敛:检束。

㉖有可:依上文当为"有罪"。王念孙云:"涉上句'可无敛'而误。"

【今译】

　　桓公命鲍叔记录大夫中有善行的人,命晏子记录平民与农夫中有善行的人,命高子记录工匠商人中有善行的人,命国子为法官,命隰朋为处理东方各国事务的外交官,命宾胥无为处理西方各国事务的外交官,命弗郑为宅地官。官吏的住宅都靠近官廷,平民与农夫的住宅都靠近城门,工匠与商人的住宅靠近市场。每三十里的地方设置驿站,在驿站里储备物资,有专门的官吏掌管。凡诸侯要与齐交往的,进入齐国的官吏以及随行人员,驿站就要派遣一个人用车子为他们运送行李;如果要在驿站住宿的,就要派人为他们喂养马,用储备的物资供他们食用。宾客与驿站的官吏要各执单据,宾客进入京都要依单据交纳费用,如果发现招待的礼仪和费用的数据不恰当,驿站的官吏就有罪。凡是平民要到乡地去陈诉事实的,官吏不准他们前往,扣压超过七天,官吏就要受囚禁。士要与上面交往,官吏不准他们前往,扣压超过五天,官吏就要受囚禁。贵人子弟要与上交往,官吏不准他们前往,扣压超过两天,官吏就要受囚禁。凡县官向齐国推荐诸侯国的士,如果效果好的,看士的能力的大小而对县官颁奖,如果推荐有过错则无罪。命鲍叔推荐大夫,为国家效力,有功而无过错的,是上等人才。从事政务能治理的,土地又多不荒废,对诉讼的处理实事求是,是次一等的人才。努力为国家效力,有功也有过错,从事政务虽能治理,却又无能,土地多荒废,对诉讼的处理不能实事求是,是下等人才。命晏子推荐贵人的子弟,出游不狂妄,平时生活不奢华,无论年少年长的,都可交为朋友,能做到这三项的是上等人才;能做到两项的是次一等的人才;能做到一项的是下等人才。士,平时态度恭敬不傲,能尊重老人与贵人,与人交游不失礼节,能做到这三项的是上等人才;能做到两项的,是次一等的人才;能做到一项的,是下等人才。农夫,劳动十分用力,能顺应父兄,服劳役肯吃苦做得又多,能做到这三项的,是上等人才,能做到两项的,是次一等的人才,能做到一项的,是下等的人才。命高子推荐工匠和商人,能顺应父兄,侍奉长辈敬养老人,承担徭役认真,能做到这三项的是上等人才,能做到两项的是次一等的人才,能做到一项的是下等人才。命国子根据实情判决诉讼。三大夫的选拔推举工作完成以后,令县官去执行。管仲在推荐他们时要与他们谈话,然后上报并安排让国君接见,在年终时国君举用。管仲告诉鲍叔说:"为国家做事,不能立功而有过错,从事政务不能办好事又无能,土地荒废得又多,对诉讼的处理不能实事求是,凡犯有这三项的,有罪不赦。"告诉晏子说:"贵人子弟平日生活奢华,下交轻薄子弟,喜好酒食游戏,犯有这三项的,有罪不赦。士出入无常规,不尊敬老人,营私谋富,犯有这三项的,有罪不赦。农夫出入不顺应父兄,劳动不肯卖力,逃避劳役怕艰苦,犯有这三项的,有罪不赦。"告诉高子说:"工匠商人出入不顺应父兄,承担徭役不认真,违背老人教导做事诡计多端,犯有这三项的,有罪不赦。凡是对父兄没有过错,州里的人称赞他,官吏推举他,国君就任用他。有善行没有奖赏,有过错没有责罚,官吏不能推荐人才,就罢了他的官。对父兄没有过错,在州里没有人称赞他,而官吏推举了他,国君任用了他。如果他确实好,推荐的官吏受上赏;如果他确实不好,官吏要受罚。"国君也指示国子:根据贵贱的准则,在家要与父亲在一起,出门要与师傅在一起,朝廷上要与君主在一起。在这三种情况下,如遇到贼害而不能以死捍卫,或者有贼害而不能知道,则不赦他的罪行。在论罪判刑的时候,拿人情与国法做交易,拿国法与权势做交易,如果有权势的人不受国法的约束,则有罪不赦。

中匡第十九

【题解】

　　中匡,中等的书简。据郭沫若说是长一尺二寸的书简,是私家著述,较之于长二尺四寸的官方书简则要短得多了。本篇记述了两则桓公与管仲的谈话,时间是管仲为齐相后,内容是有关治国兴霸的策略。前一则侧重于称霸诸侯要有充分的准备,要学习"先王必有置也,而后必有废也;必有利也,而后必有害也"的历史经验,特别强调要"善之伐不善也"的历史规律,要以治平乱,稳定社会,以诸侯、百姓为重。后一则强调要始终不渝地坚持取信于天下,不能偷安于一时。本篇的文体接近于逸事的记述,而观点鲜明。

【原文】

　　管仲会国用①,三分二在宾客②,其一在国③。管仲惧而复之④。公曰:"吾子犹如是乎? 四邻宾客,入者说⑤,出者誉,光名满天下;入者不说,出者不誉,污名满天下。壤可以为粟,木可以为货。粟尽则有生,货散则有聚。君人者,名之为贵,财安可有⑥?"管仲曰:"此君之明也。"公曰:"民办军事矣,则可乎⑦?"对曰:"不可。甲兵未足也。请薄刑罚以厚甲兵。"于是死罪不杀,刑罪不罚,使以甲兵赎。死罪以犀甲一戟⑧,刑罚以胁盾一戟⑨,过罚以金军⑩,无所计而讼者⑪,成以束矢⑫。公曰:"甲兵既足矣,吾欲诛大国之不道者,可乎?"对曰:"爱四封之内,而后可以恶竟外之不善者⑬;安卿大夫之家,而后可以危救敌之国⑭;赐小国地,而后可以诛大国之不道者;举贤良,而后可以废慢法鄙贱之民。是故先王必有置也,而后必有废也;必有利也,而后必有害也。"桓公曰:"昔三王者,既弑其君,今言仁义,则必以三王为法度,不识其故何也?"对曰:"昔者禹平治天下,及桀而乱之,汤放桀以定禹功也。汤平治天下,及纣而乱之,武王伐纣以定汤功也。且善之伐不善也,自古至今,未有改之,君何疑焉?"公又问曰:"古之亡国其何失?"对曰:"计得地与宝,而不计失诸侯;计得财委,而不计失百姓;计见亲而不计见弃。三者之属一,足以削,遍而有者亡矣。古之隳国家⑮、陨社稷者⑯,非故且为之也⑰,必少有乐焉,不知其陷于恶也。"

注释

①会:读为"会计"的会,意为总计。

②宾客:此指他国派来的使者。《论语·公冶长》:"赤也,束带立于朝,可使与宾客言也。"邢疏:"可使与邻国之大宾小客言语应对也。"

③国:指国内。

④复:报告。

⑤说:通"悦",喜悦。

⑥财安可有:郭沫若云:"财安可有"当读为"财焉何有",谓财无足轻重,非谓财不可有。

⑦民办军事矣,则可乎:陶鸿庆云:"传写于此误夺,校者又误补于下耳。"应为"民办军事矣,吾欲诛大国之不道者,可乎"。译文从陶说。

⑧犀甲一戟：犀牛皮的盔甲又加一戟。戟，枪头有小叉的兵器。
⑨刑罚：王引之云："'刑罚'当为'刑罪'。""涉上文薄刑罚而误。"译文从之。
⑩金军：王引之云：当为"金钧"，出金一钧也。金，铜铁等金属的统称。钧，古代以三十斤为一钧。
⑪无所计：苏舆云：当为"无所抑"，无所屈抑。屈抑：委屈，冤屈。
⑫束矢：一束箭。《淮南子·氾论训》："讼而不胜者，出一束箭。"高诱注："箭十二为束也。"
⑬竟：通"境"。
⑭救敌：王引之云：同"仇敌"。仇、执、救，古字通。
⑮隳（huī 灰）：毁坏。
⑯陨社稷：灭祭祀。陨同"殒"，死亡。
⑰非故且为：并非专门这样做。许维遹云：故，专故也；且，句中语助词。意谓非专为之。

【今译】

　　管仲总算国家的开支，发现三分之二的钱花在国外来的宾客身上了，只有三分之一的钱花在国内。管仲惶恐地向桓公报告这个情况。桓公说："你也还是如此吗？四方邻国的宾客，进入齐国就高兴，出离齐国就称誉，就能使齐国的美名声传遍天下；如果进入齐国就不高兴，出离齐国就不称誉，就会使齐国的丑名声传遍天下。土地可以生产粮食，木材可以制成财货。粮食用尽了可以再生产，财货散尽了可以再聚积。对于君主，名声最为贵重，何必计较财物呢？"管仲说："这是你的圣明。"桓公说："百姓都在做备战的工作，我想要去讨伐无道的大国，可以吗？"管仲回答："不能这样做，因为盔甲和兵器还不够。请减少刑罚来增加盔甲和兵器。"于是犯死罪的人就不杀了，犯刑罪的人就不坐牢了，使他们用盔甲和兵器来赎罪。死罪可用犀牛皮盔甲再加上一把戟赎罪，刑罪可用胁盾再加上一把戟赎罪，有过失的罚以金属一钧，没有什么冤屈而诬告的，用矢一束抵罪。桓公说："盔甲和兵器已经足够，我想要去讨伐无道的大国，可以了吗？"管仲回答说："爱惜国内的百姓，而后才可能交恶国外的不好的人；安定卿大夫的家庭，而后才可能危害仇敌的国家；赐封土地给小国，而后才可能讨伐无道的大国；推举贤良的人才，而后才可能废弃不用轻法鄙贱的人。因此先王必有设置，而后才能有废弃；必有所利，而后才能有所害。"桓公说：

"从前的三王,既已杀了他们的国君,今天议论仁义,却必定拿三王作为典范,不知道是什么原故?"管仲回答说:"从前夏禹平定治理好天下,到夏桀却使天下混乱了,商汤放逐夏桀而安定了夏禹的功业。商平定治理好天下,到纣王却使天下混乱了,周武王攻伐纣王而安定了商汤的功业,并且都是好的攻伐不好的,自古到今,这种情况没有改变,国君你怀疑什么呢?"桓公又问道:"古代亡国的人是因为失去了什么?"管仲回答说:"只计算着能获得多少土地和财宝,却不计算失去了多少诸侯;只计算着能获得多少财物,却不计算失去了多少百姓;只计算有多少受亲附的,却不计算有多少被抛弃的。这三条中犯有一条,就足以削弱国家;如果统统犯有了,就要亡国了。古代毁坏国家、灭绝祭祀的国君,也并非是专门这样做的,必定是从偶有淫乐开始的,不知不觉地陷入了罪恶的深渊。"

【原文】

桓公谓管仲曰:"请致仲父①。"公与管仲父而将饮之②,掘新井而柴焉③,十日斋戒,召管仲。管仲至,公执爵④,夫人执尊⑤,觞三行⑥,管仲趋出。公怒曰:"寡人斋戒十日,而饮仲父,寡人自以为修矣。仲父不告寡人而出,其故何也?"鲍叔、隰朋趋而出,及管仲于途曰:"公怒。"管仲反⑦,入,倍屏而立⑧,公不与言。少进中庭,公不与言。少进傅堂⑨,公曰:"寡人斋戒十日而饮仲父,自以为脱于罪矣。仲父不告寡人而出,未知其故也。"对曰:"臣闻之,沉于乐者洽于忧⑩,厚于味者薄于行,慢于朝者缓于政,害于国家者危于社稷,臣是以敢出也。"公遽下堂曰:"寡人非敢自为修也⑪。仲父年长,虽寡人亦衰矣,吾愿一朝安仲父也。"对曰:"臣闻壮者无怠,老者无偷,顺天之道,必以善终者也。三王失之也,非一朝之萃⑫。君奈何其偷乎?"管仲走出,君以宾客之礼再拜送之。明日,管仲朝,公曰:"寡人愿闻国君之信。"对曰:"民爱之,邻国亲之,天下信之,此国君之信。"公曰:"善。请问信安始而可?"对曰:"始于为身⑬,中于为国,成于为天下⑭。"公曰:"请问为身。"对曰:"道血气,以求长年、长心、长德⑮,此为身也。"公曰:"请问为国。"对曰:"远举贤人,慈爱百姓,外存亡国,继绝世,起诸孤,薄税敛,轻刑罚,此为国之大礼也。""法行而不苛⑯,刑廉而不赦,有司宽而不凌⑰,菀浊困滞⑱,皆法度不亡⑲,往行不束⑳,而民游世矣㉑,此为天下也。"

注释

①仲父:齐桓公对管仲的尊称。古本等"仲父"下有"其桓"二字,郭沫若以为当至此断句。桓,盘桓也,盘乐于酒。译文从郭说。

②与:俞樾云:读为"预",预先。

③柴:为使井水清洁,用柴盖井。

④爵:古代酒器,可用来盛酒或温酒。

⑤尊:古代酒器,可用来盛酒。

⑥觞(shāng 商)三行:觞,也是酒器。按古代礼节,臣子侍宴,酒不得过三觞,超过即是失礼。

⑦反:通"返",返回。

⑧倍:同"背",背对着。

⑨傅:郭沫若云:"读为薄,迫也。谓接近于堂。"

⑩沉:沉溺。洽:浸润。

⑪修:郭沫若云:"'修'字当为'偷'字之误。"译文从"偷"。

⑫萃:俞樾云:"'萃'当读为猝。"意为急速、突起。

⑬为:治。《吕氏春秋·执一篇》:"身为而家为,家为而国为,国为而天下为。"高诱注:"为,治也。"

⑭成:终。与"始"相对。《国语·周语下》:"故高郎令终。"韦昭注:"终,成也。"

⑮长:郭沫若云:读为"养"。

⑯张佩纶云:依上文例,句首当有"公曰请问为天下对曰"九字。译文从之。

⑰凌:凌迟,有拖延、拖拉之义。

⑱茏浊:张佩纶云:即"茏独"之坏。茏独,孤独。困滞:穷困。

⑲亡:同"忘"。

⑳束:"敕"之古字,亦作"饬",有约束的意义。

㉑游世:俞樾云:世读为"泄","游泄"皆和乐之意。

【今译】

桓公对管仲说:"请仲父来饮酒作乐。"桓公预先为管仲父来饮酒作了准备,掘一口新井用柴盖着,斋戒十天,再召见管仲。管仲来到以后,桓公拿着爵,夫人拿着尊,酒行三觞,管仲就快步地走出去了。桓公发怒说:"我斋戒十天,才请仲父饮酒,我自以为是很讲究礼了。但仲父不向我告辞就出去,那是什么原因?"鲍叔、隰朋快步赶出来,在路上赶上了管仲,说:"桓公发怒了。"管仲返回来,进入大门,背朝着屏风站着,桓公不与他说话。过了一会进入中庭,桓公还是不与他说话。又过一会走近堂屋,桓公说:"我斋戒十天来请仲父饮酒,自以为是不失礼了。仲父不向我告辞而走了,不知是什么原因。"管仲回答说:"我听说,沉溺于饮酒作乐的人一定会沾上忧患,重视口味的人一定会轻德行,疏懒上朝的国君就一定放松朝政,有害国家的一定危及到宗庙,我因此敢出去。"桓公急忙从堂屋上走下来说:"我不敢自作偷安。因为仲父年长,虽然我也衰老了,我只希望有一天让仲父安乐。"管仲回答说:"我听说年壮的不懈怠,年老的不偷安,能顺应天道,就必定能有好结果。夏桀、商纣和周幽王失掉天下,并非一朝之间突然来到的。你为什么也要苟且安乐呢?"管仲出门时,桓公用宾客之礼一再礼拜送管仲。第二天,管仲上朝,桓公说:"我希望能听到关于国君信用问题的见解。"管仲回答说:"百姓爱戴他,邻国亲附他,天下人信任他,这就是国君的信用。"桓公说:"好。请问怎样开始才能做到信用?"管仲回答说:"从治身开始,接着在于治国,最后在于治理天下。"桓公说:"请问治身的事。"管仲回答说:"使血气畅通,以便求得长养年寿,长养心智,长养德性,这就是治身的事。"桓公说:"请问治国的事。"管仲回答说:"举用与自己疏远的贤才,慈爱百姓,对外能保存已被灭亡的国家,继续断绝了的世家,起用死于王事的人的后代,少收赋税,减轻刑罚,这就是治国的大准则。"桓公说:"请问治理天下的事。"管仲回答说:"施行法制但不苛刻,减少刑罚但不赦免,官吏宽和但不拖拉,孤独穷困的人都不忘法度,往来不受压束,百姓和乐,这就是治理天下的事。"

小匡第二十

【题解】

　　小匡,据郭沫若说,是一种长八寸的小型简书,系私家著述。本篇记述管仲辅相桓公完成霸业的事迹和一系列政见。大致可分为四部分:第一部分记述桓公自莒返齐登位后,鲍叔推举管仲为相,并由鲍叔从鲁国接回管仲。第二部分是本篇的主体,记述管仲辅相桓公称霸诸侯的一系列政见和举措。主要有：要发扬先王文武并举的传统，要"参其国而伍其鄙"，建乡立属，就是说要完善管理体制，"定民之居，成民之事"。要从爱民出发，使民富而有礼，使民心安定，国家富足。要使政治管理与军事训练结合起来，使民能守能战。要实行基层推举、试官考察和国君任用的三选制度，以促进各级政府的清明和百姓的行善。再用赎罪制度来增强军备，加强内政外交，使内外安定，邻国相亲，依靠盟国，加兵于无道之国。这样才使桓公实现了"九合诸侯，一匡天下"的霸业。第三部分记述管仲辅相桓公要尊重周天子，安定诸侯，巩固霸业。第四部分总述管仲辅相桓公的策略，并用逸事来补充说明管仲特别重视国君的有决断和敏于事，以及使用人才的指导思想。本篇的内容与《国语·齐语》大致相同，而比《齐语》写得简明、周密、细致和可读。因而有学者以为本篇是在《齐语》的基础上写成的。

【原文】

桓公自莒反于齐①，使鲍叔牙为宰。鲍叔辞曰："臣，君之庸臣也。君有加惠于其臣②，使臣不冻饥，则是君之赐也。若必治国家，则非臣之所能也，其唯管夷吾乎！臣之所不如管夷吾者五：宽惠爱民，臣不如也；治国不失秉③，臣不如也；忠信可结于诸侯，臣不如也；制礼义可法于四方④，臣不如也；介胄执枹⑤，立于军门，使百姓皆加勇，臣不如也。夫管仲，民之父母也；将欲治其子，不可弃其父母。"公曰："管夷吾亲射寡人，中钩，殆于死⑥。今乃用之，可乎？"鲍叔曰："彼为其君动也⑦，君若宥而反之⑧，其为君亦犹是也。"公曰："然则为之奈何？"鲍叔曰："君使人请之鲁。"公曰："施伯，鲁之谋臣也。彼知吾将用之，必不吾予也。"鲍叔曰："君诏使者曰：'寡君有不令之臣在君之国，愿请之以戮群臣⑨。'鲁君必诺。且施伯之知夷吾之才，必将致鲁之政，夷吾受之，则鲁能弱齐矣。夷吾不受，彼知其将反于齐，必杀之。"公曰："然则夷吾受乎？"鲍叔曰："不受也。夷吾事君无二心。"公曰："其于寡人犹如是乎？"对曰："非为君也，为先君与社稷之故。君若欲定宗庙，则亟请之，不然无及也。"

【注释】

①齐国内乱，公子小白奔莒，公子纠奔鲁。鲁庄公九年，小白先自莒返齐，登君位，是为桓公。可参阅《大匡》篇。反，同"返"。

②有:读为"又"。

③秉:通"柄",权柄。《国语·齐语》"秉"作"柄"。尹知章注:"秉,柄也。所操以作事。国柄者,赏罚之纪要也。"

④义:通"仪",仪法。法:规范。

⑤介胄执枹:犹言在军前指挥战斗。介胄(zhòu 宙)犹甲胄,指披甲戴盔。《礼记·曲礼上》:"介胄则有不可犯之色。"枹(fú 伏)同"桴",鼓槌。《左传·成公二年》:"右援枹而鼓。"

⑥"管夷"三句:小白自莒返齐,管仲随鲁师伏击,射中小白带钩。可参阅《大匡》篇。

⑦动:行动。《左传正义》所引作"勤"。勤,意同"劳"。录以供参考。

⑧宥(yòu 右):宽恕。

⑨戮群臣:古本作"戮于群臣"。应依古本。

【今译】

桓公从莒国回到齐国,就命鲍叔牙做宰相。鲍叔推辞说:"我是国君的庸臣。国君又增加恩惠给我,使我不受冻挨饿,这已经是国君的恩赐了。如果一定要命我治理国家,却不是我所能做到的,那只能请管夷吾了!我不及管夷吾有五个方面:能以宽容优惠的态度爱护百姓,是我不及的;治国不失法度,是我不及的;能以忠诚守信用的态度同各诸侯国结交,是我不及的;制订礼仪规范四方之国,是我不及的;披甲戴盔,手拿鼓槌,立在军门之前,使百姓都能增加勇气,是我不及的。管仲,是百姓的父母,想要管理儿子,不能废弃他们的父母。"桓公说:"管夷吾曾亲自用箭射我,射中了我的带钩,险些射死了我。现在却用他为相,能行吗?"鲍叔说:"他为了侍奉自己的君主才采取这样的行动,你如果能宽恕他,并使他返回齐国,他为你也还会这样的。"桓公说:"这该如何办呢?"鲍叔说:"国君派使者到鲁国去请他回来。"桓公说:"施伯,是鲁国的谋臣。他知道我将要用管仲,必定不会给我的。"鲍叔说:"你告诉使者要他这样说:'我们国君有一个不听使令的臣子在你们的国家,希望引渡回国,以便处死在群臣面前。'鲁君必定会应诺的。只是施伯知道夷吾的才能,必将把鲁国的政事交给他。夷吾如果接受,鲁国就能削弱齐国了。夷吾如果不接受,施伯知道他一定会回到齐国,就会要杀了他。"桓公说:"这样夷吾会接受鲁国的政事吗?"鲍叔说:"不会接受的。因为夷吾侍奉君主不会有二心的。"桓公说:"他对我也是如此的吗?"鲍叔回答说:"不是为了你,是为先代的国君和国家的缘故。你如果想要安定国家,就赶快去请他,否则就要来不及了。"

【原文】

公乃使鲍叔行成①,曰:"公子纠,亲也。请君讨之。"鲁人为杀公子纠。又曰:"管仲,仇也。请受而甘心焉②。"鲁君许诺。施伯谓鲁侯曰:"勿予。非戮之也,将用其政也③。管仲者,天下之贤人也,大器也。在楚则楚得意于天下,在晋则晋得意于天下,在狄则狄得意于天下。今齐求而得之,则必长为鲁国忧,君何不杀而受之其尸?"鲁君曰:"诺。"将杀管仲,鲍叔进曰:"杀之齐,是戮齐也④;杀之鲁,是戮鲁也。弊邑寡君愿生得之⑤,以殉于国,为群臣僇⑥;若不生得,是君与寡君贼比也⑦,非弊邑之君所谓也⑧,使臣不能受命。"于是鲁君乃不杀,遂生束缚而枊以予齐⑨。鲍叔受而哭之,三举⑩。施伯从而笑之⑪,谓大夫曰:"管仲必不死。夫鲍叔之忍⑫,不僇贤人;其智,称贤以自成也。鲍叔相公子小白,先入得国,管仲、召忽奉公子纠后入,与鲁以战,能使鲁败,功足以⑬得天与失天,其人事一也。今鲁惧,杀公子纠、召忽,囚管仲以予齐,鲍叔知无后事,必将勤管仲以劳其君愿⑭,以显其功。众必予之有得⑮,力死之功,犹尚可加也;显生之功,将何如!是昭德以贰君也⑯,鲍叔之知,不是失也。"至于堂阜之上⑰,鲍叔袚而浴之三⑱。桓公亲迎之郊。管仲诎缨插衽⑲,使人操斧而立其后。公辞斧三,然后退之。公曰:"垂缨下衽,寡人将见。"管仲再拜稽首曰:"应公之赐,杀之黄泉,死且不朽。"

注释

①行成:议和。《史记·越王勾践世家》:"乃令大夫种行成于吴。"司马贞《索隐》:"成者,平也。求和于吴也。"

②请受而甘心焉:《左传正义》引文作"请受而戮之"。受通"授",授予。译文从之。

③将:就是。与上句的"非"对文。

④尹知章注:"言戮以殉齐也。"为齐国殉节而杀。

⑤弊邑:同"敝邑",古代称自己国家的谦辞。

⑥僇:通"戮",杀戮。
⑦比:并列。
⑧谓:当为"请"。《左传正义》作"请"。
⑨柙(xiá 侠):本指关猛兽的木笼子,此指关押犯人的囚车。
⑩三举:尹知章注:"三举其声,伪哀其将死也。"举声,大声。
⑪笑:尹知章注:"笑其伪也。"笑,嘲笑。
⑫忍:张文虎云:"忍"当作"忎",古"仁"字也。译文从"忎"。
⑬以:同"已"。
⑭勤:帮助。《国语·秦语二》:"秦人勤我矣。"愿:古本作"顾"。顾,顾遇、知遇。当从古本。
⑮得:古本作"德"。译文从"德"。
⑯贰君:宰相。尹知章注:"为君之副贰。"
⑰堂阜:《史记集解》杜预注:"堂阜,齐地。东莞蒙阴县西北有夷吾亭,或曰鲍叔解夷吾缚于此,因以为名也。"今山东蒙阴县西北。
⑱祓(fú 福):古代为除灾去邪举行的仪式。尹知章注:"祓,谓除其凶邪之气。"
⑲诎缨:同"屈缨"。诎意同下文的"垂缨"。缨插衽,尹知章注:"示将戮也。"

【今译】

桓公于是派鲍叔去鲁国议和,鲍叔对鲁君说:"公子纠,是亲属,请鲁国杀了他。"鲁国人就替齐国杀了公子纠。又说:"管仲,是仇人。请交给齐国,让齐国人自己杀了他。"鲁君应诺。施伯对鲁君说:"不要交给他们。齐国不是为了杀管仲,而是要任用他管理政事。管仲,是天下的贤人,是大材。他在楚国受到任用,楚国就能得志于天下;在晋国受到任用,晋国就能得志于天下;在狄国受到任用,狄国就能得志于天下。现在齐国招求而能得到管仲,就必定长期地成为鲁国的忧患,国君为什么不杀了他而把尸体交给齐国呢?"鲁君说:"好的。"就准备杀掉管仲,鲍叔进去说:"把他杀死在齐国,这是为齐国殉节而杀;把他杀死在鲁国,这是为鲁国殉节而杀。我国的国君希望能活捉管仲,以便让他在齐国殉节,为教育群臣而杀他。如果不能活捉到他,这是你与我国君的叛贼站在一起了,这不是我国君主所请求的事,我作为使臣不敢接受你们的意见。"于是鲁君就不杀管仲,把管仲捆绑起来,关在囚车里交给了齐国使者。鲍叔接受后,为管仲回齐被杀而哭,曾多次提高声音哭喊。施伯从而讥笑鲍叔的弄假,对鲁国大夫们说:"管仲一定不会死。以鲍叔的仁德,绝不会杀贤人;以鲍叔的才智,定能推举贤人而使其成功业。鲍叔辅相公子小白,能先进入齐国而得君位,管仲、召忽侍奉公子纠后进入齐国,因此而与鲁国发生战争,能把鲁国打败,鲍叔的功劳已很大。无论是得天时或失天时,他们所做的事是一样的。现在鲁国害怕了,杀死了公子纠、召忽,关押管仲并将他交给齐国,鲍叔知道再无后患了,必定会帮助管仲效力于国君的知遇之恩,以便显露管仲的功名。众人必定会给鲍叔有德的名声,努力杀死公子纠而为桓公夺得王位的功劳,如果还不算大,那么让桓公能得到管仲使之能显示业绩的功劳,却是无以复加的了!这次让管仲昭著德行而立为国相,以鲍叔的才智,是不会错失这一步的。"当回到齐国堂阜地方,鲍叔再三为管仲举行除灾去邪、沐浴洁身的仪式,桓公亲自到京郊迎接。管仲垂下帽缨,提着衣襟,派人手持刀斧站在他的后面。桓公再三令刀斧手撤离,然后退避。桓公说:"既已垂下帽缨和衣襟,我就接见。"管仲再拜叩头说:"承蒙你的恩赐,就是杀了到了地下,也是永远感激的。"

【原文】

公遂与归,礼之于庙①,三酌而问为政焉,曰:"昔先君襄公,高台广池,湛乐饮酒②,田猎毕弋③,不听国政,卑圣侮士,唯女是崇,九妃六嫔,陈妾数千。食必粱肉,衣必文绣,而戎士冻饥。戎马待游车之弊,戎士待陈妾之余。倡优侏儒在前④,而贤大夫在后。是以国家不日益,不月长,吾恐宗庙之不扫除,社稷之不血食⑤,敢问为之奈何?"管子对曰:"昔吾先王,周昭王、穆王世法文武之远迹,以成其名。合群国,比校民之有道者,设象以为民纪⑥。式美以相应⑦,比缀以书,原本穷末。劝之以庆赏,纠之以刑罚。粪除其颠旄⑧,赐予以镇抚之⑨,以为民终始⑩。"公曰:"为之奈何?"管子对曰:"昔者圣王之治其民也,参其国而伍其鄙⑪,定民之居,成民之事,以为民纪。谨用其六秉。如是而民情可得而百姓可御。"

【注释】

①庙:庙堂,太庙的明堂,古代帝王祭祀、议事的地方。
②湛(dān 单)乐:过度的享乐。《诗经·小雅·北山》:"或湛乐饮酒,或惨惨

畏咎。"

③毕:古时田猎用的长柄网。《诗经·小雅·鸳鸯》:"鸳鸯于飞,毕之罗之。"疏:"网小而柄长谓之毕。"弋(yì亦):用绳系在箭上射物。《诗经·郑风·女曰鸡鸣》:"将翱将翔,弋凫与雁。"疏:"谓以绳系矢而射也。"

④倡优:古代以乐舞戏谑为业的艺人。《汉书·灌夫传》:"所爱倡优、巧匠之属。"颜师古注:"倡,乐人也;优,戏谑者也。"侏儒:身材矮小的人。古代贵族常以侏儒为倡优弄人,故亦称优伶为侏儒。

⑤血食:受祭祀。因祭祀有牲牢,故称血食。《史记·封禅书》:"周兴而邑邰,立后稷之祠,至今血食天下。"

⑥尹知章注:"校试其人有道者,与之设法象,而为人纪。"法象,可效法的典型、模范。人纪,人的纲纪、领头人。

⑦美:郭沫若云:"'美'《齐语》作'权',则'美'殆'券'字之误。言券契表格等有法式,使民照样填写也。"译文从郭说。

⑧粪除其颠厖:郭沫若云:"当作'粪除其颠毛',谓髡刑也。"粪除,清除。《左传·昭公三年》:"小人粪除先人之敝庐。"颠毛,头顶之毛发。髡(kūn坤)刑,古代一种剃去头发的刑罚。

⑨镇抚:镇定安抚。《史记·淮阴侯列传》:"乃遣使报汉,因请立张耳为赵王,以镇抚其国。"

⑩终始:刘绩云:终始犹言常行。

⑪参:同"叁"。

【今译】

桓公就同管仲回京都,在庙堂上以礼相见,酒行三酌以后,向管仲询问政事举措,说:"从前先代君主襄公,建筑高台大池,过度的饮酒作乐,田猎捕射,不理国家政事,看不起圣贤,轻慢士人,只是宠爱妇女,妃嫔众多,后宫有妾数千。吃的是精美的食品,穿的是华丽的衣服,而战士们受冻挨饿。战马的补充要等待游车换下的疲马,战士的给养要等待后宫享用后的剩余。倡优侏儒站在国君的前面,而贤士大夫却立在国君的后面。因此国家不是日日有新增加、不是月月有新发展,我担心宗庙将无人扫除,社稷将无人祭祀,请问对此怎么办?"管子回答说:"从前我们的先王,周昭王和周穆王世代效法文治武功的远世业绩,因而成就了他们的名声。集合各诸侯国的人才,比较出有德行的人,树立典范作为百姓学习的榜样。准备好契券表格让百姓填写,编纂而成书简,推究百姓表现的好坏。用庆贺、赏赐来勉励表现好的,用刑罚来纠正表现坏的。用剪除顶发或赐予来镇定安抚百姓,以此作为对百姓经常实行的政策。"桓公说:"对先王的政策怎么推行?"管子回答说:"从前圣王治理百姓,三分其国,五分其鄙,固定百姓的居地,成就百姓的职事,以此作为治民的体制,再谨慎地使用国君的六种权力。如此,民情就可掌握,百姓就可统治。"

【原文】

桓公曰:"六秉者何也?"管子曰:"杀、生、贵、贱、贫、富,此六秉也。"

【今译】

桓公曰:"国君的六种权力是哪些?"管子说:"杀人,使人生,使人尊贵,使人卑贱,使人贫困,使人富足,这就是国君的六种权力。"

【原文】

桓公曰:"参国奈何?"管子对曰:"制国以为二十一乡①:商工之乡六,士农之乡十五。公帅十一乡,高子帅五乡,国子帅五乡。参国故为三军。公立三官之臣②,市立三乡③,工立三族,泽立三虞,山立三衡。制五家为轨,轨有长。十轨为里,里有司。四里为连,连有长。十连为乡,乡有良人。三乡一帅④。"

> [!注释]
> ①制:规定。
> ②公:郭沫若云:"然以下文'市立三乡,工立三族,泽立三虞,山立三衡'等例之,则此'公'字当为'宫'。"士乡也。译文从郭说。本书《大匡》"凡仕者近宫","宫"字宋本作"公",可证也。
> ③乡:官名。下文族、虞、衡同例为官名。
> ④三乡:古本作"五乡"。下文及《国语·齐语》也作"五乡"。译文从"五乡"。

【今译】

桓公说:"三分国家怎么做?"管子回答说:"规定把国家划为二十一个乡:商人、工匠之乡六个,士人、农民之乡十五个。你统帅十一个乡,高子统帅五个乡,国子统帅五个乡。三国也因而是三军。士乡设立三个官府的官吏,商乡设立三乡之官,工乡设立三族之官,水乡设立三虞之官,山乡设立三衡之官。规定五家为一轨,轨设有轨长。十轨为一里,里设有里司。四里为一连,连设有连长。十连为一乡,乡设有良人。五乡为一帅。"

【原文】

桓公曰:"五鄙奈何?"管子对曰:"制五家为轨,轨有长。六轨为邑,邑有司。十邑为率①,率有长。十率为乡,乡有良人。三乡为属,属有帅②,五属一大夫③。武政听属,文政听乡,各保而听,毋有淫佚者。"

注释

①率:王念孙云:率当为"卒",形近而有误。《国语·齐语》作"卒",本篇下文"乡退而修卒",也作"卒"。下二句的"率",均为"卒"之误。

②属有帅:王念孙云:属有帅"当作'属有大夫',此涉上文'连有帅'而误"。译从。

③一大夫:应为"五大夫"。《国语·齐语》云:"属有大夫,五属故有五大夫。"本书《立政》篇云"五属大夫"。

【今译】

桓公说:"鄙划分为五怎么做?"管子回答说:"规定五家为一轨,轨设有轨长。六轨为一邑,邑设有邑司。十邑为一卒,卒设有卒长。十卒为一乡,乡设有良人。三乡为一属,属设有大夫,五属就有五大夫。武功方面的事听从属,文治方面的事听从乡,各自保证听从,不得有所荒废。"

【原文】

桓公曰:"定民之居,成民之事奈何?"管子对曰:"士农工商四民者,国之石民也①,不可使杂处。杂处则其言哤②,其事乱。是故圣王之处士必于闲燕③,处农必就田壄④,处工必就官府,处商必就市井。今夫士群萃而州处⑤,闲燕则父与父言义,子与子言孝,其事君者言敬,长者言爱,幼者言弟。且昔从事于此⑥,以教其子弟。少而习焉,其心安焉，不见异物而迁焉⑦。是故其父兄之教，不肃而成⑧；其子弟之学，不劳而能。夫是故士之子常为士。今夫农群萃而州处，审其四时⑨，权节具，备其械器用⑩，此耒耜穀芨⑪。及寒击槁除田⑫，以待时乃耕，深耕，均种，疾耰⑬。先雨芸耨⑭，以待时雨。时雨既至，夹其枪刈耨鎛⑮，以旦暮从事于田壄。税衣就功⑯，别苗莠⑰，列疏遬⑱。首戴苎蒲⑲，身服袯襫⑳，沾体涂足，暴其发肤，尽其四支之力㉑，以疾从事于田野㉒。少而习焉，其心安焉，不见异物而迁焉。是故其父兄之教，不肃而成；其子弟之学，不劳而能。是故农之子常为农，朴野而不慝㉓，其秀才之能为士者，则足赖也。故以耕则多粟，以仕则多贤，是以圣王敬畏戚农㉔。今夫工群萃而州处，相良材，审其四时，辨其功苦㉕，权节其用，论比计制断㉖，器尚完利。相语以事，相示以功，相陈以巧，相高以知事㉗。旦昔从事于此，以教其子弟。少而习焉，其心安焉，不见异物而迁焉。是故其父兄之教，不肃而成；其子弟之学，不劳而能。夫是故工之子常为工。今夫商群萃而州处，观凶饥，审国变，察其四时而监其乡之货㉘，以知其市之贾㉙。负任担荷，服牛辂马㉚，以周四方。料多少，计贵贱，以其所有，易其所无，买贱鬻贵㉛。是以羽旄不求而至㉜，竹箭有余于国，奇怪时来，珍异物聚。旦昔从事于此，以教其子弟。相语以利，相示以时，相陈以知贾。少而习焉，其心安焉，不见异物而迁焉。是故其父兄之教，不肃而成；其子弟之学，不劳而能。夫是故商之子常为商。相地而衰其政㉝，则民不移矣。正旅旧㉞，则民不惰。山泽各以其时至，则民不苟。陵陆丘井田畴均㉟，则民不惑㊱。无夺民时则百姓富，牺牲不劳则牛马育㊲。"

注释

①石民：如柱石之民，犹今言可依靠的基本群众。尹知章注："四者（即士农工商）国之本，犹柱之石也。"

②哤（máng忙）：语言杂乱。尹知章注："哤，乱也。"

③闲燕：郭沫若疑为"间黄"之误。又说，"间黄"犹言乡校。尹知章注曰："闲燕，谓学校之处。"译文从"学校"说。

④田壄：即田野。壄，为"野"之古字。

⑤今：当依《齐语》作"令"。下文"今夫农"、"今夫工"、"今夫商"之"今夫"均作"令夫"。萃（cuì悴）：聚集。州："周"之借字。《说文》："周，密也。"韦昭注《国语·齐语》曰："州，聚也。"密、聚同义。

⑥旦昔:旦夕。昔通"夕"。《庄子·天运》:"蚊虻嗜肤,则通昔不寐矣。"
⑦异物:尹知章注:"异物,谓异事,非其所当习者。"迁:变易,改变。
⑧肃:严急。《礼记·礼运》:"刑肃而俗敝,则法无常。"
⑨四时:四季。
⑩权节具,备其械器用:刘绩云:"当作'权节其用,备其械器',乃字误乱。"《齐语》也作"权节其用"。权节,意谓调节安排。
⑪此:"比"之误字。他本作"比"。比,比如。耒耜穀芟:当依《国语·齐语》作"耒耜枷芟"。耒耜(sì 似),古代的翻土农具。枷(jiā 加)芟(shān 衫),韦昭注:"枷,柫也,所以击草也;芟,大镰,所以芟草也。"那么枷芟是两种除草农具。
⑫槁(gǎo 搞):枯干。《孟子·公孙丑上》:"其子趋而往视之,苗则槁矣。"除:修治。《易经·萃》:"君子以除戎器,戒不虞。"
⑬耰(yōu 优):农具名。此指播种后用耰平土、覆盖种子。《论语·微子》:"耰而不辍。"郑玄注:"耰,覆种也。"
⑭芸耨:除草。芸,通"耘"。耘与耨同义,意为除草。
⑮枪刈(yì 义):两种割草的农具。耨镈(bó 博):两种锄草的农具。
⑯税:通"脱",脱去。《孟子·告子下》:"不税冕而行。"功:通"工"。此指农事。
⑰莠(yǒu 有):泛指草。
⑱列疏遫(sù 速):遫,即"速"字,速通"数"。疏数,即疏密。尹知章注:"遫,密也。谓苗之疏密当均列之。"
⑲尹知章注:"编苎与蒲以为笠。"苎(zhù 住)、蒲均为草名。笠:斗笠,箬帽。
⑳袯襫(bó shì 脖式):蓑衣。
㉑支:通"肢"。《易经·坤·文言》:"正位居体,美在其中,而畅于四支。"
㉒疾:力气。《尔雅·释诂》:"疾,力也。"
㉓慝(tè 忒):邪恶,恶念。《三国志·魏志·武帝本纪》:"民无怀慝。"本书《明法解》:"比周以相为慝。"
㉔敬畏:犹言敬服。畏,心服。《礼记·曲礼上》:"(贤者)畏而爱之。"郑玄注:"心服曰畏。"戚:亲近。
㉕功苦:谓质量的优劣。尹知章注:"功谓坚美,苦谓滥恶。"
㉖本句与下句的读法依姚永概,姚云:"此文本作'论比汁财,器尚完利'。""计"字为"汁"字之误,"制"字为"财"字之误。"断"字为后人所加。"汁"与"协"通,"财"与"材"通。则"论比汁财"即为"论比协材",与《齐语》同。韦昭注:"协,和也,和则柔也。"
㉗事:陶鸿庆云:"'事'字不当有,涉上文'相语以事'、下文'旦夕从事'而误衍也。'知'读为智。"译从。

㉘监:监视。尹知章注:"监,视也。"
㉙贾:通"价",价格。《论语·子罕》:"求善贾而沽诸?"
㉚辂马:驾马。"辂"是"驾"之借字。《说文》:"驾,籀文作辂。""辂"与"辂"并谐"各"声。
㉛鬻(yù育):出卖。
㉜羽旄:古时以雉羽、旄牛尾装饰旗杆,故以为珍品。《文选·班固〈东都赋〉》:"羽旄扫霓,旌旗拂天。"吕延济注:"羽旄,可以麾众也。"
㉝许维遹案:"《荀子·王制篇》作'相地而衰政',杨《注》:'政读为征',《齐语》正作'征'。韦《注》:'相,视也;衰,差也,视土地之美恶及所生出以差征赋之轻重也。'"差,有差别。
㉞正旅旧:当依《国语·齐语》作"政不旅旧"。旅,失其本居而寄他方曰旅。旅有遗弃不用的意思。旧,故旧。
㉟井:丁士涵云:"井与陵陆丘三者不类,井当为阜。"译文从之。
㊱感:"憾"之坏字。感,古"憾"字。《国语·齐语》作"憾"。
㊲劳:王念孙云:劳读为"捞"。《方言》:"'捞,取也。'古无'捞'字,借'劳'为之。"

【今译】

　　桓公说:"固定百姓的居地,成就百姓的职事怎么做?"管子回答说:"士、农、工、商四种百姓,是国家依靠的基本民众,不能让他们杂居在一块。如果杂居在一块,他们的语言就混杂了,他们的职事就搅乱了。因此圣王总是使士的居处靠近学校,使农民的居处靠近田野,使工匠的居处靠近官府,使商人的居处靠近市场。使士成群密集地居住在一个地区,在学校内外,为父的与为父的谈论义,为子的与为子的谈论孝,侍奉君主的谈论恭敬,年长的谈论亲爱兄弟,年幼的谈论尊敬兄长。日夜在从事道德这方面的工作,用来教育子弟。年少的时候就在学习这些,他们安心于此,不会因看见别的事情而改变志向。因此父兄的教导,不严厉也能成功;子弟的学习,不劳累也能学好。这样,士的子弟常能成为士。使农民成群密集地居住在一个地区,他们仔细地观察四季的变化,安排好各种用具,准备好各种器械,比如耒耜枷芟。在还寒冷的时候,就要及时地除去枯草,修治田地。等到季节就要耕种,耕地要深,下种要匀,覆盖要快。下雨前就要松土锄草,等待及时雨的到来。及时雨过后,就要拿着多种农具,从早到晚在田野上劳作。脱去上衣干活,分辨禾苗野草,芟密补疏,使禾苗的排列得当。农民头戴着箬帽,身穿着蓑衣,一身的泥水,暴露着毛肤,竭尽四肢的力量,努力在田野上劳作。年少的时候就在学习这些,他们安心于此,不会因看见别的事情而改变志向。因此父兄的教导,不严厉也能成功;子弟的学习,不劳累也能学好。这样,农民的子弟常能成为农民,他们质朴而不奸邪,其中的优秀人才能成为士的,就很可信赖。所以农民耕种就能多产粮食,农民做官就能多出贤才,因此圣王敬服农民、亲近农民。使工匠成群密集地居住在一个地区,他们选择好的材料,仔细地观察四季的变化,分辨材料质量的优劣,安排用途,评定材料的等级,协调使用,器具讲究完美和实用。他们相互谈论工事,相互观摩成品,相互交流技巧,相互推崇智慧。他们日夜做着这些工作,以此来教导他们的子弟。年少的时候就在学习这些,他们安心于此,不会因看见别的事情而改变志向。因此父兄的教导,不严厉也能成功;子弟的学习,不劳累也能学好。这样,工匠的子弟常能成为工匠。使商人成群密集地居住在一个地区,他们眼看着凶年的饥荒,审视着国家政策的变化,观察着四季的运行而监视着地方的特产,并了解着市场的价格。他们肩挑背负,赶着牛、驾着马,走遍四方。他们能预料物资的多少,计算货物的贵贱,用其所有,交换其所无,低价买进高价卖出。这样,羽旄不必远求而自来,竹箭在齐国的市场上还有盈余,奇异的商品时常出现,珍贵怪异的货物成堆。他们日夜做着这些工作,来教导他们的子弟。他们相互谈论的是利,相互观察的是时机,相互交流的是行情。年少的时候就在学习这些,他们安心于此,不会因看见别的事情而改变志向。因此父兄的教导,不严厉也能成功;子弟的学习,不劳累也能学好。这样,商人的子弟常能成为商人。国家能根据土地的好坏有区别地征收赋税,百姓就不会外流了。政策能不遗弃传统,百姓就不会怠惰。山林湖泽能按季节开放,百姓就不会苟且从事。各种土地能均匀分配,百姓就不会有缺憾了。不夺农时,百姓就富足;祭品不乱取,牛羊就繁多。"

【原文】

桓公又问曰:"寡人欲修政以干时于天下①,其可乎?"管子对曰:

"可。"公曰:"安始而可?"管子对曰:"始于爱民。"公曰:"爱民之道奈何?"管子对曰:"公修公族,家修家族,使相连以事,相及以禄,则民相亲矣。放旧罪,修旧宗,立无后,则民殖矣[2]。省刑罚,薄赋敛,则民富矣。乡建贤士,使教于国,则民有礼矣。出令不改,则民正矣。此爱民之道也。"公曰:"民富而以亲[3],则可以使之乎[4]?"管子对曰:"举财长工,以止民用[5];陈力尚贤,以劝民知;加刑无苛,以济百姓。行之无私,则足以容众矣;出言必信,则令不穷矣。此使民之道也。"

注释

①干:求取。《荀子·议兵》:"干赏蹈利之兵也。"杨倞注:"干,求也。"时:时会,时见。古代帝王不定期地会见四方诸侯称时会或时见。《周礼·春官·大宗伯》:"时见曰令,殷见曰同。"郑玄注:"时见者,言无常期。诸侯有不顺服者,王将有征讨之事,则既朝觐,王为坛于国外,合诸侯而事焉。"又注《秋官·大行人》:"时会,即时见也。"
②殖:繁殖,孳生。《国语·晋语四》:"同姓不婚,恶不殖也。"
③以:通"已",已经。《汉书·张敞传》:"今两侯以出。"
④可:郭沫若云:"'可'与'何'通。"译从。
⑤止:王念孙云:"'止'当为'足'。"译文从"足"。

【今译】

桓公又问道:"我想修明政事而求不定期地会见天下诸侯,那能做到吗?"管子回答说:"能做到。"桓公说:"从什么地方开始才能做到呢?"管子回答说:"从爱民开始。"桓公说:"爱民的做法是怎样的呢?"管仲回答说:"国君整治公族,大夫整治家族,使他们的事业相连,使他们的禄位相及,那么百姓也就能相亲了。释放旧罪犯,整理旧宗族,为无后者立嗣,百姓就会增多了。少用刑罚,轻收赋税,百姓就能富裕了。各乡推选贤士,命他们在国内施教,百姓就能有礼了。发出的政令不改变,百姓就一本正经了。这就是爱民的做法。"桓公说:"百姓富裕而又已相亲爱,那么怎样来使令他们呢?"管子回答说:"开发资财,扩大工场,满足百姓的需要;宣扬智力,崇尚贤才,勉励百姓求知;施加刑罚,但不苛刻,使有利于百姓。施行这些举措而没有私心,就足以能团结民众了;说出的话一定恪守信用,政令就能畅行无阻了。这些就是使令百姓的办法。"

【原文】

桓公曰:"民居定矣,事已成矣,吾欲从事于天下诸侯①,其可乎?"管子对曰:"未可。民心未吾安。"公曰:"安之奈何?"管子对曰:"修旧法,择其善者,举而严用之②;慈于民,予无财;宽政役③,敬百姓,则国富而民安矣。"公曰:"民安矣,其可乎?"管仲对曰:"未可。君若欲正卒伍④,修甲兵,则大国亦将正卒伍,修甲兵。君有征战之事,则小国诸侯之臣有守圉之备矣⑤。然则,难以速得意于天下。公欲速得意于天下诸侯,则事有所隐而政有所寓⑥。"公曰:"为之奈何?"管子对曰:"作内政而寓军令焉。为高子之里,为国子之里,为公里,三分齐国,以为三军。择其贤民,使为里君。乡有行伍⑦,卒长则其制令⑧,且以田猎,因以赏罚,则百姓通于军事矣。"桓公曰:"善。"于是乎管子乃制五家以为轨,轨为之长。十轨为里,里有司。四里为连,连为之长。十连为乡,乡有良人。以为军令。是故五家为轨,五人为伍,轨长率之。十轨为里,故五十人为小戎,里有司率之⑨。四里为连,故二百人为卒,连长率之。十连为乡,故二千人为旅,乡良人率之。五乡一师⑩,故万人一军,五乡之师率之。三军故有中军之鼓⑪,有高子之鼓,有国子之鼓。春以田,曰蒐⑫,振旅⑬。秋以田,曰狝⑭,治兵⑮。是故卒伍政,定于里;军旅政,定于郊。内教既成,令不得迁徙。故卒伍之人,人与人相保,家与家相爱,少相居,长相游,祭祀相福,死丧相恤,祸福相忧⑯,居处相乐,行作相和,哭泣相哀。是故夜战其声相闻,足以无乱;昼战其目相见,足以相识。欢欣足以相死。是故以守则固,以战则胜。君有此教士三万人⑰,以横行于天下⑱,诛无道,以定周室,天下大国之君莫之能圉也。

注释

①欲从事:尹知章注:"欲从会事。"会事,时会之事。
②严:尊敬。《礼记·学记》:"凡学之道,严师为难。"
③政:通"征"。《史记·范雎蔡泽列传》:"政适伐国,莫敢不听。"裴骃集解引徐广曰:"政适,音征敌。"
④正:洪颐煊云:"'正'当作'定'。《汉书·刑法志》引此作'定'。"
⑤圉(yǔ语):通"御",防御。
⑥尹知章注:"不显习其兵事,故曰事有所隐。军政寓之田猎,故曰政有所

寓。"寓,寄寓。《国语·齐语》作"寄"。

⑦行伍:古代军队编制,五人为"伍",二十五人为"行(háng 杭)"。故"行伍"泛指军队。

⑧其:《通典》一百四十八引此作"有"。孙星衍云:"'其'字误。"译文从之。

⑨里有司率之:陶鸿庆云:"当作'里司率之'。"译文从之。

⑩师:王念孙云:师当依《齐语》作"帅"。下文"五乡之师"也应作"五乡之帅"。

⑪中军:春秋时,大国多设三军,即中军、上军、下军,或中军、左军、右军。中军为统帅所在。尹知章注:"中军,则公之里卒也。"

⑫蒐(sōu 搜):古代春猎。《尔雅·释诂》:"蒐,聚也。"郭璞注:"春猎为蒐。蒐者,以其聚人众也。"

⑬振旅:整军回兵。《左传·隐公五年》:"三年而治兵,入而振旅。"杜预注:"振,整也;旅,众也。"

⑭狝(xiǎn 显):古代秋猎。《尔雅·释天》:"秋猎为狝。"

⑮治兵:训练出兵。《周礼·夏官·大司马》:"中秋,教治兵,如振旅之陈(阵)。"

⑯福:安井衡云:"当依《齐语》作'灾'。"译文从"灾"。

⑰教士:尹知章注:"教士,谓先教习之士。"

⑱横:戴望云:"横'读曰'旁','旁'犹普也,遍也。

【今译】

桓公说:"百姓的居处已定,百姓的职事已成,我想做不定期地会见天下诸侯的事,那能做吗?"管子回答说:"还不能做。因为民心还没有安定。"桓公说:"怎样才能安定民心?"管子回答说:"整理旧法,选择其中好的,拿来认真地使用;对百姓要仁慈,要救济贫困的人;放宽赋税和劳役,尊重百姓,就能做到国家富裕、民心安定了。"桓公说:"民心安定了,就可以做了吗?"管仲回答说:"还不可以做。你如果想整顿军队,加强战备,那么大的诸侯国也将整顿军队,加强战备;你有征战的事,小国诸侯的臣子们却已做好守卫防御的准备了。这样,是难以很快地在天下达到目的的。你想很快地在天下诸侯中达到目的,那么军事的准备要有所隐蔽,军政的施行要有所寄寓。"桓公说:"对此要怎么做?"管子回答说:"施行内政时要寄寓着军令。建立高子管理的里,建立国子管理的里,建立你管理的里,这样三分齐国,作为三军。选择百姓中有贤才的人,任为里君。乡有军队的编制,卒长有制度法令,并用来进行田猎,凭田猎的功过论赏行罚,那么百姓就能通晓军事了。"桓公说:"好。"于是乎管子就规定以五家作为一轨,轨设有轨长。十轨为一里,里设有里司。四里为一连,连设有连长。十连为一乡,乡设有良人。以此来施行军令。因此五家为一轨,五人为一伍,由轨长率领。十轨为一里,就有五十人为一小戎,由里司率领。四里为一连,就有二百人为一卒,由连长率领。十连为一乡,就有二千人为一旅,由乡良人率领。五乡为一帅,就有万人为一军,由五乡之帅率领。三军中就有国君的中军之鼓,有高子之鼓,有国子之鼓。在春天田猎,叫做蒐,训练回兵。在秋天田猎,叫做狝,训练出兵。因此卒伍之政,在里内编定;军旅之政,在郊外编定。国内的教令已完成,军令就不得变动。卒伍中的人,人与人相互保全,家与家相互亲爱,年少时就居住在一起,成年了一同交游,祭祀后共享祭肉,有死丧同抚恤,有祸灾共担忧,生活中相互作乐,行动时相互应和,悲痛时相互哀怜。因此如果发生夜战,他们能相互听到声音,就不会发生混乱;如果白天发生战斗,他们只要看一眼,就能相互识别。欢欣的友谊足以使他们相互以死保卫。因此用他们来防守城池,就能牢不可破;用他们来出击战斗,就能取得胜利。国君有这样经过教练的士卒三万人,就能用来遍行天下,讨伐无道的诸侯,安定周王朝,天下的大国诸侯,没有一个能抗衡。

【原文】

正月之朝,乡长复事①,公亲问焉,曰:"于子之乡,有居处为义、好学、聪明、质仁、慈孝于父母、长弟闻于乡里者②?有则以告。有而不以告,谓之蔽贤,其罪五。"有司已于事而竣③。公又问焉,曰:"于子之乡,有拳勇、股肱之力、筋骨秀出于众者④?有则以告。有而不以告,谓之蔽才,其罪五。"有司已于事而竣。公又问焉,曰:"于子之乡,有不慈孝于父母、不长弟于乡里、骄躁淫暴、不用上令者?有则以告。有而不以告,谓之下比⑤,其罪五。"有司已于事而竣。于是乎乡长退而修德,进贤。桓公亲见之,遂使役之官⑥。公令官长,期而书伐以告⑦,且令选官之贤者而复之。曰:"有人居我官有功,休德维顺,端悫以待时使⑧,使民恭敬以劝。其称秉言⑨,则足以补官之不善政。"公宣问其乡里,而有考验,乃召而与之坐,省相其质⑩,以参其成功⑪,成事可立⑫,而时⑬。设问国家之患而不肉⑭,退而察问其乡里,以观其所能,而无大过,登以为上卿之佐,名之曰三选⑮。高子国子退而修乡,乡退而修连,连退而修里,里退而修轨,轨退而修家。是故匹夫有善,故可得而举也;匹夫有不善,故可得而诛也。政既成,乡不越长⑯,朝不越爵。罢士无伍⑰,罢女无家⑱。士三出妻,逐于境外。女三嫁,入于春谷⑲。是故民皆勉为善,士与其为善于乡,不如为善于里;与其为善于里,不如为善于家。是故士莫敢言一朝之便,皆有终岁之计;莫敢以终岁为议,皆有终身之功。

注释

①复:告诉,报告。尹知章注:"复,白也。"

②质:品性。《国语·齐语》韦昭注:"质,性也。"弟:通"悌",对兄长的敬爱。

③竣(jùn俊):退。《国语·齐语》韦昭注:"竣,伏退也。"

④股肱(gōng工):犹四肢。股,大腿。肱,手臂从肘到腕的部分。秀:才能特出。《广雅·释诂》:"秀,出也。"

⑤比:勾结。尹知章注:"下与有罪者,比而掩盖之。"

⑥尹知章注:"谓授之官而役之,所以历试其材能。"役,服役、供职。《齐语》韦昭注:"役,为也。"

⑦"公令"二句:《国语·齐语》韦昭注:"官长,长官也。期,年也。伐,功也。书其所掌在官有功者。"书,书写、记录。

⑧尹知章注:"以悫善待时,待可用之时而使之也。"悫(què却),诚实。

⑨称:是"偁"之借字。《说文》:"偁,扬也。"扬,宣扬。秉:依《国语·齐语》读为"谤"。毁谤,非议。

⑩省(xǐng醒)相:省视,察看。

⑪参:检验。《荀子·解蔽》:"参稽治乱而通其度。"

⑫成事可立:当依《国语·齐语》作"事诚可立"。

⑬而时:郭沫若云:而时,犹乃待也。又云,《国语·齐语》作"事诚可立而(乃)授之,辞虽小异而意实同"。

⑭肉:王念孙云:依《齐语》以"肉"为"疢"之误,疢本作"疚",隶书或篆字形与"肉"相似,因误为"肉"。译文从之。《说文》:"疚,贫病也。"

⑮三选:指乡长、长官和君主的三次选拔。《国语·齐语》韦昭注:"乡长所进,官长所选,公所訾相。"

⑯长:长者。《国语·齐语》韦昭注:"乡里以齿,长幼不相逾也。"齿,年龄。

⑰罢士:指缺乏德义的人。罢,通"疲"。《荀子·王霸》:"无国而不有贤士,无国而不有罢士。"

⑱罢女:尹知章注:"罢女,犹罢士,众耻娶之,故无家。"
⑲谷:张佩纶云:"谷当作'藁',字之误也。"译文从之。春藁是古代对一种女奴的称谓,因被迫从事舂米一类的劳动,故名。《周礼·大司寇·司厉》:"其奴,男子入于罪隶,女子入于舂藁。"

【今译】

　　正月国君听朝,乡长报告政事。桓公亲自问他,说:"在你的乡内,有平时行义、好学、聪明、品性仁爱、对父母慈孝、敬爱兄长而闻名乡里的人吗?有这样的人就要报告。如果有这样的人而不报告,就叫做埋没人才,就有罪五种。"官吏报告完毕而退。桓公又问他,说:"在你的乡内,有勇气、四肢和筋骨的力量超群的人吗?有这样的人就要报告。如果有这样的人而不报告,就叫做埋没人才,就有罪五种。"官吏报告完毕而退。桓公又问他,说:"在你的乡内,有对父母不慈孝、在乡里不敬爱兄长、骄横暴虐、不听国家法令的人吗?有这样的人就要报告。如果有这样的人而不报告,就叫做与有罪之人相勾结而加以包庇,就有罪五种。"官吏报告完毕而退。这样,乡长们回去就加强建设德政,把贤才选送上来。桓公亲自召见他们,就命他们在官府试职。桓公命令官长,满一年以后,记录并报告试用官员的功绩,按令办好把优秀的试用官员选择出来上报。报告说:"有人在我官府有功,有美德而能顺从,能端正诚实地待命使用,能使人端庄有礼而受到鼓舞。至于他宣扬的非议言论,也能补救官府政事的不完善。"桓公遍问他的乡里,对他的行迹加以验证,然后召见他,与他坐在一起,察看他的素质,检验他的功绩,事实确可成立,于是就令他待命,又考问他国家的难事而回答没有什么毛病,到他的乡里调查了解,观察他的能力,如果没有大的过失,就把他提做上卿的辅佐,这叫做三选。因此高子国子就回去加强治理乡,乡长回去加强治理连,连长回去加强治理里,里司回去加强治理轨,轨长回去加强治理家。这样,一个普通百姓有善的行为,也能得到推举;一个普通百姓有不善的行为,也会受到惩罚。政事管理成功以后,乡中就不会有超越尊长的人,朝中就不会有超越爵禄的事。无行的男士就无人与他为伍,无行的女子就无人娶她成家。男士三次离弃妻子,就把他赶出国境;女子三次改嫁,就把她打入女奴劳动的地方。这样百姓都努力做善事,士子与其在乡中做善事,不如在里中做善事;与其在里中做善事,不如在家中做善事。因此士子就不敢只说一时的利益,就有一年的计策;不敢只以一年为计议,都有一生的奋斗事业。

【原文】

正月之朝,五属大夫复事于公。择其寡功者而诮之曰①:"列地分民者若一②,何故独寡功?何以不及人?教训不善,政事其不治,一再则宥③,三则不赦。"公又问焉,曰:"于子之属,有居处为义、好学、聪明、质仁、慈孝于父母、长弟闻于乡里者?有则以告。有而不以告,谓之蔽贤,其罪五。"有司已事而竣④。公又问焉,曰:"于子之属,有拳勇、股肱之力秀出于众者⑤?有则以告。有而不以告,谓之蔽才,其罪五。"有司已事而竣。公又问焉,曰:"于子之属,有不慈孝于父母,不长弟于乡里,骄躁淫暴,不用上令者?有则以告。有而不以告者,谓之下比,其罪五。"有司已事而竣。于是乎五属大夫退而修属,属退而修连,连退而修乡,乡退而修卒,卒退而修邑,邑退而修家。是故匹夫有善,可得而举;匹夫有不善,可得而诛。政成国安,以守则固,以战则强。封内治,百姓亲,可以出征四方,立一霸王矣⑥。

【注释】

①诮:诮让,谴责。
②列地:划分土地。列通"裂",分。
③宥(yòu 又):宽宥,赦罪。《易·解》:"君子以赦过宥罪。"
④已事:依上文应作"已于事"。下同。
⑤秀出于众者:依上文应为"筋骨秀出于众者"。
⑥郭沫若案:"一"当是"而"字之坏字。"立而霸王矣"犹《君臣下篇》"顷时而王不难也"。

【今译】

正月国君听朝,五属大夫向桓公报告政事。桓公选择其中缺少功绩的大夫批评说:"所分的土地和百姓都是一样的,为什么只有你缺少功绩?为什么不及别人?教导不好,政事治理没有做好,一次二次可以宽恕,第三次就不能赦免了。"桓公又问他说:"在你的属内,有平时行义、好学、聪明、品性仁爱、对父母慈孝、敬爱兄长而闻名乡里的人吗?有这样的人就要报告。如果有这样的人而不报告,就叫做埋没人才,就有罪五种。"官吏报告完毕而退。桓公又问他说:"在你的属内,有勇气、四肢和筋骨的力量超群的人吗?有这样的人就要报告。如果有这样的人而不报告,就是埋没人才,就有罪五种。"官吏报告完毕而退。桓公又问他,说:"在你的属内,有对父母不慈孝、在乡里不敬爱兄长、骄横暴虐、不听国家法令的人吗?有这样的人就要报告。如果有这样的人而不报告,就叫做与有罪之人相勾结而加以包庇,就有罪五种。"官吏报告完毕而退。这样,五属大夫回去就加强治理属,各属回去加强治理连,各连回去加强治理乡,各乡回去加强治理卒,各卒回去加强治理邑,各邑回去加强治理家。这样,一个普通百姓有善的行为,也能得到推举;一个普通百姓有不善的行为,也会受到惩罚。政事成功,国家安定,以此守卫就坚固,以此攻战就强大。国内安定,百姓亲附,就能出征到四方诸侯国,很快就能完成霸王的事业。

【原文】

桓公曰:"卒伍定矣,事已成矣,吾欲从事于诸侯,其可乎?"管子对曰:"未可。若军令则吾既寄诸内政矣。夫齐国寡甲兵,吾欲轻重罪而移之于甲兵①。"公曰:"为之奈何?"管子对曰:"制重罪入以兵甲犀胁二戟②,轻罪入兰盾鞈革二戟③,小罪入以金钧分④,宥薄罪入以半钧,无坐抑而讼狱者⑤,正三禁之而不直⑥,则入一束矢以罚之。美金以铸戈剑矛戟,试诸狗马;恶金以铸斤斧钼夷锯欘⑦,试诸木土。"

注释

①"吾欲"句:郭沫若云:"轻重罪","罪"殆"罚"字之误,谓减轻重罚作赎刑以富甲兵也。译文从郭说。《中匡篇》"死罪不杀,刑罪不罚,使以甲兵赎"即此意。

②胁:胁驱,以方便骑乘的一种马具。《诗经·小戎》:"游环胁驱。"《笺》:"胁驱者,著服马之外胁,以止骖之入。"骖,旁边的马。

③兰:"籣"之借字,兵器架。《文选·张衡〈西京赋〉》:"武库禁兵,设在籣锜。"李善注:"刘逵《魏都赋》注曰:'受他兵曰兰,受弩曰锜'。"鞈革:革制的胸甲,即胸皮甲。尹知章注:"鞈革,重革,当心著之,可以御矢。"

④钧分:一钧半。钧(jūn均),三十斤为一钧。《文选·张衡〈西京赋〉》:"洪

钟万钧。"薛综注:"三十斤曰钧。"

⑤坐:读为"挫"。挫折,冤屈。

⑥正:指出错误。

⑦斤斧:都是砍木工具。斤,斧头。《孟子·梁惠王》:"斧斤以时入山林。"钼:即"锄"字。夷:锄一类的农具。檿(zhú 烛):锄一类农具。

【今译】

桓公说:"军队已定,政事已成,我想要不定期地会见诸侯,那能做吗?"管子回答说:"还不能做。军事则我已寄寓在内政中了。但齐国还缺少盔甲兵器,我想用减轻重罚、用赎刑的办法来增加盔甲兵器。"桓公说:"这怎么做?"管子回答:"规定犯重罪的交纳兵器、盔甲、犀牛皮的胁驱和二支戟,犯轻罪的交纳兵器架、盾牌、胸皮甲和二支戟,犯小罪的交纳金属一钧半,宽免轻罪的交纳金属半钧,无冤屈而诉讼的人,经指出并三次劝禁不听而无理取闹,就要交纳一束箭来惩罚他。质好的金属用来铸冶戈剑矛戟,试用于杀狗宰马;质次的金属用来铸冶斧子、锄头、锯子等,试用于伐木和松土。"

【原文】

桓公曰:"甲兵大足矣,吾欲从事于诸侯,可乎?"管仲对曰:"未可。治内者未具也,为外者未备也。"故使鲍叔牙为大谏①,王子城父为将,弦子旗为理②,宁戚为田③,隰朋为行④,曹孙宿处楚,商容处宋,季劳处鲁⑤,徐开封处卫⑥,匽尚处燕,审友处晋。又游士八千人⑦,奉之以车马衣裘,多其资粮,财币足之,使出周游于四方,以号召收求天下之贤士。饰玩好,使出周游于四方,鬻之诸侯⑧,以观其上下之所贵好,择其沉乱者而先政之⑨。

注释

①大谏:谏官。尹知章注:"所以谏正君。"

②理:法官。尹知章注:"理,狱官。"

③田:农官。尹知章注:"教以农事。"

④行:行人,外交官。尹知章注:"行,谓行人也,所以通使诸侯。"

⑤季劳:应为"季友"。本书《大匡》篇:"游季友于鲁。"

⑥徐开封:应为"卫开方"。本书《大匡》篇:"游公子开方于卫。"

⑦八千人:当为"八十人"。《国语·齐语》作"八十人"。
⑧鬻(yù育):出卖。
⑨沉乱:淫乱。沉,古通"淫"。政:通"征"。

【今译】

桓公说:"盔甲和兵器十分充足了,我想要不定期地会见诸侯,能做吗?"管仲回答说:"还不能做。治内政的人还未具全,做外交的人还未备齐。"这样桓公就命鲍叔牙为大谏,王子城父为将,弦子旗为法官,宁戚为田官,隰朋为外交官,曹孙宿驻楚,商容驻宋,季友驻鲁,卫开方驻卫,匽尚驻燕,审友驻晋。又派游士八十人,供给他们车马衣裘,使他们多带物资粮食,财宝货币也很充足,命他们出国周游四方,去号召招收天下的贤士。装点玩好物品,派他们出国周游到四方,把物品卖给诸侯,以此来观察各诸侯国上下所看重的和所喜好的,选择其中荒淫昏乱的先征伐它。

【原文】

公曰:"外内定矣,可乎?"管子对曰:"未可。邻国未吾亲也。"公曰:"亲之奈何?"管子对曰:"审吾疆场①,反其侵地②,正其封界,毋受其货财,而美为皮币③,以极聘频于诸侯④,以安四邻,则邻国亲我矣。"桓公曰:"甲兵大足矣,吾欲南伐,何主?"管子对曰:"以鲁为主,反其侵地常、潜,使海于有弊⑤,渠弥于河㴲⑥,纲山于有牢⑦。"桓公曰:"吾欲西伐,何主?"管子对曰:"以卫为主,反其侵地吉台原姑与柒里⑧,使海于有弊,渠弥于有㴲,纲山于有牢。"桓公曰:"吾欲北伐,何主?"管子对曰:"以燕为主,反其侵地柴夫、吠狗,使海于有弊,渠㳽于有㴲⑨,纲山于有牢。"四邻大亲,既反其侵地,正其封疆,地南至于岱阴⑩,西至于济,北至于海,东至于纪随,地方三百六十里。三岁治定,四岁教成,五岁兵出。有教士三万人,革车八百乘⑪。诸侯多沉乱,不服于天子。于是乎桓公东救徐州,分吴半,存鲁蔡陵⑫,割越地;南据宋郑,征伐楚,济汝水,逾方地⑬,望文山⑭,使贡丝于周室。成周反胙于隆岳⑮,荆州诸侯,莫不来服。中救晋公,禽狄王,败胡貉,破屠何⑯,而骑寇始服。北伐山戎,制泠支,斩孤竹,而九夷始听。海宾诸侯,莫不来服。西征攘白狄之地,遂至于西河。方舟投柎⑰,乘桴济河⑱,至于石沈⑲。

县车束马⑳,逾大行与卑耳之貊㉑,拘秦夏㉒。西服流沙西虞,而秦戎始从。故兵一出而大功十二㉓,故东夷、西戎、南蛮、北狄,中诸侯国㉔,莫不宾服。与诸侯饰牲为载书㉕,以誓要于上下荐神㉖。然后率天下定周室,大朝诸侯于阳谷。故兵车之会六,乘车之会三,九合诸侯,一匡天下。甲不解垒㉗,兵不解翳㉘,弢无弓㉙,服无矢㉚,寝武事㉛,行文道,以朝天子。

注释

①埸(yì 易):疆界。《左传·成公十三年》:"郑人怒君之疆埸。"

②反:通"返"。

③美:许维遹云:"美"疑当作"更",字之误也。译文从"更"。《国语·齐语》作"重",重、更同义。

④极:读为"亟",数,屡次。聘頫:古代诸侯聘问相见之礼。《周礼·春官·典瑞》:"以频聘。"郑玄注:"大夫众来曰頫,寡来曰聘。"

⑤弊:当依《国语·齐语》作"蔽"。屏蔽,屏障。下同。

⑥渠弥:小海。《国语·齐语》作"渠弭",韦昭注:"渠弭,裨海也。"河瀦:当依《国语·齐语》作"有渚",且下文亦云"有渚"。瀦(zhǔ 主),同"渚",水中小洲。《汉书·司马相如传上》:"且齐东瀦巨海,南有琅邪。"颜师古注:"东瀦巨海,东有大海之瀦,字与'渚'同也。"

⑦纲山:当依《国语·齐语》作"环山"。郭沫若云:"环山乃齐地名,《汉书·地理志》琅邪郡昌县有环山祠。"牢:栏圈。郭沫若云:"牢与蔽、瀦同例,谓坚固也。"

⑧吉台原姑:当依《国语·齐语》作"台原姑",都是地名。柒里:地名。古"柒"可作"漆",故《国语·齐语》作"漆里"。

⑨渠弥:当依前文作"渠弥"。

⑩岱阴:即泰山之北。

⑪八百乘:王引之云:八当为"六",上文说"五十人为小戎",则三万人为六百乘。译文从王说。

⑫蔡陵:张佩纶云:当为"陵蔡",侵陵蔡国。《左传·僖公四年》:"齐侯以诸侯之师侵蔡。"

⑬方地:当依《国语·齐语》作"方城"。方城为春秋时楚国所作的长城,战国又有扩筑,是楚国守卫北境的屏障。《淮南子·地形训》列为九塞之一。

⑭望文山:当依古本作"望汶山"。望,古代祭祀山川的专名,望而祭之,故称"望"。《尚书·舜典》:"望于山川。"文山,董增龄云:即岷山。

⑮胙(zuò 作):祭祀用的肉。《后汉书·邓彪传》:"四时致宗庙之胙。"李贤注:"祭庙肉也。"隆岳:太岳,喻指齐侯,古以四岳为方伯,此言周天子以桓公为方伯。方伯,古代诸侯中的领袖之称。

⑯尹知章注:"屠何,东胡之先也。"

⑰方舟:并船行水。《国语·齐语》韦昭注:"方,并也。"投柎:编制木筏,代船济河。柎,同"枬",《说文·水部》:"枬,编木以渡也。"

⑱桴(fú 扶):小筏子。《论语·公冶长》:"道不行,乘桴浮于海。"

⑲石沈:晋地。

⑳县:同"悬",悬吊。

㉑貉:王念孙云:"谿"之误字,谿,"溪"的异体字。译从。

㉒秦夏:丁士涵云:疑为"泰夏"之误,古本、刘本作"泰"。泰,同"大"。大夏,国名。《史记·封禅书》:"西伐大夏,涉流沙。"译文从"大夏"。

㉓尹知章注:"自救徐州已下,有十二也。"

㉔中诸侯国:戴望云:为"中国诸侯"之误倒。古本等作"中国诸侯"。译文从"中国诸侯"。

㉕尹知章注:"书,谓要盟之辞,载之于策。"

㉖誓要:王念孙云:当为"要誓"。译文从之。《国语·齐语》作"约誓"。要、约同。荐:当依《国语·齐语》作"庶",众。

㉗垒:当依《国语·齐语》作"累"。累通"缧",绳索。《汉书·李广传》:"禹从落中剑斫绝累。"颜师古注:"累,索也。"

㉘翳:戴望云:通"医",古代盛弓箭的器具。《说文》:"医,藏弓弩矢器也。"

㉙殳:弓袋。尹知章注:"殳,弓衣也。"

㉚服:通"箙(fú 服)",古代盛箭的器具。

㉛寝:停止,平息。《汉书·礼乐志》:"其议遂寝。"颜师古注:"寝,息也。"

【今译】

桓公说:"外交内政都已安排好了,可以不定期地会见诸侯了吧?"管子回答说:"还不能够。因为邻国还不亲附我们。"桓公说:"怎么才能使邻国亲附呢?"管子回答说:"审查我国的界限,归还侵占的邻国土地,修正与邻国的边境线,不要收受邻国的货物钱财,反而再要拿出皮币,用来频频地同诸侯往来聘问,以此来安定四面的邻国,这样,邻国就亲附我们了。"桓公说:"盔甲兵器十分充足了,我要南征,应以哪个国家作为主要依靠呢?"管子回答说:"应以鲁国作为主要依靠。归还它被侵占的鲁地常、潜,使齐国有大海作屏障,有小海作外围,有了环山作城墙。"桓公说:"我要西征,应以哪个国家作为主要依靠呢?"管子回答说:"应以卫国作为主要依靠。归还它被侵占的卫地台、原、姑与柒里,使齐国有大海作屏障,有小海作外围,有了环山作城墙。"桓公说:"我要北征,应以哪个国家作为主要依靠?"管子回答说:"应以燕国作为主要依靠。归还它被侵占的燕地柴夫、吠狗,使齐国有大海作屏障,有小海作外围,有了环山作城墙。"这样,与四面的邻国大大地改善了关系。在归还了邻国的被侵占土地,修正了与邻国的边界以后,齐国的领地南到泰山以北,西到济水,北到大海,东到纪、随,地方三百六十里。三年治理安定,四年教练成功,五年就能出兵。有经过教练的士卒三万人,战车六百辆。当时正好诸侯中多有荒淫昏乱,不服从天子的。于是乎桓公出兵东救徐州,分得吴地的一半,慰问鲁国,侵凌蔡国,分割越国土地;南面依靠宋郑二国征讨楚国,渡汝水,越方城,望祭岷山,逼使楚国向周王朝进献丝。周天子送祭肉给齐侯,荆州诸侯没有不来归顺的。到中原援救晋国公侯,擒获狄王,打败胡貉,攻破屠何,北狄开始来归顺。北征山戎,制服泠支,杀了孤竹国君,九夷也开始听从。沿海的各诸侯国,没有不来归顺的。西征夺取了白狄的领地,于是直到西河。并船编筏,乘桴渡河,来到石沈。悬吊战车,捆束战马,越过太行山与卑耳山溪,拘捕了大夏国君。再往西征服了流沙西虞,秦地的西戎开始顺从。所以兵一出动就建立大功十二项。东夷、西戎、南蛮、北狄和中原诸侯各国,没有不顺服的。桓公与各国诸侯整治祭品,撰写盟誓,并把约誓供于上下众神之前。然后率领天下诸侯安定周王朝,在阳谷大会诸侯。这样,桓公有兵车之会六次,乘车之会三次,九次会合诸侯,一匡天下。盔甲就不解绳索,兵器就不必开箱,弓袋里没有弓,箭袋里没有箭,停止战争,推行文治,朝拜周天子。

【原文】

葵丘之会,天子使大夫宰孔致胙于桓公曰:"余一人之命有事于文武①,使宰孔致胙。"且有后命曰:'以尔自卑劳,实谓尔伯舅毋下拜②。'"桓公召管仲而谋,管仲对曰:"为君不君,为臣不臣,乱之本也。"桓公曰:"余乘车之会三,兵车之会六,九合诸侯,一匡天下。北至于孤竹、山戎、秽貉,拘秦夏。西至流沙西虞。南至吴、越、巴、牂牁、𩰚、不庾、雕题、黑齿③,荆夷之国,莫违寡人之命,而中国卑我。昔三代之受命者,其异于此乎?"管子对曰:"夫凤凰鸾鸟不降,而鹰隼鸱枭丰④;庶神不格⑤,守龟不兆⑥,握粟而筮者屡中;时雨甘露不降,飘风暴雨数臻⑦;五谷不蕃,六畜不育,而蓬蒿藜藿并兴⑧。夫凤凰之文,前德义,后日昌⑨。昔人之受命者,龙龟假⑩,河出图,雒出书⑪,地出乘黄⑫。今三祥未见有者,虽曰受命,无乃失诸乎?"桓公惧,出见客曰:"天威不违颜咫尺,小白承天子之命而毋下拜,恐颠蹶于下,以为天子羞。"遂下拜,登受赏服、大路、龙旗九游⑬、渠门赤旂⑭。天子致胙于桓公而不受⑮,天下诸侯称顺焉。

注释

①本句应为"余一人有事于文武"。王引之云:"'之命'二字盖因下文'天子之命'而衍。"《左传·僖公九年》:"天子有事于文武。"事,指祭祀。尹知章注:"有祭事于文王武王之庙也。"

②伯舅:古时天子称异姓大邦诸侯为伯舅。下拜:下堂拜受。《国语·齐语》:"无下拜。"韦昭注:"无下堂拜赐也。"

③尹知章注:"皆南夷之国号也。"牂(zāng 脏)柯,一作"牂牁",约在今贵州、云南等地,不是齐桓公所到之地。胵,字书无此字。尹桐阳疑为"长爪",即长沙;不庚,疑为"北朐",《山海经·海内南经》:"雕题国、北朐国皆在郁水南。"雕题,即交趾。《礼记·王制》:"南方曰蛮,雕题交趾,有不火食者矣。"孔颖达疏:"题,谓额也,谓以丹青刻其额。"黑齿,安井衡云:"岭南之人食槟榔,其齿变黑,因以名其国耳。"

④鹰隼(sǔn 损)鸱枭(chī xiāo 痴嚣):鹰类和猫头鹰,泛指凶猛飞鸟,古以为是不祥之物。

⑤格:感通,古时以为诚心能与神鬼等互相感应。

⑥守龟:占卜用的龟甲。《左传·哀公二十三年》:"君告于天子,而卜之以守龟于宗祧,吉矣,吾又何卜焉。"

⑦臻(zhēn 真):至。《诗经·邶风·泉水》:"遄臻于卫。"

⑧藿:灰藿,草名。

⑨前德义,后日昌:郭沫若云:"'德义'、'日昌'都是取其形似。"日昌"谓凤凰尾翎的眼,如"日"字,又似"昌"字。凤目如"德"字,凤头上的冠如"义"字。

⑩假(gé 格):通"格",到。《礼记·祭统》:"公假于大庙。"郑玄注:"假,至也。"

⑪河出图,雒出书:传说中的两种吉祥征兆。传说伏羲氏时,有龙马从黄河出现,背负"河图";有神龟从洛水出现,背负"洛书"。雒,通"洛"。

⑫乘黄：传说中神马名。《山海经·海外西经》："有乘黄,其状如狐,其背上有角。"

⑬大路：同"大辂",大车。龙旗九游：旗名。一作"九旗九旒"。旗上画有蛟龙,并垂有九旒。旗下悬垂的饰物称为旒或游。

⑭尹知章注："渠门,旗名。"渠通"巨",大。《国语·齐语》韦昭注："渠门,两旂所建以为军门,若今牙门也。"

⑮不：陈奂云："下"字之误。下,下拜。

【今译】

葵丘大会诸侯时,周天子派大夫宰孔送祭肉给桓公说："我在文王武王的庙中祭祀,派遣宰孔送来祭肉。"并且后面还有命令说："因为你谦卑劳累,告诉你,不必下拜受赐。"桓公召来管仲商量,管仲回答说："做国君的不像国君,做臣子的不像臣子,是国家混乱的根源。"桓公说："我乘车之会有三次,兵车之会有六次,九次召集诸侯,统一匡正天下。北征到达孤竹、山戎、秽貉,拘获了大夏国君。西征到流沙西虞。南征到吴、越、巴、牂牁、𪏭、北朐、雕题、黑齿,荆夷各国,没有谁敢违反我的命令,而中原国家轻视我。从前夏、商、周三代受命为王的,难道能超出我这样的功业吗？"管子回答说："吉祥的凤凰鸾鸟不来降临,而鹰隼鸱枭很多；众神不来显灵,龟甲不露征兆,而拿着粟草卜筮却屡次卜中；时雨甘露不下,狂风暴雨经常有；五谷不丰多,六畜不兴旺,而蓬蒿藜草遍地茂盛。凤凰的文采,前面是"德义",后面才是"日昌"。从前受命为王的,总是龙龟来到,黄河出图,洛水出书,地上出现乘黄神马。现在三种吉祥物都未出现,即使受命为王,岂不是失策吗？"桓公畏惧,出去接见宾客说："天子威严就在面前,不离咫尺,我小白承奉天子之命能不须下堂拜赐,但担心在下造成礼节混乱,而为天子增羞。"于是就下堂拜赐,然后登堂领受赏服、大车、龙旗九游、渠门赤旗。天子送祭肉给桓公而桓公下堂拜受,天下诸侯都称颂桓公守礼。

【原文】

桓公忧天下诸侯。鲁有夫人庆父之乱,而二君弑死①,国绝无后。桓公闻之,使高子存之。男女不淫②,马牛选具③,执玉以见,请为关内之侯,而桓公不使也。狄人攻邢,桓公筑夷仪以封之。男女不淫,马牛选具,执玉以见,请为关内之侯,而桓公不使也。狄人攻卫,卫人出旅于曹,桓公城楚丘封之。其畜以散亡,故桓公予之系马三百匹[4]。天下诸侯称仁焉。于是天下之诸侯,知桓公之为己勤也。是以诸侯之归之也,譬若市人。桓公知诸侯之归己也,故使轻其币而重其礼。故使天下诸侯以疲马犬羊为币,齐以良马报;诸侯以缕帛布鹿皮四分以为币[5],齐以文锦虎豹皮报。诸侯之使垂橐而入[6],攟载而归[7]。故钧之以爱[8],致之以利,结之以信,示之以武。是以天下小国诸侯,既服桓公,莫之敢倍而归之[9],喜其爱而贪其利,信其仁而畏其武。桓公知天下小国诸侯之多与己也,于是又大施忠焉[10]。可为忧者为之忧,可为谋者为之谋,可为动者为之动。伐谭莱而不有也[11],诸侯称仁焉。通齐国之鱼盐东莱[12],使关市几而不正[13],墠而不税[14],以为诸侯之利,诸侯称宽焉。筑蔡、鄢陵、培夏、灵父丘[15],以卫戎狄之地,所以禁暴于诸侯也。筑五鹿、中牟、邺盖与社丘[16],以卫诸夏之地,所以示劝于中国也。教大成,是故天下之于桓公,远国之民望如父母,近国之民从如流水。故行地滋远,得人弥众,是何也?怀其文而畏其武。故杀无道,定周室,天下莫之能圉,武事立也。定三革[17],偃五兵[18],朝服以济河,而无怵惕焉[19],文事胜也。是故大国之君惭愧,小国诸侯附比。是故大国之君事如臣仆,小国诸侯欢如父母。夫然,故大国之君不尊,小国诸侯不卑。是故大国之君不骄,小国诸侯不慑。于是列广地以益狭地[20],损有财以与无财。周其君子,不失成功;周其小人,不失成命。夫如是,居处则顺,出则有成功。不称动甲兵之事,以遂文武之迹于天下。

注释

①尹知章注:"庆父通庄公夫人姜氏,弑子般,又弑闵公。"庆父,鲁庄公的庶兄。

②淫:乱。尹知章注:"淫,乱杂也。"

③选具:犹言齐备。《墨子·号令》:"所居之吏,上数选具之。"

④系马:良马。尹知章注:"谓马在闲厩系养之,言其良也。"

⑤缕帛:王念孙云:本作"缦帛",《说文》:"缦,缯无文也。"无文采的帛。四分:王引之云:当作"四介"。介,个。古无"个"字,以"介"用之。

⑥垂橐(gāo 高):空袋。尹知章注:"言其空也。"橐,古代盛衣甲或弓箭的器具。《左传·昭公元年》:"伍举知其有备也,请垂橐而入。"

⑦攟:同"捃(jùn 郡)",拾取。尹知章注:"攟,收拾也。"

⑧钧:安井衡云:古本"作'钧',钧,取也"。
⑨倍:通"背",背弃。《礼记·缁衣》:"信以结之,则民不倍。"
⑩忠:当作"惠"。朱本作"惠"。
⑪张佩纶云:"桓公无伐莱事,'谭莱',当作'谭遂',涉下'东莱'而误。"谭遂,二国名,为齐人所灭。
⑫尹知章注:"自东莱通鱼盐于诸侯。"通,流通。
⑬几:通"讥"。查察,查问。《周礼·地官·司关》:"国凶札,则无关门之征,犹几。"《孟子·公孙丑上》:"讥而不征。"正:通"征",征税。
⑭墰:"廛"的异体字。廛(chán 蝉),市房。《礼记·王制》:"市,廛而不税。"郑玄注:"廛,市物邸舍。税其舍不税其物。"
⑮尹知章注:"皆邑名。"培夏,即负夏,卫地。《礼记·檀弓》:"曾子吊于负夏。"郑玄注:"负夏,卫地。"灵父丘,疑即灵丘,赵岐《孟子注》:"灵丘,齐下邑。"
⑯社丘:当依古本等作"牡丘"。《国语·齐语》亦作"牡丘"。
⑰三革:尹知章注:"车、马、人皆有革甲曰三革。"《国语·齐语》韦昭注:"三革,甲、胄、盾也。"《荀子·儒效》杨倞注:"三革,犀也,兕也,牛也。"注家说法不一,但都是指皮革及其制成的防护用具。
⑱偃:停止,停息。《国语·吴语》:"偃兵接好,日中为期。"五兵:泛指兵器。具体的说法不一,《周礼·夏官·司兵》郑玄注引郑司农云:"五兵者,戈、殳、戟、酋矛、夷矛。"《荀子·儒效》王先谦集解引范宁云:"五兵,矛、戟、钺,楯、弓矢。"
⑲怵(chù 触)惕:戒惧。《汉书·淮南厉王传》:"日夜怵惕,修身正行。"
⑳列:通"裂"。分裂,割裂。

【今译】

　　桓公能为天下诸侯解忧。鲁国有庄公夫人与庆父勾结作乱的事端,两个国君接连被杀,国家断绝了继位人,没有了后代。桓公知道后,就派高子前去保存他。使鲁国男女不再杂乱,牛马齐备。鲁君手持玉器前来拜见桓公,请求做齐国的关内侯,而桓公不要他这样做。狄人攻打邢国,桓公修筑夷仪城封赐邢君。使他们男女不杂乱,牛马齐备。邢君手持玉器前来拜见桓公,请求做齐国的关内侯,而桓公不要他这样做。狄人攻打卫国,卫人出逃旅居在曹地,桓公修筑楚丘城封赐卫君。因为他们的牲畜已经散失,所以桓公就给他们良马三百匹。天下诸侯都称颂齐桓公仁爱。由此天下诸侯都知道桓公为大家做事热心。这样诸侯归附桓公,就像集市上的人一样多。桓公看到诸侯都来归附自己,就命令少收他们进见的财币而多给他们回报的礼品。于是就让天下诸侯用瘦马狗羊作为进见的财币,而齐国用良马回报;让诸侯用素绸鹿皮四张作为进见的财币,而齐国用绣锦和虎豹皮回报。诸侯的使者持着空袋进入齐国,却能满载而归。这样用仁爱来钓取他们,用利益来招引他们,用守信来与他们结盟,用武力来向他们示威。因此天下的小国诸侯,都顺服桓公,没有一个敢背弃而不来归附,因为他们喜好桓公的关心又贪图桓公的货利,相信桓公的仁爱又害怕桓公的武力。桓公看到小国诸侯大多跟随自己,于是又大施优惠给诸侯。能为有忧患者出力的就帮他解除忧患,能为需要谋划者出力的就帮他出谋划策,能为需要武力帮助者出力的就帮他出兵。攻破了谭、遂,却不占有他们的领土,诸侯都称颂桓公的仁爱。把齐国东莱的鱼盐流通到诸侯各国,命齐国的关卡和市场只查看而不征税,只收房费而不收商品的税,以此来照顾诸侯国的利益,诸侯都称颂桓公政策的宽松。修筑蔡、鄢陵、负夏、灵丘诸城,用来防卫戎狄扩大侵地,是为了禁止戎狄向诸侯施用暴力。修筑五鹿、中牟、邺盖与牡丘诸城,用来保卫诸夏之地,是为了表示对中原国家的勉励。教化十分成功,因此天下人看待桓公,远方国家的百姓盼望他如同盼望父母,邻近国家的百姓跟随他如同流水。所以走的地方更远,得到的百姓就更多,这是为什么呢?是因为思念他的文德而又害怕他的武力。所以杀了无道的国君,安定周王朝,天下没有一个诸侯能够抵御,是因为武事成功了。不用各种皮甲,收藏各种兵器,穿着朝会的礼服渡过黄河,无所戒惧地会见诸侯,是因为文事胜利了。这样大国之君惭愧,小国诸侯归附。这样大国之君侍奉他如同臣子仆人,小国诸侯喜爱他如同父亲母亲。这样,大国的君主不显得尊贵,小国诸侯也不显得卑贱。因此大国君主不能骄傲,小国诸侯也不用害怕。于是分割土地广大的来增加土地狭小的,削减有财的来补给无财的。周全君子,不使他失去成功的机会;周全小人,不使他失去完成使命的职责。能做到这样,平时生活就顺畅,出门行事就能有成功。不必发动战争,就能在天下完成文治武功的业绩。

【原文】

　　桓公能假其群臣之谋①,以益其智也。其相曰夷吾,大夫曰宁戚、隰朋、宾胥无、鲍叔牙。用此五子者何功②,度义光德,继法绍终,以遗后嗣,贻孝昭穆③,大霸天下,名声广裕,不可掩也。则唯有明君在上、察相在下也。

注释

①假:凭借,依靠。《淮南子·主术训》:"故假舆马者足不劳而致千里。"

②本句及以下二句,郭沫若校读为:"(用此五子者)荷功度义,光德继法,绍(昭)于天下"。何,读为"荷",何功,依尹桐阳解为"任事"。绍终,依古本等当为"绍于天下"。译文从郭校。

③贻:同"以"。

【今译】

桓公能依靠群臣的计谋,来增加他的智慧。他的宰相是管夷吾,大夫有宁戚、隰朋、宾胥无和鲍叔牙。使用这五个人担负职事,制定法度,发扬德行,继承仪法,昭示于天下,流传后世,奉孝祖庙,大霸天下,名声广扬,是不可埋没的。这就是因为有明君在上、贤相在下。

【原文】

初,桓公郊迎管子而问焉,管仲辞让,然后对以参国伍鄙,立五乡以崇化,建五属以厉武①,寄兵于政,因罚②,备器械,加兵无道诸侯,以事周室。桓公大说③,于是斋戒十日,将相管仲。管仲曰:"斧钺之人也④,幸以获生,以属其腰领⑤,臣之禄也。若知国政,非臣之任也。"公曰:"子大夫受政,寡人胜任⑥;子大夫不受政,寡人恐崩。"管仲许诺,再拜而受相。三日,公曰:"寡人有大邪三,其犹尚可以为国乎?"对曰:"臣未得闻。"公曰:"寡人不幸而好田⑦,晦夜而至禽侧⑧,田莫不见禽而后反⑨。诸侯使者无所致,百官有司无所复。"对曰:"恶则恶矣,然非其急者也。"公曰:"寡人不幸而好酒,日夜相继,诸侯使者无所致,百官有司无所复。"对曰:"恶则恶矣,然非其急者也。"公曰:"寡人有污行,不幸而好色,而姑姊有不嫁者⑩。"对曰:"恶则恶矣,然非其急者也。"公作色曰:"此三者且可,则恶有不可者矣⑪?"对曰:"人君唯优与不敏不可⑫。优则亡众,不敏不及事。"公曰:"善。吾子就舍,异日请与吾子图之。"对曰:"时可将与夷吾,何待异日乎?"公曰:"奈何?"对曰:"公子举为人博闻而知礼,好学而辞逊,请使游于鲁,以结交焉。公子开方为人巧转而兑利⑬,请使游于卫,以接交焉。曹孙宿其为人也,小廉而苛忕⑭,足恭而辞结⑮,正荆之则也,请使往游,以接交焉。"遂立行三使者,而后退。

注释

①厉:通"砺"。砺,磨砺。
②因罚:陶鸿庆云:因罚当作"因刑罚"。译文从之。《中匡篇》云"请薄刑罚,以厚甲兵",是其证。
③说:通"悦"。
④丁士涵云:"'曰'下疑脱'臣'字。"译文从丁说。钺(yuè 越):古代兵器大斧。
⑤属(zhǔ 主):连接。尹知章注:"属,缀连也。"
⑥尹知章注:"言子受政而辅我,我则胜君之任也。"
⑦田:通"畋",打猎。《淮南子·本经训》:"焚林而田,竭泽而渔。"
⑧晦夜:黑夜。禽侧:同"禽㔻(cè 测)",禽兽繁殖的草野湖泽之地。
⑨郭沫若云:"莫"假为"漠",静也。
⑩姊:当作"姊妹"。姊,"姊"的异体字。孙星衍云:"《意林》《白帖》九十三引'姊'下有'妹'字。"
⑪恶(wū 乌):哪里。《孟子·尽心上》:"居恶在?仁是也。"
⑫优:软弱少决断。尹知章注:"优,谓透随不断。"透随,同"委随",困顿疲弱。
⑬兑:通"锐"。《荀子·仪兵》:"兑则若莫邪之利锋,当之则溃。"
⑭廉:考察,查访。《汉书·高帝纪下》:"且廉问有不如吾诏者,以重论之。"苛忕(shì 誓):细微地察看。苛,细微;忕,察。
⑮辞结:刘绩云:"《大匡》作'博于教而又巧于辞,不好立大义而好结小信',则'辞结'当作'辞给'。"辞给,言辞敏捷。

【今译】

当初,桓公在京郊迎接管子归来时就向他咨询,管仲推辞拒绝,以后才提出建立三国五鄙的制度,建立五乡用来推崇教化,建成五属来训练军事,把军事训练隐藏在内政管理之中,依靠赎罪制度,备足军用器材,然后对无道诸侯施加武力,以侍奉周王朝。桓公听了十分高兴,因此虔诚地斋戒十天,要立管仲为相。管仲说:"我是该杀的人,幸获生存,使腰领还能相连,这已是我的福分了。如果要授予我国家的政事,不是我能胜任的。"桓公说:"你接受国家的政事,我就能胜任国君;你如果不接受国家的政事,我就恐怕要崩溃了。"管仲最后才答应,再拜而接受宰相的职务。三天以后,桓公对管仲说:"我有三大错误,那还能管理国家吗?"管仲回答说:"我还未曾听说。"桓公说:"我不幸而喜好打猎,在黑夜时就来到禽兽出没的湖泽草野之地,直到田野寂静不见禽兽时才迟迟回来。这样,诸侯使者无法向我传达他们的使命,百官人员无法向我报告他们的职事。"管子回答说:"这件事虽然是很坏,但不是十分紧要的。"桓公说:"我不幸而喜好饮酒,日夜相继,诸侯使者无法向我传达他们的使命,百官人员无法向我报告他们的职事。"管仲回答说:"这件事虽然很坏,但不是十分紧要的。"桓公说:"我有一件丑事,就是不幸喜好女色,姑表姐妹也有不嫁给人的。"管仲说:"这件事坏虽然很坏,但不是十分紧要的。"桓公变色说:"这三件事尚且可以允许,哪里还有什么不可以允许的事呢?"管仲回答说:"国君唯有优柔寡断与不敏于事为不可允许的。优柔寡断就失去众人,不敏于事就办不成事。"桓公说:"好。你回家吧,改日再请你一块来讨论国事。"管仲回答说:"此时就可与我谈,何必要等待另外的日子呢?"桓公说:"要谈什么呢?"管仲回答说:"公子举为人知识广博而懂礼仪,好学而说话谦逊,请派他出游到鲁国,以便同鲁国结交。公子开方为人圆滑而锐利,请派他出游到卫国,以便同卫国结交。曹孙宿为人,小事能细察,态度十分恭敬,又善于辞令,正合乎荆人的风格,请派他前往交游,以便同荆人结交。"这样就立即派出了三位使者,管仲而后才告退。

【原文】

　　相三月,请论百官。公曰:"诺"。管仲曰:"升降揖让①,进退闲习②,辨辞之刚柔,臣不如隰朋,请立为大行③。垦草入邑④,辟土聚粟多众,尽地之利,臣不如宁戚,请立为大司田⑤。平原广牧,车不结辙,士不旋踵,鼓之而三军之士视死如归,臣不如王子城父,请立为大司马。决狱折中,不杀不辜,不诬无罪,臣不如宾胥无,请立为大司理。犯君颜色,进谏必忠,不辟死亡⑥,不挠富贵,臣不如东郭牙,请立以为大谏之官。此五子者,夷吾一不如⑦,然而以易夷吾,夷吾不为也。君若欲治国强兵,则五子者存矣⑧;若欲霸王,夷吾在此。"桓公曰:"善。"

注释

①揖让:古代宾主相见的礼节。《周礼·秋官·司仪》:"掌九仪之宾客摈相之礼,以诏仪容、辞令、揖让之节。"
②闲:通"娴",熟习。《国策·燕策二》:"闲于兵甲,习于战攻。"
③大行:外交官之首领。尹知章云:"大行,大使之官。"
④人邑:郭沫若云:人乃"立"之误。立邑,意为创邑。
⑤大司田:田官之长。一作"大田"或"司田"。
⑥辟:通"避",躲避。《荀子·荣辱》:"不辟死亡,不畏众强。"
⑦一:都。《大戴礼·卫将军文子》:"则一诸侯之相也"卢注:"一,皆也。"
⑧存:孙星衍云:当依《吕氏春秋》"存"作"足"。译文从"足"。

【今译】

管仲拜相三个月后,请求与桓公选择百官,桓公说:"可以。"管仲说:"升降遵守礼节,进退娴熟法度,言语刚柔有节制,我不如隰朋,请立他为外交长官。开垦草地,创建城邑,开辟土地,聚集粮食,增加人口,发挥土地的效益,我不如宁戚,请立他为田官之长。在广阔的原野上,战车不混乱,战士不后退,敲起战鼓,使三军战士视死如归,我不如王子城父,请立他为大司马。判决适当,不杀无辜,不诬陷无罪的人,我不如宾胥无,请立他为大司理。敢不看君主脸色行事,劝谏必定忠心,不怕杀头,不为富贵困惑,我不如东郭牙,请立他为大谏之官。这五个人,我都不及他们,但是用来交换我,我也不干。国君如果想要治国强兵,那么用这五个人就足够了;如果想要建立霸王之业,那么有我。"桓公说:"好。"

霸形第二十二

【题解】

本篇《霸形》之题应与下篇《霸言》对换。所谓"霸言"指称霸天下的言论。本篇以桓、管对答的形式,记述了齐国图霸的理论和实践,共分为三节。第一节管子阐述了霸王之业应以百姓为根本,并具体提出了轻税敛、缓刑政和举事以时三条原则。第二节记述桓公沉溺于享乐,管子谏请桓公封亡国之君,并以重礼结交诸侯各国,使齐国号令

"始行于天下"。第三节记述楚国攻打宋、郑,干扰齐国,管子劝谏桓公发兵保护宋、郑,并进而攻伐各国,九合诸侯,成就霸业。

【原文】

桓公在位,管仲、隰朋见。立有间,有二鸿飞而过之。桓公叹曰:"仲父,今彼鸿鹄有时而南,有时而北,有时而往,有时而来,四方无远,所欲至而至焉。非唯有羽翼之故①,是以能通其意于天下乎?"管仲、隰朋不对。桓公曰:"二子何故不对?"管子对曰:"君有霸王之心,而夷吾非霸王之臣也,是以不敢对。"桓公曰:"仲父胡为然?盍不当言②,寡人其有乡乎③?寡人之有仲父也,犹飞鸿之有羽翼也,若济大水有舟楫也。仲父不一言教寡人,寡人之有耳将安闻道而得度哉④?"管子对曰:"君若将欲霸王举大事乎?则必从其本事矣⑤。"桓公变躬迁席,拱手而问曰:"敢问何谓其本?"管子对曰:"齐国百姓,公之本也。人甚忧饥,而税敛重;人甚惧死,而刑政险;人甚伤劳,而上举事不时。公轻其税敛,则人不忧饥;缓其刑政,则人不惧死;举事以时,则人不伤劳。"桓公曰:"寡人闻仲父之言此三者,闻命矣,不敢擅也,将荐之先君⑥。"于是令百官有司,削方墨笔⑦。明日,皆朝于太庙之门朝⑧,定令于百吏。使税者百一钟⑨,孤幼不刑,泽梁时纵⑩,关讥而不征⑪,市书而不赋⑫,近者示之以忠信,远者示之以礼义。行此数年,而民归之如流水。

注释

①"非唯"句:孙蜀丞云:"《戒篇》作'夫唯有羽翼以通其意于天下乎',则此'非'字与'匪'同。"许维遹云:"'匪'与'夫'义皆同彼。"

②当言:王念孙云:"'当言',谠言也。谠言,直言也。"盍:同"何"。

③乡:同"向",方向。

④度:张佩纶云:"度,法度也。"

⑤本事:陶鸿庆云:"'本事'当为'本始',所谓物有本末,事有终始也。"译文从陶说。

⑥"不敢"二句:尹知章云:"不敢专擅自发此命,将进之宗庙,告先君而后行。"

⑦方:尹知章云:"方谓版牍也。凡此欲书其所定令也。"

⑧门朝:丁士涵云:"案'门朝'即门廷,朝、廷一也。"

⑨百一:指税率百分之一。
⑩泽梁:沼池中拦水捕鱼之具。纵:开放。
⑪讥:稽查,察问。
⑫"市书"句:张佩纶云:"《周礼》'质人掌稽市之书契',所谓书也;'廛人掌敛布',所谓赋也。今但使质人书之,而不使廛人赋之,故曰'书而不赋'。"

【今译】

桓公在朝,管仲、隰朋进见。站了一会,有两只鸿雁从窗外飞过。桓公叹息道:"仲父,那些鸿雁时而南飞,时而北飞,时而飞去,时而飞来,四方无论多远,想到哪里就能飞到哪里。它们是因为有了翅膀的缘故,才能将自己的意愿通达于天下的吧?"管仲、隰朋不回答。桓公问:"两位为什么不回答我?"管子回答说:"您有成就霸王之业的心愿,而我不是能成就霸王之业的臣子,因此不敢回答。"桓公说:"仲父为什么这样说?为什么不对我直言,使我能有方向呢?我有您仲父,就像鸿雁有翅膀,渡水有舟船。如果仲父不发一言来教导我,我虽长耳朵,又从哪里听到治国之道,学到治国的法度呢?"管子回答说:"您想要成就霸王之业的大事吗?一定要从根本开始。"桓公变换体位,离开坐席,拱手发问道:"请问什么叫根本?"管子回答说:"齐国百姓就是您的根本。百姓很怕挨饿,而如今租税沉重;百姓很怕死罪,而如今刑政凶险;百姓很怕辛劳,而如今兴举事业不按定时。您如果减轻租税,百姓就不愁饥饿;宽缓刑政,百姓就不愁死罪;定时兴举,百姓就不愁辛劳。"桓公说:"我听仲父说的这三点,我听懂了,但不敢专擅施行,而要进告先君然后可行。"于是命令百官有司,削好版牍,备好笔墨。第二天,会集百官都在太庙的门庭朝见,对官吏颁布了法令:使纳税的人只交百分之一,对孤儿幼女不准施刑,沼池中的捕鱼器具按时开放,关卡只稽查而不征税,市场只纪录而不征赋,对近臣显示出忠信,对远者显示出礼义。这样推行了数年,百姓归附桓公就如同流水一般。

【原文】

此其后,宋伐杞,狄伐邢、卫,桓公不救,裸体纫胸称疾①。召管仲,曰:"寡人有千岁之食,而无百岁之寿,今有疾病,姑乐乎!"管子曰:"诺。"于是令之县钟磬之榬②,陈歌舞竽瑟之乐,日杀数十牛者数旬。

群臣进谏曰:"宋伐杞,狄伐邢、卫,君不可不救。"桓公曰:"寡人有千岁之食,而无百岁之寿,今又疾病,姑乐乎!且彼非伐寡人之国也,伐邻国也,子无事焉。"宋已取杞,狄已拔邢、卫矣。桓公起行筍虡之间③。管子从,至大钟之西,桓公南面而立,管仲北乡对之。大钟鸣,桓公视管仲曰:"乐夫,仲父?"管子对曰:"此臣之所谓哀,非乐也。臣闻之,古者之言乐于钟磬之间者不如此。言脱于口,而令行乎天下;游钟磬之间,而无四面兵革之忧。今君之事,言脱于口,令不得行于天下;在钟磬之间,而有四面兵革之忧。此臣之所谓哀,非乐也。"桓公曰:"善。"于是伐钟磬之县④,并歌舞之乐⑤,宫中虚无人。桓公曰:"寡人以伐钟磬之县,并歌舞之乐矣,请问所始于国将为何行?"管子对曰:"宋伐杞,狄伐邢、卫,而君之不救也⑥,臣请以庆。臣闻之,诸侯争于强者,勿与分于强⑦。今君何不定三君之处哉⑧?"于是桓公曰:"诺。"因命以车百乘、卒千人以缘陵封杞,车百乘、卒千人以夷仪封邢,车五百乘、卒五千人以楚丘封卫。桓公曰:"寡人以定三君之居处矣,今又将何行?"管子对曰:"臣闻诸侯贪于利,勿与分于利。君何不发虎豹之皮、文锦以使诸侯,令诸侯以缦帛、鹿皮报⑨?"桓公曰:"诺。"于是以虎豹皮、文锦使诸侯,诸侯以缦帛、鹿皮报。则令固始行于天下矣。

注释

①纫:洪颐煊云:纫,结束也。"谓以帛结束其胸而称疾。"
②县:同"悬"。郭沫若云:"'榰'假为'环'。古者钟磬皆有环,悬于钩上。"
③筍虡(jù 据):悬挂钟磬的木架。《诗·灵台传》:"植者曰虡,横者曰栒。"
④尹知章云:"伐谓斫断也。"
⑤并:同"屏",屏除。
⑥张佩纶云:"当作'而君不之救也'。"译文从之。
⑦郭沫若云:"言诸侯既争强而我欲平分之,则亦争耳。"
⑧许维遹云:"'之'下疑脱'居'字。"故译文补出。尹知章云:"三君既失国,与定其居处也。"
⑨缦帛:即素帛,无文彩之帛,与"文锦"相对。

【今译】

　　这以后,宋国攻打杞国,狄人攻打邢国、卫国,桓公都没发兵救助,却裸着上体,以帛缠胸称病。桓公召见管子说:"我有一千年吃不完的粮食,却没有一百年的寿命,如今又有病,姑且及时行乐吧!"管子说:"好的。"于是下令悬挂起钟磬类打击乐器,陈设了轻歌曼舞、吹竽鼓瑟的音乐,每天杀几十头牛设宴,连续了数十天。群臣进谏说:"宋国攻打杞国,狄人攻打邢国、卫国,您不可不发兵救助。"桓公说:"我有一千年吃不完的粮食,却没有一百年的寿命,如今又有病,姑且让我及时行乐吧!况且他们攻打的又不是我们的国家,只是我们的邻国,你们就不必多事了。"不久,宋国攻取了杞国,狄人攻取了邢国、卫国。桓公仍然盘桓在钟磬的行列间,管子跟着来到大钟西面,这时桓公朝南站立,管子朝北应对。大钟敲响了,桓公看着管子问:"仲父感觉快乐吗?"管子回答说:"我认为这是哀伤,而不是快乐。我听说古代君王取乐于钟磬之间时不是这样。他们话语出口,号令就推行天下;游乐于钟磬之间,却没有四方战争的忧虑。现在您的情况却是:话语出口,号令不能推行天下;身在钟磬之间,却有四方战争的忧虑。这就是我所说的哀伤,而不是快乐啊!"桓公说:"好。"于是砍断钟磬的悬带,取消歌舞和音乐,宫中空虚无闲人。桓公问:"我已经砍断了钟磬的悬带,取消了歌舞和音乐,请问开始处理国事要做些什么?"管子回答说:"宋国攻打杞国,狄人攻打邢国、卫国,您都没发兵救助,我为您庆幸。我听说,诸侯之间争强时,就不要与他们分强。现在,您为什么不去安排三国君主的居留之处呢?"桓公说:"好的。"于是下令用兵车百乘、士卒千人,把缘陵封给杞君;用兵车百乘、士卒千人,把夷仪封给邢君;用兵车五百乘、士卒五千人,把楚丘封给卫君。桓公说:"我已经安排了三国君主的居留之处,现在再该做些什么?"管子回答说:"我听说诸侯贪利之时,就不要与他们分利。您为什么不派使者送虎豹皮、五彩锦给各国诸侯,而只要各国诸侯用素帛、鹿皮回报呢?"桓公说:"好的。"于是派使者送虎豹皮、五彩锦给各国诸侯,各国诸侯用素帛和鹿皮回报。这样,齐国的号令开始通行于天下各国了。

【原文】

此其后,楚人攻宋、郑。烧炳燎焚郑地①,使城坏者不得复筑也,屋之烧者不得复葺也;令其人有丧雌雄②,居室如鸟鼠处穴。要宋田,夹塞两川,使水不得东流③,东山之西,水深灭垝④,四百里而后可田也。楚欲吞宋、郑而畏齐,曰思人众兵强能害己者⑤,必齐也。于是乎楚王号令于国中曰:"寡人之所明于人君者⑥,莫如桓公;所贤于人臣者,莫如管仲。明其君而贤其臣,寡人愿事之。谁能为我交齐者,寡人不爱封侯之君焉⑦。"于是楚国之贤士,皆抱其重宝币帛以事齐。桓公之左右,无不受重宝币帛者。于是桓公召管仲曰:"寡人闻之,善人者人亦善之。今楚王之善寡人一甚矣,寡人不善,将拂于道⑧。仲父何不遂交楚哉?"管子对曰:"不可。楚人攻宋、郑,烧焫熯焚郑地,使城坏者不得复筑也,屋之烧者不得复葺也;令人有丧雌雄,居室如鸟鼠处穴;要宋田,夹塞两川,使水不得东流,东山之西,水深灭垝,四百里而后可田也。楚欲吞宋、郑,思人众兵强而能害己者必齐也。是欲以文克齐,而以武取宋、郑也。楚取宋、郑而不知禁⑨,是失宋、郑也,禁之则是又不信于楚也。知失于内,兵困于外,非善举也。"桓公曰:"善。然则若何?"管子对曰:"请兴兵而南存宋、郑,而令曰'无攻楚',言与楚王遇⑩。至于遇上⑪,而以郑城与宋水为请。楚若许,则是我以文令也;楚若不许,则遂以武令焉。"桓公曰:"善。"于是遂兴兵而南存宋、郑,与楚王遇于召陵之上,而令于遇上曰:"毋贮粟,毋曲堤,无擅废適子,无置妾以为妻。"因以郑城与宋水为请于楚。楚人不许,遂退七十里而舍。使军人城郑南之地,立百代城焉,曰:自此而北至于河者,郑自城之,而楚不敢隳也⑫。东发宋田,夹两川,使水复东流,而楚不敢塞也。遂南伐及⑬,逾方城济于汝水,望汶山,南致楚越之君⑭;而西伐秦,北伐狄,东存晋公于南⑮;北伐孤竹,还存燕公。兵车之会六,乘车之会三,九合诸侯,反位已霸,修钟磬而复乐。管子曰:"此臣之所谓乐也。"

> **注释**
>
> ①烧焫(ruò 弱)熯(hàn 汉)焚:皆为烧义。郭沫若云:"从下文观之,楚对郑用火攻,对宋用水攻也。"
> ②有:戴望云:"'有'与'又'同。"
> ③尹知章云:"楚人又遮取宋田,夹两川筑堤而壅塞之,故水不得东流。"
> ④垝:尹知章云:"垝,败墙也。"
> ⑤曰:猪饲彦博云:"'曰'字衍。能:孙蜀丞云:"据后文'能'上当有'而'字。"
> ⑥许维遹云:"'明'与下文'贤'字对词,则明犹尊也。"
> ⑦君:猪饲彦博云:"'君'当作'赏'。"译文从之。
> ⑧尹知章云:"拂,违也。若不报善之,是违于道也。"
> ⑨宋本"知"作"止"。

⑩陶鸿庆云:"'言'当为'吾',字之误。"译文从之。尹知章云:"冬会曰遇。"
⑪上:安井衡云:"'上'犹'所'也。"
⑫隳(huī灰):毁坏。
⑬及:郭沫若云:"'及'即'楚'之坏字。"译文从"楚"。
⑭楚:张佩纶云:"'楚'依《小匡》当作'吴'。"译文从之。
⑮俞樾云:此承上为文。"自秦而言,则晋在东矣。自狄而言,则晋在南矣。"

【今译】

这以后,楚人攻打宋国、郑国。他们用火攻袭击郑地,使城墙毁坏难以重建,屋舍烧毁难以重修;又使郑国男女丧其配偶,住房如同鸟巢鼠穴。他们还截取宋国农田,夹着两条河筑堤堵塞水流,使河水不能东流,东山的西面,水深淹没断墙,四百里外才能耕种。楚国想并吞宋国、郑国,但怕齐国,设想人口众多兵器精良对自己构成威胁的,必定是齐国。于是楚王对国内发令说:"我所推尊的君主,没有能与桓公相比的;我所称贤的臣子,没有能与管仲相比的。君主尊而臣子贤,我愿侍奉他们。谁能为我交好齐国,我将不惜给他封侯的赏赐。"于是楚国的贤士都携带贵重的宝物和缯帛去齐国活动。桓公的左右近臣,没有不接受过楚国宝物缯帛的。于是桓公召见管子说:"我听说,善待别人,别人也善待他。现在楚王如此地善待于我,我如果不回报,将有违于交往之道。仲父为什么不去与楚国交好呢?"管子回答说:"不可。楚人攻打宋国、郑国,他们用火攻袭击郑地,使城墙毁坏难以重建,屋舍烧毁难以重修;又使郑国男女丧其配偶,住房如同鸟巢鼠穴;他们还截取宋国农田,夹着两条河筑堤堵塞水流,使河水不能东流,东山的西面,水深淹没断墙,四百里外才能耕种。楚国想并吞宋国、郑国,考虑人口众多兵器精良对自己构成威胁的,必定是齐国。因此这是要用文的方式战胜齐国,而用武力攻取宋国、郑国。楚国攻取宋国、郑国,如果不加制止,就等于丧失了宋国、郑国两个邻国;如果加以制止,则是失信于楚国。国内在智谋上有失误,在国外的军队就会受困,因此交好楚国不是好办法。"桓公说:"好。那该怎么办?"管子回答说:"请发兵南下保护宋国、郑国,并下令不要进攻楚国,说要和楚王盟会。到盟会时,就提出郑城遭焚和宋水被堵的问题要求楚国解决。楚国如果答应,等于我们用文的方式命令他;如果不答应,就再用武力教训他吧。"

桓公说："好。"于是就发兵南下保护宋国、郑国，与楚王在召陵地方盟会。桓公在盟会时提出："不准囤积粮食，不准遍设堤防，不准擅自废黜嫡子，不准将妾置立为妻。"同时就提出郑城遭焚和宋水被堵的问题要求楚国解决。楚人不答应，就退兵七十里驻扎下来。桓公派军队在郑国南部筑城，命名为百代城，并规定自百代城向北直到黄河，由郑国自己筑城，楚国不敢再来烧毁。又向东收复了宋国的农田，开通了夹河的阻塞，使河水重新东流，楚国不敢再来堵塞。于是桓公进而南伐楚国，越过方城，渡过汝水，直逼汶山，南向召见吴国和越国的君主；又西伐秦国，北伐狄人，保护了东南面的晋国；又北伐孤竹国，回兵时保护了燕国。这期间，动用兵车的盟会有六次，乘车的盟会有三次，总共九次会集诸侯。等到桓公回到齐国，称霸天下的大业已经建立，于是修整钟磬乐器，重新沉浸在享乐中。管子说："这才是我所说的快乐啊！"

霸言第二十三

【题解】

　　猪饲彦博云："疑当作'霸形'，篇首云'霸王之形'。盖此篇旧名曰《霸形》，前篇曰《霸言》，后人互误代之也。"所谓"霸形"指霸王之业的形势，亦即欲称霸称王之国在天下的地位态势。本篇极力称颂"霸形"的宏大，并围绕实现霸王之业展开了广泛论述。文中主张"欲用天下之权，必先布德诸侯"，圣明的君主要"务具其备，慎守其时，以备待时，以时兴事"。文章提出，霸王之始，要以百姓为本；王者之心，要方正而不偏执。文章重视对天下轻重强弱形势的分析和有关谋略的探讨，可以视为一篇称霸称王的策略论。

【原文】

　　霸王之形，象天则地，化人易代，创制天下，等列诸侯，宾属四海，时匡天下，大国小之，曲国正之①，强国弱之，重国轻之。乱国并之，暴王残之②，僇其罪，卑其列，维其民③，然后王之。夫丰国之谓霸④，兼正之国之谓王⑤。夫王者有所独明，德共者不取也，道同者不王也。夫争天下者,以威易危,暴王之常也⑥。君人者有道,霸王者有时。国修而邻国无道,霸王之资也⑦。夫国之存也,邻国有焉;国之亡也,邻国有焉⑧。邻国有事,邻国得焉;邻国有事,邻国亡焉⑨。天下有事,则圣王利也。国危,则圣人知矣⑩。夫先王所以王者,资邻国之举不当也。举而不当,此邻敌之所以得意也。

注释

①曲国:指邪曲之国。
②暴王:指暴虐的君王。
③尹知章云:"戮其首罪,卑其爵列,维持其人众。"
④尹知章云:"但自丰其国者霸也。"
⑤之:俞樾云:"上'之'字疑'它'字之误,'它'即'他'字也。"译文从俞说。尹知章云:"兼能正他国者王。"
⑥暴:郭沫若云:"'暴'乃'霸'之误。"译文从郭说。
⑦尹知章云:"我修而彼暴,可以取乱侮亡,故曰资也。"资,凭借、依靠。
⑧陶鸿庆云:"乃发明'霸王有时'之义。物不两盛,邻国与我迭为兴废。"
⑨陶鸿庆云:"本作'邻国有事,邻敌得焉;邻国有事,邻敌亡焉',……'邻敌'者,邻国之敌,质言之,即我国耳。"译从。
⑩知:陶鸿庆云:"知读为智,言国将危亡而后见圣人之智也。"

【今译】

霸业和王业的形势,模仿上天,效法大地,教化人心,改换朝代,创建全新天下,布列各等诸侯,使四海宾服归属,使天下及时匡正;它缩小大国的范围,纠正邪曲的国家,削弱强国的力量,使重要的国家不显重要;它兼并动乱的国家,残灭暴虐的君主,杀戮其罪魁祸首,削降其爵列等第,维护其百姓利益,然后称王其国。国家自身富强就可称为霸业,兼能匡正他国就可称为王业。成王业的国家有独见之明,德行相同的国家它不去夺取,道义相同的国家它不去称王。向来争夺天下,用威势更换危乱之国,这是霸王之业的常事。统治百姓必须有常道,称霸称王必须合时机。本国政治修明而邻国无道,这是成就霸王之业的前提。因为我国的存在与邻国有关,我国的危亡也与邻国有关,邻国有事变,我国可以有所得,邻国有事变,我国也可以有所失。天下有事变,可对圣王有利;国家将危亡,可见圣王智慧。先王之所以成就王业,是依靠邻国举措不当。邻国举措不当,这就是我国所以得意成功的原因。

【原文】

夫欲用天下之权者,必先布德诸侯。是故先王有所取,有所与,有所诎①,有所信②,然后能用天下之权。夫兵幸于权,权幸于地③。故诸侯之得地利者,权从之;失地利者,权去之。夫争天下者,必先争人。明大数者得人,审小计者失人。得天下之众者主,得其半者霸。是故圣王卑礼以下天下之贤而王之④,均分以钓天下之众而臣之⑤。故贵为天子,富有天下,而伐不谓贪者⑥,其大计存也。以天下之财,利天下之人;以明威之振⑦,合天下之权;以遂德之行,结诸侯之亲;以奸佞之罪,刑天下之心⑧;因天下之威,以广明王之伐⑨;攻逆乱之国,赏有功之劳;封贤圣之德,明一人之行⑩,而百姓定矣。夫先王取天下也,术术乎大德哉⑪,物利之谓也。夫使国常无患,而名利并至者,神圣也;国在危亡,而能寿者⑫,明圣也。是故先王之所师者,神圣也;其所赏者⑬,明圣也。夫一言而寿国,不听而国亡,若此者,大圣之言也。夫明王之所轻者马与玉,其所重者政与军。若失主不然⑭,轻与人政,而重予人马;轻予人军,而重与人玉;重宫门之营,而轻四竟之守;所以削也。

注释

①诎:同"屈"。
②信:同"伸"。
③幸:于省吾云:"'幸'乃'乘'之讹。"乘,因也。"此言兵因于权,权因于地也。"译文从于说。
④王:许维遹云:"'王'当作'壬','壬'即'任'字。'任之'与下文'臣之'义相近。"译文从许说。
⑤尹知章云:"既王有地,均分其禄,用此以引天下之众,故可得而臣之也。"
⑥伐:安井衡云:"'伐'当为'世'。"译文从之。
⑦明威:盛威,指强大的权威。振:通"震"。
⑧尹知章云:"所谓惩一而劝百。"郭沫若云:刑应作"型"字解。译文从之。
⑨伐:功伐,功绩。
⑩一人:姚永概云:"'一人'言天子也。"
⑪术:姚永概云:"但术本有大义,故以形容大德。"术,大道也。

⑫寿:俞樾云:《国语》韦注"寿,保也"。能寿犹能保也。
⑬赏:丁士涵云:"'赏'当读尚,与'师'义同。"
⑭失主:失国的君主。

【今译】
　　想要拥有天下的权力,必须先向诸侯施以恩德。因而先王总是有所取得,有所付出,有所屈折,有所伸展,然后才能拥有天下的权力。军队的胜负要依靠权力的大小,权力的大小要依靠土地的多少。因而诸侯能得到地利的,权力就跟从他;失去地利的,权力就离开他。争夺天下,必须先争夺人心。懂得大道理的得人心,专搞小计谋的失人心。能得天下大多数拥护的成就王业,能得天下半数人拥护的成就霸业。因此圣王总是谦卑有礼地对待天下的贤士而加以任用,均分利禄来吸引天下的百姓而进行统治。因而至尊的天子拥有天下的财富,但世人不认为贪欲,是因为他心存治理天下的大计。用天下的财富,来为天下人谋利;用强大权威的震慑,来聚合天下的权力;用广施恩德的行为,来结交诸侯使之亲附;用严惩奸佞的罪行,来规范天下的人心;依靠天下的威势,来推广明君的功绩;攻克逆乱的国家,赏赐功臣的劳绩;树立圣贤的威望,彰明天子的德行;这样,百姓就安定了。先王取得天下,真是伟大的功德啊!也就是所谓的以物利人。能使国家经常没有忧患而且名利双收,称之为神圣;能使国家在危亡时刻得以保全,称之为明圣。因而先王师法的是神圣,尊崇的是明圣。一句话能保全一个国家,不听它就会导致灭亡,这句话就是大圣人的话。英明的君主总是看轻骏马和宝玉,看重政权和军队。亡国的君主就不是这样,他们往往看轻授人政权,而看重给人骏马;看轻授人兵权,而看重给人宝玉;看重营建宫室,而看轻防守四境;因此国家日益削弱。

【原文】
　　夫权者,神圣之所资也。独明者,天下之利器也;独断者,微密之营垒也。此三者,圣人之所则也①。圣人畏微,而愚人畏明;圣人之憎恶也内,愚人之憎恶也外;圣人将动必知,愚人至危易辞②。圣人能辅时③,不能违时。知者善谋④,不如当时。精时者,日少而功多。夫谋无主则困,事无备则废。是以圣王务具其备,而慎守其时。以备待时,以时兴事,时至而举兵;绝坚而攻国,破大而制地;大本而小标⑤,坒近而攻远⑥;以大牵小,以强使弱,以众致寡,德利百姓,威振天下;令行诸侯而不拂,近无不服,远无不听。夫明王为天下正,理也。按强助弱⑦,圉暴止贪,存亡定危,继绝世,此天下之所载也⑧,诸侯之所与也,百姓之所利也,是故天下王之。知盖天下,继最一世⑨,材振四海,王之佐也。

注释

①郭沫若云:古本等"三"作"二"。当以作二为是。二指"独明"与"独断"。"则"谓取法。译文从郭说。

②易:古本"易"作"勿"。郭沫若云:"作'勿'者是也。"犹言至死不改耳,此其所以为愚。译文从之。

③辅:郭沫若云:"'辅'假为'捕'。"译文从之。

④知者:通"智者"。

⑤标:尹知章云:"标,末也。本大而末小则难崩。"

⑥坒(古地字):当作"全"。尹知章云:"所全之地近,故能攻远。"

⑦尹知章云:"按,抑也。"

⑧载:猪饲彦博云:"载、戴同。"

⑨继:猪饲彦博云:"'继'当作'断',即独断也。"译文从之。

【今译】

权力是神圣的君王所依赖的。独到的明智,如同天下的利器;独立的决断,如同精密的营垒,这二者是圣人所取法的。圣人畏惧细微的萌芽,愚人畏惧显明的表象;圣人憎恶内心的邪恶,愚人憎恶外表的丑陋;圣人将有行动必知后果,愚人危难临头死不更改。圣人能捕捉时机,但不能违背时机。智者虽善于谋划,但不如抓到时机。精通利用时机,费时少而功效多。谋事无主见就陷于困惑,办事无准备就归于废止。因此圣明的君王总是努力做好准备,谨慎守住时机。以充分准备来等待时机,以适当时机来兴举事业,时机成熟就举发军队;断绝坚固的防守而攻陷敌国,击破高大的城池而控制敌境;根基厚实而目标弱小,保全近地而攻伐远敌;用大军牵制小军,用强国役使弱国,用人多招致人少,德行有利百姓,威势震慑天下;向诸侯发令而无人违抗,近国无不臣服,远地无不听命。英明的君王为天下匡正时势,是理所当然的。抑制强国,扶助弱小,抵御暴虐,制止贪欲,保存亡国,安定危局,继承绝世,这都是天下拥戴、诸侯亲附、百姓得利的好事,因此天下乐于由这样的君主成就王业。智谋超越天下,决断称绝当世,才能震撼四海,这就能成为王业的辅佐。

【原文】

千乘之国得其守,诸侯可得而臣,天下可得而有也。万乘之国失其守,国非其国也。天下皆理己独乱①,国非其国也;诸侯皆令己独孤②,国非其国也;邻国皆险己独易③,国非其国也。此三者,亡国之征也。夫国大而政小者,国从其政;国小而政大者,国益大。大而不为者,复小;强而不理者,复弱;众而不理者,复寡;贵而无礼者,复贱;重而凌节者,复轻;富而骄肆者,复贫。故观国者观君,观军者观将,观备者观野。其君如明而非明也,其将如贤而非贤也,其人如耕者而非耕也,三守既失,国非其国也。地大而不为,命曰土满;人众而不理,命曰人满;兵威而不止④,命曰武满,三满而不止,国非其国也。地大而不耕,非其地也;卿贵而不臣⑤,非其卿也;人众而不亲,非其人也。

注释

①理:张佩纶云:"'理'当作'治',唐人讳。"译文从张说。
②令:猪饲彦博云:"'令'当作'合'。"译文从之。
③易:尹知章云:"易,平易不牢固,谓无守御之备也。"
④止:丁士涵云:"'止'当为'正'。"译文从之。
⑤卿:卿相。

【今译】

千乘之国如果掌管得当,也可以臣服诸侯,拥有天下。万乘之国如果掌管不当,也可能丧失国家。天下都已治理独独自己动乱,将会丧失国家;诸侯都能合作独独自己孤立,将会丧失国家;邻国都在守险独独自己毫无准备,将会丧失国家。这三种情况是亡国的征兆。国家大而政绩小,国家地位与政绩同小;国家小而政绩大,国家将日益扩大。国家扩大而无所作为,会重新缩小;国家强盛而不事治理,会重新衰弱;百姓人多而不加治理,会重新变少;地位尊贵而不讲礼节,会重新低贱;官职重要而超越法度,会重新轻贱;家境富有而骄奢淫佚,会重新贫穷。因此观察国家只要观察君主,观察军队只要观察将领,观察军备只要观察田野。如果君主看似英明而实际昏庸,将领看似贤能而实际愚蠢,百姓看似农夫而实际不耕地,这三项要求既然没有做到,就将丧失国家。土地广大而无所作为,叫做土地满盈;百姓众多而不加治理,叫做人口满盈;军队威严而作风不正,叫做武备满盈。这三种满盈没有得到制止,就将丧失国家。土地广大而不耕种,就等于失去了土地;卿相尊贵而不臣服,就等于失去了卿相;百姓众多而不亲君,就等于失去了百姓。

【原文】

夫无土而欲富者忧,无德而欲王者危,施薄而求厚者孤。夫上夹而下直、国小而都大者弑①。主尊臣卑,上威下敬,令行人服,理之至也。使天下两天子,天下不可理也;一国而两君,一国不可理也;一家而两父,一家不可理也。夫令,不高不行,不搏不听②。尧舜之人,非生而理也③;桀纣之人,非生而乱也。故理乱在上也。夫霸王之所始也,以人为本。本理则国固,本乱则国危。故上明则下敬,政平则人安士④,教和则兵胜敌,使能则百事理,亲仁则上不危,任贤则诸侯服。

【注释】

①王念孙云:"'夹'当依尹《注》作'狭','苴'与'粗'同。上狭而下苴,谓上小而下大也。"译文从王说。
②搏:猪饲彦博云:搏同"专",谓命令专出于君也。译文从。
③戴望云:《御览》"引'人'作'民','理'作'治'是也。今本系唐人避讳所改,下文同。"译文从戴说。
④士:戴望云:"'士'当为'土',……'人安士'与'兵胜敌'对文。"译文从之。

【今译】

没有土地而企图富有会忧伤,没有德行而妄想称王会危险,施予微薄而所求丰厚会孤立。上面权小而下面权大,国土狭小而都城巨大,会有篡弑之祸。君主尊贵臣子卑贱,君上威严臣下恭敬,政令推行人人服从,这是治国的最高境界。如果天下有两个天子,天下就难以治理;一国有两个君主,国家就难以治理;一家有两个父亲,家庭就难以治理。政令不出自高层就无人实行,不专出君主就无人听从。尧、舜时的百姓,不是生来就服治理;桀、纣时的百姓,不是生来就要动乱。治理还是动乱都取决于君主。霸王之业的开始,就要以百姓为根本。百姓治理则国家稳固,百姓动乱则国家危亡。因此君主英明则臣下敬服,政治宽平则百姓安居本土,教化和谐则士兵勇胜敌人,使用能人则百事得治,亲近仁人则君主不危,任用贤士则诸侯亲服。

【原文】

霸王之形,德义胜之①,智谋胜之,兵战胜之,地形胜之,动作胜之,故王之。夫善用国者,因其大国之重②,以其势小之;因强国之权,以其势弱之;因重国之形,以其势轻之。强国众,合强以攻弱,以图霸;强国少,合小以攻大,以图王。强国众,而言王势者,愚人之智也;强国少,而施霸道者,败事之谋也。夫神圣,视天下之形,知动静之时;视先后之称③,知祸福之门。强国众,先举者危④,后举者利;强国少,先举者王,后举者亡。战国众,后举可以霸;战国少,先举可以王。

注释

①德义胜之:指在德义方面处于优胜。下仿此。
②其:俞樾云:"'其'字衍文。"译文从之。
③称:李国祥云:"称"去声,谓不失先后之宜。
④尹知章云:"强国众,先举必为强者所图故危。"

【今译】

霸王之业的形势是:在实行德义方面处于优胜,在运用智谋方面处于优胜,在兴兵作战方面处于优胜,在利用地形方面处于优胜,在行动时机方面处于优胜,因而能称王天下。善于治国的君主,利用大国的势力,并顺其势缩小它;利用强国的权威,并顺其势削弱它;利用重国的地位,并顺其势减轻它。天下强国多,就联合强国来攻打弱国,以实现霸业;天下强国少,就联合小国来攻打大国,以实现王业。强国多之时,谈论王业是愚笨之人的想法;强国少之时,施行霸道是败坏事业的谋略。神圣的君主,观察天下的形势,掌握动静的时机;观察先后的得失,掌握祸福的门径。强国多,先举事危险,后举事得利;强国少,先举事称王,后举事危亡。好战之国多,后举事可以称霸;好战之国少,先举事可以称王。

【原文】

夫王者之心,方而不最①。列不让贤②,贤不齿弟择众③,是贪大物也。是以王之形大也。夫先王之争天下也以方心④,其立之也以整齐,其理之也以平易。立政出令用人道⑤,施爵禄用地道⑥,举大事用天道⑦,是故先王之伐也,伐逆不伐顺,伐险不伐易,伐过不伐及⑧。四封之内,以正使之;诸侯之会,以权致之;近而不服者,以地患之;远而不听者,以刑危之⑨。一而伐之⑩,武也;服而舍之,文也;文武具满⑪,德也。

注释

①方:方正。最:极端。
②列:指排列位次。让:同"攘",排斥。
③贤:指选贤。齿弟:即齿第,年龄地位。
④方心:王念孙云:"'方心'当为'方正'。"译文从之。
⑤立政出令:张佩纶云:"'立政出令'当作'出政令'。"尹知章云:"政令须合人心。"译文从之。
⑥地道:尹知章云:"地道平而无私。"
⑦尹知章云:"心应天时,然后可以举大事。"
⑧古本"及"上有"不"字。译文从之。
⑨刑:张佩纶云:"'刑'当作'形',以下'刑',皆'形'之借。"译文从张说。
⑩一:王念孙云:"'一'当为'二','二'与'贰'同。"贰,贰心、叛逆。译文从王说。
⑪满:王引之云:"'满'当为'备'。"译文从王说。

【今译】

成就王业者的心,方正而不偏执。列位不排斥贤人,选贤不只看年龄地位,这是贪图更大的利益。因此王业的形势是多么广大啊!先王争夺天下,靠的是方正的态度;建立天下,靠的是整齐的号令;治理天下,靠的是简易的政策。发布政令要符合民心,赏施爵禄要公平无私,兴举大事要顺应天时。因此先王进行征伐,总是伐叛逆而不伐顺从,伐险要而不伐平易,伐过分而不伐不足。本国的百姓,用公正来役使;诸侯的盟会,用权威来召集;近而不服的国家,用侵削土地使它担忧;远而不听的国家,用形势威逼使它危亡。背叛了就讨伐,这是武的方式;服从了就免罪,这是文的方式;文武两手具备,才是德的体现。

【原文】

夫轻重强弱之形,诸侯合则强,孤则弱。骥之材,而百马伐之①,骥必罢矣;强最一伐②,而天下共之,国必弱矣。强国得之也以收小,其失之也以恃强;小国得之也以制节③,其失之也以离强。夫国小大有谋,强弱有形。服近而强远④,王国之形也;合小以攻大,敌国之形也;以负海攻负海⑤,中国之形也;折节事强以避罪,小国无形也。

注释

①伐:王念孙云:"'伐'当依宋本作'代'。代,迭也。言以骥之材,而百马迭与之逐,则骥必罢也。"译文从王说。罢,同"疲"。

②伐:王念孙云:"'伐'亦当依宋本作'代'。言强为一代之最,而天下共伐之,则国必弱也。"译文从王说。

③制:王引之云:"制读为折,折节者,卑诎其节,以事强大之国。"

④尹知章云:"谓用强兵威远国。"

⑤尹知章云:"谓以蛮夷攻蛮夷。蛮夷负海以为固,故曰负海。"

【今译】

国家地位轻重、力量强弱的形势大致是:诸侯各国联合则强大,孤立则衰弱。即使是千里马的良材,用百匹马与它交替追逐,也必定疲乏;即使是一时代的强国,天下各国共同攻伐它,也必定衰弱。强国因容纳小国而得利,因自恃强大而失误;小国因折节事强而得利,因脱离强国而失误。国家不管大小,各有计谋;不管强弱,各有形势;折服近国,以强兵威慑远敌,这是王业之国的形势;联合小国,以共同对待大国,这是敌对之国的形势;利用蛮夷,以攻伐蛮夷之国,这是中原各国的形势;折节事强,以躲避大国的惩罚,这是小国的形势。

【原文】

自古以至今,未尝有先能作难①,违时易形,以立功名者;无有常先作难,违时易形,无不败者也②。夫欲臣伐君、正四海者③,不可以兵独攻而取也,必先定谋虑,便地形,利权称,亲与国,视时而动,王者之术也。夫先王之伐也,举之必义,用之必暴④,相形而知可⑤,量力而知攻,攻得而知时⑥。是故先王之伐也,必先战而后攻,先攻而后取地⑦。故善攻者,料众以攻众⑧,料食以攻食,料备以攻备。以众攻众,众存不攻;以食攻食,食存不攻;以备攻备,备存不攻。释实而攻虚,释坚而攻脆⑩,释难而攻易。

注释

①先能:宋本"先能"作"能先"。
②无:张文虎云:"'无不败'之'无','而'字之误。"译文从张说。
③臣伐君:张佩纶云:"'臣伐君'乃'臣诸侯'之误。"译文从张说。
④暴:张佩纶云:"'暴'当作'恭'。"译文从之。
⑤尹知章云:"谓相其乱亡之形。"
⑥攻:安井衡云:"'攻'读为考。"
⑦地:许维遹云:"'地'当作'也',字之误也。"译文从之。
⑧尹知章云:"量我众寡,可敌彼众,然后攻。余仿此。"
⑨尹知章云:"彼众存,则我不能亡之,故不攻。"
⑩脆:古"脆"字。

【今译】

自古至今,从没有首先发难、违背时机、变易形势,而能建立功名的;也没有首先发难违背时机、变易形势,而不归于失败的。要想臣服诸侯、匡正四海,不可独自率兵进攻而取胜,必定先要确定计划,利用地形,权衡得失,联络盟国,等待时机成熟再行动,这是成就王业的策略。先王进行征伐,发兵必定合乎正义,用兵必定态度恭敬,观察形势来确定可否发兵,衡量兵力来确定能否进攻,考量得失来确定进攻时机。因而先王进行攻伐,必定先接战然后进攻,先进攻然后取胜。所以善于进攻的将帅,要仔细计量敌我双方兵力的多少、粮食的多少、装备的多少,然后考虑是否进攻。以兵力对兵力,敌方兵力强就不攻;以粮食对粮食,敌方粮食多就不攻;以装备对装备,敌方装备精就不攻。应该避开实力而攻其空虚,避开坚固而攻其脆弱,避开难攻而攻其易攻。

【原文】

　　夫搏国不在敦古①,理世不在善攻②,霸王不在成曲③。夫举失而国危,刑过而权倒④,谋易而祸反⑤,计得而强信⑥,功得而名从,权重而令行,固其数也。夫争强之国,必先争谋、争刑、争权⑦。令人主一喜一怒者,谋也;令国一轻一重者,刑也;令兵一进一退者,权也。故精于谋则人主之愿可得,而令可行也;精于刑则大国之地可夺,强国之兵可围也;精于权则天下之兵可齐⑧,诸侯之君可朝也。夫神圣视天下之刑,知世之所谋,知兵之所攻,知地之所归,知令之所加矣。夫兵攻所憎而利之,此邻国之所不亲也。权动所恶,而实寡归者⑨,强;擅破一国,强在后世者,王⑩;擅破一国,强在邻国者,亡⑪。

注释

　　①搏:同"专"。集中,统率。
　　②攻:郭沫若云:"'攻'乃'故'之坏字,……"译文从"故"。
　　③曲:俞樾云:"'曲'疑'典'字之讹。……言图霸王者不必拘守成法也。"译文从"典"。
　　④刑:丁士涵云:刑当读形,"'形过'者形失其可也"。
　　⑤陶鸿庆云:"'易',率易也。'反'当为'及'字之误,言谋事不精则祸及也。"译文从陶说。
　　⑥信:同"伸"。伸展,发挥。
　　⑦刑:王念孙云:"'刑'与'形'同。"以下皆同。
　　⑧齐:俞樾云:"齐读为济。济,止也。"
　　⑨实:猪饲彦博云:"实,利也。言所得之利寡也。"
　　⑩尹知章云:"能专破一国,常守其强,传之后世,如此者王。"
　　⑪尹知章云:"既破一国,不能守强,令邻得之,如此者亡也。"

【今译】

　　统治国家不在于敦敬古道,治理当世不在于精通旧制,霸王之业不在于拘守成法。举措失当国家就会危亡,形势丧失权力就会倒错,谋事轻率灾祸就会临身,计划得当强力就会发挥,功业成就名声就会跟随,权力加重命令就会推行,这些本来就都是治国的规律。凡是竞争强力的国家,必定首先竞争谋略、竞争形势、竞争权力。能使君主的表情或喜或怒的是谋略,能使国家地位或轻或重的是形势,能使军队行止或进或退的是权力。因此精通谋略,则君主的愿望可以实现,政令可以推行;精通形势,则大国的土地可以侵夺,强国的军队可以抵御;精通权力,则天下的战争可以制止,诸侯各国的君主可使朝见。神圣的君主观察天下的形势,就可以掌握当世的谋略,掌握军队的动向,掌握土地的归属,掌握命令的对象。攻伐憎恶的敌国而自己得利,邻国就不会亲近。以权势攻伐憎恶之国而实利少归自己的,可以成为强国;专破一国,能守其强并传于后世的,可以成就王业;专破一国,不能守强并归于邻国的,必将趋于危亡。

问第二十四

【题解】

　　问,即询问、察问、调查。本篇主体由六十五项问题组成,内容包括民政、吏治、军政等多方面,涉及人口组成、贫富差别、生产状况、社会救济、官吏出身、任职政绩、断狱理刑、军备状况、装备质量、运输能力等等。尹知章注:"谓为国所当察问者。"即是治理国家所应当调查掌握的情况。全文实际相当于古代一份涉及广泛的社会调查提纲,纲目具体,角度多变,设计细密,是了解古代社会的一份珍贵资料。郭沫若云:"以文章言,此篇可与《楚辞·天问》并美,确是奇文。"

【原文】

　　凡立朝廷①,问有本纪②。爵授有德,则大臣兴义;禄予有功,则士轻死节③;上帅士以人之所戴④,则上下和;授事以能,则人上功⑤;审刑当罪,则人不易讼⑥;无乱社稷宗庙,则人有所宗;毋遗老忘亲,则大臣不怨⑦;举知人急,则众不乱⑧。行此道也,国有常经,人知终始,此霸王之术也。

注释

　　①立朝廷:立同"莅"。谓临朝听政。
　　②尹知章云:"所问之事,必有根本纲纪。"
　　③郭沫若云:"谓视死节之事为轻而易举也。死节亦谓之死制,均谓死于战

阵也。"

④郭沫若云:"即在上者以人之所戴者帅士,……"

⑤上:许维遹云:"'上'与'尚'同。"

⑥易:猪饲彦博云:"易,轻易。"

⑦尹知章云:"大巨非国老则君亲,令不遗忘,故不怨。"

⑧陶鸿庆云:举谓举事。"举事知人所急,则事有条理而众不乱。"

【今译】

大凡临朝听政,询问下情要遵守基本的原则。爵位授给有德之人,大臣们就会倡导德义;禄赏赐予有功之人,战士们就会不惜牺牲;君主任用人们拥戴的将领带兵,上下关系就会和睦团结;职事授予能人,人们就崇尚功绩;判刑恰当其罪,人们就不轻易诉讼;不扰乱社稷宗庙,人们就有所尊奉;不遗忘老臣君亲,大臣就不会抱怨;举事知人们所急,众人就不会作乱。遵行这些原则,国家就有了恒常的法规,人们就懂得行事的始终,这就是成就霸王之业的办法。

【原文】

然后问事,事先大功,政自小始。问死事之孤①,其未有田宅者有乎?问少壮而未胜甲兵者几何人②?问死事之寡,其饩廪何如③?问国之有功大者,何官之吏也④?问州之大夫也,何里之士也?今吏,亦何以明之矣⑤?问刑论有常以行⑥,不可改也,今其事之久留也何若?问五官有度制,官都其有常断⑦,今事之稽也何待?问独夫、寡妇、孤寡、疾病者几何人也⑧?问国之弃人何族之子弟也⑨?问乡之良家,其所牧养者几何人矣⑩?问邑之贫人债而食者几何家?问理园圃而食者几何家?人之开田而耕者几何家?士之身耕者几何家?问乡之贫人,何族之别也⑪?问宗子之收昆弟者,以贫从昆弟几何家⑫?余子仕而有田邑,今入者几何人⑬?子弟以孝闻于乡里者几何人?余子父母存,不养而出离者几何人⑭?士之有田而不使者几何人?吏恶何事⑮?士之有田而不耕者几何人?身何事?君臣有位而未有田者几何人⑯?外人之来从而未有田宅者几何家⑰?国子弟之游于外者几何人?贫士之受责于大夫者几何人⑱?官贱行书,身士以家臣自代者几何人⑲?官承吏之无田饩而徒理事者几何人⑳?群臣有位事官大夫者几何人㉑?外人来游,在大夫之家者几何人?乡子弟力田为人率者几何人?国子弟之无上事,衣食不节,率子弟不田弋猎者几何人?男女不整齐,乱乡子弟者有乎?问人之贷粟米有别券者几何家㉒?

注释

①尹知章云:"死事之孤谓死王事之子孙。"
②胜甲兵:胜任从军。
③饩廪:尹知章云:"饩,生食。廪,米粟之属。"指国家发给的粮食之类。
④官:郭沫若云:"'官'谓大行、大司田、大司马、大司理、大谏等五官,……"
⑤陶鸿庆云:"此与上文之问为一事,……言其昔为士而今得为吏者,以何材能而登进也。"
⑥刑论:判刑。
⑦尹知章云:"官都谓总摄诸司者也。"
⑧孤:许维遹云:"'孤'下'寡'字意复,当作'穷'。"译文从"穷"。
⑨尹知章云:"弃人谓有过不齿,投之四裔者也,问知其族,欲有所收也。"
⑩尹知章云:"良家谓善营生以致富者。"猪饲彦博云:"'牧'当作'收'。"译文从之。
⑪别:别支。
⑫从:郭沫若云:"'从'谓寄食也。"宗子:嫡长子。
⑬余子:指宗子以外的子弟。入者:尹知章云:"谓收入其税者。"
⑭离:俞樾云:"'离'读为俪。……谓出而俪偶于他族,若后世赘婿矣。"
⑮"士之"两句:郭沫若云:"'不使'谓不仕也。'吏恶何事'当为'吏恶可使',谓为吏者何可使之不仕也。"
⑯君:猪饲彦博云:"'君'当作'群'。"译文从"群"。
⑰"外人"句:王引之云:"外人,他国之人也。'从'当为'徙'字。"译文从之。
⑱责:同"债"。
⑲"官贱"两句:郭沫若云:"'官'当读为馆,'官贱'谓收养贱者。'书'当为'贾',……收养贱者使为己行贾。"俞樾云:士盖出字之讹。译文从之。
⑳承吏:张佩纶云:"'承吏'当作'丞史',……丞史谓官之属。"译文从张说。
㉑位:吴汝纶云:"'位'读曰莅。"
㉒别券:尹知章云:"别券谓分契也。"古代契券通常一分为二,供校验核对。

【今译】

然后开始调查,调查先从大事着眼,治理要从小处入手。询问为国牺牲者的子孙,还有没有尚未领得田地房产的?询问青壮年中不曾服役从军的有多少人?询问为国牺牲者的寡妻,她们是否得到了粮食等抚恤品?询问国内有大功的人,是哪一部门的官吏?询问各州的大夫,是哪一乡里的士人?现今为吏,是凭什么才能被提拔的?询问判刑应有常法,不能更改,而现在的案件都拖延不决,这是为什么?询问五官各有制度,总领的官都也经常断案,现在案件拖延,还等待什么?询问鳏夫、寡妇、孤穷、患病之人有多少人?询问国中被放逐的罪犯是哪一宗族的子弟?询问乡里的富户,他们收养了多少人?询问城里的穷人靠借债度日的有多少家?询问经营果园菜圃为生的有多少家?开荒种地的有多少家?士人亲自耕种的有多少家?询问乡里的穷人,是哪一家族的别支?询问嫡长子收养兄弟、或因贫穷寄食于兄弟的有多少家?长子以下入仕而有封地,现今仍在交税的有多少人?以孝行闻名于乡里的子弟有多少人?父母仍在,长子以下不侍奉养而出赘他家的有多少人?士人有田地而不肯出仕的有多少人?有关官吏为什么不管?士人有田地而不耕种的有多少人?他们自身在干什么?群臣中有爵位而没有田产的有多少人?外国迁居而来还没有田地房屋的有多少家?本国子弟出游外国的有多少人?贫穷士人向大夫借债的有多少人?收养贱者经商,自身外出,由家臣代理职务的有多少人?担任丞史之类小吏而没有田产粮食收入、白白干事的有多少人?群臣中在官大夫家里任事的有多少人?国外人来交游,住在大夫家中的有多少人?乡里子弟努力耕作,为人表率的有多少人?国中子弟中没有职业,生活奢侈,率领子弟弃农打猎取乐的有多少人?男女行为不端,影响到乡中子弟的有没有?询问贷出粮食而有债券在手的有多少家?

【原文】

问国之伏利①,其可应人之急者几何所也?人之所害于乡里者何物也?问士之有田宅,身在陈列者几何人②?余子之胜甲兵有行伍者几何人?问男女有巧伎③,能利备用者几何人?处女操工事者几何人?冗国所开口而食者几何人④?问一民有几年之食也⑤?问兵车之计几何乘也?牵家马、辄家车者几何乘⑥?处士修行,足以教人,可使帅众莅百姓者几何人?士之急难可使者几何人?工之巧,出足以利军伍,处可以修城郭、补守备者几何人?城粟军粮,其可以行几何年也⑦?吏之急难可使者几何人？大夫疏器⑧：甲兵、兵车、旌旗、鼓铙、帷幕，帅车之载几何乘？疏藏器：弓弩之张、衣夹铗、钩弦之造、戈戟之紧⑨，其厉何若⑩？其宜修而不修者，故何视⑪？而造修之官，出器处器之具，宜起而未起者何待⑫？乡师车辎造修之具⑬，其缮何若？工尹伐材用，毋于三时，群材乃植而造器定，冬，完良备用必足⑭。人有余兵，诡陈之行⑮，以慎国常。时简稽帅马牛之肥膌，其老而死者，皆举之⑯。其就山薮林泽食荐者几何⑰？出入死生之会几何⑱？若夫城郭之厚薄，沟壑之浅深，门闾之尊卑，宜修而不修者，上必几之守备之伍⑲。器物不失其具，淫雨而各有处藏。问兵官之吏、国之豪士⑳，其急难足以先后者几何人㉑？夫兵事者，危物也，不时而胜，不义而得，未为福也。失谋而败，国之危也，慎谋乃保国㉒。问所以教选人者何事？问执官都者，其位事几何年矣㉓？所辟草莱，有益于家邑者几何矣？所封表以益人之生利者何物也㉔？所筑城郭，修墙闭，绝通道，厄阙，深防沟，以益人之地守者何所也㉕？所捕盗贼，除人害者几何矣？

注释

①"问国"句：尹知章云："伏利谓货利隐蔽不见，若铜银山及沟渎可决而溉灌者。"即指未开发的资源。

②陈列：同"阵列"，指军队。

③伎：同"技"。

④冗：丁士涵云："'冗'当作'问'。"译文从之。

⑤几年：郭沫若云：古本等"'几年'均作'几人'，于义较长，……"译文从郭说。

⑥"牵家"句：尹知章云："'牵家马'言直有马，'轭家车'言直有车，相配以成乘。"

⑦"城粟"两句：尹知章云："城粟谓守城之粟，军粮谓出军之粮，二者可经几年？"

⑧颜昌峣云："《广雅·释诂》'疏，识也'。《说文·言部》'记，疏也'。……此言大夫疏记器具之数。"张佩纶云："'帅车之载'言以车载各器共几乘也。"

⑨张佩纶云："'张'当作'帐'，……《说文》'帐，弓衣也'。""衣夹铗"当作"夹铗之衣"。"铗"正作"夹"。铗，两刃铍也。译文从张说。姚永概云："'造'即'灶'字，……夹铍钩弦藏于灶室之中。"丁士涵云："'紧'当作'綮'，戟衣也。"译文从丁说。

⑩厉:同"砺"。磨砺,此谓磨损。
⑪于省吾云:"言其破损何所比视也。"
⑫郭沫若云:官读为馆,谓制器之场。姚永概云:"'具'谓收藏之所。《礼运疏》'起犹作也'。"
⑬师:安井衡云:"'师'当作'帅',管子治齐,'五乡为帅'。"译从。
⑭尹知章云:"工尹,工官之长。三时谓春、夏、秋。此时木方生,植不坚,故不可伐材,其伐材必以冬也。"
⑮诡:章炳麟云:"《说文》'诡,责也',……此言人有余兵则责其陈之于行伍,不得私匿。"
⑯许维遹云:"'帅'上疑夺乡字。""举,举书其数也。"译文从许说。简稽:视察。
⑰荐:尹知章云:"荐,草之美者。"
⑱会:尹知章云:"会谓合其数。"
⑲几:尹知章云:"几,察也。君必察知之。"
⑳兵官之吏:许维遹云:"'兵官之吏'疑当作'兵之官吏'。"译文从许说。
㉑先后:安井衡云:"'先后'犹辅佐也。"
㉒此数句与上下文不连,疑为他篇残简。
㉓位:丁士涵云:"'位'当作'莅'。"译文从丁说。
㉔封表:指封立表彰。
㉕陈奂云:"疑'墙'下脱一'垣'字。'阙'上脱'门'字,误移于'墙'之下,而又改作'闭'也。'防沟'当作'沟防'。"译文从陈说。

【今译】

询问国内未开发的资源,能解决人们急需的有多少处?人们认为危害乡里的是什么东西?询问拥有田地房产而自身在军队服役的士人有多少人?长子以下适合当兵具有军籍的有多少人?询问有技术的男女,能参加制造各种装备的有多少人?能从事女工劳作的少女有多少人?询问国内开口吃饭的有多少人?询问一个农夫能提供几个人的口粮?询问兵车总计有多少乘?其中由私人车、马搭配而成的有多少乘?在野的士人,德行足以为人表率,可以用来带领众人整治百姓的有多少人?国家危难时可供使用的士人有多少人?灵巧的工匠,从军可以整治装备,平时可以维修城墙、补充守备的有多少人?守城用和出征用的军粮可维持多少年?国家危难时可供使用的官吏有多少人?大夫疏记的器具,包括甲胄、兵器、兵车、旌旗、鼓铙、营帐,用车装载共多少乘？大夫疏记的藏器，包括弓弩的皮套、剑矛的外鞘、钩弦的灶室、戈戟的套衣，它们磨损得怎么样？其中应修理而未修理的，其破损该怎样检验？制造、修理的馆舍，发放、收藏的处所，应建造而未建造的，还等待什么？乡、帅修造兵车辎重的设备修缮得怎样？工匠的长官砍伐木材不可在春、夏、秋三季，这样各种木材才能成长并确定用途，到了冬天，完好的材用必定充足。人们多余的兵器，都要责成他们存放在军队，以严明国家的法纪。按时视察乡、帅喂养马牛的肥或瘦，其中衰老死亡的都要记下数字。其中依靠山林水泽食草收养的有多少？卖出、买进、死亡、存栏的总计有多少？至于城郭营造的厚薄、沟渠挖掘的浅深和门楼建造的高低，应该修整而未修整的，君主必须向守备的军队察问。要使各种军备都有贮藏手段，久雨的情况下也各有收藏处所。询问带兵的将领和国内的豪杰，在国家危难时能辅佐君主的有多少人？战争是危险的行动，不适时而取胜，不合义而得利，未必是福音。谋略失策而导致失败，国家就要危亡，因而要慎重谋划才能保全国家。询问用什么方法来教育和选拔人才？询问担任官都职务的都已任职多少年？他们在任职期间所开辟的荒地使农家城邑受益的有多少？他们所封立表彰的用来增加人们财利的是什么？他们所营造的城郭、修筑的墙垣、堵塞的通道、安置的门阙、挖深的沟渠等用来增加守备能力的设施在哪里？他们为百姓除害，捕获的盗贼有多少人？

【原文】

制地君曰①：理国之道，地德为首。君臣之礼，父子之亲②，覆育万人。官府之藏，强兵保国，城郭之险，外应四极，具取之地。而市者，天地之财具也，而万人之所和而利也③，正是道也④。民荒无苟⑤，人尽地之职，一保其国。各主异位⑥，毋使逸人乱普⑦，而德营九军之亲⑧。关者，诸侯之阪隧也⑨，而外财之门户也，万人之道行也⑩。明道以重告之：征于关者，勿征于市；征于市者，勿征于关；虚车勿索，徒负勿入⑪，以来远人，十六道同身⑫。外事谨⑬，则听其名，视其名⑭，视其色，是其事⑮，稽其德，以观其外，则无敦于权人⑯，以困貌德⑰。国则不惑，行之职也。问于边吏曰⑱：小利害信，小怒伤义，边信伤德厚，和构四国，以顺貌德，后乡四极⑲。令守法之官曰⑳：行度必明，无失经常。

注释

①"制地"句:郭沫若云:"'制地君'连文,盖古书名也。"译从。何如璋云:"与上段各问不相连属,当别出自为一篇。"

②"君臣"两句:何如璋曰:"宜移下文'具取之地'句于此,而接'覆育万人'句。"译文从何说。

③"而万"句:尹知章云:"和谓交易也,万人因市交易而得利。"

④"正是"句:郭沫若云:"正,政法也,言市易为政之首要。《洪范》'八政',食货居先,即此意。"

⑤"民荒"句:尹桐阳云:"荒,氓也。"郭沫若云:"'苟'乃'亟'字之误。""亟,急也。"译文从郭说。

⑥"各主"句:"许维遹云:《周礼·司市》大市日昃而市,百族为主;朝市朝时而市,商贾为主;夕市夕时而市,贩夫贩妇为主。各主异位,言百族、商贾、贩夫、贩妇市各有主,肆各有位。"

⑦"毋使"句:王念孙云:"'普'当为'晋',……'晋'与'替'同。"译文从王说。

⑧"而德"句:郭沫若云:营犹同遍也。丁士涵云:"'九军'犹'九围'(《诗·长发传》'九围,九州也'。),指诸侯言之。"

⑨陬隧:尹知章云:"谓陬隅之道。"指边界。

⑩道:安井衡云:"'道',由也,所由而行也。"

⑪"徒负"句:尹知章云:"徒负货既寡,故勿令入其征。"

⑫"十六"句:尹知章云:"齐国凡有十六道,皆置关。"于省吾云:"《释名·释天》'申,身也'。"即同申其告令。

⑬"外事"句:郭沫若云:"'外事'当读为'外使',……'谨'为'觐',……"译文从郭说。

⑭"视其"句:猪饲彦博云:"'视其名'三字衍。"

⑮俞樾云:"'是'犹视也。"

⑯"则无"句:郭沫若云:"言不为奸人所乘。"

⑰困:郭沫若云:"'困'假为'悃',言貌为忠厚。此属于'权人'之所为,'权人'犹奸人。"

⑱问:郭沫若云:问犹告也。

⑲"边信"四句:张佩纶云:"'边信伤德厚'皆涉上下文而衍。下当作'和构四国,厚乡四极(厚、后通,古文厚作垕),以顺貌德',言勿以小利害信,勿以小怒伤义,和以构四国,厚以向四极,以顺其外貌与内德。此安边之策也。"译文从张说。

⑳日:王念孙云:"'日''当为'曰'。"译文从"曰"。

【今译】

《制地君》中说:治国之道,应以地德作为首要。君臣间的礼数,父子间的亲情,都取法于地德,因而能覆盖化育万民。官府的储藏,用以增强军力保卫国家;城郭的险要,用以向外应付四方诸侯。市场是天地间财物具列的场所,万民因入市交易而得利,因而是为政的首要。百姓流亡不必着急,只要使地尽其职,自然齐一保住国家。市场上货主各有其位,不要让邪人扰乱替换,那么德泽将遍及各国亲人。关隘是各国诸侯边界的通道,国外财货进入的门户,万民百姓行路的必经之地。应当彰明道路的法令并反复宣示:征收关税的,入市不再征税;征收市税的,出关不再征税;空车经过不索取,徒步负重不收税,用于招徕远方的商贾,齐国十六道共同申明此令。国外使者入关觐见,要听他的名声,看他的颜色,观察他的行事,稽查他的德行,再对照他的外貌,这样就不会让貌似忠厚的奸人有机可乘。这样国家就不会陷于迷惑,这是道路掌管者的职责。告示边境官吏说:小利有害信用,小怒有伤仁义,和睦交接周边国家,仁厚对待四方宾客,这样就做到了外貌和内德的统一。命令执法官吏说:执行法度必须严明,不要违反常规常法。

戒第二十六

【题解】

戒指劝戒,本篇记述管子等对桓公的多次劝戒之语,故题名为《戒》,共分四节。第一节记述桓公出游前管子劝戒他要"有游夕之业于人,无荒亡之行于身",并要加强自身的修养,注重仁义、孝悌、忠信。第二节记述桓公游猎中管子劝戒他要使民以时、薄赋敛、宽刑法、近有德而远有色。第三节记述桓公外舍时中妇诸子劝戒他要处理好与各国诸侯的关系。第四节记述管子临终前劝戒桓公正确看待臣子的长处短处,坚决除去奸佞之臣及桓公最终不听遗嘱,终至身败国乱。

【原文】

桓公将东游,问于管仲曰:"我游犹轴转斛①,南至琅邪。司马曰:'亦先王之游已。'何谓也?"管仲对曰:"先王之游也,春出,原农事之不本者②,谓之游;秋出,补人之不足者,谓之夕③。夫师行而粮食其民者④,谓之亡;从乐而不反者,谓之荒⑤。先王有游夕之业于人,无荒亡之行于身。"桓公退,再拜命曰:"宝法也。"管仲复于桓公曰:"无翼而飞者,声也;无根而固者,情也;无方而富者,生也⑥。公亦固情谨声,以严尊生,此谓道之荣。"桓公退,再拜:"请若此言⑦。"管仲复于桓公曰:"任之重者莫如身,途之畏者莫如口,期而远者莫如年⑧。以重任行畏途,至远期,唯君子乃能矣⑨。"桓公退,再拜之曰:"夫子数以此言者教寡人⑩。"管仲对曰:"滋味、动静⑪,生之养也;好恶、喜怒、哀乐,生之变也;聪明当物⑫,生之德也。是故圣人齐滋味而时动静,御正六气之变,禁止声色之淫,邪行亡乎体,违言不存口,静然定生,圣也。仁从中出,义从外作⑬。仁故不以天下为利,义故不以天下为名。仁故不代王⑭,义故七十而致政⑮。是故圣人上德而下功,尊道而贱物,道德当身,故不以物惑。是故身在草茅之中,而无慑意⑯;南面听天下,而无骄色。如此而后可以为天下王。所以谓德者,不动而疾,不相告而知⑰,不为而成,不召而至。是德也。故天不动,四时云下,而万物化⑱;君不动,政令陈下,而万功成;心不动,使四肢耳目⑲,而万物情⑳。寡交多亲,谓之知人;寡事成功,谓之知用;闻一言以贯万物,谓之知道。多言而不当,不如其寡也;博学而不自反,必有邪。孝弟者,仁之祖也;忠信者,交之庆也㉑。内不考孝弟,外不正忠信,泽其四经而诵学者㉒,是亡其身者也。"

注释

①"我游"句:王引之云:"'犹'读为欲。"郭沫若云:"'轴'殆'车由'二字误合。"转斛即转附《孟子》'观于转附朝儛',……谓至之罘观海潮也。此欲游转斛,亦为观潮耳。"译文从之。

②"原农"句:尹知章云:"原,察也。农事不依本,务当原察之。"不本指务农无本钱、无种子。

③孙星衍云:"《晏子·内篇》:'春省耕而补不足者,谓之游;秋省实而助不给者,谓之豫。'……夕、豫声相近。《白帖》三十六引'夕'作'豫'。"

④师行:人马出行。粮食其民:耗费百姓粮食。

⑤从:同"纵"。反:同"返"。荒:过分享乐。

⑥"无方"二句:郭沫若云:"当作'无立而贵者生也'。'立',古'位'字。……'生'读为性。"下同。

⑦若:尹知章云:"若,顺也。"

⑧"期而"句:王念孙云:"本作'期之远者',与上二句文同一例。"译文从王说。

⑨乃能矣:孙星衍云:"《治要》引'乃能矣'作'为能及矣'。"译从。

⑩数:尹桐阳云:"'数'犹速也。"

⑪滋味、动静:指饮食作息。

⑫当物:尹知章云:"非礼勿视听,故曰当物。"

⑬"仁从"两句:尹知章云:"仁自心生,故曰中出;义因事断,故曰外作。"

⑭"仁故"句:尹知章云:"不以道辅君而代之王者,非仁也。"

⑮"义故"句:尹知章云:"老而不致政,贪冒者耳,非义也。"《礼记·王制》:"七十致政。"郑注:"致政,还君事。"

⑯慑:忧惧。

⑰相:王念孙云:"衍'相'字。"

⑱"四时"二句:王引之云:"'云'即'运'字,言四时运而万物化也。"郭沫若云:下字是才字之误,才读为哉。下同。

⑲"使四"句:陶鸿庆云:"当作'四肢耳目使'。"译文从陶说。

⑳"而万"句:尹知章云:"万物莫不得其情也。"

㉑庆:猪饲彦博云:"'庆'当作'度'。"译文从"度"。郭沫若云:"'度'读为托。"指依托。

㉒泽:王念孙云:泽读为"舍"。舍、释、泽三字,古同声而通用。四经即孝、悌、忠、信。

【今译】

　　桓公准备东游,问管仲说:"我这次出游打算东到之罘观海,南到琅邪。司马说:'也应该同先王出游一样。'这是什么意思呢?"管仲回答说:"先王的出游,春天出去为了考察农耕资本不够的,称作'游';秋天出去为了补助百姓日用不足的,称作'夕'。那种出动人马,前呼后拥,耗费百姓粮食的,称作'亡';放纵游乐不思回返的,称作'荒'。先王对于百姓,常有'游'、'夕'的功德;对于自身,绝无'荒'、'亡'的行为。"桓公退后拜谢说:"这是宝贵的经验啊!"管仲又对桓公说:"没有羽翼能飞行的是声音,没有根基能巩固的是情感,没有地位能尊贵的是心性。您也应当巩固情感,谨慎言语,严格地尊养心性,这叫做顺道的荣耀。"桓公退身拜谢说:"希望能照你的话去做。"管仲又对桓公说:"负担再重比不上身体,路途再险比不上口舌,时间再长比不上年代。负担重任,行走险途,长期坚持,这只有君子才能达到。"桓公退后再次拜谢说:"请夫子快点把这方面的道理教给我。"管仲回答说:"饮食、作息,是心性的滋养;好恶、喜怒、哀乐,是心性的变化;明理遵礼,是心性的道德。因而能调节饮食,按时作息,控制六气的变化,禁止声色的腐蚀,身体没有邪僻之行,口舌不说背理之言,静默地安定心性,这就是圣人。仁从心中发出,义从外表体现。做到仁所以不凭天下谋利,做到义所以不凭天下争名。做到仁所以以道辅君而不取代称王,做到义所以年过七十便还政于君。因此圣人以德为上,而以功业为下;以道为尊,而以物利为贱。道德在身,所以能不受外物的诱惑。因而身在茅屋之中,而无忧惧的心意;面南治理天下,而无骄傲的神色。做到这样才可以称王天下。所以称作有道德,是因为无所发起而百姓奋起,无所言语而百姓领会,无所作为而百姓成功,无所召唤而百姓聚集,这就是道德的力量。因此上天不动,而四时运行,万物化育;君主不动,而政令布陈,万事成功;心性不动,而四肢耳目发挥作用,万物皆得其情。交游少而亲附多,称作识人;办事少而成功多,称作会用;听到一句话就能贯通于万物,称作懂规律。说话多而不得当,不如少说;学问多而不自省,必生邪僻。孝悌是仁爱的根本,忠信是交友的依托。内心不用孝悌来反省,外行不用忠信来自正,舍弃四项原则来谈论学问,必定会亡失自身。"

【原文】

桓公明日弋在廪①,管仲、隰朋朝。公望二子,弛弓脱钎而迎之曰②:"今夫鸿鹄,春北而秋南,而不失其时,夫唯有羽翼以通其意于天下乎?今孤之不得意于天下,非皆二子之忧也③?"桓公再言,二子不对。桓公曰:"孤既言矣,二子何不对乎?"管仲对曰:"今夫人患劳,而上使不时;人患饥,而上重敛焉;人患死,而上急刑焉。如此而又近有色而远有德④,虽鸿鹄之有翼,济大水之有舟楫也,其将若君何?"桓公蹴然逡遁⑤。管仲曰:"昔先王之理人也,盖人有患劳而上使之以时,则人不患劳也;人患饥而上薄敛焉,则人不患饥矣;人患死而上宽刑焉,则人不患死矣。如此而近有德而远有色,则四封之内视君其犹父母邪!四方之外归君其犹流水乎!"公辍射,援绥而乘⑥,自御,管仲为左,隰朋参乘⑦。朔月三日⑧,进二子于里官⑨,再拜顿首曰:"孤之闻二子之言也,耳加聪而视加明,于孤不敢独听之,荐之先祖。"管仲、隰朋再拜顿首曰:"如君之王也⑩,此非臣之言也,君之教也⑪。"于是管仲与桓公盟誓为令曰:"老弱勿刑,参宥而后弊⑫。关几而不正,市正而不布⑬。山林梁泽,以时禁发而不正也。"草封泽盐者之归之也⑭,譬若市人。三年教人,四年选贤以为长,五年始兴车践乘。遂南伐楚,门傅施城⑮。北伐山戎,出冬葱与戎叔,布之天下⑯。果三匡天子而九合诸侯⑰。

注释

①"桓公"句:尹知章云:"廪所以盛米粟,禽鸟或多集焉,故于此弋也。"
②孙星衍云:"《说文》'釬,臂铠也'。"
③"非皆"句:尹知章云:"二子不能为羽翼,所以当忧。"
④"如此"句:尹知章云:"亲冶容,疏贤俊。"
⑤蹴(cù促)然:恭敬貌。逡遁:迟疑徘徊。
⑥绥:车绳。
⑦参乘:陪乘。《汉书》颜师古注:"乘车之法,尊者居左,御者居中,又一人处车之右,以备倾侧。戎车则称车右,其余则曰骖乘。"
⑧朔月:猪饲彦博云:"'朔月'二字当作'斋'字。"译文从"斋"。
⑨里官:张佩纶云:"'里官'当作'祖宫'。"译文从张说。
⑩"如君"句:尹知章云:"君能如此,可以王也。"
⑪"此非"二句:尹知章云:"此虽臣言,必君用之,然后成教,故曰君之教。"
⑫"老弱"二句:尹知章云:"老弱犯罪者,无即刑之,必三宽宥而后断罪。"
⑬"关几"二句:郭沫若云:"《霸形篇》作'关讥而不征,市书而不赋',……此'市正而不布','正'疑'书'字之误,……'布'假为'赋'。"译文从郭说。
⑭"草封"句:张佩纶云:"言垦草而壅,就泽而盐。"
⑮"门傅"句:丁士涵云:"门字衍。"洪颐煊云:"'施城'当作'方城'。"译文从之。傅:附,接近。
⑯"北伐"三句:尹知章云:"山戎有冬葱、戎菽,今伐之,故其物布天下。戎叔,胡豆。"
⑰三匡天子:郭沫若云:"此之'三匡天子'当为三辅天子。考桓公九会中有三会与王室有关。"译文从郭说。

【今译】

第二天,桓公在粮仓附近射猎,管仲、隰朋前来朝见。桓公看到两人,就放下弓弩,脱去臂铠,迎上前去说:"你们看那些鸿鹄,春天北飞,秋天南徙,从来不误时令,不就是靠着双翅在天下自由翱翔的吗?如今我在天下不得意,不就因为二位不能成为我的双翼而担忧吗?"桓公又说了一遍,两人都不说话。桓公说:"我已说了我的意思,你们二人为什么不回答呢?"管仲回答说:"现今百姓忧虑劳苦,君主却任意役使;百姓忧虑饥饿,君主却加重赋税;百姓忧虑死亡,君主却加紧施刑。不但这样,君主还亲近女色,疏远贤德,即使像鸿鹄有双翼,渡河有舟桨,对君主又有什么办法呢?"桓公谦恭地听着,低头徘徊。管仲又说:"从前先王治理天下,百姓忧虑劳苦,君主就按时役使,百姓就不怕辛苦了;百姓忧虑饥饿,君主就减轻赋税,百姓就不怕挨饿了;百姓忧虑死亡,君主就放宽刑法,百姓就不怕刑死了。做到这些,君主又亲近贤德,疏远女色,因而四境之内的百姓对待君主就像对待父母,四境之外的百姓归顺君主就像水归大海啊!"桓公马上中止了射猎,拉着车绳上了车,他亲自在中间驾车,请管仲居左边尊位,隰朋为右边陪乘。回宫斋戒三天之后,桓公将两人引进祖庙,顿首拜谢说:"我听了二位的话,觉得耳更聪、目更明,我不敢独自听这些话,要推荐给先祖听听。"管仲、隰朋也顿首拜谢说:"能像君主这样,将一定成就王业。我们的这些话君主接受了,就是您的教导了。"于是管仲和桓公立誓并发布命令说:"年老体弱的不处刑,犯罪者可得三次宽宥然后再治罪。关卡只稽查但不征税,市场只记录而不征赋。山林水泽,按时封禁和开放,也不征税。"令下之后,垦草而封、就泽而盐的百姓都来归顺,就像集市一般。桓公用三年教化百姓,四年选拔贤人作为官长,五年开始准备兵车出征。于是南伐楚国,逼近方城。又北伐山戎,取得了冬葱和胡豆,于是播布天下。终于成就了三次辅佐天子、九次盟会诸侯的霸业。

【原文】

桓公外舍而不鼎馈①,中妇诸子谓宫人②:"盍不出从乎?君将有行。"宫人皆出从。公怒曰:"孰谓我有行者?"宫人曰:"贱妾闻之中妇诸子。"公召中妇诸子曰:"女焉闻吾有行也③?"对曰:"妾人闻之,君外舍而不鼎馈,非有内忧,必有外患。今君外舍而不鼎馈,君非有内忧也,妾是以知君之将有行也。"公曰:"善。此非吾所与女及也,而言乃至焉④,吾是以语女。吾欲致诸侯而不至,为之奈何?"中妇诸子曰:"自妾之身之不为人持接也,未尝得人之布织也⑤,意者更容不审耶⑥?"明日,管仲朝,公告之。管仲曰:"此圣人之言也,君必行也。"

注释

①"桓公"句:尹知章云:"外舍谓出宿于外。不以鼎馈食言其馔不盛也。"
②中妇诸子:宫中内官之号。
③女:同"汝"。
④"此非"二句:尹知章云:"言我本不与汝及此谋,今汝言乃能至于此,谓能知我谋也。"
⑤"自妾"二句:刘绩云:"此言己不事人,未尝得人布织而衣,犹君不下小国,故诸侯不至也。"
⑥更容不审耶:谓还能不明白。

【今译】

桓公留宿官外,也没有列鼎进食,内官中妇诸子对宫女们说:"还不快去侍从,君主要出行了。"宫女们都纷纷去侍从桓公,桓公发怒道:"谁说我要出行的?"宫女们说:"我们是听中妇诸子说的。"桓公召来中妇诸子问道:"你从哪里知道我要出行呢?"中妇诸子回答说:"我听说,君主住宿在外,又不列鼎进食,不是有内忧,就是有外患。如今您留宿官外,也没有列鼎进食,既然没有什么内忧,我所以知道您将要出行解除外患了。"桓公说:"好。这本来不是我要同你商量的事,你既然已经说到这一步,我就告诉你吧。我打算召集天下诸侯,可他们却不来,该怎么办呢?"中妇诸子说:"自从我不去侍候别人,就不曾得过别人送的布帛,照这道理推想起来,还能不明白吗?"第二天管仲上朝,桓公将此事告诉了他。管仲说:"这真是圣人的话啊!您一定要照它去做。"

【原文】

管仲寝疾,桓公往问之,曰:"仲父之疾甚矣,若不可讳也,不幸而不起此疾,彼政我将安移之?"管仲未对。桓公曰:"鲍叔之为人何如?"管仲对曰:"鲍叔,君子也。千乘之国,不以其道予之,不受也。虽然,不可以为政。其为人也,好善而恶恶已甚①,见一恶终身不忘。"桓公曰:"然则孰可?"管仲对曰:"隰朋可。朋之为人也,好上识而下问②。臣闻之,以德予人者谓之仁,以财予人者谓之良;以善胜人者,未有能服人者也③;以善养人者,未有不服人者也。于国有所不知政,于家有所不知事,必则朋乎!且朋之为人也,居其家不忘公门,居公门不忘其家;事君不二其心,亦不忘其身。举齐国之币,握路家五十室④,其人不知也。大仁也哉,其朋乎!"公又问曰:"不幸而失仲父也,二三大夫者,其犹能以国宁乎?"管仲对曰:"君请矍己乎⑤。鲍叔牙之为人也好直,宾胥无之为人也好善,宁戚之为人也能事,孙在之为人也善言。"公曰:"此四子者,其孰能一人之上也⑥。寡人并而臣之,则其不以国宁,何也?"对曰:"鲍叔之为人,好直而不能以国诎⑦;宾胥无之为人也,好善而不能以国诎;宁戚之为人,能事而不能以足息⑧;孙在之为人,善言而不能以信默。臣闻之,消息盈虚⑨,与百姓诎信⑩,然后能以国宁勿已者⑪,朋其可乎?朋之为人也,动必量力,举必量技。"言终,喟然而叹曰:"天之生朋,以为夷吾舌也。其身死,舌焉得生哉!"管仲曰:"夫江、黄之国近于楚,为臣死乎⑫,君必归之楚而寄之;君不归,楚必私之。私之而不救也,则不可;救之,则乱自此始矣。"桓公曰:"诺。"管仲又言曰:"东郭有狗嘊嘊⑬,旦暮欲啮,我猳而不使也⑭。今夫易牙,子之不能爱,将安能爱君?君必去之。"公曰:"诺。"管子又言曰:"北郭有狗嘊嘊,旦暮欲啮,我猳而不使也。今夫竖刁,其身之不爱,焉能爱君?君必去之。"公曰:"诺。"管子又言曰:"西郭有狗嘊嘊,旦暮欲啮,我猳而不使也。今夫卫公子开方,去其千乘之太子而臣事君,是所愿也⑮,得于君者,是将欲过其千乘也⑯。君必去之。"桓公曰:"诺。"管子遂卒。卒十月,隰朋亦卒。桓公去易牙、竖刁、卫公子开方。五味不至,于是乎复反易牙;宫中乱,复反竖刁;利言卑辞不在侧,复反卫公子开方。桓公内不量力,外不量交,而力伐四邻。公薨,六子皆求立,易牙与卫公子内与竖刁,因共杀群吏,而立公子无亏。故公死七日不敛,九月不葬⑰。孝公奔宋,宋襄公率诸侯以伐齐,战于甗,大败齐师,杀公子无亏,立孝公而还。襄公立十三年,桓公立四十二年。

注释

① "好善"句:尹知章云:"已犹太也,言憎恶恶人太甚。"
② "好上"句:猪饲彦博云:"'好'当作'也'。识音志,上识,强记也。《吕氏春秋》云'隰朋之为人也,上志而下求'。"译文从之。

③"以善"二句：尹知章云："以善胜人,人亦生胜己之心,故不服。"
④"握路"句：宋翔凤云："'握'通'渥',言沾溉之意。"王引之云："'路'读为露,露家,穷困之家也。"
⑤矍：郭沫若云：矍、蔑实一字。矍,读若矿,音义同衡。"故'君请矍己'犹君请衡己也。"
⑥"其埶"句：郭沫若云："'埶'当是'埶'字之误,即'多才多艺'之艺。王训'一'为'皆',……"译文从郭说。
⑦国诎：郭沫若云："'国'当为'或',或者有也。即能直而不能诎。"下文亦同。诎,同"屈"。
⑧足：孙蜀丞云："足,止也,'足息'犹止息也。"
⑨消息：即消长。
⑩诎信：同"屈伸"。
⑪勿已：没有终结。
⑫为：王念孙云："'为'犹如也'。"
⑬喔喔（yá 牙）：狗欲咬时发出之声音。
⑭猥：王引之云："'猥'当作'枷'。""今世啮人之狗,系木于其颈,使任重难进,是也。"译文从王说。
⑮洪颐煊云："'愿'下'也'字衍。"
⑯是：陶鸿庆云："'是'字读为'实'。"
⑰陶鸿庆云："'七日'当作'六十七日',两'不'字当作'而'。"译文从陶说。

【今译】

管仲卧病不起,桓公前往探问,并说："仲父的病很重了,如果不可讳言,您的病不幸不能痊愈,国家的政事我将移托给谁呢？"管仲没有回答。桓公说："鲍叔的为人怎么样？"管仲回答说："鲍叔是个君子,即使是千乘兵车的大国,不按他的做人准则送给他,他也不会接受。虽然这样,但鲍叔不能执政,因为他的为人,好为善事而过分憎恶坏人,见到一件坏事就终身不忘。"桓公问："那么谁可以执政呢？"管仲回答说："隰朋可以。隰朋为人,博闻强记而虚心下问。我听说,给人恩德称作仁,给人财物称作良；用善行来超过别人,不能使人心服；用善心来感化别人,人心没有不服的。治国有些政事不一定管,治家有些家事不一定问,只有隰朋才能做到吧！隰朋的为人,在家中不忘公事,在公门也不忘家事；侍奉君主没有二心,但也不忘自身利益。他曾用齐国的钱币,救济过五十户穷困之家,而人们不知他是谁。能做到这样的大仁德的,只有隰朋啊!"桓公又问道:"假如不幸失去仲父,齐国的那几位大夫还能使国家安宁吗?"管仲回答说:"请您自己衡量一下吧。鲍叔牙为人刚直,宾胥无为人善良,宁戚为人能干,孙在为人能说。"桓公说:"这四位大夫,他们的才艺都在常人之上。我一并予以重用,而国家不得安宁,这是什么原因呢?"管仲回答说:"鲍叔牙为人刚直,但有时不能受屈;宾胥无为人善良,但有时不能受屈;宁戚为人能干,但不能适可而止;孙在为人能说,但不能守信静默。我听说,能按照消长盈亏的规律,与百姓同屈同伸,然后能使国家长治久安的,还要数到隰朋吧!隰朋为人,行动必定估计力量,举事必定估计能力。"管仲说完,长叹一声道:"上天生出隰朋,就是作为我管仲的喉舌的,现在我自己将死了,喉舌还能活得长吗?"管仲又说:"江、黄两国靠近楚国,如我死后,君主一定要将两国归还楚国;您不归还,楚国必然要并吞。楚国并吞而齐国不救,那不行;去救助,祸乱就会从此开始。"桓公说:"好的。"管仲又说道:"东城有条狗早晚磨牙,准备咬人,我枷住它的颈部使它不能咬。如今的易牙,自己的儿子都不爱,怎能爱君主呢?您一定要除去他。"桓公说:"好的。"管仲又说道:"北城有条狗早晚磨牙,准备咬人,我枷住它的颈部使它不能咬。如今的竖刁,自己的身体都不爱,怎能爱君主呢?您一定要除去他。"桓公说:"好的。"管仲又说道:"西城有条狗早晚磨牙,准备咬人,我枷住它的颈部使它不能咬。如今的卫公子开方,丢弃他千乘之国太子的地位来做您的臣下,是因为他想从您这儿得到的,实将超过他的千乘之国。您一定要除掉他。"桓公说:"好的。"管仲终于死了。死后十月,隰朋也死了。桓公将易牙、竖刁、卫公子开方赶出朝廷。不久,饮食五味不调,于是召回了易牙;宫中混乱,于是召回了竖刁;身边听不到甜言蜜语,于是召回了卫公子开方。桓公对内不估量国力,对外不考虑外交,而拼命征伐邻国。桓公死后,六个儿子都要继位,易牙和卫公子开方勾结宫内的竖刁,杀戮百官,拥立公子无亏为君主。所以,桓公死了六十七日才入殓,九个月后才安葬。齐孝公出奔宋国,宋襄公率领诸侯讨伐齐国,战于甗地,大败齐军,杀死公子无亏,拥立齐孝公回国主政。齐襄公共立十三年,齐桓公共立四十二年。

短　语

地图第二十七

【题解】

地图指的是用于行军作战的地图,文章中十分强调地图在战争中的重要作用,因以名篇。

本篇是一篇军事论文,分为两部分。第一部分阐述地图在战争中的作用,强调"凡兵主者,必先审知地图","然后可以行军袭邑,举错知先后,不失地利"。第二部分从战略上提出了"主明、相知、将能"的"三具"原则,并分别阐述了君主、相室、将帅在战争中的不同职责。全篇言简意赅,论述精辟。

【原文】

凡兵主者①,必先审知地图。轘辕之险②,滥车之水③,名山、通谷、经川、陵陆、丘阜之所在④,苴草、林木、蒲苇之所茂,道里之远近,城郭之大小,名邑、废邑、囷殖之地⑤,必尽知之。地形之出入相错者,尽藏之⑥。然后可以行军袭邑,举错知先后⑦,不失地利。此地图之常也。

注释

①兵主:军队统帅。
②轘辕之险:尹知章云:"谓路形若辕而又轘曲。"轘,即"环"。
③滥:陈奂云:"'滥'当读为渐。"渐,渍也。

④经川:尹知章云:"谓常川也。"陵陆:指高原。

⑤困殖之地:郭沫若云:"疑本作'困阻之地','困阻'犹困隘也。"译文从"困阻之地"。

⑥藏:尹知章云:"藏谓苞蕴在心。"

⑦举错:同"举措"。

【今译】

大凡军队主帅,必须首先详细地了解地图。回旋曲折的险路,浸湿兵车的浅水,著名的山头、畅通的山谷、常流的河川、高原、丘陵所在的位置,草地、林木、蒲苇繁茂的地方,道路的远近,城郭的大小,著名的都市、废弃的城邑、困隘的地方,必须全都了解清楚。地形参差交错的地段,也全都心中有数。然后才可以长途行军,奔袭城邑,军队的举动先后得宜,不失地形之利。这就是地图通常的作用。

【原文】

人之众寡,士之精粗①,器之功苦②,尽知之,此乃知形者也。知形不如知能,知能不如知意。故主兵必参具者也③。主明、相知、将能之谓参具④。故将出令发士,期有日数矣;宿定所征伐之国⑤,使群臣、大吏、父兄、使辟左右不能议成败,人主之任也。论功劳,行赏罚,不敢蔽贤有私;行用货财⑥,供给军之求索,使百吏肃敬,不敢解怠行邪,以待君之令,相室之任也⑦。缮器械,选练士,为教服⑧,连什伍⑨,遍知天下,审御机数,此兵主之事也。

注释

①士之精粗:指士兵素质的优劣。

②器之功苦:指兵器质量的高低。功同"工"。

③参:同"三"。

④尹知章云:"明、知、能三者合,故谓之参具。"

⑤宿:尹知章云:"宿,犹先也。"

⑥行用:郭沫若云:"'行用'犹动用或移用。"

⑦相室:即相国、宰相。

⑧为教服:尹知章云:"设教令使士服习。"

⑨连什伍:尹知章云:"使其什伍各相钩连,有所统属。"什伍指军队的基层

单位。

【今译】

　　军队人数的多少,士兵素质的优劣,兵器质量的高低,全都了解清楚,这就了解了军队的形貌。但了解军队形貌不如了解作战能力,了解作战能力不如了解作战意图。因此军队统帅必须具备三者结合的条件,这就是:君主英明,宰相智慧,将帅有战斗力。因而将帅出令发兵,都要有规定的期限;预先确定攻伐的对象,使朝臣、大官、父兄、左右亲信都不敢妄议战事成败,这是君主的职责。论功评劳,执行赏罚,不敢埋没贤才抱有私心;调动物资,供给军需,使官吏肃然起敬,不敢懈怠邪曲,以完成君主的命令,这是宰相的职责。修整武备,选择精兵,施行教练,编制部队,全面了解天下态势,审慎把握战机策略,这是主帅的职事。

参患第二十八

【题解】

　　尹知章云:"太强亦有患,太弱亦有患,必参详强弱之中,自致于无患也。"据此,"参患"即指参详于强弱之中以求无患。但此意仅与第一节内容相合,似难概括全篇。

　　本篇基本上也是一篇军事论文,共分四节。第一节论人主"猛毅则伐,懦弱则杀",所论与《法法》篇末节略同,而与本篇后文无关联,故有人以为是别篇错简。第二节论述军队"外以诛暴,内以禁邪"的重要作用。第三节论述用兵事先精心筹划(包括军费筹划)的重要性。第四节论述考评用兵的主要内容是兵器、士兵、将领和君主四方面的状况。

【原文】

　　凡人主者,猛毅则伐①,懦弱则杀②。猛毅者何也?轻诛杀人之谓猛毅。懦弱者何也?重诛杀人之谓懦弱。此皆有失彼此。凡轻诛者杀不辜,而重诛者失有罪。故上杀不辜,则道正者不安;上失有罪,则行邪者不变。道正者不安,则才能之人去亡;行邪者不变,则群臣朋党。才能之人去亡,则宜有外难③;群臣朋党,则宜有内乱④。故曰猛毅者伐,懦弱者杀也。

> 注释

①猛毅则伐:谓猛毅之君主将被攻伐。
②懦弱则杀:谓懦弱之君主将遭弑杀。
③"才能"二句:尹知章云:"能士去亡,必构邻来伐,故有外难也。"
④"群臣"二句:尹知章云:"群臣朋党,则狗变为虎,篡杀常因是生,故有内乱也。"

【今译】

凡为君主,猛毅的将被攻伐,懦弱的将遭弑杀。什么叫猛毅呢?轻易杀人就称作猛毅。什么叫懦弱呢?姑息于杀人就称作懦弱。二者彼此都有所失。轻易杀人的会杀害无辜,而姑息于杀人的会遗漏罪犯。君主杀害无辜,德行端正的内心不安;君主遗漏罪犯,行为邪僻的屡教不改。德行端正的内心不安,人才就会外流;行为邪僻的屡教不改,群臣就会结党。人才外流,就会引来外患;群臣结党,就会带来内乱。因此说:猛毅的君主将被攻伐,懦弱的君主将遭弑杀。

【原文】

君之所以卑尊,国之所以安危者,莫要于兵。故诛暴国必以兵①,禁辟民必以刑②。然则兵者外以诛暴,内以禁邪。故兵者,尊主安国之经也,不可废也。若夫世主则不然③。外不以兵而欲诛暴,则地必亏矣④;内不以刑而欲禁邪,则国必乱矣⑤。

> 注释

①暴国:强暴之国,侵略之国。
②辟民:同"僻民",邪僻之民。
③世主:当世之君主。
④"外不"二句:尹知章云:"无兵诛暴,暴必内侵,故地亏。"
⑤"内不"二句:尹知章云:"无刑禁邪,邪必上侵,故国乱。"

【今译】

　　决定君主地位的尊或卑、国家形势的安或危,没有比军队更重要的了。因而征伐强暴之国必须用军队,禁止邪僻之民必须用刑法;这样军队对外可用于征伐强暴之国,对内可用于禁止邪僻之民。因此军队是尊奉君主、安定国家的基石,是不可废除的。至于当世的君主就不是这样。他们对外不用军队而想征伐强暴之国,结果土地必然被侵占;对内不用刑法而想禁止邪僻之民,结果国家必然会动乱。

【原文】

　　故凡用兵之计①,三惊当一至②,三至当一军③,三军当一战。故一期之师,十年之蓄积殚;一战之费,累代之功尽。今交刃接兵而后利之④,则战之自胜者也⑤。攻城围邑,主人易子而食之,析骸而爨之⑥,则攻之自拔者也⑦。是以圣人小征而大匡⑧,不失天时,不空地利,用日维梦⑨,其数不出于计⑩。故计必先定而兵出于竟⑪,计未定而兵出于竟,则战之自败,攻之自毁者也。

注释

　　①"故凡"句:猪饲彦博云:"谓会计用兵之费也。"
　　②惊:猪饲彦博云:"'惊'当作'警',谓戒严以备。"译文从之。至:指出征。
　　③军:陶鸿庆云:"《说文》'军,圜围也',……是军之本义为围,后世遂为师旅之通名。"
　　④利之:指使兵刃锋利。
　　⑤"则战"句:郭沫若云:"此谓战胜自己而非战胜敌人,……"
　　⑥析骸:拆散尸骨。
　　⑦"则攻"句:郭沫若云:"其意为攻拔自己而非攻拔敌人也。"
　　⑧小征而大匡:孙星衍云:"《礼记》注'匡犹恐也'。"此谓对小的征伐予以大的警惕。
　　⑨用日维梦:俞樾云:"《说文》'梦,不明也',然则梦之本义为夜不明,故此以梦与日对。'用日维梦'谓将于其日有事,必先其夜预为之计。"
　　⑩不:丁士涵云:"'不'当作'必'。"译文从丁说。
　　⑪而:刘师培云:"'而'下当有'后'字。"

【今译】

　　大凡用兵费用的筹划,三次戒备等于一次出征,三次出征等于一次围敌,三次围敌等于一次交战。因而一年的军费,要耗尽十年的积蓄;一战的费用,要用光数代的积累。如今等到兵刃交接然后想到使兵刃锋利,这在战争中就是战胜了自己;包围敌方城邑后,守军易子而食、拆骨为炊地顽强抵抗,这在攻城中就是攻拔了自己。因此圣人对于小的征战给予大的警惕,注意不丢失天时地利,白天作战夜里就预先计划,其中的方法必定出于战前的筹划。所以筹划定当然后才能发兵出境,筹划未定就发兵出境,这就是战争中的自己致败,攻伐中的自我毁灭。

【原文】

得众而不得其心,则与独行者同实;兵不完利,与无操者同实①;甲不坚密,与俴者同实②;弩不可以及远,与短兵同实;射而不能中,与无矢者同实;中而不能入,与无镞者同实;将徒人,与俴者同实③;短兵待远矢④,与坐而待死者同实。故凡兵有大论⑤,必先论其器、论其士、论其将、论其主。故曰:器滥恶不利者,以其士予人也;士不可用者,以其将予人也;将不知兵者,以其主予人也;主不积务于兵者,以其国予人也。故一器成,往夫具,而天下无战心⑥;二器成,惊夫具,而天下无守城⑦;三器成,游夫具,而天下无聚众⑧。所谓无战心者,知战必不胜,故曰无战心。所谓无守城者,知城必拔,故曰无守城。所谓无聚众者,知众必散,故曰无聚众。

注释

①无操:许维遹云:"'无操'犹言'徒手'。"
②俴:尹知章云:"俴谓无甲单衣者。"
③"将徒"二句:安井衡云:"'徒人',白徒也,谓不教练者。"张佩纶云:"'俴'当为'残',……言如自残杀之也。"
④待:许维遹云:"'待'字谓抵御也。"
⑤论:考评。下同。
⑥"故一"三句:尹知章云:"一器谓师之器,其器既成,敢往之夫又具,则天下不敢生心与战也。"
⑦"二器"三句:尹知章云:"二器谓军之器,其器既成,惊敌之夫又具,则天下不敢守城而御也。"
⑧"三器"三句:尹知章云:"三器谓一国之器,其器既成,游务之夫又具,则天

下之众惧而自散也。"

【今译】
　　掌握军队却不得军心,和单兵出战实质相同;兵器既不完备又不锋利,和徒手作战实质相同;铠甲既不坚固又不严密,和单衣无甲实质相同;弓弩射程不远,和短兵交战实质相同;箭发不能中的,和没有箭矢实质相同;射中不能穿透,和没有箭头实质相同;率领白徒作战,和自相残杀实质相同;用短兵器抵御远射弓箭,和坐以待毙实质相同。因而大凡用兵有重要的考评,必定首先考评兵器、考评士兵、考评将领、考评君主。因此说:兵器粗劣而不锋利,等于将士兵送给敌人;士兵涣散指挥不动,等于将将领送给敌人;将领无能不懂用兵,等于将君主送给敌人;君主不努力积聚军力,等于将国家送给敌人。所以,一师的兵器精良,又具备敢于出征的士兵,天下就不敢生心抗拒;一军的兵器精良,又具备智勇惊敌的士兵,天下就不敢守城抵御;一国的兵器精良,又具备能言善辩的游士,天下就不敢聚兵迎战。所谓不敢生心抗拒,就是知道抗战必定失败,因此就没有抗拒之心。所谓不敢守城抵御,就是知道守城必被攻克,因此就没有守住之城。所谓不敢聚兵迎战,就是知道聚兵必被瓦解,因此就没有聚集之兵。

制分第二十九

【题解】
　　本篇篇末云:"是故治国有器,富国有事,强国有数,胜国有理,制天下有分。"可知"制分"即"制天下之分",意为控制天下的名分。
　　本篇也属军事论文,共分三节。第一节论述用兵的先决条件是修行善政。第二节论述善用兵要重视"耳目"的作用,要坚持"舍坚攻瑕"的原则。第三节阐述治国、富国、强国、胜国、制天下的条件。有人认为此节才为《制分》篇本文,上二节为他篇错简。

【原文】
　　凡兵之所以先争①,圣人贤士不为爱尊爵,道术知能不为爱官职,巧伎勇力不为爱重禄②,聪耳明目不为爱金财③。故伯夷、叔齐非于死之日而后有名也,其前行多修矣;武王非于甲子之朝而后胜也④,其前政多善矣。

注释

①"凡兵"句:尹知章云:"谓欲用兵所当先而争为者。"
②巧伎:指武艺高明。伎同"技"。
③聪耳明目:指军中侦察人员。
④甲子之朝:指武王伐纣获胜的日子。

【今译】

大凡用兵所应当首先做到的条件是:国内的圣贤之士不是为了贪图尊贵的爵位,掌握道术的智者能人不是为了贪图显赫的官职,武艺高明的勇士不是为了贪图优厚的俸禄,耳聪目明的侦察人员不是为了贪图金钱和财货。因此伯夷、叔齐不是饿死之时才声名远扬的,因为他们先前就多修德行;周武王不是甲子之朝才一举取胜的,因为他先前就多行善政。

【原文】

故小征,千里遍知之。筑堵之墙,十人之聚,日五间之。大征,遍知天下①。日一间之,散金财用聪明也②。故善用兵者,无沟垒而有耳目。兵不呼儆③,不苟聚,不妄行,不强进。呼儆则敌人戒,苟聚则众不用,妄行则群卒困,强进则锐士挫。故凡用兵者,攻坚则韧④,乘瑕则神⑤。攻坚则瑕者坚,乘瑕则坚者瑕。故坚其坚者,瑕其瑕者⑥。屠牛坦朝解九牛⑦,而刀可以莫铁⑧,则刃游间也。故天道不行,屈不足从⑨;人事荒乱,以十破百;器备不行⑩,以半击倍。故军争者不行于完城池⑪,有道者不行于无君⑫。故莫知其将至也,至而不可圉;莫知其将去也,去而不可止。敌人虽众,不能止待⑬。

注释

①猪饲彦博云:"'筑堵之墙'以下十二字,当在上文'故小征'之上。"丁士涵云:"当作'一堵之墙',与'十人之聚'对文。"译文从之。间:尹知章注:"谓私候

之",指私下侦察。

②"日一"二句:郭沫若云:"'日一间之'当为'日五间之'之误,并当属下,与'散金财用聪明也'为一事。上言'日五间之',此则加以说明,谓买贿内奸,使为己耳目,直等于终日间之也。"译文从郭说。

③呼儆:高叫呼警。

④韧:宋本"韧"作"韧"。猪饲彦博云:"止车轮之物名韧。谓所攻既坚,则兵威顿挫也。"

⑤瑕:瑕疵,指薄弱环节。

⑥陶鸿庆云:"自'善用兵者'以下,皆明舍坚攻瑕之义。"

⑦屠牛坦:屠牛者名坦。

⑧铁:张佩纶云:"'铁'乃'钝'之误。"译文从"钝"。

⑨"故天"二句:许维遹云:"意谓天道不行,敌虽穷屈,不可追逐。"

⑩器备不行:姚永概云:"当作'器械不备'。"译文从姚说。

⑪池:丁士涵云:"'池'字衍。"完:坚固。

⑫无君:指君主死丧。

⑬待:刘绩云:"'待'即上'圉'意。"

【今译】

　　一墙的间隔,十人的聚集,就要每天侦察五次。因而打一场小仗,就要了解千里以内的情况;而要打一场大仗,更要了解整个天下的情况。所谓每天侦察五次,就是用金钱财货买通内奸。因此善于用兵的统帅,即使没有沟垒工事,也必定要有内奸耳目。用兵不能高叫呼警,不能轻易集合,不能徒劳行军,不能强行进攻。高叫呼警会使敌人戒备,轻易集合会使兵不效力,徒劳行军会使士卒困顿,强行进攻会使精兵受挫。因而凡是用兵,攻坚则容易受挫,乘弱则如有神助。一味攻坚,薄弱环节也会变得坚固;坚持乘弱,坚固部分也会变得薄弱。因此要稳定其坚固部分,削弱其薄弱环节。屠牛坦一天剖解九牛,而刀仍未钝,就是因为刀刃游转在骨骼之间的缘故。所以,天道不顺之时,敌人穷屈也不能追逐;敌方内部混乱,就可以以十破百;敌方器械不完备,就可以以半击倍。因此,军事相争不攻打坚固的城池,有道的君主不攻打丧君的国家。要使敌军不知道我将来到,来到后就难以抵御;要使敌军不知道我将离去,离去后就难以阻止。这样敌军虽然众多,也不能阻挡和防御我军。

【原文】

治者所道富也,治而未必富也①,必知富之事,然后能富。富者所道强也,而富未必强也,必知强之数,然后能强。强者所道胜也,而强未必胜也,必知胜之理,然后能胜。胜者所道制也,而胜未必制也,必知制之分,然后能制。是故治国有器,富国有事,强国有数,胜国有理,制天下有分。

注释

①"治者"二句:猪饲彦博云:"道,由也。'治而'当作'而治'。言富由治而成,然国治者不必成富。"译文从之。

【今译】

国治能达到国富,但国治未必就是国富,必须懂得富国的途径,然后才能致富。国富能达到国强,但国富未必就是国强,必须懂得强国的方法,然后才能致强。国强能达到胜敌,但国强未必就是胜敌,必须懂得胜敌的道理,然后才能致胜。胜敌能达到控制天下,但胜敌未必就是控制天下,必须懂得控制天下的名分,然后才能控制天下。因此治国要有措施,富国要有途径,强国要有方法,胜敌要有道理,控制天下要有名分。

君臣上第三十

【题解】

题为"君臣",说明其中心内容是论述为君之道、为臣之道以及君臣之间的相互关系。此题有上下两篇,此为上篇。

本篇围绕"上下之分不同任"这一中心展开,即着重阐述君臣之间应该分工治事的观点。文章主张,君主不应干预臣职,臣下不应侵夺君权,君主事必躬亲,反而造成"不公"。要达到这一目标,就要依靠"上有明法,下有常事","上有法制,下有分职";君主要立身正德,才能治官化民;君主要知人善任,臣下要守职尽责。文章为君、臣、民之间的关系设计了一个总原则,即"君据法而出令,有司奉命而行事,百姓顺上而成俗,著久而为常"。文章还反复强调"道"的重要作用,要求君主掌握"道"以治国。文章多从君臣双方的角度对照展开,这是本篇论述上的特点。

【原文】

　　为人君者,修官上之道,而不言其中①;为人臣者,比官中之事,而不言其外②。君道不明,则受令者疑;权度不一,则修义者惑③。民有疑惑贰豫之心而上不能匡④,则百姓之与间⑤,犹揭表而令之止也⑥。是故能象其道于国家⑦,加之于百姓,而足以饰官化下者⑧,明君也。能上尽言于主,下致力于民,而足以修义从令者,忠臣也。上惠其道,下敦其业⑨,上下相希⑩,若望参表⑪,则邪者可知也。

【注释】

　　①"为人"三句:尹知章云:"君在众官之上,但修此官上之道而已,至于官中之事则有司存,非所言也。"官上,指总领百官。
　　②"为人"三句:尹知章云:"比谓校次之也,若言官外,则为越职。"官中,指官职之内。
　　③修:王念孙云:"'修'当为'循'。"译文从"循"。
　　④贰豫:犹豫。
　　⑤间:尹知章云:"'间'谓隔碍不通也。人心有疑,君不能正,故其所与为多碍而不通也。"
　　⑥揭:尹知章云:"揭,举也。表谓以木为标,有所告示也。既使举于表,又令止之,是亦不一也,故以况人心之疑也。"
　　⑦象:郭沫若云:"'象'疑'为'字之误,……"译文从"为"。
　　⑧饰:许维遹云:"'饰'与'饬'通。"饬,治也,"下文云'治官化民'同意"
　　⑨张佩纶云:《诗》毛传:"'惠,顺也'。《尔雅·释诂》:'敦,勉也'。"
　　⑩希:俞樾云:"希读为睎,《说文·目部》'睎,望也'。"
　　⑪参表:尹知章云:"参表谓立表所以参验由直。"表指测日影以计时的标杆。

【今译】

　　做君主的要研究总领百官的方法,而不去谈论百官的具体职责;做臣子的要管好本职之内的事,而不要超越自己的职务范围。君主的原则不明确,接受命令的人就有疑虑;权限法度不统一,遵循法度的人就有迷惑。百姓有了疑惑犹豫的心理,而君主又不能消除,那么百姓与君主之间就隔碍难通,就像举标告示又下令制止一样。因而,能有一套治国、治民的方法,用来达到整饬百官、教化下民的,就称得上明君。能上对君主尽言,下对百姓尽办,做到遵循法度、服从政令的,就称得上忠臣。君上依从为君的原则,臣下勤于为臣的职责,上下相互监督,就像望着标杆来检测日影一样,曲邪不正的就一目了然。

【原文】

吏啬夫任事,人啬夫任教①。教在百姓,论在不挠②,赏在信诚,体之以君臣,其诚也以守战③。如此,则人啬夫之事究矣。吏啬夫尽有訾程事律④,论法辟、衡权、斗斛、文劾⑤,不以私论,而以事为正。如此,则吏啬夫之事究矣。人啬夫成教、吏啬夫成律之后,则虽有敦悫忠信者不得善也⑥,而戏豫急傲者不得败也。如此,则人君之事究矣。是故为人君者因其业,乘其事,而稽之以度⑦。有善者,赏之以列爵之尊、田地之厚,而民不慕也。有过者,罚之以废亡之辱、僇死之刑,而民不疾也。杀生不违,而民莫遗其亲者⑧,此唯上有明法,而下有常事也。

注释

①"吏啬"二句:张佩纶云:"'人'当作'民',唐讳。"译文从"民"。吏啬夫、民啬夫皆古时官职名,前者主管监察官吏,后者主管教化百姓。

②挠:枉曲。

③诚:俞樾云:"'诚'当为'成',言人啬夫教成之后,可用以守战也。"译文从俞说。

④訾程事律:訾,计量;程,法程,规章。訾程指计量的规章,如下文之衡权、斗斛之类。事律指办事的法规。

⑤"论法"句:尹知章云:"辟,刑也。文劾,言据文而举劾。"

⑥善:同"缮"。张佩纶云:"《说文》'缮,补也,缮之言善也'。此言贤者不能补,不肖者不得败。"悫(què确):忠厚。

⑦"而稽"句:尹知章云:"又以国之法度考此二者。"

⑧"杀生"二句:尹知章云:"或罚而杀之,或赏而生之,皆不违其理,则人知主德之有常,不轻为去就,故人不遗其亲也。"

【今译】

吏啬夫担任监察工作,民啬夫担任教化工作。教化的对象是百姓，论罪在于不枉屈，行赏在于讲信用，这要首先体现在君臣身上，教化成功了，百姓就可担任守战的任务。这样，民啬夫就算尽到了职责。吏啬夫全面掌握计量规章和办事法规，在审理刑法、重量、容积、弹劾类案件时，都不讲私情，而以事实为依据，这样，吏啬夫就算尽到了职责。民啬夫完成教化、吏啬夫执行法律之后，即使忠厚诚信的人也不能增补，懈怠狂傲的人也不能损害。这样，君主就算尽到了职责。因此，做君主的要根据他们的职务和政绩，用法度稽考他们。其中表现杰出的，即使用尊贵的爵位和丰厚的田产进行奖赏，百姓也不会羡慕嫉妒；其中犯有错误的，即使用撤职的羞辱和处死的极刑进行处罚，百姓也不会疾恨抱怨。处罚和奖赏都不违背法度，百姓就没有敢遗弃父母的，这只有靠君主实行公开的法律，而臣下负有固定的职责。

【原文】

　　天有常象，地有常形，人有常礼，一设而不更，此谓三常。兼而一之，人君之道也；分而职之，人臣之事也。君失其道，无以有其国；臣失其事，无以有其位。然则上之畜下不妄①，而下之事上不虚矣②。上之畜下不妄，则所出法制度者明也③；下之事上不虚，则循义从令者审也。上明下审，上下同德，代相序也④。君不失其威，下不旷其产，而莫相德也⑤。是以上之人务德，而下之人守节义，礼成形于上，而善下通于民，则百姓上归亲于主，而下尽力于农矣。故曰：君明、相信、五官肃、士廉、农愚、商工愿⑥，则上下体⑦，而外内别也；民性因⑧，而三族制也⑨。

【注释】

　　①畜：畜养。不妄：不妄诞，即真诚。
　　②不虚：不虚无，即实在。
　　③"则所"句：郭沫若云："不应有'所'字。""'出法制度者明也'与'循义从令者审也'相对为文，……"
　　④代：尹知章云："代，更也。谓上明下审，更相序也。"
　　⑤尹知章云："君以威覆下，下以产供上，各有所恃，故不相德。"
　　⑥相：指宰相。愚：愚鲁朴实。愿：诚实谨慎。
　　⑦则上下体：尹知章云："上下各得其体也。"
　　⑧性：猪饲彦博云："性、生同，因谓有所因依。"
　　⑨"而三"句：尹知章云："三族谓农、商、工也。……此三族各得其制也。"

【今译】

　　天象有常法,地形有常态,人礼有常制,它们一旦成立就不会变更,这就叫"三常"。兼领而统一百官,这是君主的责任;分工而各司其职,这是臣子的职事。君主违背了责任,就不能拥有他的国家;臣子耽误了职事,就不能保有他的职位。君上畜养臣下真诚,臣下侍奉君上就实在。君上畜养臣下真诚,因而颁布法令、制订法度就显明;臣下侍奉君上实在,因而遵循法度、服从政令就审慎。君上显明,臣下审慎,上下同心同德,相互间形成一种特定的关系。君上不丢掉威严,臣下不旷废产业,互相就不必看作向对方施德。因而在上的君主务求立德,在下的臣子恪守节义,礼仪在上面形成,善德下达于百姓,这样,百姓就会亲附君主,尽力农事。因此说:君主明智,宰相诚信,五官整肃,士人廉直,农夫愚朴,商人、工匠诚实谨慎,这样,上下各得其体,内外自有区别,民生都有依靠,三族都有制度。

【原文】

　　夫为人君者,荫德于人者也;为人臣者,仰生于上者也。为人上者,量功而食之以足①;为人臣者,受任而处之以教②。布政有均,民足于产,则国家丰矣。以劳受禄③,则民不幸生。刑罚不颇④,则下无怨心。名正分明,则民不惑于道⑤。道也者,上之所以导民也。是故道德出于君,制令传于相,事业程于官⑥,百姓之力也,胥令而动者也⑦。

> [!注释]
> ①足:郭沫若云:"'足'当为'正'字之误。"译文从"正"。
> ②教:刘师培云:"'教'字疑当作'敬'。"译文从"敬"。
> ③受:安井衡云:"古本'受'作'授',授禄于有功劳者,民不徼倖以贪生。"
> ④颇:偏。
> ⑤"名正"二句:尹知章云:"刑名职分明,则人于道不惑也。"
> ⑥程:考核。
> ⑦胥:王念孙云:"胥,待也。"

【今译】

　　做君主的就要用道德来庇护百姓,做臣子的就要仰仗君主而生存。君主要考量功绩，公正地给予俸禄；臣子要接受任命，恭敬地履行职责。君主施政均平，百姓产业丰足，国家就富裕。依据劳绩授予俸禄，百姓就不会侥幸偷生。刑罚公正不偏，百姓就没有怨恨之心。刑名正，职分明，百姓对治国之道就不会疑惑。所谓道，就是君主用来导引百姓的方法。因此，道德出自于君主，制度法令由宰相传布，各项事业由官吏考核，百姓的力量就是等待命令而付诸行动。

【原文】

是故君人也者，无贵如其言；人臣也者，无爱如其力。言下力上，而臣主之道毕矣。是故主画之，相守之；相画之，官守之；官画之，民役之；则又有符节、印玺、典法、策籍以相揆也①。此明公道而灭奸伪之术也。

【注释】

①"则又"句：尹知章云："符节、印玺，所以示其信也；典法、策籍，所以示之制也。凡此可以考其真伪、定其是非，故曰以相揆也。"揆，掌管。

【今译】

做君主的，最贵重的是号令；做臣子的，最珍惜的是才力。对下颁布号令，对上贡献才力，君主、臣子的关系就完全了。因此君主谋划，宰相执行；宰相谋划，官吏执行；官吏谋划，百姓服役；又用符节、印玺、典法、策籍进行管理。这些就是阐明公道、杜绝奸伪的方法。

【原文】

论材量能，谋德而举之，上之道也；专意一心，守职而不劳①，下之事也。为人君者.下及官中之事，则有司不任；为人臣者，上共专于上②，则人主失威。是故有道之君，正其德以莅民，而不言智能聪明。智能聪明者，下之职也；所以用智能聪明者，上之道也。上之人明其道，下之人守其职，上下之分不同任，而复合为一体。

【注释】

①劳：郭沫若云："'劳'当是'营'字之误。营，惑也，乱也。"译文从郭说。

②"为人"二句:刘绩云:"此言臣夺君职,共其专令。"

【今译】

考评才能,衡量德行,举拔使用,这是君主的职责;一心一意,谨守职务,不生疑惑,这是臣子的职事。君主向下干涉了臣子的职事,有关官吏就无法负责;臣子向上侵夺了君主的权力,君主就失去威严。因此掌握了君道的君主,总是端正自己的德行来君临百姓,而不要弄自己的智能聪明。因为运用智能聪明为君主出力,是臣下的职事;而使用具有智能聪明的臣子,是君上的职责。君上明确自己的职责,臣下谨守自己的职事,上下职分不同,各有其任,而又复合为一个整体。

【原文】

是故知善,人君也;身善,人役也①。君身善,则不公矣。人君不公,常惠于赏,而不忍于刑,是国无法也。治国无法,则民朋党而下比,饰巧以成其私;法制有常,则民不散而上合,竭情以纳其忠。是以不言智能,而顺事治,国患解,大臣之任也②;不言于聪明③,而善人举,奸伪诛,视听者众也。

注释

①"身善"二句:郭沫若云:"身犹躬,身善言事必躬亲。"
②"而顺"三句:郭沫若云:"'大臣之任'者'大臣是任'也。""'顺事治'当是'朝事治',……"译文从郭说。
③于:张文虎云:"于,字衍。"

【今译】

知人善任的应是君主,事必躬亲的应是臣子。如果君主事必躬亲,执政就会不公。君主不公正,常常喜爱行赏,而不忍用刑,这样国家就没有法制。治国不用法制,百姓就在下结党成派,巧诈营私;国家法制常备,百姓就不搞党派,对上尽心效忠。因此君主不要弄自己的智能,就能朝事得以治理,国患得以解除,这是任用了大臣的缘故;君主不要弄自己的聪明,就能使能人得以举用,奸伪得以诛杀,这是监察国政者众多的缘故。

【原文】

　　是以为人君者,坐万物之原①,而官诸生之职者也②。选贤论材,而待之以法。举而得其人,坐而收,其福不可胜收也。官不胜任,奔走而奉,其败事不可胜救也③。而国未尝乏于胜任之士,上之明适不足以知之④。是以明君审知胜任之臣者也⑤。故曰:主道得,贤材遂,百姓治。治乱在主而已矣。

注释

①坐:张文虎云:"'坐'疑'主'字之讹。"译文从"主"。
②官:郭沫若云:"'官'谓授职也。职即职分、职事之职。"
③丁士涵云:"'奉'当为'救','事'字衍。"译文从丁说。
④适:于省吾云:"'适'犹特也。"
⑤审知:审慎地察觉。

【今译】

　　做君主的要执掌万物的本原,而授予众人不同的职事。选拔贤能,考论才干,依照法度来对待。如果举用人才得当,就能坐收其利,他带来的福佑没有穷尽。如果所用之人不能胜任,即使奔走救弊,他带来的败局也难以挽回。国家实际并不缺少胜任职事的人才,只是君主的眼光还不能察觉,因此英明的君主要审慎地察觉那些胜任职事的臣子。所以说:君子审察人才,贤能发挥才干,百姓得以治理。国家治乱的关键在于君主啊!

【原文】

　　故曰:主身者,正德之本也;官治者,耳目之制也①。身立而民化,德正而官治。治官化民,其要在上。是故君子不求于民②。是以上及下之事谓之矫③,下及上之事谓之胜④。为上而矫,悖也;为下而胜,逆也。国家有悖逆反迕之行⑤,有土主民者⑥,失其纪也。

注释

①"官治"二句:尹知章云:"官禀君命而后行,若耳目待心制而后用。"
②君子:当作"君主"。

③矫：王念孙云："矫，拂也。上而及下之事，则拂乎为上之道。"
④王念孙云："胜者，陵也。下而及上之事，是陵其上也。"
⑤迕（wǔ 午）：背逆。
⑥有土主民者：指君主。

【今译】

　　所以说：君主自身是端正德行的根本，官吏受制于君就如耳目受制于心。君主立身，百姓受教化；德行端正，官吏得控制。控制官吏，教化百姓，关键在君主，因而君主不向百姓求助。所以君上干涉臣下之事称作违背君道，臣下干预君上之事称作凌驾君主。君主违背君道是悖谬，臣下凌驾君主是叛逆。国家如果发生悖谬叛逆的行为，那说明君主的治理失去了纲纪。

【原文】

　　是故别交正分之谓理①，顺理而不失之谓道。道德定而民有轨矣。有道之君者，善明设法而不以私防者也。而无道之君，既已设法，则舍法而行私者也。为人上者释法而行私，则为人臣者援私以为公。公道不违，则是私道不违者也②。行公道而托其私焉，浸久而不知，奸心得无积乎？奸心之积也，其大者有侵逼杀上之祸，其小者有比周内争之乱。此其所以然者，由主德不立，而国无常法也。主德不立，则妇人能食其意③；国无常法，则大臣敢侵其势。大臣假于女之能，以规主情④；妇人擘宠，假于男之知⑤，以援外权。于是乎外夫人而危太子⑥，兵乱内作，以召外寇。此危君之征也。

注释

①"是故"句：尹知章云："别上下之交，正君臣之分。"
②"公道"二句：尹知章云："臣之所以为公者，乃是私也。名曰不违公道，便是不违私道也。"
③于省吾云："'食'字应读为伺。'伺'之通诂训'察'，此言妇人能察其意也。"
④规：丁士涵云：规，古窥字。"《说文》'窥，小视也'。"
⑤知：同"智"。
⑥外：郭沫若云：屏除之也。

【今译】

区别上下关系,厘正君臣职分,就称为"理",顺应"理"而没有过失,就称为"道"。君主的道德确立,百姓就有轨道可以遵循。有道的君主,善于明白设立法制而不因私心对抗;无道的君主,在法制设立之后,常常舍弃法制而谋取私利。做君主的抛弃法制而谋取私利,做臣子的就援引私利而当作公道。所谓不违背公道,也就变成了不违背私利。表面推行公道而实质寄托私利,时间长了不被发现,奸邪之心能不累积起来吗?奸邪之心日渐累积,大的会招来犯上杀君的祸患,小的也会造成勾心斗角的内乱。所以会形成这种后果,在于君主德行不能树立,国家法制没有权威。君主德行不能树立,连妇人也能窥测他的意图;国家法制没有权威,连大臣也敢侵夺他的权势。大臣利用妇人的才能来刺探君主的心思,受宠幸的妇人利用大臣的智谋来引入宫外的势力,这样就会导致废除夫人和危及太子,国内发生兵变,由此引来外敌。这些都是危害君主的征兆。

【原文】

是故有道之君,上有五官以牧其民,则众不敢逾轨而行矣;下有五横以揆其官①,则有司不敢离法而使矣。朝有定度衡仪,以尊主位,衣服绅绋②,尽有法度,则君体法而立矣③。君据法而出令,有司奉命而行事,百姓顺上而成俗,著久而为常。犯俗离教者,众共奸之④,则为上者佚矣。

注释

①"下有"句:尹知章云:"横谓纠察之官,得入人罪者也。五官各有其横,曰五横。"

②绅绋:尹知章云:"绅绋,古衮冕字。"

③体:依。立:同"莅"。

④"犯俗"二句:尹知章云:"众以离教为奸而罪之也。"

【今译】

有道的君主,上设五种官职来统治百姓,百姓就不敢超越规范随便行动;下立五种纠察之官来管理官吏,官吏就不敢背离法制行使职权。朝廷有固定的法度礼仪,来推尊君主的地位,衣帽穿戴,都有法度,这样君主就可以依法临朝了。君主根据法律而颁布命令,有关官吏接受命令而执行公务,百姓顺从君上而成为习俗,日久而成为常规。对于违犯习俗、背离教化的人,百姓会群起而加罪,这样,君主就可以高枕无忧了。

【原文】

天子出令于天下,诸侯受令于天子,大夫受令于君,子受令于父母,下听其上,弟听其兄,此至顺矣。衡石一称,斗斛一量,丈尺一綧制①,戈兵一度,书同名②,车同轨,此至正也。从顺独逆,从正独辟③,此犹夜有求而得火也,奸伪之人,无所伏矣,此先王之所以一民心也。是故天子有善,让德于天;诸侯有善,庆之于天子;大夫有善,纳之于君;民有善,本于父,庆之于长老④。此道法之所从来,是治本也。

注释

①綧:猪饲彦博云:"綧、淳同。《周官·内宰》曰'出其度量淳制',郑氏曰'淳读为纯,谓幅广也。制谓匹长也'。"

②同名:江瀚云:"'同名'即同文也。"

③从:猪饲彦博云:"'从'当作'众'。"译文从之。尹知章云:"众皆从顺而有独逆者,众皆从正而有独僻者,必为顺正者所伏也。"

④庆:王念孙云:"两'庆'字皆当作'荐',荐,进也。言下有善,则进之于上也。"译文从王说。

【今译】

天子向天下颁布命令,诸侯从天子那里接受命令,大夫从国君那里接受命令,儿子从父母那里接受命令,地位低的听从地位高的,弟弟听从兄长,这是最顺的秩序。衡石的计量统一,斗斛的量度统一,布帛宽长的丈尺标准统一,兵器的规格统一,书写文字相同,车轨宽度相同,这是最正的规范。如果众人顺而一人悖逆,众人正而一人邪僻,这就如同在黑夜中求索而见到火光一样,奸邪虚伪之徒就无法藏伏了。这就是先王能够统一民心的原因。因而天子有了善行,要将功德谦让给上天;诸侯有了善行,要将功德进荐给天子;大夫有了善行,要将功德奉献给国君;百姓有了善行,要将功德追根溯源到父亲,并荐进给长老一辈。这就是礼法产生的源头,也是治国的根本。

【原文】

是故岁一言者,君也①;时省者,相也;月稽者,官也;务四支之力②,修耕农之业以待令者,庶人也。是故百姓量其力于父兄之间,听其言于君臣之义,而官论其德能而待之③。大夫比官中之事,不言其外,而相为常具以给之④。相总要⑤,者官谋士⑥,量实义美⑦,匡请所疑,而君发其明府之法瑞以稽之⑧。立三阶之上,南面而受要⑨。是以上有余日,而官胜其任;时令不淫,而百姓肃给。唯此上有法制⑩,下有分职也。

注释

①一言:陈奂云:"'一言'当是'省'之讹。'岁省者君也'与'时省者相也'、'月稽者官也'句法相同。"译文从陈说。

②四支:同"四肢"。

③论:许维遹云:"'论'与'抡'通,《说文》'抡,择也'。《齐策注》'待犹共也','共'同'供'。言官选择庶民之有德行才能者而供献之。"

④常具:经常的条例。

⑤总要:总揽枢要。

⑥者:尹桐阳云:"'者'同'诸'诸官谓众官。"

⑦量实义美:丁士涵云:"'实'功实也。'义',当作'议'。谓量其功实,议其美善也。"译文从丁说。

⑧法瑞:法指法制命令。瑞,尹知章云:"瑞,君所与臣为信者,珪璧之属。"

⑨"立三"二句:尹知章云:"要谓百吏之目也。"

⑩唯此:丁士涵云:"'唯此'当作'此唯'。"译文从之。

【今译】

按年考察的是君主,按四时考察的是宰相,按月考核的是官吏,专门用四肢劳动、耕地务农、等待命令的是平民。因而对于平民百姓,要在他们的父兄中间来考查他们的能力,要在君臣大义方面听取他们的言论,而官吏选择他们的德行才能贡献给君主。大夫只安排官职以内的事务,不干预本职之外,宰相要制订经常的条例给予检查。宰相要总揽政要,百官谋士则考评功绩,议论美善之行,有疑问就提出请宰匡正。君主则调发大府内的法制命令、珪璧瑞玉,作为考核的标准,并站立在三层台阶上,面朝南接受百官呈递的奏事纲目。这样,君主有余暇的时日,百官胜任各自的职务,四时政令不出错误,百姓恭敬地供给君主需用。这都是因为上面有法制可依,下面有分工可查。

【原文】

道者,诚人之姓也①,非在人也。而圣王明君,善知而道之者也②。是故治民有常道,而生财有常法。道也者,万物之要也。为人君者,执要而待之,则下虽有奸伪之心,不敢杀也③。夫道者虚设,其人在则通,其人亡则塞者也。非兹是无以理人④,非兹是无以生财。民治财育,其福归于上。是以知明君之重道法而轻其国也。故君一国者,其道君之也;王天下者,其道王之也。大王天下,小君一国,其道临之也。是以其所欲者能得诸民,其所恶者能除诸民。所欲者能得诸民,故贤材遂;所恶者能除诸民,故奸伪省。如冶之于金,陶之于埴⑤,制在工也。

注释

①"诚人"句:戴望云:"'诚'当为'成','姓'当为'生',皆声相近而误。"译文从戴说。

②道:朱长春云:"'道',由也。知而行之。"

③杀:王念孙云:"'杀'当为'试',言不敢试其奸伪也。"译文从王说。

④"非兹"句:王引之云:"'兹'此也,谓道也。'是'字属下读,《尔雅》曰'是,则也'。"王念孙云:"'人'当作'民'。"译文从之。

⑤埴:粘土。

【今译】

"道"生成人的生命,而不受人控制。历代的圣王明君都是善于认识道并实行道的人。因此治理百姓有经常的道,生产财富有经常的法。所谓道,是万物的枢要。做君主的,就要掌握这个枢要来驾驭万物,那么下面即使包藏奸邪虚伪之心也不敢尝试。"道"本身是虚无的,掌握道的君主活着,道就通行;掌握道的君主死了,道就阻塞。没有道就无法治理百姓,没有道就无法生产财富。百姓得以治理,财富得以蓄育,带来的福利都归于君主。由此可知英明的君主为什么看重

"道法"而看轻国家了。因而君主统治一国,其实是他的为君之道在统治;帝王统治天下,其实是他的帝王之道在统治。大到统治天下,小到统治一国,都是他们的道在发挥作用。因此君主所要求的能从百姓那里得到,君王所厌恶的能从百姓那里除掉。所要求的能从百姓那里得到,因而贤能之士能被进用;所厌恶的能从百姓那里除掉,因而奸伪之徒能被察觉。如同冶工对于金属,陶工对于粘土,要制作什么产品都取决于工匠本身。

【原文】

是故将与之,惠厚不能供①;将杀之,严威不能振。严威不能振,惠厚不能供,声实有间也②。有善者不留其赏,故民不私其利;有过者不宿其罚③,故民不疾其威。威罚之制④,无逾于民,则人归亲于上矣。如天雨然,泽下尺,生上尺⑤。

注释

①惠厚:丁士涵云:"'惠厚'当作'厚惠',与'严威'对文。"译文从丁说。
②声实:即名实。
③宿:尹知章云:"宿犹停也。"
④威:刘绩云:"'威'当作'赏'。"译文从之。
⑤"泽下"二句:尹知章云:"泽从上降,润有一尺,则苗从下生,上引一尺。泽下降,苗上引,犹君恩下流,人心上就也。"

【今译】

将要行赏,过于优厚就会难以供给;将要行罚,过于威严反而不能震慑。刑罚过严不能震慑,赏赐过厚难以供给,这就是名不副实。有善行的不扣留对他的赏赐,因而百姓就不会计较自己的利益;有过错的不停止对他的处罚,因而百姓就不会抱怨刑罚的威严。赏罚的制定,都不超过百姓所应得,那么百姓就会归附亲近君主了。这就像天下雨一样,天上降下一尺雨泽,禾苗向上生长一尺。

【原文】

是以官人不官,事人不事,独立而无稽者,人主之位也。先王之在天下也,民比之神明之德,先王善牧之于民者也①。夫民别而听之则愚,合而听之则圣,虽有汤、武之德,复合于市人之言。是以明君顺人心,安情性,而发于众心之所聚。是以令出而不稽②,刑设而不用,先王善与民为一体。与民为一体则是以国守国,以民守民也。然则民不便为非矣。

注释

①牧:陶鸿庆云:"'牧'当为'收'字之误。《广雅·释诂》'收,取也',善收之于民者,善取之于民也。"译文从之。

②稽:留滞。

【今译】

授人官职而自己不居官职,予人职事而自己不任职事,独自行动而不受人考核,这就是君主的地位。古代先王治理天下时,百姓将他的德行比作神明一般,这是因为先王善于听取百姓的意见。百姓的意见分别听取觉得愚笨,综合听取就觉得圣明,君主即使有商汤、周武的德行,还是要综合吸取众人的意见。因此,英明的君主顺从人心,安定人性,一切从众人的心愿出发。因而命令发出就不会滞留,刑罚设置却不必使用,因为先王善于与百姓合为一体。与百姓合为一体,那就是用国家来守卫国家,用百姓来守卫百姓,那么百姓自然也不便为非作歹了。

【原文】

虽有明君,百步之外,听而不闻;间之堵墙,窥而不见也。而名为明君者,君善用其臣,臣善纳其忠也。信以继信,善以传善,是以四海之内,可得而治。是以明君之举其下也,尽知其短长,知其所不能益,若任之以事。贤人之臣其主也,尽知短长与身力之所不至,若量能而授官①。上以此畜下,下以此事上,上下交期于正,则百姓男女,皆与治焉。

注释

①俞樾云:"两'若'字,并当训'乃'。""此文言君必知其臣,乃任之以事,臣

必知己,乃量能而受官。'授'当作'受'。"译文从俞说。

【今译】
　　即使是明君,距离百步外,也无法听到;间隔一堵墙,也无法看见。而称之为明君,是因为君主善于任用臣下,而臣下则善于献纳忠心。诚信和诚信相继,善良和善良相承,因而四海之内都能得到治理。所以明君举用臣下的时候,要全面了解他的短处和长处,了解他的才能的极限,才委任他适当的职事。贤人侍奉君主的时候,也要全面了解自身的短处和长处,以及自己力所不能及之处,才按能力来接受官职。君主按这个原则来畜养臣下,臣下按这个原则来侍奉君上,上下都期待贯彻公正的精神,那么百姓男女就能治理好了。

君臣下第三十一

【题解】
　　这是本书中专论君道、臣道和君臣关系的专篇的下篇。
　　本篇围绕君臣关系这一中心,广泛论述了一系列有关问题,文章从叙述君臣关系的形成过程入手,阐述了君主实行赏罚的原则和设相选贤的原则,分析了国家发生乱亡的原因和君臣可能犯的错误,强调君主要树立自身德行的典范,要认真研究治国之道。文章还提出了防止近臣擅权、宫中内乱的一系列措施。本篇不如上篇论述集中,论题颇为广泛,但仍紧紧扣住"君臣"这一中心展开。

【原文】
　　古者未有君臣上下之别,未有夫妇妃匹之合①,兽处群居,以力相征。于是智者诈愚,强者凌弱,老幼孤独不得其所。故智者假众力以禁强虐②,而暴人止。为民兴利除害,正民之德,而民师之。是故道术德行,出于贤人,其从义理兆形于民心③,则民反道矣④。名物处,违是非之分⑤,则赏罚行矣。上下设,民生体⑥,而国都立矣。

注释

①妃匹：配匹，配偶。
②智者：尹知章云："智者即圣王也。"
③从：郭沫若云："'从'字盖涉注文而衍。"译从。
④反道：复归正道。
⑤"名物"二句：张佩纶云："'之'字衍。当作'名物处，是非分'，与下'上下设，民生体'对文。"处，辨也。
⑥民生体：郭沫若云："谓民生得其本。"

【今译】

古时候没有君臣上下的区别，也没有夫妇配偶的结合，人们如野兽般杂处群居，用强力相互征服。于是聪明的人欺诈愚笨的人，强暴的人凌辱怯弱的人，老人、幼孩、孤儿、独夫都得不到安置。因而圣王出来依靠众人的力量禁止强暴，强暴的人终于被制止。圣王又为百姓兴利除害，端正百姓的德行，于是百姓以圣王为师。因此道术德行出自于贤人，道德的义理开始深入民心，百姓就复归正道了。名实得以辨明，是非得以分清，赏罚就可以推行了。上下关系设立，民生有了根本，国家的都城就建立起来。

【原文】

是故国之所以为国者，民体以为国①；君之所以为君者，赏罚以为君。致赏则匮，致罚则虐②，财匮而令虐，所以失其民也。是故明君审居处之教，而民可使居治、战胜、守固者也。夫赏重则上不给也，罚虐则下不信也。是故明君饰食饮吊伤之礼③，而物属之者也④。是故厉之以八政⑤，旌之以衣服，富之以国裹⑥，贵之以王禁，则民亲君可用也。民用则天下可致也。天下道其道则至⑦，不道其道则不至也。夫水波而上，尽其摇而复下⑧，其势固然者也。故德之以怀也，威之以畏也，则天下归之矣。有道之国，发号出令，而夫妇尽归亲于上矣⑨；布法出宪，而贤人列士尽功能于上矣⑩。千里之内，束布之罚⑪，一亩之赋，尽可知也。治斧钺者不敢让刑，治轩冕者不敢让赏⑫，墥然若一父之子⑬，若一家之实，义礼明也。

注释

①"民体"句:郭沫若云:"即'民为邦本'。"
②致:许维遹云:"'致'与'至'同。至,极也。"
③饬:同"饬"。尹知章云:"饮食谓享燕,伤谓丧祭也。"
④"而物"句:尹知章云:"礼行则物亲也。"
⑤八政:指八种政事或官职,《尚书·洪范》以食、货、祀、司空、司徒、司寇、宾、师为八政。
⑥裹:王引之云:"'裹'当为'禀'。……'禀'古'廪'字。……谓食以国之廪粟。"译文从王说。
⑦"天下"句:尹知章云:"君得君道,则天下至。"
⑧"夫水"二句:戴望云:"'波'为'播'之假字,言水播荡而上,尽其动摇而复下也。"
⑨夫妇:指男女。
⑩功:俞樾云:"'功'当作'贡'。《说文·贝部》'贡,献功也'。"译文从俞说。
⑪束布:安井衡云:"'束布',一束布也。"
⑫让:俞樾云:"两'让'字,并当为攘窃之'攘'。""谓不敢攘窃刑赏之权也。"译文从俞说。治:同"司"。
⑬墳:陈奂云:"'墳'当为'隤'字之误。"隤,柔貌。译文从陈说。

【今译】

　　国家之所以成为国家,是由于以百姓为本;君主之所以成为君主,是由于实行了赏罚。行赏过分就会财力匮乏,行罚过分就会法令暴虐,财力匮乏,法令暴虐,就会失去百姓拥护。因而明君谨慎实行居处方面的教化,使百姓居处安定,征战制胜,防守坚固。赏赐过重,君主就无法供给;刑罚过虐,百姓就无法信从。因而明君整饬宴饮、吊丧方面的礼节,就会使百姓亲近。用八种官职来勉励他们,用各品服饰来表彰他们,用国家俸禄来奉养他们,用君主禁令来显贵他们,这样百姓就亲近君主,可以为君主所用,百姓可用,天下就会归心。君主行君道,天下就归顺;君主不行君道,天下就不会归顺。这就如同波浪播动而上,竭力摇荡之后又重新落下,这是水势自然如此。因而施恩德使百姓怀念,施威势使百姓畏惧,这样天下就会归顺。治国有道的君主,发布号令,男男女女都归顺亲附君主;颁行宪法,贤人众士都向君主贡献才能。这样千里范围之内,一束布的处罚,一亩地的赋税,君主都会知晓。掌管斧钺的人不敢独揽刑罚之权,掌管车服的人不敢独揽赏赐之权,百姓顺从得像一个父亲的儿子、一个家庭的情形,这是由于礼义分明的缘故啊!

【原文】

夫下不戴其上,臣不戴其君,则贤人不来;贤人不来,则百姓不用;百姓不用,则天下不至。故曰:德侵则君危①,论侵则有功者危②,令侵则官危③,刑侵则百姓危④。而明君者,审禁淫侵者也。上无淫侵之论,则下无异幸之心矣⑤。

注释

①侵:侵夺。此处四侵皆指君主权力被侵夺。德:指施行德政。
②尹知章云:"论议侵理,则功过不明,故有功者危。"
③尹知章云:"令侵则法不行,故官危也。"
④尹知章云:"刑侵则无辜受戮,故百姓危也。"
⑤异幸:宋本作"冀幸"。译文从"冀幸"。

【今译】

百姓不拥戴君上,臣下不拥戴君主,贤人就不来辅佐;贤人不来辅佐,百姓就不被使用;百姓不被使用,天下就不会归顺。因此说,君主施行德政的权力遭到侵夺,君主就危险;论功行赏的权力遭到侵夺,有功之臣就危险;发号施令的权力遭到侵夺,百官就危险;制订刑法的权力遭到侵夺,百姓就危险。英明的君主能谨慎地禁止这类滥施侵夺权力的行为。上面没有滥施侵夺的议论,下面就没有妄想侥幸的心思。

【原文】

为人君者,倍道弃法①,而好行私,谓之乱。为人臣者,变故易常,而巧官以谄上②,谓之腾③。乱至则虐,腾至则北④。四者有一至⑤,败,敌人谋之。则故施舍优犹以济乱⑥,则百姓悦。选贤遂材,而礼孝弟,则奸伪止。要淫佚⑦,别男女,则通乱隔。贵贱有义,伦等不逾⑧,则有功者劝。国有常式,故法不隐,则下无怨心。此五者,兴德、匡过、存国、定民之道也。

注释

①倍:同"背"。
②官:王引之云:"'官'当为'言'。"译文从王说。
③腾:尹知章云:"腾谓凌驾于君。"
④北:王念孙云:"'北'与'背'同,言不忠之臣,必背其君也。"
⑤四:郭沫若云:"'四'殆'两'字之误。"译文从郭说。
⑥"则故"句:安井衡云:"'则'字衍。"王念孙云:"'优犹'即'优游'。"济,止也。施舍以厚之,优游以畜之,则可以止乱矣。
⑦要:约束。
⑧伦等:等级。

【今译】

做君主的违背君道,抛弃法制,而好徇私情,这称为混乱。做臣子的,改变旧制,更易常规,而花言巧语谄媚君主,这称为凌驾。混乱到极点就会暴虐,凌驾到极点就会背叛。两者中有了一种,国家就会败亡,敌人就会乘机。所以,君主宽厚大度地广行施舍,防止祸乱,百姓就会高兴。选用贤才,优礼孝悌,奸诈虚伪的行为就会得到制止。禁止佚乐淫荡,严格男女之防,私通淫乱的行为就会隔绝。贵贱有别,不越等级,有功的人就会得到勉励。国家有常法,向百姓公开,民众就没有怨恨之心。这五项,就是倡导德行、匡正过错、保存国家、安定百姓的办法。

【原文】

夫君人者有大过,臣人者有大罪。国所有也,民所君也,有国君民而使民所恶制之①,此一过也。民有三务,不布其民,非其民也②。民非其民,则不可以守战,此君人者二过也。夫臣人者,受君高爵重禄,治大官,倍其官③,遗其事,穆君之色④,从其欲,阿而胜之,此臣人之大罪也。君有过而不改,谓之倒;臣当罪而不诛,谓之乱。君为倒君,臣为乱臣,国家之衰也,可坐而待之。是故有道之君者执本,相执要,大夫执法,以牧其群臣,群臣尽智竭力,以役其上。四守者得则治,易则乱,故不可不明设而守固⑤。

【注释】

①民所恶：张佩纶云："'民所恶'指奸伪。……言以民所恶之人制民。"
②"民有"三句：尹知章云："三务谓春、夏、秋务。农人不务三则馁饿成变，故民非其民也。"
③倍其官：倍同"背"，指背弃职守。
④穆：尹知章云："穆犹悦也。"
⑤"故不"句：尹知章云："明设上四法，固而守之。"丁士涵云："疑当作'明设而固守'。"

【今译】

做君主的会有大过错，做臣子的会有大罪行。国家为君主所有，百姓受君主所治，拥有国家、统治百姓，却使百姓受所憎恶之人的管制，这是君主的第一个过错。百姓有春、夏、秋三季农事，君主不及时发布政令而耽误了农时，使百姓不成其为百姓，这样也不可能执行守卫或征战的任务，这是君主的第二个过错。臣子领受了君主赐予的高贵爵位和优厚俸禄，担任了大官，却背弃自己的职守，丢下自己的职事，一味取悦君主的颜色，顺从君主的私欲，巧言令色奉承君主进而控制君主，这是臣子最大的罪行。君主有过错不改正，称为"倒"；臣子有罪行不诛杀，称为"乱"。君主成了"倒君"，臣子成了"乱臣"，国家的衰亡马上就会到来。因此有道的君主要执掌治国的根本，宰相要执掌治国的纲要，大夫则执掌具体的法令，来统治好所有臣下，臣下则要竭尽智谋和才力来侍奉君主。做到这四项职守，国家就能治理，毁弃了国家就会混乱，因而不可不明确规定和严格遵守。

【原文】

昔者，圣王本厚民生，审知祸福之所生。是故慎小事微，违非索辩以根之①。然则躁作、奸邪、伪诈之人，不敢试也。此礼正民之道也②。

【注释】

①违：丁士涵云："'违'字疑'韙'之误。《说文》'韙，是也'。"译文从"韙"。根之：指追根穷源。
②"此礼"句：尹知章云："制礼者用此道以正人也。"疑"礼"上脱"制"字。

【今译】

　　古时候,圣王将提高百姓生活作为治理天下的根本,慎重地了解祸福产生的原因。因而对于关涉民生的微小事情也谨慎对待,认真办理,并努力辩明是非,追根穷源。这样,那些躁进、奸邪、伪诈的小人就不敢作坏事。这就是制订礼法匡正百姓的方法。

【原文】

　　古者有二言:"墙有耳,伏寇在侧。"墙有耳者,微谋外泄之谓也①。伏寇在侧者,沉疑得民之道也②。微谋乏泄也,狡妇袭主之请③,而资游慝也。沉疑之得民也者④,前贵而后贱者为之驱也。明君在上,便僻不能食其意,刑罚亟近也⑤;大臣不能侵其势,比党者诛,明也。为人君者,能远谗谄,废比党,淫悖行食之徒无爵列于朝者⑥,此止诈、拘奸、厚国、存身之道也。

注释

　　①微谋:机密的谋划。
　　②沉疑:郭沫若云:"沉谓阴险,疑谓僭拟。"之道:即之谓。
　　③"微谋"二句:丁士涵云:"'袭'者密取之意,狡妇密取主之情,谋之所由泄也。'请'与'情'通。"
　　④者:丁士涵云:"'者'字涉下文而衍。"
　　⑤亟:猪饲彦博云:"亟,急也。言刑罚先加于近臣。"
　　⑥行食之徒:尹知章云:"行食,游食。"指说客辩士一类人。

【今译】

　　古时候有两句话:"墙上有耳朵,身傍有暗藏的敌人。"墙上有耳朵,是说机密的谋划会被泄露;身傍有暗藏的敌人,是说阴险僭拟的大臣会得民心。机密的谋划被泄露,是由于狡猾的妇人刺探君主的内情,去帮助奸邪之徒;阴险僭拟的大臣得民心,是由于那些先前贵幸后来失宠低贱的人愿被他驱使。英明的君主在位,宠幸的近臣不能伺察他的心思,这是因为刑罚先加于近臣;掌权的大臣不能侵夺他的权势,这是因为结党营私者必被诛杀是明白无疑的。做君主的,能做到斥退谗佞诌媚之流,废除结党营私之辈,淫邪悖逆的游食之徒就不会混入朝廷大臣之列,这就是防止伪诈、限制奸邪、巩固国家、保全自身的方法。

【原文】

为人上者,制群臣百姓,通中央之人和①。是以中央之人,臣主之参。制令之布于民也,必由中央之人。中央之人,以缓为急,急可以取威;以急为缓,缓可以惠民。威惠迁于下,则为人上者危矣。贤不肖之知于上,必由中央之人;财力之贡于上,必由中央之人。能易贤不肖而可威党于下②,有能以民之财力上啗其主,而可以为劳于下③。兼上下以环其私④,爵制而不可加,则为人上者危矣。先其君以善者,侵其赏而夺之实者也⑤;先其君以恶者,侵其刑而夺之威者也;讹言于外者,胁其君者也;郁令而不出者⑥,幽其君者也。四者一作,而上下不知也⑦,则国之危,可坐而待也。

【注释】

①"通中"句:猪饲彦博云:"'通'当作'道',由也。'和'字疑衍。"译文从之。中央之人指接近君主之臣。
②威:王念孙云:"'威'当作'成',谓成朋党于下也。"译文从王说。
③陶鸿庆云:"'有'与'又'同。'上'乃衍字。'为劳于下','下'当为'上'字之误。谓取民财以啗主,而遂自以为功也。"译文从陶说。
④王念孙云:"环之言营也,谓兼上下以营其私也。'营'与'环'古同声而通用。"
⑤实:丁士涵云:"'实'当作'惠'。"译文从丁说。
⑥郁:尹知章云:"郁,塞也。"
⑦古本无"下"字。王念孙云:"'一'者皆也。"

【今译】

做君主的统治群臣百姓,是通过左右的近臣来进行的,因而近臣是君主和大臣之间参与沟通的人。君主要制订法令向百姓颁布,一定要通过近臣。近臣将缓办的命令改为急办,就可以对百姓取得权威;将急办的命令改为缓办,就可以对百姓显示恩惠。君主的权威和恩惠都转移到近臣手里,这样做君主的就危险了。君主要了解臣下的贤能或不肖,一定要通过近臣;地方的财赋、民力要贡献给君主,也一定要通过近臣。近臣能颠倒臣下的贤能或不肖,从而与下面结为私党;又能用百姓的财力诱惑君主,从而为自己邀功;这样在上下之间谋取私利,爵禄的限制对他不起作用,这样做君主的就危险了。比君主先施行奖赏,是侵夺君主的赏赐之权和恩惠;比君主先施行惩罚,是侵夺君主的刑罚之权和权威;在外面制造谣言,是威胁君主;扣压命令不颁布,是禁闭君主。这四种情况同时发生,君主还不知道,那么国家的危亡就会马上到来。

【原文】

　　神圣者王,仁智者君,武勇者长,此天之道、人之情也。天道人情,通者质①,宠者从②,此数之因也。是故始于患者不与其事③,亲其事者不规其道。是以为人上者患而不劳也,百姓劳而不患。君臣上下之分素④,则礼制立矣。是故以人役上,以力役明,以刑役心⑤,此物之理也。心道进退,而刑道滔赶⑥。进退者主制,滔赶者主劳。主劳者方,主制者圆。圆者运,运者通,通则和。方者执,执者固,固则信。君以利和⑦,臣以节信,则上下无邪矣。故曰:君人者制仁,臣人者守信,此言上下之礼也。

【注释】

　　①质:尹知章云:"质,主也。"
　　②宠:丁士涵云:"'宠'当为'穷','通穷'犹尊卑也。"译文从丁说。
　　③始:于省吾云:"'始'应读作治。""治与'司'通。""司,主也。言主其患而不参与其事也。"何如璋云:"患谓思患。"
　　④分素:许维遹云:"'分素'犹分定也。"
　　⑤刘绩云:"'以人役上',自君臣言。'以力役明',自等类言。'以刑役心',自一身言。'刑'乃'形'字讹,下同。"
　　⑥刘师培云:"'赶'系'迁'讹。……'滔赶'当作'滔迁',……滔义同流,滔迁、流迁之谊,约与屈伸、拘放相当。……谓心运进退于无形,体呈屈伸于有形也。"译文从刘说。
　　⑦利:郭沫若云:"'利'当是'制'字之误。"译文从"制"。

【今译】

　　神圣的人可以当帝王,仁智的人可以当君主,威武勇猛的人可以当官长,这就是天道人情。按照天道人情,通显的当主上,穷卑的当臣仆,这是天数决定的。因而主管思虑谋划的人不参与具体事务,亲身参与事务的人不考虑制订原则。因此君主劳心而不劳力,百姓劳力而不劳心,君臣上下的职分确定,那么礼制也就建立起来。所以百姓服事君上,劳力服事贤人,形体服事心灵,这是事物的道理。心灵的功能是考虑进退,形体的功能是实现屈伸。考虑进退的主管号令,实现屈伸的付出劳力。付出劳力要求方正,主管号令要求圆通。圆的易转动,转动能变通,变通就和谐。方的易执持,执持能稳固,稳固就可信。君主以号令求和谐,臣子以守节为可信,这样上下关系就没有偏差了。因此说:君主要实行仁德,臣子要恪守信义,这就是上下之间的礼制。

【原文】

君之在国都也,若心之在身体也。道德定于上,则百姓化于下矣。戒心形于内①,则容貌动于外矣。正也者,所以明其德。知得诸己,知得诸民,从其理也。知失诸民,退而修诸己,反其本也。所求于己者多,故德行立;所求于人者少,故民轻给之。故君人者上注②,臣人者下注③。上注者,纪天时,务民力;下注者,发地利,足财用也。故能饰大义,审时节,上以礼神明,下以义辅佐者,明君之道④。能据法而不阿,上以匡主之过,下以振民之病者⑤,忠臣之所行也⑥。

注释

①王念孙云:"'戒'当为'成',字之误也。'成'与'诚'通。""所谓'诚于中,形于外'也。"译文从王说。
②"故君"句:尹知章云:"上注谓注意于上天,故纪要天时,务全人力也。"
③"臣人"句:尹知章云:"下注谓注意于下地,故发兴地利,足于财用也。"
④古本"道"下有"也"字。
⑤"下以"句:安井衡云:"'振',救;'病',患也。"
⑥所:丁士涵云:"'所'字衍。"

【今译】

君主在国都的地位,就像心脏在身体中一样。君主在上面树立起道德的榜样,百姓在下面受到普遍的教化。诚信之心形成于体内,就会在容貌举止上表现出来。所谓正民的意思,就是显明君主的德行作为典范。知道从自己身上能得到什么,也就知道从百姓身上能得到什么,这是顺从常理推论的结果。知道从百姓身上会失去什么,就回头修正自己的言行,这是返回到根本的方法。要求自己的多,因而德行就可树立;要求别人的少,因而百姓就有能力供给。因此君主注意于上天,臣子注意于地下。注意于上天,因而就把握天时,发动民力;注意于地下,因而就兴发地利,充足财用。所以,能做到整饬治国纲要,研究四时节气,对上以礼敬奉神明,对下以义善待辅臣,这就是明君的治国之道。能依据法令办事而不阿谀逢迎,对上匡正君主的过失,对下拯救百姓的病苦,这就是忠臣的行为准则。

【原文】

明君在上,忠臣佐之,则齐民以政刑①,牵于衣食之利②,故愿而易使③,愚而易塞④。君子食于道,小人食于力,分民⑤。威无势也无所立,事无为也无所生。若此则国平而奸省矣。

【注释】

①"则齐"句:郭沫若云:"谓有政以导其勤,有刑以警其惰也。"
②牵:牵系。
③愿:朴实。
④塞:尹知章云:"塞,止也。易用法止也。"
⑤分民:猪饲彦博云:"'分民'疑当作'分也'。"译从。

【今译】

明君在上位,有忠臣辅佐,就可以用政教和刑罚来引导和整齐百姓,使他们关心穿衣吃饭的切身利益,因而百姓就会朴实而易被役使,愚昧而易被禁止。君子靠推行治道谋生,小人靠付出劳力谋生,这是各自的本分。没有权势,威望就难以树立;没有作为,事业就难以生成。百姓各依本分,国家就会安定,奸邪就会减少。

【原文】

君子食于道,则义审而礼明①。义审而礼明,则伦等不逾,虽有偏卒之大夫②,不敢有幸心,则上无危矣。齐民食于力则作本,作本者众,农以听命。是以明君立世③,民之制于上,犹草木之制于时也。故民迂则流之,民流通则迂之④。决之则行,塞之则止。虽有明君⑤,能决之,又能塞之。决之则君子行于礼,塞之则小人笃于农。君子行于礼,则上尊而民顺;小民笃于农,则财厚而备足。上尊而民顺,财厚而备足,四者备体,顷时而王不难矣。

注释

①"则义"句:郭沫若云:"当同作'礼审而义明'。"下同。译文从之。
②"虽有"句:俞樾云:"'偏'者车数,'卒'者人数。……《司马法》曰'百人为卒,车九乘为小偏,十五乘为大偏',是也。"盖谓大夫之家有车徒者耳。
③世:郭沫若云:"'世'殆'事'字之声误。"译文从"事"。
④通:猪饲彦博云:"'通'字衍。"
⑤虽:戴望云:"'虽'与'唯'同。"

【今译】

君子靠推行治道而谋生,那么礼制就要详备,义理就要彰明。礼制详备,义理彰明,就没有人能超越等级,即使拥有战车和士卒的大夫,也不敢存有侥幸作乱之心,这样,君主就没有危险了。平民靠付出劳力而谋生,因而从事本业,从事本业的人众多,就都听从命令。因此明君建立政治,百姓受君主控制,就像草木受天时制约一样。所以百姓过分迁曲保守就要使他们开通流动,百姓过分开通流动就要使他们迁曲保守。对于百姓,开通就流动,堵塞就停止,只有明君既能使他们开通,又能使他们堵塞。开通能使君子遵行礼仪,堵塞能使小民专心务农。君子遵行礼仪就会君主尊严,百姓顺从;小民专心务农就会财富丰厚,储备充足。君主尊严,百姓顺从,财富丰厚,储备充足,这四项全都具备,短时间内成就王业也就不难了。

【原文】

四肢六道①,身之体也;四正五官②,国之体也。四肢不通,六道不达,曰失;四正不正,五官不官,曰乱。是故国君聘妻于异姓,设为侄娣、命妇、宫女③,尽有法制,所以治其内也。明男女之别,昭嫌疑之节,所以防其奸也。是以中外不通,谗慝不生,妇言不及官中之事,而诸臣子弟无宫中之交,此先王所以明德圉奸、昭公威私也④。

注释

①四肢六道:尹知章云:"四肢谓手足也,六道谓上有四窍,下有二窍也。"
②尹知章云:"四正谓君、臣、父、子,五官谓五行之官也。"
③侄娣:古代诸侯嫁女,本国或同姓国侄女和妹妹从嫁的称侄娣。命妇:有封号的妇女,此指嫔妃。
④威:丁士涵云:"'威'乃'威'字误。""威,灭也。"译文从丁说。

【今译】

四肢六道,是人体的组成部分;四正五官,是国体的组成部分。四肢不关联,六道不通畅,称作失调;四正不端正,五官不称职,称作混乱。因此国君从异姓国家娶妻后,还要设立侄娣、命妇、宫女数等,都按一定法制,用来治理内官。明确男女的分别,宣示避嫌的礼节,用来防止奸情。所以,官中、官外不得相通,谗言、丑事不得发生,妇人说话不准涉及朝廷政事,群臣子弟不准来与官中交往,这都是先王用来彰明德行、防止奸邪、昭示公道、除灭私欲的措施。

【原文】

明立宠设①,不以逐子伤义;礼私爱骥,势不并伦②,爵位虽尊,礼无不行。选为都佼③,冒之以衣服,旌之以章旗,所以重其威也。然则兄弟无间郄④,谗人不敢作矣。

注释

①明:王念孙云:"'明'犹尊也。"
②并伦:谓庶子与嫡子地位平等。
③选为都佼:郭沫若云:"'选'殆'適'字之误。""'都佼'犹言首要,……"適,同"嫡"。
④间郄:隔阂。

【今译】

君主可以尊立女宠,但不可废去嫡长子而伤害义理;君主可以优礼自己喜爱的庶子,但不可让他与嫡子地位平等。庶子的爵位虽然尊贵,但嫡庶的礼制不可不遵行。嫡长子是国家最重要的,要用华美的衣服来装饰,要用文采的旗帜来旌表,这都是提高他的威望。这样嫡庶兄弟间就没有隔阂,逸侫小人就不敢挑拨。

【原文】

故其立相也,陈功而加之以德,论劳而昭之以法,参伍相德而周举之①,尊势而明信之。是以下之人无谏死之讵②,而聚立者无郁怨之心③。如此,则国平而民无慝矣。其选贤遂材也,举德以就列,不类无德④;举能以就官,不类无能。以德弇劳⑤,不以伤年⑥。如此,则上无困而民不幸生矣。

注释

①"参伍"句:尹知章云:"谓国相则功德两兼,劳法获美,于此四者参验伍偶,相与俱得。"德:同"得"。

②讵:同"忌",畏惧。

③聚立:郭沫若云:"'聚'读为鲰或𩵋,小而卑贱也。'立'读为位。"

④尹知章云:"举有德者以就列位,不以无德之人为类。"

⑤弇(yǎn掩):掩蔽。

⑥不以伤年:尹知章云:"苟有德,虽年未至而亦将用之,不以年少为之伤也。"

【今译】

君主确立宰相时,既要罗列他的功绩,还要考虑他的德行;既要论定他的劳绩,还要证明他的合法。多方考核,德才兼备,然后才举用他,推尊他的权威,坦诚地信任他。因而,手下的臣子就没有进谏致死的畏惧,位卑的小吏也没有抑郁怨恨的心理。这样,国家就可以安定,百姓就没有邪恶了。君主选拔贤才加以任用时,要举拔有德行的人进入高位,而排斥无德行之人;要举拔有才能的人担任官职,而排斥无才能之辈。把德行的标准放在功劳之上,不因资历年限而有所限制。这样,君主治国就没有困难,百姓就不会侥幸偷生了。

【原文】

国之所以乱者四,其所以亡者二。内有疑妻之妾①,此宫乱也。庶有疑適之子②,此家乱也。朝有疑相之臣,此国乱也。任官无能,此众乱也③。四者无别,主失其体。群官朋党,以怀其私,则失族矣④。国之几臣⑤,阴约闭谋以相待也,则失援矣。失族于内,失援于外,此二亡也。故妻必定,子必正,相必直立以听⑥,官必中信以敬⑦。故曰:有宫中之乱,有兄弟之乱,有大臣之乱,有中民之乱⑧,有小人之乱。五者一作,则为人上者危矣。宫中乱曰妒纷⑨,兄弟乱曰党偏,大臣乱曰称述⑩,中民乱曰訾谆⑪,小民乱曰财匮。财匮生薄⑫,訾谆生慢,称述、党偏、妒纷生变。

注释

①疑:宋翔凤云:"'疑'读儗,儓也,比也。下两'疑'字同。"译从。
②適:同"嫡"。
③众:指百官。
④失族:安井衡云:"失宗族之心也。"
⑤几臣:安井衡云:"谓掌机要之臣。"
⑥直立:张佩纶云:"'直立'当作'正直'。"译文从"正直"。
⑦中:猪饲彦博云:"'中'当作'忠'。"译文从"忠"。
⑧中民:尹知章云:"谓百吏之属也。"
⑨郭沫若云:"五'曰'字当训为'于'。……此言由于也。"译从。
⑩尹知章云:"各称述其己德之长而不相让,则乱也。"
⑪颜昌峣云:"'谆'当为'啍'。《家语·五仪》'啍啍诞也','訾'《说文》读摺,与'慴'同,此言以诈诞相恐慑也。"译文从颜说。
⑫薄:薄德,无礼。

【今译】

国家所以动乱的原因有四种,所以灭亡的原因有两种。宫内有僭越嫡妻的宠妾,这是宫中的乱。庶子中有僭越嫡子的,这是家中的乱。朝廷中有僭越宰相的大臣,这是国中的乱。官吏中有没有能力的庸才,这是百官的乱。这四种情况不能辨别,君主就丧失了他的体统。群官结党营私,君主就会失去宗族的拥护;机要大臣阴谋策划,与君主对立,君主就会失去百姓的支持。内部失去宗族的拥护,外部失去百姓的支持,这就是国家灭亡的两种原因。因此,嫡妻必须确定,嫡子必须正名,宰相必须正直听政,百官必须忠信敬业。所以说,有宫中的乱,有兄弟的乱,有大臣的乱,有百官的乱,有小民的乱。五种动乱一齐发作,君主的地位就危险了。宫中的乱是由于嫉妒纷争,兄弟的乱是由于结党偏私,大臣的乱是由于各称己德不肯相让,百官的乱是由于相互以诈诞相恐吓,小民的乱是由于财用匮乏。财用匮乏就不讲礼义,诈诞相恐就怠慢职事,各自称德、结党偏私、嫉妒纷争就产生变乱。

【原文】

故正名稽疑,刑杀亟近,则内定矣①。顺大臣以功②,顺中民以行,顺小民以务,则国丰矣。审天时,物地生③,以辑民力④;禁淫务⑤,劝农功,以职其无事⑥,则小民治矣。上稽之以数,下十伍以征;近其罪伏,以固其意⑦;乡树之师以遂其学;官之以其能,及年而举,则士反行矣。称德度功,劝其所能,若稽之以众风⑧,若任以社稷之任,若此,则士反于情矣⑨。

【注释】

①"故正"三句:尹知章云:"正嫡庶之名,稽妻妾之疑,不正者之党,数取其逼近者而刑杀之,如此,则党偏、妒纷之变息,故内定。"

②顺:郭沫若云:"顺谓次第之也。"

③物地生:猪饲彦博云:"'物'如'物土方'之物,相也。'地生'地之所生也。"

④辑:协调。

⑤禁淫务:尹知章云:"绣文刻镂淫务。"

⑥"以职"句:尹知章云:"无事者皆令得职也。"

⑦"近其"二句:郭沫若云:"此乃就士而言,……皆含劝勉之意,……'罪伏'殆'巽升'之讹。""'巽'假为'选'。""如使选升之期缩短,则士受鼓舞。"

⑧俞樾云:"两'若'字并当训'乃'。"丁士涵云:"'风'与'讽'同。'众讽'犹众议。"译文从之。

⑨情:郭沫若云:"情者诚也。"

【今译】

所以,端正嫡庶的名分,稽查妻妾的嫌疑,诛杀欺诈的近臣,这样,宫内就可安定了。按功绩排列大臣的位次，按行事能力排列百官的位次，按努力程度排列小民的位次，这样，国家就可丰足了。审察天时，考察物产，来协调百姓的劳力；禁止奢侈，奖励农耕，使无业游民都有职事，这样，小民就可得到治理了。君主核定需要的人数，下达到什伍去征集人才；缩短选升时间，来稳定士人的思想；每乡设立导师，来满足士人学习的要求；按士人的才能授职，到一定年限就予以荐举；这样，士人就可返归德行了。评定他们的德行和功绩，鼓励他们的才能，再考察众人的议论，然后将国家的重任委任给他们，这样，士人就可返归于诚实了。

小称第三十二

【题解】

尹知章注："称，举也。小举其过，则当权而改之。"故所谓"小称"，即指管仲稍举桓公的过错，目的在于督促其改正。

本篇分为两部分。前一部分论述君子修身之道，强调"身不善之患，毋患人莫己知"，要求"有过反之于身，有善归之于民"，并倡导"恭逊敬爱之道"。这部分内容与篇名不符，或疑其为《修身》篇佚文。后一部分记述管子谏桓公远易牙、竖刁等小人及桓公不听忠言、终至亡国之事，切合题意。末节记述了鲍叔牙关于"居安思危"的祝词。

【原文】

管子曰："身不善之患，毋患人莫己知①。丹青在山，民知而取之；美珠在渊，民知而取之。是以我有过为，而民毋过命②。民之观也察矣③，不可遁逃以为不善。故我有善则立誉我，我有过则立毁我。当民之毁誉也，则莫归问于家矣。故先王畏民④。操名从人，无不强也；操名去人，无不弱也⑤。虽有天子诸侯，民皆操名而去之，则捐其地而走矣。故先王畏民。在于身者孰为利？气与目为利⑥。圣人得利而托焉，故民重而名遂。我亦托焉。圣人托可好，我托可恶，以来美名⑦，又可得乎？我托可恶⑧。爱且不能为我能也⑨。毛嫱、西施，天下之美人也，盛怨气于面，不能以为可好⑩。我且恶面而盛怨气焉，怨气见于面，恶言出于口,去恶充,以求美名⑪,又可得乎?甚矣!百姓之恶人之有余忌也⑫。是以长者断之,短者续之,满者洫之⑬,虚者实之。"

注释

①"身不"二句:尹知章云:"言但患身之不善耳,无患人不知己也。"
②过命:错误的评定。
③察:明察,明显。
④"故先"句:尹知章云:"民之毁誉,必当其过善,故畏之。"
⑤金廷桂云:"此承上'有善誉我,有过毁我'而言。君有善名而从人者无不强也,有恶名而去人者无不弱也。"人,即民也。
⑥"气与"句:郭沫若云:"当作'耳与目为利',……"译文从郭说。
⑦来:王念孙云:"'来'当为'求'。"译文从王说。
⑧宋本此句在"以来美名"句上。译从。
⑨爱:张佩纶云:"'爱'谓亲爱我者。"张文虎云:"下'能'字……义与'得'同。"
⑩戴望云:"宋本无'可'字。"
⑪俞樾云:"'恶充''美名',相对成文。……'充者实也'。……'恶充'者恶实也,正与美名相对。"姚永概云:"'去'即'弆'之缺字,弆,藏也。"
⑫余忌:多余的猜忌。
⑬洫:张佩纶云:"'洫'当作'泄'。"译文从张说。

【今译】

管子说:"只怕自身行为不善,而不怕别人不了解自己。丹青在深山,百姓了解并取用它;美珠在深渊,百姓了解并取用它。因而我可能有错误的行为,而百姓不会有错误的评定。百姓的洞察力是明白无误的,不可能逃避它而去做不善之事。因此我有善行,人们就会马上赞誉我;我有过错,人们就会马上指责我。对百姓的指责或赞誉,不必再回去询问家人。所以先王敬畏百姓。持有善名而且顺从百姓,没有不强盛的;持有恶名而且背离百姓,没有不衰弱的。即使是天子诸侯,如果百姓都因其持恶名而离去,那么他也只能捐弃领地而出走了。所以先王敬畏百姓。人体上什么器官最为敏锐?耳和目最为敏锐。圣人得有耳目的敏锐并依托它治国,因而百姓敬重,功成名就。我也想依托它。但圣人依托它行善,我依托它行恶,我依托它行恶以求取美名,又怎能得到呢？毛嫱、西施是天下的美女，但脸上充满怨气，也不能当作美。我颜面丑恶并充满怨气，怨气表现在脸上，恶言出自于口中，要想掩藏丑恶的实际而求取美名，又怎能得到呢？百姓是多么厌恶人有多余的猜忌啊！因此长的要截短它，短的要接长它，满的要泄平它，虚的要充实它。"

【原文】

　　管子曰："善罪身者，民不得罪也；不能罪身者，民罪之。故称身之过者，强也；治身之节者，惠也①；不以不善归人者，仁也。故明王有过则反之于身，有善则归之于民。有过而反之身则身惧，有善而归之民则民喜。往喜民，来惧身②，此明王之所以治民也。今夫桀、纣不然，有善则反之于身，有过则归之于民。归之于民则民怒，反之于身则身骄。往怒民，来骄身，此其所以失身也。故明王惧声以感耳③，惧气以感目④，以此二者有天下矣，可毋慎乎？匠人有以感斤欘⑤，故绳可得断也⑥；羿有以感弓矢，故彀可得中也⑦；造父有以感辔策，故遫兽可及⑧，远道可致。天下者，无常乱，无常治。不善人在则乱，善人在则治，在于既善⑨，所以感之也。

【注释】

①惠：丁士涵云："'惠'与'慧'通。"
②"往喜"二句：尹知章云："善往则人喜也，过来则惧身也。"
③"故明"句：尹知章云："人以恶声惧己耳闻而感，则心不敢念非。"
④尹知章云："人以恶气惧己目见而感，则身不敢造恶。"
⑤斤欘(zhú 竹)：斧头。欘为斧柄。
⑥明刻本"断"作"料"。料，量也。
⑦彀(gòu 够)：张满弓弩。
⑧遫：同"速"。
⑨既：尹知章云："既，尽也。"

【今译】

　　管子说："善于责备自身的，百姓不会责备他；不能责备自身的，百姓才会责备他。因而承认自身的过失是有力的表现，修治自身节操是智慧的表现，不把不善归于别人是仁爱的表现。所以明君有过失就自身承担，有善行就归功百姓。有过失自身承担，自身就戒惧；有善行归功百姓，百姓就喜悦。归善使百姓欢喜，招过使自身警惕，这就是明君能治理百姓的道理。至于夏桀、商纣就不是这样。有善行就归功自身，有过失就推给百姓。推给百姓，百姓就愤怒；归功自身，自身就骄横。推过使百姓激怒，揽善使自身骄纵，这就是他们身败名裂的原因。因此明君戒惧恶声影响耳听、恶气影响目视，因为这二者都影响取得天下，能不谨慎对待吗？工匠有办法影响斧斤，因而引绳能量得木料；后羿有办法影响弓箭，因而张弓能射中目标；造父有办法影响辔鞭，因而能追上快兽，达到远途。天下不会常乱，也不会常治。坏人当政就乱，善人当政就治。因为善人本身尽善，所以就影响到他的治理天下的事业。"

【原文】

管子曰："修恭逊、敬爱、辞让、除怨、无争，以相逆也，则不失于人矣。尝试多怨争利，相为不逊①，则不得其身。大哉！恭逊敬爱之道。吉事可以入察，凶事可以居丧。大以理天下而不益也，小以治一人而不损也。尝试往之中国、诸夏、蛮夷之国②，以及禽兽昆虫，皆待此而为治乱。泽之身则荣③，去之身则辱。审行之身毋怠④，虽夷貉之民，可化而使之爱。审去之身⑤，虽兄弟父母，可化而使之恶。故之身者⑥，使之爱恶；名者，使之荣辱。此其变名物也，如天如地⑦，故先王曰道。"

注释

①"尚试"二句：丁士涵云："'尝试'二字，涉下'尝试往之中国'而衍。'多怨争利'承上'除怨无争'言之。'相为不逊'承上'修恭逊敬爱辞让'言之。"

②"尝试"句：于省吾云："'中国'就京师言，……诸夏就全国言。此文言中国、诸夏、蛮夷三者，系由近以及远，层次井然。"

③泽：何如璋云："'泽'犹润也。"

④行：郭沫若云："'行'当作'泽'。"译文从郭说。审：确实。

⑤张佩纶云："'审去之身'下，夺'毋泽'二字。"译文从张说。

⑥俞樾云："'身'上衍'之'字。"

⑦"此其"二句：尹知章云："言恭逊敬爱可以变化爱恶、荣辱、名物之善恶，如天地之生杀也。"

【今译】

管子说:"讲求恭顺谦逊、忠敬仁爱、推辞谦让、宽容少怨、与人无争,这样同人交往,就不会失去人心。相反,狭隘多怨、逐名争利、相互不讲谦让,就难以保住自身。恭逊敬爱的品德真是太重要了!遇到吉庆之事可以凭它主持祭礼,遇到凶丧之事可以凭它度过丧期。大到用它治理天下而不必增加,小到用它修养自身而不能减损。试之于京都、中国和蛮夷邻国,以至于禽兽昆虫,都靠它来决定治乱。浸润这种品德就荣耀,抛弃这种品德就耻辱。真正用它润泽自身不懈怠,即使是不开化的百姓,也可使他们受感化而相爱;真正抛弃它而不顾及自身,即使是兄弟父母之间,也可使他们被毒化而相恶。因此,对待恭逊敬爱这种品德的不同态度,可以使人的本性变爱或变恶,可以使人的声名变荣或变辱。它变化名物的作用,真如同天地一样,所以先王称它为'道'。"

【原文】

管仲有病,桓公往问之曰:"仲父之病病矣①,若不可讳而不起此病也,仲父亦将何以诏寡人②?"管仲对曰:"微君之命臣也,故臣且谒之③。虽然,君犹不能行也。"公曰:"仲父命寡人东,寡人东;命寡人西,寡人西。仲父之命于寡人,寡人敢不从乎?"管子摄衣冠起,对曰:"臣愿君之远易牙、竖刁、堂巫、公子开方。夫易牙以调和事公④,公曰:'惟烝婴儿之未尝⑤。'于是烝其首子而献之公。人情非不爱其子也,于子之不爱,将何有于公?公喜宫而妒⑥,竖刁自刑而为公治内。人情非不爱其身也,于身之不爱,将何有于公?公子开方事公,十五年不归视其亲,齐卫之间,不容数日之行⑦。臣闻之,务为不久⑧,盖虚不长。其生不长者⑨,其死必不终。"桓公曰:"善。"管仲死,已葬。公憎四子者废之官。逐堂巫而苛病起兵⑩,逐易牙而味不至,逐竖刁而宫中乱,逐公子开方而朝不治。桓公曰:"嗟!圣人固有悖乎!"乃复四子者。处期年,四子作难,围公一室不得出。有一妇人,遂从窦入,得至公所。公曰:"吾饥而欲食,渴而欲饮,不可得,其故何也?"妇人对曰:"易牙、竖刁、堂巫、公子开方,四人分齐国,途十日不通矣。公子开方以书社七百下卫矣⑪,食将不得矣。"公曰:"嗟兹乎!圣人之言长乎哉!死者无知则已,若有知吾何面目以见仲父于地下!"乃援素幭以裹首而绝⑫。死十一日,虫出于户,乃知桓公之死也。葬以杨门之扇⑬。桓公之所以身死十一日,虫出户而不收者,以不终用贤也。

注释

①"仲父"句:戴望云:当作'仲父之疾病矣',郑君注《论语·子罕篇》曰'疾甚曰病'"译文从戴说。

②诏:指告诉。

③"故臣"句:王引之云:"当作'臣故且谒之',故与固同。"

④和:孙星衍云:"《群书治要》'和'作'味'。"译文从"味"。

⑤烝:同"蒸"。

⑥喜宫:王引之云:"喜宫"当作"喜内"。译文从之。

⑦王念孙云:"此下脱'于亲之不爱,焉能有于公'十字,《群书治要》有。"译文从王说。

⑧为:王引之云:"'为'即'伪'字也。"

⑨长:戴望云:"'长'当作'良',声之误。"译文从之。

⑩猪饲彦博云:"《吕氏春秋》无'兵'字。高诱曰'苛病,鬼魂下人病也'。"指精神错乱。

⑪"公子"句:尹知章云:"古者群居二十五家则共置社,谓以社数书于策。谓用此七百之书社降下于卫也。"

⑫幭(miè灭):头巾,手帕。

⑬尹知章云:"谓用门扇以掩尸也。"尹桐阳云:"杨门,《水经注》作阳门,谓南门也。"译从。

【今译】

管仲得了病,桓公前去慰问他,并说:"仲父的病已很重,如不讳言此病不能康复,仲父还有什么话要告诉我?"管仲回答说:"您即使不问我,我本来也要进谒您。不过,恐怕您还做不到。"桓公说:"仲父要我往东我就往东,要我往西我就往西。仲父要我做的,我敢不听从吗?"管仲整衣冠起身回答说:"我希望您避开易牙、竖刁、堂巫、公子开方四人。易牙用烹调侍奉您,您说:'只有蒸婴儿的味道没有尝过。'于是易牙就把自己的长子蒸了献给您。从人情来说没有人不爱自己儿女的,易牙对自己儿子尚且不爱,难道会爱您吗?您喜好女色而且嫉妒,竖刁自施宫刑为您管理内宫。从人情来说人没有不爱自己身体的。竖刁对自己的身体尚且不爱,难道会爱您吗?公子开方侍奉您,十五年不回家看亲人,齐国和卫国之间,不过数日行程,公子开方对自己的亲人尚且不爱,难道会爱您吗?我听说,作假不会持久,掩盖虚伪也不会长远。活着不做好事,死了也不得善终。"桓公说:"好。"管仲死后,丧葬结束。桓公憎恶四人并废除了他们的官职。但驱逐了堂巫,桓公精神错乱;驱逐了易牙,桓公饮食无味;驱逐了竖刁,宫中混乱;驱逐了公子开方,朝政混乱。桓公说:"哎,圣人的话本来就错了吧!"于是就恢复了四人的官职。过了一年,四人发难,将桓公困在屋内不准离开。有一个妇人,从墙洞钻进去,找到了桓公的住所。桓公说:"我饿了要吃饭,渴了要喝水,却没人送来,这是为什么?"妇人回答说:"易牙、竖刁、堂巫、公子开方四人已瓜分了齐国,道路已有十天不通了。公子开方已把七百社的人口带往卫国了。你将得不到吃的东西。"桓公说:"原来是这样!圣人的话真是有远见。死了没有知觉还好,如有知觉的话,我有什么面目到地下去见仲父啊!"于是拿过白头巾裹头而死。桓公死后十一天,蛆虫从门内爬出,别人才发现他死了。有人用南门的门板盖住了桓公的尸体。桓公之所以死后十一天,蛆爬出而无人收尸,这是因为不能最终使用贤人啊!

【原文】

　　桓公、管仲、鲍叔牙、宁戚四人饮。饮酣,桓公谓鲍叔牙曰:"阖不起为寡人寿乎①?"鲍叔牙奉杯而起曰:"使公毋忘出如莒时也②,使管子毋忘束缚在鲁也,使宁戚毋忘饭牛车下也③。"桓公辟席再拜曰④:"寡人与二大夫能无忘夫子之言,则国之社稷必不危矣。"

注释

　　①《艺文类聚》等引"阖"作"盍"。许维遹云:"寿"读为"祝"。
　　②出如莒:指出奔莒国。与下"束缚在鲁"均可参见《大匡》。
　　③饭牛车下:据《吕氏春秋·举难》载,宁戚穷困无以自达,喂牛车下,击牛角悲歌,桓公闻而载归,任之以事。
　　④辟:同"避"。

【今译】

　　桓公、管仲、鲍叔牙、宁戚四人一同饮酒。饮到兴浓时,桓公对鲍叔牙说:"为什么不起身为我祝酒?"鲍叔牙捧杯起身说:"希望您不要忘记出奔莒国的时候,希望管仲不要忘记被监禁在鲁国的时候,希望宁戚不要忘记在车下喂牛的时候。"桓公离席拜谢说:"我和二位大夫能够不忘您的忠言,齐国就必定没有危险了。"

四称第三十三

【题解】

尹知章注:"谓称有道之君、无道之君、有道之臣、无道之臣,以戒桓公。"故"四称"即指列举四种君臣的表现来警戒桓公。本篇通篇用桓、管问答形式,分四节分别阐述了有道之君、臣和无道之君、臣的种种表现,正反对照,十分鲜明。

【原文】

桓公问于管子曰:"寡人幼弱惛愚,不通诸侯四邻之义,仲父不当尽语我昔者有道之君乎?吾亦鉴焉①。"管子对曰:"夷吾之所能与所不能,尽在君所矣,君胡有辱令②?"桓公又问曰:"仲父,寡人幼弱惛愚,不通四邻诸侯之义,仲父不当尽告我昔者有道之君乎?吾亦鉴焉。"管子对曰:"夷吾闻之于徐伯曰:昔者有道之君,敬其山川、宗庙、社稷。及至先故之大臣③,收聚以忠④,而大富之。固其武臣,宣用其力。圣人在前,贞廉在侧,竞称于义,上下皆饰⑤。形正明察⑥,四时不贷⑦,民亦不忧,五谷蕃殖。外内均和,诸侯臣伏⑧,国家安宁,不用兵革。受其币帛⑨,以怀其德,昭受其令,以为法式。此亦可谓昔者有道之君也。"桓公曰:"善哉!"

注释

①张文虎云:"此第一问不当云'亦',盖'以'字之误。"译从。
②有:吴汝纶云:"'有'读又。"
③先故之大臣:尹知章云:"先故之臣,谓祖考时旧臣也。"
④忠:张文虎云:"'忠'疑'惪'字之误。"惪即德之古字。
⑤饰:安井衡云:"饰'读为饬。饬,修治也。"

⑥古本"形正"作"刑政"。
⑦贷:猪饲彦博云:"贷、忒同。"忒指差错。
⑧古文"伏"作"服"。
⑨受:同"授"。下"昭受其令"之"受"同。

【今译】

桓公问管子说:"我自幼孱弱愚笨,不懂与四邻诸侯交往的道理,仲父不该把从前有道之君的行为都告诉我吗?我好有所借鉴。"管子回答说:"我能做到的和不能做到的,您全都了解,您为什么还要我说呢?"桓公再次对管子说:"仲父,我自幼孱弱愚笨,不懂与四邻诸侯交往的道理,不也该把从前有道之君的行为都告诉我?我也好作为借鉴。"管子回答说:"我听徐伯说过:从前的有道之君,都崇敬山川、宗庙和国家。对先故的大臣,用恩德招聚他们,使他们富裕。巩固武将的地位,发挥他们的能力。以圣人在前作榜样,以贞廉之士在傍作辅佐,相互倡导行义,上下都得修治。刑法政令公开宣布,四时安排不出差错,百姓没有忧虑,五谷得以繁殖。外交内政均衡,诸侯各国臣服,国内安宁和平,长年不动兵器。将布帛授予邻国,使其感怀恩德,将政令宣示邻国,让其作为典范。这也可称作从前的有道君主了。"桓公说:"说得好!"

【原文】

桓公曰:"仲父既已语我昔者有道之君矣,不当尽语我昔者无道之君乎?吾亦鉴焉。"管子对曰:"今若君之美好而宣通也①,既官职美道②,又何以闻恶为?"桓公曰:"是何言邪?以缱缘缱③,吾何以知其美也?以素缘素,吾何以知其善也?仲父已语我其善,而不语我其恶,吾岂知善之为善也?"管子对曰:"夷吾闻之于徐伯曰:昔者无道之君,大其宫室,高其台榭,良臣不使,谗贼是舍④。有家不治⑤,借人为图,政令不善,墨墨若夜,辟若野兽⑥,无所朝处⑦。不修天道⑧,不鉴四方,有家不治,辟若生狂,众所怨诅,希不灭亡。进其谀优⑨,繁其钟鼓,流于博塞⑩,戏其工瞽⑪,诛其良臣,敖其妇女⑫,獠猎毕弋⑬,暴遇诸父⑭,驰骋无度,戏乐笑语。式政既轶⑮,刑罚则烈,内削其民,以为攻伐⑯,辟犹漏釜,岂能无竭?此亦可谓昔者无道之君矣。"桓公曰:"善哉!"

注释

①宣通:许维遹云:"'宣通'犹明通。"宣,明也。
②官职:许维遹云:"'官职'犹明识。"官之言宣,职、识古字通。
③缟:王念孙云:"缟"为"缁"之讹,"素"与"缁"正相对。缁,黑色。缘:缘饰,衣服沿边。
④舍:尹知章云:"舍,上也。谓止谗贼于其旁,与之近也。"
⑤有家:疑当为"有国"。
⑥辟:同"譬"。下同。
⑦朝处:郭沫若云:"当依《元龟》作'就处',野兽无所归宿即乱也。"译文从郭说。
⑧修:王念孙云:"'修'当为'循'。"译文从之。
⑨古本作"俳优"。指演剧艺人。
⑩流于博塞:安井衡云:"'流'犹溺也。博塞,局戏。"指古代的赌博游戏。
⑪工瞽:指乐工和乐师。古代乐师多盲人。
⑫敖:调戏。《广雅·释诂》:"敖,戏也。"
⑬獠猎毕弋:日夜狩猎,以尽猎物。獠,夜猎弋,此指猎物。
⑭诸父:古代对同姓长辈多尊称父。
⑮式:《尔雅·释言》:"式,用也。"轼:弯曲。
⑯"以为"句:尹知章云:"反以削生为伐功也。"指自以为功。

【今译】

桓公说:"仲父既然已告诉我从前有道之君的行为,难道不该把从前无道之君的行为都告诉我吗?我也好作为借鉴。"管子回答说:"像您如此的美好而明智通达,既已明白了美好的治道,为什么还要听恶道呢?"桓公说:"这是什么话?用黑色为黑衣饰边,我怎样看得出它的美呢?用白色为白衣饰边,我怎样看得出它的好呢?仲父已对我说了善道,而不告诉我恶道,我怎样知道善道之所以为善呢?"管子回答说:"我听徐伯说过:从前的无道之君,扩建他的宫殿,增高他的台榭,不去使用良臣,反而留用小人。他不好好治国,依靠他人谋划,不好好发布政令,国家漆黑如夜,又如野兽乱窜,没有归宿之处。他不遵循天道,又不借鉴四方,不去好好治家,好像发作狂病,百姓怨恨诅咒,因此少有不亡。他招进戏子艺人,增设钟鼓乐器,沉溺博塞游戏,玩赏乐工,诛杀良臣,调戏妇女,日夜狩猎,粗暴对待长辈,整天戏乐笑语,荒淫无度。他施政既然邪曲，刑罚更加酷烈，对内侵削百姓，还自以为功劳，就如釜有漏洞，怎能没有枯竭之时？这也就可称作从前的无道君主了。"桓公说："说得好！"

【原文】

桓公曰："仲父既已语我昔者有道之君与昔者无道之君矣，仲父不当尽语我昔者有道之臣乎？吾以鉴焉。"管子对曰："夷吾闻之徐伯曰：昔者有道之臣，委质为臣①，不宾事左右，君知则仕，不知则已。若有事，必图国家，遍其发挥。循其祖德，辩其顺逆②，推育贤人，逸慝不作。事君有义，使下有礼，贵贱相亲，若兄若弟。忠于国家，上下得体，居处则思义，语言则谋谟③，动作则事④，居国则富，处军则克，临难据事，虽死不悔。近君为拂⑤，远君为辅，义以与交，廉以与处，临官则治，酒食则慈⑥。不谤其君，不毁其辞⑦，君若有过，进谏不疑，君若有忧，则臣服之⑧。此亦可谓昔者有道之臣矣。"桓公曰："善哉！"

【注释】

①委质：委身下拜以示敬奉。
②辩：同"辨"。
③张文虎云："上下文三十句皆四字句有韵，此二句独五字不相叶。盖'义'、'谟'字后人妄增。"译从。
④事：郭沫若云："'事'同'倳'，《释名·释言语》'倳，立也'。"
⑤拂：安井衡云："拂，弼也。矫过曰拂。"
⑥慈：刘绩云："'慈'一作'辞'。"
⑦宋本"毁"作"讳"。讳，避也。
⑧服：尹知章云："服，行之。"指担忧。

【今译】

桓公说："仲父既然已告诉我从前有道之君和无道之君的行为，难道不该把从前有道之臣的行为告诉我吗？我好有所借鉴。"管子回答说："我听徐伯说过：从前有道之臣，委身下拜奉君，不去讨好近臣，君主了解他就任职，不了解就作罢。国家如果有事，一定为国谋划，充分发挥力量。遵循祖先德行，辨明政令顺逆，推举培育贤才，抑制逸佞奸小。侍奉君主有义，役使下人有礼，贵贱使之亲近，相处如同兄弟。忠于国家利益,上下关系得体,平居多加思考,言谈屡经谋虑,行动必有所立,治国必使富强,治军必使克敌,面临危难突变,即使牺牲也不悔。在朝为君矫正,在野为君辅佐,以义与人交往,以廉为国处事,为官认真治民,酒食必加推辞。从不诽谤君主,从不隐瞒主张,君主如有过失,进谏从不迟疑,君主如有忧虑,主动为君分担。这也可称作从前的有道之臣了。"桓公说:"说得好!"

【原文】

桓公曰:"仲父既以语我昔者有道之臣矣,不当尽语我昔者无道之臣乎?吾亦鉴焉。"管子对曰:"夷吾闻之于徐伯曰:昔者无道之臣,委质为臣,宾事左右,执说以进①,不蕲亡己②,遂进不退,假宠鬻贵③。尊其货贿④,卑其爵位,进曰辅之,退曰不可,以败其君,皆曰非我。不仁群处,以攻贤者,见贤若货⑤,见贱若过。贪于货贿,竞于酒食,不与善人,唯其所事。倨敖不恭⑥,不友善士,谗贼与斗⑦。不弥人争⑧,唯趣人诏⑨,湛湎于酒⑩,行义不从⑪。不修先故⑫,变易国常,擅创为令⑬,迷或其君⑭,生夺之政,保贵宠矜⑮。迁损善士⑯,捕援货人⑰,入则乘等,出则党骈⑱,货贿相入,酒食相亲,俱乱其君,君若有过,各奉其身⑲。此亦谓昔者无道之臣。"桓公曰:"善哉!"

注释

①执说以进:尹知章云:"执佞说以进于君。"
②亡:王念孙云:"'亡'当为'正',字之误也。"译文从之。
③鬻贵:贩卖尊贵的身分。
④货贿:泛指货物财富。
⑤见贤:丁士涵云:"'贤'当为'贵','见贵'与'见贱'对文。"此谓见贵者则趋之若财货。
⑥宋本"敖"作"傲"。
⑦斗:赵用贤云:"'斗',一本作'通'。"
⑧弥:张文虎云:"'弥'与'弭'古通。""'弥人争'即为人解纷争也。"
⑨王念孙云:"'趣'读为'促','诏'当为'讼',字之误也。"译文从王说。
⑩湛湎:沉湎,耽迷。湛,同耽。
⑪义:于省吾云:"'义'、'仪'字通。""盖醉酒则行不检而仪不伤,故云'行仪不顺'。"

⑫修：王念孙云："'修'当为'循'。"先故指旧法。
⑬为：许维遹云："'为'即'伪'字。"
⑭古本"或"作"惑"。
⑮郭沫若云："当为'保贵矜宠'，……"译文从郭说。
⑯迁损：戴望云："'损'当为'捐'字之误，'迁'犹去也。"译文从之。
⑰捕：郭沫若云："'捕'乃'辅'字之误耳。"译文从之。
⑱"入则"二句：于省吾云："'乘等'与'党骈'异义。《周语》'乘人不义'，《注》'乘，陵也'。""此言入则陵越等次，出则私党骈植也"。
⑲"君若"二句：郭沫若云："'过'当为'祸'，'奉'者保也。"译文从郭说。

【今译】

桓公说："仲父既然已告诉我从前有道之臣的行为，不该把从前无道之臣的行为都告诉我吗？我也可作为借鉴。"管子回答说："我听徐伯说过：从前无道之臣，委身下拜奉君，专门讨好近臣，以邪说求进升，不求端正自身，只求进不知退，恃宠显示尊贵，只重珍宝财货，看轻爵位身分，进朝辅佐君主，退朝又说不可，败坏国君名声，还说非我所为。结交不仁之辈，专门攻击贤者，遇贵如逐财货，逢贱如同路人，财货贪得无厌，酒食竞相争吃，不去亲近善人，专门亲近同伙。为人傲慢不敬，不愿结交善士，私下勾结小人。不去排解纷争，一味鼓动诉讼，整天沉湎饮酒，行为仪容不端。不循祖先旧法，更改国家常规，擅自发布伪令，迷惑蒙蔽君主，夺取君主政权，保持尊贵恩宠。捐弃贤才善士，援引市侩门徒，入朝凌越等次，出朝结党营私，互赠财货相交，互请酒食相亲，都来惑乱君主，君主一旦有祸，人人各保自身。这也可称作从前的无道之臣了。"桓公说："说得好！"

侈靡第三十五

【题解】

侈靡指奢侈靡费，是本书中提出的一种独特的消费观念，本篇即以此名篇。

本篇广泛地论及政治、哲学、经济等多方面问题，包括怎样使用臣下、举用贤能、治理百姓、对待邻国、守护边疆、成就王业，以及阴阳盈虚、五德相胜、适时应变、祭祀神鬼等方面内容。其中最具特色的是侈靡消费的观点。文章从时代的变革论证侈靡消费的必然性,提出"故贱粟米而敬珠玉,好礼乐而贱事业,本之始也"。文章又从百姓欲望的角度论证侈靡消费的合理性,提出"尝至味"、"罢(疲)至乐"、"雕卵然后瀹之,雕橑然后爨之"。文章认为,侈靡消费可以促进生产,"不侈,本事不得立";可以促进就业,"富者靡之,贫者为之"。从侈靡消费出发,文章还充分肯定了商人在社会生活中的作用:"商人于国,非用人也。不择乡而处,不择君而使,出则从利,入则不守。""故上侈而下靡,而君臣相(得)上下相亲,则君臣之财不私藏,然则贫动肢而得食矣。"因此,商人的"徙邑移市"也是治国的方法之一。这些看法,与传统的崇尚节俭的消费观念相对立,成为古代经济思想史上独树一帜的资料。

本篇多错简,脱误难读,《艺文类聚》等类书中尚有佚文可证。全篇基本为桓公、管子问答形式,但省略颇多,文意亦不连贯,尚待进一步整理。

【原文】

问曰:"古之时与今之时同乎①?"曰:"同。""其人同乎不同乎②?"曰:"不同。""可与政其诛③?""侉尧之时④,混吾之美在下⑤,其道非独出人也。山不童而用赡⑥,泽不弊而养足⑦,耕以自养,以其余应良天子⑧,故平。牛马之牧不相及,人民之俗不相知,不出百里而来足⑨,故卿而不理⑩,静也。其狱一踦腓一踦屦而当死⑪。今周公断指满稽,断首满稽,断足满稽⑫,而死民不服⑬,非人性也,敝也⑭。地重人载⑮,毁敝而养不足,事末作而民兴之⑯,是以下名而上实也⑰。圣人者,省诸本而游诸乐,大昏也,博夜也⑱。"

注释

①时:指天时。
②人:指人事。
③古本无"其"字。张佩纶云:"'可','何'之省。'何与',问辞。""'诛'当为'殊'。"译文从张说。
④侉尧:同"喾尧",指帝喾、帝尧。本文以"侉尧之时"为古,"周公"之时

为今。

⑤"混吾"句:孙诒让云:"'混吾'疑即'昆吾'。'美'谓美金也。《山海经·中山经》云'昆吾之山,其上多赤铜'。……此言帝喾与尧之时崇尚俭朴,弗贵美金,故在下也。"

⑥童:尹知章云:"山无草木曰童。"

⑦弊:尹知章云:"弊,竭也。"

⑧"以其"句:俞樾云:"'良'疑即'养'之坏字,'应'之言承也。""'应养'犹'奉养'也。"译文从俞说。

⑨来:猪饲彦博云:"'来'当作'求'。"译文从之。

⑩"故卿"句:尹知章云:"虽立公卿,不理其事。"

⑪"其狱"句:猪饲彦博云:"'腓'当作'扉',同'菲',草屦也。"译文从之。尹知章云:"诸侯犯罪者,令著一只屦以耻之,可以当死刑。"

⑫稽:郭沫若云:"'稽'当假为'阶'。"译文从之。

⑬俞樾云:"此本作'而民死不服',言民至死不服也。"译文从之。

⑭敝:指极端贫困。

⑮猪饲彦博云:"'载'字当在'地'字下。载,事也。租税重,故人毁敝。"译文从之。

⑯末作:指生产和买卖奢侈品。

⑰下名而上实:指轻名而重实。

⑱大昏:日暮。博夜:深夜。此谓夜以继日。

【今译】

桓公问道:"古今的天时相同吗?"管子说:"相同。""人事是否相同呢?"管子说:"不同。""那么,古今的政治有什么区别呢?""帝喾、帝尧之时,昆吾的赤铜地位低下,它的价值并不引人注目。这是因为山上的木材不用伐光就已够用,泽中的水产不用捕尽就已够食,百姓自耕自足,用余粮奉养天子,因而天下太平。放牧牛马互不遭遇,百姓习俗互不交流,不出百里就能满足需求,因而虽设公卿而无事可办,因为社会安定。诸侯犯罪也只是让他穿一只草鞋以示羞辱来代替死刑。如今周公之时,满阶都是断指、断头、断足的罪犯,百姓至死不驯服,这不是人性变恶,而是生活极端贫困所致。由于租税繁重,百姓家毁人贫,不足维持生计,而从事工商末业却能使百姓振兴,因而百姓都不顾虚名,看重实际。贤明的君主也有减本业,转而享乐,以至于夜以继日。"

【原文】

问曰:"兴时化若何①?""莫善于侈靡②。贱有实,敬无用,则人可刑也③。故贱粟米而如敬珠玉,好礼乐而如贱事业④,本之始也。珠者,阴之阳也,故胜火⑤;玉者,阴之阴也,故胜水⑥。其化如神。故天子臧珠玉,诸侯藏金石,大夫畜狗马,百姓臧布帛。不然,则强者能守之,智者能牧之⑦,贱所贵而贵所贱。不然,鳏寡独老不与得焉。均之始也。"

注释

①兴:陶鸿庆云:"'兴'盖'与'字之误。与时化者,与时为变。"译文从陶说。

②侈靡:尹知章云:"侈靡谓珠玉之用也。管氏以为珠玉者,饥不可食,寒不可衣,然时共贵之。"

③刑:何如璋云:"'刑'通'型'。型者铸器之法。……言人可陶铸。"

④如:猪饲彦博云:"'如'字疑衍。"事业:指物质生产。

⑤"珠者"三句:王念孙云:"珠生于水,为阴,而其形方,故曰'阴之阳'。"水能克火。

⑥阴之阴:王念孙云:"'阴之阴'当作'阳之阴'。""玉生于山,为阳,而其形方,故曰'阳之阴'。"土(山)能克水。译文从之。

⑦牧:王念孙云:"'牧'当为'收'。谓强者能以力守之,智者能以术收之也。"译文从之。

【今译】

桓公问道:"怎样顺应时势而变化呢?""没有比实行侈靡消费更好的了。轻贱实用的东西,敬重无用的东西,这样就能使人们就范。因而轻贱粮食而珍重珠玉,爱好礼乐而轻视生产,这是从事本业的开始。珠是阴中的阳物,因而能克火;玉是阳中的阴物,因而能克水。其中的变化十分神妙。因而天子收藏珠玉,诸侯收藏金石,大夫畜养狗马,百姓储藏布帛。不然的话,强者就能用强力控制它们,智者就能用智术收集它们,使贵重的降价,轻贱的涨价。不然的话,鳏夫寡妇、孤独老人就得不到赈济。因而,这是平均财富的开始。

【原文】

"政与教孰急?"管子曰:"夫政教相似而殊方。若夫教者,摽然若秋云之远①,动人心之悲;蔼然若夏之静云,乃及人之体②;鹓然若鸿之静③,动人意以怨;荡荡若流水,使人思之,人所生往④。教之始也,身必备之,辟之若秋云之始见⑤,贤者不肖者化焉。敬而待之,爱而使之,若樊神山祭之⑥。贤者少,不肖者多,使其贤,不肖恶得不化?今夫政则少则⑦,若夫成形之征者也⑧。去,则少可使人乎?"

注释

①摽然:尹知章云:"高举貌。"

②蔼:尹知章云:"蔼,油润貌。……夏云之起,油然含润,将降其泽,及人之体。"

③"鹓然"句:郭沫若云:"'鹓'字或即'鸾'字之异。'鸿之静'殆本作'皓月之静'。鸾然,深邃貌。

④生往:郭沫若云:"'生'与'性'通,'生往'犹言神往或心向往之。"译文从郭说。

⑤辟:同"譬"。

⑥"若樊"句:许维遹云:"盖坛位营以篱落而祭之,意亦恐人犯之也。"

⑦则:刘师培云:"下'则'字疑当作'别'。"译文从刘说。

⑧"若夫"句:郭沫若云:"当作'若夫威,形(刑)之征者也'。""政刑必相联,此与教之重在感化有别。"译文从郭说。

【今译】

"政令和教化应该哪个为先?"管子说:"政令和教化有相似之处,但方法不同。所谓教化,就像秋云般高举远扬,能触发悲伤的情感;像夏云般娴静含润,将把霖雨洒遍人体;像皓月般静谧深邃,触激起哀怨的情思;像流水般长流不绝,发人深思,引人神往。教化的初始,君主必须身教为先,就像秋云刚开始出现,无论贤者或不肖者无不受到感化。敬重地对待教化的对象,充满爱心地使用他们,像在祭祀的神山四周筑起樊篱般地保持他们们。虽然世上总是贤者少而不肖者多,但重用贤者,不肖者怎会不被感化? 现今的政令则与此不同,强权和刑罚成为它的特征,除去这些,政令还能驱使任何人吗?"

【原文】

"用贫与富,何如而可?"曰:"甚富不可使,甚贫不知耻①。水平而不流,无源则遬竭②;云平而雨不甚,无委云③,雨则遬已;政平而无威则不行,爱而无亲则流④。亲左有⑤,用无用,则辟之若相为有⑥,兆怨。上短下长⑦,无度而用,则危本。不称而祀谭,次祖⑧。犯诅渝盟⑨,伤言⑩。敬祖祢⑪,尊始也。齐约之信,论行也⑫。尊天地之理,所以论威也。薄德之君之府囊也⑬,必因成形而论于人⑭。此政行也,可以王乎!"

> [!注释]

① "用贫"四句:张文虎云:"此四句与上下文意义不属,当是它处错简。"今存而备考。

② 遬:同"速"。

③ 委云:指积雨云。

④ "爱而"句:尹知章云:"但行泛爱,无所偏亲,则其爱流漫,贤者不尽力。"

⑤ 有:张文虎云:"'有'疑当作'右'。"译文从"右"。

⑥ 郭沫若云:"'有'乃'盲'字之误。亲左右,用无用,则犹如盲以导盲,必使人生怨。"译文从郭说。相:指扶助盲人者。

⑦ 上短下长:上同"尚"。谓用短弃长。

⑧ 次祖:郭沫若云:"'次祖'者趑趄,……"指行走困难。

⑨ 诅:盟誓。渝:背弃。

⑩ 伤言:许维遹云:"疑'言'为'信'之坏,'伤信'犹'毁信'也。"译文从"信"。

⑪ 祖祢(nǐ你):祖先。

⑫ 许维遹云:"'约'下'之'字衍。"论,明也。

⑬ 郭沫若云:"原文当为'薄德,人群之府囊(腐壤)也'……'府囊'读为腐壤。犹言'粪土之墙'。"

⑭ 宋本"形"作"刑"。郭沫若云:"'成'乃'威'之误。"译文从之。

【今译】

"怎样使用贫者和富者呢?"管子说:"过于富有就难以支使,过于贫困就不知羞耻。水面平稳,水就不会流动,因为没有源头,很快就会枯竭;云底平坦,雨就不会太大,因为没有雨云,很快就会停歇;政令平和,没有威势,就难以推行;用人泛爱,不分亲疏,就导致流散。亲信左右小人，起用无用之辈，就好像以盲导盲，必然招致怨恨。用人之短，弃人之长，使用没有法度，必然危及根本。位不相称而祭神，寸步难行。背弃盟约誓言，是毁损信用。敬奉祖先，是为了尊重血亲之根；恪守信约，是为了显明德行；尊奉天尊地卑的道理，是为了昭示权威。缺德之人，是人群中的粪土，必然依据强权和刑罚被众人论处。这样的政令得以推行，可以算成就王业了吧！"

【原文】

"请问用之若何①？""必辨于天地之道，然后功名可以殖②。辩于地利③，而民可富；通于侈靡，而士可戚④。君亲自好事⑤，强以立断，仁以好任人。君寿以政年⑥，百姓不夭厉⑦，六畜遮育，五谷遮熟⑧，然后民力可得用。邻国之君俱不贤，然后得王。"

【注释】

①"请问"句：尹知章云："问用政何如也。"
②殖：立。
③辩：同"辨"。
④戚：尹知章云："戚，亲也。贵珠玉以赏士，故士可亲也。"
⑤自：吴汝纶云："'自'当为'曰'。"译文从之。
⑥"君寿"句：郭沫若云："'政'当为'致'，……'寿'当读为祷，……'年'谓丰年也。"译文从郭说。
⑦厉：尹知章云："厉，疫疾也。"
⑧遮：洪颐煊云："遮、庶古字通用。"

【今译】

"请问怎样运用政令呢？""必须懂得天地自然的规律，才能确立功名。懂得地利，百姓可以致富；懂得侈靡消费，士人可以亲近。君主要亲临治政，以果敢断事，以仁爱用人。君主要祈祷丰年，百姓就不会因疫疾夭亡，六畜蕃育，五谷丰登，这样民力才可以调用。如果再加上邻国的君主都不贤明，这样就可以成就王业。"

【原文】

"俱贤若何？"曰："忽然易卿而移①，忽然易事而化，变而足以成名。承弊而民劝之②,慈种而民富③,应言待感④,与物俱长。故日月之明⑤,应风雨而种⑥,天之所覆,地之所载,斯民之良也⑦。不有而丑天地⑧,非天子之事也。民变而不能变,是梲之傅革,有革而不能革⑨,不可服。"

注释

①卿:猪饲彦博云:"'卿'疑当作'乡',同'向',谓变所趋向而移易之。"译文从"乡"。

②"承弊"句:丁士涵云:"'承'当作'拯',言拯救其弊。"刘师培云:"'之'字衍,与下对文。译文从之。

③慈:丁士涵云:"'慈'读曰滋,《说文》'兹,草木多益','滋,益也'。种植繁茂,故民富。"

④应言待感:尹知章云:"应物而后言,待感而后动,所谓应天顺人者也。"

⑤故:俞樾云:"'故'疑'放'字之误。"译文从"放"。

⑥种:张文虎云:"'种'疑当作'动'。"译文从"动"。

⑦"斯民"句:尹知章云:"君人者,德苞天地,首出庶物,有生莫能逾,故曰'人之良'。"

⑧丑:猪饲彦博云:"'丑'疑当作'配'。"译文从"配"。

⑨丁士涵云:"'梲'当为'貌'。''貌'之言脱也。"'傅'与'附'同,'革'犹皮也。……民之变化,辟若鸟兽之脱毛。变而不能变,辟若鸟兽所脱之毛仍附于其皮。其皮不能去旧更新,所谓有革而不能革也。上'革'字指皮革言,下'革'字指革更言。"译文从丁说。

【今译】

"如果邻国的君主都很贤明又该怎么办?"管子说:"要么改变施政方向而转移,要么改变政令政事而变化,总之只有变革才能成就王业。拯救时弊能使百姓勤勉,种植繁茂能使百姓富裕,应天顺人,才能与万物共同生长。放出日月般光明,顺应风雨而变动,拥有天覆地载之德,这才是明君啊!没有功业而要比配天地,这不是天子所当为。百姓要变革,君主不能变,就像鸟兽脱毛仍附于皮革,这叫有皮革而不能变革,这是不能使百姓信服的。"

【原文】

"民死信,诸侯死化①。请问诸侯之化弊②。""弊也者,家也。家也者,以因人之所重而行之③。吾君长来猎,君长虎豹之皮④;用功力之君,上金玉币⑤;好战之君,上甲兵。甲兵之本,必先于田宅⑥。今吾君战,则请行民之所重。"

【注释】

①死化:郭沫若云:"古死、尸通用。尸者主也,守也。'化'同'货'。"译文从郭说。

②化弊:张文虎云:"'化'亦读为货,'弊'与'币'古通。"译文从张说。

③家:郭沫若云:"'家'读为稼。《广韵》'稼、家同',《注》'稼,家事也'。古者钱币多取耕具形。""故以稼穑事解之。其所以者,以稼穑为人所重,故因之以铸币而通行焉。"译文从郭说。

④"君长"句:尹知章云:"君好虎豹皮,故来猎。"

⑤上金玉币:以金玉币为上。

⑥"甲兵"二句:尹知章云:"有田宅,然后可以充甲兵之赋。"

【今译】

"百姓要守信用,诸侯要掌握货币。请问关于诸侯货币的问题。""货币的形状,是与稼穑有关,由于人们重视稼穑,因此用有关的形状铸币通行。我们君主来打猎,是因为他喜好虎豹之皮;而喜好费用功力的君主,则重视金玉货币;喜好打仗的君主,则重视铠甲、兵器。而铠甲、兵器的来源,首先在于田宅的赋税。现在君主要打仗,就请实行百姓所重视的事情。"

【原文】

"饮食者也,侈乐者也,民之所愿也①。足其所欲,赡其所愿,则能用之耳。今使衣皮而冠角,食野草,饮野水,孰能用之?伤心者不可以致功。故尝至味而②,罢至乐而③,雕卵然后瀹之④,雕橑然后爨之⑤。丹沙之穴不塞,则商贾不处⑥。富者靡之,贫者为之⑦。此百姓之怠生,百振而食⑧,非独自为也。为之畜化⑨。"

【注释】

①"饮食"三句:张佩纶云:"当作'饮食者民之所欲也,侈乐者民之所愿也'。"译文从张说。

②而:语助词。下同。
③罢至乐而:刘绩云:"别本《注》'罢至乐,谓耳倦丝竹也'。"
④瀹(yuè跃):煮。
⑤橑:柴薪。
⑥"丹沙"二句:郭沫若云:"商贾贵在流通,利源不塞故商贾不呆滞也。"
⑦"富者"二句:郭沫若云:"此言为政者当使富者消费,使贫者就业。"
⑧"此百"二句:猪饲彦博云:"'怠'当作'息'。息生犹养生也。'百振'当作'相振',谓相救也。"译文从之。
⑨化:猪饲彦博云:"'化'当作'货'。"译文从之。

【今译】

"饮食是百姓的欲求,侈乐是百姓的愿望。满足他们的欲求和愿望,就能使用他们。如果只给百姓穿兽皮、戴兽角、吃野草、饮生水,谁能使用他们呢?欲望不满足的人们是不能成就功业的。因此要尝最好的滋味,要听最美的音乐,蛋卵要雕画了然后煮食,柴薪要镂刻了然后焚烧。不要堵塞丹砂的矿洞,商人就会贩运流通不断。让富人靡费,使穷人就业,百姓的养生,应该是富人穷人相助得食,不是一方单独能实现的。为此就要积蓄财货。"

【原文】

用其臣者,予而夺之,使而辍之;徒以而富之①,父系而伏之②;予虚爵而骄之,收其春秋之时而消之③;有杂礼我而居之④,时举其强者以誉之。强而可使服事⑤,辩以辩辞,智以招请⑥,廉以摽人⑦。坚强以乘六⑧,广其德以轻上位⑨,不能使之而流徒,此谓国亡之郄⑩。故法而守常⑪,尊礼而变俗,上信而贱文,好缘而好驲⑫,此谓成国之法也。

注释

①徒以:猪饲彦博云:"'以'当作'予'。"徒予指白送、白给。
②父系:郭沫若云:"'父'乃'斧'之初文。""'系'谓缧绁。'父系'犹刑戮,故言'伏之'也。"
③时:丁士涵云:"'时'当为'利'。"译文从丁说。
④"有杂"句:俞樾云:"'有'当为'肴','我'当为'义'。""'肴'读为郁。"相杂错也。郭沫若云:"'礼义'者,礼仪也。""'肴杂'云者多为繁文缛礼之谓。"译

文从之。居：困居，受约束。

⑤"强而"句：尹知章云："服，行也。强者服事事必成。"下三句句式同而省略，即为"辩而可使辩辞，智而可使招请，廉而可使人"

⑥招请：朱长春云：招，召而谋论。请，如请示、请问。

⑦古本"摽"作"标"。标人，指为人楷模。

⑧六：俞樾云："'六'乃'下'字之误。""言坚强以陵下也。"译文从俞说。

⑨广其德：广同"旷"。谓缺乏德行。

⑩国亡之郄：俞樾云："当依《注》作'亡国之郄'。"郄，同隙。指空隙、漏洞。

⑪故：郭大癡云："故、固古通。"

⑫好驵：丁士涵云："缘，顺也。驵，犹粗也。下'好'当为'弃'。"译文从之。

【今译】

使用臣下的原则是：要能给予，又能剥夺；要能任用，又能废止；要能白送赏赐让他富有，又能运用刑戮使他驯服；赐予空头爵位让他骄横一时，收敛春秋财利让他减少收入；要用繁文缛礼来约束他，又常列举强者来称誉他。对于能力强的可派他办事，口才好的可派他辩说，多智的可供咨询，廉洁的可为楷模。至于生性强悍而欺凌百姓、缺乏德行而轻慢君主的人，都不能使用，还要迁流外地，这些人都是亡国的祸根。巩固成法而恪守常规，尊崇礼仪而变革习俗，重视信用而轻贱文饰，爱好顺从而摒弃粗暴，这些都是立国的法则。

【原文】

为国者，反民性①，然后可以与民戚②。民欲佚而教以劳，民欲生而教以死。劳教定而国富，死教定而威行。圣人者，阴阳理③，故平外而险中④。故信其情者伤其神⑤，美其质者伤其文。化之美者应其名，变其美者应其时⑥，不能兆其端者，蓄及之⑦。故缘地之利，承从天之指⑧，辱举其死⑨，开国闭辱知其⑩。缘地之利者，所以参天地之吉纲也⑪；承从天之指者，动必明；辱举其死者，与其失人同，公事则道必行⑫；开其国门者，玩之以善言⑬；奈其罨⑭。辱知神次者⑮，操牺牲与其珪璧，以执其罨⑯，家小害⑰，以小胜大。员其中，辰其外⑱，而复畏强长其虚⑲，而物正以视其中情⑳。

注释

①反民性:指违反民性进行教育。
②戚:亲。
③阴阳理:尹知章云:"言法阴阳之理。"
④平外而险中:外与中对举,平与险对立。
⑤信:张佩纶云:信读为伸。
⑥其:猪饲彦博云:"'其'当作'之'。"译文从之。
⑦"不能"二句:尹知章云:"来事之端,不知其兆者,常失于几,故灾及之也。"菑:同"灾"。
⑧指:尹知章云:"指,意也。当承顺天之意也。"
⑨辱举其死:郭沫若云:"'辱'通'蓐',训为厚,……在此为隆重之意。'死'与'尸'通,尸者祭祀之尸也。"
⑩"开国"句:俞樾云:"以下文证之,……本作'开其国门,辱知神次'。"译文从俞说。
⑪吉纲:尹桐阳云:吉纲,纪纲也。
⑫"与其"二句:郭沫若云:先误为"失"。"公事则"谓祭祀之事合乎礼节。译文从郭说。
⑬"开其"二句:尹知章云:"有善言可玩,故开国以纳之。"
⑭奈其罪:俞樾云:三字"并衍文,即下文'执其斝'之误而衍者"译文从俞说。
⑮神次:神之位次。知神次指祈祷众神。
⑯斝(jiǎ 甲):酒器。
⑰家:郭沫若云:"家"读为嫁。谓移去小害不使成为大害也。
⑱辰:郭沫若云:"'辰'疑'廉'之坏字。""所谓'志欲圆而行欲方'也。"译文从"廉"。
⑲郭沫若云:"'畏'下当脱一'其'字。""'畏'与'威'通,长者尚也。"译文从郭说。
⑳"而物"句:郭沫若云:"'以'当读为已。""物谓客观事物,包括臣民而言。谓臣民乃得其正,而坦示其内心也。"

【今译】

治国的君主,要敢于违反百姓习性进行教化,然后才能与百姓亲近。百姓追求佚乐,就要教育他们勤劳;百姓贪生怕死,就要教育他们献身。勤劳的教育深入人心,国家便可富强;献身的教育深入人心,国威便可发扬。圣明的君主,效法阴阳之理,因而外表平和而内心起伏。

所以申发性情要损伤精神,修养内质要损伤外表。而善于变化的要适应名分,善于革新的要顺应时势,不能及时预测变化的端倪,就会招来灾祸。因此,要善于凭借地利,承顺天意,隆重祭祖,开放国门,祈祷众神。凭借地利,因而能参知天地的规律;承顺天意,因而能行动必明方向;隆重祭祖,因而能与先人相通,祭祀合礼,道义必行;开放国门,因而能参考国外的高妙言论;祈祷众神,因而能用操持牺牲、珪璧和酒器,来避开小害,不使成为大祸。总之,心志要圆通,外行要方正,再加上能威慑强悍,崇尚谦虚,这样,臣民就会归于正道,并坦示他们的内心。

【原文】

公曰:"国门则塞,百姓谁敢敖①,胡以备之?""择天下之所宥②,择鬼之所当③,择人天之所戴④,而亟付其身⑤,此所以安之也。""强与短而立齐,国之若何⑥?""高予之名而举之⑦,重予之官而危之⑧,因责其能以随之,犹偏则疏之,毋使人图之⑨;犹疏则数之,毋使人曲之⑩,此所以为之也⑪。"

注释

①宋本"敢"作"衍",谓"敢"字当衍。丁士涵云:"谁"乃"谨"之误。谨,喧哗也。敖,喧噪也。译文从丁说。

②"择天"句:王念孙云:当作"天之所宥",天与人、鬼对文,不当有"下"字。"宥"读为祐。译文从王说。

③当:王念孙云:"'当'宜为'富',……《郊特牲》曰'富也者,福也',故尹《注》云'为神所福助'。"译文从王说。

④"择人"句:尹知章云:"谓为人所戴仰者也。"天字衍。

⑤付其身:指委以重任。

⑥陶鸿庆云:"正文'之若何'本作'若之何',……'强与短'皆指大臣之才识言,'立'读为位,位齐者,位相等也。"译文从陶说。

⑦举:许维遹云:举,扬也。此谓予以高名而美扬之。

⑧危:许维遹云:"危"与"诡"通。诡,异也。此谓予以重官而显异之。译文从许说。

⑨犹偏:陶鸿庆云:"'犹'与'由'同,'偏'与'戚'同。"言此受任之大臣若由贵戚进者,其势易逼君,当戒其燕昵,则人不得图论之矣。译文从陶说。

⑩曲:陶鸿庆云:"'曲'读为'局'。……若由疏逖进者,其情易隔,君当勤与延纳,则人不得拘局之矣。"
⑪为:陶鸿庆云:"为,犹助也,皆所以助之成功也。"

【今译】

桓公问:"国门闭塞,百姓喧闹不安,该怎样防备呢?""选择上天保佑、鬼神福助、百姓仰戴的良臣,迅速委以重任,就可以安定民心了。""可是朝廷中识高才强的和识短才弱的臣子地位相等,该怎么办呢?""对于良臣,可以给予崇高的声名进行褒扬,也可以封予重要的官职使他显异,这要根据他的才能区别对待。由贵戚进身的,君主要显得疏远,不要让人背后议论;由疏远提拔的,君主要多与亲近,不要使他拘束局促。这都是用来扶助良臣成功的方法。"

【原文】

"大有臣甚大①,将反为害②,吾欲优患除害③,将小能察大,为之奈何?""潭根之毋伐④,固事之毋入⑤,深鬻之毋涸⑥,不仪之毋助⑦,章明之毋灭⑧,生荣之毋失。十言者不胜此一,虽凶必吉⑨,故平以满。"

注释

①"大有"句:安井衡云:"上'大'当为'夫'。"译文从之。
②将反为害:郭沫若云:"……非大臣将为害于国,乃大臣将为人所谗害也。"
③优:许维遹云:"'优'当作'櫌'。"櫌,摩平也。引申为平。译文从许说。
④潭:丁士涵云:"'潭'与'覃'通。"覃,延长也。此谓延续其根而不要砍伐。
⑤张佩纶云:"'事'当作'蒂',……'入'当作'乂'。"毋乂同毋伐。蒂指枝干。
⑥郭沫若云:"鬻"殆"黎"字之异,读为犁,言深犁之无使涸。译文从郭说。
⑦"不仪"句:郭沫若云:"'不仪'当为'丕羛','毋助'读为'毋锄'。""言使之高大而不加以翦锄。"译文从郭说。
⑧灭:与明相对。明指阳光,灭指昏暗。
⑨十:郭沫若云:"古'甲'字作'十',……'甲'假为'狎',言便辟亲昵者之言不能胜此所陈六事之一,则虽凶亦吉也。"译文从郭说。

【今译】

"大臣的势力过大,反倒将受谗害,我打算去除这一祸患,并即小见大,该怎样做呢?""这要像爱护大树一样,延续它的根基而不加砍伐,加固它的枝干而不加芟刈,深犁树下泥土不使干涸,增高上面树梢不加剪除,使它沐浴阳光而避免了阴暗,让它生长繁茂而不受损伤。小人的谗言不能胜过上数六项措施中的一项,因此,必然会逢凶化吉,平和圆满。"

【原文】

"无事而总①,以待有事,而为之若何?""积者立余日而侈②,美车马而驰,多酒醴而靡,千岁毋出食③,此谓本事。县人有主④,人此治用⑤,然而不治,积之市。一人积之下,一人积之上⑥,此谓利无常。百姓无宝,以利为首。一上一下,唯利所处⑦。利然后能通,通然后成国。利静而不化,观其所出,从而移之。"

注释

①总:尹知章云:"总谓收积也。"
②宋本"日"作"食"。尹知章云:"积谓富而积财者。"译文从"食"。
③"千岁"句:李哲明云:"此似言积财之多,虽至千岁,可不必出而求食。"
④县人有主:尹知章云:"县谓系属也。言欲系属于人,必有所主,至于财。"
⑤人此治用:尹知章云:"官既积财,人则于官取之,以理其器用也。"
⑥积之下:指越积越少。积之上:指越积越多。
⑦唯利所处:尹知章云:"利积多者,百姓则从而归之。"

【今译】

"无事之时收积财货,以备有事之用,该怎样做呢?""积财者应该用余粮进行侈靡消费,装饰车马尽情奔驰,多酿美酒尽情享用,这样一千年也不会贫困乞食,这就叫积财的根本。要控制百姓就要利用财货,百姓用财货去置备器用,如果不备器用,就要将财货投入市场赢利。有人会越积越少,有人会越积越多,这叫做赢利无常规。百姓没有别的宝物,只以财利为重。财利有多有少,百姓就唯多是从。有财利然后有流通,有流通然后国不亡。财利静止而不畅通,就要观察它的流失之处,从而转移投入方向。"

【原文】

视其不可使,因以为民等①。择其好名,因使长民。好而不已,是以为国纪②。功未成者,不可以独名③;事未道者④,不可以言名。成功然后可以独名,事道然后可以言名。然后可以承致酢⑤。

注释

①等:齐,等同。
②国纪:国之经纪,指治国之才。
③独名:刘绩云:"别本《注》'独擅名誉'。"
④道:治理。
⑤承:受。酢:尹桐阳云:"'酢'同'胙',祭福肉也。"指君主赐大臣的祭肉。

【今译】

对待臣子,见到不能使用的,就将他降为一般百姓。选择声名卓著的,就任用他为百姓的官长。声名历久不衰的,就可作为治国的人才。功业未成,不可以独擅声名;政事未治,不可以谈说名誉。功业成就,然后可以独擅声名;政事得治,然后可以谈说名誉。从此后可以接受君主赐予的祭肉。

【原文】

先其士者之为自犯,后其民者之为自赡①。轻国位者国必败,疏贵戚者谋将泄。毋仕异国之人,是为失经。毋数变易,是为败成。大臣得罪,勿出封外,是为漏情。毋数据大臣之家而饮酒,是为使国大消②。三尧在③,臧于县,返于连④,比若是者⑤,必从是罱亡乎⑥!辟之若尊谭⑦,未胜其本,亡流而下不平⑧。令苟下不治⑨,高下者不足以相待,此谓杀事⑩。

注释

①"先其"二句:郭沫若云:"'赡'当读为'黵',《说文》云'大污也'。""此所谓先后当以士民为对待,谓当先民而后士,本篇之宗旨如此。"
②"毋数"二句:尹知章云:"饮酒于臣家,则威权移焉。物不两盛,故臣强则国消也。"
③三尧:郭沫若云:"'三'字当是上文'消'字之重文符。""'消尧'者逍遥也。""在"当读为哉。译文从郭说。

④郭沫若云:"'县'字当是'荒'字之误,……'荒'与'连'对文,即流连荒亡之意,承上文'饮酒'言。"译文从郭说。
⑤比若是者:姚永概云:"每每若是也。"
⑥䉈:宋翔凤云:"即'齏'字,犹言败亡也。"
⑦尊谭:张佩纶云:"'尊谭'当为'尊觯'。"指酒器。
⑧丁士涵云:"'未'当作'末','亡'当为'上'。"指酒器口大底小。
⑨古本作"下苟令不治"。
⑩许维遹云:"'事'字当重,'此谓杀事'句。""'杀'与'弑'古通。尹《注》'此谓弑君之事'。"

【今译】

君主治国,事事让士大夫占先,这是自己犯错;时时将百姓置后,这是自己抹黑。看轻君位,国家必然败亡;疏远贵戚,谋略必然泄露。不要让异国之人入仕,那是背离常道。不要屡屡更改政令,那是转成为败。大臣治罪,不要驱逐出境,那是泄漏国情。不要常在大臣家饮酒,那是大减国威。逍遥自在,流连往返,每每如此,国家必定由此败亡!就比如一个酒器,口大底小,注酒时上面流溢而下部不稳。根基如果治理不好,上下关系就难以处理好,这就将酿成弑君之事。

【原文】

"事立而坏,何也?兵远而畏①,何也?民已聚而散,何也?辍安而危,何也?""功成而不信者,殆;兵强而无义者,残;不谨于附近而欲求远者,兵不信②;略近臣合于其远者,立③。亡国之起④,毁国之族,则兵远而不畏。国小而修大,仁而不利,犹有争名者,累哉是也。乐聚之力⑤,以兼人之强,以待其害,虽聚必散。大王不恃众而自恃⑥,百姓自聚,供而后利之⑦,成而无害。疏戚而好外,企以仁而谋泄⑧,贱寡而好大,此所以危。"

注释

①兵远而畏:陶鸿庆云:"当作'兵远而不畏'。""'畏'与'威'通。""言虽勤兵于远而不能威敌也。"译文从陶说。
②李哲明云:"'兵'字涉上下文而衍,此言政事,于兵无与。""'求'乃'来'之误。"译文从李说。

③刘绩云:"此文当作'事立而坏'。"译文从刘说。
④起:张佩纶云:"'起'当作'纪'。"译文从"纪"。
⑤之:张文虎云:"'之'字盖'己'之讹。"译文从"己"。
⑥张文虎云:"无由阑入'大王',疑是'人主'二字之讹。"郭沫若云:"'恃'当是'待'字之误,待者戒备也。'不待众'即亲民,'自待'即克己。"译文从之。
⑦供:何如璋云:"'供'乃'仁'之讹。"译文从何说。
⑧何如璋云:"'企'字衍","'仁'乃'人'之讹,谓用人不慎也"译文从何说。

【今译】

"事业成功而又被毁,为什么?军队远征而又无威,为什么?百姓安居而又流散,为什么?安宁中断而又危急,为什么?""事业成功而不讲信用,是危险的;军队强大而不讲仁义,是残暴的;不谨慎对待近臣而想招引远者,是不讲信用;疏远近臣而亲近远者,这就会造成事业成功而又被毁。流失治国的人才,毁灭一国的宗族,这就会造成军队远征而又无威。国小而有野心,只讲仁义而不给利益,还要竞争名声,这是自取其累。热衷聚集百姓力量,还想兼并其他列强,终受祸害,这就会造成百姓虽然安居而又流散。君主亲近百姓,克制自身,百姓自会归附,实行仁义,然后给予利益,就会事业成功,没有祸害。疏远亲戚而亲近外人,用人不慎而泄露谋略,轻贱小事而好大喜功,这就会造成国家危急。"

【原文】

"众而约①,实取而言让,行阴而言阳,利人之有祸,言人之无患②,吾欲独有是,若何?""是故之时③,陈财之道可以行④;今也,利散而民察,必放之身然后行⑤。"公曰:"谓何?""长丧以黜其时⑥,重送葬以起身财⑦,一亲往,一亲来,所以合亲也。此谓众约⑧。"问:"用之若何?""巨瘗垾⑨,所以使贫民也;美垄墓,所以文明也⑩;巨棺椁,所以起木工也;多衣衾,所以起女工也。犹不尽,故有次浮也,有差樊,有瘗藏⑪。作此相食,然后民相利,守战之备合矣⑫。"

注释

①姚永概云:"虽众而故示以约也。"
②言:王念孙云:"'言'当为'害'。""谓所利在人之有祸,所害在人之无

患也。"

③故:王引之云:"'故'读为古。"

④陈财之道:尹知章云:"陈设致财之道。"

⑤郭沫若云:"'身'字不当有。""即'财散则民聚'之意。"译文从郭说。

⑥何如璋云:"黜字疑乃'毁'之误。谓设为三年之丧以毁其时也。"译文从何说。

⑦"重送"句:重送葬指厚葬。丁士涵云:"'身'疑'其'字误。"译文从"其"。

⑧李哲明云:"似指丧家亲故之往来。言不吝财费,往来繁数。""故云'众约'。"

⑨尹知章云:"瘗培谓圹中埋藏处深暗也。"

⑩郭沫若云:"'明'当为'萌',……'文萌'谓画工雕工之类耳。……'文萌'上当脱一'使'字。"译文从郭说。

⑪次浮:何如璋云:"次浮,次谓次第,浮当为捊,'捊'与'掊'通。""言于墓域掊聚土壤,筑墙周之,如城之有郭郭也。'差樊'者,垄外植木为樊,而制其广狭之差也。'瘗藏'者明器之属。"译文从何说。

⑫本节答非所问,疑有错简。

【今译】

"实为多而反说少,实欲取而言谦让,行动秘密而说话公开,欢喜别人有祸,只怕别人无患,我的思想中自有这些念头,该怎么办?""古时候,君主的招财方法可以实行;如今,财利分散,百姓都看得见,一定要实行放散财利的方法才行。"桓公问:"这是什么意思?""对于富者,要用漫长的丧期耗费他们的时间,用隆重的葬礼耗费他们的财产,加上亲故往来,借机会亲,这叫约定俗成。"桓公问:"该怎么做呢?""尽量扩大墓圹,让贫民都有活做;尽量装饰墓室,让画工、雕工都有活做;尽量讲究棺椁,让木工都有活做;尽量多置衣被,让女工都有活做。这还不够,还要聚土筑墙,植木作篱,随葬明器等。兴办这些厚葬之事,以使百姓都有饭吃,并相互得利,而国家的防守或征战的准备也可由此得益。"

【原文】

乡殊俗,国异礼,则民不流矣;不同法,则民不困;乡丘老不通睹①,诛流散,则人不眺②。安乡乐宅,享祭而讴吟称号者皆诛③,所以留民俗也。断方井田之数④，乘马甸之众⑤，制之；陵豀立鬼神而谨祭；皆以能别以为食数⑥，示重本也。

注释

①"乡丘"句：洪颐煊云：丘读为区。老不通正所谓"老死不相往来"。
②眺：洪颐煊云："'眺'即'逃'之借字。"
③"享祭"句：张佩纶云："'皆诛'当作'皆殊'。"译文从"皆殊"。"讴吟称号"指享祭时所唱颂歌和所呼称名。
④断：断定，确定。方井田之数：指赋税之数。
⑤甸：同"田"。乘马田之众指军赋之数。
⑥"皆以"句：尹知章云："人之大小皆各有材，能多者食众，……能少者食寡。"

【今译】

保存各乡不同的习俗、各国不同的礼节，百姓就不会流散；保存不同的法制，百姓就不会贫困；各乡区老死不相往来，诛伐流民，百姓就不会外逃。安居乐业，享祭祖先时所歌和称名都允许不同，这是为了保存各地的民俗。确定赋税和军赋之数，使它成为定制，谨慎地祭祀高山深谷的鬼神；对各种人都以才能大小分别确定粮食标准，这些都是表示重视本业。

【原文】

故地广千里者，禄重而祭尊。其君无余地与他若一者，从而艾之①。君始者艾若一者，从乎杀②。与于杀若一者从者艾艾若一者，从于杀③。与于杀若一者从无封始④。王事者上⑤。王者上事，霸者生功⑥，言重本，是为十禺⑦。分免而不争⑧，言先人而自后也。

注释

①"其君"二句：郭沫若云："君"字不当有，"他"当作地。地若一者谓地未经垦辟如原始者然。"从而艾之"谓从而垦辟之也。译文从郭说。
②"君始"二句：郭沫若云："谓国君始从事于垦辟原始地者，则禄之重、祭之尊，视地广千里者有所减杀。"
③"与于"二句：郭沫若云："上若一者"当为者一若，并衍一艾字。"言禄之从

减者又如其君之始辟草莱者然,于其家臣之禄与祖先之祭复从减。"译文从郭说。

④"与于"句:郭沫若云:"'若一者'当为'者一若'。家臣之禄从减者几于与无禄者同。译文从郭说。

⑤王事者上:郭沫若云:"'王事者上'乃衍文……"译文从之。

⑥生:郭沫若云:"'生'疑'先'字之误。"译文从"先"。

⑦"言重"二句:郭沫若云:"十,古甲字,禺读为寓。所谓"寓兵于农"也。"译文从郭说。

⑧免:丁士涵云:"'免'疑'地'字误。"译文从"地"。

【今译】

拥有千里沃土的君主,对臣下的禄赏丰厚,对祖先的祭祀隆重。没有余地而只有未垦荒地的君主,只能从事开垦,对这些刚从事垦荒的君主,他们禄赏和祭祀的规格,当然只能减少。禄赏被减少的臣下,又同他们的君上一样,对其家臣的禄赏和对其祖先的祭祀的规格,再进行杀降。到禄赏被减少的家臣,就几乎与没有俸禄的庶人相同。成就王业的以农事为上,成就霸业的以战功为先,这是说要重视本业,这也就是要寓兵于农。分封土地而不争抢,这是说要先人后己。

【原文】

官礼之司,昭穆之离,先后功器①,事之治,尊鬼而守故②;战事之任,高功而下死③;本事,食功而省利④;劝臣,上义而不能与小利⑤。五官者,人争其职,然后君闻⑥。

注释

①张佩纶云:此节明言五官之职掌。"'官礼之司,先功而后器',此司徒兼太宰也。"器:指标志名位的器物。

②"尊鬼"句:张佩纶云:"'昭穆之离,尊鬼而守故',此宗伯职也。"昭穆:古代宗庙位次,左为昭,右为穆。离:尹知章云:"谓次位之别也。"

③"战事"二句:张佩纶云:"'战事之任高功而下死',此司马职也。"

④"本事"二句:张佩纶云:"'本事'当作'本事之治'。上'事之治',虽杂厕于前,而两事字犹可证明。'食功而省利',此司空职也。"食功省利指酬赏有功、省察实利。译文从张说。

⑤"劝臣"二句:张佩纶云:"当作'劝臣之义,上能而慎刑'。'与小'二字乃

'慎'字之坏","'利'当为'刑'字,此司寇职也。"译文从张说。

⑥"五官"三句:尹知章云:"官争理职则国治,故君名闻于天下。"

【今译】

掌管百官的礼仪,要先论功绩而后定名位。排定昭穆的位次,要尊重鬼神而恪守旧制。审定战功的高低,要倡导立功而贬低拼命。抓好本业的治理,要酬赏有功而注重实利。勉励臣下的原则,要奖赏能人而慎用刑罚。以上五官的职掌,可以使人人争尽其职,这样,君主的声名就会闻于天下。

【原文】

祭之,时上贤者也①,故君臣掌,君臣掌则上下均②,此以知上贤无益也,其亡兹适。上贤者亡,而役贤者昌。上义以禁暴,尊祖以敬祖,聚宗以朝杀③,示不轻为主也。

注释

①"祭之"二句:郭沫若云:"'祭之'当是'察之'之误,'时'读为恃。言人君尚小察,乃自恃其贤。"译文从郭说。

②"故君"二句:郭沫若云:"上恃贤则君臣同掌,于是上下无别。"

③朝杀:章炳麟云:"'朝'当借为'昭'。""言聚族人于宗室以昭亲疏之杀也。"杀,等差。

【今译】

君主亲自察问小事,是自恃贤能的表现,这样就造成了君臣共掌小事的局面,君臣共掌就形成上下地位均平,因此可知自恃贤能没有好处,正可造成君主地位的危亡。因而,君主自恃贤能的国家危亡,役使贤能的国家盛昌。至于崇尚仁义而禁止残暴,尊荣祖先又敬奉祖宗,聚合宗族而昭明等差,掌管这些大事才表明君主地位的重要。

【原文】

载祭明置①。高子闻之,以告中寝诸子②,中寝诸子告寡人③,舍朝不鼎馈④。中寝诸子告宫中女子曰:"公将有行,故不送公⑤?"公言:

"无行,女安闻之?"曰:"闻之中寝诸子。"索中寝诸子而问之:"寡人无行,女安闻之?""吾闻之先人,诸侯舍于朝不鼎馈者,非有外事,必有内忧。"公曰:"吾不欲与汝及若⑥,女言至焉,不得毋与女及若言。吾欲致诸侯,诸侯不至若何哉?""女子不辩于致诸侯,自吾不为污杀之事人⑦,布织不可得而衣。故虽有圣人,恶用之?"

注释

①载祭明置:尹知章云:"载,行也。言公将为行祭至明,而置之欲人不知也。"本节内容与《戒》篇中"桓公外舍而不鼎馈"一节略同,故人多疑其为错简。可参阅《戒》篇。

②中寝诸子:《戒》篇作"中妇诸子",指宫中内官。

③本句疑衍,故译文略去。

④舍朝:即《戒》篇"外舍"义,下"舍于朝"同。

⑤故:王念孙云:"'故'当为'胡'。"是。

⑥猪饲彦博云:"'若'下脱'言'字。"尹知章云:"不欲与汝论此言也。"若言即此言。

⑦污杀:疑即《戒》篇之"持接"。

【今译】

桓公将通宵出行祭祀,又不想让人知道。高子听说了,告诉内官,君主准备宿于宫外,不再列鼎进食。内官对宫女说:"君主将出行,为什么不去侍从?"桓公说:"我不出行,你从哪里听来的?"宫女说:"从内官那里听来的。"桓公找来内官问道:"我不出行,你从哪里听来的?""我从先人那里听到,诸侯宿于宫外,不列鼎进食,不是有外患,就是有内忧。"桓公说:"我不打算同你谈论这件事,但你既已谈及此事,我不得不告诉你了。我打算召集各国诸侯,但如果诸侯不来,该怎么办?""一个女子不该谈论召集诸侯的方法,但如果我不做一些侍奉别人之事,别人就不会织布给我做衣穿。因此即使有圣人,又有什么用呢?"

【原文】

"能摩故道新道①,定国家,然后化时乎?""国贫而鄙富,苴美于朝市国;国富而鄙贫,莫尽如市②。市也者,劝也。劝者,所以起本善③。

而末事起,不侈,本事不得立。"

注释

①"能摩"句:张文虎云:"'摩'读如'揣摩'之'摩',谓揣摩于新故间而用之。"

②"国贫"四句:陶鸿庆云:"'苴'当为'莫'之坏字,'市国'二字涉上下文而衍,'尽'当为'善'字之误。""盖朝所以聚鄙邑之财,市所以通都会之财,四句反义相对。"译文从陶说。

③善:猪饲彦博云:"'善'当作'事'。"译文从"事"。

【今译】

"能够在旧法新法间斟酌,安定国家,然后顺应时势变化吗?""城市贫穷而边境富裕,没有比朝廷聚敛财富更有利的了;城市富裕而边境贫穷,没有比市场流通财货更有利的了。市场能起到劝勉引导的作用,劝勉引导的方向就是发展农业,但工商业也要发展,不实行侈靡消费,农业也就不能立住根本。"

【原文】

选贤举能不可得,恶得伐不服用①?百夫无长,不可临也②;千乘有道,不可修也③。夫纣在上,恶得伐不得④?钧则战⑤,守则攻。百盖无筑,千聚无社⑥,谓之陋,一举而取。天下有一事之时也⑦,万诸侯钧,万民无听,上位不能为功更制,其能王乎?

注释

①用:郭沫若云:"'用'字疑'耶'字之坏残而致误者也。"译文从"耶"。

②"百夫"二句:张佩纶云:"当依下句例作'百夫有长,不可临也'。有长虽百夫不可临。"译文从张说。

③"千乘"二句:张佩纶云:"'修'当作'侵'。有道虽千乘不可侵。"译文从张说。

④猪饲彦博云:"'不得'当作'不服',言纣既无道,故不得伐不服。"译文从之。

⑤钧:同"均"。

⑥"百盖"二句:丁士涵云:"'百盖'犹'百室'。'千聚'疑当为'十聚'。"译文

从丁说。

⑦李哲明云:"言万诸侯势力均同,莫能相尚,即万民无适听从。"古本"有"下无"一"字。

【今译】

不能得到贤能之士的辅佐,又怎能讨伐不服统治的人呢?百名役夫,有一首领,就不可加以轻视;千乘之国,治理有方,就不可冒然侵犯。像商纣这样的暴君执掌朝政,又怎能讨伐不服统治的人呢?双方力量相当就可对阵,一方防守另一方就可进攻。上百的房屋都被毁坏,十聚之内难寻神社,这就叫衰败,这样的国家可以一举攻克。天下发生战事,各国诸侯势均力敌,百姓无所适从,君主不能乘机建立功勋,更新旧制,还能成就王业吗?

【原文】

"缘故修法①,以政治道②,则约杀子吾君③,故取夷吾谓替④。"公曰:"何若?"对曰:"以同。其日久临,可立而待⑤。鬼神不明,橐橐之食无报,明厚德也⑥。沉浮,示轻财也⑦。先立象而定期,则民从之,故为祷⑧,朝缕绵,明轻财而重名⑨。"公曰:"同临⑩?""所谓同者,其以先后智渝者也⑪。钧同财争,依则说⑫,十则从服,万则化。成功而不能识,而民期,然后成形而更名则临矣⑬。"

注释

①缘故修法:张佩纶云:"言循故以修新法。"
②以政治道:李哲明云:"谓正其治国之道。"
③"则约"句:张佩纶云:"'约'当作'钧','子'当作'于','均杀于吾',言诸侯均不及吾。"译文从张说。
④"故取"句:李哲明云:"君故取夷吾为之伐筹治国。替者代也,'谓'当作'为'。"
⑤"其日"句:李哲明云:"'同'谓同德,言君臣以同德相济也。""其日久临,制诸侯可立而待其治也。"
⑥"鬼神"三句:李哲明云:"鬼神之道幽,幽故不明。橐橐之食指祭品。""言君子谨祭鬼神,非望其报,所以报本反始,明厚德之意也。"
⑦"沉浮"二句:何如璋云:"'沉浮'宜作'浮沉'。《尔雅》'祭川曰浮沉'。川

祭投玉,故云'示轻财'。"译文从何说。

⑧"先立"三句:许维遹云:"'象'为'法象'。""此谓先设神像而定祷期,于是民从之,乃为祷焉。"

⑨"朝缕"二句:许维遹云:"缕绵为招魂之具,……'朝'可训召。言以缕绵招其魂也。'名'与'命'通。"自"鬼神不明"至此数句与上下不合,疑错简。

⑩同临:李哲明云:"疑当作'何临'。盖公承上'久临'而问。"译文从李说。

⑪"所谓"二句:李哲明云:"'同者'当作'临者'。""'渝'当作'逾'。""惟先后之智相逾越故得而临之也。"译文从李说。

⑫"钩同"二句:猪饲彦博云:"'同'字衍,'财'当作'则',言势均则不相下。'依'疑当作'倍'。"译文从之。

⑬"然后"句:郭沫若云:"'成形'谓成王业,'更名'犹正名,……"

【今译】

"依循旧制,修订新法,拨正治国之道,这方面诸侯都不如我们君主,因此君主要用我夷吾来代为筹划。"桓公问:"这该怎么办?"管子回答说:"凭借同心同德。那么今后的君临天下,就可指日而待。鬼神之道幽暗不明,奉献的祭品不求回报,这是表明崇尚德义。用沉玉祭川,这是表示看轻财物。先设立神像而后确定日期,百姓都跟随进行祈祷,用缕绵招魂,这是表明看轻财物而重视命运。"桓公问:"怎样才能君临天下?""所谓君临天下,这是以先后双方才智相超越为基础的。双方才智均衡则相互争斗,某方超过一倍则对方悦服,超过十倍则对方服从,超过万倍则对方归化。完成功业而不被察觉,百姓翘首期待,然后成就王业并正名即位,这样就君临天下了。"

【原文】

"请问为边若何?"对曰:"夫边日变,不可以常知观也。民未始变而是变,是为自乱。请问诸边而参其乱,任之以事,因其谋①。方百里之地,树表相望者②,丈夫走祸,妇人备食,内外相备。春秋一日,败曰千金,称本而动③。候人不可重也,唯交于上④,能必于边之辞⑤。行人可不有私?不。有私所以为内因也。使能者有主,矣而内事⑥。"

注释

①古本"任之以事"下有"而"字。李哲明云:"'问'当为'伺'。""言备边之计

不当自乱,须伺察四边而参验其变乱之萌,乃急修边事,因其乱而谋之。"

②树表相望:指树立标识以备了望报警。

③古本"败"下有"事"字。丁士涵云:"'事曰'二字乃'费'字之坏。"郭沫若云:"'春秋一日'谓终岁事边如一日,不懈怠也。'败费千金,言破费之多耳。'称本而动'者犹言举国而动。"

④"候人"二句:郭沫若云:"'重'亦'动'字","言斥候之人不可擅离其岗位。'交于上'谓通报边情于上"。

⑤"能必"句:许维遹云:"'能'犹'而'也,'必'与'毕'古通用。""辞"即"治"。言尽职于边境之事。

⑥"使能"二句:郭沫若云:"'有主'谓有所职司。'矣'乃'俟'之坏字。俟,待也,备也,治也。'而'读为尔。"

【今译】

"请问怎样守卫好边境?"管子回答说:"边境地区形势多变,不可用常理来观察判断。边民没有变乱而看作已经变乱,这是自乱阵脚。要伺察四周而参验变乱的迹象,安排好边境的治理,准备好平乱的谋略。方圆百里之内,树立标识相互联络,男子奔走应变,妇女准备粮食,内外都要有所防备。终年如一日,不可懈怠。边境费用动辄千金,要举国共同担负。侦察人员不得擅离岗位,要及时向上级通报情况,克尽职守。外交人员能否有私心呢?不能,如果有私心,就会泄漏内情。要派干练的官员掌管此事,整治好边境守备。"

【原文】

万世之国,必有万世之实①。必因天地之道,无使其内使其外②,使其小毋使其大③。弃其国宝使其大④,贵一与而圣⑤;称其国宝使其小⑥,可以为道。能则专,专则侠⑦。橡能逾,则橡于逾⑧。能宫则不守而不散⑨。众能,伯;不然,将见对⑩。

注释

①古本"实"作"宝"。译文从"宝"。

②"无使"句:俞樾云:此当作"使其内无使其外",与下句一律。译文从俞说。

③使:郭沫若云:"四'使'字均当为'事',言当务内治,不必好大喜功。"译文从郭说。

④大:张文虎云:"'大'当作'外'。"译文从"外"。
⑤"贵一"句:郭沫若云:"'贵一'当是'遗'字,误析为二。'圣'当为'败',与'外'为韵。'遗与而败'者谓失去与国而招致失败也。"译文从郭说。
⑥"称其"句:郭沫若云:"'称'乃'摄'字之误"。当作"摄其国宝事其小"。"摄其国宝"者谓珍藏其国宝。译文从郭说。
⑦"能则"二句:郭沫若云:"谓能者则专任之,专任之则为上者逸而不劳。"
⑧"橡能"二句:张文虎云:"'橡'当为'掾',读如缘。郭沫若云:"'逾'读为愉,于犹与也。""谓因任能者则愉,所因任者亦与之同愉也。"译文从张说。
⑨能宫:丁士涵云:"'能'即贤能之能。'宫'乃'官'字误。"译文从丁说。
⑩"众能"四句:郭沫若云:"人众皆能则霸,不然则得其反。霸之对谓削弱乃至危亡也。"

【今译】

能传万世的国家,必有能传万世的国宝。这就是顺应天地的规律,治理好国内而不要向外扩张,从小事做起而不要好大喜功。如果丢弃这个国宝向外扩张,将失去与国而招致失败;如果珍藏这个国宝做好小事,最终可以治理好国家。对能臣就要专任,君主专任能臣就会逸而不劳。任用能臣会带来愉悦,被任用者也会同样愉快。任用能者为官,即使掌管不好,也不至于散乱。能臣多,就可成霸业;否则,国家必将削弱以至危亡。

【原文】

君子者,勉于纠人者也,非见纠者也①。故轻者轻,重者重,前后不慈②。凡轻者操实也,以轻则可使③,重不可起轻④,轻重有齐⑤。重以为国,轻以为死⑥。毋全禄,贫国而用不足;毋全赏,好德恶亡使常⑦。

注释

①纠:郭沫若云:为"乱"讹。"'乱'字乃'司'字之异,……'司人'者谓官人也。'见'是'身'字之误,'身司'者自执其事也"。译文从郭说。
②章炳麟云:"慈"借为"戴",相当值谓之戴。此盖以衡之悬物为喻,轻者自轻,重者自重,则衡之前后,必有低印,不相当值矣。译文从章说。
③"以轻"句:郭沫若云:"盖'轻'者谓权也,权虽不容于一握,而可以起千斤之重。"

④"重不"句:郭沫若云:"谓过重之物不便操纵以起他物。"
⑤轻重有齐:郭沫若云:"轻重之间大有分剂存焉,……"分剂指比例。
⑥为死:郭沫若云:"'为'通'谓','死'通'尸',即祭祀之尸。""今国者重器也,然以权操之则易举。"尸指用晚辈活人或儒子代死者受祭。
⑦恶亡:张佩纶云:"'恶亡'之'亡'衍,言赏为好德,恶使民以为掌。"译文从张说。

【今译】

君主要善于管制臣民,而不被臣民管制。比如用秤,轻的一头自轻,重的一头自重,前后就不平衡。轻的一头可操纵重物,因为只有轻才便于搬弄,而重物不便于搬弄来称量轻物,因而轻重之间有一定的比例。把重的一头比作国家,那么轻的一头就像祭祀仪式中的代受者。俸禄不要过高,否则使国家贫困、财用不足;赏赐不要过滥,否则使君主好德流为形式。

【原文】

"请问先合于天下而无私怨①,犯强而无私害,为之若何?"对曰:"国虽强,令必忠以义②;国虽弱,令必敬以哀③。强弱不犯,则人欲听矣。先人而自后而无以为仁也,加功于人而勿得④,所橐者远矣⑤,所争者外矣⑥。明无私交,则无内怨。与大则胜,私交众则怨杀。"

注释

①合:会合、会盟。
②令:指辞令。
③哀:李哲明云:"'哀'读为爱,古字通。"
④得:丁士涵云:"'得'与'德'同。"译文从"德"。
⑤橐:包容。
⑥外:郭沫若云:"'外'亦犹远也。"

【今译】

"请问要率先会合天下各国而不结私怨,冒犯强国而不遭私害,该怎样才能做到呢?"管子回答说:"虽遇强国,辞令一定要既诚心又合道义;虽遇弱国,辞令一定要既恭敬又含爱心。强国弱国都不冒犯,各国就愿意听从了。先人后己,不自以为仁,归功他人,不自以为德。做到这样,所包容就十分广阔,所争取就十分远大。表明自己没有私交,内部就不会生怨。与国多就会胜利,私交多就会招来怨恨以至杀伐。"

【原文】

夷吾也,如以予人财者,不如无夺时;如以予人食者,不如毋夺其事。此谓无外内之患。事故也①,君臣之际也;礼义者,人君之神也。且君臣之属②,亲戚之爱③,性也。使君亲之察同索,属故也。使人君不安者,属际也④。不可不谨也。

注释

①事故也:郭沫若云:"'事故'二字当是'忠敬'之讹。"李哲明云:"'也'当为'者'。"译文从之。

②李哲明云:"'属'下当夺'义'字。"故译文补出。

③亲戚:此指父母。

④"使君"四句:郭沫若云:"'察'与'际'互讹,'敬'误为'故'。意谓使君亲之际同法,则以君臣相敬也;使人君不安于位,则以君臣相察也。"译文从郭说。索:指法度。察:指戒备。

【今译】

夷吾啊,假如你给人财物,不如不耽误人家农时;假如你给人食粮,不如不使人家失业。这就不会有内忧外患。忠敬是君臣之间关系的准则,礼义是君主用以治国的神明。君臣的关系是道义,父母的抚爱是天性。使君臣关系相仿于父子关系,就要求君臣相互敬重。最使君主不安于位的,就是君臣相互戒备。这是不可不慎重对待的。

【原文】

贤不可威,能不可留①,杜事之于前,易也②。水鼎之污也③,人聚之;壤地之美也,人死之④。若江湖之大也,求珠贝者,不令也⑤。逐神而远热,交觯者不处⑥,兄遗利夫⑦?事左中国之人⑧,观危国过君而弋其能者⑨,岂不几于危社主哉⑩?

注释

①"贤不"二句:何如璋云:"威,制也,凌蔑也。留,止也,淹滞也。"
②"杜事"二句:李哲明云:"谨之于前,以杜塞后虑,为道甚易。"
③鼎:张文虎云:"'鼎'当为'泉'。"译文从"泉"。
④郭沫若云:"谓生于是,死于是,终身不移也。"
⑤令:洪颐煊云:"'令'当作'舍',谓舍而去之。"译文从"舍"。
⑥"逐神"二句:郭沫若云:"'远热'当为'远爇',谓逐神时燃火炬而传远也。"当此之时,饮酒者亦停杯而往追逐之。译文从郭说。
⑦兄:刘绩云:"'兄'古'况'字。"
⑧"事左"句:郭沫若云:"'事'读为'使','左'乃'在'字之坏。'中国之人'谓国中之人,……"译文从郭说。
⑨"观危"句:李哲明云:"'危国过君'即与中国左戾者。"许维遹云:"'弋'即'隿'字,……引申为'射','射其能'犹显出其能也。"
⑩社主:指社稷之神。

【今译】

对贤者不可以威势要挟,对能人不可淹滞不使用,杜绝祸患于事前是容易的。有泉水流淌,人们都来聚居;有肥壤沃土,人们生死不离;再大的江湖水面,采集珍珠的人们也不肯舍弃。举行逐神仪式要点燃火炬传送,这时连饮酒的人也起身追逐,何况是面对实际利益呢?使国内的人们观看四夷君主呈现他们的能力,岂不要危及国家吗?

【原文】

利不可法,故民流;神不可法,故事之①。天地不可留,故动,化故从新。是故得天者高而不崩,得人者卑而不可胜。是故圣人重之,人君重之。故至贞生至信,至言往至绞②。生至自有道③,不务以文胜情,不务以多胜少。不动则望有廧④,旬身行⑤。

注释

①郭沫若云:金文"以'法'为'废'字,此两'法'字均当读为废"。译文从郭说。
②"至言"句:猪饲彦博云:疑当作"至信生至交"。译文从之。
③"生至"句:郭沫若云:当为"生至贞有道"。译文从之。

④"不动"句:尹知章云:"君子俨然不动,则望者如墙焉。"廧同"墙"。
⑤旬身行:尹知章云:"旬,均也。君子身行,必令均平正直。"

【今译】

利不可废止,因而百姓迁流追逐;神不可废止,因而百姓供奉祭礼。天地运行不可停留,因而万物变动不居,去旧布新。所以得天道者位高而不会崩溃,得人心者位卑而不可战胜。圣人重视这个道理,君主也重视这个道理。因此最大的正直可以产生最高的信任,最高的信任可以产生最深的交情。而产生最大的正直的条件,是不求以文采胜过真情,不求以多数胜过少数。君子俨然不动,望者如墙,是因为他立身行事,都能均平正直。

【原文】

法制度量,王者典器也①。执故义道,畏变也②。天地若夫神之动。化变者也,天地之极也。能与化起而王用③,则不可以道山也④。仁者善用,智者善用,非其人则与神往矣⑤。

注释

①"王者"句:尹知章云:"理国之常器也。"
②"执故"二句:安井衡云:"故、古通。坚执古义与道,是畏世变者也。"
③王:安井衡云:"'王'当为'善'。"译文从"善"。
④山:丁士涵云:"'山'乃'止'字误。"译文从之。
⑤"仁者"三句:李哲明云:"此言唯仁智善用其化,非智者仁者则不能格乎天地,化与神俱往矣。"

【今译】

法制度量是君主治国的常用工具。坚守古代的仪法、法道,这是畏惧世道的变革。天地如同神一般变动,流动变化是天地的极致。能顺应变化而善于运用变化的,不可中途停滞。仁者是善用变化的,智者也是善用变化的,不是仁者、智者就不能因时应变而与神俱去了。

【原文】

衣食之于人也,不可以一日违也,亲戚可以时大也①。是故圣人万民艰处而立焉②。人死则易云③,生则难合也。故一为赏,再为常,三为固然。其小行之则俗也④,久之则礼义⑤。故无使下当⑥,上必行之然后移。

【注释】

①"亲戚"句:郭沫若云:"'大'乃'失'字或'去'字之误。""'亲戚'谓父母。父母有时而离别,父母死则大别矣。"译文从郭说。

②万民:戴望云:"'万民'二字当衍。"译文从戴说。

③"人死"句:俞樾云:"云训有,即相亲有也。……'易云'者,易亲也,古人族葬,故有'死则易云'之说。"

④俗:颜昌峣云:"'俗'疑'欲'字之误,言愿欲也。"译文从"欲"。

⑤"久之"句:郭沫若云:"'义'当读为俄,倾仄之意,谓久则礼崩也。"

⑥"故无":郭沫若云:"言行赏无使下以为当然,……"

【今译】

衣食对于人是一日不可相离的,而父母到一定时候也总会离去。因而圣人总是在艰难的困境中以求自立。人死后易亲近,活着却难相处。比如上对下行赏,第一次被看作恩赏,第二次就被看作常规,第三次更被看作理所当然。偶然行赏使人满意,长久行之礼数崩坏。因此不要使在下者视行赏为当然,在上者必须在行赏之后就改用其他方式。

【原文】

商人于国,非用人也①。不择乡而处,不择君而使②,出则从利,入则不守。国之山林也,则而利之③。市尘之所及④,二依其本⑤。故上侈而下靡,而君臣相上下相亲,则君臣之财不私藏⑥,然则贪动枳而得食矣⑦。徙邑移市,亦为数一。

【注释】

①用人:郭沫若云:"'用'读为庸,……"庸人指无为之人。

②使:张佩纶云:"'使'当作'事'。"译文从"事"。

③则:丁士涵云:"'则'当为'取'。"译文从丁说。

④"市尘"句:孙星衍云:"'尘'当作'廛'。"郭沫若云:"'及'疑'得'字之

误。"译文从之。

⑤依:丁士涵云:"'依'乃'倍'字误。"译文从丁说。

⑥郭沫若云:"'君臣相'下所脱一字疑当是'得'。下'君臣'之'君'当是'群'字之误。"译文从郭说。

⑦贪动枳:张佩纶云:"贪"当作"贫"。"枳"当作"胑"(胑即肢)。译文从张说。

【今译】

商人对于国家,并不是无所作为之人。他们不选择乡土而居处,不选择君主而侍奉。卖出为谋利,买入不囤积。国家的山林,他们拿来就使它生利。他们使市场的税收增加二倍。由于有了商人,国中侈靡成风,君臣关系融洽,上下相亲相近,群臣财产不私自隐匿,贫民只要劳动就有饭吃。因此,使商人在都邑、市场中移徙行商,也是治国的方法之一。

【原文】

问曰:"多贤可云①?"对曰:"鱼鳖之不食呎者②,不出其渊;树木之胜霜雪者,不听于天;士能自治者,不从圣人。岂云哉?夷吾之闻之也,不欲③,强能不服,智而不牧④。若旬虚期于月⑤,津若出于一⑥,明然,则可以虚矣⑦。故厄其道而薄其所予,则士云矣。不择人而予之,谓之好人⑧;不择人而取之,谓之好利。审此两者,以为处行,则云矣。"

注释

①多贤可云:张佩纶云:"《尔雅·释诂》'多,众也'。'可','何'省。"云,亲近。下同。

②呎:孙星衍云:"'呎'当作'饵'。"译文从孙说。

③不欲:张佩纶云:"中无所欲也。"

④"强能"二句:王引之云:"'能'亦'而'也。'强能不服',言强而不服于上也。""'牧',治也,……'智而不牧',言智而不受治于上也。"

⑤旬虚:猪饲彦博云:"'旬'当作'盈',盈虚即下虚满也。"译文从之。

⑥津若:郭沫若云:"'津若'乃'律吕'之误,……"译文从郭说。

⑦虚:何如璋云:"'虚'当作'处'。"译文从何说。

⑧好人:即"好仁"。郭沫若云:"'好'当训为空。""周济不及富。故不择人

而予为空仁。竭泽而渔,后必有殃,故不择人而取为空利。"

【今译】

桓公问:"怎样与众贤亲近呢?"管子回答说:"不吃鱼饵的鱼鳖,不会游出深渊;不怕霜雪的树木,不会畏惧天时;能够自立的贤士,不肯盲从君主。这还怎样亲近呢?夷吾听说,人没有欲求,强者就不服君主,智者也难以治理。如同月亮的盈虚有一定周期,音乐的乐律有一定法式。懂得了这个道理,就可以处理好关系了。因而让士人从政困难,禄赏菲薄,这样他们就会亲近君主。不选择对象而给予禄赏,这叫白给式的仁义;不选择对象而实行掠取,这叫滥取式的得利。审察这两种情况,作为处理行事的准则,就会达到亲近众贤的目的。"

【原文】

不方之政①,不可以为国;曲静之言,不可以为道②。节时于政,与时往矣③。不动以为道,齐以为行④,避世之道,不可以进取。

注释

①方:张佩纶云:"《广雅·释诂》一'方,正也'。"
②曲静:张佩纶云:"《释名·释言语》'曲,局也',道该动静,局于静,则非道矣。"
③"节时"二句:尹知章云:"凡为节度,当合于时,所施政教,与时俱往。"
④"不动"二句:郭沫若云:"'不动'谓无为。'齐以为行'者,如田骈、慎到'齐万物以为首',如庄周齐生死之类。故此乃反对黄老之术。"齐指顺从自然。

【今译】

邪曲不正的政治,不能用来治国;局限静止的理论,不能作为大道。法度要合于时势,政教要适时变化。以无为作为大道,以顺从自然作为行为准则,这种消极避世的态度,不能用来求得进取。

【原文】

"阳者进谋,几者应感①,再杀则齐②,然后运。可请也③?"对曰:"夫运谋者,天地之虚满也,合离也,春秋冬夏之胜也。然有知强弱之所尤,然后应诸侯取交④。故知安危国之所存,以时事天,以天事神,以神事鬼,故国无罪而君寿而民不杀⑤。智运谋而杂櫜刃焉⑥。"

注释

①阳:李哲明云:"'阳'与'几'对文。'阳'之言显也,'几'之言微也。"

②杀:郭沫若云:"'杀'假为'试'。""言有所谋画,试之至再而效果齐一,然后用之。"译文从郭说。

③可请:郭沫若云:"'可请'二字疑本作'何谓'。"译文从"何谓"。

④"然有"二句:李哲明云:"'有'当读又。""言运谋者上揆之天时,又当下度之人事。'强弱所尤'谓人力之殊异也。天顺人服然后可以应诸侯而取天下之交。"

⑤"故国"句:郭沫若云:"'国无罚'者谓国无灾荒也。""'杀'殆'疫'字之误。"译文从郭说。

⑥"智运"句:郭沫若云:"'杂'当依一本作'离',言智者运谋则可免争战之祸。"译文从郭说。櫜(gāo 高):盛弓箭的囊。刃:兵刃。

【今译】

"对显明之事,而进用谋略;对隐微之事,要有所感知。经过一再试验而效果齐一,然后谋略可用。这是为什么呢?"管子回答说:"运用谋略,要懂得天地盈虚、合离的变化和四时的交替相胜,又要了解各国强弱的特殊情况,然后才能应对诸侯,得以交往。因而,知道了国家安危的关键所在,就要按时节祭祀上天,因上天进而祭祀天神,因天神进而祭礼人鬼,这样,国家没有灾荒,君主长寿,百姓免于疫病。因此,智者运用谋略就可避免战争的灾祸。"

【原文】

其满为感,其虚为亡,满虚之合,有时而为实,时而为动①。地阳时贷②,其冬厚则夏热③,其阳厚则阴寒。是故王者谨于日至④,故知虚满之所在,以为政令。已杀生,其合而未散,可以决事⑤。将合,可以禺其随行以为兵⑥,分其多少以为曲政⑦。

注释

①"其满"五句:郭沫若云:"'感'读为减,'亡'读为萌。满者损之始,虚者生

之基。方生方死,方死方生,盈虚相合,因是而为实有,因是而为进化。"

②地阳时贷:丁士涵云:"当作'阴阳时贷','贷'与'代'通。"译文从丁说。

③"其冬"句:尹知章云:"厚谓过于寒热。"

④日至:指夏至、冬至两至日。

⑤"已杀"三句:尹桐阳云:"'已杀生'谓秋时也。秋时天气尚和同,故曰'合而未散'。'决事',断狱也。"

⑥"可以"句:郭沫若云:"'禺'与'分'为对,读为偶。"'随行'与'多少'当为同类语,是则'随行'殆谓兴废或动静,'随'假为'堕'也。"

⑦"分其"句:郭沫若云:"军制亦称'部曲',则'曲政'犹军政矣。"

【今译】

满是减损的开始,虚是萌生的基础,满和虚相会,因此而成为实有,因此而成为进化。阴阳时常相互交替,冬天大寒则夏天热,阳气极盛则阴气寒。因而君王谨慎地对待夏至、冬至两个时节,了解虚、满的状况,并据以发布政令。到了杀生的深秋,秋气聚合而不散,可以判刑断案。秋气方将凝合的初秋,则可以结合边境的动静考虑用兵,部署兵力的多少安排军政。

【原文】

"请问形有时而变乎①?"对曰:"阴阳之分定,则甘苦之草生也②。从其宜,则酸咸和焉③,而形色定焉,以为声乐④。夫阴阳进退,满虚亡时,其散合可以视岁⑤。唯圣人不为岁能⑥,知满虚,夺余满,补不足,以通政事,以赡民常。地之变气,应其所出⑦;水之变气,应之以精,受之以豫⑧;天之变气,应之以正⑨。且夫天地精气有五⑩,不必为沮其巫而反其重⑪。陔动毁之进退⑫,即此数之难得者也,此形之时变也。"

注释

①"请问"句:尹知章云:"谓岁年多吉凶之变可知。"联系下文可知此句乃问年成因天时而变化否。形,指年成的征兆。

②甘苦之草:指甘草和苦草。

③"从其"二句:尹知章云:"谓从四时之宜,以酸咸之味和而食焉,若春多酸、冬多咸是也。"

④"而形"二句:尹知章云:"酸色青,咸色黑。青声角,黑声羽。言定色而

生声。"

⑤"夫阴"三句：尹知章云："言阴阳、满虚、散合可视知岁之丰荒也。"
⑥能：郭沫若云："'能'乃'罷'之坏字，罢者困也。"译文从郭说。
⑦"地之"二句：尹知章云："谓地见灾变之气，应其所出之处设法以禳之。"
⑧"水之"三句：尹知章云："水见灾变之气，则当应之以精诚，其祥不弭当受之者，须预有所防备之也。"
⑨"天之"句：尹知章云："天见灾变之气，唯守正以应之也。"
⑩"且夫"句：郭沫若云："此言'天地精气有五'，即指五行之气，……"
⑪"不必"句：郭沫若云："谓五气运行，胜者相代，不应阻其气运之极者而反其动向，'重'古用为'动'。"
⑫陔：郭沫若云："'陔'当为'核'，言审核也。"译文从郭说。

【今译】

"请问年成因天时而变化有什么征兆吗？"管子回答说："阴阳的成份一定，就会生出甘草或苦草。顺从四时所宜，就会酸咸之味调和，颜色从而确定，声音因而相生。阴阳二气消长变化，或满或虚没有定时，从它分散或聚合的迹象中可以看出年成的丰歉。只有圣人不被年成的丰歉困扰，因为他能预知阴阳的或满或虚，裁夺余满，补充不足，用来通达政事，用来满足民用。地出现灾变之气，可以在发现处祈祷禳灾；水出现灾变之气，可以用精诚之气对待，并对水灾有所防备；天出现灾变之气，可以坚守正道来对付。天地间正常运行的有五行之气，不必人为地阻碍其运动，改变其动向。能审核五气运动、毁损的消长迹象，即很难得到的，这也就是年成因天时而变化的征兆。"

【原文】

"沮平气之阳①，若如辞静②？余气之潜然而动，爱气之潜然而哀，胡得而治动③？"对曰："得之衰时，位而观之④，怡美然后有辉⑤。修之心，其杀以相待⑥，故有满虚哀乐之气也⑦。故书之帝八，神农不与存，为其无位，不能相用。"

【注释】

①"沮平"句：郭沫若云："'平气'谓正气。正气方兴，在上者每思有以'沮'之。"沮，阻也。

②若如辞静:郭沫若云:"'若如'当为'若为',如何也。""'辞'亦治也。'静'即上之阻力,问如何而后可以抗其阻力也。"译文从郭说。

③"余气"三句:郭沫若云:"'余气'谓气数已尽者之残余。'爱'假为'薆',隐也。'余气'当隐而不愿退位,犹思蠢动,如此则将何以制其动。"

④"得之"二句:郭沫若云:"谓德于主气既衰之时,依五行之位而观审之。"

⑤郭沫若云:"'佁'乃'信'字误耳。……"译文从之。

⑥"修之"二句:郭沫若云:"谓潜修其相胜之德以相对待。"杀:指五行相胜。

⑦满虚哀乐:指由满发展为虚,由哀发展为乐。联系前文,这是由减损到萌生的趋势。

【今译】

"正气方兴,即受阻碍,如何对抗这种静止的阻力?残余的邪气暗中活动,隐蔽的邪气暗中哀伤,怎样才能制止这种蠢动?"管子回答说:"主气衰弱之时,应依照五行的位次进行审察,确实合于五行相胜之德,必生光辉。潜心修治此德,用相胜之理来对待,因而呈现出由满转虚、由哀转乐的正气。所以典籍记载的八个帝王中没有神农氏,因为五德之中没有他的位置,不能用五德相胜之理决定位次。

【原文】

问:"运之合满安臧①?""二十岁而可广,十二岁而聂广,百岁伤神②。周郑之礼移矣,则周律之废矣③,则中国之草木有移于不通之野者④。然则人君声服变矣⑤,则臣有依驷之禄⑥,妇人为政,铁之重反旅金⑦,而声好下曲⑧,食好咸苦,则人君日退。亟则溪陵山谷之神之祭更,应国之称号亦更矣⑨。"

注释

①运:指国运。臧:同"藏"。尹知章云:"问自今之后,运之合满何所藏隐,可得知之乎?"

②"二十"三句:尹知章云:"从今之后二十岁,天下安宁,德义可广;又十二岁,代将乱而摄其广;又百岁之后,天下分崩,鬼神之祀绝矣。"李哲明云:此下究言齐国之运,因及天下大势。齐自是后二十年霸业浸成,故云"可广"。晋文嗣兴,距仲、桓之后适十二岁,故云"摄广",言代齐霸也。再及百年,齐公室弱,大夫田氏始大,姜氏子孙,守府而已,祖宗威灵弥见销歇,故云"伤神"矣。

③"则周"句:戴望云:"当作'则周之律废矣'。"译文从戴说。
④"则中"句:李哲明云:"'不通之野'盖指吴越言。""草木"犹言英华。
⑤声服:指声乐、服饰。
⑥依驸:张佩纶云:"'依驸'无义,当是'千驷'之误。"译文从张说。
⑦旅金:丁士涵云:"'旅'疑'于'字误。"译文从"于"。金指青铜。
⑧下曲:下里、巴人之曲,指通俗乐曲。
⑨更:尹知章云:"更,改也。国衰则神之祀改,其所应祭国之称号亦更矣。"

【今译】

桓公问:"今后国运完满应在什么时候?""二十年后齐国称霸,德广天下;再过十二年,晋代齐霸,德广天下;再过百年,姜齐衰弱,祖宗神伤。此时天下大乱,周郑的礼仪变易了,周朝的律法也废除了,中原的英华渐渐转移到闭塞不通之地。于是君王的声乐、服饰有了变化,臣下有了千乘的厚禄,妇人也能执政,铁的价值反超过青铜,而且声乐喜好下里巴人之曲,饮食喜好咸苦之味,君主的地位一天天减弱。乱到极点连祭祀的溪流山谷之神也发生变更,所应祭国家的称号也发生变更。"

【原文】

视之亦变①,观之风气。古之祭,有时而星,有时而星燨,有时而炕,有时而朐②。鼠应广之实,阴阳之数也;华若落之名,祭之号也③。是故天子之为国,图具其树物也④。

注释

①亦:俞樾云:"'亦'乃'天'字之误。"译文从俞说。
②"有时"四句:俞樾云:此四句,皆以天象言,谓方祭之时,天象不同如此。"星者,《释文》引《韩诗》曰'星,晴也'。次句'星'字,涉上句而衍。""'燨'、'熹',一字耳,郑注《礼记》'喜犹蒸也'。""'朐'者,'昫'字之误,《说文·日部》'昫,日出温也'。"尹知章云:"炕,热甚也。"
③"鼠应"四句:俞樾云:"'应'字'若'字皆衍文也。""华、落对文,鼠、广疑亦对文。《汉书·五行志》曰'鼠盗窃小虫',意者以鼠喻小,故与广对欤?""小大之实",指祭祀的实效有大小。华落亦即盛衰,"华落之名"指祭祀的称名有盛衰。(用赵守正说)

④树物:朱长春云:"'图具树物'树是山川坛墠封树之变,三社松、柏、栗之类;物是文章服色之易,三代青白赤之尚。此皆世代之更,改步改物之谓也。"

【今译】

祭祀要察看天象的变化,观测风云气候。古代的祭祀,有时在晴空万里时进行,有时在云气蒸腾时进行,有时在酷热的天气进行,有时在温暖的天气进行。祭祀的成效有大小,这是阴阳的定数;祭祀的称名有盛衰,这是祭祀的名号。因此历代天子治国,都希图具备自己特定的封树和服色,以供祭祀之用。

心术上第三十六

【题解】

心术,唐成玄英疏:"术,能也。心之所能,谓之心术也。"古人以为心是思维的器官,是主宰身体其他器官的,所以文中把心比作君,把其他器官比作百官。《心术》分上、下两篇。本篇为上篇,论述心的功能和心的修养,涉及到治国处世等内容。主张以虚静无为之道治心处世,文中说:"心术者,无为而制窍者也。"与下篇以及《白心》《内业》的观点大致一样,是宣扬道家学说的哲学论文,体现了战国时期道家学派的发展趋势。

本篇分前后两部分,前经后解。前半篇经文概括地论述虚静无为的作用,后半篇解文是对经文的解释和补充。

【原文】

心之在体,君之位也;九窍之有职①,官之分也。心处其道,九窍循理。嗜欲充益②,目不见色,耳不闻声。故曰:上离其道,下失其事。毋代马走,使尽其力;毋代鸟飞,使弊其羽翼③;毋先物动,以观其则④。动则失位,静乃自得。

【注释】

①九窍:指眼耳鼻口等器官。

②充益:王念孙云:"'充益'当作'充盈',字之误也。"译文从王说。
③弊:衰退,退化。这里用其反义,意为增强、强化。
④则:规则,规律。

【今译】

　　心在人体之中,正像国君的地位;九窍的功能,正像百官的职能各有区分。心以道相处,九窍就能按各自的功能起作用。心里充满嗜好和欲望,眼就不能看见色彩,耳就听不到声音。所以说,君主背离了道,臣下就失去了职事。不要代替马去跑,要使马能尽自己的力;不要代鸟去飞,要使鸟能增强自己的羽翼;不要先于物而动,以便观察物的发展规律。动就失去了君主的位置,静才自有所得。

【原文】

　　道不远而难极也①,与人并处而难得也。虚其欲,神将入舍②。扫除不洁③,神乃留处。人皆欲智而莫索其所以智乎④。智乎,智乎,投之海外而无自夺⑤。求之者不得处之者⑥。夫正人无求之也,故能虚⑦。

注释

①极:穷尽。
②神:即道。
③不洁:不洁之物,指嗜欲。
④索:求。乎:王念孙云:智下不当有"乎"字。
⑤无:同"毋"。
⑥俞樾云:"下'之者'二字,衍文也,'求之者不得处',谓不得其处也。"译文从俞说。
⑦"夫正"二句:据王念孙云,应为"夫圣人无求也,故能虚"。"正"与"圣"音近而误。"求之"因上句有"求之"而衍"之"字。译文从王说。

【今译】

　　道离人不远却难以达到,与人在一块儿却难以获得。虚空自己的欲望,道就能进入心室;扫除不洁的杂念,道才能留下来安居。人都希望聪敏却不去探索使自己聪敏的办法。聪敏呀,聪敏呀,把聪敏投到海外去而不要自去强求。强求的人得不到聪敏的办法。圣人不追求聪敏,所以能做到虚空。

【原文】

虚无无形谓之道①,化育万物谓之德,君臣父子、人间之事谓之义,登降揖让②、贵贱有等、亲疏之体谓之礼,简物小未一道③,杀僇禁诛谓之法。

【注释】

①虚无无形:王念孙以为本为"虚而无形"。"虚无"下文均言"虚",不言"虚无"。据《文选·游天台山赋注》等均作"虚而无形"。译文从之。
②登降揖让:宾主相见的礼仪。《荀子·乐论》:"三揖至于阶,三让以宾升,拜之,献酬,辞让之节繁。"
③"简物"句:墨宝堂本"未"作末。郭沫若案:"丁士涵谓'末疑大之误',可从。'简物小大一道'者言不问事之繁简、物之大小,其本一也。"译文从郭说。

【今译】

虚空又无形体的叫做道,能变化养育万物的叫做德,使君臣父子、人间之事各得其宜的叫做义,使宾主有别、贵贱有等、亲疏有分的体制叫做礼,不论事之繁简物之大小都统一于道,用杀戮禁诛来规范叫做法。

【原文】

大道可安而不可说①。直人之言②,不义不顾③,不出于口,不见于色。四海之人,又孰知其则?

【注释】

①安:道虚而无形,不可见,不可及,但有神可得、可感,故"安"为可得、可感之义,相当于体会、意会的意思。
②直人:猪饲彦博云:"'直'当作'真'(下同)。真人,得道之人。
③不义不顾:章炳麟云:"此即后世所谓'不偏不倚''发而中节'之意。'义'与'顾'意相近。'义'借为'俄',《诗经·宾之初筵》笺:'俄,倾貌。'"译文从之。

【今译】

　　大道可意会而不能以言说。真人的思想,不偏不倚,不从口里说出来,不表现在脸上。天下的人,谁又能知道它的准则?

【原文】

　　天曰虚,地曰静,乃不伐①。洁其宫,开其门,去私毋言,神明若存。纷乎其若乱,静之而自治。强不能遍立,智不能尽谋。物固有形,形固有名,名当谓之圣人。故必知不言、无为之事②,然后知道之纪③。殊形异执,不与万物异理④,故可以为天下始。

注释

①伐:张佩纶云:"'伐'当作'忒'。"忒,过差。
②王念孙云:"'不言'下脱'之言'二字。"译文从王说。
③纪:头绪,纲要。
④"殊形"二句:何如璋云:"言事物之蕃变,形势虽殊,其理则一。"执,同"势"。

【今译】

　　天是虚空的,地是宁静的,于是不会有过错。扫净房间,敞开大门,去掉私心,默默无言,神明就好似存在了。世务千头万绪好似混乱,静止下来就自然理出头绪。用强力不能把什么东西都树立起来,用智力不能把什么事都谋划好。万物本有形体,形体本有名称,能使名称与万物相当的人就叫圣人。所以必须懂得无须说的话、无须做的事,然后才能懂得道的纲要。千变万化的形势,仍与万物同理,所以可作治理天下的出发点。

【原文】

　　人之可杀,以其恶死也;其可不利,以其好利也。是以君子不休乎好①,不迫乎恶,恬愉无为②,去智与故③,其应也非所设也,其动也非所取也。过在自用,罪在变化。是故有道之君,其处也若无知,其应物也若偶之④,静因之道也⑤。

【注释】

①怵:王念孙云:"下解作'怵',是也。"怵(chù 触),诱惑。
②恬(tián 甜):安闲。
③故:欺诈,巧诈。许维遹云:"'故'犹诈也。"
④偶之:自然而然的配合。
⑤静因之道:虚静循理之道,按自然行事。

【今译】

人可用杀戮来作警戒,是因为人害怕死;人可用不利来作惩罚,是因为人贪图利。所以君子不为所好之利诱惑,不被所恶之死胁迫,安闲愉悦,无所作为,放弃才智,不用欺诈,他应对事务时没有计划,他有行动时没有追求。有时错在于自以为是,有罪过在于妄作变化。所以有道的国君,他在日常生活中好像毫无才智,他在应对事务的时候好像是无意间相遇。这就是以虚静的态度顺应万物之理的道。

【原文】

"心之在体,君之位也;九窍之有职,官之分也。"耳目者,视听之官也,心而无与于视听之事,则官得守其分矣。夫心有欲者,物过而目不见,声至而耳不闻也。故曰"上离其道,下失其事"。故曰心术者无为而制窍者也①。故曰"君"。"无代马走","无代鸟飞②",此言不夺能能,不与下诚也③。"毋先物动"者,摇者不定,趮者不静④,言动之不可以观也。"位"者,谓其所立也。人主者立于阴,阴者静,故曰"动则失位"。阴则能制阳矣,静则能制动矣,故曰"静乃自得"。

【注释】

①无为:虚静无为,心无嗜欲,不与视听之事。制:控制,统率。
②无:这二句中两个"无"字,上文均作"毋"。
③能能:能者的职能。诚:张文虎云:"'诚'乃'试'字之讹。"试,比试。
④趮:同"躁",急躁。

【今译】

"心在身体之中,正像国君的地位;九窍的功能,正像百官的职能各有区分。"这就是说,耳目就像司视听的官,心不参与视听的事务,那么视听之官就能守住他们的职分了。如果心中存有欲念,那么有物经过视而不见,有声传来充耳不闻。所以说"君主离开了道,臣下就失去了职事"。所以说,心术就是指心虚静无为而统率九窍的事。所以把心比作"国君"。"不要代马去跑","不要代鸟去飞",这是说不要夺走臣下的职能,不要与臣下去比试才干。"不要先于物动",是因为摇动就不安定,急躁就不安静,是说心动就不能观察事物的规律了。"位",是指君立的地方。人君立在阴的地方,阴的地方虚静,所以说"动就失去了君位"。阴能控制阳,静能控制动,所以说"静才自有所得"。

【原文】

道在天地之间也,其大无外,其小无内,故曰"不远而难极也"。虚之与人也无间,唯圣人得虚道,故曰"并处而难得"。世人之所职者精也①。去欲则宣②,宣则静矣;静则精,精则独立矣;独则明,明则神矣。神者至贵也,故馆不辟除,则贵人不舍焉。故曰"不洁则神不处"。"人皆欲知而莫索之",其所以知③,彼也;其所以知,此也。不修之此,焉能知彼?修之此,莫能虚矣④。虚者,无藏也。故曰去知则奚率求矣⑤?无藏则奚设矣?无求无设则无虑,无虑则反覆虚矣⑥。

注释

①职:主也。精:专一。《尚书·大禹谟》:"唯精唯一",孔颖达疏:"汝当精心,惟当一意。"

②宣:通达。

③"人皆"二句:王念孙云:此当作"人皆欲知而莫索其所以知,其所知"。"人皆欲知"云云是复述上文也,"其所知"云云乃释上文之词。译文从王说。

④能:张文虎云:"'能'读为而,而、如古通用。"

⑤王念孙云:"'故'下衍'曰'字,'奚'下不当有'率'字,此即'奚'字之误而衍者。'去知则奚求,无藏则奚设',相对为文,则无'率'字明矣。"译文从王说。

⑥覆:张文虎云:"'覆'当为'复',篇末云'复所于虚'。"

【今译】

道在天地的中间,它大得外无边际,它又小得无孔不入,所以说"不远而难以到达"。虚与人没有间隔,但只有圣人才能得到虚,所以说"与人在一块儿却难以获得"。世人所注重的是心意精一。弃掉嗜欲就能做到通达,做到通达就能虚静,虚静就能精心一意,精心一意就能超世而独立;超世而独立就能明察万物,明察万物就进入神的境地。神是最可贵的,所以馆舍不打扫洁净,贵人就不来居住。所以说"不清洁神就不来居住"。"人都希望聪敏而不去探索使自己聪敏的办法",聪敏是彼,使自己聪敏的办法是此。不探索此,怎么能获得彼?探索此,就不如使自己虚空。虚空就是一无所藏。所以说放弃了聪敏还追求什么呢?一无所藏还计谋什么呢?没有追求没有计谋就没有忧虑了,无忧无虑就返回到虚空的境地了。

【原文】

　　天之道,虚其无形①。虚则不屈,无形则无所位赶②。无所位赶,故遍流万物而不变。德者,道之舍③。物得以生生,知得以职道之精④。故德者得也;得也者,其谓所得以然也。以无为之谓道⑤,舍之之谓德,故道之与德无间,故言之者不别也。间之理者,谓其所以舍也。义者,谓各处其宜也。礼者,因人之情,缘义之理,而为之节文者也⑥。故礼者谓有理也;理也者,明分以谕义之意也。故礼出乎义,义出乎理,理因乎宜者也⑦。法者所以同出⑧,不得不然者也,故杀僇禁诛以一之也。故事督乎法⑨,法出乎权,权出乎道。

【注释】

　　①其:犹"而"。上文云"虚而无形谓之道"。
　　②位赶:王引之云:"'位'当为'低'(下同),低赶,即抵牾也。"抵触的意思。
　　③道之舍:道的施舍。施舍,化育万物之意。
　　④职:通"识"。
　　⑤俞樾云:"'以'字衍"。
　　⑥节文:节度,条文。泛指制度。
　　⑦宜:郭沫若云:"'道'因形近误为'宜'耳。"译文从"道"。
　　⑧同出:郭沫若云:"此释'简物小大一道'。'出'谓参差,'同出'谓统一其参差。"
　　⑨督:督察。

【今译】

　　天道是虚空而无形的。虚空就不会穷尽,无形就不会有阻挡。没有阻挡,所以天道在万物中遍流而不变。德,是道施舍的。万物得而生成,智力得而认识道的精神。所以德就是得的意思,所谓得,大概是说所得的已经得到了。无为叫做道,以道施舍的叫做德,故道与德浑然一体没有差距,所以说道德的人是不加区别的。要把道与德分开来的话,只能说道是用来施舍的。义,是说各处于合宜的地方。礼,是按照人的感情,遵照义的道理,而为此规定的制度条文。所以礼就是有理。所谓理,是用明确职分来说明义的意思。所以礼是从义产生出来的,义是从理生出来的,理是依照道的。法是为了统一世务,而不得不这样做的,所以用杀戮禁诛来规范人们。所以用法来督察世事,法经过权衡制订出来,权衡要根据道来进行。

【原文】

道也者,动不见其形,施不见其德,万物皆以得,然莫之以其极,故曰"可以安而不可说"也。"莫人",言至也①。"不宜",言应也②;应也者,非吾所设,故能无宜也。"不顾",言因也;因也者,非吾所顾③,故无顾也。"不出于口,不见于色",言无形也。"四海之人,孰知其则",言深囿也④。

【注释】

①莫人:王念孙云:当为"真人",真、莫,二形相似。言至也:郭沫若云:"'至'下当夺一'人'字,即'真人,言至人也'。"译文从之。

②不宜:宜与"义"通。不宜,即上文"不义不顾"中的"不义",即不偏。

③顾:俞樾云:应为"取"。"非吾所取"与上文"非吾所设"相对成文,据以下"其应也非所设也,其动也非所取也"等,也均以"所设"、"所取"相对成文。

④囿:古代帝王养禽兽的园林。深囿,尹《注》:"不知深浅之囿城也。"

【今译】

所谓道,运动的时候看不见它的形态,施舍的时候看不见它的恩德,万物都已有所得,但没有人知道它的究竟。所以说"道可意会而不可说"。"真人",是说最有道的人;"不偏",是说应。所谓应,不是我设计好的,所以能做到不偏。"不倚",是说因;所以因,不是我要追求的,所以能做到不倚。"不从口里说出来,不表现在脸上",这是说他的思想是无形的。"天下的人,谁能知道他的准则",这是说他的思想像一座幽深的园林。

【原文】

天之道虚,地之道静。虚则不屈,静则不变。不变则无过,故曰"不伐"。"洁其宫,阙其门①":"宫"者谓心也,心也者,智之舍也,故曰"宫"。"洁之"者,去好过也②。"门"者,谓耳目也。耳目者,所以闻见也。"物固有形,形固有名",此言不得过实③,实不得延名,姑形以形,以形务名,督言正名,故曰"圣人"。"不言之言",应也。应也者,以其为之人者也。执其名,务其应所以成之,之应之道也④。"无为之道⑤",因也。因也者,无益无损也。以其形因为之名,此因之术也。名者,圣人之所以纪万物也。人者立于强,务于善⑥,未于能⑦,动于故者也⑧。圣人无之,无之则与物异矣⑨。异则虚,虚者万物之始也,故曰"可以为天下始"。

注释

①阙其门:根据上文应为"开其门"。
②好过:丁士涵云:好过当作"好恶"。根据上文"是以君子不怵乎好,不迫乎恶"改。译文从"好恶"。
③王念孙云:"不得过实"前,当有"名"字。译文从之。
④"务其"二句:据主引之说,"务其应所以成之"应为"务其所以成"。尹《注》曰"物既有名,守其名而命合之(合盖令之讹),则所务自成",则正文作"务其所以成"明矣。之应之道也:张佩纶云:"当作'此应之道也',与下一律。"译文从之。
⑤道:张佩纶云:"'道'当作'事',涉上文'应之道也'而误。"译文从之。
⑥善:通"缮"。修补,修治,引申为粉饰。
⑦未:安井衡云:"未,味也。玩味于才能。"
⑧动于故:动作出手小聪敏。故,即上文"去智与故"的"故",尹桐阳云:"计术也。"
⑨与物异:郭沫若云:"随物而异也。"

【今译】

天道虚空,地道宁静。虚空就不会穷尽,宁静就不变动。不变动就没有过错,所以说"不忒"。"扫尽房间,打开大门":"房间"是指心,心是智慧的住房,所以称作"房"。"扫净房间",是指去掉好利和恶死的杂念。"门"是指耳目。耳目是用来听视的。"万物本有形体,形体本有名称",这是说名称不得超过实际,实际不得虚诞名称。以形体的实际来说明形体,以形体的实际来确定名称,督察言论,辨正名称,所以叫做"圣人"。"无须说的理论",指的是要顺应自然的实际。要顺应自然的实际,是因为可说出来的理论都是人为的。根据万物本有的名称,务必使它们与形成的实际规律相适合,这就是顺应自然实际的理论。"无须做的事业",指的是要依照自然的发展。要依照自然的发展,就是不要去为它增加什么或者减少什么,根据它的实际形势确定名称,这就是依照自然发展的方法。名称是圣人用来纪录万物的。人们总是勉强立名,专务修饰,一味逞能,动用故巧。圣人就没有这种观点,没有这种缺点就能承认万物的差异。承认万物的差异就能达到虚空的境地,虚空的境地就是万物的原始境地,所以说"可用作治理天下的出发点"。

【原文】

人迫于恶,则失其所好;怵于好,则忘其所恶,非道也。故曰"不怵乎好,不迫乎恶"。恶不失其理,欲不过其情,故曰"君子"。"恬愉无为,去智与故",言虚素也①。"其应非所设也,其动非所取也",此言因也。因也者,舍己而以物为法者也。感而后应,非所设也;缘理而动,非所取也。"过在自用,罪在变化",自用则不虚,不虚则仵于物矣②;变化则为生③,为生则乱矣,故道贵因。因者,因其能者言所用也。"君子之处也若无知",言至虚也。"其应物也若偶之",言时适也,若影之象形,响之应声也。故物至则应,过则舍矣。舍矣者,言复所于虚也。

【注释】

①素:白色,引申为"洁"。
②仵(wǔ 午):同"忤"。抵触,违逆。
③为:同"伪"。

【今译】

　　人们常常为厌恶的刑罚所逼迫,就损失了他们喜好的利;或者为喜好的利所诱惑,就忘掉了他们厌恶的刑罚。这都是不符合道的。所以说"不为利诱,不迫于所恶"。厌恶之情不失去常理,喜好之心不超过常情,所以把做到这样的人称为"君子"。"安闲愉悦,无所作用,放弃才智,不用欺诈",这说的是要虚空纯洁。"他应对事务时没有计划,他有行动时没有追求",这指的是要顺应自然的发展。所谓要顺应自然的发展,就是要放弃自己的打算而以事物的发展为法则。受感动而后反应,不是事先计划的;依事理而后行动,不是有追求的目标的。"有过错在于自以为是,有罪过在于妄作变化",是因为自以为是就是不虚心了,不虚心就违背了事物的规律;妄作变化就产生虚假,产生虚假就一片混乱了。所以道注重顺应自然的发展。顺应自然的发展,就是要依据事物的功能来说它的作用。"君子在日常生活中好像毫无才智",这是说他非常的虚心。"他在应对事务的时候好像是无意间相遇",这是说他能随时适应事务,正像影子同形体一样,回响跟着发声。所以事物一到就能应对,事物过去就舍去了。所谓舍去,说的是返回到虚空的境地。

中國歷代名著全譯叢書

管子全译

（修订版）

谢浩范　朱迎平　译注

下

贵州出版集团

贵州人民出版社

心术下第三十七

【题解】

《心术》下篇并非是接着前面的上篇的,无论从内容或结构看,都不相关联;而与本书《内业第四十九》篇却有关系,其中有许多重复或相似的文字,只是《内业》篇完整严密,而《心术》下篇简略又有些凌乱。所以学者们认为它是《内业》篇的写作提纲或别本,而又有散失,只留下了中段,是编书者错编于此。

本篇论述心的修养时,强调专心一意。文中除运用道的概念外,还引进了气、意气、精气等概念,它们互为通用。

【原文】

形不正者,德不来①;中不精者②,心不治。正形饰德③,万物毕得。翼然自来④,神莫知其极。昭知天下,通于四极⑤。是故曰:无以物乱官⑥,毋以官乱心,此之谓内德⑦。是故意气定,然后反正。气者,身之充也⑧;行者,正之义也⑨。充不美,则心不得;行不正,则民不服。是故圣人若天然,无私覆也;若地然,无私载也。私者,乱天下者也。

注释

①德:即下文的"内德"、"精气",都与"道"通用。尹知章注:"有诸内必形于外,故德来居中,外形自正。"

②中:内心。中不精,《内业》篇作"中不静"。

③饰:通"饬",整饬。正形饰德,《内业》篇作"正形摄德"。饰德、摄德同意。

④翼然:鸟飞的样子。《广雅》:"翼,飞也。"

⑤四极:四方极远的地方。

⑥无:一作"毋"。官:指眼耳鼻口。

⑦内德:一作"内得"。《内业》作"中得"。

⑧"气者"二句:尹知章注:"气以实身,故曰身之充也。"

⑨义:同"仪"。仪表,外形。

【今译】

　　外形不端正,是因为精气没有来;内心不虚静,是因为嗜欲没有节制。端正外形,整治内心,万物全为我内心所得。这正如鸟张着翅膀飞来,神都不知其究竟。就能明察天下,智通到四方之极。所以说,不要让外物扰乱五官,不要让五官扰乱内心,这就叫做内有所得。所以内心意气安定,这样外形就恢复端正。气,是充实身体的;行为,是人的外形端正的仪表。充气不美,心就不能虚静;行为不端正,百姓就不服。因此圣人就像天一样,无私地掩盖在万物之上;像地一样,无私地装载万物。私心,是扰乱天下的根源。

【原文】

　　凡物载名而来①,圣人因而财之②,而天下治;实不伤③,不乱于天下,而天下治。

注释

①载:同"戴"。物载名而来,与《心术上》中的"物固有形,形固有名"同一意思。

②财:刘绩云:财同"裁",裁定。

③郭沫若云:"'实不伤'上当夺一'名'字,'伤'犹爽也。"意谓名实一致。

【今译】

　　万物都是随带着名称来到人间,圣人根据万物的实际和名称裁定它们,天下便安定了;名实一致,天下不混乱,天下便安定了。

【原文】

　　专于意,一于心,耳目端,知远之证①。能专乎?能一乎?能毋卜筮知凶吉乎②?能止乎?能已乎?能毋问于人而自得之于己乎?故曰:思之,思之,不得③,鬼神教之;非鬼神之力也,其精气之极也。一气能变曰精,一事能变曰智。慕选者所以等事也④,极变者所以应物也。慕选而不乱,极变而不烦。执一之君子,执一而不失,能君万物⑤,日月之与同光,天地之与同理。

注释

①知远之证:许维遹案:"'之'犹若也。'证'当作'近'。""'知远之近',犹知远若近也。"《内业篇》作'一意抟心,耳目不淫,虽远若近'。字异而义同,是其证。"

②卜筮(shì 事):古时用龟甲占卜称卜,用蓍草占卜称筮,合称卜筮。

③丁士涵云:"当以'思之思之'句,'不得'上又脱'思之'二字。《内业篇》曰:'思之思之,又重思之,思之而不通,鬼神将通之',以彼证此,可知其有脱字矣。"

④慕:郭沫若云:"当以作'募'为是。'募选'谓广求而选择之,所以等第事物也。"

⑤君:统治,治理。

【今译】

心意专一,耳目就能端正,了解远方的事就如在近旁一样容易。能专心吗?能一意吗?能不用占卜而知事的凶吉吗?能想止就止吗?能想完就完吗?能不用向人求教而靠自己有所得吗?所以说,要思考,要思考,思考而无所得,鬼神就会来教他;不是鬼神的力量,那是精气的极妙作用。专一于气而能变得通达的叫精,专一于事物而变得通达的叫智。广求而又选择是为了安排事物的等次,想尽变通的办法是为了应对事物。广求选择不能混乱,想尽办法不能烦琐。坚持专一的君子,坚持专一而不放,他就能统领万物,就能与日月同光,就能与天地同理。

【原文】

圣人裁物,不为物使。心安,是国安也;心治,是国治也。治也者心也,安也者心也。治心在于中,治言出于口,治事加于民,故功作而民从①,则百姓治矣。所以操者非刑也,所以危者非怒也。民人操,百姓治,道其本至也。至不至无②,非所人而乱③。凡在有司执制者之利④,非道也。圣人之道,若存若亡,援而用之,殁世不亡。与时变而不化,应物而不移,日用之而不化⑤。

注释

①功作:功业振兴起来。

②至不至无：郭沫若云："'不'读为丕。'至丕至无'，犹言道之为物'至大无外，至小无内'。"
③而：能。
④利：郭沫若云："'利'当是'制'字之误，……"译文从郭说。
⑤化：安井衡云："'化'疑当作'伤'。"伤，损。

【今译】

　　圣人能裁定万物，而不为万物所支配。国君的心安定了，这样国家也就安定了；国君的心治理了，这样国家也就治理了。国家的治理在于国君的心，国家的安定也在于国君的心。治心在内，治言就会从口里说出来，好事就会施加到百姓身上，所以功业就会兴旺，百姓就会顺从，那么百姓也就安定了。用来统治百姓的办法不是刑罚，用来使百姓害怕的态度不是威严。治理百姓，使百姓安定，运用道是根本的。道是最伟大的，又是最微小的，不是人能扰乱的。大凡官府各部门在执行的制度，并不是道。圣人的道，好像存在又好像不存在，拿来运用它，永远不会消亡。它随时变化而不消失，它随物发展而不转移，每日使用它不会受损伤。

【原文】

　　人能正静者，筋肕而骨强①，能戴大圆者，体乎大方，镜大清者，视乎大明②。正静不失，日新其德，昭知天下，通于四极。金心在中③，不可匿④。外见于形容，可知于颜色。善气迎人，亲如弟兄；恶气迎人，害于戈兵。不言之言⑤，闻于雷鼓。金心之形，明于日月，察于父母⑥。昔者明王之爱天下，故天下可附；暴王之恶天下，故天下可离。故货之不足以为爱⑦，刑之不足以为恶。货者爱之末也，刑者恶之末也。

注释
①肕：同"韧"。
②《内业》作"乃能戴大圆而履大方，鉴于大清，视于大明"。译文从之。古人以为天圆地方，所以大圆指天，大方指地，大明指日月。
③金心：当从《内业》作"全心"。
④不可匿：当从《内业》作"不可蔽匿"。
⑤不言之言：当从《内业》作"不言之声"。

⑥察于父母：比父母了解子女还看得更清楚。
⑦货：当作"赏"。《内业》云："赏不足以劝善，刑不足以惩过。"赏、刑相对而成文。

【今译】

　　人能端正虚静，就筋韧骨强，就能头顶苍天，脚踏大地，明察如清水，目光如日月。只要不失端正虚静之心，就能日日更新德行，明察天下，智通四方之极。全心在内，不能遮掩。在外面，表现在他的身姿容貌上，也可在他的颜面色泽上发现。善气迎人，相亲如弟兄；恶意迎人，相害如刀兵。没有说出来的话语声，比雷霆战鼓的声音还响亮。全心的外形，比日月之光还明亮，比父母了解子女更清楚。从前圣明之王爱天下，所以天下的百姓都来归附；暴君恶天下，所以天下的百姓都叛离。所以赏赐不足以表现爱心，刑罚不足以表示恶意。赏赐是爱心的微小表现，刑罚是恶意的微小表现。

【原文】

　　凡民之生也，必以正平。所以失之者，必以喜乐哀怒。节怒莫若乐，节乐莫若礼，守礼莫若敬。外敬而内静者，必反其性。岂无利事哉？我无利心；岂无安处哉？我无安心。心之中又有心①。意以先言，意然后形，形然后思，思然后知。凡心之形，过知失生。是故内聚以为原②，泉之不竭，表里遂通；泉之不涸，四支坚固。能令用之，被服四固③。是故圣人一言解之④，上察于天⑤，下察于地。

注释

①心之中又有心：犹言心中有精气。
②原：当为"泉原"。《内业》作"内藏以为泉原"。
③被服四固：王念孙云：当作"被及四囿"。囿通"圉"，边疆。
④一言解之：当从《内业》篇作"一言之解"。一言，一字，即"道"字。
⑤察：至。

【今译】

　　大凡人的生命，一定依靠端正平和。之所以失去端正平和，一定是因为喜乐哀怒。节制怒气最好用音乐，节制淫乐最好讲究礼，遵守礼仪最好讲究恭敬。外行恭敬而内抱虚静,就一定能恢复到端正平和的本性。哪里是没有好事可做?只是因为我没有做好事的心;哪里是没有可安之处?只是因为我没有安定的心。心中还有一个心。这个心的心意先生于心的名称,有了心意然后才有心的形体,有了心的形体然后才有思虑,有了思虑然后才有智慧。大凡心的形体里,存有过多的智慧就会失去生机。因此心内心意的聚合才是生命的泉源,泉源不枯竭,表里才能相通;泉源不干涸,四肢才能坚固。能使心运用这个泉源,就能通向四面八方了。因此圣人用一个道字解释它,上通于天,下达于地。

白心第三十八

【题解】

　　白心,是战国时期道家学派的一个重要概念。按《庄子·天下》,它的内容应包括:不为世俗所累,不矫饰外物,不苛求人,不违众,希望天下安宁,而生活只要满足就够了。本篇所论述的也以道家学说为本,开篇就提出"以靖为宗","上之随天,其次随人",一切顺应自然。这与《心术》的观点一致,但本篇以论述无为为重点,主张"静身以待"、"无事",不追求功名,"不以天下为忧";坚持无为,就"可以为天下王"。最后归结到要坚持无为之道在于加强自身的修养。

【原文】

　　建当立有①,以靖为宗②,以时为宝,以政为仪③,和则能久④。非吾仪,虽利不为;非吾当,虽利不行;非吾道,虽利不取。上之随天,其次随人。人不倡不和,天不始不随。故其言也不废,其事也不随⑤。

注释

　　①当立有:何如璋云:当为"常无有",以形近而误。《庄子》"建之以常无有"是其证。下文"非吾当",王念孙云:"当"当为"常"。郭沫若云:"'建常无有'谓建此以说道也。道者亘古永在,似无实用,故曰'常无有'。"译文从之。
　　②靖:同"静",虚静。

③政:同"正"。端正,不偏不倚。仪:法度,准则。
④和:和谐,协调。
⑤随:猪饲彦博云:当作"堕"。堕,通"隳(huī灰)",毁坏。

【今译】

　　建立常无有的学说,以虚静为宗旨,以合时宜为宝贵,以端正为准则,和谐就能长久。不合我的准则,即使有利也不做;不合我的常规,即使有利也不实行;不合我的本道,即使有利也不采取。首先是随顺着天,其次是随顺着人。人不倡导就不去应和,天不始行就不去跟随。所以他的理论不会被废弃,他的事业就不会被毁坏。

【原文】

　　原始计实①,本其所生②。知其象,则索其形;缘其理,则知其情;索其端,则知其名。故苞物众者③,莫大于天地;化物多者,莫多于日月④;民之所急,莫急于水火⑤。然而天不为一物枉其时,明君圣人亦不为一人枉其法。天行其所行,而万物被其利;圣人亦行其所行,而百姓被其利。是故万物均,既夸众矣⑥。是以圣人之治也,静身以待之,物至而名自治之⑦,正正自治之,奇身名废⑧。名正法备,则圣人无事。不可常居也,不可废舍也。随变断事也,知时以为度⑨。大者宽,小者局,物有所余,有所不足。

注释

①计:推求,察究。
②本其所生:尹知章注:"寻本其所生。"本,根本。
③苞:通"包",包藏。
④尹知章注:"日,阳也;月,阴也。物皆禀阴阳之气然后化之也。"化,化生。
⑤尹知章注:"一日无水火,则生理或有不全。"
⑥既夸众矣:张佩纶云:"当作'百姓平'。"展转成误。译文从之。
⑦陶鸿庆云:"'物至而名自治之'本作'物至而名之'。"译文从之。名,命名。
⑧奇身名废:王念孙云:"当作'奇名自废'",《枢言篇》曰'名正则治,名倚则乱',是其证矣"。奇,尹知章注:"谓邪,不正也。"译文从之。
⑨郭沫若云:此二句应为"随变以断事也,知时以为度也"。译文从之。

【今译】

　　考察原始，根据事实，去寻求事物能生长的根本。了解事物的现象，就能探索事物的形体；根据事物的规律，就能知道事物的实情；探索事物的端绪，就能知道事物的名称。能包容事物最多的，没有什么比天地更大的了；能化生事物最多的，没有什么比日月更多的了；百姓最急需的，没有什么比水火更急的了。然而上天不会为了一个物种的需要而错行了时令，明君圣人也不会为了一个人的需要而错行了法令。上天按照时令运行，万物就受到它的利益；圣人也按照法令运行，百姓就受到他的利益。这就万物均匀，百姓平安。因此圣人对世事的治理，用宁静的态度来对待，事物来到才命名它，正确地运用名称天下自然治理好了，错误地运用名称自己就会被废弃。名称正确法令完备，圣人就没有事再需要做。不可顽固死守名称法令，不可任意废弃名称法令。要随着发展变化来论断世事，要懂得合乎时宜来另作考虑。大了就宽泛，小了就局促，事物总是时有多余，时有不足。

【原文】

　　兵之出，出于人；其人入，入于身。兵之胜，从于适；德之来，从于身①。故曰：祥于鬼者义于人②，兵不义不可③。强而骄者损其强，弱而骄者亟死亡；强而卑义信其强，弱而卑义免于罪④。是故骄之余卑，卑之余骄。

注释

①以上八句，注家纷纭，莫衷一是，译文姑从尹知章注。
②"祥于"句：尹知章注："义于人者，则鬼佑之以福祥也。"
③"兵不"句：《吕览·禁塞》："兵不义，攻伐不可，救守不可。"
④"强而"二句：丁士涵云：以上二句中的"两'义'字当作'者'，与上文两'者'字一例，'信'古'伸'字"。译文从之。

【今译】

　　兵士出来，来自百姓；兵士回到百姓中去，回去又是百姓。军队的胜利，在于内部的团结；道德的建立，在于自身的修养。所以说，受到鬼神保佑的人一定是对人行义的人，军队不行义就不可用来攻伐防守。强大而骄傲就会损害自己的强大,虚弱而骄傲就会迅速死亡;强大而谦卑就能增加自己的强大,虚弱而谦卑就能免除罪过。因此骄傲的后果是由弱而卑下,谦卑的结果是由强而骄傲。

【原文】

道者,一人用之,不闻有余;天下行之,不闻不足,此谓道矣。小取焉则小得福,大取焉则大得福,尽行之而天下服,殊无取焉则民反①,其身不免于贼。左者,出者也;右者,入者也②。出者而不伤人,入者自伤也。不日不月,而事以从;不卜不筮,而谨知吉凶。是谓宽乎形,徒居而致名。去善之言,为善之事,事成而顾反无名③。能者无名,从事无事。审量出入,而观物所载④。

【注释】

①殊:安井衡云:"殊,绝也。绝无取于道则民反之,终不免于贼杀也。"
②"左者"四句:尹知章注:"左为阳,阳主生,故为出也。""右为阴,阴主死,故为入也。"又注下二句云:"出者既主生,则不当伤人,违而伤人,是还自伤。"俞樾以为这二句应为"出者而不伤人,伤人者自伤也"。译文从之。
③顾:犹"还",回。
④"审量"二句:尹知章注:"谓凡出命令,当观物载之所堪,然后当量而出之也。"

【今译】

道,一个人使用它,不听说有多余;天下人实行它,不听说有不足,这就叫做道了。稍稍取用道就能小得福,大取用道就能大得福,全都实行道天下人就顺服,完全不取用道百姓就造反,他自身也不免被叛贼所杀害。左方,是主生方;右方,是主死方。主生方不该伤人,伤了人也必定害了自己。只要随着道,不挑选吉日良辰,事业却也能相随而成;只要随着道,不用占卜,事业却也能逢凶化吉。这就是说,放松生活,空闲无为也能有名声。弃去不实的善言,去做实在的善事,事成又返回到默默无闻的境地。能干的人不需要名声,干事的人却像不干事。审议法令的颁行和修改,要考察百姓的承受能力。

【原文】

　　孰能法无法乎？始无始乎？终无终乎？弱无弱乎？故曰美哉弟弟①！故曰有中有中②，孰能得夫中之衷乎③！故曰功成者隳，名成者亏。故曰孰能弃名与功，而还与众人同？孰能弃功与名，而还反无成？无成有贵其成也，有成贵其无成了。日极则仄，月满则亏。极之徒仄，满之徒亏，巨之徒灭。孰能已无已乎④，效夫天地之纪！

注释

　　①弟：尹知章注："兴起貌。"
　　②有中有中：俞樾云："本作'不中有中'。故尹《注》曰'举事虽得其中，而不为中，乃是有中也'。"
　　③衷：正中不偏。
　　④"孰能"句：何如璋云："'已无已'者，周而复始，往而复来，故可以法夫天地之纪也。"郭沫若云："言举事当求恒进不息，天地万物均恒在未济状态中也。"

【今译】

　　谁能做到有法令如同没有法令？有开始如同没有开始？有终结如同没有终结？柔弱如同不柔弱？所以说，兴旺起来的事业多么美好！所以说，不是为了正中而已达到了正中的效果，谁能达到那中间的正中呢！所以说，功业已成的就要走向毁坏，名声已成的就要走向亏损。所以说，谁能弃去名声与功业，返回到与众人相同的默默无闻的境地？谁能弃去功业与名声，返回到没有成就功名时默默无闻的境地？返回无成就时的境地是注重新的成就，有成就时要注重返回到无成就的境地。太阳运行到正中就要偏斜，月亮运行到满圆就要缺亏。到了正中就要走向偏斜，到了圆满就要走向缺亏，到了巨大就要走向毁灭。谁能做到终止却永远没有终止，能仿效天地的规律呢！

【原文】

　　人言善亦勿听，人言恶亦勿听。持而待之，空然勿两之①，淑然自清②。无以旁言为事成，察而征之，无听辩，万物归之，美恶乃自见。

【注释】

①勿两之：郭沫若云："'两'者谓与之对抗，'勿两'即不与之对抗，听其自然也。"

②淑：李哲明云：疑为"俶"字，即"寂"字。"读者多见淑，少见俶，因改'淑'耳。"译文从之。

【今译】

人说善也不听，人说恶也不听。坚持平静的态度对待人们不同的说法，虚心地听其自然地发展，悄悄地等待善恶自然清楚。不要把旁人的评论看作事业的成就，冷静地考察验证，不要去听人们的论辩，万民都来归顺，美恶就自然显现。

【原文】

天或维之，地或载之。天莫之维，则天以坠矣①；地莫之载，则地以沉矣。夫天不坠，地不沉，夫或维而载之也夫！又况于人？人有治之，辟之若夫靁鼓之动也②。夫不能自摇者，夫或搯之③。夫或者何？若然者也：视则不见，听则不闻，洒乎天下满，不见其塞。集于颜色，知于肌肤，责其往来，莫知其时。薄乎其方也，镎乎其圜也④，镎镎乎莫得其门。故口为声也，耳为听也，目有视也，手有指也，足有履也，事物有所比也⑤。

【注释】

①以：已。

②辟：同"譬"。靁鼓：靁，雷的本字。雷鼓，郑玄注《周礼·地官·鼓人》云："八面鼓也。"

③搯：王念孙云："古'摇'字也。"

④镎：音未详。本书《枢言》："沌沌乎博而圜，豚豚乎莫得其门。"似镎、沌、豚首相近，安井衡云："音当同'敦'。"又云："声同则义通，犹《庄子》所谓'浑沌'也。"镎乎其圜，尹知章注："镎，复貌，谓遇圆则为圆也。"圜同"圆"。

⑤比：庇护。

【今译】

天或许有什么维系着，地或许有什么装载着。天如果没有什么维系着，天就已坠落；地如果没有什么装载着，地就已沉陷。天不坠落，地不沉陷,那或许有什么维系着和装载着吧!又何况于人?人要支持,就譬如八面鼓需要敲击才能有声响一样。不能自己摇动的事物,或许有什么在摇动它们。或许在摇动事物的是什么样的呢?是像这样的:眼不能看见,耳不能听到,却飘飘洒洒地已满天下,但又看不到它有什么堵塞。聚集在人的脸色上,感知在人的肌肤上,要问它的往来,又不能知道它的时间。它迫近方就成方形,遇到圆就成圆形,浑浑沌沌地游转着寻找不到它的门。所以口能发声,耳能听闻,目可看视,手可指划,足可行走,事物都是有所依靠的。

【原文】

当生者生,当死者死,言有西有东,各死其乡①。置常立仪,能守贞乎?常事通道,能官人乎?故书其恶者,言其薄者。上圣之人,口无虚习也,手无虚指也,物至而命之耳。发于名声,凝于体色,此其可谕者也。不发于名声,不凝于体色,此其不可谕者也。及至于至者,教存可见,教亡可也。故曰:济于舟者,和于水矣;义于人者,祥其神矣。

注释

①死:通"尸"。主持,主守。乡:通"向",方向。

【今译】

应当生存的生存,应当死亡的死亡。这是说有的处于东有的处于西,各自遵循自己的方向发展。置常法立准则,人们就能坚守它们吗?能合理地处理日常事务,就能成为百姓的官吏吗?所以书是人所厌恶的,理论是人所鄙薄的,高尚的圣人,口无虚空的讲习,手无虚空的指点,事物来到才命名它罢了。有的可从名声里发现,可用脸色来体现,这是可以明白地告诉人的。有的不能从名声里体现,不能用脸色来体现,这是不可以明白地告诉人的。至于最好的办法,是让它存在也可,让它消亡也可。所以说,用船摆渡的人,一定能利用水性;对人行义的人,一定能受到神的保佑。

【原文】

事有适,而无适,若有适①,觲解②,不可解而后解。故善举事者,国人莫知其解。为善乎,毋提提③;为不善乎,将陷于刑。善不善,取信而止矣。若左若右,正中而已矣,县乎日月无已也④。愕愕者不以天下为忧,剌剌者不以万物为笑⑤,孰能弃剌剌而为愕愕乎?

注释

①若:《小尔雅·广言》:"若,乃也。"
②觿(xī 希):古代解结的用具,用象牙制成,形如锥。
③提提:显著的样子,这里是指因做善事而有很大的名声。
④县:同"悬"。
⑤郭沫若云:原文"明示'愕愕者'与'剌剌者'相反。'愕愕'殆假为'落落'。'剌剌'同'烈烈'。'笑',俞樾读为慊,甚是。是则磊磊落落者、无为而心忘天下,而烈烈桓桓者、有为而气吞八荒"。

【今译】

事情有适宜的办法,却总是在办法不适宜时才想到的,于是才有适宜的办法,正如觿可解结,有不可解开的结才用觿来解开。所以善于举事的人,国人都不知道他是怎样解决疑难的。做善事呢,不要有显赫的名声;做不善的事呢,将要陷于刑罚。善与不善,只要取信于人就可以了。好像在左又好像在右,处在正中而已,这就如同悬在空中的日月那样永远长存。豁达开朗的人不为天下事务而忧虑,忧心烈烈的人不因万物具备而高兴,谁能弃去忧心烈烈而做豁达开朗的人呢?

【原文】

难言宪术,须同而出①。无益言,无损言,近可以免。故曰:知何知乎?谋何谋乎?审而出者,彼自来。自知曰稽,知人曰济。知苟适,可为天下周②。内固之一,可为长久,论而用之,可以为天下王。

注释

①尹知章注:"凡为法术必重难,须同众心然后出之矣。"
②周:俞樾云:"'君'古文与'周'相似而误。"译文从"君"。

【今译】

制订法律政策十分困难,必须合乎百姓的心愿才能出台。不要增加一个字,不要减少一个字,只要同百姓的心愿相近就可以免除差错。所以说,自作聪明哪里说得上聪明呢?自作多谋哪里说得上多谋呢?审察百姓的心愿而出令,百姓自然来归顺。自作聪明叫作失误,了解百姓叫做成功。对百姓的了解如果适当,就可做天下的君主。内心能牢记它而又专一,就可制定长久的计策,斟酌使用,就可作天下的王了。

【原文】

天之视而精,四璧而知请①,壤土而与生。能若夫风与波乎,唯其所欲适。故子而代其父,曰义也;臣而代其君,曰篡也。篡何能歌?武王是也。故曰:孰能去辩与巧,而还与众人同道?故曰:思索精者明益衰,德行修者王道狭,卧名利者写生危②,知周于六合之内者,吾知生之有为阻也。持而满之,乃其殆也。名满于天下,不若其已也。名进而身退,天之道也。满盛之国,不可以仕任;满盛之家,不可以嫁子;骄倨傲暴之人,不可与交。

【注释】

①丁士涵云:精,明也;璧当作"辟",开也,通也;请,"情"之借字。
②写:马瑞辰云:"当训忧,谓寝息于名利必多危险,故忧生危。"

【今译】

观察天象要清楚,四方开通而又了解情况,包括土壤以及生长的作物。能像风与水波那样,只求适合需要罢了。作儿子的代替父亲的王位叫做义,做臣子的代替君王就叫做篡位了。篡位怎么能歌颂?周武王就是这样的。所以说,谁能废去诡辩与巧诈,而恢复到与众人同一个道?所以说,思索过精智力就要衰弱,越讲究德行王道就更难行,醉心于名利就该担心生命的危险,智力遍及天地四方,我就知道他的生命有了阻碍。矜持而自满,就一定危险了。名声满天下,不如赶快停手。因为激流勇退,才是天道。全盛的国家,不可去那里做官;全盛的家族,不可同他通婚;骄傲暴躁的人,不可与他交友。

【原文】

道之大如天,其广如地,其重如石,其轻如羽。民之所以,知者寡。

故曰:何道之近而莫之与能服也①。弃近而就远,何以费力也!故曰:欲爱吾身,先知吾情。君亲六合②,以考内身。以此知象,乃知行情。既知行情,乃知养生。左右前后,周而复所。执仪服象,敬迎来者。今夫来者,必道其道。无迁无衍,命乃长久。和以反中,形性相葆。一以无贰,是谓知道。将欲服之,必一其端,而固其所守。责其往来,莫知其时;索之于天,与之为期。不失其期,乃能得之。故曰:吾语若大明之极,大明之明,非爱人不予也。同则相从,反则相距也。吾察反相距,吾以故知古从之同也③。

注释

①安井衡云:"古本无'与'字。"服:尹知章注:行也。

②俞樾云:"此'君'字乃'周'字之误,与上文可互证。""惟'亲'字无义","或'视'字之误。"译文从"周视"。

③古从之同:丁士涵云:"当作'古之从同',今本误倒,尹《注》云'知古之从者,以其同也',可证。"

【今译】

道大得像天一样,阔广得像地一样,沉重得像石一样,又轻飘得像羽毛。百姓在不自觉地使用道,而懂得道的人很少。所以说,道离人是多么的近却没有人能自觉地实行它。人们往往弃近而就远,为何要多费力气!所以说,想爱惜我自己的健康,先了解我自己的情况。遍视天地四方,用来一一地验证自身的内部。用此来了解道的现象,于是就懂得道的运行情况。懂得道的运行情况以后,就懂得了保养自己的生命。道就在人的左右前后,周行而复始。举行仪式穿上礼服,恭敬地迎接来者。这个来者,必定按照道的规律运行,不迁移不延误,生命就能长久。平和地返回正中,形体与性命相互保全。专一而不分为二心,这就是懂得道。想去行道,必须专心于开端,并且顽强地坚持。询问道的来去,不能知道时间;求索于上天,与上天相约为期。只要不失约期,就能得到它了。所以说,我的话就像日月高悬于天,日月的光明,不爱惜人是不会给予的。志同就相从,志反就相离。我考察相反相离的关系,我因此知道了古代相同相从的关系。

水地第三十九

【题解】

　　本篇论水。因水与地有关系,所以以"水地"为题,以地开篇,认为水是"地之血气,如筋脉之通流者也"。但主要篇幅是论述水的性质和功用。在论述中盛赞水的品性,水不仅是"万物莫不以生",是"万物的本源","诸生之宗室",而且水是"具材"(材美具备),是"神",要取法于水。最后指出水质对人性有巨大的影响,具体地论述了各地的水质与人性的情况。郭沫若指出,战国诸子对宋人常有微词,而"此篇独赞楚而美宋"。这也是值得注意的。

【原文】

　　地者,万物之本原,诸生之根菀也①,美恶、贤不肖、愚俊之所生也。水者,地之血气,如筋脉之通流者也。故曰:水,具材也②。何以知其然也?曰:夫水淖弱以清③,而好洒人之恶,仁也。视之黑而白,精也④。量之不可概⑤,至满而止,正也。唯无不流,至平而止,义也⑥。人皆赴高,己独赴下,卑也⑦。卑也者,道之室,王者之器也,而水以为都居⑧。

注释

　　①根菀:王引之云:"'根菀'当为'根荄'","本原、根荄、宗室,皆谓根本也。"
　　②具材:尹知章注:"言水材美具备。"
　　③淖弱:柔弱。
　　④精:通"情"。这里用来赞美水之品性,有不夸饰、诚实的意思。
　　⑤概:古代量米麦时刮平斗斛的器具。
　　⑥"至满"五句:尹知章注:"方圆邪曲,无所不流,平则止,不可增高,如此者,义也。"义,思想行为符合一定的标准。《礼记·中庸》:"义者宜也。"
　　⑦卑:谦卑。
　　⑧都:尹知章注:"都,聚也。水聚居于下卑也。"

【今译】

　　地,是万物的本原,是各种生命的根蒂,美与丑、贤良与不肖、愚蠢与俊杰都在地上产生。水,是地的血气,像人身上的筋脉那样在地上流通。所以说,水是既具备材又具备美的。怎样知道水是这样的呢?回答说:水柔软而清澈,又能洗去人们身上的污秽,这是水的仁德。水看起来黑色却其实是白色的,这是水的诚实。量水不必用刮平斗斛的器具,流满了就不再增高,这是水的端正。没有地方不流进去,流到平衡就停止,这是水的道义。人都去向高,水独流向低,这是水的谦卑。谦卑是道寄寓的地方,是王天下者的器量,而水就聚集在低下的地方。

【原文】

准也者,五量之宗也①。素也者,五色之质也②。淡也者,五味之中也③。是以水者,万物之准也,诸生之淡也④,违非得失之质也⑤。是以无不满,无不居也。集于天地而藏于万物,产于金石,集于诸生,故曰水神。集于草木,根得其度,华得其数,实得其量。鸟兽得之,形体肥大,羽毛丰茂,文理明著。万物莫不尽其几⑥,反其常者,水之内度适也。

注释

①准:水准器。《汉书·律历志上》:"准者,所以揆平取正也。"五量:说法不一。本书《揆度》有"权、衡、规、矩、准"之说,《孔子家语·五帝德》注以"权衡、升斗、尺丈、里步、十百"为五量,《汉书·律历志》又有"龠、合、升、斗、斛"之说,还说:量者,"以井水准其概"。

②"素也"二句:尹知章注:"无色谓之素,水虽无色,五色不得不成,故为五色质也。"质,质地,基础。

③"淡也"二句:尹知章注:"无味谓之淡,水虽无味,五味不得不平也,故为五味中也。"五味,酸、咸、辛、苦、甘。

④"是以"三句:郭嵩焘云:"淡者水之本原也,故曰天一生水,五味之始,以淡为本","诸生资水气以生,其始皆淡也"。

⑤违:丁士涵云:"'违'当为'韪'。"韪(wěi伟)非,是非。

⑥几:通"机",生机。

【今译】

如果说,准器是五量的准则,素色是五色的基础,淡味是五味的根本。那么水便是万物的准则,便是生命的根本,便是是非得失产生的基础。因此水没有什么东西不能被充满,没有什么地方不能留居。水可聚集在天空地上,可藏在万物的内部,可生存在金石之中,可聚集在各种生命之内,所以说水如神。水聚集在草木之内,根就能得到充分的生长,花就能开得相当的繁茂,果子就能结到相当的数量。飞鸟走兽得到水的滋养,形体就能长得肥大,羽毛就能长得丰茂,纹理就能长得鲜亮。万物之所以获得生机,充分发展了它们的本性,是因为水在万物内部充足适宜。

【原文】

　　夫玉之所贵者,九德出焉。夫玉温润以泽,仁也。邻以理者,知也①。坚而不蹙②,义也。廉而不刿③,行也。鲜而不垢,洁也。折而不挠,勇也。瑕适皆见,精也④。茂华光泽,并通而不相陵,容也。叩之,其音清搏彻远⑤,纯而不杀,辞也⑥。是以人主贵之,藏以为宝,剖以为符瑞,九德出焉。

注释

①邻以理者:何如璋云:"'邻'当作'粼',粼,清澈也。""理,条理也。言玉之质清澈而有条理,似其知也。"译文从之。

②蹙(cù 促):皱。尹知章注:"蹙,屈聚也。"

③刿(guì 贵):刺伤。

④尹知章注:"瑕适,玉病也。"精:通"情",诚实。

⑤搏:猪饲彦博云:"'搏'当作'扬'。《荀》作'清扬而远闻'。"译文从之。

⑥许维遹云:"'杀'当作'郄'。"《说文》:"郄,相杂错也。"意为混乱。辞:郭沫若云:治也,理也,谓条理也。

【今译】

　　玉之所以珍贵,是因为玉体现出九种德性。温和而润泽,是玉的仁。清澈而有纹理,是玉的智。坚硬而不可屈蹙,是玉的义。清正而不伤人,是玉的品行。鲜明而没有污垢,是玉的纯洁。可折而不可曲挠,是玉的勇敢。瑕疵都显现,是玉的诚实。华美又有光泽,相互渗透而不相侵凌,是玉的宽容。扣击它,它的声音清扬远闻,纯正而不乱,是玉的有条理。因此君主才把玉看得很贵重,收藏着它当作宝贝,剖成两半而做成符瑞,使玉的九德体现出来。

【原文】

人,水也。男女精气合,而水流形①。三月如咀②,咀者何? 曰五味。五味者何? 曰五藏③。酸主脾,咸主肺,辛主肾,苦主肝,甘主心。五藏已具,而后生肉④。脾生隔,肺生骨,贤生脑,肝生革⑤,心生肉。五肉已具,而后发为九窍。脾发为鼻,肝发为目,肾发为耳,肺发为窍⑥。五月而成,十月而生。生而目视,耳听,心虑。目之所以视⑦,非特山陵之见也,察于荒忽。耳之所听,非特雷鼓之闻也,察于淑湫⑧。心之所虑,非特知于粗粗也,察于微妙。故修要之精⑨。是以水集于玉而九德出焉,凝蹇而为人,而九窍五虑出焉⑩。此乃其精也⑪,精粗浊蹇能存而不能亡者也。

注释

①"男女"二句:尹知章注:"阴阳交感,流布成形也。"

②三月如咀:俞樾云:"'如'当作'而',与下文'五月而成'、'十月而生'句法一例。三月而咀者,以其五藏已具也。"译文从之。咀(jǔ 举):含味。

③古有五味生五脏之说,《内经·阴阳应象大论》也有类似说法:"木生酸,酸生肝。火生苦,苦生肺。土生甘,甘生心。金生辛,辛生脾。水生咸,咸生肾。"

④生肉:丁士涵云:应为"生五内"。下文"五肉已具"也应为"五内已具"。译文从丁说。

⑤肝生:郭沫若云:"此云'肝生革'当有误,'革'非内也。疑当从《御览》所引作'肝生骨'。其上云'肺生骨'当是'肺生胃'之误,……"译文从郭说。

⑥"贤发"二句:王念孙云:"《五行大义》三引作'肺发为口,心发为下窍',是也。"译文从王说。

⑦"目之"句:安井衡云:"目之所以视当为'目之所视'","古本无'以'字"。

⑧淑湫:俞樾云:淑湫当作"啾啾"。"《说文·口部》'啾,叹也。'啾,小儿声也。"啾啾,微小的声音。

⑨张佩纶云:"此五字衍文。"译文从张说,删去。

⑩五虑:指五官的功能,即耳听、目明、鼻嗅、口言、心思。上句的"蹇",何如璋云:强也。

⑪此乃其精也:王引之云:此乃其精也,"其精也"三字为后人所加,"此乃"应连下文而为一句。译从。

【今译】

人也是水化生成的。男女的精气相合,由水流布成胎形。三个月后胎儿已能含味,含味是什么?就是分辨五味。五味是什么?五味是生成五脏的。酸主生脾,咸主生肺,辛主生肾,苦主生肝,甘主生心。五脏都已具备,而后就生长人的内部。脾生长隔,肺生长胃,肾生长脑,肝生长骨,心生长肉。五内都已具备,而后生发成九窍。脾生发成鼻,肝生发成目,肾生发成耳,肺生发成口,心生发成下窍。满五个月后形体生成,满十个月后婴儿就出生了。出生后目就能看视,耳就能听闻,心就能思虑。目所能看到的,不只是能看到大山丘陵,而且还能看清楚恍恍惚惚的东西。耳所能听到的,不只是能听到八面鼓的声响,而且还能听清楚小孩微弱的叹声。心所能思虑到的,不只是能知晓粗大明显的事物,而且还能知晓精微奥妙的事理。因此水聚集在玉中而生出九种品德,凝聚强大起来就成为人,生出九窍和五官的功能。这是水的精粗浊塞能生存而不会消亡的事例。

【原文】

伏暗能存而能亡者,蓍龟与龙是也①,龟生于水,发之于火,于是为万物先,为祸福正②。龙生于水,被五色而游,故神。欲小则化如蚕蠋,欲大则藏于天下③,欲尚则凌于云气④,欲下则入于深泉,变化无日,上下无时,谓之神。龟与龙,伏暗能存而能亡者也。

注释

①蓍:何如璋云:"'蓍龟'当作'耆龟',张衡《西京赋》'搏耆龟',薛综《注》'耆,老也,龟之老者'。"

②"龟生"四句:尹知章注:"谓龟得水火之灵,故先知于万物,识祸之正也。"正同"征",征兆、征验。

③欲大则藏于天下:据《太平御览》九百二十九应为"欲大则函天地"。译文从之。

④尚:上。

【今译】

也有潜伏在幽暗处能生存又能消亡的事例,老龟与老龙便是。龟生在水中,在火上烤灼占卜,于是就能成为万物的先知,能成为祸福的征兆。龙生在水中,能披着五色而出游,所以是神。它想要变成小就能变化成如同蚕蠋,它想变成大就能包容天地,它想要往上就能升到云气之中,它想要往下就能潜入到深水里去,它变化没有一定的日子,它上下没有一定的时间,这才说它是神。龟与龙,是潜伏在幽暗处能存在又能消亡的事例。

【原文】

或世见,或世不见者,生蟡与庆忌①。故涸泽数百岁②,谷之不徙,水之不绝者,生庆忌。庆忌者,其状若人,其长四寸,衣黄衣,冠黄冠,戴黄盖,乘小马,好疾驰,以其名呼之,可使千里外一日反报,此涸泽之精也。涸川之精者,生于蟡。蟡者,一头而两身,其形若蛇,其长八尺,以其名呼之,可以取鱼鳖③。此涸水之精也。

注释

①蟡(guǐ 诡):《类编》:"涸水之精曰蟡。"蟡与庆忌下文有叙述。
②涸泽:与下文之"涸川"中的"涸",读如冱(hù 互),冻结的意思。
③可以:王念孙云:《北山经注》引此"可以"作"可使"。译文从王说。

【今译】

有的时代出现,有的时代不出现,产生蟡与庆忌就是这样的。不能流动的湖泽生成数百年,只要四周的山谷没有变迁,水源不断绝,就会产生庆忌。庆忌,它的形状像人,身长四寸,穿着黄衣服,戴着黄帽子,打着黄色的华盖,骑着小马,喜欢极快的奔驰,用它的名字呼叫它,就可差使它去千里之外而它能一日回报,这是不能流动的湖泽里的精灵。不能流动的江河里的精灵,就是蟡。蟡,一头而两身,它的形状像蛇,身长八尺,用它的名字叫它,可叫它去捉鱼鳖。这是不能流动的水中的精灵。

【原文】

是以水之精粗浊蹇,能存而不能亡者,生人与玉。伏暗能存而亡者①,蓍龟与龙。或世见,或不见者,蟡与庆忌。故人皆服之,而管子则之;人皆有之,而管子以之。

【注释】

①能存而亡：王念孙云："'能存而亡'，当依朱本及上文，作'能存而能亡'。"

【今译】

因此，水之精粗浊塞，能生存而不能消亡的，有人与玉。潜伏在幽暗处能生存又能消亡的，有老龟与龙。有的时代出现，有的时代不出现的，有蟡与庆忌。所以人们都把水看成平常事，而管子却知水法则；人们都拥有水，而管子却能利用水。

【原文】

是故具者何也？水是也。万物莫不以生，唯知其托者能为之正。具者，水是也。故曰水者何也？万物之本原也，诸生之宗室也，美恶、贤不肖、愚俊之所产也。何以知其然也？夫齐之水道躁而复①，故其民贪粗而好勇。楚之水淖弱而清，故其民轻果而贼②。越之水浊重而洎，故其民愚疾而垢③。秦之水泔最而稽④，淤滞而杂，故其民贪戾罔而好事齐⑤。晋之水枯旱而运⑥，淤滞而杂，故其民谄谀葆诈，巧佞而好利。燕之水萃下而弱⑦，沉滞而杂，故其民愚戆而好贞，轻疾而易死。宋之水轻劲而清，故其民间易而好正⑧。是以圣人之化世也，其解在水。故水一则人心正，水清则民心易。一则欲不污⑨，民心易则行无邪。是以圣人之治于世也，不人告也，不户说也，其枢在水。

【注释】

①道：猪饲彦博云："'道'疑作'遒'，劲也。"译文从"遒"。
②果而贼：郭沫若云：果而贼乃"果敢"之误。译文从郭说。
③洎（jì 技）：尹知章注："洎，浸也。"疾通"嫉"。
④泔（gān 干）：米汁，淘米水。这里是指水含泥而混浊。最：明刻赵本作"冣"。冣（jù 聚）：积聚。稽：稽留，停留。俞樾云：此上下二句，盖谓泔汁会聚而停留，淤泥沉滞而混杂也。
⑤齐：王念孙云："此'齐'字涉上文而衍。"当删。
⑥枯旱：张佩纶云："枯，苦。旱，悍。"枯旱，犹言苦涩。运：俞樾云：当为"浑"之假字。
⑦萃：聚集。
⑧间易：古本作"简易"。

⑨一则欲不污：王念孙云："一则欲不污"本作"民心正则欲不污"，与下句对文。"正"误作"一"，又脱"民心"二字。译文从之。

【今译】

因此什么是具备一切的呢？水就是具备一切的。万物没有一个不是依靠水而生存的，只要知道万物是依靠水的都能为此作证。具备一切的，水才是具备一切的。所以说水是什么呢？水是万物的本原，是各种生命的根蒂，是产生美与丑、贤良与不肖、愚蠢与俊杰的基础。怎么知道它是这样的呢？齐国的水湍急而又回旋，所以齐国的百姓就贪婪、粗暴而好勇。楚国的水柔弱而清流，所以楚国的百姓就轻快、果断而敢为。越国的水浊重而浸润，所以越国的百姓就愚蠢、嫉妒而污秽。秦国的水浓厚而流缓，淤泥沉滞而混杂，所以秦国的百姓就贪婪、暴戾、虚狂而好生事。晋国的水苦涩而浑浊，淤泥沉滞而混杂，所以晋国的百姓就谄谀而心怀欺诈，奸佞而贪财利。燕国的水深聚而柔弱，沉滞而混杂，所以燕国的百姓就愚蠢、痴呆而喜好忠贞，轻视急难而不怕死。宋国的水轻快有力又清澈，所以宋国的百姓就纯朴、平易而又喜好公正。因此圣人要改变世风，一定要了解水。水纯洁人心就公正，水清澈民心就平易。民心公正欲望就不会污染，民心平易行为就不会邪恶。因此圣人治理世风，不逐个告诫人、不逐户劝说的关键在于利用水性。

四时第四十

【题解】

四时，犹言四季。本篇论述君主施政行令要顺应四季的特点和发展，"合于时则生福，诡（违）则生祸"。本篇大致可分为三个大层次。开篇即提出"令有时"，如果"不知四时"，乃是"失国之基"，国家就会陷入困境。强调阴阳、四时、刑德的一致、相适应。接着论述春夏秋冬的季节特点，以及君主根据季节特点应该做的政事和应该发布的政令。这是本篇的主体，按春夏秋冬设专章详尽论述。最后补充归结：君主在发现政令失时时，要及时施行补救，调整政令，配合天地的运行,避免天地更大的惩罚,使君主的刑德之政令不违背四时的方向,使得国家久长。本篇出自战国时代阴阳家之手,从对自然发展规律的认识出发,来议论政治,反映了当时的自然科学的研究情况。

【原文】

管子曰:令有时。无时则必视顺天之所以来。五漫漫,六惛惛①,孰知之哉?唯圣人知四时。不知四时,乃失国之基。不知五谷之故②,国家乃路③。故天曰信明,地曰信圣,四时曰正④。其王信明圣,其臣乃正,何以知其王之信明信圣也?曰:慎使能而善听信之。使能之谓明,听信之谓圣。信明圣者,皆受天赏。使不能为惛,惛而忘也者⑤,皆受天祸。是故上见成事而贵功,则民事接劳而不谋⑥;上见功而贱,则为人下者直⑦,为人上者骄。是故阴阳者天地之大理也,四时者阴阳之大经也,刑德者四时之合也。刑德合于时则生福,诡则生祸⑧。然则春夏秋冬将何行?

注释

①五漫漫,六惛惛:郭沫若云:"犹今言乱七八糟耳。"
②故:此指生长的经历、规律。
③路:通"露",败坏。
④郭沫若云:以上三句的"曰"字与"爰"同意,《尔雅·释诂》:"爰,曰也。""爰"古又通作"焉"。故以上三句即为:"天焉信明,地焉信圣,四时焉(爰)正"。言圣人对于天道诚然明晰,对于地道诚然详审,则历数即得其正。译文从之。
⑤忘:郭沫若云:"忘"字当为"妄"。译文从"妄"。
⑥章炳麟云:"接"当借为"喋"。喋,音杂,烦苛的意思。借,当借为"悔"。悔,恨的意思。
⑦直:张佩纶云:"直"当作"堕"。堕,通"惰",怠惰。
⑧诡:违反。《吕氏春秋·淫辞》:"言行相诡,不祥莫大焉。"

【今译】

管子说:政令必须有季节性。如果政令没有季节性,百姓必须自己去观察和适应天时发展的情况。这样漫无天际的,糊里糊涂的,谁能知道它呢?只有圣人才能知道四季。不知道四季,就会失掉国家的根基。不知道五谷的生成规律,国家就会败坏。所以圣人对天道是真正明察的,对地道是真正圣智的,对四季的规律也认识正确的君主真正明察圣智,臣下也就正确了。从哪里能知道君主是真正的明察和圣智的呢?答道:君主能谨慎地使用有才能的人,并能善于听信他们的意见。能使用有才能的人就叫做明察,能听信有才能的人的意见就叫做圣智。能真正明察和圣智的君主,就能受到天的赏赐。使用无能的人是糊涂,糊涂而狂妄的君主都会受到灾祸。因此君主看见事业的成就而重视百姓的功劳,那么百姓即使事务烦重也不悔恨。君主轻视百姓的功劳,那么作为在下的百姓就怠惰,而在上的君主就骄傲。因此阴阳是天地间的根本道理,四季是阴阳变化的根本规则,刑罚和德政是配合四季的运行的。刑罚德政配合时令就产生福利,违背就产生祸害。那么春夏秋冬将施行些什么呢?

【原文】

东方曰星,其时曰春,其气曰风,风生木与骨①。其德喜嬴②,而发出节时③。其事:号令修除神位,谨祷弊梗④,宗正阳,治堤防,耕芸树艺,正津梁,修沟渎,甃屋行水⑤,解怨赦罪,通四方。然则柔风甘雨乃至,百姓乃寿,百虫乃蕃,此谓星德。星者掌发,为风⑥。是故春行冬政则雕⑦,行秋政则霜,行夏政则欲⑧。是故春三月以甲乙之日发五政。一政曰:论幼孤,舍有罪。二政曰:赋爵列,授禄位。三政曰:冻解修沟渎,复亡人⑨。四政曰:端险阻⑩,修封疆,正千伯⑪。五政曰:无杀麑夭⑫,毋蹇华绝芋⑬。五政苟时⑭,春雨乃来。

注释

①骨:根。许维遹云:"《周礼·疡医》郑《注》:'木根立地中似骨。'故木与骨并举。"

②其德喜嬴:尹知章注:"言春德喜悦长嬴。"嬴,通"盈",充满。

③发出节时:王念孙云:"谓以时节发出万物也。"出,生。

④弊梗:弊,通"币"。梗,祭祷。弊梗,祭祷时用的币帛。

⑤甃屋:用砖瓦修治屋上瓦沟。甃,修治。孔颖达疏引《子夏传》曰:"甃,亦治也。"

⑥星者掌发,为风:戴望云:以下文"日掌赏,赏为暑"等文例,这二句应为:"星掌发,发为风"。掌,主也。

⑦雕:"凋"之借字。

⑧欲:郭嵩焘云:疑为"溽(rù 褥)"。声相近而误。《说文》:"溽,湿暑也。"《儒行》"其饮食不溽",郑注:"溽之言欲也。"溽、欲通。

⑨复亡人:埋葬死人。张佩纶云:亡人即死人。

⑩端险阻:修通道路。尹知章注:"路有险阻,理之使端平也。"

⑪千伯:即"阡陌",田间的小路。

⑫麑夭:许维遹云:即"麑麋",幼鹿。

⑬搴:安井衡云:读为"搴(qiān 牵)",拔也。芋:王绍兰云:即萼之坏字。

⑭荀时:孙星衍云:"荀时",《太平御览》作"循时"。荀与循同义,荀时谓循其时序。

【今译】

东方是星,它的时节是春,它的气象是风,风生发树与根。它的德性喜欢生长,万物按时发生。春天的事务有:号召修整神位,虔诚地用帛币向神祈祷,以正阳为宗主,修筑堤防,耕耘土地和修剪果园,修整桥梁,修通沟渠,修好屋顶的瓦沟以便走水,排解仇怨和赦免罪犯,交通四方。这样,和风甘雨就会来到,百姓就会长寿,六畜就会兴旺,这就称作星德。星主管生发,生发表现为风。因此春季如果施行冬季的政令,就会出现凋零的气象;如果施行秋季的政令,就会出现霜杀的气象;如果施行夏季的政令,就会出现湿热的气象。因此春季的三个月要在属木的甲、乙之日来发布五项政令。第一项政令是:照顾幼小和孤儿,赦免有罪的人。第二项政令是:颁布官爵的等级,授予不同的禄位。第三项政令是:土地解冻就修筑沟渠,深埋死人。第四项政令是:修通难行的道路,修整田地的边界,修理田间的小路。第五项政令是:不准捕杀幼鹿,不准掐摘花萼。五项政令如能按时颁行,春雨就会来到。

【原文】

南方曰日,其时曰夏,其气曰阳,阳生火与气。其德施舍修乐①。其事:号令赏赐赋爵,受禄顺乡②,谨修神祀,量功赏贤,以动阳气③,九暑乃至④,时雨乃降,五谷百果乃登,此谓日德。中央曰土⑤,土德实辅四时入出,以风雨节,土益力⑥。土生皮肌肤,其德和平用均⑦,中正无私。实辅四时,春嬴育,夏养长,秋聚收,冬闭藏。大寒乃极⑧,国家乃昌,四方乃服。此谓岁德。日掌赏,赏为暑。岁掌和,和为雨⑨。夏行春政则风,行秋政则水,行冬政则落。是故夏三月以丙丁之日发五政。一政曰:求有功发劳力者而举之⑩。二政曰:开久坎⑪,发故屋,辟故窌以假贷⑫。三政曰:令禁扇去笠⑬,毋扱免⑭,除急漏田庐⑮。四政曰:求有德赐布施于民者而赏之。五政曰:令禁罝设禽兽⑯,毋杀飞鸟。五政苟时,夏雨乃至也。

注释

①施舍:布施恩德。

②受:安井衡云:"当为'授'。"译文从"授"。顺乡:巡视乡地。许维遹云:读为"巡乡"。意在勉励农民劳作。

③动:王念孙云:"当为'助',字之误也。"译文从之。

④九:王引之云:"当为'大',字之误也。"译文从之。

⑤中央曰土:张文虎云:"'中央曰土'至'此谓岁德'共六十六字,当移至夏末秋前,即'夏雨乃至也'的后面。译文从之。

⑥土益力:谓土地增加生植的能力。尹知章注:"土德雨遍,益其生植之力。"

⑦"土生"二句:尹知章注:"土无不载、无不生,故和平而用均也。"

⑧丁士涵云:"'大寒乃极'以下三句共十二字,是《北方》一节文,误衍在此。录以备考。

⑨岁掌和,和为雨:应移至"此谓岁德"的后面。则"日掌赏,赏为暑"接在前文的"此谓日德"的后面。以上的调整,根据许维遹等说。

⑩发:古通"伐",功伐,功绩。

⑪坎:刘师培云:"疑'积'讹。"译文从"积"。

⑫窌(jiào 叫):地窖。《荀子·富国》:"垣窌仓廪者,财之末也。"杨倞注:"窌,窖,掘地藏谷也。"

⑬禁扇去笠:何如璋云:"恐人以暑热不慎管钥也。"《广雅·释室》:"扇,扉也。笠,户牡也。"户牡,门闩。张佩纶以为"禁扇去笠",即《月令·仲夏》"门闾毋闭"意,与何说相左。译文从何说。

⑭扱免:扱衽、免冠。扱,通"插"。

⑮急漏:张佩纶云:"急当作'隐',字之误也。""隐漏",即《周礼》的井匽,指水井和地沟。

⑯罝:捕兽的网。《诗经·周南·兔罝》:"肃肃兔罝,施于中林。"

【今译】

南方是日,它的时节是夏,它的气象是阳,阳生发火与气。它的德

短语 ◆ 445

性是布施恩惠与作乐。夏天的事务有：号召赏赐与颁布爵位,授予俸禄和巡视乡里,虔诚地做好神的祭祀,考核功绩赏赐有才能的人,以便帮助阳气的发扬,大暑于是就会来到,时雨于是就会下降,五谷百果于是就会丰收,这就称作日德。日主管赏赐,赏赐表现为暑。夏季如果施行春季的政令就会出现风灾,施行秋季的政令就会出现水灾,施行冬季的政令就会出现凋落。因此夏季的三个月要在属火的丙、丁之日来发布五项政令。第一项政令是：寻求有功和为国出力的人,把他们推举出来。第二项政令是：启用贮藏很久的物资,动用旧房,挖开老窖,把粮食拿出来借给百姓。第三项政令是：下令禁止门户不关,不准挽袖免冠失掉仪态,清理井沟田舍。第四项政令是：寻求曾有恩惠布施给百姓的人,给予他们赏赐。第五项政令是：下令禁止设网捕捉野兽,不准杀害飞鸟。五项政令如能按时颁行,夏雨就会来到。中央是土,土的德性是切实辅助四季的运转,风雨适宜,泥土就增加地力。土生皮肤肌肉,它的德性是平和均匀,中正无私。切实辅助四季；春季生发孕育,夏季供养生长,秋季聚集收获,冬季封闭贮藏。大寒于是来到,国家于是昌盛,四方于是顺服,这就称作岁德。岁主管和调,和调就表现为雨。

【原文】

西方曰辰,其时曰秋,其气曰阴,阴生金与甲①。其德忧哀、静正、严顺,居不敢淫佚。其事：号令毋使民淫暴,顺旅聚收②,量民资以畜聚。赏彼群干③,聚彼群材,百物乃收,使民毋怠。所恶其察④,所欲必得,我信则克⑤,此谓辰德。辰掌收,收为阴。秋行春政则荣,行夏政则水,行冬政则耗⑥。是故秋三月以庚辛之日发五政。一政曰：禁博塞⑦,圉小辩,斗译踞⑧。二政曰：毋见五兵之刃⑨。三政曰：慎旅农,趣聚收。四政曰：补缺塞坏⑩。五政曰：修墙垣,周门闾⑪。五政苟时,五谷皆入。

注释

①阴生金与甲：尹知章注："阴气凝结坚实,故生金为爪甲也。"金,指五行中的金。

②顺,洪颐煊云：读为"慎"。旅：指旅居于田野的农民。

③赏:刘师培云:疑为"賨"之错字,"'賨'与'陨'同。陨犹落也。此与'落实取材'略同"。译文从之。
④其察:俞樾云:当为"必察",与下句对文。译文从之。
⑤我:吴志忠云:我,"义"之坏字。译文从"义"。
⑥耗:损耗。尹知章注:"冬肃杀损耗也。"
⑦博塞:郎赌博。塞,古通"赛"。
⑧斗译跽:据俞樾、郭沫若校作:"释忌斗",谓因小忌而至于斗者,排解之。
⑨"毋见"句:姚永概云:"此因秋收之时,恐妨农功,不出师。"
⑩坼(chè 彻):裂开。
⑪周:许维遹云:当为"谨",乃涉下文而误。译文从之。

【今译】

西方是辰,它的时节是秋,它的气象是阴,阴生发金与甲。它的德性是忧患哀伤、静穆端正、庄严谨慎,日常生活不敢淫佚过度。秋天的事务有:号召不要让百姓淫乐或残暴,要住宿在田野的农民谨慎地收获,计算百姓的物资来进行储蓄。落实采伐,聚集木材,百物都要收获上来,使百姓不怠惰。人们厌恶的必须考察清楚,人们想要的必须让他得到,要让正义和诚信战胜一切,这就称作辰德。辰丰管收敛,收敛表现为阴。秋季如果施行春季的政令,就会出现草木开花的反常景象;如果施行夏季的政令,就会发生水灾;如果施行冬季的政令,就会受到损耗。因此秋季的三个月要在属于金的庚、辛之日来发布五项政令。第一项政令是:禁赌博,防止小是小非的争辩,排解民间的争斗。第二项政令是:不要出现战争。第三项政令是:谨慎地保护住宿在田野的农民,督促他们赶快收获。第四项政令是:修补残缺的仓库,填塞裂缝。第五项政令是:修理墙垣,小心门户。五项政令如能按时颁行,五谷就能入库。

【原文】

北方曰月,其时曰冬,其气曰寒,寒生水与血。其德淳越、温怒、周密①。其事:号令修禁徙民,令静止②,地乃不泄。断刑致罚,无赦有罪,以符阴气③。大寒乃至,甲兵乃强,五谷乃熟,国家乃昌,四方乃备④,此谓月德。月掌罚,罚为寒。冬行春政则泄,行夏政则雷⑤,行秋政则旱。是故冬三月以壬癸之日发五政。一政曰:论孤独,恤长老。

二政曰：善顺阴，修神祀；赋爵禄，授备位。三政曰：效会计⑥，毋发山川之藏。四政曰：捕奸遁，得盗贼者有赏。五政曰：禁迁徙，止流民，圉分异⑦。五政苟时，冬事不过，所求必得，所恶必伏⑧。

注释

①怒：依古本作"恕"。
②修禁徙民，令静止：刘师培校作"禁休徙，令民静止"。尹知章注："时方休息，故禁人私徙，令为静止也。"
③"断刑"三句：尹知章注："阴气主杀，故断刑致罪以符之。"符：符合，适应。
④备：安井衡云："当为'犕'，字之误也。'犕'，古服字。"
⑤靁："雷"的本字。
⑥效：考核。《广雅·释言》："效，考也。"
⑦圉分异：许维遹云：圉"与'御'通。《广雅·释言》：'御，禁也。''异'与'廙'通。《说文》'廙，行屋也'，引申为居。'圉分异'，犹言禁分居也"。
⑧伏：通"服"，制服。

【今译】

　　北方是月，它的时节是冬，它的气象是寒，寒生发水与血。它的德性是淳朴清越、温和宽恕、周全保密。冬天的事有：号召禁止迁移，命令百姓安静休息，地气才不泄漏。判刑定罪不能赦免罪犯，为了适应阴气。大寒于是就会到来，军队于是就会强大，五谷于是就会丰熟，国家于是就会昌盛，四方于是就会服从，这就称作月德。月主管刑罚，刑罚表现为寒。冬季如果施行春季的政令，就会泄漏地气；如果施行夏季的政令，就会出现雷响；如果施行秋季的政令，就会出现干旱。因此冬季的三个月要在属于水的壬、癸之日来发布五项政令。第一项政令是：照顾没有依靠的孤儿和老人，抚恤年老的长辈。第二项政令是：要善于适应阴气，虔诚地祭祀好神；颁布爵禄，配备授予官位。第三项政令是：考核会计工作，不得开发山水的资源。第四项政令是：追捕逃犯，捉得盗贼的人有奖赏。第五项政令是：禁止迁移，安置流民，不准分居。五项政令如能按时颁行，冬季的事务不犯过错，那么，所追求的一定能够得到，所厌恶的一定能够制服。

【原文】

　　是故春凋，秋荣，冬雷，夏有霜雪，此皆气之贼也①。刑德易节失次,则贼气遨至②。贼气遨至,则国多灾殃。是故圣王务时而寄政焉,作教而寄武,作祀而寄德焉。此三者圣王所以合于天地之行也。日掌阳,月掌阴,星掌和③。阳为德,阴为刑,和为事。是故日食,则失德之国恶之;月食,则失刑之国恶之;彗星见,则失和之国恶之;风与日争明④,则失生之国恶之⑤。是故圣王日食则修德,月食则修刑,彗星见则修和,风与日争明则修生。此四者,圣王所以免于天地之诛也。信能行之,五谷蕃息,六畜殖,而甲兵强。治积则昌,暴虐积则亡。

注释

①"此皆"句:尹知章注:"气反时,则为贼害也。"
②遨:同"速"。
③星掌和:郭沫若云:"此'星掌和'当为'岁掌和'之误。"译文从郭说。
④明:尊敬。《礼记·祭义篇》:"明命鬼神",郑《注》:"明,犹尊也。"尊与长同义,故"争明"犹言争长。
⑤生:许维遹云:当作"正",读为"政"。下文"风与日争明则修生"同。

【今译】

因此春季凋零,秋季草木开花,冬季响雷,夏季有霜雪,这都是气象的灾害。刑罚和德政变换了季节,失掉了次序,那么灾害的气象就会迅速到来。灾害的气象迅速到来,国家就多灾殃。所以圣王总是按时节来施行政令,作教令来习武事,设祭祀来显示德行。这三项工作就是圣王用来配合天地的运行的。日主管阳,月主管阴,岁主管和。阳表现为德政,阴表现为刑罚,和表现为政事。所以出现日食,失德政的国家厌恶它;出现月食,失去刑罚的国家厌恶它,出现彗星,失去和调的国家厌恶它。出现风与日争长,失去政事的国家厌恶它。所以圣王在日食出现时就加强德政,在月食出现时就加强刑罚,在彗星出现时就加强和调,在风与日争长出现时就加强政事。这四项工作,是圣王用来避免天地的诛罚的。如果能真正施行这四项工作,五谷就会繁多,六畜就会兴旺,军队也就会强大。治理国家的业绩积累多了,国家就会昌盛;暴虐的事情积累多了,国家就会灭亡。

【原文】

道生天地,德出贤人。道生德,德生正①,正生事。是以圣王治天下,穷则反,终则始。德始于春,长于夏;刑始于秋,流于冬。刑德不失,四时如一。刑德离乡②,时乃逆行,作事不成,必有大殃。月有三政③,王事必理,以为久长。不中者死④,失理者亡。国有四时,固执王事,四守有所⑤,三政执辅。

注释

①正:王念孙云:与"政"同。下"正"字同。
②乡:同"向",方向。
③月有三政:郭沫若云:三政当指上节的"三者",即"务时而寄政,作教而寄武,作祀而奇德"言,月皆有之,故曰"月有三政"。
④不中者死:尹知章注:"中,犹合也。不合三政者则死,违失其理必败亡。"
⑤四守:郭沫若云:当指上节的"四节",即修德、修刑、修和、修政。

【今译】

道产生天地,德生出贤人。道产生德,德产生政令,政令产生事绩。因此圣王治理天下,走到了极端要再返回来,做完了事要再重新开始。德政始于春季,成长在夏季;刑罚始于秋季,延续到冬季。刑罚和德政只要不失时节,四季就会始终如一地正常运行。刑罚和德政如果离开了正常的方向,时节就会倒行,做事便不会成功,国家必定会有大的灾殃。每月坚持三政,王事一定得到治理,国家因此而久长。不合三政者身死,违反三政者国亡。国家有四季的政令,要坚决执行圣王的政事,四项守则要据有重要的位子,三项政策要执行作为辅助。

五行第四十一

【题解】

五行,指木、火、土、金、水。我国古代思想家曾想用这五种常见物质来说明世界万物的起源和统一。本篇论述天子要按照五行的属性施政。大致可分为三个部分:第一部分论述人事与天地阴阳的关系,以为天子要通天地而总一统、通阴阳而用于人事,就需立五行。黄帝能做到这样,所以"神明至"。黄帝能立五行以正天时,立五官以正人位,使"人与天调",使"天地之美生"。第二部分是本篇的主体,详尽具体地论述五行天时与天子的施政。把一年三百六十日分为五个时段,每个时段为七十二天,然后与五行相配,要求天子的施政必须与五行的属性相配合。最后一节为结尾部分,指出如若天子施政不与五行的属性相配合,则五个时段内就会灾祸横生。

【原文】

一者本也①,二者器也②,三者充也③,治者四也,教者五也,守者六也④,立者七也⑤,前者八也⑥,终者九也,十者然后具五官于六府也⑦,五声于六律也⑧。

注释

①本:指农业。尹知章注:"本,农桑也。"
②器:器具。尹知章注:"器,所以理农桑之具也。"
③充:充足,此指有足够的劳力来从事农业生产。尹知章注:"充,谓人力能称本与器也。"
④守:掌管。尹知章注:"人既奉法从教,则设官以守之。"
⑤立:立事。尹知章注:"既设官以守之,则能立事。"
⑥前:齐全。
⑦尹知章注:"立五行之官分掌六府也。"《礼记·曲礼》:"天子之五官,曰司徒、司马、司空、司士、司寇,典司五众。"《礼记·曲礼》:"天子之六府,曰司土、司木、司水、司草、司器、司货,典司六职。"郑玄注:"府,主藏六物之税者。此亦殷时制也。"
⑧五声:即五音,指宫、商、角、徵、羽。六律:即黄钟、太簇、姑洗、蕤宾、夷则、无射。律用来正音,《孟子》:"不以六律不能正五音。"

【今译】

第一是农本,第二是农具,第三是从事农业的劳力,治理是第四,教化是第五,专职掌管是第六,立事是第七,齐全是第八,终止是第九,第十就是要建立五官来分管六府,就像用六律来定五音。

【原文】

六月日至①,是故人有六多②,六多所以街天地也③。天道以九制,地理以八制，人道以六制。以天为父，以地为母，以开乎万物④，以总一统。通乎九制、六府、三充⑤，而为明天子。修概水上⑥，以待乎天堇⑦；反五藏⑧，以视不亲⑨；治祀之下，以观地位⑩；货曋神庐⑪，合于精气。已合而有常，有常而有经。审合其声，修十二钟⑫，以律人情⑬。人情已得，万物有极⑭，然后有德。故通乎阳气，所以事天也，经纬日月⑮，用之于民；通乎阴气，所以事地也，经纬星历，以视其离⑯。通若道然后有行⑰，然则神筮不灵⑱，神龟不卜，黄帝泽参⑲，治之至也。

注释

①至：指夏至、冬至。尹知章注："阳生至六为夏至，阴生至六为冬至。"

②六多：张佩纶云：为"六爻"之误。爻（yáo 摇），是构成《易》卦的基本符号。"—"是阳爻，"--"是阴爻，每三爻合成一卦，重卦称为六爻。

③街：《玉篇》："通道也。"此作动词用。

④丁士涵云："'乎'字衍，'以开万物'与下文'以总一统'对文。"译文从之。

⑤九制、六府、三充：李哲明云，"充"疑当为"事"，形近而讹。"九制"疑当为"九功"，涉上"九制"而误。《尚书·大禹谟》以水、火、金、木、土、谷为六府，以正德、利用、厚生为三事。合而为九功。译文从之。

⑥王念孙云："'上'当为'土'，'概'，平也，谓修平水土也。"译文从之。

⑦以待乎天堇：郭沫若云，当为"以待天馑"。"乎"字为下句错入。馑（jǐn 仅），饥馑、灾荒。《尔雅·释天》："谷不熟为饥，蔬不熟为馑。"译文从之。

⑧反五藏：郭沫若云，为"平发五藏"。"平"字误为"乎"，错入上句，"发"字误为"反"。平发，谓平粜也；五藏，谓五谷之仓廪。译文从之。

⑨亲：郭沫若云："赈误为亲。"译从。

⑩地位：郭沫若云："'地位'当为'地利'。"译文从之。

⑪郭沫若云：货曋当读为"化潭"。"神庐指心言，《内业篇》所谓'精舍'也。""'货曋神庐'者谓心受教养而深厚，即所谓'定心'，故能'合于精气'也。"

⑫钟：古代乐器，青铜制成。西周中期开始有十几个大小相次成组的编钟，本篇曰"十二钟"。

⑬律：约束。

⑭万物有极：丁士涵云："当作'万物已极'，与'人情已得'对文，此涉下文'有德'而误。"物，事。极，准则。

⑮经纬：常道，规律。此指掌握规律。

⑯离：读为"列"。《管子·侈靡篇》："昭穆之离"，尹知章注："离谓位次之列也。"

⑰若:犹此也。
⑱筮(shì 誓):用蓍草占卜。《诗经·卫风·氓》:"尔卜尔筮",《传》:"龟曰卜,蓍曰筮。"
⑲泽:通"释",舍弃。参:指参与占卜的人。黄帝泽参,注家多以为本句是衍文。

【今译】
　　每经六个月是夏至或冬至,因此人的卦象有六爻,六爻是用来沟通天地的。天道以九为制,地道以八为制,人道以六为制,天子以天为父,以地为母,以此来开倡万事,以此来总括统一。能通晓九功、六府、三事,就能成为圣明的天子。修平水土,来对待天年的饥荒;平价出售库粮,来对待穷困的百姓;在祭祀土地的时候,来观察物产的丰歉。加强心灵的修养,使它合乎精气的要求。如果已合精气的要求,就要能保持经常,能保持经常就有了规范。要审查声乐,制作十二钟,用来规范百姓的感情。百姓的感情已经规范,万事也就有了准则,这样,就能成为有德的天子。所以通晓阳气,是为了用来侍奉上天,掌握日月运行的规律,使有利于百姓;通晓阴气,是为了用来侍奉大地,掌握星宿时节的运行规律,来看清它们的排列次序。能通晓这些规律然后去行事,这样,就不必用蓍草来显灵,不必用龟甲来占卜,黄帝也就可不用占卜的人了,这是最好的治国方法。

【原文】
　　昔孝黄帝得蚩尤而明于天道,得大常而察于地利①,得奢龙而辩于东方②,得祝融而辩于南方,得大封而辩于西方,得后土而辩于北方。黄帝得六相而天地治,神明至③。蚩尤明乎天道,故使为当时④;大常察乎地利,故使为廪者⑤;奢龙辩乎东方,故使为土师⑥;祝融辩乎南方,故使为司徒;大封辩于西方,故使为司马;后土辩乎北方,故使为李⑦。是故春者土师也⑧,夏者司徒也,秋者司马也,冬者李也。昔黄帝以其缓急作五声⑨,以政五钟⑩,令其五钟⑪,一曰青钟大音,二曰赤钟重心,三曰黄钟洒光,四曰景钟昧其明⑫,五曰黑钟隐其常。五声既调,然后作立五行以正天时,五官以正人位。人与天调,然后天地之美生⑬。

注释

①地利:当为"地理"。下同。
②奢龙:当作"青龙"。古本作"青龙"。辩:通"辨",辨明。
③天地治,神明至:孙星衍云:《书钞》四十九,《御览》七十九,引作"天下治,神明之至也"。译文从之。
④当时:许维遹云:"当"读为"掌"。掌时,六相之一,掌天时之官。
⑤廪者:掌开仓救济的官。尹知章注:"廪,给也。谓开廪以给人也。"
⑥土师:古本作"工师",即《周官》中的司空,司空与司工同。空,工之假字。下同。
⑦李:通"理",古时法官的名称。尹知章注:"李,狱官也。"
⑧因春夏秋冬分属东南西北,所以说"春者土(工)师也,夏者司徒也"。
⑨作五声:王念孙云:应为"作立五声"。《书钞》引"作"下有"立"字。作,始也。
⑩政:同"正",规正。
⑪令:命名。
⑫景:刘师培云:景"乃'颢'字之总,颢即白也"。与上下文的青、赤、黄、黑并文,均主方色言。
⑬天地之美:指天地间的美好事物。尹知章注:"美,谓甘露、醴泉之类也。"

【今译】

从前黄帝得蚩尤任为相而明察天道,得大常任为相而明察地理,得青龙任为相而明辨东方,得祝融任为相而明辨南方,得大封任为相而明辨西方,得后土任为相而明辨北方。黄帝得六相而天下安定,真是神明极了。蚩尤明察天道,所以命他为掌管天时的官;大常明察地理,所以命他为掌管粮仓的官;青龙明辨东方,所以命他为司空的官;祝融明辨南方,所以命他为司徒的官;大封明辨西方,所以命他为司马的官;后土明辨北方,所以命他为治狱的官。因此春是司空,夏是司徒,秋是司马,冬是狱官。从前黄帝按政事的缓急来立五声,用五声来规正五钟,命名五钟为:一是青钟大音,二是赤钟重心,三是黄钟洒光,四是白钟昧其明,五是黑钟隐其常。五声调正以后,这就开始确立五行来规正天时,开始确立五官来规正人位。使人事与天道协调,然后,天地就能产生美好的事物。

【原文】

　　日至睹甲子木行御①。天子出令,命左右士师内御②,总别列爵,论贤不肖士吏。赋秘③,赐赏于四境之内;发故粟以田数④。出国⑤,衡顺山林⑥,禁民斩木,所以爱草木也。然则冰解而冻释,草木区萌⑦。赎蛰虫卵菱⑧,春辟勿时⑨,苗足本⑩,不疠雏鷇⑪,不夭麑䴥⑫。毋傅速⑬,亡伤襁褓⑭。时则不凋⑮,七十二日而毕⑯。

注释

①"日至"句:尹知章注:"谓春日既至,睹甲子,用木行御时也。"睹,见,遇见。木行,五行之一,春属木。御,治理。

②"命左"句:尹知章注:"谓内侍之官也。"

③赋秘:王引之云:"'赋',布也,布散其所秘藏之物也。"

④"发故"句:尹知章注:"故粟,陈(粟)也。以田数多少用陈粟给人,使得务农。"

⑤国:指国都。

⑥衡:古代掌管山林的官。《周礼·地官》有"林衡",其职为"掌巡林麓之禁令而平其守"。顺:当读为"巡",古顺、巡通用。

⑦区(gōu 勾)萌:植物嫩芽。区,同"勾"。《礼记·乐记》:"草木茂,区萌达。"

⑧赎蛰虫:尹知章注:"赎,犹去也。"去,除去。蛰虫,多为害虫,故须除去之。卵:郭沫若云:古本作"卯",读为"萌",意为萌芽。

⑨春辟勿时:郭沫若云:时"当为'待',涉《注》而误"。尹《注》云:"春当耕辟,无得不及时也。"正释"春辟勿待。"

⑩尹知章注:"足,犹拥也。春生之苗,当以土拥其本。"

⑪疠(lì 厉):杀。雏鷇:幼小待哺食的鸟。

⑫麑䴥:幼小的麋鹿。《国语·鲁语上》:"兽长麑䴥。"韦昭注:"鹿子曰麑,麋子曰䴥。"

⑬毋傅速:郭沫若云:"傅读为缚,速谓紧束也。春气已和,不可缚之过紧,免伤襁褓。"

⑭亡:无。

⑮尹知章注:"若能行上事,春则繁茂而不凋枯也。"

⑯"七十"句:刘绩云:"自甲子起,周一甲子六十日,又零十二日得丙子,故曰'七十二日而毕'。下皆仿此。"本篇分一年为五,每一为七十二日,计三百六十日。

【今译】

冬至日过后，遇到甲子日起，要按木行的要求行事。天子发出政令，命左右士师内侍官员在朝内理事，要汇总区别各种官爵，评定贤良与不肖的官吏。分发秘藏的财物，赏赐给全国的官吏。发放仓中的陈粮，按田亩的数量贷给农户。掌管山林的官吏要走出国都，去巡视山林，禁止百姓砍伐树木，这是为了爱护草木。这样，在冰化土松的春天，草木才能开始萌发。要早除害虫，使菱萌芽，春耕不能等待，禾苗的根部要培土充足，不杀害雏鸟，不使幼小的麋鹿早死。不要把襁褓缚得过紧，免得伤害婴儿。能按时做到这些，春天就会繁荣不凋落，这样要坚持七十二日才能完毕。

【原文】

睹丙子火行御。天子出令，命行人内御①。令掘沟浍②，津旧涂。发臧③，任君赐赏④。君子修游驰⑤，以发地气。出皮币，命行人修春秋之礼于天下⑥，诸侯通，天下遇者兼和⑦。然则天无疾风，草木发奋，郁气息⑧，民不疾而荣华蕃⑨。七十二日而毕。

注释

①行人：官名。使者。尹知章注："行人，行使之官也。"

②浍（kuài 会）：田间水沟。《荀子·解蔽》："醉者越百步之沟，以为跬步之浍也。"

③旧涂：尹知章注："旧涂，谓先时济水处，当设其津梁也。"津梁，桥。臧：通"藏"。积贮，库藏。

④尹知章注："任，委也。藏中委积物，当发用之，即以充君之赏赐也。"

⑤游驰：郊游。尹知章注："游驰，谓游戏驰马也。"

⑥春秋之礼：国家在春秋二季互相聘问。尹知章注："春秋二时聘问之礼。"

⑦兼：张佩纶云：当作"谦"。译文从之。《说文》："谦，敬也。"

⑧郁气息：尹知章注："谓郁蒸之气止息也。"

⑨荣华：本指草开花，引申为昌盛显达。《淮南子·说林训》："有荣华者，必有憔悴。"蕃：繁多，繁殖。《汉书·郊祀志下》："子孙蕃滋。"

【今译】

遇到丙子日起，要按火行的要求行事。天子发出政令，命使者在朝内行事。下令百姓在田间挖掘排水沟，在旧的摆渡口修筑桥梁。发放库藏，充当君主的赐赏品。君子游乐驰马在郊野，以便开发地气。拿出皮币，命使者行春秋之礼到天下各国，与诸侯通好，使诸侯各国间互相敬慕和睦。如果能这样，天就没有暴风，草木就能繁荣生长，郁蒸之气就能停息，百姓就无疾患，昌盛健康而众多。这样要坚持七十二日才能完毕。

【原文】

睹戊子土行御。天子出令，命左右司徒内御。不诛不贞①，农事为敬。大扬惠言②，宽刑死，缓罪人。出国，司徒令命顺民之功力③，以养五谷。君子之静居④，而农夫修其功力极。然则天为粤宛⑤，草木养长，五谷蕃实秀大，六畜牺牲具，民足财，国富，上下亲，诸侯和。七十二日而毕。

【注释】

①贞：俞樾云："'贞，乃'赏'字之误。"译文从之。
②陶鸿庆云："'言'字不当有，盖即涉《注》文而衍者。"译文从陶说。
③功力：指从事农业生产。
④张佩纶云："'之'字衍。
⑤安井衡云："'粤'当为'奥'。奥，深也。'宛'当读为苑。深邃之苑无物不有也。"译文从之。

【今译】

遇到戊子日起，要按土行的要求行事。天子发出政令，命左右司徒到朝内行事。不诛罚不赏赐，唯农事为重。大力宣扬仁惠的事，宽大处理已判刑处死的人，暂缓拘捕已犯罪的人。司徒走出国都，命地方官吏巡视百姓从事农业生产的情况，以利培养五谷。君子静居，而农夫从事农业生产要十分用力。这样，天地就像深邃的园圃，草木就能得到培养生长，五谷就能花开得大谷粒结得多，六畜和祭祀用的牺牲物就能具备，百姓就有充足的财物，国家就能富裕，上下相亲，诸侯和睦。这样要坚持七十二日才能完毕。

【原文】

睹庚子金行御。天子出令,命祝宗选禽兽之禁①,五谷之先熟者,而荐之祖庙与五祀②,鬼神飨其气焉,君子食其味焉。然则凉风至,白露下。天子出令,命左右司马衍组甲厉兵③,合什为伍④,以修于四境之内,谀然告民有事⑤,所以待天地之杀敛也⑥。然则昼炙阳,夕下露,地竞环⑦,五谷邻熟⑧,草木茂实,岁农丰年大茂⑨。七十二日而毕。

注释

①祝宗:祭祀时司祝祷的人。禁:禁苑。尹知章注:"禁,谓牢圈囿所养,拟供祭祀也。"

②五祀:古代天子祭祀的五种神祇。尹知章注:"五祀,谓门、行、户、灶、中霤。"中霤,指土神。

③张佩纶云:"衍"字即"内御"二字之坏。合上下文体例,故译文从之。组甲:尹知章注:"谓以组贯甲也。"组,以丝织成的阔带子。甲,盔甲。厉:同"砺",磨砺。

④合什为伍:张佩纶云:"当作'合为什伍'。"什伍,军队的编制,五人为一伍,十人为一什。

⑤安井衡云:"'谀'读为俞,俞然,容貌和恭也。"

⑥待:准备。杀敛:来伐收殓。

⑦尹知章注:"环,炙实貌。方秋之时,昼则暴炙,夕则下寒露而润之,阴阳更生,故地气交竞而炙实。"

⑧邻:接连。《释名·释州国》:"邻,连也。"

⑨岁农丰:指农业丰收,承"五谷邻熟"言。年大茂:指畜牧、林木等丰收,承"草木茂实"言。

【今译】

遇到庚子日起,要按金行的要求行事。天子发出政令,命祝宗挑选禁苑中的禽兽,以及首先成熟的五谷,敬献到祖庙和五祀之前,让鬼神享受它们的香气,让君子尝到它们的滋味。这样,凉风就会来到,白露就会下降。天子再次发出政令,命左右司马在朝内行事,准备盔甲,磨砺兵器,组织军队,在全国各地进行备战,以十分认真的态度告诉百姓将要发生战事,用来准备天地在秋季的杀伐收殓。这样,白天秋阳如火炙,晚上降下白露,大地冷热交相循环,五谷接连成熟,草木丰茂充足,农业丰收,年成大好。这样要坚持七十二日才能完毕。

【原文】

睹壬子水行御。天子出令,命左右使人内御①,御其气足则发而止,其气不足则发捝渎盗贼②。数剥竹箭③,伐檀柘④,令民出猎,禽兽不释巨少而杀之⑤,所以贵天地之所闭藏也。然则羽卵者不段⑥,毛胎者不牍⑦,䐃妇不销弃⑧,草木根本美。七十二日而毕。

注释

①使:张佩纶云:"'使'当作'李',篆文相近。"李人,即法官。
②王念孙云:"下'御'字衍,据尹《注》云'其闭藏之气足,则发令休止也',则其上无'御'字。"气:冬季的闭藏之气。发:郭沫若云:"即开发之发,可训为搜捕。"郭沫若又云:"'捝',殆'涧'之误。"涧渎,山沟和江河。
③尹知章注:"言数剥削竹箭以为矢也。"剥,《集韵》:"音湫,绝也。"
④尹知章注:"伐檀柘所以为弓也。"檀柘,两种树木名。
⑤释:通"择",选择。
⑥段:洪颐煊云:即"毈"字之省。《说文》:"毈,卵不孚也。"《淮南子·原道训》:"兽胎不贕,鸟卵不毈。"
⑦牍(dú 读):流产。尹知章注:"牍,谓胎败溃也。"
⑧"䐃妇"句:尹知章注:䐃,古"孕"字。销弃,谓散坏也。

【今译】

遇到壬子日起,按水行的要求行事。天子发出政令,命左右法官到朝内行事,冬气足,搜捕盗贼的工作就可停止;冬气不足,就要在山沟和江河中搜捕盗贼。要多截削竹、箭为矢,多伐檀、柘为弓,下令百姓出去打猎,不管禽兽的大小全都捕杀,这正是为了重视天地的闭藏之气。这样,鸟卵就不会孵化不成,兽胎就不会造成流产,孕妇的胎儿也不会夭亡,草木的根也能保全完好。这样要坚持七十二日才能完毕。

【原文】

睹甲子木行御。天子不赋不赐赏,而大斩伐伤①,君危。不杀②,太子危,家人夫人死。不然,则长子死。七十二日而毕。睹丙子火行御,天子敬行急政③,旱札苗死民厉④。七十二日而毕。睹戊子土行御,天子修宫室,筑台榭,君危;外筑城郭臣死。七十二日而毕。睹庚子金行御,天子攻山击石⑤,有兵作战而败⑥,士死,丧执政。七十二日而毕。睹壬子水行御,天子决塞,动大水,王后夫人薨⑦。不然则羽卵者殁,毛胎者腹,䐃妇销弃,草木根本不美。七十二日而毕也。

注释

①尹知章注:"此已下言逆时政所致灾祸也。"
②不杀:孙诒让云:"'不杀'当作'不然'。"译文从之。
③敬:王念孙云:"当作'亟'。"亟,屡次、多次。
④札:瘟疫。《周礼·春官·大宗伯》:"以荒礼哀凶札。"郑玄注:"札读为截,谓疫厉。"厉:通"疠",染疫病。尹知章注:"厉,疫死。"
⑤攻山击石:疑指开发山中的矿藏。
⑥有兵:郭沫若云:"当为'祠兵'之误。鲁庄八年《公羊传》'出曰祠兵,入曰振旅……'"祠兵,即出兵。而:犹"则"。
⑦薨(hōng 烘):古代诸侯死称薨。《礼·曲礼下》:"天子死曰崩,诸侯死曰薨。"此指王后夫人死。

【今译】

遇到甲子日起,应按木行的要求行事,天子如不分发秘藏的财物,不赏赐官员,却大肆砍伐山林,就会使君主危险。不然,就是使太子危险,或者使家人、夫人死亡。再不然,就是使长子死亡。灾祸将持续七十二日才结束。遇到丙子日起,应按火行的要求行事,天子如果多次施行急政,旱灾和瘟疫就会同时发生,禾苗枯死,百姓染上瘟病。灾祸将持续七十二日才结束。遇到戊子日起,应按土行的要求行事,天子如果营造宫室,修筑台榭,君主就会危险;如果在外修筑城墙,大臣就会死亡。灾祸将持续七十二日才结束。遇到庚子日起,应按金行的要求行事,如果天子开发山中矿藏,出兵作战就会失败,军士死亡,丧失执政的人。灾祸将持续七十二日才结束。遇到壬子日起,应按水行的要求行事,如果天子决开或堵塞河道,造成大水,王后夫人就会死亡。不然,禽卵就会孵化不成,兽胎就会流产,孕妇的胎儿就会夭亡,草木的根子就不能保全完好。灾祸将持续七十二日才结束。

势第四十二

【题解】

　　势,形势。本篇论述征战攻伐取守要善于利用形势才能成功,违背形势就不能成功。形势未成熟时,就要作准备,静心等待;形势成熟时,就要积极行动;成功以后又要适可而止,适应新的形势。本篇重在论述军事,而又富有哲理性。

【原文】

　　战而惧水,此谓澹灭①。小事不从,大事不吉。战而惧险,此谓迷中②。分其师众③,人既迷芒④,必其将亡之道。

注释

①水:水祸,水险。尹知章注:"方战之时,惧致水祸。"澹灭:张佩纶云:"澹当为'胆',字之误也"。灭,绝也。
②迷:迷惑。中:心中。
③分:郭沫若案:"假为'纷',乱也。"
④迷芒:迷茫。

【今译】

　　战争中害怕渡水,这叫做丧失胆量。这种人做小事就不顺利,做大事就不吉祥。战争中害怕经历危险,这叫做心中迷惑。这种人会使他的军队混乱,人人都陷入迷茫,军队必然走上灭亡的道路。

【原文】

　　动静者比于死①,动作者比于丑②,动信者比于距③,动诎者比于避④。夫静与作,时以为主人,时以为客,贵得度。知静之修⑤,居而自利;知作之从,每动有功,故曰无为者帝,其此之谓矣。

【注释】

①俞樾云:此句以下的"四'动'字皆作重"。重,该的意思。死:死尸。

②丑:张佩纶云:"当为'鬼',均字之误也。"译从。

③信:通"伸",展开。距:鸡距,雄鸡跖后面突出像脚趾的部分。《汉书·五行志中之上》颜师古注:"距,鸡附足骨,斗时所用刺之。"

④诎:通"屈"。屈曲,收缩。避:郭沫若云,应读为"躄"。因为避与辟通,辟又与躄通。躄(bì壁)亦作"躃",瘸腿。

⑤修:张佩伦云:"当作'备'。"准备。静止是为动作做准备,而动作是紧随着静止之后,故下文云"知作之从"。

【今译】

军队该要静止埋伏时就要像死尸一样纹丝不动,军队该要行动出击时就要像鬼神一样出没无常,军队该要扩展地盘时就要像鸡距一样直刺敌人,军队该要退避时就要像瘸腿一样屈曲退缩。静止或者动作,有时作为主要,有时作为次要,贵在运用合度。懂得静止埋伏是为行动出击作必要的准备,那么居留自然会有好处;懂得行动出击是紧随着静止埋伏之后,那么每一个行动出击就会有功效。所以说,顺应自然无为而治就能成就帝业,大概就是这种情况吧。

【原文】

逆节萌生①,天地未形,先为之政,其事乃不成,缪受其刑。天因人,圣人因天。天时不作勿为客②,人事不起勿为始。慕和其众,以修天地之从③。人先生之,天地刑之④,圣人成之,则与天同极。正静不争,动作不贰⑤,素质不留⑥,与地同极。未得天极,则隐于德⑦;已得天极,则致其力。既成其功,顺守其从⑧,人不能代。

【注释】

①"逆节萌生"以下五句:《国语·越语》:"又一年,王召范蠡而问焉,曰:'吾与子谋吴,子曰未可也。今申胥骤谏其主,王怒而杀之,其可乎?'对曰:'逆节萌生,天地未形,而先为之征,其事是以不成,杂受其型,王姑待之。'"安井衡据此云:"《越语》'政'作'征',古者正、政、征三字通用,此'政'当读为征。敌国逆事萌生,天地未形可征之兆,而先为之征伐,其事乃不成,误受其刑也。"

②"天时"句:金廷桂云:"《越绝书》'天道未作,不先为客'。《礼·月令注》

'为客不利',《疏》'起兵伐人者谓之客'。言敌国无可伐之机,不容轻犯之也。"

③"以修"句:郭沫若云:"'修'当为'备','从'即随从之从。谓先求人和以待天时地利也。"译文从之。

④刑:古本作"形"。孙星衍云,当作"形"。译文从"形"。

⑤贰:王念孙云:"当为'贰'。"贰同"忒"(tè 特),差误。

⑥留:郭沫若云:"留"假为"镏(刘)",杀。不刘,不杀伐。下文"中静不留"的"留",同此。

⑦"未得"二句:尹知章注:"未得与天同极,则隐而修德也。"

⑧顺:王引之云:"当为'则'。"译文从之。尹知章注:"从,顺也。功成矣,则以顺理守之。"

【今译】

敌方违理荒唐的事刚发生,天地还没有征兆,就先去征讨,那事情就不成功,反而冤枉地受到它的惩罚。天是根据人事而出现征兆的,圣人是根据天的征兆而采取行动的。天时的灾祸还没有在敌国出现就不要去攻伐,人事的祸乱还没有在敌国起来就不要开始进攻。团结自己的良众,准备着等待天时地利的到来。人事的祸乱先已发生,天地的征兆接着出现,于是圣人再去成就事业,那么就与天道相一致。如若端正宁静而不事争夺,行动没有差错,本无杀伐之心,那么就与地道相一致。如果还不能与天道相一致,那就应该隐退修德;如果已与天道相一致,那就应该努力去实现。功成以后,就应该顺理守住功业,就没有人能替代他。

【原文】

成功之道,嬴缩为宝①。毋亡天极②,究数而止。事若未成,毋改其形③,毋失其始;静民观时,待令而起④。故曰:修阴阳之从⑤,而道天地之常⑥。嬴嬴缩缩,因而为当;死死生生⑦,因天地之形。天地之形⑧,圣人成之,小取者小利,大取者大利,尽行之者有天下。

注释

①嬴缩:尹知章注:"嬴缩,犹行藏也。"

②亡:通"忘"。

③形:尹知章注:"形,谓常形也。守常修始,事终有成也。"

④"静民"二句:尹知章注:"言事未成之时,但安静其人,谨候其时,待天命令,然后起而应也。"
⑤修:郭沫若云:"'修'亦当为'备'。"译文从之。
⑥道:跟随。
⑦尹知章注:"死生,犹隐显也。圣人隐显必因天地之形。"
⑧天地之形:王念孙云:"天地之形",当依上文作"天地形之"。译文从王说。

【今译】

成功的办法,能屈能伸是宝。不要忘记天道,尽到天数就应该停止。事业如若尚未成功,不要改变常态,不要放弃初衷,休养民力观察时机,等待天令起事。所以说,准备遵循阴阳的变化,跟随天地的常规。伸伸缩缩,要根据时机运用恰当;隐隐现现,要根据天地的征兆。天地出现征兆,圣人完成事业。遵照天道做小事就有小利,做大事就有大利,尽行天道就能据有天下。

【原文】

故贤者诚信以仁之,慈惠以爱之,端政象不敢以先人①。中静不留,裕德无求,形于女色②,其所处者,柔安静乐,行德而不争,以待天下之溃作也③。故贤者安徐正静,柔节先定,行于不敢,而立于不能,守弱节而坚处之。故不犯天时,不乱民功,秉时养人,先德后刑。顺于天,微度人。

注释

①"端政"句:张佩纶云:"《周礼·大司马职》:'正月之吉,始和,布政于帮国都鄙,乃县政象之法于象魏,使万民观政象,夹日而敛之。'"依此,端政象,犹如今日的公布法制的草案,广泛听取百姓的意见。
②形于女色:形容安闲无求的样子如同女子。《韩非子·外储说左上传》:"有术以御之,身坐于庙堂之上,有处女之色,无害于治,无术以御之,虽瘁臞,犹未有益。"
③溃:尹知章注:"溃,动乱也。"

【今译】

贤者总以诚实的态度爱百姓,总以慈惠的政策爱百姓,制定政令总是广泛听取百姓的意见不敢先自为定。心中宁静无杀伐之意,道德饶裕并无企求,安闲如同女子的姿态。他平常的生活,柔和安定,宁静快乐,行动而不争功,用这种态度来等待天下动乱的到来。所以贤者安稳宁静,先定下谦和的节操,行动不敢冒失,立功自以为不能,奉守谦和的节操而且坚持自处,所以不冒犯天时,不扰乱民功,用四季之政休养百姓,先用恩德后用刑杀。顺应四时,妙合人意。

【原文】

善周者,明不能见也①;善明者,周不能蔽也。大明胜大周,则民无大周也;大周胜大明,则民无大明也。大周之先,可以奋信②;大明之祖,可以代天。下索而不得,求之招摇之下③。

【注释】

①周:周密。《汉书·黄霸传》:"属令周密。"注:"周密,不泄漏也。"故可引申为机密。明:明察。

②奋信:尹知章注:"奋信,振起貌。"

③招摇:星名。郭沫若案:"'下索而不得,求之招摇之下',谓下求之不得,求之于上也。"

【今译】

善于保密的,明察也不能发现;善于明察的,保密也不能隐蔽。高度的明察胜过高度的保密,那么人就没有高度的保密可言;高度的保密胜过高度的明察,那么人就没有高度的明察可言。先采用高度的保密,就可以迅速起事;先采用高度的明察,就可以代替天的征兆。在下面求索不到征兆,就求索于上天。

【原文】

兽厌走,而有伏网罟。一偃一侧,不然不得①。大文三曾②,而贵义与德;大武三曾,而偃武与力③。

【注释】

①"兽厌"四句:郭沫若案:"言兽极走而不备,则有陷入网罟之虞。故为政者

须一反一侧,有进有退,然后得其当。"
②曾:章炳麟云:"曾"读为"载"。三曾,三载,即三年。
③偃(yǎn 掩):停止,停息。

【今译】

野兽极力奔跑,前面可能有暗设的罗网。为政者也必须一张一弛,有进有退,否则便不恰当。大规模实行文治三年,天下便崇尚道义与德行;大规模实行武攻三年,天下便平息武斗与暴力。

正第四十三

【题解】

正,使之正,即匡正。本篇论述要用刑、政、法、德、道来匡正百姓的思想和行为。要正确运用刑、政、法、德、道,统治者必须要正自身,做到正纪、行理、守慎正名,举人无私和"后其身"。所以本篇论正,涉及正人正己两个方面。

【原文】

制断五刑①,各当其名,罪人不怨,善人不惊,曰刑。正之,服之,胜之,饰之②,必严其令,而民则之,曰政。如四时之不贰③,如星辰之不变,如宵如昼,如阴如阳,如日月之明,曰法。爱之,生之,养之,成之,利民不德,天下亲之,曰德。无德无怨,无好无恶,万物崇一④,阴阳同度,曰道。刑以弊之⑤,政以命它,法以遏之,德以养之,道以明之。刑以弊之,毋失民命;令之以终其欲,明之毋径⑥;遏之以绝其志意,毋使民幸⑦;养之以化其恶,必自身始;明之以察其生⑧,必修其理⑨。致刑,其良庸心以蔽⑩;致政,其民服信以听;致德,其民和平以静;致道,其民付而不争⑪。罪人当名曰刑,出令时当曰政⑫,当故不改曰法⑬,爱民无私曰德,会民所聚曰道⑭。立常行政,能服信乎?中和慎敬,能日新乎?正衡一静⑮,能守慎乎?废私立公,能举人乎?临政官民,能后其身乎?能服信政⑯,此谓正纪。能服日新⑰,此谓行理。守慎正名,伪诈自止。举人无私,臣德咸道。能后其身,上佐天子。

注释

①五刑:古代以墨、劓、剕、宫、大辟为五刑。

②饰:安井衡云:"'饰'读为饬。饬,整饬也。"

③贡:通"忒",差误。

④万物崇一:俞樾云:崇,古通"宗"。《广雅·释诂》:"宗,本也。""万物宗一",言万物本于一。《老子》:"一生二,二生三,三生万物。"

⑤弊:裁断。《周礼·天官·大宰》:"以弊邦治。"

⑥明之毋径:刘绩云:"'明之毋径',当作'毋使民径'。"《广雅》:"径,邪也。"

⑦"遏之"二句:尹知章注:"用法正人之志意,不使人有非分之幸也。"幸,侥幸。

⑧生:通"性",性情。

⑨修:王念孙云:"'修'当作'循'。"译文从王说。

⑩庸:通"用"。蔽:俞樾云:盖"敬"字之误。译文从"敬"。

⑪付:通"附",亲附。

⑫时当:据古本等应为"当时"。丁士涵云:"宜作'当时',与上文句例同。"

⑬当故:合乎常规。

⑭聚:尹知章注:"聚,谓众所宜也。能令众宜,道之谓也。"

⑮正衡一静:尹知章注:"衡,平也。言但能守慎,则政平而静一。"据此,正通"政",政治。一静,应为"静一",安定统一。

⑯能服信政:据丁士涵校:应为"能服信",承上文"能服信乎"删政字,服信,犹言信服。

⑰能服日新:据丁士涵校:应为"能日新",承上文"能日新乎"删服字。

【今译】

专断五刑,各与罪名相当,犯罪的人就不会怨恨,善良的人就不会惊恐,这叫做刑。匡正百姓,折服百姓,强制百姓,整饬百姓,必定要命令严格,叫百姓遵守,这叫做政。像四季的转换那样不会发生差误,像星辰那样不会发生变化,像昼夜,像阴阳,像日月那样分明,这叫做法。爱护百姓,增多百姓,供养百姓,成全百姓,有利于百姓而不让百姓感恩戴德,天下的百姓都来亲附,这叫做德。无恩德无仇怨,无所好无所恶,万物都发生于一,阴阳的变化都有共同的规律,这叫做道。刑罚用来裁断百姓,政令用来命令百姓,法制用来遏制百姓,恩德用来养育百姓,大道用来启发百姓。用刑罚来裁断百姓,是为了不要错丧人命;命令百姓是为了终结他们的私欲,不要使百姓走上邪路;遏制百姓是为了杜绝他们的非分之想,不要使百姓有侥幸的心理;养育百姓改变他们的恶行,必从自身开始;启发百姓了解自己的性情,必定按照道的原理。施用刑罚,百姓就会用心敬畏;施用政令,百姓就会诚实听从;施用恩德,百姓就会平和安静;施用大道,百姓就会亲附不争。判罪与罪名相当叫做刑,出令与季节相当叫做政,合乎已有的成规而不改变叫做法,爱护百姓而无私心叫做德,合乎全民所需的叫做道。立常法行政令,能使百姓信服吗?心中平和谨慎敬肃,能日新其德吗?政治平稳安定统一。能坚持谨慎小心吗?废私立公,能推举人才吗?执政治理百姓时,能先人后己吗?能使百姓信服,这叫做纲纪端正。能日新其德,这叫做按理行事。坚持谨慎小心辨正名称,虚伪和奸诈自然禁止,推举人才能废私立公,他的为臣之德值得大家都来称道。能做到先人后己,就可辅佐天子。

九变第四十四

【题解】

九变,据郭沫若说,"变"是"娈"之误。《说文》:"娈,慕也。"娈字亦作"恋"。恋,思也。所以九变即"九娈",九种思慕。本篇提出一个百姓或守或战至死,并能不以功自居,是与九种思慕有关系的。这种观点源于《墨子·备城门》。本篇论述的是军事建设上的一个重要问题,即一支军队、一个战士必须具有明确的作战信念,才能勇敢善战,至死不屈,否则便是"不信之人"、"不守之民"、"不战之卒",是不能用来战斗的。

【原文】

凡民之所以守战至死而不德其上者,有数以至焉①。曰:大者亲戚坟墓之所在也②,田宅富厚足居也。不然,则州县乡党与宗族足怀乐也。不然,则上之教训习俗慈爱之于民也厚,无所往而得之。不然,则山林泽谷之利足生也。不然,则地形险阻,易守而难攻也。不然,则罚严而可畏也。不然,则赏明而足劝也。不然,则有深怨于敌人也。不然,则有厚功于上也③。此民之所以守战至死而不德其上者也。今恃不信之人,而求以智;用不守之民,而欲以固;将不战之卒,而幸以胜,此兵之三暗也。

注释

①"凡民"二句:尹知章注:"或守或战,虽复至死,不敢恃之以德于上,则有数存焉于其间,故能至死也。"不德其上:不以为对君主有恩德。数:自然之理。
②亲戚:指父母。
③"则有"句:尹知章注:"功厚则禄多,故亦自为战而不德于君。"

【今译】

大凡百姓之所以守战到死而不对君主自居有功德,这是有一定的原因所致的。这原因是:最大的是父母的坟墓在此地,而且田地住宅富足足以安居乐业。否则,就是州县乡党与宗族的乡土足以使他留恋和自豪。否则,就是君主对百姓的教化训导习惯风俗仁慈亲爱十分注意,没有别的地方百姓能得到这样的恩情。否则,就是此地的山林泽谷里的财利足以维持生活。否则,就是此地的地形险阻,自己容易守住而敌人难以进攻。否则,就是君主的刑罚严厉使人感到可怕。否则,就是君主的赏赐明确足以勉励人。否则,就是与敌人有深仇大恨。否则,就是对君主向来有重大功劳。这就是百姓之所以守战到死而不对君主自居有功的原因。如今君主依靠不可信的人,而希求了解敌情;使用不能守的百姓,而想要巩固阵地;带领着不能战的士卒,而想侥幸打胜仗,这是用兵者的三种昏庸糊涂的想法。

区　言

任法第四十五

【题解】

　　任法,依靠法制。本篇论述法制的作用,认为治国全靠法制。开篇就提出依靠法制治国就能"身佚而天下治";不依靠法制治国就"上劳烦,百姓迷惑,而国家不治"。所以进一步提出要"明法","置法不变",法度是第一位的,仁义礼乐都由法制产生,最后明确提出君臣上下贵贱都要依法制而行,做到"上令而下应,主行而臣从",这是治国之道。全篇运用依靠法制则治、不依靠法制则乱的对比来论述主旨。

【原文】

　　圣君任法而不任智,任数而不任说①,任公而不任私,任大道而不任小物,然后身佚而天下治。失君则不然,舍法而任智,故民舍事而好誉;舍数而任说,故民舍实而好言;舍公而好私,故民离法而妄行;舍大道而任小物,故上劳烦,百姓迷惑,而国家不治。圣君则不然,守道要,处佚乐,驰骋弋猎②,钟鼓竽瑟,宫中之乐,无禁圉也③。不思不虑,不忧不图,利身体,便形躯,养寿命,垂拱而天下治④。是故人主有能用其道者,不事心,不劳意,不动力,而土地自辟,囷仓自实,蓄积自多,甲兵自强,群臣无诈伪,百官无奸邪,奇术技艺之人,莫敢高言孟行以过其情⑤,以遇其主矣⑥。

【注释】

①数:方术,此指国家规定的政策、办法。说:民间的空头议论,故下文说:"舍数而任说,故民舍实而好言。"

②弋(yì益):古时用绳系矢而射。弋猎,打猎。

③圉(yǔ语):通"御"。阻止,禁止。

④垂拱:形容太平无事,无为而治。

⑤高言孟行:犹言狂言妄行。孟,通"猛"。

⑥遇:俞樾云:"读为愚。"愚,愚弄、欺骗。

【今译】

圣明的君主依靠法制而不依靠才智,依靠政策而不依靠空说,依靠公法而不依靠私情,依靠大的原则而不依靠小的事例,这样就能自身安逸而天下安定。失职的君主却不是这样,舍弃法制而依靠才智,所以百姓就不讲事实而好求名誉;舍弃政策而依靠空说,所以百姓就不讲实际而好说空话;舍弃公法而喜好私情,所以百姓就背离法制而胡作非为;舍弃大的原则而依靠小的事例,所以君主就劳累烦杂,百姓就迷惑不解,国家就不安定。圣明的君主却不是这样,坚守道的纲要,处身于安逸快乐的生活之中,跑马打猎,钟鼓竽瑟的声乐,宫中的快乐,都是不禁止的。无思无虑,无忧无谋,有利身体,适宜形躯,保养寿命,垂衣拱手而天下安定。因此君主能使用法的作用的,就不必费心,不必劳神,不必用力,而土地自然开辟出来,谷仓自然充实,蓄积自然丰多,兵力自然强大,群臣不敢欺诈作伪,百官不敢作奸犯科,有特殊技艺的人也不敢超过他们的实际而吹牛妄行来欺骗他们的君主了。

【原文】

昔者尧之治天下也,犹埴之在埏也①,唯陶之所以为;犹金之在垆,恣冶之所以铸。其民引之而来,推之而往,使之而成,禁之而止。故尧之治也,善明法禁之令而已矣②。黄帝之治天下也,其民不引而来,不推而往,不使而成,不禁而止。故黄帝之治也,置法而不变,使民安其法者也。

【注释】

①"犹埴"句:许维遹案:"赵本作'犹埴之在埏也'。"埴(zhí直),粘土。埏,

本谓揉粘土,引申为制陶器的模型。

②"善明"句:孙星衍云:"《艺文类聚》五十四引作'善明法察令而已','之'字衍。"

【今译】

从前尧治理天下,就好像粘土被放进模具,任凭陶工随意制作一样;又好像金属被熔化在炼炉里,任凭冶金工恣意铸造一样。他的百姓招手就来,挥手就去,差使他们就能成功,禁令他们就能停止。所以尧的治理方法只是善于明确法制和禁令罢了。黄帝治理天下,他的百姓不用招手就来,不用挥手就去,不用差使就能成功,不用禁令就能停止。所以黄帝的治理方法,是设置法令不变更,使百姓安分守法的方法。

【原文】

所谓仁义礼乐者,皆出于法,此先圣之所以一民者也。《周书》曰:"国法法不一①,则有国者不祥;民不道法②,则不祥;国更立法以典民,则祥③;群臣不用礼义教训,则不祥;百官服事者离法而治,则不祥。"故曰:法者不可恒也④,存亡治乱之所从出,圣君所以为天下大仪也。君臣上下贵贱皆发焉⑤,故曰法。

【注释】

①现《尚书·周书》中无此引文。郭沫若云:"国法法"中的"下'法'字读为废。法废则政出多门,故有国者不祥"。译文从郭说。
②民不道法:民不守法。尹知章注:"道,从。"
③丁士涵云:"上下文四言'不祥',此亦当言'不祥','祥'上脱'不'字,当补。'国更立法',即上文所谓'法不一'也。"译文从丁说。
④不可恒:张佩纶云:"'不可恒'当作'不可不恒'。"译文从之。
⑤发:通"法"。此指行法。

【今译】

所谓仁义礼法,都是由法产生的,这是先代的圣主用来统一百姓的法。《周书》上说:"国法废弛不统一,国君就不吉祥;百姓不守法,国君就不吉祥;国家随意变更已立的法制来管理百姓,国君就不吉祥;

群臣不用礼义来教训百姓,国君就不吉祥;百官办事人员背离法制理事,国君就不吉祥。"所以说,法制能不能持久,是存亡治乱发生的根由,是圣明的君主用来作为治理天下的最重大的标准。无论君臣上下贵贱都要依此行事,所以称作法制。

【原文】

古之法也,世无请谒任举之人①,无闲识博学辩说之士②,无伟服,无奇行③,皆囊于法以事其主。故明王之所恒者二:一曰明法而固守之,二曰禁民私而收使之;此二者主之所恒也。夫法者,上之所以一民使下也。私者,下之所以侵法乱主也。故圣君置仪设法而固守之,然故谌杵习士闻识博学之人不可乱也④,众强富贵私勇者不能侵也,信近亲爱者不能离也,珍怪奇物不能惑也,万物百事非在法之中者不能动也。故法者,天下之至道也,圣君之实用也⑤。今天下则不然,皆有善法而不能守也。然故谌杵习士闻识博学之士能以其智乱法惑上,众强富贵私勇者能以其威犯法侵陵⑥,邻国诸侯能以其权置子立相⑦,大臣能以其私附百姓⑧,剪公财以禄私士。凡如是而求法之行、国之治,不可得也。

【注释】

①"古之"二句:尹知章注:"任,保也。以法取人,则无请谒之保举。"

②闲:通"娴"。《荀子·修身篇》:"多见曰闲。"下文"闻识博学"当为"闲识博学"。

③尹知章注:"伟服、奇行,皆过越法制者。今止息者,畏法故也。"伟服、奇行,指服饰、行为超过法制的规定。

④谌杵:孙诒让云:"当为'堪材',皆形之误也。"堪材谓材力强,能胜事。堪(kān 刊),胜任。习士:尹知章注:"习士,谓习法之士。"

⑤实用:安井衡云:应为"宝用","转写之讹耳"。译文从之。

⑥侵陵:尹知章注:"谓侵陵于君也。"侵陵,侵害欺凌。

⑦"邻国"句:尹知章注:"邻国持权,能废君之子,援立国相。"

⑧"大臣"句:尹知章注:"谓用私恩诱百姓使附也。"下句注云:"谓剪公财以禄私士。此皆以君不守法故也。"

【今译】

古代依法行事,世上没有请求接见推举的人,没有多见博学善辩这种人，没有超常的奇伟服饰，没有超常的怪异行为，一切都囊括在法制的规定之内来侍奉君主。所以圣明的国君长期要坚持的有两条：一是明确法制并坚决地维护它，二是禁止百姓徇私而使他们收心听从使令，这两条是君主要长期坚持的。法制，是君主用来统一百姓的行为和差使臣下的。徇私，是臣下用来侵害法制扰乱君主的。所以圣明的君主设置法制并坚决地维护它，这样那些聪明能干懂得法制多见博学的人就不能扰乱法制了，那些人多势强有钱有地位徇私好勇的人就不能侵扰法制了，君主的亲信近臣亲属和所宠爱的那些人就不能背离法制了，那些珍贵怪异奇特的宝货就不能迷惑人们执行法制了，万物百事不在法制允许的范围之中的就不能擅自采取行动了。所以法是天下最大的原则，是圣明君主用来治国的法宝。如今的天下却不是这样，都有完善的法制而不能坚持，这样那些聪明能干懂得法制多见博学的人就能凭借他们的才智来扰乱法制迷惑君主了，那些人多势强有钱有地位徇私好勇的人就能凭借他们的威力来侵犯法制欺凌君主了，邻国的诸侯也能凭借他们的权势来废立太子任命国相了，国内的大臣也能凭借他们的私下恩惠来使百姓归附，侵吞国家的财物来供养门客。大凡像这样而希求法制的推行、国家的安定，是不可能的。

【原文】

圣君则不然，卿相不得剪其私①，群臣不得辟其所亲爱②，圣君亦明其法而固守之，群臣修通辐凑以事其主③，百姓辑睦听令道法以从其事④。故曰：有生法，有守法，有法于法。夫生法者，君也；守法者，臣也；法于法者，民也。君臣上下贵贱皆从法，此谓为大治。

注释

①剪其私：郭沫若云："当是'卿相不得剪公以禄其私'，夺去'公以禄'三字。"译文从之。

②张佩纶云："'所'字衍，'辟其亲爱'，即禄私士也。"译文从张说。

③"群臣"句：尹知章注："谓各得自通于君，如辐之凑也。"辐凑：车辐凑集于毂上，即车轮上的各车条向中心轴聚集，常用来形容人或物集聚一处。

④辑睦：和睦。道法：顺法，从法。丁士涵云："'道'，顺也，从也。"

【今译】

圣明的君主就不是这样,卿相不得侵吞国家的财物来供养门客,群臣不得任用自己亲爱的人,圣明的君主明确自己的法制并且坚决地维护它,群臣就以法制为中心通力合作来侍奉君主,百姓也和睦听令依法来做他们的事。所以说,有始订法制的,有维护法制的,有遵照法制行事的。始订法制的是君主,维护法制的是群臣,遵照法制行事的是百姓。君臣上下贵贱都服从法制,这就叫做大治。

【原文】

故主有三术:夫爱人不私赏也,恶人不私罚也,置仪设法以度量断者,上主也。爱人而私赏之,恶人而私罚之,倍大臣①,离左右,专以其心断者,中主也。臣有所爱而私赏之,有所恶而为私罚之,倍其公法,损其正心,专听其大臣者,危主也。故为人主者,不重爱人,不重恶人。重爱曰失德,重恶曰失威。威德皆失,则主危也。

注释

①倍:背。

【今译】

所以君主有三种做法:对所喜爱的人不私自行赏,对所厌恶的人不私自惩罚,设置法制标准根据事实论断赏罚,这是上等的君主。对所喜爱的人私自赏赐他,对所厌恶的人私自惩罚他,背着大臣,脱离左右,独自以他的心来论断赏罚的,是中等的君主。对大臣所喜爱的人就私自赏赐他,大臣厌恶的人就私自惩罚他,背离国家的法制,损害公正的君心,只凭大臣的喜恶来论断赏罚的,是危亡的君主。所以做君主的,不擅自重赏所喜爱的人,不擅自重罚所厌恶的人。擅自重赏所喜爱的人叫做失去恩德,擅自重罚所厌恶的人叫做失去刑威。刑威和恩德都失去,君主就危险了。

【原文】

故明王之所操者六:生之,杀之,富之,贫之,贵之,贱之。此六柄者,主之所操也。主之所处者四:一曰文,二曰武,三曰威,四曰德。此四位者,主之所处也。借人以其所操,命曰夺柄;借人以其所处,命曰失位。夺柄失位,而求令之行,不可得也。法不平,令不全,是亦夺柄失位之道也。故有为枉法,有为毁令,此圣君之所以自禁也。故贵不能威,富不能禄①,贱不能事,近不能亲,美不能淫也。植固而不动,奇邪乃恐②,奇革而邪化,令往而民移。故圣君失度量③,置仪法,如天地之坚,如列星之固,如日月之明,如四时之信,然故令往而民从之。而失君则不然,法立而还废之,令出而后反之,枉法而从私,毁令而不全。是贵能威之,富能禄之,贱能事之,近能亲之,美能淫之也。此五者不禁于身,是以群臣百姓人挟其私而幸其主。彼幸而得之,则主日侵;彼幸而不得,则怨日产。夫日侵而产怨,此失君之所慎也④。

注释

①禄:郭沫若谓与"赂"同意。
②奇邪:指行为怪异、不正。尹知章注:"所立坚则不可动,若奇邪则败亡旋及,故恐。"
③失度量:洪颐煊云:"《艺文类聚》五十二、《太平御览》六百二十四,引俱作'设度量','失'即'没'字之坏。"
④慎:安井衡云:"慎、顺古通用,此当为'顺',顺,循也。"译文从之。

【今译】

所以圣明的国主所操纵着的权力有六种:使人活,使人死,使人富,使人贫,使人贵,使人贱。这六种权柄,是君主所操纵着的。君主所处的地位有四种:一是文治,二是武功,三是刑威,四是恩德。这四种地位,是君主所处的。把自己操纵着的权力借给人,叫做失权;把自己所处的地位借给人,叫做失位。失权失位以后,而希求法令的推行,是不可能的。法制不公平,政令不完备,这也是失权失位的原因。所以有时会做出歪曲法制的事,有时会做出毁弃政令的事,这是圣明的君主自己都禁止这样做的缘故。所以贵臣不能威胁他,富人不能贿赂他,贱人不能奉承他,近臣不能亲爱他,美人不能诱惑他。植立法制的决心坚决而不动摇,一有奇行邪念就恐惧,就能革除奇行化除邪念,这样政令一颁发百姓就能依法行动。所以圣明的君主设立标准,制定法制,就像天地一样地坚实,就像列星一样地牢固,就像日月一样地明亮,就像四季一样地真实,这样政令颁行百姓就会听从它。而失职的君主却不是这样,法制确立以后又废弃,政令发出以后又收回,歪曲法制去徇私情,毁坏政令使之不完备。这样贵臣就能威胁他,富人就能贿赂他,贱人就能奉承他,近臣就能亲爱他,美人就能诱惑他。这五者失职的君主自己不能禁止,因此群臣百姓就各人挟带着自己的私利来亲近君主。他们因亲近君主而获得了私利,那么君主的权位就日日受到侵害;他们虽亲近君主却没有获得私利,那么他们对君主的怨恨就日日增生。君主的权位日日受到侵害而群臣百姓的怨恨又日日增生,这是失职的君主所遵循的发展趋向。

【原文】

凡为主而不得用其法,不适其意①,顾臣而行,离法而听贵臣,此所谓贵而威之也。富人用金玉事主而来焉②,主离法而听之,此所谓富而禄之也。贱人以服约卑敬悲色告愬其主,主因离法而听之,所谓贱而事之也。近者以逼近亲爱有求其主,主因离法而听之,此谓近而亲之也。美者以巧言令色请其主,主因离法而听之,此所谓美而淫之也。治世则不然,不知亲疏远近贵贱美恶,以度量断之。其杀戮人者不怨也,其赏赐人者不德也。以法制行之,如天地之无私也。是以官无私论,士无私议,民无私说,皆虚其匈以听于上③。上以公正论,以法制断,故任天下而不重也。今乱君则不然,有私视也,故有不见也;有私听也,故有不闻也;有私虑也,故有不知也。夫私者,壅蔽失位之道也。上舍公法而听私说,故群臣百姓皆设私立方以教于国,群党比周以立其私,请谒任举以乱公法,人用其心以幸于上。上无度量以禁止,是以私说日益,而公法日损,国之不治,从此产矣。

【注释】

①不适其意:当为"不能适其意"。许维遹云:"脱'能'字。"
②来:王念孙云:"'来'当为'求'。"译文从之。
③虚其匈:即虚心。尹知章注:"匈,恐惧貌。"匈为"胸"之假字。

【今译】

大凡身为君主却不能运用法制,不能达到自己的意向,要看着贵臣的脸色行事，离开法制而听从贵臣，这就叫做贵臣能够威胁他。富人用金玉侍奉君主来相求，君主背离法制而听从他，这就叫做富人能够贿赂他。贱人用屈服隐约低三下四的一副可怜相来向君主报告诉说，君主因而背离法制而听从他，这叫做贱人能够奉承他。近臣凭借相近亲爱而向君主有所要求，君主因而背离法制而听从他，这叫做近臣能够亲爱他。美人凭借花言巧语和媚人的颜色向君主提出请求，君主因而背离法制而听从她，这叫做美人能够诱惑他。圣君的时代却不是这样，不论亲疏远近贵贱美恶，都以法制的标准来论断他们。他依法杀人，人不怨恨；他按功赏赐人，人也不用感恩戴德。按法制行事，如同天地一样地无私。因此百官没有私自的议论，士人没有私自的建议，百姓没有私自的评说，都虚心地听从君主。君主以公正的态度论事，按法制的标准断事，所以他虽担任着治理天下的任务却不感到繁重。如今的昏君却不是这样，因为有私情，所以有视而不见的情况；因为有私恩，所以有听而不闻的情况；因为有私心，所以有思而不知的情况。那私心，正是受蒙蔽失权位的原因。君主舍弃国家的公法而听私自的议论，于是群臣百姓都私自在国内办学校用自己创立的治国之道来进行教化，各种党派互相勾结来建立私人的权势，用请求接见推举的办法来扰乱国家的公法，人人都用尽心机来骗取君主的宠幸。君主没有准则来禁止这种混乱，因此私人的学说一天天的增多，而国家的公法一天天的减弱，国家的不安定，从此产生了。

【原文】

夫君臣者，天地之位也；民者众物之象也，各立其所职以待君令，群臣百姓安得各用其心而立私乎？故遵主令而行之，虽有伤败，无罚①；非主令而行之，虽有功利，罪死②。然故下之事上也，如响之应声也；臣之事主也，如影之从形也。故上令而下应，主行而臣从，此治之道也。夫非主令而行，有功利，因赏之，是教妄举也；遵主令而行之，有伤败而罚之，是使民虑利害而离法也。群臣百姓人虑利害，而以其私心举措，则法制毁而令不行矣。

【注释】

①"故遵"三句：尹知章注："遵令而行，败非己致，故无罚也。"伤败：受挫，

失败。

②"非主"三句：尹知章注："失令有功，法所不赦，故罪死。"

【今译】

君臣的地位，如同天地的差别一样；百姓，是地上众物的象征。必须各自在他们的职位上来等待国君的政令，群臣百姓怎么能各用心机来创立私人的治国之道呢？所以遵照君主的政令行事，即使受挫失败，也不责罚；不遵照君主的政令行事，即使成功有利，也要处死罪。这样下侍奉上，就像反响顺应声音一样；臣子侍奉君主，就像影子跟随形体一样。所以上发令而下响应，君行法而臣服从，这是治国之道。如果不遵照君主的政令行事，有成功有利益，因而就赏赐，这就是教他违令妄动；如果遵照君主的政令行事，有了受挫失败，因而就责罚，这就是叫百姓可以考虑利害关系而背离法制。群臣百姓人人都考虑利害关系，而用他们的私意行事，那么法制就被毁弃而政令就不能推行了。

明法第四十六

【题解】

明法，使法显明，要强调法的意思。本篇论述要以法治国，"动无非法"，君主的一切治国行为都要按照法来进行，这样，才能把国家治理好。否则，便是丧权失势的乱国之君。为了以法治国，本篇强调君主集权，"威不两错，政不二门"，君主要牢牢地掌握执法和出令的权柄才能实现法治。所以本篇以论述主道即君道开篇，运用法保障"尊君卑臣"，然后才围绕君道的得失论述到法治的各个方面。最后仍归结到要"明别"君臣，"守法"治国。

【原文】

所谓治国者，主道明也①；所谓乱国者，臣术胜也②。夫尊君卑臣，非计亲也③，以执胜也④。百官识⑤，非惠也，刑罚必也。故君臣共道则乱⑥，专授则失⑦。夫国有四亡：令求不出谓之灭⑧，出而道留谓之拥⑨，下情求不上通谓之塞,下情上而道止谓之侵⑩。故夫灭、侵、塞、拥之所生,从法之不立也。是故先王之治国也,不淫意于法之外⑪,不为惠于法之内也。动无非法者,所以禁过而外私也⑫。威不两错⑬,政不二门,以法治国则举错而已。是故有法度之制者,不可巧以诈伪⑭;有权衡之称者,不可欺以轻重;有寻丈之数者⑮,不可差以长短。今主释法以誉进能,则臣离上而下比周矣⑯;以党举官,则民务交而不求用矣⑰。是故官之失其治也⑱,是主以誉为赏,以毁为罚也。然则喜赏恶罚之人,离公道而行私术矣。比周以相为匿⑲,是忘主死交⑳,以进其誉㉑。故交众者誉多,外内朋党,虽有大奸,其蔽主多矣。是以忠臣死于非罪,而邪臣起于非功。所死者非罪,所起者非功也,然则为人臣者重私而轻公矣。十至私人之门,不一至于庭;百虑其家,不一图国。属数虽众,非以尊君也㉒;百官虽具,非以任国也㉓,此之谓国无人。国无人者,非朝臣之衰也㉔,家与家务于相益㉕,不务尊君也;大臣务相贵,而不任国;小臣持禄养交,不以官为事,故官失其能。是故先王之治国也,使法择人,不自举也;使法量功,不自度也。故能匿而不可蔽㉖,败而不可饰也;誉者不能进,而诽者不能退也。然则君臣之间明别,明别则易治也。主虽不身下为,而守法为之可也。

注释

①主道:即君道,指君主的行法治国之道。
②臣术:臣之私术。本书《明法解》:"私术者,下之所以侵上乱主也。"尹知章注:"臣术胜,则私事立,故国乱。"
③非计亲也:应为"非亲也"。丁士涵云:"'计'字衍,'非亲也'与'非惠也'句同义。"
④执:当依《管子·明法解》作"势"。势,权势、威势。
⑤百官识:当依《管子·明法解》作"百官论职"。论职,奉法供职。
⑥君臣共道:谓君道臣道相混淆。尹知章注:"臣行君事,故曰共道。"
⑦专授则失:《明法解》:"故人主专以其威势予人,则必有劫杀之患;专以其法制予人,则必有乱亡之祸。"
⑧求:王念孙云:"'求'当为'本'。俞樾云:"下情求不上通"之"求"也为"本"字。译文从"本"。
⑨拥:通"壅",壅蔽。尹知章注:"中道而留止,故曰拥。"
⑩侵:侵夺君道。尹知章注:"下情虽欲上通,中道为左右所止,此则臣侵上

事也。"

⑪"是故"二句：尹知章注："淫，游也。"《明法解》："明主虽心之所爱而无功者不赏也，虽心之所憎而无罪者不罚也。案法式而验得失，非法度不留意焉。"

⑫外：除去。《淮南子·俶真训》："达则嗜欲之心外矣。"高诱注："外，弃也。"

⑬威不两错：尹知章注："臣行君威为两置。"威，《说苑·君道篇》作"权"。错，同"措"。下句"政不二门"，尹知章注："臣出政，是为二门也。"

⑭巧：安井衡云："'巧'犹欺也。《韩非》作'欺'。"

⑮寻：古代长度量词，八尺为一寻。

⑯比周：比，与坏人勾结；周，与人团结。比周，义同"比"，指结党营私。《荀子·臣道》："朋党比周，以环主图私为务。"

⑰用：谓功用，即有用、无用之用。尹知章在此句下注："交合则自进，官何须求用？"

⑱治：刘师培云：当作"能"。译文从之。

⑲匿：同"慝"。慝(tè 忑)，邪恶，恶念。"比周以相为慝"，王念孙云："犹言朋比为奸也。"

⑳刘绩云：《解》作"是故忘主死交以进其誉"，"此乃误脱'故'字于下。'死'乃'私'，声误"。译文从刘说。

㉑许维遹案："'誉'字皆与'与'同，《韩非子·有度篇》正作'与'，旧《注》云：与，谓党与也。"译文从孙说。

㉒尹知章注："所属之数虽曰众多，无不党私，故非尊君也。"属，部属，指臣子、百官。

㉓尹知章注："各务私，故不任国事。"任，担任、承担。

㉔衰：减。

㉕务于相益：应为"务相益"，据《明法解》删"于"字。许维遹案，此"于"字应在"十至私人之门"句的"至"字下。

㉖王念孙云："能"下本无"匿"字。译文从王说。《明法解》作"能不可蔽而败不可饰"。

【今译】

所谓安定的国家，是因为君道显明；所谓动乱的国家，是因为臣子的擅自主张代替了君道。臣子以君主为高贵而自以为卑下，并非臣子对君主亲善，而是君主的权势压倒了臣子。百官奉法供职，并非是因为君主对臣子有恩惠，而是施行刑罚的结果。所以君道和臣道混淆国家就会发生混乱，君主把权力授给臣子就有亡国丧身之祸。国家的危亡有四种表现：政令在朝廷里发不出去叫做灭，政令发出而在中途滞留叫做拥，下情不能向上反映叫做塞，下情向上反映而在中途受阻叫做侵。灭、侵、塞、拥这类情况的发生，是由于法制没有确立的缘故。因此先王治理国家，在法度之外不再多考虑，在法度之内不另行私惠。大凡行动无非就是执行法，正是用来禁止过错和排除私术的。君权不能授予两个人，政令不能出自两个门，以法治国只是运用法而已。因此有了法度的规定，就不能用诈伪来行骗；有了权衡的称量，就不能用轻重来相欺；有了寻丈的计数，就不会有长短的差错。如今君主如果放弃法度而用空头名声进用人，那么臣子们就背离君主而在下面结党营私了；君主如果听信朋党的话举用官吏，那么人们就专务结交朋党而不追求治理的实绩了。因此官吏失去治理的权力，这正是君主按空名行赏，依毁谤惩罚的结果。这样喜得赏赐而厌恶受罚的人，就背离公法而行徇私的办法。人们结党营私而作奸，这就忘了君主专务私交，进用同党。所以私交多的人同党也就多，朝廷内外都是他的朋党，即使有大恶的行为，为他蒙蔽君主的人也就多了。因此忠臣常常无罪而被杀，奸臣常常无功而起家。被杀的人无罪，起家的人无功，这样做人臣的也就重视私交而轻视公法了。他们可以十次奔走于私家的豪门，而一次也不到朝廷上来；他们百般地谋虑自己的家庭，却一点不为国家图谋。君主的属臣数量虽然众多，却都不是用来敬奉君主的；百官虽然具备，却都不是为了承担国事的，这叫做国家无人。国家无人，并非朝臣大减，而是私家间相互求得发展，却不敬奉君主；大臣们相互求得器重，却不承担国事；小臣们拿着俸禄培养私交，却也不把官职当作大事，所以官职就丧失了它的职能。因此先王治理国家，使用法度选择人才，不私自推举；使用法度衡量功绩，不私自度量。所以智能之士不埋没，不肖之徒也不能伪饰；有空头名誉的人不能进用，而遭诽谤的人也不能废退。这样君主臣子的权势就有了明显的区别，有了明显的区别国家就容易治理了。君主虽不亲自到下面办事，坚持法度办事就可以了。

正世第四十七

【题解】

正世,匡正世道,补救世风,即治世之意。本篇提出要建立适当的法制来治乱正世。而要建立适当的法制必须首先要考察世乱的社会原因,所以以"观国政,料事务,察民俗,本治乱之所生,知得失之所在,然后从事"开篇。一定要分清世乱的根源在君主的倒行逆施,还是在下面的百姓作奸犯科。本篇以治下为论述重点,提出了要加强君主的权势,保证"法立令行",使国家迅速走上正轨。本篇强调法令的建立要随时而变,因俗而动,以达到除害利民为目的,所以说"事行不必同,所务一也"。除害不能手软,"有爱人之心,而实合于伤民","不可不察"。本篇要求君主"事莫急于当务,治莫贵于当齐",一定要根据社会实际做最急需的事,行最适当的政策,以利民为准则。治乱正世以君主为中心,所以本篇以加强君道作结尾。

【原文】

古之欲正世调天下者①,必先观国政,料事务②,察民俗,本治乱之所生③,知得失之所在,然后从事,故法可立而治可行。

注释

①调:调节,协调。《诗·小雅·车攻》:"弓矢既调。"《笺》:"调谓弓强弱与矢轻重相得。"
②料:计数,核计。《国语·周语上》:"乃料民于太原。"韦昭注:"料,数也。"
③本:探录事物的根源。

【今译】

古代想匡正世道治理天下的人,必定先观察国家的政治,清理国家的事务,考察民间的风俗,探求国家安定或动乱的根源,了解得失的所在,然后才从事治理,因此法度可确立而治理可施行。

【原文】

　　夫万民不和,国家不安,失非在上,则过在下①。今使人君行逆不修道,诛杀不以理,重赋敛,竭民财,急使令,罢民力②,财竭则不能毋侵夺,力罢则不能毋堕倪③。民已侵夺堕倪,因以法随而诛之,则是诛罚重而乱愈起。夫民劳苦困不足,则简禁而轻罪④,如此则失在上。失在上而上不变,则万民无所托其命。今人主轻刑政、宽百姓、薄赋敛、缓使令,然民淫躁行私而不从制,饰智任诈,负力而争,则是过在下。过在下,人君不廉而变⑤,则暴人不胜,邪乱不止。暴人不胜,邪乱不止,则君人者势伤而威日衰矣。

【注释】

　　①王念孙云:"失非在上,当作'非失在上','非'与'则'对文,'失在上'与'过在下'对文。"
　　②罢:通"疲",疲乏。
　　③俞樾云:"尹《注》曰'倪,傲也',则'堕'当读为'惰',惰与傲义相近。《轻重戊篇》'归市亦惰倪',是其证。"
　　④简:简慢,怠慢。
　　⑤廉:考察。尹知章注:"廉,察也。"

【今译】

　　万民不和睦,国家不安定,不是由于君主有失误,就是由于百姓有过错。如今假使君主倒行逆施不讲道理,惩罚杀戮不根据事实,重征赋税,枯竭百姓的财源,急征徭役,耗尽民间的劳力,财源枯竭百姓就不得不去做抢夺的事,劳力耗尽百姓就不得不表现出怠傲的态度。民间已发生抢夺和怠傲的情况,因而随即用法去惩罚,这样惩罚愈重动乱愈起。百姓劳苦困乏供给不足,就无视禁令看轻犯罪,这样是君主有失误。君主有失误而不改变,万民就没有地方可以寄托他们的命运了。如今假使君主减轻刑罚政令,宽待百姓,薄征赋税,缓征徭役,然而百姓放纵行私而不服从管理,卖弄聪明行骗,依恃暴力相争,这样是下民有过错。下民有过错,君主不明察改变,暴乱的人就不能镇压,动乱就不能制止。暴乱的人不能镇压,动乱不能制止,君主的权力受到伤害而威望一天天地衰落了。

【原文】

故为人君者,莫贵于胜。所谓胜者,法立令行之谓胜。法立令行,故群臣奉法守职,百官有常,法不繁匿①,万民敦悫②,反本而俭力③,故赏必足以使④,威必足以胜⑤,然后下从。

注释

①匿:通"慝"。奸慝(tè忒),邪恶。
②敦:敦厚。《孟子·万章下》:"故闻柳下惠之风者,鄙夫宽,薄夫敦。"悫(què确):诚笃,忠厚。《史记·孝文本纪》:"法正则民悫。"
③反:通"返"。本:本业。此指农业。俭力:节俭勤劳。尹知章注:"谓廉啬而勤力也。"
④"故赏"句:尹知章注:"谓使人从善也。"
⑤"威必"句:尹知章注:"谓胜人奸邪也。"

【今译】

所以作为君主,没有比制止住暴乱更重要的了。所谓制止住暴乱,就是要做到法度立而政令行,这就叫做制止住暴乱。法度立而政令行,群臣就奉行法令而坚守自己的职分,百官也就有常规可依,法制不允许邪恶蔓延,万民就敦厚诚实,返回务农而节俭勤劳,所以赏赐必定要足以能使人从善,威势必定要足以能镇压住邪恶,然后下民才会听从。

【原文】

故古之所谓明君者,非一君也。其设赏有薄有厚,其立禁有轻有重,迹行不必同,非故相反也,皆随时而变,因俗而动。夫民躁而行僻,则赏不可以不厚,禁不可以不重。故圣人设厚赏,非侈也;立重禁,非戾也①。赏薄则民不利,禁轻则邪人不畏。设人之所不利,欲以使,则民不尽力;立人之所不畏,欲以禁,则邪人不止,是故陈法出令而民不从。故赏不足劝,则士民不为用;刑罚不足畏,则暴人轻犯禁。民者,服于威杀然后从,见利然后用,被治然后正,得所安然后静者也。夫盗贼不胜,邪乱不止,强劫弱,众暴寡,此天下之所忧,万民之所患也。忧患不除,则民不安其居;民不安其居,则民望绝于上矣。

【注释】

①戾(lì 利):暴戾,乖张。《荀子·荣辱》:"猛贪而戾。"

【今译】

古代的所谓圣明君主,并非只有一位。他们设置的赏赐有薄有厚,他们确立的禁令有轻有重,做法不必相同,并非故意相反,都是随着时代的发展而变化,根据民间的风俗而更动。百姓扰动而行为怪僻,赏赐就不能不丰厚,禁令就不能不严重。所以圣人设置丰厚的赏赐,并非是奢侈;确立严重的禁令,并非是暴戾。赏薄百姓就不感到有什么好处,禁令过轻恶人就不会感到有什么可怕。设置的赏赐百姓得不到好处,想以此来使令人,百姓就不肯尽力行善;确立的禁令恶人不感到有什么可怕,想以此来禁止人,恶人就不会停止作恶,因此君主颁发法令而百姓不听从。所以赏赐不足以给人勉励,士民就不肯效力;刑罚不足以使人畏惧,暴乱的人就轻视禁令。百姓为威势和刑杀所镇服然后才会听从,看到好处然后才肯效力,受到治理然后才能行为端正,得到了安全的保证然后才会平静下来。盗贼不能镇压,动乱不能平息,以强凌弱,以众欺寡,这是天下人的忧虑,万民的祸患。忧虑祸患不能清除,百姓就不能安居;百姓不能安居,百姓就对君主绝望了。

【原文】

　　夫利莫大于治,害莫大于乱。夫五帝三王所以成功立名,显于后世者,以为天下致利除害也。事行不必同,所务一也。夫民贪行躁,而诛罚轻,罪过不发①,则是长淫乱而便邪僻也。有爱人之心,而实合于伤民②。此二者不可不察也③。

【注释】

①"罪过"句:尹知章注:"有罪过者不发举也。"

②"而实"句:俞樾云:"'合于伤民'者,足于伤民也。'合'与'给'通。给,足也,故合亦有足义。"

③二者:指上文"有爱人之心"与"实合于伤民",前者是动机,后者是效果。尹知章注:"二者谓爱人与伤人。"

【今译】

　　利没有比安定更大的,害没有比动乱更大的。五帝三王之所以成就功业创立名声,显耀于后世,是因为替天下人兴利除害。事情做得不必相同,但追求的目标是一致的。百姓贪利且行为狡猾,如果惩罚轻,罪过就不能揭发出来,那么这就是助长混乱方便行恶。有爱人之心,实际上却已伤害了百姓,此二者不可不重视。

【原文】

　　夫盗贼不胜则良民危,法禁不立则奸邪繁。故事莫急于当务,治莫贵于得齐①。制民急则民迫,民迫则窘,窘则民失其所葆②;缓则纵,纵则淫,淫则行私,行私则离公,离公则难用。故治之所以不立者,齐不得也。齐不得则治难行,故治民之齐,不可不察也。圣人者,明于治乱之道,习于人事之终始者也。其治人民也,期于利民而止。故其位齐也③,不慕古,不留今④,与时变,与俗化。

注释

①齐:适中。《尔雅》:"齐,中也。"
②葆:通"保",保障。尹知章注:"葆谓所恃为生者也。"
③位:张佩纶云:"'位'当作'立'。"译文从之。
④留:尹知章注:"留,谓守常不变。"

【今译】

　　盗贼不能镇压良民就不能安定,法度禁令不能确立行奸作邪的事就繁多。所以事情没有比当前应该要做的更紧急了,治理没有比采取适中的政策更重要的了。治理紧急百姓就会困迫,百姓困迫就难堪,百姓难堪就失去了保障;治理缓慢百姓就会放纵,放纵就行为不正,行为不正就为私,为私就背离公法,背离公法就难以使用。所以国家治理之所以不成功,是因为不能采取缓急适中的治理政策。不能采取缓急适中的治理政策治理就难以推行,所以治民的适中政策,不可不重视。圣人,就是明察治乱政策、熟悉百姓事务发展情况的人。他治理百姓,只期望有利于百姓而已。所以他确立适中的政策,不仰慕古代,不拘宜于当今,跟着时代变迁,随着习俗变化。

【原文】

夫君人之道,莫贵于胜。胜,故君道立;君道立,然后下从;下从,故教可立而化可成也。夫民不心服体从,则不可以礼义之文教也,君人者不可以不察也。

【今译】

君主的治国之道,没有比镇压住邪恶更重要的了。镇压住邪恶,君道就因此而能确立;君道确立,然后下民就会听从;下民听从,教化就因此才能设立而可取得成功。如果百姓不心服身从,就不能进行礼义的教化,君主治国不能不重视。

治国第四十八

【题解】

治国,论治理国家,取开篇二字作为论题。本篇论述治国之道,重在经济。开篇就提出"凡治国之道,必先富民",认为富民是治国的基础,"民富则易治也,民贫则难治也"。而要使民富则必须发展粮食生产,富民与粮多密不可分。所以要鼓励百姓从事农业,"民事农则田垦,田垦则粟多,粟多则国富,国富者兵强,兵强者战胜,战胜者地广"。认为粮食是"众民、强兵、广地、富国"的根本。为了发展农业,增产粮食,本篇提出"必先禁末作文巧",禁止"上征暴急无时",禁止高利贷等盘剥农民,必须处理好农、士、商、工的经济关系,减轻农民的负担,保护农民的利益,为农业兴利除害。本篇最后用粮多粮少作对比来归结粮食在治国中的重要作用。

【原文】

凡治国之道,必先富民。民富则易治也,民贫则难治也。奚以知其然也?民富则安乡重家,安乡重家则敬上畏罪,敬上畏罪则易治也。民贫则危乡轻家①,危乡轻家则敢陵上犯禁,陵上犯禁则难治也。故治国常富,而乱国常贫②。是以善为国者,必先富民,然后治之。

【注释】

①危:不安心。尹知章注:"危谓不安其所居也。"
②常贫:一作"必贫"。

【今译】

　　大凡治国的办法,一定要先使百姓富裕。百姓富裕就容易治理,百姓贫穷就难以治理。怎样知道是如此的呢?百姓富裕就安居乡里看重家庭,他们安居乡里看重家庭就会尊敬官吏害怕犯罪,百姓尊敬官吏害怕犯罪国家就容易治理。百姓贫穷就不安居乡里看轻家庭,不安居乡里看轻家庭百姓就敢凌辱官吏冒犯禁令,百姓凌辱官吏冒犯禁令国家就难以治理。所以安定的国家常常是富裕的,而动乱的国家必定是贫穷的。因此善于治理国家的君主,一定要先使百姓富裕,然后才治理国家。

【原文】

　　昔者七十九代之君①,法制不一,号令不同,然俱王天下者何也?必国富而粟多也②。夫富国多粟生于农,故先王贵之③。凡为国之急者,必先禁末作文巧④;末作文巧禁,则民无所游食⑤;民无所游食则必农⑥。民事农则田垦,田垦则粟多,粟多则国富,国富者兵强,兵强者战胜,战胜者地广。是以先王知众民、强兵、广地、富国之必生于粟也,故禁末作,止奇巧,而利农事。今为末作奇巧者,一日作而五日食⑦,农夫终岁之作,不足以自食也。然则民舍本事而事末作,舍本事而事末作,则田荒而国贫矣。

【注释】

①七十九代之君:不详其从何代算起,当泛指历代君主。
②粟:借指粮食。
③贵:重视。
④末作文巧:指经营奢侈玩好物品的手工业和商业。
⑤游食:本指不劳而食。《荀子·成相》:"臣下职,莫游食。"杨倞注:"游食谓不勤事,素餐游手也。"此处指不从事农业,专事奢侈品的生产运销者。
⑥农:事农,务农。
⑦"一日"句:尹知章注:"言取一日之利,可共(供)五日之食也。"意谓利

甚大。

【今译】
　　从前历代君主，法制不一样，号令也不相同，但是都能称王于天下，这是为什么呢？必定都是因为国富粮多。国富粮多是因为农业的兴旺，所以先王重视农业。大凡治理国家的当务之急，是要先禁止工商业中的奢侈品的制作和经销。奢侈品的制作和经销受到了禁止，百姓就不去从事这个行业，百姓不去从事这个行业，就势必去从事农业生产了，百姓都去从事农业田地就得到开垦，田地得到开垦粮食就增多，粮食增多国家就富足，国家富裕军队就强大，军队强大战争就能胜利，战争胜利土地就会广大。因此先王深知要使百姓多、武力强、土地广、国家富裕必须以粮食生产为基础，所以禁止制作和经销奢侈品，不准传授奢侈品的制作技巧，以有利于农业生产。如今从事奢侈品制作和经销的人，一日的劳作就可得到五日的食用；而农夫整年的耕作，不足以供给自己食用。这样百姓就舍弃农业生产而去从事奢侈品的制作和经销了，舍弃农业生产而去从事奢侈品的制作和经销，那么田地就会荒芜国家也就贫穷了。

【原文】
　　凡农者月不足而岁有余者也①，而上征暴急无时②，则民倍贷以给上之征矣③。耕耨者有时，而泽不必足④，则民倍贷以取庸矣⑤。秋籴以五，春粜以束⑥，是又倍贷也。故以上之征而倍取于民者四⑦，关市之租、府库之征、粟什一、厮舆之事⑧，此四时亦当一倍贷矣。夫以一民养四主⑨，故逃徙者刑而上不能止者，粟少而民无积也。

注释
　　①月不足而岁有余：意谓经常食用不足，只有收获季节才稍有剩余。形容生活艰难。
　　②暴：《广雅·释诂》："暴，猝也。"仓猝，突然。
　　③倍贷：借一还二的高利贷。
　　④泽：雨露。《汉书·杨雄传》："泽渗漓而下降。"此指雨水。
　　⑤庸：通"佣"。

⑥"秋籴"二句:尹知章注:"谓富者秋时以五籴之,至春时以粜便收束矣,此亦倍贷之类也。"束,古时以十为束。

⑦"故以"句:丁士涵云:"上文言倍贷者三,下文关市以下亦当一倍贷,合之故为四也。以文义言之,此句疑当在'夫以一民养四主'之上,脱误在此耳。"译文从丁说。

⑧什一:十分之一。古代征农业税的税率。张佩纶云:"粟什一,当作'什一之粟'。"厮舆:古代劈柴养马一类的劳役。《汉书·严助传》:"厮舆之卒有一不备而归者。"注:"厮,析薪者;舆,主驾车者。"

⑨四主:即上文的四"倍贷"。张佩纶云:"一民养四主承上倍取者四言。"

【今译】

　　大凡农夫除了收获季节食用有多余外经常供给不足,而官府的征税急如星火又无时,农民就只得用加倍偿还的高利借贷来支付官府的征税了。耕作都有时令,而雨水不一定充足,农民只得用加倍偿还的高利借贷来雇用帮工。秋收时富商用五的价格购进粮食,春荒时又用十的价格卖出粮食,这又是加倍偿还的高利借贷。关卡集市的租税,国家仓库的杂税,十分之一的农业税,以及官府的杂务徭役,这些一年四季加起来也相当于一种加倍偿还的高利借贷了。因此以上的征税而造成农民受加倍偿还的高利借贷共有四项。一个农民要供养四个高利贷的债主,所以即使官府对逃亡者使用刑罚也不能制止了,这是因为粮食缺少农民没有积蓄。

【原文】

　　常山之东①,河汝之间,蚤生而晚杀②,五谷之所蕃孰也③,四种而五获④。中年亩二石⑤,一夫为粟二百石。今也仓廪虚而民无积,农夫以粥子者⑥,上无术以均之也⑦。故先王使农、士、商、工四民交能易作⑧,终岁之利无道相过也⑨。是以民作一而得均⑩,民作一则田垦,奸巧不生⑪。田垦则粟多,粟多则国富;奸巧不生则民治。富而治,此王之道也。

注释

①常山:一说即恒山,在今山西省浑源县附近;一说是郭沫若说,常山当是嵩山之误,常与嵩字形相近。"'嵩山之东'与'河汝之间'方能成一区域。"河汝之

间,指黄河汝水之间,今河南中部一带。译文从郭说。

②蚤生而晚杀:指适宜作物的生长期长。蚤,通"早"。

③孰:通"熟",成熟。

④"四种"句:尹知章注:"四种谓四时皆种,五获谓五谷皆宜而有所获。"

⑤中年:中等年成。

⑥粥:通"鬻(yù育)",出卖。

⑦均:均匀,均衡。

⑧交能易作:交换他们的所能与所作。

⑨"终岁"句:尹知章注:"道,从也。四人均能,故其利无从相过也。"

⑩作一:专务一业,即专务农业生产。

⑪"奸巧"句:吴志忠云:"当作'得均则奸巧不生','作一''得均'皆复举上文言之。"译文从吴说。

【今译】

嵩山以东,黄河与汝水之间的区域,是作物早生晚枯、五谷滋生收成好的区域,四季都可种植,五谷都有收获。中等年成每亩可产粮二石,一个男子可生产粮二百石。如今国家粮仓空虚而百姓无积蓄,农夫出卖儿女,是因为国家没有政策来调节农民的利益的缘故。所以先王总是使农、士、商、工四种不同行业的百姓能交换技能或产品,使整年的得益无从相互超过。因此农民专心从事农业生产而得益可与其他行业均衡,农民专心从事农业生产田地就得到开垦,得益可与其他行业均衡,这样行奸巧诈的事就不会发生。田地得到开垦粮食就增多,粮食增多国家就富裕,行奸巧诈的事不发生百姓就安定。国家富裕百姓安定,这是称王天下之道。

【原文】

不生粟之国亡,粟生而死者霸①,粟生而不死者王。粟也者,民之所归也②;粟也者,财之所归也;粟也者,地之所归也③;粟多则天下之物尽至矣。故舜一徙成邑,二徙成都,参徙成国④。舜非严刑罚重禁令,而民归之矣,去者必害,从者必利也。先王者善为民除害兴利,故天下之民归之。所谓兴利者,利农事也;所谓除害者,禁害农事也。农事胜则入粟多,入粟多则国富,国富则安乡重家,安乡重家则虽变俗易习,驱众移民,至于杀之而民不恶也,此务粟之功也。上不利农则粟少,粟少则人贫,人贫则轻家,轻家则易去,易去则上令不能必行,上令不能必行则禁不能必止,禁不能必止则战不必胜守不必固矣。夫令不必行,禁不必止,战不必胜,守不必固,命之曰寄生之君⑤,此由不利农少粟之害也。粟者,王之本事也,人主之大务,有人之涂⑥,治国之道也。

注释

① 死:消失。此指耗尽。
② "粟也"二句:尹知章注:"有粟则人归之。"归,归附,聚集。
③ "粟也"二句:尹知章注:"积粟既多,或有入地归降者也。"
④ 这是古代关于舜的传说。《史记·五帝本纪》:舜受耕历山,山之人皆让畔;渔雷泽,雷泽上人皆让居;陶河滨,河滨器皆不苦窳。一年而所居成聚,二年成邑,三年成都。古代农业生产水平低下,不断迁移。这里把这种情况归结为舜为民除害兴利,所以百姓归附他。参:通"叁",三。
⑤ 寄生之君:尹知章注:"谓暂寄为生,不能长久。"
⑥ 涂:通"途",道路。

【今译】

不生产粮食的国家要灭亡,生产粮食只可供消费的能称霸,粮食生产供消费后有积蓄的可称王。粮食,可使百姓来归附;粮食,可使财货聚集;粮食,可使领地扩大;粮食多天下的物资就都来了。虞舜第一次迁移就建成邑地,第二次迁移就建成都城,第三次迁移就建成国家了。虞舜不用严刑重罚和禁令,而百姓都来归附他,这原因就在于离开他的人必定要受到损失,而跟从他的人必定得到好处。先王因为善于为民除害兴利,所以天下的百姓归附他。所谓兴利,是指做有利于农业发展的事;所谓除害,是指做禁止有害于农业发展的事。农业生产成功收获的粮食就多,收获的粮食多国家就富裕,国家富裕百姓就安居乡里看重家庭,安居乡里看重家庭即使改变风俗习惯,驱赶民众迁移,以至于杀了人而百姓都不憎恶,这就是从事粮食生产的功效。君主不重视有利于农业的事粮食就会减少,粮食减少百姓就会贫穷,百姓贫穷就看轻家庭,看轻家庭就容易离家出走,离家出走君主的政令就不能必行,君主的政令不能推行有禁也就不能止,有禁不能止战斗也就不能必胜,防守也就不能必固了。令不能必行,禁不能必止,战不能必胜,守不能必固,这就称他为寄生的君主,这都是从不重视有利于农业的事缺少粮食带来的祸害。增产粮食,是王业的根本大事,是君主的重大政务,是招徕百姓的途径,是治国的准则。

内业第四十九

【题解】

内业,心的修养内容。本篇论述心的修养,强调精气的作用。作者以为精气是万物和生命的本源,精气的得失,关系到事业的成败,关系到人的生死。要保持心中的精气,必须弃去忧乐喜怒欲利,使心处于虚静,则精气自来,自充自盈,发挥心的正常作用。郭沫若云:"本篇所谓'精',所谓'道',所谓'一',所谓'气',所谓'灵气',均指本体之异名。"就是说,这些概念是通用的。

本篇分为四节。第一节论述精气和心的特点,第二节论述道和心的关系,第三节论述治心必须专一,第四节论述心的修养与身体健康的关系。

【原文】

凡物之精,此则为生①。下生五谷,上为列星。流于天地之间,谓之鬼神;藏于胸中,谓之圣人。是故民气②。杲乎如登于天③,杳乎如入于渊④,淖乎如在于海⑤,卒乎如在于己⑥。是故此气也,不可止以力,而可安以德;不可呼以声,而可迎以音⑦。敬守勿失,是谓成德。德成而智出,万物果得⑧。凡心之刑⑨,自充自盈,自生自成。其所以失之,必以忧乐喜怒欲利。能去忧乐喜怒欲利,心乃反济⑩。彼心之情,利安以宁⑪,勿烦勿乱,和乃自成。折折乎如在于侧⑫,忽忽乎如将不得,渺渺乎如穷无极⑬。此稽不远⑬,日用其德。夫道者所以充形也,而人不能固⑮。其往不复,其来不舍。谋乎莫闻其音⑯,卒乎乃在于心,冥冥乎不见其形⑰,淫淫乎与我俱生⑱。不见其形,不闻其声,而序其成,谓之道。

【注释】

①此:依石一参说应为"比",合的意思。
②民:何如璋云:"当是'名'字。"译文从"名"。
③杲(gǎo 搞):明亮。
④杳(yǎo 咬):幽暗。
⑤淖(chuò 绰):丁士涵云:读为绰,绰,宽也。
⑥安井衡云:"卒乎犹忽然也。己,身也。"
⑦音:王念孙云:"即'意'字也,言不可呼之以声,而但可迎之以意也。"
⑧万物果得:应为"万物毕得"。《心术》下篇:"正形饰德,万物毕得。"
⑨刑:通"形",形体。
⑩心乃反济:心恢复到正常充盈的状态。尹知章云:"若能去六者,则心反守其所而能济成也。"
⑪利安以宁:尹知章云:"安宁者,心之所利也。"
⑫折折:丁士涵云:"即'晢晢'之借。"晢晢,明亮、清楚。
⑬渺渺:恍惚,渺茫。尹知章注:"渺渺,微远貌。"
⑭稽:考查,考察。
⑮固:坚持,固守。
⑯谋:据王念孙说:当作"谀"。即"寂",寂寞、没有声音。
⑰冥冥:昏暗的样子。
⑱淫淫:犹"侵淫",增进的样子。

【今译】

凡是物中的精气,结合起来就能生长。在下面就是地上生长的五谷,在上面便是天空中排列着的群星。流动在天地之间的,称作鬼神;能把它蕴藏在胸中的,称作圣人。因此名叫气。它有时明亮得像升到天空,有时幽暗得像进入深渊,有时广阔得像在大海,忽然间又像在自己身上。因此这气,不可用强力来留住它,却可用德性来使它安定;不可用声音来呼唤它,却可用心意来迎接它。敬慎地守住而不丧失,这是说成就了道德。道德成就了智慧就能出来了,万物就能为我的心所得。心的形体,能自然地充满精气,能自然地生成。它之所以丧失精气,必定是因为忧、乐、喜、怒、嗜欲和贪利,能弃去忧、乐、喜、怒、嗜欲和贪利,心就能恢复到正常的充盈状态。那心的精气,最适宜于安定和宁静,不烦躁不混乱,平和就能自然生成。它清清楚楚地在人的身侧,恍恍惚惚地又像把握不住,渺渺茫茫地像追寻不到尽头。这样考查它并不遥远,因为天天都在利用它的功德。那道是用来充实形体的,而人却不能牢牢地守住它。它离去了就不再回来,它来了又不住下。寂静得听不到它的声音,忽然间它就在我的心中;黑沉沉看不清它的形体,渐渐地却与我一块生长。看不见它的形体,听不到它的声音,却又按着次序在成长,这就是道。

【原文】

凡道无所,善心安爱①。心静气理,道乃可止。彼道不远,民得以产②;彼道不离,民因以知。是故卒乎其如可与索③,眇眇乎其如穷无所。彼道之情,恶音与声。修心静音④,道乃可得。道也者,口之所不能言也,目之所不能视也,耳之所不能听也,所以修心而正形也。人之所失以死,所得以生也;事之所失以败,所得以成也。

注释

①安:章炳麟云:"借为'焉',于是也。"爱:王念孙云:"当为'处'。"郭沫若云:"'善心安处'者犹《心术篇》'虚其欲,神将来舍,扫除不洁,神乃留处'也。"
②产:生长。尹知章注:"人得之以生,则道在人,故不远也。"
③与:跟随。
④静音:猪饲彦博云:"'静音'亦当作'静意',与'得'协韵。"译文从之。

【今译】

道没有常住的处所,于是善心就是它的住所。心静气顺,道于是就来停留。道并不在远方,人得道就生;道不离去,人依靠它就有智慧。所以忽然间它好像能跟随求索,又辽远得好像没有地方可以追究。那道的情性,厌恶声音。修养内心,虚静心意,道才可得到。所谓道,是口不能说出来,眼不能看见,耳不能听到的,却是可以用来修养身心端正形体的。人失去道就死,得到道就生;事业失去道就失败,得到道就成功。

【原文】

凡道无根无茎,无叶无荣。万物以生,万物以成,命之曰道。天主正,地主平,人主安静。春秋冬夏,天之时也;山陵川谷,地之枝也①;喜怒取予②,人之谋也。是故圣人与时变而不化,从物而不移。能正能静,然后能定。定心在中,耳目聪明,四枝坚固③,可以为精舍。精也者,气之精者也。气,道乃生④,生乃思,思乃知,知乃止矣。凡心之形,过知失生。一物能化谓之神,一事能变谓之智。化不易气,变不易智。惟执一之君子能为此乎! 执一不失,能君万物。君子使物,不为物使,得一之理。治心在于中,治言出于口,治事加于人,然则天下治矣。一言得而天下服,一言定而天下听,公之谓也。形不正,德不来;中不静,心不治。正形摄德,天仁地义,则淫然而自至。神明至极,照乎知万物⑤。中义守不忒⑥,不以物乱官,不以官乱心,是谓中得。有神自在身⑦,一往一来,莫之能思。失之必乱,得之必治。敬除其舍,精将自来。精想思之,宁念治之,严容畏敬,精将至定⑧。得之而勿舍,耳目不淫,心无他图。正心在中,万物得度⑨。道满天下,普在民所,民不能知也。一言之解,上察于天⑩,下极于地,蟠满九州⑪。何谓解之? 在于心安⑫。我心治,官乃治;我心安,官乃安。治之者心也,安之者心也。心以藏心,心之中又有心焉⑬。彼心之心⑭,音以先言,音然后形,形然后言,言然后使,使然后治。不治必乱,乱乃死。精存自生,其外安荣⑮。内藏以为泉原,浩然和平,以为气渊。渊之不涸,四体乃固;泉之不竭,九窍遂通。乃能穷天地,被四海。中无惑意,外无邪灾。心全于中,形全于外。不逢天灾,不遇人害,谓之圣人。人能正静,皮肤裕宽,耳目聪明,筋信而骨强。乃能戴大圆而履大方⑯,鉴于大清,视于大明⑰。敬慎无忒,日新其德,遍知天下,穷于四极。敬发其充,是谓内德。然而不反,此生之忒。

注释

① 枝:王念孙云:"'枝'当为'材'字之误也。"译文从"材"。
② 喜怒取予:尹知章注:"四者谋之用也。"
③ 四枝坚固:郭沫若云:"'枝'与'肢'通。古本作'四肢坚固'。"
④ 气,道乃生:尹知章注:"气得道能有生。"
⑤ 照乎知万物:《心术》下篇为"昭知天下"。照、昭通用,清楚。
⑥ 中义守不忒:王念孙云:"'义'字涉上文'天仁地义'而衍。"忒(tè 特),差错。
⑦ 有神自在身:郭沫若云:"当衍'身'字,盖涉《注》文'中得则神自在身也'而衍。"译文从之。

⑧至:王念孙云:"'至'当为'自',上文'精将自来',即其证。"译文从王说。
⑨度:法度,标准。
⑩察:与下句的"极",都是至的意思。
⑪蟠(pán 盘):遍及。张佩纶疑"蟠满九州"句"本尹《注》误入正文"。录以备考。
⑫安:郭沫若云:"当作'治'……"译文从"治"。
⑬此处及下句中有两个"心"字,一个是指有形体的心,一个是指无形体的精气,即心的精神。
⑭以下几句,诸家说法不一致。其实此地是论述"彼心之心",即"心中之心",所以两个"音"字依王念孙说应读为"意"。意是指心意,即精气。三个"言"字都可以解作"名"字。名即名称。
⑮荣:指气色鲜润。
⑯古人以为天圆地方,所以"大圆"是指天,"大方"是指地。
⑰大明:指日月。

【今译】

道没有根没有茎,没有叶没有花。万物依靠它生长,万物依靠它成就,所以命名它为道。天以公正为根本,地以平和为根本,人以安静为根本。春秋冬夏,是天的时令;山陵川谷,是地的资材;喜怒取给,是人的计谋。因此圣人随同时令的变化而道不消化,跟从万物的变迁而道不转移。能端正能虚静,然后才能安定。安定的心在胸中,就能耳目聪明,四肢坚固,就可以成为精的住舍。所谓精,就是气中的精华。气得道才有生命,有生命才能思虑,思虑才能有智慧,有智慧才该休止。大凡心的形体,过份的追求智慧,就会失去生机。专一于物而能化为通达的叫做神,能专于一事而能变为通达的叫做智。物虽变化而不变换气,事虽变化而不变换智。只有坚持专一的君子才能做到这样吧!坚持专一而不放,他就能统领万物。君子支配万物,而不为万物所支配,这就是因为掌握了专一的道理。治心在内,会从口里说出来,好事就会施加到百姓身上,这样天下就安定了。一个字在心中已得,天下人就会敬服;一个字在心中已定,天下人就会听从,这个字就是公字。外形不端正,是因为精气没有来;内心不虚静,是因为嗜欲没有整治。端正外形,摄取精气,像天地那样仁义,那么精气就会源源不断地自然到来。心就能进入神明的最高境地,明白地知晓万物。内守虚静不出差错,就不要让外物扰乱五官,不要让五官扰乱内心,这就叫做心中有所得。本有神在心中,一时去一时来,没有人能猜想它。但心中失去了神就必定纷乱,得到了神就必定安定。敬慎地扫除心中的嗜欲,精气就自然来到。精诚地想念思考它,冷静地考虑安定它,严肃敬慎地对待它,精气就会自然地安定。得到精气不舍弃,耳目就不会被迷惑,心就不会有别的贪图。正心在胸中,万物也就有了标准。道满布天下,普遍地在人们的心中,人们却不能认识它。用一个道字解释这种情况,就能上通到天,下及于地,而且遍及整个九州。怎样解释道呢?关键在于心安定。我的心安定,五官就安定;我的心安静,五官就安静。安定五官的是心,安静五官的也是心。把心藏在心中,心中又有心。那个心中之心,它的意先生于心的名称,有了心的意然后才有心的形体,有了心的形体然后才有心的名称,有了心的名称然后才有心的使令,有了心的使令然后心才能安定。不安定必然纷乱,纷乱就会死亡。精气存心就会自然生存,人的神色就会安闲而鲜润。精气藏在内部就是泉源,浩大而又和平,成为气的渊源。渊源不枯竭,四肢才坚强;泉源不淤塞,九窍才通达。于是就能穷极天地,遍及四海。心内就没有迷惑的意念,身外就没邪恶的灾祸。心气完整地保持在胸中,形体完整地保持在外面。不会遇到天灾,不会遇到人祸。这样的人就叫做圣人。人能端正虚静,就能使皮肤丰润,耳目聪明,筋骨舒展坚强。这样就能头顶苍天脚踏大地,明察如清水,目光如日月。恭敬谨慎,没有差失,就能日日更新德行,遍知天下,穷究到四方之极。认真地发挥充实在内部的精气,这就称作内有所得。然而有人不能回到这样的境地,这是生活上有过失造成的。

【原文】

凡道,必周必密,必宽必舒,必坚必固。守善勿舍,逐淫泽薄①,既知其极,反于道德。全心在中,不可蔽匿②。和于形容③,见于肤色。善气迎人,亲于弟兄;恶气迎人,害于戎兵。不言之声,疾于雷鼓。心气之形,明于日月,察于父母④。赏不足以劝善,刑不足以惩过。气意得而天下服,心意定而天下听。搏气如神⑤,万物备存。能搏乎?能一乎?能无卜筮而知吉凶乎?能止乎?能已乎?能勿求诸人而得之己乎?思之,思之,又重思之。思之而不通,鬼神将通之。非鬼神之力也,精气之极也。四体既正,血气既静,一意搏心,耳目不淫,虽远若近。思索生知,慢易生忧⑥,暴傲生怨⑦,忧郁生疾,疾困乃死。思之而不舍,内困外薄⑧,不蚤为图⑨,生将巽舍⑩。食莫若无饱,思莫若勿致,节适之齐⑪,彼将自至。凡人之生也,天出其精,地出其形,合此以为人,和乃生,不和不生。察和之道,其精不见⑫,其征不丑⑬。平正擅匈,论治在心⑭,此以长寿。忿怒之失度,乃为之图。节其五欲,去其二凶⑮,不喜不怒,平正擅匈。凡人之生也,必以平正。所以失之,必以喜怒忧患。是故止怒莫若诗,去忧莫若乐,节乐莫若礼,守礼莫若敬,守敬莫若静。内静外敬,能反其性⑯,性将大定。凡食之道,大充,伤而形不臧⑰;大摄,骨枯而血冱⑱。充摄之间,此谓和成。精之所舍,而知之所生。饥饱之失度,乃为之图。饱则疾动,饥则广思⑲,老则长虑⑳。饱不疾动,气不通于四末㉑;饥不广思,饱而不废㉒;老不长虑,困乃邈竭㉓。大心而敢㉔,宽气而广,其形安而不移,能守一而弃万苛㉕,见利不诱,见害不惧,宽舒而仁,独乐其身,是谓云气㉖,意行似天。凡人之生也,必以其欢㉗。忧则失纪,怒则失端㉘。忧悲喜怒,道乃无处。爱欲静之,遇乱正之㉙,勿引勿推,福将自归。彼道自来,可藉与谋。静则得之,躁则失之。灵气在心,一来一逝,其细无内,其大无外。所以失之,以躁为害。心能执静,道将自定。得道之人,理丞而屯泄㉚,匈中无败㉛。节欲之道,万物不害㉜。

> 注释

①泽薄:陈奂云:"'泽'读为释,释,舍也。舍薄犹言去其浮薄耳。"
②蔽匿:隐藏。
③和:刘绩云:"乃'知'字之误也。"译文从"知"。
④察于父母:比父母观察子女还透彻。
⑤搏:应作"抟"。本篇中"搏"字,王念孙云:"皆'抟'字之误。"抟,古"专"字。
⑥慢易生忧:尹知章注:"疏慢轻易,必致凶祸,故生忧。"
⑦暴傲生怨:尹知章注:"残暴傲虐,伤害必多,故生怨也。"
⑧薄:胁迫。
⑨蚤:同"早"。
⑩巽(xùn逊):通"逊",逊让,引申为退出、离开。
⑪节适:许维遹引《吕氏春秋·情欲篇》高《注》云:"节,犹适也。"适,适宜。

齐:中正。

⑫精:安井衡云:当作"情",形声相涉而误。译文从之。

⑬丑:张佩纶云:"丑,类也。"类,类比。

⑭论治在心:郭沫若云:论治当是"'沦洽'之误,言天地之和气弥满于心中也,即所谓'沦肌浃髓'"。译文从郭说。

⑮五欲:指耳、目、口、鼻、心五种器官的嗜欲。二凶:指喜、怒。

⑯反:回复。性:指人的本性。

⑰大充:过量。臧:善。

⑱大摄:太少。冱(hù互):冻结,闭塞。

⑲广:张佩纶云:"'广'读为'旷',言饥则旷废其思也。"

⑳老则长虑:郭沫若云:"'长'当是'忘',字之误。下文'老不长虑,困乃邀竭','长'亦当为'忘'。"译文从郭说。

㉑四末:四肢。

㉒饱:俞樾云:"'饱'字疑'饥'字之误。"译文从"饥"。废:止。

㉓困乃邀竭:郭沫若云:"'困'者《说文》云'故庐也',此用其本义,言老不忘虑则衰败之躯速死灭也。"邀,同"速"。

㉔敢:何如璋云:"当作'敞'字。"译文从之。

㉕守一:坚持专一。万苛:各种各样的烦琐事务。

㉖云气:安井衡云:"云,运也。"云气,即运气,指精气的运用。

㉗"凡人"二句:尹知章云:"欢则志气和,故生也。"欢,欢畅、舒畅。

㉘端:与上句的"纪"同义。意为头绪,有秩序、有条理的意思。

㉙遇:章炳麟云:通"愚"。

㉚理:纹理,指皮肤的纹理。丞:通"烝",蒸发。屯:王引之云:应为"毛"字。毛,毛发。

㉛匈:通"胸"。

㉜"节欲"二句:尹知章注:"能节欲则物无害也。"节欲,节制嗜欲。

【今译】

道,必定周全必定精密,必定宽大必定舒畅,必定坚强必定牢固。守住善不舍弃,逐走淫邪除去浮薄,又知道了善的最高准则以后,就能返回到道德上来。全心在内,不可遮掩,可从身姿容貌上觉察它,也可在皮肤颜色上发现它。善气迎人,相亲如同弟兄;恶气迎人,相害如同刀兵。没有说出来的话语声,比雷霆鼓声还传得快。心气的形体,比日月还光明,比父母了解子女更清楚。赏赐不足以勉励善,刑罚不足以惩戒恶。只要气意已得,天下人就会敬服;只要心意安定,天下人就会听从。专一的气就像是神,能把万物的知识都储藏到心里。能专心吗?能一意吗?能不用占卜而知吉凶吗?能想止即止吗?能想完就完吗?能不向人求教而靠自己有所得吗?思考,思考,又再思考。思考而不通,鬼神将使你忽然贯通。其实并非鬼神的力量,而是精气的极妙作用。四肢端正,血气平静,专心一意,耳目不受迷惑,虽是远大的事,也如在近身的事那样容易成功。思考求索就能产生智慧,疏慢轻率就会产生忧患,残暴傲慢就会造成怨恨,忧虑抑郁就会造成疾病,疾病困顿就会使人死亡。思虑过度而不休息,内受困而外受迫,不早为之设法,生命将要离开躯体而死亡。食不宜太饱,思不宜过度,以适中为宜,生命就会自然来到。人的生命,天提供精神,地提供形体,精神和形体结合而为人,结合和谐就有生命,不和谐就没有生命。考察和谐的过程,它的情况不能发现,它的征象不能类比。平和端正占据胸间,弥漫心中,这就是长寿的原因。忿怒过度,就该设法平息。节制五种嗜欲,除去喜怒二凶,不欣喜不忿怒,平和端正就能占据胸间。人的生命,必须依靠平和端正。之所以失掉,必定是因为喜怒忧患。制止忿怒最好用诗歌,除去忧郁最好用音乐,节制淫乐最好讲究礼,守礼最好讲究敬,守敬最好讲究静。内抱虚静而外行恭敬,就能恢复平和端正的本性,本性将大定。饮食之道是:吃喝过量,伤害本性又使形体不良;吃喝过少,就会骨骼干枯血液不畅。所以适中为宜,这叫做平和成功。精气就能进入,智慧就能生长。饥饱如果失度,就要设法解救。过饱就要赶快运动,饥饿就要停止思想,衰老了就要忘掉顾虑。过饱不赶快运动,气血就不能通到四肢;饥饿不停止思想,饥饿就更加严重;衰老了不忘掉顾虑,衰败之躯迅速死灭。心胸浩大而敞亮,意气宽和而广泛,身体安详而不游移,能坚持专一而弃去烦琐的事务,见利而不被诱惑,见害而不畏惧,能宽容舒畅而又仁慈,能自得其乐,这就叫做能运用精气,气意畅行如同在天空。人的生命,必定依靠欢畅。忧虑就失去秩序,忿怒就失去端绪。心中有了忧悲喜怒,道就无可容之处。有爱的嗜欲就要使它平静,有愚乱的思想就要纠正,万事听其自然,幸福自然降临。道自然到来,可以依靠它跟着它谋划幸福。虚静就能得道,躁动就会失道。灵气在心中,一时来一时消逝,它细微得没有内,它又巨大得没有外。之所以会失去灵气,是因为躁动为害。心能坚持虚静,道就自然安定。得道的人,邪气能从肌理毛孔中蒸发排泄出来,胸中不会有败坏的东西。能坚持节制嗜欲之道,就能不受万物的伤害了。

杂　篇

封禅第五十

【题解】

　　封禅是古代帝王祭祀天地的仪式。在泰山上筑土坛祭天,报天之功,称为封;在泰山下梁父或云云等小山上辟场祭地,报地之功,称为禅。本篇记述齐桓公称霸诸侯以后,想举行封禅仪式,经管仲劝谏后而罢止。在当时,齐桓公举行封禅仪式显然是非法的,会失信于诸侯,造成天下混乱。从齐桓公与管仲关于封禅的议论中,表现了齐桓公与管仲对已取得的功业、形势的不同态度。

　　本篇与《史记·封禅书》记载的管仲与齐桓公关于封禅一事的议论文字完全相同。尹知章注:"元(原)篇亡,今以司马迁《封禅书》所载《管子》言以补之。"《史记》司马贞《索隐》也说:"今《管子》书其《封禅篇》亡。"那么,本篇在唐代就被认为不是《管子》的原文,是西汉司马迁以后的人编入的。

【原文】

　　桓公既霸,会诸侯于葵丘①,而欲封禅。管仲曰:"古者封泰山禅梁父者七十二家②,而夷吾所记者十有二焉。昔无怀氏封泰山③,禅云云④;虙羲封泰山⑤,禅云云;神农封泰山⑥,禅云云;炎帝封泰山⑦,禅云云;黄帝封泰山,禅亭亭⑧;颛顼封泰山⑨,禅云云;帝喾封泰山⑩,禅云云;尧封泰山,禅云云;舜封泰山,禅云云;禹封泰山,禅会稽⑪;汤封泰山,禅云云;周成王封泰山,禅社首⑫;皆受命然后得封禅。"桓公曰:"寡人北伐山戎⑬,过孤竹⑭;西伐大夏,涉流沙,束马悬车,上卑耳之山⑮;南伐至召陵⑯,登熊耳山以望江汉⑰。兵车之会三,而乘车之会六⑱,九合诸侯,一匡天下,诸侯莫违我。昔三代受命,亦何以异乎?"于是管仲睹桓公不可穷以辞,因设之以事,曰:"古之封禅,鄗上之黍,北里之禾⑲,所以为盛;江淮之间,一茅三脊⑳,所以为藉也。东海致比目之鱼㉑,西海致比翼之鸟㉒,然后物有不召而自至者十有五焉。今凤凰麒麟不来,嘉谷不生,而蓬蒿藜莠茂㉓,鸱枭数至㉔,而欲封禅,毋乃不可乎!"于是桓公乃止。

注释

①"桓公"二句:《春秋·僖公九年》:"公会宰周公、齐侯、宋子、卫侯、郑伯、许男、曹伯于葵丘。"鲁僖公九年,即齐桓公三十五年(公元前651年),齐桓公邀周公及鲁、宋等六国于葵丘结盟。葵丘,在今河南兰考县、民权县境内。

②"古者"句:《韩诗外传》:"孔子升泰山,观易姓而王可得而数者七十余人,不得而数者万数也。"《史记》正义案:"管仲所记自无怀氏以下十二家,其六十家无纪录也。"梁父:山名,泰山下的小山,在山东省新泰县西。

③无怀氏:服虔曰:"古之王者,在伏羲前,见《庄子》。"

④云云:山名,泰山下的小山。在山东省泰安市东南。

⑤虙羲:即伏羲。虙,通"伏"。

⑥神农:神农氏。传说中农业和医药的发明者,相传由他带领百姓由原始时代的采集渔猎生活进入农业生活。

⑦炎帝:传说中上古姜姓部族首领,原居姜水流域,后向东发展到中原地区。他曾与黄帝战于阪泉(今河北涿鹿东南),为黄帝所败。

⑧亭亭:山名,泰山下的小山,在今山东泰安市南。

⑨颛顼(zhuān xū 专须):传说中的古代部族首领。号高阳氏,生于若水,居于帝丘(今河南濮阳东南)。

⑩帝喾(kù 裤):古帝王名。《史记·三代世表》:"帝喾,黄帝曾孙,起黄帝至帝喾四世。号高辛。"

⑪会稽:山名。晋灼云:"本名茅山。"《吴越春秋》:"禹巡天下,登茅山,群臣乃大会计,更名茅山为会稽。"

⑫社首:山名。应劭曰:"在博县。"晋灼曰:"在钜平南十三里。"

⑬山戎:又称北戎。古族名,春秋时,分布在今河北北部。公元前七世纪颇强,侵郑、齐、燕等国。周惠王十四年(公元前663年),齐桓公伐山戎。

⑭孤竹:国名。在今河北卢龙南面。
⑮韦昭曰:"将上山,缠束其马,悬钩其车也。卑耳即《齐语》所谓'辟耳'。"辟,贾逵云:"山险也。"卑耳,一曰山名,在今山西平陆县。
⑯召陵:春秋时楚地名。故城在今河南郾城县东。
⑰熊耳山:《史记》《索隐》案:"《荆州记》来阳、益阳二县东北有熊耳,东西各一峰,状如熊耳,因以为名。"
⑱本书《大匡》《小匡》《霸形》篇皆作"兵车之会六,乘车之会三",与本篇"兵车之会三,乘车之会六"不同。而《史记·齐世家》《封禅书》《汉书·郊祀志》均与本篇同。可见本篇非《管子》原文,而是"以司马迁《封禅书》所载管子言以补之"。郭沫若云:"兵车之会六,乘车之会三"与"兵车之会三,乘车之会六",是两种说法,各有所据,可两存其说也。译文从之。
⑲鄗上、北里:一曰"皆地名",一曰"鄗上,山名"。
⑳一茅三脊:孟康曰:"所谓灵草也。"本书《轻重丁》:"江淮之间有一茅而三脊毋(贯)至其本,名之曰菁茅。""诸从天子封于太山、禅于梁父者,必抱菁茅一束以为禅籍。"籍通"藉",垫子,供坐卧。
㉑比目之鱼:韦昭曰:"各有一目,不比不行,其名曰鲽。"
㉒比翼之鸟:韦昭曰:"各有一翼,不比不飞,其名曰鹣鹣。"
㉓蓬蒿(hāo 好)藜(lí 离)莠(yǒu 友):都是草名,借指杂草。
㉔鸱枭(chī xiāo 痴嚣):即猫头鹰。古人以为是不祥之鸟。

【今译】

齐桓公完成霸业以后,在葵丘大会诸侯,又想到泰山举行封禅仪式。管仲说:"古代封泰山祭天禅梁父山祭地的有七十二家,而我所记得的有十二家。从前无怀氏封泰山祭天,禅云云山祭地;伏羲封泰山祭天,禅云云山祭地;神农氏封泰山祭天,禅云云山祭地;炎帝封泰山祭天,禅云云山祭地;黄帝封泰山祭天,禅亭亭山祭地;颛顼封泰山祭天,禅云云山祭地;帝喾封泰山祭天,禅云云山祭地;尧封泰山祭天,禅云云山祭地;舜封泰山祭天,禅云云山祭地;禹封泰山祭天,禅会稽山祭地;汤封泰山祭天,禅云云山祭地;周成王封泰山祭天,禅社首山祭地;他们都是承受天命才能举行封禅仪式的。"桓公说:"我北伐山戎,经过孤竹国;西伐大夏,渡过流沙河,束马悬车,登上险山;南伐到召陵,登上熊耳山而望长江汉水。与各诸侯国兵车之会有三次,乘车之会有六次,多次的召集诸侯,一举匡正天下,诸侯国没有敢违抗我的。从前夏、商、周三代承受天命,我与他们又有什么差异呢?"此时管仲看到不能用一般道理说服齐桓公,就向他摆出事实来,说:"古代举行封禅仪式,鄗上的黍,北里的禾,用来作为祭物;江淮之间出产的,一茅三脊的灵草,用来作祭祀的垫席;东海送来比目鱼,西海送来比翼鸟,还有不召而送来的物品共计十五种。如今齐国吉祥的凤凰麒麟不来,嘉谷不生,而蓬蒿藜莠杂草茂盛,不吉祥的猫头鹰多次飞来,在这种情况下想到泰山举行封禅仪式,只怕是不行吧!"于是桓公就停止到泰山举行封禅的计划。

小问第五十一

【题解】

小问,日常的答问,不是专题的长篇大答问。小,并非问题小,而是指所用的篇幅大多短小,内容少而集中,是即时问答。本篇共记述了管仲十多次答齐桓公的询问,内容十分广泛,涉及到政治、军事、外交、用人等国家大事,也有一些是日常生活中遇到的一些问题。都是随问随答,不全面展开。每次问答的内容不相关联,时间跨度也较大,地点随时转换。总之是随意性的,是遇到什么谈论什么,生活气息较浓,反映齐桓公与管仲间的密切关系,而观点较多的集中在爱民、治国等方面。

【原文】

桓公问管子曰:"治而不乱,明而不蔽,若何?"管子对曰:"明分任职,则治而不乱,明而不蔽矣。"公曰:"请问富国奈何?"管子对曰:"力地而动于时①,则国必富矣。"公又问曰:"吾欲行广仁大义,以利天下,奚为而可?"管子对曰:"诛暴禁非,存亡继绝,而赦无罪,则仁广而义大矣。"公曰:"吾闻之也,夫诛暴禁非,而赦无罪者,必有战胜之器攻取之数,而后能诛暴禁非,而赦无罪。"公曰:"请问战胜之器。"管子对曰:"选天下之豪杰,致天下之精材,来天下之良工,则有战胜之器矣。"公曰:"攻取之数何如?"管子对曰:"毁其备,散其积,夺之食,则无固城矣。"公曰:"然则取之若何②?"管子对曰:"假而礼之③,厚而勿欺,则天下之士至矣。"公曰:"致天下之精材若何?"管子对曰:"五而六之,九而十之，不可为数④。"公曰："来工若何?"管子对曰："三倍，不远千里⑤。"桓公曰："吾已知战胜之器攻取之数矣。请问行军袭邑，举错而知先后⑥，不失地利若何?"管子对曰："用货察图⑦。"公曰："野战必胜若何?"管子对曰："以奇。"公曰："吾欲遍知天下若何?"管子对曰："小以吾不识，则天下不足识也。"公曰："守战远见，有患。夫民不必死，则不可与出乎守战之难;不必信，则不可恃而外知⑧。夫恃不死之民而求以守战，恃不信之人而求以外知，此兵之三暗也⑨。使民必死必信若何?"管子对曰："明三本⑩。"公曰："何谓三本?"管子对曰："三本者，一曰固，二曰尊，三曰质。"公曰："何谓也?"管子对曰："故国父母坟墓之所在，固也;田宅爵禄，尊也;妻子，质也。三者备，然后大其威，厉其意，则民必死而不我欺也。"

注释

①"力地"句:尹知章注:"谓勤力于地利，其所动作必合于天时。"
②之:猪饲彦博云:"'之'当为'士'。"译文从之。
③假:嘉美。《诗·假乐传》:"假，嘉也。"《说文》:"嘉，美也。"
④"五而"三句:尹知章注:"欲致精材者，必当贵其价。故他处直五我酬之六，他处直九我酬之十，常令贵其一分，不可为定数。如此则天下精材可致也。"
⑤"三倍"二句:尹知章注:"酬工匠之庸直，常三倍他处，则工人不以千里为远，皆至矣。"
⑥错:同"措"。
⑦用货察图:尹知章注:"用货为反间，则知其先后;察彼国图，则不失地利也。"
⑧"不必"二句:尹知章注:"人必诚信，然后为君视听，故知处事也。"
⑨三暗:指守暗、战暗和外暗。暗，愚昧小明。
⑩三本:指下文的固、尊、质。本，根本。

【今译】

桓公问管仲说:"治理而不混乱，明察而不受蒙蔽，如何做到?"管子回答说:"明确地分清职责，就能做到治理而不混乱，明察而不受蒙蔽了。"桓公说:"请问要使国家富裕怎么办?"管子回答说:"勤力开发土地而耕作合于时令，国家就必定富裕了。"桓公又问道:"我想行大仁大义，有利于天下，怎样做才好?"管子回答说:"惩罚强暴禁止侵略，让亡国复存、灭绝的君位复继,并赦免无罪的人,那就大仁大义了。"桓公说:"我听说,要惩罚强暴禁止侵略,并赦免无罪的人,必须要有战胜强暴的武器攻取的策略,而后才能做到惩罚强暴禁止侵略,并赦免无罪。"桓公说:"请问战胜强暴的武器问题。"管子回答说:"选取天下的豪杰之士,买来天下的精良材料,召来天下好工匠,这样就有战胜强暴的武器了。"桓公说:"攻取的策略如何呢?"管仲回答说:"毁坏他们的设备,消散他们的积聚,夺取他们的粮食,这样就没有坚固的城墙了。"桓公说:"那么如何选取天下的豪杰之士呢?"管子回答说:"赞美他们并以礼相待,厚赐而勿欺骗,天下的豪杰之士就来了。"桓公说:"如何买来天下的精良材料呢?"管子回答说:"五分的市价而我出到六分,九分的市价而我出到十分,在价格上不能限制定数。"桓公说:"怎样召来工匠?"管子回答说:"出比别人多三倍的工钱,他们就不远千里而来了。"桓公说:"我已懂得怎样才有战胜强暴的武器攻取的策略了。请问行军或袭击城邑时,一行动就能知道先后的顺序,因而不失去地形的有利形势,如何才能做到呢?"管子回答说:"用货财收买情报了解敌方的地图。"桓公说:"野战如何必胜?"管子回答说:"用奇兵。"桓公说:"我想了解普天下的情况如何办?"管仲回答说:"连小的情况我也不知道,天下的情况就无从知道了。"桓公说:"防守攻战和情报,都有可忧的地方。百姓没有战必死的决心,就不能同他们从防守或攻战的死难中解救出来;百姓不坚守信用,就不能依靠他们去获得外面的情报。依靠不肯为战而死的百姓,而希望用他们来防守或攻城,依靠不守信用的百姓而希望用他们去从事谍报,这是兵家三种愚昧不明的禁忌。要使百姓有为战而必死必守信用的决心,该如何办?"管子回答说:"明确三种根本。"桓公说:"什么叫三种根本?"管子回答说:"三种根本,一是稳固的心,二是尊贵感,三是人质。"桓公说:"这怎么说?"管仲回答说:"故土、父母和祖宗的坟墓所在地,是使百姓有稳固的心;田地、宅院和爵禄,是使百姓有尊贵感;妻子和儿女是百姓留下的人质。三种根本具备,然后增大他们的威势,勉励他们的意志,百姓就有为战而必死的决心并不会欺骗我们了。"

【原文】

桓公问治民于管子,管子对曰:"凡牧民者,必知其疾^①,而忧之以德②,勿惧以罪,勿止以力。慎此四者,足以治民也。"桓公曰:"寡人睹其善也,何为其寡也③?"管仲对曰:"夫寡非有国者之患也。昔者天子中立,地方千里,四言者该焉④,何为其寡也?夫牧民不知其疾则民疾⑤,不忧以德则民多怨,惧之以罪则民多诈,止之以力则往者不反,来者鹜距⑥。故圣王之牧民也,不在其多也。"桓公曰:"善,勿已,如是又何以行之?"管仲对曰:"质信极忠⑦,严以有礼,慎此四者,所以行之也。"桓公曰:"请闻其说。"管仲对曰:"信也者,民信之;忠也者,民怀之;严也者,民畏之;礼也者,民美之。语曰:泽命不渝⑧,信也;非其所欲,勿施于人,仁也;坚中外正,严也;质信以让,礼也。"桓公曰:"善哉!牧民何先?"管子对曰:"有时先事,有时先政,有时先德,有时先恕⑨。飘风暴雨不为人害,涸旱不为民患,百川道⑩,年谷熟,籴货贱,禽兽与人聚食民食,民不疾疫。当此时也,民富且骄,牧民者厚收善岁以充仓廪,禁薮泽,此谓先之以事⑪,随之以刑,敬之以礼乐以振其淫⑫。此谓先之以政。飘风暴雨为民害,涸旱为民患,年谷不熟,岁饥籴贷贵,民疾疫。当此时也,民贫且罢⑬,牧民者发仓廪、山林、薮泽以共其财⑭。后之以事,先之以恕,以振其罢。此谓先之以德。其收之也,不夺民财;其施之也,不失有德。富上而足下,此圣王之至事也。"桓公曰:"善。"

注释

①疾:疾苦。尹知章注:"疾,谓患苦也。"

②忧:张佩纶云:"优"之借字。优,优待。

③寡:指百姓少。

④该:通"赅",尽备。尹知章注:"该,备也。"

⑤民疾:百姓痛恨。尹知章注:"疾,则憎嫌之也。"

⑥鹜距:郭沫若云:"殆犹趑趄或踟蹰",犹豫不前的样子。

⑦忠:应为"仁"字,下文"忠也者民怀之",也应为"仁也者"。宋翔凤云:古文仁写作"忎",才误以为"忠"。

⑧泽:通"释",舍弃。渝(yú 余):变。《诗·羔裘篇》:"舍命不渝。"《诗传》:"渝,变也。"

⑨"有时,先事"以下四句:郭沫若云:"'有时先事'与'有时先恕'乃古时读书者注语,被抄者误抄入正文。"删去后则成"有时先政,有时先德",这样才能与下文相配。

⑩道:通"导"。通,顺。
⑪此谓先之以事:陶鸿庆云:"'先之以事'上,衍'此谓'二字。"删去后才与下文"后之以事"云云相对成文。
⑫敬:张佩纶云:"敬、警通","警"亦作"儆"。《说文》"警,戒也。"振:通"整"。整治,整顿,引申为约束。《礼记·中庸》:"振河海而不泄。"郑玄注:"振,犹收也。"
⑬罢:通"疲"。
⑭共:通"供"。

【今译】

桓公向管子询问治民问题,管子回答说:"凡治民的君主,必须了解百姓的疾苦,又用恩德厚待他们,不要用罪罚恫吓,不要用强力禁止。谨慎解决这四方面的问题,就能治理好百姓。"桓公说:"我看到这些的好处了,但如果百姓少怎么办呢?"管仲回答说:"百姓少不是君主要担心的问题。从前天子在中央立国,地方千里,那四方面的问题都已解决,为什么百姓会少呢? 如果治民不了解百姓的疾苦百姓就会痛恨,不用恩德厚待百姓就多怨气,用罪罚恫吓百姓就多狡诈,用强力禁止离去的百姓就不再回来,要来的人也就犹豫停步了。所以圣王治民,不在乎百姓的多少。"桓公说:"好,不过事情还没有完,像这样又如何来实行呢?"管仲回答说:"十分诚实十分仁爱,威严而有礼,君主能认真地做到这四点,就能用来实行。"桓公说:"请说得更具体一些。"管仲回答说:"君主诚实,百姓就信任他;君主仁爱,百姓就怀念他;君主威严,百姓就敬惧;君主有礼,百姓就赞美他。古书上说:舍命不变政令,是君主的诚实;不是自己喜爱的,不施加到百姓的头上,是君主的仁爱;心中坚定仪表端正,是君主的威严;十分的诚实又谦让,是君主的有礼。"桓公说:"好呀! 治民以什么为先呢?"管子回答说:"有时先施行政治,有时先施行恩德。狂风暴雨没有成为百姓的灾害,水涝干旱没有成为百姓的祸患,大小河道畅通,年成谷物丰熟,粮食货物不值钱,禽兽同人都吃粮食,百姓中不流行瘟疫。当此之时,百姓富裕又骄傲,治民的君主要大大的收购好丰年的物品来充实国家的仓库,禁止湖泽的开发,先施行具体的政事,随即施行法制,用礼乐来警戒百姓并约束他们的淫乐。这叫做先施行政治。狂风暴雨成了百姓的灾害,水涝干旱成了百姓的祸患,年成谷物不成熟,荒年粮食货物价格昂贵,民间流行瘟疫。当此之时,百姓贫穷又疲乏,治民的君主要开放仓库、山林、湖泽来向百姓供给财物,后施行政事,先施行恕道,来赈救百姓的疲乏。这叫做先施行恩德。当收购丰年的物品的时候,不夺取百姓的财物;当施发仓库里的物品的时候,不失去君主的恩德。使君主富裕又使下民满足,这是圣王的最大好事。"桓公说:"好。"

【原文】

桓公问管仲曰:"寡人欲霸,以二三子之功①,既得霸矣。今吾有欲王②,其可乎?"管仲对曰:"公当召叔牙而问焉③。"鲍叔至,公又问焉,鲍叔对曰:"公当召宾胥无而问焉④。"宾胥无趋而进,公又问焉,宾胥无对曰:"古之王者,其君丰⑤,其臣教⑥。今君之臣丰。"公遵遁⑦,缪然远二⑧,三子遂徐行而进。公曰:"昔者大王贤⑨,王季贤⑩,文王贤,武王贤。武王伐殷克之,七年而崩⑪,周公旦辅成王而治天下,仅能制于四海之内矣。今寡人之子不若寡人,寡人不若二三子。以此观之,则吾不王必矣。"

【注释】

①二三子:各位。

②有:又。

③叔牙:即鲍叔牙。也称鲍叔,齐国大夫。

④宾胥无:齐国大夫。

⑤丰:指德高。

⑥教:王引之云:"当作'杀','杀'与'丰'正相对。"杀,意即德望较低。译文从王说。

⑦遵循:猪饲彦博云:与"逡巡"同。退却的样子。

⑧缪:同"穆"。穆然,默想的样子。二:郭沫若案:"'二'乃'立'之残文。'立'者,位也。"意谓离开席位。

⑨大王:指古公亶父,周文王的祖父。

⑩王季:指季历,周文王的父亲。

⑪七:疑为"二",武王灭商后二年而死。

【今译】

桓公问管仲说:"我想成霸业,依靠你们的功劳,已经完成霸业了。

现在我又想成王业,那可能吗?"管仲回答说:"您该召见叔牙而问他。"鲍叔到,桓公又问他,鲍叔回答说:"您该召见宾胥无而问他。"宾胥无快步进来,桓公又问他,宾胥无回答说:"古代成王业的,都是君主的德高,臣子的德低;如今是臣子的德高。"桓公慢慢后退,默默地离开席位,三个大夫跟着缓行而前。桓公说:"从前西周文王的祖父贤明,父亲贤明,文王贤明,武王贤明。武王讨伐殷胜利,二年后死亡。周公旦辅佐成王治理天下,也只能控制在四海之内。如今我的儿子不如我,我不如你们臣子。由此看来,我不能成王业是肯定的了。"

【原文】

桓公曰:"我欲胜民①,为之奈何?"管仲对曰:"此非人君之言也。胜民为易。夫胜民之为道,非天下之大道也。君欲胜民,则使有司疏狱②,而谒有罪者偿③,数省而严诛④,若此,则民胜矣。虽然,胜民之为道,非天下之大道也。使民畏公而不见亲,祸亟及于身⑤。虽能不久,则人持莫之弑也⑥,危哉!君之国岌乎⑦!

注释

①我欲胜民:尹知章注:"言欲胜服于民。"胜,克制,压服。
②疏狱:尹知章注:"谓疏录狱囚。"疏,记,分条记述。
③"而谒"句:尹桐阳云:"谒,揭告也。偿,赏也。《韩子·八经》'谒过赏,失其诛'。"
④"数省"句:尹知章注:"数省有过,严其诛罪。"数,多次。省:察看,检查。
⑤亟:急。
⑥持:吴汝纶云:"当作'特'。"弑:尹桐阳云:"同'试',用也。"
⑦岌(jí及):危险的样子。

【今译】

齐桓公说:"我想压服百姓,为此怎么办?"管仲回答说:"这不是人君该说的话。压服百姓是容易做到的。但压服百姓的办法,不是治理天下的根本办法。人君想压服百姓,就命令狱吏详细记录囚犯的罪过,对揭发罪状的人加以奖赏,经常检查严加惩处。像这样,百姓就可以压服了。虽然做到了,但压服百姓的办法,终究不是治理天下的根本办法。这是使百姓害怕刑罚而不亲爱人君,祸害很快会累及人君自身的。虽然压服了百姓但不能长久,只是百姓没有一个肯为人君效力了,危险呀! 人君的国家危险了!"

【原文】

桓公观于厩①,问厩吏曰:"厩何事最难?"厩吏未对,管仲对曰:"夷吾尝为圉人矣②,傅马栈最难③,先傅曲木,曲木又求曲木,曲木已傅,直木毋所施矣④。先傅直木,直木又求直木,直木已傅,曲木亦无所施矣⑤。"

注释

①厩(jiù 救):马棚。
②圉(yǔ 语)人:养马人。
③傅马栈:尹知章注:"谓编次之栈,马所立木也。"傅,通"附"。
④"先傅"四句:尹知章注:"既用曲木,又施直木,则失其类而栈败矣。喻小人用,则君子退也。"
⑤"先傅"四句:尹知章注:"喻君子用,则小人退。"

【今译】

桓公视察马棚,问掌管马棚的官吏说:"马棚里什么事最难?"掌管马棚的官吏还未回答,管仲回答说:"我曾做过养马人,马棚里的事是营造马栈最难。先用了曲木,曲木要求曲木来相配,曲木已安排好位置,直木就没有地方可施用了。先用了直木,直木要求直木来相配,直木已安排了位置,曲木也就没有地方可施用了。"

【原文】

桓公谓管仲曰:"吾欲伐大国之不服者奈何?"管仲对曰:"先爱四封之内①,然后可以恶竟外之不善者②。先定卿大夫之家,然后可以危邻之敌国③。是故先王必有置也,然后有废也;必有利也,然后有害也。"

注释

①四封:四境。封,疆界。

②"然后"句：尹知章注："四封之内见爱,则人致死,可以恶竟外之不善者。"竟,通"境"。

③"先定"二句：尹知章注："卿人夫之家既定,则国强,故可以危邻国。"家：卿大夫统治的政治区域。

【今译】

桓公对管仲说："我想讨伐不服从王命的大国如何办？"管仲回答说："先爱护国内,然后才可能憎恨国外不善良的；先安定卿大夫统治的区域,然后才可能使相邻的敌国有危险。因此先代的圣王必定有设置,然后才有废弃；必定先兴利,然后才除害。"

【原文】

桓公践位,令衅社塞祷①。祝凫已疵献胙②,祝曰："除君苛疾与若之多虚而少实③。"桓公不说④,瞑目而视祝凫已疵⑤。祝凫已疵授酒而祭之,曰："又与君之若贤。"桓公怒,将诛之,而未也,以复管仲。管仲于是知桓公之可以霸也。

注释

①衅社：用牛羊的血祭土地神。社,土地神。塞："赛"之借字,报神福。《韩非子·外储说右》："秦襄王病,百姓为之祷；病愈,杀牛塞祷。"

②"祝凫"句：尹知章注："祝,祝史。凫疵,其名也。胙,祭肉也。"

③苛：苛捐。若：王引之云："当为'君',下文云,'又与君之若贤'是其证也。"译文从"君"。

④说：通"悦"。

⑤瞑：宋本、古本均作"瞋"。赵本以后误作"瞑"。

【今译】

桓公登王位,下令用血祭社神并作祈祷。祝史凫已疵献上祭肉,祈祷说："除掉国君苛捐的毛病和国君的多虚空而少实际的作风。"桓公听了不高兴,瞪着眼睛盯着祝史凫已疵。祝史凫已疵斟酒祭祀说："再除掉国君的似贤非贤的缺点。"桓公大怒,要杀祝史,但终于没有杀,把这件事告诉了管仲。管仲于是知道桓公可以成霸业。

【原文】

　　桓公乘马,虎望见之而伏。桓公问管仲曰:"今者寡人乘马,虎望见寡人而不敢行,其故何也?"管仲对曰:"意者君乘驳马而洀桓①,迎日而驰乎?"公曰:"然。"管仲对曰:"此駮象也②。駮食虎豹,故虎疑焉。"

注释

　　①驳马:安井衡云:应作"駮马"。驳,马毛色不纯,即杂色马。洀:尹知章注:"古'盘'字。"
　　②駮:兽名。《说文》篆解:"駮兽如马,锯牙,食虎豹。"

【今译】

　　桓公骑着马,虎望见而躲藏起来。桓公回来问管仲说:"今天我骑着马,虎望见我而不敢动,这是什么缘故?"管仲回答说:"我想国君是骑着杂色的马在徘徊,然后朝着太阳奔驰吧?"桓公说:"是的。"管仲回答说:"这是駮的形象。駮要吃虎豹,所以虎就害怕了。"

【原文】

　　楚伐莒,莒君使人求救于齐。桓公将救之,管仲曰:"君勿救也。"公曰:"其故何也?"管仲对曰:"臣与其使者言,三辱其君,颜色不变①;臣使官无满其礼②,三强其使者争之以死。莒君,小人也;君勿救。"桓公果不救而莒亡。

注释

　　①"三辱"二句:尹知章注:"辱其君而色不变,则无羞耻也。"辱,羞辱。色:颜色,脸色。
　　②礼:给使者的赠礼。

【今译】

　　楚国攻伐莒国,莒国君主派人向齐国求救。桓公将要去救莒国,管仲说:"国君不要去救。"桓公说:"什么原因呢?"管仲回答说:"我与莒国的使者谈话,多次羞辱他的国君,他的脸色没有变化;我叫接待他的官吏不要给足赠礼,官吏多次说他只能得这点赠礼而使者以死相争。莒国的君主,看来是个小人。国君不要去救。"结果桓公不去救,莒国因此就灭亡了。

【原文】

桓公放春①,三月观于野。桓公曰:"何物可比于君子之德乎?"隰朋对曰②:"夫粟,内甲以处③,中有卷城④,外有兵刃⑤,未敢自恃,自命曰粟⑥。此其可比于君子之德乎!"管仲曰:"苗,始其少也,眗眗乎何其孺子也⑦!至其壮也,庄庄乎何其士也⑧!至其成也,由由乎兹免⑨,何其君子也!天下得之则安,不得则危,故命之曰禾⑩。此其可比于君子之德矣。"桓公曰:"善。"

注释

①放春:金廷桂云:"当春而游放也。"意谓春游。
②隰(xí习)朋:齐国大夫。
③甲:甲胄,喻指粟的谷皮。
④卷城:圈城,喻指粟的外壳。
⑤兵刃:矛之类的兵器,喻指粟的芒。
⑥粟:这里有微小的意思。
⑦眗眗:同"恂恂"。尹知章注:"柔顺貌。"
⑧庄庄:尹知章注:"矜直貌也。"
⑨由由:同"油油"。《孟子》有"故由由然与之偕",《列女传》有"油油然与之处"。光润、和悦的样子。兹免:兹,益,更;免,俯。意谓粟穗成熟更加俯首向根,比喻君子不忘本。
⑩禾:这里有"和"的意思。

【今译】

桓公春游,三月份在田野上观看。桓公说:"什么东西可以同君子的道德相比?"隰朋回答说:"粟米,处在甲胄之内,中间有圈城,外有锋利的长矛,但不敢自恃强大,自称是微小的粟。这或许可以同君子的道德相比吧!"管仲说:"禾苗,开始生长的时候,柔嫩和顺的样子多么像幼儿!当它壮大的时候,庄严持重的样子多么像男子汉!当它成熟的时候,更加丰实和悦地俯首向根,多么像君子!天下有了它就安定,没有它就危险,所以称它为'和'。这或许可以同君子的道德相比吧!"桓公说:"好。"

【原文】

桓公北伐孤竹,未至卑耳之溪十里,阘然止①,瞠然视②,援弓将射,引而未敢发也,谓左右曰:"见是前人乎?"左右对曰:"不见也。"公曰:"事其不济乎,寡人大惑。今者寡人见人长尺而人物具焉:冠,右袪衣③,走马前疾。事其不济乎,寡人大惑,岂有人若此者乎?"管仲对曰:"臣闻登山之神有俞儿者,长尺而人物具焉。霸王之君兴,而登山神见。且走马前疾,道也;袪衣,示前有水也;右袪衣,示从右方涉也。"至卑耳之溪,有赞水者曰④:"从左方涉,其深及冠;从右方涉,其深至膝。若右涉,其大济。"桓公立拜管仲于马前曰:"仲父之圣至若此,寡人之抵罪也久矣⑤。"管仲对曰:"夷吾闻之,圣人先知无形。今已有形而后知之。臣非圣也,善承教也⑥。"

【注释】

①阘(xì 戏):突然停立貌。
②瞠(chēng 撑):瞪大眼睛。
③袪(qū 区):撩起。
④有赞水者:尹知章注:"谓赞引渡水者。"赞,佐助。
⑤"仲父"二句:尹知章注:"抵,当也。不知仲父之圣,是寡人当有罪久矣。"
⑥善承教:尹知章注:"善承古人之法。"

【今译】

桓公北伐孤竹国,到离卑耳溪十里的地方,突然停止前行,瞪大眼睛直视前方,拿起弓箭要射,但拉开弓却不敢射出去。对跟从的人说:"看到前面那个人吗?"跟从的人回答说:"没有看到。"桓公说:"事情大概不会成功了吧,我十分迷惑。刚才我看到一个长一尺而人的样子具备:戴帽子,右手撩起衣服,跑在马前很快。事情大概不会成功了吧,我十分迷惑,哪里有人像这个样子的呢?"管仲回答说:"我听说登山神中有个叫俞儿的,长一尺而人的样子具备。霸王事业的君主兴起时,登山神就出现。他跑在马前很快,暗示前面有路;撩起衣服,暗示前面有水;右手撩衣,暗示从右方过河。"到了卑耳溪,有一个帮助过河的向导说："从左方过河,水深没顶;从右方过河,水深到膝。如果从右方过河,一定是十分顺利的。"桓公立即在马前拜谢管仲说:"仲父圣明到了这样的境地,我所犯之罪有很长时间了。"管仲回答说:"我听说,圣人在事情还没有形迹的时候就能预知。如今已有形迹出现,而后才知道事情的,我不是圣人,只是善于承受圣人的教导而已。"

【原文】

桓公使管仲求宁戚,宁戚应之曰:"浩浩乎①。"管仲不知,至中食而虑之。婢子曰:"公何虑?"管仲曰:"非婢子之所知也。"婢子曰:"公其毋少少,毋贱贱。昔者吴干战②,未乱不得入军门③,国子摘其齿④,遂入,为干国多。百里奚,秦国之饭牛者也,穆公举而相之,遂霸诸侯。由是观之,贱岂可贱,少岂可少哉!"管仲曰:"然。公使我求宁戚,宁戚应我曰:'浩浩乎。'吾不识。"婢子曰:"诗有之:'浩浩者水,育育者鱼。未有室家,而安召我居⑤?'宁子其欲室乎?"

注释

①浩浩:水势盛大的样子。浩浩乎,是下文所引诗的首句。
②吴干:吴国、干国。
③乱:同"龀"。儿童脱去乳齿,长出恒齿。旧说男童八岁、女童七岁换齿。
④摘:同"掷"。
⑤居:语助词。

【今译】

桓公派遣管仲去征召宁戚,宁戚回答管仲说:"浩浩乎。"管仲不懂,到吃中饭的时候还在考虑这句话。年少的婢女说:"你在考虑什么?"管仲说:"不是年少的婢女所能懂得的。"年少的婢女说:"你不要小看年少的,不要鄙视卑贱的。从前吴国和干国开战,干国规定,未脱尽乳齿的少年不得入军门,干国的少年就敲掉了牙齿,才进入军门,为干国立下了许多战功。百里奚,是秦国喂牛的人,秦穆公任用他做相,才称霸诸侯。由此看来,卑贱的岂可鄙视,年少的岂可小看呀!"管仲说:"对。桓公派我征召宁戚,宁戚回答我说'浩浩乎',我不懂得。"年少的婢女说:"诗里有的:浩浩的水里,有许许多多的鱼。没有妻室未成家,召我干什么?"宁先生大概想娶妻成家吧?"

【原文】

桓公与管仲阖门而谋伐莒①,未发也,而已闻于国矣。桓公怒谓管仲曰:"寡人与仲父阖门而谋伐莒,未发也,而已闻于国,其故何也?"管仲曰:"国必有圣人。"桓公曰:"然。夫日之役者,有执席食以视上者②,必彼是邪!"于是乃令之复役,毋复相代。少焉,东郭邮至,桓公令傧者延而上③,与之分级而上④,问焉,曰:"子言伐莒者乎?"东郭邮曰:"然,臣也。"桓公曰:"寡人不言伐莒而子言伐莒,其故何也?"东郭邮对曰:"臣闻之,君子善谋,而小人善意⑤,臣意之也。"桓公曰:"子奚以意之?"东郭邮曰:"夫欣然喜乐者,钟鼓之色也;夫渊然清静者,縗绖之色也⑥;㵳然丰满⑦,而手足拇动者,兵甲之色也。日者,臣视二君之在台上也,口开而不阖,是言莒也;举手而指,势当莒也。且臣观小国诸侯之不服者,唯莒。于是,臣故曰伐莒。"桓公曰:"善哉!以微射明,此之谓乎!子其坐,寡人与子同之。"

注释

①阖(hé 盒):关闭。
②执席食:尹知章注为"执席而食",仍费解。郭沫若以为"席"为"庶"之误,"庶"读为"蔗","食"为"饴"之坏字。译文从郭说。视上:当为"上视",尹知章注为"私目上视"。
③傧(bìn 宾):尹知章注:"谓赞引宾客者也。"即迎宾的人。
④上:王念孙云:"应为'立',此涉上句而误也。"《吕氏春秋》等均作"分级而立"。译文从王说。
⑤意:王念孙云:"'意'当读为億,即度也。"推测。
⑥縗(cuī 催)绖(dié 迭):麻制的丧服。
⑦㵳(liáo 辽):清澈的样子。《庄子·天地》:"夫道,渊乎其居也,㵳乎其清也。"

【今译】

桓公与管仲关着门谋划攻打莒国,还未发动,却已在京都里传开了。桓公发怒对管仲说:"我与仲父关着门谋划攻打莒国,还未发动,却已在京都里传开了,那是什么缘故?"管仲说:"京都里必定有圣人。"桓公说:"是的。那天,差役中有个拿蔗饴而向上看的人,一定是那个人!"于是就叫他再来服役,不要更换。不久,东郭邮来到,桓公就令迎宾的官吏请他上来,同他站立在不同的石级上,问他说:"你是说要去攻打莒国的人吗?"东郭邮说:"是的,是我。"桓公说:"我没说要去攻打莒国而你说要去攻打莒国,那是什么缘故呢?"东郭邮回答说:"我听说,君子善于谋划,而小人善于推测,我是推测这件事的。"桓公说:"你是根据什么推测的?"东郭邮说:"一副高兴快乐的样子,是鸣钟击鼓时的脸色;一副深沉肃静的样子,是服丧带孝的脸色;一副冷清气盛的样子,手足的拇指都在动作,是谋划战争时的脸色。那天我看到你们在台上,口张开而不合,这是在说"莒"字;举手所指,趋向该是莒国。我又观察小国诸侯不服从的,也只有莒国。因此我就说要攻打莒国了。"桓公说:"好啊!从细微的地方来推断辨明大事,就是说这种情况吧!请你坐下来,我与你来共同谋划这件事吧。"

【原文】

客或欲见于齐桓公,请仕上官,授禄千钟。公以告管仲,曰:"君予之。"客闻之曰:"臣不仕矣。"公曰:"何故?"对曰:"臣闻取人以人者,其去人也,亦用人。吾不仕矣。"

【今译】

有宾客想见到齐桓公,请求做大官,授给俸禄千种。桓公把这个情况告诉了管仲,管仲说:"国君您给他。"宾客听到后说:"我不做官了。"桓公说:"什么原因?"回答说:"我听说选用人时听别人的,当废弃人的时候,也是听别人的。我不做官了。"

七臣七主第五十二

【题解】

七臣七主,即七种臣子和七种君主。本篇在论述七主,后论述七臣,所以张文虎认为篇题臣主二字应互易位子,即应为"七主七臣"。

本篇论述七主七臣,是两两相配的,各得"六过一是",即各肯定一种类型的君主和臣子:申主和法臣,各否定六种类型的君主和臣子:惠主和饰臣、侵主和侵臣、芒(荒)主和乱(诒)臣、劳主和愚臣、振主和奸臣、芒(亡)主和乱臣。

本篇在论述七主七臣的中间,插入了一大段君主治国之道的文字,其中的内容有君主的作用、经济、阴阳时令、法制等,形成了一篇前后内容不相连贯,文体也不大一致的特殊文章,有注家以为这一大段文字是它篇错简。

【原文】

或以平虚请论七主之过①,得六过一是,以还自镜,以知得失。以绳七臣,得六过一是。呜呼美哉,成事疾②!

【注释】

①过:陈奂云:"'过'当为'道',涉下文两'过'字而误。"译文从陈说。

②成事疾:丁士涵云:"'成'疑当为'盛',盛、成古通用。'疾'疑'矣'字误。"译文从丁说。

【今译】

有君主以虚心的态度来评论七类君主的做法,得到了六类君主是错的只有一类君主是好的结论,再回头来对照自己,因而知道了自己的得失。用此来衡量七类臣子,也得到了六类臣子是错的只有一类臣子是好的结论。啊,好呀,是做了一件有意义的大事!

【原文】

申主①:任势守数以为常②,周听近远以续明③。皆要审则法令固④,赏罚必则下服度⑤,不备待而得和⑥,则民反素也⑦。

【注释】

①申主:信主。古代"申"通"信",《汉书·高惠高后文功臣表注》:"古信、申同义。"信,诚实。

②任:随着。数:事理,规律。常:常法,常规。

③"周听"句:尹知章注:"远近之事周而听之,则其明不绝。"周:普遍,全面。

④皆:郭沫若云:假为"稽","稽谓簿计也"。要:月计的总帐。《周礼·天官·小宰》:"月终则以官府之叙受群吏之要。"孙诒让正义:"主每月之小计。"
⑤必:坚决。
⑥许维遹案:"《鲁语》韦(昭)《注》'待犹御也','得'与德通。"
⑦反:通"返"。素:质朴。

【今译】

申主:能顺着形势遵循事理而建立常法,普遍地听取远近的意见而不断地明察情况。财政确实法令就稳定,赏罚坚决臣民就遵守法度,不用强硬手段而用恩惠协调,百姓就会变得朴实。

【原文】

惠主①:丰赏厚赐以竭藏,赦奸纵过以伤法。藏竭则主权衰,法伤则奸门闿②。故曰泰则反败矣③。

注释

①惠主:这里是指滥施恩惠的君主。
②闿:通"开"。《说文》:"闿,开也。"
③泰则反败:尹知章注:"谓为惠太过,故反成败也。"

【今译】

惠主:赏赐过多过重以致使国库枯竭,赦免放纵奸恶以致损害国法。国库枯竭君主的权势就衰败,国法受损害就奸门大开。所以说:好事做得太过分了,反而会失败。

【原文】

侵主①:好恶反法以自伤,喜决难知以塞明,从狙而好小察②,事无常而法令申③。不醉④,则国失势。

注释

①侵主:侵害法度的君主。尹知章注:"越法行事谓之侵。"
②狙(jū居):暗中埋伏。小察:窥视,偷看。
③申:郭沫若云:"当是'曳'字之误。"曳:疲曳,疲沓。

④酢:俞樾云:"悟"之借字。悟,觉悟。下文同。

【今译】
　　侵主:喜好行恶反法而自食其果,喜爱妄断难以了解的事而闭目塞听,喜欢暗中钉梢而偷看他人,做事无常规而使法令疲沓难行。如不觉悟,国势危险。

【原文】
　　芒主①:目伸五色②,耳常五声,四邻不计③,司声不听④,则臣下恣行而国权大倾。不酢,则所恶及身。

注释
　　①芒主:荒唐的君主。何如璋云:芒,读为"荒"。尹知章注:"芒,谓芒然不晓识之貌。"
　　②伸:尹知章注:"伸,谓放恣也。"
　　③四邻:指四辅,君主左右的大臣。《书·益稷》:"钦四邻。"孔安国传:"四邻前后左右之臣。"
　　④司声:指谏官一类的官。郭沫若云:"当是谏官之属。"

【今译】
　　荒主:眼迷恋五色,耳不离五声,左右大臣的意见不考虑,谏官的诤言不听,臣下也就恣意妄行,国家的政权大坏。如不觉悟,恶果将及于自身。

【原文】
　　劳主①:不明分职,上下相干,臣主同则。刑振以丰②,丰振以刻。去之而乱,临之而殆,则后世何得?

注释
　　①劳主:烦劳的君主。尹知章注:"言失任臣之理,劳而无功,故曰劳主。"
　　②振:章炳麟云:训"重"。丰:多。

【今译】

　　劳主：不明确地分清职责，上下互相干扰，臣子和君主的制度混同。刑罚重而多，重而多就更加苛刻起来。摆脱这种情况就会陷入混乱，维持现状也是危险，那么后代能得到什么呢？

【原文】

　　振主^①：喜怒无度，严诛无赦，臣下振怒^②，不知所错^③，则人反其故^④。不醉，则法数日衰而国失固。

注释

　　①振主：意为暴君。振，通"震"。尹知章注："动发威严，谓之震也。"
　　②怒：王引之云："'怒'当为'恐'，此涉上文'喜怒'而误也。"译文从王说。
　　③错：通"措"。
　　④反：通"返"。故：巧伪。《淮南子·主术训》："上多故则下多诈。"高诱注："故，诈也。"

【今译】

　　振主：喜怒无常，格杀不论，臣下震恐，不知所措，那么人们只好用虚伪来蒙混了。如不觉悟，法制很快毁坏国家也不稳定。

【原文】

　　芒主^①：通人情以质疑^②，故臣下无信。尽自治其事则事多，多则昏，昏则缓急俱植^③。不醉，则见所不善，余力自失而罚。

注释

　　①芒主：陈奂云："'芒主'疑当作'亡主'。"亡主，亡国之君。
　　②通人情：张佩纶云："'通'上脱'不'字。"即为"不通人情"。
　　③植：洪颐煊云：古代的"置"字。

【今译】

　　亡主：不近人情地怀疑人，所以对臣下没有信任，事事都自己办理那么事务就繁多，事务繁多就糊涂，糊涂了就把缓急的事情都搁置。

杂篇　525

如不觉悟,能看到的前途就不妙,余力耗尽而受到惩罚。

【原文】

　　故主虞而安①,吏肃而严,民朴而亲,官无邪吏,朝无奸臣,下无侵争,世无刑民。

注释

　　①"故主"句:郭沫若案:"故主虞而安"至"世无刑民""凡二十九字当上移",接在"申主"一节的"则民反素也"句的下面。虞:王念孙云:"与'娱'同,乐也。"录以供参考。

【今译】

　　这样君主欢娱而安全,官吏肃敬而谨严,百姓朴实而亲和,官府里没有邪吏,朝廷上没有奸臣,民间没有侵夺争斗的事,世上没有要受刑罚的百姓。

【原文】

　　故一人之治乱在其心,一国之存亡在其主。天下得失,道一人出①。主好本则民好垦草莱②,主好货则人贾市,主好宫室则工匠巧,主好文采则女工靡③。夫楚王好小腰而美人省食④,吴王好剑而国士轻死。死与不食者,天下之所共恶也,然而为之者何也?从主之所欲也,而况愉乐音声之化乎?夫男不田,女不缁⑤,工技力于无用,而欲土地之毛⑥,仓库满实,不可得也。土地不毛则人不足,人不足则逆气生,逆气生则令不行。然强敌发而起,虽善者不能存。何以效其然也⑦?曰:昔者桀纣是也⑧。诛贤忠,近谗贼之士而贵妇人,好杀而不勇,好富而忘贫。驰猎无穷,鼓乐无厌,瑶台玉铺不足处⑨,驰车千驷不足乘,材女乐三千人⑩,钟石丝竹之音不绝。百姓罢乏⑪,君子无死⑫,卒莫有人,人有反心,遇周武王,遂为周氏之禽⑬。此营于物而失其情者也⑭,愉于淫乐而忘后患者也⑮。故设用无度国家踣⑯,举事不时,必受其灾。

【注释】

①道:从。一人:指君主。
②本:本业。此指农业。莱:田里的野草。
③靡:靡丽,奢华。
④楚王:指楚灵王,公元前540—公元前529年在位,其时管仲已死一百多年,学者常引此来证明《管子》非管仲作。
⑤缁:宋翔风云:"'缁'与'织',声之转,当读'织'。"
⑥毛:草木,此指禾苗。尹知章注:"毛,谓嘉苗。"
⑦效:验明。
⑧桀纣:应为"纣","桀"字衍,因为下文专言纣事。
⑨铺:俞樾云:"疑'圃'之假字",二字并从"甫"声,故通。
⑩材:张佩纶云:"疑'材'字衍。"
⑪罢:同"疲"。
⑫死:郭沫若案:"'死'与'尸'通,谓为官者无所职事也。"
⑬禽:通"擒"。
⑭营:许维遹云:《淮南子·原道篇》高注:"营,惑也。"
⑮愉:通"偷",苟且。
⑯踣(bó勃):跌倒,败亡。

【今译】

　　一个人的安定或昏乱取决于他的心,一个国家的生存或败亡取决于它的君主。天下的得失,都是从君主那里开始的。君主重视农业,百姓就重视开垦荒地;君主喜好财货,百姓就去经商;君主喜好宫室,工匠就巧妙;君主喜欢华丽的色彩,女工就讲求靡丽。楚王喜爱细腰,美女就节食;吴王爱好剑术,国士就轻死。死亡与饥饿,是天下人共同厌恶的事,然而为什么有人去干?是为了满足君主的欲望,更何况娱乐音乐的风气呢?男不耕田,女不纺织,工匠致力于无用之物,却希望土地上生长禾苗,仓库充实,这是不能做到的。土地上不生长禾苗,百姓的供用就会不足,百姓的供用不足就会产生怨气,怨气产生政令就不能施行。这时如强敌发兵起事,即使有善于应付局面的人也不能支撑。用什么来证明是这样的呢?回答说:从前纣王就是这样的。他杀掉贤良的忠臣,接近好谗言的奸臣而又看重女人,喜好杀伐而不追求勇武,喜欢富人而忘了济贫。游猎没有个完,鼓乐永不满足,豪华的楼台花园不够他住，马车千辆不够他用，女乐有三千人，金石丝竹的声音不绝于耳。百姓穷困不堪，官吏无所事事，最后无人拥护，人人都有反心，遇上周武王，就成了周朝的俘虏。这是迷惑于物质享受而失去思想的缘故，是苟且于过度的快乐而忘掉后果的缘故。所以消费没有节制国家就会灭亡，举事不合时令，必然会受到灾害。

【原文】

夫仓库非虚空也，商宦非虚坏也，法令非虚乱也，国家非虚亡也。彼时有春秋，岁有败凶①，政有急缓。政有急缓故物有轻重，岁有败凶故民有义不足②，时有春秋故谷有贵贱。而上不调淫③，故游商得以什伯其本也④。百姓之不田，贫富之不訾⑤，皆用此作⑥。城郭不守，兵士不用，皆道此始。夫亡国蹈家者，非无壤土也，其所事者，非其功也。夫凶岁雷旱，非无雨露也，其燥湿非其时也。乱世烦政，非无法令也，其所诛赏者非其人也。暴主迷君，非无心腹也，其所取舍非其术也。

【注释】

①"彼时"二句：陶鸿庆云："此及下文'败'皆'赈'字之误。《说文》'赈，富也'。赈与凶两文相对，与'时有春秋'、'政有急缓'同例。"译文从陶说。

②义：王念孙云："'义'当为'羡'，字之误也。"羡，盈余。

③"而上"句：尹知章注："淫，过也。谓谷物过于贵贱，则上当收散以调之。此之不为，故游商得什伯之赢以弃其本也。"调，平调谷物的价格。

④什伯：同"十百"。十倍、百倍。

⑤不訾：不可计量。

⑥用：因。

【今译】

国家仓库不是没有缘故就用空的，商人仕宦不是没有缘故就败坏的，法度政令不是没有缘故就混乱的，国家也不是没有缘故就灭亡的。时令有春秋，年成有丰歉，政令有缓急。政令有缓急，所以物价有高低；年成有丰歉，所以百姓有余多或不足；时令有春秋，所以谷有贵贱。如果国家不调节价格的过分悬殊，游商就可得到本钱的十倍、百倍的利润。百姓不愿种田，贫富差距不可估量，都是由此而发生的。城墙不能守住，士兵不听命令，也是由此而开始的。亡国败家，不是因为没有土地，而是因为他们所从事的对农业无效。凶年发生水灾旱灾，不是因为没有雨露，而是因为干旱与降雨不合时令。乱世烦多的苛政，不是没有法令，而是因为赏罚不恰当的人。暴主昏君，不是因为没有心腹大臣，而是因为他们的取舍不合法度。

【原文】

故明主有六务四禁。六务者何也？一曰节用，二曰贤佐，三曰法度，四曰必诛，五曰天时，六曰地宜。四禁者何也？春无杀伐，无割大陵①，倮大衍②，伐大木，斩大山，行大火，诛大臣，收谷赋。夏无遏水达名川，塞大谷，动土功，射鸟兽。秋毋赦过、释罪、缓刑。冬无赋爵赏禄，伤伐五谷③。故春政不禁则百长不生，夏政不禁则五谷不成，秋政不禁则奸邪不胜，冬政不禁则地气不藏。四者俱犯，则阴阳不和，风雨不时，大水漂州流邑，大风漂屋折树④，火暴焚地燋草⑤，天冬雷，地冬霆⑥，草木夏落而秋荣，蛰虫不藏，宜死者生，宜蛰者鸣，苴多螣蟘⑦，山多虫螽⑧，六畜不蕃，民多夭死，国贫法乱，逆气下生。

注释

①割：尹知章注："割，谓掘徙之也。"
②倮：尹知章注："倮，谓焚烧令荡然俱尽。"衍：沼泽。《淮南子·地形篇注》："下而污者为衍。"
③五谷：王念孙云："当作'五藏'。"译文从之。古本亦作"藏"，尹知章《注》："五谷之藏。"
④漂：孙星衍云："《续汉志注》作'飘'。"
⑤火暴：王念孙云："'火暴'当为'暴火'，与上文'大水'、'大风'对文。燋：与"焦"同。
⑥霆：尹知章注："霆，震。"震动。
⑦苴：宋翔凤云：通"菹"，草泽。《孟子·滕文公》下："驱龙蛇而放之菹"，赵歧注："菹，泽生草者也。"螣蟘：应为"螟螣（téng 腾）"，两种食苗的小虫。《诗·小雅·大田》："去其螟螣。"毛传："食心曰螟，食叶曰螣。"以上参照孙诒让说。
⑧螽：据孙诒让说，是"蚊"字的异体字之误。

【今译】

明智的君主有六务四禁。什么是六务呢？一是节约财用，二是任用贤臣,三是重视法度,四是坚决惩罚,五是不失天时,六是注重地利。什么是四禁呢?春季不杀戮攻伐,不迁移大的陵墓,不焚烧大草泽,不砍伐大树,不开垦大山,不放大火,不杀大臣,不征收粮税。夏季不堵塞溪水流入大的江河,不填塞大的山谷,不兴土木,不射杀飞鸟走兽。秋季不要赦免罪过,不要释放罪犯,不要缓刑。冬季不封爵赏禄,不妨碍五谷的贮藏。所以春季不行禁令百物就不能生长,夏季不行禁令五谷就不能成熟,秋季不行禁令奸邪就不能压制,冬季不行禁令地气就不能保藏。四禁都违反,就会阴阳不和,风雨失常,大水肆虐地方,大风摧屋拔树,暴火焚地焦草,天冬季响雷,地冬季震动,草木夏季落叶而秋季开花,蛰虫不藏在土中,该死的却活着,该蛰伏的却鸣叫起来,草泽中多螣蜈,山林中多虫子和坟子,六畜不育,百姓多夭亡,国家贫困法度混乱,一派叛逆的气象在下面生成。

【原文】

　　故曰:台榭相望者,亡国之庑也①;驰车充国者,追寇之马也②;羽剑珠饰者③,斩生之斧也;文采纂组者④,燔功之窑也⑤。明王知其然,故远而不近也。能去此取彼⑥,则人主道备矣。夫法者所以兴功惧暴也,律者所以定分止争也,令者所以令人知事也⑦。法律政令者,吏民规矩绳墨也。夫矩不正,不可以求方;绳不信⑧,不可以求直。法令者,君臣之所共立也;权势者,人主之所独守也。故人主失守则危,臣吏失守则乱。罪决于吏则治,权断于主则威,民信其法则亲。是故明王审法慎权,下上有分。夫凡私之所起,必生于主。夫上好本则端正之士在前⑨,上好利则毁誉之士在侧。上多喜善赏,不随其功,则士不为用;数出重法,而不克其罪⑩,则奸不为止。明王知其然,故见必然之政,立必胜之罚。故民知所必就,而知所必去,推则往,召则来,如坠重于高,如溃水于地⑪。故法不烦而吏不劳,民无犯禁,故有百姓无怨于上⑫。

【注释】

　　①庑:大屋旁的小屋,即廊屋。郭沫若案:"古者亡国之社必覆以屋,此'庑'字当即指社上之覆屋言。"

　　②尹知章注:"追,犹召也。言驰车所以召寇。"

　　③羽:箭。

④文采:借指华丽的衣服。《汉书·食货志上》:"衣必文采,食必粱肉。"纂组:丝织的佩带之物。纂,五彩的丝绦。组,丝织的阔带子。
⑤燔(fán烦):烧。
⑥彼:指法。
⑦知:主持,主管。
⑧信:通"伸"。尹知章注:"音申。"
⑨本:此指道德。尹知章注:"本谓道德之政。"
⑩克:李哲明云:"'克'盖'充'字之误。"形近而误,充,当也。
⑪渎(dú毒):沟渠。
⑫故有:郭沫若案:"'有'读为友,'故友'犹故旧。"

【今译】

　　所以说:亭台相望,只不过是亡国的廊屋;游车满京城,只不过是招引敌寇的骏马;装潢富丽的弓剑,只不过是杀身的兵器;豪华的穿戴,只不过是焚烧功业的窑子。明智的君主知道这种后果,所以远离而不接近。能舍弃此而选取法,君主之道就完备了。法是用来推动立功警戒行暴的,律是用来确定本分制止纷争的,令是用来命令人主管工作的。法律政令,是官吏百姓行为的规矩绳墨。矩不端正,是不能用来求作方形的;绳不伸展,是不能用来求作直线的。法令,是君臣共同建立的;权势,是君主独揽的。君主失掉权势就危险,臣吏不守法令就混乱。罪罚由臣吏裁决就能安定,大权由君主独揽就有威势,百姓相信法制就能亲近。所以明智的君主总是明确法制紧握大权,使上下各有职分。大凡私术的兴起,必定由君主开始。君主崇尚道德,行为端正的人士就在面前;君主崇尚利害,毁谤虚夸的人士就在左右。君主多次申明崇尚和奖励善行,却不是按功论赏,那么有用的人士就不肯效力;屡次出台苛刻的法令,又不是以罪论罪,那么奸行就不能禁止。明智君主懂得这个道理,所以颁布坚决执行的政令,设置坚决镇压的刑罚。百姓因此知道什么是必须去做的,什么是绝对不能去做的,挥手就去,招手就来,就像重物从高处坠落,就像在地上筑沟引水。所以法度不烦杂而官吏不劳累,百姓不犯禁令,故旧和百姓也不会怨恨君主。

【原文】

　　上亦法臣法①,断名决无诽誉。故君法则主位安,臣法则货赂止而民无奸。呜呼！美哉,名断言泽②！

【注释】

①上亦法臣法:何如璋云:"'上亦'二字乃'矣'字之讹,连上为句者。'法臣'为目,与下六臣一例。"即本节的开头应为:"法臣:法断名决,无毁誉。"
②言:指狱讼。泽:许维遹云:读为"释",判别的意思。

【今译】

法臣:依法断罪按刑名结案,百姓就没有毁谤或称誉。所以君主以法治国他的君位就安定,大臣守法就贿赂不行,百姓因而无奸邪。啊！好呀,按刑名断案,狱讼判明！

【原文】

饰臣①:克亲贵以为名,恬爵禄以为高②。好名则无实,为高则不御。《故记》曰③:"无实则无势,失辔则马焉制？"

【注释】

①饰臣:指徒有虚名的大臣。
②恬:恬淡,清静无作为。高:清高。
③《故记》:古代的书名。《吕氏春秋·至忠篇》高《注》:"故记,古书也。"

【今译】

饰臣:用克制亲属贵人来求虚名,用漠视爵位俸禄来求清高。喜好虚名就无实绩,故作清高就不服从管理。《故记》说:"大臣无实绩君主就失去权势,君主失掉驾驭能力大臣怎么还能受控制呢？"

【原文】

侵臣①:事小察以折法令,好佼反而行私请②。故私道行则法度侵,刑法繁则奸不禁,主严诛则失民心。

【注释】

①侵臣:侵害法度的大臣。尹知章注:"枉法行事谓之侵。"

②佼反:刘绩云:"疑作'交友'。"译文从刘说。请:通"情"。

【今译】

侵臣:办事从私下里着眼来歪曲法令,喜好交结友人来推行私情。所以私道推行国家的法度就受到损害,刑法繁杂奸行就不能禁止,君主严行诛杀就失掉民心。

【原文】

乱臣①:多造钟鼓,众饰妇女以惛上②,故上惛则隳不计③,而司声直禄④。是以谄臣贵而法臣贱,此之谓微孤⑤。

注释

①乱臣:陈奂云:"'乱臣'为六臣之一在下文。此'乱臣'当作'谄臣'。下文云'是以谄臣贵而法臣贱',是其明证。"谄臣,谄媚的大臣。
②惛(hūn 昏):糊涂。
③隳不计:从张佩纶说当作"四邻不计",照应上文七主中的芒(荒)主。
④直:许维遹云:与"徒"双声同义,《诗·中谷有蓷篇》郑《笺》"徒,空也"。
⑤微孤:许维遹案:"《说文》'微,隐行也'。'微孤'犹言隐使其君孤独。"

【今译】

谄臣:设置更多的钟鼓,妆饰更多的妇女来迷惑君主。君主迷惑就不再听左右大臣的意见,谏官也只空食俸禄不能起作用。因此谄臣受到重视而法臣被看轻,这就是暗中使君主孤立起来。

【原文】

愚臣:深罪厚罚以为行,重赋敛、多兑道以为上①,使身见憎而主受其谤。《故记》称之曰"愚忠谗贼",此之谓也。

注释

①多兑道:多聚财物的办法。兑,聚财。《荀子·议兵》杨《注》:"兑,犹聚也。"

【今译】

愚臣:加重罪名和刑罚以为是臣子的忠行,加重赋税、多积聚财物以为是效忠君主,致使自身被人憎恨君主也受到诽谤。《故记》上说"愚忠是谗贼",就是这个意思。

【原文】

奸臣:痛言人情以惊主,开罪党以为雠除①,雠则罪不辜②,罪不辜则与雠居。故善言可恶以自信③,而主失亲。

注释

①除:开路。《吕览》:"以为奸人除路",高注:"除,犹开通也。"
②雠则罪不辜:郭沫若校为"为雠除则罪不辜"。又云:"'雠'为同俦,非仇雠义。"
③信:通"伸"。

【今译】

奸臣:痛说人情来打动君主,妄开党锢之狱来为同党开路,为同党开路就加罪于无辜,加罪于无辜就与同党为奸。所以奸臣善于用言辞来加害于人而发展自己,而使君主失掉可亲信的人。

【原文】

乱臣①:自为辞功禄②,明为下请厚赏。居为非母③,动为善栋④。以非买名,以是伤上⑤,而众人不知,之谓微攻⑥。

注释

①乱臣:乱国之臣。
②为:通"伪"。
③居:私居,指背后。非母:非议朝政的头子。非,通"诽"。郭沫若云:"非议朝政之魁。"
④动:出动,与上句"居"相对,指在朝廷上。善栋:歌功颂德的骨干。"善"与上句"非"相对。
⑤是:肯定,附和。
⑥之:陈奂云:上脱"此"字,与上文"此之谓微孤"同一句例。译文从之。

【今译】

乱臣:自己虚假地推辞功禄,公开为下请求厚赏。私下里是非议朝政的头子,朝廷上是歌功颂德的骨干。用非议朝政来收买名声,用附和错误来损害君主,而众人没有觉察,这是暗中向君主攻击。

禁藏第五十三

【题解】

　　本篇是取篇首二字为题目。禁,是禁止的意思,这里是指君主的自我禁止、自我警惕。本篇以为"凡治乱之情,皆道上始",既然国家的安定动乱,都是从君主这里开始的,所以君主必须"先慎己"。以"禁"字开篇,并用为题,可见对此的强调。本篇论述君主在治国中需要特别警惕的问题归结起来有:(1)必须坚持"必诛而无赦,必赏而无迁",严格按法行事。(2)必须俭约,要克服人情的喜乐恶忧,宫室、食饭、衣服、礼仪、游娱、丧葬都要适可而止。(3)要善于利导,使民自富。为此强调要组织生产,按时令行政。(4)治国治民必须落到实处,要治理好地方的基层,保证百姓的衣食,保证百姓有耕作的土地。(5)要建霸王之业,必须使用离间、收买等策略来对付敌国。

【原文】

　　禁藏于胸胁之内,而祸避于万里之外;能以此制彼者①,唯能以己知人者也。夫冬日之不滥②,非爱冰也③;夏日之不炀④,非爱火也。为不适于身便于体也。夫明王不美宫室,非喜小也⑤;不听钟鼓,非恶乐也。为其伤于本事而妨于教也。故先慎于己而后彼,官亦慎内而后外,民亦务本而去末。

注释

　　①此:指"禁"。彼:指"祸"。
　　②滥:加冰的水。尹知章注:"滥,谓泛冰于水以求寒,所谓滥浆。"
　　③爱:吝惜。《孟子·梁惠王上》:"百姓皆以王为爱也,臣固知王之不忍也。"朱熹注:"爱,犹吝也。"
　　④炀(yáng 杨):烘干。引申为烤火。徐灏《说文解字注笺·火部》戴氏侗曰:"炀者,火旁烘物,以火气扬之也。"

⑤小:狭小,引申为简陋。

【今译】

警钟长鸣在自己的心中,祸害就可避开在万里之外;能依此来防止祸害的,一定是能做到将心比心的人。冬天不洗冰水,并不是吝惜冰;夏天不烤火,并不是吝惜火。而是因为不舒适也不利于身体。明智的君主不营造豪华的宫殿,并不是喜爱简陋;不听钟鼓之音,并不是厌恶音乐,而是因为这些会影响农业生产,妨碍开展教化。所以君主首先要严格地要求自己然后再要求他人,官吏也就会管好自己再去管理百姓,百姓也就会专务农业而放弃不正当的工商业活动。

【原文】

居民于其所乐,事之于其所利,赏之于其所善①,罚之于其所恶,信之于其所余财②,功之于其所无诛③。于下无诛者,必诛者也;有诛者,不必诛者也。以有刑至无刑者,其法易而民全;以无刑至有刑者,其刑烦而奸多;夫先易者后难,先难而后易,万物尽然。明王知其然,故必诛而不赦,必赏而不迁者,非喜予而乐其杀也,所以为人致利除害也。于以养老长弱④,完活万民,莫明焉⑤。

【注释】

①善:陶鸿庆云:"当为'喜'字之误。'喜'与'恶'对文。"译文从陶说。
②郭沫若案:"言民有余财,上不夺取以信之。"信之,使民相信。
③功:通"工",事。《诗·大雅·崧高》:"世执其功。"郑玄笺:"世世持其政事。"
④弱:古本等均作"幼"。译文依古本。
⑤尹知章注:"言养老活人,无明于必诛赏。"明,显明、清楚。

【今译】

让百姓居住在他们所喜欢的地方,让他们从事对自己有利的工作,奖赏百姓所喜爱的事情,惩罚百姓所憎恨的行为,使百姓相信他们积蓄的财物不会被剥夺,使百姓能从事不犯法的一切活动。对下不再用死刑,是坚持该杀的坚决杀掉的结果;今后如果还要用死刑,是没有坚持该杀的坚决杀掉所造成的后果。从用刑罚发展到不用刑罚，法制就简易而百姓能得到保全；从不用刑罚发展到不得不用刑罚，法制就越来越烦杂而犯法的人也就越来越多。先容易的后来变得困难，先困难的后来却变得容易了，万事都是这样的。明智的君主懂得这个道理，所以该杀的绝不赦免，该赏的决不改变，这并不是君主喜爱赏赐又乐于杀人，而是为百姓兴利除害。这在养老扶幼、保全万民中所起的作用，是显而易见的。

【原文】

夫不法法则治①。法者，天下之仪也②，所以决疑而明是非也，百姓所县命也③。故明王慎之，不为亲戚故贵易其法，吏不敢以长官威严危其命④，民不以珠玉重宝犯其禁⑤。故主上视法严于亲戚，吏之举令敬于师长，民之承教重于神宝⑥。故法立而不用，刑设而不行也。夫施功而不钧⑦，位虽高为用者少；赦罪而不一，德虽厚不誉者多；举事而不时⑧，力虽尽其功不成；刑赏不当，断斩虽多其暴不禁⑨。夫公之所加，罪虽重下无怨气；私之所加，赏虽多士不为欢。行法不道，众民不能顺；举错不当⑩，众民不能成。不攻不备⑪，当今为愚人⑫。

注释

①法法：郭沫若案："上'法'当读为废。"金文废、法同字，所以这里"法法"即"废法"。
②仪：仪表，准则。尹知章注："仪，谓表也。"
③县命：尹知章注："刑罚一差，人无所措手足，故曰县命。"县，通"悬"，牵挂。
④危：尹知章注："危，谓毁败。"
⑤民不以：张佩纶云："'民不以'当作'民不敢以'。"译文从张说。
⑥神宝：郭沫若云：即神保。代表祖先受祭的活人，这里借指祖先。
⑦钧：通"均"。均衡，引申为衡量。
⑧不时：不合时令。
⑨刑赏不当，断斩虽多：张佩纶云："当作'断刑而不当，斩虽多'。"译文从张说，与上句句型统一。
⑩错：通"措"。
⑪攻：通"工"，善于。《战国策·西周策》："是攻用兵。"
⑫今：张佩纶云：当为"令"字。译文从"令"。

【今译】

　　不废弃法制就能治理好国家。法制是天下的准则,是用来解决疑难明辨是非的,是与百姓的命运相关的。所以明智的君主谨慎地看待它,不为亲戚故旧权贵而改变法制,官吏也就不敢为了长辈官员而毁坏法令,百姓也就不敢为了珠玉重宝而冒犯禁令。可见君主看待法制的态度比对亲戚还严肃,官吏执行政令的态度比对师长还尊敬,百姓承受法制教化的态度比对祖宗还慎重。因此法制建立了,实际上却不需要使用;刑罚设置了,实际上却不需要施行。如果奖赏不讲标准,即使给予的官位很高,肯效力的人仍然很少;如果赦罪不是一样,恩德即使很大,不赞扬的人仍然很多;如果行法不合时令,力量即使用尽,事情仍然不会成功;如果判刑不恰当,杀人即使很多,暴乱仍然不能禁止。按公法论罪,判刑即使很重,下面也不会有怨气;按私意行赏,奖赏即使很多,士兵也不会欢喜。施行的法制不合理,民众就不会顺从;采取的措施不恰当,民众就不会有收获。不善于采取措施,法制又不完备,应当称他为愚蠢的人。

【原文】

　　故圣人之制事也,能节宫室、适车舆以实藏①,则国必富、位必尊。能适衣服、去玩好以奉本②,而用必赡、身必安矣。能移无益之事、无补之费,通币行礼,而党必多、交必亲矣。夫众人者③,多营于物而苦其力、劳其心④,故困而不赡,大者以失其国,小者以危其身。

注释

　　①适:节制。《吕览·重己篇》:"故圣人必先适欲。"高诱《注》:"适,犹节也。"
　　②本:本业。此指农业。
　　③众人:这里是指一般的君主。
　　④营:通"萱(yíng营)",惑乱。《淮南子·原道训》:"不足以营其精神,乱其志气。"

【今译】

　　圣明君主管理国事,能节制官廷、减少车马来充实储藏,这样国家就必定富裕,君主的地位就必定尊贵。能节省衣服,抛开玩耍物来重视农业,这样国家的财用必定富足,君主也必定安全。能不再继续没有好处的事业,不再支出没有实效的费用,用礼品来开展外交,这样盟国就必定多,交往就必定亲密了。一般君主,多迷惑于物质享受而精疲力尽,挖空心思,因此困顿不堪财用不足,严重的可能因此亡国,轻一些的可能因此危及自身。

【原文】

凡人之情,得所欲则乐,逢所恶则忧。此贵贱之所同有也。近之不能勿欲,远之不能勿忘,人情皆然。而好恶不同,各行所欲,而安危异焉,然后贤不肖之形见也。

【今译】

大凡人的常情,得到了喜欢的东西就快乐,碰到了讨厌的事情就忧愁。这是无论高贵的人或低贱的人共有的情绪。接近的就不能不喜欢,远离的就不能不遗忘,人情都是这样的。然而人的喜好厌恶不尽相同,人们各自追求喜好的,后果就有安危的区别,然后有才德的或没有才德的情形就显现出来了。

【原文】

夫物有多寡,而情不能等①;事有成败,而意不能同②;行有进退,而力不能两也③。故立身于中④,养有节:宫室足以避燥湿,食饮足以和血气,衣服足以适寒温,礼仪足以别贵贱,游虞足以发欢欣⑤,棺椁足以朽骨,衣衾足以朽肉,坟墓足以道记⑥。不作无补之功,不为无益之事,故意定而不营气情⑦。气情不营则耳目谷⑧、衣食足;耳目谷、衣食足,则侵争不生,怨怒无有,上下相亲,兵刃不用矣。故适身行义,俭约恭敬,其唯无福,祸亦不来矣;骄傲侈泰,离度绝理,其唯无祸,福亦不至矣。是故君子上观绝理者以自恐也⑨,下观不及者以自隐也⑩。故曰:誉不虚出,而患不独生,福不择家,祸不索人,此之谓也。能以所闻瞻察,则事必明矣。故凡治乱之情,皆道上始。

注释

①情:指人们的欲望。
②意:指人们的意愿、愿望。
③两:两全。
④中:适中。尹知章注:"谓多寡、成败、进退之中也。"
⑤虞:通"娱",快乐。
⑥道记:标记。
⑦意:意志。气情:指情绪、情意。
⑧谷:尹知章注:"谷,善也。谓聪明不亏。"
⑨"是故"句:尹知章注:"观绝理者致祸,故恐。"绝理,背叛常理;恐,惧。君子:疑为"君主"。
⑩隐:内省。尹知章注:"隐,度也。度己有不及之事,当效之也。"

【今译】

物品有多有少,同人的欲望常常不能相一致;事业有成功有失败,同人的意愿常常不能相同;行动有进有退,人的能力常常不能适应。所以要立足于适中,生活给养要有节制:官廷应以能避开燥热或潮湿为满足,饮食应以能调和血气为满足,衣服应以能适应冷热为满足,礼仪应以能分别尊贵和卑贱为满足,娱乐应以能欢快高兴为满足,棺椁应以能装殓尸骨为满足,葬服应以能裹包尸体为满足,坟墓应以能作标志为满足。不花于事无补的功夫,不做没有好处的事情,这样意志就能坚定,情绪就不会被迷乱。情绪不迷乱就能耳聪目明、衣食丰足;耳聪目明,衣食丰足,就不会发生争夺,相互不会有怨气和怒意,上下亲密,就用不着动武了。所以克制自己奉行适中,节俭谨慎,即使没有福分,灾祸却也不会临头;骄傲奢侈,背离法度,违反常理,即使没有灾祸,幸福却也不会来到。因此君主首先要看到违反常理者的下场并引以为戒,其次要看到没有坚持做到适中者的不良后果并进行自我检查。所以说,荣誉不会凭空出现,祸患不会偶然产生,幸福不选择人家,灾祸也不寻找某一个人,就是说这种情况。能对所闻所见加以考察,事情就必定清楚了。大凡国家安定动乱的情况,都是从君主那里开始的。

【原文】

故善者圈之以害①,牵之以利②,能利害者,财多而过寡矣③。夫凡人之情,见利莫能勿就,见害莫能勿避。其商人通贾,倍道兼行,夜以续日,千里而不远者,利在前也;渔人之入海,海深万仞④,就彼逆流⑤,乘危百里,宿夜不出者⑥,利在水也。故利之所在,虽千仞之山,无所不上;深源之下⑦,无所不入焉。故善者势利之在⑧,而民自美安,不推而往,不引而来,不烦不扰,而民自富,如鸟之覆卵,无形无声,而唯见其成。

注释

①圉(yǔ语):通"御",阻止。《庄子·缮性》:"其来不可圉。"陆德明释文:"圉,本又作'御'。"
②牵:牵引,引导。
③"能利"二句:尹知章注:"利害由已,则避害而取利。取利则财多,避害故过寡矣。"
④仞:古时七尺或八尺为仞。
⑤彼:古本作"波"。依古本。
⑥宿:同"夙",白天。
⑦深源:王念孙云:"'深源'当为'深渊'。"译文从之。
⑧势:张佩纶云:"势"当作"执"《礼记·乐记注》:"执犹处也。"译文从张说。

【今译】

善于治国的君主用有害来劝阻人们,用有利来诱导人们,能利用好利害关系的君主,就财富多而过失少了。大凡人的常情,看见利益没有不追求的,看见祸害没有不避开的。商人做生意,加速不息地赶路,夜以继日,千里迢迢却不以为远,是因为利益在前;渔人下海,海深万仞,随波逐流逆水而进,冒险航行到百里之远的深海,昼夜飘泊在波浪之中,是因为利益在海水之中。所以利益所在的地方,即使是千仞的高山之上,没有不能上去的;即使是万丈的深渊之下,没有不能下去的。所以善于治国的君主只要处于有财利的地方,百姓就自然去安居乐业,不必强迫就会前往,不必引导就会来到,不用烦扰,百姓自然就会富裕起来,就像鸟儿孵卵,没有形影没有声音,只见小鸟已经破壳生成了。

【原文】

夫为国之本,得天之时而为经①,得人之心而为纪②,法令为维纲③,吏为网罟④,什伍为行列⑤,赏诛为文武。缮农具当器械,耕农当攻战,推引铫耨以当剑戟⑥,被蓑以当铠襦⑦,菹笠以当盾橹⑧。故耕器具则战器备,农事习则功战巧矣⑨。

注释

①经:织物的纵线。尹知章注:"经,所以本之也。"喻指根本。
②纪:乱丝的头绪,喻指重要条件。
③维纲:网上的总纲绳,喻指纲领。
④网罟(gǔ古):网,捕鱼或捕鸟的工具,喻指统治工具。
⑤什伍:古代户籍或军队的编制。五家为伍,十家为什;五人为伍,二伍为什。这里指户籍编制。
⑥铫(yáo摇)耨:是两种除草的农具,这里借指农具。
⑦被:同"披"。铠襦:王绍兰云:"'襦'当作'襦'。"《说文》:"铠,甲也;襦,短衣也。"
⑧菹(zū租)笠(lì立):斗笠,草帽。菹,通"组",编织。橹(lǔ鲁):大的盾牌。
⑨功:通"攻"。

【今译】

治理国家的基本要求,得天时是首要的,得人心是关键,要把法令作为管理的纲领,把官吏作为统治的工具,把居民的编制当作军人的队列,把赏罚当作统治的手段。要把修缮好的农具当作军队的器械,把耕作的农民当作攻战的战士,把挥舞着的锄头当作刀枪,把蓑衣当作铠甲,把斗笠当作盾牌。这样农具齐全了,武器也就具备了;耕作的技能熟练了,军事的动作也就精巧了。

【原文】

当春三月,萩室熯造①,钻燧易火②,杼井易水③,所以去兹毒也④。举春祭,塞久祷⑤,以鱼为牲,以蘖为酒⑥,相召,所以属亲戚也⑦。毋杀畜生,毋拊卵⑧,毋伐木,毋夭英,毋拊竿⑨,所以息百长也⑩。赐鳏寡,振孤独⑪,贷无种,与无赋,所以劝弱民。发五正⑫,赦薄罪,出拘民,解仇雠,所以建时功施生谷也⑬。夏赏五德⑭,满爵禄,迁官位,礼孝弟⑮,复贤力⑯,所以劝功也。秋行五刑,诛大罪,所以禁淫邪止盗贼。冬收五藏,最万物⑰,所以内作民也⑱。四时事备,而民功百倍矣。故春仁夏忠秋急冬闭⑲,顺天之时,约地之宜⑳,忠人之和㉑。故风雨时,五谷实,草木美多,六畜蕃息,国富兵强,民材而令行㉒,内无烦扰之政,外无强敌之患也。

注释

①萩(qiū 秋)室:焚萩熏烤房间。萩,一种蒿类植物。爇:古代的"然"字,燃烧。造:古通"灶"。

②钻燧易火:用燧石钻木取火,因四季不同而所用木材也不同,称为"钻燧易火",《论语·阳货》称为"钻燧改火"。

③杼井:即淘井。丁士涵云:杼,当为"抒",《说文》:"抒,挹也。"舀水。

④兹:通"滋",滋生。

⑤塞:许维遹云:通"赛"。赛,祭祀酬神之称。久:张佩纶云:"疚"之省。《尔雅·释诂》:"疚,病也。"

⑥蘖(niè 聂):酒曲,酿酒用的发酵剂。

⑦属(zhǔ 主):集合。

⑧拊(fǔ 府):击,拍。尹知章注:"拊,谓击、剥之也。"

⑨竿:竹笋。尹知章注:"竿,笋之初生也。"

⑩息:滋息,生长。百:指百物。

⑪振:通"赈",赈济。

⑫五正:泛指各种政令,可参阅本书《四时第四十》。正,通"政"。

⑬"所以"句:尹知章注:"谓及时立农功,施力为生谷。"时功,即农功,即农时之功。

⑭五德:泛指各种德行。

⑮弟:通"悌(tì 替)",敬重兄长。

⑯复:免除徭役。《史记·商君传》:"僇力本业,耕织致粟帛多者复其身。"

⑰丁士涵云:"最"当作"冣"。译文从之。《说文·冂部》:"冣,积也。""冣"与"聚"音、义皆同。

⑱内:通"纳",接纳。作民:耕作的人,指农民。

⑲"故春"句:尹知章注:"生者仁也,长者忠也,收当急也,藏当闭也"。

⑳约:王念孙云:应为"得",得、约草书相似而讹。

㉑忠:通"中"。适应,符合。尹知章注:"忠,犹称也。"

㉒材:通"财",意为"富"。

【今译】

　　在春季的三月,要熏房烧灶,更换燧木,淘井换水,做这些是为了排除滋生的毒物。举行春天的祭祀,酬谢神灵保佑不生病,用鱼作为祭品,用曲做成新酒,人们相互召唤,这些是为了亲戚团聚。不要宰杀牲口,不要剥食鸟卵,不要砍伐树木,不要攀折花枝,不要摧残新竹,这些是为了使百物能繁殖生长。资助不幸丧偶的男女,赈济没有依靠的老少,借贷给没有种子的穷人,帮助无力完成赋税的困难户,这些是为了勉励贫困的百姓。颁发春天的政令,赦免轻罪,释放被扣留的百姓,调解民间的纠纷,这些是为了完成春天的农事工作,发展粮食生产。夏季实施各种赏赐的恩德,增加官俸,调升官职,表彰孝悌突出的人,免除劳动好的人的赋税和徭役,这些是为了勉励人们的功绩。秋季执行各种刑罚,杀掉罪大恶极的人,这是为了禁止邪恶,防止盗贼。冬季贮藏五谷,收聚百货,这是为了接纳远方新来的农民。一年四季的政事完备,百姓劳作的功效就可达到百倍了。因此春天要让万物萌生,夏天要让万物生长,秋天赶快收获,冬天要贮藏封闭,要顺着天时,依着地利,靠着人和。这样就能风调雨顺,五谷丰登,草木繁茂,六畜兴旺,国富兵强,百姓富裕而政令通行,国内没有烦扰百姓的政务,国外没有强敌威胁的祸患。

【原文】

　　夫动静顺然后和也,不失其时然后富,不失其法然后治。故国不虚富,民不虚治。不治而昌,不乱而亡者,自古至今未尝有也。故国多私勇者其兵弱①,吏多私智者其法乱②,民多私利者其国贫③。故德莫若博厚,使民死之④;赏罚莫若必成⑤,使民信之。

注释

①"故国"句:尹知章注:"私勇则怯于公战,故弱。"私勇,勇于私斗。
②"吏多"句:尹知章注:"私智则营己而背公,故多乱。"私智,谋私。
③"民多"句:尹知章注:"私利则积于家,故国贫。"私利,自私自利。
④"故德"二句:尹知章注:"博厚则感人深,故死之也。"死之,为国效死。
⑤必成:王念孙云:"'必成'本作'成必','成'即'诚'字也。"必,一定、必定。

【今译】

　　举措得当国家就能团结,不失农时国家就能富裕,不废弃法度国家就能安定。所以国家不能凭空富裕,百姓不能凭空治理。国家未经治理而昌盛起来,未经动乱而灭亡的,从古到今不曾有过。一个国家里,勇于私斗的人多,它的兵力就会脆弱;官吏中谋私的人多,它的法度就会混乱;百姓中自私自利的人多,国家就会贫困。因此奖励不如重大,使人肯效死力;赏罚不如兑现坚决,使人必信无疑。

【原文】

　　夫善牧民者,非以城郭也,辅之以什,司之以伍。伍无非其人,人无非其里,里无非其家。故奔亡者无所匿,迁徙者无所容,不求而约,不召而来。故民无流亡之意,吏无备追之忧。故主政可往于民,民心可系于主①。夫法之制民也,犹陶之于埴②,冶之于金也。故审利害之所在,民之去就,如火之于燥湿,水之于高下。夫民之所生,衣与食也;食之所生,水与土也。所以富民有要,食民有率,率三十亩而足于卒岁。岁兼美恶,亩取一石,则人有三十石;果蓏素食当十石③,糠秕六畜当十石④,则人有五十石;布帛麻丝,旁入奇利⑤,未在其中也。故国有余藏,民有余食。夫叙钧者所以多寡也⑥,权衡者所以视重轻也,户籍田结者所以知贫富之不訾也⑦。故善者必先知其田,乃知其人,田备然后民可足也。

> [!注释]

①系(jì 记):用绳、带绑扎。此处引申为归附。
②埴(zhí 直):黏土。
③蓏(luǒ 裸):瓜类。素:同"蔬"。
④秕(bǐ 彼):没有结实的谷,秕谷。
⑤旁入奇利:指其他的额外收入。尹知章注:"奇,余也。"
⑥叙:一作"錣(zhuì 缀)",计量之物。钧:疑为"钩",也是一种计量之物。多寡:疑为"定多寡",与下文"视轻重"句型一样。
⑦田结:田地的证明文书。丁士涵云:"'结'者约也。"约,契约。不訾(zī 仔):不可计量。《史记·货殖列传》:"其先得丹穴,而擅其利数世,家亦不訾。"

【今译】

　　善于管理百姓的君主,不是依靠内外的城墙,而是依靠居民的基层组织什来帮助,伍来管理。伍中没有不是本伍的人,人没有不在本里的,里中没有不是本里的人家。因此逃亡的人就无处可以藏匿,迁移的人无处可以容身,没有强求人们已受到约束,没有召唤人们也会来。这样百姓没有外流逃亡的意图,官吏也没有防备追捕的忧患。所以君主的政令可以通行到民间,民心也就归附于君主了。用法制管理百姓,就像陶工对付粘土、冶工对付金属那样得心应手。要看清楚利害的关键,因为百姓去害就利,就像火的去湿就燥、水的去高就下那样。百姓生活的条件,是穿与吃;食物生成的条件,是水与土地。为使百姓富裕是有要领的,为使百姓有食物是有标准的,标准规定每人三十亩土地就足够吃一年,年成按好坏平均计算,一亩收粮一石,一人就有三十石;瓜果蔬菜相当于十石粮,米糠秕谷和畜产品也相当于十石粮,那么每人共有粮五十石;布帛麻丝,以及其他的额外收入,还没有计算在内。这样国家就可有贮藏,百姓就可有余粮。锱钩是用来定多少的,权衡是用来称轻重的,户口簿和土地证是用来了解贫富的悬殊的。所以善于治理国家的君主必须首先了解百姓占有土地的情况,才能了解百姓,百姓的土地达到了国家的标准量,然后才可能富足。

【原文】

　　凡有天下者,以情伐者帝①,以事伐者王②,以政伐者霸③。而谋有功者五④:一曰,视其所爱⑤,以分其威,一人两心,其内必衰也,臣不用,其国可危。二曰,视其阴所憎⑥,厚其货赂,得情可深,身内情外,其国可知。三曰,听其淫乐,以广其心,遗以竽瑟美人⑦,以塞其内;遗以谄臣文马,以蔽其外。外内蔽塞,可以成败。四曰,必深亲之,如典之同生⑧,阴内辩士⑨,使图其计;内勇士,使高其气;内人他国,使倍其约⑩,绝其使,拂其意,是必士斗⑪。两国相敌,必承其弊。五曰,深察其谋,谨其忠臣,撲其所使⑫,令内不信,使有离意。离气不能令⑬,必内自贼⑭。忠臣已死,故政可夺。此五者,谋功之道也。

【注释】

①"以情"句:尹知章注:"谓深知敌之内情而伐者帝。"
②"以事"句:尹知章注:"见其于事有失而伐者王。"
③"以政"句:尹知章注:"见其政有失而伐者霸。"
④"而谋"句:丁士涵云:"下文云'此五者,谋功之道也',当作'而谋功者有

五'。"译文从之。功,通"攻"。

⑤视:猪饲彦博云:"当作'亲'。"译文从"亲"。

⑥猪饲彦博云:"'阴'字当移'厚其'上。"译文从之。即应为:"视其所憎,阴厚其货赂。"

⑦遗(wèi 味):赠送。

⑧典:朱长春云:"疑'与'字之误。"译文从"与"字。

⑨内:通"纳"。下文同。

⑩倍:通"背",违背。

⑪士斗:应为"互斗"。郭沫若云:"士殆互之讹。"

⑫揆:猪饲彦博云:"当作睽。"睽,违背,不合;引申为分离、离间。

⑬离气不能令:王念孙云:"离气本作'离意'。"姚永概云:"令字涉上而误,当是'合'字。"译文从之。

⑭贼:杀害。《周礼·夏官·大司马》:"贼贤害民则伐之。"

【今译】

大凡据有天下的君主,了解敌国内情而去攻伐的可以称帝,看到敌国在国事上有过失而去攻伐的可以称王,看到敌国在政治上有过失而去攻伐的可以称霸。攻伐敌国的计谋有五种:第一,亲近敌国君主的爱臣,又设法削减他在国内的权势,使他怀有二心,君臣的亲密关系必然衰退,近臣不效力,国家就危险了。第二,了解敌国君主憎恶的大臣,私下用重金贿赂他,就可详细了解敌国的情况;有人里通外国,敌国的情况就可了解了。第三,听到敌国君主喜爱淫乐,就增强他的兴趣,送给他乐队美女,使他在宫内受到蒙蔽;送给他谄臣美马,使他在宫外受到蒙蔽。内外都被蒙蔽,可以促成他失败。第四,竭力与敌国君主表示亲密,如同兄弟一样,暗中让他接纳派去的辩士,为他出谋画策;暗中派勇士投奔他,使他神气十足,又暗中派人进入别国,使别国背叛盟约,断绝使者,违背他的意愿,这样他们必然争斗起来。两国开战,就必定能趁着他们两败俱伤时战胜他。第五,深入了解敌国君主的计谋,谨慎地尊重他的忠臣,离间他们的君臣关系,使他们在内部互不信任,离心离德。离心离德就不能意见相合,就必定内部自相残杀。忠臣被杀,因此政权可夺了。这五者,便是攻伐敌国的计谋。

入国第五十四

【题解】

入国,尹知章注:"谓始有国,入而行化。"意为管仲任国相为政以后奉行的教化,是取篇首二字为题。本篇记述管仲为齐相后四十天内为民所做的善事,即所谓行"九惠之教":老老、慈幼、恤孤、养疾、合独、问疾、通穷、振困、接绝。从这些为政措施看,管仲治国极重视安定社会的工作。文章重在说明九惠的内容。

【原文】

入国四旬,五行九惠之教①。一曰老老②,二曰慈幼,三曰恤孤,四曰养疾③,五曰合独,六曰问疾④,七曰通穷,八曰振困⑤,九曰接绝。

注释

①五行:在四十天之内五次施行,犹言极度重视。教:教化之令,有关教化的政策。

②老老:敬老,养老。《荀子·修身》:"老老,而壮者归焉。"杨倞注:"老老,谓以老为老而尊敬之也。"

③疾:这里指残疾。

④疾:王引之云:应为"病",据下文"此之谓问病"可知。下文第六个"所谓问疾者"同理为"问病"。

⑤振:通"赈",救济。

【今译】

管仲出任国相四十天,就十分重视施行九惠的教化政策。第一种叫做敬老,第二种叫做慈幼,第三种叫做恤孤,第四种叫做养残,第五种叫做合独,第六种叫做问病,第七种叫做通穷,第八种叫做赈困,第九种叫做接绝。

【原文】

所谓老老者,凡国、都皆有掌老①,年七十已上,一子无征②,三月有馈肉③；八十已上，二子无征，月有馈肉；九十已以上，尽家无征，日有酒肉。死，上共棺椁④。劝子弟：精膳食，问所欲，求所嗜⑤。此之谓老老。

注释

①掌老：尹知章注："掌老之官。"掌管敬老的官吏。依此，下文"掌幼"、"掌孤"等等均为掌管有关事务的官吏。
②无征：尹知章注："不预国之征役。"
③馈肉：尹知章注："谓官馈之肉。"
④共：通"供"。椁：古时棺材外面的套棺。
⑤"问所"二句：尹知章注："问老者何所欲，求访其所以嗜欲而供也。"

【今译】

所谓敬老，就是在城地、京都都设有掌管敬老的官吏，凡年龄在七十以上的，可以有一个儿子免除征役，每三个月官府有馈肉；八十以上的，可以有两个儿子免除征役，每月官府有馈肉；九十以上的，全家免除征役，每日酒肉供给。老人死了，官府供给棺椁。劝告他们的晚辈：要细作饮食，询问老人的需要，满足他们的嗜好。这些叫做敬老。

【原文】

所谓慈幼者，凡国、都皆有掌幼，士民有子，子有幼弱不胜养为累者①，有三幼者无妇征②，四幼者尽家无征，五幼又予之葆③，受二人之食，能事而后止。此之谓慈幼。

注释

①不胜养为累：尹知章注："胜，堪也。谓不堪自养故为累。"
②妇征：国家向妇女征收布帛。《周礼·闾师》："任嫔以女事，贡布帛。"孙诒让《正义》云："此嫔妇布帛之贡，为民家女口之力征，即《管子·入国篇》所谓妇征，亦即《孟子》所谓'布缕之征'也。"
③葆：保姆。尹知章注："葆，今之教母。"

【今译】

所谓慈幼，就是在城地、京都都设有掌管慈幼的官吏，凡士民有子女,子女又幼弱不堪养育而成为拖累的,有三个幼儿的免征女贡,四个幼儿的全家免除征役,五个幼儿的给予保姆,官府供给两个人的粮食,直到幼儿长大能从事劳动为止。这些叫做慈幼。

【原文】

　　所谓恤孤者,凡国、都皆有掌孤,士人死①,子孤幼,无父母所养,不能自生者,属之其乡党知识故人②,养一孤者一子无征,养二孤者二子无征,养三孤者尽家无征。掌孤数行问之,必知其食饮饥寒身之腨胜而哀怜之③。此之谓恤孤。

【注释】

　　①士人:丁士涵云:应为"士民",上下文均为"士民"。
　　②知识:许维遹案:"'知识',犹朋友也。"
　　③腨:同"膇",瘦。胜:王念孙云:"读如减省之省,'胜'亦瘦也。"

【今译】

　　所谓恤孤,就是在城地、京都都设有掌管恤孤的官吏,凡士民死后,孤儿幼小,没有父母养育,不能独自生活的,就归属同乡熟人或老朋友抚养。抚养一个孤儿的可以有一个儿子免除征役,抚养二个孤儿的可以有二个儿子免除征役,抚养三个孤儿的全家人免除征役。掌管恤孤的官吏要经常去询问孤儿的情况,必须了解孤儿的饮食饥寒和身体的瘦弱情况并同情怜惜他们。这叫做恤孤。

【原文】

　　所谓养疾者,凡国、都皆有掌养疾,聋、盲、喑哑、跛躄、偏枯、握递①,不耐自生者②,上收而养之疾官③,而衣食之,殊身而后止④。此之谓养疾。

【注释】

　　①喑(yīn 阴)哑:哑巴。偏枯:病名,即半身不遂,或叫中风。握递:尹知章注:"谓两手相拱著而不申者,谓之握递。"可见是一种手疾。
　　②耐:能。《礼记·礼运篇》:"故圣人耐以天下为一家。"郑《注》:"耐,古

能字。"

③疾官:似指官府设置的收养残疾人的馆舍。俞樾云:官,古"馆"字。

④殊:王念孙云:"《说文》'殊,死也',犹言殁身而后止也。"

【今译】

所谓养疾,就是在城地、京都都设有掌管养疾的官吏,聋子、盲人、哑巴、瘸腿的、半身不遂的、两手相拱而不能活动的,凡不能自理生活的人,官府把他们收养在残疾人的馆所里,供给衣食,直到身死为止。这叫做养疾。

【原文】

所谓合独者,凡国、都皆有掌媒,丈夫无妻曰鳏,妇人无夫曰寡,取鳏寡而合和之,予田宅而家室之,三年然后事之①。此之谓合独。

注释

①事:尹知章注:"事,谓供国之职役也。"

【今译】

所谓合独,就是在城地、京都都设有掌管做媒的官吏,男人没有妻子的叫做鳏,妇女没有丈夫的叫做寡,把鳏寡结合起来组成和睦的夫妻,授予田宅而成新的家庭,三年以后才让他们向国家服征役。这叫做合独。

【原文】

所谓问疾者,凡国、都皆有掌病,士人有病者,掌病以上令问之,九十以上,日一问;八十以上,二日一问;七十以上,三日一问;众庶五日一问。疾甚者,以告上,身问之。掌病行于国中,以问病为事。此之谓问病。

【今译】

所谓问病,就是在城地、京都都设有掌管慰问病人的官吏,士民有病的,掌管慰问病人的官吏按君主的规定慰问他们,九十岁以上的,每天慰问一次；八十岁以上的，每二天慰问一次；七十岁以上的，每三天慰问一次；一般百姓，每五天慰问一次。病很重的，向上报告，君主亲自慰问。掌管慰问病人的官吏巡行在国中，专门以慰问病人为职事。这叫做问病。

【原文】

所谓通穷者，凡国、都皆有通穷，若有穷夫妇无居处，穷宾客绝粮食，居其乡党以闻者有赏，不以闻者有罚。此之谓通穷。

【今译】

所谓通穷，就是在城地、京都都设有掌管通报穷困的官吏，如果有穷困的夫妇没有居住的地方，穷困的宾客断绝了粮食，他们所在的地方向官吏报告的有赏，不向官吏报告的要罚。这叫做通穷。

【原文】

所谓振困者，岁凶，庸人訾厉[1]，多死丧，弛刑罚，赦有罪，散仓粟以食之。此之谓振困。

注释

[1] 庸人：佣人。庸，通"佣"。訾（zǐ子）厉，疾病。尹知章注："訾，疾也；厉，病也。"

【今译】

所谓赈困，就是在灾荒年，佣工常生病，多死亡，因此要放松刑罚，赦免罪人，散发仓库里的粮食给他们吃。这叫做赈困。

【原文】

所谓接绝者，士民死上事、死战事，使其知识、故人受资于上而祠之[1]。此之谓接绝也。

注释

[1] 资：钱财。祠：祭祀。

【今译】

所谓接绝,就是士民因国事而死,或因战事而死的,要使他们的朋友、熟人能从国家那里领受到钱财及时地祭祀他们。这叫做接绝。

九守第五十五

【题解】

九守,即九项守则。本篇论述君主治国需要坚持的九项守则,即:主位、主明、主听、主赏、主问、主因、主周、主参和督名。督名,依《鬼谷子》作"主名",所以"九守"也就是文中的"九主"。主、守意思相近。它的内容分别涉及到君的居位、明察事物、听政、刑赏、因势利导、保密、洞察奸邪和督察名实。本篇采用分节加标题的形式来论述。

【原文】

安徐而静①,柔节先定②,虚心平意以待须③。右主位④。

注释

①安徐而静:尹知章注:"人君居位,当安徐而又静默。"安,安定。徐,缓,此处意为沉着。
②柔:和柔。节:节制,克制。
③"虚心"句:尹知章注:"虚其心,平其意,以待臣之谏说。须,亦待也。"
④右:古书直行自右至左编排,称前文为右;现横行编排,应称为"以上"。主位:尹知章注:"人主居位,当如此。"

【今译】

安定沉着而又静默,温和克制的神态已先稳定,用虚心平气的态度来等待臣下的谏说。

以上主位。

【原文】

目贵明,耳贵聪,心贵智。以天下之目视则无不见也,以天下之耳听则无不闻也,以天下之心虑则无不知也。辐凑并进①,则明不塞矣②。

右主明。

【注释】

①辐凑:车辐凑集于毂上,比喻人或物集于一个中心。
②"则明"句:尹知章注:"言圣人不自用其聪明思虑,而任之天下。故明者为之视,聪者为之听,智者为之谋。辐凑并进,不亦宜乎?故曰明不可塞。"塞,堵塞,蒙蔽。

【今译】

眼要看得清楚,耳要听得明白,心要智商高。使用天下人所有的眼睛来看就没有看不见的东西,使用天下人所有的耳朵来听就没有听不到的事情,使用天下人所有的心来思虑就没有理解不了的问题。集中天下人的智能去共同谋事,聪明就不会被蒙蔽了。

以上主明。

【原文】

听之术曰:勿望而距①,勿望而许②。许之则失守,距之则闭塞。高山,仰之不可极也;深渊,度之不可测也。神明之德,正静其极也。

右主听。

【注释】

①距:通"拒"。拒绝,否定。猪饲彦博云:"《六韬》:'文王曰:主听如何?太公曰:勿妄而许,勿逆而拒。'以下与此同。"
②许:赞许,肯定。

【今译】

听闻的方法是:不要一听到就轻易拒绝,不要一听到就轻易许可。轻易许可就会失去原则,轻易拒绝就会造成闭塞。要像高山那样,仰望它不能看到顶;要像深渊那样,测量它不能量到底。要像神明的德性那样,端正虚静是他的准则。

以上主听。

【原文】

用赏者贵诚,用刑者贵必①。刑赏信必于耳目之所见,则其所不见,莫不暗化矣。诚,畅乎天地,通于神明,见奸伪也②?

右主赏。

【注释】

①必:坚决,坚定。
②见:是"兄"之误字;兄,通"况"。俞樾云:"乃'兄'字之误,《管子》书每以'兄'为'况'字。"

【今译】

使用赏赐贵在信实,使用刑罚贵在坚决。刑赏的信实坚决是在人们的耳目所能看到听到的,而它看不到的作用,在于没有人不被它潜移默化的。信实,能畅行在天地之间,通达到神明的境界,更何况对奸邪的人们呢?

以上主赏。

【原文】

一曰天之,二曰地之,三曰人之①。四曰上下左右前后②,荧惑其处安在③?

右主问。

【注释】

①"一曰"三句:尹知章注:"言三才(即天地人)之道幽邃深远,必问于贤者而后行之。"
②"四曰"句:王念孙云:本句应为"四方上下,左右前后"。"'四方上下,承天地而言,'左右前后'承人而言。"译文从王说。
③荧惑其处:王念孙云:"'其处'作'之处',于义为长。""'荧惑',犹眩惑也。"谓不明天地之道。

【今译】

一是天道,二是地道,三是人道。四方上下,左右前后,不清楚的地方在哪里?

以上主问。

【原文】

心不为九窍①,九窍治;君不为五官②,五官治。为善者,君予之赏;为非者,君子之罚。君因其所以来③,因而予之,则不劳矣。圣人因之,故能掌之。因之修理④,故能长久。

右主因。

注释

①九窍:指眼、耳、鼻、口等人体器官的九个孔穴。

②五官:古时重要的五种官职的合称。《礼记·曲礼》:"天子之五官,曰司徒、司马、司空、司士、司寇,典司五众。"

③因:依据,随顺。

④修:王念孙云:"'修'当为'循'。"译文从"循"。

【今译】

心不代替九窍的功能,九窍就安定;君主不代替五官的职事,五官就安定。做得好的,君主就给予赏赐;做得坏的,君主就给予刑罚。君主依据他们的功过,因而给予赏罚,就不烦劳了。圣人因势利导,所以能掌管国家。因势利导能符合事理,所以能长久。

以上主因。

【原文】

人主不可不周①,人主不周则群臣下乱②。寂乎其无端也,外内不通,安知所怨?关闭不开③,善否无原。

右主周。

注释

①周:周密,此指保密。本书《枢言》:"周者,不出于口,不见于色。"

②尹知章注:"不周则泄其机事,故臣下交争而乱也。"
③关闲:王引之云:"当为'关闭'。"形相似而误。

【今译】
　　君主不可不保密,君主不保密,群臣就在下面发生混乱。秘密地不见因由,内外不通,怎么会有怨恨呢?紧闭着嘴巴不开口,好坏的说法就无发源地。
　　以上主周。

【原文】
　　一曰长目,二曰飞耳①,三曰树明②。明知千里之外,隐微之中,曰动奸③,奸动则变更矣④。
　　右主参。

注释
①长目、飞耳:猪饲彦博云:"'长目'谓视远,'飞耳'谓听远。
②树明:确保明察。树,树立。
③曰动:郭沫若云:"曰,爰也。"爰,于是。又云:"'动'假为'洞'。"洞,洞察。
④更:郭沫若云:读为"梗",梗塞。此处喻指动乱。

【今译】
　　一是能看得远,二是能听得远,三是能做到明察。能清楚地了解千里之外,明察隐微之中的情况,便能洞察奸邪。奸邪能洞察到,动乱就能被制止了。
　　以上主参。

【原文】
　　修名而督实①,按实而定名。名实相生,反相为情②。名实当则治,不当则乱。名生于实,实生于德,德生于理,理生于智,智生于当。
　　右督名。

【注释】

①修：王念孙云："当为'循'。"译文从"循"。
②反：通"返"。

【今译】

　　根据名称来考察实际，按照实际来确定名称。名称和实际相互促进，反过来又相互作为根据。名实相称就安定，不相称就混乱。名称产生于实际，实际产生于道德，道德产生于理念，理念产生于智慧，智慧产生于名实相称。

　　以上督名。

桓公问第五十六

【题解】

　　桓公问，是桓公问管仲。这是一篇对话体的论文。本篇首句是"齐桓公问管子曰"，有注家以为本书桓公与管仲对话的篇章，均称"桓公"，因而疑此处的"齐"字为衍文。据此，本篇的题目是取篇首句的三字为题名。本篇论述君主纳谏的作用，并列举历代圣主的纳谏机构及其制度，要求桓公继承这一传统，并为此提出了纳谏机构的具体名称、管理办法，以及负责此项工作的人选。

【原文】

　　齐桓公问管子曰："吾念有而勿失，得而勿忘①，为之有道乎？"对曰："勿创勿作，时至而随。毋以私好恶害公正，察民所恶，以自为戒。黄帝立明台之议者②，上观于贤也；尧有衢室之问者，下听于人也；舜有告善之旌③，而主不蔽也；禹立谏鼓于朝④，而备讯唉⑤；汤有总街之庭⑥，以观人诽也；武王有灵台之复⑦，而贤者进也。此古圣帝明王所以有而勿失，得而勿忘者也。"桓公曰："吾欲效而为之，其名云何？"对曰："名曰啧室之议⑧。曰法简而易行，刑审而不犯，事约而易从⑨，求寡而易足⑩，人有非上之所过，谓之正士⑪，内于啧室之议⑫。有司执事者咸以厥事奉职，而不忘为⑬。此啧室之事也，请以东郭牙为之⑭，此人能以正事争于君前者也⑮。"桓公曰："善。"

注释

①忘：据下文，应为"亡"。

②明台：亦作"明堂"，与下"衢室"，都是古代帝王听政、宣教、征求意见的地方。《三国志·魏文帝纪》："轩辕有明台之议，放勋有衢室之问，皆所以广询于下也。"

③告善之旌：设旌旗以奖励人臣的建议。《史记·孝文本纪》：古之治天下者，朝有进善之旌、徘谤之木，所以通治道而来谏者。应劭曰："旌，幡也。尧设之五达之道，令民进善也。"如淳曰："欲有进善者，立于旌下言之。"

④谏鼓：进谏时所击之鼓。《淮南子·氾论训》："禹之时……为号曰：教寡人以道者击鼓。"

⑤唉：郭沫若云：是"也"字之误。译文从之。

⑥总街之庭：在街巷的中心设庭，以便听取意见。

⑦灵台：《孟子·梁惠王上》："文王以民力为台为沼，而民欢乐之，谓其台曰灵台，谓其沼曰灵沼。"灵台本为游乐，此谓武王时，用来纳谏。复：进言。尹知章注："复，白也。"

⑧啧(zé 则)室之议：尹知章注："谓议论者言语欢啧。"啧，争论。

⑨约：简约，简要。

⑩求：征求，此指征税。

⑪正士：犹谏士。正，通"证"。《说文》："征，谏也。"

⑫内：通"纳"。

⑬为：古本作"焉"。当依古本。

⑭东郭牙：齐国大夫。本书《小匡》管仲云："犯君颜色，进谏必忠，不辟死亡，不挠富贵，臣不如东郭牙，请立以为大谏之官。"

⑮正：通"政"。

【今译】

桓公问管仲说："我想据有天下而不失去，得到天下而不亡国，为了实现这个理想，有办法吗？"管仲回答说："不要创新不要起头，时机到了就要跟着行动。不要以私人的好恶而损害公正，看到百姓痛恨的事情，就要用来作为自己的警戒。黄帝建立明台的议政制度，是为了在上面观察贤臣的意见；尧设有衢室的咨询制度，是为了在下面听取百姓的意见；舜设有在旌旗下进谏的制度，是为了君主不受蒙蔽；禹在朝廷上设立谏鼓,是为了准备咨询;汤设有总街之庭,是为了明查百姓非议的情况;武王设有灵台的报告制度,是为了让贤者得到进用。这就是古代圣明帝王用来据有天下而不失去,得到天下而不亡国的办法。"桓公说:"我想仿效他们也这样做,它的名称应该叫什么?"管仲回答说:"名称可叫啧室的议政制度。就是说,法度要简单而易行,刑罚要让百姓明白而不去触犯,政事要简单而容易听从,赋税要少而百姓容易完成,人们能批评君主的过失的,就称之为谏士,他的意见就纳入啧室来讨论。啧室的官吏和办事的人员都要把这些事作为职责,而不得遗忘。这项有关啧室的事,请令东郭牙去主管,此人能以政事在君主面前尽力争议。"桓公说:"好"。

度地第五十七

【题解】

度地,即"度地形",勘察地形。本篇也是桓公与管仲的问答体论文,桓公首问"度地形而为国者",故取"度地"为篇名。全篇桓公凡六问管仲作六答而形成六个段落:(1)要勘察地形建设京城;(2)水是五害之最;(3)如何防止水害?(4)春季是筑堤防的最好时节;(5)如何防止其他灾害?(6)如何常年治水?可见本篇是以论述治水为中心内容而兼及其他的。本篇对水害的严重性有足够的认识,认为它直接影响到百姓的生活和国家的安定。并对治水提出了一整套的规划与措施,认为要设置专职的官吏,有专门的人力、物力,要根据季节的特点来治水,要常年护堤,等等。此文是我国古代治水的经验总结,是一篇治水专论。

【原文】

昔者,桓公问管仲曰:"寡人请问度地形而为国者①,其何如而可?"管仲对曰:"夷吾之所闻,能为霸王者,盖天子圣人也②。故圣人之处国者③,必于不倾之地,而择地形之肥饶者,乡山④,左右经水若泽⑤,内为落渠之写⑥,因大川而注焉⑦。乃以其天材、地之所生,利养其人,以育六畜。天下之人,皆归其德而惠其义,乃别制断之⑧,州者谓之术⑨,不满术者谓之里。故百家为里,里十为术,术十为州,州十为都,都十为霸国。不如霸国者,国也⑩。以奉天子⑪,天子有万诸侯也,其中有公侯伯子男焉。天子中而处,此谓因天之固⑫,归地之利。内为之城,城外为之郭,郭外为之土阆⑬,地高则沟之,下则堤之,命之曰金城。树以荆棘,上相穑著者⑭,所以为固也。岁修增而毋已,时修增而毋已,福及孙子,此谓人命万世无穷之利,人君之葆守也⑮。臣服之以尽忠于君,君体有之以临天下,故能为天下之民先也。此宰之任,则臣之义也。故善为国者,必先除其五害,人乃终身无患害而孝慈焉。"

注释

①国:此指京都。

②子:吴志忠云:"'子'乃'下'字误。"译文从"下"。

③处:决定。《国语·晋语》:"蚤处之。"注:"处,定也。"

④乡:通"向"。此处用反义为"背",古"向"字是指朝北的窗子。

⑤若:或者。《左传·定公元年》:"若从践土,若从宋,亦唯命。"

⑥落渠:沟渠网。落,安井衡云:通"络",网络。写:通"泻"。

⑦注:流入。

⑧别:分别。

⑨"州者"句:猪饲彦博云:"'州者谓之术',下云'术十为州',此'州'上盖脱'不满'二字。"

⑩国:此指一般的诸侯国。

⑪以奉天子:尹知章注:"霸国率诸侯以奉天子也。"

⑫天之固:许维遹云:应为"因天之材","与下'归地之利',文同一例"。

⑬阆(làng 浪):无水的城壕。

⑭"树以"二句:何如璋云:"'穑'与'啬'通。《广雅·释诂》'啬,积也',《方言》十二'啬,合也'。谓树荆棘于沟之外堤之上,使相合著以为固也。"

⑮葆:通"保",保全。

【今译】

从前,桓公问管仲说:"我请问有关勘察地形建设京都的事,要怎样做才好?"管仲回答说:"据我所知,能成就霸业王业的,都是天下的圣人。圣人选定建设京都的地方,必定是地势平缓,土地肥沃,物产富饶的,背靠着山,左右有大的江河或湖泽,城内筑成沟渠的网络来排泻污水,靠着大的江河而流出去。于是凭借天生的资源、地上生长的作物,以利供养国家的百姓、繁殖六畜。天下的百姓,都归附他的恩德,顺服他的仁义,于是把他们分别按地区编制,不满州的叫做术,不满术的叫做里。所以百家为里,十里为术,十术为州,十州为都,十都为霸国。不到霸国规模的,是一般的诸侯国。霸国率领一般的诸侯国供奉天子,天子拥有许多的诸侯国,其中分有公侯伯子男的等级。天子处在天下的中央,这是为了可以凭借天生的资源,可以汇集地生的财利。京都内修筑城墙,城墙外修筑城郭,城郭外修筑土壤,地势高就挖壕沟,地势低就筑堤坝,这就叫做牢不可破的金城。城堤上种满荆棘,使荆棘密密地交错勾连,是能够加固城堤的,年年增修不止,时时增修不止,就能造福于子孙,这可说是关系着百姓的命运和万世后代利益的大事,也是保全君主坚守国家的大事。臣下以修筑都城来向君主尽忠,君主据有都城来统治天下,所以能成为天下百姓的保障。这是宰相的职责,也是大臣应该做的事。善于治国的君主,还必须先要除去五害,百姓才能终身无忧患祸害而做到子孝父慈。"

【原文】

桓公曰:"愿闻五害之说。"管仲对曰:"水,一害也;旱,一害也;风雾雹霜,一害也;厉①,一害也;虫,一害也。此谓五害。五害之属,水最为大。五害已除,人乃可治。"桓公曰:"愿闻水害。"管仲对曰:"水有大小,又有远近②。水之出于山而流入于海者,命曰经水。水别于他水③,入于大水及海者,命曰枝水。山之沟,一有水一毋水者④,命曰谷水。水之出于他水⑤,沟流于大水及海者⑥,命曰川水。出地而不流者,命曰渊水。此五水者,因其利而往之可也⑦,因而扼之可也⑧,而不久常有危殆矣。"桓公曰:"水可扼而使东西南北及高乎?"管仲对曰:"可。夫水之性,以高走下则疾,至于漂石⑨;而下向高,即留而不行。故高其上⑩,领瓴之⑪,尺有十分之三,里满四十九者,水可走也。乃迁其道而远之⑫,以势行之。水之性,行至曲必留退,满则后推前,地下则平行,地高即控⑬,杜曲则捣毁⑭。杜曲激则跃,跃则倚⑮,倚则环,环则中⑯,中则涵⑰,涵则塞,塞则移,移则控,控则水妄行,水妄行则伤人,伤人则困,困则轻法,轻法则难治,难治则不孝⑱,不孝则不臣矣。故五害之属,伤杀之类,祸福同矣。知备此五者,人君天地矣。"

注释

①厉：通"疠"，瘟疫。尹知章注："厉，疾病也。"
②远近：犹言水流的长短。
③尹知章注："谓从他水分流，若江别为沱。"沱，大河的支流。
④毋：通"无"。
⑤水之出于他水：应为"水之出于地"。王念孙云："地、他字相似又涉上文'别于他水'而误。"
⑥许维遹云："'沟'字亦涉上文而衍。"
⑦往之可也：王念孙云："'往'当作'注'。"尹知章注："谓因地之势疏引以溉灌，则当作'注'明矣。"
⑧许维遹云："'因而扼之可也'，当作'因其势而扼之可也'，方与上文一例。"译文从之。
⑨至于漂石：尹知章注："谓能漂浮于石。"漂，同"漂"。
⑩上：上游。
⑪瓴：瓦沟或瓦管子。
⑫迂：迂曲。
⑬控：尹知章注："控，谓顿也，言水顿挫而却。"
⑭杜曲：即"地曲"。杜，通"土"，《荀子·解蔽篇》："杜作乘马"，杨注："杜与土同。"
⑮倚：偏于一边。
⑯中：通"冲"。
⑰涵：包容。此指夹带着泥沙。
⑱不孝：犹言不善。古"孝"字的含义较广泛，是善德的通称。

【今译】

桓公说："我想听听五害的说法。"管仲回答说："水是一害，旱是一害，风雾雹霜是一害，瘟疫是一害，虫是一害。这就是五害。五害之中，以水害最厉害。五害除尽，百姓才可治理。"桓公说："想听听水害的情况。"管仲回答说："水有大小，又有流得远近的区别。水从山里发源而流入大海的，叫做经水。水从其他的河流里分出来又流到大江河里进入大海的，叫做枝水。山沟里，一时有水一时无水的，叫做谷水。水从地下发源，流到大江河里进入大海的，叫做川水。水从地下涌出地面而不流动的，叫做渊水。这五种水，可以顺着它的流势引导使用，也可以顺着地势拦截使用，但时隔不久常有危害。"桓公说："水可经拦截而使它流向东西南北以及高处吗？"管仲回答说："可以的。依水性，从高流向下就快，甚至于可以冲走石块；而从下流向高，就滞留而不前行。所以要提高上游的水位，用瓦管子来导引，每尺之内有十分之三的坡度，每里内铺设四十九根管子，水就可流得快。再使水道迂曲而流向远处，顺着水势就能流到高的地方。依水性，流到曲折的地方必然滞留后退，满了后面的水就推着前面的水前行，地势低下就流得平缓，地势高峻就受挫而退，地势迂曲就冲毁土地。地势迂曲水就激荡跳跃，跳跃就偏流，偏流就打旋，打旋就有冲力，有冲力就夹带泥沙，夹带泥沙就造成淤塞，淤塞就河流改道，改道就水失控，失控就水妄行，水妄行就伤害人，人受伤害就困顿，困顿就看轻法度，人看轻法度就难以治理，难以治理就行为不善，行为不善就不服从统治了。所以五害之类，与伤害杀戮人是一样的，它们的祸患是一样的。懂得防备五害，人就可以主宰天地了。"

【原文】

桓公曰："请问备五害之道。"管子对曰："请除五害之说①，以水为始。请为置水官，令习水者为吏。大夫、大夫佐各一人，率部校长官佐各财足②。乃取水左右各一人③，使为都匠水工。令之行水道、城郭、堤川、沟池、官府、寺舍及州中，当缮治者，给卒财足。令曰：常以秋岁末之时阅其民，案家人比地④，定什伍口数，别男女大小，其不为用者辄免之，有锢病不可作者疾之，可省作者半事之。并行以定甲士⑤，当被兵之数，上其都。都以临下，视有余不足之处，辄下水官。水官亦以甲士当被兵之数，与三老、里有司、伍长行里，因父母案行。阅具备水之器，以冬无事之时。笼、锸、板、筑⑥，各什六⑦，土车什一，雨蓑什二⑧，食器两具，人有之，锢藏里中⑨，以给丧器⑩。后常令水官吏与都匠，因三老、里有司、伍长案行之。常以朔日始，出具阅之，取完坚，补弊久⑪，去苦恶。常以冬少事之时，令甲士以更次益薪⑫，积之水旁。州大夫将之，唯毋后时。其积薪也，以事之已⑬；其作土也，以事未起⑭。天地和调，日有长久。以此观之，其利百倍。故常以毋事具器，有事用之。水常可制，而使毋败，此谓素有备而豫具者也。"

【注释】

①请:张佩纶云:"'请除'之'请'字,涉上下文而衍。"

②校长:古代下级军官的职称。财足:郭沫若云:"'财'同'财'或'才','材足'犹言捷足或健足,即所谓徒也。"徒,指服役的人。下文同。

③水:张佩纶云:应为"水官"。所以下句说"使为都匠水工"。译文从之。都:头目,首领。

④尹知章注:"案人比地,有十口五口之数当受地若干。"案:案验,考察。比:比照。

⑤并:许维遹云:读为"普",普遍。行:视,视察。

⑥锸(chā 插):掘土的农具,即锹。板筑:造泥墙的工具。板,夹墙板;筑,捣土的杵。

⑦什六:每什六件。什,居民组织,十家为什。

⑧莘:王念孙云:"当为'幸',字之误也。"幸,车蓬。

⑨锢(gù 固)藏:专藏,封藏。

⑩丧:丧失,这里兼有破坏、毁坏之意。

⑪久:陈奂云:读为"旧"。

⑫更次:轮流。薪:柴草,防水用的材料。

⑬已:尹知章注:"已,毕也。农事既毕,然后益薪。"

⑭"其作"二句:尹知章注:"谓春事未起。"春事,春季的农事,春耕。

【今译】

桓公说:"请问防备五害的方法。"管子回答说:"除五害,要从除水害着手。请设置水官,派熟习治水的人为官吏。设大夫、大夫助理各一人,率领校长、官佐以及各类徒隶。再选取水官左右各一人,作为水工匠的领班。命令他们巡视河道、城郭、河堤、沟池、官府、官署以及地方。需要修的,就派给士卒和徒隶。并发布政令说:常在秋后岁末的时节检查百姓,查明每家的人口和分配的土地,核定什伍的人口数,分别统计男女大小,其中不能服役的就免除,有严重疾病不能劳作的就按作病人服劳役的规定来处理,需要减轻劳作的就以半劳力处理。经普遍视察后确定甲士,作为充当服兵役的人数,上报到京都大夫,京都大夫依此视察下面,根据有余或不足的情况,就下达给水官。水官也按甲士充当服兵役的人数,与基层的三老、里有司、伍长巡行到里,就与甲士的父母商定前行服役。查阅治水工具的准备工作,要在冬季没有农事的时候。箩筐、锹、夹板、杵,每个什准备六套,土车每个什准备一辆,防雨的车蓬每个什准备二套,食器两套,每人都要备有,把这些器材贮藏在里中,以便补充损坏或遗失的。以后经常派水官与工匠领班,依靠三老、里有司、伍长检查执行。每月的初一开始,要把准备的器材拿出来检查,选取完好坚牢的,补充已损坏的旧的,舍弃质量粗劣的。常在冬季农闲的时节,派甲士轮流砍伐柴草,堆积在水旁。州大夫带领完成这件事,务必不能错过季节。积累柴草的工作,在农时完毕的冬季完成;动土修筑河堤的工作,在春耕没有开始前完成。春季天气晴和土地解冻,日子又长。由此看来,好处极多。所以经常在没有水害时准备器具,在有水害时可以使用。水害常能控制,不使造成破坏,这叫做平素有准备未雨绸缪。"

【原文】

桓公曰:"当何时作之?"管子曰:"春三月,天地干燥,水纠列之时也①。山川涸落,天气下,地气上,万物交通。故事已,新事未起,草木荑生可食②。寒暑调,日夜分,分之后,夜日益短,昼日益长,利以作土功之事,土乃益刚。令甲士作堤大水之旁,大其下,小其上,随水而行。地有不生草者,必为之囊③。大者为之堤,小者为之防。夹水,四道禾稼不伤④。岁埤增之⑤,树以荆棘,以固其地。杂之以柏杨,以备决水。民得其饶,是谓流膏。令下贫守之,往往而为界,可以毋败。当夏三月,天地气壮,大暑至,万物荣华,利以疾耨杀草薉,使令不欲扰,命曰不长⑥。不利作土功之事,放农焉⑦。利皆耗十分之五,土功不成。当秋三月,山川百泉踊⑧,降雨下⑨,山水出,海路距,雨露属,天地凑汐⑩,利以疾作,收敛毋留。一日把,百日铺。民毋男女,皆行于野。不利作土功之事,濡湿日生,土弱难成,利耗什分之六,土工之事亦不立。当冬三月,天地闭藏,暑雨止⑪,大寒起,万物实熟,利以填塞空郄⑫,缮边城,涂郭术,平度量,正权衡,虚牢狱,实廥仓⑬,君修乐,与神明相望。凡一年之事毕矣,举有功,赏贤,罚有罪,迁有司之吏而第之。不利作土工之事,利耗什分之七,土刚不立。昼日益短,而夜日益长,利以作室,不利以作堂⑭。四时以得,四害皆服。"

注释

①纠列:章炳麟云:"'纠'当借为'漻'。"漻列,水清也。此处指枯水季节。春三月霖雨未下,故水清冽。

②荑(tí 题):嫩芽。《诗·邶风·静女》:"自牧归荑。"

③囊:袋子。此指泥袋,用来筑堤。

④道:郭沫若云:"'道'当是'遒'字之误。"

⑤埤(pí 皮):埤益,增加。

⑥命曰不长:郭沫若云:"'曰'当为'欲',声之误也。""'命即使令也,言盛暑之时,即有力役之征,时期不可长久。"

⑦放:俞樾云:通"妨",妨碍。

⑧踊:上涨。

⑨降雨:暴雨。降,洪也,大也。《韩诗外传》:"降雨兴,流潦至。"

⑩凑汐:李哲明云:应为"凑泊"。凑泊,犹言昏暗聚合。

⑪暑:郭沫若云:"'暑'当为'暴',字之误也。下文言'夏多暴雨'是其证。"

⑫郄(xì 戏):空隙。

⑬㙽(kuài 快):堆放柴草的房舍。

⑭堂:堂屋,外室。

【今译】

桓公说:"应当什么时候开工呢?"管子说:"在春季的三个月里,气候干燥,是江河水少的季节。山水干涸或下落,天气转暖,地气转热,万物开始交流。旧年的农事已经完毕,新年的农事尚未起始,草木的嫩芽已可供食用。冷热适宜,昼夜均分,均分之后,黑夜一天天短下去,白昼一天天长起来,最适宜于做土工的事,这时作成的泥土工程更加坚实。那就要派甲士到大的河旁去筑堤防,堤防的基部要筑得宽大,上面可以筑得狭小一些,堤防沿着河道而走。遇到连草也不长的疏松地方,必须要从别的地方运来泥袋子筑堤。大河旁边做成堤,小河旁边做成防。使田地与河流隔绝,河流四周的庄稼就不会受水灾。年年增修河的堤防,堤防上种植荆棘,以便加固地基。还间种柏树杨树,防备洪水冲决。百姓也因而能获得好处,这叫做流来的财富。派贫穷的下等百姓去看守堤防,常常划分地界分段承包,就可以免遭坏事。在夏季的三个月,天地气势壮烈,大暑的时令来到,万物长得茂盛,要快做好锄草的农田工作,政令不宜烦扰百姓,即使有必要的征召,时间也不宜长久。这时不宜做土工的事,为了不妨碍农事。即使耗费十分之五的财力,土工的事也不能成功。在秋季的三个月,山水百泉上涨,暴雨下来,山洪发作,入海缓慢,秋雨连绵,天地昏暗混沌,要抓紧秋收,颗粒归仓。一日的收获,是百日的口粮。百姓无论男女,皆忙碌在田野。这时不宜做土工的事,因为潮湿日生,泥土较软难以成功,即使耗费十分之六的财力,土工的事也不能成功。在冬季的三个月,天地之气收藏,暴雨止息,大寒的时令来到,万物充实成熟,这时适宜填塞房舍的空隙,缮修边防的城邑,涂饰城墙,统一度量,调正衡器,处理罪犯,充实仓库,也适宜君主举办娱乐与祭祀活动。大凡一年的事情全都完成以后,就要推举有功的人,赏赐贤惠的人,惩罚有罪的人,调升有关的官吏,提高他们的俸禄等级。这时不宜做土工的事,即使耗费十分之七的财力,泥土冻得坚硬不能成事。白昼一天天短下去,黑夜一天天长起来,适宜于室内的劳作,不适宜于室外的劳作。一年四季的时令已能掌握,四害也就都能制服。"

【原文】

桓公曰:"寡人惛①,不知四害之服奈何?"管仲对曰:"冬作土功,发地藏,则夏多暴雨,秋霖不止。春不收枯骨朽脊②,伐枯木而去之,则夏旱至矣。夏有大露原烟③,噎下百草④,人采食之伤人。人多疾病而不止,民乃恐殆。君令五官之吏,与三老、里有司、伍长行里顺之⑤,令之家起火为温,其田及宫中皆盖井⑥,毋令毒下及食器,将饮伤人,有下虫伤禾稼。凡天灾害之下也,君子谨避之,故不八九死也。大寒大暑大风大雨,其至不时者,此谓四刑。或遇以死,或遇以生⑦,君子避之,是亦伤人。故吏者所以教顺也;三老、里有司、伍长者,所以为率也。五者已具,民无愿者,愿其毕也。故常以冬日顺三老、里有司、伍长,以冬赏罚⑧使各应其赏而服其罚。五者不可害,则君之法犯矣⑨。此示民而易见,故民不比也⑩。"

注释

①惛:《吕氏春秋·知接篇》高《注》:"惛,惑也。"
②枯骨朽脊:指腐烂的尸体。脊,通"胔"。孟康曰:"肉腐为胔。"
③大露原烟:指弥漫的瘴气、毒气。

④ 噎:指瘴气湮郁、凝聚。
⑤ 顺:陶鸿庆云:读为"训",下文"故吏者所以教顺也"之"顺"同读为训。
⑥ 宫:室,家。
⑦ 生:尹桐阳云:通"眚",病。
⑧ 冬:陈奂云:读为"终","古以'冬'为'终'"。
⑨ 犯:张佩纶云:当作"不犯"。
⑩ 不比:不比周,犹言不私立朋党。

【今译】

桓公说:"我糊涂,不知道制服其他的四害怎么办?"管仲回答说:"冬天如果动土工,开发了地气,那么夏季就多暴雨,秋雨也就连绵不断。春天如果不收埋尸体,不砍掉枯木处理好,那么夏旱就来了。夏天瘴气弥漫于大地,凝结在百草之上,人采食了就会受到伤害。百姓多疾病而流行不止,百姓就恐惧危险。君主就要命令防治五害的官吏,会同三老、里有司和伍长巡行里中教训百姓,叫家家户户升火薰屋驱毒,在田间和家中的水井都要盖上盖子,不要使毒气沾污食物和器具,不使饮水伤人,不使飞下来的虫子伤害庄稼。凡是天灾发生以后,君主要谨慎地防避,所以不至于十之八九死掉。大冷大热大风大雨,不按时令来到,这就是四种灾难。有人遇上就死去了,有人遇上就患病了,君主防止这四种灾难,这也还难免伤害人。所以官吏要教训百姓,三老、里有司、伍长要率领百姓防止五害。工作都已做好,百姓就无别的愿望,因为愿望都已达到。所以要经常在冬天训导三老、里有司、伍长,并在最后决定赏罚,使他们各得其该得到的赏赐或者该受到的惩罚。五害没有成灾,君主的法度就没有人违犯了。因为君主的这种努力,百姓是容易看见的,所以百姓也就不在下面结党营私了。"

【原文】

桓公曰:"凡一年之中十二月,作土功,有时则为之,非其时而败,将何以待之①?"管仲对曰:"常令水官之吏,冬时行堤防,可治者章而上之都②。都以春少事作之;已作之后,常案行。堤有毁作,大雨,各葆其所③,可治者趣治,以徒隶给。大雨,堤防可衣者衣之;冲水,可据者据之④。终岁以毋败为固。此谓备之常时,祸何从来?所以然者,独水蒙壤⑤,自塞而行者,江河之谓也。岁高其堤,所以不没也。春冬取土于中⑥,秋夏取土于外,浊水入之不能为败。"桓公曰:"善。仲父之语寡人毕矣,然则寡人何事乎哉? 亟为寡人教侧臣⑦。"

注释

①待:许维遹案:"《周语》韦《注》'待,犹备也'。"
②章:章表,向君主报告的文书。
③葆:通"保"。保护,保全。
④据:猪饲彦博云:"谓设藩篱以卫其冲也。"即卫护受水冲击的河堤。
⑤独水:王念孙云:"'独水'当为'浊水',见下文。"译文从"浊水"。
⑥中:河中。春冬河中水少,故可采用河中的泥作堤。
⑦侧臣:君主左右的近臣。

【今译】

桓公说:"在一年十二个月中,动土筑堤,只有合乎时令才能做,不合乎时令就要失败,那将怎样来为它作准备工作呢?"管仲回答说:"要经常派遣治水官吏,在冬季巡视堤防,有需要修补的地方就用文书向都水官报告。都水官就在春季农闲的时候派人修补;修补之后,仍经常巡视检查。发现堤防有毁坏的,在下大雨的时候,就派人分段承包护堤,能修补的要求立即修补,并拨给徒隶。在下大雨的时候,堤防能够遮盖的就遮盖;在大水冲来时,能卫护的就卫护。全年以不被毁坏才算牢固。这叫做平时常有防备,祸患能从何处来呢? 之所以需要这样做,是因为浊水里夹带着大量泥沙,自然会淤塞河道毁坏堤防,这说的是江河的一般情况。年年增高堤防,为的是不遭水淹。春冬季节在江河中挖取泥土作堤防,秋夏季节在江河外挖取泥土作堤防,这样洪水冲来就不能毁坏堤防了。"桓公说:"好。你的话我全都听懂了,但是我能做些什么呢? 请赶快替我教育我的左右大臣们。"

地员第五十八

【题解】

地员,土地的种类。《说文》:"员,物数也。"物数,即种类。本篇详论土地的种类和相宜的物产,特别是与百姓生活相关的粮食作物、树木和百草。前半篇把土地按地势的高下和水位的深浅分类,把土地分为平原之地也五种,丘陵之地十九种和山地五种。叙述以水位之深浅为序,由深至浅,或由浅入深,除丘陵之地外,均涉及物宜。后半篇把"九州之土"按土壤的性质、等次分类叙述,有上土三十种,物产十二种;中土三十种,物产十二种;下土三十种,物产十二种。共计土壤九十种,物产三十六种。这样详尽地分析土壤和相宜物产,这在古代农家文献中实属罕见。

【原文】

夫管仲之匡天下也,其施七尺①。

【注释】

①其施七尺:尹知章注:"施者,大尺之名也,其长七尺。"

【今译】

管仲匡治天下,规定每施为七尺。

【原文】

渎田悉徙①,五种无不宜②,其立后而手实③。其木宜蚖、苍与杜、松④,其草宜楚棘⑤。见是土也,命之曰五施,五七三十五尺而至于泉,呼音中角⑥,其水仓⑦,其民强。

【注释】

①渎田悉徙:夏纬瑛云:渎田,指江、淮、河、济四渎间大平原之田。悉徙,当为"悉徒",即息土。《淮南子·地形训》有"息土人美"。息土,即今人所说的冲积土壤。下同。

②五种:五谷,泛指谷类。

③立后而手实:章炳麟云:立后,借读为"粒厚",其粒厚大。"手"为"垂"字之误。垂实者嘉谷垂穗也。

④蚖:刘绩云:"恐作'杬'。"杬树。《文选·吴都赋》:"绵杬杶栌。"刘逵注:"杬,大树也,其皮厚,味近苦涩。剥干之,正赤,煎汔以藏众果,使不烂败,以增其

味,豫章有之。"苍:张佩纶云:借为"枪",小樟木。杜:甘棠。落叶乔木。

⑤楚:牡荆。棘:有刺的草。

⑥角:古代五音之一。五音,也称五声,即宫、商、角、徵、羽。据夏纬瑛说:"若对井口呼喊,当因井的深浅而有不同的声音",即以井的回音的高低来傅会五音、傅会五行。

⑦仓:通"苍",青色。《礼记·月令》:"驾仓龙。"

【今译】

江河边的冲积淤土,五谷无不相宜,这里的谷粒饱满禾穗下垂。这里适宜种植的树木有杭树、小樟木、甘棠树和松树,适宜种植的草有牡荆和棘草。遇见这种土壤,就命名为五施之土,挖地五七三十五尺就能看到泉水,在上面呼喊就能听到角声的回响。这种土壤中的泉水发青,居住在这种土壤上的百姓强健。

【原文】

赤垆①,历强肥②,五种无不宜。其麻白,其布黄。其草宜白茅与藿③,其木宜赤棠。见是土也,命之曰四施,四七二十八尺而至于泉,呼音中商,其水白而甘,其民寿。

注释

①赤垆:赤垆土。垆,《说文·土部》:"垆,刚土也。"坚硬的土壤。

②历强:尹知章注:"历,疏也;强,坚也。"

③白茅:即茅草。藿(guàn 贯):即萝藦,多年生蔓草,俗称"婆婆针线包"。

【今译】

赤垆土,稀疏、坚硬而有肥力,五谷无不相宜。这里出产的麻洁白,编出来的布黄。适宜种的草有白茅与萝藦,宜种的木有赤棠。这种土壤,就命名为四施之土,挖地四七二十八尺就能看到泉水,在上面呼喊就能听到商声的回响。这种土壤中的泉水白而甜,居住在这种土壤上的百姓长寿。

【原文】

黄唐①,无宜也,唯宜黍秫也②,宜县泽③。行廥落④,地润数毁,难以立邑置廥。其草宜黍秫与茅⑤，其木宜櫄、杬、桑⑥。见是土也，命之曰三施，三七二十一尺而至于泉，呼音中宫，其泉黄而糗⑦，流徙。

【注释】

①黄唐：黄色的湿土壤。唐，疑作"溏"，汁液不凝结的、稀的叫溏，此指泥浆。
②秫(shú 熟)：高粱。《说文·禾部》："秫，稷之粘者。"
③宜县泽：郭沫若案："谓宜竭其泽而涸之。"县，同"悬"。
④廥：古"墙"字。下同。《释名》："墙，障也。"落：篱落，篱笆。
⑤张佩纶云："黍字衍。'秫'当作'茶'。《尔雅》'术，山蓟'。《广雅》："山姜，术也。""术"通"茶"。
⑥櫄(chūn 春)：木名。《山海经·中山经》："其上多櫄树。"郭璞注："似樗树，材中车辕。"
⑦糗：假为"臭"。

【今译】

黄唐土，没有什么适宜的，只能种黍子和高粱，还应当排除水使土干燥。修筑墙院，地基过湿容易毁坏，难以在这种土地上筑城墙。这里适宜种的草有山姜与茅草，适宜种的树木有櫄树、杬树和桑树。遇见这种土壤，就命名为三施之土，挖地三七二十一尺就能看到泉水，在上面呼喊就能听到宫声的回响，这种土壤中的泉水发黄有臭味，容易流失。

【原文】

斥埴①，宜大菽与麦②。其草宜莎、藋③，其木宜杞。见是土也，命之曰再施，二七十四尺而至于泉，呼音中羽，其泉咸，水流徙。

【注释】

①斥埴：粘性的盐碱土。斥，斥卤，盐碱地。埴，粘土。
②大菽(shū 叔)：大豆。
③莎：夏玮瑛云："或许就是香附子，或许是与它相近的莎草科植物。"（见《管子地员篇校释》）

【今译】

斥埴土，适宜种植大豆和麦子。这里适宜种的草有香附子和萝藦草,适宜种的树有杞柳。遇见这种土壤,就命名为二施之地,挖地二七十四尺就能看到泉水,在上面呼喊就能听到羽声的回响,这种土壤中的泉水咸,易流失。

【原文】

黑埴,宜稻麦。其草宜苹、蓨①,其木宜白棠。见是土也,命之曰一施,七尺而至于泉,呼音中徵,其水黑而苦。

【注释】

①苹:也叫"籁蒿"。《尔雅·释草》:"苹,籁萧。"郭璞注:"今籁蒿也,初生可食。"蓨(tiáo 条):亦名"蓫(zhú 逐)",羊蹄菜。

【今译】

黑埴土,适宜种稻麦。这里宜种的草有籁蒿和羊蹄菜,宜种的树木有白棠。遇见这种土壤,就命名为一施之土,挖地七尺就能看到泉水,在上面呼喊就能听到徵声的回响,这种土壤中的泉水黑而苦。

【原文】

凡听徵,如负猪豕觉而骇①;凡听羽,如鸣马在野;凡听宫,如牛鸣窌中③;凡听商,如离群羊;凡听角,如雉登木以鸣,音疾以清。凡将起五音凡首③,先主一而三之④,四开以合九九⑤,以是生黄钟小素之首⑥,以成宫。三分而益之以一,为百有八⑦,为徵。不无有三分而去其乘⑧,适足,以是生商。有三分,而复于其所,以是成羽。有三分,去其乘,适足,以是成角。

【注释】

①豕(shǐ 始):猪。觉而骇:犹言声音直而惊。《诗·斯干篇》毛《传》:"觉,直也。"《说文》:"骇,惊也。"

②窌(jiào 叫):地窖。《荀子·富国》杨倞注:"窌,窖也,挖地藏谷也。"

③凡:章炳麟云:"风"之省借字,风,即"风律"。首:调。凡乐之一调、诗之一篇,皆谓之首。

④王引之云:"主"当为"立"字之误也。译文从"立"。

⑤钱塘云:"四开以合九九"者,置一而四三之也。三为一开,九为二开,二十七为三开,八十一为四开,故曰"以合九九"。

⑥黄钟:十二律之首。十二律为我国古代律制。有三分损益法将一个八度分为十二个不完全相同的半音的一种律制。

⑦百有八:一百另八。有,又。

⑧乘:尹知章注:"乘亦三分之一也。"

【今译】

　　凡是听到徵的声音,就像被人背着的猪叫声直而惊恐;凡是听到羽的声音,就像马在原野上鸣叫;凡是听到宫的声音,就像牛在地窖里吼叫;凡是听到商的声音,就像离群的羊叫;凡是听到角的声音,就像山鸡在树上鸣叫,声音快速而清脆。凡是将要起奏五音的风调,先立一弦而把它三等分,经过四次三等分就合计九九八十一等分,因此产生黄钟小素的首调,而成为宫声。将八十一的三分之一加到八十一上面,就是一百零八,就成为徵声。将一百零八减去它的三分之一,正是七十二的足数,因此,就生成商声。三分之一的七十二再加到七十二的上面,因此为九十六而成为羽声。将九十六减去它的三分之一,正是六十四的足数,因此生成角声。

【原文】

　　坟延者①,六施,六七四十二尺而至于泉。陕之芳②,七施,七七四十九尺而至于泉。祀陕八施③,七八五十六尺而至于泉。杜陵九施④,七九六十三尺而至于泉。延陵十施,七十尺而至于泉。环陵十一施,七十七尺而至于泉。蔓山十二施,八十四尺而至于泉。付山十三施⑤,九十一尺而至于泉。付山白徒十四施⑥,九十八尺而至于泉。中陵十五施,百五尺而至于泉。青山十六施,百一十二尺而至于泉,青龙之所居,庚泥不可得泉⑦。赤壤犃山十七施⑧,百一十九尺而至于泉,其下清商⑨,不可得泉。陞山白壤十八施⑩,百二十六尺而至于泉,其下骈石,不可得泉。徙山十九施⑪,百三十三尺而至于泉,其下有灰壤⑫,不可得泉。高陵土山二十施,百四十尺而至于泉。

杂篇　575

注释

①坟延:即"坟衍"。夏纬瑛云:"介于丘陵与原隰之间,比平原稍高之蔓坡地。此下凡十四种土地,地势逐一加高,水泉逐一加深,通可归为丘陵之地。"

②王绍兰云:"《说文》'陕,隘也','芳'即'方',方之言旁也。'陕之芳'谓陕隘之旁。"

③王绍兰云:"'祀'当为陀,形之误也。"陀,同"厄"。险厄,险阻的地方。

④杜陵:读为"土陵"。《毛诗·鸤鸠》作"桑土",《韩诗》作"桑杜"。

⑤付山:小山。付,通"附"。《说文》:"附,附娄,小土山也。"

⑥白徒:王绍兰云:即"白土"。徒,读为"土"。

⑦庚泥:坚实泥土。《释名·释天》:"庚,坚强貌也。"

⑧勞:孙诒让云:当为"磝(áo 熬)"。《释名·释山》:"山多小石曰磝。"

⑨青商:尹知章注:"神怪之名。"

⑩陞:王绍兰云:是"陎"的错字。《说文·阜部》:"陎,磊也。"《石部》:"磊,众石也。"

⑪徙山:王绍兰云:应为"陡山",陡峭之山。

⑫灰:张佩纶云:"灰壤"之"灰"当作"炭"。炭,石炭。

【今译】

坡地,六施之下,即六七四十二尺之下能见到泉水。狭窄地带的旁侧,七施之下,即七七四十九尺之下能见到泉水。险狭之地,八施之下,即七八五十六尺之下能见到泉水。土陵,九施之下,即七九六十三尺之下能见到泉水。丘陵的延伸地段,十施之下,即七十尺之下能见到泉水。丘陵的周围,十一施之下,即七十七尺之下能见到泉水。山岗的蔓延地区,十二施之下,即八十四尺之下能见到泉水。小山上,十三施之下,即九十一尺之下能见到泉水。小山上的白土区,十四施之下,即九十八尺之下能见到泉水。中等山陵上,十五施之下,即一百零五尺之下能见到泉水。青龙山上,十六施之下,即一百十二尺之下能见到泉水,青龙居住的地方,泥土坚实就不能见到泉水。红泥多小石子的山上,十七施之下,即一百十九尺之下能见到泉水,再下面是清商居住的地方,就不能见到泉水。石头山白土区,十八施之下,即一百二十六尺之下能见到泉水,再下面大石块相连,不能见到泉水。陡峭山上,十九施之下,即一百三十三尺之下能见到泉水,再下面有石炭层,不能见到泉水。高陵土山上,二十施之下,即一百四十尺之下才能看到泉水。

【原文】

　　山之上，命之曰县泉①，其地不干，其草如茅与走②，其木乃㮨③，凿之二尺，乃至于泉。山之上，命曰复吕④，其草鱼肠与莸⑤，其木乃柳，凿之三尺而至于泉。山之上，命之曰泉英⑥，其草蕲、白昌⑦，其木乃杨，凿之五尺而至于泉。山之材⑧，其草兢与蔷⑨，其木乃格⑩，凿之二七十四尺而至于泉。山之侧，其草葍与蒌⑪，其木乃品榆⑫，凿之三七二十一尺而至于泉。

注释

①县泉：夏玮瑛云："当指高山之顶有泉处。"有森林的高山，林木茂密，时常落雨；林下积有松枝败叶，且生有苔藓之类，把雨水先蓄存下来，然后再从地的表层缓流而下，这就是所说的县泉。

②如茅：疑即今之"茜草"。走：夏玮瑛以为"走"殆即"蔖"，《集韵》谓"可苴履"，类今之乌拉草。

③㮨（mán 蛮）：据《说文》为"松心木"，夏玮瑛以为即落叶松。

④复吕：夏玮瑛云："'复吕'当即'複婁'。"意为重山之巅。

⑤鱼肠：竹类之一。古称竹为草，《说文》："竹，冬生草也。"莸（yóu 犹）：一种臭草，《说文》："莸，水边草也。"

⑥泉英：夏玮瑛云："泉英"当是"英山之有泉者"。英山，即重山。《尔雅·释山》"再成英"，郭璞《注》"两山相重"，邢昺《疏》："山形两重者名英。"

⑦蕲（qí 其）：当归。白昌：即昌阳，也称为菖蒲。

⑧材：尹知章注："材，犹旁也。"

⑨王绍兰云："兢"盖"莶"之讹，字坏而误。莶（xiān 纤），豨莶。蔷：蔷蘼，即麦冬。

⑩格："椵（jiǎ 假）"的假字。夏玮瑛以为是阔叶树之梓属植物。

⑪葍（fú 福）：一种多年生的蔓草。又名小旋花、面根藤儿。地下茎可食，甘味。蒌（lóu 楼）：即蒌蒿（白蒿）。

⑫品榆：王引之云："'品榆'当为'区榆'。"区榆，即刺榆，一种灌木。

【今译】

　　山顶上，称为县泉的地段，土不干，草有茜草和乌拉草，树有落叶松,凿地二尺,就可以见到泉水。山顶上,称为重山之巅的地方,草有鱼肠竹和菸草,树有柳树,凿地三尺就可以见到泉水。山顶上,称为重山叠岭的地方,草有当归和菖蒲,树有杨树,凿地五尺就可以见到泉水。大山的旁边,草有豨莶和麦冬,树有椴树,凿地二七十四尺可以见到水。大山的旁边,草有小旋花和蒌蒿,树有刺榆,凿地三七二十一尺就可以见到泉水。

【原文】

凡草土之道,各有谷造①。或高或下,各有草土。叶下于蕲②,蕲下于莞③,莞下于蒲,蒲下于苇,苇下于雚,雚下于蒌,蒌下于荓④,荓下于萧,萧下于薜⑤,薜下于萑⑥,萑下于茅。凡彼草物,有十二衰⑦,各有所归。

注释

①谷(gǔ 谷)造:犹言相宜。谷,善。《逸周书·文传篇》:"润湿不谷,树之竹苇莞蒲。"造,造就。《说文》:"造,就也。"

②叶:尹知章注:"叶亦草名,唯生叶无茎。"夏纬瑛云:"'叶'生最低,当为深水植物,殆即是荷。"译文从"荷"。蕲:古"芰(jì技)"字,即菱。

③莞:王念孙云:当为"莞"。莞(guān关),席子草。

④荓(píng平):即铁扫帚。《尔雅·释草》:"荓,马帚。"

⑤薜:即薜荔,一种香草。

⑥萑(tuī 推):益母草。

⑦衰(cuī 催):等衰,等差。《淮南子·说林训》:"大小之衰然。"高《注》:"衰,差也。"

【今译】

大凡百草和土地的规律,是各有相宜的。有的高有的低,各有草类和土壤。荷叶比菱的生长地要低,菱比席子草的生长地要低,席子草比香蒲草的生长地要低,香蒲草比芦苇的生长地要低,芦苇比萝藦生长地低,萝藦比蒌蒿的生长地要低,蒌蒿比马帚的生长地要低,马帚比艾蒿的生长地要低,艾蒿比薜荔的生长地要低,薜荔比益母草的生长地要低,益母草比茅草的生长地要低。以上草类,共有十二个等次,都各有归属。

【原文】

九州之土,为九十物。每州有常①,而物有次。群土之长,是唯五粟②。五粟之物,或赤或青或白或黑或黄,五粟五章。五粟之状,淖而不肕③,刚而不觳④,不污车轮,不污手足。其种⑤,大重细重⑥,白茎白秀,无不宜也。五粟之土,若在陵在山,在陨在衍⑦,其阴其阳,尽宜桐柞⑧,莫不秀长。其榆其柳,其檿其桑⑨,其柘其栎,其槐其杨,群木蕃滋,数大条直以长⑩。其泽则多鱼,牧则宜牛羊。其地其樊⑪,俱宜竹、箭、藻、龟、楢、檀⑫。五臭生之,薜荔、白芷、蘪芜、椒、连⑬。五臭所校⑭,寡疾难老,士女皆好,其民工巧。其泉黄白,其人夷姤⑮。五粟之土,干而不挌⑯,湛而不泽⑰,无高下,葆泽以处⑱。是谓粟土。

注释

①每州有常:孙星衍云:"每州有常",《困学纪闻·周礼类》引作"每土有常"。

②五粟:五种粟土,依粟土的颜色分。后文"五沃"、"五位"等都同此。

③淖(nào 闹):湿泥。《说文》:"淖,泥也。"《广雅·释诂》:"淖,湿也。"肕(rèn 刃):柔而坚,即黏也。

④觳:通"确",瘠薄。

⑤种:种五谷。

⑥重:古"种"字,谷的种类。

⑦王绍兰云:"'陨'当为'塴','塴'即'濆'之借字。《说文·水部》'濆,水厓也。"

⑧柞(zuò 作):有刺的常绿灌木。

⑨檿(yàn 厌):桑树之一种。

⑩数:读为"速",迅速。

⑪樊:地边。《广雅·释言》:"樊,边也。"

⑫藻:夏纬瑛云:"枣"的假借字,即枣树。龟:尹桐阳云:萩也。萩,通"楸(秋)",落叶乔木。楢(yóu 由):尹桐阳云:"楢,柔木也,工官以为奭轮。"奭,软。

⑬连:通"莲"。莲借作"兰",兰草。下同。

⑭校:猪饲彦博云:"'校'疑当作'效'。"译文从"效"。

⑮章炳麟云:夷通"怡",喜悦。《诗·郑风·风雨》:"既见君子,云胡不夷。"姤,即"逅"。《诗·绸缪》:"见此邂逅",《传》:"邂逅,解说之貌。"此以解释邂,以说释逅。说即悦字。这样"夷姤"都是"悦"的意思,谓其人容颜悦畅。

⑯挌:王绍兰云:"当为'垎',形之误也。《说文》:'垎,水干也;一曰坚也。'"

⑰孙诒让云:"'泽'当为'释'之借字。《说文·采部》云'释,解也'。"

⑱尹知章注:"言常润也。"葆,通"保",保持。

【今译】

　　九州的土壤,有九十种。每种土壤都有固定的特性,而土壤的种类是有等级的。各类土壤中最上等的,这就是五种粟土。五种粟土,就是红的、青的、白的、黑的、黄的,五种粟土就有五种颜色的标记。五种粟土的性状是:湿而不黏,干硬而不瘠薄,不沾黏车轮,不沾污手脚。可种植的谷物,有大种小种,白茎白花,无不相宜。五种粟土,无论在丘陵或在山地,在水边或在平原,或背阴或朝阳,全都适宜种植桐树和柞树,没有不长得秀丽高大的。无论榆树或柳树,檿树或桑树,柘树或栎树,槐树或杨树,各种树木都能在这种土壤上繁荣滋生,长得快速高大,枝条直又长。这种土壤上的湖泽中多鱼,牧场上适宜放牛羊。无论在平地上或地边角,都适宜种竹子、箭竹、枣树、楸树、楢树和檀树。五种香草生长在这种土壤上,它们是薛荔、白芷、蘪芜、椒和兰。五种香草的功效,能使人少生病不易老,男士女子都长得美好,居民精巧。这种土壤中的泉水黄白,居住在它上面的人们欢畅。五种粟土,干而不硬,湛而不散,无论在高处或在低地,都能经常保持水分。以上是说粟土。

【原文】

　　粟土之次曰五沃。五沃之物,或赤或青或黄或白或黑。五沃五物,各有异则。五沃之状,剽怸橐土①,虫易全处②,怸剽不白,下乃以泽。其种,大苗细苗,赪茎黑秀箭长③。五沃之土,若在丘在山,在陵在冈,若在陬陵之阳④,其左其右,宜彼群木:桐、柞、枎、櫄⑤,及彼白梓。其梅其杏,其桃其李,其秀生茎起。其棘其棠,其槐其杨,其榆其桑,其杞其枋,群木数大,条直以长。其阴则生之楂棃⑥,其阳则安树之五麻⑦,若高若下,不择畴所。其麻大者如箭如苇,大长以美;其细者如萑如蒸⑧,欲有与各⑨。大者不类⑩,小者则治,揣而藏之⑪,若众练丝⑫。五臭畴生⑬,莲、舆、蘪芜、藁本、白芷⑭。其泽则多鱼,牧则宜牛羊。其泉白青,其人坚劲,寡有疥骚,终无痟酲⑮。五沃之土,干而不斥⑯,湛而不泽,无高下,葆泽以处。是谓沃土。

注释

①橐土:尹知章注:谓其土多窍穴若橐。
②易:张佩纶云:"或作'鸟'。"全处:聚集之地。
③赨:赤色。箭:禾秆。
④陬(zōu 邹):山脚。来晢《补亡诗》:"在陵之陬。"
⑤枎:疑即。扶移(yí 移)",唐棣。《尔雅·释木》:"唐棣,栘。"郭璞注:"似白杨,江东呼夫栘。"《本草纲目》称"枎栘"。橁(chūn 春):木名,似樗。樗(chū 初),臭椿。
⑥藜:张佩纶云:"'藜'当作'梨'。"
⑦王念孙云:"'则'字衍,安亦则也。"
⑧蒸:小木柴。《周礼·王官·甸师》郑玄注:"木大曰薪,小曰蒸。"
⑨欲有与各:许维遹云:应为"各有异名",与上"各有异则"、下"各有异章",文同一例。
⑩类:刘绩云:当作"纇",疵节。《说文》:"纇,丝节也。"
⑪揣:捶击。
⑫练:亦作"涑"。把丝麻煮得柔软洁白。
⑬畴生:尹知章注:"畴,陇也。谓为陇而种也。"
⑭舆:张佩纶云:当为"舆",茝舆,又名揭车。《离骚》:"畦留夷与揭车兮",王逸注:"揭车,芳草。"
⑮痟:头痛。《说文》:"痟,酸痟,头痛。"醒(chéng 呈):酒醒后所感觉的困惫如病状态。《小雅·节南山》:"忧心如醒。"毛《传》:"酒病曰醒。"
⑯斥:同"坼",裂开。

【今译】

粟土次一等的是五种沃土。五种沃土,有的是红的,有的是青的,有的是黄的,有的是白的,有的是黑的。五种沃土五种颜色,各有不同的等次。五种沃土的性状是:剽土忌土疏松而有孔窍,是虫鸟聚集的地方,疏松而不干白,土下才能保持湿润。种植的谷物,有大苗小苗,红茎黑穗而禾秆高长。五种沃土,无论在土丘或在小山,陵上或在山冈,无论在山脚下或在山陵的南面,左面或者右面,适宜种植的树木有:桐树、柞树、唐棣、櫄树及白梓树。其中梅树杏树、桃树李树,也都鲜花怒生,枝干挺起。其中棘树海棠树、槐树杨树、榆树桑树、杞树苏枋,各种树木都长得快速高大,枝条挺直修长。在背阴面能生长楂树梨树,在朝阳面可种植五麻,无论高地低地,不必选择地方。麻粗大的如箭竹如芦苇,长得高大秀美;麻细小的如萝藦如小柴,各有不同的名称。高大的麻没有疵节,细小的麻易治不乱,捶击以后贮藏起来,就像众人漂练的白丝。还可种植五种香草:兰草、揭车、蘪芜、藁本和白芷。这种土壤上的湖泽中多鱼,牧场上宜放牛羊。这种土壤中的泉水白青,居民坚强有力,少有疥疮,又无头痛眩晕。五种沃土,干而不裂,湛而不散,无论在高处或在低地,都能经常保持水分。以上是说沃土。

【原文】

沃土之次曰五位。五位之物,五色杂英,各有异章。五位之肰①,不塥之灰②,青怠以洛及③。其种,大苇无细苇无④,蛡茎白秀。五位之土,若在冈在陵,在隧在衍,在丘在山,皆宜竹、箭、求、龟、楢、檀⑤。其山之浅,有茏与斥⑥。群木安逐⑦,条长数大,其桑其松,其杞其茸⑧。种木胥容⑨,榆、桃、柳、楝⑩。群药安生,姜与桔梗,小辛、大蒙⑪。其山之梟⑫,多桔、苻、榆⑬;其山之末,有箭与苑⑭;其山之旁,有彼黄虿⑮,及彼白昌,山蘖苇芒。群药安聚,以圉民殃。其林其漉⑯,其槐其楝,其柞其榖⑰,群木安逐,鸟兽安施⑱。既有麋麃⑲,又且多鹿。其泉青黑,其人轻直⑳,省事少食。无高下,葆泽以处。是谓位土。

注释

①肰:是"状"的错字,形近而误。

②塥(gé隔):沙碛。尹知章注:"塥,谓坚不相著。"

③洛:尹知章注:"音苔",地衣也。及:王引之云:盖衍文耳。

④苇无:应为谷类之一种。尹桐阳云:"苇,薇也。无,芜也。苇无谓薇之茂生者,《说文》'薇,菜也',则今野豌豆也。"

⑤求、龟:据张文虎说,即藻(枣)、龟(楸)。

⑥茏:茏古,即红草。茏亦省作龙。《郑风·山有扶苏》:"隰有游龙",毛《传》:"龙,红草也。"《尔雅·释草》:"红,茏古。"斥:丁士涵云:"斥"字之误。斤,即"芹",水芹。

⑦群木安逐:王念孙云:"安,于是也,《尔雅》曰'逐,强也',言群木于是强盛也,下文'群药安生'、'群药安聚'、'群木安逐'、'鸟兽安施'义并同也。"

⑧茸:楠。《广韵》:"楠,木名,似檀。"

⑨种木胥容:各种树木都可在位土里生长。胥,全、都。

⑩楝:郭沫若云:假为"桐"。

⑪小辛:即细辛,草药名。大蒙:即唐蒙,草药名。
⑫山之枭(xiāo嚣):山巅。尹知章注:"枭,犹颠也。"
⑬苻:张佩纶云:当作"苻"。《释草》:"苻,鬼目。"即鬼目草。
⑭箭:王念孙云"荊"之误,草名。苑:通"菀"。柴菀、女菀之类。
⑮蚕:即"蝱",贝母。《诗·载驰》:"言采其蝱",《传》:"蝱,贝母也。"
⑯漉:安井衡云:读为"麓",山麓。
⑰榖:楮木。《说文》:"榖,楮也。"
⑱施:王绍兰云:当为"族"字,形之误也。
⑲麃(páo袍):兽名,鹿属。
⑳轻直:尹知章注:"言其性廉。"

【今译】

沃土次一等的是五种位土。五种位土,像五色相杂的草木之花,各有不同的颜色标记。五位土壤的性状是:不像沙碛那样坚硬,也不像草灰那样松软,青色像态土样疏松而长有地衣。种植的谷物,有大苎无小苎无,红茎白花。五种位土,无论在山冈或在山陵,在水边或在平原,在土丘或在小山,都适宜种植竹子、箭竹、枣树、楸树、楢树和檀树。在山上的浅水里,有苊古和水芹。各种树在这种土壤里长得旺盛,枝条大而长得快,如桑树、松树、杞树和楳树。各种树木都可在这种土壤上生长,如榆树、桃树、柳树和桐树。各种药草在这种土壤里可以生长,如姜、桔梗、细辛和唐蒙。在山顶上,多生桔梗、鬼目和榆;在山脚下,生有荊草和菀草;在山的旁侧,生有黄贝母,以及白昌、山藜、苇芒。各种药草在这种土壤上聚生,可用来抵御居民的疾患。在山林或在山麓,其中槐树、栋树、柞树、楮树,各种树木都在这种土壤上长得旺盛,鸟兽在这种土壤上族类繁多。既有麋麃,又多鹿。这种土壤中的泉水青黑,居住其上的居民轻快爽直,省事少食。无论在高处或在低地,都能经常保持水分。以上是说位土。

【原文】

位土之次曰五蔭①。五蔭之状,黑土黑落,青怵以肥②,芬然若灰③。其种,楠葛④,赪茎黄秀悫目⑤,其叶若苑。以蓄殖果木⑥,不若三土以十分之二⑦。是谓蔭土。

【注释】

①何如璋云:"'蕰'当为'隐',涉下而误。"
②怵:同"忲",忲土。
③尹知章注:"芬然,壤起貌。"芬,同"坟",隆起貌。
④榴葛:张佩纶云:当作"榴穭",稻禾名。
⑤恚曰:尹知章注:"谓壳实怒开也。"形容谷粒丰满。
⑥丁士涵云:"'以'字衍,下文言'蓄殖果木',凡十三句,皆无'以'字。"蓄:同"畜"。殖:指种植的谷类。
⑦三土:指上文的粟土、沃土、位土。尹知章注:"言于三土十分,已不如其二分。"即差十分之二。

【今译】

位土次一等的是五种隐土。五种隐土的性状是:黑色的土壤上长有黑色的地衣,像青忲土那样地肥沃,疏松凸起像草木灰一样。种植的谷物,有榴穭,红茎黄花谷粒丰满,叶子像苑草。这种土壤的畜产、粮食、水果和林木的收获,要比上述的三土差二成。以上是说隐土。

【原文】

蕰土之次曰五壤。五壤之状,芬然若泽若屯土①。其种,大水肠细水肠②,柚茎黄秀以慈③,忍水旱,无不宜也。蓄殖果木,不若三土以十分之二。是谓壤土。

【注释】

①泽:郭沫若云:假为"萚(tuò 拓)",草木脱落的皮叶。屯土:郭沫若云:"殆如今之堆肥。"还云:"此正证明堆肥之法古已行之。"
②水肠:即水稻。张佩纶云:稻非水不生,以肠状稻穗,故名水肠。
③慈:许维遹云:犹言丰满。今齐东俗语凡称谷实丰满者谓之"慈成"。

【今译】

隐土次一等的是五种壤土。五种壤土的性状是:疏松凸起像地上的败叶残草,像肥堆。种植的谷物,有大水肠小水肠,红茎黄花谷粒丰满,能耐水旱,无不相宜。这种土壤的畜产、粮食、水果和林木的收获要比上述的三土差二成。以上是说壤土。

【原文】

壤土之次曰五浮。五浮之状，捍然如米①，以葆泽，不离不坼②。其种，忍䉵③。忍叶如藿叶以长狐茸，黄茎黑茎黑秀，其粟大，无不宜也。蓄殖果木，不如三土以十分之二。

注释

①捍：尹知章注："捍，坚貌。其土屑碎如米。"
②坼（chè 彻）：裂开。
③忍䉵：尹桐阳云："隐忍"之倒文，《尔雅》："蓈，隐忍。"蓈即"稂"，《说文》："稂䅣，谷名。"

【今译】

壤土次一等的是五种浮土。五种浮土的性状是：坚硬屑碎像米粒，因为能保持水分，所以不离散不裂开。种植的谷物，有隐忍。它的叶子像萝藦叶而长着像狐毛一样的茸毛，茎有黄色的、有黑色的，开黑花，粟粒大，种在这种土壤上，无不相宜。这种土壤的畜产、粮食、水果和林木的收获，比上述的三土要差二成。

【原文】

凡上土三十物，种十二物。

【今译】

以上共计上等土壤三十种，可种植的谷物十二种。

【原文】

中土曰五怸。五怸之状，廪焉如壏①，润湿以处。其种，大稷细稷，赨茎黄秀慈，忍水旱，细粟如麻②。蓄殖果木，不若三上以十分之三。

注释

①廪：此指米仓里堆积着的米。壏：郭沫若云：殆假用为盐字也。译文依郭说。
②细粟如麻：尹知章注："其繁美若麻也。"

【今译】

中等土壤首先是五种恁土。五种恁土的性状是:一粒粒的像堆积着的米和盐,又经常能保护湿润。种植的谷物,有大稷细稷,红茎黄花谷粒丰满,能耐水旱,细粟粒繁多色美如同麻籽。这种土壤的畜产、粮食、水果和林木的收获,要比上述的三土差三成。

【原文】

恁土之次曰五纻①。五纻之状,强力刚坚。其种,大邯郸细邯郸②,茎叶如扶櫄③,其粟大。蓄殖果木,不若三土以十分之三。

注释

①纻:汪继培云:"垆"之借字。《说文》:"垆,刚土也。"《尚书释文》引作"黑刚土也"。

②邯郸:以产地命名的谷类。

③扶櫄:两种树的名称。"扶櫄"为黑稻,而"櫄"不详。

【今译】

恁土次一等的是五种垆土。五种垆土的性状是:强韧而刚硬。种植的谷物,有大邯郸小邯郸,茎叶如扶櫄,粟粒粗大。这种土壤的畜产、粮食、水果和林木的收获,要比上述三土差三成。

【原文】

纻土之次曰五坜。五坜之状,芬焉若糠以肥①。其种,大荔细荔②,青茎黄秀。蓄殖果木,不若三土以十分之三。

注释

①"芬焉"句:丁士涵云:尹知章《注》:其地色黄而虚。"肥"字必为"脆"字之误。尹注"虚"字正释"脆"字。

②荔:应为"秝",谷类。《集韵》:"秝,音利,长禾也。"

【今译】

垆土次一等的是五种坜土。五种坜土的性状是:细细的像米糠又脆性。种植的谷物,有大秫小秫,青茎黄花。这种土壤的畜产、粮食、水果和林木的收获,要比上述三土差三成。

【原文】

壏土之次曰五剽。五剽之状,华然如芬以胝①。其种,大秬细秬②,黑茎青秀。蓄殖果木,不若三土以十分之四。

:notebook: 注释

①孙诒让云:胝是"脆"的误字。
②秬(jù巨):黑黍。《诗经·大雅·生民》:"维秬继秠。"

【今译】

壏土次一等的是五种剽土。五种剽土的性状是:光亮如粉而有脆性。种植的谷物,有大黑黍小黑黍,黑茎青花。这种土壤的畜产、粮食、水果和林木的收获,要比上述三土差四成。

【原文】

剽土之次曰五沙。五沙之状,粟焉如屑尘厉①。其种,大萯细萯②,白茎青秀以蔓。蓄殖果木,不如三土以十分之四。

:notebook: 注释

①"粟焉"句:尹知章注:"言其地粟碎,故若屑尘之厉。厉,踊起也。"
②萯(fù妇):刘绩云:"小豆,四月生。"

【今译】

剽土次一等的是五种沙土。五种沙土的性状是:细细的如飞扬的尘屑。种植的谷物,有大萯细萯,白茎青花而蔓生。这种土壤的畜产、粮食、水果和林木的收获,要比上述三土差四成。

【原文】

沙土之次曰五塥。五塥之状,累然如仆累①,不忍水旱。其种,大樛杞细樛杞②,黑茎黑秀。蓄殖果木,不若三土以十分之四。

【注释】

①仆累:蜗牛。《山海经·中山经》:埤渚是多仆累。郭璞注:"仆累,蜗牛也。"

②穋杞:王念孙云:当为"穋(lù)穄)杞",是一种早熟作物。

【今译】

沙土次一等的是五种壏土。五种壏土的性状是:一粒粒重叠着如同蜗牛,不耐水旱。种植的谷物,有大穋杞细穋杞,黑茎黑花。这种土壤的畜产、粮食、水果和林木,要比上述三土差四成。

【原文】

凡中土三十物,种十二物。

【今译】

以上共计中等土壤三十种,可种植的谷物十二种。

【原文】

下土曰五犹①。五犹之状如粪。其种,大华细华②,白茎黑秀。蓄殖果木,不如三土以十分之五。

【注释】

①犹:即"莸"。本是一种臭草,故犹土有臭味。

②华:王绍兰云:即黍也。"《小雅·笙诗》有'华黍',故黍得华名。"

【今译】

下等土壤首先是五种犹土。五种犹土的性状如同大粪。种植的谷物,有大华黍细华黍,白茎黑花。这种土壤的畜产、粮食、水果和林木的收获,要比上述三土差五成。

【原文】

犹土之次曰五壮①。五壮之状如鼠肝。其种,青粱②,黑茎黑秀。蓄殖果木,不如三土以十分之五。

【注释】

①壮:戴望云:元本作"壮"。《淮南子》:"壮土之气御于赤天",许慎注:"壮土,南方之土也。"又《释名》:"土,赤曰鼠肝,似鼠肝色也。"故知壮土为赤色,南方之土。

②青粱:有"大青粱细青粱"二种。

【今译】

犹土次一等的是五种壮土。五种壮土的性状是如同鼠肝那样赤红。种植的谷物,有大青粱细青粱,黑茎黑花。这种土壤的畜产、粮食、水果和林木的收获,要比上述三土差五成。

【原文】

壮土之次曰五殖。五殖之状,甚泽以疏①,离坼以臞塉②。其种,雁膳黑实③,朱跗黄实④。蓄殖果木,不如三土以十分之六。

【注释】

①甚泽:谓土湿解散。甚,通"湛";泽,孙诒让云:读为"释"。

②臞塉:犹言贫瘠。臞(qú 渠),瘦。塉(jí 籍),薄土。

③雁膳:稻之一种,夏玮瑛云:"膳"当为"籼"。

④朱跗:赤米。尹桐阳云:跗,同"柎",米皮,今所谓红米粘,吴语谓之赤米。

【今译】

壮土次一等的是五种殖土。五种殖土的性状是:遇到水就散开而疏松,干旱就开裂而贫瘠。种植的谷物,有籼稻黑谷,赤米黄谷。这种土壤的畜产、粮食、水果和林木的收获,要比上述三土差六成。

【原文】

五殖之次曰五觳①。五觳之状娄娄然②,不忍水旱。其种,大菽细菽③,多白实。蓄殖果木,不如三土以十分之六。

【注释】

①五殖:王念孙云:当为"殖土"。译文从之。觳:依汪继培云:"确"之假借。

杂篇 589

下同。《说文》作"硗确"。《广韵》:"硗确,瘠土。"

②娄娄:空疏。《说文》:"娄,空也。"

③菽(shū叔):豆的总称。

【今译】

殖土次一等的是五种确土。五种确土的性状是空疏的,不耐水旱。种植的谷物,有大豆小豆,豆粒多为白色。这种土壤的畜产、粮食、水果和林木的收获,要比上述三土差六成。

【原文】

毂土之次曰五凫①。五凫之状,坚而不骼②。其种,陵稻③:黑鹅马夫④。蓄殖果木,不如三土以十分之七。

【注释】

①凫:孙诒让云:当为"舄",形近而误。即《草人》之"咸潟",郑司农注云:"潟,卤也。"泻亦作"舄",故舄为盐碱地。

②骼:猪饲彦博云:疑为"垎",《说文》:"垎,水干也,一曰坚也。"

③陵稻:即"陆稻",陆地之稻。

④黑鹅马夫:为陆稻的两个品种。尹桐阳以为黑鹅即荞麦,马夫即《尔雅》之所谓"柱夫",即翘摇车。

【今译】

确土次一等的是五种舄土。五种舄土的性状是:坚实而不干硬。种植的谷物,有黑鹅马夫。这种土壤的畜产、粮食、水果和林木的收获,要比上述三土差七成。

【原文】

凫土之次曰五桀①。五桀之状,甚咸以苦,其物为下。其种,白稻长狭②。蓄殖果木,不如三土以十分之七。

【注释】

①桀:枯。《说文》:"桀,磔也。"磔,辜也。《周礼·掌戮注》:"辜之言枯也,谓磔之。"桀土是严重的盐碱地。

②何如璋云:"'狭'乃'荚'字,《广雅》豆角谓之荚。"译从。

【今译】

　　焉土次一等的是五种桀土。五种桀土的性状是:十分的咸苦,是最下等的土壤。种植的谷物,有白稻长荚。这种土壤的畜产、粮食、水果和林木的收获,要比上述三土差七成。

【原文】

　　凡下土三十物,其种十二物。

【今译】

　　以上共计下等土壤三十种,可种植的谷物十二种。

【原文】

　　凡土物九十,其种三十六。

【今译】

　　全文论述的土壤总计九十种,可种植的谷物总计三十六种。

弟子职第五十九

【题解】

　　弟子职,弟子的职责,犹今之学生守则。郭沫若云:"《弟子职篇》当是齐稷下学宫之学则,故被收入《管子》书中。"《太平御览》十八益都下引刘向《别录》云:"齐有稷门,齐之城西门也。外有学堂,即齐宣王所立学宫也。故称为稷下之学。"据史书记载,学堂兴盛时,学士多达"数百千人"。由本篇也可看出学堂中弟子颇多,年龄有长有少;房舍颇具,有堂有室,有寝有庖,师生都食息其中。规模宏大,制度俱全,纪律严明。本篇论述弟子在学中的要求与纪律,从学习、修养到生活,涉及的内容很多。开篇是总则,总论对弟子在学习态度、品德修养和日常生活诸方面的总要求。接着是分则,论述从早到晚的学习生活各方面弟子应该遵守的具体规则,其中包括起床、奉师、上课、对客、就餐、洒扫、执烛、晚习等方面的具体要求,分专章叙述。最后是结尾,要求弟子"周则复始"地坚持遵守。这是一篇完整严密的古代学府的学规,是教育史的珍贵资料。

【原文】

先生施教,弟子是则①,温恭自虚,所受是极②。见善从之,闻义则服③。温柔孝悌,毋骄恃力。志毋虚邪④,行必正直。游居有常,必就有德。颜色整齐,中心必式⑤。夙兴夜寐,衣带必饰。朝益暮习,小心翼翼⑥。一此不解⑦,是谓学则。

注释

①则:效法。《风俗通义》引"是则"作"则之",义同。
②极:穷尽。
③服:实行。
④虚:尹知章注:"虚,谓虚伪"。邪:奸邪。
⑤式:法式,规范。
⑥翼翼:恭敬的样子。
⑦一:专一。解:通"懈",松懈。

【今译】

先生施行教育,弟子就要遵照学习,谦和虚心,才能全部领会。看见善良的就要学习,听到正义的就要奉行。温和孝敬,不要骄横自恃有力。志向不能虚伪奸邪,行为必须正派直率。交游居家遵守常规,必定接近有德君子。姿容保持和谐统一,思想必定合乎规范。早起晚睡,衣带齐整。早学新晚温旧,始终小心翼翼。专心遵守永不松懈,这就是学习规则。

【原文】

少者之事,夜寐蚤作①。既拚盥漱②,执事有恪③。摄衣共盥④,先生乃作。沃盥彻盥⑤,汛拚正席⑥,先生乃坐。出入恭敬,如见宾客。危坐乡师⑦,颜色毋作⑧。受业之纪,必由长始。一周则然,其余则否⑨。始诵必作,其次则已。

注释

①蚤:同"早"。

②拚(fèn奋):扫除。尹知章注:"扫席前曰拚。"盥(guàn贯):浇水洗手。段玉裁《说文解字注·皿部》:"《礼记·内则》云:'请沃盥。'沃者,自上浇之;盥者,手受之而下流于槃(盘)。"

③愙(kè克):恭敬,谨慎。《诗经·商颂·那》:"执事有恪。"毛《传》:"恪,敬也。"

④尹知章注:"谓供先生之盥器也。"摄衣,表示恭敬。共,通"供"。

⑤彻:通"撤",撤除。《左传·宣公十二年》:"且虽诸侯相见,军卫不彻,警也。"

⑥汎:王筠云:当作"汛",《说文》:"汛,洒也。"译文从"汛"。

⑦危坐:端坐。乡:同"向"。

⑧作:尹知章注:"作,谓变其容貌。"

⑨尹知章注:"谓始教一周则从长始,一周之外则不然。"

【今译】

少年弟子侍奉先生,要晚睡早起。起床之后扫除盥洗漱口,做事要小心恭敬。提起衣襟为先生做好盥洗准备,先生才起床。先生洗漱完毕就撤去盥洗器具。抹干净摆正讲席,请先生坐。弟子进出恭敬有礼,如同会见宾客。一个个端坐面向老师,姿容不要做作。接受老师的讲课次序,必由年长弟子开始。老师讲授一圈之后,其余就不再按年龄。第一次向老师诵读必定要站起身来,第二次也就可免了。

【原文】

凡言与行,思中以为纪①。古之将兴者,必由此始。后至就席,狭坐则起②。若有宾客,弟子骏作③。对客无让④,应且遂行,趋进受命⑤。所求虽不在,必以反命,反坐复业。若有所疑,奉手问之。师出皆起。

注释

①中:适中。纪:纲纪,准则。

②狭坐则起:尹知章注:"狭坐之人,见后至者则当起。"狭,旁边。

③骏:迅速。《诗经·周颂·噫嘻》:"骏发而私。"郑玄笺:"骏,疾也。"
④让:通"攘",排斥。李斯《谏逐客书》:"是故泰山不让土壤,故能成其高。"
⑤"应且"二句:尹知章注:"受先生命。"趋,快步而行,表示有礼。

【今译】

　　一切言论行为,都以适中作为准则。古代将有作为的人,必定都是从此开始。后到的学子要入席就位,旁座的人就应起立让行。如有宾客来到,弟子要迅速站起,对宾客不得拒绝,边答应边迎接,又快步进去向老师请示。即使客人要会见的人不在,也必定要回复客人,然后回到座位继续学习。学习如遇有疑问,就举手询问先生。老师出堂,弟子都要起立。

【原文】

　　至于食时,先生将食,弟子馔馈。摄衽盥漱①,跪坐而馈②。置酱错食③,陈膳毋悖。凡置彼食:鸟兽鱼鳖,必先菜羹。羹胾中别④,胾在酱前⑤,其设要方。饭是为卒,左酒右酱⑥。告具而退,奉手而立。三饭二斗,左执虚豆⑦,右执挟匕⑧,周还而贰⑨,唯嗛之视⑩。同嗛以齿,周则有始,柄尺不跪⑪,是谓贰纪。先生已食,弟子乃彻。趋走进漱,拚前敛祭⑫。先生有命,弟子乃食。以齿相要⑬,坐必尽席⑭。饭必奉擥⑮,羹不以手。亦有据膝,毋有隐肘⑯。既食乃饱,循咡覆手⑰。振衽扫席,已食者作,抠衣而降⑱。旋而乡席,各彻其馈,如于宾客。既彻并器⑲,乃还而立。

注释

①衽:衣袖。
②跪坐:恭敬的样子。《说文》:"跪,拜也。"《正字通》朱子谓两膝着地,以尻着膝而稍安者为坐,伸腰及股而势危者为跪。因跪而益致其恭,以头着地为拜。
③错:通"措",安放。
④胾(zì 字):大块的肉。《史记·绛侯世家》:"召条侯赐食,独置大胾。"裴骃集解:"韦昭曰:'胾,大脔也。'脔(luán 峦),切成块形的肉。
⑤尹知章注:"远胾近酱,食之便也。"
⑥酱:刘绩云:当为"浆"字之误。
⑦豆:古代食器,形似高足盘,有盖,用来盛食物。此借指餐具,如碗之类。

⑧挟匕:餐具。挟,筷子;匕,饭勺子。
⑨贰:再次,此指添饭。尹知章注:"贰,谓再益。"
⑩嗛:通"歉"。尹知章注:"食尽曰嗛。"
⑪柄尺:长柄勺子,柄长一尺。
⑫祭:祭品。古代每饭必祭。
⑬要:通"邀",邀请。
⑭尽席:靠近餐席。尹知章注:"所谓食坐尽前。"
⑮擥:王筠云:"俗作'揽'。"《说文》:"擥,撮持也。"
⑯隐:凭依。《庄子·齐物论》:"南郭子綦隐机而坐。"尹知章注:"隐肘则大伏也。"意谓两肘凭靠在餐桌上,就是伏在桌上了。
⑰咡(èr 二):口旁,口耳之间。尹知章注:"咡,口也。覆手循之,所以拭其不洁也。"
⑱抠衣:提衣。
⑲并:即"屏",《古文尚书》:"屏璧与珪",《传》:"屏,藏也。"尹知章注:"并,谓藏去也。"

【今译】

　　至于饮食的时候,先生将要用餐,弟子就要准备饭菜。挽起衣袖洗手之后,恭敬地上菜上饭。安放好酱和食物,饭食的陈列不能违背常规。安置的规则是:进鸟兽鱼鳖这类荤菜之前,必先上蔬菜羹汤。羹汤和块肉相间安放,块肉要放在酱的前面,桌面的设置要成方形。上饭应在最后,席位上左边放酒右边放浆。饭菜上毕即可退在一旁,垂手站立。三碗饭两斗酒,弟子左手拿着空碗,右手拿着筷子勺子,轮番地为先生添菜加饭,注意着先生的杯碗。同时出现数人杯碗不满则先为年长者添加,周而复始,使用长柄勺子就不必多礼,这就是添菜加饭的准则。先生用餐完毕,弟子就撤去桌面。快步奔走供奉洗漱,清扫席面收藏祭品。先生吟咐之后,弟子才能进餐。按年龄相互让座,尽量靠近席面端坐,吃饭必捧碗,喝汤不用手。两手紧靠膝盖,两肘不能上桌。吃饱之后,用手抹净嘴边。拉动衣衫推移坐垫,用餐完毕站起身来,提起衣襟离开席位。转身又向席位走来,各自撤去席面,如同为宾客所做的那样。撤去席面以后各自收藏食具,然后再回来立着待命。

【原文】

凡抈之道，实水于盘，攘臂袂及肘，堂上则播洒，室中握手①。执箕膺揲②，厥中有帚。入户而立，其仪不忒③。执帚下箕，倚于户侧。凡抈之纪，必由奥始④。俯仰磬折⑤，抈毋有彻⑥。抈前而退⑦，聚于户内。坐板排之，以叶适己，实帚于箕。先生若作，乃兴而辞。坐执而立，遂出弃之。既抈反立，是协是稽⑧。

注释

①"堂上"二句：尹知章云："堂上宽，故播散而洒；室中隘，故握手为掬以洒。"
②膺揲：谓箕舌朝着胸口。膺，胸。揲，同"叶"，同"擖"。《释文》："擖，箕舌。"
③忒（tè 特）：差忒，差误。
④奥（ào 澳）：室内西南角。《释名·释宫室》："室中西南隅曰奥，不见户明，所在秘奥也。"
⑤磬（qìng 庆）折：弯腰如磬。《礼记·曲礼下》："立则磬折垂佩。"磬，古代乐器。
⑥彻：尹知章注："彻，动也。不得触动他物也。"
⑦尹知章注："谓从前扫而却退也。"
⑧协：合。《书·汤誓》："有众率怠弗协。"孔《传》："不与上和合。"稽：相合。《礼记·儒行》："儒有今人与居，古人与稽。"

【今译】

扫除的守则是：充水到盘子里，挽起衣袖到肘部，堂屋里可以挥手洒水，内室中只能掬水轻滴，拿着畚箕箕口朝自身，畚箕中放有扫帚。进入门户要站立一会，礼仪不能有差错。拿起扫帚放下畚箕，把畚箕放在门侧。扫除的程序，必定从室中的西南角开始。低着头弯着腰，扫除不要触动他物。边扫除边后退，把垃圾聚在门内。再下蹲用木板把垃圾推进畚箕里，要把畚箕口对着自己，要把扫帚放在畚箕上。此时先生若来相帮，就要起身辞谢。再下蹲拿起畚箕起身，然后出门倒掉垃圾。扫除完毕返回来听候先生吩咐，这才符合扫除守则。

【原文】

暮食复礼。昏将举火，执烛隅坐①。错总之法②，横于坐所。栉之远近③,乃承阙火,居句如矩④,蒸间容蒸⑤。然者处下⑥,奉椀以为绪⑦。右手执烛,左手正栉。有堕代烛⑧,交坐毋倍尊者⑨。乃取厥栉,遂出是去。

注释

①烛:火把,火炬。用薪柴等物扎成,点燃用来照明。本节专述举火执烛的规则。

②错:通"措"。安置,安放。总:即"烛"。尹知章注:"总,设烛之束也。"束,柴束。

③栉(zhì 质,旧读 jié 节):尹知章注:"栉谓烛尽。"即火把燃烧后剩余的部分。远近:指长短。

④居句如矩:"居"借为"倨",直而折曲。《礼记·乐记》:"倨中矩,句钩。"钩,弯曲。此谓旧烛将尽,以新烛继之,一横一直,两端相接之处成矩角。

⑤蒸:尹知章注:"蒸,细薪者,蒸之间必令容蒸。"即柴束不要靠得太近,以便通风易燃。

⑥然:"燃"的本字。

⑦奉:一作"棒"。椀:即"碗"字。绪:烛烬,火灰。

⑧有堕代烛:尹知章注:"烧烛者有堕,即令其次代之也。"堕通"惰",疲乏。

⑨倍:通"背"。

【今译】

晚饭时要再行礼仪。黄昏时要举火照明,手持火炬坐在屋的一角。安放柴束的方法,是横堆在座位的地方。要根据未烧尽的柴束的长短,来进行火种的接续。接火时新旧火炬构成直角,新旧火炬间要留有空隙通风。燃烧的火炬处在下面,要捧着碗来装残灰。右手拿着火炬,左手整理残柴。一人疲劳了另一个人来接替掌火,轮番交替时不能背向老师。要收拾残柴余灰,走出门去倾倒干净。

【原文】

先生将息,弟子皆起。敬奉枕席,问所何趾①。俶衽则请②,有常有否③。先生既息,各就其友。相切相磋,各长其仪④。

【注释】

①趾:脚。《诗·周南·麟之趾》毛《传》:"趾,足也。"
②俶(chù 触):开始。《诗·周颂·载芟》:"俶载南亩。"衽(rèn 认):床席。《礼仪·士丧礼》:"衽如初。"郑玄注:"衽,寝卧之席也。"
③有常有否:陶鸿庆云:当作"有常则否"。译文从之。
④各长其仪:洪亮吉云:"韦昭《国语注》'长,益也。'""'仪'与'义'同。谓各增益其义蕴也。"

【今译】

先生将要休息,弟子都要起身侍奉。恭敬地捧来枕席,询问老师的脚朝何处。第一次铺床时需要询问,以后没有变化也就不必再问。老师休息以后,每个弟子要寻找学友,相互商讨研究,各人增长自己的学问。

【原文】

周则复始,是谓弟子之纪。

【今译】

要周而复始地坚持遵守,这就是弟子的守则。

管子解

形势解第六十四

【题解】

本篇为《形势》篇的逐句诠解，有少部分亡佚。原篇中下列数句本篇无解："神者在内，不及者在门。在内者将假，在门者将待。曙戒勿怠，后稚逢殃。""上失其位，则下逾其节。""有闻道而好为家者，一家之人也。""有闻道而好为国者，一国之人也；有闻道而好为天下者，天下之人也；有闻道而好定万物者，天下之配也。""得天之道，其事若自然；失天之道，虽立不安。""万物之于人也，无私近也，无私远也。""顺天者有其功，逆天者怀其凶，不可复振也。"

罗根泽《管子探源》认为本篇为"战国末秦未统一前杂家作"。

【原文】

山者，物之高者也；惠者，主之高行也；慈者，父母之高行也；忠者，臣之高行也；孝者，子妇之高行也。故山高而不崩，则祈羊至；主惠而不解①，则民奉养；父母慈而不解，则子妇顺；臣下忠而不解，则爵禄至；子妇孝而不解，则美名附。故节高而不解②，则所欲得矣，解则不得。故曰"山高而不崩，则祈羊至矣"。

注释

①解：同"懈"。

②节高:崇高的名节。

【今译】

　　万物中崇高的形体是山岭,君主崇高的德行是给百姓恩惠,父母崇高的德行是对子女慈爱,臣下崇高的德行是忠于君主,子女崇高的德行是孝顺父母。所以山岭高峻而不崩溃,人们就要用羊去祭祀;君主不懈地给百姓恩惠,百姓就能得到奉养;父母不懈地对子女慈爱,子女就会依顺父母;臣下不懈地忠于君主,就会得到爵位和利禄;子女不懈地孝敬父母,就会获得美好的名声。所以不懈地保持崇高的名节,就会得到向往的东西,而松懈了就得不到。因此说"山岭高峻而不崩溃,人们就要用羊去祭祀"。

【原文】

　　渊者,众物之所生也,能深而不涸,则沉玉至;主者,人之所仰而生也,能宽裕纯厚而不苛忮①,则民人附;父母者,子妇之所受教也,能慈仁教训而不失理,则子妇孝;臣下者,主之所用也,能尽力事上,则当于主②;子妇者,亲之所以安也,能孝弟顺亲③,则当于亲。故渊涸而无水,则沉玉不至;主苛而无厚,则万民不附;父母暴而无恩,则子妇不亲;臣下随而不忠④,则卑辱困穷;子妇不安亲,则祸忧至。故渊不涸,是所欲者至,涸则不至。故曰"渊深而不涸,则沉玉极"。

注释

①忮(zhì 至):忌恨,嫉妒。
②当于主:指适合于君主。
③弟:同"悌",敬爱兄长。
④随:宋本作"堕",同"惰",怠惰。

【今译】

　　水潭是众物生存的地方,能够幽深而不干枯,人们就要用玉去祭祀;君主是百姓崇仰而赖以生存的人,能够宽容厚道,而不苛严忌恨,百姓就会归附;父母是最早对子女施行教育的人,能以慈爱之心进行教诲而不失道理,子女就会孝顺;臣下是君主所任用的人,能尽心尽力地为君主效劳,就是君主需要的;子女是维系双亲关系的人,能孝顺长辈,友爱兄弟,就是双亲需要的。因而水潭干枯无水,人们就不会用玉去祭祀;君主苛严不宽厚,万民就不会归附;父母暴虐不慈爱,子女就不会亲近;臣下怠惰不忠诚,就将地位卑辱、境遇困窘;家庭关系不稳定,祸患忧虑就会到来。所以水潭不干枯,就会得到向往的东西,干枯了就得不到。因此说"水潭幽深而不干枯,人们就要用玉去祭祀"。

【原文】

天覆万物、制寒暑、行日月、次星辰,天之常也,治之以理,终而复始。主牧万民、治天下、莅百官①,主之常也,治之以法,终而复始。和子孙、属亲戚②,父母之常也,治之以义,终而复始。敦敬忠信,臣下之常也,以事其主,终而复始。爱亲善养,思敬奉教,子妇之常也,以事其亲,终而复始。故天不失其常,则寒暑得其时,日月星辰得其序;主不失其常,则群臣得其义,百官守其事;父母不失其常,则子孙和顺,亲戚相欢;臣下不失其常,则事无过失,而官职政治③;子妇不失其常,则长幼理而亲疏和④。故用常者治,失常者乱。天未尝变其所以治也,故曰"天不变其常"。

注释

①莅:君临。
②属:连接。
③政治:同"整治"。此谓治理好本职工作。
④长幼理:指理顺长幼关系。

【今译】

天覆盖万物、驾驭寒暑、运行日月、排列星辰,这是天的常规,它靠自然规律来调节,周而复始不改变。君主统治万民、治理天下、掌管百官,这是君主的常规,它用法令来控制,周而复始不改变。使子孙和睦,让亲戚系连,这是父母的常规,它以道义来维系,周而复始不改变。敦厚、恭敬、忠贞、诚信,这是臣下的常规,它用以侍奉君主,周而复始不改变。敬爱双亲,善于奉养,思念孝顺,恭听教诲,这是子女的常规,它用以侍奉父母,周而复始不改变。因而,天不改变它的常规,那么寒暑就会按时更替,日月星辰就会顺序运行;君主不改变他的常规,那么群臣就会得到仁义,百官就会各司其职;父母不改变他的常规,那么子孙就和睦顺利,亲戚就相互融洽;臣下不改变他的常规,那么就治事没有过失,职责整治有序;子女不改变他常规,那么就长幼次序顺理,亲疏关系和睦。所以符合常规的就安定,改变常规的就混乱。天并没有改变它调节天下的常规,因此说"天不改变它的常规"。

【原文】

地生养万物,地之则也;治安百姓①,主之则也;教护家事,父母之则也;正谏死节,臣下之则也;尽力共养②,子妇之则也。地不易其则,故万物生焉;主不易其则,故百姓安焉;父母不易其则,故家事辨焉③;臣下不易其则,故主无过失;子妇不易其则,故亲养备具。故用则者安,不用则者危。地未尝易其所以安也,故曰"地不易其则"。

【注释】

①治安百姓:使百姓安定。
②共:同"供"。
③辨:同"辩"。《说文》:"辩,治也。"

【今译】

大地生养万物,这是地的法则;让百姓安定,这是君主的法则;教诲子女,操持家务,这是父母的法则;直言劝谏,忠心死节,这是臣下的法则;尽心尽力,供养父母,这是子女的法则。地不变易它的法则,因而万物得以生长;君主不变易他的法则,因而百姓得以安居;父母不变易他的法则,因而家庭得以治理;臣下不变易他的法则,因而君主没有过失;子女不变易他的法则,因而双亲得以奉养。所以合于法则的就安宁,不合法则的就危险。地并没有变易它得以安宁的法则,因此说"地不变易它的法则"。

【原文】

春者,阳气始上,故万物生;夏者,阳气毕上,故万物长;秋者,阴气始下,故万物收①;冬者,阴气毕下,故万物藏②。故春夏生长,秋冬收藏,四时之节也;赏赐刑罚,主之节也。四时未尝不生杀也③,主未尝不赏罚也,故曰"春秋冬夏不更其节也"。

注释

①收:收敛,衰败。
②藏:潜匿,隐藏。
③生杀:指生长和衰败。

【今译】

春天,阳气开始上升,因而万物萌生;夏天,阳气完全上升,因而万物成长;秋天,阴气开始下沉,因而万物衰败;冬天,阴气完全下沉,因而万物藏匿。万物春夏的萌生、成长,秋冬的衰败、藏匿,这是四季对物候的调节;赏赐和刑罚,这是君主对臣民的调节。四季并没有停止生长和衰败的变换,君主也没有放弃赏赐和刑罚的方法,因此说"春秋冬夏四季不更换它们对万物的调节"。

【原文】

天覆万物而制之,地载万物而养之,四时生长万物而收藏之。古以至今,不更其道,故曰"古今一也"。

【今译】

天覆盖万物并驾驭万物,地负载万物并生养万物,四季使万物萌生、成长,又使万物衰败、藏匿。古往今来,大自然不改变它的规律,因此说"从古到今都是相同的"。

【原文】

蛟龙,水虫之神者也,乘于水则神立①,失于水则神废。人主,天下之有威者也,得民则威立,失民则威废。蛟龙待得水而后立其神,人主待得民而后成其威,故曰"蛟龙得水而神可立也"。

注释

①乘:利用。

【今译】

　　蛟龙是水族中的神物,利用水,它的神威才得以显示;失去水,它的神威就显示不出。君主是天下有威势的人,获得百姓,他的威势才得以树立;失去百姓,他的威势就不能树立。蛟龙要等有了水才能显示它的神威,君主要等获得百姓才能树立他的威势,因此说"蛟龙依靠深渊,它的神威才得以显示"。

【原文】

　　虎豹,兽之猛者也,居深林广泽之中,则人畏其威而载之①。人主,天下之有势者也,深居则人畏其势。故虎豹去其幽而近于人,则人得之而易其威②;人主去其门而迫于民,则民轻之而傲其势。故曰"虎豹托幽而威可载也"。

注释

　　①载:同"戴",尊奉。
　　②人得之:指人熟悉了它的习性。易:陈奂云:"'易'读为傷,《说文》曰'傷,轻也'。"

【今译】

　　虎豹是野兽中最凶猛的,居住在深山大泽之中,因而人们惧怕它的威力并尊奉它。君主是天下有威势的人,居住在深宫大殿之中,因而百姓惧怕他的威势。所以,虎豹离开了幽林深山,与人类接近,人熟悉了它的习性,就轻视它的威力;君主离开了深宫大殿,与百姓接近,百姓就会看轻他并且鄙视他的威势。因此说"虎豹凭借丛林,它的威力才得以尊奉"。

【原文】

　　风,漂物者也①,风之所漂,不避贵贱美恶;雨,濡物者也②,雨之所堕,不避小大强弱。风雨至公而无私,所行无常乡,人虽遇漂濡而莫之怨也。故曰"风雨无乡而怨怒不及也"。

【注释】

①漂:同"飘",吹拂。下同。
②濡:沾湿。

【今译】

　　风是吹拂物体的,风所吹拂的物体不分贵贱、美恶;雨是沾湿物体的,雨下落沾湿的物体,不分大小、强弱。风雨是最公正无私的,它作用的对象并不固定,人们即使遭受风吹雨打也没有抱怨的。因此说"风吹雨打,没有固定的方向,因而不会招致人们的怨怒"。

【原文】

　　人主之所以令则行、禁则止者,必令于民之所好,而禁于民之所恶也。民之情,莫不欲生而恶死,莫不欲利而恶害。故上令于生利人则令行①,禁于杀害人则禁止②。令之所以行者,必民乐其政也,而令乃行。故曰"贵有以行令也"。

【注释】

①生利人:让人生存和谋利。
②杀害人:使人被杀和遭祸。

【今译】

　　君主所以能做到令行禁止的原因,在于他的命令符合百姓所喜好的,而他的禁止也正符合百姓所厌恶的。百姓的性情,无不要生存而怕死亡,好谋利而惧祸害。因而君主的命令有利于促进百姓的生存、谋利,就能推行;君主禁止的有利于防止百姓的死亡、祸害,就能实现。政令所以能推行,必然是百姓乐于君主的政治,因而才能顺利推行。因此说"君主能推行政令"。

【原文】

　　人主之所以使下尽力而亲上者,必为天下致利除害也。故德泽加于天下,惠施厚于万物①,父子得以安,群生得以育,故万民欢,尽其力而乐为上用。入则务本疾作②,以实仓廪;出则尽节死敌③,以安社稷,虽劳苦卑辱而不敢告也。此贱人之所以亡其卑也④,故曰"贱有以亡卑"。

【注释】

①惠施:即施惠。此句谓君主施于百姓的恩惠超过了万物。
②务本:尽力从事本业(指农业)。
③尽节死敌:为保全节操不惜牺牲,与敌人战斗奋不顾身。
④亡:同"忘"。下同。

【今译】

君主所以能做到使臣民尽心尽力、又和君主亲近的原因,在于他为天下谋利益、除祸害。因而君主的德泽恩惠普施天下,超越万物,使民生得以安定,生灵得以繁育,这样,万民欢乐,尽心竭力,乐于被君主驱使。在内就努力本业,辛勤劳作,以充实仓库;出外就不怕牺牲,奋勇杀敌,以保卫国家,即使劳苦卑辱也无怨言。这就是卑贱的百姓所以能够忘却卑辱的原因,因此说"百姓能忘却卑辱"。

【原文】

起居时、饮食节、寒暑适,则身利而寿命益;起居不时、饮食不节、寒暑不适,则形体累而寿命损。人惰而侈则贫,力而俭则富。夫物莫虚至,必有以也①,故曰"寿夭贫富,无徒归也"。

【注释】

①必有以也:此谓必有其中的原因。

【今译】

起居按时,饮食节制,寒暑适应,就会身体强健,寿命增加;起居不按时,饮食不节制,寒暑不适应,就会身体疲累,寿命减少。人懒惰而又奢侈必定贫穷,勤劳而又节俭必定富足。世上万物都不会凭空而来,其中必有缘故,因此说"人们有的长寿,有的短命,有的贫穷,有的富贵,这些都不是无缘无故形成的"。

【原文】

　　法立而民乐之,令出而民衔之。法令之合于民心,如符节之相得也①,则主尊显。故曰"衔令者,君之尊也"。

【注释】

　　①符节:古代朝廷用作凭证的信物,常剖分为二,使用时相合为验。

【今译】

　　法制确立,百姓高兴;命令发布,百姓奉行。法令符合民心,就像符节相互吻合,因而君主的尊严就得以显现。因此说"百姓奉行命令,是君主尊严的体现"。

【原文】

　　人主出言,顺于理,合于民情,则民受其辞。民受其辞,则名声章①。故曰"受辞者,名之运也"。

【注释】

　　①章:同"彰",显著。

【今译】

　　君主说话,依顺道理,符合民情,百姓就接受他的指示。百姓接受他的指示,君主的声名就显赫。因此说"百姓接受指示,是声名播扬的征兆"。

【原文】

　　明主之治天下也,静其民而不扰,佚其民而不劳。不扰则民自循①,不劳则民自试②,故曰"上无事而民自试"。

【注释】

　　①自循:指安守本分。
　　②自试:指自由发展。

【今译】

明主治理天下,让百姓安居乐业而不去搔扰他们,让百姓休养生息而不去烦劳他们。不受骚扰,百姓就安守本分;不被烦劳,百姓就自由发展。因此说"君主无为而治,百姓就自由发展"。

【原文】

人主立其度量①,陈其分职②,明其法式③,以莅其民,而不以言先之,则民循正。所谓抱蜀者,祠器也。故曰"抱蜀不言,而庙堂既修"。

注释

①度量:指度量的标准。
②分职:指分工的职责。
③法式:指法度、规则。

【今译】

君主确立度量标准,公布分工职责,明确法度规则,用这些来统治百姓,而不是先乱发指示,这样,百姓就会遵循正道。所谓抱蜀,指的是祭祀用的器物。因此说"君主拿着祠器不用说话,国家就得到治理"。

【原文】

将将,鸿鹄貌之美者也,貌美故民歌之;德义者,行之美者也,德义美故民乐之。民之所歌乐者,美行、德义也①,而明主、鸿鹄有之②,故曰"鸿鹄将将,维民歌之③"。

注释

①美行:王念孙云:"'美行'当为'美貌'。美貌谓鸿鹄,德义谓明主。"
②此句承上应为"鸿鹄、明主"。
③维:同"唯"。

【今译】

将将是形容天鹅形貌美丽的样子,形貌美丽,因而百姓歌咏它;道德仁义是行为美好的表现,行为美好,因而百姓赞美它。百姓所歌咏、赞美的,是美丽的形貌、美好的行为,而天鹅和明主拥有它们。因此说"美丽的天鹅,百姓歌咏它"。

【原文】

　　济济者,诚庄事断也①;多士者,多长者也。周文王诚庄事断,故国治;其群臣明理以佐主,故主明。主明而国治,竟内被其利泽②,殷民举首而望文王,愿为文王臣。故曰"济济多士,殷民化之"。

注释

　　①诚庄事断:指真诚庄重、临事果断。
　　②竟:同"境"。利泽:恩泽。

【今译】

　　济济是真诚庄重、临事果断的样子,多士指多有年长的人。周文王真诚庄重,临事果断,因而国家大治;他的臣子们深明道理,辅佐君主,因而君主英明。君主英明,国家大治,境内沐浴着文王的恩泽,殷商百姓抬头仰望文王,愿投奔为文王的臣下。因此说"周朝众多的人才,感化了殷商百姓"。

【原文】

　　纣之为主也,劳民力,夺民财,危民死。冤暴之令,加于百姓;憯毒之使①,施于天下。故大臣不亲,小民疾怨,天下叛之而愿为文王臣者,纣自取之也。故曰"纣之失也"。

注释

　　①憯毒:残酷狠毒。

【今译】

　　商纣作为君主,劳累百姓体力,掠夺百姓财物,危害百姓至死。枉曲暴虐的法令,强加于百姓;残酷狠毒的使者,横行于天下。因此大臣不亲君主,百姓痛恨怨怒,天下都背叛殷商而愿成为周文王的臣下,这是商纣咎由自取的。因此说"这是商纣失天下的原因"。

【原文】

无仪法程式,蜚摇而无所定,谓之蜚蓬之问①。蜚蓬之问②,明主不听也;无度之言,明主不许也。故曰"蜚蓬之问,不在所宾"。

注释

①林圃云:《后汉书·明帝纪注》引此文:"'飞蓬'下无'之问'二字。"译文略去"之问"。蜚:同"飞"。下同。

②蜚蓬之问:尹知章云:"蓬飞因风动摇不定,喻二三之声问,明主所不宾敬。"此谓如飞蓬般不牢靠的音讯,明主不看重。

【今译】

毫无规律,飘摇不定的样子,被比作飞蓬。不牢靠的音讯,明主不听从;无法度的言辞,明主不称许。因此说"飞蓬般的音讯,不会受到明主的礼待"。

【原文】

道行,则君臣亲、父子安、诸生育。故明主之务,务在行道,不顾小物。燕爵①,物之小者也。故曰"燕爵之集,道行不顾"。

注释

①燕爵:同"燕雀"。下同。

【今译】

大道得以推行,那么君主、臣下亲近,父子家庭安宁,众多生灵繁育。因而明主的当务之急,在于推行大道,而无暇顾及小物。燕雀是万物中的小物。因此说"燕雀群集的现象,推行大道的君主不会顾及"。

【原文】

明主之动静得理义,号令顺民心,诛杀当其罪①,赏赐当其功。故虽不用牺牲、珪璧祷于鬼神,鬼神助之,天地与之②,举事而有福。乱主之动作失义理③,号令逆民心,诛杀不当其罪,赏赐不当其功。故虽用牺牲、珪璧祷于鬼神,鬼神不助,天地不与,举事而有祸。故曰"牺牲珪璧,不足以享鬼神"。

注释

①当其罪:与其罪相当。
②与:助。
③乱主:昏乱的君主。

【今译】

明主的言行举止符合理义,发布号令顺应民心,被诛杀的与其罪行相当,受赏赐的与其功劳相称。因而即使不用牛羊、玉璧向鬼神祈祷,鬼神、天地都会相助,功业必有福佑。乱主的所作所为不合理义,发号施令违背民心,被诛杀的罪行不相当,受赏赐的功劳不相称。因此即使用牛羊、玉璧向鬼神祈祷,鬼神、天地也不会相助,办事必有祸害。因此说"用牛羊、玉器敬献鬼神,不一定得到保佑"。

【原文】

主之所以为功者,富强也。故国富兵强,则诸侯服其政,邻敌畏其威,虽不用宝币事诸侯,诸侯不敢犯也。主之所以为罪者,贫弱也。故国贫兵弱,战则不胜,守则不固,虽出名器重宝以事邻敌,不免于死亡之患。故曰"主功有素,宝币奚为"

【今译】

君主最大的功业就是使国家富强。国富兵强,那么诸侯信服他的政治,敌国畏惧他的威势,即使不用珍贵的礼品去奉献各国诸侯,诸侯各国也不敢侵犯。君主最大的罪过就是国家贫弱。国贫兵弱,那么进攻不能取胜,防守不能坚固,即使拿出国中最贵重的宝物去侍奉敌国,也免不了亡国的忧患。因此说"君主的功业自有根基,珍贵的礼品又有什么用"。

【原文】

羿,古之善射者也,调和其弓矢,而坚守之①。其操弓也,审其高下,有必中之道,故能多发而多中。明主犹羿也,平和其法②,审其废置,而坚守之,有必治之道,故能多举而多当。道者,羿之所以必中也,主之所以必治也。射者,弓弦发矢也③。故曰"羿之道,非射也"。

注释

①坚守:指固定、坚持。
②平和:平衡。
③弓:猪饲彦博云:弓当作"引"。译文从"引"。

【今译】

后羿是古代善于射箭的人,他调节好弓箭的位置,并且固定下来,他拿起弓,审视目标的高低,掌握必能中的要领,因而能多发多中。明主就像后羿,调整他的法规,审察其中应废除和设置的,然后坚持下去,这就掌握了必能治国的要领,因而举措多能恰当。所以,掌握要领,就是后羿之所以必定中的、君主之所以必定治国的根本原因。射的意思就是拉弓发箭。因此说"后羿善射箭,在于掌握要领,而不在拉弓发箭的动作"。

【原文】

造父,善驭马者也。善视其马,节其饮食,度量马力,审其足走,故能取远道而马不罢①。明主犹造父也,善治其民,度量其力,审其技能,故立功而民不困伤②。故术者,造父之所以取远道也,主之所以立功名也。驭者,操辔也。故曰"造父之术,非驭也"。

注释

①罢:同"疲"。
②李哲明云:"上云'故能取远道而马不罢',似'立功'上当有'能'字。下'伤'字当衍。"译文从李说。

【今译】

造父是善于驾马的人,他善于照料马匹,节制它的饮食,估量它的耐力,观察它的行走,因而能长途驰骋,马却不疲乏。明主就像造父,善于治理他的百姓,估计他们的能力,考察他们的技能,因而能成就功名,百姓却不困顿。所以,掌握方法,就是造父之所以长途驰骋、君主之所以成就功名的根本原因。驭的意思就是操纵缰绳。因此说"造父善驾马,在于掌握方法,而不在操纵缰绳的动作"。

【原文】

奚仲之为车器也①,方圆曲直,皆中规矩钩绳②,故机旋相得③,用之牢利,成器坚固。明主犹奚仲也,言辞动作,皆中术数④,故众理相当,上下相亲。巧者,奚仲之所以为器也,主之所以为治也。斲削者,斤刀也⑤。故曰"奚仲之巧,非斲削也"。

注释

①王念孙云:器字涉下文两"器"字而衍。译文从王说。
②规矩、钩绳:都是木工工具。
③机旋:指枢机、转轮。
④术数:指策略。
⑤斤刀:斧子、削刀。

【今译】

奚仲造车的时候,各部分的方圆、曲直,都符合规矩、钩绳的要求,因而枢机转轮,相互吻合,结构坚固,运转滑利。明主就像奚仲,言行举止都合乎策略,因而各种措施相互配合,君臣上下相互亲善。所以,掌握技巧,就是奚仲之所以能够造车、君主之所以能够治国的根本原因。斲削的意思就是运用斧头和砍刀。因此说"奚仲善造车,在于掌握技巧,而不在运斧用刀的动作"。

【原文】

民利之则来,害之则去。民之从利也,如水之走下,于四方无择也。故欲来民者,先起其利,虽不召而民自至;设其所恶,虽召之而民不来也。故曰"召远者使无为焉"。

【今译】

　　对于百姓,给予好处他们就归附,损害利益他们就背离。百姓追逐利益,就像水流向低处,四面八方无所选择。因而要使百姓归附,就要先给予好处,这样,即使不去招徕,百姓也自动会来;假如他们讨厌,即使多方招徕,百姓也不会归附。因此说"招徕远方百姓,使者没有用处"。

【原文】

　　莅民如父母,则民亲爱之,道之纯厚,遇之有实①,虽不言曰吾亲民,而民亲矣。莅民如仇雠,则民疏之,道之不厚,遇之无实,诈伪并起,虽言曰吾亲民,民不亲也。故曰"亲近者言无事焉"。

注释

　　①有实:安井衡云:古本有作"真"。

【今译】

　　治理百姓像父母待儿女,百姓就亲近君主,待百姓厚道、实在,即使不说我亲近百姓,百姓也自然会亲近君主。治理百姓如待仇敌,百姓就疏远君主,待百姓不厚道、不实在,欺诈虚伪就会一起发生,即使说我亲近百姓,百姓也自然疏远君主。因此说"亲近身边百姓,言语没有作用"。

【原文】

　　明主之使远者来而近者亲也,为之在心。所谓夜行者,心行也,能心行德,则天下莫能与之争矣。故曰"唯夜行者独有之乎"。

【今译】

　　明主之所以能使远方百姓归附、身边百姓亲近,在于他的诚心。所谓夜行,就是心行的意思,君主能诚心实行大道德政,那么天下没有能同他相争的人。因此说"只有诚心实行大道的君主,才能拥有天下的百姓"。

【原文】

为主而贼①,为父母而暴,为臣下而不忠,为子妇而不孝,四者人之大失也。大失在身,虽有小善,不得为贤。所谓平原者②,下泽也,虽有小封,不得为高。故曰"平原之隰③,奚有于高"。

注释

①贼:伤害。
②平原:当作"平隰"。
③平原之隰:当作"平隰之封"。见《形势》注。

【今译】

当君主却伤害百姓,当父母却暴虐子女,当臣下却不忠于君主,当子女却不孝顺父母:这四种行为是做人最大的罪过。大罪在身,即使行些小善,不能称为贤人。所谓平隰,就是低湿的沼泽地,当中即使有小土丘,也不能称高。因此说"沼泽中的小土丘,怎能称高"。

【原文】

为主而惠,为父母而慈,为臣下而忠,为子妇而孝,四者人之高行也。高行在身,虽有小过,不为不肖。所谓大山者,山之高者也,虽有小隈,不以为深。故曰"大山之隈,奚有于深"。

【今译】

当君主施惠百姓,当父母慈爱子女,当臣下效忠君主,当子女孝顺父母:这四种行为是做人最高的品行。高行在身,即使有小过失,不能称为不肖。所谓大山,就是高峻的山,上面即使有小土坑,也不能算深。因此说"高山上的小土坑,怎能称深"。

【原文】

毁誉贤者之谓訾,推誉不肖之谓讆①。訾讆之人得用,则人主之明蔽,而毁誉之言起②;任之大事,则事不成而祸患至。故曰"訾讆之人,勿与任大"。

【注释】

①訾(zǐ子):说人坏话。謑(wèi卫):虚妄。
②毁誉之言:诽谤贤人、吹捧恶人的言论,即颠倒黑白的议论。

【今译】

诽谤贤人称作"訾",吹捧恶人称作"謑"。诽谤贤人、吹捧恶人的小人被任用,君主的眼睛就会受到蒙蔽,颠倒黑白的议论就会到处传播;如果让这种小人担负重任,那么事业不成,祸患降临。因此说"专门诽谤贤人、吹捧恶人的小人,不能让他担负重任"。

【原文】

明主之虑事也,为天下计者,谓之谯臣①。谯臣则海内被其泽,泽布于天下,后世享其功久远而利愈多。故曰"谯臣者,可与远举"。

【注释】

①谯臣:臣当作"巨"。见《形势》注。

【今译】

明主考虑国事,能为天下着想的,称为谋虑远大。谋虑远大,四海之内都能沐浴恩泽,恩泽广布天下,后代长久地享受他的功业,对国家的好处也越多。因此说"谋虑远大的人,可以同他从事大业"。

【原文】

圣人择可言而后言,择可行而后行。偷得利而后有害①,偷得乐而后有忧者,圣人不为也。故圣人择言必顾其累②,择行必顾其忧。故曰"顾忧者,可与致道"。

【注释】

①偷:苟且。
②累:指后果。

【今译】

圣人选择可以说的话,然后才说;选择可以做的事,然后才做。只顾眼前利益而将来造成危害,只顾眼前取乐而将来产生忧患,这种事圣人是不做的。所以圣人选择言辞一定考虑它可能造成的后果,选择行为一定考虑它可能产生的忧患。因此说"考虑忧患的人,可以同他实行大道"。

【原文】

小人者,枉道而取容①,适主意而偷说②,备利而偷得③。如此者,其得之虽速,祸患之至亦急,故圣人去而不用也。故曰"其计也速而忧在近者,往而勿召也"。

注释

①取容:取媚君主。
②说:同"悦"。
③备:王念孙云:"'备'当为'循'。"译文从王说。

【今译】

所谓小人,就是不走正道而取媚君主,顺从君主的意愿而讨取欢心,只求眼前的利益而不顾长远。这样的人,取得好处虽然快,但招来祸患也快,因而圣人让他离开而不会重用。因此说"主意出得快,而不考虑后患的人,走开了就不必召回"。

【原文】

举一而为天下长利者,谓之举长。举长则被其利者众,而德义之所见远。故曰"举长者,可远见也"。

【今译】

推举一个能为天下谋利益的人,就称为举贤。推举贤人,得到他好处的人就多,他的德义的体现就久远。因此说"推举贤人,百姓得到利益"。

【原文】

天之裁大,故能兼覆万物;地之裁大,故能兼载万物;人主之裁大,故容物多而众人得比焉。故曰"裁大者,众之所比也"。

【今译】
　　天的资质深广,因而能覆盖万物;地的资质深广,因而能承载万物;君主的资质深广,因而能包容万民,使众人得到庇护。因此说"君主资质深广,众人得以依赖"。

【原文】
　　贵富尊显,民归乐之,人主莫不欲也。故欲民之怀乐己者,必服道德而勿厌也,而民怀乐之。故曰"美人之怀,定服而勿厌也"。

【今译】
　　财产富足,地位尊显,百姓乐于归附,这是君主无不向往的情景。因此要让百姓乐于归附自己,必须奉行德政并持之以恒,这样百姓就乐于归附。因此说"要别人归顺,就要奉行德政,并坚持不厌"。

【原文】
　　圣人之求事也,先论其理义,计其可否。故义则求之,不义则止;可则求之,不可则止。故其所得事者,常为身宝①。小人之求事也,不论其理义,不计其可否。不义亦求之,不可亦求之。故其所得事者,未尝为赖也。故曰"必得之事,不足赖也"。

注释
　　①身宝:指自身宝贵的经验。

【今译】
　　圣人对待要做的事,先考虑它是否合乎理义,估计它是否可行。合乎理义就做,不合理义就止;可行就做,不可行就止。因而他做成功的事,常常成为自身的经验。小人对待要做的事,不考虑它是否合乎理义,不估计它是否可行。不合理义也去做,不可行也去做,因而他做成功的事,不能作为依靠。因此说"自以为一定做到的事,依赖不得"。

【原文】

圣人之诺已也①,先论其理义,计其可否。义则诺,不义则已;可则诺,不可则已。故其诺未尝不信也。小人不义亦诺,不可亦诺,言而必诺,故其诺未必信也。故曰"必诺之言,不足信也"。

注释

①诺已:郭沫若云:"'诺已'犹'诺否'。"

【今译】

圣人对待要承诺的事,先考虑它是否合乎理义,估计它是否可行。合乎理义就答应,不合理义就止;可行就答应,不可行就止。因而他的应诺,没有不守信用的。小人则是不合理义也答应,不可行也答应,说什么都答应,因而他的承诺,不一定守信用。因此说"口头上一定应允的话,信任不得"。

【原文】

谨于一家,则立于一家;谨于一乡,则立于一乡;谨于一国,则立于一国;谨于天下,则立于天下。是故其所谨者小,则其所立亦小;其所谨者大,则其所立亦大。故曰"小谨者不大立"。

【今译】

拘泥于一家的事,就只能成功一家的事;拘泥于一乡的事,就只能成功一乡的事;拘泥于一国的事,就只能成功一国的事;执着于天下的事,就能够成功天下的事。因而所拘泥的小,成功的也小;所执着的大,成功的也大。因此说"拘泥小事,不能成就伟业"。

【原文】

海不辞水①,故能成其大;山不辞土石,故能成其高;明主不厌人②,故能成其众;士不厌学,故能成其圣。餮者,多所恶也。谏者,所以安主也③;食者,所以肥体也。主恶谏则不安,人餮食则不肥。故曰"餮食者不肥体也"。

【注释】

①辞:拒绝。
②厌:嫌弃。
③安主:使君主安宁。

【今译】

海不拒绝水,因而成为大海;山不拒绝土石,因而成为高山;明主不嫌弃百姓,因而成为大国;士人不嫌弃学习,因而成为圣贤。所谓饫,是厌恶多种食物的意思。进谏是使君主安宁的措施,进食是使身体健康的途径。君主厌恶进谏,就不得安宁;人厌恶进食,就不会健康。因此说"厌恶进食,身体不会健康"。

【原文】

言而语道德、忠信、孝悌者,此言无弃者①。天公平而无私,故美恶莫不覆;地公平而无私,故小大莫不载;无弃之言,公平而无私,故贤不肖莫不用。故无弃之言者,参伍于天地之无私也②。故曰"有无弃之言者,必参之于天地矣"。

【注释】

①此言无弃者:陶鸿庆云:"者"字衍文。译文从陶说。
②参伍:错杂,参合。

【今译】

言语说到道德、忠信、孝悌的,这些话不可废弃。天公平无私,因而不论美与恶,无不覆盖;地公平无私,因而不论大与小,无不负载;不可废弃的言语公平无私,因而不论贤与不肖,无不使用。所以不可废弃的言语,是参合了天地无私的精神。因此说"谈论大道的人,一定融合了天地的精神"。

【原文】

明主之官物也①,任其所长,不任其所短,故事无不成,而功无不立。乱主不知物之各有所长所短也,而责必备。夫虑事定物、辩明礼义,人之所长,而蝝蝯之所短也②;缘高出险,蝝蝯之所长,而人之所短也。以蝝蝯之所长责人,故其令废而责不塞③。故曰"坠岸三仞,人之所大难也,而蝝蝯饮焉"。

注释

①官:同"管",统管、统治。
②蝝蝯:《形势》作"猿猴"。译文从之。下同。
③责不塞:指责备得不到补救。

【今译】

明主统管万物,任用它们的长处,不用它们的短处,因而事情没有不成功的,功业没有不建立的。乱主不懂得万物各有长处和短处的道理,因而求全责备。思考决定事情、辩说阐明礼义,这是人的长处,却是猿猴的短处;攀援爬高、脱离险地,这是猿猴的长处,却是人的短处。用猿猴的长处去责备人,因而乱主的号令无人听从,责备也没有效用。因此说"从高崖上跳下喝水,对人很困难,猿猴却能做到"。

【原文】

明主之举事也,任圣人之虑,用众人之力,而不自与焉,故事成而福生。乱主自智也①,而不因圣人之虑;矜奋自功②,而不因众人之力;专用己③,而不听正谏,故事败而祸生。故曰"伐矜好专,举事之祸也"。

注释

①自智:自以为聪明。
②矜奋:奋勉。
③专用己:指一意孤行。

【今译】

明主做事,运用圣贤的智谋,利用众人的力量,自己却不动手,因而事业有成,福祐降临。乱主自以为聪明,不用圣贤的智谋;自以为奋勉有功,不用众人的力量;一意孤行,不听劝谏,因而事业毁败,祸患生成。因此说"自以为是、独断专行,是做事的祸害"。

【原文】

马者,所乘以行野也,故虽不行于野,其养食马也,未尝解惰也①。民者,所以守战也②,故虽不守战,其治养民也,未尝解惰也。故曰"不行其野,不违其马"。

注释

①解:同"懈"。
②守战:防守和攻战。

【今译】

马匹是骑着奔走于原野的,因而即使不出行,喂养马匹也不能懈怠。百姓是用来防守和攻战的,因而即使不出征,保养百姓也不能懈怠。因此说"不去原野奔驰,也不能丢弃马匹"。

【原文】

天生四时,地生万财,以养万物而无取焉。明主,配天地者也,教民以时,劝之以耕织,以厚民养,而不伐其功,不私其利。故曰"能予而无取者,天地之配也"。

【今译】

天生成四季,地产生万物,天地养育万物却毫无索取。明主是与天地相匹配的人,他教育百姓按季节生产,劝导百姓耕地织布,来增加他们的生活资料,却从不夸耀自己的功绩,从不谋求私利。因此说"能做到只给予而不索取,就可以与天地匹配"。

【原文】

解惰简慢,以之事主则不忠,以之事父母则不孝,以之起事则不成。故曰"怠倦者不及也"。

【今译】

懈惰怠慢的态度,用来侍奉君主,是不忠的表现;用来侍奉父母,是不孝的表现；用来做事，必定不成功。因此说"懒惰疲塌的人，必定落后"。

【原文】

以规矩为方圆则成，以尺寸量长短则得，以法数治民则安①。故事不广于理者②，其成若神。故曰"无广者疑神"。

【注释】

①法数：指法律。
②广：同"旷"。不广于理谓勤奋不怠惰。

【今译】

用规矩来画方圆就成功，用尺寸来测长短就量得，用法律来治百姓就安定。因而做事勤奋不怠惰，成功就像有神相助。因此说"勤奋努力的人，办事如神"。

【原文】

事主而不尽力则有刑，事父母而不尽力则不亲，受业问学而不加务则不成。故朝不勉力务进，夕无见功。故曰"朝忘其事，夕失其功"。

【今译】

侍奉君主不尽力，就要用刑罚；侍奉父母不尽力，就不被亲近；接受学业不努力，就不会学成。因而早晨不努力进步，晚上就不见功效。因此说"早晨忘掉该做的事，晚上就不见功效"。

【原文】

中情信诚则名誉美矣，修行谨敬则尊显附矣①；中无情实而名声恶矣，修行慢易则污辱生矣②。故曰"邪气袭内，正色乃衰也"。

【注释】

①谨敬：谨慎恭敬。
②慢易：简慢随便。

【今译】

内心诚实,就会得美名;行为谨慎,就会受尊重。内心不诚实,就会坏名声;行为随便,就会遭污辱。因此说"邪气侵入体内,端庄的神色就会衰变"。

【原文】

为人君而不明君臣之义以正其臣,则臣不知于为臣之理以事其主矣①。故曰"君不君则臣不臣"。

注释

①俞樾云:"'不知'下不当有'于'字,乃衍文也。"译文从俞说。

【今译】

当君主的不懂君臣之间的礼义并用来匡正臣下的行为,那么臣下就不懂当臣子的道理来侍奉君主。因此说"君主不像君主的样子,臣子就不像臣子的样子"。

【原文】

为人父而不明父子之义以教其子而整齐之,则子不知为人子之道以事其父矣。故曰"父不父则子不子"。

【今译】

当父亲的不懂父子之间的礼义并用来教诲儿子、规范儿子的行为,那么儿子就不懂当儿子的道理来侍奉父亲。因此说"父亲不像父亲的样子,儿子就不像儿子的样子"。

【原文】

君臣亲,上下和,万民辑①,故主有令则民行之,上有禁则民不犯。君臣不亲,上下不和,万民不辑,故令则不行,禁则不止。故曰"上下不和,令乃不行"。

【注释】

①辑:和谐。

【今译】

君臣亲近,上下和睦,万民和谐。因而君主有政令,百姓就实行;君主有禁止,百姓不违反。君臣不亲近,上下不和睦,万民不和谐,因而政令得不到实行,禁止得不到遵守。因此说"上下不和睦,政令就难以实行"。

【原文】

言辞信,动作庄①,衣冠正,则臣下肃。言辞慢,动作亏②,衣冠惰,则臣下轻之。故曰"衣冠不正,则宾者不肃"。

【注释】

①动作:郭沫若云:当作"动止",犹言举止。译文从郭说。下同。
②亏:此指轻浮。

【今译】

君主言辞诚恳,举止庄重,衣冠端正,那么臣下就敬肃。君主言辞轻慢,举止轻浮,衣冠不整,那么臣下就看轻他。因此说"君主衣冠不端正,礼宾人员就不敬肃"。

【原文】

仪者,万物之程式也①;法度者,万民之仪表也②;礼义者,尊卑之仪表也。故动有仪则令行,无仪则令不行。故曰"进退无仪,则政令不行"。

【注释】

①程式:此谓法度。
②仪表:此谓标准。

【今译】

所谓仪就是万物的法度,所谓法度就是万民的标准,所谓礼义就是上尊下卑的标准。因而君主的行为合于法度，政令就能推行；不合法度，政令就不能推行。因此说"君主举止行为不合法度，政令就不能推行"。

【原文】

人主者，温良宽厚则民爱之，整齐庄严则民畏之。故民爱之则亲，畏之则用。夫民亲而为用，主之所急也。故曰"且怀且威，则君道备矣"。

【今译】

君主温和善良，宽厚待人，百姓就喜爱他；君主号令整齐，态度严肃，百姓就畏惧他。百姓喜爱君主就亲近他，百姓畏惧君主就甘心被驱使。百姓既亲近又乐于被用，这是君主治民理想的境界。因此说"对百姓既给予关怀，又运用威势，这才是君主治国完备的方法"。

【原文】

人主能安其民，则事其主如事其父母。故主有忧则忧之，有难则死之。主视民如土，则民不为用，主有忧则不忧，有难则不死。故曰"莫乐之则莫哀之，莫生之则莫死之"。

【今译】

君主能使百姓安居乐业，那么百姓侍奉君主就像侍奉父母。因而君主有忧患，百姓为他担忧；君主有危难，百姓为他牺牲。君主对待百姓如同泥土，百姓就不愿被用；君主有忧患，百姓不为他担忧；君主有危难，百姓不为他牺牲。因此说"君主不能使百姓乐业，百姓就不会为他担忧；君主不能使百姓生存繁育，百姓就不会为他牺牲"。

【原文】

民之所以守战至死而不衰者，上之所以加施于民者厚也。故上施厚，则民之报上亦厚；上施薄，则民之报上亦薄。故薄施而厚责，君不能得之于臣，父不能得之于子。故曰"往者不至，来者不极"。

【今译】

　　百姓在防守攻战中所以能奋不顾身,是因为君主给予百姓的好处丰厚。因而君主给予百姓丰厚,百姓回报君主也丰厚;君主给予百姓微薄,百姓回报君主也微薄。希望给予微薄而回报丰厚,君主不可能从臣子处得到,父亲不可能从儿子处得到。因此说"君主不给百姓好处,百姓就不会回报君主"。

【原文】

　　道者,扶持众物,使得生育,而各终其性命者也。故或以治乡,或以治国,或以治天下。故曰"道之所言者一也,而用之者异"。

【今译】

　　所谓道,就是扶助万物,使它们生长繁育,完成自然的生命过程的一种规律。因而有的用来治理乡,有的用来治理国,有的用来治理天下。因此说"道的基本内容是一样的,只是运用它各不相同"。

【原文】

　　闻道而以治一乡,亲其父子,顺其兄弟,正其习俗,使民乐其上,安其土,为一乡主干者,乡之人也。故曰"有闻道而好为乡者,一乡之人也"。

【今译】

　　认识了道并用它来治理一个乡,使父子相亲,兄弟和顺,习俗淳正,使百姓乐于服从君主,安居乡土,成为一乡的主人,这样的人就是治乡的人材。因此说"有人认识了道,并能用来治理乡,他就是治乡的人材"。

【原文】

　　民之从有道也,如饥之先食也[①],如寒之先衣也,如暑之先阴也[②]。故有道则民归之,无道则民去之。故曰"道往者其人莫来,道来者其人莫往"。

【注释】

①先:抢先。
②阴:同"荫"。此指避荫。

【今译】

百姓追随行道之人,就像饥饿时抢先吃饭,寒冷时抢先穿衣,酷热时抢先避荫。因而君主奉行道,百姓就归顺;违背道,百姓就背弃。因此说"违背了道,人们不再回来;实行了道,人们不再离去"。

【原文】

道者,所以变化身而之正理者也。故道在身则言自顺,行自正,事君自忠,事父自孝,遇人自理。故曰"道之所设,身之化也"。

【今译】

所谓道,就是能改变自身而达到正理的一种力量,因而掌握了道,言语自然会和顺,行为自然会端正,侍奉君主自然会忠诚,侍奉父亲自然会孝顺,对待他人自然会合理。因此说"掌握了道,自身的言行就与它融合在一起"。

【原文】

天之道,满而不溢,盛而不衰。明主法象天道,故贵而不骄,富而不奢,行理而不惰,故能长守贵富,久有天下而不失也。故曰"持满者与天"。

【今译】

天之道,是丰满而不外溢,强盛而不衰竭。明主效法天道,因而能尊贵而不骄傲,富有而不奢侈,合理行事而不怠惰,所以能长久地保有富贵,拥有天下,而不会失去。因此说"保持强盛,就要顺从天道"。

【原文】

明主,救天下之祸安天下之危者也。夫救祸安危者,必待万民之为用也,而后能为之。故曰"安危者与人"。

【今译】

　　所谓明主，就是能拯救天下灾祸、安定天下危难的人。拯救灾祸、安定危难，必定要依靠万民的力量，然后才能做到。因此说"安定危难，就要顺从人心"。

【原文】

　　地大国富，民众兵强，此盛满之国也。虽已盛满，无德厚以安之，无度数以治之，则国非其国，而民无其民也①。故曰"失天之度，虽满必涸"。

注释

　　①民无其民：安井衡云："'民无'古本作'民非'。"译文从"民非"。

【今译】

　　土地广大，物产富饶，百姓众多，军队强大，这是十分强盛的国家。虽然已十分强盛，但是，没有恩德进行安抚，没有法度进行治理，那么国家将难以维持现状，百姓也难以维持现状。因此说"违背了天的法则，强盛的也必将衰败"。

【原文】

　　臣不亲其主，百姓不信其吏，上下离而不和。故虽自安，必且危之。故曰"上下不和，虽安必危"。

【今译】

　　臣下不亲近君主，百姓不信任官吏，君主和臣民上下隔阂，不相调和，即使暂时安定，必将产生危机。因此说"君主和臣民对立，安定的也必将危亡"。

【原文】

　　主有天道，以御其民，则民一心而奉其上，故能贵富而久王天下。失天之道，则民离叛而不听从，故主危而不得久王天下。故曰"欲王天下而失天之道，天下不可得而王也"。

【今译】

　　君主奉行天道，治理百姓，那么百姓就一心一意侍奉君主，因而能长久地保持富贵，称王天下。君主违背天道，百姓叛逃，不服从君主，因而君主地位动摇，不能长久称王天下。因此说"要想称王天下，却又违背天道，就不能称王天下了"。

【原文】

　　人主务学术数①，务行正理，则化变日进②，至于大功，而愚人不知也。乱主淫佚邪枉，日为无道，至于灭亡，而不自知也。故曰"莫知其为之，其功既成，莫知其舍之也，藏之而无形③"。

【注释】

　　①术数：此指治国方法。
　　②化变：变化。
　　③"故曰"四句：此按《形势》文，上脱"其道既得"四字，下脱"天之道也"四字，"舍之也"当作"释之"，"而"字衍。

【今译】

　　君主一定要学习治国方法，奉行正理，那么事业就会日新月异，天天进步，直到建立大功，这是愚蠢的人所不懂的。乱主骄奢淫佚，走邪门歪路，违背天道，一天天堕落，直到灭亡，自己还不知道。因此说"掌握了道，不知道它怎样发生作用；事业成功，不知道它怎样离去。隐蔽而不见它的形体，这就是天道"。

【原文】

　　古者三王五伯①，皆人主之利天下者也，故身贵显而子孙被其泽；桀、纣、幽、厉②，皆人主之害天下者也，故身困伤而子孙蒙其祸。故曰"疑今者察之古，不知来者视之往"。

【注释】

　　①三王：指夏禹、商汤、周文王、武王。五伯：同"五霸"，指齐桓公、晋文公、秦穆公、宋襄公、楚庄公。

②桀、纣、幽、厉:指夏桀、商纣、周幽王、周厉王。

【今译】

　　古代的三王五霸,都是为天下谋利益的君主,因而能自身尊贵显赫,子孙享受恩泽;夏桀、商纣、周幽王、厉王,都是祸害天下的君主,因而自身困厄伤亡,子孙蒙受祸患。因此说"对现在有怀疑,可以考察古代;对将来不明白,可以看看过去"。

【原文】

　　神农教耕生谷,以致民利;禹身决渎,斩高桥下①,以致民利;汤、武征伐无道②,诛杀暴乱,以致民利。故明王之动作虽异,其利民同也。故曰"万事之任也,异起而同归,古今一也③"。

注释

　　①斩高桥下:俞樾云:"并以治河言。'斩高'谓凿龙门也。'桥下'即太史公所谓'北载之高地,过降水至于大陆'者也。"
　　②汤、武:即商汤、周武王。
　　③《形势》"任"作"生","起"作"趣"。

【今译】

　　神农氏教民耕耘,种植粮食,为百姓谋利;夏禹亲自治水,开凿龙门,疏导洪水,为百姓谋利;商汤、周武王征伐无道君主、诛杀暴乱臣民,为百姓谋利。因而明主所作所为虽然不同,为百姓谋利是相同的。因此说"万事万物的产生发展,千变万化,但根本的规律相同,古往今来是一样的"。

【原文】

　　栋生桡不胜任则屋覆①,而人不怨者,其理然也;弱子慈母之所爱也,不以其理动者②,下瓦则慈母笞之。故以其理动者,虽覆屋不为怨;不以其理动者,下瓦必笞。故曰"生栋覆屋,怨怒不及;弱子下瓦,慈母操箠"。

【注释】

①桡(ráo 饶):弯曲。
②动者:王念孙云:"宋本无'动者'二字,是也。""此涉下文两'动者'而衍。"译文从王说。

【今译】

栋梁用新伐而弯曲的木材做成,不能承受屋顶重量,致使房屋倒塌,人们不抱怨,因为这符合事理;孩子是慈母最疼爱的,但做事违背情理,上房拆瓦,慈母也要打他。因而,符合事理的即使房屋倒塌也不被抱怨,违背情理的即使拆几片瓦也要惩罚。因此说"用新伐的木材做栋梁,造成房屋倒塌,人们不会抱怨;孩子爬上房顶拆瓦,连慈母也会举鞭打他"。

【原文】

行天道,出公理,则远者自亲;废天道,行私为,则子母相怨。故曰"天道之极,远者自亲;人事之起,近亲造怨"。

【今译】

奉行天道,出于公理,疏远的人也会亲近;背弃天道,一心为私,母子间也会生怨。因此说"彻底奉行天道,疏远的人也会亲近;私心一旦萌发,亲近的人也会生怨"。

【原文】

古者,武王地方不过百里,战卒之众不过万人,然能战胜攻取,立为天子,而世谓之圣王者,知为之之术也①。桀、纣贵为天子,富有海内,地方甚大,战卒甚众,而身死国亡,为天下僇者②,不知为之之术也。故能为之,则小可为大,贱可为贵;不能为之,则虽为天子,人犹夺之也。故曰"巧者有余,而拙者不足也"。

【注释】

①为之:指按天道行事。
②僇(lù 路):羞辱。

【今译】

古时候,周武王土地的范围不超过百里,士兵的人数不超过万人,但是能战胜敌人,夺取土地,最终成为天子,被世人称为圣王,这是因为他懂得按天道行事的道理。夏桀、商纣拥有天子的尊贵、天下的财富,土地广大,士兵众多,但最终身死国亡,被天下人羞辱,这是因为他们不懂得按天道行事的道理。因而能按天道行事,小可以变成大,贱可以变成贵;不能按天道行事,即使是天子,别人也能夺去他的地位。因此说"灵巧的人用起来有余,笨拙的人用起来不足"。

【原文】

明主上不逆天,下不圹地①,故天予之时,地生之财;乱主上逆天道,下绝地理,故天不予时,地不生财。故曰"其功顺天者天助之,其功逆天者天违之"。

【注释】

①圹:同"旷",荒废。圹地谓荒废土地。

【今译】

明主上不违背天时,下不荒废土地,因而天为他调节四季,地为他生产财富;乱主上违背天时,下弃绝地理,因而四季不调匀,土地无收成。因此说"功业顺从天道,天帮助他;行事违背天道,天遗弃他"。

【原文】

古者,武王,天之所助也,故虽地小而民少,犹之为天子也;桀、纣,天之所违也,故虽地大民众,犹之困辱而死亡也。故曰"天之所助,虽小必大;天之所违,虽大必削①"。

【注释】

①虽大必削:《形势》作"虽成必败",译文从之。

【今译】

古时候,周武王得到天的帮助,因而虽然土地小、百姓少,但终于成为天子;夏桀、商纣遭到天的遗弃,因而虽然原来土地大,百姓多,但终于受辱而死。因此说"天所帮助的,虽弱小最终必然壮大;天所遗弃的,虽成功最终必然失败"。

【原文】

与人交,多诈伪无情实,偷取一切①,谓之乌集之交。乌集之交,初虽相欢,后必相咄②。故曰"乌集之交,虽善不亲"。

【注释】

①偷取:苟且求取。一切:权宜。
②咄(duō 多):指责,呵叱。

【今译】

与人交往,多存欺诈虚伪,没有真情实意,只求权宜之计,这就叫乌鸦聚集式的交往。乌鸦聚集式的交往,开始虽然相处欢快,往后必然相互责备。因此说"乌鸦聚集式的交往,虽然表面热闹,但不亲密"。

【原文】

圣人之与人约结也①,上观其事君也,内观其事亲也,必有可知之理,然后约结。约结而不袭于理②,后必相倍③。故曰"不重之结,虽固必解。道之用也,贵其重也"。

【注释】

①约结:结交。
②袭:合。
③倍:同"背"。

【今译】

圣贤与人结交的时候,对上要看他侍奉君主的态度,对内要看他侍奉双亲的态度,一定要有值得相知的地方,然后才与他结交。与人结交而不合于理,将来必定相互背叛。因此说"轻率地与人结交,虽然一时牢固,必将分裂。所以,道的运用,重要的在于慎重"。

【原文】

明主与圣人谋,故其谋得;与之举事,故其事成。乱主与不肖者谋,故其计失;与之举事,故其事败。夫计失而事败,此与不可之罪。故曰"毋与不可"。

【今译】

明主同贤人商议,计谋高明;同贤人办事,事业成功。乱主同不才商议,计谋失策;同不才办事,事业失败。计谋失策而事业失败,这是结交了不该交往的人的错误。因此说"不要结交不该交往的人"。

【原文】

明主度量人力之所能为,而后使焉。故令于人之所能为,则令行;使于人之所能为,则事成。乱主不量人力,令于人之所不能为,故其令废;使于人之所不能为,故其事败。夫令出而废,举事而败,此强不能之罪也。故曰"毋强不能"。

【今译】

明主衡量人们的能力能否达到,然后加以使用。因而,针对人们所能做到的发布政令,政令就能推行;针对人们所能做到的加以差遣,事情就能成功。乱主不衡量人们的能力,针对人们所不能做到的发布政令,政令只能废弃;针对人们所不能做到的加以差遣,事情只能失败。政令发生却被废弃,差遣办事结果失败,这是勉强能力不够的人的错误。因此说"不要勉强能力不够的人"。

【原文】

狂惑之人,告之以君臣之义,父子之理,贵贱之分,不信圣人之言也,而反害伤之,故圣人不告也。故曰"毋告不知"。

【今译】

狂妄糊涂的人,告诉他君臣的礼义、父子的道理、贵贱的分别,他不但不相信圣贤的这些话,反而中伤人家,因而圣贤不告诉他。因此说"不要告诉不懂道理的人"。

【原文】

与不肖者举事,则事败;使于人之所不能为,则令废;告狂惑之人,则身害。故曰"与不可,强不能,告不知,谓之劳而无功"。

【今译】

同不才办事,事业失败;差遣人们干做不到的事,政令废弃;告诉狂妄糊涂的人,自身被害。因此说"结交不该交往的人,勉强能力不够的人,告诉不懂道理的人,这就叫白白辛苦而没有功效"。

【原文】

常以言翘明其与人也①,其爱人也,其有德于人也,以此为友则不亲,以此为交则不结,以此有德于人则不报。故曰"见与之友,几于不亲;见爱之交,几于不结;见施之德,几于不报。四方之所归②,心行者也"。

注释

①翘:自我称榜。
②四方之所归:《形势》作"四方所归"。

【今译】

有些人经常用言语自我称榜,表现对人友好,对人亲爱,对人有恩。这样来与人友好,别人不会亲近;这样来与人交友,别人不会结交;这样来给人恩德,别人不会回报。因此说"表面上显示友好,将得不到亲近;表面上显示亲爱,将得不到结交;表面上显示恩德,将得不到回报。只有真心诚意实行大道的君主,四面八方才会归附"。

【原文】

明主不用其智,而任圣人之智;不用其力,而任众人之力。故以圣人之智思虑者,无不知也;以众人之力起事者,无不成也。能自去而因天下之智力起①,则身逸而福多。乱主独用其智,而不任圣人之智;独用其力,而不任众人之力。故其身劳而祸多。故曰"独任之国,劳而多祸"。

【注释】

①自去:自己超脱。戴望云:"元本无'起'字,此误衍。"译文从戴说。

【今译】

明主不用自己的智慧,而用圣贤的智慧;不用自己的力量,而用众人的力量。用圣贤的智慧考虑问题,就没有不知道的;用众人的力量开发事业,就没有不成功的。能自己超脱而依靠天下人的智慧和力量,必然自身安逸,福祐众多。乱主只用自己的智慧,而不用圣贤的智慧;只用自己的力量,而不用众人的力量,因而自身疲劳,祸患众多。因此说"君主自以为是,独断专行,这样的国家,疲于奔命,祸患不断"。

【原文】

明主内行其法度,外行其理义,故邻国亲之,与国信之①。有患则邻国忧之,有难则邻国救之。乱主内失其百姓,外不信于邻国,故有患则莫之忧也,有难则莫之救也。外内皆失,孤特而无党②,故国弱而主辱。故曰"独国之君,卑而不威"。

【注释】

①与国:友好的国家。
②孤特:孤立无援。

【今译】

明主对内实行法度,对外推行理义,因而邻国亲近,友邻信任。有忧患时邻国会来分忧,有危难时邻国会来救助。乱主内失去百姓支持,外失去邻国信任,因而有忧患时没有人分忧,有危难时没有人救助,失去了内部和外部的支援,孤立而没有同道,所以国家衰弱,君主受辱。因此说"这样的国君,地位卑下,没有威势"。

【原文】

明主之治天下也,必用圣人,而后天下治;妇人之求夫家也,必用媒,而后家事成。故治天下而不用圣人,则天下乖乱而民不亲也①;求夫家而不用媒,则丑耻而人不信也②。故曰"自媒之女,丑而不信"。

【注释】

①乖乱:背离叛乱。
②丑耻:丢丑蒙耻。

【今译】

明主治理天下,一定要用圣贤,然后天下得以治理;女子寻求夫家,一定要用媒人,然后家庭得以建立。因而治理天下而不用圣贤,那么天下背离叛乱,百姓不亲近;寻求夫家而不用媒人,那么女子丢丑蒙耻,夫家不信任。因此说"自己作媒的女子,丢丑而得不到信任"。

【原文】

明主者,人未之见而有亲心焉者,有使民亲之之道也,故其位安而民往之。故曰"未之见而亲焉,可以往矣"。

【今译】

所谓明主,就是还没见到他就想亲近他的那种人,他有让百姓亲近自己的方法,因而他的地位稳固,百姓投奔他。因此说"没见过就想亲近他的君主,可以去投奔"。

【原文】

尧、舜,古之明主也,天下推之而不倦,誉之而不厌。久远而不忘者,有使民不忘之道也,故其位安而民来之。故曰"久而不忘焉,可以来矣"。

【今译】

唐尧、虞舜是古时候的明主,天下反复地推重、称誉他们,永不厌倦,他们长久地不被遗忘,有让百姓不忘记自己的方法,因而他们的地位稳固,能使百姓归附。因此说"能长久地不被遗忘的君主,可以去归附"。

【原文】

日月,昭察万物者也。天多云气,蔽盖者众,则日月不明。人主犹日月也,群臣多奸,立私以拥蔽主,则主不得昭察其臣下,臣下之情不得上通,故奸邪日多而人主愈蔽。故曰"日月不明,天不易也"。

【今译】
　　日月是照耀万物的,天空多云气,遮蔽了光线,那么日月就不明亮。君主就像日月,群臣中多奸邪谋私利而蒙蔽君主,那么君主就不能洞察臣下,臣下的情志也不能上达,这样,奸邪小人越来越多,君主也越受蒙蔽。因此说"日月不明亮,这是天不清的缘故"。

【原文】
　　山,物之高者也。地险秽不平易,则山不得见。人主犹山也,左右多党,比周以壅其主,则主不得见。故曰"山高而不见,地不易也"。

【今译】
　　山是万物中最高的,地势险阻不平坦,那么高山就看不见。君主就像高山,左右结党营私,遮蔽君主,那么君主就没有地位。因此说"山高看不见,这是地不平的缘故"。

【原文】
　　人主出言不逆于民心,不悖于理义,其所言足以安天下者也,人唯恐其不复言也。出言而离父子之亲,疏君臣之道,害天下之众,此言之不可复者也,故明主不言也。故曰"言而不可复者,君不言也"。

【今译】
　　君主说的话,不违背民心,不违背理义,就足以安定天下,而百姓只怕他不再这样说。如果说的话离间父子的亲情,疏远君臣的关系,为害天下的百姓,这样的话是不能重复的,因而明主决不会说。因此说"不能重复说的话,君主决不说"。

【原文】
　　人主身行方正,使人有礼,遇人有理①,行发于身而为天下法式者,人唯恐其不复行也。身行不正,使人暴虐,遇人不信,行发于身而为天下笑者,此不可复之行,故明主不行也。故曰"行而不可再者,君不行也"。

注释

①遇人有理:古本作"遇人有信"。译文从古本。

【今译】

君主行为端正,用人有礼貌,待人讲信用,所作所为成为天下的楷模,百姓只怕他不再这样做。如果行为不端正,用人粗暴苛刻,待人不讲信用,所作所为被天下所耻笑,这样的行为是不能重复的,因而明主决不会做。因此说"不能重复做的行为,君主决不做"。

【原文】

言之不可复者,其言不信也;行之不可再者,其行贼暴也。故言而不信则民不附,行而贼暴则天下怨。民不附,天下怨,此灭亡之所从生也,故明主禁之。故曰"凡言之不可复,行之不可再者,有国者之大禁也"。

【今译】

不能重复的话是不讲信用的,不能重复的行为是暴虐伤人的。因而说话不讲信用,百姓不会归附;行为暴虐伤人,天下就会怨怒。百姓不归附,天下怨怒,这就是国家灭亡的开始,因而明主绝对不允许。因此说"凡是不能重复的话,不能重复的行为,都是君主最大的禁忌"。

立政九败解第六十五

【题解】

本篇为《立政》篇中"九败"一节的逐句诠解。

"九败"指九种将使国家败亡的错误思想观点,即"寝兵"(停息兵备)、"兼爱"(彼此相爱)、"私议自贵"(自命不凡)、"群徒比周"(结党营私)、"金玉货财"(贪图财富)、"观乐玩好"(追求享受)、"请谒任举"(干求保举)、"诡谀饰过"(文过饰非)、"全身"(保命)。

【原文】

人君唯毋听寝兵①,则群臣宾客莫敢言兵。然则内之不知国之治乱,外之不知诸侯强弱,如是则城郭毁坏,莫之筑补;甲弊兵凋,莫之修缮,如是则守圉之备毁矣②。辽远之地谋③,边竟之士修④,百姓无圉敌之心。故曰"寝兵之说胜,则险阻不守"。

【注释】

①毋听:戴望云:"毋为发声语助之词。""毋听,听也。"
②圉:同"御"。
③谋:郭沫若云:"'谋'殆假为'晦'。"晦指边境之地辽远昏暗。
④竟:同"境"。修:郭沫若云:"'修'殆'偷'字之误,谓边境之士偷惰也。"译文从"偷"。

【今译】

君主如果听从停息兵备的主张,群臣宾客就没有敢谈论兵备的。然而对内不知道国家的治乱,对外不了解诸侯的强弱,这样的话,城墙毁坏没有人去修补,装备损毁没有人去修理,防卫的设施和装备就将毁于一旦。辽远的边境昏暗凄凉,戍边的士卒怠惰消极,百姓缺乏抗敌的决心。因此说"如果停息兵备的观点占上风,那么险要的阵地也守不住"。

【原文】

人君唯毋听兼爱之说,则视天下之民如其民,视国如吾国。如是则无并兼攘夺之心①,无覆军败将之事②。然则射御勇力之士不厚禄,覆军杀将之臣不贵爵,如是则射御勇力之士出在外矣。我能毋攻人可也,不能令人毋攻我。彼求地而予之,非吾所欲也;不予而与战,必不胜也。彼以教士③,我以驱众④;彼以良将,我以无能,其败必覆军杀将。故曰"兼爱之说胜,则士卒不战"。

【注释】

①攘夺:侵夺。

②败将:据下文应作"杀将"。
③教士:指训练有素的士卒。
④驱众:指驱赶乌合之众。

【今译】

　　君主如果听从彼此相爱的主张,就会将天下的百姓都看作自己的百姓,将天下的国家都看作自己的国家。这样的话,就没有了兼并他国、侵夺百姓的心思,也没有了覆灭敌军、杀戮其将士的战争。不给善于骑射、勇猛奋力的将士以丰厚的俸禄,不给覆灭敌军、杀戮其将士的臣下以尊贵的爵位,这样,善于骑射、勇猛奋力的将士就不愿在君主身边而带兵外出。我可以不进攻敌人,但不能让敌人不进攻我。敌人要求土地就给予他,这不是我所愿意的;不给予而与他交战,一定不能取胜。因为敌人凭借训练有素的士卒,我只能驱赶乌合之众;敌人凭借精良的战将,我身边只有无能之辈,这样失败的结局必然是我军覆灭、将帅身亡。因此说"如果彼此相爱的观点占上风,那么士兵相互间就不肯交战"。

【原文】

　　人君唯无好全生①,则群臣皆全其生,而生又养生,养何也②?曰:滋味也,声色也,然后为养生。然则从欲妄行③,男女无别,反于禽兽④。然则礼义廉耻不立,人君无以自守也⑤。故曰"全生之说胜,则廉耻不立"。

注释

①戴望云:"宋本'无'作'毋',下皆同。"
②姚永概云:"此文当作'而又养生,养生何也'乃顺。"译文从姚说。
③从:同"纵"。
④反:同"返"。
⑤自守:约束自己。

【今译】

　　君主如果爱好保全生命的主张,那么群臣也都讲究保全生命,并进而讲求养生之道。什么是养生呢？口舌滋味的享受，声乐女色的享受，这些就是养生。然而放纵情欲，胡作非为，男女不加区分，这等于回到禽兽世界。因而礼义廉耻不能树立，君主就不能约束自己。因此说"如果保全生命的观点占上风，那么廉耻的品德就不能树立"。

【原文】

人君唯无听私议自贵，则民退静隐伏①，窟穴就山②，非世间上③，轻爵禄而贱有司。然则令不行，禁不止。故曰"私议自贵之说胜，则上令不行"。

【注释】

①退静隐伏：指退处隐居。
②窟穴就山：指进深山洞穴。
③间上：与君主离心离德。

【今译】

君主如果听从私自立说、自命不凡的人，那么百姓就都进深山洞穴去退处隐居，非议当世，与君主离心离德，鄙视爵位俸禄而看轻朝廷官吏。这样君主有令不能推行，有禁不得制止。因此说"如果自命不凡的观点占上风，那么君主的政令就不能推行"。

【原文】

人君唯无好金玉货财，必欲得其所好，然则必有以易之。所以易之者何也？大官尊位，不然则尊爵重禄也。如是则不肖者在上位矣。然则贤者不为下①，智者不为谋，信者不为约，勇者不为死。如是则驱国而损之也②。故曰"金玉货财之说胜，则爵服下流"。

【注释】

①古本"下"作"力"。译文从"力"
②损：毁。

【今译】

君主如果爱好金玉财宝，一定希望获得它，就一定会拿东西来交换。用来交换金玉财宝的是什么呢?不是要职高位,就是尊贵的爵位、优厚的俸禄。这样的话,不肖之徒就会占据高位,而贤能的人不会竭尽全力,智慧的人不会贡献计谋,守信的人不会坚守约定,勇猛的人不为君主死战。这等于是驱使国家走向毁灭啊!因此说"如果贪图财富的观点占上风,那么就会出现卖官鬻爵"。

【原文】

人君唯毋听群徒比周,则群臣朋党,蔽美扬恶,然则国之情伪不见于上。如是则朋党者处前①,寡党者处后。夫朋党者处前,贤不肖不分,则争夺之乱起,而君在危殆之中矣。故曰"群徒比周之说胜,则贤不肖不分"。

【注释】

①朋党:王念孙云:"'朋'当为'多',下'朋党'同。"译文从王说。

【今译】

君主如果听从小人结党营私,那么群臣将纷纷结为朋党,掩蔽美善,吹捧丑恶,这样国家的真实情况君主就不能了解。于是结党营私的小人居于要位,正直独立的君子退居在后。结党营私的小人居于要位,贤良和不才就难以区分,互相争权夺利的动乱就会发生,君主就将处于危险的境地。因此说"如果结党营私的观点占上风,那么贤良和不才就难以区分"。

【原文】

人君唯毋听观乐玩好,则败。凡观乐者,宫室、台池、珠玉、声乐也,此皆费财尽力伤国之道也。而以此事君者,皆奸人也,而人君听之,焉得毋败?然则府仓虚,蓄积竭,且奸人在上,则壅遏贤者而不进也①。然则国适有患,则优倡侏儒起而议国事矣②,是驱国而捐之也。故曰"观乐玩好之说胜,则奸人在上位"。

【注释】

①壅遏:壅塞阻止。

②优倡侏儒：古时称演出歌舞杂技的艺人，此指下层小人。

【今译】

君主如果听从玩乐享受的主张，就必将失败。凡是能获得视觉享乐的，无非是宫殿、楼池、珠宝、声乐，而这些都是耗费财物、损伤国力的东西。用这些来引诱君主的，都是奸佞之臣，如果君主听信他们，怎么能不失败呢？因为府库空虚、积蓄耗尽，而且奸佞当道，阻止贤人进谏，假如国家正遇上祸患，那么优倡侏儒这些下层小人就将群起商议国事，这等于驱使国家走向毁灭。因此说"如果追求享受的观点占上风，那么小人就会占据高位"。

【原文】

人君唯毋听请谒任誉①，则群臣皆相为请。然则请谒得于上，党与成于乡。如是则货财行于国②，法制毁于官，群臣务佼而求用③。然则无爵而贵，无禄而富。故曰"请谒任誉之说胜，则绳墨不正"。

注释

①任誉：当依《立政》作"任举"。下同。
②货财：指贿赂。
③猪饲彦博云："'佼'当作'交'。"王念孙云："'求用'上当有'不'字。"译文从之。

【今译】

君主如果听从干求保举的主张，那么群臣都相互干求。干求保举的人一旦得势，基层的朋党也就形成。这样的话，贿赂就在国内通行，法制就在官府被毁弃，群臣就专力交结而不求立功，这样就将造成没有爵位也会显贵，没有俸禄也会富有。因此说"如果干求保举的观点占上风，那么用人的标准就会遭歪曲"。

【原文】

人君唯无听谄谀饰过之言，则败。奚以知其然也？夫谄臣者，常使其主不悔其过、不更其失者也，故主惑而不自知也，如是则谋臣死而

管子解 645

谄臣尊矣①。故曰"谄谀饰过之说胜②,则巧佞者用"。

注释

①谋臣:王念孙云:"'谋'当为'谏'。"译文从王说。
②谄谗:据上文与《立政》,当作"谄谀"。

【今译】

　　君主如果听从阿谀奉承、文过饰非的主张,就必将失败。怎样知道会这样呢?谄谀之臣就是那种经常使君主不追悔自己的过失、不改正自己的错误的人,因而君主糊涂却自己不知道,这样忠谏之臣死亡,而谄谀之臣得宠。因此说"如果文过饰非的观点占上风,那么阿谀奉承的佞人就会被任用"。

版法解第六十六

【题解】

　　本篇是对本书《版法》篇的逐句诠解,并有所发挥,如提出"治国有三器,乱国有六攻"的主张,即所谓号令、斧钺、禄赏为治国的三项法宝,而亲、贵、货、色、巧佞、玩好为乱国的六种途径。篇末两节,与《版法》原文无涉,明显为错简误入本篇。前节称颂虞舜毫不利己、专门利人和武王一无所有、专门予人的精神,后节阐述君子"自化"、"自抚"的精神和最厌恶的五种行为。

【原文】

　　版法者①,法天地之位,象四时之行,以治天下。四时之行,有寒有暑②,圣人法之,故有文有武。天地之位,有前有后,有左有右,圣人法之,以建经纪③。春生于左,秋杀于右,夏长于前,冬藏于后。生长之事,文也;收藏之事,武也。是故文事在左,武事在右,圣人法之,以行法令,以治事理。凡法事者④,操持不可以不正⑤;操持不正,则听治不公⑥;听治不公,则治不尽理,事不尽应⑦。治不尽理,则疏远微贱者无所告诉⑧;事不尽应,则功利不尽举。功利不尽举则国贫,疏远微贱者无所告谢则下饶⑨。故曰"凡将立事,正彼天植"。

注释

①王念孙云:"'版'字涉上'版法解'而衍。'法天地之位'云云,乃释'法'字,非释'版法'二字。"译从。
②陶鸿庆云:"'有寒有暑'上,当有'有生有杀'四字。"译文从陶说。
③经纪:纲常,法度。
④法事:郭沫若云:"'法事'当为'治事'。"译文从之。
⑤操持:指所持的立场。
⑥听治:治理。听,断决,治理。
⑦事不尽应:指办事不按照常规。应,应当,指常规。
⑧谢:同"诉"。
⑨俞樾云:"'饶'当为'谎',《说文》'谎,恚呼'。"恚(huì 惠)呼,指怨怒呼号。

【今译】

所谓法,就是效法天地的位置,模拟四时的运行,来治理天下。四时的运行,有萌生,有凋落,有寒冬,有酷暑,圣人效法它,因而设立文官、武将。天地的位置,有前面,有后方,有左边,有右边,圣人效法它,用来建立法度。春季萌生在左,秋季凋落在右,夏季生长在前,冬季收藏在后。万物萌发、生长之事,属于文事;凋落、收藏之事,属于武事。因而文事在左,武事在右,圣人效法它,用来推行法令,用来规范事理。凡是治理政事,所持的立场不可以不公正;立场不公正,那么治理就不公平;治理不公平,那么治理不遵循法理,办事不按照常规。治理不遵循法理,那么关系疏远、地位微贱的人就无处申诉;办事不按照常规,就不能获得最大的功利。不能获得最大的功利,国家就贫困;关系疏远、地位微贱的人无处申诉,百姓就怨怒。因此说"大凡君主临政治事,要端正心志"。

【原文】

天植者,心也。天植正,则不私近亲,不孽疏远①;不私近亲,不孽疏远,则无遗利②,无隐治③;无遗利,无隐治,则事无不举,物无遗者。欲见天心,明以风雨。故曰"风雨无违,远近高下,各得其嗣"。

【注释】

①孽:庶子。这里引申为低贱、轻视。
②遗利:指私下给予的特权。
③隐治:指不公开的治国方式。

【今译】

所谓天植,就是心志的意思。心志纯正,就不会偏私关系亲近的人,不会轻视关系疏远的人;不偏私亲近,不轻视疏远,就不会有特权,不会有隐瞒;没有特权,没有隐瞒,事业没有不兴旺发达的,万物没有不发挥作用的。要知晓上天的心志,自然的风雨就是最明显的象征。因此说"不要违背风雨自然的规律,处理好与远近高下各类人的关系,使他们各得其所"。

【原文】

万物尊天而贵风雨。所以尊天者,为其莫不受命焉也;所以贵风雨者,为其莫不待风而动、待雨而濡也。若使万物释天而更有所受命,释风而更有所仰动,释雨而更有所仰濡,则无为尊天而贵风雨矣。今人君之所尊安者,为其威立而令行也,其所以能立威行令者,为其威利之操莫不在君也。若使威利之操不专在君,而有所分散,则君日益轻而威利日衰,侵暴之道也。故曰"三经既饬,君乃有国"。

【今译】

万物尊奉上天而贵重风雨。所以尊奉上天,因为万物无不受命于它;所以贵重风雨,因为万物无不随风运动、靠雨滋润。假如万物弃上天而另有所受命,弃风而另有动力使它运动,弃雨而另有源泉使它滋润,那么万物也就不会尊奉上天而贵重风雨了。如今君主之所以得到尊敬并安居其位,因为他的权势确立,政令推行,而君主所以能确立权势、推行政令,因为权势利益无不控制在他的手中。假如权势利益不是专被君主一人控制,而是分散各处,那么君主的地位就会一天天动摇,他的权势利益也会一天天衰落,这就是对君主欺凌侵吞的途径。因此说"三项原则得到整饬,君主才能拥有国家"。

【原文】

乘夏方长①，审治刑赏，必明经纪。陈义设法，断事以理。虚气平心②，乃去怒喜。若倍法弃令而行怒喜③，祸乱乃生，上位乃殆。故曰"喜无以赏，怒无以杀。喜以赏，怒以杀，怨乃起，令乃废。骤令而不行④，民心乃外。外之有徒，祸乃始牙。众之所忿，寡不能图"。

> **注释**
>
> ①乘夏方长：指正在夏季万物生长时节，此时容易激怒暴躁。
> ②虚气平心：使神气虚静，使心态平和。
> ③倍：同"背"。行：指任性而行。
> ④《版法》无"而"字。

【今译】

正当夏季万物生长时节，处理刑罚奖赏之事，一定要明确法度。敷陈道义，完备法令，依靠道理来决断事情。要神气虚静，心理平和，才能舍弃个人的喜怒情感。假如背弃了法令，任凭个人的喜怒决断处理，灾祸动乱就会发生，君主地位就会危险。因此说"不以一己之喜而滥赏，不以一己之怒而滥杀。凭一己之喜而赏，凭一己之怒而杀，民怨就会产生，政令就会废弛。屡次下令不能推行，民心就会向外。存有外心的结为党徒，祸患就开始萌发。众人爆发出来的忿恨，少数人难以应付"。

【原文】

冬既闭藏，百事尽止。往事毕登①，来事未起。方冬无事，慎观终始，审察事理。事有先易而后难者，有始不足见而终不可及者②，此常利之所以不举，事之所以困者也。事之先易者，人轻行之；人轻行之，则必困难成之事③。始不足见者，人轻弃之；人轻弃之，则必失不可及之功。夫数困难成之事，而时失不可及之功，衰耗之道也。是故明君审察事理，慎观终始，为必知其所成，成必知其所用，用必知其所利害。为而不知所成，成而不知所用，用而不知所利害，谓之妄举④。妄举者，其事不成，其功不立。故曰"举所美必观其所终，废所恶必计其所穷"。

【注释】

①登:成熟,完成。
②不足见:不易察觉。不可及:难以达到。
③困难成之事:受困于艰难之事。
④妄举:轻举妄动。

【今译】

冬季是收闭贮藏的季节,各种行事都已停止。过去的工作都已完成,将来的工作还未开始。正当冬季无事时节,要谨慎地考虑工作的始终,仔细地洞察行事的规律。行事有的开始容易而后来艰难,效果有的开始不易察觉而最终难以达到,这就是通常的效果所以不被重视,行事所以遭受困窘的原因。行事开始容易,人们往往轻率行事;轻率行事,就必然使后来的艰难更加困窘;效果开始不易察觉,人们往往轻视忽略;轻视忽略,就必然失去难以达到的功效。多次受因在艰难的工作中,时常失去难以达到的功效,这就是消耗衰竭的症候。因此,明君仔细地洞察行事的规律,谨慎地考虑工作的始终,做事一定相信它会成功,成功了一定了解它的作用,产生了作用一定知道它的利害关系。做事却不相信会成功,成功了却不了解作用,产生了作用却不知道利害关系,这就叫轻举妄动。轻举妄动的人,行事没有成就,功业不会建立。因此说"兴办喜爱之事,一定要考虑它的结局;废除厌恶之事,一定要估计它的后果"。

【原文】

凡人君者,欲民之有礼义也。夫民无礼义,则上下乱而贵贱争。故曰"庆勉敦敬以显之,富禄有功以劝之,爵贵有名以休之"。

【今译】

大凡君主都想使百姓讲求礼义,百姓不讲求礼义,就会上下名分混乱,贵贱地位相争。因此说"用奖赏勉励敦敬之人来进行显扬,用俸禄加富有功之人来进行劝勉,用爵位增贵有名之人来进行称誉"。

【原文】

凡人君者,欲众之亲上乡意也①,欲其从事之胜任也②。而众者不爱则不亲,不亲则不明,不教顺则不乡意③。是故明君兼爱以亲之,明教顺以道之④,便其势⑤,利其备⑥,爱其力,而勿夺其时以利之。如此则众亲上乡意,从事胜任矣。故曰"兼爱无遗,是谓君心。必先顺教,万民乡风,旦暮利之,众乃胜任"。

注释

①亲上乡意:此谓亲附君上、趋从君意。乡,同"向"。

②王念孙云:"'从事之胜任','之'字涉上句而衍。"译文从王说。

③"而众"三句:郭沫若云:"当作'不爱则不亲,不亲则不乡意;不教顺则不明,不明则不胜任',而后文意始完。"译文从之。

④道:同"导"。

⑤便其势:便,有利,适合。势,趋向。此谓适合百姓的趋向。

⑥利其备:备,富足。此谓有利百姓的富足。

【今译】

大凡君主都要求百姓亲附君上、趋从君意,要求百姓从事劳动、承担责任。而百姓不受仁爱就不亲附君上,不亲附君上就不趋从君意;不受教训就不明白事理,不明白事理就不能承担责任。因此明君广施仁爱使百姓亲附;明白教训来引导百姓,适合他们的趋向,有利他们的富足,爱惜他们的劳力,不耽误他们的农时,从而给他们利益。这样,百姓就会亲附君上,趋从君意,从事劳动、承担责任了。因此说"广施仁爱,没有遗弃,这才是君主的胸怀。一定要先进行教训,使万民趋从教化,经常给他们利益,百姓才会承担责任"。

【原文】

治之本二:一曰人,二曰事。人欲必用,事欲必工。人有逆顺①,事有称量②。人心逆则人不用,事失称量则事不工。事不工则伤,人不用则怨。故曰"取人以己,成事以质"。成事以质者,用称量也;取人以己者,度恕而行也③。度恕者,度之于己也。己之所不安,勿施于人。故曰"审用财,慎施报,察称量。故用财不可以嗇,用力不可以苦。用财嗇则费,用力苦则劳矣"。奚以知其然也?用力苦则事不工,事不工而数复之④,故曰"劳矣⑤"。用财嗇则不当人心,不当人心则怨起,用财而生怨,故曰"费"。怨起而不复反⑥,众劳而不得息,则必有崩陁堵坏之心⑦。故曰"民不足,令乃辱;民苦殃,令不行。施报不得,祸乃始昌。祸昌而不悟,民乃自图"。

注释

①逆顺:指性格的逆或顺。
②称量:指分量的轻或重。
③度:揣测,考虑。恕:宽容。
④数复:多次反复。
⑤陶鸿庆云:"'矣'字衍。涉上文'用力苦则劳矣'而误。"译文从陶说。
⑥不复反:指不再回心转意。
⑦崩陁堵坏:尹桐阳云:"'陁'同'陊',小崩也。'堵'同'屠',《广雅》云'坏也'。"此谓崩溃毁坏。

【今译】

　　治国的根本有两方面:一是用人,二是办事。用人一定要讲信用,办事一定要完备。人的性格有逆有顺,事的份量有轻有重。人心悖逆就不能使用,事失轻重就难以完备。事不完备就有损害,人不被用就生怨恨。因此说"用人先要审察自己,成事先要树立标准"。成事树立标准,这是要衡量是否合格;用人审察自己,这是要考虑是否宽容。考虑是否宽容,主要是针对自身。自己受之不安的,不要强加于人。因此说"仔细斟酌财力的使用,谨慎地对待施惠和酬报,反复地衡量轻重和利害关系。因而使用财力不可吝啬,使用民力不可过度。用财吝啬就会引起悖逆,用力过度就会造成疲劳"。怎样知道会这样呢?用力过度办事就不完备,办事不完备就要多次反复,因此说会"造成疲劳"。用财吝啬就不得人心,不得人心就会产生怨恨,投入财力反生怨恨,因此说会"引起悖逆"。怨恨产生而不再回心,百姓疲劳而不得休息,就必定使人们生出崩溃毁坏的念头。因此说"百姓贫困不足,政令就更加繁缛;百姓吃苦遭殃,政令就不能推行。施惠和酬报都无以实行,祸患就将开始发展。祸患发展而君主还不觉悟,百姓就将自谋出路"。

【原文】

　　凡国无法则众不知所为,无度则事无机①。有法不正,有度不直,则治辟②,治辟则国乱。故曰"正法直度,罪杀不赦,杀僇必信,民畏而惧。武威既明,令不再行"。

【注释】

①孙星衍云:"《艺文类聚》五十四、《太平御览》六百三十八引'机'俱作'仪'。"译文从"仪"。

②辟:同"僻",邪僻。

【今译】

国家没有法令,民众就不知怎么做;没有制度,办事就没有标准。有法令不公正,有制度不平等,统治就会邪僻,统治邪僻,国家就会动乱。因此说"法令公正,制度平等。杀戮有罪,不予赦免,执行刑戮,必守信用,百姓就会畏惧。武力威势既已宣明,法令就不必重申"。

【原文】

凡民者,莫不恶罚而畏罪。是以人君严教以示之,明刑罚以致之①。故曰"顿卒怠倦以辱之,罚罪有过以惩之,杀僇犯禁以振之"。

【注释】

①致:郭沫若云:"'致'殆'敬'字之误。敬者儆也,……"译文从郭说。

【今译】

大凡百姓没有不厌恶刑罚而害怕犯罪的,因此君主用严厉教训来告示百姓,用宣明刑罚来儆戒百姓。因此说"斥责怠惰的人来加以羞辱,处罚有错的人来加以惩治,杀戮犯罪的人来加以震慑"。

【原文】

治国有三器,乱国有六攻①。明君能胜六攻而立三器,则国治②;不肖之君不能胜六攻而立三器,故国不治。三器者何也?曰号令也,斧钺也,禄赏也。六攻者何也③?亲也,贵也,货也,色也,巧佞也,玩好也。三器之用何也?曰:非号令无以使下,非斧钺无以畏众④,非禄赏无以劝民。六攻之败何也?曰:虽不听而可以得存,虽犯禁而可以得免,虽无功而可以得富。夫国有不听而可以得存者,则号令不足以使下;有犯禁而可以得免者,则斧钺不足以畏众;有无功而可以得富者,则禄赏不足以劝民。号令不足以使下,斧钺不足以畏众,禄赏不足以劝民,则人君无以自守也。然则明君奈何? 明君不为六者变更号令,不为六者疑错斧钺⑤,不为六者益损禄赏。故曰"植固而不动,奇邪乃恐。奇革邪化,令往民移"。

注释

①攻:指进攻途径。
②则国治:王念孙云:"当依《治要》作'故国治',与下'故国不治'对文。"译文从王说。
③王念孙云:"'何也'下脱'曰'字,当依《治要》补。"译文从王说。
④畏:同"威"。
⑤疑错:指改动。

【今译】

治理国家有三项法宝,搞乱国家有六条途径。明君能堵塞六条途径而确立三项法宝,因此国家大治;不肖之君不能堵塞六条途径而确立三项法宝,因此国家得不到治理。三项治国的法宝是什么呢? 这就是发布号令、斧钺刑罚、爵禄封赏。六条乱国的途径是什么呢? 这就是亲属关系、尊贵地位、财货贿赂、女色享乐、花言巧语、器物玩好。三项法宝怎样发挥作用呢? 没有号令发布就不能指挥部下,没有斧钺刑罚就不能威慑民众,没有爵禄封赏就不能勉励百姓。六条途径导致乱国是什么原因呢? 即使不听号令也可以得以生存,即使违犯禁令也可以得到赦免,即使没有功绩也可以获得富贵。一个国家,如果有人不听号令也能生存,发布号令就不能指挥部下;有人违犯禁令也能赦免,斧钺刑罚就不能威慑民众;有人没有功绩也能富贵,爵禄封赏就不能勉励百姓。发布号令不能指挥部下,斧钺刑罚不能威慑民众,爵禄封赏不能勉励百姓,那么君主就失去了自立的威信。那么明君应该怎么做呢? 明君不因为这六方面的干扰而变更号令发布,不因为这六方面的干扰而改动斧钺刑罚,不因为这六方面的干扰而增减爵禄封赏。因此说"君主执法的意志牢固不动摇,乖异邪僻之徒就会恐惧。乖异邪僻之徒得到改造,君主法令下达,百姓就会顺令而动"。

【原文】

凡人君者,覆载万民而兼有之①,烛临万族而事使之②。是故以天地、日月、四时为主为质③,以治天下。天覆而无外也,其德无所不在;地载而无弃也,安固而不动,故莫不生殖。圣人法之,以覆载万民,故莫不得其职姓④,得其职姓,则莫不为用。故曰"法天合德,象地无亲"。日月之明无私,故莫不得光,圣人法之,以烛万民,故能审察,则无遗善,无隐奸。无遗善,无隐奸,则刑赏信必⑤,刑赏信必,则善劝而奸止。故曰"参于日月"。四时之行,信必而著明,圣人法之,以事万民⑥,故不失时功⑦。故曰"伍于四时"。

注释

①覆载:覆盖负载,指包容一切。
②烛临:照临。事使:即使事、驱使。
③主:主宰。质:目标,榜样。
④职姓:郭沫若云:"《尔雅·释诂》'职,常也'。'姓'与'生'通,……生犹产也。""是则所谓'职生'者犹言恒产耳。"译文从郭说。
⑤信必:即必信。
⑥事:猪饲彦博云:"事犹使也。"
⑦时功:指四时之功。

【今译】

大凡君主,包容万民而拥有一切,照临万族而驱使一切,因此君主以天地、日月、四时作为主宰和榜样来治理天下。上天覆盖万物,绝无遗漏,它的公德无所不在;大地负载万物,绝无遗弃,安稳坚固而不动摇,因而万物都能生育繁殖。圣主效法天地,包容万民,因而使万民无不拥有恒产,万民拥有恒产,无不为圣主效力。因此说"君主效法上天,合于公德;模仿大地,无所私亲"。日月的光照没有偏私,因而大地无处不得光明,圣主效法日月,烛照万民,因而能洞察一切,善行不会遗漏,奸情无法隐蔽。善行不遗漏,奸情不隐蔽,刑罚奖赏就定能实行。刑罚奖赏实行,善行能得到劝勉,奸情能得到制止。因此说"与日月参合"。四时的交替,必定按时而且显明,圣主效法四时,役使万民,因而不失四时的功效。因此说"与四时相伍"。

【原文】

凡众者,爱之则亲①,利之则至②。是故明君设利以致之,明爱以亲之。徒利而不爱,则众至而不亲;徒爱而不利,则众亲而不至。爱施俱行③,则说君臣、说朋友、说兄弟、说父子。爱施所设④,四固不能守⑤。故曰"说在爱施⑥"。

【注释】

①爱:指在精神上施以仁爱。
②利:指在物质上给予好处。
③爱施:即上言爱、利。
④戴望云:"元本作'爱施所施设'。"指施爱设利。
⑤猪饲彦博云:"'四'字疑衍。言众皆为之致死,故所攻必拔。"译文从之。
⑥刘绩云:"当作'悦众在爱施'。"译文从刘说。

【今译】

大凡民众,君主施以仁爱他们就会亲近,给予好处他们就会归附。因此明君设置好处来招致百姓,显示仁爱来亲近百姓。只给好处而不施仁爱,百姓会归附却不亲近;只施爱抚而不给好处,百姓会亲近却不归附。仁爱和好处一同施行,那么君臣、朋友、兄弟、父子之间皆大欢喜。君主能施仁爱,设好处,就能得民心,这样,再坚固的堡垒也能攻克。因此说"取悦民众在于施爱加惠"。

【原文】

凡君所以有众者,爱施之德也。爱有所移①,利有所并②,则不能尽有。故曰"有众在废私"。

【注释】

①移:猪饲彦博云:"'移'当作'私'。"译文从"私"。
②并:指兼并。

【今译】

　　大凡君主所以能拥有民众,因为具备了施爱加惠的品德。如果仁爱之心有所偏私,好处有所兼并,就不能得到所有百姓的拥护。因此说"拥有百姓在于废除私心"。

【原文】

　　爱施之德虽行而无私,内行不修①,则不能朝远方之君。是故正君臣上下之义,饰父子、兄弟、夫妻之义,饰男女之别,别疏数之差②,使君德臣忠③,父慈子孝,兄爱弟敬,礼义章明,如此则近者亲之,远者归之。故曰"召远在修近"。

注释

　　①内行:指内部礼义道德的修养。
　　②疏数:指亲与疏、远与近。
　　③德:猪饲彦博云:"'德'当作'惠'。"译文从之。

【今译】

　　君主虽然无私地施行了爱惠之德,但是不修治内部的礼义,就不能使远方的君主归服。因此要端正君臣上下的关系,整饬父子、兄弟、夫妻的关系,整饬男女的差别,区分亲疏的差别,使君主恩惠,臣下忠诚;父亲慈爱,子女孝顺;长兄爱护,小弟恭敬。各种礼义昭彰显明,这样就能使近处的百姓亲近,远方的百姓归附。因此说"招致远民在于修治内部"。

【原文】

　　闭祸在除怨,非有怨乃除之,所事之地常无怨也。凡祸乱之所生,生于怨咎①,怨咎所生,生于非理。是以明君之事众也必经②,使之必道,施报必当③,出言必得,刑罚必理,如此则众无郁怨之心,无憾恨之意。如此则祸乱不生,上位不殆。故曰"闭祸在除怨也"。

注释

　　①怨咎:埋怨,责备。

②必经:必合于常道。
③施报:施惠,酬报。

【今译】
　　避免祸乱在于消除怨恨,不是指有了怨恨才去消除,而是要治理的地区内通常没有怨恨。大凡祸乱的发生,都起于怨恨;怨恨的发生,都起于不合道理。因此明君统治民众一定合于常道,役使百姓一定合于道理,施惠酬报一定恰当,发号施令一定得体,施行刑罚一定合于法理。这样,百姓就没有郁怒怨恨之心,没有遗憾悔恨之意,这样就不会发生祸乱,君主的地位就不危险了。因此说"避免祸乱在于消除怨恨"。

【原文】
　　凡人君所以尊安者,贤佐也。佐贤则君尊、国安、民治,无佐则君卑、国危、民乱。故曰"备长存乎任贤"。

【今译】
　　大凡君主所以能保持尊贵安定,是由于贤人的辅佐。有贤人辅佐,那么君主尊贵,国家安定,百姓治理;没有贤人辅佐,那么君主卑微、国家危亡、百姓动乱。因此说"长治久安在于任用贤人"。

【原文】
　　凡人者,莫不欲利而恶害。是故与天下同利者,天下持之①;擅天下之利者,天下谋之②。天下所谋,虽立必隳③;天下所持,虽高不危。故曰"安高在乎同利"。

注释
①持:扶助,拥护。
②谋:图谋,对付。
③隳(huī 灰):毁坏,倾覆。

【今译】
　　大凡众人,无不追逐利益而厌恶祸害。因此与天下同享利益的人,百姓就拥护他;要独占天下利益的人,百姓就对付他。百姓对付的,即使暂时成立,必遭倾覆;百姓拥护的,即使身居高位,也无危险。因此说"巩固君位在于与民同利"。

【原文】

凡所谓能以所不利利人者,舜是也。舜耕历山,陶河滨,渔雷泽,不取其利,以教百姓,百姓举利之①,此所谓能以所不利利人者也。所谓能以所不有予人者,武王是也。武王伐纣,士卒往者,人有书社②,入殷之日,决钜桥之粟,散鹿台之钱,殷民大说③,此所谓能以所不有予人者也。

注释

①《史记·五帝本纪》:"舜耕历山,历山之人皆让畔;渔雷泽,雷泽上人皆让居;陶河滨,河滨器皆不苦窳。一年而所居成聚,二年成邑,三年成都。"举利之:指皆得其利。

②书社:古制二十五家立社,把社内人名登录簿册,谓之书社。此指将伐纣的士卒登记入册。

③《史记·周本纪》:"武王……命南宫括散鹿台之财,发钜桥之粟,以振贫弱萌隶。"

【今译】

能够毫不利己、专门利人的人是虞舜。虞舜躬耕于历山,在河滨制陶,在雷泽捕鱼,自己不拿一点好处,专门教导百姓,百姓普遍得利,这就是所谓毫不利己、专门利人的人。所谓能够一无所有、专门予人的人是武王。武王征伐商纣,参加的士卒都登记入册。攻下殷都之后,分发钜桥的粮食,散布鹿台的钱财,殷商百姓十分高兴,这就是所谓一无所有、专门予人的人。

【原文】

桓公谓管子曰:"今子教寡人法天合德,合德长久,合德而兼覆之则万物受命;象地无亲,无亲安固,无亲而兼载之则诸生皆殖;参于日月,无私葆光①,无私而兼照之则美恶不隐。然则君子之为身,无好无恶然已乎？"管子对曰："不然。夫学者所以自化，所以自抚②。故君子恶称人之恶，恶不忠而怨妒，恶不公议而名当称③，恶不位下而位上，恶不亲外而内放④。此五者，君子之所恐行⑤，而小人之所以亡，况人君乎？"

> **注释**
>
> ①葆：同"保"，保全。
> ②自抚：郭沫若云："'抚'即抚育之意。言学者须自转移其气质，自抚育其心性。"
> ③郭沫若云："'当'作'常'，……""'称'殆'糈'字之误，……'名常糈'者即《汉书·陆贾传》'名声籍甚'之意。"译文从郭说。
> ④亲：和睦。放：放任。
> ⑤恐行：畏行。

【今译】

桓公问管子说："现在你教寡人要效法上天，合于公德，合于公德才能长治久安，以公德遍覆天下，则万物接受天命；要模仿大地，无所私亲，无所私亲才能安定稳固，以无亲遍载天下，则生物普遍繁殖；要与日月参合，无私才能保全光明，以无私遍照天下，则美丑都难隐蔽。然而君子对待自身，难道就是没有好恶的吗？"管子回答说："不是这样。学者要自己转化气质，自己抚育性情。因此君子厌恶说别人的坏话，厌恶不忠君主而心怀怨恨，厌恶不经公论而名声盛大，厌恶不安下位而觊觎上位，厌恶排挤外人而放纵内部。这五种行为，是君子最怕做的，也是小人所以灭亡的原因，何况是君主呢？"

明法解第六十七

【题解】

明法解，是对本书《明法第四十六》篇的解说。本篇对《明法》篇的解说共有三十七条，凡《明法》篇的重要文句在此篇中几乎都作了较为详细具体的解说，并有发挥和补充；对照阅读，有相得益彰之效。本篇按《明法》篇的顺序排列,也显得严密完整,便于阅读。

【原文】

明主者,有术数而不可欺也①,审于法禁而不可犯也,察于分职而不可乱也。故群臣不敢行其私,贵臣不得蔽贱,近者不得塞远,孤寡老弱不失其所职②,竟内明辨而不相逾越③,此之谓治国。故《明法》曰:"所谓治国者,主道明也。"

注释

①俞樾云:"有"字是"明"字之误,"明"字之下,又缺"于"字。"当云'明主者明于术数而不可欺也'。"译文从之。这样,才与下文的句式一致。
②职:常。《汉书·武帝纪》:"赐年九十以上及鳏寡孤独帛人二匹、絮三斤;八十以上米人三石,有冤失职,使者以闻。"师古曰:"职,常也。失职者,失其常业及常理也。"
③竟:通"境"。《礼记·曲礼上》:"入竟而问禁。"

【今译】

圣明的君主,明了治国的法术策略而不可欺骗,审定治国的法度禁令而不可侵犯,分清治国的身分职务而不可扰乱。所以群臣不敢推行他们的私术,高贵的臣子不得埋没低贱的人才,亲近君主的人不得埋没远离君主的人才,孤寡老弱不使他们失去日常的供给,国内尊卑分明不可逾越,这叫做安定的国家。所以《明法》篇说:"所谓安定的国家,是因为君道显明。"

【原文】

明主者①,上之所以一民使下也;私术者,下之所以侵上乱主也。故法废而私行,则人主孤特而独立,人臣群党而成朋。如此,则主弱而臣强,此之谓乱国。故《明法》曰:"所谓乱国者,臣术胜也。"

注释

①明主:王念孙云:"明主"当为"明法",明法与(下句的)私术相对成文,"涉上下文'明主'而误"。译文从之。

【今译】

明法,是朝廷用来统一百姓使用臣下的;私术,是臣下用来侵犯朝廷扰乱君主的。所以国法废而私术行,君主就失去左右成了孤家寡人,臣子就成群结党组成派别。像这样,君主的权势弱而臣子的权势强,这就叫做动乱的国家。所以《明法》篇说:"所谓动乱的国家,是因为臣下的擅自主张代替了君道。"

【原文】

明主在上位,有必治之势,则群臣不敢为非。是故群臣之不敢欺主者,非爱主也,以畏主之威势也;百姓之争用,非以爱主也,以畏主之法令也。故明主操必胜之数,以治必用之民;处必尊之势,以制必服之臣。故令行禁止,主尊而臣卑。故《明法》曰:"尊君卑臣,非计亲也①,以势胜也。"

注释

①应删"计"字,可参阅《明法第四十六》首段注释③。

【今译】

圣明的君主处在上位,具有果断的统治威势,群臣就不敢做非法的事。因此群臣不敢欺蒙君主,不是因为爱戴君主,而是因为害怕君主的威势;百姓争着为君主所用,不是因为爱戴君主,而是因为害怕君主的法令。所以圣明的君主操纵着必胜的方略,来统治必定要被使用的百姓;占领着必受尊重的势位,来控制必定要服从的臣子。所以能做到有令必行有禁必止,君主高贵而臣子卑下。所以《明法》篇说:"臣子以君主为高贵而自以为卑下,并非臣子对君主亲善,而是君主的权势压倒了臣子。"

【原文】

明主之治也,县爵禄以劝其民①,民有利于上,故主有以使之;立刑罚以威其下,下有畏于上,故主有以牧之。故无爵禄则主无以劝民,无刑罚则主无以威众。故人臣之行理奉命者,非以爱主也,且以就利而避害也;百官之奉法无奸者,非以爱主也,欲以爱爵禄而避罚也②。故

《明法》曰："百官论职,非惠也,刑罚必也。"

注释

①县:同"悬",悬赏。
②爱:古本作"受"。译文从"受"。罚:王念孙云:"罚"上当据上下文补"刑"字。

【今译】

圣明的君主治理国家,用悬赏爵禄来勉励百姓,百姓因此能从朝廷那里得到好处,所以君主就有办法来使用百姓;用设立刑罚来威慑臣下,臣下因此对朝廷有所畏惧,所以君主就有办法来统治臣下。君主如无爵禄的赏赐就无法勉励百姓,如无刑罚的设立就无法威慑群臣。所以人臣的奉行法令,并非因为爱戴君主,只是为了趋利避害;百官奉法不作奸恶,并非因为爱戴君主,只是为了想接受爵禄而避开刑罚。所以《明法》篇说:"百官奉法供职,并非是因为君主对臣子有恩惠,而是因为施行刑罚的结果。"

【原文】

人主者,擅生杀,处威势,操令行禁止之柄以御其群臣,此主道也。人臣者,处卑贱,奉主令,守本任,治分职,此臣道也。故主行臣道则乱,臣行主道则危。故上下无分,君臣共道,乱之本也。故《明法》曰:"君臣共道则乱。"

【今译】

君主,独揽生杀大权,处在有权势的地位,操纵令行禁止的权柄驾御着他的群臣,这是君道。人臣,处在卑贱低下的地位,供奉君主的政令,严守本职,做好分内的事,这是臣道。所以君主执行臣道国家就会发生混乱,人臣执行君道国家就有危险。上下没有分别,君道臣道混淆,这是国家混乱的根本原因。所以《明法》篇说:"君道臣道混淆国家就会发生混乱。"

【原文】

人臣之所以畏恐而谨事主者,以欲生而恶死也。使人不欲生、不恶死，则不可得而制也。夫生杀之柄，专在大臣，而主不危者，未尝有也。故治乱不以法断而决于重臣，生杀之柄不制于主而在群下，此寄生之主也。故人主专以其威势予人，则必有劫杀之患；专以其法制予人，则必有乱亡之祸。如此者，亡主之道也。故《明法》曰："专授则失。"

【今译】

人臣之所以畏惧而谨慎地侍奉君主，是因为希望生而害怕死。假使人不再希望生、不再害怕死，那么君主就不可能控制了。生杀的权力，把持在大臣手里，而君主没有危险的事，未曾有过。所以治乱不用法制来裁定而让权重的大臣来决断，生杀的权力不控制在君主的手里而落在群臣的手里，这是寄生的君主。所以君主特地把他的权势授予他人，就必然有被劫杀的忧患；君主特地把法制授予他人，就必然有乱亡的祸害。像这样，就是亡国君主之道。所以《明法》篇说："君主把权力授给臣子就有亡国丧身之祸。"

【原文】

凡为主而不得行其令，废法而恣群臣，威严已废，权势已夺，令不得出，群臣弗为用，百姓弗为使，竟内之众不制，则国非其国，而民非其民。如此者，灭主之道也。故《明法》曰："令本不出谓之灭。"

【今译】

作为君主而不能推行他的政令，废弛法度而放纵群臣，威严已经失去，权势已被剥夺，政令不能发出，群臣不为他所用，百姓不为他所使，国内的民众不能被控制，那么国家已不是他的国家，百姓也已不是他的百姓了。像这样，就是即将被灭亡君主的先导。所以《明法》篇说："政令在朝廷里发不出去叫做灭。"

【原文】

明主之道，卑贱不待尊贵而见，大臣不因左右而进，百官条通①，群臣显见。有罚者主见其罪，有赏者主知其功。见知不悖，赏罚不差。有不蔽之术，故无壅遏之患。乱主则不然，法令不得至于民，疏远鬲闭而不得闻。如此者,壅遏之道也②。故《明法》曰:"令出而留谓之壅。"

注释

①条:通达。《汉书·礼乐志》:"声气远条。"
②遏:猪饲彦博云:"遏"当作"主"。译文从之。

【今译】

圣明君主治国,卑贱者不必等待达官贵人的推举就能被任用,大臣不必依靠君主左右的力量就能被进用,百官与君主的联系畅通,群臣的功过君主清楚了解。有受罚的人君主看见他的罪过,有受赏的人君主知道他的功绩。君主的所见所知与事实不相违背,赏罚不出差错。君主有不受蒙蔽的方法,所以没有被壅塞的忧患。昏乱君主就不是这样,法令不能在百姓中执行,被疏远隔离而不能有听闻。像这样,是被壅塞昏君的治国情况。所以《明法》篇说:"政令发出而在中途滞留叫做壅塞。"

【原文】

人臣之所以乘而为奸者,擅主也。臣有擅主者,则主令不得行,而下情不上通。人臣之力,能鬲君臣之间,而使美恶之情不扬闻,祸福之事不通彻,人主迷惑而无从悟。如此者,塞主之道也。故《明法》曰:"下情不上通谓之塞。"

【今译】

人臣之所以能乘机作奸,是因为独揽君权。人臣中有独揽君权的,君主的政令就不能施行,而下情也就不能上通。人臣的力量,能隔绝君臣之间的联系,使好坏的情况不能宣传,祸福的事实不能通报,人主迷惑而无从醒悟。像这样,就是被堵塞君主的治国情况。所以《明法》篇说:"下情不能向上反映叫做塞。"

【原文】

明主者,兼听独断,多其门户。群臣之道,下得明上,贱得言贵,故奸人不敢欺。乱主则不然,听无术数,断事不以参伍①。故无能之士上通,邪枉之臣专国,主明蔽而聪塞,忠臣之欲谋谏者不得进。如此者,侵主之道也。故《明法》曰:"下情上而道止谓之侵。"

注释

①参(sān 三)伍:参合错杂,错综比验。《易·系辞上》:"参伍以变,错综其数。"

【今译】

圣明的君主,能多方面听取意见而独自作出决断,增多他听取意见的途径。治理群臣,允许下能提醒上,贱能批评贵,所以奸人就不敢欺骗。昏乱的君主就不是这样,听取意见没有策略方法,决断事情不能比较验证。所以无能的人提到朝廷上来了,邪曲的臣子擅权国事,君主的视听被蒙蔽和堵塞,忠臣想献谋劝谏却不能做到。像这样,是受侵犯君主的治国情况。所以《明法》篇说:"下情向上反映而在途中受阻叫做侵。"

【原文】

人主之治国也,莫不有法令赏罚。具故其法令明而赏罚之所立者当①,则主尊显而奸不生;其法令逆而赏罚之所立者不当,则群臣立私而壅塞之,朋党而劫杀之。故《明法》曰:"灭、塞、侵、壅之所生②,从法之不立也。"

注释

①具故:猪饲彦博云:"'具故'当作'是故'。"
②灭、塞、侵、壅:《明法》篇为"灭、侵、塞、壅"。译文从之。

【今译】

君主治国,没有不用法令赏罚的。因此他的法令明确又赏罚确定得恰当,那么君主就尊严显赫而奸邪就不会发生;他的法令错误又赏罚确定得不当,那么群臣就立私术而壅塞公法,结朋党而劫杀君主。所以《明法》篇说:"灭、侵、塞、壅这类情况的发生,是由于法制没有确立的缘故。"

【原文】

法度者，主之所以制天下而禁奸邪也，所以牧领海内而奉宗庙也。私意者，所以生乱长奸而害公正也，所以壅蔽失正而危亡也。故法度行则国治，私意行则国乱。明主虽心之所爱而无功者不赏也，虽心之所憎而无罪者弗罚也。案法式而验得失，非法度不留意焉。故《明法》曰："先王之治国也，不淫意于法之外。"

【今译】

法度，是君主用来控制天下禁止奸邪的，是用来统领海内供奉宗庙的。私意，是发生祸乱生长奸邪损害公正的根源，是蒙蔽君主失去稳定导致危亡的根源。所以法度推行国家就安定，私意推行国家就混乱。圣明君主即使是心中所喜爱的人但如无功的也就不行赏，即使是心中所憎恨的人但如无罪的也就不惩罚。根据法度的程式来检验功过得失，不合法度的不考虑。所以《明法》篇说："先王治理国家，在法度之外不再多考虑。"

【原文】

明主之治国也，案其当宜，行其正理。故其当赏者，群臣不得辞也；其当罚者，群臣不敢避也。夫赏功诛罪，所以为天下致利除害也。草茅弗去，则害禾谷；盗贼弗诛，则伤良民。夫舍公法而行私惠，则是利奸邪而长暴乱也。行私惠而赏无功，则是使民偷幸而望于上也；行私惠而赦有罪，则是使民轻上而易为非也。夫舍公法用私惠，明主不为也。故《明法》曰："不为惠于法之内。"

【今译】

圣明君主治国，总是根据切合实际的精神，推行合于事理的法令。所以该赏赐的，群臣不得推辞；该惩罚的，群臣不敢逃避。赏赐有功诛罚有罪，是用来为天下兴利除害的。杂草不除去，就不利禾苗的生长；盗贼不诛罚，就伤害良民的利益。舍弃国家的公法而推行个人的私惠，这就有利于奸邪而助长暴乱。推行私惠赏赐无功，这使百姓贪图侥幸而又埋怨朝廷；推行私惠赦免有罪，这使百姓看轻朝廷而又轻易去做非法的事。舍弃国家的公法而采用个人的私惠，圣明君主是不做的。所以《明法》篇说:"在法度之内不另行私惠。"

【原文】
　　凡人主莫不欲其民之用也。使民用者,必法立而令行也。故治国使众莫如法,禁淫止暴莫如刑。故贫者非不欲夺富者财也,然而不敢者,法不使也;强者非不能暴弱也,然而不敢者,畏法诛也。故百官之事,案之以法,则奸不生;暴慢之人,诛之以刑,则祸不起;群臣并进,策之以数,则私无所立。故《明法》曰:"动无非法者,所以禁过而外私也。"

【今译】
　　大凡君主没有不要百姓为他效力的。要使百姓为君主效力,必须要建立法制推行政令。所以治国使用民众没有比法制更好的了,禁止放荡制止暴行没有比刑罚更好的了。所以贫者不是不想夺取富者的财物,然而不敢,是因为法制不允许;强者不是不能用暴力欺凌弱者,然而不敢,是因为害怕受到法制的惩罚。所以百官的职务,用法制来考察他,奸邪就不会发生;残暴轻慢的人,用刑罚来惩治他,祸乱就不会起来;群臣一起进用,用政纪督促他们,私术就没有地方可以建立。所以《明法》篇说:"凡行动无非就是执行法,这正是用来禁止过错和排除私术的。"

【原文】
　　人主之所以制臣下者,威势也。故威势在下,则主制于臣;威势在上,则臣制于主。夫蔽主者,非塞其门守其户也,然而令不行,禁不止,所欲不得者,失其威势也。故威势独在于主,则群臣畏敬;法政独出于主,则天下服德[①]。故威势分于臣则令不行,法政出于臣则民不听。故明主之治天下也,威势独在于主而不与臣共,法政独制于主而不从臣出。故《明法》曰:"威不两错,政不二门。"

注释
①德:古本等均作"听"。译文从"听"。王念孙云:"'服听'犹言服从。"

【今译】

　　君主之所以能控制臣下,是依靠权势。所以权势在下,君主就被臣下控制;权势在上,臣下就被君主控制。被蒙蔽的君主,不是因为被堵塞了大门被看守在家中,然而他有令不能行,有禁不能止,有所想而不能得,是因为他丧失了权势。所以权势只掌握在君主手中,群臣就畏惧恭敬;法令只出自君主之手,天下就服从听命。权势分散到臣下政令就不能推行,法令出自臣下百姓就不会听从。所以圣明君主治理天下,权势只掌握在君主手中而不与臣下共有,法令只控制在君主手中而不许臣下出令。所以《明法》篇说:"君权不能授予两个人,政令不能出自两个门。"

【原文】

　　明主者,一度量,立表仪,而坚守之,故令下而民从。法者,天下之程式也,万事之仪表也。吏者,民之所悬命也。故明主之治也,当于法者赏之,违于法者诛之。故以法诛罪,则民就死而不怨;以法量功,则民受赏而无德也,此以法举错之功也。故《明法》曰:"以法治国,则举错而已。"

【今译】

　　圣明君主,统一标准,确立法度,又坚决地维护它们,所以法令下发而百姓听从。法度,是天下的规章,万事的准则。官吏,是牵挂着百姓的生命的。圣明君主治国,守法的就赏他,违法的就罚他。所以以法论罪,百姓被判死罪也不会怨恨;以法量功,百姓受到赏赐也不用感恩,这就是以法处理的功效。所以《明法》篇说:"以法治国,只是运用法而已。"

【原文】

　　明主者,有法度之制,故群臣皆出于方正之治而不敢为奸。百姓知主之从事于法也,故吏之所使者,有法则民从之,无法则止。民以法与吏相距,下以法与上从事,故诈伪之人不得欺其主,嫉妒之人不得用其贼心,谗谀之人不得施其巧,千里之外,不敢擅为非。故《明法》曰:"有法度之制者,不可巧以诈伪。"

【今译】

　　圣明的君主，凡事都有法度的规定，所以群臣都出自公正之心办理政事而不敢作奸。百姓知道君主是依法度行事的，所以官吏们对百姓差使的事，有法度规定的百姓就听从他们，没有法度规定的百姓就不做。百姓用法度与官吏相抗拒，臣下依法为朝廷办事，所以奸诈虚伪的人不能欺骗君主，嫉妒的人不能运用他的害人之心，进谗言拍马屁的人不能施展他的机巧，即使在千里之外，也不敢为非作歹。故《明法》篇说："有了法度的规定，就不能用诈伪来行骗。"

【原文】

　　权衡者，所以起轻重之数也。然而人不事者，非心恶利也，权不能为之多少其数，而衡不能为之轻重其量也。人知事权衡之无益，故不事也。故明主在上位，则官不得枉法，吏不得为私，民知事吏之无益，故财货不行于吏。权衡平正而待物，故奸诈之人不得行其私。故《明法》曰："有权衡之称者，不可欺以轻重。"

【今译】

　　秤锤秤杆，是用来称出轻重的数量的。然而人们不侍奉它们，不是心里不爱利，而是因为秤锤不能为人增多或减少称的数目，秤杆不能为人减轻或加重称的数量。人们知道侍奉秤锤秤杆没有什么益处，所以就不侍奉。圣明君主在上位，官吏就不得枉法，不得行私，百姓知道侍奉官吏无益，所以就不用财货去向官吏行贿。能做到像秤锤秤杆那样公正地对待事情，奸诈的人就不能行私。所以《明法》篇说："有了权衡的称量，就不能用轻重来相欺。"

【原文】

　　尺寸寻丈者，所以得长短之情也。故以尺寸量短长，则万举而万不失矣。是故尺寸之度，虽富贵众强，不为益长；虽贫贱卑辱，不为损短。公平而无所偏，故奸诈之人不能误也。故《明法》曰："有寻丈之数者，不可差以长短。"

【今译】

尺、寸、寻、丈，是为了量得长短的情况。所以用尺寸来量短长，就量万次都不会失去统一的标准。因此尺寸的度量，即使是面对富贵众强者，也不为他增长；即使是面对贫贱卑辱者，也不为他减短。公平而没有偏私，所以奸诈的人不能制造错误。所以《明法》篇说："有了寻丈的计数，就不能用长短来弄鬼。"

【原文】

国之所以乱者，废事情而任非誉也①。故明主之听也，言者责之以其实，誉人者试之以其官。言而无实者诛，吏而乱官者诛。是故虚言不敢进，不肖者不敢受官。乱主则不然，听言而不督其实，故群臣以虚誉进其党；任官而不责其功，故愚污之吏在庭。如此，则群臣相推以美名，相假以功伐，务多其佼而不为主用②。故《明法》曰："主释法以誉进能，则臣离上而下比周矣；以党举官，则民务佼而不求用矣③。"

注释

①非：通"诽"，诽谤。
②佼：通"狡"，狡诈。本书《七臣七主》："好佼反而行私请。"尹知章注："佼谓很（案：通"狠"）诈也。"
③佼：《明法》篇作"交"。译文从"交"。

【今译】

国家之所以混乱，是因为废弃事实而依靠毁誉。所以圣明君主听取意见时，对言论总要求用事实来论证，对被称誉的人总要用官职来试验。说话不切合实际的要惩罚，官吏管理混乱的要惩罚。因此虚假的言论就不敢向君主提出来，不肖之徒就不敢接受君主授予的官职。昏乱的君主就不是这样，听意见不用事实来验证，所以群臣就用虚假的名誉来进用他们的党与；任用官吏不用功绩来要求，所以愚蠢污秽的官吏充斥朝廷。像这样，群臣就用美名互相标榜，用虚功互相作假，专务结交狡诈的人而不为君主用力。所以《明法》篇说："君主如果放弃法度而用空头名誉进用人，那么臣子们就背离君主而在下面结党行私了；君主如果听信朋党的话举用官吏，那么人们就专务结交朋党而不追求治理的实绩了。"

【原文】

　　乱主不察臣之功劳,誉众者则赏之;不审其罪过,毁众者则罚之。如此者,则邪臣无功而得赏,忠正无罪而有罚。故功多而无赏,则臣不务尽力;行正而有罚,则贤圣无从竭能;行货财而得爵禄,则污辱之人在官;寄托之人不肖而位尊①,则民倍公法而趋有势。如此,则愨愿之人失其职②,而廉洁之吏失其治。故《明法》曰:"官之失其治也,是主以誉为赏而以毁为罚也。"

注释

①寄托之人:委托的人,指不是以法进用的人。
②愨(què 却)愿:谨慎诚实。

【今译】

　　昏乱的君主不考察臣子的功劳,只要称誉的人多就赏他;不审查臣子的罪过,只要毁谤的人多就罚他。像这样,邪恶的臣子就能无功而受赏,忠正的臣子就会无罪而受罚。如果功劳多而无赏,那么臣子就不肯尽力效国了。如果行为端正而受罚,那么贤良高尚的人就无法竭能报国了。如果行贿能得到爵禄,那么污浊无耻的人就在官场上了;如果委托任官的人无德无才而地位尊贵,那么百姓就违背国法而趋炎附势了。像这样,谨慎忠实的人就会失去他的职位,清廉纯洁的官吏就会失去他的权力。所以《明法》篇说:"官吏失去治理的权力,这正是君主按空名行赏而依毁谤惩罚的结果。"

【原文】

　　平吏之治官也①,行法而无私,则奸臣不得其利焉,此奸臣之所务伤也。人主不参验其罪过,以无实之言诛之,则奸臣不能无事贵重而求推誉②,以避刑罚而受禄赏焉。故《明法》曰:"喜赏恶罚之人,离公道而行私术矣。"

【注释】

①平:平正,公正。

②"则奸"句:俞樾云:"'奸臣'当作'人臣',盖人主以无实之言诛人,则人臣皆事贵重以求免,非必奸臣也。"译文从俞说。

【今译】

公正的官吏办事,推行国法而无私,奸臣就不能得到好处,这就是奸臣要竭力中伤他们的原因。君主不查证验实公正官吏的罪过,依据不实之词惩罚他们,那么人臣就不得不侍奉权贵而希求推荐和称誉,以便避免受到刑罚而得到禄赏。所以《明法》篇说:"喜得赏赐而厌恶受罚的人,就背离公法而行徇私的办法了。"

【原文】

奸臣之败其主也,积渐积微,使主迷惑而不自知也。上则相为候望于主①,下则买誉于民。誉其党而使主尊之,毁不誉者而使主废之②。其所利害者,主听而行之。如此,则群臣皆忘主而趋私佼矣。故《明法》曰:"比周以相为慝,是故忘主死佼,以进其誉③。"

【注释】

①候:侦察。《吕氏春秋·壅塞》:"宋王使人候齐寇之所至。"

②誉:同"与"。党与,同党。

③"比周"三句:见《明法第四十六》篇注释⑲⑳。

【今译】

奸臣败坏君主的事业,是从细微逐渐积累起来的,使君主迷惑而不能觉悟。他们在上面不断侦察君主的动向,在下面收买百姓的称誉。夸奖同党使君主重用他们,毁谤不与他们同党的人使君主废黜那些人。凡是与他们有利害关系的,都使君主听从他们的意见而实行。像这样,群臣都忘掉君主而趋附私党。所以《明法》篇说:"人们结党行私而作奸,这就忘了君主专务私交,进用同党。"

【原文】

主无术数,则群臣易欺之;国无明法,则百姓轻为非。是故奸邪之人用国事，则群臣仰利害也。如此，则奸人为之视听者多矣。虽有大义①，主无从知之。故《明法》曰："佼众誉多，外内朋党，虽有大奸，其蔽主多矣。"

【注释】

①义："俄"之借字。王念孙云：古代俄、义同声。故俄或作义。《广雅》："俄，衺也。"故大义，即大邪、大奸。

【今译】

君主没有权术策略，群臣就容易欺骗他；国家没有明确的法度，百姓就容易做坏事。因此奸邪之人掌管国家大事，群臣的利害就仰仗他们。像这样，奸邪之人的耳目为此就多了。他们即使有了大奸的事，君主也无从知道。所以《明法》篇说："私交多的人同党也就多，朝廷内外都是他的朋党，即使有大奸的行为，为他蒙蔽君主的人也就很多了。"

【原文】

凡所谓忠臣者，务明法术，日夜佐主明于度数之理，以治天下者也。奸邪之臣知法术明之必治也，治则奸臣困而法术之士显。是故邪之所务事者①，使法无明，主无悟，而己得所欲也。故方正之臣得用，则奸邪之臣困伤矣，是方正之与奸邪不两进之势也。奸邪在主之侧者，不能勿恶也。惟恶之，则必候主间而日夜危之。人主不察而用其言，则忠臣无罪而困死，奸臣无功而富贵。故《明法》曰："忠臣死于非罪，而邪臣起于非功。"

【注释】

①邪：古本等作"奸邪"，上下文均作"奸邪"，故王念孙云：当据补。译文从之。

【今译】

凡是所谓忠臣，都是力求使国家的法度政策清明，日夜辅佐君主深明国家的法度政策的道理，以便治天下的。奸邪之臣知道法度政策明确国家必然安定,国家安定奸臣的处境就困迫,而注重国家法度政策的忠臣便地位显赫。因此奸邪之臣所力求的事情,是使国家的法度不清明,君主不觉悟,而自己就能为所欲为。公正的臣子得到进用,奸邪之臣就处境困迫而受到妨碍了,这就是公正之臣与奸邪之臣不能两相进用的形势。奸邪之臣在君主的身侧,就不能不憎恨忠臣。正因为他们憎恨忠臣,就必然窥伺君主的嫌隙而日夜危害他们。如果君主不能觉察而听用了他们的话,忠臣就无罪受迫害而死,奸臣就无功而富贵起来。所以《明法》篇说:"忠臣常常无罪而困死,奸臣常常无功而起家。"

【原文】

富贵尊显,久有天下,人主莫不欲也。令行禁止,海内无敌,人主莫不欲也。蔽欺侵凌,人主莫不恶也。失天下,灭宗庙,人主莫不恶也。忠臣之欲明法术以致主之所欲而除主之所恶者,奸臣之擅主者,有以私危之,则忠臣无从进其公正之数矣。故《明法》曰:"所死者非罪,所起者非功,然则为人臣者重私而轻公矣。"

【今译】

富贵而权重位显,长久地拥有天下,君主没有不向往的。令出而行有禁即止,四海之内无敌,君主没有不向往的。受蒙蔽被欺骗遭侵犯而有人凌驾于上,君主没有不厌恶的。失掉天下,毁灭祖庙,君主没有不厌恶的。忠臣想使国家的法度政策清明来达到君主所向往的目标而除掉君主所厌恶的事,奸臣专权,就有办法用私术来危害他们,忠臣便无法进献他们公正的策略了。所以《明法》篇说:"困死的人无罪,起家的人无功,这样做人臣的就重视私交而轻视公法了。"

【原文】

乱主之行爵禄也,不以法令案功劳;其行刑罚也,不以法令案罪过,而听重臣之所言。故臣有所欲赏,主为赏之;臣欲有所罚,主为罚之。废其公法,专听重臣。如此,故群臣皆务其党,重臣而忘其主,趋重臣之门而不庭。故《明法》曰:"十至于私人之门,不一至于庭。"

【今译】

　　昏乱君主施行爵禄的赏赐,不根据法度政令考察功劳;施行刑罚,不根据法度政令核实罪过,而只是听信权臣的话。所以权臣有想赏赐的人,君主就替他赏赐;权臣有想惩罚的人,君主就替他惩罚。废除公法,专听信权臣的话。像这样,群臣都结私党,看重权臣而忘了君主,奔走于权臣的家门而不上朝廷了。所以《明法》篇说:"十次奔走于私家豪门,而一次也不到朝廷上来。"

【原文】

　　明主之治也,明于分职,而督其成事。胜其任者处官,不胜其任者废免。故群臣皆竭能尽力以治其事。乱主则不然,故群臣处官位,受厚禄,莫务治国者,期于管国之重而擅其利,牧渔其民以富其家①。故《明法》曰:"百虑其家,不一图其国。"

注释

　　①牧渔其民:犹言鱼肉百姓。郭沫若案:"'牧'有养畜之义,然养畜之乃所以为衣食之利也。"

【今译】

　　圣明君主管理群臣,明分职责,督促他们完成职事。能胜任的就再安排官位,不能胜任的就废弃罢免。所以群臣都竭能尽力来管理职事。昏乱的君主却不是这样,所以群臣就占据着官位,接受丰厚的俸禄,不做治国的事,只期望能掌管国家的重要职事而能独占好处,鱼肉百姓而能暴富自己的家。所以《明法》篇说:"百般地谋虑自己的家庭,却一点儿也不为国家图谋。"

【原文】

　　明主在上位,则竟内之众尽力以奉其主①,百官分职致治以安国家。乱主则不然,虽有勇力之士,大臣私之,而非以奉其主也;虽有圣智之士,大臣私之,非以治其国也②。故属数虽众,不得进也;百官虽具,不得制也。如此者,有人主之名而无其实。故《明法》曰:"属数虽众,非以尊君也;百官虽具,非以任国也,此之谓国无人。"

注释

①竟:通"境",境内,即国内。
②李哲明云:"以上句例之,'非以'上当挩'而'字。"

【今译】

圣明君主处在朝廷的上位,国内的民众就尽力侍奉他们的君主,百官分职治理安定国家。昏乱的君主却不是这样,虽然国有勇力之士,但大臣把他们当成自己的,不是用来侍奉君主;虽然国有圣智之士,但大臣把他们当成自己的,不是用来治理国家。所以君主的属臣数量虽然众多,却不能进用;百官虽然具备,却不能控制。像这样,他虽然有君主的名声却无君主的实权。所以《明法》篇说:"属臣的数量虽然众多,却不是用来侍奉君主的;百官虽然具备,却都不是用来承担国事的,这叫做国家无人。"

【原文】

明主者,使下尽力而守法分,故君臣务尊主而不敢顾其家;臣主之分明,上下之位审,故大臣各处其位而不敢相贵。乱主则不然,法制废而不行,故群臣得务益其家;君臣无分,上下无别,故群臣得务相贵。如此者,非朝臣少也,众不为用也。故《明法》曰:"国无人者,非朝臣衰也,家与家务相益,不务尊君也,大臣务相贵,而不任国也。"

【今译】

圣明君主,要求臣下尽力国事而以法守本分,所以臣下努力侍奉君主而不敢私顾他们的家;臣下君主的身份分明,上下的权位清楚,所以大臣各处在他们的职位上而不敢相互夸耀。昏乱君主却不是这样,法制废弃而不推行,所以群臣努力增多他们的家财。君臣的身份没有区分,上下的权位没有区别,所以群臣就能相互夸耀。像这样,不是朝臣少了,而是众多的臣子不为君主所用。所以《明法》篇说:"国家无人,并非朝臣大减,而是私家间相互求得发展,却不侍奉君主,大臣们互相求得贵重,而不承担国事。"

【原文】

人主之张官置吏也,非徒尊其身厚奉之而已也,使之奉主之法,行主之令,以治百姓而诛盗贼也。是故其所任官者大,则爵尊而禄厚;其所任官者小,则爵卑而禄薄。爵禄者,人主之所以使吏治官也。乱主之治也①,处尊位,受厚禄,养所与佼,而不以官为务。如此者,则官失其能矣。故《明法》曰:"小臣持禄养佼,不以官为事,故官失职。"

【注释】

①治:郭沫若案:"此'治'字与厓通,谓官司也。"译文从郭说。

【今译】

君主设置官吏,不只是让他们养尊处优而已,而是要让他们遵照君主的法度,推行君主的政令,管理百姓惩罚盗贼。因此他们担任的官职大,就爵位高贵俸禄优厚;他们担任的官职小,就爵位卑下俸禄微薄。爵位和俸禄,是君主用来使用和管理官吏的。昏乱君主的官吏,处在高贵的爵位,接受优厚的俸禄,而供养着自己的党羽,不把官职当作一回事。像这样,官吏就丧失了他的职能了。所以《明法》篇说:"小臣们拿着俸禄培养私交,却也不把官职当作大事,所以官职就丧失了它的职能。"

【原文】

明主之择贤人也,言勇者试之以军,言智者试之以官。试于军而有功者则举之,试于官而事治者则用之。故以战功之事定勇怯,以官职之治定愚智。故勇怯愚智之见也,如白黑之分。乱主则不然,听言而不试,故妄言者得用;任人而不官①,故不肖者不困。故明主以法案其言而求其实,以官任其身而课其功,专任法不自举焉。故《明法》曰:"先王之治国也,使法择人不自举也。"

【注释】

①"任人"句:王念孙云:"'不官'当依《治要》作'不课',任人而不课其功,则贤否无由而见,故不肖者不困也。"译文从王说。

【今译】

圣明君主选择贤良人才,对号称有勇气的人就用军事来测试他,对号称有才能的人就用官职来测试他。军事上测试有成绩的就举用他,官职上测试有成绩的就任用他。所以用战争功劳的事实来评定勇敢和胆怯,用官职治理的业绩来评定愚蠢和聪明,这样勇敢胆怯愚蠢聪明的显现,就如同白黑一样的分明。昏乱君主却不是这样,听言论而不试验,所以吹牛的人就得到了进用;任用人才不试验,所以不贤良的人也就没有遇到困难。因此圣明君主依照法度根据人的言论来考察他的实际,把官职压在他身上来考核他的能力,只凭借法度选用人才而不私自推举。所以《明法》篇说:"先王治理国家,使用法度选择人才,不私自推举。"

【原文】

凡所谓功者,安主上利万民者也。夫破军杀将,战胜攻取,使主无危亡之忧,而百姓无死虏之患,此军士之所以为功者也。奉主法,治竟内,使强不凌弱,众不暴寡,万民欢尽其力而奉养其主,此吏之所以为功也。匡主之过,救主之失,明理义以道其主,主无邪僻之行、蔽欺之患,此臣之所以为功也。故明主之治也,明分职而课功劳,有功者赏,乱治者诛,诛赏之所加,各得其宜,而主不自与焉。故《明法》曰:"使法量功,不自度也。"

【今译】

凡是所谓功劳,是指保障君主安全和有利百姓的劳绩。破敌军杀敌将,战能胜攻有取,使君主没有危亡的忧虑,百姓没有被杀或做俘虏的祸患,这是军士可用来立功的劳绩。奉行君主的法令,治理国内,使强的不敢欺凌弱的,人多的不能施暴于人少的,万民百姓都欢快地尽自己的力量奉养君主,这是官吏可用来立功的劳绩。匡正君主的过错,补救君主的失误,申明理义来引导君主,使君主没有邪僻的行为,没有受蒙蔽和受欺骗的忧患,这是臣子可用来立功的劳绩。所以圣明君主治国,明分职责又考核功效劳绩,有功劳的受赏,乱治理的受罚,罚赏的施加,各得其所,而君主不私自参与。所以《明法》篇说:"使用法度衡量功绩,不私自度量。"

【原文】

明主之治也,审是非,察事情,以度量案之。合于法则行,不合于法则止。功充其言则赏，不充其言则诛。故言智能者，必有见功而后举之；言恶败者，必有见过而后废之。如此，则士上通而莫之能妒①，不肖者困废而莫之能举。故《明法》曰："能不可蔽而败不可饰也。"

注释

①士：猪饲彦博云：应为"贤士"。译文从之。上：指君主。《礼记·儒行篇》："上通而不困。"郑《注》："上通，谓仕道达于君也，既仕则不困于道德不足也。"

【今译】

圣明君主治国，分清是非，考察事实，用法度衡量。符合法度的就推行，不符合法度的就禁止。功绩与他的说法相一致的就行赏，与他的说法不相一致的就惩罚。所以称有智能的人，必定见到功绩而后才举用他；称有劣迹败德的人，必定见到过错而后才废弃他。像这样，贤士就能与君主相通而没有人能嫉妒他，不贤良的人就受困迫遭废弃而没有人能推举他。所以《明法》篇说："智能之士不会被埋没，不肖之徒也不能伪饰。"

【原文】

明主之道，立民所欲以求其功，故为爵禄以劝之；立民所恶以禁其邪，故为刑罚以畏之。故案其功而行赏，案其罪而行罚。如此，则群臣之举无功者①，不敢进也；毁无罪者，不能退也。故《明法》曰："誉者不能进而诽者不能退也。"

注释

①举无功者：猪饲彦博云："'举'当为'誉'，言有虚誉而无实功之臣。"译文从之。

【今译】

圣明君主的治国方法，是设立百姓所需要的来要求他们立功，所以设立爵位俸禄来勉励他们；设立百姓所厌恶的来禁止他们的邪行，所以设立刑罚来威慑他们。因此按照他们的功绩来行赏，按照他们的罪过来行罚。像这样，群臣中有空头名誉的无功者，也就不敢进用；有遭诽谤的无罪者,也就不能废退。所以《明法》篇说:"有空头名誉的人不能进用而遭诽谤的人也不能废退。"

【原文】

制群臣,擅生杀,主之分也;县令仰制①,臣之分也。威势尊显,主之分也;卑贱畏敬,臣之分也。令行禁止,主之分也;奉法听从,臣之分也。故君臣相与,高下之处也,如天之与地也;其分画之不同也,如白之与黑也。故君臣之间明别,则主尊臣卑。如此,则下之从上也,如响之应声;臣之法主也,如景之随形②。故上令而下应,主行而臣从,以令则行,以禁则止,以求则得。此之谓易治。故《明法》曰:"君臣之间明别,则易治。"

注释

①县:通"悬"。仰:敬慕。
②景:同"影",影子。

【今译】

控制群臣,专断生杀,是君主的职分;敬奉法令,是臣子的职分。权势高贵显赫,是君主的职分;卑下低贱惶恐恭敬,是臣子的职分。令出而行有禁即止,是君主的职分;奉行法令听从君主,是臣子的职分。所以君臣相处,有高下的地位差别,像天与地一样的悬殊;有分划界限的不同,像白色与黑色一样地分明。所以君臣之间有了明显的区别,就能显出君主高贵而臣子卑贱。像这样,下听从上,就像反响顺应声音一样;臣效法君,就像影子跟随形体一样。因此上面发令而下面响应,君行令而臣听从,有令必行,有禁必止,有求必得。这叫做容易治理。所以《明法》篇说:"君臣之间有了明显的区别,国家就容易治理了。"

【原文】

明主操术任臣下,使群臣效其智能①,进其长技。故智者效其计,能者进其功。以前言督后事,所效当则赏之,不当则诛之。张官任吏治民,案法试课成功。守法而法之,身无烦劳而分职②。故《明法》曰:

"主虽不身下为,而守法为之可也。"

> **注释**

①效:献出,尽力。
②分职:陶鸿庆云:应为"分职明",本篇前文云:"明主之治也,明于分职,而督其成事",又云:"明主之治也,明分职而课功劳",是其证。译文从陶说。

【今译】

圣明君主运用法度任用臣下,使群臣能贡献他们的智慧才能,发挥他们的专长。所以有才智的贡献他们的计策,有能力的发挥他们的作用。用他们前面的言论来监察后面的事实,所贡献出来的切合事实就赏他,不切合事实就罚他。设官府用官吏来统治百姓,根据法度来考核成事的功效。能坚持法度来衡量,自己就不烦劳而职责分明。所以《明法》篇说:"君主虽不亲自到下面办事,坚持法度办事就可以了。"

管子轻重

臣乘马第六十八

【题解】

　　臣乘马之"臣",或作"巨",或作"匡",当有误。何如璋云:"'巨'字无义,后人乃改为'臣'。按'臣'亦费解,当是'筴'(即策)之误。本文有'策乘马之数求尽'句可证。"何说可从。"策乘马"指经济筹划的策略。

　　本篇围绕经济筹划的策略,即国家控制物价高低的"高下之策"展开论述。先论政令失宜,民失农时,君藉无止,造成"谷地数亡",动乱纷起。然后提出"策乘马"的方法是在"王者不夺民时"的基础上,运用"高下之策"使农夫"力归于上"、女工"织归于府"。最后说明"高下之策"的具体做法:国家春时以货币向百姓发放贷款;秋后谷价下跌,"以币准谷"收回贷款藏于仓库;待谷价上涨,再"以谷准币"购入器械;从而使国家"谷器皆资,无藉于民"。

【原文】

　　桓公问管子曰:"请问乘马。"管子对曰:"国无储在令①。"桓公曰:"何谓国无储在令?"管子对曰:"一农之量壤百亩也②,春事二十五日之内③。"桓公曰:"何谓春事二十五日之内?"管子对曰:"日至六十日而阳冻释④,七十日而阴冻释⑤。阴冻释而秇稷⑥,百日不秇稷,故春事二十五日之内耳也⑦。今君立扶台⑧,五衢之众皆作⑨。君过春而不止,民失其二十五日,则五衢之内阻弃之地也⑩。起一人之繇⑪,百亩不举⑫;起十人之繇,千亩不举;起百人之繇,万亩不举;起千人之繇,十万亩不举。春已失二十五日,而尚有起夏作⑬,是春失其地,夏失其苗⑭,秋起繇而无止,此之谓谷地数亡。谷失于时,君之衡藉而无止⑮,民食什伍之谷,而君已藉九矣⑯,有衡求币焉⑰,此盗暴之所以起,刑罚之所以众也。随之以暴⑱,谓之内战⑲。"

注释

①"国无"句:安井衡云:"国无储蓄,在政令失宜。"
②"一农"句:马非百云:"量,数量也。壤,田地也。""《山至数篇》云:'地量百亩,一夫之力也。'"
③春事:何如璋云:"'春事',春耕之事。"
④日至:太阳运行至黄道南北的极点,有冬至、夏至,此指冬至。阳冻:向阳的冻土。
⑤猪饲彦博云:"'七十'下盖脱'五'字。"译文从之。阴冻:背阴的冻土。
⑥秋:同"萩",种植。稷:谷物名。
⑦刘绩云:"言七十日阴冻释,萩稷,若百日则过时不萩矣。是萩种惟在二十五日之内。"张佩纶云:"'耳也'之'也'疑衍。"
⑧扶台:假设的建筑。
⑨五衢之众:马非百云:"《尔雅·释宫》:'四达谓之衢。'"五衢谓四通八达之道路,此处指五方。五衢之众"犹《礼记·王制》之言'五方之民'矣"。作:指服徭役。
⑩阻弃之地:被弃不耕之地。
⑪起:征发。繇:同"徭"。
⑫不举:指不得耕种。
⑬有:同"又"。下"有衡求币焉"之"有"亦同。
⑭"是春"二句:安井衡云:"失地谓不耕,失苗谓不芸。"
⑮衡藉:丁士涵云:衡读如横。郭沫若云:除正赋之外,又横取附加税。而,犹乃也。
⑯"民食"二句:郭沫若云:"民所食仅及收入之半,而上除正税外复赋籍其九,是民所食者远不逮其收入十分之一也。"
⑰求币:指要求以货币纳税,不要实物。
⑱暴:指统治者以暴力对付百姓的反抗。
⑲内战:因暴力对抗引起的动乱。

【今译】

桓公问管子说："请问经济筹划方面的问题。"管子回答说："国家没有粮食储备，主要是政令不当。"桓公问："为什么国家没有粮食储备是由于政令不当？"管子回答说："一个农夫能耕种百亩土地，而春耕的农事要在二十五天内完成。"桓公问："为什么春耕的农事要在二十五天内完成？"管子回答说："冬至以后六十天向阳的土地解冻，七十五天背阴的土地解冻。等背阴的土地解冻后，就应该播种稷了，超过冬至后一百天就不能种稷，因此春耕春种的时间不过就是二十五天而已。现在君主修筑扶台，五方的百姓都来服徭役。君主过了春天还不停止，农夫失去了二十五天内的春耕春种时间，这样五方的土地都得不到耕种而被废弃。征发一个农夫服役，百亩土地就不得耕种；征发十个农夫服役，千亩土地就不得耕种；征发百个农夫服役，万亩土地就不得耕种；征发千个农夫服役，十万亩土地就不得耕种。春天已经失去二十五天的耕种时间，夏天又要征发徭役，这样春天损失土地，夏天损失禾苗，秋天再无止境地征役，这就叫谷物和土地多次遭受损失。谷物种植耽误了农时，君主的强征暴敛又无止境，农夫的食粮要占收成的十分之五，但君主却要征收十分之九的赋税，再加上强令用货币纳税，这就必然引起盗贼暴乱，刑罚滥施，如果再以暴力对付，国家就会陷入大规模的动乱。"

【原文】

　　桓公曰："善哉！""策乘马之数求尽也①。彼王者不夺民时，故五谷兴丰②；五谷兴丰，则士轻禄，民简赏③。彼善为国者，使农夫寒耕暑耘，力归于上，女勤于纤微④，而织归于府者，非怨民心，伤民意，高下之策不得不然之理也⑤。"

注释

　　①王念孙云："'策'上当有'管子曰'三字。"译文从王说。安井衡云："'求'当为'未'字之误。"译文从之。
　　②兴丰：兴盛繁茂。
　　③简：简慢，轻视。
　　④纤微：指从事纺织一类精细劳动。

管子轻重　685

⑤高下之策：指国家控制物价高低的政策。郭沫若云："自'桓公曰善哉'以下至'高下之策不得不然之理也'八十四字当在本篇之末，承接'此有虞氏之策乘马也'，错简于此。"此说可供阅读时参考。

【今译】

桓公说："好啊！"管子说："筹划经济的策略不仅仅如此。那些成就王业的君主，不耽误百姓的农时，因而五谷兴盛繁茂；五谷兴盛繁茂，那么士兵就会轻视爵禄，百姓就会看轻赏赐。所以善于治国的君主，能使农夫寒暑耕耘，其收获归于君主；能使妇女辛勤纺织，其成品归于国库。他所用的方法，不是损伤民心民意，而是运用国家控制物价高低的政策，使他们不得不这样。"

【原文】

桓公曰："为之奈何？"管子曰："虞国得策乘马之数矣。"桓公曰："何谓策乘马之数？"管子曰："百亩之夫，予之策①：'率二十七日为子之春事②，资子之币③。春秋子谷大登④，国谷之重去分⑤。'谓农夫曰：'币之在子者，以为谷而廪之州里⑥。'国谷之分在上⑦，国谷之重再十倍⑧。谓远近之县、里、邑百官⑨，皆当奉器械备⑩，曰：'国无币，以谷准币⑪。'国谷之朾⑫，一切什九⑬。还谷而应谷⑭，国器皆资，无藉于民⑮，此有虞之策乘马也。"

注释

①予之策：向他们发布命令。
②率：大率，大约。王引之云："'七'当为'五'。"译文从王说。
③资子之币：资，贷款。此谓给你们发放贷款。
④春秋：王念孙云：春秋当为"泰秋"。泰，同"大"。登：成熟。
⑤去分：安井衡云："分，半也。去分，减半也。"
⑥以为谷：指折算成谷物。廪：仓廪，此指交纳入仓库。
⑦在上：指掌握在国家手中。
⑧再十倍：二十倍。
⑨百官：马非百云："'官'为'工'之借字。百官即百工。"译文从马说。
⑩"皆当"句：马非百云："器械兼农业生产工具及兵器而言。……谓器械乃国家必需之物，皆当由百工供奉备用。"

⑪准：折合。

⑫朸：谷价。闻一多云："《管》书言朸，盖谓政府专卖谷类之价格也。"

⑬一切什九，马非百云："谷之原价本仅为一，由于为国家所收藏，藏则重，故坐长加十。除原价外，获利九倍。"

⑭还谷：郭沫若云："'还谷'者指假币于民而使之以谷偿还，'应谷'者指以谷代币，购置器械以备公用。承上两事而言，……"

⑮"国器"二句：郭沫若云："言谷物与器用皆足，而不增加税籍。'谷器皆资'，'谷'字原作'国'，因音近而讹。"译文从郭说。

【今译】

桓公问："那么该怎么办呢？"管子说："据说虞国掌握了这种经济筹划的策略。"桓公问："这种策略是怎样的呢？"管子说："向拥有百亩土地的农夫发布命令：'大约二十五天是你们春耕春种的时间，给你们发放贷款。秋后你们的谷物成熟了，国家的谷价就降低一半。'又对农夫说：'你们得到的贷款，折合成谷物交纳到州里的仓库。'国家收成的一半入了仓库，谷物的价格就可涨二十倍。国家又要求远近县、里、邑的工匠，都要供应农具、兵器以备公用，并说：'国家已没有钱币，只能用谷物折算。'国家掌握了谷物的专卖价格，就能获利十分之九。这样，国家用货币收谷、以谷代币的方法，使谷物和器用都很充足，而不必再向百姓征税。这就是虞国经济筹划的策略。"

乘马数第六十九

【题解】

乘马数指经济筹划的具体办法。

本篇可视作《臣乘马》的续篇，进一步阐述经济筹划的种种办法。文章先提出治国"以时行"事的原则，要求"出准之令，守地用人策"。然后阐述"守始"之法，主张控制物价，"岁藏三分"，积贮粮食，以工代赈，救济灾民；"持流"之法，主张"田策相员"，因时制宜；"相壤定籍"之法，主张让各等级土地互补，以安定百姓。文章还阐述了粮食与万物交换的关系，即所谓"谷重而万物轻，谷轻而万物重"。

【原文】

桓公问管子曰:"有虞策乘马已行矣,吾欲立策乘马,为之奈何?"管子对曰:"战国修其城池之功①,故其国常失其地用②。王国则以时行也③。"桓公曰:"何谓以时行?"管子对曰:"出准之令④,守地用人策⑤,故开阖皆在上,无求于民。"

注释

①战国:好战之国。功:同"工"。工事,工程。
②地用:土地之用,指农业。
③王国:成就王业之国。以时行:指因时制宜而行事。
④出准之令:指进退出处都依照政令。
⑤人策:即人谋,指经济谋略。

【今译】

桓公问管子说:"虞国已经推行了经济筹划的策略,我也打算设立经济筹划的策略,该怎么做呢?"管子回答说:"好战的国家把国力都放在修筑城池上,因而这些国家的农业生产常常受到影响。成就王业的国家则根据因时制宜的原则行事。"桓公问:"什么叫因时制宜而行事?"管子回答说:"行事都依照政令,控制好农业生产和经济谋略,这样经济上的放和收都掌握在君主手中,也不需要向百姓索取。"

【原文】

霸国守分上分下①,游于分之间而用足。王国守始②,国用一不足则加一焉,国用二不足则加二焉,国用三不足则加三焉,国用四不足则加四焉,国用五不足则加五焉,国用六不足则加六焉,国用七不足则加七焉,国用八不足则加八焉,国用九不足则加九焉,国用十不足则加十焉。人君之守高下,岁藏三分,十年则必有五年之余③。若岁凶旱水泆,民失本,则修宫室台榭,以前无狗后无彘者为庸④。故修宫室台榭,非丽其乐也⑤,以平国策也⑥。今至于其亡策乘马之君,春秋冬夏,不知时终始,作功起众⑦,立宫室台榭。民失其本事,君不知其失诸春策,又失诸夏秋之策数也⑧。民无檀卖子数矣⑨。猛毅之人淫暴⑩,贫病之民乞请,君行律度焉⑪,则民被刑僇而不从于主上⑫。此策乘马之数亡也。

注释

①霸国:成就霸业之国。马非百云:"'分上分下',指财物之轻重贵贱而言。"
②守始:指控制财货产生的开始。
③王引之云:"'五'当为'三'。岁藏十分之三,至十年则余三十分。每十分而当一年,故三十分而为三年之余也。"译文从王说。
④"以前"句:安井衡云:"前无狗,后无彘,言贫甚也。狗守门,故云前;彘居牢,故云后。"庸,佣工。
⑤丽:尹桐阳云:"'丽'同'酾',观也。"
⑥马非百云:平国策云者,盖后世以工代赈之法。
⑦起众:征发民工。
⑧马非百云:"此处'数'字乃'策'字之注文,写者误以入正文者。"译文从马说。
⑨无飦:没有粥喝。飦,糜也。数:马非百云:当作自然之理讲。
⑩猛毅之人:指年富力强而又刚毅之人。淫暴:暴乱反抗。
⑪律度:法律制度。
⑫僇:同"戮"。

【今译】

成就霸业的国家控制物价的贵贱高低,利用物价的涨跌的收入就可满足国家的财用。成就王业的国家则运用轻重之术控制财货产生的开始,这样国家财用一分不足就增补一分,二分不足就增补二分,三分不足就增补三分,四分不足就增补四分,五分不足就增补五分,六分不足就增补六分,七分不足就增补七分,八分不足就增补八分,九分不足就增补九分,十分不足就增补十分。君主控制物价的涨跌,每年可贮藏粮食收成的十分之三,这样十年就有了三年的粮食积余。如果遇上水旱灾荒,百姓丢失了本业,君主就可以修造官殿台榭,招雇那些一贫如洗的人做工。因而这种修造官殿台榭,并不是为了观赏的快乐,而是实行国家的特殊经济政策。至于那些不懂经济筹划策略的君主,一年四季,无止息地大兴土木,征发民工,建造官殿台榭。百姓被耽误了农时,君主还不知道他们失去了春耕的时节,又失去了夏耘、秋收的时节。这样,百姓因喝不上粥而卖儿卖女就是很自然的了。勇猛刚毅的人起而暴乱,贫病交加的人乞食为生,君主即使动用法律进行处置,百姓受刑被杀也不归顺君主。这就是不懂得经济筹划策略的结果。

【原文】

"乘马之准①,与天下齐准。彼物轻则见泄②,重则见射③。此斗国相泄④,轻重之家相夺也⑤。至于王国,则持流而止矣⑥。"桓公曰:"何谓持流?"管子对曰:"有一人耕而五人食者,有一人耕而四人食者,有一人耕而三人食者,有一人耕而二人食者。此齐力而功地,田策相员⑦,此国策之时守也⑧。君不守以策,则民且守于上⑨,此国策流已。"

注释

①乘马之准:指经济筹划的标准。这里指物价标准。
②泄:泄散。
③射:射利。
④斗国:相争斗之国。
⑤轻重之家:指精通轻重之术的行家。
⑥持流:即守流,控制流通。
⑦"此齐"二句:郭沫若云:"'齐力而功地'者谓齐民力以攻治土地。'田策相员'者谓以土地与农业政策相辅而行,员犹运也。"
⑧时守:郭沫若云:"'时守'乃守时之倒言耳。"
⑨上:猪饲彦博云:"当作'下'。"译文从"下"。

【今译】

"筹划物价标准,要与天下各国的物价齐平。物价标准偏低就会造成货物泄散各国,偏高各国就会运入货物射利。这便是敌对国家相互倾销货物、精通轻重之术的行家相互争夺利益的根本所在。至于成就王业的国家,只要控制货物的流通就行了。"桓公问:"什么叫控制货物流通?"管子回答说:"有的一人耕地可供五人吃粮,有的一人耕地可供四人吃粮,有的一人耕地可供三人吃粮,有的一人耕地可供二人吃粮。这就要集中民力来耕治田地,并使土地收益和物价政策结合起来。这就是因时制宜的治国策略。君主不用这种策略来进行控制,富商大贾就将进行控制,经济筹划的策略就要流产了。"

【原文】

桓公曰:"乘马之数尽于此乎①?"管子对曰:"布织财物,皆立其赀②。财物之赀与币高下。谷独贵独贱③。"桓公曰:"何谓独贵独贱?"管子对曰:"谷重而万物轻,谷轻而万物重。"

注释

①马非百云:"'乘马'上当脱'策'字。"译文从马说。
②立其赀:安井衡云:"立,定。赀,价也。立其赀,犹言定其价。"
③独贵独贱:指单独定其贵贱。

【今译】

桓公问:"经济筹划的办法就这些吗?"管子回答说:"还要对布帛和各种财物进行合理定价。财物的价格要和币值的高低相符合。粮食则要单独决定价格的高低。"桓公问:"为什么要单独定价?"管子回答说:"粮价高则万物跌价,粮价低则万物涨价。"

【原文】

公曰:"赇策乘马之数奈何①?"管子对曰:"郡县上臾之壤守之若干②,间壤守之若干③,下壤守之若干。故相壤定籍,而民不移;振贫补不足,下乐上。故以上壤之满补下壤之众④,章四时⑤,守诸开阖,民之不移也,如废方于地⑥。此之谓策乘马之数也。"

注释

①赇:尹桐阳云:"'赇'同'赽',行也。"
②上臾之壤:上等肥沃的土地。臾,同"腴"。
③间壤:中等土地。
④俞樾云:"疑本作'补下壤之虚','虚'与'满'相对。"译文从"补下壤之虚"。
⑤章:马非百云:"章"读如"障",谓障而守之也。
⑥废方:猪饲彦博云:"废犹置也,方谓方物。"

【今译】

桓公问:"实行经济筹划策略的办法该怎样呢?"管子回答说:"对

郡县的上等肥沃土地、中等土地、下等土地，要分别掌握它们的若干收成。根据土地的等级来决定征税的数量，百姓就不会迁移；赈济贫困，补助不足，百姓就拥护君主。所以君主善于用上等土地的丰盛补下等土地的欠缺，控制四时的物价，掌握市场的放收，百姓不愿迁移，就如将方物置于平地那样安定。这就是经济筹划策略的办法。"

事语第七十一

【题解】

　　本篇论述治国的经济策略，使用管仲对齐桓公问的体例，以"事之至数"开篇，故篇题为"事语"。

　　本篇认为"不定内不可以持天下"，主张积蓄为治国的经济策略。分为两段：第一段论述不能用奢侈散财而必须用积蓄聚财的方法治国；第二段论述不能依靠他国的财力、人力治国，而必须依靠自己发展生产，积蓄粮食，才能成为战无不胜的强国。

【原文】

　　桓公问管子曰："事之至数①，可闻乎？"管子对曰："何谓至数？"桓公曰："秦奢教我曰②：'帷盖不修，衣服不众，则女事不泰③。俎豆之礼不致牲④，诸侯太牢，大夫少牢⑤；不若此，则六畜不育⑥。非高其台榭⑦，美其宫室，则群材不散。'此言何如？"管子曰："非数也。"桓公曰："何谓非数？"管子对曰："此定壤之数也⑧。彼天子之制，壤方千里，齐诸侯方百里⑨，负海子七十里⑩，男五十里。若胸臂之相使也。故准徐疾赢不足⑪，虽在下也不为君忧⑫。彼壤狭而欲举与大国争者⑬，农夫寒耕暑耘，力归于上，女勤于缉绩徽织⑭，功归于府者，非怨民心、伤民意也。非有积蓄不可以用人，非有积财无以劝下。泰奢之数，不可用于危隘之国⑮。"桓公曰："善。"

【注释】

　　①至数：马非百云："至数即善计。"犹言良策。
　　②秦奢：据姚永概说，秦奢即后文之泰奢，"秦"为"泰"之误字。"此篇之泰

奢、佚田皆是寓名，非实有其人也。"

③女事：女工生产之事。泰：通也。

④俎豆：祭祀时盛物的器具。不：猪饲彦博云：不当作"必"。

⑤太牢、少牢：牲牲的等级。《国语·楚语》："诸侯祀以太牢，大夫祀以少牢。"《大戴礼·曾子天圆》："诸侯之祭牲牛曰太牢，大夫之祭牲羊曰少牢。"

⑥六畜：指马牛羊鸡狗猪。

⑦榭(xiè 谢)：台有屋叫榭。

⑧定壤：分封土地。

⑨齐诸侯：猪饲彦博云："齐，中也，谓中国诸侯。"中国，中原。

⑩负海：马非百云："《轻重乙篇》云：'东方之萌带山负海，北方之萌衍处负海。'《汉书·地理志》：'太公以齐地负海舄卤。'此盖借用之为边远地区之代名词。"子：与下句的男，均为分封的等级，周制分封有公、侯、伯、子、男五等。

⑪准：平准，调节。徐疾：缓急。赢：多余，富余。

⑫在下：指财货在民间流通。

⑬举：起兵。

⑭缉绩徽织：泛指女工之事，纺线织布。

⑮危隘：许维遹案：危当作"厄"。厄隘即"狭隘"。

【今译】

桓公问管仲说："治国的良策，能说给我听听吗？"管仲回答说："什么叫良策？"桓公说："泰奢教我说：'车子的帐幕和顶盖不讲究豪华，衣服不多，女工的事业就不会发达。祭祀的礼品必须用牲牲，诸侯要用牛，大夫要用羊；不如此，六畜就不会繁多。不把亭台造得高高的，不把宫室装修得华美，众多的材料就得不到利用。'这种说法如何？"管仲说："这不是治国的策略。"桓公问："为什么说不是治国的策略？"管仲回答说："这是天子分封土地的策略。那天子的制度，天子拥有土地一千平方里，中原的诸侯是一百平方里，边远地区的子级诸侯是七十平方里，男级的是五十平方里。天子控制诸侯就像心指挥手那样自如。所以天子可采用命令来调节货用的缓急、富余或不足。即使货物在下面流通也不必为天子担忧。至于那些领土少，而又想起兵与大国争雄的诸侯国就不同了，农夫冒着寒暑耕耘，而必须把粮食汇集到君主手里，女子辛勤纺织，而必须把产品汇集到国家的府库里，这不是要百姓生怨，也不是要伤害百姓的意愿。而是因为没有粮食的积蓄就不能使用人力,没有货财的积聚就无法勉励臣下。泰奢的策略,不能用于领土少的诸侯国。"桓公说:"好。"

【原文】

桓公又问管子曰:"佚田谓寡人曰:'善者用非其有①,使非其人,何不因诸侯权以制天下②。'"管子对曰:"佚田之言非也。彼善为国者,壤辟举则民留处,仓廪实则知礼节③。且无委致围,城脆致冲④。夫不定内不可以持天下。佚田之言非也。"管子曰:"岁藏一⑤,十年而十也。岁藏二,五年而十也。谷十而守五,绨素满之⑥,五在上。故视岁而藏,县时积岁⑦,国有十年之蓄。富胜贫,勇胜怯,智胜愚,微胜不微⑧,有义胜无义,练士胜殴众,凡十胜者尽有之⑨。故发如风雨,动如雷霆,独出独入,莫之能禁止,不待权与。故佚田之言非也。"桓公曰:"善。"

【注释】

①善者:善为国者。非其有:与下句的"非其人",是指别国的货财、别国的人。
②因:依靠。权以:王绍兰云:"'权以'犹权与也。"本篇下文:"不待权与。"闻一多案:"'权'读为劝。《广雅·释诂》二'劝,助也'。"'与',亦助也。"
③壤辟举:即《牧民》中的"地辟举",地尽辟。仓廪:粮库。
④刘绩云:"委,委积也,无食则人欲围而取之。'脆',不坚也。'冲',冲车也,城不坚则人思毁之。"
⑤一:指当年粮食收获的一成。
⑥绨素:丁士涵认为绨素即"夷疏",夷疏与绨素同声。夷,有剪取之意,疏,即蔬菜。详见《轻重甲》篇"夷疏而积粟"条。
⑦县时:何如璋云:"犹旷日也。县而积之,则国有十年之蓄矣。"
⑧微:隐匿。此引申为守机密。
⑨十胜:犹全胜。

【今译】

桓公又问管仲说:"佚田对我说:'善于治国的人,可以利用他国的资财,可以使用他国的百姓,为什么不依靠诸侯的帮助而控制天下?'"管仲回答说:"佚田的话是错误的。那些善于治国的人,土地开发得多,百姓就会留下来安居;仓库里粮食充足,百姓就会懂得礼节。况且国无积聚就会受到敌国的围攻,城不坚固就会遭到敌军的冲击。不安定国家的内部,就不可能主持天下。佚田的话是错误的。"管仲又说:"每年贮藏一成粮,十年就贮到可用一年的粮了。每年贮藏二成粮,五年就贮到可用一年的粮了。国家掌握住一年谷子的十分之五,用蔬菜来满足百姓的缺粮,那十分之五的谷子就在国君手里了。所以看年成的情况来贮藏粮食,只要长期地一年年地坚持,国家就会有可用十年的粮食贮蓄。富有的战胜贫穷的,勇敢的战胜怯懦的,聪敏的战胜愚蠢的,机密的战胜不机密的,有义的战胜无义的,训练有素的士卒战胜乌合之众,凡是全胜的条件都已具有。所以一出发犹如风雨那样猛烈,一运动犹如雷霆那样快速,独出独入,没有人能禁止,不必等待帮助。所以佚田的话是错误的。"桓公说:"好。"

海王第七十二

【题解】

海王,尹知章谓"以负海之利而王其业",即凭借濒海之利(指产盐)而成就王霸之业。但从全篇内容看,还包括凭借依山之利(指产铁),故马非百认为标题当作"山海王"。

本篇阐述国家垄断盐铁专卖,从而"王天下"的主张。由于盐铁是百姓日常生活所必需,故作者主张"官山海",即国家垄断专卖,加价出售,寓税于价,这样既能满足国家的财政需求,又能消除百姓的不满情绪。本篇是"轻重之术"在税收方面的一种运用,但这种做法在先秦文献中均未见记载,至汉武帝时才开始推行。桓宽的《盐铁论》是专门论述盐铁专卖政策的专著,可参看。

【原文】

桓公问于管子曰:"吾欲藉于台雉①,何如?"管子对曰:"此毁成也②。""吾欲藉于树木?"管子对曰:"此伐生也。""吾欲藉于六畜③?"管子对曰:"此杀生也。""吾欲藉于人④,何如?"管子对曰:"此隐情也⑤。"桓公曰:"然则吾何以为国?"管子对曰:"唯官山海为可耳⑥。"

【注释】

①藉:同"籍"。下同。籍谓税,这里指征税。台雉:王引之云:台雉二字意义不伦。台下之字亦当为宫室之名,雉盖𪧐之讹也,𪧐与射同,即榭字之假借。这里泛指房屋。籍于台榭谓征收房屋税。

②毁成:毁坏已建房屋。

③六畜:指牛、马、羊、豕、鸡、犬。

④藉于人:征收人头税。

⑤隐情:收闭情欲,不育儿女。

⑥官山海:何如璋云:"设官于山以管铁,设官于海以课盐也。"马非百云:"'官'即'管'字之假借。"

【今译】

桓公问管子说:"我打算向百姓征收房屋税,你看怎么样?"管子回答说:"这样使百姓拆毁已建的房屋。""我打算征收树木税呢?"管子回答说:"这将使百姓砍去生长的树木。""我打算征收六畜之税呢?"管子回答说:"这将使百姓杀死喂养的禽畜。""我打算征收人头税,你看怎么样?"管子回答说:"这将使百姓收闭情欲,不育儿女。"桓公说:"那么我靠什么来治理国家呢?"管子回答说:"只有掌握了山海的资源才行啊!"

【原文】

桓公曰:"何谓官山海?"管子对曰:"海王之国,谨正盐策①。"桓公曰:"何谓正盐策?"管子对曰:"十口之家,十人食盐;百口之家,百人食盐。终月②,大男食盐五升少半③,大女食盐三升少半,吾子食盐二升少半④,此其大历也⑤。盐百升而釜⑥。令盐之重⑦,升加分强⑧,釜五十也;升加一强,釜百也;升加二强,釜二百也;钟二千,十钟二万,百钟二十万,千钟二百万。万乘之国⑨,人数开口千万也⑩,禺策⑪,商日二百万⑫,十日二千万,一月六千万。万乘之国,正九百万也⑬,月人三十钱之籍,为钱三千万。今吾非籍之诸君吾子⑭,而有二国之籍者六千万。使君施令曰'吾将籍于诸君吾子',则必嚣号⑮,今夫给之盐策,则百倍归于上⑯,人无以避此者,数也⑰。"

【注释】

①谨:谨慎,注重。正盐策:闻一多云:正读为"征"。正盐策谓征收盐税之

策。指由国家经营盐的生产,将盐税加入盐价,实行专卖。

②终月:全月。

③大男:成年男子。下文"大女"指成年女子。少半:少于一半。五升少半谓五升多一些,但不到五升半。

④吾子:尹知章云:"谓小男小女也。"俞樾云:"'吾'当读为牙。"牙子即童子。

⑤大历:大略,大致数字。

⑥百升而釜:马非百云:"本书量名计有铍、釜、钟、升、斗、石等字。""以意推之,本书当是以四升为豆,五豆为铍,五铍为釜。如此则一铍二十升,一釜一百升,恰合'百升而釜'之数。"又十釜为钟。

⑦重:加重,这里指加价。

⑧升加分强:谓每升加价半钱。分,半。强同"镪",指钱。

⑨乘(shèng 圣):古时兵车一车四马为一乘。万乘之国指大国。

⑩开口:谓开口而食。

⑪禺策之:郭沫若云:"'禺'读为偶然之偶,'偶策之'犹尝试算之也。"

⑫商:于者吾云:商本应作"啇","啇"古适字。

⑬正九百万:"九"当作"人"。"正人"为载在户籍应纳税的人口。俞樾云:"《揆度篇》曰'万乘之国为户百万户,为开口千万人,为当分者百万人',是万乘之国'正人'止百万而已,故曰'正人百万也'。"

⑭诸君:指成年人,即上文大男、大女。

⑮嚣号:喧嚣号叫,指强烈不满。

⑯百倍归于上:陶鸿庆云:"'百'当为'自'之误,言不必籍于诸君吾子而自然得其倍数也。"

⑰数:术,方法。

【今译】

桓公问:"什么叫掌握山海资源?"管子回答说:"依靠大海之利成就王业的国家,应该注重征收盐税的政策。"桓公问:"什么叫注重征收盐税的政策?"管子回答说:"十口之家就有十人吃盐,百口之家就有百人吃盐。以一月计,成年男子吃盐五升有余,成年女子吃盐三升有余,小孩吃盐二升有余,这是大致的数字。盐百升为一釜。使盐的价格每升增加半钱,一釜就多五十钱;每升增加一钱,一釜就多一百钱;每升增加二钱,一釜就多二百钱。这样,一钟就是二千,十钟就是二万,百钟就是二十万,千钟就是二百万。一个万乘的大国,开口吃粮的人数约是千万人,试算算这千万人所吃的盐加价的收入,恰好每日可得二百万,十日就是二千万,一月就是六千万。一个万乘大国,应纳人头税的人口约是百万,每人每月征税三十钱,总共得钱三千万。现在我不向成人小孩征人头税,就可收入相当于两个万乘大国的税款六千万。假如君上您下令说'我将对所有的成人小孩征税',那么百姓一定会喧闹不满;而如今利用征收盐税的政策,加倍的税款就自然而然地归于您君上,百姓也无法逃避这项政策,这就是税收的妙法啊!"

【原文】

"今铁官之数曰:一女必有一针、一刀,若其事立①;耕者必有一耒、一耜、一铫②,若其事立;行服连、辂、辇者③,必有一斤、一锯、一锥、一凿,若其事立。不尔而成事者,天下无有。令针之重加一也,三十针一人之籍④;刀之重加六,五六三十,五刀一人之籍也;耜铁之重加七⑤,三耜铁一人之籍也;其余轻重皆准此而行⑥。然则举臂胜事⑦,无不服籍者。"

【注释】

①若:尹知章云:"犹然后。"
②耒(lěi 垒):即犁。耜(sì 四):即铧。铫(yáo 姚):即大锄。三者都是古代翻土的农具。
③行服:从事,制作。连:指用人推挽的车。辂(yáo 姚):指轻便的小马车。辇:指运货的大马车。三者都是古代的运输工具。
④"令针"二句:猪饲彦博云:"言每一针加价一钱而征之,则三十针而得三十钱,是当一人一月之籍也。"
⑤七:猪饲彦博云:"'七'当作'十'。"译文从"十"。
⑥轻重:这里指加价多少。
⑦胜事:胜任工作。

【今译】

"如今铁的官营专卖可用这样的办法:每个女子必须有一根针、一把剪刀,然后她的女工之事才能做成;每个农夫必须有一部犁、一个铧、一把大锄,然后他的耕作之事才能做成;每个工匠必须有一把斧子、一把锯子、一个锥子和一根凿子,然后他的造车之事才能做成。没有上述工具而能做成事情的,天下找不到。使每根针的价格增加一钱,三十根针的加价就相当于一个人一个月应纳之税;每把刀的价格增加六钱,五六得三十,五把刀的加价就相当于一个人一个月应纳之税;每个铁铫的价格增加十钱,三个铁铫的加价就相当于一个人一个月应纳之税;其他铁制工具的加价多少可依此类推。这样,只要是举手从事生产劳动的人,实际上就没有不纳税的了。"

【原文】

桓公问:"然则国无山海不王乎?"管子曰:"因人之山海假之①。名有海之国雠盐于吾国②,釜十五,吾受而官出之以百。我未与其本事也③,受人之事④,以重相推⑤,此人用之数也⑥。"

【注释】

①假:借助,利用。
②名有:丁士涵云:"'名'与'命'同,……'有'乃'负'字误。"译文从丁说。雠:同"售"。
③本事:指盐的生产。
④受人之事:指买进别国之盐。
⑤以重相推:用加价向百姓推销。
⑥人用:当作"用人"。尹知章云:"彼人所有而皆为我用之。"

【今译】

桓公问:"那么没有山海资源的国家就不能称王天下了吗?"管子说:"可以借助别国的山海资源而加以利用。例如,让靠海之国将盐卖给我国,假如每釜十五钱,我国买进后就可以以百钱的官价出售给百姓。虽然我们没有参与盐的生产,但进口别国之盐再加价推销,这就是借助别国资源为我所用的方法啊!"

国蓄第七十三

【题解】

国蓄指国家的财政积蓄,又本篇首言"国有十年之蓄",因此篇名既切合全篇内容,又关合首句。本篇在"轻重"诸篇中有特殊地位。何如璋云:"轻重各篇惟《国蓄》是管子经言。"马非百云:"本篇乃全书之理论纲领,其他诸篇所提出之种种具体问题及其讨论与解决问题之种种方法,或则就此纲领中之原理原则加以补充发挥,或则提出与纲领相反之意见,或则将此纲领中之特别术语加以解释。"又指出:"其他诸篇中,往往有若干段文字与本篇或完全相同,或大同小异。"

本篇较全面地阐述了"轻重"理论的基本内容。文章提出,君主治理天下,就要"富能夺,贫能予",完全掌握百姓的命运,做到"予之在君,夺之在君,贫之在君,富之在君"。因此,国家必须将关系国计民生的粮食和货币牢牢控制在手中,进而根据粮食、货币和万物的不同比价,运用"轻重"之术调通民利。国家应设立一定的平准基金,在物价下落时收进,在物价上涨时抛出,春荒时向农民贷款,秋收后按市价折收实物。这样,既打击了"大贾蓄家"操纵市场的行为,稳定了物价,又使国家从中获取了"十倍之利"。国家的财政收入,不必向百姓强令征税,而可以从控制物价的涨落中取得,做到"不求于万民而籍于号令"。因此,广泛运用"轻重"之术,实现"利出一孔",是关系治国的重要问题。

【原文】

国有十年之蓄①,而民不足于食,皆以其技能望君之禄也②;君有山海之金③,而民不足于用,是皆以其事业交接于君上也④。故人君挟其食⑤,守其用⑥,据有余而制不足,故民无不累于上也⑦。五谷食米,民之司命也⑧;黄金刀币,民之通施也⑨。故善者执其通施以御其司命⑩,故民力可得而尽也。

注释

①"国有"句:何如璋云:"《通典·食货》十二引此有'管子曰:富能夺,贫能予,乃可以为天下'三句,在'国有十年之蓄'上,当是原文,宋刻脱去者。"译文从何说补出。

②古本"皆"上有"是"。望:期待。此谓百姓都用各种技能求取君主俸禄。

③山海之金:指盐铁专卖所得财货。参阅《海王》篇。

④事业:职业。交接:交换。此谓百姓都用自己职业换取君主财货。

⑤挟其食:指控制粮食。
⑥守其用:指掌握财货。
⑦累:猪饲彦博云:"累,附系也。"
⑧司命:生命的主宰。
⑨通施:何如璋云:"'通施'犹通移也,谓金币为百姓交易流通之用也。"
⑩善者:善于治国之君主。执:掌握。御:操纵。

【今译】

管子说:能剥夺富家的财货,能抚恤穷人的贫困,这样的君主才能治理天下。国家拥有十年的粮食储备,百姓却缺乏食粮,就都用各种技能去求取君主的俸禄;君主拥有盐铁的专卖收入,百姓却缺乏财用,就都用各自职业去换取君主的钱币。因而君主控制了百姓的食粮,掌握了百姓的财货,凭借国家的富余来控制百姓的不足,所以百姓没有不依附于君主的。五谷食粮是百姓生命的主宰,黄金货币是百姓交易流通的工具。善于治国的君主,掌握交易流通的工具来操纵百姓的命运,因此就能最大限度地利用民力。

【原文】

夫民者亲信而死利①,海内皆然。民予则喜,夺则怒,民情皆然②。先王知其然,故见予之形,不见夺之理③,故民爱可洽于上也④。租籍者,所以强求也⑤;租税者,所虑而请也⑥。王霸之君去其所以强求,废其所虑而请⑦,故天下乐从也。

注释

①亲信:古本作"信亲"。谓信任亲己之人。死利:为利而死,指舍命追逐财利。
②民情皆然:张佩纶云:"'民情皆然'当作'人情皆然'。"译文从张说。
③见:同"现"。此谓显现给予利益的形迹,掩盖剥夺利益的本质。
④民爱:百姓爱戴之心。洽:尹知章云:"洽,通也。"
⑤租籍:郭沫若云:"当以作'征籍'为是。'征籍'乃格外税,临时附加,为上所强求于民者。"译文从郭说。
⑥虑:谋虑。请:求。此谓租税为君主经谋虑而求之于民,即所谓"不见夺之理"。

⑦废:放置,保留。与"去"相对。

【今译】

　　百姓总是信任亲己之人,而舍命追逐财利的,四海之内都是这样。百姓又总是给予他好处就欢喜,剥夺他利益就发怒,人情也都是这样。先王懂得这个规律,因而显现给予百姓好处的形迹,掩盖剥夺百姓利益的本质,这样百姓爱戴之心就通达到君主。额外的征籍,是君主强迫向百姓索求的;正常的租税,是君主经过谋虑向百姓求取的。成就王霸之业的君主,废除强迫索求的,保留正常求取的,因此天下的百姓就乐于服从他了。

【原文】

　　利出于一孔者①,其国无敌;出二孔者,其兵不诎②;出三孔者,不可以举兵;出四孔者,其国必亡。先王知其然,故塞民之养③,隘其利途④。故予之在君,夺之在君,贫之在君,富之在君⑤。故民之戴上如日月,亲君若父母。

注释

①"利出"句:安井衡云:"孔,穴也,犹言门。出于一孔,专出于君也。"马非百云:"利出一孔,谓利益从一条渠道流出,此处引申为经济利益应完全由封建国家统一掌握,……"
②其兵不诎:许维遹云:"'不'当为'半',字之误也。'其兵半诎'犹言其兵半数力屈,半数未力屈。"译文从许说。
③"故塞"句:马非百云:"'养'当为'羡'字之讹也。《盐铁论·错币篇》大夫云:'禁溢羡,厄利途。'……塞民之羡,即禁民溢羡之意。"译文从马说。
④隘:限制,阻止。
⑤马非百云:此言予夺贫富之权,均应由国家掌握。

【今译】

　　财利专出于一条渠道,这样的国家无敌天下;财利分出于两条渠道,军队的半数力屈不战;财利分出于三条渠道,国家就无力出兵作战;财利分出于四条渠道,这样的国家必然灭亡。先王懂得这个道理,就禁止富商大贾牟取暴利,限制他们获利的途径。因而,给予百姓好处由君主决定,剥削百姓利益由君主决定,使百姓贫穷由君主决定,让百姓富足也由君主决定。所以,百姓爱戴君主如同日月,亲近君主如同父母。

【原文】

凡将为国,不通于轻重,不可为笼以守民①;不能调通民利,不可以语制为大治②。是故万乘之国有万金之贾,千乘之国有千金之贾。然者何也? 国多失利③,则臣不尽其忠,士不尽其死矣。岁有凶穰④,故谷有贵贱;令有缓急⑤,故物有轻重。然而人君不能治,故使蓄贾游市⑥,乘民之不给,百倍其本。分地若一⑦,强者能守;分财若一,智者能收。智者有什倍人之功,愚者有不赓本之事⑧。然而人君不能调,故民有相百倍之生也⑨。夫民富则不可以禄使也,贫则不可以罚威也。法令之不行,万民之不治,贫富之不齐也。且君引锡量用⑩,耕田发草上,得其数矣⑪。民人所食,人有若干步亩之数矣⑫,计本量委则足矣⑬。然而民有饥饿不食者何也? 谷有所藏也。人君铸钱立币,民庶之通施也,人有若干百千之数矣。然而人事不及⑭、用不足者何也? 利有所并藏也⑮。然则人君非能散积聚,钧羡不足⑯,分并财利而调民事也⑰,则君虽强本趣耕⑱,而自为铸币而无已⑲,乃今使民下相役耳⑳,恶能以为治乎?

注释

①笼:指鸟笼,此喻对经济的垄断。
②语制:讲求对经济的控制。
③失利:散失财利。
④穰(ráng 瓤):指丰收。
⑤缓急:马非百云:指国家征收期限有宽有紧而言。
⑥蓄贾:《汉书》颜师古注云:"蓄贾谓贾人之多蓄积者。"游市:指在市场兴风作浪。
⑦分地:同"份地",指个人占有的土地。
⑧不赓本:尹知章云:"赓,犹偿也。"马非百云:"'不赓本',犹今俗言'不够本'、'不顾本'也。"
⑨安并衡云:"生,产也。人君不能调和贫富而均一之,故民产至有相差百倍者也。"

⑩锱(zhuì缀):尹知章云:"锱,筹也。"指计数的筹码。
⑪郭沫若云:"'上'当为'土','草土'连文,本书习见。'数'当为'谷',……"译文从郭说。
⑫丁士涵云:"'矣'字衍。"数:定数。
⑬尹知章云:"委,积也。"马非百云:"计本量委,谓计算生产,估量贮存。"
⑭尹知章云:"民事谓常费也。"马非百云:"据此,则'人事'当作'民事'。""'及'与'给'同。"译文从尹说。常费,指日常费用。
⑮王念孙云:"'藏'字涉上文'谷有所藏'而衍。'并'与'屏'同,屏即藏也。"译文从王说。
⑯钧:同"均"。羡:尹知章云:羡,余也。
⑰猪饲彦博云:"《轻重甲篇》无'利'字,是。"
⑱本趣:尹知章云:本谓农业。趣读为促。
⑲自:吴志忠云:"'自'疑'曰'字误。"译文从"曰"。
⑳"乃今"句:马非百云:"'乃今'犹言'今乃'。'下相役',……谓贫弱之人为豪富所奴役。"

【今译】

　　大凡准备治国,不精通权衡轻重,就不能垄断经济来控制百姓;不善于调整利益,就不能讲求控制来达到大治。因而万乘兵车的国家会出现拥有万金的商人,千乘兵车的国家会出现拥有千金的商人,造成这种现象的原因是什么呢?因为国家财利大量流失,造成臣下不愿尽忠,兵士不愿效命。年成有歉收、有丰收,因而谷价有贵、有贱;政令有缓慢、有急迫,因而物价有低、有高。但是如果君主不能控制好,就会使巨商操纵市场,利用百姓的不足,牟取百倍的暴利。假如个人土地相同,强者往往能长久保有;假如个人财富相同,智者往往能多多获利。智者比常人能多获十倍之利,愚者却会做出不够本钱的蠢事。但是如果君主不能调节好,就会使百姓的财富相差百倍之多。百姓过于富足,就难以用利禄来奴役;百姓过于贫穷,就难以用刑罚来威慑。法令不得推行,万民不能治理,都是因为贫富不均啊!况且君主用筹码计量用度,估算开发多少土地,能收获多少粮食。百姓的口粮,每人需要若干土地的出产是个定数,计算收成、估量贮存是充足的。但是百姓还是有挨饿吃不饱的,这是什么原因呢?因为粮食被收聚囤积起来了。君主铸造钱币,是方便百姓的交易流通,每人需要几百几千也是个定数。但是百姓仍然有日用不充足的,这是什么原因呢?因为钱币被合并积聚起来了。因此,如果君主不能分散积聚的粮食,调剂有余不足,分流合并的钱币,调节消费高低,那么,即使君主加强农业,促进生产,每天不停地铸造钱币,也只能造成如今贫弱的百姓被豪富所奴役的现象,又怎么能治理好国家呢?

【原文】

岁适美①,则市粜无予②,而狗彘食人食③;岁适凶,则市籴釜十缗④,而道有饿民。然则岂壤力固不足而食固不赡也哉⑤?夫往岁之粜贱,狗彘食人食,故来岁之民不足也。物适贱,则半力而无予⑥,民事不偿其本⑦;物适贵,则什倍而不可得,民失其用⑧。然则岂财物固寡而本委不足也哉?夫民利之时失,而物利之不平也⑨。故善者委施于民之所不足⑩,操事于民之所有余⑪。夫民有余则轻之⑫,故人君敛之以轻⑬;民不足则重之,故人君散之以重。敛积之以轻,散行之以重,故君必有什倍之利,而财之扩可得而平也⑭。

注释

①适:遇,逢。美:指丰年。
②粜(tiào 跳):卖出粮食。无予:俞樾云:"《方言》'予,雠也'。此'予'当训为雠。雠即售字。……'无予'即无售也。"
③彘(zhì 志):猪。
④籴(dí 狄):买进粮食。釜:古计量单位,一釜为一百升。缗:同"锱",钱。
⑤壤力:地力。赡:充裕。
⑥猪饲彦博云:"'半力而无予',谓物价适贱,仅偿工人勤力之半而无人买取之也。"
⑦民:指生产者。
⑧民:指消费者。
⑨"夫民"二句:马非百云:盖谓政府未能利用万物高下之时,以贱买贵卖之术调通民利,而人民又不能自为之,遂致物利有如此巨大之差别也。
⑩"故善"句:马非百云:"盖谓当百姓不足时,政府应以平日之所委积者平价出售,以资救济。"
⑪操事:把持,掌握。
⑫轻之:指低价出售。

⑬敛之以轻:指低价收购。
⑭扩:指政府专卖的物价。

【今译】
　　年成逢丰收,市场上粮食多得卖不出,猪狗都吃人的食粮;年成逢歉收,市场上粮价一釜值十贯,路途上到处有饥民。这难道是地力本来不足而粮食本来不充裕吗?这是因为头一年粮价太低,连猪狗都吃人食,因此第二年百姓的口粮就不够了。物价逢下降,按工本的一半出售也卖不掉,生产者本钱也不能偿还;物价逢上涨,出十倍的高价也买不到,消费者需要都不能满足。这难道是财物本来太少而生产贮存本来不足吗?这是因为丧失了调通民利的时机,而造成了物价的巨大差别。因此善于治国的君主总是用贮存的货物来弥补民用的不足,而用收购的方法来掌握民用的富余。百姓货物有余就低价售出,而君主就低价购进;百姓货物不足就高价购进,而君主就高价售出。用低价收购,以高价抛售,君主必定可以获得十倍的盈利,而市场的物价也可以得到平抑。

【原文】
　　凡轻重之大利,以重射轻,以贱泄平①,万物之满虚随财准平而不变②,衡绝则重见③。人君知其然,故守之以准平。使万室之都,必有万钟之藏,藏缗千万;使千室之都,必有千钟之藏,藏缗百万。春以奉耕④,夏以奉芸⑤,耒耜械器、种饟粮食⑥,毕取赡于君,故大贾蓄家不得豪夺吾民矣⑦。然则何⑧?君养其本谨也⑨。春赋以敛缯帛,夏贷以收秋实⑩,是故民无废事,而国无失利也⑪。

注释
　　①"以重"二句:何如璋云:"欲射其轻也,则敛之以重而轻者至。欲泄其重也,则散之以贱而贵者平。"此谓物轻则贱,政府应稍高其价而收敛,使归于上;民不足则贵,政府宜稍低其价而发散,使物价平衡。
　　②财准平:马非百云:"以今语释之,即所谓'平准基金'者也。"变:波动。
　　③衡绝:供求平衡遭破坏。重见:指显示出轻重。
　　④奉:供奉,供应。
　　⑤芸:同"耘",除草。

⑥种穰:闻一多云:"颜师古云'种,五谷之种也'。""穰"字当作"穬"。"种穬"即种子。译文从闻说。

⑦蓄家:指囤积居奇者。豪夺:强横掠夺。

⑧然则:马非百云:"'然则'当是'然者'之误。"译文从之。

⑨君养其本谨:指君主格外重视农业。

⑩"春赋"二句:尹知章云:"盖方春蚕家阙乏,而赋与之,约收其缯帛也。方夏农人阙乏,亦赋与之,约取其谷实也。"赋:给予,发放。

⑪"是故"二句:马非百云:"'民无废事',谓生产者能维持其再生产。'国无失利',谓政府能独占高利贷之收入。"

【今译】

大凡实行轻重之术的最大好处,在于物贱时用较高价格收敛以垄断货物,物贵时用较低价格发散以平抑物价。这样,万物的供应盈缺靠着国家的平准基金而不会上下波动,而供求关系一旦遭到破坏,物价就会出现涨落。君主懂得这个道理,因而要保持一定的平准基金,使万户人家的都市储藏万钟粮食和千万贯钱币,千户人家的城市储藏千钟粮食和百万贯钱币。春天用来供应春耕需要,夏天用来供应夏锄需求,所有的农具、种子、口粮,都由君主来满足要求,因而大贾富商就不能强行掠夺百姓了。为什么会这样呢?这是因为君主特别重视农业。春天向蚕农发放贷款,用以收取他们的丝绸织品;夏天向农夫发放贷款,用以收取他们的秋粮谷物,因此百姓不会有荒废的农事,国家也不会有流失的财利。

【原文】

凡五谷者,万物之主也①。谷贵则万物必贱,谷贱则万物必贵。两者为敌,则不俱平②。故人君御谷物之秩相胜③,而操事于其不平之间。故万民无籍而国利归于君也④。夫以室庑籍⑤,谓之毁成;以六畜籍,谓之止生⑥;以田亩籍,谓之禁耕⑦;以正人籍⑧,谓之离情⑨;以正户籍,谓之养赢⑩。五者不可毕用,故王者遍行而不尽也。故天子籍于币,诸侯籍于食⑪。中岁之谷,粜石十钱⑫。大男食四石,月有四十之籍;大女食三石,月有三十之籍;吾子食二石,月有二十之籍。岁凶谷贵,粜石二十钱,则大男有八十之籍,大女有六十之籍,吾子有四十之籍。是人君非发号令收啬而户籍也⑬,彼人君守其本委谨,而男女诸君吾子无不服籍者也。一人廪食,十人得余⑭;十人廪食,百人得余;百人廪食,千人得余。夫物多则贱,寡则贵,散则轻,聚则重。人君知其然,故视国之羡不足而御其财物,谷贱则以币予食,布帛贱则以币予衣⑮,视物之轻重而御之以准⑯,故贵贱可调而君得其利。

注释

①主:主宰。马非百云:"万物价格之高下,全为谷价之高下所决定,故曰'万物之主'。"

②"谷贵"四句:马非百云:"谓谷与万物之价互为反比例,故不得归于平衡也。"

③"故人"句:王念孙云:"'秩'读为迭。迭,更也。谷贵则物贱,谷贱则物贵,是谷与物更相胜也。"

④无籍:不征税。

⑤室庑:尹知章云:"小曰室,大曰庑。……是使人毁坏庐室。"

⑥"以六"二句:尹知章云:"是使人不竞牧养也。"

⑦"以田"二句:尹知章云:"是止其耕稼也。"

⑧以正人籍:按人征税。

⑨离情:背离人情。因为如此则民不愿多育儿女。

⑩"以正"二句:姚永概云:"计户而籍之也,计户则大户口多者利矣,故曰'养赢'。"

⑪籍于币、籍于食:指以币与食为施行轻重政策之本钱。

⑫中岁:正常年成。十钱:指加十钱。

⑬啬(sè 色):敛。

⑭马非百云:此处指向政府仓廪中籴取谷食而言,余谓盈利也。

⑮"谷贱"二句:刘绩云:随其所贱而以币易取之,则轻重贵贱由君上也。译文从刘说。

⑯准:平准。

【今译】

大凡五谷是万物的主宰,谷价贵万物必定贱,谷价贱万物必定贵。谷价和物价之间的对应,不可能归于平衡。因而君主要驾驭谷价、物价的交替涨落,在不平衡之间获利,这样即使不向万民征税,国家财利也统归于君主。假如征收房屋税,等于叫人毁坏房屋;假如征收六畜税,等于叫人不敢牧养;假如征收田亩税,等于叫人停止耕作;假如按人征税，等于背离人情；假如按户征税，等于有利大户。这五种征税方法不可能同时使用，因而成就王业的人都曾使用过，但没有实行到底。所以天子应该控制钱币来征税，诸侯应该控制粮食来征税。普通年成的粮食，出售时每石加价十钱。成年男子每月吃粮四石，等于交纳了四十钱的税；成年女子每月吃粮三石，等于交纳了三十钱的税；孩子每月吃粮二石，等于交纳了二十钱的税。灾荒年成谷价腾贵，百姓买入时每石加价二十钱，那么等于每月成年男子交纳了八十钱的税，成年女子交纳了六十钱的税，孩子交纳了四十钱的税。这样，君主就不必发布号令逐户征税，君主只要掌握了粮食的生产和储备，男人、女人和孩子就没有不纳税的了。一人向国库买粮，国家的盈利可分给十人；十人向国库买粮，国家的盈利可分给百人；百人向国库买粮，国家的盈利可分给千人。市场上的货物多价格就贱，货物少价格就贵，抛出时价格就落，囤积时价格就涨。君主懂得这个道理，因此根据国库储备的有余和不足，来控制钱币和货物。粮食价贱就将钱币投向粮食收购，布帛价贱就将钱币投向布帛收购。根据物价的涨落而用平准之法来控制，因此物价的高低可以得到调节，君主也可以从中得利。

【原文】

前有万乘之国，而后有千乘之国，谓之抵国①。前有千乘之国，而后有万乘之国，谓之距国②。壤正方，四面受敌，谓之衢国③。以百乘衢处，谓之托食之君④；千乘衢处，壤削少半；万乘衢处，壤削太半⑤。何谓百乘衢处托食之君也？夫以百乘衢处，危慑围阻千乘万乘之间⑥，夫国之君不相中⑦，举兵而相攻，必以为扞挌蔽圉之用⑧，有功利不得乡⑨。大臣死于外，分壤而功；列陈系累获虏⑩，分赏而禄；是壤地尽于功赏，而税臧殚于继孤也⑪。是特名罗于为君耳⑫，无壤之有。号有百乘之守，而实无尺壤之用，故谓托食之君。然则大国内欵⑬，小国用尽，何以及此⑭？曰：百乘之国，官赋轨符⑮，乘四时之朝夕⑯，御之以轻重之准，然后百乘可及也。千乘之国，封天财之所殖⑰，械器之所出，财物之所生，视岁之满虚而轻重其禄⑱，然后千乘可足也。万乘之国，守岁之满虚，乘民之缓急，正其号令而御其大准，然后万乘可资也⑲。

注释

①抵国:前有强敌之国。抵,同"牴",牛角向前。

②距国:后有强敌之国。距,指雄鸡足后突出如趾的尖骨,用以击刺后方之敌。

③衢国:四面受敌之国。衢,指四通八达的道路。

④托食之君:寄食之君。

⑤陶鸿庆云:"'少半''太半'当互易。上文云'以百乘衢处谓之托食之君',明国愈小则削愈易也。"译文从陶说。

⑥危慑:受威胁。围阻:受包围。

⑦俞樾云:"按'夫国'者彼国也。""以百乘之国视千乘万乘之国,则皆彼国耳。"不相中:指不相和睦。

⑧扞(hàn 汗)挌蔽圉:抵御。

⑨乡:刘绩云:"'乡'一作'享'。"译文从"享"。

⑩列陈:指列阵之士,陈同"阵"。系累获虏:指俘虏。

⑪税臧:同"税藏",指国家库藏。殚:尽。

⑫罗:猪饲彦博云:"罗,列也。"

⑬内款:尹桐阳云:"'内款',内空也。"

⑭及:许维遹云:"'及'与'给'通。"

⑮轨符:马非百云:谓法定之借券,包括借钱与借物。

⑯朝夕:尹桐阳云:"'朝夕'犹涨落也,今字作潮汐。"

⑰封:尹桐阳:"封,界也,为界而使民不敢侵。"

⑱满虚:安井衡云:"犹丰凶也。"

⑲资:王引之云:"'资'乃'澹'之误字。"译文从王说。澹同"赡",丰足。

【今译】

前面有万乘之国,后面有千乘之国,这样的国家称为"抵国"。前面有千乘之国,后面有万乘之国,这样的国家称为"距国"。国土正方形,四面受敌,这样的国家称为"衢国"。百乘的小国处在四面受敌的位置,它的君主称为寄食之君;千乘的国家处在四面受敌的位置,土地将被削并大半;万乘的国家处在四面受敌的位置,土地将被削并小半。什么叫作百乘小国四面受敌君主寄食呢?那些只凭百乘的兵力四面受敌的国家,在千乘万乘的大国中受威胁、被包围,那些大国不和睦相处,发兵相互攻战,必然将小国作为防御的屏障,小国即使有功利也不能享用。小国的大臣战死在外,要分封土地来酬答他的功劳;列阵的将士俘获敌虏,要分别奖赏并增加他的俸禄。这样,土地都用在酬答功劳、奖赏加禄上,而国家库藏也都用于抚恤大臣将士的遗孤。这种小国之君只是徒有虚名,实际没有什么土地。虽然号称是百乘之国的君主,实际没有一尺土地的使用权,因此称为寄食之君。但是大国内部空虚,小国财力耗尽,怎样来进行补给呢?对于百乘之国,可以由国家发行债券,利用四时物价的涨落,用轻重之术来加以控制调节,这样百乘之国就可得到补给。对于千乘之国,可以封闭自然资源,由国家垄断手工业的原料和财利的源头,根据年成的丰歉,运用轻重之术调整臣下的俸禄,这样千乘之国就可得到满足。对于万乘之国,国家可以根据年成的丰歉,利用百姓需求的缓急,调整号令政策,控制国家供求的总体平衡,这样万乘之国就可以丰足了。

【原文】

　　玉起于禺氏①,金起于汝汉②,珠起于赤野③,东西南北距周七千八百里,水绝壤断,舟车不能通。先王为其途之远,其至之难,故托用于其重,以珠玉为上币,以黄金为中币,以刀布为下币。三币握之则非有补于暖也,食之则非有补于饱也,先王以守财物,以御民事,而平天下也④。

【注释】

　　①禺氏:即月氏,古族名,以产玉著称。王国维《月氏未西徙大夏时故地考》有详细考证。
　　②汝汉:为当时黄金的主要产地,有认为即今汝水、汉水流域。
　　③赤野:所在不详。马非百认为可能在今广东合浦一带。
　　④刘绩云:"《通典》引此'天下也'下有'是以命之曰衡,衡者使物一高一下,不得有调也',《注》'若五谷与万物平,则人无其利,故设为上中下之币而行轻重之术,使一高一下,乃可权制利门,悉归于上'。"译文从刘说。

【今译】

　　宝玉出产在禺氏,黄金出产在汝汉,珍珠出产在赤野。这些地区分布在东西南北,距离周朝国都七千八百里,水土隔绝,舟车不通。先王因为这些珍宝路途遥远,得来困难,所以就借用了它们贵重的价值,将珠玉列为上等币,黄金列为中等币,刀布列为下等币。这三种货币握在手中不能取暖,不能吃下肚里充饥,先王是用它们来控制财物,驾驭百姓,治理天下,因此称它们为衡。所谓衡是指使物价一高一低,不能固定不变。

【原文】

今人君籍求于民①,令曰十日而具,则财物之贾什去一②;令曰八日而具,则财物之贾什去二;令曰五日而具,则财物之贾什去半;朝令而夕具,则财物之贾什去九。先王知其然,故不求于万民而籍于号令也③。

注释

①籍求:指强令征税。此承上文论货币,故指征收货币税。
②贾:同"价"。
③籍于号令:指通过政令调节物价,运用轻重之术来取得税款,与上述"籍求"不同。

【今译】

现在君主向百姓强令征税,税款规定十天交齐,财物的价格就要下降十分之一;规定八天交齐,财物的价格就要下降十分之二;规定五天交齐,财物的价格就要下降一半;早上下令规定晚上交齐,财物的价格就要下降十分之九。先王懂得这个道理,因此不直接向万民强行征税,而是通过号令,运用轻重之术来取得税款收入。

山国轨第七十四

【题解】

对于篇名"山国轨"的解释,诸家说法不一。马非百云:"轨与会通。本篇共有三十个轨字,而所言皆属于会计之事。而在《山至数篇》则直谓之'会'。……梁启超所谓'轨即统计',最为近之。"据此,"国轨"当指国家的统计工作而言。"山"字在此当为衍文,《山国轨》及以下《山权数》《山至数》三篇名中,"山"字均无义。

本篇阐述运用国家统计的手段,实现轻重之权的主张。文章首先指出"国轨"的重要性,即"不通于轨数而欲为国,不可",并举例说明了实行统计的内容和方法。文中主张,在调查统计田亩、人口、粮食、布帛等基本经济数据的基础上,国家依次运用发放农业贷款、收购女工织帛、向富家高利贷者借款、收购抛售万物等方法,使市场谷价、物价和币值之间的轻重关系不断变化,并从中获取十倍以至数十倍之利;国家控制自然资源,囤积生活和生产资料向农民发贷,以免被富商乘机牟利;实行森林国营政策,使木材"非山无所仰",进而用价格调节社会的贫富。文章提出,可用盐铁专卖的收入作为统计官府的借贷资金,来为国家谋利。由此可见,"国轨"是"轻重之术"的一项具体内容,统计工作是调控经济的具体手段之一。

【原文】

桓公问管子曰:"请问官国轨①。"管子对曰:"田有轨,人有轨,用有轨,乡有轨②,人事有轨③,币有轨,县有轨,国有轨。不通于轨数而欲为国④,不可。"

注释

①官国轨:官同"管"。此谓管理国家统计工作。
②张佩纶云:"'乡有轨'句似当在'县有轨'上。"译文从张说。
③人事:即民事,指常费。见《国蓄》。
④轨数:数即术。轨术指统计之法。

【今译】

桓公问管子说:"请问有关国家统计工作的管理问题。"管子回答说:"土地要有统计,人口要有统计,财用要有统计,常费要有统计,货币要有统计,乡要有统计,县要有统计,国家也要有统计。不明白统计的方法而想治理好国家,是不行的。"

【原文】

桓公曰:"行轨数奈何?"对曰:"某乡田若干?人事之准若干①?

谷重若干？曰：某县之人若干？田若干？币若干而中用②？谷重若干而中币？终岁度人食，其余若干？曰：某乡女胜事者终岁绩③，其功业若干？以功业直时而扩之④，终岁，人已衣被之后，余衣若干？别群轨⑤，相壤宜⑥。"桓公曰："何谓别群轨，相壤宜？"管子对曰："有莞蒲之壤⑦，有竹箭檀柘之壤⑧，有氾下渐泽之壤⑨，有水潦鱼鳖之壤⑩。今四壤之数，君皆善官而守之，则籍于财物，不籍于人。亩十亩之壤⑪，君不以轨守，则民且守之。民有过移长力，不以本为得，此君失也⑫。"

注释

①准：标准。
②中：合，相当。
③女胜事者：指有劳动力的女工。
④直时而扩：马非百云："谓按照当时市价加以计算。"
⑤别群轨：马非百云："'群轨'指上文八轨而言，即'诸会计事'之意。"
⑥相壤宜：马非百云："指下文'四壤之数'而言，谓土壤对于民居及种植之物各有所宜，故为国必先以调查统计之方法辨别而利用之。"相，指观察、调查。
⑦莞蒲：两种水草，可用以织席，多生于沼泽。
⑧箭：箭竹，竹之一种。檀柘：两种优质木材。多产于山地。
⑨氾下渐泽：指低下潮湿多水。
⑩水潦：积水。
⑪亩十亩：宋本作"亩十鼓"。译文从之。马非百云："亩十鼓，谓每地一亩可产谷十鼓。"鼓，《地数篇》尹注："十二斛也。"
⑫"民有"三句：王念孙云："'过'当为'通'。"译文从之。马非百云：通移，"货币之代名词。'长'读上声"，谓尚也，重也。"力即财力。长力者，谓百姓手中握有货币，势必以财力为尚，而不肯以本农为计之得，是人君之失策也。"

【今译】

桓公问："怎样实行统计之法呢？"管子回答说："比如：某乡土地多少？日常费用的标准多少？收获谷物的价值多少？又如：某县人口多少？土地多少？货币多少才够流通？谷价多少才合币数？估计除去一年口粮，粮食还余多少？再如：某乡女工终年纺织，她们的成品有多少？按当时的市价折算，除去一年的穿衣盖被所需，布匹还余多少？区分了以上多种统计，还要调查土地适宜生长的不同情况。"桓公问：

"为什么区分了以上多种统计,还要调查土地适宜生长的不同情况呢?"管子回答说:"因为有适宜生长莞蒲的沼泽地,有适宜长生竹箭檀柘的山地,有低下潮湿的涝洼地,有生长鱼鳖的池塘。这四种土地,如果君主都善于管理和控制,就可以从它们的出产中获得收益,而不必再向百姓征税。至于亩产达到十鼓的良田,君主如果不利用统计之法掌握在手中,富裕的百姓就要去控制。他们手中有货币,又崇尚财力,不愿从事农业,这就是君主的失策了。"

【原文】

桓公曰:"轨意安出①?"管子对曰:"不阴据其轨,皆下制其上②。"桓公曰:"此若言何谓也?"管子对曰:"某乡田若干,食者若干,某乡之女事若干,余衣若干。谨行州里③,曰:'田若干,人若干,人众田不度食若干。'曰:'田若干,余食若干。'必得轨程④,此谓之泰轨也⑤。然后调立环乘之币⑥。田轨之有余于其人食者,谨置公币焉⑦。大家众,小家寡。山田、间田⑧,曰终岁其食不足于其人若干,则置公币焉,以满其准⑨。重岁丰年⑩,五谷登。谓高田之萌曰⑪:'吾所寄币于子者若干,乡谷之櫎若干,请为子什减三⑫。'谷为上,币为下⑬。高田抚⑭,间田山不被⑮,谷十倍。山田以君寄币,振其不赡,未淫失也⑯。高田以时抚于主上,坐长加十也。女贡织帛⑰,苟合于国奉者⑱,皆置而券之⑲。以乡櫎市准曰⑳:'上无币,有谷,以谷准币。'环谷而应策㉑,国奉决。谷反准㉒,赋轨币㉓,谷廪㉔,重有加十㉕。谓大家、委赀家曰㉖:'上且修游㉗,人出若干币。'谓邻县曰:'有实者皆勿左右㉘,不赡,则且为人马假其食民㉙。'邻县四面皆櫎㉚,谷坐长而十倍。上下令曰:'赀家假币,皆以谷准币,直币而庚之㉛。'谷为下,币为上。百都百县轨据㉜,谷坐长十倍。环谷而应假币。国币之九在上,一在下。币重而万物轻,敛万物,应之以币。币在下,万物皆在上,万物重十倍。府官以市櫎出万物,隆而止㉝。国轨布于未形,据其已成。乘令而进退,无求于民,谓之国轨。

【注释】

①轨意安出:马非百云:"'轨意安出',犹言'以轨守之'之具体措施如何,……"

②"不阴"二句:马非百云:"阴,密也,犹言秘密。……'皆'当依元本作'者'。此谓为国者如不能将各种会计数字掌握在自己手中并严守秘密,便将为富商蓄贾所乘。"

③行:巡视。

④轨程:马非百云:"轨程即调查统计所得之标准数据。"

⑤调:猪饲彦博云:"'调'疑当作'谓'。"译文从"谓"。泰:马非百云:"本书'泰''大'常通用。……大会即大计。"译文从之。

⑥环乘之币:马非百云:"此'乘'字亦当作计算讲。环者周也。'环乘'犹言'统筹'。'环乘之币',谓统筹所得之货币数据,……"

⑦置:郭沫若云:"预置之,亦犹寄也。"马非百云:"置与寄皆放也。'置币'、'寄币'犹言以货币借贷于人民。"公币:指国家铸造的货币,相对私人铸造的"私币"而言。

⑧山田、间田:根据下文"高田",当时将土地分为三等:高田为上,间田次之,山田为下。

⑨满其准:指满足其最低生活标准。

⑩何如璋云:"重岁丰年,谓大熟也。重犹丰也。"

⑪萌:刘绩曰:"萌,田民也。"

⑫马非百云:"此时谷价必贱,故政府对于高田之民所贷之款,一律按照现行价格折债为谷。'请为子什减三'者,即政府将贷款本利,按十分之七折谷收回,其余三分则仍责令其以货币偿还之。"

⑬"谷为"二句:马非百云:"依照散轻聚重之原则,谷必重而居于上风,货币必轻而退居下风。"

⑭高田抚:此谓高田余粮被官府掌握。抚,据有。

⑮郭沫若云:"'山'下夺一'田'字耳。""被,及也。"译文从郭说。不被:指没有余粮。

⑯淫失:过度损失。

⑰女贡:张佩纶云:"贡、工通。"即女工。

⑱国奉:马非百云:"国奉谓供国家之用。"

⑲置而券之:马非百云:"券即契约。"置犹言购买。"'置而券之'即定价收购,订立合同。"

⑳"以乡"句:马非百云:"乡朳指谷价言。市准,指女贡织帛之价言。"

㉑环谷而应策:环谷即还谷,策即券。此谓用谷物支付合同的货款。

㉒反准:返回原先的价格。此指以谷准币后,谷散入民间,由重返轻。

㉓赋轨币:马非百云:赋,贷予也。"轨币即由调查统计而得出之一定数量的货币,亦即合于所谓'轨程'之货币。"

㉔谷廪:指以轨币购入谷物而囤积之。
㉕有:同"又"。
㉖大家、委赘家:马非百云:"'大家'指地主。'委赘家'……盖以高利贷为业者,……"
㉗修:戴望云:"元本'修'作'循'。"译文从之。循同"巡"。
㉘"有实"句:安井衡云:"实,谷实也。勿左右,不许出粜也。"
㉙"则且"句:"食"下当有"于"字。
㉚四面皆杚:四面都受物价影响。
㉛庚:偿还。
㉜"百都"句:马非百云:"……百都百县,乃统全国之都县而言之也。'轨据'谓按照'轨程'所揭示之数据而管制之,……"
㉝隆:俞樾云:"'隆'当作'降',古字通用。"译文从"降"。

【今译】

桓公问:"利用统计之法掌握良田的具体办法是怎样的呢?"管子回答说:"不秘密掌握各种统计数据,那么君主就会被富民控制。"桓公问:"这话是什么意思呢?"管子回答说:"比如先了解某乡土地多少,吃粮者多少,某乡从事纺织的女工多少,剩余的布帛多少。再认真巡视州里,有的报告:'土地多少,人口多少,人多地少缺粮多少。'有的报告:'土地多少,余粮多少。'这种调查一定要得出一个标准数据。这就称作总体统计。然后计算设立一笔经过统筹所得的货币。对于土地产量超过口粮的农户,官府借贷给他们公币,大户人家多贷,小户人家少贷。对于终年口粮不足的耕种山田、间田的农户,官府就借贷给他们公币,来满足他们最基本的生活标准。秋后大丰收,五谷丰登,官府就对耕种高田的农户说:'我借贷给你们的钱币是多少,现在乡中谷物的市价是多少,请将十分之七折算成谷物偿还,其余的仍还钱币。'这样,谷物涨价占据上位,货币贬值退居下位。高田的余粮就这样掌握在官府手中,间田、山田则没有余粮,这样谷价上涨十倍。山田农户由于官府给予贷款赈济不足,未受过多损失;而高田余粮按时为官府所据有,因此谷价坐涨了十倍。女工织的布帛,如果合于国用的规格,官府都订立合同收购。但此时将布帛之价折算成谷价,并说:'官府没有钱币,只有谷物,一律用谷代币支付布帛之价。'官府用谷物支付了合同的货款,国用所需的布帛就此解决了。当谷价回落到原先的水准,官府再次贷放经过统筹的货币,购入谷物,加以囤积。这样,谷价又重新上涨十倍。这时,官府通告富家和高利贷者说:'君主将来巡游,各家应出若干钱备用。'又对邻县下令说:'有存粮的都不准自由买卖,君主巡游中粮食不足,将为人马食粮向百姓借粮。'邻县四周都受到物价影响,谷价坐涨了十倍。这时,官府再下令说:'向富家、高利贷者所借的钱,都以谷代币,一律以粮食偿还。'这样,谷价下跌居于下位,货币增值转居上位。推及全国的百都百县,都可按统计数据进行统制,使谷价坐长十倍,然后以谷物偿还借款。这样,国内流通货币的十分之九归于官府,只有十分之一散在民间。货币升值,万物跌价,官府支付贷币大量收购万物,使币值下跌,万物涨价,甚至达到十倍。官府再用市价抛售万物,使物价回降直到平衡。可见,国家的统计工作应在事先就进行,依据它就能达到成功。君主运用国家的政策号令或进或退,不必向百姓直接征税。这就叫国家统计工作的成效。

【原文】

桓公问于管子曰:"不籍而赡国①,为之有道乎?"管子对曰:"轨守其时②,有官天财③,何求于民?"桓公曰:"何谓官天财?"管子对曰:"泰春民之功繇④;泰夏民之令之所止,令之所发⑤;泰秋民令之所止,令之所发;泰冬民令之所止,令之所发。此皆民所以时守也⑥。此物之高下之时也,此民之所以相并兼之时也,君守诸四务⑦。"桓公曰:"何谓四务?"管子对曰:"泰春,民之且所用者,君已廪之矣⑧;泰夏,民之且所用者,君已廪之矣;泰秋,民之且所用者,君已廪之矣;泰冬,民之且所用者,君已廪之矣。泰春功布日⑨,春缣衣⑩,夏单衣,捍宠纂箕胜籧屑糠⑪,若干日之功,用人若干。无赀之家皆假之械器胜籧屑糠公衣,功已而归公衣,折券⑫。故力出于民,而用出于上。春十日不害耕事,夏十日不害芸事,秋十日不害敛实,冬二十日不害除田⑬。此之谓时作⑭。

注释

①赡国:满足国家财政的需要。
②轨守其时:指运用统计方法掌握时机。
③有官:同"又管"。天财:指自然资源。

④泰:同"大"。下同。功繇:指农事和徭役。

⑤尹知章云:"谓山泽之所禁发。"指自然资源的封禁和开发。

⑥时守:指掌握时机。

⑦四务:四时所务。尹知章云:"四时人之所要。"

⑧廪:藏。

⑨功布日:农事公布之日。

⑩缣衣:安井衡云:"缣,兼也。兼衣,谓表里具者。"即今谓夹衣。

⑪捍:王引之云:捍盖"枑"字之误。枑为甾属。笼:古本作"笼"。纍:指绳索。箕:畚箕。胜:王念孙云:胜当为"縢"。《说文》:"縢,囊也。"籨:筐类。屑:张佩纶云,屑当为"筲"。筲以盛饭。糇:洪颐煊云:糇即"稯"字之误。张佩纶云:"稯以束禾。"马非百云:"即《国蓄篇》所谓'耒耜械器种饟粮食'之属,……"

⑫猪饲彦博云:"'衣'字衍。言民功既毕,而器械之属皆归之于公,折毁其券也。"译文从之。

⑬除田:指整治土地。

⑭时作:马非百云:谓及时而作。

【今译】

桓公问管子说:"不向百姓征税,却能满足国家的财政需求,有这样的办法吗?"管子回答说:"运用统计方法掌握好时机,管理好自然资源,何必还要向百姓索求呢?"桓公问:"什么叫管理好自然资源?"管子回答说:"春天百姓忙于农事和徭役,夏天、秋天和冬天,都要明令规定百姓封禁和开发山泽资源的时间。这都是富民大贾所以要掌握时机的原因。这是物价上涨下落的时候,也是百姓相互兼并的时候,君主必须控制好四时该做的事。"桓公问:"什么叫四时该做的事?"管子回答说:"春季,百姓将要使用的物品,君主要预先储备好,夏季、秋季和冬季,也都是这样。春季安排农事之时,春天穿的夹衣,夏天穿的单衣,各种农用器械物品,要使用多少天,要用多少人,都要有统计。无钱的农家都能借贷到各种农用器械物品,农事结束后归还公家,并销毁掉借贷凭证。因此劳力出自百姓,物品出自君主。由于准备充分,春季有十天就不妨碍耕种,夏季有十天就不妨碍锄草,秋季有十天就不妨碍收获,冬季有二十天就不妨碍整治土地。这就叫及时农作。"

【原文】

桓公曰:"善。吾欲立轨官①,为之奈何?"管子对曰:"盐铁之策②,足以立轨官。"桓公曰:"奈何?"管子对曰:"龙夏之地③,布黄金九千④,以币赀金⑤,巨家以金,小家以币。周岐山至于峥丘之西塞丘者⑥,山邑之田也,布币称贫富而调之。周寿陵而东至少沙者⑦,中田也,据之以币,巨家以金,小家以币。三壤已抚⑧,而国谷再什倍。梁渭、阳琐之牛马满齐衍⑨。请驱之颠齿⑩,量其高壮,曰:'国为师旅、战车,驱就敛子之牛马,上无币,请以谷视市扩而庚子。'牛马为上,粟二家⑪。二家散其粟⑫,反准,牛马归于上。"

注释

①轨官:指专司统计工作的部门。
②盐铁之策:指盐铁专卖政策,它可为"轨官"提供必要的资金。
③龙夏:马非百云:龙夏疑即"龙门大夏"。此等地名皆系著者任意假设之词,初不必有事实根据。龙夏之地当为上等土地。
④布:散布,贷放。
⑤以币赀金:马非百云:"赀者助也。……谓以货币为黄金之辅也。"
⑥周岐山:指岐山四周。岐山在今陕西境内,向西为山区下等土地。
⑦寿陵:疑指汉代寿陵,在今陕西咸阳,向东为中等土地。
⑧抚:据有,垄断。
⑨梁渭、阳琐:疑为两地名。满齐衍:张佩纶云:"《周礼·大司徒》'坟衍'《注》'下平曰衍',言牛马满于齐之衍也。"
⑩驱之颠齿:猪饲彦博云:"'驱'疑当作'区',言区别马之颠齿,以相其长壮也。"译文从"区"。颠,头顶。
⑪张佩纶云:"'二家'当作'为下'。牛马为上,粟为下。"译文从张说。
⑫二家:张佩纶云:"'二家'谓'巨家''小家'。"

【今译】

桓公说:"好。我准备设立专司统计的部门,该怎么做呢?"管子回答说:"实行盐铁专卖的政策,就足以有资金设立专司统计的部门了。"桓公问:"这个机构该怎么做呢?"管子回答说:"在龙夏地区,贷放黄金九千,用钱币作为黄金的辅助,大户人家贷给黄金,小户人家贷给钱币。从岐山四周直到峥丘以西塞丘这片土地,都是山地,贷款数要根据贫富情况加以调节。从寿陵周围向东直至少沙地区,都是中等土地,要用掌握的货币,大户贷给黄金,小户贷给钱币。三种土地出产的粮食都经贷款预售被垄断在手中,谷价就可以上涨二十倍。梁渭、阳琐出产的牛马遍布齐国的平原,请去区分牛马的头顶和牙齿,测量它们的高度和体重,然后对百姓说:'国家要建立军队,配备战车,赶着你们的牛马来让国家收购。国家没有钱币,只能用粮食按市价折合偿付给你们。'这样,牛马之价占据上位,粮价退据下位。大户、小户人家将得到的粮食出售,粮价就回落到原先的水准,而牛马就落到了国家的手里。"

【原文】

管子曰:"请立赀于民①,有田倍之②。内毋有③,其外外皆为赀壤④。被鞍之马千乘⑤,齐之战车之具,具于此,无求于民。此去丘邑之籍也⑥。国谷之朝夕在上⑦,山林廪械器之高下在上⑧,春秋冬夏之轻重在上。行田畴⑨,田中有木者,谓之谷贼⑩。宫中四荣⑪,树其余曰害女功。宫室械器非山无所仰⑫。然后君立三等之租于山⑬,曰:握以下者为柴楂,把以上者为室奉⑭,三围以上为棺椁之奉。柴楂之租若干,室奉之租若干,棺椁之租若干。"

注释

①赀:一种罚款制度。《说文》:"赀,小罚以财自赎也。"汉律有民不徭,赀钱二十三。
②倍:张佩纶云:"倍,反也,如《论语》'必使反之'之反,盖覆之也。"
③内毋有:指在限定的土地面积内不罚款。
④许维遹云:"两'外'字衍其一。"译从。
⑤被鞍之马:指可用的战马。
⑥丘邑之籍:丘邑为区域的单位,此谓丘邑应交的军赋。
⑦朝夕:郭沫若云:"朝夕即潮汐,犹言涨落。"
⑧猪饲彦博云:"'廪'字衍。"译从。
⑨行:巡行。田畴:指田地。谷田曰田,麻田曰畴。
⑩谷贼:种粮之害。
⑪宫:泛指房屋。荣:屋翼。宫中四荣谓房屋四周宜种桑树。
⑫"宫室"句:马非百云:仰,"恃也,资也。此盖谓田间及房屋之四侧皆不得

种植树木,使宫室械器之原料非山无所仰,……"

⑬租:马非百云:"此处指木料价格。"

⑭"握以"二句:安井衡云:"只手所围曰握。楂,槎也,衰斫曰槎,故以为小木之称。把,亦握也,此盖谓两手所围。奉,供也。"

【今译】

管仲说:"请设立百姓不服徭役的罚款制度,有田地的地方都要覆盖到。在限定的范围内可不罚,此外都为执行罚款制度的地方。这样,就有了能用的战马上千匹,齐国所用的战车,都可利用这一制度配备齐全,不必向百姓索求。这就是免除丘邑的军赋的办法。国家谷价的涨落取决于君主,山林械器价格的高下取决于君主,春秋冬夏的物价轻重调节也取决于君主。在田地中巡行,田地当中的树木,称为种谷之害。房屋四周宜栽桑树,种其他树就会妨碍妇女养蚕纺织。使营建房屋、制造械器所需的木材,不是出于国家的山林就没有来源。然后君主可以在山里设立木材的三种价格:一握以下的作为小木材,一把以上的作为建筑用材,三围以上的作为棺椁用材。小木材的价格是多少,建筑用材的价格是多少,棺椁用材的价格是多少。"

【原文】

管子曰:"盐铁抚轨①,谷一廪十,君常操九。民衣食而繇②,下安无怨咎③。去其田赋,以租其山④。巨家重葬其亲者服重租,小家菲葬其亲者服小租;巨家美修其宫室者服重租,小家为室庐者服小租。上立轨于国⑤,民之贫富如加之以绳,谓之国轨。"

注释

①盐铁抚轨:马非百云:"'盐铁抚轨'者,谓以盐铁收入为资金,而据守国轨也。盖即上文'盐铁之策足以立轨官'之意。"

②繇:同"由",指来由、来源。

③"下安"句:戴望云:"'安'训为乃。"马非百云:"此节与上下文皆不衔接,疑当在上文'管子对曰:龙夏之地'以前,'桓公曰……为之奈何'之后,而其下又脱'桓公曰:此言何谓也'句。"

④"去其"二句:马非百云:"谓政府应实行木材专卖,免收田亩税。"向百姓征收山林之租,方法是区别不同木材的价格。

⑤立轨：马非百云："轨即'轨程'，亦即指上述富家出重租，贫家出小租之差别租金而言。著者在此，显然认为此种差别租金之实行，乃是均贫富之一种具体措施。"

【今译】

管子说："用盐铁专卖的收入来进行统计工作，可以使粮食因国家的廪藏而一变为十，而国君可掌握其中的十分之九。百姓的衣食有了来源，因而没有怨恨。免除百姓的田赋，而通过木材价格向他们征收山林之租。富家重葬亲属的就要服重租，贫家薄葬亲属的就服轻租；富家建造华丽房屋的就要服重租，贫家建造简陋房屋的就服轻租。这样，君主在国内设立了经过统计的标准数据，百姓的贫富就像被君主用绳索控制着。这就叫做国家统计的成效。"

山权数第七十五

【题解】

所谓权数，指权衡轻重的方法。张佩纶云："《孟子》'权然后知轻重'，《墨子·大取》'于所体之中而权轻重之谓权'，《淮南·时则训》'冬日权，权者，所以权万物也'，《公羊》桓十一年《传》注'权者，称也，所以别轻重'。权者，管子轻重之法。""山"为衍文，一说文中有"三权数"之说，故"山"疑作"三"。

本篇论述在经济活动中权衡轻重，乘时适变。共分为论国权、准道、君柄、国戒、乘时五节。"国权"指国家的权衡之法，即在天时调匀的前提下实行天、地、人"三权"，主张国家在丰年、凶年都要储藏粮食，控制粮价，从中获利；铸造货币，平抑物价，防止贫富悬殊。"准道"即平准之道，提出"轨守其数，准平其流"，运用政令的缓急、政策的放收，使"一可为十，十可为百"，并辗转投入赢利。"君柄"提出奖励七种专业能人，管好五种专门技能，将使用人才的权柄掌握在君主手中。"国戒"指国家的戒律，指出制订法令要量力而行，禁止邪恶以控制人心，从而巩固国家政权。"乘时"主张使用神龟宝物，国危出宝抵押，国安促进流通，与政令配合使用，控制时机。这五方面都是权衡轻重方法的具体运用。

【原文】

桓公问管子曰:"请问权数。"管子对曰:"天以时为权①,地以财为权②,人以力为权③,君以令为权。失天之权,则人地之权亡。"桓公问:"何为失天之权则人地之权亡④?"管子对曰:"汤七年旱,禹五年水,民之无粮卖子者⑤。汤以庄山之金铸币⑥,而赎民之无粮卖子者;禹以历山之金铸币,而赎民之无粮卖子者。故天权失,人地之权皆失也。故王者岁守十分之参⑦,三年与少半成岁⑧。三十一年而藏十一年与少半⑨。藏参之一不足以伤民,而农夫敬事力作,故天毁垈⑩,凶旱水泆⑪,民无入于沟壑乞请者也。此守时以待天权之道也。"

【注释】

①时:指时令,包括气候、灾情。
②地:指物产。
③力:指能力。
④为:闻一多云:"'为'当为'谓'。"译文从之。
⑤王念孙云:"当依《通典·食货》八所引作'民之无粮,有卖子者'。言无粮之民有卖其子者也。"译文从之。粮(zhān 沾):同"饘",稠粥。
⑥金:泛指金属。下同。
⑦参:同"叁"。下同。
⑧三年与少半:指三年多一点。
⑨三十一年:俞樾云:"'三十一年'当作'三十七年'。"译文从俞说。
⑩故天毁垈:尹知章云:"垈,古地字。"闻一多云:"天灾行则地利失,是地为天所毁,故曰'天毁地'也。"
⑪泆:同"溢"。

【今译】

桓公问管子说:"请问权衡轻重的方法。"管子回答说:"天以时令是否调匀作为权衡,地以物产的多少作为权衡,人以能力的大小作为权衡,君主以政令能否推行作为权衡。丧失了天时的调匀,人的能力和地的物产就都不存在了。"桓公问:"什么叫失去了天时的调匀,人的能力和地的物产都不存在了?"管子回答说:"商汤时遭遇七年大旱,夏禹时遭受五年大水，百姓没有粥吃，以至有卖儿卖女的人。商汤用庄山出产的金属铸成钱币，来赎救百姓中无食而出卖子女的人；夏禹用历山出产的金属铸成钱币，来赎救百姓中无食而出卖子女的人。可见丧失了天时的调匀，人的能力和地的物产就都丧失了。因此，君主每年要留存十分之三的收获作为储备，这样三年多一点时间就有了相当于一年收成的储备。三十七年就有了相当于十一年多一点的收成的储备。储备大约三分之一的收成不致于损伤百姓，反而使农夫专心农事，努力耕作。即使天时不调，发生大旱大水，百姓也不会饿死路途或四处乞食了。这就是控制时令等待天时调匀的方法。"

【原文】

桓公曰："善。吾欲行三权之数，为之奈何？"管子对曰："梁山之阳绪䋲、夜石之币①，天下无有。"管子曰②："以守国谷，岁守一分，以行五年，国谷之重什倍异日。"管子曰："请立币③，国铜以二年之粟顾之④，立黔落⑤。力重与天下调⑥，彼重则见射，轻则见泄，故与天下调。泄者，失权也⑦；见射者，失策也。不备天权⑧，下相求备，准下阴相隶⑨。此刑罚之所起而乱之之本也⑩。故平则不平⑪，民富则不如贫⑫，委积则虚矣。此三权之失也已。"桓公曰："守三权之数奈何？"管子对曰："大丰则藏分⑬，阣亦藏分⑭。"桓公曰："阣者，所以益也，何以藏分？"管子对曰："隘则易益也⑮，一可以为十，十可以为百。以阣守丰⑯，阣之准数一上十，丰之策数十去九，则吾九为余，于数策丰⑰，则三权皆在君，此之谓国权。"

注释

①"梁山"句：猪饲彦博云："'绪䋲'当作'蒨茜'，染赤草也。"译文从之。林圃云："夜邑即今山东掖县。……今掖县与莱阳县接壤，莱阳产莱阳石。……莱阳石既有色泽，石质较软，可琢为器物，或古人即以之为币也。"

②马非百云："此处及下文两'管子曰'，皆衍文。"译从。此节中疑有脱文。

③立币：指铸造钱币。

④国铜：指国内铜矿。顾：同"雇"，雇佣。

⑤黔落：郭沫若云："'黔落'殆冶铜铸币之场所。"

⑥许维遹云："'力重'有脱误，疑当作'施轻重'。"译文从许说。

⑦王念孙云："'泄者'上亦当有'见'字。'见泄''见射'皆承上文而言。"译

文从王说。

⑧备天权:指防备水旱天灾。

⑨准:等于。阴相隶:私下相互奴役。

⑩王念孙云:"'乱之之本也'衍一'之'字。"

⑪平则不平:马非百云:"平则不平,指贫富悬殊而言。"

⑫"民富"句:马非百云:"民富则不如贫,富指富商大贾而言。谓在贫富悬殊情况之下,百姓太贫则不可以罚威,固非好事;但太富又不可以禄使,……其危险性更为巨大。"

⑬分:马非百云:"此处'分'字仍当作'若干分'讲。"译文从马说。

⑭陇:指凶岁,相对于"大丰"。

⑮隘:同"厄"。

⑯以陇守丰:指以凶年得利进而控制丰年。

⑰"于数"句:马非百云:"'于数策丰',犹言策丰于数,谓守三权之道无他,在能运用轻重之策,以守陇岁者守丰岁,使无为富商蓄贾所乘,则政府必有十倍百倍之利矣。"

【今译】

桓公说:"好。我准备实行'三权'的方法,应该怎么做呢?"管子回答说:"梁山的南面出产染赤草和可制币的玉石,这都是天下别的地方所没有的。用它来购进谷物加以控制,使每年国库的粮食储备占到收成的十分之一,这样实行五年,国库的粮价就可比原先增长十倍。进而请铸造货币,国家的铜矿,要用两年的粮食储备雇人开采,设立冶炼铸造的工场。实施轻重之术,与各国的物价相平衡。本国物价高,别国就要来倾销并射利;本国物价低,别国就要来抢购而流泄。因此要与各国相平衡。物品外泄,等于本国失权;被人射利,等于本国失策。君主如果不能防备水旱天灾,百姓就相互求取防备,这就等于百姓私下相互役使。这就是刑罚起用的原因和国家动乱的根源。因而就造成贫富悬殊不平、富商比贫民更危险、国库的储备日益空虚等情况,这样'三权'就全部丧失了。"桓公问:"要保持'三权'该怎么做呢?"管子回答说:"丰收之年要储存收成的若干分,歉收之年也要储存收成的若干分。"桓公说:"歉收之年正应该赈济救助,怎么能储备收成的若干分呢?"管子回答说:"歉收之年粮价容易上涨,一可涨为十,十可涨为百。用歉收之年所得粮价控制丰收之年的粮食:歉收之年,卖出一分粮,可得十分价;丰收之年,买入十分粮,只需一分价,余下的九分就成为国家的盈余。只要运用轻重之策来控制丰年,这样'三权'就能保持在君主手中,这就叫国家的权衡。"

【原文】

桓公问于管子曰:"请问国制①。"管子对曰:"国无制②,地有量③。"桓公问:"何谓国无制、地有量?"管子对曰:"高田十石,间田五石④,庸田三石⑤,其余皆属诸荒田。地量百亩,一夫之力也。粟贾一,粟贾十,粟贾三十,粟贾百⑥。其在流策者⑦,百亩从中千亩之策也⑧。然则百乘从千乘也,千乘从万乘也。故地有量,国无策⑨。"桓公曰:"善。""今欲为大国⑩,大国欲为天下,不通权策,其无能者矣。"桓公曰:"今行权奈何?"管子对曰:"君通于广狭之数⑪,不以狭畏广;通于轻重之数,不以少畏多。此国策之大者也。"

注释

①国制:指国家的政策。
②无制:指没有固定的、一成不变的政策。
③量:指作物的产量。
④间田:王念孙云:"间田,中田也。"
⑤庸田:安井衡云:"庸,凡庸。庸田,下田也。"
⑥"粟贾"四句:马非百云:此盖言上述四种田区之谷价,因产量有多少而贵贱不同。
⑦在流策:指通过流通获利的策略。
⑧从:赶上,上升。中:相当于。
⑨地有量,国无策:猪饲彦博云:"疑当作'地有量,国无制'。"译文从之。
⑩张佩纶云:"'欲为大国'上夺'小国'二字。'今小国欲为大国'以下,管子之言。"译文从张说。
⑪广狭:指土地广狭。

【今译】

桓公问管子说:"请问有关治国政策方面的问题。"管子回答说:"国家没有固定的政策,土地却有一定的产量。"桓公问:"什么叫国家没有固定的政策、土地却有一定的产量?"管子回答说:"高田亩产十石,中田亩产五石,下田亩产三石,其余都属不毛之地的荒田。百亩土地的耕种,是一个农夫所能胜任的。如果高田谷价为一,中田谷价就是十,下田谷价就是三十,荒田谷价就是一百。掌握了通过流通获利的策略,百亩的收入就能上升到千亩的收入。那么,百乘的国力就能上升到千乘,千乘的国力就能上升到万乘。因此说土地有一定的产量,而国家却没有固定的政策。"桓公说:"好。"管子说:"如今小国想要成为大国,大国想要夺取天下,不精通权衡的策略,是不可能做到的。"桓公问:"现在怎样实行权衡呢?"管子回答说:"君主要通晓广和狭的道理,不因为土地狭小而畏惧土地广阔的;要通晓轻和重的道理,不因为财货贫乏而畏惧财货富足的。这就是治国策略的核心。"

【原文】

桓公曰:"善。盖天下①,视海内②,长誉而无止,为之有道乎?"管子对曰:"有。曰:轨守其数③,准平其流④,动于未形,而守事以成。物一也而十,是九为用。徐疾之数⑤,轻重之策也,一可以为十,十可以为百。引十之半而藏四,以五操事,在君之决塞⑥。"桓公曰:"何谓决塞?"管子曰:"君不高仁⑦,则国不相被⑧;君不高慈孝,则民简其亲而轻过。此乱之至也。则君请以国策十分之一者树表置高⑨,乡之孝子聘之币⑩,孝子兄弟众寡不与师旅之事。树表置高而高仁慈孝,财散而轻⑪。乘轻而守之以策,则十之五有在上⑫。运五如行事,如日月之终复⑬。此长有天下之道,谓之准道⑭。"

注释

①盖:闻一多云:"盖、盍通。《尔雅·释诂》'盍,合也'。"
②视海内:张佩纶云:"'视海内',犹言朝海内也。"
③轨守其数:马非百云:"'轨守其数'谓以会计之术将一切谷物盈虚之数字据而守之。"
④准平其流:马非百云:"'准平其流'谓以平准之法平衡一切谷物之价,以免'见射''见泄'之患。"
⑤徐疾:马非百云:"'徐疾'指号令言。"
⑥决塞:开塞,指放与收。
⑦高:贵,敬。高仁指提倡仁爱。
⑧宋本"国"作"问"。闻一多云:"'问'谓赠遗,'被',加也。"

⑨十分之一:安井衡云:即上藏四以五操事之余也。树表:树立表柱或牌坊。置高:建造高大门闾。皆为表示表彰的标志。

⑩聘之币:以币聘问,即送钱币表示问候。

⑪财散而轻:指因倡导仁爱慈孝、树表聘问,财物布散而价轻。

⑫有:同"又"。

⑬"运五"二句:马非百云:"此谓政府既得此十分之五之财,又宜依照过去行事之成例,辗转运用,有如日月之往而复来,无有终止之时。"

⑭准道:国准。马非百云:"'准道',平准之道,即'国准'也。"

【今译】

桓公说:"好。有办法做到一统天下、臣服海内、永久地被称誉崇拜吗?"管子回答说:"有。这就是:以统计之法掌握经济的基本数据,以平准之法平衡市场的财货流通,事先就进行筹划,控制它达到成功。一分财货能变成十分,其中的九分盈余就能为国家所用。运用政令的缓急和轻重的策略,一分财货可增值为十,十分财货可增值为百。在盈余的十分中,储藏一半中的四分,用另一半继续投入使用,这些都取决于君主的放收政策。"桓公问:"什么叫放收政策?"管子说:"君主不倡导仁爱,百姓就不会相互帮助;君主不倡导父慈子孝,百姓就会怠慢亲人而屡犯过错。这就是国家动乱的开端。君主应该用上述盈余的十分之一来树立标志,表彰仁孝,对乡里的孝子要赠币慰问,孝子的兄弟不管多少都可免除兵役。这样,树立标记,倡导仁孝,财货布散于社会,币值就会变轻。国家乘币轻之时运用轻重之策加以控制,十分之五的财货又被国家掌握。再用十分之五的盈余投入辗转运用,就像日月的往而复来。这就是长久地掌握天下的方法,也可称作平准之法。"

【原文】

桓公问于管子曰:"请问教数①。"管子对曰:"民之能明于农事者,置之黄金一斤,直食八石②;民之能蓄育六畜者,置之黄金一斤,直食八石;民之能树艺者,置之黄金一斤,直食八石;民之能树瓜瓠荤菜百果使蕃裒者③,置之黄金一斤,直食八石;民之能已民疾病者,置之黄金一斤,直食八石;民之知时、曰岁且厄、曰某谷不登、曰某谷丰者④,置之黄金一斤,直食八石;民之通于蚕桑、使蚕不疾病者,皆置之黄金一斤,直食八石。谨听其言而藏之官⑤,使师旅之事无所与,此国策之者也⑥。国用相靡而足⑦,相困揲而澹⑧。然后置四限,高下令之徐疾⑨,驱屏万物⑩,守之以策。有五官技⑪。"桓公问:"何谓五官技?"管子曰:"诗者所以记物也⑫,时者所以记岁也⑬,春秋者所以记成败也⑭,行者道民之利害也⑮,易者所以守凶吉成败也⑯,卜者占凶吉利害也⑰。民之能此者皆一马之田一金之衣⑱。此使君不迷妄之数也。六家者即见⑲:其时使豫先蚤闲之日受之⑳,故君无失时,无失策,万物兴丰;无失利㉑,远占得失,以为末教㉒;诗记人无失辞㉓;行殚道无失义㉔;易守祸福凶吉不相乱。此谓君棅㉕。"

注释

①教数:教育的方法。此谓优待有专业知识技能的人才,使之传授知识技能为国效力。

②马非百云:"置,立也。直,当也。……谓设立奖金,定为黄金一斤或给以相当于黄金一斤之谷凡八石也。"

③荤菜:指葱蒜蔬菜。蕃袞:王念孙云:"'袞'当作'衮',字之误也。《玉篇》《广韵》'衮'字并与'裕'同。蕃裕犹蕃衍耳。"

④知时:通晓天时。曰:此指预言。

⑤其言:指上述农业、畜牧、林业、园艺、医药、时令、蚕桑七方面专业人才的知识和经验。藏之官:指予以记录保存。

⑥王念孙云:"'国策'之下当有'大'字。"译文从王说。

⑦靡:指消费。

⑧王引之云:"当为'相揲而澹'。《广雅》曰:'揲,积也。'言国用相积而赡也。"译文从王说。澹,古赡字也。

⑨高下:此指调节。

⑩驱屏:马非百云:谓驱而藏之。

⑪有五官技:马非百云:"官即管,有即又。谓于奖励七能、设置四限之外,又当管制五种技能之人,使其皆为政府之财政经济政策服务也。"译文从马说。下同。

⑫诗者:掌握诗的人。

⑬时者:掌握天时的人。

⑭春秋者:掌握历史的人。春秋为古代史书的通称。

⑮行者:掌祭行神的人。郭沫若云:"古者道路有神,其名为'行',冬季必祀之。出门则先祖之,軷之,以免凶咎。祖軷之祭又称为'道',……"

⑯易者：掌握《易》的人。

⑰卜者：掌握占卜的人。

⑱一马之田一金之衣：马非百云："'一马之田，……乃指一匹马一日所能耕种之田土面积而言。"李哲明云："'金'疑'袗'之误。……'一袗之衣'犹言衣袛一领。"

⑲六家：马非百云："六家：一诗，二时，三春秋，四行，五易，六卜。上言五技，此则六家者，朱长春云：'易、卜当为一官。'是也。"即见：指即刻显现效用。

⑳此句疑有错乱，今译大意。

㉑以下三句当指历史知识的功效，故此句上应脱"其春秋云云"。

㉒"远占"二句：安井衡云："远占得失，豫占他日之得失也。'末'，后也。'为末教'为后日避害就利之教也。"

㉓马非百云："失辞谓言语失当。"

㉔殚：张佩纶云："'殚'字无义，当作'阐'。"阐，明也。译文从张说。

㉕棅：同"柄"，指权柄，马非百云："……此段文字多有脱误，不可强解。大意谓政府对于六种专门人才，亦应分别加以管制。"使其"预先对百姓宣传讲授，……可免失时失策失利失义之弊。而其指点之权，则完全操在封建统治者手中，故曰'此谓君柄'也。"

【今译】

桓公问管子说："请问教育方法方面的问题。"管子回答说："百姓中能精通农事的，奖赏他黄金一斤，或粮八石；能繁殖养育六畜的，奖赏他黄金一斤，或粮八石；能植树造林的，奖赏他黄金一斤，或粮八石；能种植瓜果蔬菜并使其蕃衍不绝的，奖赏他黄金一斤，或粮八石；能治愈百姓疾病的，奖赏他黄金一斤，或粮八石；能通晓天时，预知年成将歉收、某类谷物将不熟、某类谷物将丰收的，奖赏他黄金一斤，或粮八石；能精通种桑养蚕，使蚕不得病的，奖赏他黄金一斤，或粮八石。国家要认真听取这些专业人才的知识和经验，并记录保存起来，不要让他们去服兵役打仗耽误了专业工作，这是一项重要的治国政策。国家的用度因消费和积累的相互作用而充足。然后设置四周的界限，调节政令的缓急，驱使万物入限而加入囤积，再用轻重之策加以控制，还要管理好五种有专门技能的人。"桓公问："什么叫管好五种有专门技能的人？"管子说："掌握诗的人可以用来记述事物，掌握天时的人可以用来记录年成，掌握历史的人可以用来记载兴亡成败，掌祭行神的人可以用来指导出行的利害,掌握《易》的人可用来预测凶吉成败,掌握占卜的人可以用来卜算凶吉利害。百姓中能掌握其中一种的都奖赏一块土地、一领衣服。这是使君主摆脱迷惑虚妄的好办法。上述六种技能都能即刻显现其效用:天时能使预先早作报告,因而君主能不失时机,不失对策,万物兴旺丰盛;历史能使君主不失财利,预测将来的得失,作为今后的借鉴;诗能使记述人事时不致言辞不妥;行神使指明道路时不致误入歧途;《易》使掌握祸福凶吉时不致相互淆乱。这都取决于君主的权柄。"

【原文】

桓公问于管子曰:"权栋之数吾已得闻之矣,守国之固奈何①?"曰:"能皆已官,时皆已官②,得失之数,万物之终始,君皆已官之矣。其余皆以数行③。"桓公曰:"何谓以数行?"管子对曰:"谷者民之司命也,智者民之辅也。民智而君愚④,下富而君贫,下贫而君富,此之谓事名二⑤。国机,徐疾而已矣⑥。君道,度法而已矣⑦。人心,禁缪而已矣⑧。"桓公曰:"何谓度法?何谓禁缪?"管子对曰:"度法者,量人力而举功;禁缪者,非往而戒来⑨。故祸不萌通而民无患咎⑩。"桓公曰:"请闻心禁。"管子对曰:"晋有臣不忠于其君,虑杀其主,谓之公过⑪。诸公过之家毋使得事君,此晋之过失也。齐之公过,坐立长差⑫。恶恶乎来刑,善善乎来荣⑬,戒也。此之谓国戒。"

注释

①守国之固:指巩固国家政权。
②张佩纶云:"'时'当作'技'。'能皆已官'谓能明农事之类,'技皆已官'谓五家之类。"译文从张说。官同"管"。
③以数行:指以一般方法进行管理,相对于上述专业人才的专门管理而言。
④猪饲彦博云:"疑脱'民愚而君智'一句。"张佩纶云:"'民智而君愚,民愚而君智'当作'君智而民愚,君愚而民智'十字。"译文从之。
⑤事名二:马非百云:"……所谓'事名二'者,乃古时本有此语。至其内容,则可随各人自作解释。此处明是以'谷'与'智'为'事名二',……"
⑥"国机"二句:马非百云:"此谓国家之机要,在于掌握号令之徐疾。"
⑦度法:指制定法令。
⑧禁缪:同"禁谬",指禁止邪恶。

⑨非往而戒来：马非百云："非，罪也。'非往而戒来，犹言惩前毖后。'"

⑩"故祸"句：马非百云："萌，萌芽。通，通达，犹言发展。……'患咎'当作'怨咎'。……祸不萌通，承'非往而戒来'句言。民无怨咎，承'量人力而举功'句言。"

⑪公过：郭沫若云："犹今言政治犯也。"

⑫坐立长差：马非百云："定罪为坐。长犹长幼之长。差，次也。坐立长差，即罪定首从之意。"亦即治罪分主从，不搞连坐。

⑬"恶恶"二句：尹桐阳云："《公羊传》'善善及子孙，恶恶止其身也'。来同赉，予也。"

【今译】

桓公问管子说："运用权柄的方法我已听你说过了，要达到国家的巩固该怎么办呢？"管子说："专业的能人都已得到管理，专门的技能都已得到管理，掌握得失规律、万物始终的人才，君主也都已管起来了。其余的只要按一般方法管理就行了。"桓公问："什么叫按一般方法管理？"管子回答说："谷物是百姓生命的主宰，智慧是百姓立身的辅佐。君主控制了智慧，一般百姓就愚蠢，君主愚蠢，一般百姓就利用智慧；百姓富足，君主就贫穷，百姓贫穷，君主就富贵。这就是谷物（百姓）和智慧（君主）二者之间的矛盾对立。治国的关键，在于政令的缓急；君主的治理，在于制订法令；人心的控制，在于禁止邪恶。"桓公问："什么叫制订法令？什么叫禁止邪恶？"管子回答说："制订法令，要量力办事；禁止邪恶，要惩前毖后。这样，祸患就不会萌芽发展，百姓就没有忧虑抱怨。"桓公说："请再说说控制人心的问题。"管子回答说："晋国有个臣子不忠于君主，甚至谋划杀害君主，这是重大的政治罪犯。晋国一律不准罪犯的家属再任职事君，这就是晋国的过失了。齐国对待政治罪犯，则按主从分别治罪。惩治坏人该用刑罚，表彰善人该用荣誉，这就是警戒人心的方法。这也称为国家的戒律。

【原文】

桓公问管子曰："轻重准施之矣①，策尽于此乎？"管子曰："未也。将御神用宝②。"桓公曰："何谓御神用宝？"管子对曰："北郭有掘阙而得龟者③，此检数百里之地也④。"桓公曰："何谓得龟百里之地？"管子对曰："北郭之得龟者，令过之平盘之中⑤。君请起十乘之使⑥，百金之提⑦,命北郭得龟之家曰:'赐若服中大夫⑧。'曰:'东海之子类于龟,托舍于若⑨,赐若大夫之服以终而身,劳若以百金。'之龟为无赀⑩,而藏诸泰台⑪,一日而衅之以四牛⑫,立宝曰无赀。还四年,伐孤竹⑬。丁氏之家粟可食三军之师行五月⑭,召丁氏而命之曰:'吾有无赀之宝于此,吾今将有大事,请以宝为质于子,以假子之邑粟。'丁氏北乡再拜⑮,入粟,不敢受宝质。桓公命丁氏曰:'寡人老矣,为子者不知此数,终受吾质。'丁氏归,革筑室,赋籍藏龟⑯。还四年,伐孤竹,谓丁氏之粟中食三军五月之食⑰。桓公立贡数,文行中七,年龟中四千金,黑白之子当千金⑱。凡贡制,中二齐之壤策也⑲。用贡:国危出宝,国安行流⑳。"桓公曰:"何谓流㉑?"管子对曰:"物有豫㉒,则君失策而民失生矣。故善为天下者,操于二豫之外㉓。"桓公曰:"何谓二豫之外?"管子对曰:"万乘之国,不可以无万金之蓄饰㉔;千乘之国,不可以无千金之蓄饰;百乘之国,不可以无百金之蓄饰。以此与令进退,此之谓乘时㉕。"

注释

①轻重准:即轻重之准,运用轻重之术实行平准。

②御神用宝:安井衡云:"御,驱使之也。神犹怪也。"此谓驱使神怪,运用宝物。

③掘阙:张佩纶云:"'掘阙'当作'掘阒',古阒、穴通。"译文从张说。

④"此检"句:尹知章云:"检犹比也。以此龟为用者,其数可比百里之地。"

⑤过之平盘:尹知章云:"过之,犹置之也。平盘者,大盘也。"

⑥起:尹知章云:"起,发也。"即派遣。

⑦提:张佩纶云:"《说文》'提,挈也',言挈百金。"

⑧"赐若"句:马非百云:"谓可以服中大夫之服,……乃虚有其名,非真除之为中大夫也。"若,你。

⑨"东海"二句:尹知章云:"东海之子其状类龟,假言此龟东海之子耳。东海之子者,海神之子也。托舍,犹寄居也。"

⑩"之龟"句:尹知章云:"之,是也。……无赀,无价也。"

⑪泰台:尹知章云:"泰台,高台也。"

⑫衅:血祭。

⑬孤竹:古代北方国名。

⑭丁氏:尹知章云:"丁氏,齐之富人,所谓丁惠也。"

⑮乡:同"向"。

⑯"革筑"二句:尹知章云:"革,更也。赋,敷也。籍,席也。"指改建房舍、铺设席子。

⑰何如璋云:"此十九字文与上复,《通典》引作'孤竹之役,丁氏之粟中食三军五月之食',此当据改。"译从。

⑱"文行"三句:张佩纶云:"'文行'当作'文龟'。……'中七'下脱'千金'二字,与下文句例合。'年'当作'冉'。……此冉龟即元龟,'黑白之子'即子龟也。"译文从张说。

⑲"中二"句:马非百云:谓相当二倍齐国领土之数。

⑳"国危"二句:马非百云:谓当发生战争之时,则出其宝物。平安之时,则促进万物之流通。二者皆所谓贡制,皆足以当二倍齐地之数者也。

㉑马非百云:"'流'字上脱'行'字。"

㉒马非百云:豫犹诳也。物有豫者,谓富商蓄贾虚定物价以诳人,而牟取暴利也。

㉓二豫:马非百云:"'二豫'者,指工商相豫而言。……谓政府此时不能以豫对豫,在二豫之中与之竞争,而应在二豫之外,运用轻重之策,从根本上加以解决。"

㉔蓄饰:何如璋云:即指无贽之宝言。

㉕乘时:马非百云:乘时,即守时。

【今译】

桓公问管子说:"以轻重之术实现平准已经施行,权衡轻重的办法就用完了吗?"管子说:"没有。还有驱使神怪,运用宝物。"桓公问:"什么叫驱使神怪,运用宝物。"管子回答说:"北郭地方有人挖掘洞穴得到一只神龟,它的价值就相当于百里土地。"桓公问:"什么叫一只神龟的价值就相当于百里土地?"管子回答说:"北郭得龟的人,被命令将龟安置在大盘中。君主派遣特使,乘坐十乘马车,携带百斤黄金,见到得龟者说:'赐予你穿戴中大夫服饰的荣誉。'又说:'东海之神的儿子形貌似龟,寄居在你家中,现在赐你终身穿戴中大夫服饰,还赏你黄金百斤。'于是,这只龟成为无价之物,珍藏在高台,一日杀四头牛来祭祀它,称之为无价之宝。四年后,君主准备征伐孤竹国,听说富家丁氏所藏粮食,可供三军吃五个月,就召来丁氏并对他说:'这里有件无价之宝,我现在准备出征,想将宝物作为抵押,借用你家的粮食。'丁氏朝北再三拜谢,将粮食交给国家,但不敢接受宝物的抵押。君主对丁氏说:

'我已经老了,儿子也搞不清借你多少粮食,你还是接受我的抵押吧!'丁氏收下了宝物,特意改建了房舍,铺设了席子,珍藏起来。在孤竹之役中,丁氏贡献的粮食果然供给三军吃了五个月。桓公也可以这样利用宝物:规定进贡宝物的价格:文龟七千金,年龟四千金,黑白的子龟一千金。进贡宝物制度的收益,可相当于两倍齐国领土的收入。宝物的使用原则是:国家危难,就用作抵押;国家安定,就促进流通。"桓公问:"什么叫促进流通?"管子回答说:"市场出售物品出现欺骗行为,君主缺少办法,百姓断了生路。因而善于治理天下的君主,就应在实行欺骗之术的工、商两方面之外采取措施。"桓公问:"怎么叫在工、商两方面之外采取措施?"管子回答说:"万乘国力的国家,不可以没有价值万金的宝物;千乘国力的国家,不可以没有价值千金的宝物;百乘国力的国家,不可以没有价值百金的宝物。用这些宝物和国家的政令配合使用,这就叫控制时机。"

山至数第七十六

【题解】

　　黄巩云:"'至数'言轻重之极致也。'山'字衍文。"据此,本篇篇题指:运用轻重之术的最高水准。

　　本篇分为互不相连的十一节文字,对轻重之术在各方面的具体运用进行了论述。第一节驳斥梁聚"轻赋税而肥籍敛"的观点,主张运用轻重之术,"使民无有不用不使"。第二节驳斥请士"官百能"的主张,指出其"不通于轻重,谓之妄言"。第三节论述天子失权的原因主要在于大夫谋取私利。第四节论述终身享有天下的办法在于"以重藏轻","以轻重御天下"。第五节论述"国会"(国家会计之法)的意义及做法,主张藏富于民,夺大夫之粟,用轻重之术"乘时进退"。第六节批驳特提出的厚葬论。第七节论述分封制的弊端,主张"毋予人以壤,毋授人以财",提出圣人的治国纲领应为"理之以徐疾,守之以决塞,夺之以轻重,行之以仁义"。第八节论述运用"币乘马"(货币计划)的方法,主张"人君操谷、币、金衡,而天下可定也"。第九节论述轻重之术在畜牧业中的应用。第十节论述针对不同地势运用轻重之术的方法。第十一节论述"遍有天下"的君主应采用"守大奉一"的政策。所有这些论题,都围绕着轻重之术这一中心展开。

【原文】

桓公问管子曰:"梁聚谓寡人曰①:'古者轻赋税而肥籍敛②,取下无顺于此者矣③。'梁聚之言何如?"管子对曰:"梁聚之言非也。彼轻赋税则仓廪虚,肥籍敛则械器不奉④。械器不奉,而诸侯之皮币不衣⑤;仓廪虚则倳贱无禄⑥。外皮币不衣于天下,内国倳贱,梁聚之言非也。君有山,山有金⑦,以立币,以币准谷而授禄,故国谷斯在上⑧。谷贾什倍,农夫夜寝蚤起,不待见使;五谷什倍⑨,士半禄而死君,农夫夜寝蚤起,力作而无止。彼善为国者,不曰使之,使不得不使;不曰贫之⑩,使不得不用,故使民无有不得不使者⑪。夫梁聚之言非也。"桓公曰:"善。"

【注释】

①梁聚:假托的人名。
②肥:丁士涵云:"肥,古'俷'字。《集韵》曰'俷,薄也'。"译文从丁说。
③取下:指向百姓征税。顺:顺利,适宜。
④不奉:指不够供应。
⑤郭沫若云:即"诸侯穿不成皮币",指齐国无皮币输出。币,指帛。
⑥倳:同"士"。下同。
⑦金:指铜。
⑧"故国"句:马非百云:"犹言国谷皆为国家所独占。"
⑨马非百云:"'五谷什倍'与'谷贾什倍'不同。后者指五谷之价格而言,前者则谓五谷之生产量。"
⑩贫:猪饲彦博云:"贫,《揆度》作'用',是。"译文从之。
⑪不得不使:丁士涵云:"'不得不使'疑当作'不用不使'。"译文从"不用不使"。

【今译】

桓公问管子说:"梁聚告诉我:'古时候轻赋税,少征敛,向百姓征税没有比这样更顺当的了。'梁聚的话对不对?"管子回答说:"梁聚的话不对。赋税征得轻,国库就空虚了;杂税收得少,兵械工具就不够供应。械具不够供应，诸侯就穿不上皮帛衣料；国库空虚，就发不起士兵的俸禄。对外皮帛衣料不能大量输出，对内国家的卫士地位低贱，因此，梁聚的话是不对的。君主拥有国中群山，山中产铜，以铜铸币，以币折算粮食来支付俸禄，这样，国内的粮食就都被国君独占。谷价由此上涨十倍，农夫早起晚睡，不需要去督促。五谷的总量提高十倍，士兵领到一半俸禄也愿为君主捐躯，农夫更加起早贪黑，努力耕作不愿止歇。那些善于治国的君主，不称役使百姓，但让百姓不得不被役使，不称利用百姓，但让百姓不得不被利用，因而使得百姓没有不被君主利用和役使的。所以说，梁聚的办法是错误的。"桓公说："好。"

【原文】

桓公又问于管子曰："有人教我，谓之请士①。曰：'何不官百能②?'"管子对曰："何谓百能③?"桓公曰："使智者尽其智，谋士尽其谋，百工尽其巧。若此则可以为国乎④?"管子对曰："请士之言非也。禄肥则士不死⑤，币轻则士简赏，万物轻则士偷幸⑥。三怠在国，何数之有⑦? 彼谷十藏于上⑧，三游于下，谋士尽其虑，智士尽其知，勇士轻其死。请士所谓妄言也。不通于轻重，谓之妄言。"

【注释】

①请士：假托的人名。
②官：同"管"。
③闻一多云："'百'上脱'官'字。"译文从闻说。
④"使智"四句：马非百云："'使智者'三句，是桓公述请士之吾。'若此'云云，方是桓公问语。"
⑤肥：戴望云："此肥字亦当训薄，与上'肥籍敛'义同。"译文从戴说。
⑥偷幸：偷安，侥幸。
⑦"三怠"二句：马非百云：三怠指士不死、士简赏、士偷幸而言。谓国有三怠，虽欲管制百能，亦不能有良好结果也。
⑧十：猪饲彦博云："'十'当作'七'。"译文从"七"。

【今译】

桓公又问管子说："有个叫请士的人教我：'为什么不将各种能人管起来?'"管子问："怎样叫把各种能人管起来?"桓公说："让智者全

部贡献出他的智慧,谋士全部贡献出他的谋略,百工全部贡献出他的技巧。这样就可以治国了吗?"管子回答说:"请士的话是不对的。俸禄微薄,士兵就不肯死战;币值低下,士兵就轻视赏赐;物价低落,士兵就侥幸偷安。国家有了这三种怠惰现象,还有什么治国的办法呢?只有君主掌握了国内七成的粮食储备,民间流通的只有三成,这样,谋士就会全部贡献他的谋虑,智士就会全部贡献他的智慧,勇士就会奋不顾身地作战。因此说,请士的说法是虚妄之言。不懂得轻重之术,只能称为虚妄之言。"

【原文】

桓公问于管子曰:"昔者周人有天下,诸侯宾服,名教通于天下①,而夺于其下,何数也?"管子对曰:"君分壤而贡入,市朝同流②。黄金,一策也;江阳之珠,一策也;秦之明山之曾青③,一策也。此谓以寡为多,以狭为广,轨出之属也④。"桓公曰:"天下之数尽于轨出之属也?""今国谷重什倍而万物轻⑤,大夫谓贾之⑥:'子为吾运谷而敛财。'谷之重一也,今九为余,谷重而万物轻。若此,则国财九在大夫矣。国岁反一⑦,财物之九者皆倍重而出矣。财物在下,币之九在大夫。然则币谷羡在大夫也⑧,天子以客行⑨,令以时出⑩。熟谷之人亡⑪,诸侯受而官之。连朋而聚与⑫,高下万物以合民用⑬。内则大夫自还而不尽忠⑭,外则诸侯连朋合与,熟谷之人则去亡,故天子失其权也。"桓公曰:"善。"

注释

①"名教"句:马非百云:"即号令贯彻于天下,言其势力之广大也。"

②"君分"二句:马非百云:"谓按照各地特产,定为贡品,使其在市场中流通也。"市朝,即市场。

③曾青:据《荀子》杨倞注:为铜之精,形如珠者,色极青,可供绘画及化黄金。

④轨出:郭沫若云:"'轨出'乃'轻重'之残文耳。"译文从郭说。下句同。

⑤戴望云:"'今国谷'上脱'管子曰'三字。"马非百云:"当作'管子对曰',与上文同。"译文从之。

⑥之:马非百云:"'之'是'人'字之讹。"译文从"人"。

⑦国岁反一:郭沫若云:谓国谷之价回复原状,即因大夫投出藏谷以收购财物,市场多谷故价跌。

⑧"然则"句:郭沫若云:"大夫高价投出财物,故'财物在下,币之九在大夫'。结果则大夫既有多余之羡谷,又有多余之货币,故曰'然则币谷羡在大夫也'。"羡,盈余。

⑨"天子"句:马非百云:"天子之主权为下所夺,是以主位而退居于客位也。"

⑩以:何如璋云:"'以'字当作'不'字,言令不时出也。"译文从何说。

⑪熟谷之人:精通粮食交易的人。马非百云:"疑指专作粮食投机生意之地主兼商人而言。"

⑫连朋聚与:连络、结聚朋党。与:党与,同党。

⑬"高下"句:马非百云:"犹言操纵物价,投机倒把矣。""合犹言兼并。"

⑭还:俞樾云:"'还'当读为环,《韩子·五蠹篇》曰'自还者谓之私'。"

【今译】

桓公问管子说:"从前周人拥有天下,诸侯臣服,号令通行天下,但最终却被臣下夺取,这是什么缘故呢?"管子回答说:"君主区分不同地区而确定贡品,而它们在市场上也同样可以流通。这样,买卖黄金是一种办法,买卖江阳的珍珠是一种办法,买卖秦地明山的曾青也是一种办法。这就叫数量以少变多,地域从狭变广,这也属于轻重之术的运用。"桓公问:"天下的办法都属于轻重之术吗?"管子回答说:"现在谷价上涨十倍而万物跌价,大夫就对商人说:'你去为我贩运粮食而聚敛财物。'谷的原价为一,现今九倍就是盈余,谷价涨万物就跌,这样,国家财物的十分之九为大夫所得。等到国内谷价回跌到一,再把十分之九的财物加倍抛售,财物销出,九倍的货币又落到大夫手中。这样,货币和粮食的盈余都被大夫掌握,天子处于客位,政令也不能按时发出。精通粮食交易的人员纷纷外逃,被诸侯各国接纳而任用。各国结交朋党,操纵物价,控制民用,大搞投机倒把。国内大夫自谋私利而不尽忠心,国外诸侯结聚党与,精通粮食交易的人员外逃,因而天子就失去了权柄。"桓公说:"对。"

【原文】

桓公又问管子曰:"终身有天下而勿失,为之有道乎?"管子对曰:"请勿施于天下,独施之于吾国①。"桓公曰:"此若言何谓也?"管子对曰:"国之广狭、壤之肥硗有数②,终岁食余有数。彼守国者,守谷而已矣。曰:某县之壤广若干,某县之壤狭若干,则必积委币③,于是县州里受公钱④。泰秋,国谷去参之一⑤,君下令谓郡县属大夫,里邑皆籍粟入若干⑥。谷重一也,以藏于上者。国谷参分则二分在上矣。泰春,国谷倍重,数也⑦。泰夏,赋谷以市朾⑧,民皆受上谷以治田土。泰秋,田谷之存予者若干,今上敛谷以币。民曰:无币以谷⑨。则民之三有归于上矣⑩。重之相因,时之化举,无不为国策⑪。君用大夫之委,以流归于上。君用民,以时归于君。藏轻,出轻以重,数也。则彼安有自还之大夫独委之?彼诸侯之谷十,使吾国谷二十,则诸侯谷归吾国矣。诸侯谷二十,吾国谷十,则吾国谷归于诸侯矣。故善为天下者,谨守重流⑫,而天下不吾泄矣。彼重之相归,如水之就下,吾国岁非凶也,以币藏之,故国谷倍重,故诸侯之谷至也。是藏一分以致诸侯之一分⑬,利不夺于天下,大夫不得以富侈,以重藏轻,国常有十国之策也。故诸侯服而无正⑭,臣朾从而以忠⑮,此以轻重御天下之道也,谓之数应⑯。"

> [!注释]

①"独施"句:马非百云:"谓应先从本国作起也。"
②"国之"句:马非百云:"广狭指面积言,肥硗指质量言。硗音敲,瘠土也。有数即有轨……,谓有通过调查统计而得之数据。"
③积委:马非百云:"'积委'二字连用,谓储蓄也,……"
④受公钱:"受"同"授"。尹知章云:"公钱即积委之币。"此谓发放贷款。
⑤去参之一:尹知章云:"去,减也。"此谓减价三分之一。
⑥"里邑"句:马非百云:"凡各里各邑均须按照曩昔所受公钱之数,以谷准币,而分别籍入之。"
⑦马非百云:"聚则重,故一届泰春,则国谷之价必重于泰秋,此乃一定之理也。"
⑧赋谷以市朾:按市价将谷贷给百姓。
⑨"田谷"两句:宋本"予"作"子"。陶鸿庆:"'田'当为'曰'。""'曰:谷之存子者若干,今上敛谷以币'二句,乃上令民之辞,与'民曰:无币以谷',上下相应。"译文从之。
⑩民之三:指民有国谷之十分之三,即上云"国谷参分则二分在上"之余。有:同"又"。
⑪"重之"三句:尹知章云:"'重之相因',若春时谷贵与谷也。'时之化举',若秋时谷贱收谷也。因时之轻重,无不以术权之。"
⑫重流:尹知章云:"'重流'谓严守谷价,不使流散。"
⑬"是藏"句:马非百云:"谓于国内藏谷一分,即可以吸收诸侯之一分。"

⑭宋本"正"作"止"。译文从"止"。
⑮猪饲彦博云:"'扩'字疑衍。"译文从之。
⑯马非百云:"数应者,数谓定数,应谓效果。谓此乃实行轻重之策之必然效果也。"

【今译】

桓公又问管子说:"终身享有天下而不丢失,有办法做到吗?"管子回答说:"这种办法请先别在天下施行,只在我国施行。"桓公问:"你这话是什么意思呢?"管子回答说:"国土的广狭、土壤的肥瘠都有一定的统计数据,全年收成的消费和盈余也有一定的统计数据。因此,治理国家,就是控制好粮食罢了。某县土地是多大,某县土地是多小,都必须储备一笔货币,在县州里向农民发放贷款,到秋收后,谷价下降三分之一,君主就下令给郡县的属大夫,让里邑按贷款数字交售粮食,粮价与市价相同,使粮食都流入国库,这样,国内粮食的三分之二就被国家掌握了。第二年春天,粮价就会成倍上涨,这是必然的。夏天,再将粮食以市价贷给农民,百姓为了种地,都不得不接受了这些粮食。秋天,官府对百姓说:'当初贷给你们粮食若干,如今君主要求折合货币归还。'百姓说:'没有货币,只能交粮。'这样,百姓手里十分之三的余粮又归入国库。粮价的轮番上涨,季节的差价变化,无不是国家聚敛财富的办法。君主利用大夫的积粮,是通过流通而归于国家。君主利用百姓的余粮,是通过季节差价而归于国家。谷价低时贮藏囤积,谷价高时大量抛售,这就是国家控制粮食的方法,自营私利的大夫哪里还有独自囤积粮食的机会呢?对于国内外的粮食流通,如果各诸侯国的粮价为十,我国的粮价为二十,那么各诸侯国的粮食都会流入我国。如果各诸侯国的粮价为二十,我国的粮价为十,那么国内的粮食都会流向各诸侯国。因此善于治理天下的君主,应该严格控制粮价居高不下,这样天下就不会泄散我国的粮食。粮食流向高价之处,就同水流向低处一样。我国并没有遭受灾荒,而是故意用货币大量囤积粮食,因而谷价成倍上涨,各诸侯国的粮食就源源流来。这就是说我国囤积一分就会招引来诸侯国的一分,天下别想夺走我们的财利,国内大夫也别想乘机暴发。这种低价囤积、高价抛售控制粮食的政策,常使一国可拥有十国的财富,因此各诸侯国臣服而不敢背叛,大臣听从而忠心耿耿。这就是运用轻重之术驾驭天下的方法,也可以称为必然的效果。"

【原文】

　　桓公问管子曰:"请问国会①。"管子对曰:"君失大夫为无伍,失民为失下②。故守大夫以县之策③,守一县以一乡之策,守一乡以一家之策,守家以一人之策。"桓公曰:"其会数奈何④?"管子对曰:"币准之数⑤,一县必有一县中田之策,一乡必有一乡中田之策,一家必有一家直人之用⑥。故不以时守郡为无与⑦,不以时守乡为无伍。"桓公曰:"行此奈何?"管子对曰:"王者藏于民⑧,霸者藏于大夫,残国亡家藏于箧。"桓公曰:"何谓藏于民?""请散栈台之钱,散诸城阳;鹿台之布,散诸济阴⑨。君下令于百姓曰:'民富君无与贫,民贫君无与富。故赋无钱布⑩,府无藏财,赀藏于民⑪。'岁丰,五谷登,五谷大轻,谷贾去上岁之分⑫,以币据之⑬。谷为君,币为下,国币尽在下,币轻,谷重上分⑭。上岁之二分在下,下岁之二分在上,则二岁者四分在上,则国谷之一分在下,谷三倍重⑮。邦布之籍⑯,终岁十钱。人家受食⑰,十亩加十,是一家十户也。出于国谷策而藏于币者也⑱。以国币之分复布百姓,四减国谷⑲,三在上,一在下。复策也⑳。大夫聚壤而封㉑,积实而骄上,请夺之以会。"桓公曰:"何谓夺之以会?"管子对曰:"粟之三分在上,谓民萌皆受上粟㉒,度君藏焉。五谷相靡而重去什三㉓,为余以国币谷准反行,大夫无什于重㉔。君以币赋禄,什在上。君出谷,什而去七。君敛三,上赋七,散振不资者㉕,仁义也。五谷相靡而轻,数也;以乡完重而籍国㉖,数也;出实财,散仁义,万物轻,数也。乘时进退。故曰:王者乘时,圣人乘易㉗。"桓公曰:"善。"

注释

　　①国会:马非百云:"国会,指有关国家财政经济之各种会计事而言。《史记·平准书》所谓'管诸会计事'是也。与《山国轨篇》之'国轨'及本篇下文之'国簿',意义全同,……"
　　②失大夫、失民:指失去对大夫经济、百姓经济的控制。无伍:指失去部属。失下:指失去基础。
　　③守大夫:马非百云:"观下文'故不以时守郡为无与',则'守大夫'即'守

郡'之意。

④会数:即会计之术。

⑤币准之数:马非百云:"谓标准之货币数量。"

⑥马非百云:"中,当也。……直亦当也。"策,数也。"盖县乡所需之货币数量,须与各该县乡田地之广狭肥硗及谷物产量之有余不足相当。一家所需之货币数量,须与各该家人口之多寡与财富之大小相当。"

⑦不以时:指不把握时机。无与:与"失下"同义。

⑧藏于民:指藏富于民。下同。

⑨栈台、鹿台:假托的贮钱之地。城阳、济阴:齐地名,此皆指假托的放贷之地。布:布币,古钱之一种。

⑩赋无钱布:指国家不向百姓征敛钱币。

⑪赀:资财,指钱布、藏财。

⑫去上岁之分:马非百云:"'上岁'指去年。""'去分'谓其价减低若干分,……"

⑬以币据之:马非百云:"据者守也。……'以币据之'犹言'以币藏之'。"

⑭上分:马非百云:"'上分'谓其价上涨若干分也。"

⑮"上岁"五句:马非百云:"'上岁'指去年,'下岁'指本年。四分国谷,上岁之二分在下,则二分在上。下岁之二分在上,则二分在下。二分加二分,共为四分,故曰'则二岁者四分在上'也。……而在下者则上年之二分早已消耗无存。……则仅为二分。在上之四分加在下之二分,合为六分。六分之中,在下者只二分,计为六分之二,即三分之一,故曰'国谷之一分在下'也。"

⑯邦布之籍:指国家征收的人口税。

⑰人家受食:指百姓向国家买粮为食。

⑱国谷策:指国家的谷专卖政策。

⑲四减国谷:马非百云:"谓分国谷为四分也。"

⑳复策:指反复运用这一方法。马非百云:"以上论'以时守乡'之法。以下论'以时守郡'之法。"

㉑聚壤:戴望云:"宋本作'旅壤'",旅、列古同声。"今本作'聚',必'裂'字之误。"

㉒民萌:民众。萌同"氓"。

㉓廰:分散。重去什三:指跌价十分之三。

㉔"为余"二句:郭沫若云:"其粟之余分在下者,则在谷价既平之后,反以国币准平价收购之,此之谓'余以国币谷准反行'。于是则大夫无法抬高谷价,即'大夫无计于重'。'计'误为'什',……"

㉕资:马非百云:资当作"赡"。振:同"赈"。

㉖"以乡"句：马非百云："'完'疑'家'字之误。国即郡，指大夫封地。谓利用乡与家之谷之重，以籍敛大夫之谷。"

㉗圣人：此指圣明君主。安井衡云："易，变易也。"

【今译】

桓公问管子说："请问有关国家会计事务方面的问题。"管子回答说："君主对大夫失去控制就是失去部属，对百姓失去控制就是失去基础。因而控制大夫要用控制一县的办法，控制一县要用控制一乡的办法，控制一乡要用控制一家的办法，控制一家要用控制一人的办法。"桓公问："这种会计的方法是怎样的呢？"管子回答说："标准的货币流通数量，一县必有符合一县土地统计的数字，一乡必有符合一乡土地统计的数字，一家必有符合一家用度统计的数字。因此，国家不把握时机控制郡就会失去基础，不把握时机控制乡就会失去部属。"桓公问："怎样实行呢？"管子回答说："成就王业的将财富藏于百姓，成就霸业的将财富藏于大夫，残败之国、衰亡之家将财富藏于筐箧之中。"桓公问："什么叫将财富藏于百姓？"管子回答说："请将栈台的钱币放贷到城阳，将鹿台的布币放贷到济阴。君主对百姓下令说：'百姓富君主不可能穷，百姓穷君主不可能富，因此国家不征收钱币，国库不贮存财富，让资财都藏在百姓之中。'遇上丰年，五谷成熟，因而大减价，谷价比去年下跌若干分，国家就用放贷的钱币购入粮食囤积起来，这样，谷据上位，币据下位，国家钱币都散在民间，币散则轻，谷价就会上涨若干分。将一年的收成分为四分，君主和百姓各占二分，去年和今年都如此，合计两年君主占有四分，而百姓只占有一分，因而谷价就可上涨三倍。国家征收的人口税，每年一户不过十钱，如果百姓从国家买谷为食，十亩地国家获利十钱，这样一个百亩之家的获利相当于十户人口税。这就是运用国家的谷专卖政策将粮食贮藏在钱币中啊。用国家钱币的若干分再放贷给百姓，使粮食总量的四分之三掌握在国家手中，四分之一流散在民间。可以反复地运用这一方法。另一方面，大夫裂地封爵，积聚了粮食，就会对君上骄慢，请用会计之法收夺他们的粮食。"桓公问："什么叫用会计之法收夺大夫的粮食？"管子回答说："粮食的四分之三由国家掌握，国家应估计国库储备将粮食大量抛售给百姓，粮食分散，谷价就下跌十分之三。其余四分之一粮食国家在谷价平抑后再以钱币购入,于是大夫无法抬高谷价获利。君主再用钱币支付大夫的俸禄,这样一来,全部粮食就都被国家掌握。君主又将国库粮食留存十分之三,其余十分之七全都放贷出去,赈济不足的百姓,显示自己的仁义。所以,对付大夫,粮食分散导致谷价下跌,是一种办法;以乡、家的高价粮,来征敛大夫的粮食,是一种办法;投放粮食财货,散布仁义之名,平抑万物价格,也是一种办法。总之,一切都要把握时机而实行进退。因此说:成就王业的人善于把握时机,圣明的君主则善于把握变化。"桓公说:"对。"

【原文】

桓公问管子曰:"特命我曰①:'天子三百领,泰啬②。而散大夫准此而行③。'此如何?"管子曰:"非法家也④。大夫高其垄,美其室,此夺农事及市庸⑤,此非便国之道也。民不得以织为缯绡而貍之于地⑥。彼善为国者乘时徐疾而已矣。谓之国会⑦。"

【注释】

①特:假托的人名。命:告诉。
②"天子"二句:马非百云:"此谓天子之葬衣仅以三百领为限,太过于吝啬。"泰,同"太"。
③散大夫:马非百云:"散者列也。散大夫即列大夫。"
④非法家:何如璋云:"非法家者,谓非轻重家之法也。"
⑤市庸:马非百云:此处"指在市场受雇制作衣衾及装饰墓室之手工业者而言"。
⑥缯绡:安井衡云:"缯,缣也。绡,绮属。貍,……同埋。"缯绡用于装饰棺椁。
⑦谓之国会:马非百云:"谓此亦属于所谓'国计'之一例,不仅上述'夺之以会'之一事而已。"

【今译】

桓公问管子说:"特告诉我说:'天子的葬衣仅用三百领,过于吝啬了。列大夫也应照此办理。'你看这样做怎么样?"管子说:"这不是轻重家的方法啊!大夫们筑高他们的坟墓,装饰他们的墓室,这将夺走农业生产和市场雇工的劳力,这不是有利于国家的做法。百姓不应当用各种织物作装饰棺椁之用而埋到地下。那些善于治国的人,只要把握时机,调节政令的缓急,就能达到目的。这也属于国家会计事务的一例。"

【原文】

桓公问管子曰:"请问争夺之事何如?"管子曰:"以戚始①。"桓公曰:"何谓用戚始②?"管子对曰:"君人之主,弟兄十人,分国为十;兄弟五人,分国为五。三世则昭穆同祖③,十世则为祏④。故伏尸满衍⑤,兵决而无止⑥。轻重之家复游于其间⑦。故曰:毋予人以壤,毋授人以财⑧。财终则有始,与四时废起⑨。圣人理之以徐疾,守之以决塞,夺之以轻重,行之以仁义,故与天壤同数⑩。此王者之大辔也⑪。"

注释

①戚:亲戚,近亲。
②用:同"以"。
③昭穆:古代宗法制度规定,宗庙或墓地的辈次排列,以始祖居中,二世、四世、六世位于左方称昭,三世、五世、七世位于右方称穆。后来用以泛指家族辈分。
④祏(shí 石):宗庙藏神主的石匣。
⑤衍:低平之地。
⑥兵决、马非百云:即决战,犹言武力解决。
⑦轻重之家、马非百云:"此处指善于囤积居奇、投机倒把之商贾而言。"
⑧财:指自然资源。
⑨废起:指更替。
⑩同数:指同寿、同存。
⑪大辔:指治国的根本纲领。

【今译】

桓公问管子说:"请问争权夺利之事是怎样发生的?"管子说:"是从亲戚间开始的。"桓公问:"什么叫从亲戚间开始?"管子回答说:"君主有十个兄弟,就分封十国;有五个兄弟,就分封五国。这些兄弟的后代,三世之内无论昭穆,还是同一祖宗,而十世之外的关系,只是祖先的神位放在一起罢了。因而一有争夺,就诉诸武力,横尸遍野而没有止境。轻重家还在其中挑拨以谋私利。因此说:不要封给他人土地,不要授予他人资源。万物终而复始,生生不息,与四时的更替相同。

圣明的君主用政令的缓急来治理国家,用政策的放收来控制国家,用轻重之术来赢利,用仁义之道来推行,因而能与天地同存。这是成就王业的君主的根本纲领。"

【原文】

桓公问管子曰:"请问币乘马①?"管子对曰:"始取夫三大夫之家②,方六里而一乘,二十七人而奉一乘。币乘马者,方六里,田之美恶若干,谷之多寡若干,谷之贵贱若干,凡方六里用币若干,谷之重用币若干。故币乘马者,布币于国,币为一国陆地之数③,谓之币乘马。"桓公曰:"行币乘马之数奈何?"管子对曰:"士受资以币,大夫受邑以币,人马受食以币,则一国之谷资在上,币赀在下④。国谷什倍,数也。万物财物去什二,策也。皮革、筋角、羽毛、竹箭、器械、财物,苟合于国器君用者,皆有矩券于上⑤。君实乡州藏焉⑥。曰:'某月某日,苟从责者⑦,乡决州决⑧。'故曰:就庸一日而决⑨。国策出于谷轨⑩,国之策货⑪,币乘马者也。今刀布藏于官府,巧币、万物轻重皆在贾之⑫。彼币重而万物轻,币轻而万物重,彼谷重而谷轻⑬。人君操谷、币、金衡⑭,而天下可定也。此守天下之数也。"

【注释】

①币乘马:马非百云:"即货币计划之意,包括货币需要数量及货币政策之运用而言。"

②王引之云:"'大'字衍。'三夫之家'谓三夫为一家也。"

③"故币"三句:马非百云:全国用以购买谷物所需要之货币量,亦当与该国内陆地之大小为正比例。

④币赀在下:马非百云:赀即资财。"此谓如能一切以货币开支,则一国之谷尽控制在政府手中,而一国之货币则皆散之民间。"

⑤皆有矩券于上:安井衡云:"矩,刻识也。刻识物与数于券上,故名矩券。"

⑥"君实"句:马非百云:"实"字"此处当作'谷'字讲。……谓政府所有之谷,本已分藏在各乡各州"。译文从马说。

⑦责:尹知章云:责读曰债。

⑧决:断,此指解除债务关系。

⑨就庸:马非百云:"就庸读为僦佣",指雇佣运输。

⑩谷轨:指粮食统计。

⑪策货:指用什倍之谷去获取什二之物。

⑫"巧币"句:马非百云:之是人字之误。"'巧币'者谓巧法使用货币。"译文从马说。

⑬"彼谷"句:马非百云:"此当作'谷重而金轻,谷轻而金重'。'而'字下脱'金轻'二字,'谷轻'下脱'而金重'三字。"译文从马说。

⑭"人君"句:马非百云:"谷币金衡者,谓以谷、币、金三者衡万物而又互相衡也。"

【今译】

　　桓公问管子说:"请问进行货币计划方面的问题?"管子回答说:"可以先从三夫之家算起,方圆六里的土地要出兵车一乘,并配备二十七名随员。所谓进行货币计划,就是要调查方圆六里之中,良田、薄地各有多少,粮食产量有多少,谷价高低多少,需用货币多少,谷价上涨后需用货币多少。因而进行货币计划,就是以方圆六里作为基准,推算出全国土地需用的货币数字,这就是货币计划的工作。"桓公问:"运用货币计划的方法是怎样的呢?"管子回答说:"士的俸禄用货币支付,大夫采邑的租税用货币支付,官府的人、马开支也用货币支付,这样,一国的粮食就全部掌握在国家手中,货币则散布在民间。因而,谷价上涨十倍,万物跌价二成,都是必然的结果。对于皮革、筋角、羽毛、竹箭、器械和财物,如果符合国家规格和君主需要的,国家都与生产者订立收购合同。国家的粮食分藏在各乡各州,这时就对百姓说:'某月某日,凡是与国家有合同债务关系的,都到乡里州里以粮食结算。'这样,百姓雇佣车马,运来货物,运回粮食,一日之内就都可解决。国家政策的制订出于粮食统计,但国家以粮换货而获利,则是推行货币计划的结果。现今钱币却藏在官府,而巧用货币、操纵物价涨跌的都是商人。货币增值则万物贬值,货币贬值则万物增值;粮价上涨则金价下跌,粮价下跌则金价上涨。君主如果能掌握粮食、货币、黄金三者比价的平衡,就可以安定天下。这就是控制天下的方法。"

【原文】

　　桓公问于管子曰:"准衡、轻重、国会,吾得闻之矣。请问县数①。"管子对曰:"狼牡以至于冯会之日,龙夏以北至于海庄②,禽兽羊牛之地也,何不以此通国策哉?"桓公问:"何谓通国策?"管子对曰:"冯市门一吏书赘直事③,若其事唐圉牧食之人养视不失扞殂者④,去其都秩与其县秩⑤。大夫不乡赘合游者⑥,谓之无礼义。大夫幽其春秋⑦,列民幽其门山之祠⑧。冯会、龙夏、牛羊牺牲月贾十倍异日。此出诸礼义,籍于无用之地,因扞牢策也⑨。谓之通⑩。"

注释

①县数:指与上述准衡、轻重、国会相关的办法。县同"悬"。维系,关联。

②日:吴志忠云:"'日'乃'口'字误。"译文从"口"。狼牡、冯会、龙夏、海庄:都是假托的地名。

③冯:同"凭",靠。赘直事:指牲畜所属之主及其价值。赘,属。直,同"值"。

④马非百云:"事,从事。唐圉,何如璋云:'唐乃廋字,廋人圉人皆司牧者。'食通饲。""其事廋圉牧食之人,指在国营牧场从事畜牧之人。'养视'指放牧及饲养牛羊而言。""'殂'当作'阻'。'扞'者御其患,阻者防其逸。"

⑤秩:俸禄。

⑥乡赘合游:马非百云:"犹言在乡村聚会牛马,进行配种。"

⑦幽其春秋:马非百云:"幽者禁也,谓禁止其以牛羊牺牲供春享秋尝之用也。"

⑧门山之祠:马非百云:"疑当作'出门之祠'。"指出门时的祭祀,要用牛羊牺牲。

⑨扞:丁士涵云:扞疑栏字误。译文从"栏"。马非百云:栏牢者所以管制牛马者也,借以形容国家垄断经济政策之意。

⑩闻一多云:"'通'下当有'国策'二字。"译文从闻说。

【今译】

桓公问管子说:"平准之法、轻重之术、国家会计之策,我都已明白,请问与它们相关的办法。"管子回答说:"例如,从狼牡到冯会之口,从龙夏以北到海庄,都是禽兽出没、牛羊遍地的牧场,为什么不将畜牧业与治国之策相联系呢?"桓公问:"什么叫与治国之策相联系?"管子回答说:"在市场入口处设置一名官吏,专门登记牲畜的主人和价值,如果那些从事畜牧的人饲养牲畜没有病患和逃亡,就取消他都级俸禄而给予县级俸禄以示奖励。大夫、百姓不参加乡里聚会牛马、进行配种活动的,称为不讲礼义,要受惩罚;大夫禁止以其牲畜供春秋祭祀,百姓禁止以其牲畜供出门祭祀。这样一来,冯会、龙夏一带的牛羊牺牲的价格就会比往日高出十倍。这就是从祭祀礼义出发,向无用的牧地征取收入,进而垄断畜牧业的政策。这就叫与治国之策相联系。"

【原文】

桓公问管子曰:"请问国势①。"管子对曰:"有山处之国,有氾下多水之国,有山地分之国②,有水泆之国,有漏壤之国③。此国之五势,人君之所忧也。山处之国常藏谷三分之一;氾下多水之国常操谷三分之一;山地分之国常操国谷十分之三;水泉之所伤,水泆之国常操十分之二;漏壤之国谨下诸侯之五谷④,与工雕文梓器以下天下之五谷⑤。此准时五势之数也。"

注释

①国:郭沫若云:"古国、域字通作'或',凡此所谓'国'均谓地域也。"译文从郭说。
②山地分:安井衡云:"山地分,山与平地相半也。"
③漏壤:安井衡云:"漏壤,水泉渗漏,不居地上。"
④谨下:指努力取得。
⑤"与工"句:梁启超云:"言当奖励工业,与外国以工艺品而易取其谷。"与:扶助。梓器:木器。
⑥准时:此指因时因地制宜。

【今译】

桓公问管仲说:"请问有关地势方面的问题。"管子回答说:"有多山之地,有低洼多水之地,有山陵、平地各半之地,有水淹之地,有漏水之地。这五种地势,都是君主所担忧的。多山之地要储备三分之一的粮食,低洼多水之地要储备三分之一的粮食,山陵、平地各半之地要储备十分之三的粮食,受水泉之害、水淹之地要储备十分之二的粮食,漏水之地则要努力取得其他诸侯国的粮食,可以发展手工业,用装饰精美的木器来换取天下的粮食。这就是因时因地制宜解决五种地势的方法。"

【原文】

桓公问管子曰:"今有海内,县诸侯①,则国势不用已乎?"管子对曰:"今以诸侯为竽公州之饬焉②,以乘四时,行扞牢之策③,以东西南北相彼④,用平而准。故曰:为诸侯,则高下万物以应诸侯。遍有天下,则赋币以守万物之朝夕,调而已。利有足则行,不满则有止⑤。王者乡州以时察之,故利不相倾,县死其所⑥。君守大奉一⑦,谓之国簿⑧。"

注释

①县诸侯:以诸侯为郡县。
②竽:李哲明云:"'竽'是'筦'字之讹。"饬:郭沫若云:"'饬'当为'饬'。"译文从之。
③扞牢之策:即栏牢之策,指垄断政策。
④彼:戴望云:"'彼'疑'被'字误。"译文从"被"。
⑤利有足则行:张佩纶云:"'利有足则行',当作'利足则有行'。"译文从张说。马非百云:"谓某地谷物有余则决而行之,使其外出。某地谷物不足,则塞而止之,不使外流。"
⑥"王者"三句:安井衡云:"县,系也。王以时省察乡州,故百姓见利不相倾夺,各系死其所,不敢去乡。"
⑦奉一:指奉行利从上出、利出一孔的政策。
⑧国簿:马非百云:簿"犹言簿计。'国簿'与'国会''国轨',皆指国家诸会计事而言"。

【今译】

桓公问管子说:"如今拥有海内,以诸侯为郡县,那么解决各种地势的方法就无用了吗?"管子回答说"现在是用诸侯来管理各州,整饬经济,要把握季节,推行垄断政策,用东西南北的出产相互补充,来达到平衡。因此说,在当诸侯国时,就用操纵谷价来对付其他诸侯国;在拥有天下时,就用货币来控制谷价涨落,使之调平。谷物充裕就使之调出,不足就制止外流。君主按时视察各乡各州,因而百姓在利益面前不相倾夺,安居至死,不愿离乡。君主控制大局,奉行利出一孔的政策,这就叫国家的簿计工作的原则。"

地数第七十七

【题解】

　　"地"指地理条件(包括矿产资源、盐业资源、地理位置等),"地数"即利用各种地理条件的谋略和方法。

　　本篇阐述在利用各种地理条件中运用轻重之术的方法。全篇共分五节。第一节总论天下土地矿山是种植五谷、制造兵器钱币的源泉,是历代君王兴亡得失的基础,并强调垄断矿产资源是避免战争、统一天下的重要手段。第二节论述金银铜铁等矿产为天财地利之所在,国家垄断这些资源,并进而控制货币的调节,就能凭借自然资源立功成名。第三节假托周武王提高粮价的故事,论述实行食盐专卖,通过提高盐价获利,以实现内守国财、外因天下的目标。第四节论述治国重要的不在"富本而丰五谷",而要时时注意国内外粮价的涨跌变化,采取适当的贸易政策。第五节论述利用四通八达、便于经商的优越地理位置,吸引各国游客富商,从而达到天下财宝为我用。在所有这些措施中,"令有徐疾,物有轻重"都是一以贯之的根本方法。

【原文】

　　桓公曰:"地数可得闻乎?"管子对曰:"地之东西二万八千里①,南北二万六千里。其出水者八千里②,受水者八千里③,出铜之山四百六十七山,出铁之山三千六百九山。此之所以分壤树谷也④,戈矛之所发,刀币之所起也。能者有余,拙者不足⑤。封于泰山,禅于梁父,封禅之王七十二家⑥,得失之数,皆在此内。是谓国用。"桓公曰:"何谓得失之数皆在此⑦?"管子对曰:"昔者桀霸有天下而用不足,汤有七十里之薄而用有余⑧。天非独为汤雨菽粟,而地非独为汤出财物也。伊尹善通移轻重、开阖、决塞⑨,通于高下徐疾之策坐起之⑩。费时也⑪,黄帝问于伯高曰⑫:'吾欲陶天下而以为一家⑬,为之有道乎?'伯高对曰:'请刈其莞而树之⑭,吾谨逃其蚤牙,则天下可陶而为一家⑮。'黄帝曰:'此若言可得闻乎?'伯高对曰:'上有丹沙者下有黄金⑯,上有慈石者下有铜金⑰,上有陵石者下有铅、锡、赤铜⑱,上有赭者下有铁⑲,此山之

管子轻重　◇　753

见荣者也㉑。苟山之见其荣者,君谨封而祭之㉑。距封十里而为一坛,是则使乘者下行,行者趋。若犯令者,罪死不赦。然则与折取之远矣㉒。'修教十年㉓,而葛庐之山发而出水㉔,金从之,蚩尤受而制之㉕,以为剑、铠、矛、戟,是岁相兼者诸侯九。雍狐之山发而出水,金从之,蚩尤受而制之,以为雍狐之戟、芮戈,是岁相兼者诸侯十二。故天下之君顿戟一怒,伏尸满野,此见戈之本也㉖。"

注释

①此下至"刀币之所起也"一节,又见《山海经·中山经》及其他古籍,字句略有出入,今皆不改。

②出水者:指山地。此指水的源头。

③受水者:指河流、水域。

④分壤:指区别不同土壤。

⑤"能者"二句:马非百云:"能者当之则用有余,拙者当之则用不足。"

⑥参见本书《封禅篇》。

⑦丁士涵云:"'此'下脱'内'字,当据上文补。"译文从丁说。

⑧薄:安井衡云:"'薄','毫'假借字。"

⑨马非百云:"此处之'通移'则是动词,当作'转化'讲。盖谓伊尹善于促使轻重、开阖、决塞几对矛盾互相向与自己相反之方向转化。……即善于运用轻重之策之意。"

⑩坐起之:指占据、利用这些地理条件。起,起用。

⑪费:马非百云:"疑是'昔'字之误,……"译文从"昔"。

⑫伯高:《黄帝内经·灵枢》中假托的人物,又作高柏。

⑬"吾欲"句:马非百云:"陶即陶冶之陶。……陶天下为一家,即将国家团结为一,……"

⑭荙:马非百云:荙,草名。树:谓树立标记作为界限。

⑮"吾谨"二句:马非百云:"……'蚤牙'即爪牙。……此盖谓山中矿产可制兵器与钱币,而兵器钱币之于人,犹禽兽之有爪牙。苟欲防其为乱,必先禁其擅管山海之利,去其爪牙,以免为虎附翼,……而天下一家,自可陶埴而成矣。"

⑯"上有"句:尹桐云云:"凡黄金苗线多与痴人金相杂。痴人金黄色,在空气中与氧气相合则变丹色,经雨水冲刷成为碎粒,故曰'上有丹沙者下有黄金'。"

⑰"上有"句:尹桐阳云:"慈之言擎也。慈石即长石。长石受水及空气之变化,渐成为土。复受植物酸化,消化其中杂质,即成为净磁土,多含铜铅锡银等矿。故曰'上有慈石者下有铜金'。"

⑱陵石：尹桐阳云："陵石谓有棱之石。凡火或石均有角度，如花岗石、长石等是也。此种石多产锡铅铜等矿。"

⑲"上有"句：尹桐阳云："赭，赤土也，今称土珠。铁矿未与空气相会，为深蓝色。其表面铁矿与空中氧气相配者则为赭色，故曰'上有赭者下有铁'。"

⑳荣：植物开花为荣，此喻矿苗。

㉑谨封：马非百云："封，积土为墙以为疆界也。谨，严也，谓郑重其事。"

㉒"然则"句：钱文霈云："言山不封禁，则听民折取。今封禁其山，则内守国财，与听民折取相去远矣。"折取，指开采。

㉓修教：修令，行此政令。

㉔发：开发。

㉕蚩尤：相传为黄帝之臣。《尸子》："造冶者蚩尤也。"《世本》："蚩尤以金作兵。"蚩尤以作乱闻名。

㉖见戈之本：马非百云："戈者兵也。见戈之本谓兵争之根源也。"

【今译】

桓公说："能谈谈利用地理条件治国的方法吗？"管子回答说："四海之内的土地，东西长二万八千里，南北长二万六千里。其中山地八千里，水域八千里，产铜的山有四百六十七座，产铁的山有三千六百零九座。这些就是人们分别土壤种植五谷，锻造兵器，铸造钱币的源泉啊！对这些地理条件，善于利用的就财用有余，不善利用的就用度不足。到泰山、梁父封禅的君王有七十二家，他们兴亡得失的原因，都在其中。这就称为国家财用。"桓公问："什么叫兴亡得失的原因都在其中？"管子回答说："从前夏桀称霸天下却用度不足，商汤只有七十里的亳地但财用有余。上天并没有专为商汤落下粮食来，土地也没有单为商汤生出财物来。这全是伊尹善于转化轻重、开合、放收诸种矛盾，精通运用物价高低、政令缓急等轻重之术而利用这些地理条件的结果。从前黄帝问伯高说：'我想团结天下成为一家，有办法达到吗？'伯高回答说：'请割去野草，树立标记，严格管理好山海之利，根除作乱的帮凶，这样天下就可以团结成一家了。'黄帝问：'你这话可以说得具体些吗？'伯高回答说：'上有丹沙的山地下面就有黄金矿，上有慈石的山地下面就有铜金矿，上有陵石的山地下面就有铅、锡和赤铜矿，上有赭土的山地下面就有铁矿，这些都是显露的矿苗。如果山地显露出矿苗，君主就要严格地封禁起来并进行祭祀。距离封界十里筑起一座祭坛，

管子轻重 ◇ 755

命令乘车者过坛下车，步行者过坛趋拜。如有违犯禁令的人，判死罪不得赦免。这与听任随意开采的政策绝然不同。'推行这一政令十年以后，葛庐之山被开发，矿物随水流而暴露，蚩尤接管并垄断了矿藏，用它锻造出剑、铠、矛、戟等兵器，这一年诸侯相互兼并的就有九国。随后，雍狐之山又被开发，矿物随水流而暴露，蚩尤接受并垄断了矿藏，用它锻造出雍狐之戟、芮戈等兵器，这一年诸侯相互兼并的就有十二国。因此，天下的君主只要以戟顿地，发怒出兵，马上就是尸横遍野。这就是战争的根源。"

【原文】

桓公问于管子曰："请问天财所出，地利所在①？"管子对曰："山上有赭者其下有铁，上有铅者其下有银②。一曰：上有铅者其下有钜银，上有丹沙者其下有钜金，上有慈石者其下有铜金。此山之见荣者也。苟山之见荣者，谨封而为禁。有动封山者，罪死而不赦；有犯令者，左足入左足断，右足入右足断。然则其与犯之远矣③。此天财地利之所在也。"桓公问于管子曰："以天财地利立功成名于天下者谁子也④？"管子对曰："文、武是也⑤。"桓公曰："此若言何谓也？"管子对曰："夫玉起于牛氏边山⑥，金起于汝汉之右洿⑦，珠起于赤野之末光。此皆距周七千八百里，其涂远而至难。故先王各用于其重⑧，珠玉为上币，黄金为中币，刀布为下币。令疾则黄金重，令徐则黄金轻。先王权度其号令之徐疾，高下其中币而制下上之用，则文、武是也。"

注释

①"请问"二句：马非百云：天财地利并称，均指自然资源而言。
②"上有"句：尹桐阳云："铅矿均含有银质，故铅矿可名为银矿。"
③犯：许维遹云："犯，犹发掘也。"
④谁子：何人。
⑤文、武：指周文王、周武王。
⑥牛氏：《国蓄》作"禺氏"，均指月氏。
⑦洿：同"污"，低洼地。
⑧"故先"句：马非百云："谓分别其轻重而用之。"

【今译】

桓公问管子说:"请问自然资源都蕴藏在哪里?"管子回答说:"有赭土的山地下面有铁矿,有铅矿的山地下面有银矿。另一种说法是:山上有铅,下面有钲银矿;山上有丹沙,下面有钲金矿;山上有慈石,下面就有铜金矿。这都是显露的矿苗。如果山地显露出矿苗,君主就要严格封山并下达禁令。有私自开挖封地资源的,判死罪不得赦免;有违犯禁令的,左脚跨入就斩断左脚,右脚跨入就斩断右脚。这与听任随意发掘的政策绝然不同。这就是自然资源之所在。"桓公问管子说:"天下凭着自然资源立功成名的是谁人呢?"管子回答说:"是文王、武王。"桓公问:"你这话怎么讲?"管子回答说:"宝玉出产在牛氏的边山,黄金出产在汝汉的洼地,珍珠出产在赤野的末光。这些地区距离周朝国都七千八百里,路途遥远,得来困难。因而先王分别轻重而借用它们的价值:将珠玉列为上等币,黄金列为中等币,刀布列为下等币。政令急则黄金增值,政令缓则黄金贬值。先王权衡政令的缓急,调节中等币的价值来控制下等币、上等币的流通,这就是文王、武王立功成名于天下的原因。"

【原文】

桓公问于管子曰:"吾欲守国财而毋税于天下①,而外因天下②,可乎?"管子对曰:"可。夫水激而流渠③,令疾而物重。先王理其号令之徐疾,内守国财而外因天下矣。"桓公问于管子曰:"其行事奈何?"管子对曰:"夫昔者武王有巨桥之粟,贵籴之数④。"桓公曰:"为之奈何?"管子对曰:"武王立重泉之戍⑤,令曰:'民自有百鼓之粟者不行⑥。'民举所最粟以避重泉之戍⑦,而国谷二什倍,巨桥之粟亦二什倍。武王以巨桥之粟二什倍而市缯帛,军五岁毋籍衣于民⑧;以巨桥之粟二什倍而衡黄金百万,终身无籍于民。准衡之数也⑨。"

注释

①许维遹云:"'欲'下脱'内'字。"译文从许说。税于天下:马非百云:"谓国财为天下诸侯所得,如以租税奉之也。"
②因:利用。
③渠:猪饲彦博云:"'渠'当作'遽',疾也。"译文从之。

管子轻重 ◆ 757

④"夫昔"二句：尹知章云："武王既胜殷,得巨桥粟,欲使籴贵。"马非百云："此亦借武王为说明之例,非真有其事也。贵籴之数,犹言提高粟价之术。"

⑤重泉：尹知章云：重泉,戍名也。假设此成名,欲人惮役而竞收粟也。

⑥鼓：量器。尹知章云："鼓,十二斛也。"

⑦民举所最粟：马非百云："最,聚也。……此处'所'字指财物言。……谓人民尽出其所有财物以聚粟也。"

⑧籍衣于民：为军用向百姓征衣。

⑨准衡之数：指调节权衡的办法。

【今译】

桓公问管子说："我想要对内保住国家资源不被诸侯夺去,对外则要利用天下的资源,能做得到吗？"管子回答说："做得到。水势湍急则水流飞快,政令急迫则物价上涨。先王掌握号令的缓急,就做到了对内保住资源,对外利用天下。"桓公问管子说："先王是怎样做的呢？"管子回答说："从前武王不但拥有了巨桥的藏粮,而且使用了提高粮价的方法。"桓公问："怎样实行的呢？"管子回答说："武王设立了戍守重泉的兵役,并下令：'百姓凡自备百鼓粮食的可以免役。'百姓纷纷拿出财物去购粮储备,用来逃避戍守重泉的兵役,这样,国内粮价上涨了二十倍,巨桥的藏粮也涨价二十倍。武王用这笔粮款购买丝帛,军队五年不用向百姓征用军衣；用这笔粮款换取黄金百万,就可以终身不向百姓征取税收。这就叫调节权衡的方法。"

【原文】

桓公问于管子曰："今亦可以行此乎？"管子对曰："可。夫楚有汝汉之金,齐有渠展之盐①,燕有辽东之煮②。此三者亦可以当武王之数。十口之家,十人咶盐③；百口之家,百人咶盐。凡食盐之数,一月丈夫五升少半,妇人三升少半,婴儿二升少半。盐之重,升加分耗而釜五十④,升加一耗而釜百,升加十耗而釜千。君伐菹薪煮沸水为盐⑤,正而积之三万钟⑥,至阳春请籍于时⑦。"桓公曰："何谓籍于时？"管子曰："阳春农事方作,令民毋得筑垣墙,毋得缮冢墓,丈夫毋得治宫室⑧,毋得立台榭。北海之众毋得聚庸而煮盐⑨。然盐之贾必四什倍。君以四什之贾⑩,修河、济之流⑪,南输梁、赵、宋、卫、濮阳。恶食无盐则肿,守圉之本⑫,其用盐独重。君伐菹薪煮沸水以籍于天下,然则天下不减矣⑬。"

注释

①渠展：尹知章云："渠展，齐地。沸水所流入海之处，可煮盐之所也。"
③煮：指煮盐。
②咶：闻一多云："'咶'读为啗，食也。"
④分耗：安井衡云："'耗'读为好，同声假借字。好，孔也。分好，半钱也。"
⑤伐菹薪：指砍柴草。菹，枯草。沸水：马非百云：沸水云者，当即今之所谓卤水。
⑥正：同"征"，指征盐。
⑦籍于时：在时令上取得收益。
⑧丈夫：洪颐煊云："'丈夫'当为'大夫'。"译文从之。
⑨"北海"句：尹知章云："北海之众，谓北海煮盐之人。本意禁人煮盐，托以农事，虑有妨夺。""庸，功也。"
⑩丁士涵云："'四什'下脱'倍'字。"译文从丁说。
⑪修：王念孙云："'修'当为'循'，言循河济而南也。"译文从王说。
⑫本：许维遹云："本犹国也。"
⑬天下不减矣：张佩纶云："'天下不减矣'当依《山至数篇》作'天下不吾泄矣'，语意始明。"译文从张说。

【今译】

桓公问管子说："现在也可以实行这一办法吗？"管子回答说："可以。楚国汝汉出产黄金，齐国渠展出产海盐，燕国辽东出产煮盐，这三项资源也可以同武王的藏粮相当。一家十口人就有十人吃盐，一家百口人就有百人吃盐。吃盐的数量，每月成年男子约需五升，成年女子约需三升，小孩约需二升。盐的价格，如果每升提高半钱，一釜就增加五十钱；每升提高一钱，一釜就增加一百钱；每升提高十钱，一釜就增加一千钱。君主命令百姓砍伐柴草，烧煮卤水，制成食盐，征收并积累到三万钟，到阳春时节就可以在时令上获得收益。"桓公问："什么叫在时令上获得收益？"管子说："阳春时节农事刚开始，命令百姓不准修筑泥墙，不准修缮坟墓；命令大夫不准营建宫室，不准修造台榭；命令北海的盐民不准聚众煮盐。这样，盐价一定上涨四十倍。君主将涨价四十倍的盐，沿着黄河、济水南运到梁、赵、宋、卫、濮阳一带出卖，必获大利。粗食不加盐吃了就会浮肿,对于守卫国家的将士,食物加盐格外重要。君主通过砍柴煮盐而从天下获利,这样天下就不会泄散我国的资源了。"

【原文】

桓公问于管子曰:"吾欲富本而丰五谷①,可乎?"管子对曰:"不可。夫本富而财物众,不能守,则税于天下。五谷兴丰,巨钱而天下贵②,则税于天下,然则吾民常为天下虏矣。夫善用本者,若以身济于大海③,观风之所起,天下高则高,天下下则下,天下高我下,则财利税于天下矣。"

注释

①本:指国。下同。
②巨钱:张佩伦云:"'巨'当为'吾'之坏,'钱'当作'贱'。"译文从张说。
③身:戴望云:"'身'疑'舟'字之误。"译文从"舟"。

【今译】

桓公问管子说:"我想通过五谷丰登而使国家富足,能做到吗?"管子回答说:"不行。国家富足就财物众多,如果君主不能控制,就会被天下各国所得。五谷兴盛丰收,我国粮价低而各国粮价高,粮食就会流向各国,这样,我们的百姓就要常被各国虏掠了。善于治国的君主,就像乘船渡过大海一样,时时观察风向的变化,各国粮价涨我也涨,各国粮价跌我也跌。如果各国粮价涨而我国粮价跌,我们的财利就要被天下各国享用了。"

【原文】

桓公问于管子曰:"事尽于此乎?"管子对曰:"未也。夫齐衢处之本①,通达所出也,游子胜商之所道②。人求本者③,食吾本粟,因吾本币,骐骥黄金然后出④。令有徐疾,物有轻重,然后天下之宝壹为我用。善者用非有,使非人。"

【注释】

①衢处:地处交通要道。
②游子胜商:猪饲彦博云:"'游子胜商',《轻重乙》作'游客蓄商'。"译文从之。
③求:俞樾云:"'求'乃'来'字之误。"译文从俞说。
④"骐骥"句:马非百云:"盖皆指外人之来吾国者将其国之骐骥黄金输入吾国而言。"

【今译】

桓公问管子说:"利用地理条件的方法就这些吗?"管子回答说:"还有。齐国地处交通要道,道路四通八达,是游客富商必经之地。外人来到齐国,吃我国的粮食,用我国的货币,将他们的良马和黄金拿出来消费。因此,我们只要掌握政令的缓急、物价的涨跌,那么天下的财宝都可以为我所用。善于治国的君主,能利用不属于他的财物,能役使不属于他的百姓。"

揆度第七十八

【题解】

马非百云:"揆度犹言权衡、酌量、考虑、核计,盖汉人常用术语。……著者或以此名篇,或以此名人,皆指善于考虑核计轻重问题而言。"

一说,《轻重》以甲乙等分篇,天干之数应全,癸训揆度,故此篇当为《轻重癸》篇。

本篇将轻重之术广泛应用于治国策略的谋划之中。全篇共分各自独立的十六节。第一节追述了共工、黄帝、唐尧、虞舜运用轻重之术治理天下的不同方法。第二节运用阴阳五行学说解释权衡轻重之术,阐述治国的机要。第三节阐述以轻重之术治人之法。第四节说明轻重之术失去平衡的各种表现。第五节阐述"国衡",即君主掌握经济活动的本始,抑制富商大贾的投机钻营。第六节阐述利用轻重之术实行商业国营。第七节阐述轻重之术在战争中和诸侯归服后的不同运用。

第八节阐述以轻重之术治民,能"使之不使,用之不用"。第九节阐述以轻重之术调剂货币流通量的多少。第十节阐述五谷、刀币、号令在治国中的重要地位。第十一节阐述用轻重之术使珍贵物产变成货币。第十二节阐述用轻重之术控制币值的涨跌。第十三节分别说明大小不同的国家的国力和贸易问题。第十四节阐述优抚鳏寡孤独、奖勤罚懒等治国措施。第十五节阐述"轻重不调"将导致亡国。第十六节阐述赈济荒年的办法。以上各节,有用桓管问答,有用"管子曰",也有用直叙,当是由多种资料汇集成篇。

【原文】

齐桓公问于管子曰:"自燧人以来①,其大会可得而闻乎②?"管子对曰:"燧人以来,未有不以轻重为天下也。共工之王,水处什之七,陆处什之三,乘天势以隘制天下③。至于黄帝之王,谨逃其爪牙④,不利其器⑤,烧山林,破增薮⑥,焚沛泽⑦,逐禽兽,实以益人,然后天下可得而牧也。至于尧、舜之王,所以化海内者,北用禺氏之玉,南贵江汉之珠,其胜禽兽之仇,以大夫随之⑧。"桓公曰:"何谓也?"管子对曰:"令:'诸侯之子将委质者⑨,皆以双武之皮⑩,卿大夫豹饰⑪,列大夫豹幨⑫。'大夫散其邑粟与其财物以市虎豹之皮,故山林之人刺其猛兽若从亲戚之仇⑬。此君冕服于朝,而猛兽胜于外。大夫已散其财物,万人得受其流。此尧、舜之数也。"

【注释】

①燧人:即燧人氏,相传为发明钻木取火者。马非百云:"此所谓燧人、共工云云,亦是著者假托之词。"

②大会:马非百云:会,会计。大会,犹言大计。指重大的计算、筹划。

③隘制:限制。

④谨逃其爪牙:指小心地躲避野兽的爪牙。

⑤不利其器:指没有锋利的器具。

⑥增:猪饲彦博云:"'增'疑当作'橧',巢也。言破禽兽所寝。"译文从"橧"。

⑦沛:尹知章云:"沛,大泽也。一说水草兼处曰沛。"

⑧王引之云:"'之仇'二字盖因下文'若从亲戚之仇'而衍。"郭沫若云:"'其胜禽兽,以大夫随之'者,言禽兽既胜,……则大夫亦随禽兽而被克制也。"

⑨委质:指献礼称臣。质,同"贽"。古代见面所献之礼。

⑩双武之皮：尹知章云："双虎之皮以为裘。"武，讳虎。
⑪卿大夫：尹知章云："卿大夫，上大夫也。袖谓之饰。"
⑫列大夫：尹知章云："列大夫，中大夫也。襟谓之襜。"
⑬从亲戚之仇：许维遹云："从，逐也。'亲戚'犹父母也，言若追逐父母之仇雠也。"

【今译】

齐桓公问管子说："能谈谈从燧人氏以来，历代的重大经济筹划吗？"管子回答说："自从燧人氏以来，没有不用轻重之术来治理天下的。共工氏治理天下时，天下水域占十分之七，陆地占十分之三，他就利用这种自然地势来控制天下的。黄帝治理天下时，还没有锋利的器具，只能小心地躲避禽兽爪牙的伤害，他就带领百姓焚烧山林、大泽，破坏野兽的巢穴，驱逐野兽，使百姓得以安身，然后才能统治天下。至于唐尧、虞舜治理天下时，所以能达到大治，是因为他们使用了禺氏的宝玉和江汉的珍珠作为货币，因此不但战胜了禽兽，同时也控制了大夫们。"桓公问："这是什么意思？"管子回答说："当时下令：'诸侯之子来朝献礼称臣的，都要奉上双虎之皮制成的皮裘；卿大夫都要献饰有豹皮衣袖的皮裘；列大夫都要献饰有豹皮衣襟的皮裘。'于是大夫们就只能售出家中的粮食和财物，来收购虎豹之皮，而山林中的猎户捕杀猛兽就如同追逐父母的仇敌一样。这就是君主身着礼服安坐于朝廷，猛兽就被制服于山林，大夫们耗散了他们的财物，万民百姓获得了利益。这也就是唐尧、虞舜的方法。"

【原文】

桓公曰："'事名二、正名五而天下治①'，何谓事名二？"对曰："天策阳也，壤策阴也②，此谓事名二。""何谓正名五？"对曰："权也，衡也，规也，矩也，准也，此谓正名五③。其在色者，青黄白黑赤也。其在声者，宫商羽徵角也。其在味者，酸辛咸苦甘也。二五者，童山竭泽④，人君以数制之人⑤。味者所以守民口也，声者所以守民耳也，色者所以守民目也⑥。人君失二五者亡其国，大夫失二五者亡其势，民失二五者亡其家。此国之至机也，谓之国机⑦。"

【注释】

①"事名"句:马非百云:"'事名二、正名五而天下治',是古时成语……本篇著者对此语另有解释,故特分别提出以相讨论。"

②"天策"二句:马非百云:"天策壤策,犹言天数地数。"

③"权也"六句:马非百云:"《汉书·律历志》云:'衡,平也。权,重也。衡所以任权而均物、平轻重也。其道如砥,以见准之正,绳之直。左旋见规,右旋见矩。……权与物钧而生衡。衡运生规,规圆生矩,矩方生绳,绳直生准。准正则平衡而钧权矣。是为五则。……所谓五则,与此处所谓'正名五'内容全同。'"可知这里所谓"事名二、正名五"实指运用阴阳五行之说来解释权衡轻重之术。

④陈奂云:"'二五者'下不应有'童山竭泽'四字。"译文从陈说。

⑤"人君"句:马非百云:"'人'字应属下读,乃'夫'字之误。……谓当以轻重之策管制之也。"

⑥俞樾云:"'味者所以守民口也'三句当在'二五者人君以数制之'之上。"译文从俞说。

⑦国机:马非百云:"机,机要。国机,治理国家之机要。"

【今译】

桓公问:"俗话说:'掌握了事理的名数二、矫正的名数五,就能治理天下。'什么叫事理的名数二呢?"管子回答说:"天数为阳,地数为阴,这就是事理的名数二。""什么叫矫正的名数五呢?"管子回答说:"秤锤、平衡、圆规、方矩、准绳,这就是矫正的名数五。它们表现在颜色上,就是青、黄、白、黑、赤五色;表现在声音上,就是宫、商、羽、徵、角五声;表现在味觉上,就是酸、辛、咸、苦、甘五味。五味是用来控制人们口味的,五声是用来控制人们听觉的,五色是用来控制人们视觉的。所谓'事名二、正名五'就是君主运用轻重之策来控制人们。因此,君主丢掉了轻重之策就会导致亡国,大夫丢掉了轻重之策就会失去权势,百姓丢掉了轻重之策就会难以持家。这是治国最重要的关键,称之为治国的机要。"

【原文】

轻重之法曰①:"自言能为司马不能为司马者②,杀其身以衅其鼓③;自言能治田土不能治田土者④,杀其身以衅其社;自言能为官不能为官者,劓以为门父⑤。"故无敢奸能诬禄至于君者矣⑥。故相任寅为官都⑦,重门击拆不能去⑧,亦随之以法。

注释

①轻重之法:马非百云:"'轻重之法'谓轻重之家所立之法典也。《史记·齐太公世家·索隐》云:'管子有《理人轻重之法》七篇。'此处明标'轻重之法曰'云云,当与所谓《理人轻重之法》有关。"

②司马:掌管军事的武官。

③衅:血祭。

④治田土:指主管农事的农官。

⑤劓:张佩纶云:"'劓'当为'刖',字之误也。《周礼·秋官·司刑》:'刖者使守门。'"门父即守门之人。

⑥奸能诬禄:马非百云:"'奸能诬禄'疑当作'诬能奸禄'。"《荀子》王先谦注云:'诬能,自以为能。'……'奸禄'即'干禄'。"译文从"诬能奸禄"。

⑦相任寅:相互保举引进。张佩纶云:"'任寅'当作'任举',本书屡见。"都:疑为"者"。

⑧"重门"句:俞樾云:"'去'乃'者'字之误。……'重门击柝'犹言抱关击柝。"拆当为"柝",指巡夜报更的木梆。

【今译】

轻重家的法典上说:"自荐能担任司马之职,结果不称职的,杀死他用血祭祀战鼓;自荐能担任农官之职,结果不称职的,杀死他用血祭祀土地神;自荐能担任一般官职,结果不称职的,砍去他的双脚去当守门人。"这样,就不会有到君主面前自吹自擂以干求俸禄的小人了。因此,从相互保举引进任官职的,到守门击梆的小吏,只要不称职,也都应依法处置。

【原文】

桓公问于管子曰:"请问大准①。"管子对曰:"大准者,天下皆制我而无我焉②。此谓大准。"桓公曰:"何谓也?"管子对曰:"今天下起兵加我,臣之能谋厉国定名者③,割壤而封;臣之能以车兵进退、成功立名者,割壤而封。然则是天下尽封君之臣也,非君封之也。天下已封君之臣十里矣,天下每动,重封君之民二十里④。君之民非富也⑤,邻国富之。邻国每动,重富君之民,贫者重贫,富者重富。大准之数也。"桓公曰:"何谓也?"管子对曰:"今天下起兵加我,民弃其耒耜⑥,出持戈于外,然则国不得耕。此非天凶也,此人凶也。君朝令而夕求具,民肆其财物与其五谷为雠⑦,厌而去⑧。贾人受而廪之,然则国财之一分在贾人。师罢,民反其事,万物反其重。贾人出其财物,国弊之少分廪于贾人⑨。若此则币重三分,财物之轻重三分⑩。贾人市于三分之间⑪,国之财物尽在贾人,而君无策焉。民更相制⑫,君无有事焉。此轻重之大准也。"

注释

①大准:张佩伦云:"'大准'均当作'失准'。"本节下皆同。失准指轻重之术失去平衡。

②"天下"句:马非百云:即一切皆为人所制而不能自主。

③厉国定名:俞樾云:"厉读为利,厉国即利国也。"何如璋云:"定名,言定主尊显之名。"

④重:增加。民:郭沫若云:"指下文'贾人'而言。言有职之臣,既因战事而得裂土分封,而无职之富商蓄贾,亦因战事而屯积居奇,所获利润更多一倍。"

⑤"君之"句:陶鸿庆云:"本作'君之民非君富之也',与上文'非君封之也'语意一律。"译文从陶说。

⑥民:百姓,指农民。

⑦"民肆"句:马非百云:肆,陈货鬻物之所。雠,售也。

⑧郭沫若云:古本等"作'厌分而去',是也。分犹半,'厌分而去'者谓满半价而去"。译文从古本。

⑨弊:当作"币"。马非百云:"此处'少分'与上文'一分'之分,均当作'半'字讲。"译文从之。

⑩郭沫若云:"当衍'重'字,盖贾人投出其屯积则物价跌。"

⑪"贾人"句:马非百云:谓贾人利用币重物轻之机会,以上涨十分之三之货币,收购下跌十分之三之财物。

⑫民更相制:马非百云:更者递也。制即控制。此谓百姓中富者贫者相互控制役使。

【今译】

桓公问管子说:"请问有关轻重之术失去平衡的问题。"管子回答说:"所谓失去平衡,就是指自己的一切都被别人控制而不能自主,这就叫轻重之术失去平衡。"桓公问:"这是什么意思呢?"管子回答说:

"比如现在天下各国发兵进攻我们,对于臣子中能有利国家、使君尊显的,您就要割地封爵;能率兵迎战、成就功名的,您也要割地封爵。这样,实际上都是天下各国在封赏您的臣子,而不是君主您自己封赏的。天下已使您把十里土地都封给臣子了,而天下每次动兵,您又要将二十里土地增封给富商大贾。这些富商大贾实际上不是君主您使他们致富的,而是邻国使他们致富的。邻国每次动兵,就会增加您的富商大贾们的财富,并使穷的更穷,富的更富,这就是失去平衡的表现。"桓公问:"这还有什么意思呢?"管子回答说:"再比如现在天下各国发兵进攻我们,百姓放下农具,拿起兵器投入战斗,这样土地就因得不到耕种而荒芜。这不是天灾,而是人祸。君主征税的命令早上颁发,晚上就要求齐备,百姓只能把财物和粮食拿到市场出售,只要卖到一半价格就肯出手。商人乘机买进并囤积起来,这样,国家财物的一半就掌握在商人手中。战争一旦结束,百姓返回故里从事农业,万物的价格也恢复到原先的水准。商人此时抛出财物,就能将国家货币的将近一半掌握在手中。这样就造成货币增值十分之三,万物跌价十分之三,商人用上涨三成的货币购买下跌三成的货物,使国家的财货都落入他们的手中,而君主却对此束手无策。百姓中富人穷人相互控制,君主对此也无能为力。这就是轻重之术失去平衡的情况。"

【原文】

管子曰:"人君操本,民不得操末①;人君操始,民不得操卒。其在涂者,籍之于衢塞②;其在谷者,守之春秋③;其在万物者,立赀而行④。故物动则应之。故豫夺其涂,则民无遵;君守其流,则民失其高⑤。故守四方之高下,国无游贾,贵贱相当⑥,此谓国衡。以利相守,则数归于君矣⑦。"

注释

①民:指富商大贾。本节"民"皆同。

②"籍之"句:马非百云:"衢塞谓通衢要塞。……此谓凡百财物必先于通衢要塞尚未登途之前,预为布置,若至途中再行征敛,则已无及矣。"

③"其在"二句:马非百云:"春时谷贵,以钱贷民,秋时谷贱,按照市价,以谷准币,收回本利。"

④立赘而行:指万物均用订立合同实行预购。
⑤"君守"二句:马非百云:"守流,即'谨守重流'之意,……'则民无遵','则民失其高',即《史记·平准书》所谓'富商大贾无所牟大利'之意,故下文曰'国无游贾'也。"
⑥贵贱相当:指物价得到平抑。
⑦"以利"二句:马非百云:"当作'以数相守,则利归于君矣'。"译文从马说。

【今译】

管子说:"君主掌握了根本,富商大贾连末梢也得不到;君主掌握了开端,富商大贾连尾端也得不到。对即将流入市场的货物,在通衢要塞就要控制它;对于谷物,要在春秋二季控制它;对于其他货物,可以订立预购合同来控制它。总之货物一有萌动之势就要有对策应付。预先在登途前控制货物,富商大贾就无能为力;君主控制了流通,富商大贾就无利可图。因此控制四方物价的涨跌,国内就不会有专营投机的商贾,物价的高低相当,这就叫国家的平准之策。用这种方法来控制国家,财利就都归于君主了。"

【原文】

管子曰:"善正商任者省有肆①,省有肆则市朝闲②,市朝闲则田野充,田野充则民财足,民财足则君赋敛焉不穷。今则不然:民重而君重,重而不能轻;民轻而君轻,轻而不能重③。天下善者不然,民重则君轻,民轻则君重④。此乃财余以满不足之数也⑤。故凡不能调民利者,不可以为大治;不察于终始,不可以为至矣。动左右以重相因⑥,二十国之策也。盐铁二十国之策也,锡金二十国之策也。五官之数⑦,不籍于民。"

注释

①"善正"句:马非百云:商任指商旅任车而言。正,征也。正商任,即算商车之意。
②市朝:马非百云:"市朝即市场,……此处指自由市场。"
③"民轻"二句:马非百云:谓不善正者不能实行商业国营,对于物价之或贵或贱,一听商人之自由垄断,政府毫无控制之能力。
④"民重"二句:马非百云:"即《国蓄篇》'民有余则轻之,人君敛之以轻。民

不足则重之,人君散之以重。敛积之以轻,散行之以重'。"

⑤财:猪饲彦博云:"'财'当作'裁'。"译文从之。

⑥"动左"句:郭沫若云:谓衡(天平)也。此以衡喻轻重之术。指国家控制市场物价的涨跌。

⑦五官:指上述五种官营专卖,即"省有肆"、盐、铁、锡、金。

【今译】

管子说:"善于获取市场收入,国家就应有自己的商业;国家经营商业,自由市场就萧条;自由市场萧条,田野中劳力就充足;农业劳力充足,百姓财用就充裕;百姓财用充裕,君主征税就取之不尽。现在却不是这样:市场卖价高,国家也不愿抛出,高居的物价就不会下跌;市场卖价低,国家也不愿购进,低下的物价就不会上涨。天下善于经商的就不是这样,市场物价高,国家就低价抛出;市场卖价低,国家就高价购进。这就是损减有余来补充不足的办法。因而,凡是不善于调剂百姓财利的,就不能达到大治;不明察货物流通始终的,就不能达到完善。国家控制市场物价的涨跌,这是使年收入增加二十倍的好办法,盐铁专卖、锡金专卖,也都是能使国家年收入增加二十倍的好办法。掌握了这五种官营专卖,就不必向百姓直接征税了。"

【原文】

桓公问于管子曰:"轻重之数恶终?"管子对曰:"若四时之更举①,无所终。国有患忧②,轻重五谷以调用,积余臧羡以备赏。天下宾服,有海内,以富诚信仁义之士③,故民高辞让④,无为奇怪者⑤。彼轻重者,诸侯不服以出战,诸侯宾服以行仁义。"

注释

①更举:更迭往来。
②患忧:指战争。
③富:加富,奖赏。
④高:崇尚。辞让:谦让。
⑤奇怪:指异常。

【今译】

桓公问管子说:"轻重之术的运用有没有终结?"管子回答说:"如

同四时的交替往来，没有终结的时候。国家有了战事时，可以控制粮价的涨跌来调剂军用，积藏物资盈余以备封赏。天下归顺，海内一统时，就可以奖赏诚信仁义的人士，这样，百姓就会崇尚谦让，再无异常行为。可见在各国诸侯不归顺时，轻重之术可用于战争；在各国诸侯归顺后，轻重之术就可用来推行仁义之道。"

【原文】

管子曰："一岁耕，五岁食，粟贾五倍①。一岁耕，六岁食，粟贾六倍。二年耕而十一年食。夫富能夺，贫能予，乃可以为天下。且天下者，处兹行兹，若此而天下可壹也。夫天下者，使之不使，用之不用。故善为天下者，毋曰使之，使不得不使；毋曰用之，用不得不用也②。"

【注释】

①粟贾五倍：指将粮价提高五倍来促进粮食增产。
②宋本作"使不得不用也"。译文从宋本。

【今译】

管子说："要做到一年耕种，五年够吃，就要将粮价提高五倍。要做到一年耕种，六年够吃，就要将粮价提高六倍。这样，耕种两年的收成，就够十一年吃了。做到富者能进行剥夺，贫者能实行赈济，才可以治理天下。如果天下都能做到这样，那么就可以统一天下了。对于天下的百姓，役使他们但不要显出役使的痕迹，利用他们但不要露出利用的企图。因此，善于治理天下的君主，从不说役使百姓，却要使百姓不得不受役使；从不说利用百姓，却要使百姓不得不被利用。"

【原文】

管子曰："善为国者，如金石之相举，重钧则金倾①。故治权则势重，治道则势赢②。今谷重于吾国，轻于天下，则诸侯之自泄，如原水之就下。故物重则至，轻则去，有以重至而轻处者③，我动而错之④，天下即已于我矣⑤。物臧则重，发则轻，散则多。币重则民死利⑥，币轻则决而不用。故轻重调于数而止⑦。"

【注释】

①"如金"二句：马非百云："金指黄金。钧、石皆衡名。《汉书·律历志》云：'……三十斤为钧，四钧为石。'此处皆指秤锤言。举，秤也。……《太平御览》八三引《慎子》云：'君臣之间犹权衡也。权，左轻则右重，右轻则左重。轻重迭相橛，天地之经也'。"

②"故治"二句：马非百云："从权变之术以治之，则其势重，从经常之道以治之，则其势赢。"

③"故物"三句：马非百云："物本为重至而轻去者，今则虽以重至而轻亦留而不去，故曰'有以重至而轻处'也。"

④错：同"措"。

⑤已：马非百云："当是'泄'之坏字。"译文从"泄"。

⑥死利：为利而死。

⑦"故轻"句：马非百云："数谓数量。轻重调于数而止者，谓政府对于货币流通之数量，必随时视其轻重而调剂之，使其适合于社会之需要。"

【今译】

管子曰："善于治理国家的，就如同将黄金和秤锤放在天平上称，称锤一端加重了，黄金一端就必然倾斜。因而用权变之术治国，国势就加强；用经常之道治国，国势就削弱。现在我国粮价高，天下各国粮价低，那么诸侯各国的粮食就如源头之水下泄一样流入我国。可见货物价高就聚集，价低就散离，如果有因价高流入而价低后又散不出的，我立即购进加以控制，这样，天下的财利就归于我了。万物囤积就涨价，抛售就跌价，发散出去就数量充足。货币增值时百姓肯为利而死，货币贬值时百姓弃而不用。因此必须以轻重之术调剂货币数量到合适的时候才能停止。"

【原文】

"五谷者，民之司命也；刀币者，沟渎也；号令者，徐疾也。'令重于宝，社稷重于亲戚①'，胡谓也？"对曰："夫城郭拔，社稷不血食②，无生臣③。亲没之后，无死子。此社稷之所重于亲戚者也。故有城无人，谓之守平虚④。有人而无甲兵而无食，谓之与祸居。"

【注释】

①亲戚：指父母。
②血食：指祭祀，古代要杀牲取血。
③无生臣：指国灭后臣子都要殉难。
④虚：同"墟"。

【今译】

"五谷是百姓生命的主宰，货币是货物流通的渠道，号令可以用来调节流通的缓急。'号令比宝物重要，国家比父母重要'，这话是什么意思呢？"回答说："当城市被攻陷，宗庙不能再进行祭祀，臣子都应殉难。而父母死了之后，儿子则不必殉死。这就是国家比父母重要的实例。因此在保卫国家时，有城而无人去守，就等于空守废墟；有人而没有兵器和粮食，就等于与灾祸同居。"

【原文】

桓公问管子曰："吾闻海内玉币有七策①，可得而闻乎？"管子对曰："阴山之礝磻②，一策也；燕之紫山白金③，一策也；发、朝鲜之文皮④，一策也；汝、汉水之右衢黄金，一策也；江阳之珠，一策也；秦明山之曾青，一策也；禺氏边山之玉，一策也。此谓以寡为多，以狭为广。天下之数尽于轻重矣。"

【注释】

①玉币：马非百云：玉者珍也。"玉币，谓以各种珍贵物产为货币也。"
②礝磻：猪饲彦博云："'礝磻'与'瑌珉'同，美石次玉者。"
③白金：马非百云："白金，银也。《尔雅》：'白金谓之银。'"
④发、朝鲜之文皮：马非百云：发，国名，一名北发。此以发与朝鲜连言，则北发当在朝鲜附近。文皮，虎豹之皮。

【今译】

桓公问管子说："我听说利用海内的珍贵物产作为货币有七种办法，能说来听听吗？"管子回答说："利用阴山出产的美石是一种办法，利用燕地紫山出产的银是一种办法，利用北发、朝鲜出产的虎豹皮是一种办法,利用汝水、汉水右衢出产的黄金是一种办法,利用江阳出产的珍珠是一种办法,利用秦地明山出产的精铜是一种办法,利用禺氏边山出产的宝玉也是一种办法。这七种珍宝用作货币,都是数量上以少变多,地域上从狭变广。因此,天下的各种办法都可包括在轻重之术中了。"

【原文】

桓公问于管子曰:"阴山之马具驾者千乘①,马之平贾万也②,金之平贾万也。吾有伏金千斤③,为此奈何?"管子对曰:"君请使与正籍者④,皆以币还于金⑤,吾至四万,此一为四矣。吾非埏埴摇炉橐而立黄金也⑥,今黄金之重一为四者,数也。珠起于赤野之末光,黄金起于汝、汉水之右衢,玉起于禺氏之边山。此度去周七千八百里⑦,其涂远,其至阸。故先王度用其重而因之,珠玉为上币,黄金为中币,刀布为下币。先王高下中币,利下上之用⑧。"

注释

①具驾者:具备载驾兵车要求的马。千乘:指四千匹,一乘四马。
②平贾:马非百云:此乃汉人通用术语,指封建国家规定之官价而言。
③伏金:马非百云:"伏,藏也。伏金即藏金。"
④与正籍者:马非百云:"与读为预,正读如征。与征籍者,谓预于纳税人之列,即负有纳税义务之人也。"
⑤"皆以"句:马非百云:谓政府下令于民,凡纳税者均须以黄金交纳。但人民手中无黄金,必须用重价向市场收买,如此则市场之金价必坐涨四倍,政府藏金亦因之坐涨四倍。
⑥橐:安井衡云:"'橐'当为'橐',冶氏炽炭之器,摇其柄则风生。"埏埴:用水和粘土,此指冶炼黄金的坩埚。
⑦度:许维遹云:"'度'当作'皆'。"译文从之。
⑧利:戴望云:"元本'利'作'制'。"译文从"制"。

【今译】

桓公问管子说:"阴山出产的马可用于驾驶兵车的有四千匹,一匹马的官价是一万钱,一斤黄金的官价也是一万钱。我只有藏金一千斤,要买下四千匹马该怎么办?"管子回答说:"君主可以命令所有的纳税人都将钱币折合成黄金交纳,我们会让金价上涨到四万钱,这样就是一变成四了。我们不用设置坩埚、摇动风箱来冶炼黄金,现在黄金的价格一变为四,是运用了轻重之术。珍珠产于赤野的末光,黄金产于汝水、汉水的右衢,宝玉产于禺氏的边山。这些地方都距离周朝都城七千八百里,路途遥远,得来不易。因而先王估计它们的价值分别加以利用,将珠玉作为上等货币,黄金作为中等货币,刀布作为下等货币。先王通过中等货币币值的涨跌,来控制下等货币和上等货币的使用。"

【原文】

百乘之国,中而立市,东西南北度五十里。一日定虑①,二日定载②,三日出竟③,五日而反。百乘之制轻重④,毋过五日。百乘为耕田万顷,为户万户,为开口十万人⑤,为分者万人⑥,为轻车百乘⑦,为马四百匹。千乘之国,中而立市,东西南北度百五十余里。二日定虑,三日定载,五日出竟,十日而反。千乘之制轻重,毋过一旬。千乘为耕田十万顷,为户十万户,为开口百万人,为当分者十万人,为轻车千乘,为马四千匹。万乘之国,中而立市,东西南北度五百里。三日定虑,五日定载,十日出竟,二十日而反。万乘之制轻重,毋过二旬。万乘为耕田百万顷,为户百万户,为开口千万人,为当分者百万人,为轻车万乘,为马四万匹。

【注释】

①定虑:马非百云:"定虑谓制定计划。"
②定载:马非百云:"定载谓装载货物。"
③竟:同"境"。指国境。
④百乘之制轻重:指百乘之国运用轻重之术在对外贸易中控制物价涨跌。
⑤开口:马非百云:开口谓计人口总数。
⑥据下文,"分"上应有"当"字。马非百云:"分读如'名分''职分'之分。'当分者'指负有纳税义务之人而言。"
⑦轻车:即战车。

【今译】

在百乘之国中央设立市场,距离四周边境估计各五十里。用一天时间制订贸易计划,两天装载货物,三天运出国境,五天就可成交返回。因而百乘之国要在对外贸易中控制物价涨跌,不超过五天就能奏效。百乘之国拥有耕地一万顷,户数一万户,人口十万人,纳税人一万人,兵车一百乘,战马四百匹。在千乘之国中央设立市场,距离四周边境估计各一百五十余里。用两天时间制订贸易计划,三天装载货物,五天运出国境,十天就可成交返回。因而千乘之国要在对外贸易中控制物价涨跌,不超过十天就能奏效。千乘之国拥有耕地十万顷,户数十万户,人口百万人,纳税人十万人,兵车一千乘,战马四千匹。在万乘之国中央设立市场,距离四周边境估计各五百里。用三天时间制订贸易计划,五天装载货物,十天运出国境,二十天就可成交返回。因而万乘之国要在对外贸易中控制物价涨跌,不超过二十天就能奏效。万乘之国拥有耕地一百万顷,户数一百万户,人口一千万人,纳税人一百万人,兵车一万乘,战马四万匹。

【原文】

管子曰:"匹夫为鳏,匹妇为寡,老而无子者为独。君问其若有子弟师役而死者,父母为独①,上必葬之,衣衾三领,木必三寸②,乡吏视事,葬于公壤。若产而无弟兄③,上必赐之匹马之壤④。故亲之杀其子以为上用,不苦也。君终岁行邑里⑤,其人力同而宫室美者,良萌也,力作者也⑥,脯二束⑦、酒一石以赐之。力足荡游不作,老者谯之⑧,当壮者遣之边戍⑨。民之无本者贷之圃强⑩。故百事皆举,无留力失时之民。此皆国策之数也。"

注释

①父母为独:马非百云:"谓阵亡将士之父母,亦得以'无子曰独'论也。"问:馈赠,指优待。

②木必:马非百云:木必者,必通图,闭也。木图即木棺。

③"若产"句:张佩纶云:"言止生一子也。"

④匹马之壤:即一马之地,指一匹马所能耕种的田地。

⑤终岁:安井衡云:"终岁,岁终也。"行:巡视。

⑥力:马非百云:"两'力'字不同。上'力'字指劳动力,下'力'字指勤劳。"张文虎云:"'萌'即民也,《说文》'民,众萌也'。"

⑦脯:肉干。二束:二十条。

⑧谯:责备。
⑨当壮:闻一多云:"当壮即丁壮。"
⑩圃强:圃,园圃。指土地。强同"繦",钱币。

【今译】

　　管子说:"独身男子称为鳏,独身女子称为寡,年老无子称为独。君主优待那些因子弟服兵役战死者的父母也作为独,国家负责安葬死者,衣衾要有三领,棺木要厚三寸,由乡中官吏亲自办理,葬在公家墓地里。如果死者是独生子,国家还要赐予他父母一匹马所能耕种的田地。因此,双亲即使因为儿子为君主效力而战死,也不会受苦。君主每到年终都要巡行邑里,看到百姓中劳力相同而房舍齐整的,就肯定他是好百姓,是努力耕作的农民,还奖赏他肉干二十条、酒一石。对那些劳力充足却游手好闲的人,年老的进行责备,壮年则派去戍守边疆。对于百姓中没有立身之本的人,就贷给他土地和钱币。这样,国家就百废俱兴,没有好吃懒做和丧失农时的百姓。这些都是治国之策的具体办法。"

【原文】

　　上农挟五①,中农挟四,下农挟三。上女衣五,中女衣四,下女衣三。农有常业,女有常事。一农不耕,民有为之饥者;一女不织,民有为之寒者②。饥寒冻饿,必起于粪土③,故先王谨于其始。事再其本④,民无檀者卖其子⑤。三其本,若为食⑥。四其本,则乡里给。五其本,则远近通,然后死得葬矣。事不能再其本,而上之求焉无止,然则奸涂不可独遵⑦,货财不安于拘⑧,随之以法,则中内撕民也⑨。轻重不调,无檀之民不可责理⑩,鬻子不可得使⑪。君失其民,父失其子,亡国之数也。

注释

①上农挟五:猪饲彦博云:"挟疑当作食。言农之善力者,一人生五人之食。下仿此。"译文从之。
②"一农"四句之意,又见《吕氏春秋》《淮南子》等引"神农之教",当是假托神农氏的农家的言论。

③粪土:于鬯云:"'粪土'当是古语,盖懒惰之谓也。"
④事再其本:梁启超云:"事再其本,谓人民生产事业所获之赢利能倍于其资本也。下仿此。"
⑤郭沫若云:"'无'下当有重文,即是'民无无檀者卖其子'。"
⑥若:马非百云:若犹然后。此谓三其本,然后衣食足也。
⑦"然则"句:马非百云:"指各地百姓反抗蜂起,以致道路发生阻塞,独身无法通行。"遵,行也。
⑧拘:郭沫若云:"此'拘'当为'抱'之讹。……即不安于怀抱也。"译文从郭说。
⑨中内撕民:马非百云:中者,当也。撕之言芟也。"中内撕民,谓相当于从内部自杀其百姓也。"
⑩责理:督责管理。
⑪鬻子:指被卖之子。不可得使:指其父母不可得使。

【今译】

上等农夫可供五人吃饭,中等农夫可供四人吃饭,下等农夫可供三人吃饭。上等女工可供五人穿衣,中等女工可供四人穿衣,下等女工可供三人穿衣。农夫有固定的耕作任务,女工有固定的纺织任务。一个农夫不从事耕作,百姓中就有因此挨饿的;一个女工不从事纺织,百姓中就有因此受冻的。挨饿受冻,必然都起因于懒惰,因此先王十分重视百姓懒惰的苗头。耕作纺织的收益达到成本的两倍,百姓中才没有卖儿卖女的饥民;达到三倍,才能足衣足食;达到四倍,才能乡里家给人足;达到五倍,才能远近流通,死者才得以安葬。如果耕作纺织的收益达不到成本的两倍,而君主的征敛又没有止境,那么奸民就会群起作乱,路途无法独行,拥有财货也不得安宁。如果再用刑法进行处置,那就等于从内部残害自己的百姓。因此,轻重之术运用调节不当,君主对饥民就难以进行管理,父母对被卖子女就不能使唤。君主失去百姓,父母失去子女,这是国家灭亡的征兆。

【原文】

管子曰:"神农之数曰:'一谷不登,减一谷,谷之法什倍①。二谷不登,减二谷,谷之法再什倍。'夷疏满之②,无食者予之陈③,无种者贷之新,故无什倍之贾④,无倍称之民⑤。"

【注释】

①"一谷"三句：马非百云："一谷不熟，即减少一谷之收获。依照多则贱少则贵之物价定律，其谷之价必涨至十倍。下仿此。"

②夷疏：割取蔬菜。疏同"蔬"。

③陈：指陈谷，与下句新谷对举。

④什倍之贾：指赢利十倍的富商。

⑤倍称之民：指利息加倍的高利贷者。《汉书·食货志》如淳注："取一偿二为倍称。"

【今译】

管子说："神农氏的教导说：'一种谷物不熟，就减少一种谷物的收成，按谷价的规律就要上涨十倍。两种谷物不熟，就减少两种谷物的收成，按谷价规律就要上涨二十倍。'让百姓用蔬菜来补充口粮的不足，国家对没有存粮的贷给陈谷，对没有种子的贷给新谷，这样，就不会有赢利十倍的富商大贾，也不会有利息加倍的高利贷者。"

国准第七十九

【题解】

国准指国家的平准政策，它也属于轻重之术的一部分。

本篇提出国准的原则是"视时而立仪"，即根据时势而制订法度的政策。文章列举了黄帝、虞、夏、商、周五代的实例，说明五代的做法各异，但都是"视时而立仪"，因而各有其效用，此所谓"五家之数殊而用一"。文章还提出当今之世，君主应兼用五家之数而勿尽，主张兼采并用，又不拘泥。文章并对"来世之王者"提出了"好讥而不乱，亟变而不恋。时至则为，过则去"的要求，强调适时而变。全篇论题集中，条理清晰，在"轻重"篇中颇有特色。

【原文】

桓公问于管子曰："国准可得闻乎①？"管子对曰："国准者，视时而立仪②。"桓公曰："何谓视时而立仪？"对曰："黄帝之王，谨逃其爪牙③。

有虞之王,枯泽童山。夏后之王,烧增薮,焚沛泽,不益民之利④。殷人之王,诸侯无牛马之牢⑤,不利其器⑥。周人之王,官能以备物⑦。五家之数殊而用一也⑧。"桓公曰:"然则五家之数,籍何者为善也?"管子对曰:"烧山林,破增薮,焚沛泽,猛兽众也。童山竭泽者,君智不足也。烧增薮,焚沛泽,不益民利,逃械器⑨,闭智能者,辅己者也。诸侯无牛马之牢,不利其器者,曰淫器而一民心者也⑩。以人御人,逃戈刃⑪,高仁义,乘天固以安己者也⑫。五家之数殊而用一也。"

注释

① 国准:国家的平准政策。
② 视时而立仪:指根据时势来制定政策,因时制宜。仪,政策。
③ 逃其爪牙:指逃避猛兽爪牙的伤害。
④ 不益民之利:指不让百姓增加财利。
⑤ 诸侯无牛马之牢:指不让诸侯拥有牛栏马圈,以从事畜牧业生产。
⑥ 不利其器:指不让使用锋利的器具。
⑦ 官能:设立官职,任用贤能。
⑧ 用一:指视时而立仪的原则一致。
⑨ 逃械器:指不采用器械工具。
⑩ 曰淫器:张佩纶云:"当作'毋淫器',《月令》'毋作淫巧以荡上心'是也。"译文从张说。一民心:使民心专一务农。
⑪ 逃戈刃:指避免杀戮。
⑫ 天固:指天道稳固。

【今译】

桓公问管子说:"能谈谈国家的平准政策吗?"管子回答说:"国家平准政策的原则,就是根据时势来确立法度。"桓公问:"什么叫根据时势来确立法度?"管子回答说:"黄帝治理天下时,小心地躲避猛兽的爪牙的伤害。有虞氏治理天下时,抽干水泽,伐尽山林。夏后氏治理天下时,点燃草甸,焚毁大泽,不让百姓增加财利。殷人治理天下时,不让诸侯拥有牛栏马圈,不让使用锋利的器具。周人治理天下时,设立官职,任用贤能,储备货物。五家的做法不同,但原则是一致的。"桓公问:"但是这五家的做法,借用哪一家为好呢?"管子回答说:"烧山林,毁草甸,焚大泽,这是因为猛兽太多。伐尽山林,抽干水泽,这是因为君主智力不足。点燃草甸，焚毁大泽，不让百姓增加财利，还不让使用器械工具，闭塞百姓智能，这是因为要加强自己。不让诸侯拥有牛栏马圈，不让使用锋利的器具，这是因为不许制造淫巧的器物而要使百姓一心务农。设立官职，任用贤能，避免杀戮，倡导仁义，这是因为要利用天道稳固来安定自己。因此说，五家的做法不同，但原则是一致的。"

【原文】

桓公曰："今当时之王者立何而可？"管子对曰："请兼用五家而勿尽①。"桓公曰："何谓？"管子对曰："立祈祥以固山泽②，立械器以使万物，天下皆利而谨操重策③。童山竭泽，益利搏流④。出山金立币，存菹丘⑤，立骈牢⑥，以为民饶。彼菹菜之壤⑦，非五谷之所生也，麋鹿牛马之地，春秋贰生杀老⑧，立施以守五谷⑨。此以无用之壤臧民之羸⑩。五家之数皆用而勿尽。"

注释

①"请兼"句：马非百云："谓五家之数皆可采用其意，而不必全泥其法，犹今人之言灵活运用矣。"

②祥：闻一多云："'祥'当作'羊'。"译文从"羊"。固：同"锢"，禁闭。

③谨操重策：指严格掌握物价政策。

④益利搏流：宋本搏作"搏"。搏流，马非百云："与'持流'、'守流'、'夺流'同义。""'益利搏流'即上文'天下皆利而谨操重策'之意。"

⑤存菹丘：指设立牧场。

⑥立骈牢：指建立并列的牛栏马圈。

⑦菹菜：王念孙云："'菹菜'当为'菹莱'。"菹，生草之地。译文从王说。

⑧"春秋"句：马非百云："谓春则以新生驹犊贷予于人民，秋则杀其老者以供祭祀而资食用。"

⑨立施：指铸造货币。施即"通施"，指货币。

⑩"此以"句：安井衡云："臧、藏同。'羸'当为'赢'。"译文从之。何如璋云："化无用为有用，而可藏民余谷也。"

【今译】

桓公问："当今的君主应该采用哪家的方法？"管子回答说："五家

的方法可以兼采并用,但又不可拘泥。"桓公问:"这是什么意思?"管子回答说:"设立祭神用羊来封禁山泽资源,制造器械工具来利用万物,让天下百姓都能得利,但要严格掌握物价政策。伐尽山林,抽干水泽,让百姓增加财利,又要控制流通。开采铜矿铸造货币,设立牧场,建造牛栏马圈,用这些使百姓富裕起来。那些长满野草的土地,不能生长五谷,却是放牧麋鹿牛马的牧场。春季繁殖幼畜贷给百姓,秋季杀掉老畜供祭祀食用,再造出货币来控制粮食。这就相当于将无用的土地来储藏百姓的余粮。因此,五家的方法都兼采并用了,而又没有拘泥于任何一家。"

【原文】

桓公曰:"五代之王以尽天下数矣①,来世之王者可得而闻乎?"管子对曰:"好讥而不乱②,亟变而不变③。时至则为,过则去④。王数不可豫致⑤。此五家之国准也。"

【注释】

①以:安井衡云:"以,已也。"
②讥:安井衡云:"'讥',察也。"指观察调查。
③变:郭沫若云:"下'变'字当为'奱'字之误。"奱字通作"'恋'。……'亟变而不奱'者谓当变即变,不稍留恋"。译文从郭说。
④"时至"二句:马非百云:指一个时代有一个时代之具体政策,适合于时代需要者则为之,不适合于时代需要者则去之。
⑤"王数"句:马非百云:"王数犹言帝王之政策。'不可豫致'谓不能事先作出决定。"

【今译】

桓公问:"以上五代治理天下,已经用尽了各种方法,能谈谈今后要成就王业的君主该怎样做吗?"管子回答说:"善于观察调查而不搞乱原则,善于随机应变而不留恋过去。政策适应时代就应当推行,落后时代就应当丢弃。君王的政策不可能都预先设计好。这就是五代君王平准政策的原则。"

轻重甲第八十

【题解】

本书专论"轻重"的一组文章以天干为序分别题名,这是第一篇,题为《轻重甲》。

本篇从各个角度阐述了轻重之术的具体运用,共分为各自独立的十七节。第一节阐述运用轻重之术"来天下之财,致天下之民"。第二节阐述夏桀失天下和商汤得天下的原因。第三节阐述通过"战衡、战准、战流、战权、战势"五战而学习用兵之法。第四节阐述运用轻重之术赈济阵亡者家属,激励将士奋勇作战。第五节阐述运用轻重之术从事物资结聚,减轻百姓负担。第六节阐述聘用专家,解决弓弩弯曲不合用的难题。第七节阐述"厌宜乘势,计议因权"的原则,主张借祭神而征税。第八节阐述挖水池、练游水以击败越人的"水豫"之法。第九节阐述北泽着火而农夫有百倍之利的道理。第十节阐述帮助北郭贫民摆脱贫困的方法。第十一节阐述齐国运用轻重之术先后控制食盐、黄金以至万物的获取地利的方法。第十二节阐述运用轻重之术控制山林草泽资源,发放蚕贷农贷,以抑制富商,吸引百姓。第十三节阐述百姓事不反本,君主征敛不止,必然导致百姓流散,国家败亡。第十四节阐述运用轻重之术"散积聚、调高下、分并财",防止豪门与国君争权。第十五节阐述运用轻重之术提高粮价,解决庞大的军费开支。第十六节阐述使用重禄重赏,使大臣尽忠,士兵效死。第十七节阐述将四夷宝物作为货币,达到互利,从而使四夷臣服。

【原文】

桓公曰:"轻重有数乎①?"管子对曰:"轻重无数。物发而应之,闻声而乘之。故为国不能来天下之财,致天下之民,则国不可成。"桓公曰:"何谓来天下之财?"管子对曰:"昔者桀之时,女乐三万人,端噪晨乐闻于三衢②,是无不服文绣衣裳者。伊尹以薄之游女工文绣纂组③,一纯得粟百钟于桀之国④。夫桀之国者,天子之国也。桀无天下忧,饰妇女钟鼓之乐,故伊尹得其粟而夺之流⑤。此之谓来天下之财。"桓公问:"何谓致天下之民?"管子对曰:"请使州有一掌,里有积五窌⑥。民无以与正籍者予之长假⑦,死而不葬者予之长度⑧。饥者得食,寒者得衣,死者得葬,不资者得振⑨,则天下之归我者若流水。此之谓致天下之民。故圣人善用非其有,使非其人⑩,动言摇辞⑪,万民可得而亲。"桓公曰:"善。"

注释

①数:定数,规律。

②端噪:孙星衍云:"《太平御览》四百九十二引作'晨噪于端门,乐闻于三衢',此有脱误。"译文从孙说。端门,王都南面之门。

③伊尹:商初大臣,曾助商汤攻灭夏桀。薄:即"亳"。游女:闲散之女。纂组:赤色绶带。

④一纯:《史记》索隐云:"凡丝绵布帛等一段谓一纯。"犹今言一匹。

⑤流:指流通。

⑥"请使"二句:马非百云:"掌当是古时仓名。窌同窖。谓每州必有一掌,每里必有积藏五谷之窖五处。

⑦"民无"句:马非百云:"谓民之无产业、无纳税能力者,由政府以国有苑囿公田池泽长期假之。"假,贷也。

⑧"死而"句:马非百云:"言死而不葬者,即由政府以所谓长度者予之,使其持向所在地官府支取官钱,作为购备棺衾之用。"长度指领款凭据。

⑨不资:王引之云:"宋本'资'作'窨'。""资、窨皆'澹'字之误。"澹同"赡",不赡者指贫者。振:同"赈",赈济。

⑩用非其有,使非其人:张文虎云:"'用非其有',即所谓来天下之财也。'使非其人',即所谓致天下之民也。"

⑪动言摇辞:马非百云:"谓发号施令也。"

【今译】

桓公问:"轻重之术的运用有规律吗?"管子回答说:"轻重之术的运用没有规律。事物萌发就要作出反应,听到声息就要加以利用。因此,治理国家而不能吸引天下的财富、招引天下的百姓,国家就难以成立。"桓公问:"什么叫吸引天下的财富?"管子回答说:"以前夏桀的时候,设有女乐三万人,清晨在端门奏乐喧闹,三条大街外都能听到声音,这些人无不穿着华丽的衣裳。伊尹依靠亳地善于刺绣织带的闲散女子,一匹织带便可从夏朝换得百钟粮食。夏朝是天子之国,夏桀不为治理天下忧劳,只追求声色的享乐,这就使伊尹夺得了夏朝的粮食,并控制了它的流通。这就叫吸引天下的财富。"桓公问:"什么叫招引天下的百姓?"管子回答说:"请在每一州设一座粮仓,每一里积贮五窖存粮。凡无纳税能力的百姓给予长期借贷,死后无钱安葬的百姓给予凭据领钱买棺。做到饥饿的有饭吃,受冻的有衣穿,死亡的有棺葬,贫困的有救济,这样,天下百姓归附我们就会像流水一般涌来。这就叫招引天下的百姓。因此,贤明的君主善于利用别国的财富、役使别国的百姓,只要发号施令,就能获得万民和他的亲近。"桓公说:"对。"

【原文】

桓公问管子曰:"夫汤以七十里之薄,兼桀之天下,其故何也?"管子对曰:"桀者冬不为杠①,夏不束栭②,以观冻溺③;弛牝虎充市④,以观其惊骇。至汤而不然。夷竟而积粟⑤,饥者食之,寒者衣之,不资者振之,天下归汤若流水。此桀之所以失其天下也。"桓公问:"桀使汤得为是,其故何也?"管子曰:"女华者⑥,桀之所爱也,汤事之以千金;曲逆者⑦,桀之所善也,汤事之以千金。内则有女华之阴,外则有曲逆之阳,阴阳之议合,而得成其天子。此汤之阴谋也。"

【注释】

①杠(gāng 刚):小桥,独木桥。《说文》段注:"凡独木者曰杠,骈木者曰桥。"
②何如璋云:"束栭者,以木为桴,相比束之,浮水以渡也。夏水大,故须束栭。"栭,即木筏。
③许维遹云:"'观'下夺'其'字。"此谓以观看百姓受冻溺水作乐。
④弛:放纵。
⑤夷竟:丁士涵云:"'竟'疑本是'疏'字,故对粟言之。"疏同"蔬"。夷,芟夷,割取。
⑥女华:据《竹书纪年》载,岷山进献二女于桀,其一为女华。
⑦曲逆:未详,当为桀之佞臣。

【今译】

桓公问管子说:"商汤凭借着方圆七十里的亳地,就兼并了夏桀的天下,这是什么原因呢?"管子回答说:"夏桀在寒冷的冬天不造桥,在水大的夏天不造筏,以观看百姓受冻遭溺为乐;他放纵雌虎进入集市,以观看百姓惊恐万状为乐。商汤就不是这样。他收取蔬菜,积贮粮食,挨饿的给粮食吃,受冻的给衣服穿,贫困的给予救济,天下百姓归附商汤就像水归大海。这就是夏桀之所以失去天下的原因。"桓公问:"夏桀让商汤能达到这样的目的,又是什么原因呢?"管子说:"女华是夏桀宠爱的嫔妃,商汤用千金进行了贿赂;曲逆是夏桀宠幸的近臣,商汤也用千金进行了贿赂。宫廷内有女华暗中出力,朝廷上有曲逆公开相助,暗中和公开的议论相互配合,商汤才能最终成为天子。这是商汤暗中所使的计谋。"

【原文】

桓公曰:"轻重之数,国准之分①,吾已得而闻之矣,请问用兵奈何?"管子对曰:"五战而至于兵②。"桓公曰:"此若言何谓也?"管子对曰:"请战衡、战准、战流、战权、战势③,此所谓五战而至于兵者也。"桓公曰:"善。"

【注释】

①国准之分:关于国家平准措施的区分。见《国准》篇。
②五战而至于兵:指经过五方面经济策略上的战斗,就能够学会用兵。
③衡:平衡供求。准:指调节物价。流:货物流通。权:权衡得失。势:指利用形势。

【今译】

桓公说:"轻重方法的掌握,平准措施的区分,我已经知道了,请问该怎样用兵?"管子回答说:"经过经济策略上五方面的战斗,就能学会用兵了。"桓公问:"你这话是什么意思呢?"管子回答说:"请在平衡供求上作战,在调节物价上作战,在流通货物上作战,在权衡得失上作战,在利用形势上作战。这就是经过经济策略上五方面的战斗,就能学会用兵的道理。"桓公说:"好。"

【原文】

桓公欲赏死事之后①,曰:"吾国者,衢处之国,馈食之都②,虎狼之所栖也③。今每战舆死扶伤如孤④,荼首之孙⑤,仰刿戟之宝⑥,吾无由与之,为之奈何?"管子对曰:"吾国之豪家,迁封、食邑而居者⑦,君章之以物则物重⑧,不章以物则物轻;守之以物则物重,不守以物则物轻。故迁封、食邑、富商、蓄贾、积余、藏羡、跱蓄之家⑨,此吾国之豪也。故君请缟素而就士室⑩,朝功臣、世家、迁封、食邑、积余、藏羡、跱蓄之家,曰:'城脆致冲⑪,无委至围⑫,天下有虑,齐独不与其谋?子大夫有五谷菽粟者勿敢左右,请以平贾取之子。'与之定其券契之齿⑬。釜钘之数⑭,不得为侈弇焉⑮。困穷之民闻而籴之,釜钘无止,远通不推⑯。国粟之贾坐长而四十倍。君出四十倍之粟以振孤寡,牧贫病⑰,视独老穷而无子者,靡得相鬻而养之,勿使赴于沟浍之中⑱。若此,则士争前战为颜行⑲,不偷而为用,舆死扶伤,死者过半,此何故也?士非好战而轻死,轻重之分使然也⑳。"

注释

①死事之后:马非百云:"死事之后,谓阵亡将士遗族。"
②馈食:指依靠别国供应粮食。
③虎狼之所栖:马非百云:"虎狼所栖,言山多田少。"
④舆死扶伤:指车载死者,人扶伤者。如:刘绩云:"'如'字当作'之'字。"
⑤荼首:指白首,即白发老人。
⑥"仰刿"句:马非百云:"'宝'当是'寡'字之误。""刿戟"当作持戈之士讲。言依靠持戈之丈夫以为食也。译文从马说。
⑦何如璋云:"迁者,登也,升也。迁封犹言迁官。"食邑:指食取封地的赋税。居:积蓄,囤积。
⑧章之以物:郭沫若云:"'章'当读为障,藏也,与守字义近。'章之以物'即使之障物,……"
⑨跱蓄:安井衡云:"跱、峙同,积也。"
⑩缟素:指丧服。士室:指基层官吏的办公之处。
⑪脆:宋本作"肥",同"伽",薄也。
⑫委:委积,积蓄。
⑬"与之"句:马非百云:"古人立契,中分为二,其分处必有齿,以便合验。……犹言订立合同。"
⑭釜钘之数:釜、钘均为量器名称。此谓收购的数量。
⑮侈弇:马非百云:"此谓钟口大而中央小者谓之侈,钟口小而中央大者谓之弇。引申之即夸大或缩小之意。"

⑯远通不推：张佩纶云："'通'当作'近'。不推即不推而往，不召而来，即远近籴者大至也。"译文从张说。
⑰牧：戴望云："'牧'当从朱本作'收'。"收指收养。
⑱沟浍：马非百云："沟浍即沟洫，此处作沟壑讲。"
⑲颜行：前行。文颖云："颜行犹雁行。在前行，故曰颜也。"
⑳分：马非百云："分读如本分之分，有必然之意。"

【今译】

桓公准备优抚阵亡将士的家属，说："我们齐国是一个四通八达、四面受敌的国家，是一个依靠别国进口粮食的国家，是一个山多田少的国家。现在每次战争之后，死伤将士的遗孤，白发老人的孙子，依仗丈夫养活的寡妇，我都没有能力来抚恤，该怎么办呢？"管子回答说："我国的豪富之家，那些因升官加封、食取采邑而囤积财富的人家，君主让他们贮藏财物，财物就涨价，不让他们贮藏就跌价；让他们控制财物，财物就涨价，不让他们控制就跌价，因而那些升官加封、食取采邑、富商大贾、积存余财、贮藏盈利、囤积粮食的人家，都是我国的豪富。君主可以穿上丧服到地方官府去，召集那些有功之臣、世家大族、升官加封、食取采邑、积存余财、贮藏盈利、囤积粮食的豪富之家，对他们说：'城墙薄弱就会被攻破，国无积蓄就会被围困，天下都在为此担忧，难道独有齐国不必担心吗？你们家中储存的粮食都不能自由买卖，国家用平价向你们收购。'然后同他们分别订立合同，各家的存粮数量，不许任意夸大或缩小。这样，贫困缺粮的百姓听到消息就会前来买粮，多买少买，络绎不绝，远路近路不请自来。国内的粮价因此上涨四十倍。君主拿出粮价上涨的收入来赈济孤儿寡妇，收养贫病百姓，照顾贫穷无子的孤老，使他们不至于卖身为奴而得以奉养，不让他们因贫病而死于沟壑。如果做到这样，战士们就会在战场上奋勇争先，冲锋向前，绝无贪生怕死，乐于为国效命。他们为什么在死伤过半的情况下仍不惜牺牲呢？战士们不是生性好战而不顾惜生命，这是实行轻重之术的必然结果。"

【原文】

桓公曰："皮、干、筋、角之征甚重①。重籍于民而贵市之皮、干、筋、角,非为国之数也。"管子对曰:"请以令高杠柴池②,使东西不相睹,南北不相见。"桓公曰:"诺。"行事期年,而皮、干、筋、角之征去分,民之籍去分。桓公召管子而问曰:"此何故也?"管子对曰:"杠池平之时,夫妻服篁③,轻至百里。今高杠柴池,东西南北不相睹,天酸然雨④,十人之力不能上;广泽遇雨⑤,十人之力不可得而恃。夫舍牛马之力所无因⑥,牛马绝罢⑦,而相继死其所者相望。皮、干、筋、角徒予人而莫之取。牛马之贾必坐长而百倍。天下闻之,必离其牛马而归齐若流。故高杠柴池,所以致天下之牛马而损民之籍也⑧。《道若秘》云⑨:'物之所生,不若其所聚⑩。'"

注释

①皮、干、筋、角:干指肋骨。四者均为制造弓箭等兵器的材料。
②高杠柴池:戴望云:柴乃"㴒"字之误,㴒即"深"。此谓筑高桥深池。
③服:王引之云:"服之言负也。""'篁'盖'辇'字之伪。""夫妻服辇者,言杠池平之时,民间夫妻服辇而行,不用牛马,亦不假多人鞔之也。"
④酸:洪颐煊云:"'酸'通作'霰'。《说文》云'霰,小雨也'。"
⑤马非百云:"广泽指深池言。"广泽遇雨,当指大雨言。大雨则池水必满,满则注下地中之道路必为泥泞所阻,故池深则十人之力不可得而恃。
⑥王念孙云:"'所无因'当作'无所因'。人力不足恃,则必借牛马之力。"译文从王说。
⑦罢:同"疲"。
⑧损民之籍:减少对百姓的征税。
⑨安井衡云:"'道若秘'盖书名也。"
⑩"物之"二句:马非百云:"其书盖亦言轻重之策者,'物之所生,不若其所聚',即书中语,……盖谓直接经营生产活动所获收入,不如通过囤积居奇方式所得利润之大。"

【今译】

桓公说:"现在对皮革、肋骨、牛筋、牛角的征收太急,加重对百姓的征敛而使市场上这些物资的价格上涨,这不是治国的好办法。"管子回答说:"请下令修筑高桥深池,使人在桥东看不见桥西,在桥南看不见桥北。"桓公说:"好的。"桥池建成一年,皮革、肋骨、牛筋、牛角的征收量就减少了一半,百姓要交的赋税也减少了一半。桓公召见管子问他说:"这是什么原因呢?"管子回答说:"桥和池平坦之时,夫妻两人拉车,可以轻松地行走百里。如今造起了高桥深池,东西南北相互看不见,天下小雨路滑,十个人的力量也不能拉车上桥;大雨漫出深池,在泥泞中赶路,十个人的力量也靠不住。因此,除了依靠牛马的力量,就别无他法。这样,牛马疲惫不堪,相继累死在路途,牛马的皮干筋角白送人也没有要。因而,牛马的价格必然上涨百倍,天下各国听到这个消息,必然会像流水一般将牛马赶来齐国出售。因此,修筑高桥深池,就是用来招引天下的牛马,从而减轻对百姓的征敛。正如《道若秘》上所说:'从事物资的生产,不如从事物资的聚集。'"

【原文】

桓公曰:"弓弩多匡枉者①,而重籍于民,奉缮工②,而使弓弩多匡枉者,其故何也?"管子对曰:"鹅鹜之舍近③,鴚鸡鹄鹎之通远④。鹄鹎之所在⑤,君请式璧而聘之⑥。"桓公曰:"诺。"行事期年,而上无阙者,前无趋人⑦。三月解笴⑧,弓弩无匡枉者。召管子而问曰:"此何故也?"管子对曰:"鹄鹎之所在,君式璧而聘之,菹泽之民闻之,越平而射远⑨,非十钧之弩不能中鴚鸡鹄鹎⑩。彼十钧之弩,不得棐撒不能自正⑪。故三月解笴而弓弩无匡枉者,此何故也⑫?以其家习其所也⑬。"

注释

①匡枉(qǐ 启):匡,邪枉。尹知章云:"枉,碍也。"谓弓弩弯曲不合用。

②缮工:指修缮弓弩的工匠。

③鹜:同"鹜",鸭。

④"鴚鸡"句:安井衡云:"鴚鸡似鸡而大。鹄大于雁,羽毛白泽。鹎同䳘,似雁而大,无后趾,毛有豹文。通犹道也。"

⑤鹄鹎之所在:马非百云:鹄鹎所在,指射取鹄鹎之人家而言。

⑥式璧:尹知章云:"式,用也。璧,石璧也。聘,问也。赐之以璧,仍存问之。"

⑦郭沫若云:"'上'当为'工',谓缮工也。'前'当为'箭'。弓不待缮,故缮工足用。弓不偏戾,故箭不误伤人。"译文从郭说。

⑧俞樾云:"字书无'笴'字,疑'医'字之误。《说文·匚部》'医,盛弓弩矢器也,从匚从矢'。"译文从俞说。

⑨平:何如璋云:"平,近也。越平射远,欲得鹄鹎也。"

⑩钧:三十斤。
⑪櫜檠:矫正弓弩的工具。
⑫王念孙云:"'此何故也'四字涉上文而衍。"译文从王说。
⑬所:安井衡云:"所,犹事也。"

【今译】

桓公问:"国内的弓弩很多弯曲不合用,只能加重对百姓征税,奉养一批工匠进行修治。使得弓弩弯曲不合用的原因是什么呢?"管子回答说:"鹅、鸭的窝很低,鹍鸡、天鹅、鸨鸟却飞得很高。君主请用玉璧为礼去访问聘请专门射猎天鹅、鹍鸡的人家。"桓公说:"好的。"聘用了一年,国内就不再缺少缮工,射箭也不再误伤旁人了。三月后打开盛器,再也找不到弯曲不合用的弓弩了。桓公召见管子问他说:"这是什么原因呢?"管子回答说:"君主用玉璧为礼去访问聘请专门射猎天鹅、鹍鸡的人家,住在水草丰茂的湖泽旁的百姓听说了,都舍近求远,而没有十钧拉力的硬弓是不能射中鹍鸡、天鹅、鸨鸟的。那些十钧的硬弓,不使用矫正的工具是不会自然准直的。因而三月之后打开盛器而弓弩没有弯曲不合用的,是因为那些猎户人家熟习这项技术的缘故。"

【原文】

桓公曰:"寡人欲藉于室屋。"管子对曰:"不可,是毁成也。""欲藉于万民。"管子曰:"不可,是隐情也。""欲藉于六畜。"管子对曰:"不可,是杀生也。""欲藉于树木。"管子对曰:"不可,是伐生也。""然则寡人安藉而可?"管子对曰:"君请藉于鬼神。"桓公忽然作色曰①:"万民、室屋、六畜、树木且不可得藉,鬼神乃可得而藉夫?"管子对曰:"厌宜乘势,事之利得也;计议因权,事之囷大也②。王者乘势,圣人乘幼③,与物皆宜。"桓公曰:"行事奈何?"管子对曰:"昔尧之五吏五官无所食④,君请立五厉之祭⑤,祭尧之五吏。春献兰,秋敛落⑥,原鱼以为脯⑦,鲵以为殽⑧。若此,则泽鱼之正伯倍异日⑨,则无屋粟邦布之藉⑩。此之谓设之以祈祥⑪,推之以礼义也。然则自足,何求于民也?"

注释

①忽然:王念孙云:"'忽然'非作色之貌。'忽然'当作'忿然'。"译文从王说。

②于省吾云:"'厌宜'与'计议'对。……'厌宜'即'合宜'。'匬'应读作侑,……侑之通诂训助。"

③幼:丁士涵云:"'幼'读为幽。"指鬼神。

④闻一多云:"'五官'二字疑衍。"译文从闻说。无所食:指无人祭祀。

⑤厉:何如璋云:"'厉'谓前代有功之人而无主后者,立祀以报其功,使无归之鬼不为厉也。"

⑥春献兰,秋敛落:何如璋云:"兰,花之最贵,故春以为献。落,果实也,秋熟而敛之。"

⑦"原鱼"句:马非百云:原鱼者,当是不加烹调,即用生鱼作为鱼脯,以为牺牲也。脯指肉干。

⑧鲵:小鱼。殽:指鱼肉等荤菜。

⑨正伯倍:猪饲彦博云:"'正伯倍'当作'征百倍'。"译文从之。

⑩屋粟:有田不耕的罚款办法。《周礼·地官》注:"屋粟,民有田不耕所罚三夫之税粟。"邦布:指人口税。

⑪祈祥:同"祈羊"。

【今译】

桓公说:"我打算征收房屋税。"管子回答说:"不行,这等于毁坏房屋。""我打算征收人口税。"管子回答说:"不行,这等于抑制百姓的情欲。""我打算征收牲畜税。"管子回答说:"不行,这等于宰杀幼畜。""我打算征收树木税。"管子回答说:"不行,这等于砍伐林木。""那么我该征收什么税呢?"管子回答说:"请君主向鬼神征税。"桓公怒气冲冲地说:"人口税、房屋税、牲畜税、树木税尚且都不能征收,难道能向鬼神征税吗?"管子回答说:"符合时宜,因势利导,办事就能得到好处;深谋远虑,善于权变,办事就能得到帮助。王者善于利用时势,圣人善于利用幽灵,万物无不合宜。"桓公问:"该怎么做呢?"管子回答说:"从前尧有五个贤臣至今无人祭祀,请君主设立五人鬼魂的祭祀,让百姓都来祭拜尧时的贤臣。春天献上兰花,秋天收集果实,用生鱼制成的鱼干和小鱼做成的菜肴作为祭品。这样,国家的鱼税收入就可以比过去增加百倍,那就不必再征收不耕地的罚款和人口税了。这就叫做既设立了祭祀，又推行了礼义。既然税收已经丰足，还要向百姓索求什么呢？"

【原文】

桓公曰："天下之国，莫强于越。今寡人欲北举事孤竹、离枝①，恐越人之至，为此有道乎？"管子对曰："君请遏原流②，大夫立沼池，令以矩游为乐③，则越人安敢至？"桓公曰："行事奈何？"管子对曰："请以令隐三川④，立员都⑤，立大舟之都。大身之都有深渊⑥，垒十仞⑦。令曰：'能游者赐千金⑧。'未能用金千，齐民之游水，不避吴越⑨。"桓公终北举事于孤竹、离枝，越人果至，隐曲薔以水齐⑩。管子有扶身之士五万人⑪，以待战于曲薔，大败越人。此之谓水豫⑫。

注释

①孤竹、离枝：北方古国名。离枝又作"令支"。
②何如璋云："原流"谓原山之流，即甾水之源也。遏而堤之，可为沼池也。
③矩游：于省吾云："'矩'应读作'距'。""'距游'即在水距跃游泳之意也。"译文从于说。
④隐：同"偃"。孙诒让云："'隐'读为'匽'。"
⑤员都：安井衡云："员、圆，都、潴，皆通。潴，水所聚也。"
⑥大身之都：王念孙云："'大身之都'亦当为'大舟之都'。"译文从王说。
⑦马非百云："垒与累同。……累十仞，谓不止一个十仞，盖极言其深也。"
⑧吴闿生云："据'未能用金千'句，则此上句'赐千金'，'千'乃'十'字之误。"译从。
⑨避：让。
⑩薔：戴望云："'薔'为'菑'字之误。"译文从戴说。水：淹，灌。
⑪扶身之士：安井衡云："扶，读为浮。"浮身之士指习水善游之士。
⑫水豫：水战的预备。

【今译】

桓公问："天下各国，没有比越国更强的。现在我想北伐孤竹、离枝，又怕越人从背后袭来，对此有什么办法对付吗？"管子回答说："请君主阻遏原山的水流，让大夫筑成大水池，使百姓把在水中跳跃游泳作为乐趣，这样越人怎么还敢来呢？"桓公问："该怎么做呢？"管子回答说：“请下令阻塞三条河川，建立起圆形的水池和能通大船的湖泊。通行大船的湖泊深度要超过十仞。再下令：'能游水的赏给十金。'还没到用去千金，齐国百姓的游水技术就一点不比吴越人差了。"桓公终于率兵北伐孤竹、离枝，而越人果然从背后袭来，并堵塞曲菑之水来灌淹齐国。管子已备有善于游水的兵士五万人，在曲菑以逸待劳，终于大败越人。这就叫水战的预备。

【原文】

齐之北泽烧①，火光照堂下。管子入贺桓公曰："吾田野辟，农夫必有百倍之利矣。"是岁租税九月而具，粟又美。桓公召管子而问曰："此何故也？"管子对曰："万乘之国、千乘之国，不能无薪而炊。今北泽烧，莫之续②，则是农夫得居装而卖其薪荛③，一束十倍。则春有以倳耜④，夏有以决芸⑤。此租税所以九月而具也。"

注释

①"齐之"句：尹知章云："猎而行火曰烧。"
②莫之续：指柴草接续不上。
③居装：马非百云：居，积也。装，束也。谓农夫得以积其束薪而卖之也。薪荛：尹知章云："大曰薪，小曰荛。"
④倳耜：马非百云：谓以耜插入田中而翻其土也。
⑤决芸：马非百云："决，去也。芸，《说文》'草也'。决芸，谓决去田中之草也。"

【今译】

齐国北部的沼泽因打猎而起火，火光直照到朝堂之下。管子入见桓公祝贺说："我国的田地得到开辟，农夫必定会得百倍的财利。"这一年的租税九月就交纳齐备，粮食又获丰收。桓公召见管子问他说："这是什么原因呢？"管子回答说："无论是万乘之国，还是千乘之国，做饭不能不烧柴草。今年北部沼泽起火，做饭用柴接续不上，这样农夫就能积聚柴草拿去出卖，一捆柴草可涨价十倍。因而农夫春天就有能力耕好地，夏天就有能力锄好草。这就是租税九个月交纳齐备的原因。"

【原文】

桓公忧北郭民之贫，召管子而问曰："北郭者，尽屦缕之氓也①，以唐园为本利②，为此有道乎？"管子对曰："请以令，禁百钟之家不得事鞼③，千钟之家不得为唐园，去市三百步者不得树葵菜。若此，则空闲有以相给资④，则北郭之氓有所雠⑤，其手搔之功⑥，唐园之利，故有十倍之利。"

注释

①屦缕之氓：颜昌峣云："'屦缕之氓'盖谓捆屦缉缕为生者耳。"屦（jù巨），鞋。氓同"氓"，民也。
②唐园：于省吾云："'唐园'即'场园'。"场园专指种植菜蔬的菜园。
③鞼：安井衡云："'鞼'同'屐'，草屦也。事谓作之。"
④空闲：郭沫若云："'空闲'当指失业者。"
⑤雠：马非百云："雠者售也。"
⑥手搔之功：马非百云："手搔之功，指屦缕及葵菜等手工生产物而言。"搔，同"爪"。

【今译】

桓公为北郭百姓的贫苦生活而担忧，召见管子问他说："北郭的百姓都是以编织草鞋为业的贫民，有的以经营菜园为生，有办法帮助他们摆脱贫困吗？"管子回答说："请下令：有百钟存粮的人家不准编织草鞋，有千钟存粮的人家不准经营菜园，离开集市三百步以内的人家不准种植蔬菜。如果这样，失业的人们就能得到资助，北郭的贫民就能销售产品，他们的手工劳动成果和经营菜园的获利，就能因此而增加十倍。"

【原文】

管子曰："阴王之国有三①，而齐与在焉。"桓公曰："此若言可得闻乎？"管子对曰："楚有汝、汉之黄金，而齐有渠展之盐，燕有辽东之煮，此阴王之国也。且楚之有黄金，中齐有蓄石也②。苟有操之不工，用之不善，天下倪而是耳③。使夷吾得居楚之黄金④，吾能令农毋耕而食，女毋织而衣。今齐有渠展之盐，请君伐菹薪，煮沸水为盐⑤，正而积之⑥。"桓公曰:"诺。"十月始正,至于正月,成盐三万六千钟⑦,召管子而问曰:"安用此盐而可?"管子对曰:"孟春既至,农事且起,大夫无得缮家墓,理宫室,立台榭,筑墙垣,北海之众无得聚庸而煮盐⑧。若此,则盐必坐长而十倍。"桓公曰:"善,行事奈何?"管子对曰:"请以令粜之梁、赵、宋、卫、濮阳,彼尽馈食之也。国无盐则肿,守圉之国,用盐独甚。"桓公曰:"诺。"乃以令使粜之,得成金万一千余斤。桓公召管子而问曰:"安用金而可?"管子对曰:"请以令使贺献出正籍者必以金⑨,金坐长而百倍。运金之重以衡万物,尽归于君。故此所谓用若挹于河海⑩,若输之给马⑪。此阴王之业。"

注释

①阴王之国:马非百云:"《揆度篇》云:'天策阳也,壤策阴也。'齐、楚、燕三国各据有自然特产为其他各国所无,足以造成独占之局势,以操纵天下,所谓得地独厚者,故谓之'阴王'。"

②"中齐"句:王念孙云:"'蓍'亦当为'蓄'。中,当也。"

③"用之"二句:马非百云:"'倪'同'睨'。……谓虽有黄金及蓍石,然如不善于运用,则与土同价耳。与土同价,则天下俯拾即是,岂足贵乎?"

④夷吾:管子之字。居:蓄积。

⑤沸水:当作"泲水",即卤水。

⑥正:同"征"。下同。

⑦马非百云:"'成盐'上脱'得'字。"成犹善也。谓善盐善金,犹言纯盐纯金。译文从之。

⑧"北海"句:尹知章云:"本意禁人煮盐,托以农事,虑有妨夺,先自大夫起,欲人不知其机,斯为权术。"庸,功也。

⑨"请以"句:马非百云:"贺即朝贺,献即贡献。谓诸侯王通侯之来朝献者及人民缴纳各种租税,皆须一律用金,不得以钱为代也。"

⑩若挹于河海:马非百云:"挹,酌也。言国用之多,如酌水于河海之中,取之不竭也。"

⑪若输之给马:马非百云:"马指用以计数之筹码而言。言有如输入筹码,取给无穷也。"

【今译】

管子说:"独得地利的国家有三个,齐国也名列其中。"桓公问:"你这话可说来听听吗?"管子回答说:"楚国有汝水、汉水出产的黄金,而齐国有渠展出产的盐,燕国有辽东出产的盐,这就是独得地利的国家。然而楚国有黄金,相当于齐国有蓄石,如果加工不精,使用不当,天下也不以为贵重。假如我管仲能拥有楚国的黄金,就可以使农夫不耕地而有粮吃,妇女不纺织而有衣穿。如今齐国有渠展产盐,请君主下令砍伐柴草,烧煮卤水成盐,并由国家征收而积存起来。"桓公说:"好的。"从十月开始征收,到第二年正月,共收存纯盐三万六千钟,桓公召见管子问他说:"该怎样使用这些盐呢?"管子回答说:"等初春一到,农事即将开始,命令大夫之家不准修缮坟墓、修理房屋、建立台榭、筑砌墙垣,再命令北海的百姓不准聚集劳力煮盐,如果这样,盐价必定坐涨十倍。"桓公问:"好,再怎样做呢?"管子回答说:"请下令将盐运到梁、赵、宋、卫、濮阳去出售,这些都是靠输入食盐为生的国家。没有盐吃人就要浮肿,对于主要是防守的国家,盐的储备特别重要。"桓公说:"好。"就下令运盐出售,获纯金一万一千多斤。桓公又召见管子问他说:"该怎样使用这些金呢?"管子回答说:"请下令凡朝贺献礼和交纳租税一律使用黄金,这样金价就会坐涨百倍。掌握高价的黄金来控制万物,天下万物就都归于君主了。这就是所谓财用像酌水于河海一样取之不竭,像送来筹码一样用之不尽。这就是利用地利的事业。"

【原文】

管子曰:"万乘之国必有万金之贾,千乘之国必有千金之贾,百乘之国必有百金之贾,非君之所赖也,君之所与①。故为人君而不审其号令,则中一国而二君二王也②。"桓公曰:"何谓一国而二君二王?"管子对曰:"今君之籍取以正③,万物之贾轻去其分,皆入于商贾,此中一国而二君二王也。故贾人乘其弊以守民之时,贫者失其财,是重贫也;农夫失其五谷,是重竭也。故为人君而不能谨守其山林、菹泽、草莱,不可以立为天下王。"桓公曰:"此若言何谓也?"管子对曰:"山林、菹泽、草莱者,薪蒸之所出④,牺牲之所起也。故使民求之,使民藉之⑤,因以给之。私爱之于民,若弟之与兄,子之与父也,然后可以通财交殷也⑥。故请取君之游财而邑里布积之⑦。阳春,蚕桑且至,请以给其口食箘曲之强⑧。若此,则缁丝之籍去分而敛矣⑨。且四方之不至,六时制之⑩:春曰剽耜⑪,次曰获麦,次曰薄芋⑫,次曰树麻,次曰绝菹⑬,次曰大雨且至,趣芸壅培。六时制之,臣给至于国都⑭。善者乡因其轻重⑮,守其委庐⑯,故事至而不妄。然后可以立为天下王。"

注释

①"非君"二句:马非百云:"'也'字当在'君之所与'下。赖,利也。与,谓亲与也。盖谓国有万金千金百金之贾皆于国家不利。译文从马说。

②二君二王:马非百云:"'二君二王'连文,义不可通。'二王'当是'之正'二字之讹。"下仿此。译文从马说。

③"今君"句:马非百云:指直接征敛于百姓而言。

④薪蒸:《诗经·小雅·无羊》:"以薪以蒸",朱《传》:"粗曰薪,细曰蒸。"指柴草。出:生产。

⑤藉:闻一多云:"一作'籍',《说文》:'籍,刺也'。"指刺捕牺牲。

⑥交殷:王念孙云:"'殷'当为'叚'(即今假字)。交叚谓交借财也。"译文从王说。

⑦游财:马非百云:游,犹浮也。浮财犹言多余之财。谓以多余之财分别积藏于邑里之中,以为举行蚕贷之准备。

⑧筃曲:安井衡云:"'筃'疑当为'筐'。"马非百云:"'曲'同'笛'。《说文》:'笛,蚕簿也。'"筐,受桑器。强:同"镪",指钱。

⑨马非百云:此谓蚕功毕后,所生产之缲丝必多,多则贱,乃令民以缲丝折合货币而偿还蚕贷,政府可获得廉价之缲丝。缲,粗丝。

⑩六时:指六个农事生产季节。

⑪张佩纶云:"六'日'字均当作'曰',即所谓'六时'也。"译文从之。剗耜:以耜插地,指耕种。

⑫薄芋:宋本"芋"作"芋"。李哲明云:薄芋犹"敷芋"也,言布种也。译文从"芋"。

⑬绝菑:指除草。

⑭马非百云:"'臣'当作'吕',即'以'字。""给"即贷款。此就上文蚕贷之例而更推及其余之各种农贷。译文从马说。

⑮乡:同"向",向来。

⑯委庐:马非百云:"当作'委虚',犹满虚也。"译文从之。

【今译】

管子说:"万乘国力的国家必定有万金财富的商人,千乘国力的国家必定有千金财富的商人,百乘国力的国家必定有百金财富的商人,他们都是对君主不利的。因而君主如果不审慎地发号施令,那么一国之中就会出现两个君主向百姓征税。"桓公问:"什么叫一国之中有两个君主征税?"管子回答说:"现今君主直接向百姓征税,万物的价格就会下跌若干分,商人乘机低价聚敛,等于百姓向商人部分纳税,结果万物都入于商人之手,这就是一国之中有两个君主征税。商人乘百姓的困弊而控制他们的时机,使贫者丧失财物,更加贫困,农夫丧失五谷,加倍枯竭。因此君主如果不能严格控制山林、沼泽、草场等资源,就不可能掌握整个天下。"桓公问:"你这话是什么意思?"管子回答说:"山林、沼泽、草场,是出产柴草和牛羊祭品的地方,国家让百姓砍伐柴草,刺捕牺牲,借以谋生,使他们能自给。君主对百姓的爱护,如同兄长爱护弟弟,父亲爱护儿子,然后可以互通财利的有无。请君主拿出多余的货币积藏在邑里,阳春时节,当蚕桑之事即将开始,请将这些货币贷给蚕农购买口粮和蚕簿桑筐等生产工具。这样,在产丝之后,百姓用蚕丝折抵贷款,使国家获得了廉价的蚕丝。如果四方百姓不来归顺,君主要掌握好六个生产季节:春季的耕地,其次是收麦,其次是布种,其次是种麻,其次是除草,其次是大雨将到,抓紧锄草培土。根据六个季节青黄不接的特点发放贷款,就能使百姓都来国都归顺。因此,善于治国的君主,向来是凭借轻重之术去控制收成的了,所以临事不会迷失方向,这样才可能掌握整个天下。"

【原文】

管子曰:"一农不耕,民或为之饥;一女不织,民或为之寒。故事再其本,则无卖其子者;事三其本,则衣食足;事四其本,则正籍给;事五其本,则远近通,死得藏①。今事不能再其本,而上之求焉无止,是使奸涂不可独行,遗财不可包止②。随之以法,则是下艾民③。食三升④,则乡有正食而盗⑤;食二升,则里有正食而盗;食一升,则家有正食而盗。今操不反之事⑥,而食四十倍之粟,而求民之毋失,不可得矣。且君朝令而求夕具,有者出其财,无有者卖其衣屦,农夫粜其五谷,三分贾而去⑦。是君朝令一怒⑧,布帛流越而之天下⑨。君求焉而无止,民无以待⑩,走亡而栖山阜。持戈之士顾不见亲,家庭失而不分⑪,民走于中而士遁于外,此不待战而内败。"

注释

①藏:许维遹云:藏犹"葬"也。

②郭沫若云:"'遗财'当依《揆度篇》作'货财'。……'包'与'抱'通。……言货财无法把持也。"译文从郭说。

③许维遹云:下,阴也。艾与刈通。"'下芟民'犹言暗中害民耳。"

④张佩纶云:"升非升斗之升。《穀梁》襄二十四年《传》:'一谷不升谓之嗛,二谷不升谓之饥,三谷不升谓之馑,四谷不升谓之康,五谷不升谓之大侵。'食三升,二谷不升也。二升,三谷不升也。一升,四谷不升也。"升,指谷熟。

⑤正:王引之云:"'正'当为'乏',乏者匮也,绝也。"译文从王说。

⑥不反:何如璋云:"'不反'谓农收不反其本也。"

⑦"三分"句:梁启超云:"谓将其所有贱而售之,仅得价十分之三也。"

⑧怒:俞樾云:"按怒读为弩。《方言》:'凡人语而过,在齐谓之剑,或谓之弩。'"

⑨流越:流散。

⑩待:许维遹云:"待,备也。此言民不能供给。"

⑪失而不分:马非百云:"谓夫妇失散,不能复相配偶也。"

【今译】

管子说:"一个农夫不从事耕作,百姓中就有因此挨饿的;一个女工不从事纺织,百姓中就有因此受冻的。因而耕作纺织的收益达到成本的两倍,百姓就没有出卖子女的;达到三倍,就能足衣足食;达到四倍,就能交纳征税;达到五倍,就能远近流通,死者得以安葬。如今耕作纺织的收益达不到成本的两倍,君主的征敛又没有止境,就使奸民群起作乱,路途无法独行,拥有财货无法保持。如果再用刑法进行处置,那就等于暗中残害自己的百姓。五谷中二谷不熟,每乡就有因缺粮而偷盗的;三谷不熟,每里就有因缺粮而偷盗的;四谷不熟,每家就有因缺粮而偷盗的。如今百姓们干着收益不抵成本的职事,却吃着涨价四十倍的粮食,要想他们不流散,是不可能的。而且君主征税的命令早上发布,晚上就要交齐,这样,有钱的拿出财物,无钱的变卖衣物,农夫出售粮食,往往只能收到价值的十分之三。这样,君主早上的命令一过头,财货就散入商人之手而流向天下。君主的征敛没有止境,百姓无力交纳,只能逃亡栖息山林。战士不能见到亲人,家庭失散不能团圆,百姓流亡国中,士人逃亡国外。这样,国家不经战争内部就会败亡。"

【原文】

管子曰:"今为国有地牧民者,务在四时,守在仓廪。国多财则远者来,地辟举则民留处,仓廪实则知礼节,衣食足则知荣辱。今君躬犁垦田,耕发草土,得其谷矣。民人之食,有人若干步亩之数①,然而有饿馁于衢间者何也?谷有所藏也。今君铸钱立币,民通移,人有百十之数,然而民有卖子者何也?财有所并也。故为人君不能散积聚,调高下,分并财,君虽强本趣耕、发草立币而无止,民犹若不足也。"桓公问于管子曰:"今欲调高下,分并财,散积聚。不然,则世且并兼而无止,蓄余藏羡而不息,贫贱鳏寡独老不与得焉。散之有道,分之有数乎?"管子对曰:"唯轻重之家为能散之耳,请以令轻重之家。"桓公曰:"诺。"东车五乘②,迎癸乙于周下原③。桓公问四因与癸乙、管子、宁戚相与四坐④。桓公曰:"请问轻重之数。"癸乙曰:"重籍其民者失其下,数欺诸侯者无权与。"管子差肩而问曰⑤:"吾不籍吾民,何以奉车革⑥?不籍吾民,何以待邻国?"癸乙曰:"唯好心为可耳⑦。夫好心则万物通,万物通则万物运,万物运则万物贱,万物贱则万物可因⑧。知万物之可因而不因者,夺于天下⑨。夺于天下者,国之大贼也。"桓公曰:"请问好心万物之可因。"癸乙曰:"有余富无余乘者,责之卿诸侯⑩。足其所,不赂其游者,责之令大夫⑪。若此则万物通,万物通则万物运,万物运则万物贱,万物贱则万物可因矣。故知三准同策者能为天下⑫,不知三准之同策者不能为天下。故申之以号令,抗之以徐疾也⑬,民乎其归我若流水。此轻重之数也。"

注释

①"有人"句:王念孙云:"当依《国蓄篇》作'人有若干步亩之数'。"译文从王说。

②东车:丁士涵云:"'东'乃'束'字误。束车,约车也。"译文从丁说。

③癸乙:假托的轻重之家人名。

④猪饲彦博云:"'问四'二字疑衍。"译文从之。宁戚:与管仲同时辅佐桓公的大臣,此借用其名。

⑤差肩:安井衡云:"差肩,肩差在后也。癸乙为宾,故差肩而问焉。"

⑥革:指甲胄。

⑦好心:郭沫若云:"'好'当训为空。……'好'乃环璧等之中孔。是则'好心'即空其中心之意。卿大夫与附庸诸侯,在国内居心腹地,务使其财不蓄聚,以妨坐大。直说不便,故为此'好心'之隐语耳。"好心即谓散空豪门的积财。

⑧因:利用。

⑨夺:流失。

⑩"有余"二句:马非百云:谓家有余富者,必使其有余乘,否则责使卿诸侯补而足之,以免此余富之囤积与冻结。

⑪"不赂"二句:马非百云:此谓有游于外或外人来游者,则责使令大夫以己财分而予之。

⑫三准:尹桐阳云:"三准者,一调高下,二分并财,三散积聚也。"

⑬抗:安井衡云:"抗,举也。"

【今译】

管子说:"现今统治国家、拥有土地、治理百姓的君主,必须重视四时的农事,控制粮食的储备。国家财富众多,远方百姓就会归附;土地开发,本国百姓就会安居;仓库充盈,百姓就懂得礼节;丰衣足食,百姓就知道荣辱。如今君主亲自扶犁耕田,种植庄稼,收获五谷。百姓的口粮,平均每人都有一定面积的土地供给,但是为什么街头巷尾还有忍饥挨饿的人呢?这是因为粮食被收藏囤积起来了。如今君主铸造钱币,百姓用来流通,平均每人都有百十的数量,但是为什么百姓中还有卖儿卖女的人呢?这是因为钱财被兼并积聚起来了。因而如果不能发散囤积的粮食,调节物价的高低,分散积聚的钱财,即使君主不断地加强农业、督促耕种、开发土地、铸造钱币,百姓仍然不会富足。"桓公问管子说:"现在我打算调节物价的高低,分散积聚的钱财,发散囤积的粮食。不然的话,世上将无止息地兼并钱财、蓄藏粮食,贫苦百姓、鳏夫寡妇以及孤老将一无所得。但是这种发散有什么方法吗?"管子回答说:"只有精通轻重之术的行家能实行这种发散,请下令召见精通轻重之术的行家。"桓公说:"好的。"于是准备好车马五乘,到周的下原地方迎来了癸乙。桓公同癸乙、管子、宁戚依次入坐。桓公说:"请问关于轻重之术的问题。"癸乙说:"君主对内征税过重,就会失去百姓的支持;对外失信过多,就会失去诸侯的帮助。"管子在他的身后问道:"我们不向百姓征税,拿什么来置备战车甲胄?不向百姓征税,拿什么来防备邻国进犯?"癸乙说:"只有散空豪富家的积财才是唯一可行的办法。散空豪门的积财,万物才可流通,万物流通才可变化,万物变化才可降价,万物降价才可利用。懂得万物可以利用而不去利用,财货就会流失到天下,财货流失到天下是国家最大的祸害。"桓公说:"请问关于散空豪门积财,而利用万物的办法。"癸乙说:"卿诸侯家有积财富足但不肯负担战车的置备,要责令他们交出钱财;令大夫家有积财富足但不肯负担交游的费用,要责令他们分出钱财。这样万物就可流通,万物流通才可变化,万物变化才可降价,万物降价才可利用。因而懂得三种措施是同一策略的人能治理天下,不懂三种措施是同一策略的人不能治理天下。所以要将三种措施用政令加以申明,分缓急加以推行,天下百姓就会如流水般地归顺我们。这就是轻重之术。"

【原文】

桓公问于管子曰:"今刲戟十万①,薪莱之靡日虚十里之衍②;顿戟一噪③,而靡币之用日去千金之积④。久之,且何以待之?"管子对曰:"粟贾平四十⑤,则金贾四千⑥。粟贾釜四十则钟四百也,十钟四千也,二十钟者为八千也。金贾四千,则二金中八千也。然则一农之事终岁耕百亩,百亩之收不过二十钟,一农之事乃中二金之财耳。故粟重黄金轻、黄金重而粟轻,两者不衡立⑦。故善者重粟之贾,釜四百,则是钟四千也,十钟四万,二十钟者八万。金贾四千,则是十金四万也,二十金者为八万。故发号出令,曰一农之事有二十金之策⑧。然则地非有广狭,国非有贫富也,通于发号出令,审于轻重之数然。"

注释

①刲戟:即持戟之士,指战士。
②靡:消耗。虚:用空。衍:平地。
③顿戟一噪:指进行一次作战。噪,喧嚷。
④靡币:张佩纶云:"'靡币'当作'靡敝'。"指消耗。
⑤平:猪饲彦博云:"'平'当依下文作'釜'。"译文从之。
⑥则:何如璋云:"'则'字当作'而',文义始顺。"译文从之。
⑦衡:马非百云:"衡,平也。……即今语所谓'互为反比例'者也。"

⑧曰:闻一多云:"疑'曰'为'而'之误。"译文从"而"。

【今译】

桓公问管子说:"如今供养十万士兵,每天柴草蔬菜的消耗就要用空十里平地的出产;一旦发生战事,每天财用的消耗更要花费千金的积蓄。天长日久,我们将怎样负担呢?"管子回答说:"粮价每釜四十钱,金价每斤四千钱。粮食每釜四十钱,每钟是四百钱,十钟是四千钱,二十钟是八千钱。黄金每斤四千钱,两斤合八千钱。一个农夫每年能耕种百亩土地,而百亩地的收获不过二十钟,这样,一个农夫一年的耕作才合两斤金的价值。粮价上涨黄金就跌价,金价上涨粮食就跌价,两者涨跌的趋势恰恰相反。因此,善于治国的君主就要抬高粮价,每釜涨价到四百钱,每钟就是四千钱,十钟是四万钱,二十钟是八万钱。金价每斤四千钱,十斤是四万钱,二十斤是八万钱。因而君主只要发布提高粮价的号令,一个农夫一年的耕作就上升到二十斤金的价值。这样看来,土地不在于宽广或狭小,国家不在于贫困或富足,治国的关键在于善于发号施令,通晓轻重之术。"

【原文】

管子曰:"浑然击鼓①,士忿怒;铿然击金②,士帅然③。策桐鼓从之④,舆死扶伤,争进而无止。口满用,手满钱⑤,非大父母之仇也⑥,重禄重赏之所使也。故轩冕立于朝⑦,爵禄不随,臣不为忠;中军行战⑧,委予之赏不随,士不死其列陈。然则是大臣执于朝⑨,而列陈之士执于赏也。故使父不得子其子,兄不得弟其弟,妻不得有其夫,唯重禄重赏为然耳。故不远道里,而能威绝域之民;不险山川,而能服有恃之国。发若雷霆,动若风雨,独出独入,莫之能圉。"

注释

①浑然:击鼓声。
②铿然:击钟声,同"锵"。
③帅然:郭沫若云:肃然也。
④桐:张佩纶云:"'桐'当为'枹'。……《说文》'枹,击鼓杖也'。……策,杖也。"译文从"枹"。

⑤"口满"二句:张登云云:"用,食用也。言人勇于攻战,死而不顾者,为有重禄而口满食用,有重赏而手满钱,为利所动也。"马非百云:"此二句当在'非大父母之仇也'句下。"译文从马说。

⑥"非大"句:马非百云:"言非有大于父母之仇而赴之。"

⑦轩冕:君主的车服,借指君主。

⑧中军:指主将。

⑨朝:猪饲彦博云:"'朝'疑当作'禄'。"译文从"禄"。执:马非百云:"有系累之义。"

【今译】

管子说:"击鼓咚咚,战士怒气冲冲;击钟锵锵,战士整肃待命。随着进攻的鼓声,战士们不顾死伤,争先冲锋,不停顿地进击。他们不是为报比杀死父母更大的仇恨,而是受了口食有粮、手花有钱的重禄重赏的驱使。因而君主主持朝政,如果没有高爵厚禄,大臣就不会尽忠;主将指挥作战,如果没有优厚封赏,士兵就不会死战。这样看来,大臣是被爵禄所系累而尽忠,士兵是被封赏所系累而死战。因此,要使父亲愿意失去儿子,兄长愿意失去弟弟,妻子愿意失去丈夫,只有用重禄重赏才能做到。这样,将士们才能不怕路途遥远,去威慑边疆的百姓;不顾山川艰险,去征服险峻的邻国。用兵像雷霆一般凶猛,像风雨一般迅疾,神出鬼没,没有力量能够阻挡。"

【原文】

桓公曰:"四夷不服①,恐其逆政游于天下而伤寡人②,寡人之行为此有道乎③?"管子对曰:"吴越不朝,珠象而以为币乎④!发、朝鲜不朝,请文皮、毤服而以为币乎⑤!禺氏不朝,请以白璧为币乎!昆仑之虚不朝,请以璆琳、琅玕为币乎⑥!故夫握而不见于手,含而不见于口,而辟千金者⑦,珠也;然后,八千里之吴、越可得而朝也。一豹之皮,容金而金也⑧;然后,八千里之发、朝鲜可得而朝也。怀而不见于抱,夹而不见于掖⑨,而辟千金者,白璧也;然后,八千里之禺氏可得而朝也。簪珥而辟千金者,璆琳、琅玕也;然后,八千里之昆仑之虚可得而朝也。故物无主,事无接,远近无以相因,则四夷不得而朝矣。"

注释

①四夷:东夷、西戎、南蛮、北狄的统称,古代中原对华夏以外各族的鄙称。下文中分别以发、朝鲜(东)、昆仑之虚(西)、吴越(南)、禺氏(北)为其代表。
②逆政:指落后的政治。游:流。
③闻一多云:"'行'字衍。"译文从闻说。
④王念孙云:"'珠象'上脱'请'字。"译文从王说。
⑤牦服:尹知章云:牦,落毛也。牦服谓以落毛之皮为衣服。
⑥璆琳、琅玕:皆美玉之名。
⑦辟:张佩伦云:"辟、譬通。……言一珠一皮如千金。"
⑧"一豹"二句:姚永概云:"以上下文例之,当作'一豹之皮而辟千金也',乃可读。"译文从姚说。
⑨掖:同"腋"。

【今译】

桓公问:"四夷诸国不肯臣服,我怕他们的落后政治流行天下而伤害我国,我们对付它有办法吗?"管子回答说:"吴、越不来朝见,请用南方出产的珍珠、象牙作为货币吧!发、朝鲜不来朝见,请用东方出产的虎豹皮、皮衣作为货币吧!禺氏不来朝见,请用北方出产的白玉璧作为货币吧!昆仑之虚不来朝见,请用西方出产的美玉璆琳、琅玕作为货币吧!那些握在手里、含在口中而不显眼的价值相当千金的东西是珍珠,用它作货币,八千里外的吴、越就会来朝见了。一张豹皮,价值相当千金,用它作货币,八千里外的发、朝鲜就会来朝见了。放在怀里、夹在腋下而不起眼的价值相当千金的是白玉璧,用作货币,八千里外的禺氏就来朝见。用作发簪耳环,价值相当千金的,是美玉璆琳、琅玕,用它作货币,八千里外的昆仑之虚就会来朝见。因此,这些宝物如果无人作主,如果无人联系,远近国家如果不能互利,这样,四夷诸国就不会前来朝见。"

轻重乙第八十一

【题解】

这是本书专论轻重问题的第二篇专文,题为《轻重乙》。

本篇多方阐述运用轻重之术的方法，共分为各自独立的十四节。第一节针对天下土地辽阔，主张设立土地分级管辖制度，实行层层治理。第二节阐述利用齐国的有利位置，控制黄金价格的涨跌，以解决国家财用。第三节主张让百姓自由经营铁器，国家和百姓都能得利。第四节阐述运用轻重之术，利用不同土壤条件的方法，主张君主"见予之形，不见夺之理"。第五节阐述运用轻重之术，"夺然后予，高然后下，喜然后怒"的治民方法。第六节阐述强本节用不能存国，只有运用轻重之术，"天下下我高，天下轻我重，天下多我寡"，才能"朝天下"。第七节阐述"善因天时，辨于地利"而开辟大都市的方法。第八节阐述预许行赏、战胜敌国的计谋。第九节阐述运用轻重之术，偿还战争借款。第十节阐述"籍于号令"，征购百姓藏粮，解决国用不足。第十一节阐述运用轻重之术，招引邻国的粮食。第十二节阐述运用轻重之术，削减商人赢利，发展农业生产。第十三节阐述平衡供求没有定数的道理和掌握物价涨跌的时机。第十四节阐述建造客舍，以优惠待遇吸引商人，解决货物缺乏的办法。

【原文】

桓公曰："天下之朝夕可定乎①？"管子对曰："终身不定。"桓公曰："其不定之说，可得闻乎？"管子对曰："地之东西二万八千里，南北二万六千里，天子中而立，国之四面，面万有余里，民之入正籍者亦万有余里。故有百倍之力而不至者②，有十倍之力而不至者，有倪而是者③，则远者疏，疾怨上。边竟诸侯受君之怨民，与之为善，缺然不朝，是天子塞其涂。熟谷者去④，天下之可得而霸⑤。"桓公曰："行事奈何？"管子对曰："请与之立壤列天下之旁⑥，天子中立，地方千里，兼霸之壤三百有余里⑦，佌诸侯度百里⑧，负海子男者度七十里。若此则如胸之使臂，臂之使指也。然则小不能分于民，准徐疾、羡不足⑨，虽在下不为君忧。夫海出沸无止，山生金木无息，草木以时生，器以时靡币⑩，沸水之盐以日消。终则有始⑪，与天壤争⑫。是谓立壤列也。"

【注释】

①天下之朝夕：马非百云："'朝夕'即潮汐，指物价涨落。""'天下之朝夕，谓天下万物价格之涨落也。"

②不至:指到不了天子所居之地。

③有倪而是者:马非百云:"倪同睨。此处当作'转瞬即至'讲,极言其路之近也。"

④熟谷者:指精通粮食交易的人。

⑤之:猪饲彦博云:"'之'当作'不'。"译文从"不"。

⑥立壤列天下之旁:马非百云:"'旁'与'方'通。……谓立壤列于天下之四方也。"壤列即地列,指土地分级管辖。

⑦兼霸之壤:马非百云:此兼霸之壤"指《汉书·刑法志》所谓'一封三百一十六里'之'千乘之国'"。

⑧仳诸侯:马非百云:仳读如甡,可通齐。齐诸侯即列侯。

⑨准:平准,调节。

⑩靡币:同"靡敝",指损毁。

⑪有:同"又"。

⑫与天壤争:指与天地争斗无止息。

【今译】

　　桓公问:"天下物价的涨落会趋于稳定吗?"管子回答说:"永远不会趋于稳定。"桓公问:"这不会稳定的道理可说来听听吗?"管子回答说:"天下土地东西距离二万八千里,南北距离二万六千里,天子居于中央,国土的四周每面距边境都有一万余里,百姓交纳赋税有的也要跑一万多里。因而有花了百倍的劳力还送不到国都的,有花了十倍的劳力还送不到国都的,也有近到转瞬就可送到的。这样距离远的就与君主疏远,甚至怨恨天子。而边境地区的诸侯接受了这些抱怨天子的百姓,善待他们,逐渐就缺席不去国都朝见。这是天子自己堵塞了百姓亲近的途径。如果精通粮食交易的人一离开,就不可能继续称霸天下了。"桓公问:"该怎么去做呢?"管子回答说:"请在天下四方设立土地分级管辖制度。天子居于中央,管辖方圆千里的土地,大诸侯管辖三百多里土地,列侯大约管辖百里土地,靠海的子爵、男爵大约管辖七十里土地。这样就像胸部带动臂部、臂部带动手指一样,一层管辖一层。各诸侯的势力微小无法与天子争夺百姓,他们在国内调节政令缓急、收入盈余不足,都不会成为天子的忧患。大海出产盐卤没有止境,山地产金属和木材不会停息,草木按一定季节成长,器物按一定周期损毁,卤水炼出的盐一天天消耗。用完了又重新开始,与天地的运动变化一样生生不息。这就叫设立土地分级管辖制度。"

【原文】

武王问于癸度曰①:"贺献不重,身不亲于君;左右不足,友不善于群臣②。故不欲收稿户籍而给左右之用③,为之有道乎?"癸度对曰:"吾国者衢处之国也,远秸之所通④,游客蓄商之所道,财物之所遵。故苟入吾国之粟⑤,因吾国之币,然后载黄金而出⑥。故君请重重而衡轻轻⑦,运物而相因,则国策可成。故谨毋失其度,未与?民可治⑧?"武王曰:"行事奈何?"癸度曰:"金出于汝汉之右衢,珠出于赤野之末光,玉出于禺氏之旁山。此皆距周七千八百余里,其涂远,其至厄。故先王度用于其重,因以珠玉为上币,黄金为中币,刀布为下币。故先王善高下中币,制下上之用,而天下足矣。"

注释

①癸度:假托的人名。本节假托武王和癸度的问答进行阐述。
②"友不"句:马非百云:"'友'仍当作'支'。即肢,谓四肢也,与'身'对文。……'身'指封建国君自己,'支'指国君左右,'君'指天子,'群臣'指天子大臣"。译文从马说。
③收稿:马非百云:"'收稿'即'亩稿'之讹。"亩稿户籍指按亩按户征收租税。
④秸:猪饲彦博云。"'秸'疑当作'近'。"译文从"近"。
⑤入:猪饲彦博云:"'入'当作'食'。"译文从之。
⑥"然后"句:马非百云:"谓外国商人从其国向吾国输入黄金。"
⑦"故君"句:马非百云:"指以黄金之重衡万物之轻而言。"
⑧"故谨"三句:郭沫若云:"原文当读为'故谨毋失其度。未与(欤)?民可(何)治?'古文例以'与'为'欤','可'为'何'。"译文从郭说。

【今译】

武王问癸度说:"对天子的献礼不丰厚,自己就不会被天子亲近;对群臣的馈赠不充足,左右就不会与群臣结好。因此如果不打算直接向百姓征税而又要满足左右的用度,有办法做到吗?"癸度回答说:"我国是一个四通八达的国家,远近大道都从这里通过,游客富商都从这里经过,各种财货都在这里周转。因而只要进入我国吃我们的粮食,用我们的货币,就一定会向我国输入黄金。请君主控制黄金的高价来调节万物的低价,再掌握万物而相互利用,这样,解决国家财用的策略就成功了。因此要谨慎地注意不失分寸,不然,怎么能治理百姓?"武王说:"该怎么做呢?"癸度说:"黄金出产在汝水、汉水的右旁,珍珠出产在赤野的末光,宝玉出产在禺氏的旁山。这些地方都距离周朝七千八百里,路途遥远,运来困难。因而先王估计它的贵重程度而分别加以利用,将珠玉作为上等币,黄金作为中等币,刀布作为下等币。先王善于调整黄金价格的涨跌,用来控制刀布和珠玉的使用,这样天下就满足了。"

【原文】

桓公曰:"衡谓寡人曰①:'一农之事,必有一耜、一铫、一镰、一镎、一椎、一铚②,然后成为农;一车必有一斤、一锯、一釭、一钻、一凿、一銶、一軏③,然后成为车;一女必有一刀、一锥、一箴、一铢④,然后成为女。请以令断山木,鼓山铁⑤,是可以毋籍而用足。'"管子对曰:"不可。今发徒隶而作之⑥,则逃亡而不守;发民,则下疾怨上,边竟有兵则怀宿怨而不战。未见山铁之利而内败矣。故善者不如与民⑦,量其重,计其赢,民得其十⑧,君得其三。有杂之以轻重⑨,守之以高下。若此,则民疾作而为上虏矣⑩。"

注释

①衡:假托的人名。
②镰:即镰,镰刀。镎:又作"耨",小锄。椎:即櫌,平土农具。铚:短镰。
③釭:车轮中受轴的铁制品。銶:凿。軏:轴上包铁部分,与釭合套。
④箴:同"针"。铢:长针。
⑤安井衡云:"断山木,以为炭也。鼓山铁,鼓囊铸铁也。"
⑥徒隶:刑徒、奴隶。
⑦"故善"句:马非百云:犹言放任百姓自由经营也。
⑧十:安井衡云:"'十'当为'七',字之误也。"译文从"七"。
⑨有:同"又"。
⑩疾:马非百云:"疾,力也。……谓民之力作,有如俘虏者然,虽欲不为上用而不可得。"

【今译】

桓公说:"衡对我说:'一个农夫的耕作,必须有犁、大锄、镰、小锄、平土器、短镰等农具,才能进行农业生产;一个车工的制作,必须有斧、锯、铁钉、钻、凿、包铁等工具,才能造出车辆;一个女工的缝纫,必须有剪刀、锥子、针、长针等工具,才能缝成衣服。请下令在山中伐木烧炭,鼓炉铸铁,这样就可以不必向百姓征税而国家财用充足了。'"管子回答说:"不行。现在如果征发刑徒、奴隶去做这项工作,他们会大批逃亡,难以控制;如果征发百姓去做这项工作,百姓就会怨恨君主,一旦边境发生战事,他们就会心怀旧怨而不去打仗。这样,还没得到山铁的好处,国内就因混乱而导致败亡。因此善于治国的君主不如让百姓自由经营铁器制造,国家估量他们的价值,计算他们的赢利,百姓得十分之七,君主得十分之三。再将轻重之术运用其中,控制铁器价格的涨落,这样,百姓就会竭尽全力、心甘情愿地像君主的俘虏一样劳作。"

【原文】

桓公曰:"请问壤数①。"管子对曰:"河墆诸侯,亩钟之国也②。碛③,山诸侯之国也。河墆诸侯常不胜山诸侯之国者,豫戒者也。"桓公曰:"此若言何谓也?"管子对曰:"夫河墆诸侯,亩钟之国也,故谷众多而不理,固不得有。至于山诸侯之国,则敛蔬藏菜④。此之谓豫戒。"桓公曰:"壤数尽于此乎?"管子对曰:"未也。昔狄诸侯⑤,亩钟之国也,故粟十钟而锱金⑥。程诸侯,山诸侯之国也,故粟五釜而锱金。故狄诸侯十钟而不得剗戟⑦,程诸侯五釜而得剗戟,十倍而不足⑧,或五分而有余者⑨,通于轻重高下之数。国有十岁之蓄,而民食不足者,皆以其事业望君之禄也。君有山海之财,而民用不足者,皆以其事业交接于上者也。故租籍⑩,君之所宜得也;正籍者⑪,君之所强求也。亡君废其所宜得而敛其所强求,故下怨上而令不行。民夺之则怨,予之则喜,民情固然。先王知其然,故见予之所⑫,不见夺之理。故五谷粟米者,民之司命也;黄金刀布者,民之通货。先王善制其通货以御其司命,故民力可尽也。"

【注释】

①壤数:指利用土壤条件的方法。

②猪饲彦博云:"垎、淤同。水中可居者曰淤。言近河之国为沃土,每亩收粟一钟也。"

③何如璋云:"碛当作碛,谓山地,土兼沙石也。山地谷少,故能戒惧而豫力之备也。"

④蔬:张佩纶云:"'蔬'当为'疏',《诗·召旻》'彼疏斯粺',《笺》'疏,粗也,谓粝米也'。"

⑤狄诸侯:假托的诸侯国名,下"程诸侯"同。

⑥锱:重量单位,六铢为一锱。

⑦割戟,马非百云:此指建立军队。

⑧王念孙云:"'十倍'上亦当有'或'字,与下句对文。"十倍,指十钟。

⑨五分:指五釜,为十分之五即半钟。

⑩租籍:指租税,即正常征取的税收。

⑪正籍:指征税,即额外征取的税收。

⑫所:猪饲彦博云:"'所',《国蓄》作'形',是。"译文从"形"。

【今译】

桓公说:"请谈谈利用土壤条件的方法。"管子回答说:"近河的诸侯国,拥有亩产一钟粮的肥田沃土,而沙石地,则是山地诸侯国的土壤。但是近河诸侯国的国力往往比不上山地诸侯国,其原因在于后者作了预先准备。"桓公问:"你这话是什么意思?"管子回答说:"那些近河的诸侯国,亩产粮食一钟,因而粮食虽多却不善管理,固然国力就弱。至于山地诸侯国,则注重聚敛粗米,贮藏瓜菜,这就叫预先准备。"桓公问:"利用土壤条件的方法就这些吗?"管子回答说:"还不止。从前狄诸侯是亩产一钟粮的国家,因而十钟粮才可换一锱黄金。程诸侯是个山地国家,因而五釜粮就可换一锱黄金。然而狄诸侯粮多却不能建立军队,而程诸侯粮少却能建立军队,前者有十倍之粮而嫌国力不足,后者仅一半之粮而国力有余,这是因为程诸侯精通轻重之术和物价调节的方法。国家拥有十年的粮食储备,百姓却缺乏食粮,就都用各自的职业求取君主的俸禄;君主拥有盐铁的专卖财利,百姓却缺乏财用,就都用各自的职业换取君主的钱币。因而正常的租税是君主应该征取的,而额外的征籍是君主强迫向百姓索求的。亡国的君主废除应该征取的租税,而聚敛强迫索求的征籍,因而百姓怨恨君主而政令无法推行。百姓总是剥夺他的利益就发怒,给予他好处就欢喜,人情都是这样。先王懂得这个规律,因而显现给予好处的形迹,掩盖剥夺利益的本质。五谷粮食是百姓生命的主宰,黄金钱币是百姓交易流通的工具,先王善于掌握交易流通的工具来操纵百姓的命运,因而能最大限度地利用民力。"

【原文】

管子曰:"泉雨五尺,其君必辱①。食称之国必亡②,待五谷者众也③。故树木之胜霜露者不受令于天④,家足其所者不从圣人⑤。故夺然后予,高然后下,喜然后怒,天下可举。"

【注释】

①"泉雨"二句:安井衡云:"言雨泽入地五尺,百谷必穰,如此则其君必辱。……所以然者何也?备五谷者众,令不行于下也。"
②"食称"句:马非百云:"谓其国所生产之五谷与其国人口之多寡相当。"
③待:猪饲彦博云:"待、峙同,储也。"
④露:王念孙云:"'露'当为'雪'。木胜霜雪,则经冬而不凋,故曰'不受令天下'。"
⑤"家足"句:马非百云:"人民皆家给人足,则无求于人,虽圣人亦无能役使之。"

【今译】

管子说:"泉水雨水充沛,君受辱令难行。粮食充足的国家必然灭亡,是因为储备粮食的百姓多了。所以不怕霜雪的树木,不受季节的影响;百姓家给人足,圣人的话也不会听从。因此对百姓,就要先夺取然后给予;对物价,就要先抬高然后降低;对士兵,就要先使他喜悦然后将他激怒。这样就可以掌握天下。"

【原文】

桓公曰:"强本节用,可以为存乎①?"管子对曰:"可以为益愈②,而未足以为存也。昔者纪氏之国强本节用者,其五谷丰满而不能理也,四流而归于天下③。若是,则纪氏其强本节用,适足以使其民谷尽而不能理,为天下虏④,是以其国亡而身无所处。故可以益愈而不足以为存。故善为国者,天下下我高,天下轻我重,天下多我寡。然后可以朝天下。"

注释

①存:指生存。
②益愈:郭沫若云:"'益愈'即差可之意,……"
③四流:流散四方。
④为天下虏:何如璋云:"为天下虏者,强本节用则谷多,多而上不能守,则价轻,为人所泄,而谷流于天下。是我民力农而邻国坐而食也。非奴虏而何?"郭沫若云:"'而不能理'四字当依上文在'强本节用'下,……"译从。

【今译】

桓公问:"加强农业,节约用度,能保证国家的长存吗?"管子回答说:"可以使国家状况稍好一些,但不能保证国家的长存。从前纪氏的国家就是加强农业、节约用度的典型,它的粮食充裕但不善于管理,结果流散四方而归于各国之手。这样,纪氏的加强农业、节约用度但又不善管理,恰好使百姓的粮食散尽而被天下奴役,最终纪氏国亡而无存身之处。所以说加强农业,节约用度可以使国家状况稍好一些,但不能保证国家的长存。因此,善于治国的君主,总是在天下物价低时,我使它高;天下万物轻时,我使它重;天下货物多时,我使它少。这样才能制服整个天下。"

【原文】

桓公曰:"寡人欲毋杀一士,毋顿一戟,而辟方都二①,为之有道乎?"管子对曰:"泾水十二空,汶渊洙浩满三之②,于乃请以令使九月种麦,日至日获③,则时雨未下而利农事矣。"桓公曰:"诺。"令以九月种麦,日至而获。量其艾④,一收之积中方都二⑤。故此所谓善因天时、辩于地利而辟方都之道也⑥。

注释

①方都:马非百云:"方都即大都。"
②宋本"浩"作"沿"。"渊"当作"泗"。郭沫若云:"疑'泾水十二空'当为

'泾水上下控'。……小水为泾。小水因地形之高下加以控制,不使流失。汶、泗、洙、沿之水量因而丰满,可增加三倍。"译文从郭说。

③日至:猪饲彦博云:"日至,夏至也。下'日'字当作'而'。"译从。
④艾:丁士涵云:"'艾'与'刈'同。"译文从丁说。
⑤一收:马非百云:"'一收'谓一岁之收获也。"
⑥辩:同"辨"。

【今译】

桓公问:"我打算不死一名士兵,不损一件兵器,就开辟两个大都市,有办法做到吗?"管子回答说:"将小水流按地形的高低加以控制,就可以使汶、泗、洙、沿几条河流的水量增加三倍,然后再下令让百姓九月种麦,第二年夏至收割,这时虽然雨季未到但庄稼仍能得到灌溉。"桓公说:"好的。"于是就下令在九月种麦,第二年夏至收割。计算收获的总量,一年的收成的积蓄恰与两个大都市的需要量相当。这就是所谓善于利用天时,明辨地利来开辟大都市的方法。

【原文】

管子入复桓公曰①:"终岁之租金四万二千金,请以一朝素赏军士②。"桓公曰:"诺。"以令至鼓期于泰舟之野期军士③。桓公乃即坛而立,宁戚、鲍叔、隰朋、易牙、宾胥无皆差肩而立。管子执袍而揖军士曰④:"谁能陷陈破众者,赐之百金。"三问不对。有一人秉剑而前,问曰:"几何人之众也?"管子曰:"千人之众。""千人之众,臣能陷之。"赐之百金。管子又曰:"兵接弩张,谁能得卒长者,赐之百金。"问曰:"几何人卒之长也?"管子曰:"千人之长。""千人之长,臣能得之。"赐之百金。管子又曰:"谁能听旌旗之所指,而得执将首者⑤,赐之千金。"言能得者垒千人⑥,赐之人千金。其余言能外斩首者⑦,赐之人十金。一朝素赏,四万二千金廓然虚。桓公惕然太息曰⑧:"吾曷以识此⑨?"管子对曰:"君勿患,且使外为名于其内,乡为功于其亲⑩,家为德于其妻子。若此,则士必争名报德,无北之意矣。吾举兵而攻,破其军,并其地,则非特四万二千金之利也。"五子曰:"善。"桓公曰:"诺。"乃诫大将曰:"百人之长,必为之朝礼;千人之长,必拜而送之,降两级。其有亲戚者,必遗之酒四石、肉四鼎;其无亲戚者,必遗其妻子酒三石、肉三鼎。"行教半岁，父教其子，兄教其弟，妻谏其夫，曰："见其若此其厚⑪，而不死列陈，可以反于乡乎？"桓公终举兵攻莱，战于莒必市里⑫，鼓旗未相望，众少未相知，而莱人大遁，故遂破其军、兼其地而虏其将。故未列地而封⑬，未出金而赏，破莱军，并其地，禽其君⑭，此素赏之计也。"

注释

①入复：马非百云：入复犹今言向上汇报。
②素：安井衡云："素，空也。无功而赏，故曰素。"亦即预许之赏。
③至鼓期：张佩纶云："'至'当为'致'。'期'当为'旗'。"致鼓旗"指召集鼓旗。"期军士"谓会集军士。
④枹：鼓槌。
⑤执将：俞樾云：执将即主将。
⑥垒千人：何如璋云："'垒'当为'累'。'千人'当作'十人'。"译文从何说。
⑦外：安井衡云："外，出列迫敌也。"
⑧惕然：马非百云："惕然，惊惧貌。"
⑨识：马非百云：识即了解之意，犹言我不解所谓。
⑩内，乡：安井衡云："'内乡'当为'乡内'。"译文从之。
⑪见其：姚永概云："'见其'之'其'当作'期'。"期，待也。即见待如此其厚。译文从姚说。
⑫必市里：马非百云："必市里，莒地名。此亦假托之词。"
⑬列：同"裂"。
⑭禽：同"擒"。

【今译】

管子向桓公汇报说："全年的地租收入有四万二千斤黄金，请一次将它们预许分赏士兵。"桓公说："好的。"于是就下令在泰舟之野集中旗鼓，召集军队。桓公登坛站立，宁戚、鲍叔、隰朋、易牙、宾胥无都依次站立两旁。管子手执鼓槌向士兵拱手行礼说："谁能攻入敌阵、击败敌众的，赏赐百金。"问了三遍无人答应。一个士兵持剑前行问道："多少敌众呢？"管子说："一千人的敌众。""一千人的敌众，我能击败它。"于是就许赐百金。管子又说："兵器交接，弓弩开张，谁能在混战中俘获敌军的卒长，赏赐百金。"有人问道："多少人的卒长?"管子说:"一千人的卒长。""一千人的卒长,我能抓过来。"于是也许赐百金。管子又说:"谁能按旌旗所指方向,斩获主将首级的,赏赐千金。"自报能斩获的共有十人,于是每人许赐千金。其他自报能杀敌斩首的,每人许赐十金。这样,一次预许分赏,四万二千斤黄金一扫而空。桓公惊疑地叹息说:"这该怎么理解呢?"管子回答说:"君主不必忧虑。让士兵在外显名于乡里,在内报功于双亲,在家建德于妻子。这样,战士竞争名声,报效恩德,再无临阵败退的念头。我们发兵进攻,击破敌军,兼并土地,就不仅是四万二千斤黄金的小利了。"五个臣子都说:"好。"桓公也说:"好吧。"于是又告诫军中的大将说:"凡统领百人的校尉来进见,一定要按访问的礼节相待;凡统领千人的校尉来进见,一定要走下两级台阶礼拜送行。他们中有父母的,一定要赠送酒四石、肉四鼎;父母已亡的,一定要赠送他们妻子酒三石、肉三鼎。"命令推行半年,父亲教诲儿子,兄长教育弟弟,妻子劝告丈夫,都说:"君主待我们这样优厚,你们再不在前线拼命死战,还有脸回故乡来吗?"桓公终于发兵攻打莱国,在莒的必市里交战。双方旗鼓还没看见,军队多少还未知晓,莱人就拼命逃跑了。于是就趁势击破莱军,兼并莱国土地,俘虏莱国将领。因此,还没有裂地封爵,也没有出钱行赏,就攻破了莱军,兼并了莱地,擒获了莱君。这就是预许行赏的计谋。"

【原文】

　　桓公曰:"曲防之战,民多假贷而给上事者,寡人欲为之出赂①,为之奈何?"管子对曰:"请以令,令富商蓄贾百符而一马,无有者取于公家②。若此,则马必坐长而百倍其本矣,是公家之马不离其牧皁③,而曲防之战赂足矣。"

注释

①出赂:何如璋云:"出赂,欲代民还所贷也。"
②张佩纶云:"管子此策,商贾有二百券者许之乘车,盖傅古者取舍好让之科,以一马准百符,命民偿之。其无马者取诸公家。如此则贾人以得乘车为荣,而公私均无偿债之耗。"
③牧皁:马非百云:"即今言养马槽。"

【今译】

桓公问："曲防之战时,百姓中多有向富商大贾借贷而供给军用的,我现在打算替他们还债,该怎么办呢?"管子回答说:"请下命令:凡富商大贾握有百张借券的可上交国家以换取使用一马驾车的权利,没有马的可以向国家购买。这样,马价一定会上涨百倍,而国家的马还没有离开马槽,曲防之战的债务已经可偿还了。"

【原文】

桓公问于管子曰:"崇弟、蒋弟、丁惠之功世①,吾岁罔②,寡人不得籍斗升焉,去③。菹菜、咸卤、斥泽、山间堐埌不为用之壤④,寡人不得籍斗升焉,去一。列稼缘封十五里之原,强耕而自以为落⑤,其民寡人不得籍斗升焉。则是寡人之国,五分而不能操其二,是有万乘之号而无千乘之用也。以是与天子提衡,争秩于诸侯⑥,为之有道乎?"管子对曰:"唯籍于号令为可耳。"桓公曰:"行事奈何?"管子对曰:"请以令发师置屯籍农⑦,十钟之家不行,百钟之家不行,千钟之家不行。行者不能百之一,千之十,而困窌之数皆见于上矣⑧。君案困窌之数,令之曰:'国贫而用不足,请以平价取之子,皆案困窌而不能挹损焉⑨。'君直币之轻重以决其数,使无券契之责⑩,则积藏困窌之粟皆归于君矣。故九州无敌,竟上无患。"令曰⑪:"罢师归农,无所用之。"管子曰:"天下有兵,则积藏之粟足以备其粮;天下无兵,则以赐贫氓⑫,若此则菹菜、咸卤、斥泽、山间堐埌之壤无不发草。此之谓籍于号令。"

注释

①崇弟、蒋弟、丁惠:假托的姓氏。功世:功臣的后代。
②吾岁罔:俞樾云:"'吾岁罔'者,即吾岁无也。"
③俞樾云:"此文凡三云'寡人不得籍斗升焉',句下当并有'去一'两字。言如此则是去其一分也。"译文从俞说。
④"菹菜"句:马非百云:"'菹菜'乃'菹莱'之讹。'咸卤',碱地。""斥泽",斥,咸碱之地。"堐埌",不平也。"不为用",言不可耕。译文从马说。
⑤"列稼"二句:马非百云:"稼,稼穑,此处指农田。缘,边缘。封,封疆。原,平地。此谓靠近封疆边缘宽达十五里之平地,皆为无数大小不等之农田所布满。此等农田皆为强人所私垦而自成村落者,……"
⑥"以是"二句:马非百云:"此谓与天子并驾驰驱,争先后位序于诸侯。"

⑦"请以"句:马非百云:"置屯即立成。……籍农,谓登记农民藏谷之数。"
⑧囷窌:圆仓和藏谷的地窖。
⑨挹损:何如璋云:"挹损犹言加减,谓必如其所存之数也。"
⑩"使无"句:马非百云:"谓政府以现款按市价支付之,不再负债于藏谷之家也。"
⑪令曰:马非百云:"'令曰'当作'公曰'。"译文从马说。
⑫赐贫氓:指贷款于贫民。

【今译】

桓公问管子说:"崇弟、蒋弟、丁惠等功臣的后代使我年年没有收入,征收不到一斗一升的租税,总收入就减少了一分。荒草地、盐碱地、盐碱水泽和高低山地都不能耕种,我也征收不到一升一斗的租税,总收入又减少了一分。靠近边境十五里平地上布满农田,但都是强行开垦而自成村落的,对这些百姓我也征收不到一斗一升的租税,总收入再减少一分。这样,我对自己的国家,五分收入还掌握不到二分,徒有万乘之国的名声,而无千乘之国的实际。假如我还打算与天子并驾齐驱,同诸侯争夺位次,有什么办法吗?"管子回答说:"只有依靠发号施令才有办法。"桓公问:"该怎样做呢?"管子回答说:"请下令征发军队,屯戍边疆,并登记百姓的藏粮数,规定凡家藏十钟粮的可以不去,家藏百钟粮的也可以不去,家藏千钟粮的更可以不去。这样,百姓中去戍边的百人中不到一人,千人中不到十人,而百姓家粮仓的藏粮数都被国家掌握了。君主按照各家的藏粮数,下令说:'国家贫穷,财用不足,要用平价向你们购粮,各家都按照藏粮数交纳,不得增减。'君主按购粮所值钱币的多少当场付清,使国家不背上券契形式的债务,这样,百姓粮仓里的粮食就都归于君主了。因此就可以天下无敌,边境安宁。"桓公说:"解散军队,回家种地,这些粮食就没有什么用了。"管子说:"天下发生战争,积藏的粮食就可以备作军粮;天下没有战争,就可以将藏粮借贷给贫民,这样,荒草地、盐碱地、盐碱水泽和高低山地都可以开辟出来耕种。这就叫依靠发号施令的办法。"

【原文】

管子曰:"滕、鲁之粟釜百①,则使吾国之粟釜千,滕、鲁之粟四流而归我,若下深谷者。非岁凶而民饥也,辟之以号令②,引之以徐疾,施平其归我若流水③。"

【注释】

①釜百:一釜百钱。
②辟:安井衡云:"辟,召也。"指招引。
③施平:安井衡云:"'平'当为'乎','施乎',舒行貌。"译文从安说。

【今译】

管子说:"滕国、鲁国的粮价每釜百钱,如果使我国的粮价涨到每釜千钱,滕国、鲁国的粮食就会像水流入深谷那样流归我国。这不是因为我们年成不好百姓饥荒,而是我们运用国家号令和供求缓急来招引,因此使粮食如流水般汩汩流入我国。"

【原文】

桓公曰:"吾欲杀正商贾之利而益农夫之事①,为此有道乎?"管子对曰:"粟重而万物轻,粟轻而万物重,两者不衡立。故杀正商贾之利而益农夫之事,则请重粟之价金三百②。若是则田野大辟,而农夫劝其事矣。"桓公曰:"重之有道乎?"管子对曰:"请以令与大夫城藏③,使卿诸侯藏千钟,令大夫藏五百钟,列大夫藏百钟,富商蓄贾藏五十钟。内可以为国委④,外可以益农夫之事。"桓公曰:"善。"下令卿诸侯、令大夫城藏。农夫辟其五谷⑤,三倍其贾,则正商失其事,而农夫有百倍之利矣。

【注释】

①杀正商贾:何如璋去:"杀,减也。正谓世业商者。"马非百云:"'正商贾'即有市籍之商贾,犹言正式商贾也。"
②金三百:丁士涵云:"元本作'釜三百'是也,谓每釜加贾三百,下文所谓'三倍其贾也'。"译从。
③何如璋云:"'令'下脱'卿诸侯'三字。"城藏者,于城中筑仓廪。译文从何说。
④委:委积。
⑤"农夫"句:马非百云:"言农夫因受谷价高涨之刺激,争相开辟草莱,扩大

耕地,以期增加五谷产量也。"

【今译】

桓公问:"我打算削减商人的赢利来发展农业生产,有什么办法做到吗?"管子回答说:"粮食价高,万物价就低;粮食价低,万物价就高,两者的关系正相对立。因而要削减商人的赢利来发展农业生产,就请将粮价每釜提高三百钱。这样就会田地广为开辟,农夫勤勉农事了。"桓公问:"提高粮价用什么方法?"管子回答说:"请下令卿诸侯与大夫们都筑仓储粮,规定卿诸侯藏粮千钟,令大夫藏粮五百钟,列大夫藏粮百钟,富商大贾藏粮五十钟。这样,内可以作为国家的储备粮,外可以促使发展农业生产。"桓公说:"好。"就下令叫卿诸侯、令大夫都筑仓储粮。粮价一涨,农夫努力增产,使粮价上涨三倍,于是商人的赢利大减,而农夫得到了百倍的利益。

【原文】

桓公问于管子曰:"衡有数乎①?"管子对曰:"衡无数也。衡者使物一高一下,不得常固。"桓公曰:"然则衡数不可调耶②?"管子对曰:"不可调。调则澄③,澄则常,常则高下不贰,高下不贰则万物不可得而使固④。"桓公曰:"然则何以守时⑤?"管子对曰:"夫岁有四秋⑥,而分有四时⑦。故曰:农事且作⑧,请以什伍农夫赋耜铁⑨,此之谓春之秋。大夏且至,丝纩之所作,此之谓夏之秋。而大秋成⑩,五谷之所会,此之谓秋之秋。大冬营室中⑪,女事纺绩缉缕之所作也,此之谓冬之秋。故岁有四秋,而分有四时。已有四者之序,发号出令,物之轻重相什而相伯⑫。故物不得有常固。故曰衡无数。"

注释

①衡:平衡,此指平衡供求关系。数:定数。
②调:郭沫若云:"'调'是划一物价之意。"
③澄:静止。
④使固:郭沫若云:"'使用','用'字误作'固',……"译文从之。
⑤守时:马非百云:"守时,即守物之高下之时。"
⑥岁有四秋:马非百云:"秋者成也,收也。四时皆有所收成,故曰'岁有四

秋'也。"

⑦分有四时：王念孙云："按此言以四秋分属四时也。'分'下不当有'有'字。"译文从王说。

⑧何如璋云："'农事且作'上脱'大春'二字，宜补，与下三句一例。"译文从何说。

⑨"请以"句：马非百云："言令农夫什伍相保而贷之以农器也。"

⑩王念孙云："大秋"上衍"而"字。

⑪"大冬"句：马非百云："言大冬正营室星出现之时。"

⑫相伯：马非百云："'伯'古本作'百'。相什谓十倍，相百谓百倍。"译文从"百"。

【今译】

桓公问管子说："平衡供求有定数吗？"管子回答说："平衡供求没有定数。平衡供求就是使物价或高或低，不能经常固定。"桓公问："那么平衡供求的标准不可以划一吗？"管子回答说："不可以划一，因为划一就会静止，静止就会固定，固定就没有涨跌，没有涨跌万物就不能被掌握进而利用。"桓公问："那么怎么掌握物价涨跌的时机呢？"管子回答说："一年有四个能有收获的时节，分属于四季。这就是：春天农事将开始，请让农夫相互担保，并贷给他们农具，这就叫春天的收获时节。夏天将临，农夫忙于收茧抽丝，这就叫夏天的收获时节。秋天万物成熟，五谷丰登，这就叫秋天的收获时节。冬天营室星出现，妇女们忙于纺线织布，这就叫冬天的收获时节。因而一年中有四个收获时节，分属于四季，掌握了这四者的顺序，就可以依靠发号施令，使物价的涨跌相差十倍、百倍。因此，物价不能让它经常固定。所以说，平衡供求没有定数。"

【原文】

桓公曰："皮、干、筋、角、竹箭、羽毛、齿、革不足，为此有道乎？"管子曰："惟曲衡之数为可耳①。"桓公曰："行事奈何？"管子对曰："请以令为诸侯之商贾立客舍，一乘者有食，三乘者有刍菽②，五乘者有伍养③。天下之商贾归齐若流水。"

注释

① "惟曲"句:郭沫若云:据下文所解,"所谓'曲衡之数'即'将欲取之,必先予之'之意"。

② 刍菽:喂牲口的饲料。

③ 养:指供役使之人。

【今译】

桓公问:"我们缺乏兽皮、肋骨、牛筋、牛角、竹箭、羽毛、象牙和皮革等货物,有办法得到它们吗?"管子说:"只有用曲折隐蔽的办法才能得到。"桓公问:"该怎么做呢?"管子回答说:"请下令为诸侯各国的商人建造客舍。客商有货车一乘的,供给饮食;有货车三乘的,并供给饲料;有货车五乘的,并供给五名役使仆人。这样,天下的商人都会像流水般涌向齐国。"

轻重丁第八十三

【题解】

这是本书专论轻重问题的第四篇专文,题为《轻重丁》。

本篇阐述各种运用轻重之术的计谋,共分为各自独立的十五节。前两节有标题,疑后人所加。第一节《石璧谋》阐述控制石璧生产,利用天子号令,使天下财物归齐的计谋。第二节《菁茅谋》阐述控制菁茅产地,利用天子号令,使天下黄金归周的计谋。第三节阐述运用轻重之术,利用君主号令,为四方贫民偿还高利贷债务的计谋。第四节阐述莱人失利于周人的原因和"因天下以制天下"的计谋。第五节阐述用齐东丰收救助齐西水灾的方法。第六节阐述控制百姓低价变卖货物,以防商贾得利。第七节阐述借助上天威势震慑天下诸侯的计谋。第八节阐述利用上天灾异索取天下财物的计谋。第九节阐述用惩罚手段使功臣之家实行仁义的计谋。第十节阐述用表彰方法使放债者放弃债权的计谋。第十一节阐述引诱商人玩乐,削减商人财富,使农民逐渐富裕的计谋。第十二节阐述剪枝消除树荫,不准百姓玩乐,使贫民专力务农的计谋。第十三节阐述鼓励建造粮仓,使百姓普遍藏粮的计谋。第十四节阐述控制农事开始的时机。第十五节(两段)阐述控制物资生产的开始、物价的高低、号令的缓急等计谋,以解决齐国土地贫乏的矛盾。

【原文】

桓公曰:"寡人欲西朝天子而贺献不足,为此有数乎?"管子对曰:"请以令城阴里①,使其墙三重而门九袭②。因使玉人刻石而为璧③,尺者万泉④,八寸者八千,七寸者七千,珪中四千⑤,瑗中五百⑥。"璧之数已具,管子西见天子曰:"弊邑之君欲率诸侯而朝先王之庙⑦,观于周室。请以令使天下诸侯朝先王之庙、观于周室者,不得不以彤弓石璧⑧,不以彤弓石璧者,不得入朝。"天子许之曰:"诺。"号令于天下。天下诸侯载黄金、珠玉、五谷、文采、布泉输齐以收石璧⑨,石璧流而之天下,天下财物流而之齐。故国八岁而无籍,阴里之谋也。

右石璧谋⑩。

【注释】

①城阴里:尹知章云:"城者,筑城也。阴里,齐地也。"
②袭:尹知章云:"袭亦重也。欲其事密而人不知,又先托筑城。"
③刻石:尹知章云:"刻石,刻其菑石。"菑石当作葘石,齐地出产。
④万泉:万钱。以下八千、七千等皆指钱。
⑤珪:圭璧,瑞信之物。中:值。
⑥瑗:大孔璧,孔大于边。
⑦弊邑:同"敝邑"。
⑧彤弓:尹知章云:"彤弓,朱弓也。"
⑨泉:王念孙云:"'泉'当为'帛'。"译文从之。
⑩石璧谋:指利用石璧的计谋。

【今译】

桓公说:"我打算西去朝拜周天子,但献礼的费用不足,有办法解决吗?"管子回答说:"请下令在阴里地方筑城,要有三重城墙、九重城门。再让玉匠在城里雕刻葘石制成石璧,一尺长的定价一万钱,八寸长的定价八千钱,七寸长的定价七千钱,圭璧定价四千钱,大孔璧定价五百钱。"各种规格的石璧数量都已完成,管子就西行先朝见周天子说:"敝国的君主打算率领各国诸侯来朝拜先王宗庙,并到周朝观礼。请下令给准备来朝拜先王宗庙、并到周朝观礼的各国诸侯,要求必须带彤弓和石璧,不带彤弓、石璧的一律不准入朝。"天子答应说:"好的。"就向天下发布了这一号令。于是,天下诸侯纷纷用车载着黄金、珠玉、粮食、绵绣、布帛输入齐国,用以收购石璧,石璧流散到天下,天下的财物则流归于齐国。因此齐国连续八年没有征收赋税,这就是在阴里筑城制造石璧的计谋。

以上"石璧谋"。

【原文】

桓公曰:"天子之养不足,号令赋于天下则不信诸侯①,为此有道乎?"管子对曰:"江淮之间有一茅而三脊毌至其本②,名之曰菁茅。请使天子之吏环封而守之。夫天子则封于太山,禅于梁父,号令天下诸侯曰:'诸从天子封于太山,禅于梁父者,必抱菁茅一束以为禅籍③,不如令者不得从。'"天子下诸侯载其黄金④,争秩而走⑤。江淮之菁茅坐长而十倍,其贾一束而百金。故天子三日即位⑥,天下之金四流而归周若流水。故周天子七年不求贺献者,菁茅之谋也。

右菁茅谋⑦。

【注释】

①"号令"句:马非百云:"此谓号令赋于天下,则不为诸侯所信,犹言诸侯不肯服从也。"

②毌:俞樾云:"古贯字,贯者通也。谓茅之三脊,由其末梢以通至于本根也。"

③籍:王念孙云:"'籍'当为'藉'。藉,荐也。《史记·封禅书》:'江淮之间一茅三脊,所以为藉也。'是其证。"译文从王说。

④王引之云:"'天下诸侯'连读",其"子"字衍。译文从之。

⑤争秩:马非百云:"秩即次序。争秩,犹言争先恐后。"

⑥即位:就座,指不离坐席。

⑦菁茅谋:指利用菁茅的计谋。

【今译】

桓公问:"周天子的奉养财用不足,命令向天下征租,各国诸侯又都不服从,有办法解决吗?"管子回答说:"长江、淮水之间,出产一种三条脊脉直贯根部的茅草,名叫菁茅。请让周天子的属吏将菁茅产地周围封闭起来,并派人看守。周天子则到泰山祭天,到梁父祭地,并对天下诸侯下令说:'准备跟从天子到泰山祭天、到梁父祭地的各国诸侯,必须带一捆菁茅作为祭祀用的垫席,不照命令办的不准跟从。'"于是,天下诸侯装载着黄金,争先恐后地奔向菁茅产地。长江、淮水之间的菁茅价格上涨了十倍,一捆菁茅就值百金。这样,天子只用了三天,甚至没离坐席,天下的黄金就如流水般从四方流归周朝。因此,周天子连续七年没向诸侯索求献礼,这就是要求诸侯贡献菁茅的计谋。

以上"菁茅谋"。

【原文】

桓公曰:"寡人多务,令衡籍吾国之富商蓄贾、称贷家①,以利吾贫萌农夫②,不失其本事。反此有道乎③?"管子对曰:"惟反之以号令为可耳。"桓公曰:"行事奈何?"管子对曰:"请使宾胥无驰而南,隰朋驰而北,宁戚驰而东,鲍叔驰而西。四子之行定,夷吾请号令谓四子曰:'子皆为我君视四方称贷之间④,其受息之氓几何千家⑤,以报吾。'"鲍叔驰而西,反报曰:"西方之氓者,带济负河⑥,菹泽之萌也。渔猎取薪蒸而为食。其称贷之家多者千钟,少者六七百钟。其出之,钟也一钟⑦。其受息之萌九百余家。"宾胥无驰而南,反报曰:"南方之萌者,山居谷处,登降之萌也⑧。上斫轮轴,下采杼栗⑨,田猎而为食。其称贷之家多者千万,少者六七百万。其出之,中伯伍也⑩。其受息之萌八百余家。"宁戚驰而东,反报曰:"东方之萌,带山负海,若处,上断福⑪,渔猎之萌也。治葛缕而为食⑫。其称贷之家丁惠、高国⑬,多者五千钟,少者三十钟⑭。其出之,中钟五釜也。其受息之萌八九百家。"隰朋驰而北,反报曰:"北方之萌者,衍处负海⑮,煮沸为盐,梁济取鱼之萌也⑯。薪食。其称贷之家多者千万,少者六七百万。其出之,中伯二十也。受息之氓九百余家。"凡称贷之家出泉参千万,出粟参数千万钟,受子息民参万家⑰。四子已报,管子曰:"不弃我君之有萌中一国而五君之正也⑱,然欲国之无贫,兵之无弱,安可得哉?"桓公曰:"为此有道乎?"管子曰:"惟反之以号令为可。请以令贺献者皆以镂枝兰鼓⑲,则必坐长什倍其本矣。君之栈台之职亦坐长什倍⑳。请以令召称贷之家,君因酌之酒,太宰行觞。桓公举衣而问曰㉑:'寡人多务,令衡籍吾国。闻子之假贷吾贫萌,使有以终其上令㉒。寡人有镵枝兰鼓,其贾中纯万泉也㉓。愿以为吾贫萌决其子息之数,使无券契之责。'称贷之家皆齐首而稽颡曰㉔:'君之忧萌至于此,请再拜以献堂下。'桓公曰:'不可。子使吾萌春有以倳耜,夏有以决芸。寡人之德子无所宠㉕,若此而不受,寡人不得于心。'故称贷之家曰皆㉖:'再拜受。'所出栈台之职未能参千纯也,而决四方子息之数,使无券契之责。四方之萌闻之,父教其子,兄教其弟曰:'夫垦田发务㉗,上之所急,可以无庶乎㉘?君之忧我至于此!'此之谓反准㉙。"

注释

①马非百云:"'衡',主掌财政之官。……称贷谓举债。……称贷家谓以放高利贷为业者。"

②萌:同"氓",民。

③反此:与此相反,即改变籍法。

④马非百云:"视谓视察,犹言调查。间者,泛指其处所之谓也。"

⑤受息之氓:马非百云:"'受息之氓'与'称贷之家',对文。后者指放债者,前者指借债者。借债须接受利息之条件,故曰'受息'。"

⑥带济负河:依托济水、背靠黄河。

⑦钟也一钟:张佩纶云:"'钟也一钟',贷以一钟,息亦一钟。"

⑧登降之萌:马非百云:"山居须登,谷处须降,故曰'登降之萌'。"

⑨宋本"斫"作"断"。马非百云:"'断',截断。谓上山砍伐树木以为制造车轮及车轴之用。杼栗……小栗也。"

⑩中伯伍:张佩纶云:"'中伯伍'者贷百而息五十。"

⑪宋本"若"作"苦"。马非百云:"《尔雅·释言》:'碱,苦也。'注:'苦即大碱。'是'苦处'意为土地碱卤,不生五谷。……'上断福'即'上断辐'。……'苦处'承'负海'言,'上断辐'承'带山'言。"译从。

⑫葛缕:马非百云:"葛缕,以葛藤纤维为线,织之为衣履。贫民所服。"

⑬丁惠、高国:皆指功臣世家。

⑭十:戴望云:"'十'字误,当依宋本作'千'。"译文从之。

⑮马非百云:"此处衍字则当作'译'字讲。《小尔雅》云'泽之广者谓之衍'是也。'衍处'谓处于卑湿之地。"

⑯梁济取鱼:马非百云:"梁,鱼梁也。"'梁济取鱼'者,言为梁于济水之中以捕取其鱼也。"

⑰参:同"叁"。下同。"参万家"当作"参千家"。

⑱吴志忠云:"'弃'乃'意'字误。"译文从吴说。马非百云:此盖言东西南北四方之民,除对国家负担租税外,尚须负担高利贷之利息,直与同时应五君之征者等耳。

⑲马非百去:"故镰枝兰鼓当是一种美锦之特有名称。其取义之由或因其上织有象形'镰枝兰鼓'之花纹耳。"张佩纶谓当作"鼓镰枝兰",鼓镰为乐器,枝兰为兵器。

⑳职:马非百云:"职者,主也,亦有藏义。"

㉑举衣而问:马非百云:"举者提也,犹摄也。'举衣而问'即摄衣起立而问,所以示尊敬宾客之意。"桓公:这里称呼不妥,应为第二人称,下同。

㉒终:王寿同云:"'终'当为'给'。"译文从王说。

㉓纯:马非百云:纯乃丝绵布帛等匹端之名。

㉔齐首而稽颡:马非百云:齐首,首与地齐;稽首,以额叩地。

㉕宠:于省吾云:"宠谓荣宠。……此言寡人之德子,而对子无所荣宠也。"

㉖闻一多云:"'曰皆'二字当互易。"译文从之。

㉗务:马非百云:务与荔同。荔即发草。

㉘庶:马非百云:"'庶'当作'度',……"译文从之。

㉙马非百云:反准云者,即提高物价以偿民债之意。反准谓返回平准。

【今译】

桓公问:"我的事务很多,只能派税务官去向国内的富商大贾和高利贷者直接征税,来扶助贫民农夫从事农业。不这样的话还有别的办法吗?"管子回答说:"只有借助号令来达到这一目标才是可行的。"桓公问:"该怎么做呢?"管子回答说:"请派宾胥无去南方,隰朋去北方,宁戚去东方,鲍叔去西方。四位臣子的方向决定后,我就向他们宣布号令说:'你们都去为君主调查四方放贷的情况,借债的贫民有几千家,回来向我报告。'"鲍叔奔往西方,回来报告说:"西方的百姓,是依托济水,背靠黄河,居住在草泽地区的百姓,他们靠捕鱼、打猎和砍柴为生。那里的高利贷者放债多的有上千钟粮,少的也有六七百钟。他们贷出一钟的利息也是一钟。而借债的贫民有九百多家。"宾胥无奔往南方,回来报告说:"南方的百姓,是居住在山谷中,登山下谷的百姓。他们以上山砍材制轮轴、采集小栗和打猎为生。那里的高利贷者放债多的有上千万钱,少的也有六七百万。他们贷出一百钱,利息五十。而借债的贫民有八百多家。"宁戚奔往东方,回来报告说:"东方的百姓,依山靠海,土地盐碱不生五谷,是以上山砍材制辐和捕鱼打猎为业的百姓。他们以编织葛藤为生。那里放高利贷的丁惠、高国二家,放债多的有五千钟粮,少的也有三千钟。他们贷出一钟,利息五釜。而借债的贫民有八九百家。"隰朋奔往北方,回来报告说:"北方的百姓,是住在靠海低地,煮卤为盐,筑梁捕鱼的百姓,靠打柴为生。那里的高利贷者放债多的有上千万钱,少的也有六七百万。他们贷出一百,利息二十。而借债的贫民有九百多家。"总计四方高利贷者共贷出钱三千万、粮三千多万钟,借债的贫民三千多家。四位臣子报告以后,管子说:"想不到我国的百姓隶属一国而要承担五国君主的征敛,这样要国家不贫穷,军队不困弱,怎么能实现呢?"桓公问:"有办法解决吗?"管子说:"只有借助号令才能达到这一目标。请下令凡献礼的人都必须贡献织有乐器兵器花纹的美锦,这样,美锦的价格就会上涨十倍,君主栈台所藏的这种美锦也涨价十倍。请再下令召见高利贷者,君主设酒宴招待,太宰一一敬酒。您就提衣起立说:'我的事务很多,只能派税务官在国内征税。听说你们将钱粮借贷给贫民,使他们能按要求纳税。我有一些织有乐器兵器花纹的美锦,每匹价值有万钱,我愿用这些美锦为我的贫民偿还借贷的本息,使他们不再对你们负债。'高利贷者都叩首下拜说:'君主如此体恤百姓,请让我们将体现债务的券契献于堂下。'您就说:'那不行。你们使我国贫民春天能够耕种,夏天能够除草。我很赞赏你们,但对你们没什么恩宠,如果这些美锦你们还不肯接受,我是不能安心的。'于是高利贷者都说:'我们再拜接受了。'这样,从栈台取出的美锦还不到三千匹,都偿还了四方贫民借贷的本息,使他们不再负债。四方的贫民听说了,一定会父教子,兄教弟地说:'耕田除草,这是国家的急事,能不放在心上吗?君主是这样体恤我们啊!'这就叫代民偿债、返回平准。"

【原文】

管子曰:"昔者癸度居人之国①,必四面望于天下②。天下高亦高,天下高我独下,必失其国于天下。"桓公曰:"此若言曷谓也?"管子对曰:"昔莱人善染,练茈之于莱纯锱,绲绶之于莱亦纯锱也③。其周,中十金④。莱人知之,闻纂茈空⑤。周且敛马作见于莱人操之⑥,莱有推马⑦。是自莱失綦茈而反准于马也⑧。故可因者因之,乘者乘之,此因天下以制天下。此之谓国准⑨。"

注释

①癸度:假托的人名。
②"必四"句:马非百云:"谓须随时注意国内及国际之经济情况。"
③练疵:猪饲彦博云:"'练疵'当作'茈练'。茈,染紫草也。言莱国多此草,故其人善染紫。染练绢一束,仅得一锱金也。'纲绶'《后汉书·舆服志注》云'紫绶名纲,其色青紫'。"译从。
④"其周"二句:章炳麟云:"在周则贾中十金也。"
⑤"莱人"二句:何如璋云:"纂者集也。"马非百云:"此谓莱国商人既知周国价贵,争以收集染织物为事,故全国为之一空。"
⑥"周且"句:马非百云:马犹言筹码。此处盖指某种通行于国际间之临时票据而言。作见即作证见,犹言抵押。操,持也,亦据也,即占有之意。
⑦莱有推马:王寿同云:"'推'乃'准'之误。"译文从之。马非百云:"'准马'即'以马准币'之意。'莱有准马'者,谓货由周操,马归莱有也。"
⑧"是自"句:马非百云:"当作'是莱自失纂茈而反准于马'。反准者,前为以马准币,今则以币准马。"译文从马说。
⑨国准:马非百云:此处"国准"二字,犹今人之言国际贸易平衡矣。

【今译】

管子说:"从前癸度去到别的国家,一定要全面地了解天下的物价情况。天下物价高,我也随之高,如果天下物价高,我独物价低,必然使自己国家难以生存。"桓公问:"你这话是什么意思?"管子回答说:"从前莱国人善于染色,在莱国,紫色的丝练每束只值金一锱,紫色的绶带也是同样的价格。而在周地,则要值到十斤金。莱国商人听到这个消息,将紫练紫绶争相收购一空。周人就收集大量通用的筹码作抵押,占有了莱人手中的紫练紫绶,而莱人只得到可兑换货币的筹码。这是莱人自己丢掉了紫练紫绶,而只能收回货币。由此可见,可以利用的就要利用,可以乘机的就要乘机,这就是利用天下来控制天下。这叫做国际的贸易平衡。"

【原文】

桓公曰:"齐西水潦而民饥,齐东丰庸而粜贱①,欲以东之贱被西之贵,为之有道乎?"管子对曰:"今齐西之粟釜百泉,则钘二十也。齐东之粟釜十泉,则钘二钱也。请以令籍人三十泉,得以五谷菽粟决其籍。若此,则齐西出三斗而决其籍,齐东出三釜而决其籍。然则釜十之粟皆实于仓廪②,西之民饥者得食,寒者得衣,无本者予之陈③,无种者予之新。若此,则东西之相被,远近之准平矣。"

> 注释

①庸:尹知章云:"庸,用也。谓丰稔而足用。"
②釜十之粟:俞樾云:"'釜十之粟'者,乃一釜十泉之粟,指齐东而言。"
③古本"本"作"食"。译文从"食"。

【今译】

桓公问:"齐国西部发生水灾而百姓挨饿,齐国东部丰收足用而粮价低贱。我打算用东部的低价粮去补助西部的高价粮,有办法解决吗?"管子回答说:"如今齐国西部的粮价每釜百钱,每钘二十钱。东部的粮价每釜十钱,每钘二钱。请下令向齐国每人征税三十钱,允许用各种粮食折价交纳。这样,西部的百姓每人只出三斗粮就纳完了税,东部的百姓每人要出三釜粮才能完税。因而东部十钱一釜的粮食就都进了粮仓,而西部的百姓挨饿的有饭吃,受冻的有衣穿,国家对没吃的贷给陈粮,无种的贷给新粮。这样,齐国东西部相互得到补助,远近各地的差别也调节平衡了。"

【原文】

桓公曰:"衡数吾已得闻之矣,请问国准。"管子对曰:"孟春且至,沟渎阬而不遂①,溪谷报上之水不安于藏②,内毁室屋坏墙垣,外伤田野残禾稼,故君谨守泉金之谢物③,且为之举④。大夏,帷盖衣幕之奉不给⑤,谨守泉布之谢物⑥,且为之举。大秋,甲兵求缮,弓弩求弦,谨丝麻之谢物⑦,且为之举。大冬,任甲兵⑧,粮食不给,黄金之赏不足,谨守五谷、黄金之谢物,且为之举。已守其谢,富商蓄贾不得如故。此之谓国准。"

> 注释

①阬:猪饲彦博云:"'阬'疑当作'阨',塞也。"译文从"阨"。

②报：王引之云："'报'当为'鄣'。"译文从之。

③马非百云："'谢物'二字连文，谓代谢之物，即因新需要而谢去之旧物，……"

④举：马非百云："举即《史记·仲尼弟子列传》'子贡好废举'之举，《索隐》引刘氏云：'废谓物贵而卖之，举谓物贱而买之。'"

⑤帷盖衣幕：马非百云："帷、盖、衣、幕，皆军用品，乃女工所织。……不足即不给。"

⑥泉布：王念孙云："'泉布'当为'帛布'。"译文从王说。

⑦猪饲彦博云："'谨'下脱'守'字。"译文从之。

⑧任：马非百云："'任'疑是'作'字之误。"译文从"作"。

【今译】

桓公说："平衡供求的方法我已经听说了，请再谈谈国家平准的措施。"管子回答说："初春将到，沟渠阻塞不畅通，溪谷堤坝中的水泛滥开来，流入村内毁坏房屋、墙垣，流出村外损伤农田、庄稼，因而迫切需要兴修水利，国家要小心控制好百姓为交纳水利税而被迫变卖的东西，并且将它们收购下来。夏天，军队的帷盖衣幕供应不足，要小心控制好百姓为交纳布帛而被迫变卖的东西，并且将它们收购下来。秋天，铠甲兵器需要修理，弓弩需要安装弓弦，要小心控制好百姓为交纳丝麻而被迫变卖的东西，并且将它们收购下来。冬天，需要打造铠甲兵器，粮食不足，用作赏赐的黄金也不足，要小心控制好百姓为交纳粮食、黄金而被迫变卖的东西，并且将它们收购下来。这样，君主控制了百姓变卖的各种低价货物，富商大贾就不能从中得利。这就叫国家的平准措施。"

【原文】

龙斗于马谓之阳牛山之阴①。管子入复于桓公曰："天使使者临君之郊，请使大夫初饬②，左右玄服，天之使者乎③！天下闻之曰：'神哉齐桓公！天使使者临其郊。'不待举兵，而朝者八诸侯。此乘天威而动天下之道也。故智者役使鬼神而愚者信之。"

【注释】

①古本"谓"作"请"。张佩纶云："'请'与'谓'皆'渎'字之讹。'马渎'即马

车渎也。""马渎"与下文"牛山"皆假托的地名。

②初衿：陶鸿庆云："'衿'读为'衻'。'初'乃'袗'之误字，本作'袗'。《说文》：'袗，玄服也。'……龙为水族之长，故必里服以将事也。"译文从陶说。

③猪饲彦博云："'天之使者'上疑脱'迎'字。"译文据此补出。

【今译】

两龙在马渎以南、牛山以北相斗。管子向桓公报告说："上天派使者降临君主的郊野，请派大夫穿上黑衣服，左右也穿上黑衣服，去迎接上天的使者吧！天下人听到此事一定会说：'齐桓公真是神啊！上天派使者降临他的郊野了。'这样，不必用兵，来齐国朝见的就有八国诸侯。这就是借助上天的威势来震慑天下诸侯的方法。因此，智慧者可以役使鬼神来达到目的，而愚笨者就会相信。"

【原文】

桓公终神①，管子入复桓公曰："地重，投之哉兆②，国有怵。风重，投之哉兆。国有枪星③，其君必辱；国有彗星，必有流血④。浮丘之战，彗之所出，必服天下之仇。今彗星见于齐之分⑤，请以令朝功臣世家，号令于国中曰：'彗星出，寡人恐服天下之仇。请有五谷菽粟、布帛文采者，皆勿敢左右⑥。国且有大事，请以平贾取之。'功臣之家、人民百姓皆献其谷菽粟泉金⑦，归其财物⑧，以佐君之大事。此谓乘天葘而求民邻财之道也⑨。"

注释

①终神：马非百云：终，卒也。神者，祀神之事也。终神犹言祭神完竣。

②重：何如璋云："'重'字疑当作'动'。"译文从"动"。投之哉兆：郭沫若云："'投'乃'疫'之坏字。……《说文》'疫，人皆疾也'。《史记·天官书》'氐为天根，主疫'。此与地动兆疫或不无关系，盖地动则天根为之不宁也。"译文从郭说。安井衡云："哉、栽通。"即灾。

③猪饲彦博云："'国'谓其国之分野。"许维遹云："'枪'即天枪，《隋书·天文志》'天枪主捕'，故云'其君必辱'。"

④许维遹云："《晋书·天文志》'彗星所谓埽星，或竟天见则兵起'，故云'必有流血'。"

⑤分：马非百云："分，分野也，谓星宿所当之区域。"

⑥勿敢左右:指不得自由买卖。
⑦陶鸿庆云:"'谷'上当有'五'字。"译文从陶说。
⑧归:同"馈"。
⑨菑:同"灾"。邻:指近臣。

【今译】

桓公祭神完毕,管子向桓公报告说:"地动是疫病的征兆,国家将有灾难。风暴也是疫病的征兆。某国的分野出现天枪星,国君必将受辱;出现彗星,流血战争必将发生。浮丘大战时,彗星就曾出现,预示着一定要征服天下的仇敌。现在彗星又出现在齐国的分野,请下令召集功臣世家,并对国内发布号令说:'彗星出现,我恐怕又要去出征天下仇敌。请藏有各种粮食、布匹的人家,都不准自由买卖。国家将有战事,要用平价收购这些物资。'功臣世家和人民百姓都会将他们的粮食、钱币和黄金献给国家,把财物赠给君主,帮助你完成大业。这就叫利用上天的灾异来索求近臣百姓财物的方法。"

【原文】

桓公曰:"大夫多并其财而不出①,腐朽五谷而不散。"管子对曰:"请以令召城阳大夫而谪之②。"桓公曰:"何哉?"管子对曰:"'城阳大夫嬖宠被绤绤③,鹅鹜含余秫④,齐钟鼓之声,吹笙篪⑤,同姓不入⑥,伯叔父母、远近兄弟皆寒而不得衣,饥而不得食。子欲尽忠于寡人,能乎?故子毋复见寡人⑦。'灭其位⑧,杜其门而不出。功臣之家皆争发其积藏,出其资财,以予其远近兄弟。以为未足,又收国中之贫病孤独老不能自食之萌,皆与得焉⑨。故桓公推仁立义,功臣之家兄弟相戚,骨肉相亲,国无饥民。此之谓缪数⑩。"

注释

①并:戴望云:"'并'与'屏'同。"屏,藏也。
②王念孙云:"'请之'当为'谪之'。"译文从王说
③嬖宠:指宠妾。绤绤:精制丝绸。
④鹅鹜:鹅鸭。余秫:剩饭。
⑤姚永概云:"脱'之音'二字。"
⑥同姓不入:马非百云:"即同一族姓之人亦不得参加也。"

⑦马非百云:"自'城阳大夫'至'故子毋复见寡人'一段文字,皆管子教桓公'请罪'城阳大夫词。"译从。

⑧灭其位:马非百云:"谓取消其在朝列应有之位次也。"

⑨与得:指分得资财。

⑩缪数:尹知章云:"缪读曰谬,假此术以陈其事也。"马非百云:缪,诈也。犹言诈术。

【今译】

桓公说:"大夫们都藏匿他们的财货而不肯献出,宁愿粮食腐败也不肯发散给饥民。"管子回答说:"请下令召见城阳大夫并予以谴责。"桓公问:"该怎么说呢?"管子回答说:"可以说:'城阳大夫,你的宠妾穿着丝绸,鹅鸭吃着剩饭,家中钟鼓齐鸣,笙篪吹奏,奢侈到极点,但你的同姓却不得进门,你的伯叔父母、远近兄弟却都在受冻挨饿。你这样做能对我尽忠心吗?你再不要来见我。'然后取消他的地位,封闭他的门户不让出去。这样,功臣世家都会争着发散储藏,拿出财物,去接济远近兄弟。还觉不够,就会收罗国内的贫病孤老不能自食其力的贫民,都让他们分得财物。因此桓公推行仁义,使功臣世家兄弟骨肉相亲相爱,国内没有饥民。这就叫巧诈的方法。"

【原文】

桓公曰:"峥丘之战,民多称贷负子息,以给上之急,度上之求。寡人欲复业产,此何以洽①?"管子对曰:"惟缪数为可耳。"桓公曰:"诺。"令左右州曰:"表称贷之家②,皆垩白其门而高其闾③。"州通之师执折箓曰④:"君且使使者。"桓公使八使者式璧而聘之,以给盐菜之用⑤。称贷之家皆齐首稽颡而问曰:"何以得此也?"使者曰:"君令曰:'寡人闻之《诗》曰:恺悌君子⑥,民之父母也。寡人有峥丘之战。吾闻子假贷吾贫萌,使有以给寡人之急,度寡人之求。使吾萌春有以倳耜,夏有以决芸,而给上事,子之力也。是以式璧而聘子,以给盐菜之用。故子中民之父母也。"称贷之家皆折其券而削其书,发其积藏,出其财物,以赈贫病。分其故赍⑦,故国中大给,峥丘之谋也。此之谓缪数。

注释

①"寡人"二句:尹知章云:"业产者,本业也。洽,通也。言百姓为戎事失其本业,今欲取之,何以通于此也。"
②表:尹知章云:"旌,表也。"
③垩:粉刷。闾:里门。
④通之师:马非百云:"师,乡师也。通即向上级汇报,谓州长旌表既毕,乃以其事汇报于乡师。折策指官府命令。
⑤"桓公"二句:尹知章云:"令使者赍石璧而与,仍存问之,谦言盐菜之用。"
⑥恺悌:和乐平易貌。
⑦赀:财物。

【今译】

桓公问:"峥丘大战时,很多百姓都借债欠息,来供给君主的急用,考虑君主的需求。现在我打算恢复他们的本业,怎样达到这个目标呢?"管子回答说:"只有使用巧诈的方法才可以。"桓公说:"好吧。"就命令左右各州说:"表彰那些放债人家,一律刷白他们的门墙,增高他们的里门。"州长将结果汇报乡师后拿着官府命令对放债人家说:"君主即将派使者来。"桓公派出八名使者带着石璧来慰问,说是给一点盐菜的费用。放债人家都俯首叩头,问道:"为什么给我们这样高的待遇?"使者说:"君主这样说:'我听说《诗经》中讲:和乐平易的君子,是百姓的父母。我曾打了峥丘大战,听说你们借债给贫民,使他们有能力供给我的急用,考虑我的需求,使他们春天能够耕种,夏天能够除草,并供给国家所需,这些都是你们的功劳啊!因此送上石璧来慰问你们,算是给一点盐菜的费用。你们都可算是百姓的父母啊!"放债人家听了都毁掉了债券和文书,发散储藏,拿出财物,用来赈济贫民病人。由于分散了他们的积财,所以国内普遍丰足。这都是利用峥丘之战的计谋的作用。这就叫巧诈的方法。

【原文】

桓公曰:"四郊之民贫,商贾之民富。寡人欲杀商贾之民以益四郊之民①,为之奈何?"管子对曰:"请以令决瓀洛之水②,通之杭庄之间③。"桓公曰:"诺。"行令未能一岁,而郊之民殷然益富④,商贾之民廓然益贫⑤。桓公召管子而问曰:"此其故何也?"管子对曰:"决瓀洛之水通之杭庄之间,则屠酤之汁肥流水⑥,则鳦蚳巨雄、翡燕小鸟皆归之⑦,宜昏饮,此水上之乐也。贾人蓄物而卖为雠,买为取⑧,市未央毕⑨,而委舍其守列⑩,投鳦蚳巨雄⑪。新冠五尺请挟弹怀丸游水上⑫,弹翡燕小鸟,被于暮。故贱卖而贵买。四郊之民卖贱⑬,何为不富哉?商贾之人,何为不贫乎?"桓公曰:"善。"

注释

①杀:马非百云:杀,削减。四郊之民即农民。

②马非百云:"瓁洛之水,犹言洼地之积水。"瓁同"漥"。

③马非百云:"杭"当作"抗"。抗,对也。《尔雅·释宫》云:"六达谓之庄。"抗庄即两庄对立,如雁之有两翅也。指两条相对的大道。

④郭沫若云:"'而'即'四'字之误。"译文从之。殷然:满盈貌。

⑤廓然:空寂貌。

⑥屠:屠户。酤:酒家。

⑦鳦蚳、巨雄、翡燕:马非百云:"鳦蚳"当作"鳦母"。鳦母即今之蚊母鸟,大如鸡,食蚊蚳羽蚁。"巨雄"与"小鸟"对文,巨雄者大鸟也,指鳦母而言。"翡"即"翡翠"。翡翠与燕皆不如鳦母之大,故曰小鸟也。译文从马说。

⑧"贾人"二句:猪饲彦博云:"谓卖者速售,买者速取也。"

⑨市未央毕:马非百云:央者,半也。谓买卖尚未完成其半数也。

⑩委舍其守列:马非百云:"委舍谓弃去之。……守列即坐列,犹今日之言'站柜台'矣。"

⑪投:指以矢石扔掷。

⑫新冠:尹桐阳云:"年二十曰新冠。五尺谓五尺之童。"安井衡云:"新冠少年,五尺童子皆请其父兄,挟弹怀丸弹小鸟于水上,以及昏暮。"

⑬卖贱:陶鸿庆云:"卖贱"当为"买贱""原文当作'卖贵而买贱',此与上文商贾之人'贱卖而贵买'事正相因。"译文从陶说。

【今译】

桓公问:"四郊的农民贫穷,而城里的商人富裕,我打算削减商人的财富来帮助农民,该怎么办呢?"管子回答说:"请下令将洼地的积水,引进两条大道的中间低地。"桓公说:"好的。"命令执行不到一年,四郊的农民就渐渐富起来,而城中的商人渐渐穷下去。桓公召见管子问道:"这是什么缘故呢?"管子回答说:"将洼地的积水引入两条大道的中间低地,街上屠户、酒家的油水都流进水里,蚊母类的大鸟和翡翠、燕类和小鸟都聚集到水边,这里适合黄昏饮酒,成为水上的享乐之地。商人在这里做买卖,售出和购进都急于速成,买卖做到一半,就扔下货摊,去扔掷蚊母类的大鸟了。青少年们也都带着弹弓、弹丸在水边游玩,弹射翡翠、燕类的小鸟,直到天黑。因此,商人普遍低价卖出、高价买进,而四郊的农民则低价买进、高价卖出,怎么能不富呢?商人又怎么能不穷呢?"桓公说:"对。"

【原文】

桓公问:"五衢之民,衰然多衣弊而屦穿①。寡人欲使帛布丝纩之贾贱,为之有道乎?"管子曰:"请以令沐途旁之树枝②,使无尺寸之阴。"桓公曰:"诺。"行令未能一岁,五衢之民皆多衣帛完屦。桓公召管子而问曰:"此其何故也?"管子对曰:"途旁之树未沐之时,五衢之民,男女相好往来之市者,罢市相睹树下,谈语终日不归。男女当壮③,扶辇推舆,相睹树下,戏笑超距④,终日不归。父兄相睹树下,论议玄语⑤,终日不归。是以田不发⑥,五谷不播,麻桑不种,茧缕不治。内严一家而三不归⑦,则帛布丝纩之贾安得不贵。"桓公曰:"善。"

【注释】

①衰然:马非百云:"衰然,衰耗之貌,犹言穷困也。"
②沐途旁之树枝:黄震云:"沐,去树枝也。沐途旁之树枝以绝游息,农人皆务本业而农以富。"
③当壮:马非百云:当壮即丁壮。
④超距:猪饲彦博云:"超距,犹跳跃也。"
⑤玄语:马非百云:玄谓理之微妙者也。犹言说话不切实际。
⑥陶鸿庆云:"'田'下当有'草'字。"译文从陶说。
⑦严:同"俨"。瞰,视。

【今译】

桓公问:"五方的百姓,多是衣旧鞋破的贫困样子。我打算让帛衣丝絮的价格降下来,有办法做到吗?"管子回答说:"请下令剪去道旁的树枝,使它不留尺寸的树荫。"桓公说:"好的。"命令执行不到一年,五方的百姓都身着丝帛、脚穿新鞋。桓公召见管子问道:"这是什么缘故呢?"管子回答道:"道旁的树枝没有剪去的时候,五方百姓中男女相好来往集市的,散市后在树下相会,终日谈情说爱不想回家。壮年男女推车过路的,在树下相会,终日戏笑舞蹈不想回家。父子兄弟在树下相会,整天谈天说地不想回家。这样,田草不得开辟,五谷不得播种,桑麻不得栽种,茧丝不得抽治。看看一家之内就有三种人不想回家,帛布丝絮的价格怎么能不贵呢?"桓公说:"对。"

【原文】

桓公曰:"粜贱,寡人恐五谷之归于诸侯,寡人欲为百姓万民藏之①,为此有道乎?"管子曰:"今者夷吾过市,有新成囷京者二家②。君请式璧而聘之。"桓公曰:"诺。"行令半岁,万民闻之,舍其作业而为囷京以藏菽粟五谷者过半。桓公问管子曰:"此其何故也?"管子曰:"成囷京者二家,君式璧而聘之,名显国中,国中莫不闻。是民上则无功显名于百姓也,功立而名成;下则实其囷京,上以给上为君。一举而名实俱在也,民何为也③?"

【注释】

①为:使。
②囷:圆形粮仓。京:尹知章云:"大囷曰京。"
③"民何"句:戴望云:"当作'民何不为也',脱'不'字。"译文从戴说。

【今译】

桓公说:"市场卖价低,我怕国内的粮食都流向诸侯各国,我打算使百姓都自己贮藏粮食,有办法做到吗?"管子说:"今天我经过集市,看到有两家新建了粮仓。请君主将石璧送去表示慰问。"桓公说:"好的。"命令执行半年,百姓听说后,有半数以上都放下本业去建造粮仓,贮藏粮食。桓公问管子说:"这是什么缘故呢?"管子说:"两家新建了粮仓,君主将石璧送去表示慰问,使他们扬名国内,国中没有不知道此事的。他们对国家没有功劳却扬名天下成就功名,对自己则充实了粮仓,对国家可用来交纳赋税。名利并收,一举两得,百姓为什么不跟着做呢?"

【原文】

桓公问管子曰:"请问王数之守终始①,可得闻乎?"管子曰:"正月之朝②,谷始也;日至百日,黍秋之始也③;九月敛实,平麦之始也④。"

注释

①王数:马非百云:"王数即帝王之政策,……'王数之守终始',即'王国守始'之意,……"
②正月之朝:马非百云:谓正月上旬。
③日至、黍秋:马非百云:"日至谓冬至。黍秋即黍稷。"
④平麦:何如璋云:"'平麦'当作'牟麦'。"即指大麦。

【今译】

桓公问管子说:"请谈谈君主该怎样控制好农事开始的时候,能说来听听吗?"管子说:"正月上旬,是开始种谷的时候;冬至后百天,是开始种黍米、小米的时候;九月秋收后,是开始种大麦的时候。"

【原文】

管子问于桓公:"敢问齐方于几何里①?"桓公曰:"方五百里。"管子曰:"阴雍、长城之地②,其于齐国三分之一,非谷之所生也。渠、龙夏③,其于齐国四分之一也④。朝夕外之⑤,所墆齐地者五分之一⑥,非谷之所生也。然则吾非托食之主耶⑦?"桓公遽然起曰⑧:"然则为之奈何?"管子对曰:"动之以言,溃之以辞⑨,可以为国基⑩。且君币籍而务,则贾人独操国趣。君谷籍而务,则农人独操国固⑪。君动言操辞,左右之流君独因之。""物之始吾已见之矣,物之终吾已见之矣,物之贾吾已见之矣⑫。"管子曰:"长城之阳,鲁也;长城之阴,齐也。三败杀君二重臣定社稷者⑬,吾此皆以孤突之地封者也⑭。故山地者山也,水地者泽也,薪刍之所生者斥也。"公曰:"托食之主及吾地亦有道乎?"管子对曰:"守其三原⑮。"公曰:"何谓三原?"管子对曰:"君守布则籍于麻,十倍其贾⑯,布五十倍其贾,此数也⑰。吾以织籍,籍于系⑱,未为系籍系,抚织,再十倍其贾。如此,则云五谷之籍⑲。是故籍于布则抚之系,籍于谷则抚之山,籍于六畜则抚之术⑳。籍于物之终始而善御以言㉑。"公曰:"善。"

注释

①方于:郭沫若云:"'方于'当读为'方舆'。……天圆地方,故地即称'方舆'。"

②阴雍:马非百云:阴指平阴。雍谓堤防止水者也。长城:长城指齐长城。

③洪颐煊云:"此'浡'字本'海庄'二字讹并作一字。"译它从洪说。

④丁士涵云:"'也'字上亦当有'非谷之所生也'五字,与上下文一例。"译文从丁说。

⑤朝夕外之:安井衡云:"'朝夕'读为潮汐。'外之',绕其外也。"

⑥埭:同"滞"。

⑦吾:俞樾云:"'吾'字乃'君'字之误。"译文从俞说。

⑧遽然:马非百云:"遽然,惶惧之貌。"

⑨溃:疑作"操"。下文正作"动言操辞"。

⑩国基:马非百云:"国基者,立国之基础也。"

⑪"且君"四句:郭沫若云:"谓如专以征收货币为务,则富商即将操纵金融;如专以征收谷物为务,则地主即将囤积粮食也。"国趣指国人所趋向,即货币。国固指国人所固守,即粮食。

⑫"物之"四句:尹桐阳云:"此均桓公词。"译从。见:马非百云:"见者,知也,谓三者吾皆已知之也。"

⑬郭沫若云:"'三败'云云不知何所指,当是齐鲁间之往事为史所阙佚。"

⑭孤突之地:马非百云:所谓孤突之地者乃孤立突出之地。此谓齐鲁毗连,不时发生战事。鲁人虽三败于齐,但齐亦折兵损将,结果割地以和。

⑮三原:马非百云:"原者源也,亦始也。三原指下文'丝'、'山'、'术'三者而言。"

⑯马非百云:"'十倍其贾'上脱'麻'字。"译文从之。

⑰此数也:马非百云:即此乃一定之理。

⑱织、系:马非百云:"织即丝织物,……系当作系。《说文》:'系,细丝也。'"

⑲云:刘绩云:"'云'疑当作'去'。"译文从"去"。

⑳"是故"三句:马非百云:术通遂,郊外地也。此言欲籍于布(包括丝织物在内),则当先据其丝(包括麻在内);欲籍于谷,则当先据之于山;欲籍于六畜,则当先据之以术。盖丝为布之所出,山长茧桑为织之所出,籍丝抚织,则可以去五谷之籍,故又相当于谷之所出。术则为六畜之所出。

㉑善御以言:马非百云:"言,号令也。善御以言,即……'审其号令'之意。"

【今译】

管子问桓公说:"请问齐国土地有多少里?"桓公说:"方圆五百

里。"管子说:"修筑平阴堤防和长城,占了齐国土地的三分之一,这是不长五谷之地。海庄、龙夏一带,占了齐国土地的四分之一,也是不长五谷之地。潮汐外绕、海水淹滞的地带,占了齐国土地的五分之一,也是不长五谷之地。这样,你不成了寄食他国的君主了吗?"桓公惶惧地起身说:"那么该怎么办呢?"管子回答说:"善于发号施令,也可以成为治国的基础。君主如果专门征收货币,富商就会操纵货币;君主如果专门征收粮食,地主就会操纵粮食。君主能用号令来征税,左右四方就都在君主的掌握之中。"桓公说:"物资的产生我已经知道了,物资的归属我已经知道了,物资的价格我也知道了。"管子说:"长城的南面是鲁国,长城的北面是齐国。齐鲁间历来战事不断,齐国还将一些孤立突出的土地割让鲁国,因而山地还是山,水地还是泽,长满柴草的还是劣等地。"桓公问:"解决寄食他国和土地被占有什么办法呢?"管子回答说:"要控制三个源头。"桓公问:"什么叫三个源头?"管子回答说:"君主要控制布匹就要先在原料麻上征税,麻价上涨十倍,布价就可上涨五十倍,这是必然的道理。君主要控制丝织品,就要在丝上征税,甚至未成丝时就要征税,再对丝织品征税,就可取得二十倍的收益。这样,就不必再征粮食税了。因此,对布帛征税就要先征麻丝,对粮食征税就要先征山地,对六畜征税就要先征郊野。都要善于运用号令,在物资的源头上征税。"桓公说:"好。"

【原文】

管子曰:"以国一籍臣右守布万两而右麻籍四十倍其贾术①。布五十倍其贾,公以重布决诸侯贾②,如此而有二十齐之故③。是故轻轶于贾谷制畜者则物轶于四时之辅④。善为国者守其国之财,汤之以高下⑤,注之以徐疾⑥,一可以为百。未尝籍求于民,而使用若河海,终则有始。此谓守物而御天下也。"公曰:"然则无可以为有乎?贫可以为富乎?"管子对曰:"物之生未有刑,而王霸立其功焉⑦。是故以人求人,则人重矣;以数求物⑧,则物重矣。"公曰:"此若言何谓也?"管子对曰:"举国而一则无赀,举国而十则有百⑨。然则吾将以徐疾御之,若左之授右,若右之授左,是以外内不蜷⑩,终身无咎。王霸之不求于人而求之终始、四时之高下、令之徐疾而已矣。源泉有竭,鬼神有歇,守物之终始,身不竭⑪。此谓源究⑫。"

注释

①"以国"句:宋本"术"作"衍"。郭沫若云:文意难晓。与上文犯复,故此数语为错简无疑。宋本出"衍"字,可见前人已知此等字句为衍文。故今译不译。

②"布五"二句:马非百云:"谓以重贾五十倍之布,决去所买诸侯万物之贾。"

③"如此"句:吴汝纶云:"言视齐之旧日加二十倍也。"

④"是故"句:郭沫若云:"'轻'下脱'重'字。'则物'当为'财物'。'轻重'与'财物'对文。'轶'与'佚'通,失也。贾谷制畜之道失其权衡。则财物之生聚失其时会。"译文从郭说。

⑤"汤之"句:王念孙云:"'汤'读若'荡'。"马非百云:"犹言'使物一高一下,不得常固'也。"

⑥注:马非百云:注,引也。

⑦"物之"二句:何如璋云:"'刑'读如'形'。物之生,其形未著,乃物之原也。能守其原,则王霸之功立焉。"

⑧数:指轻重之策。

⑨马非百云:一,划一也。言物价以变化为宜,若举国一致,皆无高下之分,则无余利可图。反之,若国内物价各地不同,甚至于有十倍之差,则可以从中获得百倍之利。

⑩蜷:猪饲彦博云:"蜷,屈也。"

⑪王念孙云:"'身'上当有'终'字。"译文从王说。

⑫源:马非百云:"源,根源。究,究竟。源究即《易·系辞》'原始要终'之意,……"

【今译】

管子说:"如果布价上涨了五十倍,君主用涨价的布匹输出他国,除去交换货物的价值,还比齐国过去的收入增加二十倍。因此对物价的控制不用轻重之术,财物的生成就会错失时机。善于治国的君主控制好本国财物,用物价的高低来增值,用号令的缓急来招引,就可以做到一变为百。不向百姓征税索求,而财用如江海水流,终而复始。这就叫控制物资而驾御天下。"桓公问:"但是能做到无变为有贫变为富吗?"管子回答说:"事物生成之初尚未成形,能控制它的原始,就能成就王霸的功业。因此,派人向百姓直接索求,就都取决于人;用轻重之术间接索求,就可以变无为有,变贫为富。"桓公问:"你这话是什么意思?"管子回答说:"全国物价整齐划一,就无利可图;全国物价相差十倍,就可获利百倍。这就要运用号令的缓急来驾御它,就像左手交给右手，右手交给左手，做到内外舒展自如，终身没有缺憾。因此，成就王霸之业的君主，不求助于他人，而只要控制好物资生产的开始、四时物价的高低和有关号令的缓急就行了。源泉有枯竭的时候，鬼神有消歇的时候，只要控制物资生产的开始，就会终身取用不尽。这就叫穷究事物的原始。"

轻重戊第八十四

【题解】

　　这是本书专论轻重问题的第五篇专文，题为《轻重戊》。

　　本篇将轻重之术的运用由经济领域扩展到政治、外交等方面，全篇共分为各自独立的七节。第一节阐述三皇五帝各有其轻重之策，当世君王应"并用而毋俱尽"，"弱强继绝"，振兴周王室。第二节至第七节都阐述用各种计谋和轻重之术使邻国归服，使百姓致富。第二节阐述诱导鲁梁国弃农织绨而最终征服鲁梁。第三节阐述用剪除道旁树枝的计谋改变"三不归"现象，从而使百姓致富。第四节阐述诱导莱国弃农打柴而最终征服莱、莒。第五节阐述诱导楚国弃农猎取生鹿而最终征服楚国。第六节阐述诱导代国弃农求取狐白之皮而最终征服代国。第七节阐述诱导衡山国弃农制造兵器而最终征服衡山。这类计谋的共同特点是：用高价收购诱导敌国放弃农业，专营特产，然后用轻重之术控制粮食，迫使敌国归服。

【原文】

　　桓公问于管子曰："轻重安施？"管子对曰："自理国虙戏以来①，未有不以轻重而能成其王者也。"公曰："何谓？"管子对曰："虙戏作，造六峜以迎阴阳②，作九九之数以合天道③，而天下化之④。神农作，树五谷淇山之阳⑤，九州之民乃知谷食，而天下化之。黄帝作⑥，钻燧生火，以熟荤臊，民食之无兹䐈之病⑦，而天下化之。黄帝之王，童山竭泽。有虞之王，烧曾薮⑧，斩群害，以为民利，封土为社，置木为闾，始民知礼也⑨。当是其时，民无愠恶不服，而天下化之。夏人之王，外凿二十虻⑩，鏺十七湛⑪，疏三江，凿五湖，道四泾之水⑫，以商九州之高⑬，以治九薮,民乃知城郭、门闾、室屋之筑,而天下化之。殷人之王,立皂牢⑭,服牛马,以为民利,而天下化之。周人之王,循六峜⑮,合阴阳,而天下化之。"公曰:"然则当世之王者何行而可?"管子对曰:"并用而毋俱尽也。"公曰:"何谓?"管子对曰:"帝王之道备矣,不可加也,公其行义而已矣。"公曰:"其行义奈何?"管子对曰:"天子幼弱,诸侯亢强⑯,聘享不上。公其弱强继绝,率诸侯以起周室之祀。"公曰:"善。"

注释

①理国:马非百云:"'理国'当在'虑戏'下。虑戏即伏羲。"译文从之。

②峜:洪颐煊云:"'峜'当作'金','金'古文'法'字。"闻一多云:"八卦古有六法之称。(六爻之义盖本如此。)此曰'虑戏作造六法',下文曰'周人之王循六法',谓虑戏始作卦而文王演之耳。"译文从洪说。

③九九:马非百云:"九九,算法名。"

④化:归化。

⑤戴望云:"《路史·炎帝纪注》引'树'作'种','淇'上有'于'字。"译从。

⑥黄帝作:张佩纶云:"'黄帝作'当作'燧人作',涉下'黄帝之王'而误。"译文从张说。

⑦兹腜之病:马非百云:"'兹'当作'兹'。"《说文·玄部》云:"兹,黑也,从二玄。"马又云:"兹训黑,又训浊,则与'毒'义相类。……'兹腜之病',乃指食物中毒而言。"译文从马说。

⑧曾薮:安井衡云:"曾、层同。层,重也。'重薮'为大薮。"

⑨吴汝纶云:"'始良'当互倒。"译文从之。

⑩寅:张佩纶云:"'寅'当为'沆'。《说文》'沆,水广也'。"译文从之。

⑪章炳麟云:"'㡜'借为'渫'。"《易》注"浚治去泥浊也"。"湛"者,《文选》注引《仓颉篇》云"湛,水不流也"。译文从章说。

⑫四泾:张佩纶云:"'四泾'当作'四渎'。"四渎指江、淮、河、济。遭:同导。

⑬商:张佩纶云:"《说文》:'商,从外知内也。'《广雅·释诂》:'商,度也。'商度九州之高以顺其就下之性。"

⑭王念孙云:"皂以养马,牢以养牛。"

⑮六峜:同"六法"。

⑯亢:马非百云:"亢,过也,又极也。强之极者曰亢强。"

【今译】

桓公问管子说:"怎样施行轻重之术呢?"管子回答说:"自从伏羲

氏治国以来，没有不用轻重之术而能成就王业的君主。"桓公问："这话怎么讲？"管子回答说："伏羲氏兴起，创造了八卦来配合阴阳，创造了九九算法来证明天道，天下因而归化。神农氏兴起，在淇山之南种植了五谷，使九州的百姓知道食用五谷，天下因而归化。燧人氏兴起，钻木取火，烧煮肉食，百姓吃了再不会食物中毒，天下因而归化。黄帝统治天下，伐光山林，抽干水泽。虞舜统治天下，火烧大泽，斩杀野兽，为百姓谋利，并祭封土地神社，建造木质里门，百姓才懂得礼节。那时百姓没有怨怒、憎恨和不服统治的，天下因而归化。夏禹统治天下，对外开凿了十二条大河，疏浚了十七条水道，疏通了三江，开凿了五湖，导引四渎之水入海，测度九州的高度，来治理九片大泽，百姓才懂得修筑城郭、门墙、房屋，天下因而归化。殷商统治天下，树立牢栏，畜养牛马，使百姓得利，天下因而归化。周朝统治天下，推演八卦，配合阴阳，天下因而归化。"桓公问："那么当今的君王该怎样做呢？"管子回答说："可以兼收并蓄，但不必全部照搬。"桓公问："这话怎么讲？"管子回答说："前代帝王的统治之道已十分完备，不必再增加，您只要实行道义就可以。"桓公问："怎样实行道义呢？"管子回答说："当今周天子年幼力弱，诸侯过于强大，都不对天子聘问贡献。您应该削弱过于强大的诸侯，延续濒于灭绝的国家，率领各国诸侯振兴周天子的王室。"桓公说："好。"

【原文】

桓公曰："鲁梁之于齐也①，千谷也②，蜂螫也③，齿之有唇也。今吾欲下鲁梁，何行而可？"管子对曰："鲁梁之民俗为绨④。公服绨，令左右服之，民从而服之。公因令齐勿敢为，必仰于鲁梁⑤，则是鲁梁释其农事而作绨矣。"桓公曰："诺。"即为服于泰山之阳⑥，十日而服之。管子告鲁梁之贾人曰："子为我致绨千匹，赐子金三百斤。什至而金三千斤。"则是鲁梁不赋于民，财用足也。鲁梁之君闻之，则教其民为绨。十三月，而管子令人之鲁梁。鲁梁郭中之民道路扬尘，十步不相见，绁绤而踵相随⑦，车毂齰，骑连伍而行⑧。管子曰："鲁梁可下矣。"公曰："奈何？"管子对曰："公宜服帛，率民去绨。闭关，毋与鲁梁通使。"公曰："诺。"后十月，管子令人之鲁梁，鲁梁之民饿馁相及⑨，应声之正无以给上⑩。鲁梁之君即令其民去绨修农。谷不可以三月而得。鲁梁之人籴十百,齐籴十钱⑪。二十四月,鲁梁之民归齐者十分之六。三年,鲁梁之君请服。

注释

①"鲁梁"句:张佩纶云:鲁、梁二国,地不相接,春秋时梁国近秦,此梁乃汉之梁孝王故国,非春秋梁国。"轻重"诸篇为汉代所作,此为托古之疏舛,不必视为两国。

②阡:朱长春云:"'阡'即'阡'。阡之谷两畔争食也,比于邻界也。"

③蜂螫:尹知章云:"言鲁梁二国常为齐患也。"此以蜂螫相蜇为喻。

④绨:尹知章云:"缯之厚者谓之绨。"

⑤仰:仰仗,依靠。

⑥"即为"句:尹知章云:"鲁梁二国在秦山之南,故为服于此,近其境也,欲鲁梁人速知之。"

⑦"绁绣"句:猪饲彦博云:"绁绣'与'曳屦'同。屦,履也。"马非百云:"盖谓鲁梁郭中道路拥挤,行人但能缓步而前,足不举踵也。"

⑧"车毂"两句:尹知章云:"言其车毂往来相磍,而骑东西连而行,皆趋绨利耳。"

⑨相及:尹知章云:"相及,犹相继也。"

⑩应声之正:马非百云:盖谓平时之正常赋税。

⑪"鲁梁"两句:尹知章云:"籴十百,谷斗千钱。籴十钱,谷斗十钱。"

【今译】

桓公说:"鲁梁和齐国的关系,就像田路两旁的庄稼相邻,又像蜂螫蜇人般致祸,也像唇齿般相依。现在我打算征服鲁梁,该怎么行事?"管子回答说:"鲁梁地方的民俗以织绨为业。您亲自穿着绨服,下令左右臣子也穿绨服,百姓也就会跟着穿。您再下令齐国不准织绨,绨一定要依靠鲁梁供给,这样,鲁梁百姓就会放弃农事而专门织绨了。"桓公说:"好的。"就在泰山南面缝制绨服,十天后做成穿上。管子告诉鲁梁的商人说:"你们为我送来绨千匹,就给你们金三百斤。送来十次就是金三千斤。"这样,鲁梁靠着织绨,财用充足,不向百姓征税。鲁梁君主听说后,也要求百姓专门织绨。十三个月后,管子派人去鲁梁打听消息,只见鲁梁城里百姓拥挤,道路扬起的灰尘使十步之内相互看不见,行路的足不举踵,坐车的车毂相咬,骑马的列队成行。

管子说："鲁梁可以征服了。"桓公问："怎么做呢？"管子回答说："您现在改穿帛衣，引导百姓不再穿绨服，并封闭关卡，不同鲁梁相互往来。"桓公说："好的。"十个月后，管子再派人去鲁梁打听消息，看到鲁梁的百姓相继闹起饥荒，正常的赋税也无力交给君主。鲁梁的君主马上下令百姓不再织绨而去务农，但粮食不可能三个月就收获。鲁梁的百姓只能用千钱的高价买入粮食，而齐国的粮价才十钱。二十四个月后，鲁梁的百姓归顺齐国的多到十分之六。三年后，鲁梁的君主也请求归服。

【原文】

桓公问管子曰："民饥而无食，寒而无衣，应声之正无以给上，室屋漏而不居①，墙垣坏而不筑，为之奈何？"管子对曰："沐涂树之枝也②。"桓公曰："诺。"令谓左右伯沐涂树之枝③。左右伯受沐，涂树之枝阔④。其年⑤，民被白布⑥，清中而浊⑦，应声之正有以给上，室屋漏者得居，墙垣坏者得筑。公召管子问曰："此何故也？"管子对曰："齐者，夷莱之国也。一树而百乘息其下者⑧，以其不捎也⑨。众鸟居其上，丁壮者胡丸操弹居其下⑩，终日不归。父老枑树枝而论⑪，终日不归。归市亦惰倪⑫，终日不归。今吾沐涂树之枝，日中无尺寸之阴，出入者长时⑬，行者疾走，父老归而治生，丁壮者归而薄业⑭。彼臣归其三不归⑮，此以乡不资也⑯。"

【注释】

①居：王念孙云："'居'当为'治'。"译文从王说。

②涂：同"途"。沐：指剪枝。

③左右伯：马非百谓：指齐国王卒中的官长。

④阔：安井衡云："阔，疏也。枝既沐，故疏。"

⑤其：俞樾云："'其'读如'期'。"指一周年。

⑥白：戴望云："白，帛假字。"

⑦清中而浊：张佩纶云："《素问·径脉别论》'食气入胃，浊气归心'，王砅《注》'浊气，谷气也。'"此似指空腹而有食。

⑧"一树"句：马非百云："言树木之大，枝叶之多，故所荫者广也。"

⑨捎：安井衡云："捎，芟也。"

⑩胡：戴望云："'胡'乃'怀'字误。"译文从戴说。

⑪柎:古本作"拊"。拊,抚也。
⑫"归市"句:王念孙云:"'归市'下当有'者'字。"译文从王说。何如璋云:"'倪'当作'睨',谓惰归坐树下,睨而相视也。"译文从何说。
⑬长:郭沫若云:"长谓尚也,重也。"
⑭薄:安井衡云:"薄,勉也。"
⑮彼臣:马非百云:彼"义与'夫'字相同,乃语助词。臣,管子自称"。
⑯乡:同"向"。不资:指不赡。

【今译】

桓公问管子说:"百姓遭饥无食,受冻无衣,正常赋税无力上交,房屋漏雨无力修缮,墙垣坍坏无力重建,该怎么办呢?"管子回答说:"请剪除道旁的树枝。"桓公说:"好的。"就下令左右伯去剪除道旁的树枝,左右伯受命执行后,道旁树枝稀疏。一年后,百姓穿上了帛衣,吃上了粮食,交上了正常赋税,房屋漏雨的得到修缮,墙垣坍坏的得到重建。桓公召见管子问道:"这是什么缘故呢?"管子回答说:"齐国是靠近东夷莱人的国家。百乘车马休息在一棵大树下,是因为大树的枝叶浓密。各种鸟雀筑巢在树上,青壮年带着弹弓、弹丸在树下弹鸟,整天不想回家。老年人攀着树枝高谈阔论,整天不想回家。散市返家的人途经树下休息,也整天不想回家。现今我剪除了道旁的树枝,使太阳当头时也没有尺寸的树荫,这样,来往行人爱惜时间了,赶路的快步行走了,老年人回家干活了,青壮年也勉力从事本业了。我所以要使三种不想回家的人都回家去,是因为先前他们衣食不足。"

【原文】

桓公问于管子曰:"莱、莒与柴田相并①,为之奈何?"管子对曰:"莱、莒之山生柴,君其率白徒之卒铸庄山之金以为币②,重莱之柴贾。"莱君闻之,告左右曰:"金币者,人之所重也。柴者,吾国之奇出也③。以吾国之奇出,尽齐之重宝,则齐可并也。"莱即释其耕农而治柴。管子即令隰朋反农④,二年,桓公止柴⑤。莱、莒之籴三百七十,齐籴十钱,莱、莒之民降齐者十分之七。二十八月,莱、莒之君请服。

【注释】

①"莱、莒"句:安井衡云:"并有柴与田也,言其力强。一说:并,合也。莱多薪,莒多田,以柴田之利相合以防齐,故桓公忧而问之。"

②白徒之卒:未经训练的士兵。

③奇:猪饲彦博云:"奇,余也。"指副产。

④反:同"返"。

⑤止柴:指停止从莱购柴。

【今译】

　　桓公问管子说:"莱国和莒国共有柴薪和农耕之利,该怎么办呢?"管子回答说:"莱国、莒国的山上出产柴薪,请君主率领新兵用它来将庄山的铜铸成钱币,这样,必然提高莱国的柴价。"莱国君主听到这个消息,对左右臣子说:"钱币是人们所看重的,柴薪只是我国的副产。用我国的副产换取齐国的钱币,就可以逐渐并吞齐国。"莱国就放弃了农业而专门打柴。管子命令隰朋撤回新兵从事农耕,两年后,桓公停止向莱国购柴。这样,莱国、莒国只能用三百七十钱的高价买入粮食,而齐国的粮价只有十钱,莱国、莒国的百姓投奔齐国的多达十分之七。二十八个月后,莱国、莒国的君主也都请求归服了。

【原文】

　　桓公问于管子曰:"楚者,山东之强国也①,其人民习战斗之道。举兵伐之,恐力不能过。兵弊于楚,功不成于周,为之奈何?"管子对曰:"即以战斗之道与之矣②。"公曰:"何谓也?"管子对曰:"公贵买其鹿③。"桓公即为百里之城④,使人之楚买生鹿。楚生鹿当一而八万⑤。管子即令桓公与民通轻重,藏谷什之六⑥。令左司马伯公将白徒而铸钱于庄山⑦,令中大夫王邑载钱二千万,求生鹿于楚。楚王闻之,告其相曰:"彼金钱,人之所重也,国之所以存,明王之所以赏有功。禽兽者,群害也,明王之所弃逐也。今齐以其重宝贵买吾群害,则是楚之福也。天且以齐私楚也。子告吾民急求生鹿,以尽齐之宝。"楚民即释其耕农而田鹿⑧。管子告楚之贾人曰:"子为我致生鹿二十,赐子金百斤。什至而金千斤也。"则是楚不赋于民,而财用足也。楚之男子居外,女子居涂⑨。隰朋教民藏粟五倍,楚以生鹿藏钱五倍。管子曰:

"楚可下矣。"公曰:"奈何?"管子对曰:"楚钱五倍,其君且自得而修谷⑩。钱五倍,是楚强也。"桓公曰:"诺。"因令人闭关,不与楚通使。楚王果自得而修谷。谷不可三月而得也,楚籴四百。齐因令人载粟处芊之南,楚人降齐者十分之四。三年而楚服。

注释

①山东:马非百云:"山东谓函谷关以东,乃秦汉时常用之语,汉人尤喜言之。"

②战斗之道:上文指军事上的争斗,这里指经济上的争斗。与:对付。

③"公贵"句:马非百云:鹿为楚国之特产,故特贵其价而买之。

④城:马非百云:"所谓城者当是指筑有围墙之区域而言,不必作城郭之城讲。"

⑤"楚生"句:俞樾云:"此本作'楚生鹿一而当八万',言一鹿直八万泉也。"译文从俞说。

⑥"管子"两句:马非百云:"谓运用轻重之策,将民间之谷之十分之六敛而藏之以备用也。"

⑦伯公:假托的人名,下"王邑"同。

⑧田:猎取。

⑨"楚之"两句:马非百云:"此言楚人无论男女皆为求生鹿而奔走。"

⑩马非百云:"自得即自鸣得意之意。"郭沫若云:"此言'修谷'即彼言'修农'耳。"

【今译】

桓公问管子说:"楚国是山东的强国,百姓熟习争斗的本领。齐国如发兵攻楚,恐怕实力不如,兵败于楚国,又不能为周天子建功,该怎么办呢?"管子回答说:"就用争斗的方法来对付它。"桓公问:"这是什么意思?"管子回答说:"请君主用高价收买楚国的生鹿。"桓公就划定了方圆百里的苑囿,派人去楚国买鹿,楚国的生鹿一头价八万钱。管子让桓公运用轻重之术,将民间粮食的十分之六收藏备用,令左司马伯公带领民工去庄山铸钱,令中大夫王邑载着二千万钱去楚国购买生鹿。楚王听说了这个消息,对丞相说:"金钱是人们所看重的,国家靠它生存,明君靠它赏赐功臣。禽兽是一群祸害,是明主应该驱逐的。如今齐国用它的钱币高价购买我国的祸害,这是楚国的福音,上天将要把齐国赠送给楚国了。你去告诉百姓快去捕捉生鹿,来耗尽齐国的钱币。"于是,楚国百姓放弃了农耕,都去猎取生鹿。管子告诉楚国商人说:"你们为我送来生鹿二十头,就给你们金一百斤。送来十次就是金一千斤。"这样,楚国财用充足,不再向百姓征税。楚国的男男女女,都为猎取生鹿而奔走于途。结果,隰朋教齐国百姓贮藏了五倍的粮食,而楚国用生鹿获取了五倍的钱币。管子说:"楚国可以征服了。"桓公问:"怎么做呢?"管子回答说:"楚国的钱币增加了五倍,楚王将自鸣得意地发展农业。钱币增加五倍,这是楚国强大的标志。"桓公说:"好的。"于是命令封闭关卡,不同楚国相互往来。楚王果然自鸣得意地发展农业,但粮食不可能三个月就收获,楚国只能用四百钱的高价购入粮食。齐人派人载了粮食到芊地以南去发售,楚国百姓投奔齐国的占十分之四。三年以后,整个楚国都归服了。

【原文】

桓公问于管子曰:"代国之出①,何有?"管子对曰:"代之出,狐白之皮②。公其贵买之。"管子曰③:"狐白应阴阳之变,六月而一见。公贵买之,代人忘其难得,喜其贵买,必相率而求之。则是齐金钱不必出,代民必去其本而居山林之中。离枝闻之,必侵其北。离枝侵其北,代必归于齐。公因令齐载金钱而往④。"桓公曰:"诺。"即令中大夫王师北将人徒载金钱之代谷之上⑤,求狐白之皮。代王闻之,即告其相曰:"代之所以弱于离枝者,以无金钱也。今齐乃以金钱求狐白之皮,是代之福也。子急令民求狐白之皮以致齐之币,寡人将以来离枝之民。"代人果去其本,处山林之中,求狐白之皮,二十四月而不得一⑥。离枝闻之,则侵其北。代王闻之,大恐,则将其士卒葆于代谷之上⑦。离枝遂侵其北,王即将其士卒愿以下齐。齐未亡一钱币,修使三年而代服。

注释

①代国:与下文"离枝"皆为古国名,在今河北。这里亦当是假托。出:出产,特产。

②狐白之皮:马非百云:"谓集狐腋之白毛而成之皮,所以为制裘之用也。其特极贵,故古人多重之。"

③陶鸿庆云:"管子曰上当有桓公问辞,而今本脱之。"
④公因:王念孙云:"'公因'当为'公其'。"译文从之。
⑤王师北:假托的人名。
⑥一:马非百云:"一者谓一狐白之皮也。"
⑦葆:马非百云:"'葆'与'保'通。"即保守于代谷之上。

【今译】

桓公问管子说:"代国有什么特产?"管子回答说:"代国的特产是狐白之皮,请您用高价去购买。"管子又说:"狐腋下的白毛顺应阴阳变化,六个月才出现一次。您用高价去买,代国人将忽略它的难得,喜欢它的高价,一定纷纷去求取。这样,齐国不用真正耗费金钱,就能使代国百姓放弃本业而钻入山林猎狐。离枝听到,一定会入侵代国北部,一旦离枝入侵,代国必定归服齐国。您就派人载着金钱去代国吧。"桓公说:"好的。"就命令中大夫王师北带着人马载着金钱去代谷地区求取狐白之皮。代王听说了这个消息,就对丞相说:"代之所以比离枝国力弱,是因为缺少金钱。如今齐国用金钱来求购狐白之皮,这是代国的福音。你马上命令百姓去弄到狐白之皮来换取齐国的钱币,我将用这些钱来招引离枝的百姓。"代国百姓果然都放弃本业,钻进山林,猎狐求皮,但过了二十四个月也没弄到一张,离枝听到后,准备入侵代国。代王听说大惊,率领军队据守在代谷地区。离枝侵占了代国北部,代王只得率军自愿归服齐国。这样,齐国没有用去一个钱币,只派使者往来了三年,代国就归服了。

【原文】

桓公问于管子曰:"吾欲制衡山之术①,为之奈何?"管子对曰:"公其令人贵买衡山之械器而卖之②。燕、代必从公而买之,秦、赵闻之,必与公争之。衡山之械器必倍其贾。天下争之,衡山械器必什倍以上。"公曰:"诺。"因令人之衡山求买械器,不敢辩其贵贾③。齐修械器于衡山十月,燕、代闻之,果令人之衡山求买械器。燕、代修三月,秦国闻之,果令人之衡山求买械器。衡山之君告其相曰:"天下争吾械器,令其买再什以上④。"衡山之民释其本,修械器之巧。齐即令隰朋漕粟于赵⑤,赵籴十五⑥,隰朋取之石五十。天下闻之,载粟而之齐。齐修械器十七月,修粜五月,即闭关不与衡山通使。燕、代、秦、赵即引其使而归。衡山械器尽,鲁削衡山之南,齐削衡山之北。内自量无械器以应二敌,即奉国而归齐矣。

注释

①衡山:春秋战国时未有衡山国,汉置衡山国于荆州,后灭。此为假托之词。
②械器:本节专指兵器。
③"不敢"句:马非百云:辩当为贬。"言价虽贵,亦不敢贬损之。犹言'不敢还价'矣。"译文从马说。
④"令其"句:古本"买"作"贾"。马非百云:"再什以上,谓二十倍以上也。"
⑤漕:水运。
⑥吴志忠云:"此与下文'修粜五月',籴、粜二字当互易。"译从。
⑦马非百云:"'内自量'上当有'衡山之君'四字。"译文从马说。

【今译】

桓公问管子说:"我打算要控制衡山国,有什么办法吗?"管子回答说:"您派人高价收购衡山国出产的兵器再进行倒卖,燕国、代国一定跟随您去购买,秦国、赵国听说了,也一定与您竞争。这样,衡山国兵器的价格必然翻倍,天下都来争购,更会涨价十倍以上。"桓公说:"好的。"于是派人去衡山国求购兵器,价格再贵也不还价。齐国去衡山国收购兵器十个月后,燕国、代国听说了,果然也派人去衡山国求购兵器。燕国、代国收购了三个月后,秦国听说了,果然也去争购。衡山国君主对丞相说:"天下都来争购我国的兵器,可以使价格提高二十倍以上。"衡山国的百姓放弃了本业,专力追求兵器的精巧。齐国又命令隰朋通过水路从赵国购粮,赵国粮价每石十五钱,隰朋用每石五十钱的高价买下。天下各国听说这个消息,纷纷载粮到齐国抛售。齐国收购兵器用了十七个月,收购粮食用了五个月,然后封闭关卡,不同衡山国相互往来。燕国、代国、秦国和赵国也都从衡山国召回了使者。衡山国的兵器已被收尽,鲁国侵占了它的南部,齐国侵占了它的北部。衡山国君主自己估量没有武器来应付两面来攻的敌人,就举国归服了齐国。

轻重己第八十五

【题解】

　　这是全书专论轻重问题的专篇之六,题为《轻重己》。何如璋云:"《轻重己》一篇,专记时令,非轻重也。"又云:"此篇乃上古时政之纪,五家治术中之阴阳家也。……宜列《五行》《四时》之次,附《玄宫》为一类。"而马非百云:"《轻重》诸篇屡言守时之重要,又曰:'王者以时作。'况轻重之对象为万物,而万物生于四时,何得谓时令与轻重无关?"又云:"以前各篇所论,皆以通轻重为主,即专注意于现有财物之再分配,本篇则注意于财物之生产,故即以本篇为全书之结束。"今从马说。

　　本篇主要阐述一年四季天子应推行的政令(包括祭祀、农事等方面),共分为十节。第一节总论四时生万物,君主当"因而理之"。第二节至第九节分别阐述天子的春令、夏令、秋令和冬令。第十节为总结,阐述不守时令的害处。全篇章法严整,与前四篇轻重专论不同。

【原文】

　　清神生心①,心生规,规生矩,矩生方,方生正,正生历,历生四时,四时生万物。圣人因而理之,道遍矣②。

注释

①清:丁士涵云:"'清','精'假字。"
②遍:马非百云:"遍,此处有备、尽之义。"

【今译】

　　精神生成心,心生成圆规,圆规生成矩尺,矩尺生成方形,方形生成平正,平正生成历法,历法生成四时,四时生成万物。圣人顺应四时万物加以调治,治世之道也就可称完备了。

【原文】

　　以冬日至始①,数四十六日,冬尽而春始。天子东出其国四十六里而坛,服青而绖青②,搢玉总③,带玉监④,朝诸侯卿大夫列士,循于百姓⑤,号曰祭日,牺牲以鱼。发出令曰⑥:"生而勿杀,赏而勿罚,罪狱勿断,以待期年⑦。"教民樵室钻燧⑧,墐灶泄井⑨,所以寿民也。耜、耒、耨、怀、铚、铞、乂、橿、权渠、绳缫⑩,所以御春夏之事也,必具。教民为酒食,所以为孝敬也。民生而无父母谓之孤子,无妻无子谓之老鳏,无夫无子谓之老寡。此三人者⑪,皆就官而众⑫,可事者不可事者,食如言而勿遗⑬。多者为功,寡者为罪⑭,是以路无行乞者也。路有行乞者,则相之罪也。天子之春令也。

注释

①冬日至:指冬至日。

②绖:同"冕"。

③总:古本作"揔"。王念孙云:"'总'与'揔'皆'忽'之讹,'忽'即'笏'字也。"搢:插

④监:猪饲彦博云:"监、鉴同。"

⑤循:石一参云:"亦作徇,周示也。"

⑥王念孙云:"'发'下当有'号'字。"译文从王说。

⑦期年:朱长春云:"期年,冬也,汉行刑亦尽冬月止。"

⑧何如璋云:樵渭以火温之。燧宜作"燧"。

⑨墐:用泥涂。泄:同"渫",指掏井除污。

⑩耜:古本作"耜"。怀:丁士涵云:"梮字之误。"铚:镰刀。铞:镰柄。乂:同"刈",镰类。橿:锄柄。权渠:马非百云:应作获渠,获即护字之误。护渠为护雨用蓑衣。绳缫:当作"绳缫",缫亦绳类。

⑪张文虎云:"犹言此三等人也。"

⑫马非百云:"此当作'皆就官而食'。"译文从之。

⑬马非百云:"谓此三类之人是否尚有服务能力,应听其自言,即以此为其廪食多寡之标准,虽毫无服务能力者亦不当有所遗弃而不予以收容。"

⑭"多者"二句:何如璋云:"谓以收养三者之多寡定官吏之功罪。"

【今译】

从冬至日开始,数满四十六天,就是冬天结束、春天开始之时。这时,天子应该向东离开国都四十六里筑起祭坛,服青衣,戴青冕,插玉笏,带玉鉴,召见诸侯卿大夫列士,并宣示百姓。这称为祭日,用鱼作

祭品。天子发布号令说："春季应该重新生而不杀伐,重赏赐而不惩罚,罪案不必判决,等待冬季。"这时,应该教百姓熏温室内,钻木取火,涂饰炉灶,淘洗水井,这都是使百姓健康的措施。教百姓准备好犁、铧、锄、钁、镰、镰柄、锄柄、蓑衣、绳具等,这些都是从事春夏农事必备的农具。教百姓酿酒备食,这是为孝敬父母。百姓生而父母双亡的称为孤儿,没有妻和子的称为鳏夫,没有夫和子的称为寡妇。这三类人都可以依靠官府生活,他们能不能做事,都凭他们自报,官府都应该供给饭食而不得遗弃。官府收养三类人多的有功,少的有罪,这样路上就再也没有乞食为生的了。如果有乞食的人,就是宰相的不尽职。这是天子春天的政令。

【原文】

以冬日至始,数九十二日,谓之春至①。天子东出其国九十二里而坛,朝诸侯卿大夫列士,循于百姓,号曰祭星。十日之内,室无处女,路无行人②。苟不树艺者③,谓之贼人。下作之地,上作之天④,谓之不服之民。处里为下陈,处师为下通⑤,谓之役夫。三不树而主使之⑥。天子之春令也。

注释

①春至:即春分。
②"十日"三句:何如璋云:"春分前后十日,正及农耕。……夫耕妇馌,故室无处女,路无行人。"
③不树艺:马非百云:"不树艺,谓不事农桑。"
④作:张佩纶云:"'作'当为'任'。""下则委之地利,上则委之天时。"指树艺不勤勉。
⑤里、师:皆为行政组织。下陈:后列。下通:张佩纶云:"'通'当作'甬'。"即《周礼》所谓"臣妾"。译文从张说。
⑥三不树:何如璋云:"'三不树'即指上不树艺、不服及役夫。言三者皆惰民,不肯尽力树艺,则主田之官必以法驱使之,令之归农也。"

【今译】

从冬至日开始,数满九十二天,就称为春分。这时,天子应该向东离开国都九十二里筑起祭坛,召见诸侯卿大夫列士,并宣示百姓,这称为祭星。春分前后十天之内,家中不留妇女,路上不见行人,都在忙于耕种。这时,如果有不事耕作的,称为贼人。有耕作不勤勉,只靠天时、地利的,称为不服之民。有在里、师中从事贱役而不事耕作的,称为役夫。这三种惰民都应由主管官吏驱使归农。这也是天子春天的政令。

【原文】

以春日至始,数四十六日,春尽而夏始。天子服黄而静处,朝诸侯卿大夫列士,循于百姓,发号出令曰:"毋聚大众,毋行大火,毋断大木,诛大臣①,毋斩大山,毋戮大衍②。灭三大而国有害也。"天子之夏禁也。

注释

①诛大臣:俞樾云:"'诛大臣'三字衍文,此盖以'断大木'、'斩大山'、'戮大衍'为'灭三大'。"译从。

②戮:同"燎",焚烧。大衍:指夫泽。

【今译】

从春分开始,数满四十六天,就是春天结束,夏天开始之时。这时,天子应该服黄衣而静居保养,召见诸侯卿大夫列士,并宣示百姓,发布号令说:"不要聚合人众,不要引发火灾,不要砍断大树,不要开伐大山,不要焚烧大泽。毁灭大树、大山、大泽,国家要受损害。"这就是天子夏天的禁令。

【原文】

以春日至始,数九十二日,谓之夏至,而麦熟。天子祀于太宗,其盛以麦①。麦者,谷之始也②;宗者,族之始也。同族者入,殊族者处③。皆齐④。大材出祭王母⑤。天子之所以主始而忌讳也⑥。

注释

①盛:马非百云:"黍稷在器中曰盛,所以供祭祀者也。"麦:指新麦。

②"麦者"二句:尹桐阳云:"五谷以麦为早生。"

③"同族"二句:王念孙云:"言同族者则入祭,异族者则止也。"
④齐:同"斋"。
⑤"大材"句:张佩纶云:"'大材'当作'大牲'。……《尔雅·释亲》:'父之妣曰王母。'"译文从张说。
⑥"天子"句:张佩纶云:"主始,《礼·祭义》:'筑为宫室,设为宫桃,以别亲疏远迩,教民反古复始,不忘其所生也。'忌讳,《周礼·小史》:'君有事,则诏王之忌讳。'郑司农云:'先王死日为忌,名为讳。'"主始忌讳指不忘祖先恩德。

【今译】

从春分开始,数满九十二天,就称为复至,恰好新麦成熟。这时,天子应该祭祀太宗,就用新麦作祭品。因为麦是五谷中最早成熟的,宗是家庭中最初开始的。同族者可以进入祭祀,异族者则需止步。都应该斋戒。用大的牺牲祭祀祖母。这些都是天子用来表示不忘血缘之始和祖先恩德的仪式。

【原文】

以夏日至始,数四十六日,夏尽而秋始,而黍熟①。天子祀于太祖,其盛以黍。黍者,谷之美者也;祖者,国之重者也②。大功者太祖,小功者小祖,无功者无祖③。无功者皆称其位而立沃,有功者观于外④。祖者所以功祭也,非所以戚祭也⑤。天子之所以异贵贱而赏有功也。

注释

①黍:古代主要谷物,俗称黄米。
②"祖者"二句:石一参云:"国祀其初封之祖为太祖,故最重于国。"
③"大功"三句:张佩纶云:"《檀弓》:'君复于小寝大寝,小祖大祖。'《正义》:'小祖,高祖以下庙也。王侯同。大祖,天子始祖,诸侯大祖庙也。'"
④张佩纶云:"'有'、'无'二字当互易。沃,饫通。"立饫,指站立行宴会礼。
⑤功祭:因功入祭。戚祭:因亲入祭。

【今译】

从夏至开始,数满四十六天,就是夏天结束秋天开始之时,恰好黄米成熟。这时,天子应该祭祀太祖,就用黄米作祭品。因为黄米是五谷中最美味的,太祖是国家最重要的。立大功者可入太祖庙,立小功者可入高祖以下庙,无功者不得入庙。有功者都按其职位而站立行宴会礼,无功者只能在庙外观礼。祭祖是凭功绩入祭,而不是凭亲戚身份入祭。这是天子为了区别贵贱和论功行赏而举行的仪式。

【原文】

以夏日至始,数九十二日,谓之秋至①,秋至而禾熟。天子祀于太惢②,西出其国百三十八里而坛,服白而绉白,搢玉总,带锡监,吹埙箎之风③,凿动金石之音④,朝诸侯卿大夫列士,循于百姓。号曰祭月,牺牲以彘。发号出令⑤:"罚而勿赏,夺而勿予,罪狱诛而勿生。终岁之罪,毋有所赦。作衍牛马之实在野者王⑥。"天子之秋计也。

注释

①秋至:即秋分。
②太惢:王绍兰云:"下文云'号曰祭月',是则'太惢'即月。"
③埙箎:都是古乐器,一为土制,一为竹制。
④"凿动"句:何如璋云:"'动'与'吹'对,'凿'字衍。"译从。
⑤发号出令:戴望云:"此句下脱'曰'字。"泽文从戴说。
⑥"作衍"句:金廷桂云:作,始也。衍,布也。谓始将牛马之实于野者而散布之。郭沫若云:王读去声,今人以旺字为之。

【今译】

从夏至开始,数满九十二天,就称为秋分,秋分恰好禾谷成熟。这时,天子应该祭祀月亮,向西离开国都一百三十八里筑起祭坛,服白衣,戴白冕,插玉笏,带锡鉴,吹奏着埙箎,敲击着金石,召见诸侯卿大夫列士,并宣示百姓。这称为祭月,用猪作祭品。天子发布号令说:"秋季应该行刑罚而不行赏,行剥夺而不赐予,判死罪的不能让他生。终年的罪犯也不赦免。这时开始将牛马散布到田野中放牧的,必定兴旺发达。"这就是天子秋天的大计。

【原文】

以秋日至始,数四十六日,秋尽而冬始。天子服黑绉黑而静处,朝诸侯卿大夫列士,循于百姓,发号出令曰:"毋行大火,毋斩大山,毋塞大水,毋犯天之隆①。"天子之冬禁也。

注释

①隆:马非百云:"隆,尊也。……古人称冬为'严冬',又曰'隆冬',严、隆皆尊严不可侵犯之意。"

【今译】

从秋分开始,数满四十六天,就是秋天结束、冬天开始之时。这时,天子应该服黑衣,戴黑冕,静居保养,召见诸侯卿大夫列士,并宣示百姓,发布号令说:"不要引发大火,不要开伐大山,不要阻塞大水,不要冒犯上天的尊严。"这就是天子冬天的禁令。

【原文】

以秋日至始,数九十二日①,天子北出九十二里而坛②,服黑而绤黑,朝诸侯卿大夫列士,号曰:"发繇③。趣山人断伐④,具械器;趣菹人薪雚苇⑤,足蓄积。"三月之后,皆以其所有易其所无,谓之大通三月之蓄。

注释

①王念孙云:"此下当有'谓之冬至'四字。"译文依王说补出。
②何如璋云:"'北出'下当补'其国'二字。"译文依何说补出。
③郭沫若:"'号曰'上当夺'循于百姓'四字,下当夺'祭辰'二字。"译从。又云:"日月星辰为类,见《四时篇》。……又'号曰祭辰'下当夺'牺牲以□□。发号出令曰'等字句。"
④马非百云:"趣,促也,谓督促之也。山人,山居之人。"
⑤马非人云:"菹人,菹泽之人。……雚苇即萑苇。"

【今译】

从秋分开始,数满九十二天,就称为冬至。这时,天子应该向北离开国都九十二里筑起祭坛,服黑衣,戴黑冕,召见诸侯卿大夫列士,并宣示百姓,这称为祭辰。天子发布号令说:"这时应征发徭役,督促山里百姓砍伐木材,准备械器;督促菹泽百姓采伐萑苇,充足储备。"三个月之后,百姓都用自己所有到市场上交换自己所无的物品,这就叫大力流通三个月蓄积的物资。

【原文】

凡在趣耕而不耕,民以不令①,不耕之害也。宜芸而不芸,百草皆存,民以仅存②,不芸之害也。宜获而不获,风雨将作,五谷以削,士民零落③,不获之害也。宜藏而不藏,雾气阳阳④,宜死者生,宜蛰者鸣,不藏之害也。张耜当弩,铫耨当剑戟⑤,获渠当胁軻⑥,蓑笠当柭橹⑦。故耕械具则战械备矣⑧。

【注释】

①令:安井衡云:"令,善也。"
②仅存:指勉强维持生活。
③零落:马非百云:"零落,殒也。……渭战士与百姓皆将饥饿以死也。"
④"宜藏"二句:何如璋云:"冬宜闭藏。闭藏不固,则阳气发泄而不雾。"
⑤铫耨:大锄小锄。
⑥胁軻:马非百云:"胁軻即铠甲之以皮革制成者。"
⑦柭橹:《禁藏篇》作"盾橹"。《说文》:"橹,大盾也。"
⑧戴望云:"'张耜'以下数句乃他篇之佚文误缀于此。"

【今译】

凡官府督促春耕而不去耕种,百姓的生活状况不好,这是不耕种的害处。应该夏耘而不去耘草,百草丛生,百姓生活仅勉强维持,这是不耘草的害处。应该秋收而不去收获,风雨大作,粮食减产,士兵百姓饥饿将死,这是不收获的害处。应该冬藏而不去闭藏,雾气氤氲,该冻死的反而复苏,该蛰伏的反而鸣叫,这是不闭藏的害处。应该把务农和练兵结合起来:将耒耜充当弓弩,将锄把充当剑戟,将蓑衣充当皮甲,将斗笠充当盾牌。这样,农具完备了,兵器也齐备了。

附 录

管子叙录

（汉）刘向

护左都水使者、光禄大夫臣向言：所校雠中管子书三百八十九篇，太中大夫卜圭书二十七篇，臣富参书四十一篇，射声校尉立书十一篇，太史书九十六篇，凡中外书五百六十四。以校除复重四百八十四篇，定著八十六篇，杀青而书，可缮写也。管子者，颍上人也。名夷吾，号仲父。少时尝与鲍叔牙游，鲍叔知其贤。管子贫困，常欺叔牙，叔牙终善之。鲍叔事齐公子小白，管子事公子纠。及小白立为桓公，公子纠死，管仲囚，鲍叔荐管仲。管仲既任政于齐，齐桓公以霸，九合诸侯，一匡天下，管仲之谋也。故管仲曰："吾始困时，与鲍叔分财多自予，鲍叔不以我为贪，知吾贫也。尝为鲍叔谋事，而更穷困，鲍叔不以我为愚，知吾有利有不利也。公子纠败，召忽死之，吾幽囚受辱，鲍叔不以我为无耻，知吾不羞小节，而耻功名不显于天下也。生我者父母，知我者鲍叔。"鲍叔既进管仲，而己下之，子孙世禄于齐，有封邑者十余世，常为名大夫。管子既相，以区区之齐，在海滨通货积财，富国强兵，与俗同好丑。故其书称曰："仓廪实而知礼节，衣食足而知荣辱，上服度则六亲固。四维不张，国乃灭亡。"下令犹流水之原，令顺人心，故论卑而易行。俗所欲因予之，俗所否因去之。其为政也，善因祸为福，转败为功，贵轻重，慎权衡。桓公怒少姬，南袭蔡，管仲因伐楚，责包茅不入贡于周室。桓公北征山戎，管仲因而令燕修召公之政。柯之会，桓公背曹沫之盟，管仲因而信之，诸侯归之。管仲聘于周，不敢受上卿之命，以让高、国。是时诸侯为管仲城穀以为之乘邑，《春秋》书之，褒贤也。管子富拟公室，有三归、反坫，齐人不以为侈。管子卒，齐国遵其政，常强于诸侯。孔子曰："微管仲，吾其被发左衽矣！"太史公曰："余读管氏《牧民》《山高》《乘马》《轻重》《九府》，详哉言之也。"又曰："将顺其美，匡救其恶，故上下能相亲爱，岂管仲之谓乎！"《九府》书民间无有，《山高》一名《形势》。凡管子书务富国安民，道约言要，可以晓合经义。向谨第录上。

读管子

(宋)张嵲

余读《管子》,然后知庄生、晁错、董生之语,时出于《管子》也。不独此耳,凡《汉书》语之雅驯者,率多本《管子》。《管子》天下之奇文也,所以著见于天下后世者,岂徒其功烈哉!及读《心术》《白心》上下、《内业》诸篇,则未尝不废书而叹,益知其功业之所本,然后知世之知管子者殊浅也。《管子》书多古字,如"专"作"抟","忒"作"贡","宥"作"侑","况"作"兄","释"作"泽",此类甚众。《大匡》载召忽语曰"百岁之后,吾君下世,犯吾命而废吾所立,夺吾纠也,虽得天下吾不生也,兄与我齐国之政也",而注乃谓"召忽呼管仲为兄";曰"泽命不渝",而注乃以为"泽恩之命",甚陋不可遍举。书既雅奥难句,而为之注者复缪于训故,益使后人疑惑不能究知。世传房玄龄所注,恐非是。予求《管子》书久矣,绍兴己未乃从人借得之后,而读者累月,始颇窥其义训,然舛脱甚众,其所未解尚十二三,用上下文义及参以经史刑政,颇为改正其讹谬疑者,表而发之。其所未解者,置之不敢以意穿凿也。既又取其间奥于理、切于务者,抄商藏于家,将得善本而卒业焉。

管子书序(节录)

(明)赵用贤

《管子》旧书凡三百八十九篇,汉刘向校除其重复,定著为八十六篇,今亡十篇。近世所传,往往淆乱至不可读。余行求古善本,庶几遇之者几二十年,始得之友人秦汝立氏。其大章仅完整,而句字复多纠错,乃为正其脱误者逾三万言,而阙其疑不可考者尚十之二,然后《管子》几为全书……万历壬午春三月,前史官吴郡赵用贤撰。

四库全书总目提要

《管子》二十四卷(子部法家类)

旧本题管仲撰,刘恕《通鉴外纪》引《傅子》曰:"管仲之书,过半便是后之好事者所加,乃说管仲死后事。《轻重》篇尤复鄙俗。"叶适《水心集》亦曰:"《管子》非一人之笔,亦非一时之书,以其言毛嫱、西施、吴王好剑推之,当是春秋末年。"今考其文。大抵后人附会多于仲之本书。其他姑无论,即仲卒于桓公之前,而篇中处处称桓公,其不出仲手,已无疑义矣。书中称"经言"者九篇,称"外言"者八篇,称"内言"者九篇,称"短语"者十九篇,称"区言"者五篇,称"杂篇"者十一篇,称"管子解"者五篇,称"管子轻重"者十九篇。意其中孰为手撰,孰为记其绪言如语录之类,孰为述其逸事如家传之类,孰为推其义旨如笺疏之类,当时必有分别。观其五篇题"管子解"者,可以类推,必由后人混而一之,致滋疑窦耳。晁公武《读书志》曰:"刘向所校本八十六篇,今亡十篇。"考李善注陆机《猛虎行》曰:"江遂《文释》引《管子》云:'夫士怀耿介之心,不荫恶木之枝,恶木尚能耻之,况与恶人同处?'今格《管子》,近亡数篇,恐是亡篇之内而遂见之。"则唐初已非完本矣。明梅士享所刊,又复颠倒其篇次,如以《牧民解》附《牧民》篇下,《形势解》附《形势》篇下之类,不一而足,弥为窜乱失真。此本为万历壬午赵用贤所刊,称由宋本翻雕,前有绍兴己未张嵲后跋云:"舛脱甚众,颇为是正。"用贤序又云:"正其脱误者逾三万言。"则屡经点窜,已非刘向所校之旧,然终愈于他氏所妄更者,在近代犹善本也。旧有房玄龄注,晁公武以为尹知章所托,然考《唐书·艺文志》,玄龄注《管子》不著录,而所载有尹知章注《管子》三十卷,则知章本未托名,殆后人以知章人微,玄龄名重,改题之以炫俗耳。案《旧唐书》:知章,绛州翼城人。神龙初,官太常博士。睿宗即位,拜礼部员外郎,转国子博士。有《孝经注》《老子注》,今并不传,惟此注借玄龄之名以存。其文浅陋,颇不足采。然蔡絛《铁围山丛谈》载,苏轼、苏辙同入省试,有一题轼不得其出处,辙以笔一卓而以口吹之,轼因悟出《管子》注,则宋时亦采以命题试士矣。且古来无他注本,明刘绩所补注,亦仅小有纠正,未足相代,故仍旧本录之焉。

管子集校叙录

郭沫若

略。载《郭沫若全集》历史编第五卷页3至页18,人民出版社1984年版。

图书在版编目(CIP)数据

管子全译/谢浩范,朱迎平译注. —贵阳:贵州人民出版社,2008.12
(2017.2重印)
(中国历代名著全译丛书)
ISBN 978-7-221-08383-8

Ⅰ.管…　Ⅱ.①谢…②朱…　Ⅲ.①法家②管子-译文　Ⅳ.B226.14

中国版本图书馆CIP数据核字(2008)第180213号

书　　　名	管子全译
译　　　注	谢浩范、朱迎平
责任编辑	廖小安
特约编辑	程亦赤
装帧设计	余强
出版发行	贵州人民出版社
地　　　址	贵阳市中华北路289号
印　　　刷	三河市明华印务有限公司
版　　　次	2009年3月第1版
印　　　次	2017年2月第2次印刷
开　　　本	787×1092mm　1/16
字　　　数	816千字
印　　　张	55.5
定　　　价	138.00元(上、下)